Zenke/Schäfer
Energiehandel in Europa

Energiehandel in Europa

Öl, Gas, Strom, Derivate, Zertifikate

Herausgegeben von

Dr. Ines Zenke
Rechtsanwältin, Berlin

und

Dr. Ralf Schäfer
Rechtsanwalt, Sprockhövel

Bearbeitet von den Herausgebern sowie den Autoren

Gerald Abwerzger, Singapur; *Dr. Torsten Amelung*, Düsseldorf; *Dr. Jörg Borchert*, Aachen; *Dr. Olaf Däuper*, Rechtsanwalt, Berlin; *Dr. Christian Dessau*, Rechtsanwalt, Berlin; *Marianne Diem*, Leipzig; *Joachim du Buisson*, Bonn; *Peter Edel*, Aachen; *Prof. Dr. Georg Erdmann*, Berlin; *Merlin Eufinger*, Frankfurt/Main; *Thomas Eufinger*, Frankfurt/Main; *Dr. Claudia Fischer*, Neubrandenburg; *Jens Göbel*, London; *Knut Godager*, Oslo; *Anja Hartung*, Leipzig; *Dr. Juri Hinz*, Singapur; *Thorsten Körner*, Leipzig; *Dr. Wieland Lehnert*, Rechtsanwalt, Berlin; *Bernhard Lokau*, Berlin; *Dr. Stefanie Neveling*, Berlin; *Dr.-Ing. Dr. Tobias Paulun, Leipzig; Dr. Thomas Pilgram*, Leipzig; *Dr.-Ing. Michael Ritzau*, Aachen; *Dr.-Ing. Dr. Marc Roggenbau*, Aachen; *Dr. Christian Rühr*, Rechtsanwalt, Berlin; *Dipl.-Volksw. Anja Schlenker*, Leipzig; *Klaus-Peter Schönrock*, Rechtsanwalt, Köln; *Dipl.-Wirt.-Ing. Lukas Schuffelen*, Aachen; *Martin Spanier*, München; *Eric Stein*, Hamburg; *Carsten Telschow*, Rechtsanwalt, Berlin; *Prof. Dr. Matthias Weber*, Dresden; *Stefan Wollschläger*, Rechtsanwalt, Hamburg

4. Auflage 2017

C.H.BECK

www.beck.de

ISBN 978 3 406 71636 2

Wilhelmstraße 9, 80801 München

Druck: Nomos Verlagsgesellschaft mbH & Co.KG/Druckhaus Nomos
In den Lissen 12, 76547 Sinzheim

Satz: ES-Editionssupport, München/Berlin

Umschlaggestaltung: Druckerei C.H. Beck Nördlingen

Gedruckt auf säurefreiem, alterungsbeständigen Papier
(hergestellt aus chlorfrei gebleichtem Zellstoff)

Geleitwort (zur 3. Auflage April 2012)

Die deutsche Energiepolitik befand sich zu jeder Zeit im Spannungsfeld zwischen Wirtschaftlichkeit, Versorgungssicherheit und Ökologie. Jedoch stehen wir heute nicht nur in Deutschland, sondern auch in vielen anderen europäischen Ländern vor der Herausforderung, die Erzeugung aus Erneuerbaren Energien in den Markt zu integrieren – und das noch verstärkt durch die beschleunigte Abkehr von der Kernenergie seit dem Reaktorzwischenfall in Fukushima (Japan) im März 2011. So vielfältig die Möglichkeiten dieser Entwicklungen im Energiesektor sind, so komplex sind auch die Problemstellungen und Wechselwirkungen, die sich daraus unweigerlich ergeben. Die Bedeutung des Handels im Energiemarkt wird in Zukunft noch weiter steigen, da das Energieangebot aller Voraussicht nach stärker schwanken wird als bisher. Die Stromversorgung durch Erneuerbare Energien ist naturgemäß weniger konstant, da Wind und Sonne nicht ständig zur Verfügung stehen. Deshalb brauchen wir einen funktionierenden, liquiden Markt, der Wettbewerb ermöglicht.

Die deutsche Politik unterstützt ausdrücklich die Bemühungen der EU-Kommission, die Finanzmärkte transparent zu ordnen. Eine klare Trennung zwischen dem Warenhandel und dem Handel mit Finanzmarktprodukten, wie sie von der EU-Kommission beschlossen wurde, ist sinnvoll und richtig. Die Vorhaben sind eine Reaktion auf die Feststellung, dass die Märkte zum Teil intransparent und dysfunktional sind, und zudem der Versuch, die Folgen der Finanzkrise unter Kontrolle zu bekommen. Ziel ist es, vor allem den Endverbraucher zu schützen und erschwingliche Energiepreise zu gewährleisten. Zentrale Bausteine hierfür werden die Regulation on Energy Market Integrity and Transparency (REMIT) und nicht zu letzt die Finanzmarktrichtlinie MiFID II sein.

Das vorliegende Buch leistet auch in seiner 3. Auflage einen unschätzbaren Beitrag zum Verständnis der zum Teil komplexen Materie des Energiehandels in Europa. Aufgrund seiner Aktualität und Interdisziplinarität ist es eines der Standardwerke in diesem Bereich. Bedanken hierfür möchte ich mich für die wertvolle Arbeit der Autoren und Herausgeber.

Dr. Volker Wissing
bis zum Jahr 2013 Mitglied des Bundestages, Stellvertretender Vorsitzender der FDP-Bundestagsfraktion und finanzpolitischer Sprecher der FDP; heute Vorsitzender des FDP Landesverbandes Rheinland-Pfalz, rheinland-pfälzischer Landesminister für Wirtschaft, Verkehr, Landwirtschaft und Weinbau sowie stellvertretender Ministerpräsident von Rheinland-Pfalz

Vorwort der Herausgeber

Die Idee zu diesem Buch, liegt mittlerweile mehr als ein Dutzend Jahre zurück. Zu dieser Zeit befand sich der Großhandel (das „Trading“) mit Strom- und Erdgas noch in einem vergleichsweise frühen Stadium. Preisvolatilität, Marktdesign, Marktdatentransparenz und Risikomanagement waren die zentralen Themen, die uns zu jener Zeit beschäftigten. Damals war es – obwohl der Enron-Kollaps erst knapp zwei Jahre zurücklag – Konsens in Markt und Politik, dass diese Aspekte durch das Wirken von Marktkräften sachgerecht geregelt werden würden. Spätestens mit Beginn der nach wie vor andauernden Finanzkrise in Europa und den USA in den Jahren 2007/2008 ist dieser Konsens grundlegend erschüttert. In der Folgezeit setzte der Gesetzgeber diesseits und jenseits des Atlantiks auch im Energiegroßhandel zunehmend auf Regulierung.

Wir wollen dem Markt auch mit der vierten Auflage ein Werk zur Verfügung stellen, das möglichst alle Aspekte eines professionellen Handels von Energie und Rohwaren, Zertifikaten und auch Derivaten beschreibt und dem Leser die unterschiedlichen Facetten des Handels nahe bringt. Wieder konnten wir erfahrene Händler, Betriebswirte, Juristen, Vertreter der Aufsichtsbehörden und Wissenschaftler zu ihrem Mitwirken bewegen. Die meisten Autoren und Kapitel kennen Sie vielleicht schon von unseren Vorauflagen. Wir haben aber auch gestrafft, neu sortiert und erweitert. Insbesondere beschäftigen wir uns dieses Mal intensiver mit den Regelungsaktivitäten der EU in Bezug auf den Energiegroßhandel. Hier kommt mit MiFID II, MiFIR, CRD IV, EMIR, REMIT, den deutschen Umsetzungsvorschriften und vielem anderen mehr eine Menge an Regulierung auf uns bzw. Sie – verehrte Leser – zu. Wenn Sie unser Buch in den Händen halten und wissen möchten, was aktuell, also zwischen dieser und der fünften Auflage geschieht, schauen Sie doch einfach in unseren Blog www.derenergieblog.de. Hier berichten wir für all jene, die schnell up to date sein möchten, in unregelmäßigen Abständen.

Einen herzlichen Dank möchten wir an unsere Autoren richten, und zwar gleichermaßen an die langjährigen wie auch an die neu hinzugekommenen. Wieder haben wir uns bereits an den Manuskripten erfreuen können. Und auch Ihnen, liebe Frau Seidel, liebe Frau Thelemann (BBH) und liebe Frau Hasenkopf (C. H. Beck), möchten wir Danke sagen. Für stetige Ansprechbarkeit und gute „Normenkontrolle“. Nicht zuletzt sei hervorgehoben, dass ein Buch nur geschrieben wird, wenn der nötige Freiraum hierfür besteht. Daher gilt unser besonderer Dank unseren Ehepartnern Rhett Zenke-Zeuner und Petra Freimann sowie Flo, Leo und Edgar.

Wir wünschen Ihnen viel Vergnügen beim Lesen und freuen uns auf Ihre Anmerkungen unter Ines.Zenke@bbh-online.de und Ralfe.Schaefer@t-online.de.

Berlin/Sprockhövel, April 2017

Ines Zenke
Ralf Schäfer

Bearbeiterverzeichnis

Abwerzger, Gerald	§ 3
Amelung, Dr. Torsten	§ 6
Borchert, Dr. Jörg	§ 12, § 19, § 21
Däuper, Dr. Olaf	§ 4
Dessau, Dr. Christian	§ 9, § 10, § 18, § 23, § 24
Diem, Marianne	§ 13
du Buisson, Joachim	§ 9, § 10
Edel, Peter	§ 21
Erdmann, Prof. Dr. Georg	§ 2
Eufinger, Merlin	§ 22
Eufinger, Thomas	§ 22
Fischer, Dr. Claudia	§ 23, § 24
Göbel, Jens	§ 3
Godager, Knut	§ 15
Hartung, Anja	§ 17
Hinz, Prof. Dr. Juri	§ 16
Körner, Thorsten	§ 12
Lehnert, Dr. Wieland	§ 7
Lokau, Bernhard	§ 4
Neveling, Dr. Stefanie	§ 25
Paulun, Dr.-Ing. Dr. Tobias	§ 14
Pilgram, Dr. Thomas	§ 18, § 20
Ritzau, Dr. Michael	§ 5
Roggenbau, Marc	§ 12, § 19
Rühr, Dr. Christian	§ 7
Schäfer, Dr. Ralf	Vorwort, § 1, § 27
Schlenker, Anja	§ 17
Schönrock, Klaus-Peter	§ 25
Schuffelen, Lukas	§ 5
Spanier, Martin	§ 11
Stein, Eric	§ 6
Telschow, Carsten	§ 8
Weber, Prof. Dr. Matthias	§ 16
Wollschläger, Stefan	§ 26
Zenke, Dr. Ines	Vorwort, § 1, § 8, § 9, § 10, § 26, § 27

Inhaltsübersicht

Geleitwort V
Vorwort der Herausgeber VII
Bearbeiterverzeichnis IX
Inhaltsverzeichnis XVII
Literaturverzeichnis XXXVII
Abkürzungsverzeichnis XLVII

Kapitel 1. Der Markt für Waren – Struktur 1

§ 1 **Einleitung: Der Großhandel von Energie und Energieträgern in Europa** *(Zenke/Schäfer)* 1

§ 2 **Grundlagen des Handels mit leitungsgebundenen Energieträgern – Existenzberechtigung herstellerunabhängiger Energiehändler** *(Erdmann)* 12
A. Einleitung 12
B. Transaktionskosten-orientierte Theorie des Handels 13
C. Handel mit leitungsgebundenen Energieträgern 17
D. Portfoliomanagement als Kern der Wertschöpfung des Energiehandels 19
E. Ausblick 26

§ 3 **Der Markt für Öl (empirische Darstellung)** *(Abwerzger/Göbel)* 28
A. Einleitung 28
B. Marktstruktur des Ölmarktes 29
C. Entwicklung der Preisfindung 37
D. Die Rolle der OPEC 40
E. Fazit 45

§ 4 **Der Markt für Gas (empirische Darstellung)** *(Lokau/Däuper)* 47
A. Einleitung 47
B. Kennziffern des europäischen Erdgasmarktes 47
C. Die gaswirtschaftliche Wertschöpfungskette 50
D. Die europäischen Vorgaben zur Gasmarktliberalisierung . 66
E. Umsetzung der europäischen Vorgaben zur Gasmarktliberalisierung in Deutschland 75
F. Spezifische Probleme der Gasmarktliberalisierung 85
G. Fazit 89

§ 5 **Der Markt für Strom (empirische Darstellung)** *(Ritzau/Schuffelen)* 90
A. Einleitung 90
B. Entwicklung der Rahmenbedingungen für den Strommarkt 90
C. Produkte und Handelsvolumen 102
D. Marktakteure und Geschäftsmodelle 115

§ 6 **Der Markt für Wetterderivate** *(Amelung/Stein)* 118
A. Die Bedeutung von Wetterderivaten 118
B. Spezifizierung von Wetterderivaten 118
C. Formen von Wetterderivaten 121
D. Bewertung von Wetterderivaten 125
E. Der Entwicklungsstand der Märkte in den USA und in Europa 127

§ 7 **Der Markt für Grünstrom** *(Lehnert/Rühr)* 130
A. Überblick 130
B. Entwicklung des Grünstrommarkts und des Herkunftsnachweissystems 136
C. Vorgaben zu Herkunftsnachweisen für Grünstrom in der EE-RL 2009 137
D. Umsetzung der Herkunftsnachweissysteme in Europa 143
E. Marktakteure und Handelsaktivitäten 148
F. Grünstromlabel 152
G. Fazit und Ausblick 153

§ 8 **Der Markt für CO_2-Zertifikate** *(Zenke/Telschow)* 155
A. Einleitung 155
B. Historie des Emissionshandels 157
C. Ausgestaltung des Emissionshandels in Deutschland 170
D. Handel (Trade) 185
E. Der Markt 192
F. Resümee 193

Kapitel 2. Rechtliche Zugangserfordernisse 195

§ 9 **Europäische Energiemarktregulierung** *(Zenke/du Buisson/Dessau)* 195
A. Einleitung 195
B. Überblick: Die Normen der Regulierungsarchitektur 196

§ 10 **Der Energiederivatehandel** *(du Buisson/Zenke/Dessau)* 209
A. Die finanzaufsichtsrechtlichen Schlüsselnormen: Richtlinie und Verordnung über Märkte für Finanzinstrumente 209

B. Die Vorschriften über die angemessene Eigenkapitalausstattung von Wertpapierfirmen und Kreditinstituten – Eigenkapitalrichtlinie und Kapitaladäquanzverordnung 238
C. Bedeutung der EMIR für den Energiederivatehandel 245
D. Schlussbemerkung ... 252

§ 11 **Eigenmittelunterlegungserfordernisse** *(Spanier)* ... 254
A. Einleitung ... 254
B. Solvabilitätsverordnung ... 255
C. Großkredit- und Millionenkreditverordnung ... 266

Kapitel 3. Der Handelsmarkt und seine Risiken ... 269

§ 12 **Risiken des Handels** *(Borchert/Roggenbau/Körner)* ... 269
A. Einführung ... 269
B. Marktrisiken ... 269
C. Kreditrisiken ... 275
D. Liquiditätsrisiken ... 277
E. Operationelle Risiken ... 277
F. Schlussbemerkung ... 279

§ 13 **Entwicklung der deutschen Energiemärkte** *(Diem)* ... 280
A. Einführung ... 280
B. Die Entwicklung und Struktur des Strommarktes ... 280
C. Die Entwicklung und Struktur des Gasmarktes ... 289
D. Die Entwicklung des Endkundengeschäftes ... 294
E. Auswirkung der Neuregulierung auf die Erzeugung ... 294
F. Fazit ... 295

§ 14 **Die Erfahrungen des deutschen Marktes** *(Paulun)* ... 297
A. Die Entstehung des börslichen Energiehandels in Deutschland ... 297
B. Funktion einer Energiebörse ... 299
C. Die European Energy Exchange (EEX) ... 300
D. Regulierung und Überwachung – Die EEX als öffentlich-rechtliche Börse ... 301
E. Börsenhandel vs. OTC-Handel ... 304
F. Produkte und Marktsegmente an der EEX ... 306
G. Die Internationalisierung des börslichen Energiehandels 317

§ 15 **Impact of new regulations on the Nordic electricity derivatives market** *(Godager)* ... 320
A. Introduction ... 320
B. New regulations ... 320
C. Characteristics of the Nordic electricity derivatives market ... 322

D. Systemic risk 327
E. Market integrity 328
F. Summary 332

§ 16 **Währungswechsel, Zinsstrukturtheorie und Bewertung von Strom-Derivaten** *(Hinz/Weber)* 333
A. Einleitung 333
B. Der Forward-Markt für Strom als Zinsstrukturmodell . . 337
C. Modellkalibrierung 343

§ 17 **Vermarktung von Kraftwerken aus Handelssicht** *(Hartung/Schlenker)* 347
A. Einleitung 347
B. Vermarktungsstrategien von Kraftwerken 349
C. Risikobetrachtung 378
D. Ausblick 398

Kapitel 4. Risikomanagement 401

§ 18 **Kreditrisikomanagement, Netting, Rating** *(Pilgram/Dessau)* 401
A. Definition des Kreditrisikomanagement 401
B. Gesetzliche Grundlagen des Kreditrisikomanagements . . 402
C. Instrumente des Kreditrisikomanagements 406
D. Erweiterung des Kreditrisikomanagements 414

§ 19 **Aufbau von Handelseinheiten** *(Borchert/Roggenbau)* 441
A. Ausgangssituation 441
B. Organisationskonzepte für Handelseinheiten 443
C. Fazit 456

§ 20 **Clearing** *(Pilgram)* 458
A. Einleitung 458
B. Darstellung des Clearings an der European Commodity Clearing 460
C. Diskussion wichtiger Funktionen des Clearings 474
D. Fazit 487

§ 21 **Beschaffungsstrategien an der Schnittstelle Energiehandel/ Vertrieb** *(Borchert/Edel)* 489
A. Ausgangssituation 489
B. Beschaffungsstrategien 492
C. Schnittstelle zwischen Beschaffung und Vertrieb 501
D. Fazit 504

§ 22 **Überwachung von Waren- und Warenderivatemärkten nach dem Börsengesetz, Energiewirtschaftsgesetz und Wertpapierhandelsgesetz zuzüglich der europäischen Normen am Beispiel der EEX** *(Eufinger/Eufinger)* 506
A. Einleitung 506
B. Marktstruktur 508
C. Marktüberwachung 515
D. Ausblick 535

§ 23 **Die Meldepflichten der REMIT** *(Dessau/Fischer)* 536
A. Die Verpflichtung zur Meldung 536
B. Die Erfüllung der Meldeverpflichtung 539
C. Qualifikation zur Meldung 541
D. Registrierungspflicht 542
E. Sanktionen bei Meldeverstößen 542

Kapitel 5. Vertragsgestaltung 545

§ 24 **Standardrahmenverträge** *(Dessau/Fischer)* 545
A. Einleitung 545
B. Überblick über die Standardrahmenverträge 546
C. Verhandlungsrelevante Regelungen des EFET-Rahmenvertrages 554
D. Fazit 563

§ 25 **Nicht standardisierte Liefer- und Handelsverträge sowie vertragliche Voraussetzungen auf der Netzzugangsseite** *(Neveling/Schönrock)* 564
A. Einleitung 564
B. Grundstrukturen der Verträge 565
C. Rechtliche Rahmenbedingungen für die Bewertung von Handels- und Lieferverträgen 566
D. Handels- und Lieferverträge 568
E. Netzzugangsverträge 585
F. Fazit 588

Kapitel 6. Marktauftritt 591

§ 26 **Marktauftritt** *(Zenke/Wollschläger)* 591
A. Einführung 591
B. Historische Entwicklung 591
C. Gesetz gegen den unlauteren Wettbewerb 593
D. Gesetz gegen Wettbewerbsbeschränkungen 610
E. Kreditwesengesetz und Wertpapierhandelsgesetz 612
F. Schlussbemerkung 619

§ 27 **Resümee – Ausblick** *(Zenke/Schäfer)* 620

Die Bearbeiter 625
Stichwortverzeichnis 637

Inhaltsverzeichnis

Geleitwort V
Vorwort der Herausgeber VII
Bearbeiterverzeichnis IX
Inhaltsübersicht XI
Literaturverzeichnis XXXVII
Abkürzungsverzeichnis XLVII

Kapitel 1. Der Markt für Waren – Struktur

§ 1 **Einleitung: Der Großhandel von Energie und Energieträgern in Europa** *(Zenke/Schäfer)* 1

§ 2 **Grundlagen des Handels mit leitungsgebundenen Energieträgern – Existenzberechtigung herstellerunabhängiger Energiehändler** *(Erdmann)* 12
A. Einleitung 12
B. Transaktionskosten-orientierte Theorie des Handels 13
C. Handel mit leitungsgebundenen Energieträgern 17
I. Sicht der Hersteller bzw. der Kunden auf der Anbieterseite des Handels 17
II. Sicht der Verbraucher bzw. Kunden auf der Abnehmerseite des Handels 19
D. Portfoliomanagement als Kern der Wertschöpfung des Energiehandels 22
E. Ausblick 26

§ 3 **Der Markt für Öl (empirische Darstellung)** *(Abwerzger/Göbel)* 28
A. Einleitung 28
B. Marktstruktur des Ölmarktes 29
I. Produzentenländer 29
II. Raffineriesektor 33
III. Nachfrageländer 34
IV. Peak Oil Demand 35
C. Entwicklung der Preisfindung 37
I. Crude Oil Postings/Langfristverträge 37
II. Spotmarkt 38
III. Futures-Handel 39
D. Die Rolle der OPEC 40

I. Die Bedeutung der OPEC für den Ölmarkt 40
II. Die Reaktion der OPEC auf Marktgegebenheiten ... 41
III. Mögliche Konkurrenz für Saudi Arabien als Swing Producer? 42
E. Fazit 45

§ 4 Der Markt für Gas (empirische Darstellung) *(Lokau/Däuper)* 47
A. Einleitung 47
B. Kennziffern des europäischen Erdgasmarktes 47
C. Die gaswirtschaftliche Wertschöpfungskette 50
I. Erdgasproduktion und Erdgastransport 51
II. Erdgasspeicherung 54
III. Erdgashandel 57
1. Überblick und Entwicklung in Deutschland 57
2. Physische und virtuelle Handelspunkte für den Gashandel in Europa 58
3. Handelsprodukte 59
4. Bedeutende europäische Handelsplätze für Erdgas . 61
5. National Balancing Point (NBP) 64
6. Gashandelsplätze in Kontinentaleuropa 64
7. Auswirkung vom Gashandel an europäischen Gashandelsplätzen 66
V. Zusammenfassung 66
D. Die europäischen Vorgaben zur Gasmarktliberalisierung . 66
I. Voraussetzungen für einen funktionierenden Wettbewerb 66
II. Anfänge der Liberalisierung des europäischen Gasbinnenmarktes 67
III. Gasbinnenmarktrichtlinie 2009 68
IV. Erdgaszugangsverordnungen 70
E. Umsetzung der europäischen Vorgaben zur Gasmarktliberalisierung in Deutschland 75
I. Entscheidung der BNetzA für das Zweivertragsmodell und Abbildung in der Kooperationsvereinbarung Gas 78
II. Biogas 79
III. Festlegungen GeLiGas und GABi Gas 80
IV. Sonstige (regulatorische) Entwicklungen 82
F. Spezifische Probleme der Gasmarktliberalisierung 85
G. Fazit 89

§ 5 Der Markt für Strom (empirische Darstellung) *(Ritzau/Schuffelen)* 90
A. Einleitung 90

B. Entwicklung der Rahmenbedingungen für den Strommarkt ... 90
I. Deutschland ... 90
1. Situation vor der Liberalisierung ... 90
2. Veränderung der energierechtlichen Rahmenbedingungen durch die Liberalisierung ... 91
II. Europa ... 99
C. Produkte und Handelsvolumen ... 102
I. Überblick über Produktarten ... 102
1. Spotbörsen ... 103
2. OTC-Forwards ... 104
3. Börslicher Terminmarkt ... 105
4. Sonstige Terminprodukte ... 108
5. Intraday-Market ... 109
6. Regelenergie-Markt ... 110
II. Entwicklung der Marktpreise im deutschen Strommarkt ... 111
D. Marktakteure und Geschäftsmodelle ... 115
I. Optimierung des physischen Erzeugungs- oder Beschaffungsportfolios ... 115
II. Optimierung des Absatzportfolios ... 115
III. Optimierung von beiden physischen Portfolios ... 115
IV. Arbitrage und spekulativer Handel ... 116
V. Mischformen ... 116
VI. Perspektiven der Geschäftsmodelle ... 116

§ 6 **Der Markt für Wetterderivate** *(Amelung/Stein)* ... 118
A. Die Bedeutung von Wetterderivaten ... 118
B. Spezifizierung von Wetterderivaten ... 118
C. Formen von Wetterderivaten ... 121
D. Bewertung von Wetterderivaten ... 125
E. Der Entwicklungsstand der Märkte in den USA und in Europa ... 127

§ 7 **Der Markt für Grünstrom** *(Lehnert/Rühr)* ... 130
A. Überblick ... 130
I. Grünstrommarkt und Ausbau der Erneuerbaren Energien ... 130
II. Besonderheiten des Grünstrommarkts ... 131
III. Grünstrommarkt und Nachweis der Grünstromeigenschaft ... 134
B. Entwicklung des Grünstrommarkts und des Herkunftsnachweissystems ... 136

C. Vorgaben zu Herkunftsnachweisen für Grünstrom in der EE-RL 2009 . . . 137
I. Definition der Herkunftsnachweise . . . 138
1. Abgrenzung zu grünen Zertifikaten . . . 138
2. Einsatzzwecke von Herkunftsnachweisen . . . 138
II. Vorgaben in Art. 15 EE-RL 2009 zu Herkunftsnachweisen . . . 139
III. Übertragung und Anerkennung von Herkunftsnachweisen aus anderen Staaten . . . 141
D. Umsetzung der Herkunftsnachweissysteme in Europa . . . 143
I. Umsetzung in Deutschland . . . 143
1. Umsetzung der Vorgaben der EE-RL 2009 . . . 143
2. Herkunftsnachweisregister und EEG . . . 144
3. Herkunftsnachweise und EnWG: Stromkennzeichnung . . . 145
II. Umsetzung in anderen Mitgliedstaaten . . . 146
E. Marktakteure und Handelsaktivitäten . . . 148
I. Akteure am aktuellen Grünstrommarkt . . . 148
II. Handel mit HKN . . . 150
III. Grünstromhandelsvolumen . . . 150
F. Grünstromlabel . . . 152
G. Fazit und Ausblick . . . 153

§ 8 **Der Markt für CO_2-Zertifikate** *(Zenke/Telschow)* . . . 155
A. Einleitung . . . 155
B. Historie des Emissionshandels . . . 157
I. Vom Grünbuch zur Emissionshandelsrichtlinie und Linking Directive – Der derzeitige europäische Rahmen . . . 157
1. Heute: Emissionshandelsrichtlinie 2003/87/EG und Linking Directive 2004/101/EG . . . 157
2. Emissionshandel ab 2013 . . . 160
3. Emissionshandel ab 2021 . . . 164
II. Umsetzung des europäischen Rahmens in nationales Recht: Deutschland . . . 168
C. Ausgestaltung des Emissionshandels in Deutschland . . . 170
I. Grundstrukturen: „Permit & Allowance“ und „Cap & Trade“ . . . 170
II. Zuteilungsmechanismen . . . 172
1. EU-weit einheitliches Cap und einheitliche Zuteilungsregeln . . . 172
2. Sicherung der Budgeteinhaltung – Lineare Kürzung und sektorübergreifender Korrekturfaktor . . . 173

3. Struktur der Zuteilungsregeln: Bildung von Zuteilungselementen 176
4. Zuteilung für das Zuteilungselement mit Produkt-Emissionswert 177
5. Zuteilung für das Zuteilungselement mit Wärme-Emissionswert 179
6. Zuteilung für das Zuteilungselement mit Brennstoff-Emissionswert 179
7. Zuteilung für das Zuteilungselement mit Prozessemissionen 180
8. Besondere Zuteilungsregeln 181
9. Wesentliche Kapazitätserweiterungen und verringerungen 183
10. Zuteilung für Neuanlagen 184
D. Handel (Trade) 185
I. Abwicklung 185
II. Vertragliche Grundlagen des Emissionshandels 187
III. Technische Infrastruktur 188
E. Der Markt 192
F. Resümee 193

Kapitel 2. Rechtliche Zugangserfordernisse

§ 9 **Europäische Energiemarktregulierung** *(Zenke/du Buisson/Dessau)* 195
A. Einleitung 195
B. Überblick: Die Normen der Regulierungsarchitektur. 196

§ 10 **Der Energiederivatehandel** *(du Buisson/Zenke/Dessau)* 209
A. Die finanzaufsichtsrechtlichen Schlüsselnormen: Richtlinie und Verordnung über Märkte für Finanzinstrumente 209
I. Anwendungsbereich der MiFID II 210
1. Wertpapierfirmen, Wertpapierdienstleistungen, Anlagetätigkeiten 210
2. Handelsplätze. 212
3. Finanzinstrumente 215
II. Ausnahmevorschriften 220
1. Warenspezifische Ausnahmevorschrift 221
a) Erste Voraussetzung: finanzfremde Haupttätigkeit 222
b) Zweite Voraussetzung: Nebentätigkeit 222
c) Dritte Voraussetzung: kein Hochfrequenzhandel 225
d) Vierte Voraussetzung: Meldung an die Bundesanstalt für Finanzdienstleistungsaufsicht (BaFin) 226

2. Weitere Ausnahmevorschriften ... 227
a) Ausnahme für Anlagenbetreiber ... 227
b) Anlagenberatungsausnahme ... 228
c) Konzernprivileg ... 228
d) Eigenhändlerprivileg ... 229
e) Fakultative Ausnahmen ... 230
III. Rechtsfolgen der MiFID ... 230
1. Genehmigungspflicht, Reichweite der Genehmigung (Europäischer Pass), Erteilungsvoraussetzungen ... 230
2. Wohlverhaltensregeln ... 232
3. Positionslimits/-kontrolle ... 234
IV. MiFIR ... 236
B. Die Vorschriften über die angemessene Eigenkapitalausstattung von Wertpapierfirmen und Kreditinstituten – Eigenkapitalrichtlinie und Kapitaladäquanzverordnung ... 238
I. Relevanz von CRR und CRD IV für den Energiehandel ... 241
II. Probleme bei der Anwendung auf Energiehandelsunternehmen ... 243
C. Bedeutung der EMIR für den Energiederivatehandel ... 245
D. Schlussbemerkung ... 252

§ 11 Eigenmittelunterlegungserfordernisse *(Spanier)* ... 254
A. Einleitung ... 254
B. Solvabilitätsverordnung ... 255
I. Regelungen hinsichtlich Marktrisiken ... 256
1. Zeitfächermethode für Commodities (Strom, Gas, Öl, Kohle etc.) ... 256
a) Beschreibung ... 256
b) Kritikpunkte ... 257
aa) Verwendung der Kassamarktpreise zur Bewertung der Positionen ... 258
bb) Verwendung einer Kapitalanrechnung von 15 % für Positionen in unterschiedlichen Laufzeiten ... 258
cc) Festgelegte Annahmen hinsichtlich Korrelationen für Produkte mit unterschiedlichen Laufzeiten ... 258
2. Verfahren für andere Marktrisikopositionen (Emissionen, Wetterderivate, Frachtsätze etc.) ... 258
a) Beschreibung ... 259
b) Kritikpunkte am Verfahren ... 259
aa) Keine Berücksichtigung von Korrelationen . 259

bb) Hohe EDV-Kosten zur Implementierung bei zweifelhaftem Nutzen ... 260
3. Überarbeitung der Eigenkapitalunterlegung von Marktpreisrisiken ... 260
II. Regelungen hinsichtlich Adressausfallrisiken ... 261
1. Kreditrisiko-Standard-Ansatz (KSA) ... 261
2. Auf internen Ratings basierender Ansatz (IRB-Ansatz) ... 262
3. Adressausfallrisikopositionen ... 262
4. Kritikpunkte ... 264
III. Regelungen hinsichtlich operationeller Risiken ... 264
IV. Liquiditätsrisikomanagement ... 265
C. Großkredit- und Millionenkreditverordnung ... 266

Kapitel 3. Der Handelsmarkt und seine Risiken

§ 12 Risiken des Handels *(Borchert/Roggenbau/Körner)* ... 269
A. Einführung ... 269
B. Marktrisiken ... 269
I. Preisrisiken ... 269
1. Die Risikoexposition ... 269
2. Value at Risk als Risikomaß ... 271
3. Möglichkeiten der Risikosteuerung ... 272
II. Marktliquidität ... 274
III. Neue Finanzinstrumente und Produkte ... 274
C. Kreditrisiken ... 275
I. Die Risikoexposition ... 275
1. Forderungen ... 275
2. Wiedereindeckungs- bzw. Wiederabsatzkosten ... 275
3. Potenzielle Exposition ... 275
II. Die Ausfallwahrscheinlichkeit von Kontrahenten ... 276
III. Credit-VaR und Möglichkeiten der Risikosteuerung . 276
D. Liquiditätsrisiken ... 277
E. Operationelle Risiken ... 277
I. Personalbedarfsrisiken und Fehlverhalten ... 277
II. Ausfall von Systemen und Software-Funktionen ... 278
III. Ablauforganisatorische Risiken ... 278
IV. Nicht-Verfügbarkeits-Risiken ... 279
V. Rechtliche Risiken ... 279
F. Schlussbemerkung ... 279

§ 13 Entwicklung der deutschen Energiemärkte *(Diem)* ... 280
A. Einführung ... 280
B. Die Entwicklung und Struktur des Strommarktes ... 280

I. Entwicklung und Struktur der Stromversorgung vor der Neuregulierung . . . 280
II. Neuregulierung der Branche . . . 283
III. Handelshemmnisse der Frühphase der Marktentwicklung . . . 283
IV. Entstehung des OTC-Terminhandels (Over the Counter Terminhandel) . . . 284
V. Entstehung der Strombörse . . . 285
VI. Europäische Integration . . . 286
VII. Integration Erneuerbarer Energien . . . 288
C. Die Entwicklung und Struktur des Gasmarktes . . . 289
I. Die Geschichte der Gasversorgung . . . 289
II. Neuregulierung der Branche . . . 291
III. Neuere Entwicklungen . . . 293
D. Die Entwicklung des Endkundengeschäftes . . . 294
E. Auswirkung der Neuregulierung auf die Erzeugung . . . 294
F. Fazit . . . 295

§ 14 Die Erfahrungen des deutschen Marktes *(Paulun)* . . . 297
A. Die Entstehung des börslichen Energiehandels in Deutschland . . . 297
I. Die Liberalisierung als Ausgangspunkt des börslichen Stromhandels . . . 297
II. Die Etablierung der Strombörsen in Deutschland . . . 298
B. Funktion einer Energiebörse . . . 299
I. Transparente Preisbildung . . . 299
II. Diskriminierungsfreier Zugang . . . 300
C. Die European Energy Exchange (EEX) . . . 300
D. Regulierung und Überwachung – Die EEX als öffentlich-rechtliche Börse . . . 301
E. Börsenhandel vs. OTC-Handel . . . 304
F. Produkte und Marktsegmente an der EEX . . . 306
I. Der Stromhandel an der EEX und der EPEX Spot . . . 306
1. Der Strom-Spotmarkt . . . 306
2. Der Strom-Terminmarkt . . . 308
II. Der Erdgashandel in der EEX-Gruppe . . . 309
1. Marktgebiete . . . 311
2. Produkte des PEGAS Erdgashandels . . . 311
III. Der Emissionsrechtehandel an der EEX . . . 314
V. Trade Registration an der EEX . . . 316
G. Die Internationalisierung des börslichen Energiehandels 317

§ 15 **Impact of new regulations on the Nordic electricity derivatives market** *(Godager)* 320
A. Introduction 320
B. New regulations 320
C. Characteristics of the Nordic electricity derivatives market 322
I. The basis for regulation of commodity derivatives .. 323
II. The commodities derivatives market in Norway 324
III. Market prices and changes in the listed derivatives products 325
D. Systemic risk 327
I. Capital requirements 327
II. Electricity market risk 328
E. Market integrity 328
I. Transparency 329
II. Market abuse 330
1. Insider trading 331
2. Market manipulation 331
F. Summary 332

§ 16 **Währungswechsel, Zinsstrukturtheorie und Bewertung von Strom-Derivaten** *(Hinz/Weber)* 333
A. Einleitung 333
B. Der Forward-Markt für Strom als Zinsstrukturmodell .. 337
C. Modellkalibrierung 343

§ 17 **Vermarktung von Kraftwerken aus Handelssicht** *(Hartung/Schlenker)* 347
A. Einleitung 347
B. Vermarktungsstrategien von Kraftwerken 349
I. Grundlagen Kraftwerke 349
1. Arten von Kraftwerken und Einsatz im Verbund .. 349
2. Betriebsparameter von fossilthermischen Kraftwerken 352
a) Elektrischer Wirkungsgrad 352
b) Thermische und elektrische Maximalleistung .. 352
c) Bedeutung von Kohlendioxid 352
d) Restriktionen der Betriebszeiten und Fahrweise . 353
e) Standortbezogene Restriktionen 354
3. Produkte und Märkte 354
a) Termin- und Spotprodukte 354
b) Produkte und Marktplätze für Kohle, Gas, Strom und CO_2 354
c) Markt für Systemdienstleistungen 355

d) Mengenausgleich nach Lieferung 357
II. Bewertung von Kraftwerken 357
1. Traditionelle Kraftwerksbewertung 357
2. Kraftwerksbewertung im Rahmen der Realoptionstheorie 358
a) Finanzoptionen und deren Bewertung 358
aa) Finanzoptionen allgemein 358
bb) Bewertung von Finanzoptionen nach Black/Scholes 358
cc) Das Binomial-Modell von Cox, Ross und Rubinstein 359
b) Die Realoptionstheorie 361
aa) Entwicklung und Eigenschaften 361
bb) Bewertungsverfahren von Realoptionen und Vergleich 363
c) Kraftwerke vor dem Hintergrund der Realoptionstheorie 364
III. Optimierung durch Spread-Handel 365
1. Ermittlung des relevanten Spread 365
a) Definition Spread allgemein 365
b) Kostenbegriffe 366
c) Erlöse durch den Kraftwerksbetrieb 368
d) Erweiterter Spread-Begriff 368
2. Durchführung des Spread-Handels 368
a) Grundsätzliche Darstellung 368
b) Entscheidungshilfen für das Auslösen einer Handelsempfehlung – Risikoprämie, Charttechnik und Co. 370
c) Bewertung der Handelsempfehlung eines verfügbaren Kraftwerks 371
d) Bewertung der Handelsempfehlung eines Restriktionen unterliegenden Kraftwerks 372
3. Kraftwerksoptimierung aus kurzfristiger Sicht 373
4. Bewertung der Nutzung der Realoption Kraftwerk durch Handelsoptimierung 374
5. Exkurs: EEG-Direktvermarktung 375
6. Bewertung der Nutzung der Realoption Kraftwerk durch Handelsoptimierung 376
7. Exkurs: Entwurf eines Gesetzes zur Weiterentwicklung des Strommarktes (Strommarktgesetz) .. 376
C. Risikobetrachtung 378
I. Risikoidentifizierung 378
1. Risiken im Energiemarkt 379

2. Risiken bei der Kraftwerksbewirtschaftung 379
3. Zusammenhang zwischen Risiken aus dem Energiehandel und der Kraftwerksbewirtschaftung 380
a) Marktpreisrisiko und Anlagenausfall 380
b) Marktpreisrisiko und Wetter 381
c) Marktpreisrisiko und Anlagenverfügbarkeit in Abhängigkeit vom Wetter 381
d) Operative Risiken 382
e) Adressenausfallrisiko 382
II. Risikobewertung 382
1. Einführung 382
2. Ausfallwahrscheinlichkeit der Anlage 384
a) Durchführung der Fehlerbaumanalyse 384
aa) Voraussetzungen zur Durchführung der Fehlerbaumanalyse 384
bb) Durchführung der Fehlerbaumanalyse 385
cc) Fazit 386
3. Ausfalldauer der Anlage 386
4. Monetäre Quantifizierung des Risikos des Kraftwerksausfalls 387
a) Kraftwerk mit technischen Restriktionen 387
b) Kraftwerk ohne technische Restriktionen 390
5. Gewolltes Schließen des CSS 391
6. Risikobewertung am Kurzfristmarkt/Markt für Systemdienstleistungen 392
7. Risikobewertung für die Direktvermarktung 392
8. Risikobewertung bei der Teilnahme an Ausschreibungen 393
III. Risikosteuerung 393
1. Allgemeines 393
2. Erarbeitung eines Limitsystems 396
a) Zuteilung von Risikokapital 396
b) Setzung von Limiten 396
c) Backtesting 397
d) Positionslimite 397
IV. Fazit 398
D. Ausblick 398

Kapitel 4. Risikomanagement

§ 18 **Kreditrisikomanagement, Netting, Rating** *(Pilgram/Dessau)* 401
A. Definition des Kreditrisikomanagement 401
I. Einleitung 401

II. Definition des Kreditrisikos 401
1. Aktuelles Kreditrisiko 402
2. Potentielles Kreditrisiko 402
B. Gesetzliche Grundlagen des Kreditrisikomanagements . . 402
I. Die Regelungen des KonTraG 403
II. Die Regelungen des Kreditwesengesetzes und der MaRisk 405
C. Instrumente des Kreditrisikomanagements 406
I. Auswahl verschiedener Limitkategorien 407
1. Kontrahentenlimit 407
2. Industrie- und Branchenlimit 407
3. Länderlimit 407
4. Konzentrationslimit 407
II. Sicherungsinstrumente 408
1. Garantien 408
2. Bürgschaft 409
3. Patronatserklärungen 410
4. Beherrschungs- und Gewinnabführungsverträge . . 411
5. Margin Agreements 411
6. Netting-Vereinbarung 412
7. Gegenseitige Kündigungsrechte und Vertragsaufhebung 412
8. Vorauszahlung 413
9. Kreditversicherung 413
D. Erweiterung des Kreditrisikomanagements 414
I. Betrugsfälle 414
II. Spezielle Risiken 415
1. Reputationsrisiko 415
2. Inanspruchnahme nach § 25d Umsatzsteuergesetz . . 416
a) Der Aussteller der Rechnung muss die Steuer nicht abgeführt haben 417
b) Dies muss mit vorgefasster Absicht erfolgen . . . 418
c) Der Unternehmer muss bei Abschluss des Vertrages davon Kenntnis gehabt haben oder Kenntnis haben müssen 418
aa) Mehrfachdurchläufe 419
bb) Preise unter Marktpreis 420
cc) Hohe Handelsvolumina 422
III. Grenzen des Risikomanagements 423
IV. Der Know-Your-Customer-Prozess 424
1. Prüfung der Steuerausländer 425
a) Satzung 425
b) Handelsregister-Auszug 426

c) Überprüfung der Umsatzsteuer-Identifikations-Nummer 426
d) Kopie des Ausweises des Geschäftsführers 429
e) Creditreform-Abfrage bzw. Abfrage alternativer Auskunfteien 429
f) Persönlicher Besuch vor Handelsaufnahme 430
2. Prüfung bei Steuerausländern 430
a) Mietvertrag für Office-Mieträume 431
b) Meldebescheinigung oder Private Strom- oder Telefonrechnung des Geschäftsführers oder Mietvertrag für die Privatwohnung des Geschäftsführers 432
c) Steuerliche Unbedenklichkeitsbescheinigung . . . 433
d) Vorlage der USt-Erklärung und Nachweis der Zahlung fälliger USt-Beträge 434
V. Vorschläge für einen unternehmensübergreifenden Know-Your-Customer-Prozess 435
VI. Ratings 436
1. Externe Ratings 437
2. Interne Ratings 438
3. Relevanz der Ratings 439
a) Vertragsklauseln mit Ratingbezug 439
b) Ratings und Eigenmittelunterlegung 440

§ 19 **Aufbau von Handelseinheiten** *(Borchert/Roggenbau)* 441
A. Ausgangssituation 441
I. Entwicklung des Energiehandels 441
II. Gesetzliche Anforderungen an das Risikomanagement 442
B. Organisationskonzepte für Handelseinheiten 443
I. Grundvoraussetzungen gemäß MaRisk 443
II. Grundvoraussetzungen gemäß MaComp 446
III. Aufbauorganisatorische Gestaltungen in der Praxis bei kleineren und mittelgroßen Unternehmen 447
1. Rolle des Handels bei kleineren und mittelgroßen Unternehmen 447
2. Aufbauorganisation des Energiehandels bei kleineren und mittelgroßen Unternehmen 448
3. Wichtige Prozesse im Energiehandel bei kleineren und mittelgroßen Unternehmen 451
4. Aufbauorganisatorische Zuordnung und wesentliche Aufgaben der handelsnahen Überwachung 453
C. Fazit 456

§ 20 **Clearing** *(Pilgram)* 458
A. Einleitung 458
B. Darstellung des Clearings an der European Commodity Clearing 460
I. Produkte im Clearing 461
II. Die Clearingstruktur 462
III. Besicherung 464
1. Clearingfonds 464
2. Margening-System vor Einführung von Standard Portfolio Analysis of Risk (SPAN) 464
IV. SPAN-Modells 466
1. Combined Commodity 467
2. Scan Risk und Volatility Scan Risk 468
3. Short Option Minimum (SOM) 468
4. Die Premium-Margin 468
5. Cross-Margining und Spreading 469
6. Delivery-Margin für Futures mit physischer Erfüllung 470
7. Expiry Month Factor 471
8. Margin CAP bei 80 % 471
9. Die Variation-Margin 472
V. Exchange for Physical 472
C. Diskussion wichtiger Funktionen des Clearings 474
I. Reduzierung des Kontrahentenrisikos 474
II. Netting 477
III. Clearing-Aspekte bei einem breiten Produktspektrum 479
IV. Cash Flow 480
V. Stellung von Sicherheiten 481
VI. Notwendige Liquidität 483
VII. Das Absicherungssystem 484
1. Bonität des zentralen Vertragspartners 485
2. Relevanter Markt 486
3. Der Abrechnungspreis 486
D. Fazit 487

§ 21 **Beschaffungsstrategien an der Schnittstelle Energiehandel/ Vertrieb** *(Borchert/Edel)* 489
A. Ausgangssituation 489
I. Entwicklung der Strombeschaffung 489
II. Marktpreisentwicklung und -analyse 490
III. Beschaffung über Vollversorgungslieferungen 490
B. Beschaffungsstrategien 492
I. Zielpreis 494

II. Strategie „Durchschnittlicher Beschaffungspreis" . . . 495
III. Strategie „Minimaler Beschaffungspreis" 496
IV. Strategie „Maximaler Deckungsbeitrag" 499
C. Schnittstelle zwischen Beschaffung und Vertrieb 501
D. Fazit 504

§ 22 Überwachung von Waren- und Warenderivatemärkten nach dem Börsengesetz, Energiewirtschaftsgesetz und Wertpapierhandelsgesetz zuzüglich der europäischen Normen am Beispiel der EEX *(Eufinger/Eufinger)* 506
A. Einleitung 506
B. Marktstruktur 508
I. Börsen 508
1. Börsen als öffentlich-rechtliche Einrichtung 509
2. Börsen als teilrechtsfähige Anstalten öffentlichen Rechts 509
3. Die Börse als regulierter Markt im europäischen Kontext 509
II. Börsenorgane 511
1. Handelsüberwachungsstelle 511
2. Börsenrat 511
3. Börsengeschäftsführung 511
4. Sanktionsausschuss 512
III. Börsenaufsichtsbehörden – Überwachung des Handelsplatzes „Trading Venue" 512
1. Die Rechtsaufsicht über die regulierten Märkte und die an den regulierten Märkten angegliederten Multilateralen Handelssysteme (Freiverkehr) durch die Landesbehörden 512
a) Rechtsaufsicht über die Börsen 512
b) Missstandsbekämpfung an den Börsen 513
c) Ermittlungen bei Verstößen gegen Börsenregeln 513
d) Aufsicht über die Einhaltung der Börsenregeln . 513
2. Die Aufgabe des Organs Handelsüberwachungsstelle 514
a) Erfassung und Auswertung von Handel und Abwicklung 514
b) Überwachung von Preisfindungsprozessen und Handelsregeln (auch Usancen – ungeschriebene Handelsregeln) 514
3. Die Aufgabe der Bundesanstalt für Finanzdienstleistungsaufsicht bei der Überwachung nicht an

einen regulierten Markt angegliederter Multilaterale Handelssysteme 515
C. Marktüberwachung 515
I. Marktintegrität 516
1. Marktmanipulation 516
a) Manipulation an reinen Spotmärkten 517
b) Manipulation an Derivatemärkten und Spotmärkten, an welchen der Preis am Spotmarkt für das Derivat preisbestimmend (Underlaying) ist . 517
2. Insiderhandel 519
a) Insiderhandel an reinen Spotmärkten 519
b) Insiderhandel an Derivatemärkten und Spotmärkten, an welchen der Preis am Spotmarkt für das Derivat preisbestimmend (Underlaying) ist . . 521
II. Markttransparenz 523
1. Ad-hoc-Publizität 523
a) Ad-hoc-Pflichten an Spotmärkten 525
b) Ad-hoc-Pflichten an Derivatemärkten 527
c) Gemeinsame Ad-hoc-Pflichten 528
2. Meldewesen 529
III. Marktüberwachungsbehörden – Überwachung am Handel Beteiligter und vom Handel Betroffener 530
1. Agency for the Cooperation of Energy Regulators (ACER) 530
2. Bundesnetzagentur (BNetzA) 531
3. Markttransparenzstelle für Strom und Gas (unter Einbeziehung des BKartA) 532
4. European Security and Markets Authority (ESMA) 532
5. Bundesanstalt für Finanzdienstleistungsaufsicht (BaFin) 533
6. Landesaufsichtsbehörden 533
7. Handelsüberwachungsstellen (HÜSt) 533
8. Strafverfolgungsbehörden (Staatsanwaltschaften) . . 534
D. Ausblick 535

§ 23 Die Meldepflichten der REMIT *(Dessau/Fischer)* 536
A. Die Verpflichtung zur Meldung 536
I. Reguläre Meldepflichten bei Lieferung von Strom und Gas in der Union 537
II. Meldepflichten nur auf Nachfrage 538
B. Die Erfüllung der Meldeverpflichtung 539
I. Standardverträge 539
II. Nicht-Standardverträge 540

III. Übersicht 540
C. Qualifikation zur Meldung 541
D. Registrierungspflicht 542
E. Sanktionen bei Meldeverstößen 542

Kapitel 5. Vertragsgestaltung

§ 24 **Standardrahmenverträge** *(Dessau/Fischer)* 545
A. Einleitung 545
B. Überblick über die Standardrahmenverträge 546
I. ISDA Master Agreement 546
II. EFET-Rahmenverträge 548
III. Deutscher Rahmenvertrag für Finanztermingeschäfte 551
IV. Cross Product Master Agreement (CPMA) 553
C. Verhandlungsrelevante Regelungen des EFET-Rahmenvertrages 554
I. Vertragsgegenstand, § 1 555
II. Abschluss und Bestätigung von Einzelverträgen, § 3 . . 555
III. Händlerlisten, § 3.4 556
IV. Laufzeit und Vertragsbeendigung, § 10 556
V. Haftungsbeschränkung, § 12 559
VI. Rechnungsstellung und Zahlung, § 13 560
VII. Umsatzsteuer und sonstige Steuern, § 14 560
VIII. Sicherheiten/Zusätzliche Sicherheiten, §§ 16, 17 561
IX. Abtretung, § 19 562
X. Part II 562
D. Fazit 563

§ 25 **Nicht standardisierte Liefer- und Handelsverträge sowie vertragliche Voraussetzungen auf der Netzzugangsseite** *(Neveling/Schönrock)* 564
A. Einleitung 564
B. Grundstrukturen der Verträge 565
C. Rechtliche Rahmenbedingungen für die Bewertung von Handels- und Lieferverträgen 566
D. Handels- und Lieferverträge 568
I. Gashandels- und Gasliefervertäge 568
1. Kurzfristige Handelsverträge 568
a) Mengen- und Leistungsklausel 569
b) Vertragslaufzeit 569
c) Preisregelungen 570
d) Preisanpassungsklauseln 571
e) Übergabeort 571

f) Haftung, Shortfall Credit und Begrenzung der Lieferpflicht . . . 572
g) Höhere Gewalt . . . 574
h) Sonstige Klauseln . . . 574
2. Langfristige Lieferverträge . . . 575
a) Mengen- und Leistungsklauseln . . . 575
b) Laufzeitregelungen . . . 576
c) Preisklauseln . . . 576
d) Preisanpassungsklauseln . . . 576
e) Haftung . . . 577
f) Höhere Gewalt . . . 579
3. Zugangsverträge zu den Handelspunkten . . . 579
II. Stromliefer- und Stromhandelsverträge . . . 580
1. Art der Lieferung (Bilanzabweichungsrisiko) . . . 581
a) Fahrplanlieferung . . . 581
b) Offene Lieferung . . . 581
2. Liefermenge (Mengenrisiko) . . . 582
3. Freimengen . . . 583
4. Lieferort . . . 584
5. Preisregelungen . . . 584
E. Netzzugangsverträge . . . 585
I. Strom: Bilanzkreisverträge . . . 586
II. Gas: Bilanzkreisverträge . . . 587
F. Fazit . . . 588

Kapitel 6. Marktauftritt

§ 26 **Marktauftritt** *(Zenke/Wollschläger)* . . . 591
A. Einführung . . . 591
B. Historische Entwicklung . . . 591
C. Gesetz gegen den unlauteren Wettbewerb . . . 593
I. Zielsetzung und Reformen . . . 593
II. Generalklausel und Spezialtatbestände . . . 594
III. Fallgruppen der unlauteren geschäftlichen Handlung 596
1. Modifizierung durch die UWG-Reform 2015 . . . 596
2. Gesetzesverstoß . . . 596
3. Verschleierung des Werbecharakters . . . 598
4. Verhalten gegenüber Mitbewerbern . . . 599
5. Aggressive geschäftliche Werbung . . . 601
IV. Irreführende geschäftliche Handlungen und Irreführung durch Unterlassen . . . 602
V. Vergleichende Werbung . . . 604
VI. Unzumutbare Belästigung . . . 605

VII. Rechtsfolgen, Anspruchsdurchsetzung und Strafbarkeit ... 607
D. Gesetz gegen Wettbewerbsbeschränkungen ... 610
E. Kreditwesengesetz und Wertpapierhandelsgesetz ... 612
I. Angesprochener, gesetzlich verpflichteter Personenkreis ... 612
II. Werbeauftritt ... 613
1. § 23 I KWG und § 36b WpHG ... 613
2. Aufsichtsfokus und Handlungsbefugnisse der BaFin aus § 23 I KWG und § 36b WpHG ... 613
3. Eingriffsvoraussetzungen: Werbung und Missstände ... 614
4. Ausgewählte Fälle der BaFin-Praxis ... 616
III. Wohlverhaltensregeln ... 618
F. Schlussbemerkung ... 619

§ 27 **Resümee – Ausblick** *(Zenke/Schäfer)* ... 620

Die Bearbeiter ... 625

Stichwortverzeichnis ... 637

Literaturverzeichnis

Allen, Douglas W., Homesteading and Property Rights; or, "How the West Was Really Won", Journal of Law and Economics 1991, 1 ff.

Altenschmidt, Stefan/Langner, Mirjam, Compliance und Sanktionsrisiken im Emissionshandel, CCZ 2009, 138 ff.

Altrock, Martin/Schmeding, Thomas, Die aktuelle Gesetzesnovelle zur Erleichterung der Einspeisung von Biogas in die Erdgasnetze, GWF Gas/Erdgas 2008, 294 ff.

Altrock, Martin/Oschmann, Volker/Theobald, Christian (Hrsg.), Erneuerbare-Energien-Gesetz – EEG, Kommentar, 3. Aufl., München 2011, 4. Aufl., München 2013

Anderson, Edward J./Philpott, Andrew B., Optimal offer construction in electricity markets, Mathematics of Operations Research 2002, 82 ff.

Arbeitskreis für Insolvenz- und Schiedsgerichtswesen e. V. Köln (Hrsg.), Kölner Schriften zur Insolvenzordnung, 3. Aufl., Köln 2009

Balzer, Peter, Umsetzung der MiFID: Ein neuer Rechtsrahmen für die Anlageberatung, ZBB 2007, 336 ff.

Barlow, Martin T., A diffusion model for electricity prices, Mathematical Finance 2002, 287 ff.

Barth, Klaus, Betriebswirtschaftslehre des Handels, 6. Aufl., Wiesbaden 2007

Barth, Michael, Grundzüge des Stromhandels, RdE 2000, 3 ff.

Bärthel, Hilmar, Die Geschichte der Gasversorgung in Berlin, Berlin 1997

Bartsch, Michael/Röhling, Andreas/Salje, Peter/Scholz, Ulrich (Hrsg.), Stromwirtschaft, Ein Praxishandbuch, 2. Aufl., Köln 2008

Baumbach, Adolf/Hueck, Alfred, Gesetz betreffend die Gesellschaften mit beschränkter Haftung – GmbHG, Kommentar, 20. Aufl., München 2013

Bechtold, Rainer/Bosch, Wolfgang, GWB, Kommentar, 8. Aufl., München 2015

Becker, Carsten/Blau, Carolin, Die Preismissbrauchsnovelle in der Praxis, München 2010

Becker, Florian, Die Regulierung von Ratingagenturen, DB 2010, 941 ff.

Becker, Peter, Aufstieg und Krise der deutschen Stromkonzerne – Zugleich ein Beitrag zur Entwicklung des Energierechts, Bochum 2010

Benth, Fred E./Saltyte-Benth, Jurate, Analytical Approximation for the Price Dynamics of Spark Spread Options, Studies in Nonlinear Dynamics & Econometrics 3/2006, 8 ff.

Bergschneider, Claus/Karasz, Michael/Schumacher, Ralf, Risikomanagement im Energiehandel: Grundlagen, Techniken und Absicherungsstrategien für den Einsatz von Derivaten, 2. Aufl., Stuttgart 2001

Bjørndal, Endre/Bjørndal, Mette/Pardalos, Panos M./Rönnqvist, Mikael (Hrsg.), Energy, Natural Resources and Environmental Economics, Berlin, Heidelberg 2010

Black, Fischer/Scholes, Myron, The Pricing of Options and Corporate Liabilities, Journal of Political Economy, 637 ff.

Blazek, Alfred/Günther, Conrad (Hrsg.), Zeit des Controlling (Albrecht Deyhle zum 60. Geburtstag), Gauting 1994

Bohne, Eberhard (Hrsg.), Tagungsband: Neubestimmung ordnungspolitischer Aufgaben des Staates im Strommarkt, Münster 2003

Boos, Karl-Heinz/Fischer, Reinfrid/Schulte-Mattler, Hermann (Hrsg.), KWG – CRR-VO, Kommentar, 5. Aufl., München 2016

Borchert, Jörg/Schemm, Ralf, Einsatz der Portfoliotheorie im Asset Allokations-Prozess am Beispiel eines fiktiven Anlageraumes von Windkraftstandorten, ZfE 2007, 311 ff.

Borchert, Jörg/Schemm, Ralf/Korth, Swen (Hrsg.), Stromhandel: Institution, Marktmodelle, Pricing und Risikomanagement, Stuttgart 2006

Bosch, Ulrich, Grundlagen des Clearings, WM 1995, 365 ff.

Braun, Frank (Hrsg.), Das Kontroll- und Transparenzgesetz: Herausforderung und Chancen für das Risikomanagement, Wiesbaden 1999

Brennan, Michael J., The supply of storage, The American Economic Review 47/1958, 50 ff.

Britz, Gabriele/Hellermann, Johannes/Hermes, Georg (Hrsg.), Energiewirtschaftsgesetz – EnWG, Kommentar, 2. Aufl., München 2010, 3. Aufl., München 2015

Broucek, Miriam, Die neuen Europäischen Aufsichtsbehörden, ZFR 2009, 210 ff.

Burger, Markus/Klar, Bernhard/Müller, Alfred/Schindlmayr, Gero, A spot market model for the pricing of derivatives in electricity markets, Quantitative Finance 4/2003, 109 ff.

Clewlow, Les/Strickland, Chris, Valuing Energy Options in a One Factor Model Fitted to Forward Prices, Sydney 1999

Coase, Ronald H., The Nature of the Firm, Economica 1937

Corino, Carsten/Jones, Brian/Hawkes, Peter, Der Handel mit Treibhausgas-Emissionsrechten, EuZW 2002, 165 ff.

Cortez, Benjamin/Schön, Stephan, Die neue EU-Verordnung über Ratingagenturen, ZfgK 2010, 226 ff.

Cox, John C./Ross, Stephan A./Rubinstein, Mark, Option Pricing: A Simplified Approach, Journal of Financial Economics 7/1979, 229 ff.

Craul, Marcus, Hedging von indexierten Stromlieferungsverträgen, ET 2000, 734 ff.

Crémer, Jacques/Salehi-Isfahani, Djavad, Models of the Oil Market, 2. Aufl., Harwood 1996

Dales, John H., Pollution, Property and Prices: an essay in policy-making and economics, Toronto 1968

Danner, Wolfgang/Theobald, Christian (Hrsg.), Energierecht, Kommentar, Loseblattwerk

Desens, Sabrina, Finanzierung des Emissionshandels, DVBl. 2010, 228 ff.

Dessau, Christian/Meyer, Melanie, Die Leihgabe passt nicht immer, ZfK 11/2009, 25

Deutsche Bank Research, Wachstumsmarkt Wetterderivate, Februar 2003

Dischel, Robert, Weather Risk – Option pricing, Energy & Power Risk Management Magazine 8/1998, 8 ff.

Dixit, Avinash K./Pindyck, Robert S., Investment under Uncertainty, Princeton 1994

Doege, Jörg/Schiltknecht, Philippe/Lüthi, Hans-Jakob/Unger, Gustaf, Risk management of power portfolios and valuation of flexibility, OR Spectrum 28/2006, 267 ff.

Dreyling, Georg M., Das Recht der Bankenwerbung nach dem Kreditwesengesetz, Frankfurt am Main 1977

Ehrmann, Markus, Das ProMechG: Projektbezogene Mechanismen des Kyoto-Protokolls und europäischer Emissionshandel, ZUR 2006, 410 ff.

Ehrmann, Markus, Emissionshandel ab 2013 – die neuen Zuteilungsregeln gemäß der Zuteilungsverordnung 2020 (ZuV 2020), I+E 2011, 243 ff.

Engermann, Stanley L./Gallman, Robert E. (Hrsg.), Long-Term Factors in American Economic Growth, Chicago 1986

Epiney, Astrid, Emissionshandel in der EU, DVBl. 2002, 579 ff.

Eydeland, Alexander/Geman, Helyette, Prising Power Derivates, Risk 10/1998, 71 ff.

Fabra, Natalia/von der Fehr, Nils-Henrik/Harbourd, David, Designing electricity auctions: uniform, discriminatory and Vickery, Berkely 2002

Fama, Eugene F./French, Kenneth R., Commodity future prices: Some evidence on forecast power, premiums, and the theory of storage, Journal of Business 60(1) 1987, 55 ff.

Federico, Tobias/Kozlowski, Boris (Hrsg.), Risikomanagement in der Energiewirtschaft, 2. Aufl., Herrsching 2005

Fischer, Reinfrid/Herbst, Gerhard (Hrsg.), Recht der Sparkassenpraxis (RSP), Allgemeines Bank- und Wirtschaftsrecht, Loseblattwerk, Stuttgart

Frenz, Walter, Emissionszertifikatehandel und Immissionsstrukturen, RdE 2003, 32 ff.

Fuss, Sabine/Szolgayova, Jana/Obersteiner, Michael/Gusti, Mykola, Investment under Market and Climate Policy uncertainty, Applied Energy 2008, 708 ff.

Gerke, Wolfgang/Hennies, Marc/Schäffner, Daniel, Der Stromhandel: Grundlage, Perspektive, Profile, Ein Wegweiser für Unternehmen, Marktteilnehmer an der Börse und den Endverbraucher, 1. Aufl., Frankfurt am Main 2000

Gibson, Rajna/Schwartz, Eduardo S., Stochastic Convenience Yield and the Pricing of Oil Contingent Claims, Journal of Finance 45(3) 1990, 959 ff.

Giesberts, Ludger/Hilf, Juliane, Handel mit Emissionszertifikaten: Regelungsrahmen für einen künftigen Markt, Köln u. a. 2002

Gort, Christoph, Der Markt für Wetterderivate in Europa, Bern 2003

Gorton, Gary/Rouwenhorst, K. Geert, Facts and Fantasies about Commodity Futures, Working Paper, June 2004

Grunwald, Egon/Grunwald, Stephan, Bonitätsanalyse im Firmenkundengeschäft, 3. Aufl., Stuttgart 2008

Günther, Reinald/Brucker, Guido, Rechtsetzung durch Netzkodizes – Hintergrund und Stand, RdE 2016, 216 ff.

Hellner, Thorwald/Steuer, Stephan (Hrsg.), Bankrecht und Bankpraxis, Loseblattwerk, Köln

Henney, Alex/Keers, Greg, Managing Total Coporate Electricity/Energy Market Risks, The Electricity Journal 11/1998, 43 f.

Hinz, Juri, A revenue equivalence theorem for electricity auctions, Journal of Applied Probability 41/2004, 299 ff.

Hinz, Juri, An equilibrium model for electricity auctions, Applicationes Mathematicae 2003, 243 ff.

Hinz, Juri, Modelling day - ahead electricity prices, Applied Mathematical Finance 2003, 149 ff.

Hinz, Juri, Optimal bid strategies for electricity auctions, Mathematical Methods of Operations Research 57/2003, 157 ff.

Hinz, Juri, Optimizing a portfolio of power-producing plants, Bernoulli 2003, 659 ff.

Hinz, Juri/von Grafenstein, Lutz/Verschuere, Michel/Wilhelm, Martina, Pricing electricity risk by interest rate methods, Quantitative Finance 5(1) 2005, 49 ff.

Hinz, Juri/Wilhelm; Martina, Pricing flow commodity derivatives using fixed income market techniques, International Journal of Theoretical and Applied Finance 9(8) 2006, 1299 ff.

Hoffmann, Ilka/Lehnert, Wieland, Das elektronische Herkunftsnachweisregister für Strom aus erneuerbaren Energien: Rechtliche Grundlagen und praktische Abläufe, ZUR 2012, 658 ff.

Hommel, Ulrich/Pritsch, Gunnar, Marktorientierte Investitionsbewertung mit dem Realoptionsansatz: Ein Implementierungsleitfaden für die Praxis, Finanzmarkt und Portfoliomanagement 2/1999, 124 ff.

Hommel, Ulrich/Pritsch, Gunnar, Realoptionsbasierte Investitionsbewertung, Finanzbetrieb 8/1999, 177 ff.

Horstmann, Karl-Peter/Cieslarczyk, Michael (Hrsg.), Energiehandel, Ein Praxishandbuch, Köln u. a. 2006

Horvat, Peter/Reichmann, Thomas, Vahlens Großes Controllinglexikon, München 1993

Hsia, Chi-Cheng, On Binomial Option Pricing, The Journal of Financial Research 6/1983, 41 ff.

Hüffer, Uwe, Aktiengesetz, Kommentar, 9. Aufl., München 2010

Hull, John C., Options, Futures and other Derivatives (Optionen, Futures und andere Derivate), 7. Aufl., New Jersey/München 2009

Hummel, David, Voraussetzungen und Rechtsfolgen eines Widerspruchs zu einer Gutschrift, – Gebot einer verfassungskonformen teleologischen Reduktion des § 14 Abs. 2 Satz 3 UStG –, UR 2012, 497 ff.

International Petroleum Exchange (Hrsg.), Future Energy, London 2000

Isherwood, Guy (Hrsg.), WorldPower, London 2002, London 2003

Jameson, Robert (Hrsg.), Managing Energy Price Risk, 2. Aufl., London 1999

Kehrberg, Jan Otto Clemens, Die Entwicklung des Elektrizitätsrechts in Deutschland – Der Weg zum Energiewirtschaftsgesetz von 1935, Frankfurt am Main u. a. 1997

Keynes, John Maynard, Treatise on Money, London 1930

Knopp, Lothar/Hofmann, Jan, Das europäische Emissionsrechtehandelssystem im Kontext der projektbezogenen Mechanismen des Kyoto-Protokolls, EuZW 2005, 616 ff.

Kobes, Stefan/Engel, Gernot-Rüdiger, Der Emissionshandel im Lichte der Rechtsprechung (Teil 1) NVwZ 2011, 207 ff.

Koch, Jens, Die Patronatserklärung, Tübingen 2005

Koekebakker, Steen/Ollmar, Fridthjof, Forward curve dynamics in the Nordic electricity market, Managerial Finance 2005, 73 ff.

Köhler, Helmut/Bornkamm, Joachim (Hrsg.), Gesetz gegen den unlauteren Wettbewerb – UWG, Kommentar, 34. Aufl., München 2016

Konstantin, Panos, Praxisbuch Energiewirtschaft, Energieumwandlung, -transport und -beschaffung im liberalisierten Markt, 2. Aufl., Berlin 2009

Korf, Ralph, Reverse Charge im Emissionsrechtehandel eingeführt, StE Juli 2010, 5 f.

Kraus, Michael, Stromhandel in Deutschland – Katalysator des Wettbewerbs, Mannheim 1999

Lazo, Jeffrey K./Lawson, Megan/Larsen, Peter H./Waldmann, Donald M., U.S. Economic Sensitivity to Weather Variability, Bulletin of the American Meteorlogical Society 92/2011, 709 ff.

Liebau, Tobias, Die Versagung des Vorsteuerabzugs im „Umsatzsteuerkarussell“, BB 2005, 415 ff.

Lohmann, Heiko, The German Gas Market post 2005, Oxford 2010

Lüdemann, Volker, Für eine bessere Aufsicht im Stromhandel, Orientierungen zur Wirtschafts- und Gesellschaftspolitik 130 (2011), 43 ff.

Lyons, William C./Gary J. Plisga (Hrsg.), Standard Handbook Of Petroleum & Natural Gas Engineering, 2. Aufl., Oxford 2005

Markowitz, Harry M., Portfolio Selection, Journal of Finance 1952, 77 ff.

Marsh, Joe, Taking the slow road, Energy Risk 02/2004, 46 ff.

Masten, Scott E./Meehan, James W. Jr./Snyder, Edward A., The Cost of Organization, Journal of Law, Economics and Organization 1991, 1 ff.

Merton, Robert C., Theory of rational option pricing, Bell Journal of Economics and Management Science 1/1973, 141 ff.

Miltersen, Kristian R./Schwartz, Eduardo S., Pricing of options on commodity futures with stochastic term structures of convenience yields and interest rates, Journal of Financial and Quantitative Analysis 33(1) 1998, 33 ff.

Montero, Juan Pablo, Marketable Pollution Permits with Uncertainty and Transaction Costs, Resource and Energy Economics 1998, 27 ff.

Moser, Albert, Gashandel an der EEX, elmlw 1/2004, 26 ff.

Müller, Thorsten/Kahl, Hartmut (Hrsg.), Erneuerbare Energien in Europa, 1. Aufl., Baden-Baden 2015

Müller-Hagedorn, Lothar, Der Handel, 2. Aufl., Stuttgart u. a. 2008

Murphy, John J., Technische Analyse der Finanzmärkte, 3. Aufl., München 2004

Musiela, Marek/Rutkowski, Marek, Martingale Methods in Financial Modelling, 2. Aufl., Berlin u. a. 2005

Myers Jaffe, Amy/Soligo, Ronald, The International oil companies, November 2007

Myers, Steward C., Determinants of Corporate Borrowing, Journal of Financial Economics 1977, 147 ff.

Nill-Theobald, Christiane/Theobald, Christian, Grundzüge des Energiewirtschaftsrechts, 3. Aufl., München 2013

Oehler, Andreas/Unser, Matthias, Finanzwirtschaftliches Risikomanagement, 2. Aufl., Berlin u. a. 2002

Oligmüller, Peter, Möglicher Rechtsschutz gegenüber der Entscheidung der EU-Kommission zu den Zuteilungsregeln, ET 8/2011, 66 ff.

Palandt, Otto (Hrsg.), Bürgerliches Gesetzbuch – BGB, Kommentar, 75. Aufl., München 2016

Pfeifer, Tilo, Praxishandbuch Qualitätsmanagement, 2. Aufl., München 2002

Pilgram, Thomas, Ökonomische Analyse der bundesdeutschen Insolvenzordnung, Frankfurt am Main u. a. 1999

Pilipovic, Dragana, Energy risk: Valuing and Managing Energy Derivatives, 1. Aufl., New York u. a. 1998

Pirong, Robert, The Role of National Oil Companies in the International Oil Market, August 2007

Polski, Margaret, Measuring transaction costs and institutional change in the U.S. commercial banking industry, Indiana 2001

Praktiknjo, Aaron, Sicherheit der Elektrizitätsversorgung: das Spannungsfeld von Wirtschaftlichkeit und Umweltverträglichkeit, Wiesbaden 2013

Rehbinder, Eckhard/Schmalholz, Michael, Handel mit Emissionsrechten für Treibhausgase in der Europäischen Union, UPR 2002, 1 ff.

Reichel, Helmut/Kütter, Georg, Anforderungen an den Einsatz von Finanzinstrumenten bei Industrieunternehmen: sinngemäße Anwendung der Mindestanforderungen des BAK für Handelsgeschäfte der Kreditinstitute, Frankfurt am Main 1998

Reischauer, Friedrich/Kleinhans, Joachim (Hrsg.), Kreditwesengesetz – KWG, Kommentar, Loseblattwerk, Berlin

Rengeling, Hans-Werner (Hrsg.), Klimaschutz durch Emissionshandel, Köln u. a. 2001

Rindfleisch, Aric/Heide, John B., Transaction Cost Analysis: Past, Present, and Future Applications, Journal of Marketing 61/1997, 30 ff.

Ritzau, Michael/Borchert, Jörg, Von der Vollstromversorgung zum Portfoliomanagement, in: Energie-Einkauf kompakt, Schriftlicher Lehrgang in 10 Lektionen, Lektion 6 (Management Circle Edition), November 2007

Romeike, Frank (Hrsg.), Modernes Risikomanagement, die Markt-, Kredit- und operationellen Risiken zukunftsorientiert steuern, 1. Aufl., Weinheim 2005

Roques, Fabien A./Nuttall, William J./Newberry, David M., Fuel mix diversification incentives in liberalized electricity markets: a mean-variance portfolio theory approach, Energy Economics 2008, 1831 ff.

Rosen, Ulrich/Michels, Armin, Von der Vollversorgung zur strukturierten Beschaffung, e|m|w 6/2003, 22 ff.

Runggaldier, Wolfgang (Hrsg.), Financial mathematics, Lecture Notes in Mathematics, Berlin 1997

Säcker, Franz Jürgen (Hrsg.), Berliner Kommentar zum Energierecht, 3. Aufl., Berlin 2015

Säcker, Franz Jürgen (Hrsg.), Berliner Kommentar zum Energierecht – EEG 2014, Sonderband, 3. Aufl., Berlin 2015

Säcker, Franz Jürgen/Rixecker, Roland/Oekter, Hartmut/Limperg, Bettina (Hrsg.), Münchener Kommentar zum Bürgerlichen Gesetzbuch (BGB) – Schuldrecht Allgemeiner Teil, §§ 241-423, 7. Aufl., München 2016

Schafhausen, Franzjosef, Der Emissionshandel als klimaschutzpolitisches Instrument, ET 2002, 563 ff.

Schlacke, Sabine/Kröger, James, Eine verfassungsrechtliche Bewertung der Kennzeichnung von marktprämien-gefördertem Strom als Grünstrom, NVwZ 2012, 919 ff.

Schliegl, Magda, Pricing von Fahrplänen, ME 6/2003, II f.

Schmeding, Thomas, Die Notwendigkeit des Zugangs zu Speicheranlagen iSd § 28 EnWG als Ergänzung zum Gasnetzzugang, ZNER 2007, 277 ff.

Schmidt, Dirk, Das besondere Wettbewerbsrecht der Kreditinstitute, Stuttgart 1968

Schmitz, Bernhard, Wetterderivate als Instrument im Risikomanagement landwirtschaftlicher Betriebe, Bonn 2007

Schneider, Sven, Nichtanwendbarkeit des KWG bzw. WpHG trotz Erbringung regulierter Tätigkeiten – Ein Beitrag unter besonderer Berücksichtigung der Konzernausnahme, WM 2008, 285 ff.

Schneider, Jens-Peter/Theobald, Christian (Hrsg.), Handbuch zum Recht der Energiewirtschaft, 1. Aufl., München 2003, 2. Aufl., München 2008, 3. Aufl., München 2011, 4. Aufl., München 2013

Scholz, Ulrich, Unbundling – aktueller Rechtsrahmen und neuer Richtlinienentwurf der Kommission, ET 2003, 120 ff.

Schulte, Josef/Just, Christoph (Hrsg.), Kartellrecht, Kommentar, 1. Aufl., Köln 2012

Schulze, Dennis, Die Bedeutung von Wetterfaktoren für die Energiewirtschaft, VWD Energy Weekly 4/2004, 8 ff.

Schumacher, Ingrid/Würfel, Philip, Strategien zur Strombeschaffung in Unternehmen, Wiesbaden 2015

Schwab, Adolf J., Elektroenergiesysteme: Erzeugung, Transport, Übertragung und Verteilung elektrischer Energie, Berlin 2006

Schwark, Eberhard (Hrsg.), Kapitalmarktrechtskommentar, 3. Aufl., München 2004

Schwark, Eberhard/Zimmer, Daniel (Hrsg.), Kapitalmarktrechts-Kommentar, 4. Aufl., München 2010

Schwartz, Eduardo S., The stochastic behavior of commodity prices: Implication for valuation and hedging, The Journal of Finance 52(3) 1997, 923 ff.

Schwartz, Eduardo S./Lucia, Julio J., Electricity prices and power derivatives – Evidence from the Nordic Power Exchange, Review of Derivatives Research 2002, 5 ff.

Schwintowski, Hans-Peter (Hrsg.), Handbuch Energiehandel, 3. Aufl., Berlin 2014

Seba, Richard D., Economics of Worldwide Petroleum Production, 2. Aufl., Tulsa 2003

Seebach, Dominik/Timpe, Christof/Klimscheffskij, Markus/Lescot, Diane/Lerche Raadal, Hanne/Raimundo, Claudia/Tschernutter, Angela, Abschlussbericht zum Projekt „Reliable Disclosure Systems for Europe – Phase II“ (RE-DISS II), November 2015

Seyfried, Thorsten, Die Richtlinie über Märkte für Finanzinstrumente (MiFID) – Neuordnung der Wohlverhaltensregeln, WM 2006, 1375 ff.

Sharpe, William F., Portfolio Theory and Capital Markets, New York u. a. 2000

Soennecken, Arno/Nießen, Stefan/Pilgram, Thomas/Croonen, Marcus/Rütze, Merle, OTC-Clearing: Sicher ist sicherer geworden, E&M 19/2002, 7

Specht, Jörg, Gasbeschaffung im liberalisierten Energiemarkt, Köln 2001

Spieth, Wolf Friedrich, Emissionshandel – Schaffung von rechtlichen Rahmenbedingungen für die Allokation von Emissionsberechtigungen und deren Auswirkungen auf die Anlagenbetreiber, e|m|w 1/2003, 26 ff.

Spieth, Wolf Friedrich/Hamer, Martin, Die neuen Zuteilungsregeln für Industrieanlagen in der dritten Phase des europäischen Emissionshandelssystems, NVwZ 2011, 920 ff.

Spindler, Gerald/Kasten, Roman A., Der neue Rechtsrahmen für den Finanzdienstleistungssektor – die MiFID und ihre Umsetzung (Teil 1), WM 2006, 1749 ff.

Spindler, Gerald/Kasten, Roman A., Der neue Rechtsrahmen für den Finanzdienstleistungssektor – die MiFID und ihre Umsetzung (Teil 2), WM 2006, 1797 ff.

Spindler, Gerald/Kasten, Roman A., Organisationsverpflichtungen nach der MiFID und ihre Umsetzung, AG 2006, 785 ff.

Stevens, Paul, International Oil Companies: The Death of the Old Business Model, Mai 2016

Strobl, Josef/Blaschke, Thomas/Griesebner, Gerald (Hrsg.), Angewandte Geoinformatik 2004, Beiträge zum 16. AGIT-Symposium Salzburg 2004, Heidelberg 2004

Theobald, Christian/Zenke, Ines, Grundlagen der Strom- und Gasdurchleitung, München 2001

Thole, Christian, Der europäische Grid Code Gas – Regelungsrahmen und Auswirkungen auf das deutsche Gasnetzzugangssystem, IR 2011, 218 ff.

Tietz, Bruno, Der Handelsbetrieb, Grundlagen der Unternehmenspolitik, 2. Aufl., München 1993

Tillmann, Albert/Karbenn, Frank/Jaspert, Ralf, Konzeption und Umsetzung von Risikomanagementsystemen, ET 1999, 378 ff.

Trigeorgis, Lenos, Real Options: Managerial Flexibility and Strategy in Resource Allocation, 8. Aufl., Cambridge 2004

Trommsdorff, Volker (Hrsg.), Handelsforschung 2003 – Neue Erkenntnisse für Praxis und Wissenschaft des Handels, Berlin 2003

Tugendreich, Bettina/von Hoff, Stefanie, BGH, Urteil vom 15.11.2012, Az. IX ZR 169/11: Unwirksamkeit insolvenzabhängiger Lösungsklauseln in Energielieferverträgen, EWeRK 2013, 151 f.

Übelhör, Matthias/Warns, Christian (Hrsg.), Basel II, Auswirkungen auf die Finanzierung – Unternehmen und Banken im Strukturwandel, Heidenau 2004

Unger, Gustaf, Hedging strategy and electricity contract engineering, Zürich 2002

Utzig, Siegfried, Die Zukunft der Rating-Agenturen: weniger oder bessere Ratings?, Die Bank 2011, 8 ff.

Varian, Hal R., Grundzüge der Mikroökonomik, 8. Aufl., München u. a. 2011

Volk, Gerrit, Geschäftsprozesse und Datenformate beim Lieferantenwechsel bei Gas- und Stromversorgungsunternehmen, IR 2008, 5 ff.

von der Heydt, Andreas (Hrsg.), Handbuch Efficient Consumer Response: Konzepte, Erfahrungen, Herausforderungen, München 1999

Weber, Christoph/Schuler, Andreas, Integral-Earnings-at-risk (Teil 1), e|m|w 1/2006

Weichert, Tilman/Wenninger, Thomas, Die Neuregelung der Erkundigungs- und Aufklärungspflichten von Wertpapierdienstleistungsunternehmen gem. Art. 19 RiL 2004/39/EG (MiFID) und Finanzmarkt-Richtlinie-Umsetzungsgesetz, WM 2007, 627 ff.

Wiedemann, Gerhard (Hrsg.), Handbuch des Kartellrechts, München, 3. Aufl. 2016, § 34

Williamson, Oliver E. (Hrsg.), The Nature of the Firm: Origins, Evolution, and Development, 1. Aufl., New York 1993

Williamson, Oliver E., Comparative Economic Organization: The Analysis of Discrete Structural Alternatives, Administrative Science Quarterly 36/1991, 269 ff.

Williamson, Oliver E., Markets and Hierarchies: Analysis and Antitrust Implications, New York u. a. 1983

Williamson, Oliver E., The Economic Institutions of Capitalism, firms, markets, relational contracting, New York u. a. 1987

Winkler, Martin, Die neue Betreiberpflicht, Klimaschutz und Emissionshandel, ZUR 2003, 395 ff.

Wolf, Manfred/Lindacher, Walter F./Pfeiffer, Thomas (Hrsg.), AGB-Recht, Kommentar, 6. Aufl., München 2013

Wollschläger, Stefan, Die Reform des Wettbewerbsrechts, IR 2004, 82 ff.

Wustlich, Guido/Müller, Dominik, Die Direktvermarktung von Strom aus erneuerbaren Energien im EEG 2012 – Eine systematische Einführung in die Marktprämie und die weiteren Neuregelungen zur Marktintegration, ZNER 2011, 380 ff.

Zenke, Ines, Die Novellierung des TEHG wirft Fragen auf – auch verwaltungsrechtliche, IR 2011, 98 ff.

Zenke, Ines, Die Strafzahlung im Emissionshandel – Eine Anmerkung zu § 18 Abs. 1 Treibhausgas-Emissionsberechtigung (TEHG), ZNER 2010, 545 ff.

Zenke, Ines/Ellwanger, Niels (Hrsg.), Handel mit Energiederivaten, München 2003

Zenke, Ines/Ellwanger, Niels (Hrsg.), Markiger Auftritt in der Energiewirtschaft, Frankfurt am Main 2003

Zenke, Ines/Fischer, Claudia, Energieeinkauf leicht gemacht – EFET! – Standardisierte Verträge reduzieren Aufwand erheblich, Publicus 5/2013, 9 ff.

Zenke, Ines/Fischer, Claudia, Transparenter soll es werden – Compliance bei EVU: Was REMIT und EMIR von den kommunalen Energieversorgern verlangen, ZRFC 2013, 112 ff.

Zenke, Ines/Fischer, Claudia, Transparenzpflichten nach REMIT und EMIR – Auswirkungen der europäischen Energie- und Finanzmarktregulierung auf Energieversorger, EnWZ 2013, 211 ff.

Zenke, Ines/Fuhr, Thomas, Handel mit CO_2-Zertifikaten, München 2006

Zenke, Ines/Fuhr, Thomas/Bornkamm, Malte (Hrsg.), CO_2-Handel aktuell – Der neue Ordnungsrahmen aus ZuG 2012 und ZuV 2012 in der praktischen Anwendung, Frankfurt am Main 2009

Zenke, Ines/Handke, Alexander, Das Projekt-Mechanismen-Gesetz – Eine erste und kritische Bewertung, NuR 2007, 668 ff.

Zenke, Ines/Neveling, Stefanie/Lokau, Bernhard, Konzentration in der Energiewirtschaft: Politische und rechtliche Fusionskontrolle, München 2005

Zenke, Ines/Pisani, Christian, Netting in der Energiewirtschaft, ET 2002, 851 ff.

Zenke, Ines/Schäfer, Ralf (Hrsg.), Energiehandel in Europa – Öl, Gas, Strom, Derivate, Zertifikate, 1. Aufl., München 2005, 2. Aufl., München 2009, 3. Aufl., München 2012

Zenke, Ines/Schalle, Heidrun, Standardverträge im Energiehandel, ET 2005, 141 ff.

Zenke, Ines/Thomale, Hans-Christoph, Kartellamt verliert bei Mess- und Verrechnungspreisen, ME 1/2004, X ff.

Abkürzungsverzeichnis

à	zu (je)
ABl. EU	Amtsblatt der Europäischen Union
ACER	Agency for the Cooperation of Energy Regulators (Agentur für die Zusammenarbeit der Energieregulierungsbehörden)
ACERVO	EU-Verordnung zur Gründung einer Agentur für die Zusammenarbeit der Energieregulierungsbehörden
AEUV	Vertrag über die Arbeitsweise der Europäischen Union
a. F.	alte Fassung
AG	Aktiengesellschaft
AGB	Allgemeine Geschäftsbedingungen
AGG	Allgemeines Gleichbehandlungsgesetz
AIB	Association of Issuing Bodies
AktG	Aktiengesetz
AMBUB 2008	Allgemeine Bedingungen für die Maschinen-Betriebsunterbrechungsversicherung
AnlEntG	Anlegerentschädigungsgesetz
AO	Abgabenordnung
APX	Amsterdam Power Exchange
ARE	Arbeitsgemeinschaft der regionalen Energieversorger
ARegV	Anreizregulierungsverordnung
Art.	Artikel
Aufl.	Auflage
AVBGasV	Verordnung über Allgemeine Bedingungen für die Gasversorgung von Tarifkunden
Az.	Aktenzeichen
BAFA	Bundesamt für Wirtschaft und Ausfuhrkontrolle
BaFin	Bundesanstalt für Finanzdienstleistungsaufsicht
BAKred	Bundesaufsichtsamt für das Kreditwesen
BAnz	Bundesanzeiger
BAV	Bundesaufsichtsamt für das Versicherungswesen
BAWe	Bundesaufsichtsamt für den Wertpapierhandel
BB	Betriebsberater (Zeitschrift)
bbl	Barrel
BDEW	Bundesverband der Energie- und Wasserwirtschaft e.V.
BDI	Bundesverband der deutschen Industrie
BDSG	Bundesdatenschutzgesetz
Bek.	Bekanntmachung
Belpex	Belgian Power Exchange
Beschl.	Beschluss
Bewag	Berliner Städtische Elektrizitätswerke Aktiengesellschaft
BFH	Bundesfinanzhof
BFOE	Brent, Forties, Oseberg und Ekofisk (Ölfelder)
BGB	Bürgerliches Gesetzbuch
BGBl.	Bundesgesetzblatt
BGH	Bundesgerichtshof

BGHZ .... Entscheidungen des Bundesgerichtshofs in Zivilsachen
BImSchG ...... Bundes-Immissionsschutzgesetz
BIP .... Bruttoinlandsprodukt
BKartA .... Bundeskartellamt
BKN .... Bilanzkreisnetzbetreiber
BKV .... Bilanzkreisverantwortliche(r)
BMF .... Bundesministerium der Finanzen
BMUB .... Bundesministerium für Umwelt, Naturschutz, Bau und Reaktorsicherheit
BMWi .... Bundesministerium für Wirtschaft und Energie
BNetzA .... Bundesnetzagentur
BörsG .... Börsengesetz
BOM .... Balance-of-Months
BOW .... Balance-of-Week (Gaslieferung an Tagen außer Samstag, Sonntag)
BpO .... Betriebsprüfungsordnung
BR-Drs. ...... Bundesrats-Drucksache
BReg .... Bundesregierung
BRRD .... Bank Recovery and Resolution Directive (EU-Richtlinie zur Sanierung und Abwicklung von Kreditinstituten)
bspw. .... beispielsweise
BStBl. .... Bundessteuerblatt
BT-Drs. ...... Bundestags-Drucksacke
bzgl. .... bezüglich
bzw. .... beziehungsweise
ca. .... circa
CAT .... Cumulative Average Temperature
CCP .... Central Counter Party
CCS .... Carbon Capture and Storage
CCZ .... Corporate Compliance Zeitschrift (Zeitschrift)
CDD .... Cooling Degree Days
CDM .... Clean Development Mechanism
CEBS .... Committee of European Banking Supervisors
CEER .... Council of European Energy Regulators
CEGH .... Central European Gas Hub
CEIOPS ...... Committee of European Insurance and Occupational Pensions Supervisors
CER .... Certified Emission Reduction
CEREMP ..... Centralized European Registry of Energy Market Participants
CESR .... Committee of European Securities Regulators
CFE .... Carbon Fund for Europe
CL-Liste ...... Carbon-Leakage-Liste
CM .... Clearing Member
CME .... Chicago Mercantile Exchange
CO_2 .... Kohlendioxid
CPMA .... Cross Product Master Agreement
CRD .... Capital Requirements Directive (EU-Kapitaladäquanzrichtlinie)
CRR .... Capital Reqirement Regulation (EU-Kapitaladäquanzverordnung)
CSCF .... Cross Sectoral Correction Factor
CSMAD ...... EU-Marktmissbrauchsrichtlinie
CSS .... Carbon Capture and Storage
CTL .... Coal to Liquid

CWE	Central-West-Europa
CY	Calender Years
DB	Der Betrieb (Zeitschrift)
DCF	Discounted Cash-Flow
DCM	Direct Clearing Member
DD	Degree Days
DDR	Deutsche Demokratische Republik
DEHSt	Deutsche Emissionshandelsstelle
d. h.	das heißt
DM	Deutsche Mark
DStR	Das Deutsche Steuerrecht (Zeitschrift)
DStRE	Das Deutsche Steuerrecht – Entscheidungsdienst (Zeitschrift)
DVBl.	Deutsches Verwaltungsblatt (Zeitschrift)
DVO	Durchführungsverordnung
EAEG	Einlagensicherungs- und Anlegerentschädigungsgesetz
EAG EE	Europarechtsanpassungsgesetz Erneuerbare Energien
EBA	European Banking Authority
ECC	European Commodity Clearing AG
ECX	European Climate Exchange
EDIFACT	United Nations Electronic Data Interchange for Administration, Commerce and Transport
EdW	Entschädigungseinrichtung der Wertpapierhandelsunternehmen
EE-Anlage	Erneuerbare-Energien-Anlage
EEA	European Economic Area
EECS	European Energy Certificate System
EEG	Erneuerbare-Energien-Gesetz
EE-RL	Erneuerbare-Energien-Richtlinie
EEX	European Energy Exchange
EFET	European Federation of Energy Traders
EFP	Exchange for Physical
EG	Europäische Gemeinschaft
EHS	Energiehandelssystem
EIOPA	European Insurance and Occupational Pensions Authority
EltRL	EU-Elektrizitätsbinnenmarktrichtlinie
E&M	Energie & Management (Zeitschrift)
EMIR	European Market Infrastructure Regulation
EmissH-RL	EU-Emissionshandelsrichtlinie
e|m|w	Energie. Markt. Wettbewerb (Zeitschrift)
EnBW	Energie Baden-Württemberg
ENDEX	European Energy Derivatives Exchange N.V
ENTSO-E	European Network of Transmission System Operators for Electricity
ENTSOG	European Network of Transmission System Operators for Gas
EnWG	Energiewirtschaftsgesetz
EPD	Enterprise Products Partners LP
EPEX	Europäische Strombörse
ErdgasZVO	EU-Verordnung über die Bedingungen für den Zugang zu den Erdgasfernleitungsnetzen
ERU	Emission Reduction Units
Erw.gr.	Erwägungsgrund
ESFS	European System of Financial Supervision
ESMA	European Security and Markets Authority
ESRC	European Systemic Risk Council

ET	Energiewirtschaftliche Tagesfragen (Zeitschrift)
etc.	et cetera
EU	Europäische Union (European Union)
EUA	EU-Emission Allowances
EUAA	EU Aviation Allowances
EU ETS	European Emission Trading System (Europäisches Emissionshandelssystem)
EuG	Europäisches Gericht der 1. Instanz
EuGH	Europäischer Gerichtshof
EUR	Euro
EUREX	European Exchange
EUTL	European Transaction Log
EuZW	Europäische Zeitschrift für Wirtschaftsrecht (Zeitschrift)
e. V.	eingetragener Verein
EVU	Energieversorgungsunternehmen
EWeRK	Zeitschrift des Instituts für Energie- und Wettbewerbsrecht in der Kommunalen Wirtschaft e.V. (Zeitschrift)
EWG	Europäische Wirtschaftsgemeinschaft
EWR	Europäische Wirtschaftsraum
EXAA	Energy Exchange Austria
EZB	Europäische Zentralbank
f.	folgende
FAQ	Frequently asked Questions
Festlegungsbeschl.	Festlegungsbeschluss
ff.	fortfolgende
FG	Finanzgericht
FiMaNoG	Finanzmarktnovellierungsgesetz
FKW	Fluorkohlenwasserstoffe
Fn.	Fußnote
GaBi Gas	Grundmodell der Ausgleichsleistungen und Bilanzierungsregeln im Gasmarkt
GasGVV	Gasgrundversorgungsverordnung
GasNEV	Gasnetzentgeltverordnung
GasNZV	Gasnetzzugangsverordnung
GasRL	EU-Gasbinnenmarktrichtlinie
GastG	Gaststättengesetz
GCM	General Clearing Member
GeLiGas	Geschäftsprozesse Lieferantenwechsel Gas
gem.	gemäß
GEODE	Groupement Européen des entreprises et Organismes de Distribution d'Energie
GewO	Gewerbeordnung
ggf.	gegebenenfalls
GIE	Gas Infrastructure Europe
GmbH	Gesellschaft mit beschränkter Haftung
GmbHG	Gesetz betreffend die Gesellschaften mit beschränkter Haftung
GMC	General Clearing Member
GoO	Guarantee of Origin
GRUR	Gewerblicher Rechtsschutz und Urheberrecht (Zeitschrift)
GTL	Gas to Liquid
GTS	Gas Transport Services
GuD-Anlagen	Gas- und Dampfturbinen-Anlage
GUS	Gemeinschaft unabhängiger Staaten

GW	Gigawatt
GWB	Gesetz gegen Wettbewerbsbeschränkungen
GWF Gas/Erdgas	Das Gas- und Wasserfach (Gas/Erdgas) (Zeitschrift)
GWh	Gigawattstunde
GY	Gas Year
h	Stunde(n)
HBEnWR	Handbuch zum Recht der Energiewirtschaft
HDD	Heating Degree Days
HEL	Heizöl extra leicht
HEW	Hamburgische Electricitäts-Werke
H-Gas	High-Gas (hochkalorisches Gas)
HGrG	Haushaltsgrundsätzegesetz
HKN	Herkunftsnachweis(e)
HkNDV	Herkunftsnachweis-Durchführungsverordnung
HkNV	Herkunftsnachweisverordnung
Hrsg.	Herausgeber
HSL	schweres Heizöl
HÜSt	Handelsüberwachungsstelle
HUPEX	Hungarian Power Exchange
ICE Future Europe	Futures Europe Exchange
ICOM	International Currency Options Market
i. d. F.	in der Fassung
i. d. F. d.	in der Fassung der
i. d. H. v.	in der Höhe von
i. d. R.	in der Regel
I+E	Zeitschrift für Immissionsschutzrecht und Emissionshandel (Zeitschrift)
IEA	International Energy Agency
IECA	International Energy Credit Association
i. e. S.	im engeren Sinne
IFEMA	International Foreign Exchange Master Agreement
inkl.	inklusive
insb.	insbesondere
InsO	Insolvenzordnung
IOC	International Oil Company
IOSCO	International Organization of Securities Commissions
IPE	International Petroleum Exchange
IR	InfrastrukturRecht (Zeitschrift)
IRB	Internal Ratings-Based Approach
i. S. d.	im Sinne des
ISDA	International Swaps and Derivatives Association
ISO	Independent System Operator
IT	Informationstechnik
ITL	International Transaction Log
ITO	Independent Transmission Operator
i. V. m.	in Verbindung mit
i. w. S.	im weiteren Sinne
JI	Joint Implementation
KARLA Gas ...	Festlegungsverfahren zu Kapazitätsregelungen Gas
KG	Kommanditgesellschaft, Kammergericht
km	Kilometer
Konni Gas	Festlegung zur Einführung eines Konvertierungssystems in qualitätsübergreifenden Gasmarktgebieten

KonTraG	Gesetz zur Kontrolle und Transparenz im Unternehmensbereich
KoV	Kooperationsvereinbarung
kV	Kilovolt
kW	Kilowatt
kWh	Kilowattstunde
KWG	Kreditwesengesetz
KWK	Kraft-Wärme-Kopplung
KWKG	Kraft-Wärme-Kopplungsgesetz
Kza	Kennzahl
L-Gas	Low-Gas (niederkalorisches Gas)
LG	Landgericht
LiqV	Liquiditätsverordnung
lit.	litera
LNG	Liquified Natural Gas, verflüssigtes Erdgas
LME	London Metal Exchange
LPX	Leipzig Power Exchange
m^3	Kubikmeter
MaBiS	Marktregeln für die Durchführung der Bilanzkreisabrechnung Strom
MaComp	Mindestanforderungen an Compliance-Funktion und weitere Verhaltens-, Organisations- und Transparenzpflichten
MAD	Market Abuse Directive (EU-Marktmissbrauchsrichtlinie)
MaH	Mindestanforderungen an das Betreiben von Handelsgeschäften der Kreditinstitute
MaIR	Mindestanforderungen an die Interne Revision
MAR	Market Abuse Regulation (EU-Marktmissbrauchsverordnung)
MarkenG	Markengesetz
MaRisk	Mindestanforderungen an das Risikomanagement
max.	maximal
ME	Marktplatz Energie (Zeitschrift)
MFT	Multilateral Trading Facility
MHB	Mentorenhandbuch
Min.	Minuten
Mio.	Million(en)
MiFID	Markets in Financial Instruments Directive (EU-Richtlinie zur Harmonisierung der Finanzmärkte im europäischen Binnenmarkt)
MiFID-KomV	MiFID-Durchführungsverordnung
MiFID-KomRL	MiFID-Durchführungsrichtlinie
MiFIR	Markets in Financial Instruments Regulation (EU-Verordnung über Märkte für Finanzinstrumente)
Mrd.	Milliarde(n)
MRL	Minutenreserveleistung
MTF	Multilateral Trading Facility
MW	Megawatt
MWh	Megawattstunde
m. w. N.	mit weiteren Nachweisen
N_2O	Distickstoffoxid
NAP	Nationaler Allokationsplan
NAREX WIDE	German Wind IndexFuture
NAT	National Allocation Table
NASDAQ	National Association of Securities Dealers Automated Quotations (größte elektronische Börse der USA)

NBP . . . . National Balancing Point
NCG . . . . NetConnect Germany
NCM . . . . Non Clearing Member
NDAV . . . . Niederdruckanschlussverordnung
NEL . . . . Nordeuropäische Erdgasleitung
NER . . . . New Entrant Reserve
NJW . . . . Neue Juristische Wochenschrift (Zeitschrift)
NJW-RR . . . . . . NJW-Rechtsprechungs-Report (Zeitschrift)
no. . . . . number
NOC . . . . National Oil Company
NPV . . . . Net Present Value
Nr. . . . . Nummer
NStZ . . . . Neue Zeitschrift für Strafrecht (Zeitschrift)
NuR . . . . Natur und Recht (Zeitschrift)
NVwZ . . . . Neue Zeitschrift für Verwaltungsrecht (Zeitschrift)
NWE . . . . Nord-West-Europa
NYMEX . . . . . . New York Mercantile Exchange
o. ä. . . . . oder ähnliche(s)
oHG . . . . offene Handelsgesellschaft
OFD . . . . Oberfinanzdirektion
OFT . . . . Organized Trading Facility
OJ . . . . Offical Journal (Amtsblatt der Europäischen Union)
OLG . . . . Oberlandesgericht
OPAL . . . . Ostsee-Pipeline-Anbindungsleitung
OPEC . . . . Organization for the Petroleum Exporting Countries
OTC . . . . Over the Counter
P&L . . . . Profit & Loss
PAngV . . . . Preisangabenverordnung
PaR . . . . Profit at Risk
PatG . . . . Patentgesetz
PEG . . . . Points d'Echange de Gas
PEGAS . . . . Pan-European Gas Cooperation
Phelix . . . . Physical Electricity Index
Pkw . . . . Personenkraftwagen
PRL . . . . Primärregelleistung
PSA . . . . Production Sharing Agreement
PSV . . . . Punto di Scambio Virtuale
PV . . . . Photovoltaik
Q&A . . . . Questions and Answers
RBerG . . . . Rechtsberatungsgesetz
RdE . . . . Recht der Energiewirtschaft (Zeitschrift)
RDG . . . . Rechtsdienstleistungsgesetz
Rdnr. . . . . Randnummer(n)
RECS . . . . Renewable Energy Certificate System
reBAP . . . . regelzonenübergreifender einheitlicher Bilanzausgleichsenergiepreis
RegisterVO . . . . Registerverordnung
RegTP . . . . Regulierungsbehörde für Post und Telekommunikation
REMIT . . . . Regulation on wholesale Energy Market Integrity and Transparency (EU-Verordnung über die Integrität und Transparenz des Energiegroßhandelsmarkts)
RGBl. . . . . Reichsgesetzblatt
RMHB . . . . Risikomanagementhandbuch

RMX . . . . Risk Management Exchange
RL . . . . Richtlinie
RLM . . . . registrierende Leistungsmessung
RRM . . . . Registered Reporting Mechanism
Rs. . . . . Rechtssache
RSP . . . . Recht der Sparkassenpraxis (Loseblattwerk)
RTE . . . . Réseau de Transport d'Electricité
RTS . . . . Regulatory Technical Standards (technische Regulierungsstandards)
RWE . . . . Rheinisch-Westfälisches Elektrizitätswerk
S. . . . . Seite
SAG . . . . Sanierungs- und Abwicklungsgesetz
SaR . . . . Spread at Risk
SEEPEX . . . . . . South Eastern European Power Exchange
SFTR . . . . Securities Financing Transactions Regulation (EU-Verordnung über die Transparenz von Wertpapierfinanzierungsgeschäften)
SLP . . . . Standardlastprofil
sog. . . . . sogenannt(en)
SPAN . . . . Standard Portfolio Analysis of Risk
SRL . . . . Sekundärregelleistung
StE . . . . Steuern der Energiewirtschaft (Zeitschrift)
StPO . . . . Strafprozessordnung
StrEG . . . . Stromeinspeisungsgesetz
StromhandelVO . EU-Verordnung über die Netzzugangsbedingungen für den grenzüberschreitenden Stromhandel
StromNZV . . . . Stromnetzzugangsverordnung
SWMA . . . . Sächsisches Staatsministerium für Wirtschaft, Arbeit und Verkehr
t . . . . Tonne(n)
TEHG . . . . Treibhausgas-Emissionshandelsgesetz
TJ . . . . Terrajoule
TLC . . . . Trilateral Market Coupling
toe . . . . Öläquivalent
TRS . . . . European Transaction Reporting System
TRUM . . . . Transaction Reporting User Manual
TTF . . . . Title Transfer Facility
TWh . . . . Terawattstunden
UA . . . . Unterabsatz
u. a. . . . . unter anderem, und andere
UBA . . . . Umweltbundesamt
UGP-Richtlinie . . EU-Richtlinie über unlautere Geschäftspraktiken von Unternehmen gegenüber Verbrauchern im Binnenmarkt
UKlaG . . . . Unterlassungsklagengesetz
ÜNB . . . . Übertragungsnetzbetreiber
UPR . . . . Umwelt- und Planungsrecht (Zeitschrift)
UR . . . . Umsatzsteuer-Rundschau (Zeitschrift)
UrhG . . . . Urheberrechtsgesetz
Urt. . . . . Urteil
USA . . . . United States of America
USD . . . . US Dollar
UStAE . . . . Umsatzsteueranwendungserlass
USt-IdNr. . . . . . Umsatzsteuer-Identifikationsnummer
UStG . . . . Umsatzsteuergesetz

usw.	und so weiter
UWG	Gesetz gegen den unlauteren Wettbewerb
v.	vom
v. a.	vor allem
VaR	Value at Risk
VDE	Verband der Elektrotechnik, Elektronik und Informationstechnik e. V.
VDEW	Verband der Elektrizitätswirtschaft
VDN	Verband der Netzbetreiber
VEAG	Vereinigte Energiewerke AG
VerBaFin	Veröffentlichungen der Bundesanstalt für Finanzdienstleitungsaufsicht
VEW	Vereinigte Elektrizitätswerke Westfalen
vgl.	vergleiche
VHP	virtueller Handelspunkt
VIK	Verband der industriellen Energie- und Kraftwirtschaft
VKU	Verband kommunaler Unternehmen
VO	Verordnung
vs.	versus
VV	Verbändevereinbarung
VwVfG	Verwaltungsverfahrensgesetz
WD	within day
WDNW	Working Days Next Week
WDRL	EU-Wertpapierdienstleistungsrichtlinie
WE	Weekend (Gasliefertage Samstag und Sonntag)
WiM	Wechselprozesse im Messwesen
WM	Wertpapiermitteilungen (Zeitschrift)
WMO	World Meteorological Organisation
WpHG	Wertpapierhandelsgesetz
WRMA	Weather Risk Management Association
WRP	Wettbewerb in Recht und Praxis (Zeitschrift)
WTI	West Texas Intermediate
z. B.	zum Beispiel
ZBB	Zeitschrift für Bankrecht und Bankwirtschaft (Zeitschrift)
ZfE	Zeitschrift für Energiewirtschaft (Zeitschrift)
ZfgK	Zeitschrift für das gesamte Kreditwesen (Zeitschrift)
ZFR	Zeitschrift für Finanzmarktrecht (Zeitschrift)
ZFRC	Risk, Fraud & Compliance (Zeitschrift)
ZIP	Zeitschrift für Wirtschaftsrecht (Zeitschrift)
ZNER	Zeitschrift für Neues Energierecht (Zeitschrift)
z. T.	zum Teil
ZUR	Zeitschrift für Umweltrecht (Zeitschrift)
ZuV 2020	Zuteilungsverordnung 2020

Kapitel 1. Der Markt für Waren – Struktur

§ 1 Einleitung: Der Großhandel von Energie und Energieträgern in Europa

1 Der Großhandel mit Energie und Primärenergieträgern ist ein unverzichtbarer Teil der nationalen und internationalen Versorgung mit Energie und damit eine bedeutende Lebensader moderner Volkswirtschaften. Für den Handel mit Rohöl[1] und Steinkohle gilt dies schon seit Jahrzehnten. Fast zwanzig Jahre nach Beginn der 1998[2] gesetzlich angeordneten **Liberalisierung** der europäischen Märkte für Elektrizität[3] und Gas[4] haben diese gleichgezogen. Ergänzt werden diese Märkte durch den Handel mit „energienahen Gütern" wie etwa Biomasse, Zertifikate[5] und Frachten/Frachtraten.

2 Sämtliche Produkte werden nicht nur physisch, sondern auch derivativ, also mittels **Finanzinstrumenten** gehandelt. Dabei wird mit allen denkbaren Zielrichtungen ge- und verkauft – zur physischen Beschaffung des Gutes, zu Preisabsicherungszwecken, aus spekulativen Gründen und mit dem Ziel der Arbitrage. Eine gewisse Bedeutung gewinnt der Handel mit Wetterderivaten.[6] Dies resultiert vor allem aus dem gerade in Deutschland in den letzten Jahren deutlich gestiegenen Anteil an volatilen Stromerzeugungskapazitäten auf Basis von Sonne und Wind als Primärenergieträger,[7] sodass eine entsprechende Absicherung immer dringlicher wird.

---

[1] Vgl. *Abwerzger/Göbel*, § 3 in diesem Band.

[2] Zeitpunkt des Inkrafttretens des Energiewirtschaftsgesetzes (EnWG) v. 24.4.1998, BGBl. I S. 730, nunmehr novelliert, 7.7.2005, BGBl. I S. 1970, zuletzt geändert durch Gesetz v. 13.10.2016, BGBl. I S. 2258. Vgl. auch *Zenke*, Genehmigungszwänge im liberalisierten Energiemarkt, 1998, S. 78, mit rechtshistorischer Darstellung zum Energiewirtschaftsgesetz von 1935 und der vor der Liberalisierung herrschenden Marktsituation. Zum Stromhandel in den traditionellen Verbundunternehmen *Spicker*, in: Schwintowski, Handbuch Energiehandel, 3. Aufl. S. 25 f.

[3] Vgl. *Ritzau/Schuffelen*, § 5 in diesem Band.

[4] Vgl. *Lokau/Däuper*, § 4 in diesem Band.

[5] Vgl. *Zenke/Telschow*, § 8 in diesem Band.

[6] Vgl. *Amelung/Stein*, § 6 in diesem Band.

[7] Vgl. dazu etwa BDEW, Erneuerbare Energien und das EEG: Zahlen, Fakten, Grafiken (2016), S. 23, abrufbar unter www.bdew.de (Link: Energie > Erneuerbare Ener-

3 So vielfältig wie die Handelsware sind auch die **Marktakteure**. Neben den Rohstoffproduzenten, Energieversorgern und ausländischen Handelsgesellschaften mit und ohne eigene Produktionskapazitäten finden sich Finanzinstitute und institutionelle Anleger im Markt. Der Anteil der Teilnehmer aus dem Kapitalmarkt ist insbesondere im Nachgang zur Finanzmarktkrise von 2008 allerdings regulierungsinduziert (Stichwort: Neuallokation des [begrenzten] Risikokapitals) erkennbar gesunken und liegt derzeit unter 10 %.[8]

Schließlich bereichern die in den Emissionshandel einbezogenen Anlagenbetreiber von CO_2-Zertifikaten die Landschaft. Einen ersten Überblick über die aktiven Marktteilnehmer vermittelt die Teilnehmerliste „Handelsteilnehmer, ECC-Clearing-Mitglied, Broker-Status, Market Maker" der Leipziger Strombörse EEX, European Power Exchange.[9] Hier sind allein 111 Unternehmen am Spotmarkt und 242 am Terminmarkt gelistet (Stand: Juli 2017).

4 Die z. T. stürmische Marktentwicklung zu Beginn des Jahrtausends beruhigte sich bis zum Beginn der Finanzkrise in Europa und den USA in 2008, die nicht zuletzt Ausdruck einer durchaus erwünschten **Konsolidierung** war. Dazu beigetragen haben neben verstärkter Standardisierung der technischen und vertraglichen Grundlagen des Handelsgeschäfts auch einige gesetzgeberische Maßnahmen. Auf all dies wird näher einzugehen sein. Näher dargestellt werden aber auch die Regulierungsbestrebungen der Gesetzgeber in Europa und den USA, die sich nach Ausbruch der Finanzkrise bekanntlich das Ziel gesetzt haben, die Finanzmärkte einer verschärften staatlichen Kontrolle zu unterwerfen.[10] Wegen des strukturell ähnlichen Geschäfts wird auch der Energiegroßhandel von diesen Aktivitäten erfasst, obwohl es hier weder belegte Fälle von Marktmanipulation/Insiderhandel gegeben hat, und obwohl sich beim Energiegroßhandel – anders als im Finanzmarkt – keine systemischen Risiken gezeigt haben.

5 Dieses Buch setzt sich – ausgehend von einem Kapitel[11] zu den Grundlagen des Energiehandels und der damit verbundenen Frage nach der

---

gien > Energie-Info: Erneuerbare Energien und das EEG: Zahlen, Fakten, Grafiken (2016)), Stand Abruf: April 2017.

[8] Vgl. dazu etwa Cap Gemini Consulting, Energy Trading 2.0, S. 8, abrufbar unter www.de.capgemini-consulting.com (Link: Insights > Thought Leadership > Publikationen Unser Gesamtangebot an Publikationen finden Sie hier > Energy Trading 2.0 Studie/Report), Stand Abruf: April 2017. Zhdannikov, Reuters, 5.11.2012, abrufbar unter http://www.reuters.com (Link: Suche: Insight: Banks struggle to adapt or survive in commodities), Stand Abruf: April 2017.

[9] Vgl. http://www.eex.com/de (Link: EEX > Teilnehmerliste), Stand Abruf: Juli 2017.

[10] Vgl. dazu *du Buisson/Dessau*, in: Zenke/Schäfer, Energiehandel, 3. Aufl., § 28.

[11] Vgl. *Erdmann*, § 2 in diesem Band.

Existenzberechtigung herstellerunabhängiger Händler sowie einem sich anschließenden Überblick über die einzelnen **Commodity-Märkte** nebst mit ihnen verbundenen **Produktinnovationen**[12] – mit den Parametern des risiko- und chancenbewussten Energiehandels auseinander. Die mit überwiegend praktischem Geschäft konfrontierten Autoren berichten über die rechtlichen und tatsächlichen Voraussetzungen zur Teilnahme am Handel und seinen professionellen Vollzug.

Wer den **Wholesale-Markt** betreten möchte, muss sich zunächst mit 6
der **Genehmigungspflicht** seines Handelns auseinandersetzen.[13] Immer dann, wenn die Abwicklung des Kauf- oder Verkaufsgeschäftes die rein physische und individuelle Basis verlässt und ein gewisser Drittbezug des eigenen Auftretens nicht mehr ausgeschlossen werden kann, könnte die **Finanzmarktaufsicht** (und mit ihr Anforderungen an den eigenen Marktauftritt) zum Tragen kommen.[14] Bereits die EU-Finanzmarktrichtlinie von 2004 (MiFID I)[15] sieht insoweit eine Erweiterung der Finanzmarktaufsicht über Energiegroßhändler vor; ein Ansatz, der bekanntlich im Gefolge der Finanzmarktkrise von 2008 durch diverse Rechtsakte – als Stichworte zu nennen sind hier vor allem MiFID II[16] und MiFIR[17] – weiter intensiviert wurde. Muss – z. B. in Deutschland – eine Erlaubnis nach dem **Gesetz über das Kreditwesen** (sog. Kreditwesengesetz – KWG)[18] eingeholt werden, weil Bankgeschäfte und Finanzdienstleistungen erbracht werden, gelten strenge Organisations- und Compliance-Anforderungen. Nur derjenige, der die **Risiken seines Geschäftes** (nach der gesetzlichen Definition) wirklich im Griff hat, etwa weil er z. B. unerwünschten Kettenreaktionen im Insolvenzfall eines

[12] Vgl. bereits FN 3–6.

[13] Zum Recht des Handels und seine Entwicklungen auch *Zenke/Dessau*, in: Schneider/Theobald, HBEnWR, 4. Aufl., § 13; *Zenke/Dessau*, in: Danner/Theobald, Energierecht, 140 EnHandel, Rndr. 4 ff., 54 ff.; *Horstmann/Cieslarczyk*, Energiehandel: ein Praxishandbuch; *Schwintowski*, Handbuch Energiehandel.

[14] Vgl. hierzu *Zenke/du Buisson/Dessau,* § 9 in diesem Band.

[15] Richtlinie 2004/39/EG des Europäischen Parlaments und des Rates vom 21.4.2004 über Märkte für Finanzinstrumente, zur Änderung der Richtlinie 85/611/EWG und 93/6/EWG des Rates und der Richtlinie 2000/12/EG des Europäischen Parlaments und des Rates und zur Aufhebung der Richtlinie 93/22/EWG (Markets in Financial Instruments Directive – MiFID), ABl. EU Nr. L 145, v. 30.4.2004, S. 1 ff.

[16] Richtlinie 2014/65/EU des Europäischen Parlaments und des Rates vom 15.5.2014 über Märkte für Finanzinstrumente sowie zur Änderung der Richtlinien 2002/92/EG und 2011/61/EU (Neufassung), ABl. EU Nr. L 173, v. 12.6.2014, S. 349 ff.

[17] Verordnung (EU) Nr. 600/2014 des Europäischen Parlaments und des Rates vom 15.5.2014 über Märkte für Finanzinstrumente und zur Änderung der Verordnung (EU) Nr. 648/2012, ABl. EU Nr. L 173, v. 12.6.2014, S. 84 ff.

[18] Gesetz über das Kreditwesen (Kreditwesengesetz – KWG) v. 9.9.1998, BGBl. I S. 2776, zuletzt geändert durch Gesetz v. 30.6.2016, BGBl. I S. 1514.

Handelspartners vorbeugt, indem er „zur Erfüllung [...] [seiner] Verpflichtungen gegenüber [...] [seinen] Gläubigern [...] angemessene Eigenmittel" vorhält, § 10 I KWG, soll auch das Gütesiegel einer KWG-Erlaubnis erhalten.[19] Der komplexen Thematik der **Eigenmittelunterlegung** wird in einem gesonderten Kapitel nachzugehen sein.[20]

7 Das professionelle Management von handelsimmanenten Risiken ist ein Schlüsselfaktor für Bestand und Erfolg von Großhandelsmärkten. Hierzu müssen die Risiken zunächst professionell analysiert und dann auch gehandhabt werden.

8 In diesem Zusammenhang werden in Deutschland u. a. auch die Organisationsanforderungen der sog. Mindestanforderungen an das Risikomanagement (MaRisk)[21] relevant,[22] die vielfach Vorbild auch für das Handling von Geschäften im Energiemarkt sind. Die hierin strukturell angelegten Erfordernisse betreffend die **Ermittlung und Messung von Risiken**[23] orientieren sich an den langjährigen Erfahrungen des Kapitalmarktes, deren Akteure sich im Interesse von Anleger- und Kapitalmarktschutz strengsten Sicherungsvorgaben stellen müssen. Neben den Erfahrungen aus dem deutschen Markt werden exemplarische Darstellungen aus anderen Staaten Europas geboten.[24]

9 Auch die Ermittlung und schließlich die Minimierung von Adressenausfallrisiken folgt gängigen Modellen der Bankenwelt. Wenngleich das branchenübergreifende **Rating** der im Wesentlichen aktiven drei großen Agenturen – Moody's Investors Service (Moody's), Standard & Poor's (S&P) und Fitch Ratings – im Energiemarkt nur eingeschränkt von Nutzen ist, da die Handelsunternehmen oder aber jedenfalls ihre Handelstöchter regelmäßig nicht geratet sind, so werden doch dessen Grundsätze jedenfalls durch ein eigenes, mehr oder weniger entwickeltes hausinternes Scoring genutzt.[25] Wo möglich, erfolgt natürlich der Abgleich der intern ermittelten Ausfallwahrscheinlichkeit mit den Ergebnissen der Agenturen.

---

[19] Vgl. *du Buisson/Zenke/Dessau*, § 10 in diesem Band.

[20] Vgl. hierzu *Spanier*, § 11 in diesem Band.

[21] Rundschreiben 5/2007, Mindestanforderungen an das Risikomanagement, v. 14.12.2012 (fortan: MaRisk), abrufbar unter http://www.bafin.de/ (Link: Service: Veröffentlichungen > Kategorie: Rundschreiben), Stand Abruf: April 2017. Vgl. auch den Entwurf einer Neufassung der MaRisk vom 18.2.2016, abrufbar unter: http://www.bafin.de/ (Link: Recht & Regelungen > Konsultationen > Konsultation 02/2016 – MaRisk-Novelle 2016), Stand Abruf: April 2017.

[22] Vgl. *Borchert/Roggenbau*, § 19 in diesem Band.

[23] Vgl. hierzu *Borchert/Roggenbau/Körner*, § 12 in diesem Band; *Hinz/Weber*, § 16 in diesem Band sowie *Hartung/Schlenker*, § 17 in diesem Band.

[24] Vgl. hierzu die Ausführungen in den §§ 13–15 in diesem Band.

[25] Vgl. hierzu *Pilgram/Dessau*, § 18 in diesem Band.

Auf Basis derart gefundener Ergebnisse werden die **Handelslimite** und die Notwendigkeit der Art und Güte der Sicherheiten eingeschätzt. Das deutsche **Recht der Kreditsicherheiten** bietet eine Vielzahl von in ihrer Werthaltigkeit abgestuften Sicherheiten an. Hierbei reicht das Spektrum der Aussicht auf einen zusätzlichen Schuldner von der „weichen" Patronatserklärung bis zur Garantie auf erstes Anfordern.[26] In der regen bilateralen Handelsbeziehung werden neben den Cash-out-Verträgen und Margin-Agreements auch **Netting-Vereinbarungen** zur Minimierung von Kreditrisiken, die sich im Ausfall der Gegenpartei realisieren könnten, eingesetzt; das Thema „Netting" ist dabei nur unter dem Blickwinkel des **Insolvenzrechts** von Bedeutung.[27] Eine weitere Form zur Minderung von Counterpart-Risiken ist natürlich das **Clearing.** Beim Clearing handelt es sich um die finanzielle Erfüllung von an der Börse abgeschlossenen Geschäften unter Übernahme des Risikos der Nichterfüllung. Die EEX bietet zudem unter „**OTC-Clearing**" an, außerbörslich verhandelte Verträge an die Börse zu bringen, diese mittels der EFP-Trading-Funktion (Exchange Futures for Physicals) zu erfassen und durch das Eintreten der EEX als zentrale Gegenpartei das Adressenausfallrisiko zu minimieren.[28] Die seit August 2012 in Kraft befindliche Verordnung des Europäischen Parlaments und des Rates über OTC-Derivate, zentrale Gegenparteien und Transaktionsregister, die European Market Infrastructure Regulation (EMIR),[29] hat bekanntlich auch für den Energiegroßhandel eine **Clearingpflicht** von einigem Umfang eingeführt – und zwar auch für viele Marktteilnehmer, die keiner Erlaubnis nach dem Kreditwesengesetz bedürfen. 10

Auch der deutsche Gesetzgeber reagiert mittlerweile auf die zunehmende Bedeutung des OTC-Clearings. In einem neuen § 104a der Insolvenzordnung (InsO)[30] wurden erstmalig Vorkehrungen zur Abwicklung von geclearten Transaktionen nach Eröffnung der Insolvenz eines Marktteilnehmers getroffen. Als unternehmensexternes Risikomanagementinstrument dient schließlich die Marktüberwachung durch Aufsichtsorgane.[31] 11

---

[26] Ebenda.

[27] Ebenda.

[28] Verordnung (EU) Nr. 648/2012 des Europäischen Parlaments und des Rates v. 4.7.2012 über OTC-Derivate, zentrale Gegenparteien und Transaktionsregister, ABl. EU Nr. L 201, v. 27.7.2012, S. 1 ff.; vgl. hierzu *Pilgram*, § 20 in diesem Band.

[29] Vgl. dazu näher *du Buisson/Dessau*, in: Zenke/Schäfer, Energiehandel, 3. Aufl., § 28.

[30] Insolvenzordnung v. 5.10.1994, BGBl. I S. 2866, zuletzt geändert durch Gesetz v. 20.11.2015, BGBl. I S. 2010; vgl. dazu näher Kapitel 4 in diesem Band.

[31] Vgl. hierzu *Eufinger/Eufinger*, § 22 in diesem Band.

12 Für integrierte Versorgungsunternehmen – also solche, die neben Stromhandel auch einen eigenen Vertrieb von Energie an Endabnehmer betreiben – ist zudem die risikobewusst gebildete **Schnittstelle zwischen Energiehandel und Vertrieb** wichtig. Was sich in Konzernstrukturen typischerweise bereits faktisch durch die eigene Rechtspersönlichkeit der Erzeugungs-, Handels- und Vertriebsgesellschaft abbildet, bedarf hier der genauen Bestimmung, um Fehl- oder Überdeckungen und damit nennenswerte Schäden zu vermeiden.[32]

13 Der Energiegroßhandel weist mittlerweile auch im Hinblick auf die **vertraglichen Grundlagen** ein hohes Maß an Standardisierung auf.[33] Standardisierte Vertragstexte finden sich sowohl im physischen als auch im derivativen Handel. Im Derivatehandel besonders bekannt ist das von der International Swaps and Derivatives Association Inc. (**ISDA**) im Jahre 1992 vorgelegte Multicurrency Cross Border Master Agreement. Vor dem Hintergrund dieses Regelungsmodells hat die European Federation of Energy Traders (**EFET**) Standardverträge für den bilateralen OTC-Handel im Strom- bzw. Gasbereich entwickelt, die aber häufig auch für den Handel mit CO_2-Zertifikaten Anwendung finden.[34] Gleiches gilt für die auf dem Kyoto-Protokoll[35] beruhenden Zertifikate, die sog. Certified Emission Reductions (CER) und Emission Reduction Units (ERU).[36] Insbesondere im Handel zwischen deutschen Partnern findet der deutsche **Rahmenvertrag für Finanztermingeschäfte** Verwendung. Auch die englischen Verträge **ICOM Terms** (International Currency Options Market) und **IFEMA Terms** (International Foreign Exchange Master Agreement) der British Bankers Association[37] finden sich im Markt. Gewisse Standards haben sich auch für den Handel mit Grünstromzertifikaten und Wetterderivaten herausgebildet.[38]

---

[32] Vgl. hierzu *Borchert/Roggenbau*, § 19 in diesem Band.

[33] Dies war insbesondere zu Beginn des Handels mit Strom und Gas nicht der Fall; Individualvereinbarungen und langwierige Vertragsverhandlungen prägten zu jener Zeit das Bild; vgl. hierzu *Neveling/Schönrock*, § 25 in diesem Band.

[34] Vgl. hierzu *Dessau/Fischer*, § 24 in diesem Band.

[35] Gesetz zu dem Protokoll von Kyoto v. 11.12.1997 zum Rahmenübereinkommen der Vereinten Nationen über Klimaänderungen (KyotoProtG) v. 27.4.2002, BGBl. II S. 966.

[36] Zu CERs und ERUs vgl. *Zenke/Vollmer*, in: Danner/Theobald, Energierecht, 118 EH, Rdnr. 315 ff.; zu den genutzten Vertragswerken im Bereich des Handels mit Emissionsberechtigungen: *Zenke/Fuhr*, Handel mit CO_2-Zertifikaten, Rdnr. 433 ff.; *Zenke/Dessau*, in: Danner/Theobald, Energierecht, 140 EnHandel, Rdnr. 277 ff.; *Elpas/Sommer/Kons*, in: Horstmann/Cieslarczyk, Energiehandel, Kap. 15, S. 765 ff.; *Zenke/Fuhr/Dessau*, in: Zenke/Fuhr/Bornkamm, CO_2-Handel aktuell, Kap. 4.D.

[37] Diese sind 1997 in Zusammenarbeit mit dem Foreign Exchange Committee aus New York entstanden.

[38] Vgl. hierzu *Schwidden*, in: Zenke/Schäfer, Energiehandel, 3. Aufl., § 7, sowie *Zenke/Telschow*, § 8 in diesem Band.

Nicht nur die vertraglichen Grundlagen werden im Rahmen des „Wie" des Agierens relevant. Der **Marktauftritt**[39] eines Unternehmens unterliegt verschiedenen rechtlichen Restriktionen, die es zu beachten gilt. Für Deutschland zu nennen sind zum einen das **Gesetz gegen den unlauteren Wettbewerb** (UWG),[40] das sich mit verschiedenen Fragen des „Wie" des Verkaufes von Produkten beschäftigt, und die **Preisangabenverordnung** (PAngV).[41] Auch das **Gesetz gegen Wettbewerbsbeschränkungen** (GWB)[42] enthält Vorgaben, wie der Marktauftritt eines Unternehmens zu gestalten ist, um rechtmäßig zu sein. Besondere Regelungen für den Marktauftritt von Händlern beinhalten auch das KWG und das **Wertpapierhandelsgesetz**[43] (WpHG). Durch diese Gesetze werden einerseits Institute angesprochen, nach § 1b KWG also Banken und Finanzdienstleister, und in erster Linie Unternehmen, die Wertpapierdienstleistungen[44] und Wertpapiernebendienstleistungen[45] erbringen, den börslichen und außerbörslichen Handel mit Finanzinstrumenten betreiben oder den Abschluss von Finanztermingeschäften sowie Finanzanalysen erstellen (§ 1 I WpHG).[46] Zu unterscheiden ist dann zwischen Geboten im Zusammenhang mit dem originären Werbeauftritt und den sonstigen Wohlverhaltensregeln für den Marktauftritt. Zu letzteren gehören insbesondere Verhaltens-, Organisations- und Transparenzpflichten der §§ 31 ff. WpHG.[47] 14

Zentrale Bedeutung erlangte im Zusammenhang mit der Finanzmarktkrise das Thema der Markttransparenz. Maßgeblich sind auf europäischer Ebene insoweit die **Marktmissbrauchsverordnung**[48] und die 15

[39] Vgl. hierzu *Zenke/Wollschläger,* § 26 in diesem Band.

[40] Gesetz gegen den unlauteren Wettbewerb (UWG) v. 3.7.2004, BGBl. I S. 1414, zuletzt geändert durch Gesetz v. 17.2.2016, BGBl. I S. 233.

[41] Preisangabenverordnung (PAngV) v. 18.10.2002, BGBl. I S. 4197, zuletzt geändert durch Gesetz v. 11.3.2016, BGBl. I S. 396.

[42] Gesetz gegen Wettbewerbsbeschränkungen (GWB) v. 15.7.2005, BGBl. I S. 2114, zuletzt geändert durch Gesetz v. 13.10.2016, BGBl. I S. 2258. Vgl. hierzu *Kundan,* in: Danner/Theobald, Energierecht, II WettR B1, Rdnr. 12 ff.

[43] Gesetz über den Wertpapierhandel (WpHG) v. 9.9.1998, BGBl. I S. 2708, zuletzt geändert durch Gesetz v. 30.6.2016, BGBl. I S. 1514.

[44] Zu Wertpapierdienstleistungen vgl. § 2 III WpHG.

[45] Zu Wertpapiernebendienstleistungen vgl. § 2 IIIa WpHG.

[46] Ferner erfasst das WpHG Veränderungen der Stimmrechtsanteile von Aktionären an börsennotierten Gesellschaften und weitere Spezialfälle, § 1 I aE und § 1 II, III WpHG.

[47] Vgl. *Zenke/Wollschläger,* § 26 in diesem Band. Umfassend hierzu *Horstmann,* in: Horstmann/Cieslarczyk, Energiehandel, Kap. 6, S. 250 ff. Auch *Seyfried,* WM 2006, 1375 ff.; *Spindler/Kasten,* WM 2006, 1749 ff. (Teil I), WM 2006, 1797 ff. (Teil II); *diess.,* AG 2006, 785 ff.; *Weichert/Wenninger,* WM 2007, 627 ff.

[48] Verordnung (EU) Nr. 596/2014 des Europäischen Parlaments und des Rates v. 16.4.2014 über Marktmissbrauch (Marktmissbrauchsverordnung) und zur Aufhebung der Richtlinie 2003/6/EG des Europäischen Parlaments und des Rates und der

Marktmissbrauchsrichtlinie.[49] Die diesbezüglich notwendigen Anpassungen bzw. Umsetzungen in deutsches Recht erfolgten im sog. **1. Finanzmarktnovellierungsgesetz.**[50] Die genannten Normtexte beschäftigen sich ganz generell u. a. mit der Förderung und Stabilisierung von Transparenz auf den Finanzmärkten. Sie wenden sich gegen Marktmanipulation und Insider-Geschäfte, auch im Hinblick auf Warenderivate. Diese im Hinblick auf den Strom- und Gashandelsmarkt z. T. als unvollkommen kritisierte Regelung – die frühere Rechtslage erfasste etwa den (auch) im Energiebereich wichtigen Spotmarkt nicht – wird nunmehr außerdem durch die sog. **REMIT,**[51] und dazu ergangene Ausführungsvorschriften[52] ergänzt. Hier finden sich insbesondere auf die tatsächliche Situation des (leitungsgebundenen) Energiemarktes angepasste Regeln zum Marktmissbrauch und zum Insiderhandel.[53] Ferner ist der Emittentenleitfaden der BaFin zu beachten.[54]

16 Auch im Energiehandel werden immer wieder Fragen des **Steuerrechts** relevant.[55] Hier geht es um Umsatzsteuern auf grenzüberschreitende Strom- und Gaslieferungen sowie Optionsgeschäfte einerseits und Verbrauchssteuern wie Strom- und Energiesteuer andererseits.

17 Der Energiehandel ist ein internationales Geschäft.[56] Nicht nur national geschlossene und abgewickelte Geschäfte internationaler Händler, sondern gerade auch die wirklich internationalen, grenzüberschreitenden Vertragsschlüsse werden getätigt. In physikalischer Hinsicht kommen hier Grenzen zum Tragen (**grenzüberschreitende Engpässe**), welche

---

Richtlinien 2003/124/EG, 2003/125/EG und 2004/72/EG der Kommission, ABl. EU Nr. L 173, v. 12.6.2014, S. 1 ff.

[49] Richtlinie 2014/57/EU des Europäischen Parlaments und des Rates v. 16.4.2014 über strafrechtliche Sanktionen bei Marktmanipulation (Marktmissbrauchsrichtlinie), ABl. EU Nr. L 173, v. 12.6.2014, S. 179 ff.

[50] Erstes Gesetz zur Novellierung von Finanzmarktvorschriften auf Grund europäischer Rechtsakte (Erstes Finanzmarktnovellierungsgesetz – 1. FiMaNoG) v. 30.6. 2016, BGBl. I S. 1514.

[51] Verordnung (EU) Nr. 1227/2011 des Europäischen Parlamentes und des Rates v. 25.10.2011 über die Integrität und Transparenz des Energiegroßhandelsmarkts ABl. EU Nr. L 326, v. 8.12.2011, S. 1 ff.

[52] Vgl. insb. die Durchführungsverordnung (EU) Nr. 1348/2014 der Kommission v. 17.12.2014 über die Datenmeldung gemäß Artikel 8 Absätze 2 und 6 der Verordnung (EU) Nr. 1227/2011 des Europäischen Parlaments und des Rates über die Integrität und Transparenz des Energiegroßhandelsmarkts, ABl. EU Nr. L 363, v. 18.12.2014, S. 121 ff.

[53] Vgl. dazu näher *du Buisson/Dessau*, in: Zenke/Schäfer, Energiehandel, 3. Aufl., § 28.

[54] Emittentenleitfaden der Bundesanstalt für Finanzdienstleistungsaufsicht, 4. Aufl. (Stand: 20.7.2013), 8.11.2013, abrufbar unter http://www.bafin.de/ (Link: Service: Veröffentlichungen > Kategorie: Leitfäden > 8.11.2013), Stand Abruf: April 2017.

[55] Vgl. hierzu *Böck/Hoffschmidt*, in: Zenke/Schäfer, Energiehandel, 3. Aufl., § 26.

[56] Vgl. hierzu *Niedrig/Schroeder*, in: Zenke/Schäfer, Energiehandel, 3. Aufl., § 27.

die Transportkapazität zu einem knappen Gut machen können. Deren Allokation erfolgt nach verschiedenen Verfahren und Kriterien, welche sich an der Verordnung über die Netzzugangsbedingungen für den grenzüberschreitenden Stromhandel (**StromhandelVO**)[57] zu orientieren haben. Hier finden sich u. a. für den Handel wichtige europaweit einheitlich geltende Regeln zur Bemessung von Transportnetzentgelten, zum Informationsaustausch und zum Engpassmanagement.[58]

Der derivative Energiehandel hat mittlerweile durch den europäischen Gesetzgeber eine signifikante Regulierung erfahren.[59] So beinhaltet die aus dem Jahr 2004 stammende europäische **Richtlinie über Märkte für Finanzinstrumente** (**MiFID I**) erstmals auch Vorgaben für den Handel mit Warenderivaten (Commodity Derivatives) sowie mit auf CO_2-Zertifikaten und Wetter bezogenen Derivaten. Die MiFID I kennt noch eine Reihe von Ausnahmen von ihrem Anwendungsbereich, die auch in das deutsche KWG übernommen wurden. Diese Ausnahmen erlaubten es insbesondere kleinen und mittelgroßen Energiehändlern, ihr Geschäft ohne die kosten- und zeitaufwändige Einholung und Administration einer Erlaubnis nach dem KWG zu betreiben. Die bereits erwähnte **MiFID II** sowie die verbundene **Finanzmarktverordnung** (**MiFIR**)[60] beschränken diesen Freiraum mit der Umsetzung der MiFID II in deutsches Recht[61] im Rahmen des **2. Finanzmarktnovellierungsgesetzes**[62] 18

[57] Verordnung (EG) Nr. 714/2009 des Europäischen Parlaments und des Rates v. 13.7.2009 über die Netzzugangsbedingungen für den grenzüberschreitenden Stromhandel, ABl. EU Nr. L 211, v. 14.8.2009, S. 15 ff.

[58] Vgl. Artikel 14 ff. EU-StromhandelVO 2009; siehe dazu *Niedrig/Schroeder*, in: Zenke/Schäfer, Energiehandel, 3. Aufl., § 27.

[59] Vgl. hierzu *Zenke/du Buisson/Dessau*, § 9 in diesem Band.

[60] Vgl. zu beiden Normtexten *du Buisson/Dessau*, in: Zenke/Schäfer, Energiehandel, 3. Aufl., § 28 sowie et, 9/2015, S. 95 f.

[61] Ursprünglich war als Geltungsbeginn der MiFIR der 3.1.2017 vorgesehen (Art. 55 II MiFiIR) und die MiFID II bis zum 3.7.2016 in deutsches Recht umzusetzen (Art. 93 I MiFID II). Diese Fristen wurden durch Art. 1 Nr. 14 der Verordnung (EU) 2016/1033 des Europäischen Parlaments und des Rates v. 23.6.2016 zur Änderung der Verordnung (EU) Nr. 600/2014 über Märkte für Finanzinstrumente, der Verordnung (EU) Nr. 596/2014 über Marktmissbrauch und der Verordnung (EU) Nr. 909/2014 zur Verbesserung der Wertpapierlieferungen und -abrechnungen in der Europäischen Union und über Zentralverwahrer, ABl. EU Nr. L 175, v. 30.6.2016, S. 1 ff. bzw. Art. 1 Nr. 7 der Richtlinie (EU) 2016/1034 des Europäischen Parlaments und des Rates v. 23.6.2016 zur Änderung der Richtlinie 2014/65/EU über Märkte für Finanzinstrumente, ABl. EU Nr. L 175, v. 30.6.2016, S. 8 ff. bis zum 3.1.2018 bzw. 3.7.2018 verlängert.

[62] Vgl. dazu den [Referenten-]„Entwurf eines zweiten Gesetzes zur Novellierung von Finanzmarktvorschriften auf Grund europäischer Rechtsakte (Zweites Finanzmarktnovellierungsgesetz – 2. FiMaNoG)“ des Bundesministeriums der Finanzen, abrufbar unter http://www.bundesfinanzministerium.de (Link: Service > Gesetze > Regierungsentwürfe > Finanzmarktnovellierungsgesetz), Stand Abruf: April 2017.

bzw. erweitern den Aufsichtsumfang als Folge der Finanzmarktkrise deutlich erweitern. So werden einzelne Ausnahmen ersatzlos gestrichen und andere in ihrem Umfang begrenzt. Zeitgleich wird der Begriff des Finanzinstruments erweitert (künftig fallen auch CO_2-Zertifikate – Spot und Termin – darunter). Schließlich sollen OTC-Transaktionen auch von Nichtbanken in weitem Umfang nur noch über bestimmte Handelsplattformen gehandelt werden dürfen und gecleart werden müssen.[63] Die die Eigenmittelanforderungen[64] regelnde europäische Richtlinie über die angemessene Eigenkapitalausstattung von Wertpapierfirmen und Kreditinstituten (**Kapitaladäquanzrichtlinie – CRD**)[65] von 2006 enthielt in Art. 45 I ebenfalls erstmals Regelungen in Bezug auf den derivativen Handel mit Energie.[66] Diese Richtlinie wurde durch die sog. CRD IV[67] sowie die ergänzende **Kapitaladäquanzverordnung (CRR)**[68] ersetzt. Letztere enthält in Art. 493 I ebenfalls eine (derzeit) bis zum 31.12.2017 befristete Ausnahme von den Eigenmittelanforderungen für erlaubnispflichtige Energiehändler, die Art. 45 I der Richtlinie 2006/49/EG entspricht. Die CRD IV wurde aus Sicht des Energiegroßhandels durch das sog. **CRD IV-Umsetzungsgesetz**[69] in sachgerechter Weise in deutsches Recht transformiert.

19 Insgesamt bleibt zu hoffen, dass die derzeit bestehenden Erleichterungen für lizensierte Energiehändler weiter perpetuiert werden.[70]

20 Der europaweite, z. T. sogar weltumspannende Großhandel mit Energie, Primärenergieträgern und darauf bezogenen Finanzinstrumenten hat ökonomischen Sinn und eine Existenzberechtigung ausschließlich in einem wettbewerblichen Umfeld. Im Nachgang zur Finanzmarkt- und

[63] Vgl. dazu näher *Pilgram*, § 20 in diesem Band.

[64] Vgl. hierzu *Spanier*, § 11 in diesem Band.

[65] Vgl. Richtlinie 2006/49/EG des Europäischen Parlaments und des Rates v. 14.6.2006 über die angemessene Eigenkapitalausstattung von Wertpapierfirmen und Kreditinstituten (Neufassung), ABl. EU Nr. L 177, v. 30.6.2006, S. 20 ff.

[66] Vgl. hierzu *du Buisson/Dessau*, in: Zenke/Schäfer, Energiehandel, 3. Aufl., § 28.

[67] Richtlinie 2013/36/EU des Europäischen Parlaments und des Rates v. 26.6.2013 über den Zugang zur Tätigkeit von Kreditinstituten und die Beaufsichtigung von Kreditinstituten und Wertpapierfirmen, zur Änderung der Richtlinie 2002/87/EG und zur Aufhebung der Richtlinien 2006/48/EG und 2006/49/EG, ABl. EU Nr. L 176, v. 27.6.2013, S. 338 ff.

[68] Verordnung (EU) Nr. 575/2013 des Europäischen Parlaments und des Rates v. 26.6.2013 über Aufsichtsanforderungen an Kreditinstitute und Wertpapierfirmen und zur Änderung der Verordnung (EU) Nr. 646/2012, ABl. EU Nr. L 176, v. 27.6.2013, S. 1 ff.

[69] Gesetz zur Umsetzung der Richtlinie 2013/36/EU über den Zugang zur Tätigkeit von Kreditinstituten und die Beaufsichtigung von Kreditinstituten und Wertpapierfirmen und zur Anpassung des Aufsichtsrechts an die Verordnung (EU) Nr. 575/2013 über Aufsichtsanforderungen an Kreditinstitute und Wertpapierfirmen (CRD IV-Umsetzungsgesetz), v. 28.8.2013, BGBl. I S. 3395.

[70] Vgl. dazu näher *du Buisson/Zenke/Dessau*, § 10 in diesem Band.

Staatsschuldenkrise von 2008 ist sowohl in den Mitgliedstaaten als auch in den europäischen Institutionen die Sympathie für eine verstärkte Regulierung insbesondere des Strom- und Gasmarktes gewachsen, wie die angesprochenen Normsetzungsaktivitäten insbesondere der EU deutlich zeigen. Das Resümee und letzte Kapitel dieses Buches beschäftigt sich mit Hoffnungen und einem kleinen Ausblick auf die Zukunft des Energiehandels.[71]

---

[71] Vgl. hierzu *Zenke/Schäfer*, § 27 in diesem Band.

§ 2 Grundlagen des Handels mit leitungsgebundenen Energieträgern – Existenzberechtigung herstellerunabhängiger Energiehändler –

A. Einleitung

1 Mit der Abschaffung der geschlossenen Versorgungsgebiete Ende der 1990er Jahre und der Auflösung langfristiger Energielieferverträge nach dem Jahr 2000 galt der hersteller-unabhängige[1] Handel mit leitungsgebundenen Energieträgern als ein attraktiver Wachstumsmarkt mit erheblichem Gewinnpotenzial. Auch die Erstausgabe dieses Buchs im Jahr 2005 ist ein sprechender Beleg dafür.[2] Und in der Tat gab es zu Beginn eine positive Entwicklung. Neue Energiebörsen entstanden ebenso wie ein belastbarer außerbörslicher Energiehandel, darüber hinaus Institutionen wie das Bilanzkreismanagement sowie Regel- und Ausgleichsenergiemärkte. Mit dem Energiewirtschaftsgesetz (EnWG) aus dem Jahr 2005[3] ist dem Gesetzgeber außerdem eine bislang recht funktionsfähige Zuordnung von Rollen und Kompetenzen an die verschiedenen Marktteilnehmer gelungen.

2 Doch inzwischen lässt sich erkennen, dass der Energiehandel trotz eines beträchtlichen Marktvolumens ein zumeist margenschwaches Geschäft ist. Das konnte auch durch die Beschleunigungsrichtlinien zum EU-Binnenmarkt für Elektrizität und Erdgas[4] oder durch diverse EnWG-Novellen in Deutschland nicht geändert werden. Die hinter den überschwänglichen Erwartungen zurückbleibende Margenentwicklung des

---

[1] Mit dem Begriff der Hersteller-Unabhängigkeit werden Unternehmen charakterisiert, die keine Vermögenspositionen im Bereich der Elektrizitätserzeugung, der Leitungsnetze oder, bei Gas, Hochdruck-Pipelines oder Gasspeicher haben. Unternehmen mit entsprechenden Vermögenspositionen haben immer auch Handelsaktivitäten betrieben und werden dies womöglich auch weiterhin tun. Im Folgenden geht es aber um die Existenzbedingungen von Handelsunternehmen, die nicht über entsprechende Vermögenspositionen verfügen.

[2] *Zenke/Schäfer*, Energiehandel in Europa, 1. Aufl.

[3] Gesetz über die Elektrizitäts- und Gasversorgung (Energiewirtschaftsgesetz – EnWG) v. 7.7.2005 (BGBl. I S. 1970, 3621) zuletzt geändert durch Gesetz v. 21.12.2015 (BGBl. I S. 2498).

[4] Richtlinie 2003/55/EG v. 26.6.2003 über gemeinsame Vorschriften für den Erdgasbinnenmarkt und zur Aufhebung der Richtlinie 98/30/EG (Gasbinnenmarktrichtlinie – GasRL), ABl. EU Nr. L 176, v. 17.7.2003, S. 57 ff. sowie Richtlinie 2003/54/EG über gemeinsame Vorschriften für den Elektrizitätsbinnenmarkt und zur Aufhebung der Richtlinie 96/92/EG (Elektrizitätsbinnenmarktrichtlinie – EltRL), ABl. EU Nr. L 176, v. 17.7.2003, S. 37 ff. Die Richtlinien mussten bis zum 1.7.2004 in nationales Recht umgesetzt werden; vgl. dazu *Ritzau/Schuffelen*, § 5 in diesem Band.

hersteller-unabhängigen Energiehandels hat Ursachen, die sich ergründen lassen, wenn über den Handel mit leitungsgebundenen Energieträgern aus einer grundsätzlichen Perspektive heraus nachgedacht wird. Dabei sind die folgenden Leitfragen zu beantworten:

- Worin liegt die volkswirtschaftliche Funktion eines hersteller-unabhängigen Handels?
- Worin liegen die Vorteile für die Kunden der Energiehändler, namentlich für die Hersteller/Anbieter und die Letztverbraucher/Nachfrager von Elektrizität und Gas?
- Welche hersteller-unabhängigen Geschäftskonzepte versprechen angesichts der nicht unerheblichen Transaktionskosten von Handelsaktivitäten nachhaltigen Erfolg?

Der folgende Beitrag möchte einige Anregungen zur Beantwortung dieser Fragen bieten und damit zur Diskussion über die Perspektiven des hersteller-unabhängigen Strom- und Gashandels beitragen. Dabei steht der physische Handel im Vordergrund. Der Beitrag beschränkt sich bewusst auf den hersteller-unabhängigen Handel. Dass es zwischen den Unternehmen der Stromerzeugung und Gasförderung bzw. ihren Handelstöchtern einerseits und den Vertriebskunden andererseits direkte oder indirekte Handelsbeziehungen geben kann – bzw. bei Abwesenheit des hersteller-unabhängigen Handels geben muss –, bedarf keiner weiteren Erörterung.[5] Doch es stellt sich die Frage, ob und zu welchem Nutzen unabhängige Akteure zwischen diesen beiden Marktseiten eine Gewinn abwerfende Handelstätigkeit ausüben können. 3

Die Relevanz dieser Frage wird nicht dadurch entkräftet, **dass Stadtwerke, Regionalversorger** und die meisten **großen Ferngasgesellschaften** schon seit Jahrzehnten in Deutschland und anderen Ländern – neben der eigenen Erzeugung und dem Netzbetrieb – Handelsfunktionen ausüben. Mit der Energiemarktliberalisierung sind die meisten deutschen Regionalversorger zu Vertriebsorganisationen der traditionellen Verbundgesellschaften mutiert – ein Signal dafür, dass hersteller-unabhängige Händler auf liberalisierten Energiemärkten keinen leichten Stand haben. 4

B. Transaktionskosten-orientierte Theorie des Handels

Die weiteren Überlegungen beruhen auf der folgenden Ausgangsthese: 5 Kein hersteller-unabhängiger Groß- oder Einzelhändler kann sich langfristig auf einem freien Markt behaupten, wenn er nicht zumindest auf einer der beiden Marktseiten – Hersteller oder Letztverbraucher – messbare Vorteile generiert und dadurch einen nachhaltigen Wertschöp-

[5] Dass Stromerzeuger Fremdstrom von anderen zukaufen – zusätzlich zur Vermarktung der Eigenkapazitäten –, ist eine Spielart des hier betrachteten hersteller-unabhängigen Handels.

fungsbeitrag liefert. Dieser Wertschöpfungsbeitrag besteht seinem Wesen nach in verminderten Transaktionskosten auf einer der beiden Marktseiten.

6 **Transaktionskosten** sind definiert als Kosten für die Benutzung des Marktes (Kosten des Preismechanismus) und beinhalten u. a. die Kosten von Abwicklung und Organisation des wirtschaftlichen Austausches zwischen Geschäftspartnern.[6] Zu den Transaktionskosten gehören insbesondere die Aufwendungen für die Suche und Auswahl der geeigneten Transaktionspartner (Marktforschung, Marketing), für die Verhandlung und den Abschluss von Kaufverträgen, für eventuell anfallende Gebühren, Zölle und transaktionsbezogene Abgaben und Steuern, für Vertragsvollzugskosten wie bspw. Transport-, Versicherungs-, Lager- und Lieferkosten, für Kosten der Vertragsüberwachung und -durchsetzung und Ähnliches. Auch die Aufwendungen im Zusammenhang mit der Finanzierung und dem Risikomanagement sowie die Kostenfolgen eventuell ineffizienter Organisationsentscheidungen werden den Transaktionskosten hinzugerechnet.[7] Auf vielen Märkten können diese Transaktionskosten durch den zwischengeschalteten Handel erheblich gesenkt werden – und zwar netto, d. h. unter Berücksichtigung der mit den Handelsaktivitäten selbst verbundenen Kosten und Gewinnansprüche. In diesen Fällen ist es für Hersteller und Verbraucher regelmäßig vorteilhaft, anstatt direkter Vertragsbeziehungen den Umweg über den Handel zu wählen.

7 Die Transaktionskosten sind Kern der von *Williamson* begründeten **New Institutional Economics**, eine Theorieströmung der Wirtschaftswissenschaften, die sich mit der Frage beschäftigt, wie Märkte, Unternehmen und wirtschaftliche Abläufe im Hinblick auf die Optimierung der Transaktionskosten organisiert werden sollten.[8] Wegbereiter dieser Theorie ist die mit dem Nobelpreis für Ökonomie ausgezeichnete Arbeit von *Coase*, die erstmals Unternehmen als eine Summe von Vertragsbeziehungen auffasste (**institutionelle Arrangements**) und damit nicht mehr

[6] Vgl. *Rindfleisch/Heide*, Journal of Marketing 61/1997, 30 ff.; *Demsetz*, in: Williamson, The Nature of the Firm, S. 159 ff., definiert Transaktionskosten ähnlich, nämlich als „the costs of coordinating resources through market arrangements". Andere orientieren sich dagegen nicht an der operativen Seite von Markttransaktionen, sondern am Schutz des Eigentums und definieren Transaktionskosten bspw. als „costs of establishing and enforcing property rights", siehe z. B. *Allen*, Research in Law and Economics 1991, 1 ff. Eigentumsrechtliche Definitionen sind für unsere Zwecke hier ungeeignet.

[7] Vgl. *Rindfleisch/Heide*, Journal of Marketing 61/1997, 30 ff.

[8] Vgl. *Williamson*, Markets and Hierachies; *ders.*, The Economic Institutions of Capitalism; *ders.*, Administrative Science Quarterly 1991, 269 ff.

als Einheit zur Bereitstellung von Gütern und Dienstleistungen, wie es die traditionelle Sichtweise von Unternehmen ist.[9]

Anknüpfend an diese wegweisenden Vorarbeiten müsste sich eine empirische Theorie des Handels mit den Determinanten von Transaktionskosten und deren zeitlicher Entwicklung beschäftigen, um daraus Aussagen über die branchenspezifisch optimalen Strukturen des Handels und deren Veränderungen abzuleiten. Es darf vermutet werden, dass auf diesem Weg auch eine wissenschaftliche Erklärung verschiedener Neuerungen im Groß- und Einzelhandel wie bspw. Fabrikverkauf (Factory Outlet), Discount-Märkte und Internet-Handel möglich wird. 8

Allerdings gibt es einen eklatanten Mangel an wissenschaftlichen Studien mit empirischem Fokus auf den Handel. Dieser Mangel hängt wesentlich mit der Schwierigkeit zusammen, die im Rahmen der New Institutional Economics entwickelten Konzepte und Modelle zu operationalisieren sowie die Transaktionskosten in konkreten Anwendungsfällen zu identifizieren und verursachergerecht zuzuordnen. Die bislang wichtigsten Arbeiten in dieser Richtung sind *Wallis/North*[10] mit der Kritik von *Davis,*[11] *Masten u. a.*[12] und *Polski.*[13] *Wallis/North*[14] definieren einen **volkswirtschaftlichen Transaction Sector**, dessen Anteil am Bruttosozialprodukt der USA im säkularen Trend anwächst und inzwischen nahezu 50 % erreicht. *Masten u. a.* präsentieren ein Modell zur Berechnung der Höhe von betrieblichen Organisationskosten. Die Arbeit von *Polski*[15] beschäftigt sich mit dem Sektor der Geschäftsbanken – ein Ansatz, der am ehesten Hinweise zur Beantwortung der eingangs gestellten Fragen liefern könnte. 9

Neben diesen volkswirtschaftlich orientierten Arbeiten gibt es etliche betriebswirtschaftliche Untersuchungen über optimale Absatzwege,[16] Outsourcing, Make-or-Buy-Entscheidungen etc., die jedoch typischerweise den Charakter von Fallstudien haben und sich zumeist nicht mit einer theoretischen Fundierung der Existenzgrundlagen des Handels 10

---

[9] Vgl. *Coase,* Economica 1937, 386 ff.

[10] *Wallis/North,* in: Engermann/Gallman, Long-Term Factors in American Economic Growth, S. 95 ff.

[11] *Davis,* in: Engermann/Gallmann, Long-Term Factors in American Economic Growth, S. 149 ff.

[12] *Masten/Meehan/Snyder,* Journal of Law, Economics and Organzation 1991, 1 ff.

[13] *Polski,* Measuring transaction costs.

[14] *Wallis/North,* in: Engermann/Gallman, Long-Term Factors in American Economic Growth, S. 95 ff.

[15] *Polski,* Measuring transaction costs.

[16] Neben dem Modell des Absatzvermittlers (Einzel- oder Großhändler) gibt es das Modell des Vertragshändlers, bei dem der Hersteller mit dem Händler die ausschließliche Vermarktung der eigenen Produkte vereinbart, sowie das Franchising, bei dem sich der Händler zusätzlich dem Weisungsrecht des Herstellers unterwirft.

beschäftigen.[17] Schließlich gibt es auch einige Untersuchungen über die Transaktionskosten im Zusammenhang mit dem **Handel von Emissionszertifikaten.**[18]

11 Über die Betrachtung der Beziehungen zwischen Handelsfunktionen und Transaktionskosten hinaus müsste sich eine empirische Theorie des Handels mit einigen Paradoxien dieses Geschäftsfeldes beschäftigen. Zu diesen Paradoxien gehört die Entscheidungssituation von Herstellern, sich der Dienste eines unabhängigen Händlers zu bedienen oder darauf zu verzichten: Im Interesse der Vermarktung der eigenen Produktion werden die von einem Handelsunternehmen angebotenen Dienste um so attraktiver, je bekannter und marktpräsenter das Handelsunternehmen ist – dies impliziert eine Tendenz zur Oligopolisierung des Handels. Auf der anderen Seite führt die **Marktmacht** des Handelsunternehmens in eine strategische Abhängigkeit des Herstellers von diesem Unternehmen, es sei denn, der Hersteller ist selbst in einer oligopolistischen Marktposition und kann deshalb mit dem Handelsunternehmen „auf gleicher Augenhöhe" verhandeln. Es spricht also einiges dafür, den Handelssektor nicht ausschließlich unter dem volkswirtschaftlichen Idealbild der vollständigen Konkurrenz zu betrachten.

12 Eine weitere Paradoxie hängt mit Aspekten der **Reputation** zusammen. Ein Handelsunternehmen kann sich über die Zeit ein hohes Maß an Reputation und damit Kundenbindung erwerben, indem es sich bspw. durch eine besondere Qualität bei der Beratung, beim Kundendienst oder hinsichtlich anderer Dienstleistungsqualitäten auszeichnet. Allerdings resultiert ein erheblicher Teil der Reputation immer auch aus den Produkten selbst (Markenartikel): Die Kunden könnten sich unter Umgehung des Handels direkt an den jeweiligen Hersteller wenden. Ein solcher Wettbewerb kann und wird i. d. R. durch langfristige Bindungsverträge zwischen Hersteller und Handel ausgeschaltet – ein Vorgehen, das von der staatlichen Wettbewerbspolitik geschützt wird und teilweise sogar rechtlich zwingend ist, obwohl es in gewissem Sinne eine Einschränkung des Wettbewerbs bedeutet und sogar einen negativen Einfluss auf die aggregierten Transaktionskosten haben

[17] Vgl. für den deutschsprachigen Raum etwa *Barth,* Betriebswirtschaftslehre des Handels; *Müller-Hagedorn,* Der Handel; *Tietz,* Der Handelsbetrieb.

[18] Vgl. die Übersicht in *Wang,* Measuring Transaction Costs: An Incomplete Survey, Working Paper Number 2, Februar 2003, abrufbar unter http://www.coase.org/ (Link: Research > Working Papers), Stand Abruf: April 2017. *Montero,* Resource and Energy Economics 1998, 27 ff., hegt den Verdacht, dass „transaction costs are unusually high in some marketable permits programs", wobei insbesondere hohe administrative Anforderungen sowie die Unsicherheit über das Verhalten der Regulatoren eine Rolle spielen. Entsprechend können aus dem Zertifikatehandel kaum Effizienzgewinne geschöpft werden.

kann.[19] Es ist daher nicht überraschend, dass es immer wieder Versuche gibt, derartige **Bindungsverträge** zu unterlaufen.

13 An diesen knappen Überlegungen lässt sich erkennen, dass eine empirisch orientierte ökonomische Theorie des Handels ein reiches, aber auch ausgesprochen komplexes Themenfeld abzudecken hätte. Von daher ist es vielleicht nicht verwunderlich, dass von der volkswirtschaftlichen bzw. industrieökonomischen Seite her bislang wenige analytische oder empirische Studien vorgelegt wurden, an die im Rahmen der Erörterung des hersteller-unabhängigen Handels mit leitungsgebundenen Energieträgern anzuknüpfen wäre.

C. Handel mit leitungsgebundenen Energieträgern

14 Die beschriebenen Theorie-Defizite zwingen nachfolgend zur methodischen Beschränkung: Anstelle einer modellhaft integralen Quantifizierung der Transaktionskosten auf leitungsgebundenen Energiemärkten können nur die entsprechenden Unterschiede gegenüber anderen Märkten betrachtet werden, um daraus Hinweise über die Erfolgsbedingungen eines hersteller-unabhängigen Energiehandels abzuleiten. Wir beschränken uns hier auf den physischen Energiehandel und blenden den finanziellen Energiehandel aus. Dieses Vorgehen ist dadurch motiviert, dass dem finanziellen Energiehandel ohne den physischen Handel die Grundlage fehlt, weshalb letztlich die Besonderheiten des physischen Energiehandels auch die Funktionen, Wertschöpfungspotenziale und Perspektiven des finanziellen Energiehandels bestimmen.

I. Sicht der Hersteller bzw. der Kunden auf der Anbieterseite des Handels

15 Aus der Analyse der industrieökonomischen und betriebswirtschaftlichen Literatur erscheinen aus grundsätzlichen Überlegungen die folgenden Faktoren ursächlich dafür, dass durch Einschalten eines externen Handelsunternehmens auf Seiten der Hersteller Transaktionskosten eingespart oder Produktivitätsvorteile erzielt werden können:

- Der externe Handel bietet mit seiner **Logistik**, seinem Netzwerk an Verkaufspunkten sowie der Transformation von Losgrößen Einsparungen bei den Vertriebs-, Verpackungs-, Versand- und Inkassokosten.
- Darüber hinaus bietet der Handel die Chance zur **Spezialisierung**, weil der Hersteller nicht die gesamte Produktpalette (ein „ladenfüllendes" Sortiment) anbieten muss, um für die Kunden ein attraktiver Verkaufspunkt zu sein.

---

[19] Dass der Einzelhandel in Deutschland in den letzten Jahren nicht noch stärker in Bedrängnis geriet, könnte auch dem staatlichen Schutz solcher Bindungsverträge geschuldet sein.

- Viele Unternehmen nutzen den hersteller-unabhängigen Handel schließlich zur **Anonymisierung** (eines Teils) ihrer Produkte gegenüber dem Kunden bzw. Wettbewerbern und nutzen die damit gegebenen Möglichkeiten zur Kunden- und Preisdiskriminierung.
- Dank häufiger Kundenkontakte verfügen Händler über ausgezeichnete Kenntnisse hinsichtlich der Kundenbedürfnisse, die sich die Hersteller zunutze machen können, indem sie mit dem Handel zusammenarbeiten. Über den Handel können zeitnahe Anhaltspunkte zur Produktgestaltung und -optimierung gewonnen werden.

16 Bei leitungsgebundenen Energien kommt den vorgenannten Aspekten offensichtlich eine wesentlich geringere Rolle zu als bei normalen Gütern und Dienstleistungen: Bei leitungsgebundenen Energien wird die Logistik grundsätzlich nicht über Händler bereitgestellt, sondern vom Netzbetreiber. Spezialisierung[20] und Preisdiskriminierung spielen bei weitgehend homogenen Gütern eine untergeordnete Rolle. Damit verbleibt vor allem die **Anonymität**[21] als einer der Vorteile des hersteller-unabhängigen Handels für den Energieanbieter; mit dem Energiehandel können sie ihre eigenen Vermarktungsstrategien vor den Wettbewerbern verdeckt halten.

17 Auf der anderen Seite sind die Dienstleistungen des hersteller-unabhängigen Energiehandels mit neuen **Transaktionskosten** verbunden, eine Folge des datenaufwendigen und mit Risiken verbundenen **Bilanzkreismanagements.**[22] Wenn die Wertschöpfungskette vom Hersteller zum Verbraucher durch Einbeziehung eines hersteller-unabhängigen Energiehändlers verlängert wird, müssen die damit verbundenen zusätzlichen und Transaktionskosten in den Brutto-Handelsmargen verdient werden können. Hohe Transaktionskosten des Energiehandels sowie traditionell tiefe Bruttomargen lassen im physischen Energiehandel meist nur geringe Gewinnmargen zu. Es ist schon erstaunlich, wie wenig dieser Aspekt bei der öffentlichen Diskussion über die Liberalisierung der Märkte für leitungsgebundenen Energien bisher eine Rolle gespielt hat.

18 Es bleibt das Argument der Kenntnisse von Kundenbedürfnissen. Effektiv kann dies eine der Stärken werden, die es aus Sicht der Hersteller rechtfertigen, einen hersteller-unabhängigen Energiehändler einzuschalten. Allerdings sind hier Vorbehalte angebracht. Zwar führt das **Out-**

---

[20] Man könnte hier bspw. daran denken, dass einzelne Hersteller sich auf Grundlaststrom oder Spitzenlaststrom spezialisieren und das Matching mit der Nachfrage durch externe Händler besorgen lassen.

[21] Hier könnte man etwa daran denken, dass ein Kernkraftwerkbetreiber sich hinter einem externen Händler „versteckt", doch mit der im neuen Energiewirtschaftsrecht vorgesehenen Offenlegung der Stromherkunft ist dies rechtlich unzulässig.

[22] Zu nennen ist die Prognose und Beschaffung von Stromfahrplänen im ¼-Stundenraster sowie eine Kosten treibende Abrechnungsmethodik für Ausgleichs- und Regelenergie.

sourcing von Funktionen, die nicht zu den Kernkompetenzen des Herstellers gehören oder aus strategischen Gründen vom Hersteller kontrolliert werden müssen, generell zu einer höheren Gesamtproduktivität des Herstellers. Inwieweit das aber den hersteller-unabhängigen Handel begünstigt, hängt wesentlich davon ab, ob der Vertriebskanal zu den strategischen Funktionen eines jeweiligen Unternehmens gehört. Die meisten Stromerzeuger und Ferngasunternehmen haben durch den Aufbau eines eigenen Direktvertriebs erkennen lassen, dass sie diese Frage positiv beantworten. Das muss natürlich unweigerlich Auswirkungen auf die Perspektiven eines hersteller-unabhängigen Energiehandels haben.

Die Betriebswirtschaftslehre beschäftigt sich eingehend mit den Vor- 19
und Nachteilen der verschiedenen Vertriebswege. Der Theorie zufolge hängt die Vermarktungsentscheidung eines Herstellers u. a. vom Hersteller-Wettbewerb und von seiner Marktposition ab. Je homogener seine Produkte sind und je weniger intensiv der Hersteller-Wettbewerb ist, desto geringer wird seine Neigung zur Inanspruchnahme der Dienstleistungen von Handelsunternehmen sein. Dies scheint beim physischen Energiehandel seine Bestätigung zu finden.

II. Sicht der Verbraucher bzw. Kunden auf der Abnehmerseite des Handels

Der hersteller-unabhängige Handel kann im Prinzip auch aus Sicht sei- 20
ner Kunden auf der Abnehmerseite zu Transaktionskostenersparnissen beitragen. Dabei spielen die klassischen Funktionen des Handels eine maßgebende Rolle:

- Mit der in einem Kaufhaus, einem Einkaufszentrum, einer Mustermesse oder einem virtuellen Handelsplatz gegebenen Auswahl und Vergleichsmöglichkeit erspart sich der Kunde auf der Abnehmerseite **Suchkosten** bei der Auswahl des Produkts bzw. Herstellers. Er muss sich nur zu einem Händler bzw. Handelsplatz mit einem breiten Produktsortiment begeben und hat dann Transparenz hinsichtlich Produkteigenschaft, Qualität und Preis. Angesichts der mit der Produktvielfalt steigenden Suchkosten begibt sich der Kunde bevorzugt an denjenigen Ort, wo die Auswahl am größten ist. Dies erklärt die Attraktivität von großen Handelsplätzen gegenüber kleinen und begründet die auf vielen Märkten beobachtbare Tendenz zur räumlichen (und zeitlichen) Clusterbildung im Handel.
- Eine weitere Funktion des Handels, die Lagerhaltung und Distribution, stellt sicher, dass der Kunde die gewünschten Produkte zumeist in ausreichenden Mengen, zum richtigen Zeitpunkt und am richtigen Ort vorfindet und sich damit **Wegekosten** erspart. Die Transaktionskosten senkenden Wirkungen des Handels beruhen auf technischen

Skaleneffekten bei der Logistik sowie einem kostenoptimierten Management von Transport und Lagerhaltung.
- Eine wesentliche Funktion vieler Handelsunternehmen stellen Beratung und **Kundendienst** dar. Diese Funktion des Handels hat etwas damit zu tun, dass der Kunde die tatsächlichen Eigenschaften vieler Produkte oft nicht auf den ersten Blick erfassen kann, sondern erst nach Inbetriebnahme bzw. erstmaliger Nutzung des Produkts. Mit Beratung und Kundendienst wird das aus Käufersicht bestehende Risiko eines Fehlkaufs reduziert.
- Schließlich kann der Handel durch Bündelung der Nachfrage vieler Kunden Preisvorteile im Einkauf erzielen und dadurch Deckungsbeiträge erwirtschaften.

21 Bei **leitungsgebundenen Energieträgern** existieren die meisten nachfrageseitigen Transaktionskostenvorteile des Handels nicht: Wegen der vergleichsweise **hohen technischen Produkthomogenität** von Elektrizität und Gas[23] und wegen der Lieferung bis ins Haus durch den jeweilig einzigen Netzbetreiber hat der Energiekunde praktisch keine Such- und Wegekosten, und auch ein Kundendienst, der über die Tarifberatung hinausgeht, erübrigt sich meist. Dadurch kann ein hersteller-unabhängiger Händler bei seinen Kunden auf der Abnehmerseite vergleichsweise geringe Transaktionskostenvorteile gegenüber einer direkten Hersteller-Letztverbraucher-Beziehung bieten. Dies gilt insbesondere im Marktsegment der Tarifkunden, also im Einzelhandel.

22 Aus dieser Einsicht heraus haben viele Stromhändler der ersten Stunde auf dem Retail-Markt den klassischen Weg der **Produktdifferenzierung** gewählt, der bei einem an sich homogenen Gut vor allem in originellen Verkaufsformen und der Entwicklung von Markennamen liegt. Weil jedoch Strom und Gas aus der Sicht der meisten Kunden sog. **Low-Interest-Güter** darstellen, ist es bis heute nicht wirklich gelungen, den Vertrieb solcher Güter mit dem Image eines **Markenartikels** zu verbinden, und es ist derzeit nicht erkennbar, wie sich dies demnächst ändern könnte. Die Farbe des Briefkopfs, auf dem die Rechnung verschickt wird, genügt hier jedenfalls nicht. Zwar wird mit dem Konzept von **Herkunftsnachweisen** eine aus Sicht der Kunden plausible Produktdifferenzierung versucht, doch ein durchschlagender Erfolg konnte damit bislang nicht erreicht werden – dazu ist die Herkunft der Elektrizität für die meisten Kunden zu wenig relevant bzw. glaubwürdig. Erschwerend

---

[23] Von einer Behandlung der Besonderheiten einer Vermarktung von „grünem Strom" sei hier einmal abgesehen. In diesem Teilsegment könnte eine interessante Rolle für den hersteller-unabhängigen Handel liegen, wenn es gelingt, die Zahlungsbereitschaft für grünen Strom zu wecken bzw. zu steigern (etwa durch eine Gutschrift der Ökosteuer).

für die Entwicklung einer neuen Handelsmarke ist das i. d. R. hervorragende Image der regionalen Energieversorger (Stadtwerke) bei ihren Kunden, jedenfalls in Deutschland. Dies mussten selbst die großen Verbundgesellschaften mit ihren Direktvertrieben erkennen. Ein Impuls für den hersteller-unabhängigen Handel könnte allerdings künftig aus neuen technischen Entwicklungen im Bereich intelligenter Zähler kommen. Mit ihrer Hilfe ließe sich das Niveau der Versorgungssicherheit im Prinzip individualisieren, wobei ein höheres Versorgungssicherheitsniveau mit Preiszuschlägen zu bezahlen wäre. Doch gibt es derzeit noch keine Versuche, entsprechende Geschäftsmodelle zu implementieren.[24]

Sofern Stromerzeuger und Erdgasversorger die Nachfragebündelung durch das Gewähren von Mengenrabatten wirtschaftlich begünstigen, hätte der hersteller-unabhängige Handel eine wirtschaftliche Chance, wenn er für **Bündelkunden** Preiszugeständnisse gewährt, die über die Stückelungskosten in die Einzelbezugsmengen hinausgehen. In der Anfangsphase der Energiemarktliberalisierung konnten Großhändler mit dieser Strategie Deckungsbeiträge erwirtschaften. Doch inzwischen haben die Elektrizitäts- und Gasanbieter dazugelernt, womit dieses Geschäftsmodell für hersteller-unabhängige Energiehändler keine besondere Attraktivität mehr besitzt. Im Strom- und Gasmarkt beschränkt sich der Bündelvorteil darauf, dass die **Lastprofile** umso weniger stark von den stochastischen Schwankungen einzelner Kunden beeinflusst sind, je mehr Kunden durch einen Bilanzkreis zusammengefasst sind. Es handelt sich um einen ausgeprägten Skaleneffekt, der dem großen Energiehändler einen offensichtlichen Vorsprung gegenüber kleinen Unternehmen sichert. Handelskooperationen bis hin zu Fusionen sind die natürliche Schlussfolgerung aus dieser Situation. 23

Doch es gibt auch eine positive Perspektive: Es wurde bereits auf die Komplexität des Bilanzkreismanagements verwiesen und dies als ein Hemmnis für die Entwicklung des hersteller-unabhängigen Handels identifiziert. Doch da nicht nur die Händler selbst, sondern auch die größeren Sondervertragskunden und Stadtwerke von der Komplexität dieses Regelwerks betroffen sind, wenn sie sich von den bisherigen Vollversorgungsverträgen mit ihren Versorgern lösen, haben sich **Beratungs- und Optimierungsaufgaben** in Ergänzung des Handels zu einem neuen Aufgabenfeld entwickelt. Dazu gehört das Angebot von sog. **Customized Products**, die durch maßgeschneiderte und flexible Kombination der Angebote verschiedener Hersteller und Vertragsformen zusammengestellt werden. Voraussetzung für einen damit verbundenen nachhaltigen Handelserfolg ist nicht nur das Energiehandel-Know-how, sondern auch 24

[24] Immerhin hat *Praktiknjo* für entsprechende Geschäftskonzepte die theoretischen Grundlagen gelegt. Vgl. *Praktiknjo*, Sicherheit der Elektrizitätsversorgung.

ein spezialisiertes Know-how zur Branche der jeweiligen Kunden. Nur wer die Kunden in ihrem Marktumfeld wirklich versteht, wird sich als hersteller-unabhängiger Händler mit Customized Products gegenüber den Erzeugern bzw. ihren Handelshäusern durchsetzen können. Die Handelsfunktion reduziert sich damit zu einem Teilbereich eines umfassenden Energiedienstleistungs-Pakets.

D. Portfoliomanagement als Kern der Wertschöpfung des Energiehandels

25 Insgesamt laufen die vorstehenden Überlegungen darauf hinaus, die langfristigen Ertragsperspektiven des hersteller-unabhängigen Handels mit leitungsgebundenen Energien eher zurückhaltend zu beurteilen. Sieht man von spezialisierten Dienstleistungen ab, so gibt es eigentlich nur wenige Funktionen, bei denen der Energiehandel einen echten Wertschöpfungsbeitrag zu leisten in der Lage ist, das Risikomanagement sowie die Direktvermarktung von Elektrizität aus dezentralen Erzeugungsanlagen.

Bilanzkreismanager sind zwangsläufig Mengen- und Preisrisiken ausgesetzt, die bei schlechtem Risikomanagement sogar existenzgefährdend werden können. Mengenrisiken beruhen darauf, den Bilanzkreis für die jeweilige Lieferperiode nicht ausgeglichen zu haben, weil die Entwicklungen auf der Angebots- oder der Nachfrageseite unzutreffend vorausgesehen wurden. Die Differenzen werden zwar von den Übertragungsnetzbetreibern physikalisch in Form von Ausgleichsenergie ausgeglichen, doch damit sind erhebliche Kostenrisiken[25] verbunden. Preisrisiken beruhen darauf, dass Bilanzkreismanager offene Positionen erst im Kurzfristhandel schließen. Sie sind damit der volatilen Preisentwicklung am Day-ahead- und am Intraday-Markt ausgesetzt. Hersteller-unabhängige Energiehändler können die Bilanzkreise in ihrem Portfolio- und **Risikomanagement** unterstützen, indem sie selbst Risikopositionen eingehen und damit den Bilanzkreismanagern eine Art Versicherung für Preisvolatilitäten an den Spot- und Regelenergiemärkten anbieten.

[25] Die Kostenrisiken entsprechen dem Produkt aus der Bilanzkreisabweichung und dem regelzonenübergreifenden einheitlichen Bilanz-Ausgleichsenergie-Preis (reBAP), der an die volatilen Viertelstundenpreise des Intra-day-Markts gekoppelt ist, zuzüglich eventuell erhobener Pönale. Darüber hinaus wird ein systematisches Fehlverhalten der Bilanzkreismanager durch die BNetzA finanziell sanktioniert. Im Extremfall kann der Übertragungsnetzbetreiber sogar den Bilanzkreisvertrag kündigen.

Abbildung 2.1: Preis-Risiko-Diagramm

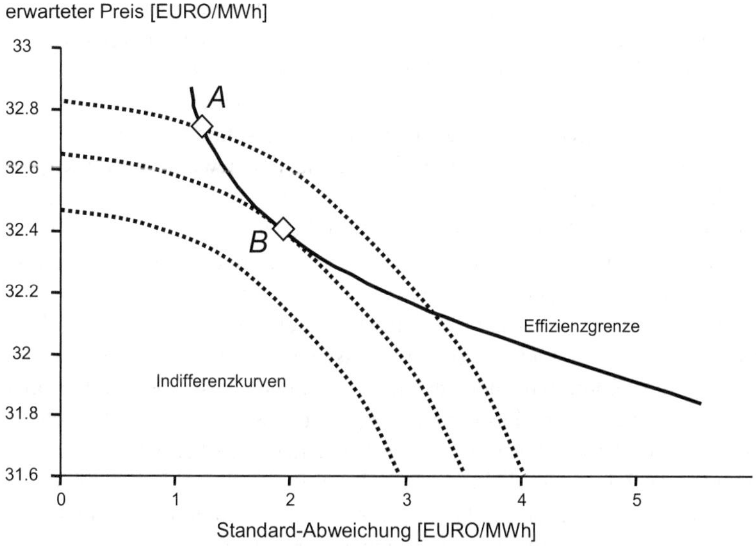

Die theoretischen Grundlagen des Portfolio- und Risikomanagements wurden durch die wirtschaftswissenschaftlichen Arbeiten u. a. von den Wirtschafts-Nobelpreisträgern *Markowitz*[26] (1952) und *Sharpe*[27] (1970) gelegt und gehören heute zum Kern der **Kapitalmarkttheorie**. Zur Veranschaulichung der Theorie kann das in Abbildung 2.1 dargestellte Preis-Risiko-Diagramm herangezogen werden. Ausgangspunkt ist ein Bilanzkreismanager, der Letztverbraucher versorgen will und die erforderliche Energiemenge in Ermangelung eigener Erzeugungsanlagen an den Termin- oder Spotmärkten einkaufen muss. Der Bilanzkreismanager sollte seine Beschaffungsstrategie anhand des durchschnittlich erwarteten Beschaffungspreises sowie des mit der jeweiligen Beschaffungsstrategie verbundenen Risikos optimieren. Dabei gilt: Je größer die erst auf den Spotmärkten beschaffte Energiemenge wird, desto größer wird auch das Preisrisiko sein, wegen der unkalkulierbaren Spotmarkt-Preisschwankungen. Um zu einer optimalen Lösung zu gelangen, bewertet der Bilanzkreismanager jeden Punkt im Preis-Risiko-Diagramm anhand seiner individuellen Risikoaversion. Werden alle Punkte mit gleicher Bewertung miteinander verbunden, so gelangt man zu Indifferenzkurven, die zum Ausdruck bringen, welcher Bezugspreisvorteil als Ausgleich für ein höheres (Preis-)**Risiko** aus Sicht des Bilanzkreismanagers mindes- 27

[26] *Markowitz,* Journal of Finance 1952, 77 ff.
[27] *Sharpe,* Portfolio Theory and Capital Markets.

tens erforderlich ist. Drei dieser Indifferenzkurven sind in der Abbildung 2.1 gezeigt (unterbrochene Linien). Der Schnittpunkt jeder Indifferenzkurve mit der y-Achse wird als Sicherheitsäquivalent bezeichnet. Es handelt sich um denjenigen Bezugspreis, der aus Risikosicht jeweils gleichwertig mit den anderen Punkten auf derselben Indifferenzkurve ist, wobei aber das **Sicherheitsäquivalent** kein **Preisrisiko** beinhaltet.

28 Abhängig von dem Lieferfahrplan sowie den jeweiligen Marktgegebenheiten können Preisrisiken gegen höhere Bezugspreise getauscht werden. Für die Bilanzkreismanager besteht die Aufgabe des optimalen Risikomanagements, für seine Lieferverpflichtungen seinen Energiebezug so zu strukturieren, dass er einen Punkt auf der Indifferenzkurve mit dem niedrigsten Sicherheitsäquivalent erreicht. Durch unterschiedliche Kombination von Lieferverträgen[28] lassen sich sehr viele verschiedene Preis-Risiko-Kombinationen erreichen. Einige dieser Kombinationen sind effizient, d. h. es besteht bei gegebenem Risiko keine Möglichkeit zur weiteren Preisreduktion. Die als Effizienzgrenze bezeichnete Linie in Abbildung 2.1 verdeutlicht, welche Preis-Risiko-Kombinationen durch effiziente Portfolien erreichbar sind. Zu den Aufgaben des professionellen Portfoliomanagements sollten neben der Fahrplanprognose auch die laufende Bestimmung der Effizienzgrenze sowie des individuell **optimalen Portfolios** gehören. In Abbildung 2.1 wäre das optimale Portfolio durch den *Punkt B* gekennzeichnet.

29 Wenn es durch Unterstützung des hersteller-unabhängigen Handels gelingt, den Stromeinkauf in der skizzierten Weise zu optimieren, ist damit ein **Wertschöpfungsvorteil** verbunden, der sich als Differenz von Sicherheitsäquivalenten messen lässt. Hier könnte eine nachhaltige Wertschöpfungsfunktion für den Handel mit leitungsgebundenen Energien liegen. Externe Energiehändler könnten dank eines besseren Überblicks hinsichtlich entsprechender Handelsprodukte und Risiken einen Informationsvorsprung gegenüber ihren Kunden auf der Lieferanten- oder Abnehmerseite nutzen, der sich auch in entsprechenden Handelsgewinnen niederschlägt. Insbesondere auf den deutschen Elektrizitätsmärkten war es in den letzten Jahren jedoch praktisch kaum möglich, mit einem aktiven Risiko- und **Portfoliomangement** entsprechende Handelsvorteile zu erzielen. Vollversorgungs-Bezugsverträge mit Festpreisen beinhalten beispielsweise aus Sicht eines Stadtwerks keine Mengen- und Preisrisiken, doch liegt der durchschnittliche Bezugspreis solcher Verträ-

[28] Beim Strom sind das bspw. Teilversorgungsverträge mit dem bisherigen Vorversorger unter Zukauf von Jahres-, Quartals- und Monats-Forwards sowie Handelsgeschäften an den Spotmärkten. Ein Portfolio muss nicht allein aus einer Kombination physischer Verträge bestehen, sondern kann auch Finanzprodukte enthalten, womit der hersteller-unabhängige Handel in den Bereich von Bankdienstleistungen vorstößt.

ge kaum über dem durchschnittlichen Einkaufspreis eines aktiven Portfoliomanagements. Das stellt natürlich ein erhebliches Handicap für den hersteller-unabhängigen Energiehandel dar.

30 Mit der überwiegend obligatorischen **Direktvermarktung** von dezentral erzeugter Elektrizität[29] ergibt sich ein neues Potenzial für den hersteller-unabhängigen Energiehandel. Ursprünglich hatten das Erneuerbare-Energien-Gesetz (EEG) wie auch das Gesetz zur Förderung der Kraft-Wärme-Kopplung (KWK) den Netzbetreibern eine Abnahmepflicht für die jeweiligen Elektrizitätsmengen auferlegt, womit der hersteller-unabhängige Energiehandel in diesem Marktsegment ausgeschaltet wurde. Mehr noch: Mit der steigenden erneuerbaren Elektrizitätserzeugung wuchsen die Übertragungsnetzbetreiber zu den größten Teilnehmern am Day-ahead-Elektrizitätsmarkt, obwohl sie nach den europäischen Entflechtungsregeln dort eigentlich gar nichts zu suchen hätten.

Mit der Neuregelung des EEG im Jahr 2011[30] wurde die Option der Direktvermarktung geschaffen, die gleich von Beginn weg, insbesondere von den Windanlagenbetreibern, stark genutzt wurde. Da die Betreiber von Windanlagen zumeist zu klein sind, um für die Windstromvermarktung einen eigenen Erzeugerbilanzkreis zu betreiben, hat sich schnell ein entsprechendes Tätigkeitsfeld für hersteller-unabhängige Energiehändler entwickelt. Mit der obligatorischen Direktvermarktung für Neuanlagen und dem erwarteten weiteren Ausbau der dezentralen Elektrizitätserzeugung liegen hier sehr gute Wachstumsperspektiven. Mit der Direktvermarktung intermittierender Elektrizitätsmengen sind allerdings besondere Herausforderungen und Kosten verbunden (insbesondere im Hinblick auf die Erzeugungsprognosen). Anfänglich waren die Bruttomarken der Händler durchaus auskömmlich, doch mit steigendem Wettbewerbsdruck unter den Energiehändlern sind sie inzwischen deutlich gefallen. Dies zwingt die Händler zur Einführung kosteneffizienter und hochautomatisierter Abwicklungsprozesse, die von Natur aus mit hohen Skaleneffekten verbunden sind und eine Tendenz zur Marktkonzentration begünstigen – insbesondere auch deshalb, weil Bilanzkreisprognosen umso besser werden, je größer die Zahl der einem Bilanzkreis zugeordneten Windanlagen ist. Ob Konzentrationsprozesse im hersteller-unabhängigen Energiehandel am Ende attraktiveren Handelsmargen

---

[29] Gesetz für den Ausbau erneuerbarer Energien (Erneuerbare-Energien-Gesetz – EEG 2014) v. 21.7.2014 (BGBl. I S. 1066), zuletzt geändert durch Gesetz v. 21.12.2015 (BGBl. I S. 2498); Gesetz für die Erhaltung, die Modernisierung und den Ausbau der Kraft-Wärme-Kopplung (Kraft-Wärme-Kopplungsgesetz – KWKG) v. 21.12.2015 (BGBl. I S. 2498).

[30] Gesetz zur Neuregelung des Rechtsrahmens für die Förderung der Stromerzeugung aus erneuerbaren Energien v. 28.7.2011 (BGBl. I S. 1634).

gewährleisten, ist derzeit nicht absehbar, dürfte aber nicht zuletzt auch von kartellrechtlichen Regulierungsvorgaben abhängen. Die Direktvermarktung von dezentral erzeugter Elektrizität verspricht also kein grundlegend besseres Geschäftsklimas für den hersteller-unabhängigen Energiehandel.

E. Ausblick

32 Trotz einzelner Marktnischen und Erfolg versprechender Businesskonzepte ist der (physische) Groß- und Einzelhandel mit leitungsgebundenen Energieträgern auch bei einer ungestörten Liberalisierung der leitungsgebundenen Energiemärkte kein Selbstläufer. Im Unterschied zu anderen Gütermärkten sind leitungsgebundene Energien durch besondere Merkmale gekennzeichnet, denen zufolge die Wertschöpfungspotenziale eines hersteller-unabhängigen Handels beschränkt sind. Der erfolgreiche Handel mit leitungsgebundenen Energieträgern setzt nicht allein den diskriminierenden **Netzzugang** zu transparenten und fairen Bedingungen voraus. Die vorstehenden Erörterungen haben den Netzzugang überhaupt nicht näher thematisiert und behalten demnach auch bei Überwindung allfälliger Netzzugangsprobleme sowie bei höheren Netznutzungsentgelten ihre Gültigkeit.

33 Im Ergebnis unserer Analyse scheint es wohl der Marktlogik **leitungsgebundener Energieträger** zu entsprechen, dass der Groß- und Einzelhandel überwiegend nach dem Modell des **Direktvertriebs** organisiert ist, es also die Handelsabteilungen der Hersteller sind, auf die sich der Energiehandel konzentrieren wird. Dies schließt nicht aus, dass die Handelsabteilungen auch Fremdenergiemengen zukaufen und vermarkten. Perspektivisch interessant ist auch die Strategie, aus einem zunächst hersteller-unabhängigen Handelsunternehmen durch Erwerb von Erzeugungsanlagen, Speichern, Ladestationen etc. ein Energieversorgungsunternehmen mit eigenen energiewirtschaftlichen Vermögenspositionen zu entwickeln. Von diesem Trend ausgenommen ist die Vermarktung der dezentralen Elektrizitätserzeugung. Die entsprechenden Betreiber sind vorerst auf die Dienstleistungen eines hersteller-unabhängigen Handels angewiesen. Es ist aber durchaus denkbar, dass sich daraus eines Tages integrierte erneuerbare Energieversorger mit eigenen Handelshäusern entwickeln.

34 Dass in der Integration von Herstellung und Vertrieb generell die Zukunft liegen könnte, scheint sich auch durch die aktuelle betriebswirtschaftliche Diskussion von sog. **Efficient-Consumer-Response-Modellen**[31] anzudeuten. Diesem Konzept zufolge sollten Hersteller und Handel

---

[31] Vgl. als Einführung *von der Heydt*, Efficient Consumer Response.

ihre Wertschöpfungskette nicht mehr getrennt voneinander, sondern gemeinsam im Verbund optimieren, wobei der Endkunde die **Wertschöpfung** durch sein Käuferverhalten direkt beeinflusst – daher der Begriff. Eine solche Vision setzt eine auf Vertrauen basierende Kooperation zwischen Hersteller und Handel voraus. Es geht darum, „Ineffizienzen entlang der Wertschöpfungskette unter Berücksichtigung der Verbraucherbedürfnisse und der maximalen Kundenzufriedenheit zu beseitigen, um allen Beteiligten jeweils einen Nutzen zu stiften, der im Alleingang nicht zu erreichen gewesen wäre. Einerseits sollen Kosten gesenkt und andererseits echte Wertschöpfungsbeiträge generiert werden."[32]

Das sind sehr nett klingende Worthülsen, denn die erforderliche Ko- 35
operation dürfte sich – auch angesichts strategischer Interessenskonflikte – bei den leitungsgebundenen Energien nicht so einfach verwirklichen lassen. Welcher hersteller-unabhängige Händler wäre bspw. zu dem notwendigen Informationsaustausch mit dem Hersteller bereit?

Nun kann man, jedenfalls im Strommarkt, auch auf anderen Wegen 36
zu einer engeren Integration von Erzeugung und Handel gelangen. Dazu gehört einerseits die Strategie der Stromerzeuger, eigene Handelsaktivitäten zu entwickeln. Umgekehrt haben natürlich auch hersteller-unabhängige Händler – zumindest mittelfristig – die Möglichkeit, in eigene Stromerzeugungskapazitäten zu investieren, sich an solchen Investitionen zu beteiligen oder sich über Langfristverträge an Stromerzeuger zu binden.[33] Der aktuelle Entwicklungstrend bei den neuen Elektrizitäts- und Erdgashändlern in Deutschland bietet eine nachhaltige Bestätigung dafür.

Die Perspektiven eines hersteller-unabhängigen Handels mit leitungs- 37
gebundenen Energien könnten sich natürlich erheblich verbessern, wenn den entsprechenden Handelsunternehmen politische Präferenzen eingeräumt werden. Das dabei zu implementierende Marktdesign würde dann aber nicht mehr mit der inneren Logik des Energiehandels – fehlendes Wertschöpfungspotenzial für hersteller-unabhängige Händler – übereinstimmen und kontinuierliche Regulierungseingriffe erfordern, um die politisch gewollte Marktstruktur aufrecht zu erhalten. Etwaige regulationsbedingte Perspektiven des hersteller-unabhängigen Energiehandels sind jedoch kein Gegenstand der vorliegenden Abhandlung.

---

[32] *von der Heydt*, Efficient Consumer Response, S. 37.

[33] Im Gasmarkt liegen die Verhältnisse etwas anders, denn nur (einige) große Ferngasgesellschaften sind wohl auf absehbare Zeit in der Lage, eigene Förderkapazitäten (notgedrungen im Ausland) zu entwickeln bzw. zu erwerben, während die anderen Gasunternehmen in Deutschland – sollten sie in Zukunft unabhängig bleiben – notgedrungen hersteller-unabhängige Händler bleiben werden.

§ 3 Der Markt für Öl (empirische Darstellung)

A. Einleitung

1 Strom und Gas sind Beispiele für leitungsgebundene Energien, die dadurch charakterisiert sind, dass der Lieferant Übertragungs- und Verteilnetze, an die sein Kunde angeschlossen ist, zur Erfüllung seiner Energielieferverpflichtung nutzt. Die Leitungsgebundenheit bringt es mit sich, dass sich für leitungsgebundene Energien regionale erzeugungsstrukturbedingte Preise etablieren und zwar dann, wenn die Leitungskapazität nicht ausreicht, Engpässe zwischen miteinander verbundenen Regionen zu vermeiden. Der Markt für Rohöl ist ein globaler Markt anders als Gas- oder Strommärkte.[1] Für Rohöl existieren mit bspw. Tankschiffen, Tankfahrzeugen oder Tankwaggons Transportalternativen zu Leitungen. Deswegen haben sich im Rohölmarkt mit der Brent Crude oder WTI (West Texas Intermediate) Crude Notierung Preisnotierungen etabliert, zu denen abweichende Rohölqualitäten und abweichende Lieferorte mit einem Ab- oder Aufschlag gehandelt werden. Jedoch spielt auch die **Leitungsgebundenheit** im Ölmarkt eine Rolle. Vor 2011 notierte WTI meistens über Brent Crude. Im Oktober 2011 jedoch notierte WTI deutlich unter Brent Crude mit einem Abschlag von in der Spitze 27,88 USD/bbl bei einem Brent Crude Monatsdurchschnittspreis von ca. 110 USD/bbl. Grund dafür waren u. a. die hohe Rohölproduktion in Kanada und ein zusätzliches Angebot aus North Dakota und Montana sowie nachfrageseitig keine Rohöltransportflüsse auf der Seaway Pipeline von Cushing in Richtung Golfküste[2] und geringer Rohölbedarf der Raffinerien in Oklahoma. Zurzeit (Januar 2017) beträgt der Abschlag der WTI zur Brent Crude Notierung ca. 3 USD/bbl bei einem Brent Crude Preis von ca. 55 USD/bbl. Verglichen mit der Situation in 2010 haben sich einige Fundamentalfaktoren im Rohölmarkt verändert. Zum einen ist die Supply-Demand-Balance im globalen Ölmarkt entspannter, was zu einem niedrigeren Ölpreis führt. Zum anderen hat De-Bottlenecking von Pipelines,[3] der Einsatz von mehr alternativen Transportformen wie bspw. Öl in Tankcars auf Schienen sowie Modifikatio-

[1] Zwar ist der Gasmarkt durch Flüssiggas (LNG) globaler geworden, jedoch ist der Gasmarkt innerhalb der durch LNG-Lieferungen verbundenen Regionen leitungsgebunden. Auch existiert anders als im Rohölmarkt kein globaler Referenzpreis.

[2] *Lefebvre,* More Pipelines Needed to Follow Seaway's Path, The Wall Street Journal 18.11.2011.

[3] Die erweiterte Kapazität der Seaway Pipeline steht bspw. seit Anfang 2013 dem Markt zur Verfügung.

nen an existierenden Raffinerien, sodass diese mehr US-Ölsorten verarbeiten können, zu einem Abschmelzen des Abschlages von WTI zu Brent Crude Preisen geführt.

Auch unterscheidet sich der Rohölmarkt durch seine Bedeutung für 2
die Weltwirtschaft von den Strom- und Gasmärkten. Die Preisänderungen für den liquidesten europäischen OTC-Stromkontrakt „Frontjahr Baseload German Power" hat sicherlich Auswirkungen auf die wirtschaftliche Situation von stromintensiven Unternehmen in Deutschland. Jedoch sind die **Auswirkungen** einer solchen **Preisänderung** auf die wirtschaftliche Situation von Unternehmen in anderen Ländern oder gar Kontinenten minimal. Preisänderungen von WTI oder Brent Crude hingegen haben wegen der hohen Energieintensität der Weltwirtschaft (ca. 0.16 toe pro 1000 USD BIP)[4] Auswirkungen auf diese. Ein anderes Unterscheidungsmerkmal ist die Signalwirkung von Ölpreisänderungen für Preisänderungen in Zeiten turbulenter Finanzmärkte. Bspw. Anfang 2016 waren Ölpreise stark mit Strom-, Gas- sowie Emissionszertifikatspreisen und sogar Aktienkursen korreliert.

Das folgende Kapitel beleuchtet die Marktstruktur des Rohölmarktes 3
und die **Wertschöpfungskette** für den **Ölmarkt.** Es beschreibt die Entwicklung der **Preisfindung** für Rohöl und beleuchtet die Rolle der OPEC (Organization for the Petroleum Exporting Countries). Im Vergleich zur letzten Auflage scheint der US-Ölproduktion vermehrt die Rolle eines Swing-Produzenten zuzukommen. Damit verändert sich der Einfluss der OPEC. Auch neu in diesem Beitrag ist eine Darstellung der Peak Oil Demand Diskussion.

Abschließend werden die strukturellen Unterschiede zwischen dem 4
Markt für Rohöl mit dem Strom- und Gasmarkt herausgearbeitet und unter Berücksichtigung der Peak Oil Demand Hypothese und des veränderten Einflusses der OPEC kritisch gewürdigt.

B. Marktstruktur des Ölmarktes

I. Produzentenländer

Rohöl findet sich in Form von konventionellem und unkonventionellem 5
Rohöl. **Unkonventionelles Öl** liegt in nicht (völlig) flüssiger Form vor und kann erst nach Aufbereitung verkauft werden. Beispiele dafür sind Ölsände, Ölschiefer und Bitumen, wobei das Rohöl halbfeste Form angenommen hat und mit Wasser und Sand vermischt ist, sowie Schweröl (Dichte > 1 t/m³) oder extra schweres Öl (Dichte von > 2 t/m³), welche im Unterschied zu Ölsänden oder Bitumen noch Fließeigenschaf-

[4] *BP,* BP Energy Outlook to 2035, S. 44.

ten aufweisen. Konventionelles Erdöl wird durch Bohrungen gefördert und fließt zum Bohrloch, wo es nur minimale Aufbereitung vor dem Verkauf erfordert. Zusätzlich existieren mit CTL (Coal to Liquid), GTL (Gas to Liquid) und Ölen aus nachwachsenden Rohstoffen weitere unkonventionelle Formen von Öl, die im Unterschied zu den vorgehend genannten unkonventionellen Ölformen konvertiert werden müssen und nicht bereits als Öl vorliegen.

6 Bei **Erdölreserven** wird zwischen nachgewiesenen (Proven) und nicht nachgewiesenen (Unproven) Reserven unterschieden. Die nachgewiesenen Reserven (≥ 90 % Wahrscheinlichkeit, dass Rohöl produziert wird) lassen sich weiter in nachgewiesene und erschlossene sowie nachgewiesene und nicht erschlossene Reserven unterscheiden. Die nicht nachgewiesenen Reserven werden in wahrscheinliche (≥ 50 % Wahrscheinlichkeit, dass Rohöl produziert wird) und mögliche Reserven (≥ 10 % Wahrscheinlichkeit, dass Rohöl produziert wird) unterteilt.[5]

7 Die Länder mit den größten nachgewiesenen Rohölreserven (Stand: 2015) sind in folgender Grafik aufgelistet.[6]

Abbildung 3.1: Weltreserven (inkl. Kanadische Ölsände)[7]

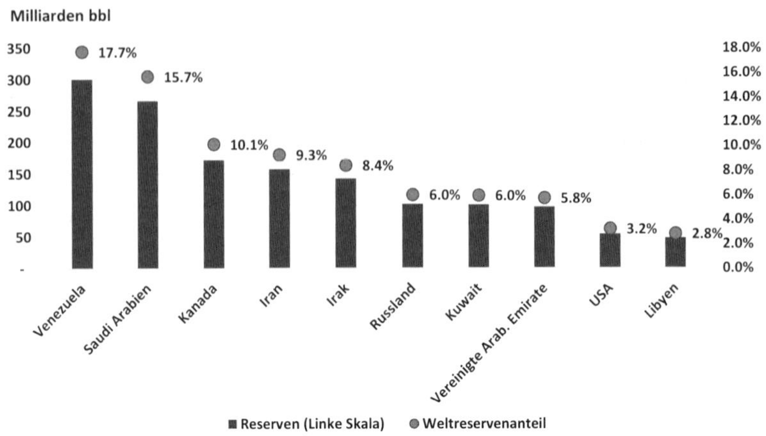

8 Die folgende Abbildung zeigt, dass die Länder mit den größten Rohölreserven nicht notwendigerweise die Länder sind, die am meisten Rohöl produzieren.[8]

[5] *Lyons*, Standard Handbook Of Petroleum & Natural Gas Engineering, S. 1440 f.
[6] *BP*, BP Statistical Review of World Energy, June 2016, S. 6.
[7] Quelle: *BP*, BP Statistical Review of World Energy, June 2016.
[8] *BP*, BP Statistical Review of World Energy, June 2015, S. 8.

Abbildung 3.2: Rohölproduzenten[9]

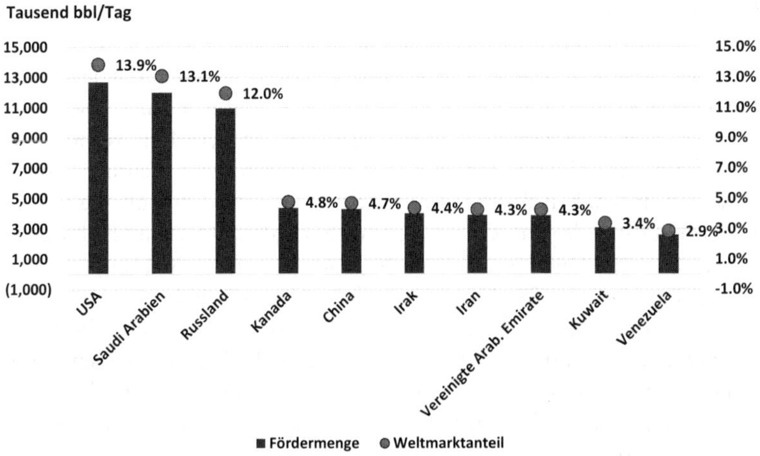

Die Gründe für die große Diskrepanz von Anteil der Reserven zu Anteil an der globalen Fördermenge sind vielfältig. Bei Ländern mit geringer Produktion im Verhältnis zu den Reserven wie bspw. Venezuela ist der Grund der hohe Anteil an unkonventionellem Rohöl, das im Vergleich zu konventionellem Rohöl hohe Produktionskosten hat, an den gesamten Rohölreserven des jeweiligen Landes. Bei Ländern mit hoher Produktion im Verhältnis zu den Reserven wie bspw. den USA sind die Gründe größtenteils relativ geringe Produktionskosten und die Vielzahl von International Oil Companies (IOCs) und Independents, die an der Erschließung der Reserven beteiligt sind. 9

In den Produzentenländern wird das Rohöl üblicherweise entweder von sog. National Oil Companies (NOCs) oder IOCs gefördert. NOCs sind Ölgesellschaften, die mehrheitlich im Staatsbesitz sind. Beispiele für NOCs sind Saudi Aramco oder PetroChina. IOCs sind Publikumsgesellschaften, die weltweit Öl fördern und versuchen, ihren Unternehmenswert zu steigern[10] wie bspw. ExxonMobil oder Royal Dutch Shell. Zusätzlich existieren vornehmlich in den USA unabhängige Produzenten (sog. Independents), die börsennotiert oder im Privatbesitz sind und (üblicherweise regional) primär Rohöl produzieren (und nicht vertikal integriert sind) wie bspw. Devon Energy oder EOG Resources. 10

---

[9] Quelle: *BP*, BP Statistical Review of World Energy, June 2016.

[10] *Myers Jaffe/Soligo*, The international oil companies, S. 8; *Pirong*, The Role of National Oil Companies in the International Oil Market, S. 5.

11 Während einige NOCs stark mit der Regierung ihres Heimatlandes verbunden sind und ihre Aktivitäten nicht ausschließlich darauf abzielen, ihren Unternehmenswert zu steigern, agieren andere NOCs weitgehend autonom und profitmaximierend.[11] NOCs wie bspw. Saudi Aramco oder National Iranian Oil Company kontrollieren ihren jeweiligen Heimatmarkt und sind nur in diesem in der Erdölförderung tätig. Andere NOCs sind zu Global Playern avanciert und fördern Rohöl auch außerhalb ihres Heimatlandes. NOCs verfügen über deutlich höhere Reserven und haben deutlich höhere Produktionsmengen als die IOCs.[12] Die Bedeutung der NOCs im Vergleich zu den IOCs im Erdölsektor nimmt noch zu. Dies lässt sich auf folgende Gründe zurückführen:

- Die bis vor ca. 24 Monaten hohen Ölpreise haben verschiedene Staaten dazu veranlasst, ihre Gas- und Ölvorkommen durch NOCs zu erschließen, statt sie durch IOCs erschließen zu lassen (z. B. Petrobras).[13] Dieser Trend wurde dadurch begünstigt, dass die NOCs auf die Expertise der Oil Services Companies wie Baker Hughes oder Schlumberger zur Erschließung von Lagerstätten zugreifen können.
- Insbesondere NOCs aus klassischen Exportländern nutzen ihre damals hohen Cashflows und die Unterstützung ihres Heimatlandes, um ihre Förderaktivitäten zu internationalisieren wie bspw. die russische Rosneft.
- Der Wettbewerb zur Erschließung von internationalen Öl- und Gaslagerstätten hatte sich aus Angebotssicherungsüberlegungen von NOCs aus klassischen Importländern wie bspw. PetroChina oder Sinopec intensiviert.

12 Ein weiteres und entscheidendes Differenzierungsmerkmal zwischen NOCs und IOCs sind die jeweiligen Explorations- und Produktionskosten. Seit den 1990er Jahren konzentrieren sich die großen IOCs auf große, risikobehaftete Projekte. Die Verfügbarkeit von Risikokapital für die Exploration und Entwicklung großer Projekte in Kombination mit dem notwendigen technologischen Knowhow, sowie der Fähigkeit des Risikomanagements sah man als Kernkompetenz.[14] Dies führte dazu, dass IOCs sich vermehrt auf Projekte im Grenzkostenbereich konzentrierten.

13 NOCs hingegen liegen in der Regel am linken Ende der Angebotskurve. Mit anderen Worten die Explorations- und Produktionskosten der NOCs liegen deutlich unter denen der IOCs. Dies ist vor dem Hintergrund der Peak Oil Demand Diskussion,[15] also der Annahme einer Ab-

---

[11] *Pirong*, The Role of National Oil Companies in the International Oil Market, S. 6 f.

[12] *Myers Jaffe/Soligo*, The International oil companies, S. 1 f.

[13] *Myers Jaffe/Soligo*, The International oil companies, S. 2.

[14] *Stevens*, International Oil Companies, S. 7 ff.

[15] Vgl. Rdnr. 18 ff.

nahme der Ölnachfrage, für das Kräfteverhältnis zwischen IOCs und NOCs ein entscheidender Faktor. Sollten sich die NOCs im Zuge der Peak Oil Demand Diskussion für eine aggressive Kapazitäts- und Produktionspolitik[16] entscheiden, würde die Bedeutung der IOCs am internationalen Ölmarkt weiter abnehmen.

Viele der NOCs sind in der OPEC organisiert, um die Interessen der in ihr organisierten Länder, sofern sie Rohölförderung und -vermarktung betreffen, zu koordinieren.[17] Gegründet wurde die OPEC im Jahre 1960 von den Regierungen des Irans, Iraks, Kuwaits, Saudi Arabiens und Venezuelas.[18] 14

II. Raffineriesektor

Rohöl bzw. nicht- weiterverarbeitetes Öl findet prinzipiell keine industrielle Anwendung. Vielmehr muss das Rohöl in Raffinerien weiterverarbeitet werden.[19] Somit sind die Raffinerien Teil der **Wertschöpfungskette** des Ölmarktes, die aus den Komponenten **Produktion, Weiterverarbeitung und Verbrauch** bestehen. Abgesehen von wenigen Ausnahmen wie z. B. als Brennstoff in Kraftwerken (insbesondere im Mittleren Osten) kommt Rohöl in seiner veredelten Form, den Ölprodukten, mannigfaltig zum Einsatz. Neben dem Transportsektor (Diesel, Benzin, schweres Heizöl etc.) finden die Ölprodukte im privaten und kommerziellen Bereich (Heizöl) aber auch im industriellen Sektor (leichtes und schweres Heizöl) sowie in der Petrochemie (z.B. Naphtha) und im Kraftwerkseinsatz (schweres Heizöl, Diesel) ihre Anwendungen. Um unterschiedliche Ölprodukte zu erzeugen, bedient man sich u.a. eines Separationsverfahrens, der **Destillation**. Hierbei nutzt man den Effekt der unterschiedlichen Siedepunkte der einzelnen Kohlenwasserstoffmoleküle, um verschiedene Ölprodukte zu separieren.[20] 15

Wegen der unterschiedlichen Nachfrage an Ölprodukten in den verschiedenen Ländern wurden die Raffinerien bislang direkt beim Verbraucher angesiedelt.[21] In den USA wird im privaten Transportsektor eher Benzin als Treibstoff genutzt, während in Europa ein jahrelanger Trend in Richtung Diesel („Dieselization") anhielt.[22] Darüber hinaus sind Transport und Lagerung von Rohöl einfacher und kostengünstiger als Transport und Lagerung von Ölprodukten. Deshalb und unter Berücksichtigung der großen Nachfrage in den OECD-Ländern (Organiza- 16

[16] Vgl. Rdnr. 43 ff.
[17] *OPEC*, OPEC Statute, S. 1; vgl. unten Rdnr. 36 ff.
[18] *OPEC*, OPEC Statute, S. 1.
[19] *Europia*, How an oil refinery works, S. 2.
[20] *Europia*, How an oil refinery works, S. 3.
[21] *Petroleum Economist*, Petroleum Economist, März 2011, S. 8.
[22] *BP*, BP Statistical Review of World Energy, June 2016, S. 13.

tion for Economic Co-operation and Development) etablierten sich sowohl an der US-Golfküste als auch in Nord-West-Europa und im Mittelmeer entlang der italienischen und französischen Küste sog. Raffineriehubs. In Asien etablierte sich Singapur aufgrund der geografisch günstigen Lage als ein weiterer Raffineriehub für den asiatischen Raum. Innerhalb der letzten Jahre kam es jedoch zu einer Trendwende. Mit dem rasant steigenden Wirtschaftswachstum in den asiatischen Ländern stieg dort auch die Nachfrage nach Energie stark, insbesondere die nach Öl.[23] Die Nachfrage in den OECD-Ländern hingegen erreichte ihren bisherigen Höhepunkt im Jahre 2005. Darauf reagierte der Raffineriemarkt. Neue hochkomplexe und äußerst kompetitive Raffinerien wurden bzw. werden in Indien und China binnen weniger Jahre gebaut.[24] Die kostengünstigere Erzeugung in diesen modernen Raffinerien zum einen sowie die Intention, Ölprodukte zu exportieren zum anderen, setzte die europäischen und amerikanischen Raffinerien unter Druck. Die Raffineriemargen in den USA und insbesondere in Europa veranlassten die Betreiber, ihre Raffinerien wegen geringerer Kapazitätsauslastung temporär stillzulegen[25] und in einigen Fällen aufgrund ausbleibender Nachfrageerholung permanent stillzulegen.[26] Mit den geringen WTI und Brent Crude Preisen und den nicht im gleichen Maße gesunkenen Preisen für raffinierte Produkte haben sich die Raffineriemargen stark erholt.[27] Insbesondere die zwischen 2010 und 2015 stark gestiegene sog. Tight Oil- und Shale Oil-Produktion in den USA haben dort zu steigenden Raffineriekapazitäten und gestiegenem Öldurchsatz geführt.[28]

III. Nachfrageländer

17 Der Rohölverbrauch als Anteil am Weltgesamtprimärenergieverbrauch ausgedrückt, nimmt seit den 1970er Jahren zugunsten von Erdgas und Erneuerbaren Energien ab.[29] Der absolute globale Rohölverbrauch nimmt zu, wobei der OECD-Verbrauch von Rohöl fällt und der Non-OECD-Verbrauch von Rohöl steigt.[30] Während in den meisten OECD-Ländern der Rohölverbrauch im Verhältnis zum Bruttoinlandsprodukt (BIP) sinkt, da die Energieeffizienz in den OECD-Ländern steigt und

---

[23] *BP*, BP Statistical Review of World Energy, June 2016, S. 11.
[24] *BP*, BP Statistical Review of World Energy, June 2016, S. 16.
[25] *Petroleum Economist*, Petroleum Economist, März 2011, S. 9.
[26] *BP*, BP Statistical Review of World Energy, June 2016, S. 13, 16.
[27] *BP*, BP Statistical Review of World Energy, June 2016, S. 3, 13.
[28] *BP*, BP Statistical Review of World Energy, June 2016, S. 13, 16.
[29] *BP*, BP Energy Outlook to 2035, S. 14.
[30] *BP*, BP Statistical Review of World Energy, June 2016, S. 10; *EIA*, International Energy Outlook 2011, S. 28 ff.

energieintensive Industrien in Non-OECD-Länder abwandern. Das hohe Wachstum des Rohölverbrauchs in den Non-OECD-Ländern wird dabei insbesondere durch das starke Wirtschaftswachstum und dem Wandel von einer agrarischen zu einer industriellen Gesellschaft sowie dem steigenden Anteil der Stadtbevölkerung im Vergleich zur Landbevölkerung in Indien und China getragen. Die Abbildung 3.3 zeigt die unterschiedliche Entwicklung des Rohölverbrauchs in den Non-OECD-Ländern im Vergleich zu OECD-Ländern sowie deren Weltanteil in den letzten 10 Jahren.

Abbildung 3.3: Rohölverbrauch: OECD vs. Nicht-OECD

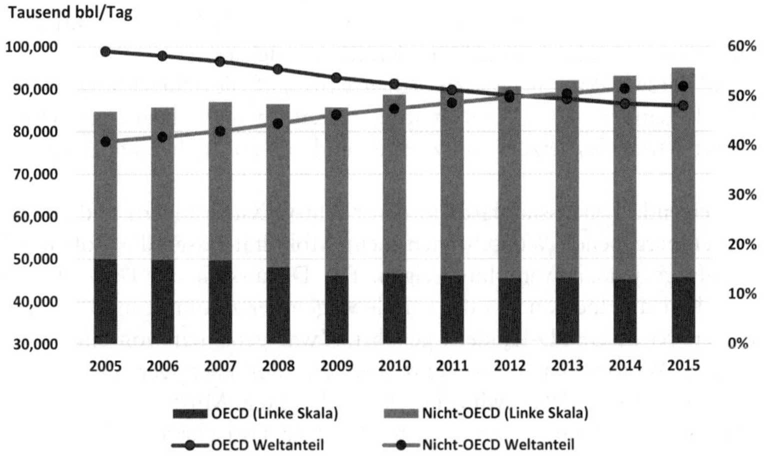

IV. Peak Oil Demand

Während in den letzten Jahrzehnten die Diskussion um Peak Oil – im Sinne des Angebots – immer wieder neu entbrannte, wurde das Thema in den letzten Jahren durch die Diskussion um Peak Oil Demand – also im Sinne der Nachfrage – abgelöst. 18

Generell kann man die Nachfrage bei Rohstoffen über unterschiedliche Länder bzw. Ländergruppen definieren und/oder über die verschiedenen Nachfragesektoren wie z. B. Transport, Stromerzeugung, Industrie und Gebäude. Zum besseren Verständnis der Peak Oil Diskussion bietet sich eine Nachfragebetrachtung differenziert nach OECD- und Nicht-OECD-Ländern sowie nach Verbrauchssektor an. 19

Stellte die Stromerzeugung durch Öl in den 1960er Jahren noch einen wesentlichen Teil der gesamten Stromerzeugung dar, so ist aktuell der Anteil von Öl als Brennstoff zur Stromerzeugung marginal. Wirtschaftli- 20 che Überlegungen führten zu einer Substitution durch andere Primärenergieträger wie Gas, Kohle und Kernenergie. In den beiden Sektoren Industrie und Gebäude fand ebenfalls eine Substitution primär durch Gas und zu einem geringeren Teil durch Erneuerbare Energien statt. Darüber hinaus reduzierte eine Steigerung der Energieeffizienz die Ölnachfrage in den OECD-Ländern.

21 Im Transportsektor, der den größten Teil der Nachfrage darstellt (2015 lag der weltweite Anteil des Transportsektors an der Gesamtnachfrage bei 56 %),[31] ist das Wachstumspotential für mehr Öleinsatz ebenfalls begrenzt. In den letzten Jahren fanden konträre Entwicklungen statt. Auf der einen Seite stieg die Motorleistung der Pkws. Auf der anderen Seite reduzierte sich der Verbrauch bei gegebener Motorleistung. Generell geht man jedoch von geringen Wachstumspotential bezüglich der absoluten Anzahl der Kraftfahrzeuge aus.

22 All diese Faktoren wirkten sich negativ auf die Ölnachfrage in den OECD-Ländern aus. Die Nachfrage erreichte ihren bisherigen Höhepunkt Mitte des letzten Jahrzehntes und nimmt seither kontinuierlich ab.

23 Steigende Lebensstandards in den Nicht-OECD-Ländern und der damit einhergehende Wunsch nach mehr Mobilität lassen die globale Ölnachfrage jedoch weiterhin steigen. Die Diskussion um Peak Oil Demand wird jedoch auch, oder gerade wegen der zukünftigen Nachfrage, in den Nicht-OECD-Ländern genährt. Zwar geht man von einem steigenden Wunsch nach Mobilität aus, die Vorlieben der Verbraucher müssen jedoch nicht zwingend den bekannten Mustern folgen. Car-Sharing, Ride-Sharing sowie technologische Fortschritte bei selbstfahrenden Autos wirken sich gegebenenfalls negativ auf die zukünftige Ölnachfrage aus. Man geht auch hier von einem Substitutionspotential insbesondere durch elektrische Kraftfahrzeuge aus. Nichtsdestotrotz existiert im Transportsektor in den Nicht-OECD-Ländern das größte Wachstumspotential für steigende Ölnachfrage. Wenngleich auch sozioökonomische und technologische Entwicklungen der letzten Jahre das langfristige Wachstumspotential limitieren. Neben dem Transportsektor birgt der Industriesektor wesentliches Nachfragepotential. Dieses Potential liegt vor allem im Petrochemiebereich, sollten steigende Lebensstandards zu einer höherer Nachfrage nach petrochemischen Erzeugnissen in den Nicht-OECD-Ländern führen.

24 Vor dem Hintergrund der genannten Einflussfaktoren wandelte sich die Peak Oil Diskussion von der Angebots- zur Nachfrageseite. Im Mittelpunkt der Diskussion steht nicht das „Ob“, sondern lediglich das „Wann“.

---

[31] *IEA*, World Energy Outlook 2016, S. 117.

C. Entwicklung der Preisfindung

Unterschiedliche Lagerstätten – Ölfelder – produzieren Rohöl, das sich anhand der physischen Konstitution des Rohstoffes (z. B. Schwefelgehalt, Dichte etc.) unterscheidet, wodurch sich unterschiedliche Preise für die jeweiligen Rohölsorten ergeben.[32] Somit sind für die Preisfindung das Angebot und die damit verbundenen **Qualitätskriterien** in Kombination mit der **Nachfrage** entscheidend. Neben Angebot und Nachfrage sind ebenso der Bestimmungspunkt und damit die **Transportkosten** maßgeblich für die Preisfindung. Die Teilnehmer am Rohölhandel waren jedoch seit jeher bestrebt, „den Ölpreis", also eine internationale **Benchmark**, als **Referenzwert** zu etablieren. Dieses Vorgehen ist erstrebenswert, weil so alle anderen Rohölsorten mittels eines Auf- oder Abschlages zum Referenzwert notiert werden können.[33] In den 1970er Jahren galt das Rohöl aus Saudi Arabien (Arab Light) als Benchmark. Es wurde jedoch in den letzten Jahrzehnten vom amerikanischen West Texas Intermediate (WTI) als Benchmark abgelöst. Gerade in den letzten beiden Jahren hat jedoch die Bedeutung vom Nordsee-Rohöl Brent als Benchmark zulasten von WTI zugenommen.[34] Die Ölpreisfindung hat sich von den Crude Oil Postings zu Futures-Handel an internationalen Rohstoffbörsen entwickelt. 25

I. Crude Oil Postings/Langfristverträge

„Crude Oil Postings" werden seit Beginn der amerikanischen Ölindustrie veröffentlicht und bezeichnen den Preis für ein Faß Rohöl, auf den sich Käufer und Verkäufer geeinigt haben. Der Preis wird vom Käufer, also in der Regel vom Raffineur publiziert und gewährleistet einen **transparenten Marktpreis**. Die Notwendigkeit der Transparenz ergibt sich durch die Interessenvielfalt von u. a. Finanzamt, Pächter bzw. Verpächter.[35] Die Lieferung umfasst eine vereinbarte tägliche Menge von einem spezifischen Ölfeld und beläuft sich in der Regel über einen Lieferzeitraum von 30 Tagen. Qualitätskriterien hinsichtlich der Dichte (API) bzw. des Schwefelgehalts werden ebenfalls spezifiziert, wobei sich „Crude Oil Postings" auch auf Referenzwerte (ebenfalls Postings) beziehen können. Bevor das Rohöl in Lieferung geht, wechselt die kontrahierte Menge üblicherweise mehrmals den Besitzer. 26

In Ländern außerhalb der Vereinigten Staaten etablierte sich ein ähnliches System, wobei die Preise in der Regel seitens der Produzenten veröffentlicht werden. 27

---

[32] *Seba,* Economics of Worldwide Petroleum Production 2003, S. 78.
[33] *Seba,* Economics of Worldwide Petroleum Production 2003, S. 86 ff.
[34] *EIA,* This Week in Petroleum, 24.2.2011.
[35] *Seba,* Economics of Worldwide Petroleum Production 2003, S. 77.

28 Langfristverträge, die sich über ein Jahr hinaus erstrecken, sind ungewöhnlich. Zwar existieren **Production Sharing Agreements** (PSA), **Service Contracts** etc.; da sie jedoch eine Beteiligung an den Investitionskosten und/oder Produktionskosten voraussetzen, handelt es sich hier nicht um reine Lieferverträge.

II. Spotmarkt

29 Am Ölmarkt unterscheidet man im Allgemeinen zwischen dem Spotmarkt und dem sog. Futures-Markt. Der Spotmarkt definiert sich über **einmalige und bilaterale Transaktionen,** bei denen die Warenlieferungen unmittelbar/kurzfristig nach der Übereinkunft durchgeführt werden.[36]

30 Historisch betrachtet, etablierte sich der Spotmarkt in den 1970er Jahren bzw. in den 1980er Jahren als Ergebnis der beiden Ölpreisschocks (im Jahr 1973 aufgrund des Lieferembargos des Mittleren Ostens bzw. aufgrund der Iranischen Revolution im Jahr 1979) sowie aufgrund des darauffolgenden drastischen Ölpreisverfalls in den Jahren 1985/1986. Der Preissturz veranlasste die Käuferseite auf kurzfristigere Lieferzeiträume umzustellen, wobei sich durch die zunehmenden Spotmarktnotierungen die Unsicherheit der Preisprognose erhöhte.[37] Darüber hinaus etablierte sich der Spotmarkt als balancierendes Element des Ölmarktes, auf dem sowohl die Produzenten als auch die Raffineure kurzfristig Mengen verkaufen bzw. kaufen können.

31 Der **Rotterdamer („North-West-Europe") Ölmarkt** ist der größte und liquideste Spotmarkt der Welt und wird in der Ölindustrie als Marktbarometer für den physischen Ölhandel betrachtet. Aufgrund der günstigen logistischen Anbindung an die gesamte Nord-West-Europäische Region ist Rotterdam seit jeher ein wichtiger Handelspunkt. Das tiefe Becken des Rotterdamer Hafens begünstigt den Ölhandel (unerlässlich für große Öltanker). Zudem ist von Rotterdam der Weitertransport entlang des Rhein-Main-Donau-Kanals und damit eine unkomplizierte Weiterverteilung durch ganz Mitteleuropa ermöglicht.[38] Singapur stellt den wichtigsten Spotmarkt in Asien dar. Er zeichnet sich zum einen aufgrund der günstigen geographischen Lage in Asien und zum anderen aufgrund des daraufhin entstandenen Raffineriehubs aus.[39]

32 Die besondere Stellung des Rotterdamer Marktes wird zudem durch den sog. **Brent-Dated-Kontrakt** untermauert. Zwar handelt es sich beim Spotmarkt um einen relativ formlosen Markt, auf dem Menge, Qualität, Bestimmungsort etc. bilateral und individuell verhandelt werden.

[36] *Seba,* Economics of Worldwide Petroleum Production 2003, S. 82.
[37] *Seba,* Economics of Worldwide Petroleum Production 2003, S. 82.
[38] *Seba,* Economics of Worldwide Petroleum Production 2003, S. 85.
[39] *Seba,* Economics of Worldwide Petroleum Production 2003, S. 85.

Nichtsdestotrotz etablierte sich mit Brent Dated ein **standardisierter Kontrakt,** welcher täglich mittels eines Marktassessments ermittelt und veröffentlicht wird. Qualitätskriterien, Zeitpunkt und Bestimmungsort sind dabei vordefiniert. Die Qualität definiert sich über das Rohöl, welches aus den Brent-Ölfeldern gefördert wird. Nachdem die Produktion des Brent-Ölfelds bereits vor Jahren die maximale tägliche Fördermenge erreichte und nun abnimmt („gepeakt" hat), definiert sich die Qualität mittlerweile über mehrere Lagerstätten/Ölfelder: Brent, Forties, Oseberg und Ekofisk (BFOE).[40] Lieferpunkte für BFOE sind die Terminals in Sullom Voe, Hound Point, Sture und Teesside, dort wo die Ölsorten Brent, Forties, Oseberg und Ekofisk anlanden – Brent Dated findet sich in vielen **langfristigen Lieferverträgen** wieder. So werden z. B. Rohölsorten aus Westafrika auf Brent Dated mit einem dementsprechenden (unter Berücksichtigung der Qualität und des Bestimmungsortes) Auf- bzw. Abschlag indexiert.

Aufgrund der besonderen Stellung von Brent Dated und im Hinblick auf die zukünftig abnehmenden Fördermengen der relevanten Lagerstätten werden bereits jetzt Konzepte erarbeitet, um auch in Zukunft die **tägliche Preisevaluierung** von Brent Dated aufrechtzuerhalten. 33

III. Futures-Handel

Der in den 1980er Jahren entstandene Futures-Markt unterscheidet sich vom Spotmarkt in zwei Punkten. Zum einen werden **nur standardisierte Kontrakte** gehandelt, bei denen Menge, Qualität, Zeit und Bestimmungsort vordefiniert sind. Zum anderen werden Futures an **Börsen** notiert, wobei die Börse bei jeder Transaktion Gegenpartei wird und für die notwendige Kreditsicherheit der Teilnehmer Sorge trägt. Somit werden keine individuellen bilateralen Transaktionen getätigt, sondern standardisierte Kontrakte gehandelt. Die meisten Kontrakte werden selten in physische Lieferungen überführt, sondern vor dem Lieferzeitpunkt mittels einer entsprechenden Gegentransaktion wieder „glatt" gestellt. 34

Zu den **wichtigsten Börsen** zählt die New York Mercantile Exchange (**NYMEX**) und die Londoner International Commodity Exchange (**ICE**). Im Falle einer physischen Erfüllung sind für den NYMEX-Kontrakt der Bestimmungsort (Cushing, Oklahoma) und die Qualitätskriterien die des WTIs. An der ICE bezieht sich die physische Lieferung auf Brent Dated.[41] 35

[40] *Platts*, Methodology and Specification Guide, December 2016, S. 16.
[41] *Seba,* Economics of Worldwide Petroleum Production 2003, S. 95.

D. Die Rolle der OPEC

I. Die Bedeutung der OPEC für den Ölmarkt

36 Im Hinblick auf den Ölmarkt, insbesondere im Hinblick auf die Angebotsseite und die damit verbundene Preisfindung, nimmt die OPEC eine entscheidende Stellung ein. Die OPEC zählt zum heutigen Tag dreizehn Mitglieder. Der Anteil der OPEC an der Weltmarktproduktion (2015) betrug rund 42 % und ihr Anteil an den weltweiten nachgewiesenen Reserven rund 71 % (siehe Abbildungen).[42]

Abbildung 3.4: Globale Rohölproduktion (2015)[43]

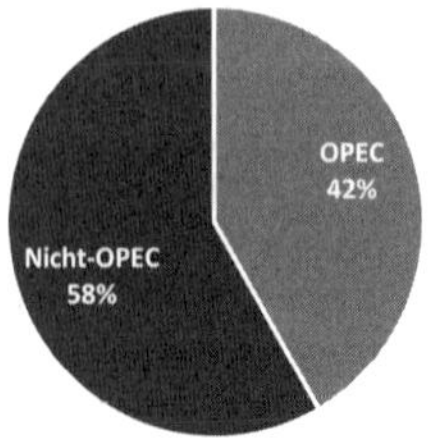

Abbildung 3.5: Bestätigte Reserven (2015)[44]

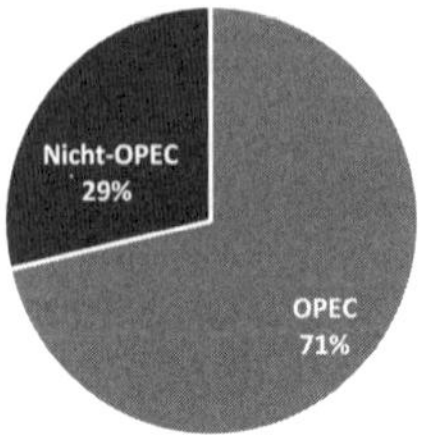

37 Im Allgemeinen betrachtet man die OPEC als **Kartell** mit einer marktdominierenden Stellung. Der Begriff „Kartell" wurde erstmals im Dezember 1973 mit der OPEC in Verbindung gebracht, nachdem die Mitgliedsländer den Ölpreis um das Vierfache erhöhten ohne jegliche Beteiligung anderer Interessenspartner. Die OPEC als Kartell zu bezeichnen, ist jedoch nicht unumstritten.[45] Eine genauere den historischen

---

[42] *BP*, BP Statistical Review of World Energy, June 2016, S. 6 und 8.
[43] Quelle: *BP*, BP Statistical Review of World Energy, June 2016.
[44] Quelle: *BP*, BP Statistical Review of World Energy, June 2016, S. 6.
[45] *Crémer/Salehi-Isfahani*, Models of the Oil Market 1996, S. 31.

Kontext beachtende Analyse ist daher notwendig, um das Produktionsverhalten und die damit einhergehende Preisfindungspolitik am internationalen Ölmarkt zu verstehen.

II. Die Reaktion der OPEC auf Marktgegebenheiten

Bis 1982 **legte die OPEC die Preise** fest. Die Festlegung der jeweiligen 38
Mengen wurde jedoch dem Markt überlassen.[46] Die Findung einer gemeinsamen und einheitlichen Preispolitik gestaltete sich jedoch nicht einfach. Die einzelnen Mitgliedstaaten hatten unterschiedliche Interessen. So zeigten Länder mit geringeren Reserven Interesse an höheren Preisen, wohingegen Länder mit hohen Reserven eher langfristig und nachhaltiger agieren. Zudem spielten das jeweilige politische System und der damit verbundene politische Zeithorizont der Entscheidungsträger eine entscheidende Rolle. Staatshaushalte und die zur Verfügung stehenden finanziellen Mittel für weitere Rohölproduktionsinvestitionen gingen auch in die Formulierung der jeweiligen Preispolitik mit ein.[47]

Die **Ölpreisschocks** der 1970er Jahre veränderten den Ölmarkt nach- 39
haltig, wodurch sich die OPEC gezwungen sah, ihre **Preisfindungspolitik** zu überdenken. Die hohen Ölpreise in den Jahren 1973 und 1980 veränderten die globale Nachfragestruktur, sodass Öl teilweise durch alternative Energieträger substituiert wurde (z. B. Kohle- und Gaskraftwerke anstatt ölbefeuerte Kraftwerke). So wurde versucht, neue Förderquellen – außerhalb der OPEC – zu erschließen. Darüber hinaus etablierte sich ein solider Spotmarkt in Nord-West-Europa, dessen Preisfindung als **globale Benchmark** weitgehend akzeptiert wurde. So traf eine verringerte Nachfrage auf eine erhöhte Nicht-OPEC-Angebotsseite, sodass die OPEC-Länder unter Druck gerieten. Deshalb vereinbarten die OPEC-Mitgliedstaaten **länderspezifische Förderquoten,** womit das Produktionsverhalten der OPEC mit dem eines Kartells im akademischen Sinne erfüllt wurde.[48]

Die Veränderung am Ölmarkt hinterließ jedoch nachhaltige Probleme 40
aus Sicht der OPEC. Zum einen verringerte sich der Marktanteil der OPEC (1970 bis 1980 lag er bei rund 48 %, während er in den Jahren 1981 bis 1985 bei lediglich rund 31 % lag), womit sich die Bedeutung der OPEC im Hinblick auf die Preisfindung am Ölmarkt verringerte. Zum anderen ergaben sich durch die spezifische **Förderquotenvorgabe** interne Probleme. Das sog. **OPEC Cheating,** die Nicht-Einhaltung der Förderquotenvorgaben, wurde zu einem immanenten Problem innerhalb der OPEC-Länder, das noch heute Bestand hat. Zwar einigten sich die

[46] *Crémer/Salehi-Isfahani*, Models of the Oil Market 1996, S. 32.
[47] *Crémer/Salehi-Isfahani*, Models of the Oil Market 1996, S. 32.
[48] *Crémer/Salehi-Isfahani*, Models of the Oil Market 1996, S. 39.

Mitgliedsländer auf spezifische Förderquoten, es zeigte sich jedoch relativ schnell, dass die meisten Länder deutlich mehr produzierten als ursprünglich vereinbart war. Saudi Arabien nahm eine Sonderstellung innerhalb der OPEC ein, weil es keine spezifische Förderquote bekam, sondern in die Position eines „Swing-producer" geriet.[49] Saudi Arabien reduzierte die Produktionsmenge in dem Maße, dass das Gesamtproduktionsziel eingehalten wurde. Dies führte jedoch dazu, dass sich die Ölproduktion von Saudi Arabien von 1981 bis 1985 um rund 65 % verringerte. Aufgrund dessen – und aufgrund der Nicht-Einhaltung der Förderquoten der anderen Länder – erhöhte Saudi Arabien im September 1985 die Fördermengen um mehr als 100 % und verursachte dadurch einen drastischen Preisverfall der internationalen Rohölpreise. So handelte Brent Dated im Jahre 1985 bei rund 27 USD/bbl, im darauffolgenden Jahr fiel der Preis unter 15 USD/bbl und pendelte bis zu Beginn des letzten Jahrzehntes um die 20 USD/bbl.

41 Zu Beginn des neuen Jahrtausends zeichnete sich eine Wende auf den **internationalen Rohstoffmärkten**, insbesondere den Ölmärkten, ab. Die Globalisierung zum einen sowie der steigende Wohlstand in aufstrebenden Wirtschaftsregionen in Asien und Lateinamerika führten zu einer drastischen Zunahme des Energieverbrauchs. Die IOCs explorierten immer technisch anspruchsvollere und kostenintensiver zu erschließende Ressourcen, um die stetig wachsende Nachfrage zu decken.

42 Die **Überschusskapazitäten** der OPEC-Mitgliedstaaten verringerten sich durch dieses Nachfragewachstum. Zudem büßte der Irak nach dem dritten Golfkrieg wesentliche Förderkapazitäten ein. Als eine Konsequenz dessen stiegen die Preise in den Jahren 2004 bis 2008 kontinuierlich an und erreichten Mitte 2008 ein neues Rekordniveau von annähernd 150 USD/bbl. Die OPEC-Mitgliedstaaten erreichten einen Marktanteil von rund 42 %.[50] Trotzdem erschloss Saudi Arabien neue Kapazitäten, um die steigende Nachfrage bedienen zu können sowie ein gewisses Maß an Überschusskapazitäten vorzuhalten.

III. Mögliche Konkurrenz für Saudi Arabien als Swing Producer?

43 Das erklärte Ziel der OPEC ist es, die **Förderpolitik** ihrer Mitglieder zu koordinieren und zu vereinheitlichen, um einen fairen und stabilen Preis für alle Teilnehmer der Ölindustrie sicherzustellen.

44 In einem Hochpreisumfeld liegt es im Interesse der OPEC-Mitglieder mit langfristigeren Planungshorizonten, die Preise auf einem vernünftigen Niveau zu halten, um preisinduzierte **Nachfrage-Elastizitäten** (kurz-

[49] *Crémer/Salehi-Isfahani*, Models of the Oil Market 1996, S. 39.
[50] *BP*, BP Statistical Review of World Energy, June 2016, S. 8.

und langfristige) sowie die Substitutionsmöglichkeit (z. B. Strom statt Benzin bei der **Elektromobilität**) zu vermeiden.

In einem Umfeld geringer Preise sollte es im Interesse der meisten OPEC-Mitglieder liegen, über Mengenanpassungen ein höheres Ölpreisniveau herbeizuführen. 45

Im Kontext der OPEC-Produktionspolitik ist die US-amerikanische Tight Oil-Produktion ein wichtiger Faktor. Die US-amerikanische Ölproduktion erreichte in den 1960er Jahren ihren vorläufigen Höhepunkt und verringerte sich seither kontinuierlich bis zum Ende des letzten Jahrzehnts. Der hohe Ölpreis führte jedoch dazu, dass die bereits erprobte und bewährte Methode des Multilateral-Hydraulik-Frackings in Gaslagerstätten Anfang des aktuellen Jahrzehntes auch Anwendung in Öllagerstätten mit geringer Permeabilität und Porosität (Tight Oil) fand. So erreichte die US-amerikanische Produktion nach ihrem Tiefstand bei 6,8 Mio. bbl/Tag im Jahr 2008 dank Tight Oil im Jahr 2014 ihren historischen Höchststand von 11,8 Mio. bbl/Tag.[51] 46

Abbildung 3.6: US amerikanische Rohölproduktion

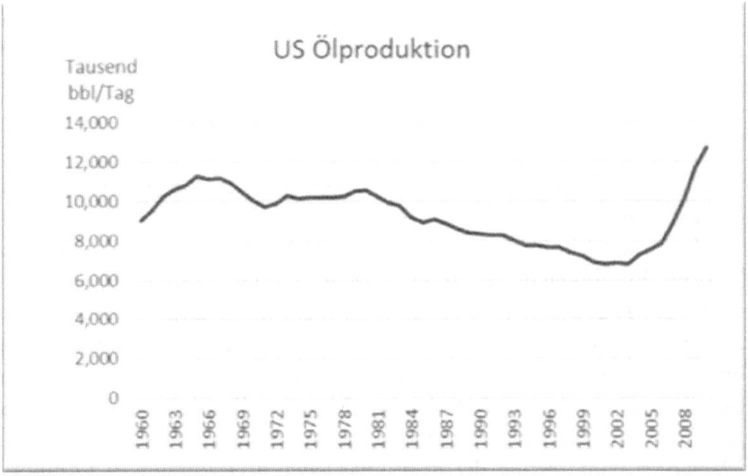

Die Tight Oil-Produktion ist kapitalintensiv und befindet sich zudem auf der Angebotskurve im Grenzkostenbereich. Das zeigt sich auch anhand des sog. Rig Counts, welcher die Anzahl der sich im Einsatz befindenden Bohrtürme in den USA darstellt.[52] 47

[51] *BP*, BP Statistical review of World Energy 2016, Workbook.

[52] Quelle: *Baker Hughes*, North American Rotary Rig Count; www.bakerhughes.com.

48 Abbildung 3.7 stellt den Rig Count dem Ölpreis mit einer Zeitverzögerung von vier Monaten gegenüber. Es zeigt sich ein direkter Zusammenhang: hohe Ölpreise führen zu einen hohen Rig Count und niedrige Ölpreise führen zu einem geringeren Rig Count.

Abbildung 3.7: US amerikanische Rohölproduktion vs. US Oil Rig Count

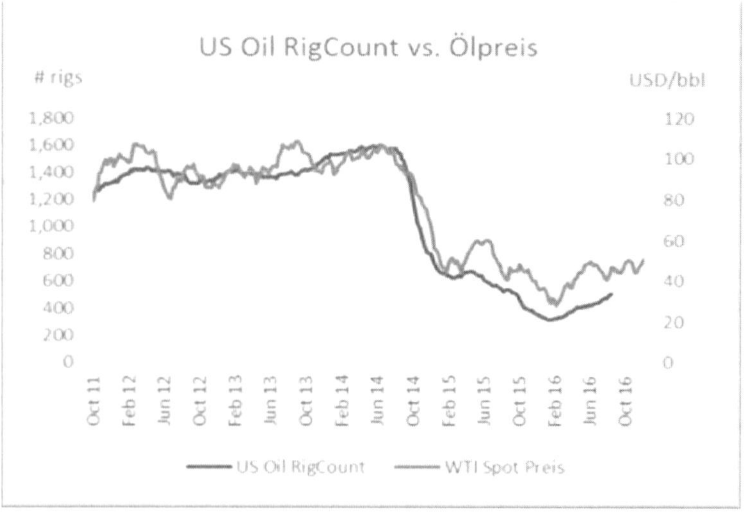

49 Das Tight Oil-Angebot bzw. die Lagerstättengegebenheiten im Tight Oil zeichnen sich durch einen kontinuierlichen Einsatz von Bohrtürmen aus. Je weniger Bohrtürme im Einsatz sind, desto geringer ist die Produktion. Erhebungen der International Energy Agency (IEA) zeigen zwar, dass Rig Count und Produktion nicht im linearen Verhältnis stehen, ein geringerer Rig Count jedoch zu geringeren Produktionsmengen führt.[53] Es zeigt sich also eine symmetrische Preiselastizität mit kurzer Reaktionszeit und mit signifikanten Mengen. Damit fungiert das US-amerikanische Tight Oil Angebot als „Swing Producer“.

50 Vor dem Hintergrund der Peak Oil Demand-Diskussion in Kombination mit der amerikanischen Tight Oil-Produktion muss auch die Rolle der OPEC beschrieben werden. Die im November 2016 beschlossene Förderratenkürzung führte zunächst zu einer Erhöhung der Rohölpreise, gleichzeitig kam es jedoch aufgrund der Preiselastizität zu einer Erhöhung des Rig Counts in den USA.

51 Zudem könnte im Kontext von Peak Oil Demand für OPEC-Mitglieder mit geringen Produktionskosten und hohen Reserven ein Anreiz bestehen, so viel Öl wie möglich zu produzieren. Das Kalkül

[53] *IEA*, World Energy Outlook 2016, S. 132.

dabei ist, solange noch hinreichende Ölnachfrage existiert, Ölreserven zu monetisieren. So hat Saudi Arabien im April 2016 seine strategische Neuausrichtung unter dem Programm „Vision 2030" vorgestellt. Die Vision „Saudi Arabia. the heart of the Arab and Islamic worlds, the investment powerhouse, and hub connecting three continents"[54] zeugt von einer ökonomischen Neuausrichtung, die auch vor dem Hintergrund der bevorstehenden Herausforderungen am Ölmarkt zu sehen ist.

E. Fazit

Der flüssige Aggregatzustand ist das wesentliche Alleinstellungsmerkmal 52
von Öl im Vergleich zu den anderen Energieträgern. Der einfache Transport sowie die günstige Speicherfähigkeit sind die Ursachen für die vielfältige und intensive Anwendung von Öl. Basierend auf der damit verbundenen Wertschöpfungskette lassen sich im Vergleich zum Strom- und Gasmarkt folgende Unterschiede ableiten:

- Die vielfältige Anwendung von Öl und die damit verbundene hohe Ölintensität der Weltwirtschaft zeigen sich für die erhebliche Interdependenz zwischen Ölpreis und Weltwirtschaft verantwortlich. Wohingegen sich weder vom Strom- noch vom Gasmarkt gesamtvolkswirtschaftliche (auf globaler Ebene) Auswirkungen ableiten lassen.
- Aus der volkswirtschaftlichen Relevanz des Öls lässt sich wiederum die Motivation (u. a.) für die Bildung eines Preiskartells ableiten. Im Vergleich zum Strom- und weitgehend auch dem Gasmarkt[55] zeichnet sich der Ölmarkt durch die Existenz der OPEC aus, deren erklärtes Ziel es ist, die Förderpolitik der einzelnen Mitglieder zu koordinieren und zu vereinheitlichen. Die koordinierte Förderpolitik im Zusammenhang mit der weltwirtschaftlichen Relevanz von Öl ermöglicht/ermöglichte es den Mitgliedsländern, die Fördermengen und die damit verbundene Preisgestaltung als politisches Druckmittel einzusetzen. Jedoch vor dem Hintergrund der Peak Oil Demand-Diskussion und der Möglichkeit der US-amerikanischen Tight Oil-Produktion als Swing Producer zu fungieren, ist es nicht offensichtlich, wie stark das Preisgestaltungspotential der OPEC zukünftig sein wird.

[54] *Saudia Arabia*, Vision 2030 Kingdom of Saudi Arabia.

[55] Im Anschluss an den GECF (Gas Exporting Countries Forum) Summit in Doha, Quatar, im November 2015 wurde in der sog. Doha Declaration von den GECF-Mitgliedern die Wichtigkeit von langfristigen Gaslieferverträgen als Mittel, um Risiken zwischen Produzenten und Konsumenten gerecht zu teilen, sowie die Notwendigkeit eines im Vergleich zu Öl- und Ölproduktpreisen fairen Gaspreises deklariert. Dieser Summit wurde von einigen Gasmarktexperten als ein konkreter Schritt in Richtung einer Gas OPEC gesehen.

– Regionale erzeugungsstrukturbedingte Preise, wie sie insbesondere im Strom- aber auch im Gasmarkt vorherrschen, werden aufgrund des einfachen Transports von Öl auf einer globalen Ebene, in der Form eines internationalen Benchmarks aggregiert. Regionale Ölsorten werden in Abhängigkeit von abweichenden Rohölqualitäten und abweichenden Lieferorten mit einem Ab- oder Aufschlag notiert.

53 Unabhängig vom Aggregatzustand zeichnet sich das Öl des Weiteren durch einen zusätzlichen Schritt – den Raffinerieprozess – in der Wertschöpfungskette aus. Anders als beim Strom- und Gasmarkt findet Rohöl prinzipiell keine industrielle Anwendung. Es bedarf eines zusätzlichen, technisch aufwendigen Verarbeitungsprozesses, um das Rohöl in den gewünschten Endzustand weiterzuverarbeiten. Im Hinblick auf den Reifegrad der Märkte lassen sich zwischen dem Ölmarkt sowie dem Strom- und Gasmarkt Parallelen aufzeigen. In allen Fällen entwickelte sich der Markt von einem durch langfristige Lieferverträge gekennzeichneten Markt hin zu einem durch Kurzfristigkeit gekennzeichneten Spotmarkt.

§ 4 Der Markt für Gas (empirische Darstellung)

A. Einleitung

Erdgas ist – seit der breiten Einführung in den europäischen Markt beginnend in den 1960er Jahren – ein wichtiger Bestandteil des Energiehaushalts und des Energiehandels in den meisten europäischen Ländern. Nachdem es zu Beginn der Liberalisierung des europäischen Energiemarktes, ab dem Jahr 2000, zunächst kaum spürbare Veränderungen in den Strukturen des kontinentaleuropäischen Gasmarktes gab, haben sich in den letzten Jahren in den meisten Ländern Handelsplätze für Gas etabliert und damit eine Alternative zur Beschaffung über individuell ausgehandelte Verträge zu wenig transparenten Bedingungen geschaffen. 1

Zu Beginn der weiteren Betrachtungen wird der europäische Erdgasmarkt anhand wichtiger Kennziffern kurz beschrieben. In den darauffolgenden Kapiteln werden die infrastrukturellen Rahmenbedingungen von Erdgas, von der Produktion bis zum Verbrauch, anhand der gaswirtschaftlichen Wertschöpfungskette und die Preisbildungsmechanismen dargestellt. Zum Abschluss erfolgt eine rechtliche Bewertung der europäischen und teilweise nationalen Vorgaben, die den Umbruch im Gashandel einleiteten und beschleunigen sollen. 2

B. Kennziffern des europäischen Erdgasmarktes

Um ein fundiertes Verständnis über den Energieträger Erdgas im europäischen Gasmarkt zu erhalten, werden nachfolgend die relevanten Kennziffern zusammengestellt und interpretiert. 3

Bei der Betrachtung des Primärenergiebedarfs der größten Energieverbrauchsländer der Europäischen Union (EU) ist Erdgas der nach Öl **zweitwichtigste Primärenergieträger.** 4

Die größten Verbraucherländer für Erdgas sind Großbritannien, Deutschland und Italien. Der Gasverbrauch in den zehn größten Verbrauchsländern der EU im Jahr 2015 ist in der nachfolgenden Abbildung dargestellt. 5

Abbildung 4.1: Gasverbrauch der 10 größten Verbrauchsländer der EU in 2015[1]

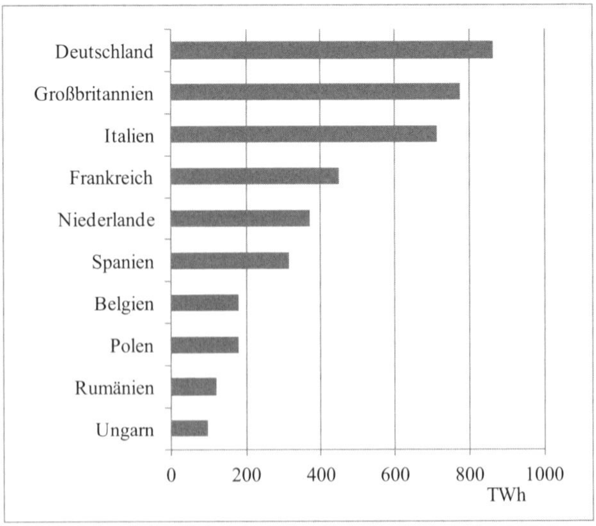

6 In den Jahren bis etwa 2010 stieg der Gasverbrauch in der Europäischen Union an. Diese Entwicklung ist danach zum Erliegen gekommen. Verantwortlich ist dafür einerseits die negative konjunkturelle Entwicklung in einigen Ländern der EU nach 2010 aber auch der Umbau der Stromerzeugungsstrukturen hin zu Erneuerbaren Energien. Die Stromerzeugung war traditionell ein starkes Nachfragesegment für Erdgas. In vielen Ländern der EU ist die Stromerzeugung aus Gas seit Jahren rückläufig. Dies ist in der nachfolgenden Abbildung dargestellt.

[1] Quelle: Eurogas.

Abbildung 4.2: Gasverbrauch für die Stromerzeugung in der EU[2]

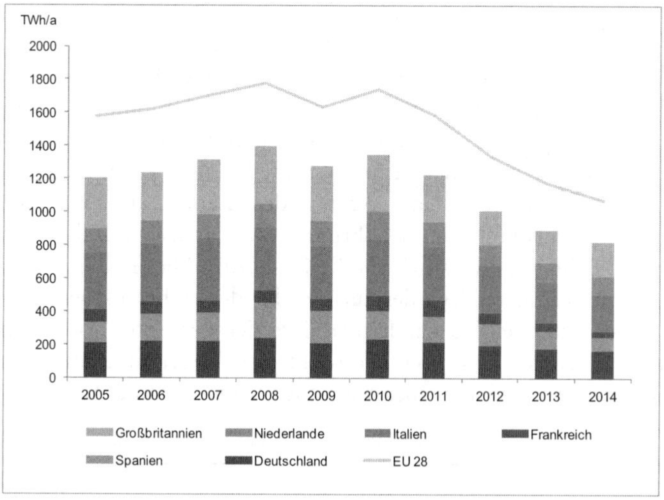

In der nachfolgenden Abbildung ist die Absatzentwicklung in Deutschland dargestellt. 7

Abbildung 4.3: Entwicklung des Gasverbrauchs in Deutschland[3]

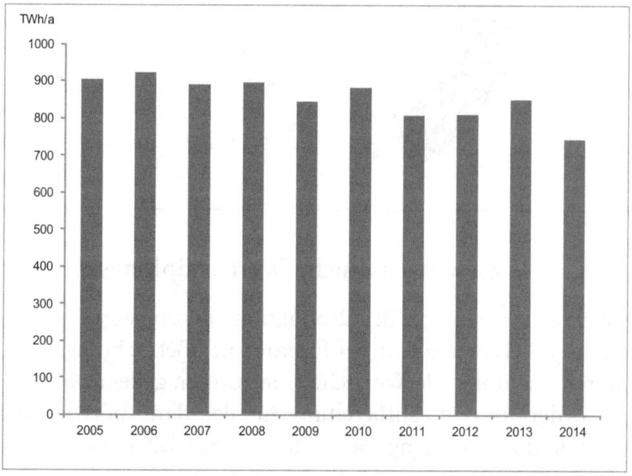

Die Struktur des Erdgasaufkommens der einzelnen Länder in Europa variiert sehr stark. Die Niederlande als Gasproduzent produzieren tradi- 8

[2] Quelle: Eurostat.
[3] Quelle: Eurostat.

tionell mehr Erdgas als sie im Inland verwenden und geben den Überschuss als Gasexport in benachbarte Länder. Mit der Erschöpfung der einheimischen Felder werden die Exporte jedoch zurückgehen.

9 Viele verbrauchsstarke Länder wie Deutschland, Italien, Spanien und zunehmend auch Großbritannien weisen eine hohe Importabhängigkeit bei Gas auf. Spanien, das kaum in das europäische Gastransportnetz eingebunden ist, importiert einen Großteil seines Erdgasbedarfs über LNG (Liquefied Natural Gas). Auch andere Länder, die LNG-Regasifizierungsterminals besitzen (Großbritannien, Frankreich, Italien, Niederlande und Belgien), diversifizieren die Gasbezüge über LNG.

10 Aufgrund stagnierender oder zurückgehender einheimischer Gasförderung in den einzelnen EU-Ländern erhöhte sich der Anteil von Gasimporten in die Europäische Union. Die wichtigsten Lieferländer für Erdgas in der Europäischen Union bleiben Russland, Norwegen und Algerien.

Abbildung 4.4: Anteile der Produzentenländer an der Versorgung der EU 28 in 2013[4]

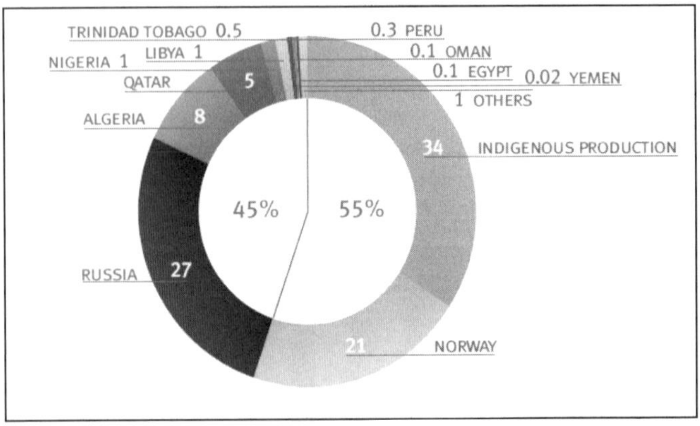

C. Die gaswirtschaftliche Wertschöpfungskette

11 Der Weg des Erdgases von der Produktion bis zur Verwendung ist für die europäische Gaswirtschaft bei funktionaler Betrachtungsweise traditionell durch nachfolgende Wertschöpfungsstufen gekennzeichnet:

a. **Erdgasförderung und -aufbereitung** für den Transport in nationalen und internationalen Ferngasleitungen bis zur Übergabe in das nationale Ferngastransportnetz des Endabnehmers;
b. **Import von Erdgas** und **Transport** durch **nationale Ferngastransportnetze**; Speicherung von Erdgas; Übergabe des Erdgases an regionale bzw. lokale Gasverteilernetze; teilweise Direktversorgung von Endkunden;

[4] Quelle: Eurogas.

c. **Transport** durch enger verzweigte **regionale Gasverteilernetze**; teilweise auch Speicherung von Erdgas, Übergabe des Erdgases an lokale Gasverteilernetze; teilweise Direktversorgung von Endkunden;
d. **Transport** durch eng vermaschte **lokale Gasverteilernetze** im Niederdruckbereich und vorwiegend Direktversorgung von Endkunden.

I. Erdgasproduktion und Erdgastransport

Das aus der Tiefe kommende Erdgas wird in Rohrleitungen zu Aufbereitungsanlagen geleitet. Dort erfolgt die Trocknung und Entfernung von überflüssigen Elementen wie mitgefördertem Lagerwasser, flüssigen Kohlenwasserstoffen oder auch Feststoffen, sodass aufbereitetes Gas fast ausschließlich aus Methan und Ethan besteht, und damit in nationale und internationale Ferngastransportnetze eingespeist werden kann. 12

Bei günstigen geologischen Voraussetzungen und wirtschaftlicher Rentabilität kann Erdgas auch aus eigener nationaler Förderung stammen. Diese Voraussetzungen waren in der Vergangenheit beinahe ausschließlich bei der konventionellen Gasförderung aus sehr porösen Gesteinsschichten gegeben. Nachdem sich in den letzten Jahren auch Techniken zur Förderung von bisher nur schwer zu erschließendem Erdgas (unkonventionelles Erdgas) aus deutlich dichteren Gesteinsformationen wie etwa Schiefergestein *(shale gas)* oder bestimmten Sandformationen *(tight gas)* als wirtschaftlich rentabel erwiesen, wird in einigen EU-Ländern in zunehmendem Maße über eine Förderung von unkonventionellem Erdgas nachgedacht, ohne dass jedoch bisher wesentliche Fortschritte zu verzeichnen waren. Umweltpolitische Bedenken spielen hierbei eine wesentliche Rolle. 13

Der Gasmarkt der Europäischen Union wird überwiegend durch **Gasimporte** aus russischen und norwegischen Gasfeldern, verflüssigtem Erdgas (LNG) aus Ländern außerhalb der Europäischen Union und der einheimischen, aber fast überall zurückgehenden Produktion aufgespeist. Nach diesen Aufkommensquellen wurde die europäische Gasinfrastruktur zur Erschließung des Absatzmarktes ausgebaut, sodass die physischen Gasflüsse in Europa beim Gastransit überwiegend von Osten nach Westen bzw. Norden nach Süden verlaufen. 14

Für den Transport von **verflüssigtem Erdgas** in die Europäische Union wird Erdgas zuerst im Verflüssigungsterminal des Exportlandes auf ca. –160 °C abgekühlt. Danach kann es mit LNG-Tankern überseeisch zu Häfen mit Regasifizierungsterminals verschifft werden, die in der Lage sind, das flüssige Gas wieder zu verdampfen und in Ferngastransportnetze einzuspeisen. 15

In Europa erfolgt der **Ferngastransport in Hochdruckleitungen** mit Durchmessern von bis zu 1,5 m, Innendrücken bis 75 bar und Gasverdichterstationen in 200 bis 400 km Entfernung, welche diesen Druck 16 aufrechterhalten. Ferngasleitungen können auf dem Land aber auch in größeren Tiefen auf dem Meeresboden verlegt werden.

Abbildung 4.5: Überblick über das europäische Gastransportnetz[5]

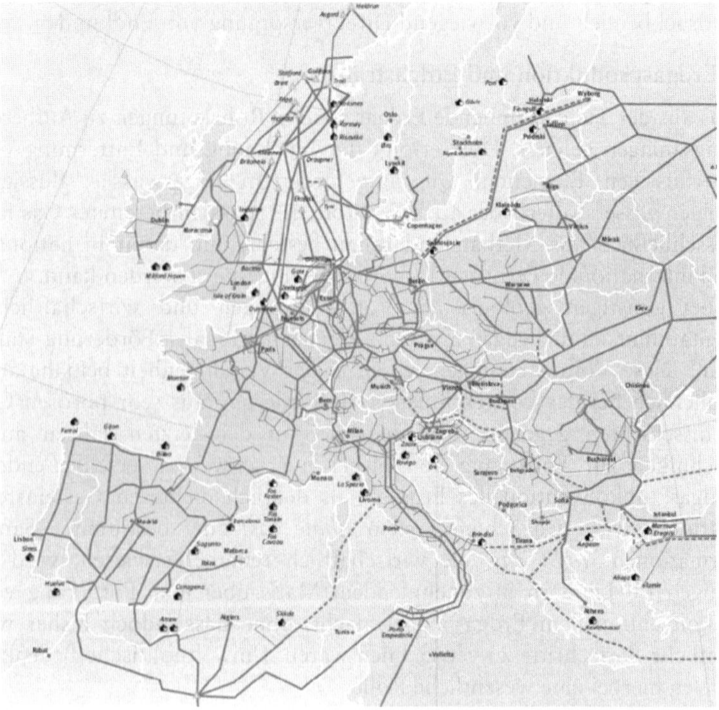

17 Erdgas weist – je nach Fördergebiet – unterschiedliche chemische Zusammensetzungen auf, insbesondere in Bezug auf den Methangehalt. Der unterschiedliche Methangehalt führt zu unterschiedlichen Brennwerten. Während das Gas aus den GUS-Staaten und aus der Nordsee einen Brennwert zwischen 10 und 12 kWh/m^3 aufweist, hat das im niederländischen Groningen Feld und in Norddeutschland produzierte Gas einen niedrigeren Brennwert von 8 bis 10 kWh/m^3. Es wird daher zwischen H-Gas (hochkalorisch, hoher Brennwert) und L-Gas (niederkalorisch, niedriger Brennwert) unterschieden. Aufgrund der geografischen Lage der Gasaufkommen mit besonders niedrigem Brennwert in Europa (Niederlande und Norddeutschland) wird L-Gas ausschließlich im Nord-Westen Deutschlands, den Niederlanden und in Belgien verbraucht. Die Kundenanlagen sind entsprechend auf die jeweilige Brennwertklasse (H oder L) des angelieferten Gases eingestellt.

[5] Quelle: Eurogas.

An **zentralen Übergabepunkten** (Anlandestellen, Flanschen), die sich historisch bedingt überwiegend an Ländergrenzen befinden, wird das Gas an das nationale Ferngasnetz des Abnehmers übergeben. 18

Obwohl die einzelnen nationalen Handelsplätze für Gas innerhalb der Europäischen Union über Ferngasleitungen miteinander verbunden sind, können diese gegenwärtig noch nicht vollständig als ein einziger Binnenmarkt angesehen und uneingeschränkt länder- und marktgebietsübergreifend ausbalanciert werden, weil teilweise noch Transportengpässe zwischen den einzelnen verschiedenen Marktgebieten bestehen. 19

Um diese Engpässe zu beheben, führten die europäischen Regulierungsbehörden in Zusammenarbeit mit den Marktparteien (Gastransportnetzbetreiber, Gashändler, Gastransportkunden) neue **Kapazitätszuteilungs- und Engpassmanagementmaßnahmen** ein und regten auch den physischen Ausbau des Gastransportnetzes (stärkere Gasverdichter, Ermöglichen der Gasflussumkehr) an. 20

Somit sind in den Jahren ab 2012 auch wesentliche Fortschritte beim Abbau von vertraglichen Engpässen beim Gastransport zwischen einzelnen Ländern der EU zu verzeichnen gewesen. 21

Wesentliche Veränderungen in der Gasversorgung von Deutschland mit Gasimporten wurden durch die Fertigstellung der Nord Stream Pipeline eingeleitet, die die für Deutschland verfügbaren Pipelineimportkapazitäten wesentlich erhöht hat. Nord Stream ist ein Doppelleitungssystem das auf dem Grund der Ostsee von Vyborg in Russland nach Lubmin in der Nähe von Greifswald über eine Entfernung von 1.224 km verläuft. Der erste Leitungsstrang wurde 2011 in Betrieb genommen, der zweite folgte im Jahr 2012. Beide Pipeline-Stränge können zusammen jährlich bis zu 55 Mrd. m^3 Gas transportieren. 22

Zwei Anbindungsleistungen (OPAL and NEL) wurden in Deutschland gebaut, um die über Nord Stream angelieferten Gasmengen in das übergeordnete Transportsystem einspeisen zu können. Mit der Inbetriebnahme der Nord Stream haben sie die physischen Gasflüsse nach und durch Deutschland wesentlich geändert. Insbesondere sind russische Gastransite über die Ukraine, Slowakei und Tschechien nun bedeutungslos für den deutschen Markt. Stattdessen wird über Deutschland nach Tschechien Gas exportiert und teilweise über die ebenfalls neue Gazelle Leitung in Süddeutschland wieder importiert. 23

Abbildung 4.6: Anbindung der Nord Stream[6]

II. Erdgasspeicherung

24 Der Gasverbrauch in Deutschland ist über das Jahr nicht konstant. Er hat vielmehr, bedingt durch die in vielen Absatzsegmenten temperaturgetriebene Nachfrage, eine saisonale Struktur. Die Nachfrage ist im Winter regelmäßig höher als im Sommer. Traditionell haben Gasproduzenten ein wirtschaftliches Interesse an einer kontinuierlichen Gasproduktion am Rande der Kapazitätsgrenze der Felder, um eine möglichst gute Amortisation der hohen Investitionskosten in die Erschließung und Entwicklung von Gasfeldern und Transportleitungen zu den zumeist entfernt gelegenen Absatzmärkten für Gas zu erreichen. In vielen Förderregionen erfolgt die Erdgasproduktion deshalb traditionell mit dem Ziel von weitgehend konstanten Förderraten. Dies führt üblicherweise dazu, dass Bezüge von Erdgasimporteuren in der Regel nicht im gleichen Maße saisonal strukturiert sind wie die Nachfrage der Weiterverteiler, die ihrerseits der Nachfrage ihrer Kunden, den Endverbrauchern, entspricht. Zum Ausgleich der Angebotsprofile mit den typischen saisonalen Nachfrageprofilen setzen Erdgasimporteure (in Deutschland: sogenannte Ferngasunternehmen) seit dem Beginn der Entwicklung der

[6] Quelle: GIE, mit eigenen Ergänzungen.

Gasvermarktung in Deutschland und in vielen weiteren Ländern Europas Gasspeicher ein.

Die nachfolgende Abbildung zeigt die Entwicklung der Erdgasbilanz 25
in Deutschland zwischen 2004 und 2013. Die Abbildung verdeutlicht, dass die deutsche Produktion über ein Jahr relativ konstant ist, während die Importe eine saisonale Struktur aufweisen. Aus der Abbildung ist jedoch auch ersichtlich, dass die inländische Produktion und die Importe nicht ausreichen, um die saisonalen Schwankungen der deutschen Nachfrage zu decken. Die helle Fläche in der nachfolgenden Abbildung illustriert den Teil des Bedarfs, der im Winter durch Entnahmen aus den Speichern abgedeckt wird. Im Sommer wiederum muss das Gasaufkommen oberhalb des Bedarfs für die Einspeicherung verwendet werden.

Abbildung 4.7: Struktur des Gasaufkommens in Deutschland von 2004 bis 2013[7]

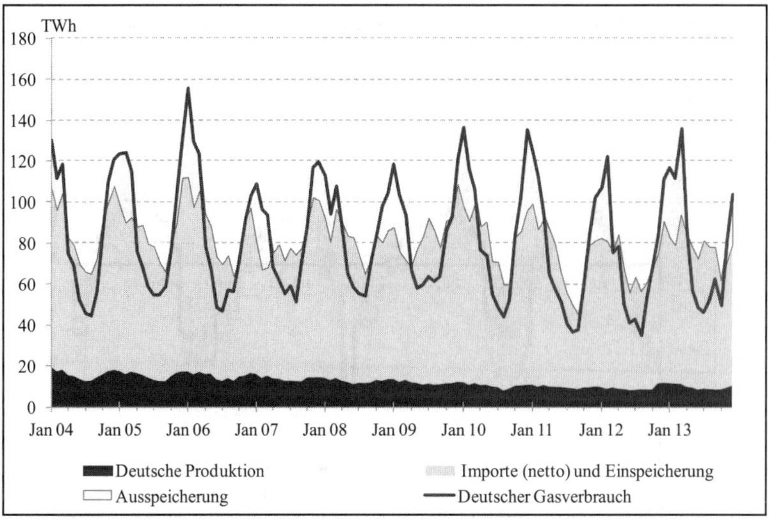

Grundsätzlich werden nach ihren geologischen Merkmalen zwei Ty- 26
pen von Speichern unterschieden, Kavernenspeicher und Porenspeicher. Kavernenspeicher befinden sich in Gesteinsschichten (Felskavernen) oder in Steinsalzformationen (Salzkavernen). Zu den Porenspeichern zählen insbesondere ehemalige Öl- und Gaslagerstätten. Die Verteilung von Porenspeichern und Kavernenspeichern in Europa richtet sich insbesondere nach den geologischen Gegebenheiten in den einzelnen Regionen.

[7] Quelle: BAFA.

27 Es lässt sich feststellen, dass Porenspeicher meist nur vergleichsweise geringe Ein- bzw. Ausspeicherraten erlauben. Kavernenspeicher hingegen erlauben meist vergleichsweise hohe Ein- bzw. Ausspeicherraten. Trotz dieser etwas unterschiedlichen technischen Charakteristika werden Kavernen- und Porenspeicher i. d. R. gleichermaßen im Wesentlichen saisonal eingesetzt.

28 Neben dem beschriebenen saisonalen Einsatz können schnelle Gasspeicher ebenfalls kurzfristige Flexibilität bereitstellen. Dies dient zum Ausgleich eher unerwartet und stochastisch auftretender Bedarfsschwankungen und wird in der nachfolgenden Abbildung illustriert. Die nachfolgende Abbildung stellt die verfügbaren historischen täglichen Ein- und Ausspeicherraten in Europa dar. Es wird ersichtlich, dass das wiederkehrende saisonale Einsatzprofil, hier veranschaulicht durch den 4-Wochen-Durchschnitt der Speicheraktivitäten, durch kurzfristige (z. B. temperaturbedingte) Schwankungen der Speicheraktivitäten überlagert wird. Nichtsdestotrotz bleibt das saisonale Nutzungsprofil bestehen.

Abbildung 4.8: Tägliche Ein- und Ausspeicherraten von Gas in Europa[8]

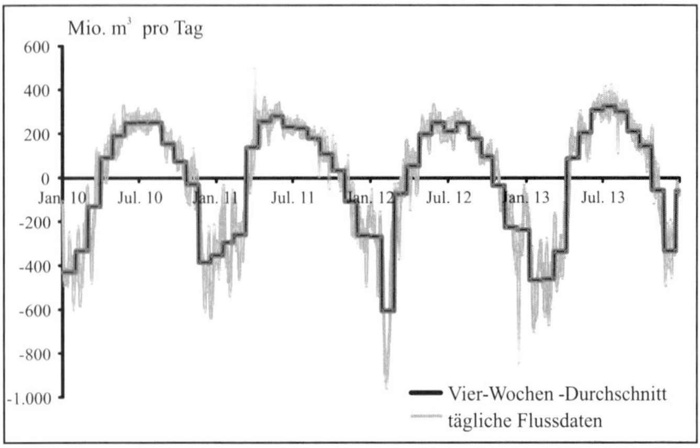

29 Erdgasspeicher werden energiepolitisch oft auch als ein Instrument der Sicherung einer stabilen Gasversorgung im Fall extremer Ereignisse (z. B. außergewöhnlich kalte Witterung, erhebliche Produktions- oder Pipelineausfälle, politisch bedingte Lieferengpässe) gesehen. Tatsächlich unterlag die Disposition der Speicherbewirtschaftung in Deutschland durch die Speichernutzer jedoch bisher keiner besonderen Reglementierung durch den Gesetzgeber. Zum Beispiel gab es keine allgemeine Be-

[8] Quelle: GIE.

vorratungspflicht (vergleichbar mit der Bevorratungspflicht für Mineralöl).

In den Jahren ab 2007 sind zahlreiche zusätzliche Speicherkapazitäten 30
in Deutschland errichtet worden. Die Annahme eines steigenden Gasbedarfs und einer steigenden Importabhängigkeit war dabei oftmals eine wesentliche Motivation. Vor dem Hintergrund des tatsächlich aber stagnierenden oder teilweise rückläufigen Gasbedarfes in Europa und den Kapazitätserweiterungen bei Gasspeichern ist das Speichergeschäft allerdings oftmals wirtschaftlich unattraktiv geworden.

III. Erdgashandel

1. Überblick und Entwicklung in Deutschland

Ein Marktgebiet ist der Zusammenschluss bestimmter Fernleitungsnetze 31
und nachgelagerter Verteilernetze zu einer einzigen Bilanzierungszone. In jedem Marktgebiet existiert ein virtueller Handelspunkt, an dem Gas zur Lieferung innerhalb des Marktgebietes gehandelt werden kann. Marktgebiete sind somit vergleichbar mit Handelszonen. Sie vereinfachen den Handel mit Gas innerhalb einer solchen Zone. Dabei gilt allerdings: Nur wenn der Händler die Gebühr für den Eintritt in ein Marktgebiet (Entry-Gebühr) bezahlt, kann er das eingespeiste Gas innerhalb des Marktgebietes frei transportieren und veräußern. Um Gas über die Grenze eines Marktgebietes in ein anderes Marktgebiet zu transportieren, muss er eine Exit-Gebühr und eine Entry-Gebühr in ein anderes Marktgebiet bezahlen.

Zum 1.10.2007 gab es in Deutschland allein für H-Gas noch neun 32
und für L-Gas noch fünf voneinander getrennte Marktgebiete. Je kleiner ein Marktgebiet ist, umso geringer ist die Wahrscheinlichkeit, dass ein Händler einen Interessenten für ein Geschäft innerhalb des Marktgebietes finden kann. Der Handel über die Grenzen der Marktgebiete hinaus setzte jedoch voraus, dass Gas auch über die Marktgebietsgrenzen hinweg transportiert werden konnte. Dazu mussten ausreichend Transportkapazitäten zur Verfügung stehen sowie Exit-Gebühren für das Ausspeisen aus dem einen und Entry-Gebühren für das Einspeisen in das andere Marktgebiet entrichtet werden. Bei Gastransporten über mehrere Marktgebietsgrenzen führte dies zum sogenannten Pancaking, der Aufsummierung von Transportentgelten. Der Effekt wirkt umso stärker, je größer die Zersplitterung der Marktgebietslandschaft ist. Die hohe Anzahl der Marktgebiete führte daher in den vergangenen Jahren zu einer Behinderung des Wettbewerbs und der Entwicklung eines Handelsmarktes, wie auch die Bundesnetzagentur bestätigte.

Unter dem Einfluss der Bundesnetzagentur wurde die Anzahl der 33
Marktgebiete in Deutschland in den vergangenen Jahren stark reduziert.

Bis zur Gründung des Marktgebietes der Gaspool Balancing Services GmbH (Marktgebiet Gaspool) zum 1.10.2009 existierten noch 10 Marktgebiete (H- und L-Gas) in Deutschland. Erst die Gasnetzzugangsverordnung[9] in der Fassung vom 3.9.2010 sah die Reduzierung der Anzahl der Marktgebiete auf maximal zwei für H-Gas und eins für L-Gas bis zum 1.4.2011 vor. Ab dem 1.8.2013 durften nur noch zwei Markgebiete insgesamt existieren, wobei diese Vorgabe bereits zum 1.10.2011 umgesetzt wurde. Dadurch wurden wesentliche Hemmnisse für den Gashandel abgebaut.

34 Entscheidend für die Beseitigung der Transportkapazitätsengpässe in Deutschland war letztendlich die Implementierung der KARLA Gas[10] ab 1.10.2011. Durch die KARLA Gas wurden wesentliche Regelungen des Kapazitätsmanagements und der Kapazitätsallokation neu gestaltet und ein massives Angebot an freien Transportkapazitäten geschaffen. Ziel der KARLA Gas war es, gebuchte, aber technisch nicht genutzte Transportkapazitäten nutzbar zu machen und dadurch den Netzzugang effizienter zu gestalten. Im Einzelnen verpflichtet KARLA Gas Transportkunden, die ihre Kapazitäten nicht nutzen, dazu, diese Kapazitäten sekundär zu vermarkten oder dem Fernleitungsnetzbetreiber für eine erneute Vermarktung zur Verfügung zu stellen. Die KARLA Gas regelt auch die Ausgestaltung der für die Vermarktung der ungenutzten Kapazitäten vorgesehenen Plattform. Durch KARLA Gas konnten historische vertragliche Engpässe aufgelöst werden, da viele Transportkunden die Politik der Hortung von langfristigen Transportkapazitäten aufgaben.

35 Der faktische Zugang zum Handelsmarkt für Gas hat sich somit in den letzten Jahren wesentlich verbessert. Es besteht heute oft kein systematischer Engpass bei der Buchung von Transportkapazitäten in oder aus den Marktgebieten mehr in Deutschland.

2. Physische und virtuelle Handelspunkte für den Gashandel in Europa

36 Hinsichtlich der Einbindung in das Netzzugangssystem wird zwischen physischen Handelsplätzen und virtuellen Handelsplätzen unterschieden.

37 **Physische Handelspunkte** offerieren den Gashandel ortsgebunden auf der Ferngasebene und sind deshalb weitestgehend entkoppelt vom Gasabsatzmarkt der angrenzenden Marktgebiete. Dadurch wird die Anzahl möglicher Gasanbieter und Nachfrager eingeschränkt.

---

[9] Verordnung über den Zugang zu Gasversorgungsnetzen (Gasnetzzugangsverordnung – GasNZV) v. 3.9.2010, BGBl. I S. 1261, zuletzt geändert durch Gesetz v. 29.3.2017, BGBl. I S. 626.

[10] BNetzA, Festlegung in Sachen Kapazitätsregelungen und Auktionsverfahren im Gassektor v. 24.02.2011 (KARLA Gas), Az. BK7-10-001.

Diesen Nachteil physischer Gashandelspunkte überwinden **virtuelle Gashandelspunkte** dadurch, dass sie zusätzlich das gesamte Marktgebiet horizontal (von Marktgebietsgrenze bis zur Marktgebietsgrenze) als auch vertikal (vom Importeur bis zum Endkunden) abdecken und eine freie Zuordnung von Ein- und Ausspeisekapazitäten innerhalb dieses Marktgebietes gewährleisten. In Marktgebieten mit verschiedenen Gasqualitäten übernehmen Betreiber von virtuellen Handelspunkten auch die Konvertierung von Erdgas in die vom Transportkunden gewünschte Gasqualität. In Europa gibt es nahezu ausschließlich virtuelle Handelspunkte. 38

3. Handelsprodukte

An den Handelspunkten können sowohl **physische** als auch **finanzielle Produkte** gehandelt werden. 39

Bei **physischen Handelsprodukten** werden noch offene Positionen des Handelsteilnehmers nach dem letzten Handelstag des Produktes beim jeweiligen Hubbetreiber für die physische Erfüllung am vereinbarten Übergabepunkt nominiert und zum gehandelten Preis mit der gewünschten Gasqualität geliefert. Ein möglicher Gewinn/Verlust aus dem Handelsgeschäft resultiert für den Käufer daraus, dass das Gas zum Zeitpunkt der Lieferung einen höheren/niedrigeren Wert als zum Zeitpunkt des Handelsgeschäftes hat. 40

Bei **finanziellen Handelsprodukten** erfolgt keine Nominierung des Handelsgeschäftes beim jeweiligen Hubbetreiber bei noch offenen Positionen des Handelsteilnehmers. Die Erfüllung des Geschäftes erfolgt finanziell, d. h. das gehandelte Gas wird bei der Lieferung gegen einen **Referenzpreis** (Index) verrechnet. Ein möglicher Gewinn/Verlust aus dem Handelsgeschäft resultiert für den Käufer daraus, dass das Gas zum Zeitpunkt der Lieferung (Feststellung des Referenzpreises für das gehandelte Produkt) einen höheren/niedrigeren Wert als zum Zeitpunkt des Handelsgeschäftes hat. 41

Einige Marktteilnehmer, insbesondere Finanzakteure wie Banken, haben nur ein eingeschränktes Interesse an einer physischen Erfüllung des Gasliefergeschäftes und können mögliche offene Positionen noch vor Lieferung des entsprechenden Produktes schließen. Dann werden physische Handelsprodukte genauso wie finanzielle Handelsprodukte abgewickelt, d. h. es finden lediglich Geldflüsse zwischen den involvierten Marktparteien, aber keine Gasflüsse statt. 42

In Abhängigkeit vom Lieferzeitraum können die Gasprodukte auch den Oberbegriffen **Spotmarkt** bzw. **Terminmarkt** zugeordnet werden. Allerdings gibt es bei dieser Klassifizierung Unterschiede in der Handhabung zwischen den einzelnen Marktplätzen aber auch Handelsteilnehmern. 43

44 Der **Spotmarkt** nach der deutschen Börsendefinition umfasst Geschäfte zur sofortigen bzw. zeitnahen Erfüllung. In Abhängigkeit vom Handelsplatz können dafür folgende Produkte zur Verfügung stehen:
- **Hourly Products:** das Gas wird für einzelne Lieferstunden des aktuellen bzw. nächsten Liefertages geliefert;
- **Within Day** (WD), häufig auch als Rest-of-the-Day bezeichnet: das Gas wird mit 3 Stunden Vorlaufzeit noch am Handelstag für die verbleibenden Stunden des Liefertages geliefert;
- **Day Ahead, 2-Day-Ahead** (DA, 2DA): das Gas wird am nächsten bzw. übernächsten Gasliefertag, der auch Börsenhandelstag ist, jeweils von 6 Uhr bis 6 Uhr geliefert;
- **Weekend** (WE): das Gas wird für die Gasliefertage Samstag und Sonntag geliefert.

45 Im **Terminhandel** nach der deutschen Börsendefinition können folgende Produkte in Abhängigkeit vom Handelsplatz gehandelt werden:
- **Balance of Week** (BOW): das Gas wird für die verbleibenden Gasliefertage der Woche, außer Samstag und Sonntag, geliefert;
- **Working Days Next Week** (WDNW): das Gas wird für alle Gasliefertage der nächsten Woche, außer Samstag und Sonntag, geliefert;
- **Week:** das Gas wird für alle Gasliefertage der nächsten Woche geliefert;
- **Balance-of-Months** (BOM): das Gas wird für alle verbleibenden Gasliefertage des Monats ab dem übernächsten Gasliefertag geliefert;
- **Month:** das Gas wird für alle Gasliefertage des jeweiligen Monats geliefert;
- **Quarter:** das Gas wird für alle Gasliefertage des jeweiligen Jahresquartals geliefert;
- **Season:** das Gas wird für alle Gasliefertage des jeweiligen Sommer- oder Winterhalbjahres geliefert;
- **Gas Year** (GY): das Gas wird für alle Gasliefertage des jeweiligen Gasjahres geliefert;
- **Calender Years** (CY): das Gas wird für alle Gasliefertage des jeweiligen Kalenderjahres geliefert.

46 Dieser Überblick ist nicht abschließend, weil sich der Handel im liberalisierten Gasmarkt ständig weiterentwickelt. Es werden auch **Optionen** und **Spreads** (z. B. Time-Spreads, Location-Spreads, Interproduct-Spreads) gehandelt. Insbesondere auf außerbörslichen Plattformen bzw. im bilateralen Handel des OTC-Marktes (Over-The-Counter, außerbörslicher Freiverkehrshandel) können Produkte individuell zugeschnitten werden. Anders als beim geclearten Handel, z. B. über eine Gasbörse, tragen die Vertragsparteien im außerbörslichen Handel das Kontrahentenausfallrisiko selber und müssen individuell Absicherungsmaßnahmen für einen möglichen Kontrahentenausfall ergreifen.

4. Bedeutende europäische Handelsplätze für Erdgas

Nachdem in den vorigen Kapiteln die Voraussetzungen und Handelsprodukte für europäische Marktplätze beschrieben wurden, sollen im Anschluss die für den europäischen Gashandel wichtigsten Markplätze vorgestellt werden. 47

In Deutschland sind die gehandelten Gasmengen in den vergangenen Jahren stark angestiegen. Dies verdeutlicht die nachfolgende Abbildung. Es wird mehr Gas in Deutschland gehandelt, als physisch verbraucht wird. 48

Abbildung 4.9: Entwicklung der Gashandelsmengen in Deutschland

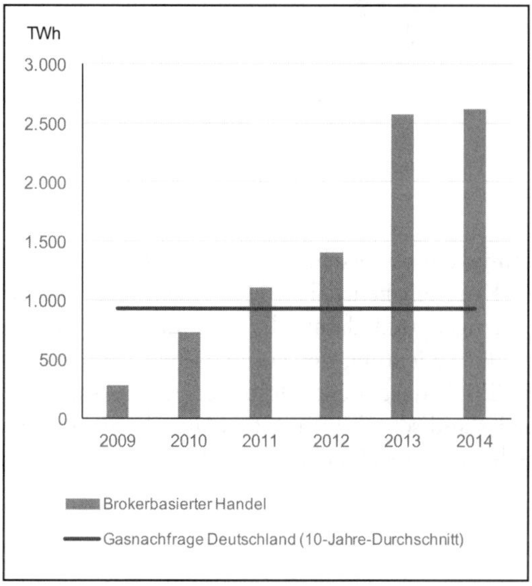

Allerdings ist Deutschland nicht der bedeutendste Handelsplatz für Gas in Europa. 49

Abbildung 4.10: Wesentliche europäische Gashandelsplätze[11]

50 Die Bedeutung der unterschiedlichen Handelsplätze lässt sich nach verschiedenen Kriterien beurteilen. Ein wesentliches Kriterium sind die gehandelten Mengen und damit die Liquidität. In der nachfolgenden Abbildung ist die Bedeutung der europäischen Handelsplätze nach den Kriterien der EFET dargestellt. Besonders interessant ist, dass inzwischen der niederländische TTF in etwa die gleiche Bedeutung hat wie der traditionelle britische Handelsplatz NBP.

[11] Quelle: Eigene Darstellung.

Abbildung 4.11: Scores der europäischen Handelsplätze für 2014[12]

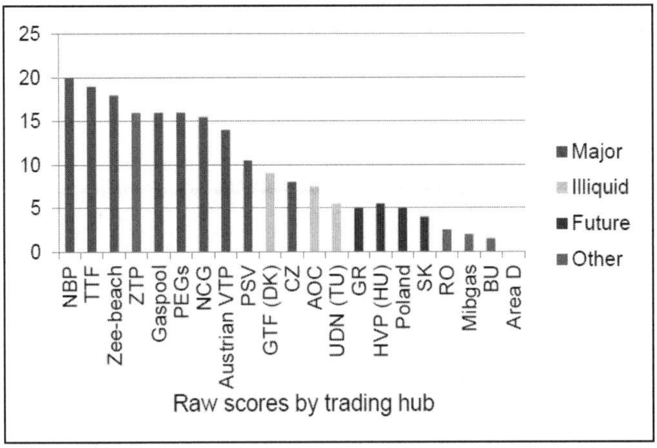

Wie in der nachfolgenden Abbildung dargestellt, entwickeln sich die Handelspreise für Gas an den meisten europäischen Handelsmärkten sehr ähnlich. Wesentliche Preisabweichungen ergeben sich regelmäßig nur für Handelsplätze, die geografisch weiter entfernt sind von den bedeutendsten Handelsmärkten und/oder deren Anbindungen an liquidere Marktplätze weiterhin mit Kapazitätsengpässen belastet sind. Die Handelspreise für Gas sind in der EU oft ähnlich. Es existieren Regionen mit nahezu identischen Preisen wegen sehr hoher Marktintegration. Dazu gehört z. B. Nordwesteuropa. Die Integration insbesondere von Handelsplätzen im Süden von Europa (Punto di Scambio Virtuale [PSV] und Points d'Echange de Gaz [PEG] Süd) ist jedoch auch im Jahr 2015 noch verbesserungsfähig. 51

[12] Quelle: EFET.

Abbildung 4.12: Entwicklung der Day-ahead-Preise an verschiedenen europäischen Handelsplätzen[13]

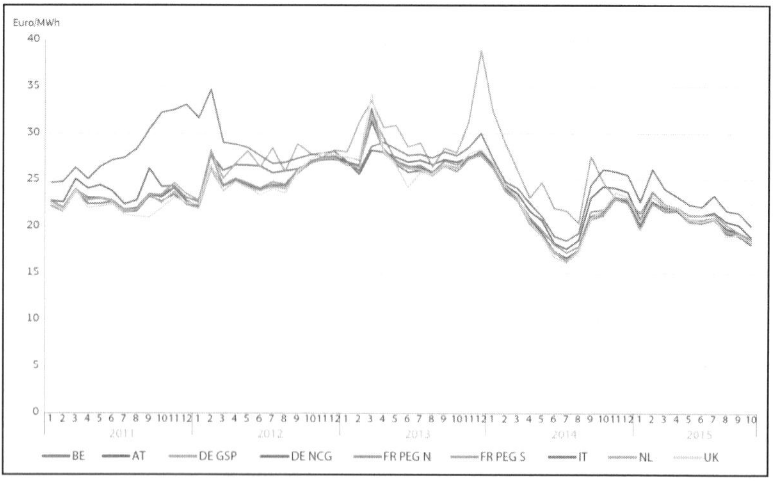

5. National Balancing Point (NBP)

52 Der NBP ist ein virtueller Hub im Erdgastransportsystem des britischen Gasnetzbetreibers National Grid. An den Einspeisepunkten zum NBP kann von Gasterminals, On- und Offshore-Förderanlagen sowie Gasspeichern eingespeist werden. Von den Ausspeisepunkten werden lokale Versorgungsunternehmen, Großabnehmer und wiederum Gasspeicher beliefert. Der National Balancing Point ist der bedeutendste Umschlagsplatz für Erdgas in Europa. Bereits 1997 wurde an der International Petroleum Exchange (heute **ICE**) in London eine entsprechende **Gasbörse** institutionalisiert, an der auch **Preisabsicherungsgeschäfte** (Hedging) für physische Lieferungen abgeschlossen werden.

6. Gashandelsplätze in Kontinentaleuropa

53 Die Voraussetzungen für das Entstehen des Gasmarktes in Großbritannien unterscheiden sich grundsätzlich von denen für Kontinentaleuropa. Der britische Gasmarkt entwickelte sich durch das Zusammenspiel von Marktregulation und einer nationalen Zusammenarbeit von Gaslieferanten und Gasabnehmern relativ selbstständig. In Kontinentaleuropa bedurfte es massiver regulatorischer Eingriffe und besonderer Wirtschaftslagen, um die etablierten oligopolistischen Marktstrukturen aufzubrechen und einen freien Wettbewerb mit ungehindertem Zugang zur gaswirtschaftlichen Infrastruktur zu ermöglichen.

[13] Quelle: *European Commission*, Quarterly Reports on European Gas Markets III/2015.

Der erste **Gashandelsplatz** für Kontinentaleuropa entwickelte sich ab 2000 in **Zeebrügge**. Dieser physische Handelspunkt besitzt ein LNG-Terminal und kann auf eigene Speicherkapazitäten zurückgreifen. Über Pipelines ist Zeebrügge mit den norwegischen Förderquellen und seit 1998 über den Interconnector mit dem britischen Gasmarkt verbunden. Dadurch konnte erstmals Gas zwischen Kontinentaleuropa und dem weiter entwickelten NBP-Hub ausgetauscht werden und sich dadurch die Liquidität im Vergleich zu anderen kontinentaleuropäischen Handelsplätzen schneller entwickeln. Insofern stellte Zeebrügge in dieser Zeit faktisch eine Verlängerung des NBP auf den Kontinent dar. Der Börsenhandel ist am Hub Zeebrügge über die APX-Endex seit 2005 möglich. 54

Das niederländische **Marktgebiet TTF** wird aus der eigenen Produktion und Gasflüssen aus den Gasfeldern in der Nordsee aufgespeist. Die Liquidität am virtuellen Handelspunkt TTF nahm sehr stark zu Lasten der Liquidität in Zeebrügge zu, nachdem sich auch das niederländische Marktgebiet im Jahr 2007 über eine eigene Pipeline (Bacton-Balgzand-Pipeline) mit dem britischen Gasmarkt konnektierte. Am virtuellen Handelspunkt TTF, im Netz des niederländischen Gastransportnetzbetreibers Gas Transport Services (GTS), kann Erdgas, unabhängig von der Gasqualität (H-Gas oder L-Gas), zum gleichen Marktpreis gehandelt werden. Eine mögliche Qualitätsanpassung (Konvertierung) wird bei physischer Lieferung durch GTS vorgenommen. Aufgrund dieser Maßnahmen, der guten Gastransportinfrastruktur und der anfangs nur sehr zögerlichen Entwicklung des deutschen Gasmarktes konnte sich das Marktgebiet TTF vorerst als Leitmarkt für Kontinentaleuropa positionieren. Seit 2005 ist über die APX-Endex, seit 2010 über die ICE und seit 2011 über die EEX der börsliche Gashandel am TTF möglich. 55

Wesentlich langsamer entwickelten sich zunächst die deutschen Marktplätze. Obwohl Deutschland die besten infrastrukturellen Voraussetzungen für den kontinentaleuropäischen Gashandel hinsichtlich 56

- Absatzvolumen und Zahl der Marktakteure im eigenen Markt,
- Vorhandensein von lang- und kurzfristigen Gasspeicherkapazitäten,
- Anzahl von Netzkopplungspunkten mit benachbarten Gasmärkten sowie
- marktkonformen Tagesbilanzierungsregimen

für die Etablierung als kontinentaleuropäischer Leitmarkt besitzt, nahm die Liquidität vor allem im Terminmarkt nur langsam zu. Erst nachdem sich die einzelnen deutschen H-Gas-Marktgebiete in den beiden **Marktgebietskooperationen GASPOOL** und **NetConnect Germany** (NCG) vereinigten und die Regulatoren, Marktgebietsverantwortlichen und Handelsteilnehmer zusammen an Verbesserungen für den Handel im jeweiligen Marktgebiet mitarbeiteten, stiegen die Handelsvolumina. Insbesondere die Einführung des **Entry-Exit-Modells (Zweivertragsmodells)** im Jahre 2006 und die Errichtung von Marktgebieten mit virtuellen Handelspunkten waren diesbezüglich Meilensteine. Seit 2007 offeriert die **EEX** den Gashandel in den beiden deutschen Marktgebieten GASPOOL und NCG bzw. deren Vorläufern. Nachdem zuerst die NCG im Oktober 2009 und später auch GASPOOL einen Teil ihres Regelenergiegeschäftes an die EEX verlagerten, nahm die Liquidität im börslichen Spotmarkt zu.

57 Der französische Markt ist gegenwärtig, ähnlich wie der deutsche Markt, noch in mehrere verschiedene Marktgebiete mit jeweils einem separaten virtuellen Handelspunkt aufgeteilt. Der liquideste dieser virtuellen Handelspunkte ist der **VHP PEG Nord**, bei dem aufgrund seiner guten Anbindung an den belgischen und deutschen Markt, an die norwegischen Produktionsfelder sowie seines hohen Gasabsatzpotenzials der wesentliche Teil des französischen Handels abgewickelt wird.

7. Auswirkung vom Gashandel an europäischen Gashandelsplätzen

58 Anders als vor der Liberalisierung der Energiewirtschaft stehen heute die einzelnen Stufen der gaswirtschaftlichen Wertschöpfungskette national und teilweise oftmals auch international untereinander im starken Wettbewerb.

59 Über elektronische Plattformen können Kauf- und Verkaufsangebote am virtuellen Handelspunkt gesammelt und allen Marktteilnehmern zeitnah zur Verfügung gestellt werden. Entsprechend haben in vielen Ländern Europas inzwischen die Handelspreise für Gas eine zentrale Bedeutung bei der Preisbildung für Gas erlangt.

IV. Zusammenfassung

60 Die gaswirtschaftlichen Marktstrukturen in Kontinentaleuropa haben sich in den letzten Jahren grundlegend und unumkehrbar verändert. Handelsmärkte für Gas spielen im Jahr 2016 in vielen europäischen Ländern eine zentrale Rolle bei der Beschaffung von Gas über einen Zeithorizont von bis zu zwei Jahren. Damit sind auch Preisbenchmarks für alle professionellen Marktteilnehmer verfügbar. Es existieren jedoch auch weiterhin langfristige Importverträge für Gas.

D. Die europäischen Vorgaben zur Gasmarktliberalisierung

I. Voraussetzungen für einen funktionierenden Wettbewerb

61 Das Gasnetz stellt aufgrund der Leitungsgebundenheit von Erdgas ein **natürliches Monopol** dar. Unter diesen Bedingungen hängt das Funktionieren des Wettbewerbs entscheidend von der Existenz eines diskrimi-

nierungsfreien, transparenten und effizienten Netzzugangs zu angemessenen Preisen ab.

62 Als Leitbild für einen funktionierenden Markt wird der Handel an der Börse gesehen, sodass die **Börsenfähigkeit des Gasnetzzugangs** als essentielles Ziel für die Liberalisierung des Gasmarktes gilt. Um das Ziel der Börsenfähigkeit zu erreichen, ist insbesondere eine ausreichende Liquidität notwendig, um die Beeinflussbarkeit des Marktes durch einzelne Akteure zu verhindern. Ein wichtiger Aspekt ist daher die Einheitlichkeit des Marktes, da durch sie eine höhere Liquidität erreicht werden kann.

II. Anfänge der Liberalisierung des europäischen Gasbinnenmarktes

63 Als ein erster Schritt in Richtung der Förderung von Wettbewerb auf dem europäischen Gasmarkt kann die 1998 verabschiedete Gasbinnenmarktrichtlinie 1998 (GasRL 1998)[14] angesehen werden. Die Richtlinie schrieb die Prinzipien für den Erdgasbinnenmarkt – Nichtdiskriminierung und Transparenz – vor, ließ aber den Mitgliedstaaten die Wahl, wie sie diese umsetzen wollten. Insbesondere hatten die Mitgliedstaaten bei der Ausgestaltung des Netzzugangs ein Wahlrecht. Die Mitgliedstaaten konnten das System des **Netzzugangs auf Vertragsbasis,** das System des **geregelten Netzzugangs** oder beide Systeme wählen.

64 Der diskriminierungsfreie und transparente Netzzugang sollte es den Kunden ermöglichen, ihre Gaslieferanten frei zu wählen bzw. für die Gasproduzenten die Möglichkeit schaffen, ihre Gasproduktion frei zu vermarkten und somit die Voraussetzung für die Herausbildung eines Handelsmarktes für Gas zu bilden.

65 Nach Auffassung des Europäischen Parlaments und des Rats leistete die GasRL 1998 einen wesentlichen Beitrag zur Schaffung eines einheitlichen Gasbinnenmarktes. Trotzdem bestanden noch im Jahr 2003 schwerwiegende Mängel und es existierten weitreichende Möglichkeiten zur Verbesserung der Funktionsweise der Märkte. Insbesondere seien konkrete Maßnahmen zur Schaffung gleicher Ausgangsbedingungen und zur Verringerung der Gefahr einer Marktbeherrschung zu ergreifen. Dadurch sollte die Sicherstellung nichtdiskriminierender Fernleitungs- und Verteilungstarife, der Netzzugang auf Grundlage von vor ihrem Inkrafttreten zu veröffentlichenden Tarifen und der Schutz der Rechte kleiner und benachteiligter Kunden erreicht werden. In Erwägung dieser

---

[14] Richtlinie 98/30/EG des Europäischen Parlaments und des Rates v. 22.6.1998 betreffend gemeinsame Vorschriften für den Erdgasbinnenmarkt (Gasbinnenmarktrichtlinie 1998 – GasRL 1998), ABl. EU Nr. L 204, v. 21.7.1998, S. 1 ff., ersetzt und aufgehoben durch GasRL 2003.

Gründe verabschiedeten das Europäische Parlament und der Rat am 26.6.2003 die GasRL 2003 (sog. Beschleunigungsrichtlinie).[15]

66 Die GasRL 2003 verpflichtete die Mitgliedstaaten mit Art. 25 I zur Schaffung einer von den Interessen der Erdgaswirtschaft **unabhängigen Regulierungsbehörde.** Ihre Aufgabe sollte und soll zumindest die Sicherstellung von Nichtdiskriminierung, echtem Wettbewerb und eines effizienten Funktionierens des Marktes und die Durchführung eines Monitorings sein.

67 Durch die Regelungen der Richtlinie war der Regulierungsbehörde nicht nur eine **Ex-ante-Regulierung** in Bezug auf die Festlegung der Bedingungen für den Netzanschluss, den Netzzugang und Bedingungen für die Erbringung von Ausgleichsleistungen sowie die Methode zur Berechnung der Tarife eröffnet worden, sondern sie erhielt auch eine umfassende Kompetenz zur **nachgelagerten Kontrolle** der Wettbewerbsbestimmungen. Insbesondere wurden ihr Möglichkeiten eingeräumt, die Bedingungen für den **Netzanschluss und den Netzzugang einschließlich der Netzzugangsentgelte** zur Durchsetzung ihrer Angemessenheit und Diskriminierungsfreiheit festzulegen.

68 Weiterhin schrieb die GasRL 2003 in Art. 9 und 13 die **Entflechtung** von Fern- bzw. Verteilernetzbetreibern vor. Zur Gewährleistung eines **effizienten und nichtdiskriminierenden Netzzugangs** sollten die Fernleitungs- und Verteilernetze bei Bestehen eines vertikal integrierten Unternehmens hinsichtlich der Rechtsform, Organisation und Entscheidungsgewalt unabhängig von den übrigen Tätigkeitsbereichen sein, die nicht mit dem Gasnetz zusammenhängen. Eine Verpflichtung zur eigentumsrechtlichen Trennung in Bezug auf das Eigentum des vertikal integrierten Unternehmens an Vermögenswerten des Netzes bestand ausdrücklich nicht.

III. Gasbinnenmarktrichtlinie 2009

69 Zu der GasRL 2003 führten das Europäische Parlament und der Rat der Europäischen Union in seiner Einleitung zur GasRL 2009[16] aus, dass sie ein wichtiger Beitrag zur Schaffung des Erdgasbinnenmarktes war. Trotzdem gäbe es noch nicht in allen Mitgliedstaaten einen nichtdiskriminierenden Netzzugang und eine gleichermaßen wirksame Regulie-

---

[15] Richtlinie 2003/55/EG des Europäischen Parlaments und des Rates v. 26.6.2003 über gemeinsame Vorschriften für den Erdgasbinnenmarkt und zur Aufhebung der Richtlinie 98/30/EG (Gasbinnenmarktrichtlinie 2003 – GasRL 2003), ABl. EU Nr. L 176, v. 15.7.2003, S. 57 ff.

[16] Richtlinie 2009/73/EG des Europäischen Parlaments und des Rates v. 13.7.2009 über gemeinsame Vorschriften für den Erdgasbinnenmarkt und zur Aufhebung der Richtlinie 2003/55/EG (Gasbinnenmarktrichtlinie 2009 – GasRL 2009), ABl. EU Nr. L 211, v. 14.8.2009, S. 94 ff.

rungsaufsicht. Die Vorschriften der GasRL 2003 hätten nicht zu einer tatsächlichen Entflechtung der Fernleitungsnetzbetreiber geführt. Eine wirksame Entflechtung könne nur durch die Beseitigung der für vertikal integrierte Unternehmen bestehenden Anreize, Wettbewerber in Bezug auf den Netzzugang und auf Investitionen zu diskriminieren, gewährleistet werden.

Die GasRL 2003 hatte die Mitgliedstaaten zur Einrichtung von Regu- 70
lierungsbehörden mit spezifischen Zuständigkeiten verpflichtet. Nach Auffassung des Parlamentes und Rates sei die Effektivität der Regulierung aufgrund mangelnder Unabhängigkeit der Regulierungsbehörden von der Regierung sowie unzureichender Befugnisse und Ermessensfreiheit jedoch eingeschränkt.

Durch die neuen Vorgaben der GasRL 2009 sind die Mitgliedstaaten 71
noch stärker als bislang verpflichtet, die Entflechtung von Fernleitungsnetzen und **Fernleitungsnetzbetreibern** durchzusetzen. Um die Entflechtung weiter voran zu treiben, sieht die GasRL 2009 eine strikte Trennung zwischen den Fernleitungsnetzbetreibern und den Gewinnungs- und Vertriebsunternehmen vor. Nach der GasRL 2009 muss das Fernleitungsnetz Eigentum des Fernleitungsnetzbetreibers sein. Damit geht die GasRL 2009 über die GasRL 2003 hinaus, die zwar eine Unabhängigkeit des Fernleitungsnetzbetreibers fordert, nicht aber eine eigentumsrechtliche Entflechtung. Diese ist nun ausdrücklich in der GasRL 2009 vorgesehen, da dies nach Ansicht des Parlaments das wirksamste Instrument der Entflechtung darstellt, um nichtdiskriminierend Investitionen in die Infrastrukturen, einen fairen Netzzugang für neue Anbieter und die Transparenz des Marktes zu fördern.

Neben der eigentumsrechtlichen Entflechtung sieht die aktuelle 72
GasRL 2009 noch zwei weitere Gestaltungsformen für die Fernleitungsnetzbetreiber vor. Zum einen das Modell „Independent System Operator" (ISO) und zum anderen das Modell „Independent Transmission Operator" (ITO). Hinsichtlich der **Verteilernetzbetreiber** wird in Art. 26 I GasRL 2009 ausgeführt, dass eine Verpflichtung zur eigentumsrechtlichen Entflechtung, wenn der Verteilernetzbetreiber zu einem vertikal integrierten Unternehmen gehört, nicht vorzunehmen ist. Gefordert wird aber weiterhin, dass er hinsichtlich seiner Rechtsform, Organisation und Entscheidungsgewalt unabhängig von den übrigen Tätigkeitsbereichen sein muss, die nicht mit der Verteilung zusammenhängen. Insoweit differenziert die GasRL 2009 im Gegensatz zu der GasRL 2003 zwischen Fernleitungsnetzbetreiber und Verteilernetzbetreiber. Den einzelnen Mitgliedstaaten ist es überlassen, die Anwendung dieser Vorgaben für integrierte Erdgasunternehmen mit weniger als 100.000 angeschlossenen Kunden auszuschließen. Von dieser Möglichkeit hat Deutschland bei der Umsetzung im EnWG Gebrauch gemacht. Diese sog. De-minimis-

Regelung, die bereits vorher im EnWG geregelt war, ist beibehalten worden.

73 Für die Durchsetzung eines wirksamen Wettbewerbs ist eine **unabhängige Regulierungsbehörde** unverzichtbar. In Art. 39 IV GasRL 2009 ist vorgeschrieben, dass die Mitgliedstaaten gewährleisten müssen, dass die Regulierungsbehörde bei der Wahrnehmung der Regulierungsaufgaben keine direkten Weisungen von Regierungsstellen oder anderen öffentlichen oder privaten Einrichtungen einholt oder entgegennimmt. Die einzelnen Aufgaben und Befugnisse enthält Art. 41 GasRL 2009. Nach Art. 40 GasRL 2009 treffen die Regulierungsbehörden alle zweckdienlichen Maßnahmen zur Erreichung der in dem Artikel genannten Ziele, wie unter anderem die Erreichung eines wettbewerbsbestimmten, sicheren und ökologisch nachhaltigen Erdgasbinnenmarktes sowie der effektiven Öffnung des Marktes für alle Lieferanten und Kunden in der Gemeinschaft.

IV. Erdgaszugangsverordnungen

74 Zur Vollendung des Binnenmarktes erließen das Europäische Parlament und der Rat am 28.9.2005 die Verordnung über die Bedingungen für den Zugang zu den Erdgasfernleitungsnetzen[17] (ErdgasZVO). Die Verordnung galt seit dem 1.7.2006 unmittelbar und betraf strukturelle Änderungen des Regulierungsrahmes. Außerdem enthielt sie zusätzliche technische Regeln, insbesondere für die Bildung der Netzzugangsentgelte, die Einrichtung von Dienstleistungen für den Netzzugang Dritter, die Kapazitätszuweisungen, das Engpassmanagement, die Transparenzanforderungen, den Ausgleich von Mengenabweichungen und Ausgleichsentgelte sowie für den Handel mit Kapazitätsrechten. Bei der Umsetzung der Verordnung sollen gem. Art. 1 I ErdgasZVO die Besonderheiten nationaler und regionaler Märkte berücksichtigt werden.

75 Am 13.7.2009 haben das Europäische Parlament und der Rat die Erdgaszugangsverordnung 2009 (ErdgasZVO 2009) erlassen, die zur Aufhebung der ErdgasZVO 2005 geführt hat. Hierzu führt das Europäische Parlament aus, dass es derzeit noch Hindernisse für den Verkauf von Erdgas in der Gemeinschaft zu gleichen Bedingungen und ohne Diskriminierung oder Benachteiligung geben würde. Die derzeitigen Vorschriften und Maßnahmen würden weder den notwendigen Rahmen bieten noch die Schaffung von Verbindungskapazitäten gewährleisten, die erforderlich sind, um das Ziel eines gut funktionierenden, effizienten

[17] Verordnung (EG) Nr. 1775/2005 des Europäischen Parlaments und des Rates v. 28.9.2005 über die Bedingungen für den Zugang zu den Erdgasfernleitungsnetzen (Erdgaszugangsverordnung 2005 – ErdgasZVO 2005), ABl. EU Nr. L 289, v. 3.11.2005, S. 1 ff.

und offenen Binnenmarktes zu verwirklichen. Insbesondere würden die derzeit geltenden Transparenzanforderungen und Regeln für den Infrastrukturzugang nicht ausreichen.[18]

Eine wesentliche Neuerung im Vergleich zur vorherigen Fassung ist 76
die Regelung des Art. 5 ErdgasZVO 2009, die die **Gründung eines Europäischen Verbundes der Fernleitungsnetzbetreiber** für Gas („ENTSOG)") vorsieht. Am 1.12.2009 ist **„ENTSOG"** (European Network of Transmission System Operators for Gas) gegründet worden und besteht heute aus 45 Fernleitungsnetzbetreibern und 26 Mitgliedstaaten. Dieser Verbund ENTSOG arbeitet nach Art. 8 ErdgasZVO 2009 auf Aufforderung durch die Kommission gem. Art. 6 VI Netzkodizes für die in Art. 8 VI ErdgasZVO 2009 genannten Bereiche aus, wie unter anderem Regeln für den Netzzugang oder den Zugang Dritter. Diese Netzkodizes gelten für grenzüberschreitende Netzangelegenheiten und Angelegenheiten der Marktintegration und berühren nicht das Recht der Mitgliedstaaten, nationale Netzkodizes aufzustellen, die den grenzüberschreitenden Handel nicht betreffen (Art. 8 VII ErdgasZVO 2009). Wichtig sind diese Netzkodizes für das 2014 anvisierte Ziel, einen einheitlichen europäischen Binnenmarkt für Strom und Gas zu schaffen. Diese Netzkodizes sind jedoch nur ein Teil auf dem Weg zum Gas Grid Code. Die Rahmenleitlinien/Netzkodizes werden durch die Europäische Kommission „vorskizziert" und dann von der ACER und ENTSOG abgearbeitet.

Eine zweite Säule stellen die in Art. 23 ErdgasZVO 2009 **geregelten** 77
Leitlinien der Kommission dar. Diese Leitlinien werden durch die Kommission erlassen und können auch durch diese geändert werden. Im Anhang I zur ErdgasZVO 2009 befinden sich von der Kommission erlassene Leitlinien. Hierbei handelt es sich u. a. um Bestimmungen im Zusammenhang mit dem Zugang Dritter und dem Kapazitätszuweisungsmechanismus und Engpassmanagement.

Aufgrund der umfassenden Regelungen zu den Rahmenleitlinien/ 78
Netzkodizes in der ErdgasZVO 2009 können diese jedoch als das Standardverfahren für den Grid Code betrachtet werden.[19] Jedoch haben die **Rahmenleitlinien/Netzkodizes** keine unmittelbare rechtliche Verbindlichkeit. ENTSOG ist ein Verband aus den europäischen Fernleitungsnetzbetreibern, diese haben keine hoheitlichen Befugnisse. Im Gegensatz dazu haben die Leitlinien der Kommission verbindlichen Charakter.

---

[18] Verordnung (EG) Nr. 715/2009 des Europäischen Parlaments und des Rates v. 13.7.2009 über die Bedingungen für den Zugang zu den Erdgasfernleitungsnetzen und zur Aufhebung der Verordnung (EG) Nr. 1775/2005 (Erdgaszugangsverordnung 2009 – ErdgasZVO 2009), ABl. EU Nr. L 211 S. 36, ber. ABl. EU Nr. L 229 S. 29 und ABl. EU Nr. L 309 S. 87, v. 3.9.2009, S. 1 ff.

[19] *Thole*, IR 2011, 218, 219.

Diese haben ihre „Verrechtlichung“ gem. Art. 23 II 2, 28 II ErdgasZVO 2009 i. V. m. Art. 5a Beschluss 1999/468/EG im Wege des Komitologie-Verfahrens (heute: Ausschussverfahren[20]) seit 1999 erfahren. Dies ist ein Verfahren, das der Kommission ermöglicht, in gewissem Umfang Recht zu setzen und damit eine schnellere Umsetzung zu ermöglichen. Eine Anwendung ist jedoch nur dann möglich, wenn eine gesetzliche Ermächtigung dafür besteht. Problematisch ist, dass für die Netzkodizes auch eine „Verrechtlichung“ mittels Komitologie-Verfahren (bzw. Ausschussverfahren) angedacht ist. Ein Verweis auf Art. 28 II ErdgasZVO 2009 ist jedoch nicht in Art. 6 ErdgasZVO 2009 enthalten, sodass dieser Weg nach derzeitiger Rechtslage wohl nicht gewählt werden kann.[21] Die im Wege des geschilderten Ausschussverfahrens verabschiedeten Netzkodizes gelten unmittelbar und bedürfen keiner Umsetzung in das nationale Recht. Auch wenn sie thematisch „lediglich“ die grenzüberschreitenden Energieflüsse zum Inhalt haben, wächst ihre Bedeutung für den deutschen Gasmarkt ähnlich wie in vielen anderen europäischen Märkten.[22] Das Entwickeln der Netzkodizes fängt mit der Ausarbeitung einer „jährlichen Prioritätenliste“[23] durch die EU-Kommission an, die die Bereiche zur weiteren Ausgestaltung durch den jeweiligen Netzkodex festlegt.

79 Folgende Netzkodizes und Leitlinien wurden bereits verabschiedet:
- Netzkodex Kapazitätszuweisung,
- Engpassmanagement-Leitlinien,
- Netzkodex Bilanzierung,
- Netzkodex Interoperabilität,
- Netzkodex Tarifierung.

80 Der europäische Netzkodex über Mechanismen für die Kapazitätszuweisung[24] (Netzkodex Kapazitätszuweisung) gilt ab dem 1.11.2015 und gibt ein europaweit einheitliches System zur Vergabe von Transportka-

[20] Vgl. Verordnung (EU) Nr. 182/2011 des Europäischen Parlaments und des Rates v. 16.2.2011 zur Festlegung der allgemeinen Regeln und Grundsätze, nach denen die Mitgliedstaaten die Wahrnehmung der Durchführungsbefugnisse durch die Kommission kontrollieren, ABl. EU Nr. L 55, v. 28.2.2011, S. 13 ff.

[21] *Thole*, IR 2011, 218, 219.

[22] *Günther/Brucker*, RdE 2016, 216.

[23] Vgl. dazu z. B. die jährliche Prioritätenliste der EU-Kommission für das Jahr 2016 (Durchführungsbeschluss der Kommission (EU) 2015/1960 „Zur Erstellung der jährlichen Prioritätenlisten für die Ausarbeitung von Netzkodizes und Leitlinien für 2016“ v. 29.10.2015, ABl. EU Nr. L 284, v. 30.10.2015, S. 187 ff.).

[24] *Eng.*: Network Code on Capacity Allocation Mechanisms in Gas Transmission Systems (NC CAM); Verordnung (EU) Nr. 2013/984 der Kommission v. 14.10.2013 zur Festlegung eines Netzkodex über Mechanismen für die Kapazitätszuweisung in Fernleitungsnetzen und zur Ergänzung der Verordnung (EG) Nr. 715/2009 des Europäischen Parlaments und des Rates, ABl. EU Nr. L 273, v. 15.10.2013, S. 5.

pazitäten an Kopplungspunkten[25] der Fernleitungsnetzbetreiber vor. Die Vermarktung von Transportkapazitäten – über die Grenzen eines Entry-/Exit-Systems hinaus – hat danach über eine einheitliche Auktionierung (**standardisierte Mechanismen**) und die Buchung solcher Kapazitäten über die europäische Buchungsplattform PRISMA[26] zu erfolgen. Die Fernleitungsnetzbetreiber mussten zusätzlich die neuen Vorgaben zur Bündelung von (festen) Kapazitäten an Kopplungspunkten bei ihrem grenzüberschreitenden Gashandel bzw. -transport beachten und an jedem Kopplungspunkt 20 % der jeweiligen technischen Kapazität (ab 1.11.2015) zurückhalten und anbieten. Abgesehen davon waren die Neuerungen in die alten und neuen Verträge aufzunehmen. Die im Netzkodex Kapazitätszuweisung enthaltenen Regelungen zu „Standardvertragsklauseln Gas" lieferten dazu zahlreiche Angaben.

Die im Anhang I zur ErdgasZVO 2009 enthaltenen „Leitlinien zum Engpassmanagementverfahren" wurden im August 2012 von der Kommission geändert,[27] da die Praxis zeigte, dass trotz der Anwendung bestimmter Engpassmanagementprinzipien – z. B. das Anbieten unterbrechbarer Kapazität gemäß den Vorgaben in ErdgasZVO – vertragliche Engpässe weiterhin die Entwicklung des gut funktionierenden Gasbinnenmarktes behinderten. Die aktualisierten Leitlinien zum Engpassmanagement sehen beispielsweise vor, dass ungenutzte Kapazität dem Markt wieder zur Verfügung gestellt und durch reguläre Allokationsverfahren neu zugewiesen wird. Im Falle vertraglich bedingter Engpässe hat der Fernleitungsnetzbetreiber ungenutzte Kapazität auf dem Primärmarkt mindestens auf „Day-ahead"-Basis (für den folgenden Gastag) und als unterbrechbare Kapazität anzubieten. Eine Neuerung stellt des Weiteren dar, dass in die Leitlinien auch Regelungen für Speicher- und LNG-Anlagen aufgenommen worden sind. 81

Der Netzkodex Bilanzierung[28] ist ebenfalls – nach dem erfolgreichen Durchlaufen des Ausschussverfahrens – bereits in Kraft getreten. Die entsprechende Harmonisierung der neuen EU-Vorgaben mit dem nationalen Recht erfolgte über die Festlegung GABi Gas 2.0[29] stufenweise zum 1.10.2015 und zum 1.10.2016. Das nationale Verfahren zur Um- 82

[25] Unter Kopplungspunkten sind solche Punkte, die Entry-/Exit-Systeme miteinander oder mit einer Verbindungsleitung verbinden, zu verstehen.

[26] Prisma European Capacity Plattform GmbH ist eine europäische Plattform für den Handel mit Gas-Kapazitätsrechten mit Sitz in Leipzig.

[27] Beschluss der Kommission v. 24.8.2012 zur Änderung von Anhang I der VO (EU) Nr. 715/2009, ABl. EU Nr. L 231, v. 28.8.2012, S. 16 ff.

[28] Verordnung (EU) Nr. 312/2014 der Kommission v. 26.3.2014 zur Festlegung eines Netzkodex für die Gasbilanzierung in Fernleitungsnetzen, ABl. EU Nr. L 91, v. 27.3.2014, S. 15 ff.

[29] BNetzA, Festlegung zum Grundmodell für Ausgleichszahlungen und Bilanzierungsregeln im Gassektor v. 28.5.2008 (Az. BK7-08-002).

setzung der Vorgaben des Netzkodexes Bilanzierung zeigte erhebliche Auswirkungen auf das nationale Bilanzierungssystem. Im Einzelnen sind u. a. verschärfte Datenmeldepflichten und eine Neuordnung der Bilanzierungsumlage-Systematik zu nennen. Die Marktgebietsverantwortlichen wurden verpflichtet, zwei Umlagekonten (getrennt nach Verursachung durch RLM- oder SLP-Entnahmestellen) zu führen sowie umfangreichen Berichts- und Transparenzpflichten nachzukommen. Die entsprechenden Regelungen zur Ausgestaltung des Ausgleichs- und Bilanzierungssystems mussten in der Kooperationsvereinbarung und den jeweiligen Praxisregelungen der Marktgebietsverantwortlichen für den Regelenergiemarkt Gas angepasst werden.

83 Der Netzkodex zur Interoperabilität und Datenaustausch in Fernleitungsnetzen[30] (Netzkodex Interoperabilität) wurde am 1.5.2015 beschlossen und trat zum 1.5.2016 in Kraft. Der Netzkodex Interoperabilität brachte eine Harmonisierung u. a. der Datenformate und Nachrichtentypen (Erarbeitung gemeinsamer Lösungen für den Datenaustausch), der Vorgaben zur Gasqualität und zur Odorierung mit sich. Für Netzbetreiber auf allen Ebenen bedeuteten die darin enthaltenen Vorgaben weitreichende Auswirkungen: Eine Standardisierung und Harmonisierung der IT-Systeme europaweit dürfte erhebliche Kosten und Aufwand für eine mögliche Umstellung oder Anpassung zur Folge haben.

84 Der Netzkodex Tarifierung[31] läuft durch die Endphase des Ausschussverfahrens. Seine Verabschiedung durch die Kommission wird im Laufe des Jahres 2017 erwartet. Der Netzkodex hat die Harmonisierung von Transportentgelten und der Entgeltsystematik zum Ziel: Die Tarife sollen insbesondere transparent und nichtdiskriminierend sein, die Systemkosten sachgerecht widerspiegeln, Handel und Wettbewerb ermöglichen sowie Anreize für neue und effiziente Investitionen schaffen. Der vorläufige Netzkodex Tarifierung sieht z. B. Anforderungen an die Tarifgestaltung zum regulierten Preis bzw. Referenz- und Reservepreis vor. Der Netzkodex Tarife kann unter Umständen größere Auswirkungen auf die Entgeltberechnungsprozesse in Deutschland haben.

85 Bei den Vorgaben zu den **Ausgleichsregeln** und **Ausgleichsentgelten**, vormals in Art. 7 und nun in Art. 22 ErdgasZVO 2009 geregelt, ist im ersten Absatz nun ihre **Marktorientierung** aufgenommen worden. Damit die Netznutzer entsprechend handeln können, ist die ausdrückliche

---

[30] Verordnung (EU) Nr. 2015/703 der Kommission v. 30.4.2015 zur Festlegung eines Netzkodex mit Vorschriften für die Interoperabilität und den Datenaustausch, ABl. EU Nr. L 113, v. 1.5.2015, S. 13 ff.

[31] Network Code on Harmonised Transmission Tariff Structures for Gas; abrufbar unter: http://ec.europa.eu/energy/en/topics/markets-and-consumers/wholesale-market/gas-network-codes, Stand Abruf: April 2017.

Online-Information des Netzbetreibers an die Netznutzer vorgeschrieben. Diese muss ausreichend, rechtzeitig und zuverlässig sowie unentgeltlich erfolgen, damit die Netznutzer Abhilfemaßnahmen treffen können.

Wie in der vorherigen Fassung, so existiert auch in der ErdgasZVO 2009, Art. 27 I, eine Ermächtigung adressiert an die Mitgliedstaaten, festzulegen, welchen Sanktionen bei einem Verstoß gegen die Verordnung zu verhängen sind. Sie treffen auch die erforderlichen Maßnahmen. Die Sanktionen müssen wirksam, verhältnismäßig und abschreckend sein. 86

E. Umsetzung der europäischen Vorgaben zur Gasmarktliberalisierung in Deutschland

Die erste **Energierechtsnovelle**[32] vom 29.4.1998 enthielt einen grundsätzlichen Anspruch auf Gestattung einer wettbewerbsbegründenden Durchleitung von Elektrizität und Gas.[33] Zur Konkretisierung der Rahmenbedingungen erarbeiteten in der Energiewirtschaft tätige Verbände sog. Verbändevereinbarungen (**VV Gas und VV Gas II**[34]). Die Umsetzung der Beschleunigungsrichtlinie (GasRL v. 13.6.2003 für den Gasbereich) erfolgte mit Wirkung vom 13.7.2005 durch das **Zweite Gesetz zur Neuregelung des Energiewirtschaftsrechts**[35] und führte zu einer umfassenden Novellierung des EnWG, insbesondere zum Wechsel vom verhandelten zum regulierten Netzzugang (§ 20 Ib EnWG), zur Entflechtung vertikal integrierter Energieversorgungsunternehmen (Unbundling), zur Errichtung der deutschen Regulierungsbehörde und zur **Ex-ante-Genehmigung** von Netznutzungsentgelten. 87

Der Zugang zum Gasnetz wurde durch § 20 Ib 1 EnWG grundlegend neu geregelt. Danach müssen Betreiber von Gasversorgungsnetzen zur Ausgestaltung des Zugangs zu Gasversorgungsnetzen Einspeise- und Ausspeisekapazitäten anbieten, die den Netzzugang ohne Festlegung eines transaktionsabhängigen Transportpfads ermöglichen und unabhängig voneinander nutzbar und handelbar sind (**Zweivertragsmodell**). 88

---

[32] Gesetz über die Elektrizitäts- und Gasversorgung (Energiewirtschaftsgesetz 1998 – EnWG 1998) v. 24.4.1998, BGBl. I S. 730, zuletzt geändert durch Gesetz v. 7.7.2005, BGBl. I S. 1970.

[33] Ausführlich hierzu: *Theobald/Zenke/Dessau*, in: Schneider/Theobald, HBEnWR, 3. Aufl., § 15.

[34] *BDI/VIK/BGW/VKU,* Verbändevereinbarung Gas v. 4.7.2000 (VV Gas I) inkl. 1. Nachtrag v. 15.3.2001 und 2. Nachtrag v. 21.9.2001 sowie Verbändevereinbarung zum Netzzugang bei Erdgas (VV Gas II) v. 3.5.2002.

[35] Gesetz über die Elektrizitäts- und Gasversorgung (Energiewirtschaftsgesetz – EnWG) v. 7.7.2005, BGBl. I S. 1970, 3621, zuletzt geändert durch Gesetz v. 27.1.2017, BGBl. I S. 130.

Gemäß dem Zweivertragsmodell schließt der Transportkunde zur Abwicklung des Gastransports einen Vertrag mit dem Netzbetreiber, in dessen Netz die Gaseinspeisung erfolgt (**Einspeisevertrag**) und einen weiteren Vertrag mit dem Netzbetreiber, aus dessen Netz die Gasentnahme erfolgen soll (**Ausspeisevertrag**). Zur Gewährleistung eines sicheren Netzbetriebes schließt der Transportkunde mit dem marktgebietsaufspannenden Netzbetreiber einen Bilanzkreisvertrag. Damit übernimmt er die Verantwortung für die Ausgeglichenheit von Ein- und Ausspeisungen.

89 Somit wird der vertragliche Zugangsanspruch vom tatsächlichen Gasfluss unabhängig und der Transportkunde erhält durch den Abschluss von nur zwei Verträgen zuzüglich des **Bilanzkreisvertrages** Zugang zu dem bundesweiten Gasversorgungsnetz. Befördert der Transportkunde das Gas nur bis zum virtuellen Handelspunkt eines Marktgebietes, reicht der Abschluss eines Einspeisevertrages mit dem Einspeisenetzbetreiber. Übernimmt der Transportkunde erst am virtuellen Handelspunkt, reicht der Abschluss eines Ausspeisevertrages mit dem Ausspeisenetzbetreiber.

90 Der Wechsel vom in der VV Gas II festgelegten **Einzelbuchungsmodell zum Zweivertragsmodell** mit seinen in sich uniformen Marktgebieten, innerhalb derer ein Gashandel an den virtuellen Handelspunkten auf Grundlage von Bilanzkreisverträgen stattfinden konnte, vereinfachte den Gastransport und -handel wesentlich. Nach dem Einzelbuchungsmodell musste der Transportkunde eine Transportroute für das Gas wählen und entsprechend mit jedem einzelnen Netzbetreiber eines Transportpfades einen Netzzugangs- bzw. Transportvertrag abschließen. Damit erforderte jeder Gastransport den Abschluss einer Vielzahl von Verträgen für den Transporteur.

91 Zur Konkretisierung der durch das EnWG gesetzten Rahmenbedingungen erließ die Bundesregierung die Gasnetzentgeltverordnung (**GasNEV**)[36] und in Zusammenarbeit mit dem Bundeswirtschaftsministerium die Gasnetzzugangsverordnung (**GasNZV**).[37] Beide Verordnungen traten in ihrer ursprünglichen Fassung am 28.7.2005 und damit etwa einen Monat nach dem EnWG 2005 in Kraft.

92 Die erst nach kontroversen Debatten im Vermittlungsverfahren vorgenommene entscheidende Änderung hin zum **Zweivertragsmodell** (§ 20 Ib EnWG) wurde nicht mehr in die Verordnungen eingearbeitet. Damit

[36] Verordnung über die Entgelte für den Zugang zu Gasversorgungsnetzen (Gasnetzentgeltverordnung – GasNEV) v. 25.7.2005, BGBl. I S. 2197, zuletzt geändert durch Gesetz v. 4.11.2016, BGBl. I S. 2473.

[37] Verordnung über den Zugang zu Gasversorgungsnetzen (Gasnetzzugangsverordnung – GasNZV) v. 25.7.2005, BGBl. I S. 2210, zuletzt geändert durch Verordnung v. 17.10.2008, BGBl. I S. 2006.

konnte die GasNZV entgegen ihrer Bestimmung nur eingeschränkt zur Konkretisierung des Gasnetzzugangs herangezogen werden. In der Neufassung der GasNZV 2010,[38] die am 9.9.2010 in Kraft getreten ist, ist nunmehr für Fernleitungsnetzbetreiber das Zweivertragsmodell in **§ 3 I GasNZV 2010** geregelt. Demnach ist jetzt ausdrücklich in der GasNZV festgelegt, dass der Transportkunde gegenüber dem Ein- und Ausspeisenetzbetreiber berechtigt und verpflichtet ist, **einen Einspeise- oder Ausspeisevertrag** abzuschließen. Wenn jedoch nicht der tatsächliche Transport durch das Netz von der Ein- bis zur Ausspeisung erfolgen, sondern nur ein Handel mit Gas am virtuellen Handelspunkt vorgenommen werden soll, so genügt es, nur einen Bilanzkreisvertrag mit dem Marktgebietsverantwortlichen abzuschließen, § 3 I 2 GasNZV. Wichtig für die Abwicklung des Netzzugangs ist die Kooperation der Netzbetreiber. Aus diesem Grund ist in der novellierten Fassung des § 8 VI GasNZV geregelt worden, dass alle Netzbetreiber bis zum 1.7.2011 eine **Kooperationsvereinbarung** abzuschließen haben. Diese ausdrückliche Festlegung zum Abschluss einer solchen Vereinbarung ist erstmals in die Verordnung aufgenommen worden, bislang war immer nur abstrakt die Zusammenarbeit untereinander erwähnt. Eine wesentliche Neuerung stellt auch die Vorgabe der Reduzierung der Marktgebiete dar, § 21 GasNZV. Bis zum 1.8.2013 dürfen in Deutschland nur noch zwei Marktgebiete existieren. Die Ermittlung und Durchführung der wirtschaftlichsten Maßnahme zur Erreichung dieses Ziels obliegt den Netzbetreibern. Seit dem 1.10.2011 existieren in Deutschland zwei (qualitätsübergreifende) Marktgebiete: NetConnect Germany (NCG) und GASPOOL.

Der Bereich Biogas, der bislang in Teil 11a der GasNZV 2005 gere- 93
gelt war, findet sich nun in Teil 6 der neuen GasNZV. Ziel ist es, das Biogaspotenzial in Deutschland auszuschöpfen und langfristig bis zum Jahr 2030 eine Einspeisung von 10 Mrd. m^3 Biogas jährlich zu erreichen. Diese Vorgabe ist als unrealistisch einzustufen und dürfte kaum erreicht werden.

Zur Regelung der allgemeinen Bedingungen, zu denen Netzbetreiber 94
nach § 18 EnWG[39] jedermann in Niederdruck an ihr Gasversorgungsnetz der allgemeinen Versorgung anzuschließen und den Anschluss zur Entnahme von Gas zur Verfügung zu stellen haben, erließ die Bundesregierung und das Bundeswirtschaftsministerium die Niederdruckanschlussverordnung (**NDAV**).[40]

---

[38] Verordnung über den Zugang zu Gasversorgungsnetzen (Gasnetzzugangsverordnung – GasNZV) v. 3.9.2010, BGBl. I S. 1261, zuletzt geändert durch Gesetz v. 29.8.2016, BGBl. I S. 2034.

[39] § 18 EnWG 2005 ist bei der EnWG-Novelle unverändert geblieben.

[40] Verordnung über Allgemeine Bedingungen für den Netzanschluss und dessen Nutzung für die Gasversorgung in Niederdruck (Niederdruckanschlussverordnung –

95 Die **GasRL 2009**, die Bestandteil des Dritten Binnenmarktpakets der EU ist, musste von Deutschland in nationales Recht umgesetzt werden, was zu der Novellierung des EnWG 2011 geführt hat. Erst nach dem Ablauf der Umsetzungsfrist für die Richtlinie, ist das novellierte EnWG am 4.8.2011 in Kraft getreten. Für den Gasnetzzugang hat diese Novellierung zu keinen grundlegenden Änderungen geführt.

I. Entscheidung der BNetzA für das Zweivertragsmodell und Abbildung in der Kooperationsvereinbarung Gas

96 Zur Umsetzung der Vorgaben für den Gasnetzzugang durch § 20 Ib EnWG und aufgrund der Vielzahl der unterschiedlichen Eigentums- und Betriebsführungsverhältnisse an den bundesweiten Gasnetzen waren die Netzbetreiber zur Ermöglichung des netzübergreifenden Gastransports zur Kooperation gezwungen. Die in § 20 Ib 5 EnWG normierte **Kooperationsverpflichtung** führte am 10.6.2006 zum Abschluss der „Vereinbarung über die Kooperation gem. § 20 Ib EnWG zwischen den Betreibern von in Deutschland gelegenen Gasversorgungsnetzen" (**KoV I**).[41] Nach § 1 KoV I sollte der Gasnetzzugang neben dem Zweivertragsmodell auch weiterhin über das Einzelbuchungsmodell erfolgen können. In einem Beschluss vom 17.11.2006 untersagte die Bundesnetzagentur (BNetzA) drei verfahrensbeteiligten Netzbetreibern die in der KoV I vorgesehenen Regelungen für die Abwicklung eines Transports auf der Grundlage des Einzelbuchungsmodells anzuwenden.[42] Nach Ansicht der BNetzA verstieß die konkrete Ausgestaltung des Einzelbuchungsmodell gegen die Vorgaben des § 20 I 1 und Ib i. V. m. § 1 I und II EnWG.

97 Aufgrund der Entscheidung der BNetzA beschlossen die Netzbetreiberverbände am 25.4.2007 eine grundlegend umgestaltete Kooperationsvereinbarung (**KoV II**).[43] Der Hauptteil beinhaltet die Kooperationsverpflichtungen der Netzbetreiber untereinander und damit mittelbar eine Beschreibung des Zweivertragsmodells. Außerdem wurden in der KoV II 19 Marktgebiete festgelegt und im Wesentlichen von den großen nationalen Fernleitungsnetzbetreibern sowie einigen ausländischen Netzbetreibern gebildet. Am 29.7.2008 wurde die Koope-

---

NDAV) v. 1.11.2006, BGBl. I S. 2477, 2485, zuletzt geändert durch Gesetz v. 29.8.2016, BGBl. I S. 2034.

[41] Vereinbarung über die Kooperation gem. § 20 Abs. Ib EnWG zwischen den Betreibern von in Deutschland gelegenen Gasversorgungsnetzen (KoV I).

[42] BNetzA, Beschl. v. 17.11.2006, Az. BK7-06-074 = IR 2006, 281 f. = et 3/2007, 83 f.

[43] Vereinbarung über die Kooperation gem. § 20 Ib EnWG zwischen Betreibern von in Deutschland gelegenen Gasversorgungsnetzen, Änderungsfassung (KoV II) v. 25.4.2007.

rationsvereinbarung erneut umgestaltet (**KoV III**).[44] Diese erwähnt das Zweivertragsmodell ebenso wie die KoV II nur mittelbar, setzt es aber voraus. In der KoV III wurden nur noch acht Marktgebiete festgelegt.

Wie bereits erwähnt, sieht die GasNZV nunmehr ausdrücklich den Abschluss einer Kooperationsvereinbarung in § 8 VI GasNZV vor. Darin enthalten ist die Verpflichtung bis zum 1.7.2011 eine solche abzuschließen. Da die Änderungen der GasNZV und der Novellierung des EnWG auch Neuerungen für die KoV III mit sich brachten, wurde die Kooperationsvereinbarung am 30.6.2011 erneut geändert, **KoV IV**. Sie ist am 1.10.2011 in Kraft getreten.[45] Diese führt in ihrer Anlage umfassende Geschäftsbedingungen für den Ein- und Ausspeisevertrag (Entry-Exit-System). Marktgebiete sind nicht explizit festgelegt worden. Inzwischen wurde die Kooperationsvereinbarung aufgrund von Anpassungsnotwendigkeiten, die aus den Festlegungen der Bundesnetzagentur erwachsen sind, mehrmals geändert. Am 1.10.2016 ist die KoV IX in der Änderungsfassung vom 30.6.2016 in Kraft getreten. 98

II. Biogas

Zur Förderung ihrer klimapolitischen Ziele und zur Stärkung der **Versorgungssicherheit** schuf die Bundesregierung durch Änderung der GasNZV, der GasNEV und der Anreizregulierungsverordnung (ARegV)[46] am 12.4.2008 in Kraft getretene Sonderregelungen für die Einspeisung von Biogas in die Erdgasnetze.[47] Bei der Änderung der GasNZV im Jahre 2010 wurde der Teil 11a der GasNZV in Teil 6 verschoben. Dieser enthält nunmehr die Regelungen zum **Netzanschluss von Biogasanlagen**. So hat der Netzbetreiber gem. § 33 I 1 GasNZV Biogaserzeugungsanlagen vorrangig an sein Netz anzuschließen. Neben einigen anderen Änderungen im Bereich des Biogases, sind die Kosten für den Netzanschluss nicht mehr von Netzbetreiber und Anschlussnehmer zur Hälfte zu tragen, sondern der Netzbetreiber trägt jetzt 75 % der Kosten. Außerdem trifft ihn die Verpflichtung zur Konditionierung des Biogases. Die Verpflichtung zum vorrangigen Abschluss von Ein- und Ausspeiseverträgen mit Transportkunden von Biogas trifft nicht 99

[44] Vereinbarung über die Kooperation gem. § 20 Ib EnWG zwischen Betreibern von in Deutschland gelegenen Gasversorgungsnetzen, Änderungsfassung (KoV III) v. 29.7.2008.

[45] Vereinbarung über die Kooperation gem. § 20 Ib EnWG zwischen Betreibern von in Deutschland gelegenen Gasversorgungsnetzen, Änderungsfassung (KoV IV) v. 30.6.2011.

[46] Verordnung über die Anreizregulierung der Energieversorgungsnetze (Anreizregulierungsverordnung – ARegV) v. 29.10.2007, BGBl. I S. 2529, zuletzt geändert durch Verordnung v. 14.9. 2016, BGBl. I S. 2147.

[47] *Altrock/Schmeding*, GWF Gas/Erdgas 2008, 294.

mehr nur den örtlichen Verteilnetzbetreiber, sondern die Netzbetreiber aller Netzebenen. **Vertragliche Kapazitätsengpässe** stellen keinen Verweigerungsgrund mehr dar. Der Bilanzierungszeitraum für Biogas beträgt 12 Monate. Der Transportkunde von Biogas hat nach § 20a GasNEV einen Vergütungsanspruch auf ein vermiedenes Netznutzungsentgelt in Höhe von 0,7 Cent/kWh. Die den Netzbetreiber treffenden Mehrkosten kann er nach § 20b GasNEV auf alle Netze bundesweit umlegen, in dem das Netz liegt. Ein konkretes Umlagesystem sehen die Sonderregelungen nicht vor. Die KoV III enthielt in Anlage 4 einen vorläufigen **Leitfaden zur Kostenwälzung**. Dieser ist in der aktuellen Fassung in der KoV IX neben dem **Leitfaden Bilanzierung Biogas** wieder zu finden. Mittlerweile sind auch im Hauptteil der Kooperationsvereinbarung (seit der KoV IV-Fassung) Regelungen zur Kostenwälzung geschaffen worden, die die Einzelheiten zur Ermittlung der Biogas-Kosten regeln.

III. Festlegungen GeLiGas und GABi Gas

100 In der Vergangenheit fehlten markteinheitliche Regelungen für die Abwicklung von Lieferantenwechseln. Aufgrund der Menge der Gasnetzbetreiber (723 im Oktober 2011) existierten eine Vielzahl unterschiedlicher **Lieferantenwechselprozesse.**[48] Damit war der Lieferantenwechsel für den Versorger und den Kunden umständlich und kostenintensiv. Da die freiwilligen Bemühungen der Branchenverbände zur Erarbeitung eines **standardisierten Wechselprozesses** erfolglos blieben, entschloss sich die BNetzA zur Förderung des Wettbewerbs von ihrer Festlegungskompetenz Gebrauch zu machen. Am 20.8.2007 erließ deshalb die 7. Beschlusskammer der BNetzA einen Beschluss zur Festlegung von Vorgaben für eine standardisierte und automatische Geschäftsprozessabwicklung beim Lieferantenwechsel (**Geschäftsprozesse/Datenformate für den Lieferantenwechsel im Gasbereich (GeLiGas)**[49]). GeLiGas regelt seit dem 1.8.2008 erstmals ein bundeseinheitliches Änderungsmanagement für Nachrichtentypen zum Datenaustausch (Datenformat: **EDIFACT**). Eine Einführung von neuen Softwareversionen ist nur zu festen Stichtagen (jeweils zum 1.4. oder zum 1.10. eines Jahres) vorgesehen, wenn die Entwicklung der Software bereits sechs Monate vorher fertig gestellt wurde. Durch die Einführung eines bundesweit einheitlichen Lieferantenwechsels soll sich die Liquidität an den virtuellen Handelspunkten erhöhen.

---

[48] *Volk*, IR 2008, 5 ff.

[49] BNetzA, *Festlegung einheitlicher Geschäftsprozesse und Datenformate beim Wechsel des Lieferanten bei der Belieferung mit Gas (GeLiGas)*, Beschl. v. 20.8.2007, Az. BK7-06/067.

Bei der Novellierung des EnWG ist mit § 20a II EnWG eine Vorschrift erlassen worden, die hinsichtlich des Lieferantenwechsels neue Fristen vorgibt. Demnach darf das Verfahren für den Wechsel des Lieferanten nicht länger als drei Wochen betragen. Abzustellen für den Fristbeginn ist dabei auf den Zeitpunkt der Anmeldung des neuen Lieferanten bei dem Netzbetreiber. Der Lieferantenwechsel darf für den Letztverbraucher keine zusätzlichen Kosten verursachen und zudem hat dieser Schadensersatzansprüche gegen denjenigen, der die Verzögerung zu vertreten hat, also entweder gegen den Lieferanten oder gegen den Netzbetreiber, wenn diese Frist nicht eingehalten wird. Die Vorgaben des EnWG hinsichtlich der dreiwöchigen Wechselfrist sind nun durch Beschluss der BNetzA vom 28.10.2011 in die GeLi Gas übertragen worden. Dabei wird den Beteiligten eine Übergangsfrist bis zum 1.4.2012 gewährt. Erst ab diesem Zeitpunkt ist die GeLi Gas in ihrer neuen Fassung anzuwenden. Gleichzeitig mit der Änderung von GeLi Gas ist auch die Festlegung vom 9.9.2010 hinsichtlich der Wechselprozesse im Messwesen (WiM) durch die Festlegung vom 28.10.2011 entsprechend an die neuen Vorgaben des EnWG angepasst worden. 101

Die BNetzA hat mit ihrer Festlegung vom 28.5.2008 zu **Ausgleichsleistungen Gas** ein auf Vorschlägen der Branchenverbände VKU, BDEW, GEODE und BKN basierendes **„Grundmodell der Ausgleichsleistungs- und Bilanzierungsregeln im Gassektor (GABi Gas)“**[50] vorgelegt. Eckpfeiler der ab dem 1.10.2008 geltenden Regelungen, die sich in erster Linie an die Bilanzkreisnetzbetreiber (BKN) und die Bilanzkreisverantwortlichen (BKV) richten, sind die Einführung der Tagesbilanzierung und eines Strukturierungsbeitrags im Sinne einer Stundenpönale, eine moderate Ausgleichsenergiepreisspreizung, Regeln der internen und externen Regelenergiebeschaffung und die Einführung einer Regelenergieumlage. Darüber hinaus verpflichtet die GABi Gas die Ausspeisenetzbetreiber zur zeitnahen Bereitstellung der für die Abrechnung erforderlichen Daten. Damit vermindern sich die Risiken eines Handels am virtuellen Handelspunkt gerade für kleinere Gasportfolien, was eine Erhöhung der Handelsliquidität nach sich gezogen hat 102

Hinsichtlich des Grundmodells für Ausgleichs- und Bilanzierungsregeln Gas (**GaBi Gas**) hat die BNetzA am 11.5.2011 ein Änderungsverfahren eingeleitet und verschiedenen Unternehmen und Behörden Gelegenheit zur Stellungnahme gegeben. Nach Prüfung des Empfehlungsdokuments der Fernleitungsnetzbetreiber und Marktgebietsverantwortlichen hat die Bundesnetzagentur am 3.4.2014 ein Festlegungsverfahren zur Neugestaltung des Grundmodells für Ausgleichsleistungen und Bi- 103

[50] BNetzA, *Festlegung in Sachen Ausgleichsleistung Gas (Bilanzvertrag u. a.) (GABi Gas)*, Beschl. v. 28.5.2008, Az. BK7-08-002 = IR 2008, 162 f.

lanzierungsregeln im Gassektor eingeleitet[51] und das Verfahren der Konsultation zur Neugestaltung des Bilanzierungsregimes (GaBi Gas 2.0) eingeleitet und anschließend am 19.12.2014 die neue Festlegung GaBi Gas 2.0[52] veröffentlicht. Hinsichtlich der in § 23 II 2 GasNZV geregelten Toleranzgrenze für RLM-Kunden bei der Bilanzkreisabrechnung ergaben sich Neuerungen, wonach beide RLM-Gruppen (RLM mit Tagesband und RLM ohne Tagesband) mit derselben Toleranz am „Stundensystem" teilnehmen (7,5 % bezogen auf die Tagesmenge) und die neue Bilanzierungsumlage zahlen mussten.

IV. Sonstige (regulatorische) Entwicklungen

104 Aufgrund der Novellierung der Gasnetzzugangsverordnung (GasNZV) am 3.9.2010 und der Festlegung der BNetzA in Sachen Kapazitätsregelungen und Auktionsverfahren im Gassektor vom 24.2.2011 („KARLA") war eine Anpassung der Kooperationsvereinbarung (KoV) notwendig und erstmalig sogar verpflichtend, wie sich aus § 8 VI GasNZV ergibt. Aus diesem Grund vereinbarten die Netzbetreiber die neue **KoV IV**,[53] die aus 61 Paragrafen und 7 Anlagen besteht. Sie fand seit dem 1.10.2011 Anwendung. Darüber hinaus beinhaltet die aktuelle KoV IX mittlerweile neun Leitfäden, die sich u. a. mit der Bilanzierung, der Abwicklung von Standardlastprofilen und der Kostenwälzung Biogas, Marktraumumstellung, Krisenvorsorge und vielen anderen Themenbereichen beschäftigen. Für die Ein- und Ausspeisung von besonderer Bedeutung sind die Anlagen 1 bis 3 der KoV IX. In §§ 3 und 4 der Anlage 1 sind der Gegenstand des Ein- und des Ausspeisevertrages detailliert geregelt. Anlage 3 der KoV IV enthält verbindliche Vorgaben für den Lieferantenrahmenvertrag (LRV). Dieser ist nun zwingend von den Netzbetreibern anzuwenden. Darüber hinaus ist es aber möglich noch „Ergänzende Bedingungen" zu vereinbaren, sofern sie den Bestimmungen des LRV nicht entgegenstehen.

105 Aus § 21 GasNZV ergibt sich die Vorgabe für die Netzbetreiber die Marktgebietsanzahl zu verringern. Anfang 2008 wurden die ersten **Marktgebiete** zusammengelegt, sodass eine Reduzierung von 14 auf 8 Marktgebiete stattfinden konnte. Durch immer weitere Zusammenschlüsse existieren aktuell nur noch zwei Marktgebiete. Zum einen das Marktgebiet von NetConnect Germany und zum anderen das von GASPOOL. Das Marktgebiet GASPOOL ist zum 1.10.2011 durch die

---

[51] BNetzA, Amtsblatt 7/2014 v. 16.4.2014, Vfg Nr. 27/2014, S. 798.

[52] BNetzA, Beschl. v. 19.12.2014, Az. BK7-14-020.

[53] Kooperationsvereinbarung zwischen den Betreibern von in Deutschland gelegenen Gasversorgungsnetzen (KoV IV), Änderungsfassung v. 30.6.2011, Inkrafttreten am 1.10.2011. Vgl. zu „KARLA" Rdnr. 111 f.

Fusion der beiden Marktgebiete von GASPOOL und Aequamus entstanden und stellt ein qualitätsübergreifendes Marktgebiet dar, d. h. es befindet sich sowohl Erdgas in H-Gasqualität als auch Erdgas in L-Gasqualität in diesem Marktgebiet. Bereits zum 1.4.2011 entstand das Marktgebiet NetConnect Germany (NCG), welches ebenfalls qualitätsübergreifend für beide Gasqualitäten offen steht. Mit dieser Reduzierung der Marktgebiete kommen die Fernleitungsnetzbetreiber, die Marktgebiete bilden, dem Verordnungsgeber zuvor, der eine Frist bis zum 1.8.2013 gesetzt hatte, um höchstens zwei Marktgebiete in Deutschland zu schaffen. Mit dieser Zusammenlegung einher ging die Diskussion um ein **Konvertierungsentgelt**. Die BNetzA sah für beide Marktgebiete die Erhebung eines Konvertierungsentgeltes für beide Konvertierungsrichtungen verpflichtend vor.[54] Mit dieser Festlegung zur Einführung eines Konvertierungssystems in qualitätsübergreifenden Gasmarktgebieten („Konni Gas") vom 27.3.2012 waren die dort festgelegten Regelungen in abgeschlossene sowie in neu abzuschließende Bilanzkreisverträge aufzunehmen. Fraglich war dabei, ob damit nicht die Liquidität des Handels, der gerade durch die Reduzierung der Marktgebiete geschaffen worden ist, wieder gehemmt wird und tatsächlich zwei Marktgebiete geschaffen werden. Andererseits schafft das Entgelt einen Anreiz für die Transportkunden, die Einspeisung und Ausspeisung von H- und L-Gas ausgeglichen zu halten, um die Erhebung des Entgeltes zu vermeiden. Das Konvertierungsentgelt fällt grundsätzlich für einen bilanzkreisverantwortlichen Lieferanten im Rahmen der bilanziellen wie physikalischen Konvertierung von Gasmengen an und wird in beiden qualitätsübergreifenden Marktgebieten erhoben. Die Einführung des Konvertierungsentgelts wurde von der BNetzA, ursprünglich einschließlich eines Fahrplans zur vollständigen Abschmelzung bis zum 1.10. 2016, festgelegt.

Mit dem Beschluss vom 21.12.2016 (BK7-16-050) hat die BNetzA 106 Änderungen an dem Konvertierungssystem beschlossen, die ab dem 1.4.2017 und vorerst auf unbestimmte Zeit gelten. Den Vorgaben der Konni Gas 2.0 gemäß fällt nun ein Konvertierungsentgelt lediglich für eine Konvertierungsrichtung (von H-Gas nach L-Gas) an, während die Konvertierungsumlage weiterhin Anwendung findet.

Das System eines Ex-ante-Konvertierungsentgelts wird nach Konni 107 Gas 2.0 beibehalten, ebenso wie die Obergrenze für das Konvertierungsentgelt. Lediglich der Absenkungspfad für das Konvertierungsentgelt ist nicht mehr vorgesehen. Die Obergrenze für das Konvertierungsentgelt wird gemäß Konni Gas 2.0 auf 0,045 Cent/kWh festgelegt. Sofern dies zwingend erforderlich ist, gestattet die BNetzA ausnahmsweise die Über-

[54] BNetzA, Beschl. v. 27.3.2012, Az. BK7-11-002 = IR 2012, 138 f.

schreitung dieser Obergrenze (dies muss aber von der BNetzA genehmigt werden). Eine Verhaltenssteuerung durch ein Entgelt für die Konvertierung in die entgegengesetzte Richtung ist laut BNetzA nicht mehr erforderlich. Das Konvertierungsentgelt nach den Vorgaben von Konni Gas 2.0 ist nicht mehr kosten- sondern nun anreizorientiert zu ermitteln.

108 Für die Konvertierung von H-Gas nach L-Gas wird NetConnect Germany im Zeitraum vom 1.4.2017 bis 30.9.2017 ein Konvertierungsentgelt i. H. v. 0,45 EUR/MWh erheben und liegt damit genau auf der erlaubten Obergrenze des Konvertierungsentgelts. Das Konvertierungsentgelt für die Konvertierungsrichtung von H-Gas nach L-Gas für den Zeitraum vom 1.10.2016 bis 30.4.2017 wird im GASPOOL Marktgebiet 0,441 EUR/MWh betragen. Gemäß den Vorgaben von Konni Gas 2.0 werden das Konvertierungsentgelt und die Konvertierungsumlage zunächst für den Zeitraum vom 1.4. bis 30.9.2017 festgesetzt. Danach wird der Geltungszeitraum mit dem 1.10. eines jeden Jahres beginnen und einen Geltungszeitraum von jeweils zwölf Monaten haben. Damit wird ein Mehrwert an Planungssicherheit für die betroffenen Marktteilnehmer und ein Gleichlauf mit dem Geltungszeitraum der Bilanzierungsumlage erzielt. Die Konvertierungsumlage wurde in der Konni Gas 2.0 beibehalten. Allerdings soll die Höhe der Umlage im Gegensatz zum Konvertierungsentgelt kostenorientiert ermittelt werden. Allerdings kann der Marktgebietsverantwortliche bei der Ermittlung der Höhe der Konvertierungsumlage inzwischen auch den sog. Liquiditätspuffer berücksichtigen. Der Liquiditätspuffer soll ermöglichen, dass extreme Schwankungen der Höhe von Konvertierungsumlage von einer Geltungsperiode zur nächsten vermieden werden. Von weiteren detaillierten Vorgaben in diesem Zusammenhang hat die BNetzA in Konni Gas 2.0 Abstand genommen und räumt damit den Marktgebietsverantwortlichen einen größeren Gestaltungsspielraum ein. Des Weiteren beinhaltet Konni Gas 2.0 die geänderten Regelungen zum sog. Standardvertrag, die von den Marktgebietsverantwortlichen in den von ihnen genutzten Bilanzkreisverträgen mit den Bilanzierungsverantwortlichen umzusetzen sind.

109 Mit Beschluss vom 23.8.2011 hat die BNetzA festgelegt, dass die Marktgebietsverantwortlichen berechtigt sind, ein Entgelt für die Benutzung des virtuellen Handelspunktes (**VHP-Entgelt**) zu erheben.[55] Das VHP-Entgelt gilt jeweils für zwölf Monate und ist zu jedem neuen Zeitraum einen Monat vorher auf der Homepage bekannt zu geben. Der erste Geltungszeitraum beginnt am 1.10.2011. Für die Höhe des VHP-Entgeltes hat die BNetzA bestimmte Kriterien in ihrem Beschluss vorge-

[55] BNetzA, Festlegungsbeschl. v. 23.8.2011, Az. BK7-11-003 = IR 2011, 234.

geben, u. a. auch die Obergrenze für das Entgelt, die bei 0,8 Cent/MWh liegt.

Alle vorgenannten Festlegungen der BNetzA verfolgen das Ziel der höheren Liquidität und der Steigerung des Wettbewerbs. Insbesondere durch den gemeinsamen virtuellen Handelspunkt ist der Handel mit Gas auch ohne einen physischen Bezug zur Ware (sog. Paper Trader) möglich und steigert den Wettbewerb. Durch die Einführung eines VHP-Entgeltes werden nunmehr auch die Paper Trader an den Kosten für den virtuellen Handelspunkt beteiligt. 110

Auch bezüglich des Kapazitätsmanagements hat die BNetzA am 24.2. 2011 mit der Festlegung bzgl. **Kapazitätsregelungen und Auktionsverfahren im Gassektor („KARLA")** eine verbindliche Vorgabe getroffen. Hintergrund für diese Festlegung, die sich an die zwölf Fernleitungsnetzbetreiber richtet, ist die Tatsache, dass die BNetzA festgestellt hat, dass an den Marktgebietskopplungspunkten und auch den internationalen Grenzkopplungspunkten oftmals sämtliche Kapazitäten vertraglich ausgebucht sind, jedoch physisch das Netz nicht voll ausgelastet ist. Auf diesem Weg wird neuen potenziellen Transportkunden der Eintritt in den Markt verwehrt, obwohl rein physisch die Kapazitäten bestehen. Mit der Festlegung KARLA sollte hier Abhilfe geschaffen werden. Anlage 1 zur KARLA enthielt ein Standardkapazitätsvertrag, dessen Regelungen grundsätzlich auch auf bestehende Verträge ab dem 1.10.2011 anzuwenden waren. 111

Mit der Festlegung KARLA Gas 1.1 vom 14.8.2015 hat die BNetzA diese Kapazitätsregelungen überarbeitet und neu geordnet; die Neuregelungen traten zum 1.11.2015 in Kraft. Durch KARLA Gas 1.1 sollten die bisherigen Regelungen aufgehoben und die Vorgaben des Netzkodex Kapazitätszuweisung in den nationalen Regulierungsrahmen eingebunden werden. KARLA Gas 1.1 beinhaltet neue Vorgaben zur Bündelung von (festen) Kapazitäten an Kopplungspunkten, Regelungen zum Inhalt und Ablauf von Kapazitätsauktionen, ein Renominierungsverbot für Day-ahead- und untertägige Kapazitäten sowie eine Vorverlegung des Rückgabetermins von nicht vermarkteten Kapazitäten an Transportkunden von 20 Uhr auf 18:30 Uhr. Unter dem Regime der KoV IX erfolgt dies im Wege der Einbeziehung der in Anlage 1 zur KoV IX enthaltenen Geschäftsbedingungen für den Ein- und Ausspeisevertrag (Entry-Exit-System). 112

F. Spezifische Probleme der Gasmarktliberalisierung

In der Vergangenheit hatten Gaslieferverträge regelmäßig eine Laufzeit von mindestens 20 Jahren. In Zeiten vor der Liberalisierung sicherte die lange Laufzeit die Refinanzierung der getätigten Investitionen. Nach der 113

Amortisierung der Infrastruktur und der Trennung von Gasversorgung und Netzbetrieb dienten die Laufzeiten der Verhinderung des Wettbewerbs auf dem Gasmarkt. Zur Überprüfung der Wettbewerbssituation befasste sich das Bundeskartellamt (BKartA) im Rahmen eines Auskunftsersuchens vom 1.12.2003 mit der Problematik langfristiger Gaslieferungsverträge.[56] Nach einer vom BKartA durchgeführten Untersuchung der ca. 690 in Deutschland tätigen Regional- und Ortsgasunternehmen ermittelte es die Liefervertragsverhältnisse von 513 Unternehmen. Rund 75 % der Verträge enthielten **Bezugsbindungen** von 80 % bis 100 % des Gasbedarfs. Am 25.1.2005 erließ das BKartA konkrete Vorgaben zur Zulässigkeit von Gaslieferverträgen. Danach dürfe die Laufzeit von Verträgen mit einer Deckung von mehr als 80 % des tatsächlichen Vertriebsbedarfs höchstens zwei Jahre, Verträge mit einer Deckung von mehr als 50 % bis 80 % des tatsächlichen Vertriebsbedarfs höchstens vier Jahre betragen. Bezüglich dieser Vorgaben gab es ein kartellrechtliches Verfahren, das E.ON Ruhrgas betraf. Durch das BKartA und im Anschluss durch das OLG Düsseldorf wurde festgestellt, dass langfristige Bezugsverpflichtungen **unzulässige Wettbewerbsbeschränkungen** darstellen. Das Kartellverbot des BKartA vom 13.1.2006,[57] welches bis zum Ende des Gaswirtschaftsjahres 2009/2010 galt, ist nicht erneuert worden. Nach Auffassung des BKartA[58] habe sich hinreichender Wettbewerb eingestellt, zudem sei in den nächsten Jahren durch den Neubau von Pipelines und der Verstärkung des LNG-Imports mit einem Überangebot an Gas zu rechnen, sodass sich keine vergleichbare Situation im Vergleich zu der früheren Versorgung einstellen werde.

114 Betreiber von überregionalen Gasfernleitungsnetzen können die Netzentgelte abweichend von dem Grundsatz der Kostenorientierung ermitteln (§ 3 II i. V. m. § 19 GasNEV). Voraussetzung ist, dass das Fernleitungsnetz zu einem überwiegenden Teil wirksam bestehendem oder potenziellem **Leitungswettbewerb** ausgesetzt ist. Hintergrund dieser Bestimmung ist die Annahme, dass ein bestehender Wettbewerb zu angemessenen Preisregelungen führt. Gemäß diesen Bestimmungen versuchten die Gasfernleitungsnetzbetreiber ihre Netzentgelte in Eigenregie festzulegen. Im September/Oktober 2008 stellte die BNetzA im Einvernehmen mit dem BKartA fest, dass alle zwölf Fernleitungsnetzbetreiber keinem Leitungswettbewerb ausgesetzt seien. Die Netzbetreiber verfügten über eine **dominierende Marktmacht** und besäßen daher nicht durch den Wettbewerb kontrollierte Verhaltensspielräume.

---

[56] BKartA, Beschl. v. 13.1.2006, Az. B8–97/02 (altes Az.)/B8–113/03 (neues Az.).

[57] BKartA, Beschl. v. 13.1.2006, Az. B8–113/03.

[58] BKartA, Bericht über die Evaluierung der Beschlüsse zu langfristigen Gaslieferverträgen v. 15.6.2010, S. 46.

Im Anschluss an diese Entscheidung mussten die betroffenen Unternehmen der BNetzA innerhalb von zwei Monaten Kostenunterlagen vorlegen. Die BNetzA führte eine Kostenprüfung durch und genehmigte für diese Unternehmen erstmalig Entgelte. Anschließend wurden die betroffenen überregionalen Fernleitungsnetzbetreiber einem Effizienzvergleich unterzogen. Seit dem 1.1.2010 unterliegen die Unternehmen der **Anreizregulierung**. Einige Unternehmen legten gegen die Entscheidung der BNetzA vom 20.10.2008 Beschwerde beim OLG Düsseldorf ein. Dieses entschied am 21.4.2010 in dem letzten von insgesamt zehn Verfahren, dass Gasfernleitungsbetreiber der Preiskontrolle durch die BNetzA unterliegen. Diese Unternehmen müssen daher ihre Durchleitungsentgelte von der BNetzA genehmigen lassen.[59] **115**

Problematisch für Erdgasanbieter war die Regelung des **Zugangs zu den Speicheranlagen** der Netzanbieter im EnWG a. F. Der Speicherzugang ist eine notwendige Ergänzung zum Gasnetzzugang. Durch die Zwischenspeicherung von Gas kann der Händler Differenzen zwischen der bezogenen und abgegebenen Gasmenge ausgleichen. Bei der Ausgestaltung des Zugangs zu den großen Erdgasspeichern der Ferngaswirtschaft hat sich der Gesetzgeber für das System des verhandelten Zugangs entschieden.[60] Dies ist auch nach der EnWG-Novelle 2011 unverändert geblieben (§ 28 I 3 EnWG). **116**

Nach § 28 I 1 EnWG haben Speicheranlagenbetreiber anderen Unternehmen den Zugang zu ihren Speicheranlagen zu angemessenen und diskriminierungsfreien technischen und wirtschaftlichen Bedingungen zu gewähren, sofern der Zugang für einen effizienten Netzzugang im Hinblick auf die Belieferung der Kunden technisch oder wirtschaftlich erforderlich ist. Die Novellierung hat hinsichtlich der technischen oder wirtschaftlichen Erforderlichkeit des Zugangs, eine Klarstellung mit sich gebracht, denn § 28 I 2 EnWG regelt nun ausdrücklich, wann der Zugang zu einer Speicheranlage als **technisch oder wirtschaftlich erforderlich gilt.** Dies ist der Fall, wenn es sich bei dem Speicher um einen Untergrundspeicher, mit Ausnahme von unterirdischen Röhrenspeichern, handelt. Spitzenlastspeicher, die in der Regel oberirdisch sind, stellen daher keine Speicher im Sinne des § 28 EnWG dar. **117**

Damit sind die Zugangsbedingungen weiterhin zwischen dem Speicherbetreiber und dem interessierten Nutzer auszuhandeln. Nach den Erhebungen der BNetzA waren am 1.1.2007 ca. 98 % des Arbeitsgasvolumens ausgebucht. Seit 2008 verbessert sich jedoch das Speicherangebot für Dritte, da nun nahezu alle großen Speicherbetreiber einen Teil ihrer Kapazitäten in Auktionen auch Wettbewerbern anbieten. **118**

---

[59] OLG Düsseldorf, Beschl. v. 21.4.2010, Az. VI-3 Kart 67/08 (V).
[60] *Schmeding*, ZNER 2007, 277.

119 Mit der Novellierung des EnWG ist die Pflicht der Fernleitungsnetzbetreiber zur Erstellung eines jährlichen gemeinsamen nationalen **Netzentwicklungsplanes** in § 15a EnWG aufgenommen worden. Dieser muss erstmals zum 1.4.2012 erstellt werden und muss alle wirksamen Maßnahmen zur bedarfsgerechten Optimierung, Verstärkung und zum bedarfsgerechten Ausbau des Netzes und zur Gewährleistung der Versorgungssicherheit enthalten, die in den nächsten zehn Jahren netztechnisch für einen sicheren und zuverlässigen Netzbetrieb erforderlich sind. Für den Gasnetzbereich schließt sich an diese gesetzgeberischen Vorgaben die Frage an, wie hoch der Investitionsbedarf tatsächlich ist. Energetische Sanierung von Gebäuden, energiesparendes Verhalten bei den Letztverbrauchern und auch die erhöhte Investitionstätigkeit im Bereich von Terminals für LNG (Liquefied Natural Gas), welches unabhängig von Gasnetzen über den Seeweg mittels spezieller Schiffe transportiert wird, lässt Zweifel daran aufkommen, ob das Gasnetz ausgebaut werden muss. In Anbetracht eines erwarteten rückläufigen Gasverbrauches kann anstatt dessen sogar ein Rückbau des Gasnetzes eine mögliche Konsequenz sein. Jedoch darf nicht unberücksichtigt bleiben, dass Gaskraftwerke eine wichtige Brückentechnologie in das Zeitalter der Erneuerbaren Energien darstellen. Insofern kann es durchaus erforderlich sein, die Gasinfrastruktur in einigen Bereichen auszubauen.

120 Die notwendig gewordene Umstellung von niedrig energetischem L-Gas auf höher energetisches H-Gas wird nun auch in § 19a EnWG geregelt.[61] Der Normzweck des § 19a EnWG ist vor allem die Kostenverteilung, die mit der dauerhaften Umstellung der Gasqualität verbunden ist. Die Norm, die nur in Ansätzen geregelt ist, weist die Verantwortung für die technische Umstellung dem Netzbetreiber zu.[62] Die Netzbetreiber müssen die zur Umstellung notwendigen technischen Maßnahmen an den Anschlüssen, Kundenanlagen und Verbrauchsgeräten selbst bezahlen – dann aber werden diese Kosten auf alle Netze umgelegt. Mit der Novellierung[63] des § 19a EnWG wurde eine **bundesweite** Kostenwälzung für die Umstellungskosten zum 1.1.2017 eingeführt, die eine faire Sozialisierung der Kosten der Erdgasumstellung ermöglicht. Der Hintergrund der dauerhaften Erdgasumstellung ist die rückläufige Produktion von L-Gas[64] in Deutschland und den Niederlanden. Da eine

---

[61] Die Norm trat zum 26.7.2011 in Kraft; Gesetzesentwurf und Begründung der Bundesregierung, BR-Drs. 343/11, S. 189.

[62] *Däuper*, in: Danner/Theobald, Energierecht, § 19a EnWG, Rdnr. 1–3.

[63] Gesetz zur Änderung von Vorschriften zur Bevorratung von Erdöl, zur Erhebung von Mineralöldaten und zur Umstellung auf hochkalorisches Erdgas v. 14.12.2016, BGBl. I S. 2874.

[64] L-Gas (*low caloric gas*) hat im Gegensatz zu H-Gas (*high caloric gas*) einen niedrigen Energiegehalt. Beide Gasqualitäten werden über getrennte Netze transportiert.

dauerhafte Kompensation über andere Quellen, wie z. B. Biogaseinspeisung oder L-Gas-Speicher zu teuer wäre, ist eine physische Umstellung der Gastransportnetze auf H-Gas ohne Alternative.

G. Fazit

Seit Geltung des EnWG 2005 haben sich die Rahmenbedingungen auf dem Gasmarkt wesentlich verbessert. Die Umstellung vom Einzelbuchungsmodell auf das Zweivertragsmodell, die Einführung der Bilanzierungsregeln entsprechend der Festlegung GABi Gas 2.0, die Vereinheitlichung des Lieferantenwechsels durch die Festlegung GeLiGas und die Einführung von jeweils einem virtuellen Handelspunkt in nur noch zwei (qualitätsübergreifende) Marktgebiete vereinfachen den Gashandel erheblich. Gerade durch die Ausweisung der zentralen virtuellen Handelspunkte wird eine umfangreiche Belebung des Gashandels erwartet. **121**

Interessant wird sein, wie stark eine sich ändernde Nachfrage den Wettbewerb intensiviert. Langfristig wird der Gasbedarf im Heizbereich abnehmen, während er im Verkehrssektor steigen könnte. Der Kraftwerksbereich dürfte – wenn überhaupt – nur eine leichte Steigerung des Gasbedarfs zu erwarten haben. **122**

Auf europäischer Ebene wird die Vollendung des europäischen Binnenmarktes angestrebt. Ein Schlüssel hierzu sind vor allem grenzüberschreitende Marktgebiete und einheitliche Regeln für den gesamten Gasbinnenmarkt. Es bleibt abzuwarten, ob die von der EU angestrebten Ziele in dem zeitlichen Rahmen tatsächlich erreicht werden können. Nicht zuletzt aufgrund der Tatsache, dass die Gasmarktsituation in den Mitgliedstaaten durchaus sehr unterschiedlich ist. **123**

§ 5 Der Markt für Strom (empirische Darstellung)

A. Einleitung

1 Strom zeichnet sich gegenüber anderen Energien wie Öl[1] und zum Teil auch Gas[2] insbesondere dadurch aus, dass er großtechnisch wirtschaftlich nicht oder nur sehr begrenzt speicherbar ist. Der Handel mit Strom stellt deshalb besonders hohe Anforderungen an die logistische Infrastruktur, einerseits bezogen auf das Informationsmanagement und andererseits bezogen auf die Beherrschung einer stets ausgeglichenen Bilanz (physisch und ökonomisch) zwischen Angebot und Nachfrage. Das in der Richtlinie der Europäischen Kommission[3] im Jahre 1998 formulierte Ziel einer vollständigen Marktöffnung wurde zum Juli 2007 von allen Mitgliedstaaten umgesetzt. Die Entwicklung der nationalen und europäischen Rahmenbedingungen für den Stromhandel ist nachfolgend kurz skizziert.[4] Es folgt eine Einführung in die wesentlichen Charakteristika des Stromhandels mit einer Beschreibung der Produkte, Handelsplätze, Volumen und Handelsstrategien.[5] Dieser Artikel soll somit in das Thema Stromhandel einführen sowie auf die nachfolgenden Beiträge zu einzelnen besonderen Aspekten des Strom- bzw. Energiehandels vorbereiten.

B. Entwicklung der Rahmenbedingungen für den Strommarkt

I. Deutschland

1. Situation vor der Liberalisierung

2 Die deutsche Stromversorgungsstruktur zeichnete sich bis zum Inkrafttreten der Novelle des **Energiewirtschaftsgesetzes** (EnWG)[6] im Jahr 1998 durch territorial abgegrenzte **Gebietsmonopole** aus (**langfristige Demarkationsverträge**). Auf der Nachfrageseite resultierte hieraus die charakteristische Situation, dass sich der Kunde letztlich nur einem Anbieter gegenübersah. Jedes der Unternehmen agierte in seinem mehr oder weniger vor Wettbewerb gesicherten Versorgungsbereich.

---

[1] Zum Ölmarkt siehe *Abwerzger/Göbel*, § 3 in diesem Band.

[2] Zum Gasmarkt siehe *Lokau/Däuper*, § 4 in diesem Band.

[3] Siehe unten Rdnr. 6.

[4] Siehe unter Rdnr. 2 ff.

[5] Siehe unter Rdnr. 22 ff. und 53 ff.

[6] Gesetz über die Elektrizitäts- und Gasversorgung (Energiewirtschaftsgesetz – EnWG) v. 24.4.1998, BGBl. I S. 730, letzte Neufassung v. 7.7.2005, BGBl. I S. 1970 (3621), zuletzt geändert durch Gesetz v. 21.12.2015, BGBl. I S. 2498.

Die Nutzung fremder Netze war in der Regel nur im Zusammenhang mit der Aufnahme und Vergütung von Überschussstrom aus Kraft-Wärme-Kopplungs-Anlagen (KWK), vereinzelt bei Einspeisungen aus großen Gemeinschaftskraftwerken, oder aus Erneuerbaren Energien relevant. 3

Ein unmittelbarer Wettbewerb der Versorger war vom Gesetzgeber nicht gewollt. Die rechtliche Basis dafür wurde vor dem Hintergrund des wachsenden Strombedarfs bereits im Jahr 1935 durch das – bis zum Jahr 1998 in weiten Teilen unverändert gebliebene – EnWG geschaffen. Im unmittelbaren Wettbewerb der Stromversorger wurden volkswirtschaftliche Nachteile befürchtet. **Monopolistische Strukturen** sollten ausreichende und verlässliche **Planungssicherheit** für die Versorger bei der Tätigung von langfristigen Investitionen bringen und Investitionen in parallele Leitungsnetze vermeiden. 4

Im Gegenzug mussten sich die Versorger einer **staatlichen Preisaufsicht** unterziehen. Die Wirtschaft- oder Umweltministerien der Länder hatten die **Allgemeinen Tarife** der Versorger auf ihre Angemessenheit vor dem Hintergrund einer Kostenrechnung des Versorgers zu prüfen. Dabei wurde unter dem Stichwort **„Als-Ob-Wettbewerb"** auch regelmäßig die Vergleichbarkeit mit den Tarifen benachbarter Versorger geprüft. Wettbewerbsverhältnisse entwickelten sich immer dort, wo ein großer Stromkunde (Endkunde oder Verteilerwerk) glaubhaft mit der Errichtung von eigenen Stromerzeugungsanlagen drohen konnte. In derartigen Fällen wurden oftmals vom bisherigen Versorger Preisnachlässe gewährt, die jedoch trotz Preisaufsicht nicht selten durch die erhöhte Belastung anderer (nachfrageschwächerer) Kundengruppen quersubventioniert wurden. 5

2. Veränderung der energierechtlichen Rahmenbedingungen durch die Liberalisierung

Ein wesentlicher Schritt der **Öffnung der Märkte**[7] lag in der seitens der europäischen Elektrizitäts-[8] und Gasbinnenmarktrichtlinie[9] initiierten Aufhebung des kartellrechtlichen Ausnahmebereiches „leitungsgebundener Energie" und der nunmehr uneingeschränkt anwendbaren kartell- 6

[7] Ausführlich hierzu *Theobald/Theobald,* Grundzüge des Energiewirtschaftsrechts; siehe auch *Zenke/Neveling/Lokau,* Konzentration in der Energiewirtschaft.

[8] Richtlinie 96/92/EG des Europäischen Parlaments und des Rates v. 19.12.1996 betreffend gemeinsame Vorschriften für den Elektrizitätsbinnenmarkt (Elektrizitätsbinnenmarktrichtlinie 1996 – EltRL 1996), ABl. EU Nr. L 27, v. 30.1.1997, S. 20 ff., ersetzt durch RL 2003/54/EG (siehe Fn. 13).

[9] Richtlinie 98/30/EG des Europäischen Parlaments und des Rates v. 22.12.1998 betreffend gemeinsame Vorschriften für den Gasbinnenmarkt (Gasbinnenmarktrichtlinie 1998 – GasRL 1998), ABl. EU Nr. L 204, v. 21.7.1998, S. 1 ff., ersetzt durch RL 2003/55/EG (siehe Fn. 13).

rechtlichen Grundsätze, insbesondere der §§ 1, 14 und 16 GWB[10] sowie der durch die 6. GWB-Novelle zum 1.1.1999 neu gefassten §§ 19 und 20 GWB. Damit einher gingen die **Unzulässigkeit von Demarkationsabsprachen**[11] und das Aufweichen der Ausschließlichkeitsvereinbarungen in Konzessionsverträgen.[12] Das zentrale Element der Öffnung der Märkte sollte die **Bereitstellung der Netze für Dritte** bilden. Erst der diskriminierungsfreie Zugang zu den Netzen ermöglichte es den Kunden, ihren Stromlieferanten frei zu wählen bzw. Kraftwerksbetreibern ihre Stromproduktion frei zu vermarkten und schaffte somit die Voraussetzungen für die Herausbildung eines Handelsmarktes für Strom.

7 Das Energiewirtschaftsgesetz sah in der Neufassung vom April 1998 noch kein gesellschaftsrechtliches **Unbundling** für die Trennung der wettbewerblichen Funktionsbereiche wie Handel, Erzeugung und Vertrieb vom faktischen Monopolbereich Netz vor.

8 Deutschland öffnete als eines der wenigen EU-Mitgliedstaaten sofort 100 % seines Marktes, allerdings als einziges Land auf Basis eines **verhandelten Netzzugangs**. Definierte Marktregeln, insbesondere hinsichtlich der Netzzugangsvertragsmodalitäten und des Energiedatenaustauschs zwischen den Marktteilnehmern, bildeten sich nur langsam heraus. Eine Abkehr vom System des verhandelten Netzzugangs mit der Einsetzung eines **Regulators** und ein verschärftes Umsetzen des Unbundlings erfolgten erst mit der Umsetzung der sog. europäischen Beschleunigungsrichtlinien ab 1.7.2004.[13]

9 Im EnWG 1998 selbst war vorerst nur der Grundsatz der **diskriminierungsfreien** Gewährung des Netzzugangs für Dritte geregelt.[14] Die Ein-

---

[10] Gesetz gegen Wettbewerbsbeschränkungen (GWB) v. 15.7.2005, BGBl. I S. 2114; 2009 I S. 3850, zuletzt geändert durch Gesetz v. 31.8.2015, BGBl. I S. 1474.

[11] Ausführlich hierzu *Theobald/Zenke*, Grundlagen der Strom- und Gasdurchleitung, S. 117 ff.

[12] § 13 I EnWG i. V. m. Art. 4 § 1 Neuregelungsgesetz, welcher lautet: „Laufende Konzessionsverträge, einschließlich der vereinbarten Konzessionsabgaben, bleiben trotz Wegfalls der Ausschließlichkeit im übrigen unberührt."

[13] Zur beschleunigten Schaffung gemeinsamer Strom- und Gasmärkte wurden Neufassungen der europäischen Binnenmarktrichtlinien für Elektrizität und Gas erarbeitet und am 16.6.2003 vom Rat angenommen: Richtlinie 2003/55/EG des Europäischen Parlamentes und des Rates v. 26.6.2003 über gemeinsame Vorschriften für den Erdgasbinnenmarkt und zur Aufhebung der Richtlinie 98/30/EG (GasRL), ABl. EU Nr. L 176, v. 17.7.2003, S. 57 ff., sowie Richtlinie 2003/54/EG des Europäischen Parlamentes und des Rates v. 26.6.2003 über gemeinsame Vorschriften für den Elektrizitätsbinnenmarkt und zur Aufhebung der Richtlinie 96/92/EG (EltRL), ABl. EU Nr. L 176, v. 17.7.2003, S. 37 ff. Die Richtlinien mussten bis zum 1.7.2004 in nationales Recht umgesetzt werden. Deutschland hatte unabhängig davon bereits vorab im Ergebnis des Scheiterns der Verhandlungen der Verbände zur VV III Gas die Einrichtung einer Regulierungsbehörde zum 1.7.2004 angekündigt.

[14] Vgl. hierzu *Theobald/Zenke*, Strom- und Gasdurchleitung, S. 25 ff.

zelheiten des Netzzugangs (zum Beispiel die Höhe der Entgelte) hatte der Gesetzgeber nicht ausgestaltet. Vielmehr hatte er die Konkretisierung der Einzelheiten des Netzzugangs dem Ergebnis von Verhandlungen zwischen Netzbetreibern und Händlern bzw. Kunden überlassen.

Die Zugangsregelungen zu den Stromnetzen wurden in den Jahren 1998 bis 2001 durch die Verbändevereinbarungen (VV)[15] erarbeitet. Die **VV Strom I** sah noch ein transaktionsbezogenes **Punkt-zu-Punkt-Durchleitungsmodell** vor, welches für die Entwicklung eines Massengeschäfts und die Herausbildung eines Stromhandelsmarktes völlig ungeeignet war. Die VV Strom II sah daraufhin **entfernungsunabhängige, pauschalierte Entgelte** für die Netznutzung vor. Die Lieferung von Regelenergie wurde vertraglich von der Netznutzung getrennt und Gegenstand sog. Bilanzkreisverträge. Wenngleich zum Beispiel das Fehlen von verbindlichen Standards für den Datenaustausch zwischen den ca. 700 Netzbetreibern in Deutschland und den Händlern noch immer einen hohen administrativen Aufwand für die im Massengeschäft aktiven Händler bedingte, wurden wesentliche Hürden in der Organisation des Netzzugangs mit Verabschiedung der VV Strom II überwunden.[16] 10

Neue Richtlinien der EU-Kommission zur beschleunigten **Öffnung der Binnenmärkte für Strom und Gas** aus dem Jahr 2003 brachten eine weitere Veränderung, indem sie die verbindliche Einrichtung eines Regulators vorschrieb. Die Umsetzung dieser Richtlinien führte dazu, dass ab 2005 die Kompetenzen der Regulierungsbehörde für Post und Telekommunikation (RegTP) auf die Energiemärkte ausgedehnt und diese zur Bundesnetzagentur (BNetzA) umbenannt wurde. Sie zeichnet seitdem als Bundesbehörde für den Wettbewerb bei den Netzen der genannten Märkte sowie des Eisenbahnverkehrs verantwortlich und reguliert unter anderem die Tarife der Stromnetze. 11

[15] An den Verhandlungen waren zuletzt der Verband der Elektrizitätswirtschaft – VDEW (heute Bundesverband der Energie- und Wasserwirtschaft – BDEW), der Dachverband der Netzbetreiber, der Verband der industriellen Energie- und Kraftwirtschaft – VIK (Dachverband der besonders energieintensiven Industriekunden, typischerweise auch mit Eigenerzeugungsanlagen), der Bundesverband der deutschen Industrie – BDI (Dachverband der industriellen Stromabnehmer), die Arbeitsgemeinschaft der regionalen Energieversorger – ARE (Dachverband der Regionalversorgungsunternehmen), der Verband kommunaler Unternehmen – VKU (Interessenvertretung der Stadtwerke) und der Bundesverband der Verbraucherzentralen beteiligt.

[16] EWI/BET, Energiewirtschaftliche Bewertung der Verbändevereinbarung II; Gutachten im Auftrag des Bundesministeriums für Wirtschaft und Technologie, in Zusammenarbeit mit dem Energiewirtschaftlichen Institut (EWI) der Universität Köln, Januar 2000.

12 Die Verordnung über die Anreizregulierung der Energieversorgungsnetze (ARegV)[17] wurde im Oktober 2007 verabschiedet und ist zum Jahr 2009 in Kraft getreten. Sie soll zu mehr Wettbewerb und sinkenden Energiepreisen für den Verbraucher beitragen, indem sie die Netzentgelte für Strom und Gas regelt. Durch einen Effizienzvergleich aller Netzbetreiber werden allen Netzbetreibern von der BNetzA Erlösobergrenzen für ihre Entgelte vorgegeben. Diese werden anhand eines bundesweiten einheitlichen Effizienzvergleichs ermittelt, wodurch ein Anreiz besteht, sich besser zu stellen als der Wettbewerb.

13 Im September **2010** hat die Bundesregierung ein **Energiekonzept**[18] vorgelegt, das die wichtigsten Handlungsfelder und Ziele für die langfristige Ausgestaltung des Strommarktes beschreibt. Eine wesentliche Aussage ist, dass Erneuerbare Energien eine bedeutende Rolle in der zukünftigen deutschen Energieversorgung spielen sollen; ein Ziel war zum Beispiel bis 2030 die Offshore-Windleistung auf 25 GW auszubauen. Die enormen Effizienzpotenziale sollen sowohl im privaten als auch im gewerblichen/industriellen Bereich ausgeschöpft werden. Im Energiekonzept wurde des Weiteren Kernenergie als Brückentechnologie benannt und in diesem Zuge eine Laufzeitverlängerung für Kernkraftwerke festgelegt. Um die Erneuerbaren Energien auch bedarfsgerecht verteilen zu können, wird eine ausreichende Netzinfrastruktur als weiteres Ziel genannt und daher ein beschleunigter Netz- und Speicherausbau beschlossen. Energetische Gebäudesanierung und energieeffizientes Bauen sollen ebenso wie der Wandel in der Mobilität (zum Beispiel Elektroautos, Biokraftstoff) einen Beitrag leisten. Eine Energieversorgung auf europäischer Basis sollte zudem mehr Wettbewerb und einen optimalen Ausbau von Erneuerbaren Energien sichern.

14 Ausgelöst durch die **Havarie von Fukushima** hat die Bundesrepublik Deutschland ihre Entscheidung zur Laufzeitverlängerung der Kernkraftwerke überdacht und mit breitem Konsens aller Parteien den Ausstieg aus der Kernenergie wieder beschlossen (Double U-Turn).[19] Acht alte Kernkraftwerke wurden im Jahr 2011 mit sofortiger Wirkung vom Netz genommen und der Beschluss gefasst, dass das letzte Kernkraftwerk 2022 in Deutschland vom Netz gehen wird.

---

[17] Verordnung über die Anreizregulierung der Energieversorgungsnetze (Anreizregulierungsverordnung – ARegV) v. 29.10.2007, BGBl. I S. 2529, zuletzt geändert durch Gesetz v. 21.12.2015, BGBl. I S. 2498.

[18] Bundesregierung, Energiekonzept 28.9.2010, abrufbar unter https://www.bundesregierung.de/ContentArchiv/DE/Archiv17/_Anlagen/2012/02/energiekonzept-final.pdf, Stand Abruf: April 2017.

[19] 13. Änderung des Atomgesetzes, BT-Drs. 17/6070 und BT-Drs. 17/6246.

Die **Ausbauziele für Erneuerbare Energien** des EEG 2014 sind: 15

- Wind Onshore 2,5 GW(netto) pro Jahr,
- Wind Offshore 6,5 GW in 2020, 15 GW in 2030,
- Photovoltaik 2,5 GW(brutto) pro Jahr,
- Biomasse 0,1 GW pro Jahr.

Die Abschaltung der deutschen Kernkraftwerke führte nur kurzzeitig zu 16 einem Anstieg der Strompreise auf dem Großhandelsmarkt. Durch den immer mehr beschleunigten Zubau der Erneuerbaren Energien, insbesondere Wind, Photovoltaik (PV) und Biomasse, fielen die Großhandelspreise kontinuierlich. Die daraus resultierenden niedrigeren Erlöse für konventionelle Erzeuger bewirkten ab dem Jahr 2012 eine Debatte, neben der Energie auch die Vorhaltung, also die Leistung von konventionellen Erzeugungsanlagen zu vergüten. Als Begründung wurde herangezogen, dass die fluktuierenden Erneuerbaren Energien ja nicht zu jeder Zeit zur Verfügung und damit die **Versorgungssicherheit** nicht gewährleisten könnten; sehr wohl aber die konventionellen Kraftwerke, die dafür eine zusätzliche Vergütung für die Vorhaltung verdient haben. Nachdem die Diskussion um sog. **Kapazitätsmärkte** in der Fachöffentlichkeit geführt wurde und die Großhandelspreise weiterhin sanken, stieg der Druck auf die Politik zu reagieren.

Nach der Bundestagswahl 2013 hat sich das Bundesministerium für 17 Wirtschaft und Energie (BMWi) eine **10-Punkte-Energie-Agenda** gegeben, die die zentralen Vorhaben der Energiewende für die 18. Legislaturperiode strukturieren. Im September 2016 sind die anstehenden Aufgaben der Energiewirtschaft vom BMWi im Impulspapier Strom 2030 dargestellt worden.

Abbildung 5.1: BMWi, Langfristige Trends – Aufgaben für die kommenden Jahre[20]

12 TRENDS	12 AUFGABEN
1 Die **fluktuierende Stromerzeugung aus Wind und Sonne** prägt das System.	Stromsystem weiter **flexibilisieren**
2 Der Einsatz **fossiler Brennstoffe im Kraftwerkspark** geht deutlich zurück.	**CO_2-Emissionen** verlässlich verringern, **Strukturwandel** gestalten
3 Die Strommärkte werden **europäischer.**	Europäische Strommärkte weiter **integrieren und flexibilisieren**
4 **Versorgungssicherheit** wird im Rahmen des europäischen Strombinnenmarktes gewährleistet.	Versorgungssicherheit **europäisch bewerten und gemeinsame Instrumente entwickeln**
5 Strom wird deutlich **effizienter genutzt.**	**Anreize für einen effizienten Einsatz von Strom** stärken
6 **Sektorkopplung:** Heizungen, Autos und Industrie nutzen immer mehr erneuerbaren Strom statt fossiler Brennstoffe.	**Wettbewerbsbedingungen** für erneuerbaren Strom im Wärme- und Verkehrssektor **verbessern**
7 **Moderne KWK-Anlagen** produzieren den residualen Strom und tragen zur Wärmewende bei.	**Anreize für moderne Strom-Wärme-Systeme** setzen
8 **Biomasse** wird zunehmend für Verkehr und Industrie genutzt.	Anreize so setzen, dass **Biomasse zunehmend für Verkehr und Industrie genutzt** wird
9 **Gut ausgebaute Netze** schaffen kostengünstig Flexibilität.	Netzausbau **rechtzeitig, bedarfsgerecht und kosteneffizient** realisieren
10 Die **Systemstabilität** bleibt bei hohen Anteilen erneuerbarer Energien gewährleistet.	Maßnahmen und Prozesse zur Systemstabilisierung **weiterentwickeln und koordinieren**
11 Die **Netzfinanzierung** erfolgt fair und systemdienlich.	Netzentgeltregulierung **weiterentwickeln**
12 Die Energiewirtschaft nutzt die Chancen der **Digitalisierung.**	**Intelligente Messsysteme** einführen, **Kommunikationsplattformen** aufbauen, **Systemsicherheit** gewährleisten

18 Neben vielen weiteren Themen wird dort unter anderem auch das zukünftige Marktdesign als Themenfeld benannt. Vom BMWi in Auftrag gegebene Gutachten zur Notwendigkeit und Vorzugsvarianten von Kapazitätsmärkten wurden im Sommer 2014 veröffentlicht.[21] Das BMWi hat im Oktober 2014 das sogenannte **Grünbuch** veröffentlicht.[22] Darin werden die wesentlichen Zusammenhänge des Energiemarktes beschrieben und die Auswirkungen von unterschiedlichen Ausgestaltungen von Kapazitätsmechanismen dargestellt. Dieses wurde in einem breiten Konsultationsprozess kommentiert und diskutiert.

---

[20] BMWi, Impulspapier Strom 2030, September 2016.

[21] Die Gutachten sind abrufbar unter http://www.bmwi.de (Link: Themen > Energie > Strommarkt der Zukunft > Plattform Strommarkt > Gutachten), Stand Abruf: April 2017.

[22] BMWi, Ein Strommarkt für die Energiewende, Diskussionspapier des Bundeswirtschaftsministeriums für Wirtschaft und Energie (Grünbuch), Berlin, Oktober 2014, abrufbar unter http://www.bmwi.de (Link: Mediathek > Publikationen > Suche: Grünbuch), Stand Abruf: April 2017.

Das BMWi hat im Juli 2015 das **Weißbuch** veröffentlicht.[23] Dieses beinhaltet sowohl die Auswertung der Konsultation als auch die Festlegung des Marktdesigns. Das BMWi hat sich darin für einen **Strommarkt 2.0** entschieden. Dieser stellt den Markt und damit die freie Preisbildung ins Zentrum. Die Politik versichert den Marktteilnehmern, nicht ins Marktgeschehen einzugreifen und damit unter anderem die Großhandelspreise in der Höhe nicht zu begrenzen. Durch das Bundeskartellamt (BKartA) soll ein Leitfaden veröffentlich werden, der Marktmissbrauch durch ungerechtfertigte Strompreisspitzen verhindern soll.[24] Die Großhandelspreise sollen die adäquaten Preissignale für Investitionen setzen. Weiterhin wird ein Wettbewerb der Flexibilitätsoptionen ausgerufen. Nicht nur die Erzeugungsseite soll sich den wandelnden Verhältnissen im Strommarkt anpassen, sondern auch die Nachfrageseite. Das Ziel ist die günstigsten Technologien einzusetzen und vorzuhalten. Dazu werden im Weißbuch 20 Maßnahmen beschrieben, die den Rahmen für den Wandel bilden sollen. 19

Ende 2015 ist der Entwurf für das sog. **Strommarktgesetz** veröffentlicht worden.[25] Dieses umfasst Änderungen der bestehenden Gesetzestexte von verschiedenen Gesetzen zum Beispiel EnWG, EEG, etc. Es ist in weiten Teilen die gesetzliche Umsetzung der vorgeschlagenen Maßnahmen des Weißbuches. 20

Wesentlich ist die Einführung von zwei **Reserven** (Kapazitätsreserve sowie eine temporäre sog. Sicherheitsbereitschaft), die außerhalb des eigentlichen Marktgeschehens vorgehalten werden. In ihnen werden Kraftwerkskapazitäten gebunden und erhalten eine Vergütung entsprechend ihrer Leistung. Beide sollen nur **in Ausnahmesituationen** aktiviert werden (wenn es im Strommarkt nicht mehr zu einem Ausgleich zwischen Angebot und Nachfrage kommen sollte) und stehen ansonsten nicht für die Vermarktung zur Verfügung. Falls der Markt es in Ausnahmesituationen nicht schaffen sollte, Angebot und Nachfrage zusammenzubringen und ein Erzeugungsengpass droht, stehen die Erzeugungskapazitäten aus der Kapazitätsreserve und gegebenenfalls der 21

[23] BMWi, Ein Strommarkt für die Energiewende, Ergebnispapier des Bundeswirtschaftsministeriums für Wirtschaft und Energie (Weißbuch), Berlin, Juli 2015, abrufbar unter http://www.bmwi.de (Link: Mediathek > Publikationen > Suche: Grünbuch), Stand Abruf: April 2017.

[24] BMWi, Plattform Strommarkt, Bundeskartellamt, Maßnahme 2: Kartellrechtliche Missbrauchsaufsicht transparenter machen, Berlin, 4.9.2015.

[25] BMWi, Gesetzentwurf der Bundesregierung, Entwurf eines Gesetzes zur Weiterentwicklung des Strommarktes (Strommarktgesetz), abrufbar unter http://www.bmwi.de (Link: Themen > Energie > Strommarkt der Zukunft > Strommarkt 2.0), Stand Abruf: April 2017.

Sicherheitsbereitschaft bereit, um die Versorgungssicherheit zu gewährleisten.

22 Die **Vergütung für die Kapazitätsreserve** wird in Auktionen ermittelt und für die Teilnahme kommen alle Kapazitäten, Speicher sowie steuerbaren Lasten in Frage, die gewisse Präqualifikationen zum Beispiel hinsichtlich Startgeschwindigkeit und Verfügbarkeit erfüllen.

23 Die **Sicherheitsbereitschaft** bindet hingegen ausschließlich Braunkohlekapazitäten. Ihr originäres Ziel ist den Kohlenstoffdioxidausstoß in Deutschland um weitere 12,5 Mio. t CO_2 zu mindern, um die nationalen CO_2-Minderungsziele für den deutschen Stromsektor bis 2020 zu gewährleisten. Daher werden explizit die emissionsstärksten Braunkohlekraftwerke aus dem Markt genommen. Sie stehen theoretisch auch für Notfallsituationen zur Erzeugung bereit. Die gebundenen Kapazitäten erhalten vier Jahre ein verhandeltes Leistungsentgelt und müssen anschließend endgültig stillgelegt werden.

24 Vor der Liberalisierung waren die Planung von Netz und Erzeugung in einer Hand. Der Bau von Kraftwerken erfolgte historisch in der Regel in der Nähe der Verbrauchsschwerpunkte, sodass die mittlere Übertragungsentfernung im Höchstspannungsnetz in einer Größenordnung von 50 km lag. Inzwischen erfolgt der **Ausbau von Erzeugungskapazitäten** rein nach marktlichen Aspekten. Bei den thermischen Kraftwerken sind dies zum Beispiel eine gute Anbindung an Rohstofflieferung oder günstige Infrastrukturkosten und bei den fluktuierenden Erneuerbaren Energien ein möglichst günstiges Dargebot. Das Dargebot von Wind ist im Norden besser, weshalb dort deutlich mehr Windanlagen stehen als im Süden. Im Süden hingegen steht ein Großteil der Kernkraftwerke, die bis Ende 2022 vom Netz gehen werden. Um die Energie von den Erzeugungszentren in die Lastzentren zu transportieren, ist ein Netzausbau notwendig.

25 Der **Netzausbau in Deutschland** unterliegt Verzögerungen. Diese sind insbesondere durch langwierige Genehmigungsverfahren, Akzeptanzprobleme sowie mehrfach wechselnde politische Rahmenbedingungen begründet. Die Gesetzgebung hat daher den Prozess des Netzentwicklungsplans eingeführt, aus dem heraus Maßnahmen in den Bundesbedarfsplan übergehen und damit gesetzlicher Rückhalt für einzelne Projekte gewährleistet werden soll. Der Prozess hat zu einer Verbesserung, insbesondere der Objektivität von Notwendigkeit von Ausbauprojekten geführt.[26] Allerdings wurde der Ausbau auch weiterhin verzögert, sodass

[26] BET, NEMO IV, Gutachten zum Netzentwicklungsplan 2024 im Auftrag der Bundesnetzagentur, Aachen, 12.10.2015; *Übertragungsnetzbetreiber*, Netzentwicklungsplan Strom 2014, Zweiter Entwurf, 4.11.2014.

die Bundesregierung ein Gesetz aufgelegt hat, dass die Verkabelung gegenüber Freileitungen bevorzugt und so die Akzeptanz fördern soll.

Bedingt durch den fehlenden Netzausbau hat sich insbesondere seit 2010 die Netzführung verkompliziert. Immer häufiger sind weitreichende Eingriffe notwendig, um eine sichere Versorgung zu gewährleisten. Zu manchen Einspeisesituationen gibt es strukturelle Engpässe, die nur durch Redispatch-Maßnahmen behoben werden können. Mit **Redispatch** wird bei Netzengpässen das Herunterregeln von Kraftwerken in einem Gebiet mit einem Erzeugungsüberschuss und gleichzeitiges Erhöhen von Erzeugungskapazität in einem unterspeisten Gebiet bezeichnet. Die Anzahl der Eingriffe und die damit verbundenen Kosten haben deutlich zugenommen. Die Kosten beliefen sich im ersten Halbjahr 2015 auf ca. 253 Mio. EUR.[27] 26

Abbildung 5.2: Entwicklung Redispatchvolumen[28]

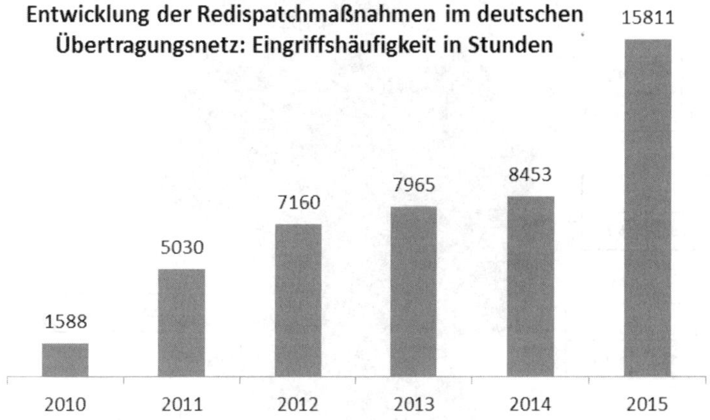

II. Europa

Ziel der Liberalisierung der nationalen europäischen Strom- und Gasmärkte ist es, den freien Warenverkehr und Handel zwischen den Mitgliedstaaten zu ermöglichen. Voraussetzung dafür ist, dass auch innerhalb der einzelnen nationalen Märkte der freie Handel zwischen den einzelnen Marktteilnehmern zugelassen wird. 27

Anders als zum Beispiel im Gasmarkt, wo die Ware vom Produktionsort bzw. der Förderstätte über teilweise mehrere tausend Kilometer und unter Passierung einer Vielzahl von nationalen Grenzen bis zum 28

[27] BNetzA, Quartalsbericht zu Netz- und Systemsicherheitsmaßnahmen, Erstes und zweites Quartal 2015, Bonn, 7.12.2015.

[28] Eigene Darstellung auf Basis von Daten der BNetzA.

Verbraucher transportiert wird, geschah die Produktion von Elektrizität in der Vergangenheit möglichst verbrauchsnah. Ausnahmen waren in der Regel dort zu verzeichnen, wo ein kostengünstiges Primärenergieträgerangebot für die Stromproduktion nicht vor Ort verfügbar ist oder besondere energie- und umweltpolitische Rahmenbedingungen gesetzt sind.

29 Innerhalb der Europäischen Union werden jedoch nur ca. 10 % der Gesamtstromproduktion über Ländergrenzen hinweg gehandelt. Für Deutschland war der Import-Export-Saldo in den letzten Jahren nahezu ausgeglichen. Die entsprechenden physikalischen grenzüberschreitenden Ströme sind in Abbildung 5.3 dargestellt.

Abbildung 5.3: Stromaustausch mit den Nachbarländern im Jahr 2015 [TWh][29]

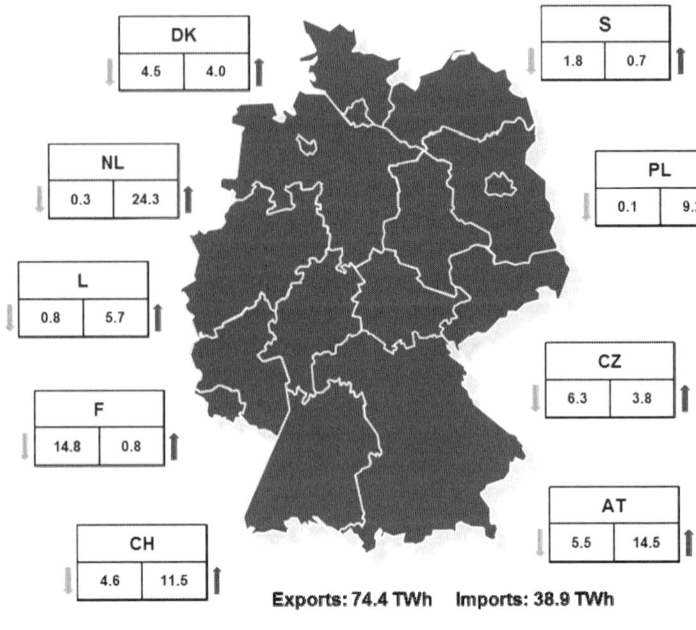

30 Trotz der im Vergleich zum Gesamtmarkt nur geringen Volumen kommt dem grenzüberschreitenden Handel jedoch große Bedeutung zu. So ermöglicht der **grenzüberschreitende Handel** eine Optimierung des jeweiligen Kraftwerkseinsatzes, sowohl saisonal als auch im Stundenraster. Dabei ist z. B. von erheblicher Bedeutung, dass in den einzelnen Mitgliedstaaten teilweise unterschiedliche Stromerzeugungstechnologien dominieren. In Deutschland überwiegen derzeit noch

[29] BET-Darstellung nach BDEW, Energiemarkt Deutschland – Zahlen und Fakten zur Gas-, Strom-, und Fernwärmeversorgung – Sommer 2015, Berlin, Mai 2015.

thermische Kraftwerke mit einem starken Anstieg der volatilen Erzeugung Erneuerbarer Energien (insbesondere Wind und PV), in der Alpenregion sowie in Norwegen und Schweden jedoch Wasserkraftwerke. Je nach Wasserangebot auf der einen Seite und z. B. Brennstoff- und Kühlwasserangebot sowie Überschüssen aus hoher Wind- und PV-Erzeugung auf der anderen Seite kann deshalb ein Stromaustausch für beide Parteien vorteilhaft sein. Die vorhandenen **Kuppelkapazitäten** ermöglichen es deshalb, die jeweiligen nationalen Märkte und die Preisbildung auf den jeweiligen nationalen Märkten grundsätzlich in Interaktion treten zu lassen.

Die Übertragungskapazitäten der Stromnetze zwischen den meisten 31
europäischen Staaten stellen jedoch einen Engpass dar. Dies führt dazu, dass die grenzüberschreitenden Kapazitäten bis auf wenige Ausnahmen mit unterschiedlichen Mechanismen versteigert werden. Die Märkte in Zentral-West-Europa (CWE) wachsen weiter zusammen, was von der EU-Kommission sowohl gewollt als auch durch neue Rahmenbedingungen gefördert wird. Insbesondere zwei Änderungen sind dabei hervorzuheben.

Zum einem nutzt das sog. **Flow Based Market Coupling**[30] implizite 32
Auktionen, in denen Marktteilnehmer nicht die Übertragungskapazität ins Ausland direkt selber buchen, sondern auf die zu übertragende Arbeit ein Gebot abgeben. Die günstigsten Gebote werden dann zugeschlagen und damit ein optimales Marktergebnis erreicht. Dadurch entsteht ein europaweit effizienteres Marktergebnis. Insbesondere bei weiter steigenden Kuppelkapazitäten zwischen den Ländern und wachsenden, günstigen Erneuerbare-Energien-Mengen führt dies zu einem Mehrwert für das Gesamtsystem.

Weiterhin schreibt § 2 VI EEG vor, dass mindestens 5 % der neu in- 33
stallierten erneuerbaren Leistung, die über das EEG-Regime zugebaut werden, unter bestimmten Voraussetzungen im Ausland stehen sollen. Damit setzt Deutschland die EE-Richtlinie 2009/28/EG[31] um.

[30] Entstanden mit der Leitlinie für die Kapazitätsvergabe und das Engpassmanagement (Capacity Allocation and Congestion Management – CACM-Guideline) der EU-Kommission.

[31] Richtlinie 2009/28/EG des Europäischen Parlaments und des Rates v. 23.4.2009 zur Förderung der Nutzung von Energie aus erneuerbaren Quellen und zur Änderung und anschließenden Aufhebung der Richtlinien 2001/77/EG und 2003/30/EG (Erneuerbare-Energien-Richtlinie – EE-Richtlinie), ABl. EU Nr. L 140, v. 5.6.2009, S. 16 ff.

Abbildung 5.4: Stromnachfrage in den nationalen Märkten in 2015[32]

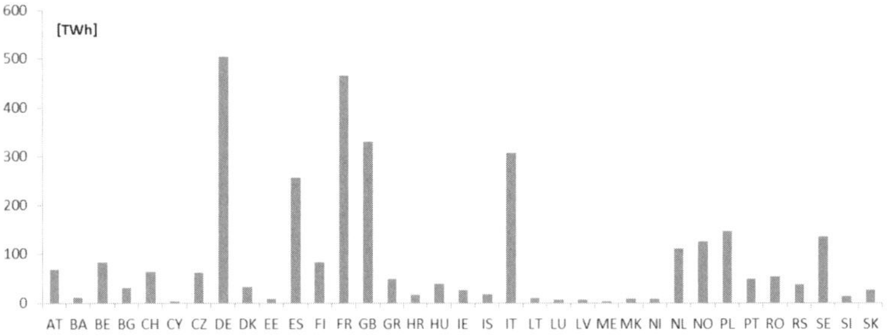

34 Aus Abbildung 5.4 wird deutlich, dass Deutschland neben Frankreich in Europa der größte nationale Markt ist. Gleichzeitig ist auf fast allen nationalen Märkten eine hohe Konzentration im Erzeugungsmarkt zu verzeichnen. Die Europäische Kommission benennt deshalb die Marktdominanz auf nationaler Ebene bei einem nicht adäquaten Angebot an Kuppelkapazitäten als zukünftiges Hauptproblem bei der Implementierung der europäischen Binnenmarktrichtlinie für Elektrizität.[33]

C. Produkte und Handelsvolumen

I. Überblick über Produktarten

35 Die Produktarten im Stromhandelsgroßmarkt können in Produkte mit physischer Erfüllung und in rein **finanzielle Handelsprodukte (Derivate)** unterschieden werden. Bei den Märkten kann zwischen dem **kurzfristigen Spotmarkt** (Zeithorizont i. d. R. bis zu einem Tag im Voraus bzw. ein komplettes Wochenende inklusive folgendem Werktag im Voraus/„day ahead") und dem **Terminmarkt** (Wochen-, Monats-, Quartal-, Jahres- und ggf. auch mehrjährige Produkte) unterschieden werden. Bezüglich der Handelsformen können börsliche Geschäfte (standardisiert und institutionalisiert) und **OTC-Geschäfte** (over the counter, also individuell verhandelte Geschäfte) unterschieden werden. Eine grobe Einteilung ist in Abbildung 5.5 dargestellt.

[32] Eigene Darstellung auf Basis der Daten von ENTSO-E, Statistical Factsheet 2014, 27.4.2015.
[33] Siehe oben Rdnr. 18 ff.

Abbildung 5.5: Handelsprodukte im Strommarkt

Spotmarkt		Terminmarkt		
OTC	Börse	OTC	Börse	
Standard-produkte - Day Ahead - Intra Day	Standard-produkte - Day Ahead (Auktion)	Forwards Fahrpläne indizierte Verträge		physisch 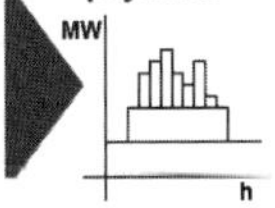
		Swaps Optionen	Futures Optionen	finanziell 

1. Spotbörsen

36 Transaktionen an Strombörsen (wie auch an anderen Börsen) zeichnen sich durch eine **standardisierte Handelsplattform**, festgelegte Regeln zur Preisbildung, festgelegtes Verfahren zum Clearing[34] sowie durch die Börse standardisierte und garantierte Abwicklung aus. Ebenso trägt die Börse das Kontrahentenausfallrisiko. Im deutschen Markt kann die Spotmarktbörse der **European Energy Exchange** (EEX) mittlerweile als etabliert bezeichnet werden. Abbildung 5.6 zeigt die Entwicklung des monatlichen Handelsvolumens am Spotmarkt der EEX in EUR/MWh seit 2005. Damit hat der Spotmarkt am gesamten physischen Strombedarf eine Größenordnung erreicht, wie sie in bereits länger liberalisierten Strommärkten (Beispiel Nordpool) üblich sind.

[34] Zum Clearing siehe *Pilgram,* § 20 in diesem Band (und in den Vorgängerauflagen) sowie *Pilgram,* in: Zenke/Ellwanger, Handel mit Energiederivaten, S. 332 ff.

Abbildung 5.6: Spotmarkt (Jahresvolumen) an der EEX[35]

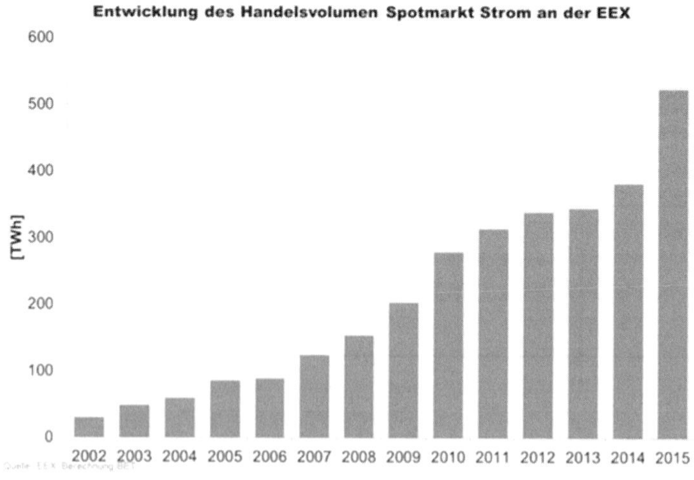

2. OTC-Forwards

37 Neben den Spotmarktprodukten an der Strombörse bilden die am OTC-Markt gehandelten Forwards eine weitere wesentliche Produktart. **Forwards** sind physisch zu erfüllende Kontrakte zwischen Lieferant und Abnehmer, die entweder in Form standardisierter Produkte (Base,[36] Peak[37]) gehandelt werden oder in formfrei zu definierender Fahrplanlieferungen im ¼-h-Zeitraster. Standardgrößen für Forwards (Base, Peak) sind üblicherweise 5-MW- oder 25-MW-Kontrakte. Andere Größen sind möglich, werden aber meist mit einem geringen Preisaufschlag gehandelt.

38 Während für die Preise der Standardprodukte Base und Peak im OTC-Markt Broker-Quotierungen sowie diverse Marktinformationsdienste die Preise vergleichsweise transparent machen, sind die Preise für frei vereinbarte Fahrplanlieferungen in einem beliebigen ¼-h-Zeitraster naturgemäß komplexer und intransparenter. Während der Händler/Lieferant Standardprodukte wie Base oder Peak in seinem Portfolio unmittelbar glattstellen kann, gelingt dies für frei konfigurierbare Fahr-

---

[35] Eigene Darstellung auf Basis von EEX-Handelsvolumen.

[36] Hierunter ist eine kontinuierliche Bandlieferung an allen Tagen des Lieferzeitraums von 0.00 bis 24.00 Uhr, also für z. B. eine Woche, einen Monat, ein Quartal, ein Jahr etc. zu verstehen.

[37] Hierunter ist ein Spitzenlastband für den Zeitraum von 8.00 bis 20.00 Uhr für die Tage Montag bis Freitag (unabhängig von Feiertagen) als feste Bandlieferung für einen Zeitraum von z. B. einer Woche, einem Monat, einem Quartal, einem Jahr etc. zu verstehen.

pläne nur teilweise. Es handelt sich um komplexe, strukturierte Produkte, die seitens des Händlers für den Einkauf in standardisierte Produkte zerlegt werden müssen, wobei Restmengen zumindest zeitweilig als offene Positionen verbleiben. Hierfür muss der Händler/Lieferant entsprechende Risikoaufschläge einkalkulieren. Zur Bewertung von Fahrplanlieferungen ist eine **Hourly-Price-Forward-Curve** unerlässlich.

Daher kommt dem **Rating** des Counterparts[38] sowie den Vertragsab- 39
schlüssen[39] eine besondere Bedeutung zu. Das Kontrahentenausfallrisiko wird von den Marktteilnehmern getragen.

3. Börslicher Terminmarkt

Der Stromterminmarkt an der EEX umfasst gegenwärtig Futures für 40
Base- und Peak-Kontrakte. Die gegenwärtig verfügbaren Produkte sind in Abbildung 5.7 dargestellt.

Abbildung 5.7: Futures an der EEX

Finanzielle Strom-Futures

		Baseload (24h Montag bis Sonntag) 00:00-24:00	Peakload (12h Montag bis Freitag) inklusive Feiertage 8:00-20:00	Off-Peak load (12h Montag bis Freitag & Samstag - Sonntag) inklusive Feiertage 00:00-8:00 Mo-Fr 20:00-00:00 Mo-Fr 00:00-24:00 Sa-So
Tag	nächsten zehn Tage	x	x	
Wochenende	nächsten zwei Wochenenden	x	x	
Woche	nächsten vier Wochenenden	x	x	
Monat	nächsten sechs Monate	x	x	x
Quartal	nächsten sieben Quartale	x	x	x
Jahr	nächsten sechs Jahre	x	x	x

Quelle: EEX

Der **Futures**-Kontrakt als solches ist zunächst ein rein finanzielles In- 41
strument zur Preisabsicherung. Das Underlying ist der EEX-Spotmarkt. Das Instrument stellt sicher, dass der Käufer oder Verkäufer eines Futures den Preis einer Stromlieferung zum Ausübungspreis des Futures absichern kann (Derivat).

Will der Käufer/Verkäufer des Futures die Stromlieferung/den Strom- 42
bezug auch physisch realisieren, so tätigt er dies durch entsprechende(n) Bezug/Lieferung über die tägliche Spotbörse. Im Ergebnis erfüllt der Future in dieser Kombination denselben Zweck wie ein entsprechender physischer Forward vom OTC-Market.

---

[38] Vgl. *Pilgram/Dessau,* § 18 in diesem Band.

[39] Vgl. *Dessau/Fischer,* § 23 in diesem Band, sowie *Neveling/Schönrock,* § 25 in diesem Band.

43 Unterschiede bestehen jedoch in der **Zahlungsabwicklung**. Während Forwards i. d. R. (monatlich) nachschüssig entgolten werden (wobei jeder Kontrahent das Kontrahentenausfallrisiko des Partners i. d. R. selbst trägt und dementsprechend das Stellen von Sicherheiten eine Geschäftsvoraussetzung ist[40]), erfolgt beim Futures über Margin Accounts ein täglicher Wertausgleich. Zu Beginn zahlt der Kontrahent eines Futures eine Initial Margin (Sicherheit). In den Folgetagen wird an jedem Handelstag die Differenz zwischen Ausgabekurs und dem täglichen Kurs des Futures finanziell ausgeglichen (Variation Margin). Im Resultat ergeben sich somit für den Kontrahenten Zahlungszuflüsse oder Zahlungsabflüsse, die ein entsprechendes Cash Management erforderlich machen. Wird in der Lieferperiode der Futures durch Stromlieferungen der Spotbörse physisch erfüllt, wird die jeweilige Differenz zwischen dem Futurespreis und dem aktuellen Spotpreis finanziell ausgeglichen, sodass am Ende der Lieferperiode des Futures der Kontrahent genau den Ausgabekurs des Futures realisiert hat. Auch hier trägt die Börse das Kontrahentenausfallrisiko.[41]

44 In Abbildung 5.8 ist die Entwicklung des Kontraktvolumens am Terminmarkt dargestellt und die wachsende Bedeutung dieses Marktes ersichtlich.

Abbildung 5.8: Jahresvolumen am EEX Terminmarkt[42]

[40] Siehe *Pilgram/Dessau,* § 18 in diesem Band.

[41] Eine umfassende Einführung in den Spot- und Terminmarkt der EEX findet sich unter www.eex.de sowie siehe *Pilgram,* § 20 in diesem Band, sowie *Zenke/Ellwanger*, Handel mit Energiederivaten.

[42] Quelle: EEX.

Seit Ende 2004 werden als weiteres Produkt im EEX-Terminmarkt **europäische Optionen** gehandelt. Die gehandelten Kontrakte sind zunächst **Call- und Put-Optionen** auf Base-Load-Futures mit einer Laufzeit für die nächsten fünf Monate, die nächsten sechs Quartale oder die nächsten drei Jahre. Die Ausübung der Option erfolgt am letzten Handelstag, die Prämie wird am ersten Börsentag nach Geschäftsabschluss verrechnet. 45

Mit **Optionen** können sich Käufer oder Verkäufer gegen steigende oder sinkende Preise absichern. Das Verlustrisiko ist jeweils auf die Höhe der zu zahlenden Prämie begrenzt. Beispiele für Absicherungsstrategien sind in Abbildung 5.9 dargestellt. 46

Abbildung 5.9: Mögliche Handelsstrategien mit Call- oder Put-Optionen

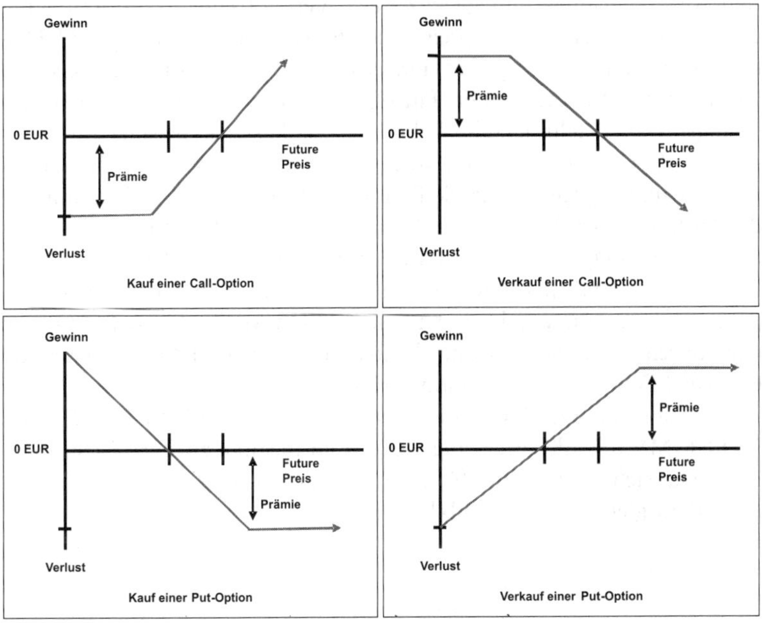

Im Beispiel des Kaufs einer Call-Option sichert sich der Käufer beispielsweise gegen steigende Strompreise ab. Übersteigt der Preis für Futures am Ausübungsstichtag den Ausübungspreis inklusive der Prämie, wird er die Option ausüben und als Gewinn die Preisdifferenz zwischen aktuellem Futurespreis und Ausübungspreis zuzüglich Prämie realisieren. Umgekehrt kann sich z. B. ein Stromerzeuger mit dem Kauf einer Put-Option gegen fallende Strompreise am Terminmarkt absichern. Fällt am Ausübungstag der Preis für Futures unter den Ausübungspreis abzüglich der gezahlten Prämie, wird der Erzeuger die Option ausüben und einen entsprechenden Gewinn realisieren. 47

4. Sonstige Terminprodukte

48 Neben den zuvor beschriebenen Terminprodukten gibt es weitere Terminprodukte am OTC-Markt. Neben den **europäischen Optionen** an der EEX-Börse (zukünftig) werden im OTC-Markt auch (physisch zu erfüllende) **amerikanische Optionen** gehandelt. Diese zeichnen sich im Unterschied zu europäischen Optionen insbesondere dadurch aus, dass die Ausübung jederzeit zwischen Vertragsabschluss und letztem Fälligkeitstermin möglich ist. Die Ausübung kann damit flexibel entsprechend der Marktpreisentwicklung am Großhandelsmarkt erfolgen.[43]

49 Durch die Kombination unterschiedlicher Optionen können komplexe Absicherungsstrategien entwickelt werden.

50 Beispiele sind ein **Call Spread** (Kauf einer Call-Option mit niedrigerem Ausübungspreis und gleichzeitiger Verkauf einer Call-Option mit etwas höherem Ausübungspreis) oder Bildung eines **„Zero Cost" Collars** (Kauf einer Call-Option zum etwas höheren Ausübungspreis und gleichzeitiger Verkauf einer Put-Option zu etwas niedrigerem Ausübungspreis). Nachfolgende Abbildung 5.10 ist ein Beispiel für einen solchen Zero Cost Collar. Im vorliegenden Beispiel hat sich das Unternehmen allseits gegen steigende Preise von max. 71 EUR/MWh inklusive der Differenz der Prämien durch die Call- und Put-Option abgesichert (Marktpreis steigt oberhalb 71 EUR/MWh, Ausübung der Call-Option, Put-Option verfällt). Umgekehrt ist die Chance, von fallenden Marktpreisen zu profitieren, begrenzt auf 67 EUR/MWh (Short-Put-Option wird durch den anderen Kontrahenten ausgeübt, weil Marktpreis unter 67 EUR/MWh fällt, Call-Option verfällt).

51 Innerhalb des **Collars** von hier im Beispiel 67 EUR/MWh bis 71 EUR/MWh ist der Preis abgesichert, im Idealfall zu Zero Cost, nämlich wenn sich die Prämien für die Call- und Put-Option (in etwa) weitgehend ausgleichen (siehe Abbildung 5.10).

---

[43] Vgl. *Zenke/Dessau,* in: Danner/Theobald, Energierecht, 140 EnHandel, m. w. N.

Abbildung 5.10: Zero Cost Collar

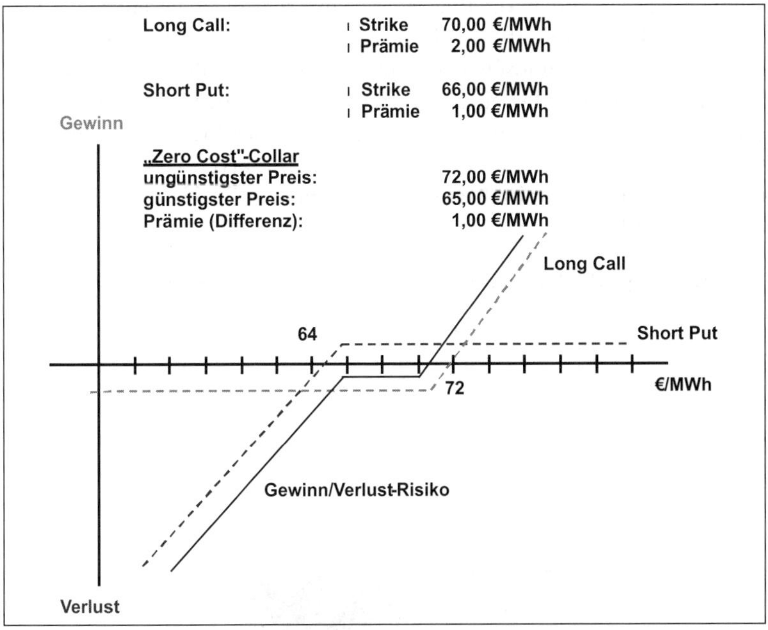

Weitere komplexere Terminprodukte im OTC-Markt sind indizierte Verträge. Dies können z. B. Verträge für Forward-Kontrakte sein, deren Ausübungspreis an die Entwicklung eines anderen Marktindexes, z. B. den Preis für Aluminium, gekoppelt ist.[44] 52

5. Intraday-Market

Am Handelsplatz der EPEX werden Stromkontrakte für den laufenden oder folgenden Tag gehandelt.[45] Dieser Markt dient dazu, überschüssige Strommengen oder zusätzlichen Bedarf von Marktteilnehmern auszugleichen, die durch Prognosefehler auf der Einspeise- oder Lastseite entstanden sind. Durch die verstärkte volatile Einspeisung von Erneuerbaren Energien ist dieser Markt zunehmend interessant. War die Anzahl der Teilnehmer zu Beginn noch sehr gering und der Markt sehr intransparent, so ist er heutzutage deutlich liquider. Die kleinste Gebotsgröße ist 0,1 MW bei einem Mindestpreis von 0,01 EUR/MWh. Es können Zeitperioden von 15 Minuten oder größere Blöcke gehandelt werden. Gehandelt werden kann bis 30 Minuten vor Lieferbeginn und 53

[44] Vgl. *Craul,* ET 2000, 734 ff.

[45] Vgl. http://www.epexspot.com/de (Link: Produkte > Intraday-Auktion), Stand Abruf: April 2017.

ab 15.00 Uhr für jede Stunde des folgenden Tages. Durch dieses Marktsegment werden zudem die Regelenergieanforderungen gesenkt.

54 In der folgenden Grafik ist der Zusammenhang zwischen dem Erneuerbare-Energien-Prognosefehler und den Intraday-Preisen dargestellt. Durch die steigende Bedeutung entwickelt der Markt immer neue Produkte. So gibt es z. B. seit September 2015 bei der EEX ein sogenanntes Cap Future, mit dem sich Händler oder Direktvermarkter gegen zu große Intraday-Preisspitzen absichern können, z. B. wie im Beispiel auf 60 EUR/MWh.

Abbildung 5.11: Preisspitzen durch Erneuerbare-Energien-Prognosefehler[46]

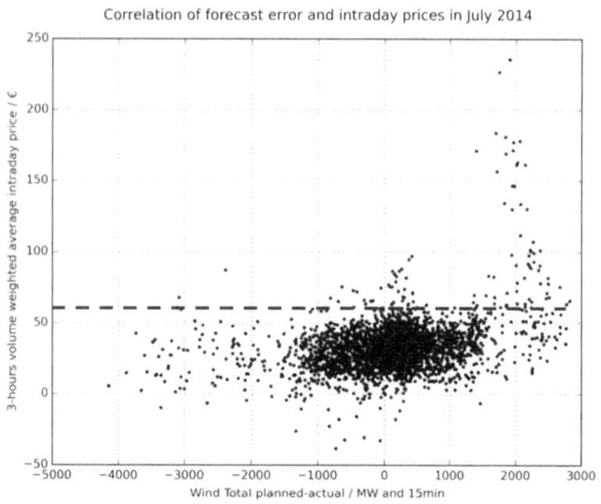

6. Regelenergie-Markt

55 Die Regelenergie dient den Übertragungsnetzbetreibern zur Systemstabilisierung und Frequenzhaltung. Dabei soll Erzeugung und Last jederzeit im Einklang gehalten werden, was einer kontinuierlichen Anpassung bedarf. Es gibt drei verschiedene Produkte, die in unterschiedlichen zeitlichen Abständen aktiviert werden können und unterschiedliche Anforderungen haben. Die allokierten Mengen variieren über die Zeit. Im letzten Quartal 2015 sind sie:

Primärregelung:	±578 MW	
Sekundärregelung:	+2057 MW	-2002 MW
Minutenreserve:	+1777 MW	-2211 MW

[46] Auf Basis von EEX, Working Paper Energy Turnaround Products, Leipzig, 10.2.2015.

Die **Primärregelung** wird dezentral und automatisch von Reglern im Kraftwerk ausgeübt. Teilnehmende Kraftwerke müssen innerhalb von 30 Sekunden reagieren können und den veränderten Zustand bis zu 15 Minuten halten können, um die Anforderungen zu erfüllen. Die Kraftwerke müssen mindestens +/- 1 MW anbieten; die Ausschreibungsdauer ist auf eine Woche begrenzt. Der Kraftwerksbetreiber erhält einen Leistungspreis abhängig vom Umfang der Kapazität. 56

Die **Sekundärregelung** wird in einer gemeinsamen Ausschreibung der Übertragungsnetzbetreiber gedeckt. Sie dient dazu, physikalische Differenzen zwischen Angebot und Nachfrage wieder herzustellen. Die Sekundärregelung wird automatisch aus der Leitwarte der Übertragungsnetzbetreiber angefordert. Betrachtungsraum ist hierbei die Regelzone zuzüglich des Stromaustauschs mit angrenzenden Regelzonen. Sie hat ebenfalls eine Ausschreibungsdauer von einer Woche, aber ein Mindestgebot von 5 MW. Außerdem wird zwischen positiver und negativer Regelleistung unterschieden. Es gibt sowohl einen Leistungspreis für das reine Vorhalten der Leistung als auch einen Arbeitspreis bei tatsächlicher Verrichtung von Arbeit. 57

Die **Tertiärregelung** oder **Minutenreserve** wird ebenfalls unterteilt in positive und negative Regelleistung. Sie ist die langfristigere Fortsetzung der Sekundärregelung und dient dazu, größere Abweichungen auszugleichen. Sie schließt zeitlich an die Sekundärregelung an. Die Minutenreserve wird täglich (bzw. am letzten Arbeitstag vor Wochenenden und Feiertagen) für den Folgetag ausgeschrieben. Die Mindestgebotsmenge liegt bei 5 MW und bedarf eines Leistungsgradienten, mit dem mindestens 2 % der Nennleistung pro Minute verändert werden kann. 58

II. Entwicklung der Marktpreise im deutschen Strommarkt

In Abbildung 5.12 ist die Entwicklung der Quotierungen der Futures für Base bzw. Peak seit Anfang 2002 dargestellt. Es können drei Phasen unterschieden werden: 59

Abbildung 5.12: Quotierungen von Base und Peak Futures an der EEX ab Jan 2002

60 In einer ersten Phase bis etwa Anfang 2002 war der Marktpreis volatil bei einem insgesamt niedrigen Preisniveau. Der Markt war gekennzeichnet durch eine Reihe neu in den Markt tretender spekulativ ausgerichteter Händler, was zu einer signifikanten Volatilität der Strompreise führte. Mit dem Verschwinden einiger dieser Unternehmen (z. B. Enron, TXU und andere) trat vorübergehend ein deutlicher Rückgang der Volatilität ein. Diese Phase dauerte etwa bis Anfang 2003. Bis zu diesem Zeitpunkt bewegten sich die Preise für Forwards in der Größenordnung der Grenzkosten der Kraftwerke im deutschen Markt, teilweise sogar darunter.

61 Seit 2003 ist in einer zweiten Phase ein stetiger Aufwärtstrend der Marktpreise zu beobachten.

62 Etwa ab Mitte 2005 ist in einer dritten Phase, durch die Einpreisung der CO_2-Zertifikatepreise, der Strommarktpreis nochmals deutlich weiter angestiegen. Zwar erhielten die Stromproduzenten (Kraftwerksbetreiber) eine hohe Gratiszuteilung von CO_2-Zertifikaten, da diese aber frei handelbar sind (z. B. EEX), haben sie für den Besitzer einen Wert. Infolgedessen preisen Kraftwerksbetreiber den Wert der CO_2-Zertifikate in die Grenzkostenkalkulation des jeweiligen Kraftwerkes im Sinne von Opportunitätskosten ein (mit anderen Worten: In der Stunde X verlangt der Kraftwerksbetreiber mindestens einen Preis, der seine variablen Brennstoff- und Betriebskosten **und** die verbrauchten CO_2-Zertifikate deckt. Liegt das Gebot darunter, würde er das Kraftwerk stillstehen lassen[47] und die nicht verbrauchten Zertifikate am Markt veräußern). In Folge der Wirtschaftskrise sind die

[47] Dabei sind technische Restriktionen wie Mindeststillstands- und Mindestbetriebsdauern sowie Anfahr- und Abfahrzeiten zu berücksichtigen.

Preise ab Mitte 2008 deutlich eingebrochen, haben sich dann aber mit der Erholung der wirtschaftlichen Situation seit Anfang 2016 etwas stabilisiert. Treiber sind u. a. der Anstieg der Kohlepreise, kleinere Knappheitszeichen und leicht gestiegene Preise für CO_2-Zertifikate.

Auf Grund des starken Ausbaus der Erneuerbaren Energien und einiger Ausbauprojekte von thermischen Kapazitäten ist in Folge der vorhandenen Überkapazität ein steter Preisverfall zu sehen. Dieser erklärte sich durch den sogenannten Merit-Order-Effekt. 63

Abbildung 5.13: Merit-order-Effekt

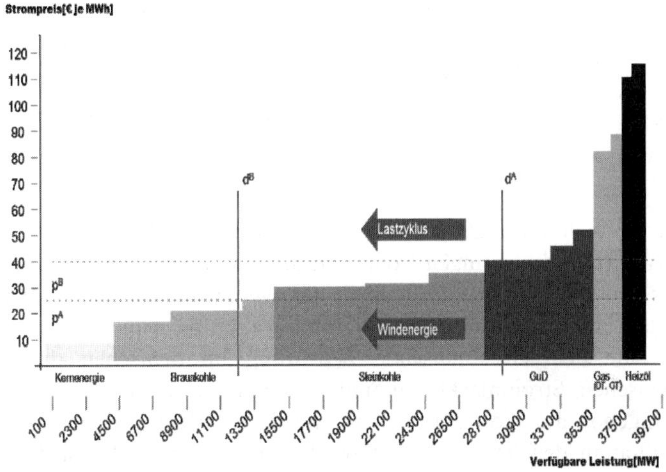

Der Merit-Order-Effekt beschreibt den Umstand, dass durch vermehrte Einspeisung von Erneuerbaren Energien sich nicht nur die Einsatzstunden für thermische Kraftwerke reduzieren (insbesondere im rechten Bereich), sondern der Schnittpunkt von Angebots- und Nachfragekurve sich weiter nach links verschiebt. Daher kommt es neben geringeren Einsatzstunden auch noch zu niedrigeren Preisen. 64

Auf Basis des niedrigen Preisniveaus geraten zunehmend Erzeugungskapazitäten unter Druck. 65

Die Auswirkungen der Marktpreisentwicklungen sind für ein beispielhaftes Portfolio in Abbildung 5.14 dargestellt. Hier sind drei **Beschaffungsstrategien** gegenübergestellt: 66

1. Mid Case (Mittelwert der Quotierungen seit Handelsbeginn, jedoch max. drei Jahre im Voraus);
2. Best Case (niedrigster Preis seit Handelsbeginn, jedoch max. drei Jahre im Voraus);
3. Worst Case (höchster Preis seit Handelsbeginn, jedoch max. drei Jahre im Voraus).

Abbildung 5.14: Als-Ob-Beschaffung an der EEX (Vergleich 2002–2017)

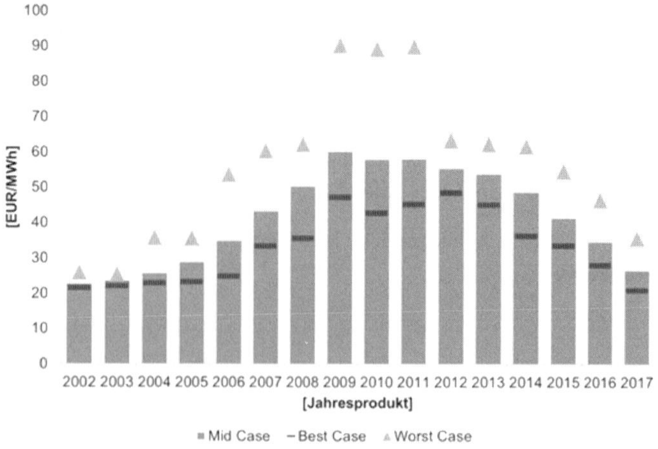

67 Für die Lieferjahre 2002 und 2017 ergeben sich erhebliche Preisspannen. Aufgrund der geringen Volatilität am Anfang des Betrachtungszeitraums war die Preisspanne deutlich geringer. Das Beispiel macht deutlich, dass mit der gestiegenen Volatilität zukünftig dem Risikomanagement eine deutlich wachsende Bedeutung im deutschen und auch europäischen Strommarkt zukommen muss. Zwar hat – durch das Überangebot aus konventionellen und Erneuerbaren Energien – die Volatilität in den letzten Jahren wieder abgenommen. Es ist aber mit einer erneuten Trendumkehr zu rechnen, wenn unwirtschaftliche Kapazitäten stillgelegt und damit das Angebot wieder verknappt wird.

68 Die Entwicklung der Regelenergiepreise ist getrieben von einem hohen Maß an Unsicherheit. Eine von auch spieltheoretischen Effekten getriebene Preisentwicklung ist bei dem Verlauf von Leistungspreise nicht auszuschließen. Die Arbeitspreise zeigen z.T. noch deutlich schwankendere Verläufe. Dies ist möglicherweise auch auf das derzeit verwendete Pay-as-bid Preisbildungsverfahren im Rahmen der Auktionen zur Regelenergieausschreibung zurück zu führen. Daher gibt es im Weißbuch und im Referentenentwurf zum Strommarktgesetz die Überlegung, durch Verordnung der Bundesnetzagentur das Preisbildungsverfahren auf Uniform-Pricing umzustellen in Analogie zum Spotmarkt.

D. Marktakteure und Geschäftsmodelle

I. Optimierung des physischen Erzeugungs- oder Beschaffungsportfolios

Unter einem physischen Erzeugungs- oder Beschaffungsportfolio ist in 69 diesem Zusammenhang entweder ein Beschaffungsportfolio bestehend aus Erzeugungseinheiten oder der Zugriff auf i. d. R. langfristige Lieferverträge mit Kraftwerksbetreibern zu verstehen. Ziel dieses Geschäftsmodells ist es, den Einsatz der eigenen physischen Ressourcen unter Nutzung des Angebotes im Handel zu optimieren. Der liberalisierte Markt stellte hier neue Marktplätze zur Verfügung und führte zu einer Vielzahl neuer Handlungsmöglichkeiten. Mit der Verpflichtung zur Direktvermarktung auch der meisten EEG-Anlagen wachsen die Anforderungen, volatile, vom Wetter abhängige Erzeugungseinheiten in den verschiedenen Marktstufen optimal zu vermarkten.

Langfristige Erzeugungsmöglichkeiten (durch Eigentum oder entspre- 70 chende Kraftwerksverträge) ermöglichen eine Optimierung zwischen Strommarkt und physischem Asset: Der Kraftwerksvermarkter hat die Option, seine Stromlieferverpflichtungen entweder durch das Kraftwerk selbst zu decken, wenn die kurzfristigen Grenzkosten niedriger sind als der jeweilige Preis am Strommarkt. Sinken die Strommarktpreise unter die Grenzkosten des Kraftwerkes, hat er ein zusätzliches Optimierungspotenzial, indem er das Kraftwerk zurückfährt oder abschaltet und den Strom billiger am Markt bezieht (sog. Realoption). Zur Umsetzung dieser Optimierung sind entsprechende Handelsorganisationen mit komplexen Hedgingstrategien erforderlich.

II. Optimierung des Absatzportfolios

Deckten Weiterverteiler vor der Liberalisierung ihren Strombedarf oft- 71 mals durch langfristige Lieferverträge mit ein oder zwei Produzenten, so standen mit der Liberalisierung sehr komplexe Handelsmärkte für die Strombeschaffung zur Verfügung. Zur optimalen Eindeckung ihres Portfolios haben deshalb mittelgroße und größere Versorger eigene Handelsabteilungen aufgebaut, die vorrangig die Beschaffung optimieren, gleichzeitig aber auch (je nach Entwicklung des Absatzportfolios) wieder Mengen im Handel unterbringen.

III. Optimierung von beiden physischen Portfolios

Da in der Praxis viele der großen Versorger sowohl über eigene Erzeu- 72 gungskapazitäten als auch über ein eigenes Kundenportfolio verfügen, sorgen die konzerneigenen Handelsabteilungen oftmals für die Optimierung beider Portfolios.

IV. Arbitrage und spekulativer Handel

73 Unter **Arbitrage** versteht man Geschäfte, die Ertrag aus der Nutzung von Preisunterschieden für ein- und dasselbe Gut an verschiedenen Handelsplätzen erzielen. Vereinfacht gesprochen, versucht ein Händler ein Produkt an einem Handelsplatz zu kaufen und an einem anderen Handelsplatz mit Gewinn zu verkaufen. Bei dieser Form des Handels ist es nicht notwendig, über eigene physische Portfolios zu verfügen.

74 Unter **spekulativem Handel** ist die Öffnung von Positionen zu verstehen, mit der Absicht, diese erst bei Erzielung eines positiven Ertrages zu schließen. Entscheidungsgrundlage für die Eröffnung einer Long-Position kann z. B. die Erwartung steigender Preise sein. Die Eröffnung spekulativer Positionen durch einzelne Händler muss durch entsprechende Risikostrategien des Unternehmens gedeckt sein. Tatsächlich verfolgt kaum ein Händler einen offensiven spekulativen Ansatz im Energiehandel. Spätestens nach dem Zusammenbruch des US-amerikanischen Händlers Enron im Jahre 2001 wird spekulativen Ansätzen mit großer Skepsis begegnet. Tatsächlich sind spekulative Elemente im Handelsgeschäft nahezu unvermeidbar, da auch ungewollt jederzeit offene Positionen entstehen können (z. B. Ausfall von Kunden, Wetteränderungen[48] etc.). Es obliegt jedem Händler, für das Öffnen und Schließen von Positionen interne Richtlinien zu erlassen. Inwieweit diese dann auch spekulativen Handel zulassen, wäre im Einzelfall zu prüfen.

V. Mischformen

75 Händler ohne konzerninterne physische Portfolios können sich nur im Bereich des Arbitragehandels oder auf Arbitrage basierenden Modellen betätigen. In diesem Bereich sind konzernungebundene Handelshäuser tätig, bei denen es sich entweder um Häuser mit Branchenhintergrund (z. B. Gemeinschaftsunternehmen von kleineren Energieversorgern) oder branchenfremde Unternehmen mit Handelserfahrung handelt (z. B. Banken, Rohstoffhändler etc.).

76 Die Handelshäuser der Unternehmen mit physischen Portfolios im Konzern sind oftmals auch im Arbitragegeschäft tätig. Da diese Häuser international tätig sind, kann je nach Region auch das Arbitrageinteresse überwiegen.

VI. Perspektiven der Geschäftsmodelle

77 Unternehmen mit relevanten physischen Portfolios werden immer aktiv am Energiehandel teilnehmen, da diese ein vitales Interesse haben müssen, die jeweils vor- oder nachgelagerten Märkte optimal erreichen zu

---

[48] Zur Absicherung von Wetterrisiken siehe *Amelung/Stein,* § 6 in diesem Band.

können. Es ist in der Vergangenheit teilweise heftig diskutiert worden – auch ausgelöst durch den bereits erwähnten Zusammenbruch des Händlers Enron –, inwieweit Händler ohne physisches Portfolio langfristig wirtschaftlich erfolgreich sein können. Auf diese Frage gibt es keine allgemeingültige Antwort. Unstrittig ist, dass gerade diese Händler – die frei von Interessen in vor- oder nachgelagerten Märkten sind – wichtig für Liquidität, Transparenz und damit Funktionstüchtigkeit der Großhandelsmärkte sind.

§ 6 Der Markt für Wetterderivate

A. Die Bedeutung von Wetterderivaten

1 Das Wetter ist ein bedeutender Wirtschaftsfaktor. Etwa 80 % der weltweiten wirtschaftlichen Produktion hängen direkt und indirekt von Wetterschwankungen ab. Für die USA wurde berechnet, dass extreme Ausschläge des Wetters Abweichungen des BIP in Höhe von 485 Mrd. USD bzw. 3,4 % verursachen können.[1] Viele Branchen sind dem Wetterrisiko in besonders starkem Maße ausgesetzt. Dazu gehören die Nahrungsmittelbranche, Gastronomie, Freizeit und Tourismus, Land- und Forstwirtschaft, Bekleidungsindustrie, Bauindustrie, der Einzelhandel, die Versicherungswirtschaft und insbesondere die Strom-, Gas- und Wasserwirtschaft. Aus der Energiewirtschaft heraus wurden Mitte der 1990er Jahre Instrumente entwickelt, mit denen sich wetterbedingte Risiken wertmäßig erfassen lassen. Die Messbarkeit von Risiken hat zur Folge, dass sich Risiken absichern lassen und dass Unternehmen bewusst Wetterrisiken eingehen können.[2] Dies wird erreicht durch innovative Finanzprodukte, die auf Basisdaten (Underlying) wie Niederschlagsmengen, Regentage, Sonnenstunden, Lufttemperatur und Windgeschwindigkeit beruhen. Diese Finanzprodukte werden als Wetterderivate bezeichnet. Für die Käufer und Verkäufer dieser Finanzinstrumente ist das vorrangige Ziel, wetter-induzierte Schwankungen ihrer Erlöse und ihres finanziellen Aufwands abzusichern.

B. Spezifizierung von Wetterderivaten

2 Grundsätzlich sichern Wetterderivate graduelle Wetterschwankungen mit geringem Risiko, aber häufigem Auftreten ab wie z. B. ein zu milder Winter. Sie stehen damit im Gegensatz zu Wetterversicherungen, die zwar ein hohes Wetterrisiko mit jedoch geringerer Eintrittswahrscheinlichkeit und gegebenenfalls den Totalausfall versichern. Beispiele dafür sind strukturelle Schäden in der Kernzone eines Hurrikans oder Erntevernichtung durch Hagel. Für die Energiewirtschaft sind Wetterderivate von größerer Bedeutung.

3 Von den Wetterderivaten, die an der Chicago Mercantile Exchange (CME) gehandelt werden, sind rund 80 % **Optionen**. Nur 20 % sind

[1] Vgl. *Deutsche Bank Research*, Wachstumsmarkt Wetterderivate, S. 1; *Lazo/Lawson/Larsen/Waldmann*, U.S. Economic Sensibility to Weather Variability, S. 709.

[2] Vgl. *Bergschneider/Karasz/Schumacher*, Risikomanagement im Energiehandel, S. 196.

Swaps (Futures). In Over-The-Counter-Geschäften (OTC-Geschäften) und in bilateralen, maßgeschneiderten Absicherungs-Kontrakten (Weather Hedging) sind alle klassischen Optionsstrukturen vertreten. Gemeinsam ist allen Kontraktformen, dass sie auf der Spezifikation von bestimmten Parametern aufbauen, die zur Vertragsgestaltung unbedingt erforderlich sind:[3]

- eine Wettervariable (Underlying), die an einer Messstation über die Laufzeit gemessen wird;
- Tick bzw. Tick Value und Ausübungspreis;
- eine meteorologische Messstation;
- die Laufzeit oder Akkumulationsperiode;
- Ober- und Untergrenzen (Caps, Floors);
- eine Prämie, die vom Käufer bei Abschluss von bestimmten Kontrakten gezahlt wird.

Bei der großen Mehrzahl der gehandelten Vertragsformen ist das **Underlying** die Temperatur, da die Geschäftstätigkeit vieler Unternehmen direkt mit der Temperatur korreliert. Bei manchen Kontrakten werden die durchschnittlichen Tagestemperaturen zugrunde gelegt. Da fast jeder nationale Wetterdienst eine eigene Formel zur Berechnung der Tagesmitteltemperatur anwendet, sind diese Berechnungsmethoden in den CME Rulebooks 403–409[4] festgelegt. In manchen Kontrakten wird diese Tagesmitteltemperatur einfach über die Kontraktperiode aufsummiert und steht als **Cumulative Average Temperature** (**CAT**) für das Underlying. In den meisten Fällen geht die Temperatur jedoch als Abweichung von den Tagesmittelwerten in die Verträge ein, da diese besser mit der tatsächlichen Nachfrage oder Produktion korrelieren. Diese **Gradtagszahlen** oder **Degree Days** (**DD**) werden berechnet, indem die Abweichung zwischen Tagesmitteltemperatur und einer Temperatur von 18°C (Referenztemperatur in Europa) oder 65 °F (Referenztemperatur in den USA) gemessen wird. Unterschieden werden bei den Gradtagszahlen die **Heating Degree Days** (**HDD**) und die **Cooling Degree Days** (**CDD**). HDDs werden berechnet, indem die Tagesmitteltemperatur unterhalb von 18 °C von dieser Referenztemperatur abgezogen wird. Hintergrund ist dabei die Annahme, dass unterhalb von Werten von 18 °C die Heizungsanlagen betätigt werden, sodass Wärme- und Energieverbrauch steigen. CDDs messen dagegen die Abweichungen der Tagesmittelwerte oberhalb von 18° C von dieser Referenztemperatur.[5] Die DDs, CATs, HDDs und CDDs können in Indizes zusammengefasst werden, die in einer Beziehung zu Umsätzen oder Kosten von Unternehmen stehen. Es 4

[3] Vgl. *Gort*, Der Markt für Wetterderivate in Europa, S. 30 ff.
[4] http://www.cmegroup.com/rulebook/CME/.
[5] Teilweise Einschaltung von Kühlungsanlagen bei mehr als 18 °C.

gibt jedoch auch andere Underlyings, die Grundlage für ein Wetterderivat sein können. Die zweithäufigste Wetterausprägung bei Wetterderivaten stellen Niederschläge in Form von Regen dar. Regenfälle spielen insbesondere für Wasserkraftwerke und Wasserwerke eine maßgebliche Rolle. Schneefälle als Underlying sind bislang nur bei Wetterderivaten in den USA von Bedeutung. Gelegentlich gehen auch Windgeschwindigkeiten als Underlying in Kontrakte ein. Wind-Derivate werden dabei häufig mit Temperaturen kombiniert, die dann als sog. **Windchill-Temperatur** das subjektive Temperaturempfinden besser ausdrücken soll. Zudem gibt es auch Derivate, die als Underlying einen **Event Index** nutzen. Das klassische Beispiel sind **Frosttage**. Seit Dezember 2015 hat die Börse NASDAQ einen **German Wind Index Future** (NAREX WIDE) aufgelegt, dessen **Underlying** die berechnete tägliche Auslastung des Deutschen Windparks in **Prozent** von der Gesamtkapazität ist.

5 Darüber hinaus werden in jedem Vertrag der **Tick** bzw. der **Tick value** spezifiziert. Der Tick stellt die kleinste gemessene Wettergröße dar, wie z. B. HDD oder CDD, die eine Zahlung auslösen. Der Wert der Zahlung, die aufgrund des Vertrages bei Veränderungen des Underlying um einen Tick ausgelöst wird, bezeichnet man als Tick Value. Der Tick Value ist damit der Nominalbetrag, z. B. in EUR pro gemessene HDD, den eine Vertragsseite an die andere zahlen muss. Der kleinste auf der CME gehandelte Tick Value ist 20 EUR (USD-GBP), und wird als „lot" bezeichnet. Die Standardgröße eines Kontrakts sind 50 lots, sodass der Tick Value 1000 EUR pro DD entspricht. Je nach Sensibilität eines Unternehmens in Bezug auf das Wetterrisiko kann der Tick unterschiedlich präzisiert und daraus ein unterschiedlich hoher Tick Value angesetzt werden. Der **Ausübungspreis** kennzeichnet den Wert, ab dem eine Vertragsseite der anderen Zahlungen leisten muss. In den meisten Fällen wird der Ausübungspreis in HDD oder CDD angegeben.

6 Die **Spezifikation der Wetterstation bzw. des Ortes** der meteorologischen Messung spielt bei Wetterderivaten eine besondere Rolle, weil das Wetter an den jeweiligen Orten auch bei geringer geographischer Entfernung sehr unterschiedlich sein kann.[6] Im Idealfall liegt der Ort der Wettermessung genau an dem Ort, wo das einzelne Unternehmen dem Wetterrisiko ausgesetzt ist. Oftmals ist das Wetterexposure des Unternehmens mit dem der Wetterstation jedoch nicht identisch, sodass man auf die Analyse von Korrelationen angewiesen ist. In der Regel werden die nach den Methoden der World Meteorlogical Organisation (WMO) ermittelten Werte (Climate Data) verwendet, die zu genau vordefinierten Zeiten gemessen und veröffentlicht werden. In manchen Fällen werden auch Wetterdaten standortübergreifend nach bestimmten Gewichtungen zusammengefasst, wenn sich

[6] Vgl. *Schulze*, VWD Energy Weekly 4/2004, 9.

das Wetterexposure über eine größere Fläche wie z. B. ein Land erstreckt. Für die meisten Kontrakte wird auch noch mindestens eine Ersatzstation benannt. Neu ist beim NAREX WIDE, dass das Underlying, die prozentuale Windauslastung, von einem von der NASDAQ beauftragtem Unternehmen hochgerechnet wird.

Die **Laufzeit oder Akkumulationsperiode**, über die das Underlying des Wetterderivates gemessen wird, ist i. d. R. eng mit dem individuellen Wetterexposure verbunden. Aus diesem Grund werden als Laufzeit häufig bestimmte Zeiträume während des Jahres ausgewählt. Als Wintersaison wird häufig der Zeitraum vom 1.10. bis zum 31.3. definiert. Die Sommersaison beginnt am 1.5. und endet am 30.9. Der Monat April wird in Kontrakten mit der Temperatur als Underlying oft ausgelassen, weil in diesen Zeiträumen häufig mit extremen Schwankungen zu rechnen ist. 7

Oft werden bei Wetterderivaten auch **Obergrenzen** (**Caps**) und **Untergrenzen** (**Floors**) festgelegt. Diese Grenzen beschränken die maximale Auszahlung, die sich aus einem Derivat ergeben kann. Ein besonderes Merkmal von Optionskontrakten ist, dass darin außerdem die **Prämie** festgelegt wird, die der Käufer an den Verkäufer zu zahlen hat. Im folgenden Abschnitt werden die verschiedenen Produkte dargestellt, die als Wetterderivate bezeichnet werden. 8

C. Formen von Wetterderivaten

Die verschiedenen Standards, die als Wetterderivate gehandelt werden, lassen sich nach der Beschaffenheit des Marktes und der Beschaffenheit des Produktes spezifizieren. Ebenso wie bei anderen Finanzgeschäften lassen sich feste Termingeschäfte und bedingte Termingeschäfte unterscheiden. 9

Tabelle 6.1: Wetterderivate nach einzelnen Standardprodukten und Handelsplätzen

Produktgruppe / **Handelsplätze**	Feste Termingeschäfte	Bedingte Termingeschäfte
OTC-Geschäfte	**Swaps** **Forwards**	**Optionen** **Kombinationen wie** **Collars** **Caps** **Floors**
Börsen	**CME-Wetterfutures** **NASDAQ**	**Optionen auf CME-Futures**

Die größere Zahl an Geschäften wurde seit der Entstehung der Wetterderivate als sog. **Over-the-Counter-Geschäfte** (OTC) abgewickelt. Da diese Geschäfte direkt zwischen den Vertragsparteien ausgehandelt oder 10 durch Broker vermittelt werden, ist die Ausgestaltung dieser Vertragsformen sehr stark von den individuellen Bedürfnissen der beteiligten Parteien abhängig. Vor diesem Hintergrund wird auf eine ausführliche Darstellung der vielfältigen Produkte und deren Kombinationen verzichtet. Standardisierte Produkte werden an Börsen und von Brokern angeboten.

11 Derzeit gibt es zwei Börsen, an denen standardisierte Wetterderivate in nennenswertem Umfang gehandelt werden. In Nordamerika bot die CME sowohl Futures als auch Optionen für 47 Großstädte in Nordamerika, Asien und Europa an. Allerdings ist die Liquidität bei diesen Produkten sehr unterschiedlich und in vielen Fällen war sie so gering, dass die CME in den letzten Jahren die meisten Orte wieder „delisted" hat. Seit April 2016 sind nunmehr nur noch acht Städte in den USA und zwei in Europa, London und Amsterdam, verblieben.

12 Das am häufigsten gehandelte OTC-Produkt ist der wetterabhängige Swap. Ein Swap ist ein Austausch von Wetterrisiken, der zum Zeitpunkt des Abschlusses keine Zahlungen auslöst. Dabei wird in Abhängigkeit der während der Laufzeit summierten Messwerte jeweils eine Partei gegenüber einer anderen zu einer Nettozahlung verpflichtet. Voraussetzung ist, dass sich zwei Parteien zusammenfinden, die in gegensätzlicher Richtung von einem Wetterparameter profitieren oder belastet werden. So kann z. B. ein Gaslieferant (Counterparty A) von fallenden Temperaturen profitieren, während für ein Tourismusunternehmen (Counterparty B) an diesem Ort höhere Temperaturen von Vorteil wären.

Abbildung 6.1: Wirkungsweise eines Swaps auf Heating Degree Days (HDD)

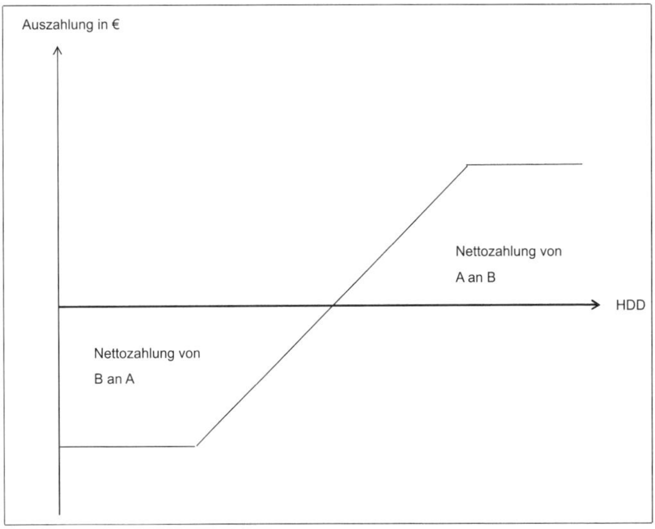

In Abbildung 6.1 ist die Wirkungsweise des Swap aufgezeigt. Bei niedrigen Durchschnittstemperaturen während der Laufzeit, d. h. hohen HDDs, zahlt Counterparty A an B eine Ausgleichszahlung, die B für die aus ihrer Sicht schlechten Einflüsse des Wetters auf ihr Ergebnis kompensiert. Umgekehrt ist dies bei hohen Durchschnittstemperaturen, d. h. niedrigen HDDs, die sich negativ auf das Ergebnis von A auswirken. In diesem Fall wird eine Nettozahlung von B an A fällig. In der Tabelle 6.1 wird angenommen, dass es für beide Parteien einen Cap bzw. einen Floor gibt, um allzu extreme Wetterschwankungen zu neutralisieren. Dies bedeutet jedoch, dass die Counterparties jenseits der Grenzen des Caps keine Absicherungswirkung für ihr Wetterexposure haben. Das Problem bei einem Swap ist, dass sich die Vertragsparteien immer eine Counterparty suchen müssen, deren Ergebnis in gegensätzlicher Richtung von dem jeweiligen Wetterexposure beeinflusst wird. Ein weiteres häufig gehandeltes Produkt ist der preis- und wetterabhängige (Price Weather Contingency) Swap, der zusätzlich zur Temperatur auch Preisschwankungen abbildet. 13

Bei **Futures** oder den über die OTC-Märkte gehandelten **Forwards** kann die Suche nach einem Marktpartner vermieden werden. Denn die Parteien können eine Future-Position an der CME einnehmen, wenn die Ergebnisse dieser Partei mit dem Wert des Futures korreliert sind. Der Wert des Future-Kontrakts wird an der Börse notiert oder über einen Broker bestimmt. Soweit der Wert eines Future-Kontrakts zu einem bestimmten Zeitpunkt Null ist, entstehen dem Käufer des Futures keine zusätzlichen Kosten durch den Kauf. In dieser Hinsicht gleicht der Future dem Swap. Allerdings ist beim Kauf eines Future-Kontrakts an der Börse eine Initial Margin zu hinterlegen, die bei einer ungünstigen Wertentwicklung des Futures eine Nachschusspflicht auslöst. 14

Bedingte Termingeschäfte haben für die Vertragsparteien zwei grundsätzliche Schwachpunkte. Zum einen wird das Gewinnsteigerungspotenzial durch eine günstige Wetterentwicklung aufgegeben, da in diesem Fall aufgrund der gegenläufigen Auszahlungsstruktur des Termingeschäfts Verluste realisiert werden. Anders als bei Optionen ist der Verlust von bedingten Termingeschäften nicht nur auf die Prämie beschränkt, sondern kann bei fehlenden Caps bei überschießenden Wetterextrema dramatisch ausfallen. Vor diesem Hintergrund gewinnen insbesondere in den USA die wetterbedingten Optionen zunehmend an Bedeutung. Optionen sind bedingte Termingeschäfte, sodass dem Käufer des Termingeschäfts ein Recht gewährt, aber keine Pflichten auferlegt werden, während der Verkäufer der Option stets eine Verpflichtung eingeht. 15

Abbildung 6.2: Wirkungsweise einer Put-Option auf Heating Degree Days (HDD)

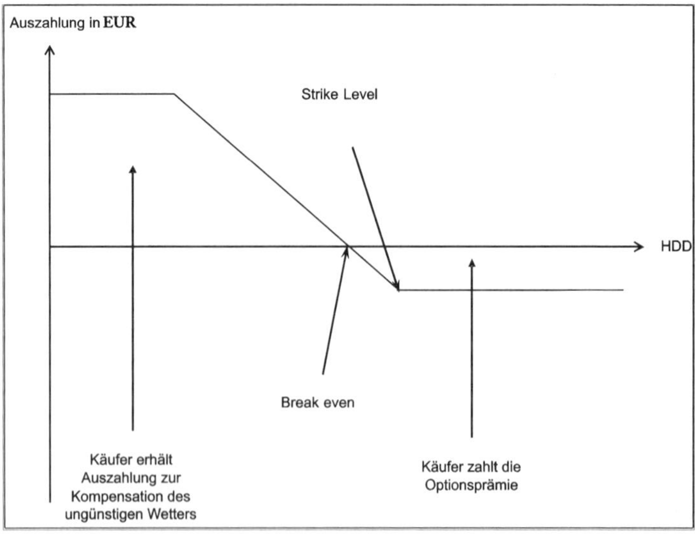

16 Die Abbildung 6.2 zeigt, wie der Käufer einer Option Risiken auffangen kann. Es wird dabei angenommen, dass der Käufer der Option wie Counterparty A beim Swap ein Energieunternehmen ist, das von kalten Tagen und somit hohen HDDs profitiert und in warmen Tagen erhebliche Umsatzeinbußen verzeichnet. Ab einem bestimmten HDD (Strike level) bekommt der Käufer eine Zahlung in Abhängigkeit der festgestellten Temperatur. Bei den aus der Sicht des Käufers zu niedrigen HDDs, die links des vertraglich vereinbarten Strike level liegen, wird der Käufer kompensiert. Bei allen HDD-Werten, die sich rechts vom Strike level befinden, erleidet der Käufer einen Verlust lediglich in Höhe der Optionsprämie. Der Breakeven ist an dem Punkt erreicht, an dem die Auszahlung aus der Option die gleiche Höhe aufweist wie die Optionsprämie.

17 Neben dieser klassischen Put-Option gibt es weitere bedingte Termingeschäfte, die allerdings nicht an der Börse, sondern nur OTC gehandelt werden:[7]

18 **Basket Option** sind wetterbedingte Optionen, bei denen die Wetterexposures verschiedener Standorte und Messstationen in einem einzigen Optionsvertrag zusammengefasst werden. Der Vorteil für den Käufer liegt darin, dass er nicht jedes einzelne lokale Wetterexposure durch einen separaten Kontrakt absichern muss.

19 **Compound Option** sind grundsätzlich Optionen auf Optionen. Der Halter einer wetterbedingten Compound Option erwirbt das Recht auf

[7] Vgl. *Gort,* Der Markt für Wetterderivate in Europa, S. 40 ff.

den Kauf einer zweiten Option. Der Vorteil der Compounds liegt darin, dass die Prämie für die erste Option sehr niedrig angesetzt wird. Der Käufer der Compound Option hat daher die Möglichkeit, die Entwicklung des Wetters abzuwarten und erst bei Bedarf durch die Ausübung der ersten Option die tatsächliche Absicherung durch die zweite Option auszulösen.

Barrier Option sind Kontrakte, bei denen die Entstehung von Rechten und Pflichten der Käufer und Verkäufer erst bei Eintritt einer bestimmten Entwicklung des Underlyings entstehen (knock-in) oder verfallen (knock-out). Die Spezifikation der Ereignisse für die Knock-ins und -outs wird zusätzlich zum Strike level definiert. 20

Collars stellen Kombinationen von verschiedenen Optionen dar, wie z. B. der Kauf einer Call-Option (Put-Option) beim gleichzeitigen Verkauf einer Put-Option (Call-Option). 21

D. Bewertung von Wetterderivaten

Anders als bei Derivaten am Finanzmarkt gibt es bei Wetterderivaten keine allgemein anerkannte oder empfohlene Methode der Bewertung. Grundsätzlich lassen sich Derivate durch stochastische Simulation bepreisen. 22

Allgemein werden Optionen mit Hilfe der **Black-Scholes-Formel** bewertet. Bei Wetterderivaten ist diese Formel allerdings ungeeignet, da sich diese in einigen Punkten von anderen Optionen unterscheiden.[8] Der wichtigste Unterschied ist dabei, dass sich der Preis von Optionen am Finanzmarkt aus dem Preis eines Underlyings herleitet. Das Underlying von Wetterderivaten ist jedoch keine Preisvariable und daher frei von den Einflüssen des Marktgeschehens. Der Wert eines Wetterderivats bestimmt sich durch eine Folge von Wetterereignissen und nicht über den Wert von Wetter. Darüber hinaus ergibt sich der Wert von Wetterderivaten, ähnlich wie bei asiatischen Optionen, normalerweise aus der Akkumulation von einzelnen in dem Ausübungszeitraum angefallenen Werten und nicht aus einem Stichtagswert. 23

Aus diesem Grund wird für die Bewertung von Derivaten häufig die **Burn Analysis** oder **Burning-Cost-Methode**[9] herangezogen. Bei dieser Methode wird untersucht, wie sich die Zahlungsverpflichtungen aus einem Produkt während eines historischen Zeitraumes entwickelt hätten. Daraus ergibt sich dann ein Erwartungswert für zukünftige Auszah- 24

---

[8] Vgl. *Dischel*, Weather Risk – Option pricing, Energy & Power Risk Management Magazine 8/1998, 8 ff.

[9] Vgl. *Dischel*, Weather Risk – Option Pricing, Energy & Power Risk Management Magazine 8/1998, 8 ff.

lungen, der als Grundlage für die Preissetzung verwendet werden kann. Dabei gibt es verschiedene Ansätze bezüglich des zu wählenden Zeitraums. Erstens kann der Durchschnitt über so viele Jahre wie möglich gebildet werden. Zweitens lassen sich zur Berechnung der durchschnittlichen Zahlungen nur die Daten der letzten Jahre heranziehen. Diese Methode trägt den sich langfristig wiederholenden Wetterzyklen Rechnung. Das Wetter folgt während eines sehr langen Zeitraums von beispielsweise 100 Jahren bestimmten Mustern. Daher kann es sein, dass zur Schätzung von Wetterszenarien in der nahen Zukunft die näher zurückliegenden Wetterdaten repräsentativer sind. Schließlich kann man als dritte Möglichkeit auch versuchen, einen geeigneten mittleren Zeitraum als Datenbasis zu nutzen. Dieser ist vielleicht 50 Jahre lang und vermeidet so, dass die kühleren Perioden am Anfang des 20. Jahrhunderts mit in die Berechnung einfließen und dass die Volatilität mangels Datenmaterial unterschätzt wird.

25 Die historischen Wetterdaten müssen jedoch nicht vollständig übernommen werden, sondern können auch bearbeitet werden. Wenn man z. B. glaubt, dass ein kürzlich aufgetretener Trend in den Daten sich nicht fortsetzen wird, so können die Daten von diesem bereinigt werden. Der Vorteil dieser Methode liegt in ihrer einfachen Handhabung. Nachteilig wirkt sich dabei aus, dass historische Daten über lange Zeiträume von mehr als 50 Jahren zum Teil nur lückenhaft vorhanden sind. Außerdem werden Änderungen des Klimas und Wetterextrema wie z. B. der El-Niño-Effekt nur unzureichend in diesen Modellen berücksichtigt.

26 Besser geeignet zur Bestimmung eines fairen Preises sind **stochastische Modelle**, mit denen jede Art von Wertpapier aufgrund von historischen Daten bewertet werden kann. Ein solches Modell liefert die stochastische Verteilung der möglichen Auszahlungen. Damit wird der sog. **Value at Risk** (**VaR**) ermittelt, eine wichtige Kenngröße zur Bewertung von Risiken. Der VaR wird interpretiert als die mögliche Wertminderung einer Vermögensposition, die mit einer Wahrscheinlichkeit von nicht mehr als (1-a) innerhalb eines bestimmten Zeitraumes (Haltedauer) nicht überschritten wird. a stellt dabei das Konfidenzintervall dar. Das am besten geeignete stochastische Modell ist die **Monte-Carlo-Simulation.**[10] Dabei werden nach Vorgabe der Volatilitäten und Korrelationen die Veränderungen aller Risikofaktoren mit einem Zufallsgenerator simuliert. Der Zufallsgenerator simuliert eine hohe Zahl von hypothetischen Veränderungen der relevanten Risikofaktoren, also bspw. der Temperatur. Nach Durchführung der Simulation erhält man eine Reihe von möglichen Wetterszenarien, denen Wahrscheinlichkeiten zugeordnet

[10] Vgl *Dischel*, Weather Risk – Option pricing, Energy & Power Risk Management Magazine 8/1998, 8 ff.

werden. Bildet man darüber den Durchschnitt, erhält man die Anzahl an CDDs bzw. HDDs, die bei einem normalen Winter oder normalen Sommer auftreten. Mit diesen Daten gelangt man dann zu einem fairen Preis für die jeweiligen Optionen. Mit den jeweiligen Wahrscheinlichkeiten erhält man zusätzlich den Wert des VaR mit beliebigem Konfidenzintervall a. Ein Vorteil der Monte-Carlo-Simulation ist, dass alternative Annahmen getroffen werden können, wenn die historische Verteilung den erwarteten zukünftigen Wettertrends nicht entspricht. Dabei wird ermittelt, was ein Anleger mit einer bestimmten Option in jedem einzelnen Jahr eines zu wählenden Zeitraums verdient hätte. Der Durchschnitt dieser Zahlungen gibt dann einen Hinweis auf den fairen Preis des Wetterderivates.

Diese beiden Methoden sind die am häufigsten angewandten Verfahren. Daneben gibt es noch andere Methoden wie die Index-Value-Simulation-Methode oder die Daily-Simulation-Methode, die auf berechenbaren allgemeinen Gleichgewichtsmodellen basieren. Diese Verfahren stellen jedoch hohe Anforderungen an den Entwicklungsstand der Märkte für Wetterderivate, die derzeit noch nicht absehbar sind. 27

E. Der Entwicklungsstand der Märkte in den USA und in Europa

Bevor Wetterderivate am Markt gehandelt wurden, hatte die Versicherungswirtschaft bereits Verträge angeboten, in denen Einflüsse von Wetterextrema auf das Vermögen von Unternehmen und privaten Haushalten versichert werden konnten. Die **versicherungsmathematischen Grundlagen** waren für die Entwicklung von **Wetterderivaten** von entscheidender Bedeutung. 28

Die ersten Wetterderivate wurden auf dem amerikanischen OTC-Markt gehandelt. Als erstes Wetterderivat der Welt gilt ein im September 1997 gehandelter DD Swap zwischen Enron und Koch Industries. Etwa ein Jahr später wurde zwischen Enron und Scottish Hydro Electric ein HDD Swap in Europa abgeschlossen. Zwischenzeitlich verzeichneten die Wetterderivate-Märkte in Nordamerika und Europa boomhaften Zuwachs. Dabei spielte der nordamerikanische Markt eine dominierende Rolle.[11] 29

Allerdings verharrte das Handelsvolumen lange Zeit auf dem Niveau von 4 Mrd. USD. Der nächste Quantensprung erfolgte dann durch die Ausweitung des Börsenhandels an der CME, der zu einem absoluten Rückgang auf dem OTC-Markt führte. 30

---

[11] Vgl. *Deutsche Bank Research*, Wachstumsmarkt Wetterderivate, S. 5; *VBIB Research*, Wetterderivate, S. 2.

Tabelle 6.2: Geschätztes Handelsvolumen von Wetterderivaten (nur Standardprodukte, Mrd. USD)[12]

Jahr	2009	2010	2009	2010
	OTC-Produkte	OTC-Produkte	Summe Standard-produkte	Summe Standard-produkte
Mrd. USD	1,9	2,9	10,0	11,8

31 Seit Dezember 2001 bot die **CME** auch Wetterderivate für den europäischen Markt an. Die Futures basieren auf den DD-Werten von elf europäischen Großstädten. Es werden Futures auf zwei Indices für jeden Standort gehandelt und zwar der CME European Monthly Heating Degree Day (HDD) und der CME European Monthly Cumulative Average Temperature (CAT) Index. Allerdings ist das Wachstum und der Einsatz von Wetterderivaten in Europa nach wie vor sehr verhalten. Der Grund liegt in der beschränkten Auswahl an Messstationen, die die Wetterrisiken der potenziellen Marktteilnehmer offensichtlich nur in geringem Umfang widerspiegeln. In einigen Ländern wurden verstärkt nicht-standardisierte OTC-Produkte entwickelt. In Skandinavien und Finnland kommen häufig strukturierte Produkte wie temperaturabhängige asiatische Optionen zum Einsatz, die es Versorgungsunternehmen ermöglichen, hohe Strompreise und hohe Stromnachfrage aufgrund extrem niedriger Temperaturen abzusichern. Ähnliche Produkte gibt es auch für Gasversorgungsunternehmen in Mitteleuropa, die sich dadurch gegen Absatzausfälle durch milde Winter absichern können.

32 Allerdings erfüllte sich die Hoffnung nicht, dass mit dem steigenden Stellenwert des Risikomanagements,[13] insbesondere in Energieunternehmen die Bedeutung von Wetterderivaten auch auf dem europäischen Markt ansteigen wird. Obwohl die Liberalisierung der Gasmärkte zu einem stärkeren Risikobewusstsein im Endkundengeschäft und bei den Zwischenhändlern führte, profitierten in erster Linie OTC gehandelte Preis- und wetterabhängige Swaps, Put- und Call-Optionen mit Cap, bzw. Floor. Counterparties sind i. d. R. Versorger und Rückversicherungsunternehmen. Der sekundäre, an der CME gehandelte, Wetterderivate-Markt brach nach einem kurzen Boom und infolge der Lehmann Krise seit 2008 zunächst für die europäischen Märkte drastisch ein. Der US-amerikanische Markt verliert seit etwa 2012 ebenfalls so deutlich an Volumen, dass die Anzahl der handelbaren Orte stark reduziert werden musste. Selbst der verstärkte Einsatz von wetterabhängigen Erneuerbaren Energien, wie z. B. Laufwasserkraftwerke, Windkraft und Solar-

[12] WRMA, www.wrma.org, Stand Abruf: April 2017.
[13] Zum Risikomanagement vgl. *Borchert/Roggenbau/Körner*, § 12 in diesem Band.

energie und die damit verbundene größere Wetterabhängigkeit der Strompreise konnten das Schwinden des Sekundärmarktes nicht aufhalten. Eine aktuelle Erhebung im weitaus erfolgreicheren OTC-Markt steht noch aus.

Im Jahr 2016 haben insgesamt drei europäische Börsen standardisierte Windstromderivate aufgesetzt, die diese Nische wieder füllen könnten. 33

Der NAREX WIDE (Nasdaq Renewables Index Wind Germany) Future, gestartet im Dezember 2015, orientiert sich an den bereits auf den europäischen Börsen gehandelten Stromprodukten und kann sowohl das Strompreisrisiko der Windvorhersage absichern, als auch von Versorgern und Windparkbetreibern als Volumen-Hedge genutzt werden. Counterparties sind auch hier eher unter den Rückversicherungen zu finden. Trotz intensiver Vermarktung seitens der Börse Nasdaq entwickelt sich das Handelsvolumen schleppend, aber mit positiv wachsendem Trend. 34

Der EEX German-Austrian Wind-Power-Future benutzt als Underlying ebenfalls keine Wettervariable, sondern einen die Windstromerzeugung abbildenden, normierten Lastfaktor als Index. Beide Produkte rechnen in EUR/h ab. 35

In Spanien hat die Börse MEFF Power der Handelsplatform BME (Bolsas y Mercados Españoles) im Dezember 2016 den ersten gehandelten WIND profile-swap eingeführt. Das Settlement findet gegen ein jeweils vordefiniertes Windprofil statt, das für jeden Kontrakt von einem Windstromprognoseanbieter neu berechnet wird. 36

§ 7 Der Markt für Grünstrom

A. Überblick

I. Grünstrommarkt und Ausbau der Erneuerbaren Energien

1 Der Markt für Grünstrom ist eng mit der wachsenden Stromerzeugung aus Erneuerbaren Energien verknüpft.[1] Der Ausbau der Erneuerbaren Energien war in der Energiewirtschaft in den zurückliegenden Jahren sicherlich die bedeutendste Entwicklung und wird auch die folgenden Jahrzehnte prägen. Er führte u. a. dazu, dass Grünstrom als handelbares Wirtschaftsgut in immer größeren Mengen zur Verfügung steht und war deshalb eine essenzielle Voraussetzung, damit überhaupt ein relevanter Markt für Grünstrom entstehen konnte.

2 Bei allen Differenzen zwischen den einzelnen Mitgliedstaaten der Europäischen Union besteht jedenfalls ein grundlegender Konsens darin, dass die Stromerzeugung aus Erneuerbaren Energien weiter vorangetrieben und der Ausstoß an klimaschädlichem CO_2, das beim Einsatz fossiler Energieträger für die Stromerzeugung entsteht, reduziert werden muss. Darüber hinaus soll der Einsatz von Grünstrom künftig nicht nur im Strom-, sondern auch in den Sektoren Wärme, Verkehr und Industrie maßgeblich zu einer CO_2-Minderung beitragen. Damit zusammenhängende Fragen werden hier nicht betrachtet. Auf der Ebene des europäischen Gesetzgebers erhielten die gemeinsamen Anstrengungen für den Ausbau der Erneuerbaren Energien ihren konkreten Ausdruck zunächst in der Erneuerbare-Energien-Richtlinie 2001 (EE-RL 2001)[2] und später in der Erneuerbare-Energien-Richtlinie 2009 (EE-RL 2009).[3] Beide Richtlinien regel(-te-)n Ausbaupflichten der Mitgliedstaaten, wobei die Pflichten der einzelnen Staaten mit konkreten Ausbauzielen für jeden Mitgliedstaat in der EE-RL 2009 deutlich konkretisiert wurden. Hinsichtlich der Umsetzung gewährt die EE-RL 2009 – ebenso wie zuvor

[1] Die Begriffe Grünstrom, Ökostrom oder Strom aus Erneuerbaren Energien werden hier synonym verwendet. Vgl. dazu auch unten Rdnr. 11.

[2] Richtlinie 2001/77/EG des Europäischen Parlaments und des Rates v. 27.9.2001 zur Förderung der Stromerzeugung aus erneuerbaren Energiequellen im Elektrizitätsbinnenmarkt (Erneuerbare-Energien-Richtlinie – EE-RL 2001), ABl. EU Nr. L 283, v. 27.10.2001, S. 33 ff.

[3] Richtlinie 2009/28/EG des Europäischen Parlaments und des Rates v. 23.4.2009 zur Förderung der Nutzung von Energie aus erneuerbaren Energiequellen und zur Änderung und anschließenden Aufhebung der Richtlinien 2001/77/EG und 2003/30/EG (Erneuerbare-Energien-Richtlinie – EE-RL 2009), ABl. EU Nr. L 140, v. 5.6.2009, S. 16 ff.

die EE-RL 2001 – dem einzelnen Staat grundsätzlich freie Hand bei der Wahl der Mittel und bei der Ausgestaltung nationaler Förderregime.[4] Ein einheitliches Fördersystem wird durch den europäischen Rechtsrahmen also nicht geschaffen.[5] Auch wenn ein einheitliches System von Seiten der Europäischen Kommission immer wieder angestrebt wurde, haben sich die Mitgliedstaaten bislang insoweit durchsetzen können, dass sie die Hoheit über die Förderung Erneuerbarer Energien behalten konnten. Insbesondere Deutschland hat sich mit seinem ambitionierten System des Erneuerbare-Energien-Gesetzes (EEG)[6] dabei stets erfolgreich für die Beibehaltung der nationalen Hoheit über die Erneuerbare-Energien-Förderung eingesetzt. Was der künftige Rechtsrahmen diesbezüglich ermöglichen wird, lässt sich derzeit in den Entwürfen des sog. Winterpakets der Europäischen Kommission ablesen, das auch eine Änderung der EE-RL vorsieht. Auch danach sollen durchaus weitgehende Rechte bei den Mitgliedstaaten zur Ausgestaltung ihrer Fördersysteme verbleiben.

II. Besonderheiten des Grünstrommarkts

Eine Besonderheit des Grünstrommarkts betrifft den Wettbewerb des 3 Grünstroms mit Strom aus konventioneller sowie atomarer Erzeugung: Die einzelne Kilowattstunde Grünstrom war am freien Markt zunächst nicht konkurrenzfähig. Es war und ist bis auf Weiteres notwendig, die Erzeugung von Grünstrom zu fördern. Der Grund für die notwendige Förderung ist im Wesentlichen, dass die Marktpreise für Grünstrom vielfach über den Marktpreisen für konventionellen Strom liegen. Ein zentraler Grund für die höheren Kosten liegt dabei vor allem darin, dass auf dem Strommarkt bislang die Umweltfolgekosten nicht abgebildet werden. Die Förderung boten bzw. bieten dem Erzeuger je nach Ausgestaltung garantierte Abnahmebedingungen für sein Wirtschaftsgut. So erhalten die Erzeuger im System der festen Einspeisevergütung für die

---

[4] Der EuGH hat sich im Jahr 2014 in zwei Entscheidungen mit der Frage befasst, ob eine Beschränkung nationaler Förderregelungen auf inländische Anlagen u. a. mit der Warenverkehrsfreiheit vereinbar ist und dies im Ergebnis entgegen den Schlussanträgen des Generalanwalts bejaht; vgl. EuGH, Urt. v. 1.7.2014, Rs. C-573/12 – Ålands Vindkraft und EuGH, Urt. v. 11.9.2014, Rs. C-204/12 bis C-208/12 – Essent Belgium. Vgl. zu einer Analyse beider Entscheidungen *Kahles*, in: Müller/Kahl, Erneuerbare Energien in Europa, S. 143, 148 ff.

[5] Die Mitgliedstaaten können also zwischen verschiedenen Mechanismen wählen und sie ggf. kombinieren, um Erneuerbare Energien zu fördern. Neben preisbasierten Ansätzen (Einspeisevergütung, Einspeise-/Marktprämie, Investitionszuschüsse, Steuervergünstigungen) kommen mengenbasierte Ansätze (Ausschreibungsmodelle, Quoten in Verbindung mit handelbaren Zertifikaten usw.) in Betracht.

[6] Erneuerbare-Energien-Gesetz (EEG) v. 21.7.2014 (BGBl. I S. 1066), zuletzt geändert durch Gesetz v. 23.6.2017 (BGBl. I S. 1693).

gesamte eingespeiste Strommenge eine feste, im Vorhinein festgelegte Vergütung. Die Mehrkosten des Systems werden über einen staatlichen Mechanismus oder über ein privates Ausgleichssystem weitergegeben. Das System ist allerdings vielfach dahingehend modifiziert worden, dass die Anlagenbetreiber den Strom im Wege der Direktvermarktung selbst auf dem Markt anbieten können oder sogar müssen. Sie erhalten dann nur noch eine Förderung in Form einer Marktprämie. Die Prämie gleicht in der Regel die Differenz zwischen der Einspeisevergütung und dem Marktpreis aus. Diese Entwicklung ist durch Vorgaben der Europäischen Kommission gefördert worden, die für alle als Beihilfe im Sinne des Unionsrechts einzuordnenden Fördersysteme nunmehr eine verpflichtende Direktvermarktung für Anlagen ab einer installierten elektrischen Leistung von 500 kW vorsieht.[7] Darüber hinaus ist es aufgrund der Vorgaben der Europäischen Kommission zukünftig erforderlich, dass die Höhe der Förderung für Erneuerbare Energien durch ein Ausschreibungssystem ermittelt werden muss.

4 Je nach Ausgestaltung des Systems herrschen also keine oder nur eingeschränkte Bedingungen des freien Marktes. Der eigentliche „Markt" wurde lange Zeit vielmehr durch die Nachfrage der Staaten am Zubau von Anlagen zur Stromerzeugung aus Erneuerbaren Energien repräsentiert. Der Erzeuger findet insbesondere im System der festen Einspeisevergütung einen garantierten Abnehmer des Stroms. Soweit also – wie derzeit die meisten – Fördersysteme über die feste Einspeisevergütung oder die Marktprämie funktionieren, wird der Ausbau der Erneuerbaren Energien allenfalls zu einem geringen Maße danach gesteuert, welche Nachfrage der Markt nach Strom aus Erneuerbaren Energien bereithält. Demgegenüber führte lange der wirtschaftliche Anreiz einer festen Vergütung über einen bestimmten Zeitraum für viele Anlagenbetreiber zu der Errichtung von Erzeugungsanlagen. Diese Bewertung trifft im Ausgangspunkt nicht nur auf Deutschland zu. Auch wenn es europaweit – jedenfalls bislang – kein einheitliches Fördersystem für den Ausbau der Erneuerbaren Energien gibt, lässt sich innerhalb der Mitgliedstaaten zumindest derzeit noch eine starke Tendenz für das System der festen Einspeisevergütung bzw. der Marktprämie, ergänzt um das Ausschreibungssystem zur Ermittlung der Marktprämie, beobachten. Es hat sich in den letzten Jahren in den allermeisten Staaten als Förderinstrument durchgesetzt.[8] Dagegen hat sich das vor einigen Jahren noch etablierte

[7] Europäische Kommission, Leitlinien für staatliche Umweltschutz- und Energiebeihilfen 2014 – 2020 (2014/C, 200/001), S. 25.

[8] Zu diesen Staaten zählen neben Deutschland bspw. Frankreich, Großbritannien, Italien, Litauen, Luxemburg, Österreich und Portugal; vgl. Deutsche Energie-Agentur GmbH (dena), Übersicht zu Förderregimen in der EU nach CEER (2012), Status Review of Renewable Support Schemes in Europe.

Fördersystem über Quotenmodelle, das in der Regel auf der Pflichtabnahme sog. grüner Zertifikate durch Stromlieferanten basiert, kaum behaupten können und wird nur noch in wenigen Mitgliedstaaten praktiziert.[9]

Der Ruf nach einer zunehmenden Integration des Stroms aus Erneuerbaren Energien in die Strukturen des freien Marktes ist angesichts der Entwicklungen der Stromerzeugung aus Erneuerbaren Energien in den vergangenen Jahren durchaus berechtigt. Beim Handel und der Regulierung mit Grünstrom ist allerdings zu bedenken, dass der Abnehmer des Grünstroms mit Ausnahme von unmittelbaren physikalischen Stromlieferungen physikalisch keinen „reinen" – wenn überhaupt – Grünstrom erhält.[10] Die Lieferung von Grünstrom verlangt deshalb eine bilanzielle Betrachtung der erzeugten Strommengen über die einzelnen Handelsstufen. Die Trennung des Stromhandels von der Physik bedeutet aber auch, dass ein Handel mit Grünstrom neben dem Handel mit Strommengen zu einem Handel mit Stromeigenschaften führt – bei Grünstrom also der Erzeugung aus Erneuerbaren Energien. Denn diese spezielle Eigenschaft soll auf dem Markt wirtschaftlich genutzt werden, weil sie den Strom von fossil oder atomar erzeugtem Strom unterscheidet und – je nach Nachfrage – einen Mehrwert darstellt. Mit der Nachfrage nach Grünstrom und der Entstehung eines Grünstrommarkts entstand also ein Bedarf, die Gestehungsart als besondere Stromeigenschaft nachweisen zu können.[11] Eine erste Nachfrage nach der Grünstromeigenschaft organisierte sich ursprünglich auf dem sog. freiwilligen Ökostrommarkt, der älter ist als nationale Fördermechanismen. Ihn zeichnet aus, dass Angebot und Nachfrage für Strom aus Erneuerbaren Energien nicht gesetzlich verpflichtend getroffen werden, sondern durch die Marktteilnahme aus zumeist individuellen Gründen entstehen. 5

Um den Nachweis über die Eigenschaft des Stromes als Grünstrom zu führen, können verschiedene Ansätze verfolgt werden. So könnten bilaterale Verträge oder lückenlose Liefervertragsketten die Eigenschaft belegen.[12] Ein wesentlich markttauglicherer Ansatz ist die Verwendung von Herkunftsnachweisen (HKN), die – anknüpfend an die Erzeugung von Strom aus Erneuerbaren Energien in einer bestimmten Menge – die 6

---

[9] Das Quotenmodell wurde bspw. in Rumänien eingeführt; vgl. Deutsche Energie-Agentur GmbH (dena), Übersicht zu Förderregimen in der EU nach CEER (2012), Status Review of Renewable Support Schemes in Europe.

[10] Vgl. *Tödtmann/Arens*, in: Säcker, Berliner Kommentar zum Energierecht, Bd. 1, Halbbd. 2, 3. Aufl., § 42 EnWG Rdnr. 13 ff.

[11] Vgl. generell zum Informationsverlust für den Kunden durch die Liberalisierung des Strommarktes *Tödtmann/Matthias*, in: Säcker, Berliner Kommentar zum Energierecht, Bd. 1, Halbbd. 2, 3. Aufl., § 42 EnWG Rdnr. 7.

[12] Vgl. BDEW, Leitfaden „Stromkennzeichnung", Stand: August 2016, S. 31.

Grünstromeigenschaft belegen und dann frei handelbar sind. Welcher Ansatz auch verfolgt wird: Das jeweilige Nachweisinstrument kann letztlich gegenüber einem Grünstromletztverbraucher verwendet werden, um ihm gegenüber zu belegen, dass er jedenfalls bei einer bilanziellen Betrachtung Grünstrommengen erhalten hat.

III. Grünstrommarkt und Nachweis der Grünstromeigenschaft

7 Der Grünstrommarkt ist im Wesentlichen ein vom Strommengenhandel losgelöster Markt für die Grünstromeigenschaft. Um diese Art von Handel mit Strom aus Erneuerbaren Energien zwischen den Mitgliedstaaten zu ermöglichen und zu erleichtern, sieht die aktuelle EE-RL 2009 ausdrücklich ein System von HKN für Strom aus Erneuerbaren Energien vor. Im Rahmen des sog. Winterpakets legte die Europäische Kommission im Herbst 2016 den Entwurf für eine neue Richtlinie vor, die auch Änderungen für den europäischen HKN-Rechtsrahmen beinhalten könnte. Über die Verwendung von HKN soll die Eigenschaft der Grünstromerzeugung bestimmter Strommengen nachgewiesen werden. Danach sind die Mitgliedstaaten grundsätzlich verpflichtet, für Strom aus Erneuerbaren Energien einen HKN auszustellen. Diese HKN können zwischen den Mitgliedstaaten übertragen werden, und jeder Mitgliedstaat ist zur Anerkennung der HKN aus anderen Mitgliedstaaten verpflichtet, soweit bestimmte formale und inhaltliche Voraussetzungen bei der Ausstellung des HKN eingehalten wurden. Die HKN können unabhängig von der zugrunde liegenden Strommenge übertragen werden.[13]

8 Die Rolle und Funktion der HKN wird bereits wesentlich über die Definition des HKN in der EE-RL 2009 beschrieben. Danach ist der HKN ein elektronisches Dokument, das gemäß den Anforderungen von Art. 3 IV RL 2003/54/EEG ausschließlich als Nachweis gegenüber einem Endkunden dafür dient, dass ein bestimmter Anteil oder eine bestimmte Menge an Energie aus Erneuerbaren Quellen erzeugt wurde.[14] Mit dieser Begriffsbestimmung wird unmittelbar auf die sog. Binnenmarktrichtlinie (Strom)[15] verwiesen, die in Art. 3 IX vorsieht, dass alle Mitgliedstaaten ein System der Stromkennzeichnung umsetzen müssen. Danach müssen Stromlieferanten bei Rechnungen und bestimmtem Werbematerial den Anteil der Primärenergiequellen der Stromerzeugung

[13] Vgl. *Vaudlet/Berberich*, in: Säcker, EEG 2014, Sonderband zu Bd. 2 des Berliner Kommentars zum Energierecht, 3. Aufl., § 79 EEG Rdnr. 9.

[14] Art. 2 lit. j EE-RL 2009.

[15] Richtlinie 2003/54/EG des Europäischen Parlaments und des Rates v. 26.6.2003 über gemeinsame Vorschriften für den Elektrizitätsbinnenmarkt (Elektrizitätsbinnenmarktrichtlinie – EltRL 2003), ABl. EU Nr. L 54, v. 15.7.2003, S. 37 ff.

angeben und über die Umweltauswirkungen der Stromerzeugung informieren.

9 Die EE-RL 2009 regelt außerdem, dass der Handel von Strom aus Erneuerbaren Energien zwischen den Mitgliedstaaten keine Auswirkungen auf die Erreichung der Ziele für den Anteil Erneuerbarer Energien in den einzelnen Mitgliedstaaten haben soll. Nach Art. 5 III EE-RL 2009 wird für den Erneuerbare-Energien-Anteil eines Mitgliedstaates hingegen lediglich die Strommenge berücksichtigt, die in einem Mitgliedstaat aus erneuerbaren Energiequellen erzeugt wird. Auch insoweit fehlt es an einer marktbasierten Ausbausteuerung. Für die Erreichung der Erneuerbare-Energien-Ziele der einzelnen Mitgliedstaaten kommt es allein auf die Erzeugung des Stroms in dem jeweiligen Mitgliedstaat an. Eine gegenseitige Zurechnung von in anderen Mitgliedstaaten erzeugten Strommengen kann lediglich über die in den Art. 6 bis 11 EE-RL 2009 geregelten flexiblen Mechanismen erreicht werden.[16]

10 Ein europäisches Herkunftsnachweissystem, wie es die EE-RL 2009 vorsieht, besteht bislang nur für HKN für Strom aus Erneuerbaren Energien. Zwar sieht auch die KWK-Richtlinie[17] die Ausstellung von HKN für Strom aus Kraft-Wärme-Kopplung (KWK) vor. Diese – in Deutschland durch das KWKG umgesetzte – Regelung ist allerdings in der Praxis so gut wie bedeutungslos geblieben. Für andere Formen der Stromerzeugung bzw. eingesetzte Energieträger besteht ein System der HKN bislang ebenfalls nicht, auch wenn immer wieder Forderungen nach einem Herkunftsnachweissystem für alle Energieträger erhoben werden.

11 Mit den HKN für Strom aus Erneuerbaren Energien hat der europäische Gesetzgeber ein System zum Handel mit Grünstrom geschaffen, das im Folgenden näher erläutert und analysiert werden soll. Dabei wird hier der Begriff Grünstrom synonym für Strom aus Erneuerbaren Energien verwendet. Es sei allerdings darauf hingewiesen, dass der Begriff „Grünstrom" weder gesetzlich definiert ist, noch seine Verwendung abseits des allgemeineren Rechtsrahmens, bspw. des Wettbewerbsrechts, in besonderer Weise rechtlich geschützt ist. Dies gilt ebenso für den vielfach synonym verwendeten Begriff „Ökostrom" oder für andere austauschbare Bezeichnungen, bspw. sauberer Strom.[18] Auch wenn nach dem derzeitigen Rechtsrahmen eine gesetzliche Definition aus Gründen

---

[16] Vgl. dazu unten Rdnr. 19.

[17] Richtlinie 2004/8/EG des Europäischen Parlaments und des Rates v. 11.2.2004 über die Förderung einer am Nutzwärmebedarf orientierten Kraft-Wärme-Kopplung im Energiebinnenmarkt und zur Änderung der Richtlinie 90/42 EWG (KWK-Richtlinie – KWK-RL), ABl. EU Nr. L 52, v. 21.2.2015, S. 50 ff.

[18] Ein bekanntes und plakatives Beispiel für gesetzlich definierte Anforderungen an eine Begriffsverwendung im Wirtschaftsverkehr ist das Bio-Siegel.

des Verbraucherschutzes rechtlich grundsätzlich zulässig wäre,[19] haben sowohl der europäische als auch der deutsche Gesetzgeber bislang von seiner solchen Regelung abgesehen.

B. Entwicklung des Grünstrommarkts und des Herkunftsnachweissystems

12 Erstmals verpflichtete Art. 5 EE-RL 2001 alle europäischen Mitgliedstaaten zur Einführung eines HKN für Strom aus Erneuerbaren Energien. Gemäß Art. 5 I EE-RL 2001 mussten die Mitgliedstaaten bis zum 27.10.2003 dafür sorgen, dass auf Antrag HKN für Strom aus Erneuerbaren Energien ausgestellt werden konnten. Hierfür konnten die Mitgliedstaaten unabhängige fachlich geeignete Stellen benennen. In Deutschland übernahmen Umweltgutachter die Aufgabe der Ausstellung von HKN.[20]

13 Auf europäischer Ebene hatte sich parallel dazu ein Handelssystem für HKN nach der EE-RL 2001 entwickelt. Hierbei wurden auf freiwilliger privatrechtlicher Grundlage Zertifikate nach dem European Energy Certificate System (EECS) und dem Renewable Energy Certificate System (RECS) gehandelt. Auf der Ebene der einzelnen Mitgliedstaaten wurden sog. Issuing Bodies (IB) als unabhängige Stellen gegründet, die die Ausstellung der HKN in den jeweiligen Mitgliedstaaten kontrollierten.[21] Auf europäischer Ebene waren alle national ausstellenden Stellen in der Association of Issuing Bodies (AIB) organisiert, die den Handel von HKN zwischen den Mitgliedstaaten organisiert. Der AIB hatte ein Regelwerk festgelegt, in dem umfangreiche Mindestanforderungen an die Ausstellung von HKN festlegt wurden und mit dem eine gewisse Verlässlichkeit und Glaubwürdigkeit des Systems erreicht werden sollte. Außerdem wurde über den AIB ein elektronisches System zur Übertragung von HKN zwischen den Mitgliedstaaten geschaffen.[22]

14 Auf der Grundlage des EECS- und RECS-basierten Handelssystems stieß der Handel mit der Grünstromeigenschaft an Grenzen. Insbesondere Missbrauchstendenzen, die in einer mehrfachen Verwendung der Zertifikate für einen ebenso mehrfachen Nachweis der Grünstromeigenschaft bestanden, obwohl die Mengen nur einmal erzeugt worden sind, verdeutlichten einen Änderungsbedarf des rechtlichen Rahmens.

---

[19] Vgl. das Gutachten „Rechtliche Möglichkeiten für eine gesetzliche Definition des Begriffs ‚Ökostrom'" im Auftrag des EnergieVision e. V.

[20] Vgl. dazu *Lehnert/Hoppenbrock*, in: Altrock/Oschmann/Theobald, EEG, 4. Aufl., § 55 Rdnr. 4.

[21] In Deutschland wurde diese Funktion vom Öko-Institut e. V. übernommen.

[22] Zu weiteren Details vgl. *Schwidden*, § 7 in der Vorauflage.

Inhaltliche und formale Vorgaben zu HKN, die zunächst allein über das Regelwerk des EECS normiert waren, sind nunmehr in nicht unerheblichem Umfang in der EE-RL 2009 niedergelegt. Mit der Umsetzung der europarechtlichen Vorgaben aus der EE-RL 2009 in den einzelnen Mitgliedstaaten hat damit auch das System des EECS seine wesentliche Bedeutung verloren. Der AIB als Vereinigung derjenigen Stellen in Europa, die HKN ausstellen, besteht allerdings weiterhin und spielt praktisch eine wichtige Rolle für die Übertragung von HKN zwischen den Mitgliedstaaten. Insbesondere die technische Umsetzung der HKN-Übertragung über ein elektronisches System wird nach wie vor durch den AIB umgesetzt. 15

C. Vorgaben zu Herkunftsnachweisen für Grünstrom in der EE-RL 2009

Im Vergleich zur EE-RL 2001 enthält die EE-RL 2009 einen deutlich detaillierten Regelungsansatz zu HKN für Strom aus Erneuerbaren Energien. Da es sich um Vorgaben einer europäischen Richtlinie handelt, sind die Vorgaben von den einzelnen Mitgliedstaaten durch nationales Recht umzusetzen. Insbesondere haben die Mitgliedstaaten jeweils selbstständig ein System in ihren Staaten zu schaffen, dass die Ausstellung, Anerkennung und Entwertung von HKN für Strom aus Erneuerbaren Energien gewährleistet. Dies bedeutet aber auch, dass die europäischen Vorgaben – über Rahmenbedingungen hinaus – kein einheitliches Herkunftsnachweissystem in den Mitgliedstaaten einfordern. Stattdessen folgt aus den Vorgaben der EE-Richtlinie, dass die einzelnen Staaten Systeme schaffen und dabei sicherstellen müssen, dass die HKN in andere Mitgliedstaaten übertragen werden können sowie die HKN anderer Mitgliedstaaten anerkannt werden. 16

Art. 15 EE-RL 2009 gibt nur Mindestvorgaben vor, die bei der Errichtung eines Herkunftsnachweissystems eingehalten werden müssen. Mitgliedstaaten können bei der Errichtung ihrer HKN-Systeme auch über diese Anforderungen hinausgehen. Allerdings muss in jedem Fall gewährleistet werden, dass die HKN aus anderen Staaten anerkannt werden, wenn sie die Mindestanforderungen aus der EE-RL 2009 erfüllen. Da es kein europäisches Leitbild für ein bestimmtes nationales Herkunftsnachweissystem gibt, sondern einzelne staatliche Systeme, weichen die Standards für HKN voneinander ab. Um über einheitliche Standards eine Anerkennung und Übertragung der HKN zu gewährleisten, ist daher eine enge Kooperation zwischen den Mitgliedstaaten erforderlich. Da es keine einheitliche europäische HKN-Institution gibt, besteht außerdem zu einzelnen Fragen auch eine gewisse Rechtsunsicherheit, da die interpretationsfähigen Vorschriften der EE-RL 2009 17 nicht durch eine HKN-Institution einheitlich ausgelegt und angewendet werden.

I. Definition der Herkunftsnachweise

18 Die EE-RL 2009 definiert den HKN als ein elektronisches Dokument, das gemäß den Anforderungen von Art. 3 VI RL 2003/54/EG ausschließlich als Nachweis gegenüber einem Endkunden dafür dient, dass ein bestimmter Anteil oder eine bestimmte Menge an Energie aus erneuerbaren Quellen erzeugt wurde.[23]

1. Abgrenzung zu grünen Zertifikaten

19 Der HKN soll dabei insbesondere von den sog. grünen Zertifikaten abgegrenzt werden, die für die Inanspruchnahme von Fördersystemen genutzt werden können.[24] Hintergrund für diese Regelung war, dass die Zielerreichung für die verpflichtenden Erneuerbare-Energien-Anteile der einzelnen Mitgliedstaaten nicht durch einen Handel von grünen Zertifikaten erreicht werden sollte. Demgemäß können HKN gemäß Art. 15 II EE-RL 2009 auch nicht für die Einhaltung der Verpflichtungen aus Art. 3 EE-RL 2009 eingesetzt werden. Es steht den Mitgliedstaaten allerdings frei, zur Erreichung ihrer Ziele statistische Transfers i. S. d. Art. 6 EE-RL 2009 vorzunehmen, gemeinsame Projekte i. S. d. Art. 8 bis 10 EE-RL 2009 durchzuführen oder gemeinsame Förderregelungen i. S. d. Art. 11 EE-RL 2009 zu verabschieden. Auch die Berechnung des Bruttoendenergieverbrauchs von Energie aus erneuerbaren Energiequellen gemäß Art. 5 EE-RL 2009 erfolgt unabhängig von HKN.[25]

2. Einsatzzwecke von Herkunftsnachweisen

20 Fraglich ist aber gleichwohl, ob der HKN neben der ausdrücklich erwähnten Stromkennzeichnung nicht auch noch andere Zwecke haben kann. Der Wortlaut von Art. 3 VI EE-RL 2009 könnte zwar dafür sprechen, dass HKN allein und ausschließlich zum Zweck der Stromkennzeichnung gemäß Art. 3 VI RL 2003/54/EG eingesetzt werden dürfen. Allerdings dürfte eine am Sinn und Zweck des Art. 15 EE-RL 2009 orientierte Auslegung nicht ausschließen, dass HKN neben dem Zweck „Stromkennzeichnung gemäß Art. 3 VI RL 2003/54/EG" auch zu anderen Zwecken Verwendung finden dürfen, solange dadurch das System der EE-RL 2009 nicht „untergraben" wird. Ein zusätzlicher Zweck neben der unmittelbaren Stromkennzeichnung kommt aber allenfalls

---

[23] Art. 2 lit. j EE-RL 2009.

[24] Vgl. Erw.gr. 52 EE-RL 2009.

[25] Zum Begriff der Herkunftsnachweise vgl. auch *Oschmann*, in: Altrock/Oschmann/Theobald, EEG, 3. Aufl., § 3 Rdnr. 80.

dann in Betracht, wenn andere Nutzungen mit der Stromkennzeichnung irgendwie im Zusammenhang stehen. Dies gilt insbesondere für Nutzungen der HKN im Privatrechtsverkehr zum Nachweis bestimmter Stromeigenschaften etwa durch Stromlabel. In keinem Falle zulässig wäre es aber, wenn ein HKN als grünes Zertifikat genutzt oder sonst in irgendeiner Weise für die Ermittlung der nationalen EE-Ziele oder die Inanspruchnahme eines Fördersystems verwendet wird. Hier muss eine klare Grenze zu Nachweissystemen für ein Fördersystem gezogen werden, um ein zentrales Anliegen der Richtlinie, nämlich eine Abgrenzung zwischen HKN einerseits und Fördersystemen bzw. nationalen EE-Zielen andererseits, nicht zu „untergraben". Die strikte Trennung zwischen grünen Zertifikaten zur Inanspruchnahme von Förderregelungen und HKN wurde nunmehr auch in der Rechtssache „Essent Belgium NV" aufgegriffen. Sowohl der Generalanwalt als auch der Europäische Gerichtshof selbst betonten die scharfe rechtliche Trennung zwischen grünen Zertifikaten und HKN, die bereits auf den Vorgänger der derzeitigen EE-RL 2009 zurückgeht. Nichts in der (derzeit) bestehenden EU-Gesetzgebung würde darauf hindeuten, dass der EU-Gesetzgeber einen Zusammenhang zwischen nationalen Fördersystem und HKN beabsichtigte.[26]

II. Vorgaben in Art. 15 EE-RL 2009 zu Herkunftsnachweisen

Nach Art. 15 EE-RL 2009 sind die Mitgliedstaaten verpflichtet, zum 21
Zweck der Stromkennzeichnung gegenüber Letztverbrauchern ein System für HKN für Elektrizität einzurichten.

Die Mitgliedstaaten haben sicherzustellen, dass die Herkunft von 22
Strom aus Erneuerbaren Energien als solche gemäß objektiven, transparenten und nicht diskriminierenden Kriterien garantiert werden kann. Nach Art. 15 II EE-RL 2009 müssen die Mitgliedstaaten zu diesem Zweck dafür sorgen, dass auf Anfrage eines Erzeugers von Strom aus Erneuerbaren Energien ein HKN ausgestellt wird. Dabei muss sichergestellt werden, dass für jede Einheit erzeugter Energie nur ein HKN ausgestellt wird bzw. dieselbe Einheit von Energie nur einmal berücksichtigt wird. Es ist den Mitgliedstaaten freigestellt zu entscheiden, ob die Ausstellung eines HKN für Strom die gleichzeitige Förderung dieses Stroms ausschließt. Nach Art. 15 II UA 3 EE-RL 2009 können die Mitgliedstaaten lediglich optional vorsehen, dass einem Energieerzeuger keine Unterstützung gewährt wird, wenn für dieselbe aus erneuerbaren Energiequellen erzeugte Energie ein HKN ausgestellt wurde. Im Umkehrschluss lässt

[26] Vgl. EuGH, Urt. v. 11.9.2014, Rs. C-204/12 bis C-208/12 – Essent Belgium, insb. Rdnr. 61.

diese Regelung jedoch zu, dass ein HKN auch für solche Strommengen ausgestellt werden kann, für den eine Förderung beansprucht wurde.

23 Art. 15 II, V und VI EE-RL 2009 legen außerdem bestimmte formale Kriterien für die HKN fest. So gilt ein HKN standardmäßig zwingend für eine MWh. Außerdem muss ein HKN binnen zwölf Monaten nach Erzeugung der entsprechenden Energieeinheit verwendet und nach seiner Verwendung entwertet werden. Schließlich muss der HKN die in Art. 15 VI EE-RL 2009 vorgegebenen Mindestangaben enthalten, insbesondere Angaben zur Energiequelle, zu Beginn und Ende ihrer Erzeugung, zu Bezeichnung, Standorttyp und Kapazität der Anlage, zum Umfang der erhaltenen Investitionsbeihilfen oder sonstigen Förderungen im Rahmen einer nationalen Förderregelung, zum Datum der Inbetriebnahme der Anlage sowie zum Ausstellungsdatum und ausstellendem Land.

24 Die Mitgliedstaaten können die Ausstellung von HKN sowie die Übertragung und Entwertung selbst (durch entsprechende staatliche Stellen) oder durch benannte zuständige Stellen durchführen. Als zuständige Stellen kommen auch private Rechtssubjekte in Betracht, die von den Staaten mit der Aufgabe der Administrierung der HKN beauftragt werden. Es muss aber sichergestellt werden, dass die zuständigen Stellen von den Bereichen Produktion, Handel und Versorgung unabhängig sind und auf diese Weise keine Interessenkonflikte innerhalb der ausstellenden Stelle entstehen können. Außerdem dürfen die benannten zuständigen Stellen keine sich geografisch überschneidenden Verantwortlichkeiten haben.

25 Das System der HKN soll grundsätzlich elektronisch ausgestaltet werden. Die Mitgliedstaaten oder die benannten zuständigen Stellen müssen demgemäß geeignete Mechanismen schaffen, um sicherzustellen, dass die HKN elektronisch ausgestellt, übertragen und entwertet werden. Auf diese Weise soll eine praktikable und wenig bürokratische Übertragung der HKN zwischen den Mitgliedstaaten gewährleistet werden.

26 Darüber hinaus müssen die HKN genau, zuverlässig und betrugssicher sein. Diese Kriterien stellen einen Mindeststandard dar, der bei der Ausstellung der HKN zu beachten ist und über den eine Glaubwürdigkeit des Herkunftsnachweissystems erreicht werden soll. Auf welche Weise dies im Einzelnen in den Herkunftsnachweissystemen der einzelnen Mitgliedstaaten umgesetzt werden soll, regelt die EE-RL 2009 jedoch nicht.

III. Übertragung und Anerkennung von Herkunftsnachweisen aus anderen Staaten

Da die Grünstromeigenschaft in Gestalt der HKN von den Strommengen losgelöst betrachtet und gehandelt werden kann, ist ein europaweiter, staatenübergreifender Handel denkbar. Dementsprechend sieht die EE-RL 2009 sogar ein System vor, bei dem der Handel mit HKN zwischen den Mitgliedstaaten ermöglicht werden muss. Zu diesem Zweck erkennen die Mitgliedstaaten gemäß Art. 15 IX EE-RL 2009 „die von anderen Mitgliedstaaten gemäß dieser Richtlinie ausgestellten HKN ausschließlich als Nachweis der in Absatz 1 und Absatz 6 Buchstaben a bis f genannten Angaben an“. Ein Mitgliedstaat darf die Anerkennung eines HKN nur dann verweigern, wenn er begründete Zweifel an dessen Richtigkeit, Zuverlässigkeit oder Wahrhaftigkeit hat. Eine solche Verweigerung muss der Europäischen Kommission mit einer Begründung mitgeteilt werden. 27

Nach dem Wortlaut des Art. 15 IX 1 EE-RL 2009 erkennen die Mitgliedstaaten nur gemäß der EE-RL 2009 ausgestellte HKN an. Dabei führt die Norm nicht weiter aus, wann ein HKN gemäß der EE-RL 2009 ausgestellt worden ist. Der Inhalt der Norm dürfte sich jedoch vor dem Hintergrund von Sinn und Zweck der Vorschrift zu HKN in der EE-RL 2009 erschließen. Der Sinn und Zweck des Herkunftsnachweissystems besteht im Wesentlichen darin, ein zuverlässiges und betrugssicheres System zur Übertragung und Entwertung von HKN zu schaffen. Übergeordnetes Ziel des Systems der HKN ist dabei eine zuverlässige Stromkennzeichnung in den Mitgliedstaaten zu Strom aus Erneuerbaren Energien. Vor diesem Hintergrund dürften also praktisch nahezu alle darin geregelten Vorgaben einzuhalten sein, damit ein HKN gemäß der EE-RL 2009 ausgestellt ist. Denn die allermeisten Vorgaben haben Relevanz für die Zweckerreichung eines zuverlässigen und betrugssicheren HKN-Systems, das Doppelzähllungen ausschließt. Dies gilt insbesondere für die folgenden Kriterien: 28

- Art. 15 I EE-RL 2009 (zum Zweck der Stromkennzeichnung Nachweismöglichkeit über die Herkunft aus erneuerbaren Energiequellen);
- Art. 15 II UA 1 1 EE-RL 2009 (Ausstellung von HKN);
- Art. 15 II UA 1 4 EE-RL 2009 (Standardmäßige Größe 1 MWh);
- Art. 15 II UA 1 5 EE-RL 2009 (Doppelzählungsverbot);
- Art. 15 II UA 2 EE-RL 2009 (Doppelverwertungsverbot);
- Art. 15 II UA 4 1 EE-RL 2009 (Keine Anrechnung auf Ziele aus Art. 3 EE-RL);
- Art. 15 II UA 4 2 EE-RL 2009 (Keine in der Regelung genannten Auswirkungen);

- Art. 15 III 1 EE-RL 2009 (Verwendung binnen zwölf Monaten nach Erzeugung);
- Art. 15 III 2 EE-RL 2009 (Entwertung nach Verwendung);
- Art. 15 IV 1 EE-RL 2009 (Mitgliedstaaten oder benannte zuständige Stellen überwachen die Ausstellung, Übertragung und Entwertung);
- Art. 15 IV 2 EE-RL 2009 (Keine geographischen Überschneidungen der benannten zuständigen Stellen);
- Art. 15 IV 2 EE-RL 2009 (Trennung der benannten zuständigen Stellen von den Bereichen Produktion, Handel und Versorgung);
- Art. 15 V EE-RL 2009 (Mitgliedstaaten oder benannte zuständige Stellen schaffen geeignete Mechanismen, um sicherzustellen, dass eine elektronische Ausstellung, Übertragung und Entwertung erfolgt);
- Art. 15 V EE-RL 2009 (Mitgliedstaaten oder benannte zuständige Stellen schaffen geeignete Mechanismen, um sicherzustellen, dass HKN genau, zuverlässig und betrugssicher sind);
- Art. 15 IV EE-RL 2009 (Mindestinhalt);
- Art. 15 VIII EE-RL 2009 (Abzug bestimmter Energie aus erneuerbaren Quellen);
- Art. 15 IX 1 EE-RL 2009 (Anerkennung ausländischer HKN durch Mitgliedstaaten);
- Art. 15 IX 2 und 3 EE-RL 2009 (Anerkennung ausländischer HKN in einem bestimmten Verfahren);
- Art. 15 XI EE-RL 2009 (wenn durch Mitgliedstaat eingeführt, dann objektive, transparente und diskriminierungsfreie Kriterien für die Verwendung von HKN).

29 Nicht eindeutig geregelt ist auch die Frage, ob sich aus dem Prüfungserfordernis des Art. 15 IX EE-RL 2009 lediglich ein Prüfungsrecht des Mitgliedstaates ergibt oder ob die Norm eine Prüfungspflicht des Mitgliedstaats für die Anerkennung von HKN aus anderen Mitgliedstaaten statuiert. Für eine Prüfungspflicht spricht, dass Rechte und Pflichten von hoheitlich handelnden Stellen in ermächtigenden Normen – wie es jedenfalls im Grunde Art. 15 IX 2 EE-RL 2009 eine sein dürfte – regelmäßig korrespondierend angelegt sind. Darüber hinaus dürfte eine Prüfungspflicht aus dem Sinn und Zweck des Art. 15 EE-RL 2009 folgen, da die Begründung eines zuverlässigen und betrugssicheren, auf die Stromkennzeichnung ausgerichteten Systems der Übertragung und Entwertung von HKN nur dann konsequent erreicht werden kann, wenn einer Entscheidung zur Anerkennung von ausländischen HKN eine Prüfung vorausgeht. Im Ergebnis dürfte Art. 15 IX EE-RL 2009 bei der Anerkennung ausländischer HKN daher eine Prüfungspflicht der Mitgliedstaaten normieren.

D. Umsetzung der Herkunftsnachweissysteme in Europa

I. Umsetzung in Deutschland

1. Umsetzung der Vorgaben der EE-RL 2009

Die Vorgaben der EE-RL 2009 zur Errichtung eines Herkunftsnachweisregisters wurden in Deutschland im Rahmen des „Europarechtsanpassungsgesetzes Erneuerbare Energien" mit Wirkung zum 1.4.2011 im EEG umgesetzt.[27] Danach ist das Umweltbundesamt (UBA) zur Errichtung eines Herkunftsnachweisregisters in Form einer elektronischen Datenbank verpflichtet, in dem die Ausstellung, Anerkennung, Übertragung und Entwertung von HKN registriert werden. Außerdem muss das UBA Anlagenbetreibern auf Antrag HKN ausstellen und HKN aus anderen Mitgliedstaaten anerkennen (siehe § 79 I und II EEG 2014). 30

Für die nähere Ausgestaltung des Herkunftsnachweisregisters und den im Register vorzunehmenden Transaktionen wurde eine Verordnungsermächtigung eingeführt.[28] Die Verordnungsermächtigung wurde durch die Schaffung der Herkunftsnachweisverordnung (HkNV) vom 28.11.2011 ausgefüllt, die inzwischen in der Erneuerbare-Energien-Verordnung (EEV)[29] aufgegangen ist. Die EEV enthält allerdings insgesamt nur sehr grobe Vorgaben für die Errichtung des Herkunftsnachweisregisters sowie den möglichen Transaktionen der HKN im Register und geht nur an wenigen Stellen über die Inhalte der EE-RL 2009 hinaus. Wichtige Vorgaben ergeben sich allerdings im Hinblick auf die Übergangsregelungen.[30] Zudem wird das UBA zum Erlass weiterer konkretisierender Vorgaben ermächtigt. Auf dieser Grundlage hatte das UBA – im Einvernehmen mit dem Bundesministerium für Umwelt, Naturschutz, Bau und Reaktorsicherheit (BMUB) und dem Bundesministerium für Wirtschaft und Energie (BMWi) – die am 19.10.2012 in Kraft getretene Herkunftsnachweisdurchführungsverordnung (HkNDV) erlassen, inzwischen erweitert zur Herkunfts- und Regionalnachweis-Durch- 31

[27] Gesetz zur Umsetzung der Richtlinie 2009/28/EG zur Förderung der Nutzung von Energie aus erneuerbaren Quellen (Europarechtsanpassungsgesetz Erneuerbare Energien – EAG EE) v. 12.4.2011, BGBl. I S. 619.

[28] Vgl. dazu *Altrock/Lehnert,* in: Altrock/Oschmann/Theobald, EEG, 3. Aufl., § 64 Rdnr. 52. Zum Hintergrund und zur Ausgestaltung der Verordnungsermächtigung vgl. auch *Hoffmann/Lehnert*, ZUR 2012, 658, 659.

[29] Erneuerbare-Energien-Verordnung (EEV) v. 17.02.2015 (BGBl. I S. 146), zuletzt geändert durch Gesetz v. 22.12.2016 (BGBl. I S. 3106).

[30] Vgl. dazu sogleich unten IV.5.

führungsverordnung (HkRNDV)[31]. Die HkRNDV enthält umfassende Vorgaben für die Errichtung des Herkunftsnachweisregisters und die einzelnen Prozesse im Register und kann somit als das „Herzstück" der konkreten Regelungen für das Herkunftsnachweisregister bezeichnet werden. Gleichwohl ist zu berücksichtigen, dass aufgrund der Normenhierachie die Vorgaben des EEG zu HKN und Register den Vorgaben der HkRNDV vorgehen. Im Verhältnis zur EEV stehen die Vorgaben der HkRNDV allerdings auf gleicher Stufe. Die Kostenfolgen einer Nutzung des Herkunftsnachweisregisters sind in der Herkunfts- und Regionalnachweis-Gebührenverordnung (HkRNGebV)[32] geregelt. Verschiedene Tatbestände sehen Gebühren für die Nutzung des Registers per Konto bzw. einzelne Vorgänge rund um HKN (Ausstellung, Übertragung, Entwertung, ...) vor. Abseits der gesetzlichen Ebene, aber gleichermaßen rechtlich verbindlich ist eine Allgemeinverfügung des UBA, die u. a. konkretisierende Details zur Nutzung des Herkunftsnachweiseregisters regelt.[33] Ohne entsprechende europäische Vorgabe führte der deutsche Gesetzgeber mit § 79a EEG 2017 zusätzlich zu den HKN sog. Regionalnachweise (RN) ein. Sie sollen es Stromlieferanten im Rahmen der Stromkennzeichnung auf freiwilliger Basis ermöglichen, gegenüber Endkunden den EEG-geförderten Anteil vollständig oder anteilig als regional erzeugt darstellen zu können. Einzelheiten zu RN werden wie bei HKN in der EEV und der HkRNDV geregelt, wobei die Änderungen der HkRNDV bislang lediglich als Entwurfsfassung vorliegen.

2. Herkunftsnachweisregister und EEG

32 Die Anwendungsbereiche der Vergütungsvorschriften des EEG einerseits und der Normen zu den HKN andererseits sind relativ streng voneinander getrennt.[34] HKN können gemäß § 79 I 1 EEG nämlich nur für Strom aus Erneuerbaren Energien ausgestellt werden, der auf sonstige Weise direkt vermarktet wird. Damit können für Strom, für den eine EEG-Vergütung oder eine Marktprämie gezahlt wurde, keine HKN ausgestellt werden.[35] Diese Vorschrift ist letztlich Ausfluss des Doppelver-

[31] Herkunfts- und Regionalnachweis-Durchführungsverordnung (HkRNDV) v. 15.10.2012 (BGBl. I S. 2147), zuletzt geändert durch Gesetz v. 29.3.2017 (BGBl. I S. 626).

[32] Herkunfts- und Regionalnachweis-Gebührenverordnung v. 17.12.2012 (BGBl. I S. 2703), zuletzt geändert durch Gesetz v. 22.12.2016 (BGBl. I S. 3106).

[33] Bekanntmachung einer Allgemeinverfügung über die Bedingungen zur Nutzung des Herkunftsnachweisregisters des Umweltbundesamtes (Neufassung) v. 19.6.2013, veröffentlicht im Bundesanzeiger AT v. 1.7.2013 B10.

[34] Hierzu einführend auch *Wustlich/Müller*, ZNER 2011, 380, 386 f.

[35] Vgl. dazu auch *Schlacke/Kröger*, NVwZ 2012, 919 ff.

marktungsverbots, das im Einzelnen in § 80 EEG geregelt ist.[36] Für Strom, der bereits über das EEG gefördert wurde – ob über die EEG-Vergütung oder ob über die Marktprämie – können nicht zusätzlich noch HKN ausgestellt werden. Damit sollen zusätzliche Erlöse für die EEG-Anlagenbetreiber, die bereits durch EEG-Vergütung oder Marktprämie gefördert wurden, ausgeschlossen werden. Dies könnte sich nach dem Entwurf einer neuen Richtlinie im Zuge des sog. Winterpakets ändern.

33 Eine mögliche Ausstellung von HKN für diese Strommengen würde auch der Regelung in § 78 EEG widersprechen. Danach weisen Stromlieferanten, die EEG-Umlage zahlen, die mit fester Einspeisevergütung und Marktprämie geförderten Strommengen gegenüber ihren Endkunden als Strom aus Erneuerbaren Energien aus.[37] Da die Eigenschaft als Strom aus Erneuerbaren Energien nur einmal erfolgen kann, muss die zusätzliche Ausweisung der Eigenschaft des Stroms aus Erneuerbaren Energien über HKN, die sich die Anlagenbetreiber ausstellen lassen und weitergeben, ausgeschlossen werden.

3. Herkunftsnachweise und EnWG: Stromkennzeichnung

34 Der HKN wird sowohl in Art. 2 lit. j der EE-RL 2009 als auch in § 3 Nr. 4c EEG als Dokument definiert, das ausschließlich dem Nachweis gegenüber einem Endkunden über den Anteil des Stroms aus Erneuerbaren Energien in der Stromkennzeichnung nach dem EnWG dient. Die zentrale – und zumindest nach dem Gesetzeswortlaut auch einzige – Bedeutung des HKN liegt also in der Nutzung für die Stromkennzeichnung.

35 Die Stromkennzeichnung ist eine Pflicht von Elektrizitätsversorgungsunternehmen (EVU), die Strom an Letztverbraucher liefern. Nach § 42 V EnWG kann dabei Strom aus Erneuerbaren Energien grundsätzlich nur dann ausgewiesen werden, wenn für diesen Strom HKN entwertet wurden.[38] Die Regelung in § 42 V EnWG bedeutet also, dass ein Stromlieferant – außerhalb der „virtuellen" Ausweisung des EEG-Stroms und der Strommengen unbekannter Herkunft – Strom in der Stromkenn-

---

[36] Zum Doppelvermarktungsverbot vgl. *Sösemann* in: Altrock/Oschmann/Theobald, EEG, 3. Aufl., § 56.

[37] Vgl. auch Gesetzesbegründung zum EEG 2012, BT-Drs. 17/6072, S. 87 f.

[38] § 42 V Nr. 2 und 3 EnWG enthalten daneben nur Fälle, in denen ein Lieferant die Eigenschaft des Stroms aus Erneuerbaren Energien quasi zugewiesen bekommt. Nach Nr. 2 ist die in § 78 EEG 2017 angelegte „virtuelle" Ausweisung des EEG-Stroms als Strom aus Erneuerbaren Energien möglich, den der Lieferant zwar nicht bezogen hat, dessen „grüne Eigenschaft" ihm aber auf Grundlage der Zahlung der EEG-Umlage zugeschrieben wird. Nr. 3 bezieht sich auf einen eventuellen Anteil von Strom aus Erneuerbaren Energien im ENTSO-E-Mix, den ein Versorger bei Strommengen unbekannter Herkunft für die Stromkennzeichnung zu Grunde legen muss.

zeichnung nur dann als Strom aus Erneuerbaren Energien ausweisen darf, wenn er HKN verwendet. Die Bedeutung der HKN wird durch Neureglung in § 42 V EnWG also erheblich aufgewertet. Vor der Einführung des neuen § 42 V EnWG gab es für die Ausweisung von Strom aus Erneuerbaren Energien keine zwingenden rechtlichen Vorgaben.[39] Es waren also verschiedene Nachweiswege möglich, etwa der Nachweis über bilaterale Verträge.[40] Nach der neuen Rechtslage müssen nun in jedem Falle HKN verwendet werden. Damit genügt für die Zulässigkeit der Ausweisung von Strom aus Erneuerbaren Energien also auch nicht mehr der Abschluss eines Vertrags über Strom aus Erneuerbaren Energien oder der sonstige Nachweis über einen mittelbaren oder unmittelbaren Bezug von Strom aus einer Erneuerbare-Energien-Anlage. Stattdessen ist in jedem Fall – zumindest auch – die Verwendung eines HKN erforderlich. Für die Lieferanten von Strom aus Erneuerbaren Energien hat also der Erwerb von HKN eine zentrale Rolle eingenommen.

36 Zur Umsetzung der Anerkennung ausländischer HKN ist u. a. vorgesehen, dass in das vom UBA betriebene Herkunftsnachweisregister auch ausländische HKN übertragen werden können, wenn die HKN zuvor vom UBA anerkannt worden sind. Die Anerkennung ausländischer HKN unterliegt nach deutschem Recht den rechtlichen Vorgaben aus § 79 II EEG, § 11 EEV sowie § 18 HkRNDV. Nach § 18 I 1 HkRNDV erkennt das UBA auf Antrag einen ausländischen HKN aus bestimmten Staaten an, wenn der HKN die Vorgaben des Art. 15 EE-RL 2009 erfüllt. Dies ist nach § 18 I 2 HkRNDV der Fall, wenn keine begründeten Zweifel an der Richtigkeit, Zuverlässigkeit oder Wahrhaftigkeit des HKN bestehen. Diese Formulierung ist weitgehend an jene aus Art. 15 IX EE-RL 2009 angelehnt, mit ihr aber nicht identisch.

II. Umsetzung in anderen Mitgliedstaaten

37 Der Ausbau der Stromerzeugung aus Erneuerbaren Energien hat in den vergangenen Jahren nicht nur in Deutschland einen steten Zuwachs erfahren, sondern auch bei einer europaweiten Betrachtung. Seit dem Jahr 2004 verdoppelte sich die Grünstromerzeugung nahezu von 453,9 TWh auf 854,4 TWh.[41] Der Anteil der Erneuerbaren Energien am Bruttostromverbrauch stieg in diesem Zeitraum europaweit von 13,8 % auf

---

[39] Zur alten Rechtslage vgl. *Hellermann*, in: Britz/Hellermann/Hermes, EnWG, 2. Aufl., § 42.

[40] Vgl. hierzu heute BDEW, Leitfaden „Stromkennzeichnung", Stand: August 2016, S. 31.

[41] Vgl. BMWi, Erneuerbare Energien in Zahlen. Nationale und internationale Entwicklung im Jahr 2014, Stand: August 2015, S. 38.

26,1 %.[42] Betrachtet man einzelne Mitgliedstaaten, fällt der Anteil der Erneuerbaren Energien am Bruttostromverbrauch allerdings sehr heterogen aus. Dies ist teilweise auch durch die natürlichen Gegebenheiten bedingt, die eine gute oder weniger gute Nutzung erneuerbarer Energieträger zur Stromerzeugung ermöglichen. Der Anteil reicht von einstelligen Prozentwerten in Malta, Luxemburg, Ungarn und Zypern hin zu einem Anteil von über 50 % in Portugal, Schweden und Österreich.[43]

Im Hinblick auf die Grundidee der EE-RL 2009, die Grünstromeigen- 38
schaft in Gestalt von HKN europaweit handeln zu können, verpflichtet Art. 15 EE-RL 2009 alle EU-Mitgliedstaaten zur Einführung entsprechender HKN-Systeme. Der Mitgliedstaat oder eine von ihm benannte Stelle wickeln die HKN-Aktivitäten ab. Derzeit finden sich – wie bspw. in Deutschland das UBA – neben staatlich angebundenen Stellen auch privatrechtlich organisierte Akteure. Dabei können in einem Staat auch mehrere zuständige Stellen benannt werden, die dann jeweils für eine bestimmte Region die HKN-Abwicklung vornehmen.[44]

Die Ausgestaltung der nationalen HKN-Systeme ist darauf angewie- 39
sen, dass die einzelnen Vorgaben des Art. 15 EE-RL 2009 umgesetzt werden. Nur so kann dem bereits beschriebenen Regelungsansatz in Art. 15 EE-RL 2009 – Einführung eines betrugssicheren, auf die Stromkennzeichnung ausgrichteten Systems, das u. a. Doppelzählungen ausschließen soll – Rechnung getragen werden.

Wie die Anforderungen aus Art. 15 EE-RL 2009 bislang in einzelnen 40
Staaten umgesetzt worden sind, wurde für 32 Staaten bzw. Regionen in einem Forschungsprojekt untersucht.[45] Es stellte sich heraus, dass die Umsetzung nicht überall konsequent erfolgte. Während 12 der 32 Staaten bzw. Regionen eine vollständige Umsetzung im nationalen Recht vollzogen haben,[46] wurde für 15 weitere Staaten bzw. Regionen eine Umsetzungsquote von mehr als 80 % und bei den fünf verbleibenden

[42] Vgl. BMWi, Erneuerbare Energien in Zahlen. Nationale und internationale Entwicklung im Jahr 2014, Stand: August 2015, S. 38.

[43] Vgl. BMWi, Erneuerbare Energien in Zahlen. Nationale und internationale Entwicklung im Jahr 2014, Stand: August 2015, S. 39.

[44] So derzeit bspw. in Belgien. Zu beachten ist, dass es nach Art. 15 IV 2 EE-RL 2009 keine geografisch überschneidenden Verantwortlichkeiten der zuständigen Stellen geben darf.

[45] Vgl. *Seebach u. a.*, Abschlussbericht zum Projekt „Reliable Disclosure Systems for Europe – Phase II" (RE-DISS II); *Raimundo*, Qualitative Assessment of Disclosure and GO systems, S. 18.

[46] Dazu zählen Österreich, Belgien (Wallonien), Belgien (Flandern), Kroatien, Zypern, Estland, Finnland, Deutschland, Griechenland, Luxemburg, Norwegen und die Niederlande; vgl. *Seebach u. a.*, Abschlussbericht zum Projekt „Reliable Disclosure Systems for Europe – Phase II" (RE-DISS II), S. 71.

eine Quote von unter 80 % festgestellt.[47] Hintergrund war bspw., dass das HKN-System noch auf der Grundlage der EE-RL 2001 beruhte.[48]

41 Was ergibt sich daraus für die Möglichkeit, ausländische HKN in das deutsche Register zu übertragen? Wie bereits ausgeführt, wurde in Deutschland das UBA vom Gesetzgeber mit der Aufgabe betraut, beim Import ausländischer HKN in das deutsche Herkunftsnachweisregister zu prüfen, ob der HKN die Anforderungen von Art. 15 EE-RL 2009 erfüllt. Das UBA hat auf seiner Internetseite für ausgewählte Staaten (Schweden, Norwegen, Finnland, Island, Dänemark, Frankreich, Niederlande, Slowenien, Italien, Belgien (Wallonien), Belgien (Flandern), Kroatien) Hinweise veröffentlicht, aus denen eine Bewertung zur Anerkennungsfähigkeit von HKN aus diesen Staaten hervorgeht. Die Ergebnisse stammen aus einem Forschungsauftrag des BMWi. Im Ergebnis bestehen danach bei keinem der geprüften Staaten begründete Zweifel an der Richtigkeit, Zuverlässigkeit oder Wahrhaftigkeit von HKN bestehen, die eine Ablehnung eines Anerkennungsantrags rechtfertigen würden.

E. Marktakteure und Handelsaktivitäten

I. Akteure am aktuellen Grünstrommarkt

42 Der Grünstrommarkt besteht grundsätzlich, wie bereits dargestellt, aus zwei Ebenen. Die erste Ebene betrifft in der Regel lediglich den Strommengenhandel. Bezieht sich der Handel nicht ausnahmsweise bilateral auf grüne Strommengen, die im Wege einer physikalischen Direktlieferung bereitgestellt werden, ist über die rein mengenmäßige Abwicklung hinaus mit dem Handel noch kein Geschäft mit der Grünstromeigenschaft verbunden. Daher ergeben sich bei den beteiligten Akteuren im Vergleich zu anderen Stromhandelsgeschäften keine Besonderheiten.[49] Es kann sich um OTC- oder Börsengeschäfte handeln.[50] Die Mengen kön-

[47] Zu den 15 Staaten bzw. Regionen zählen die Tschechische Republik, Dänemark, Frankreich, Ungarn, Island, Irland, Italien, Lettland, Litauen, Portugal, Slowenien, Spanien, Schweden, die Schweiz und Großbritannien, zu den fünf verbleibenden Bulgarien, Malta, Polen, Rumänien und die Slowakei; vgl. *Seebach u. a.*, Abschlussbericht zum Projekt „Reliable Disclosure Systems for Europe – Phase II" (RE-DISS II), S. 71.

[48] Vgl. *Seebach u. a.*, Abschlussbericht zum Projekt „Reliable Disclosure Systems for Europe – Phase II" (RE-DISS II), S. 71.

[49] Vgl. zu einzelnen Teilmärkten (Terminmarkt, Spotmärkte) *Adigbli*, in: Müller/Kahl, Erneuerbare Energien in Europa, S. 167 ff.

[50] Auch der Grünstromhandel an der österreichischen EXAA folgt dem hier skizzierten Zwei-Stufen-Prinzip: Es wird eine „gekoppelte Lieferung von Herkunftsnachweisen und physischem Strom" angeboten. Damit ist gemeint, dass HKN und die der HKN-Ausstellung zugrunde liegenden Strommengen gemeinsam erworben werden

nen im Zuge bilateraler Geschäfte oder in Handelsketten mit mehreren Akteuren (Erzeuger, Zwischenhändler, Händler, Weiterverteiler, Letztverbraucherlieferant) beschafft werden. Auch die vertragliche Abwicklung unterscheidet sich nicht von sonstigen Stromlieferverträgen.

Auf der zweiten Ebene findet der Handel mit der Grünstromeigenschaft statt. Jeder Stromlieferant, der gegenüber Letztverbrauchern in Deutschland über den EEG-geförderten Grünstromanteil hinaus die Grünstromeigenschaft ausweisen möchte, muss hierzu zwingend HKN verwenden, die vom Herkunftsnachweisregister des UBA ausgestellt oder anerkannt wurden. Die Menge der benötigten HKN muss mit der entsprechenden Liefermenge korrespondieren. Der Lieferant ist also gehalten, sich die Anzahl benötigter HKN zu beschaffen und über die Mechanismen des Herkunftsnachweisregisters zu nutzen. 43

Eine Koppelung zwischen der Grünstromeigenschaft und der zugrunde liegenden Stromeigenschaft ist weder nach den europäischen Vorgaben zu HKN noch nach den Regeln des Herkunftsnachweisregisters zwingend vorgesehen. Es ist also ausdrücklich ein Erwerb der Grünstromeigenschaft für im Stromhandel erworbene Strommengen möglich, obwohl es sich bei den im Stromhandel erworbenen Strommengen nicht um Grünstrom handelt. Allerdings sieht § 8 HkRNDV die Möglichkeit einer optionalen Kopplung vor. Danach können HKN ausgestellt werden, bei denen unter Zuhilfenahme eines Umweltgutachters auch zertifiziert wird, dass neben der Grünstromeigenschaft auch die zugrunde liegende Grünstrommenge (bilanziell) geliefert wurde. Die sog. optionale Kopplung wird allerdings in der Praxis nur sehr zurückhaltend angenommen. 44

Da die HKN losgelöst von den zugrundeliegenden Strommengen gehandelt werden können, steht es dem Lieferanten frei, die HKN über seinen Vorlieferanten des Stroms oder über einen dritten Handelspartner zu beziehen. Ein dritter Handelspartner könnte bspw. auch unmittelbar der Betreiber einer Anlage zur Erzeugung von Strom aus Erneuerbaren Energien sein. Nimmt dieser nicht an der EEG-Förderung teil, sondern kann sich für die von ihm erzeugten Mengen HKN ausstellen lassen, können diese vom Stromlieferanten für sein Grünstromprodukt erworben werden. Hierzu ist der HKN-Erwerb zwischen dem Erzeuger und dem Lieferanten vertraglich abzubilden. Im Herkunftsnachweisregister kann die Vereinbarung anschließend durch die Übertragung der HKN vollzogen werden. Welche Abreden dem Übertragungsvorgang zugrunde 45

können. Das Volumen dieses Produkts im börslichen Spotmarktbereich soll im Jahr 2014 ca. 24 GWh betragen haben; vgl. Bundesnetzagentur/Bundeskartellamt, Monitoringbericht 2015, S. 159.

liegen oder ob sie gar rechtlich wirksam sind, prüft das UBA allerdings nicht.

II. Handel mit HKN

46 Die Anzahl von HKN, die derzeit in Deutschland ausgestellt werden, deckt den Stromlieferantenbedarf an HKN für deren Grünstromprodukte nicht ansatzweise ab. Die Lieferanten sind also im Ergebnis gehalten, ausländische HKN in das deutsche Herkunftsnachweisregister zu importieren. Deutschland ist insoweit ein „Importland".[51] Vor diesem Hintergrund kommt der Anerkennung und Übertragung ausländischer HKN in das deutsche Register eine hohe praktische Relevanz zu.

47 Zur Beschaffung ausländischer HKN können die Lieferanten theoretisch direkt mit den Betreibern der ausländischen Grünstromanlagen entsprechende Vereinbarungen schließen. In der Praxis ist zumindest ein Zwischenhändler involviert. Dabei kann es sich um den Vorlieferanten der Strommengen handeln, der gleichzeitig eine korrespondierende Anzahl an HKN veräußert. Diese Abwicklung dürfte für den Lieferanten am „komfortabelsten" sein, weil die gesamte Beschaffungsabwicklung für das Grünstromprodukt lediglich über einen Handelspartner erfolgen könnte. Möglicherweise empfiehlt es sich jedoch aus wirtschaftlichen Gründen und zur Erhaltung einer gewissen Flexibilität, die HKN separat zu erwerben. In diesem Fall müsste der Lieferant allerdings sicherstellen, dass er zum richtigen Zeitpunkt auf eine Anzahl von HKN zugreifen kann, die mit seiner Grünstromliefermenge korrespondiert.

48 Da sowohl die Beschaffung von HKN als auch die Abwicklung im Herkunftsnachweisregister für den Grünstromlieferanten Kosten auslösen, wird er den HKN-Erwerb in den Preis des Grünstromproduktes einpreisen. Hierbei wird sich vor allem im Massenkundengeschäft aus Gründen eines rechtssicheren Vorgehens regelmäßig eine Abbildung im Gesamtarbeitspreis anbieten.

III. Grünstromhandelsvolumen

49 Der Handel mit Grünstrommengen hat in den vergangenen Jahren in Deutschland stetig zugenommen,[52] wenngleich die jährlichen Steigerun-

---

[51] Vgl. UBA, Marktanalyse Ökostrom, S. 5. In Zahlen ausgedrückt, stellt sich dieser Befund wie folgt dar: Im Jahr 2015 wurden 80.314.238 HKN in das deutsche Register importiert. Dem steht eine Ausstellung von 19.621.332 inländischen HKN und ein Export von 6.369.903 HKN gegenüber; vgl. UBA, Statistik des deutschen Herkunftsnachweisregisters 2015, Stand: 31.12.2015, S. 1.

[52] Im Jahr 2013 wurden von der gesamten, an Letztverbraucher gelieferten Strommenge 10,6 % als Grünstrom (48,29 TWh) abgesetzt. Der Anteil von Grünstromkunden an der Letztverbrauchergesamtzahl betrug ca. 17 %; vgl. jeweils Bundesnetzagentur/Bundeskartellamt, Monitoringbericht 2014, S. 21, 176.

gen eher moderat ausfallen. Lässt man Grünstromanteile außer Acht, die von Stromlieferanten aufgrund des besonderen Mechanismus in § 78 EEG 2017 als „Strom, der aus der EEG-Umlage finanziert wird", ausgewiesen werden, kann man zum einen aus der Anzahl entwerteter HKN ermessen, wie sich der Grünstromabsatz entwickelt. Im Jahr 2014 entwertete das UBA 80.439.277 HKN. Das entspricht ca. 80.000 GWh gelieferten „grünen Stroms".[53] Im Jahr 2015 entwertete das UBA bereits 87.586.229 HKN. Diese Steigerung bei der Anzahl entwerteter HKN kann mit einer gewachsenen Grünstromlieferung um ca. 7.000 GWh übersetzt werden.[54] Zum anderen könnte die Perspektive des BDEW herangezogen werden, die der Verband bei der Ermittlung der Durchschnittswerte der allgemeinen Stromversorgung in Deutschland einnimmt. Er betrachtet den „Energieträgermix Deutschland nach der Nettostromerzeugung der allgemeinen Stromversorgung zuzüglich der Einspeisungen privater Betreiber".[55] Allerdings weisen die derzeit verfügbaren BDEW-Zahlen einen schrumpfenden Grünstromabsatz – d. h. unter Nutzung von HKN – aus. Betrug der Anteil für das Jahr 2013 bei einer Nettostromerzeugung von 22,0 TWh (Strom aus sonstigen Erneuerbaren Energien) noch 4,0 %,[56] waren es im Jahr 2014 bei einer Nettostromerzeugung von 18,2 TWh nur noch 3,3 %.[57] Zieht man schließlich den Monitoringbericht der Bundesnetzagentur und des Bundeskartellamts heran, wird dort für die Jahre 2008 bis einschließlich 2013 ein klares Bild der jährlichen Absatzsteigerung von Grünstrom im Haushaltskundenbereich gezeichnet.[58]

Die Marktpreise für HKN fallen in Abhängigkeit der zugrundeliegenden Stromerzeugung und der Herkunft unterschiedlich aus. HKN, die sich bspw. auf skandinavische Wasserkraft beziehen, werden deutlich günstiger gehandelt als inländische Wind-HKN. Die Spannweite der Preise beginnt bei einem Cent-Betrag je HKN und kann bis zu mehreren Euro reichen. Hinzu kommen die Transaktionskosten, die als Gebühren durch die Nutzung des Herkunftsnachweisregisters anfallen.[59] 50

[53] Vgl. UBA, Statistik des deutschen Herkunftsnachweisregisters 2014, Stand: endgültig, S. 1

[54] Vgl. UBA, Statistik des deutschen Herkunftsnachweisregisters 2015, Stand: 31.12.2015, S. 1

[55] Vgl. BDEW, Datenerhebung 2014 – Bundesmix 2014, Stand: 11.8.2015, S. 1.

[56] Vgl. BDEW, Datenerhebung 2013 – Bundesmix 2013, Stand: 29.8.2014, S. 1.

[57] Vgl. BDEW, Datenerhebung 2014 – Bundesmix 2014, Stand: 11.8.2015, S. 1.

[58] Vgl. Bundesnetzagentur/Bundeskartellamt, Monitoringbericht 2014, S. 177.

[59] Vgl. zu den einzelnen Gebührentatbeständen und den -höhen die Anlage zu § 1 I HkRNGebV.

F. Grünstromlabel

51 Das System der HKN dient, wie bereits die Definition des HKN in der EE-RL 2009 besagt, lediglich dem Nachweis der Stromlieferanten gegenüber dem Endkunden in der Stromkennzeichnung darüber, dass eine bestimmte Strommenge aus Erneuerbaren Energien erzeugt wurde. Da HKN für Anlagenbetreiber ausgestellt werden und von Stromlieferanten, die Letztverbraucher beliefern, verwendet werden, können Letztverbraucher sie nicht unmittelbar verwenden oder einsehen. Die Bedeutung der HKN für den Nachweis der Lieferung für Strom aus Erneuerbaren Energien ergibt sich daraus, dass Stromlieferanten über ein verlässliches System Strom aus Erneuerbaren Energien erwerben können und auf diese Weise glaubwürdige Produkte gegenüber Letztverbrauchern schaffen können.

52 Streng zu trennen vom HKN sind dagegen sog. Grünstromlabel. Bei Grünstromlabeln (auch Gütesiegel genannt) handelt es sich um Zertifizierungen durch unabhängige Unternehmen für einen Stromlieferanten, bei dem die besondere ökologische Qualität der Stromlieferungen an Letztverbraucher festgestellt wird. Die Inhalte der Zertifizierung können frei durch den Grünstromlabelgeber festgelegt werden und können daher sehr unterschiedlich strenge Maßstäbe vorgeben. Dies kann sowohl die Herkunft des Stroms betreffen (Strom aus Erneuerbaren Energien, (jedenfalls teilweise) Strom aus KWK, ggf. Sockelanteil aus sonstigen Energieträgern), als auch die Art und Weise der Stromerzeugung (besondere ökologische Kriterien bei der Stromerzeugung, insbesondere bei der Wasserkraft z. B. Fischtreppe, Durchlässigkeit des Gewässers etc.) oder die Investition in neue Erneuerbare-Energien-Anlagen.

53 Durch die in Deutschland verpflichtende Verwendung von HKN für den Strom aus sonstigen erneuerbaren Energieträgern ist es für einen Stromlieferanten, der ein Grünstromprodukt anbieten möchte, zwingend, HKN zu erwerben und zu verwenden. Ob der Stromlieferant darüber hinaus auch ein Grünstromlabel verwendet, steht ihm allerdings vollkommen frei. Die Gründe für die Verwendung eines Labels können vielfältig sein. Eine wichtige Motivation könnte sein, über das Label besondere Kriterien nachweisen zu wollen, die über einen HKN nicht belegt werden können. Dies betrifft etwa besondere ökologische Kriterien bei der Stromerzeugung, aber auch die Rolle des Stromlieferanten bei der Investition in neue Stromerzeugungsanlagen aus Erneuerbaren Energien. Daneben kann ein Label gegenüber dem Kunden eine größere Glaubwürdigkeit über die ökologische Qualität des gelieferten Stroms hergestellt werden, indem eine dritte unabhängige Stelle diese Qualität

prüft. Praktische Bedeutung haben Grünstromlabel heute insbesondere noch auf dem sog. freiwilligen Ökostrommarkt.

Für den Inhalt und die Verfahren der Grünstromlabel bestehen allerdings keine gesetzlichen Vorgaben. Es ist daher am Markt und am Konsumenten darüber zu entscheiden, ob ein bestimmtes Grünstromlabel einen Mehrwert bietet und Glaubwürdigkeit besitzt. Da der einzelne Verbraucher mit dieser Rolle grundsätzlich überfordert sein dürfte, spielen dabei Verbraucherschutzverbände eine wichtige Rolle. Derzeit befindet sich in der Diskussion, sich von einem Stromprodukte-Labeling zu entfernen und ergänzend oder alternativ Anbieter von Grünstromprodukten anhand bestimmter Kriterien zu labeln. 54

Grünstromlabel können auch deshalb eine Bedeutung haben, weil die Verwendung der Begriffe „Grünstrom" und „Ökostrom" in Deutschland und in Europa bislang nicht geschützt ist. Für den Stromkunden ist daher nicht erkennbar, welche Qualität ein als Ökostrom oder Grünstrom angebotenes Produkt im Einzelnen hat. Dies führt dazu, dass zum Ersten die Herkunft des Stroms bei Ökostromprodukten sehr unterschiedlich sein kann und nicht zwingend eine vollständige Erzeugung aus Erneuerbaren Energien bedeutet. Zum Zweiten kann der ökologische Mehrwert eines Grünstromprodukts sehr stark voneinander abweichen, da die Art und Weise der Stromerzeugung oder das Engagement des Stromlieferanten bei der Installation neuer Anlagen sehr unterschiedlich sein kann. Vor diesem Hintergrund erscheint es bedenkenswert, eine gesetzliche Definition des Begriffs Grünstrom oder Ökostrom zu verankern. Eine solche Definition, die grundsätzlich europarechtlich und verfassungsrechtlich zulässig wäre,[60] könnte einheitliche Mindeststandards festlegen, die neben der Lieferung von Strom aus Erneuerbaren Energien durch Stromlieferanten einzuhalten sind. 55

G. Fazit und Ausblick

Der Markt für Grünstrom ist derzeit insbesondere in Deutschland ein Markt für HKN. Jedenfalls existieren keine Handelsplätze, an denen ausschließlich Grünstrom gehandelt werden würde. Dies geschieht im großen Maßstab allenfalls im gemeinsamen Handel aus Strommengen und entsprechenden HKN, im kleinen Maßstab ggf. in bilateralen Direktlieferungsgeschäften. 56

In naher Zukunft könnte die Bedeutung von HKN in Deutschland zunehmen. Hintergrund sind zum einen Überlegungen des europäischen Gesetzgebers, die Ausstellung von HKN für geförderte Strommengen 57

[60] Vgl. das Gutachten „Rechtliche Möglichkeiten für eine gesetzliche Definition des Begriffs ‚Ökostrom'" im Auftrag des EnergieVision e. V.

vorzuschreiben. Je nach Ausgestaltung könnten dabei für Strommengen, die an der EEG-Förderung partizipieren, auch HKN ausgestellt werden. Zum anderen könnte eine steigende Nachfrage nach grünem Strom einen größeren HKN-Bedarf der Stromlieferanten zur Folge haben.

58 Langfristig könnte die Bedeutung von HKN im Allgemeinen abnehmen, wenn der Bedarf für eine gezielte Ausweisung von Grünstrommengen schwindet. Wenn die Stromerzeugung aus Erneuerbaren Energien in den kommenden Jahren weiter stetig steigt und am Erzeugungsmix einen immer größer werdenden Anteil einnimmt, dreht sich das Verhältnis zwischen Grünstromgestehung und anderen Gestehungsarten um. Das, was bis vor wenigen Jahren noch die Ausnahme war, wird dann die Regel sein. Diese Grünstrommengen bedürfen dann aber möglicherweise nicht mehr eines gesonderten Nachweises über die Entstehung. Das könnte dann eher für die anderen, bis dahin noch verbliebenen Gestehungsarten gelten.

59 Mittelfristig, gewissermaßen in der Übergangsphase zwischen dem „Gestern" und dem „Übermorgen", stellt sich die Frage, ob es im Rahmen einer Stromkennzeichnung für sämtliche Energieträger möglicherweise auch HKN für andere Erzeugungsarten bedarf.

§ 8 Der Markt für CO_2-Zertifikate

A. Einleitung

1 Aus ökonomisch theoretischer Sicht[1] ist der Emissionshandel ein ideales Instrument, um umweltpolitische Ziele kostenoptimal zu realisieren. Er ist im Ansatz einfach und arbeitet nach dem simplen Prinzip „Cap and Trade“. Zunächst wird hierbei eine insgesamt zulässige Menge (**Cap, Emissionsbudget**) für die vom Emissionshandel erfassten Emittenten bestimmt.

Abbildung 8.1: Grundprinzip Emissionshandel[2]

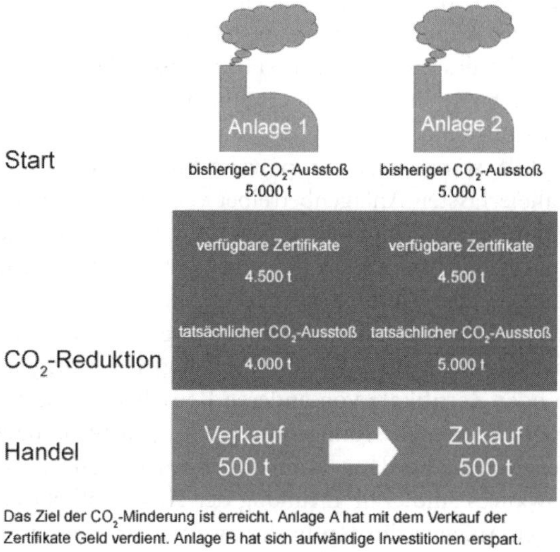

2 Die gesamte Emissionsmenge wird dann – in einem zweiten Schritt – auf die einzelnen Emittenten aufgeteilt. Diese **Erstallokation** kann entweder im Rahmen einer Auktion erfolgen, bei der alle Emittenten ihre Präferenzen offen legen, oder aber durch Zuteilung des Staates auf der Basis von Allokationsmechanismen und -regeln. Schließlich (und drittens) ist ein die ordnungsrechtlichen Grundsätze widerspiegelnder Aktionsrahmen zu schaffen. Dieser soll einen transparenten und liquiden Markt (**Trade**) ohne Wettbewerbsbarrieren gewährleisten und Missbrauch verhindern. Unabdingbar ist zuletzt der Aufbau eines validen und trans-

[1] *Dales,* Pollution, Property and Prices.
[2] Quelle: Deutsche Emissionshandelsstelle (DEHSt) im Umweltbundesamt.

parenten Monitoring- (**„ökologische Buchführung"**) und **Registrierungssystems.** So können die Emissionen der einzelnen Anlagen erfasst und die Transaktionen zwischen anbietenden und nachfragenden Emittenten dokumentiert werden.[3]

3 Ob, wo, wann, wie, von wem und wie viele Emissionen vermieden werden, ergibt sich aus dem Vergleich der spezifischen Kosten vor Ort mit den am Markt herrschenden Preisen für die Emissionszertifikate: Die Emissionsminderung orientiert sich in einem solchen System idealiter an den Grenzkosten der Emissionsvermeidung. Liegt der Preis über den spezifischen Kosten, sind Vermeidungsmaßnahmen ökonomisch sinnvoll. Im umgekehrten Fall erwirbt der Emittent Zertifikate am Markt und erfüllt auf diesem Wege seine Verpflichtungen. Im Unterschied zum **klassischen Ordnungsrecht**, das prinzipiell einheitliche Anforderungen stellt, ohne die jeweiligen spezifischen Kosten ernsthaft zu berücksichtigen, kappt der Emissionshandel die einzelwirtschaftlichen Kosten in Höhe des einheitlichen Marktpreises. Aus dem Vergleich alternativ einsetzbarer Instrumente erschließt sich der ökonomische Vorteil des Emissionshandels.

4 Am 1.1.2005 startete der europaweite Emissionshandel. Im Rahmen dieses für alle erfassten Anlagenbetreiber verbindlichen Systems, können **CO_2-Zertifikate** (auch Emissionszertifikate, Emissionsrechte, Zertifikate, **EU-Allowances** oder kurz **EUA** genannt), gehandelt werden. Diese sind an den Staat in dem Umfang abzugeben, in dem Kohlendioxid (CO_2) von definierten Anlagen innerhalb eines Jahres emittiert wird. Die Anlagenbetreiber können entweder an ihren eigenen Anlagen **Emissionen reduzieren** oder **Zertifikate von anderen Betreibern zukaufen**, aber auch Emissionsgutschriften im Rahmen von sog. **projektbezogenen Mechanismen**[4] generieren, die dann kompatibel mit der europäischen „Währung" Allowances sind. Zur Erfüllung der Abgabepflicht emissionshandelspflichtiger Anlagen durften in der zweiten Handelsperiode 2008 bis 2012 bis zu 22 % der zugeteilten Zertifikate – das entsprach 90 Mio. Zertifikaten pro Jahr bzw. 450 Mio. Zertifikaten in der zweiten Handelsperiode – durch Emissionsgutschriften aus den so genannten projektbezogenen Mechanismen – Clean Development Mechanism und Joint Implementation – importiert werden. Um in der dritten Handelsperiode zur Erfüllung der Abgabepflicht eingesetzt werden zu können, mussten diese Emissionsgutschriften zu Beginn der dritten Handelsperi-

---

[3] Hilfestellung müssen dabei professionelle Verifizierungs- und Zertifizierungskonzepte unter Einschaltung entsprechender Akteure leisten.

[4] Zu den projektbezogenen Mechanismen z. B. *Ehrmann*, ZUR 2006, 410 ff.; *Knopp/Hofmann*, EuZW 2005, 616 ff.; auch hierzu *Zenke/Fuhr*, Handel mit CO_2-Zertifikaten, S. 227 ff., und *Zenke/Handke*, NuR 2007, 668 ff.

ode in EUA umgetauscht werden. Der Umtausch war wiederum auf 22 % der Zuteilung beschränkt, soweit dieses Kontingent nicht bereits in der vorangegangenen Periode zur Erfüllung der Abgabepflicht genutzt wurde. Anlagen, die in der zweiten Handelsperiode 2008 bis 2012 (noch) keine Zuteilung erhalten hatten, unterlagen beim Umtausch besonderen Beschränkungen.[5]

Im Rahmen dieses Beitrages sollen, ausgehend von einem Abriss über 5
die gar nicht so junge Geschichte des Emissionshandels,[6] das System von Zuteilung[7] und Handel von CO_2-Zertifikaten[8] sowie der Markt betrachtet[9] werden.

B. Historie des Emissionshandels

I. Vom Grünbuch zur Emissionshandelsrichtlinie und Linking Directive – Der derzeitige europäische Rahmen

1. Heute: Emissionshandelsrichtlinie 2003/87/EG und Linking Directive 2004/101/EG

Ungeachtet des seinerzeit lange ungewissen rechtlichen und politischen 6
Schicksals des für den weltweiten Klimaschutz so bedeutenden Kyoto-Protokolls[10] trieb die Europäische Kommission frühzeitig die Etablierung eines verbindlichen Rechtsrahmens zur Verringerung der Gesamtemissionen voran und legte am 25.10.2003 einen ersten Richtlinienentwurf[11]

[5] Für stationäre Anlagen gilt ein Deckel von 4,5 % der für die Emissionen in der Handelsperiode 2013–2020 insgesamt abzugebenden Menge an Emissionszertifikaten; für Luftfahrzeugbetreiber gilt eine Grenze von 1,5 % zuzüglich 15 % der Menge an Emissionszertifikaten, die der Luftfahrzeugbetreiber für die (nur für den Flugverkehr geltende einjährige) Handelsperiode 2012 abzugeben hatte.

[6] Vgl. Rdnr. 6 ff.

[7] Vgl. Rdnr. 21 ff.

[8] Vgl. Rdnr. 32 ff.

[9] Vgl. Rdnr. 37 ff.

[10] Zum völkerrechtlichen Hintergrund des Emissionshandels vgl. die Vorauflagen. Nach Ablauf des Verpflichtungszeitraums des Kyoto-Protokolls war lange unsicher, ob es ein verbindliches Folgeabkommen geben würde. Auf der 21. Konferenz der Staaten der Klimarahmenkonvention (COP 21, zugleich das 11. Treffen der Parteien des Kyoto-Protokolls, Conference of the Members to the Protocol, CMP) vom 30.11. bis 12.12.2015 wurde mit dem am 4.11.2015 in Kraft getretenen Übereinkommen von Paris, abrufbar unter http://newsroom.unfccc.int (Link: UNFCCC Process and Meetings > Paris Agreement, Stand Abruf: April 2017), eine solide Grundlage für einen – auch handelsbasierten – internationalen Klimaschutz gelegt.

[11] Presseerklärung der Kommission v. 22.7.2003, IP/03/1073 sowie zum Vorschlag der Kommission, Geänderter Vorschlag für eine Richtlinie des Europäischen Parlaments und des Rates über ein System für den Handel mit Treibhausgasemissionszertifikaten in der Gemeinschaft, KOM(2002) 680 endg. Zum Vorschlag der Kommission *Rehbinder/Schmalholz,* UPR 2002, 1 ff.; *Schafhausen,* ET 2002, 563 ff.; *Corino/*

vor. Die Richtlinie trat – allerdings in nennenswert modifizierter Form – als sog. **Emissionshandelsrichtlinie (EmissH-RL)**[12] in Kraft. Stark überformt wurde die EmissH-RL erneut 2008 und 2009. Dabei wurden der Anwendungsbereich auf weitere Branchen, insbesondere den Flugverkehr[13] erweitert, zusätzliche Anlagen bzw. Wirtschaftszweige sowie weitere Treibhausgase in den Emissionshandel einbezogen und detaillierte Vorgaben für die künftige Zuteilung der Emissionszertifikate im stationären Anwendungsbereich wie im Flugverkehr geregelt.[14]

7 Anders als das Kyoto-Protokoll, welches den Handel zwischen den Staaten regelt und offen ist für den Handel mit allen Treibhausgasen, transportiert die Richtlinie die Idee eines gemeinschaftsweiten Marktes für CO_2-intensive Produktionsanlagen, näher benannte Industriezweige und bestimmte große standortfeste Emissionsquellen, wie z. B. Verbrennungsanlagen mit einer Feuerungswärmeleistung von mehr als 20 MW. Zudem erfolgte (angesichts der methodisch statistisch einfacheren und kostengünstigen Erfassbarkeit sowie seines Stellenwerts[15] innerhalb der Treibhausgasbilanzen) eine Konzentration der Aktivitäten zunächst auf CO_2. Erst mit der Novelle der EmissH-RL wurden weitere Treibhausgase dem Anwendungsbereich des europäischen Emissionshandels unterstellt, und zwar perflourierte Kohlenwasserstoffe, die insbesondere bei der Aluminiumproduktion anfallen, und das bei der Herstellung von Salpeter- und Adipinsäure anfallende Distickstoffoxid (N_2O).

8 Die Funktionsweise des europäischen Emissionshandelssystems (**EU ETS**) folgt dem dualen Konzept von **„Genehmigung“ (Permit)** und **„Berechtigung“ bzw. besser „Emissionszertifikat“ (Allowance)**: Jeder betroffene Betreiber braucht eine staatliche Genehmigung, die das Recht der Anlage verbrieft, Treibhausgase emittieren zu dürfen (= strikt anla-

---

Jones/Hawkes, EuZW 2002, 165 ff.; *Frenz*, RdE 2003, 32 ff.; *Epiney*, DVBl. 2002, 579 ff.; *Giesberts/Hilf*, Handel mit Emissionszertifikaten, 2002; *Zenke/Vollmer*, in: Danner/Theobald, Energierecht, EH 118, Rdnr. 32 ff.

[12] Richtlinie 2003/87/EG des Europäischen Parlaments und des Rates v. 13.10. 2003 über ein System für den Handel mit Treibhausgasemissionszertifikaten in der Gemeinschaft und zur Änderung der Richtlinie 96/61/EG des Rates (Emissionshandelsrichtlinie – EmissH-RL), ABl. EU Nr. L 275, v. 25.10.2003, S. 32 ff.

[13] Richtlinie 2008/101/EG des Europäischen Parlaments und des Rates v. 19.11. 2008 zur Änderung der Richtlinie 2003/87/EG zwecks Einbeziehung des Luftverkehrs in das System für den Handel mit Treibhausgasemissionszertifikaten in der Gemeinschaft, ABl. EU Nr. L 8, v. 19.11.2008, S. 3.

[14] Richtlinie 2009/29/EG des Europäischen Parlaments und des Rates v. 23.4.2009 zur Änderung der Richtlinie 2003/87/EG zwecks Verbesserung und Ausweitung des Gemeinschaftssystems für den Handel mit Treibhausgasemissionszertifikaten, ABl. EU Nr. L 140, v. 23.4.2009, S. 63.

[15] Etwa 80 % der Treibhausgasemissionen entfallen in der Regel auf CO_2 – in Deutschland liegt dieser Anteil mittlerweile bei rund 87 %. Vgl. hierzu *Ströbele/Meyer*, in: Rengeling, Klimaschutz durch Emissionshandel, S. 58.

genbezogener Ansatz). Mit der Erteilung der Genehmigung einher geht die Verpflichtung, in Höhe des jährlichen tatsächlichen CO_2-Ausstoßes der Anlage zu einem definierten Stichtag über eine entsprechende Anzahl von Zertifikaten zu verfügen. Diese „Zertifikate", die in der ersten und zweiten Handelsperiode auf der Basis eines national zu erstellenden Allokationsplanes (Nationaler Allokationsplan – NAP) und in der dritten Handelsperiode auf Basis europaweit im Wesentlichen einheitlicher Zuteilungsregeln zugeteilt werden, sind die eigentlichen Emissionszertifikate, also das eigentliche **Handelsgut**. Sie verbriefen das Recht, eine Tonne CO_2-Äquivalent zu emittieren. Überschreitet die Menge der tatsächlichen Emissionen die zugeteilten[16] bzw. ausgegebenen[17] Emissionsrechte, müssen Zertifikate erworben werden. Unterbleibt dies, greifen **Sanktionen**, wie die Verpflichtung zur Entrichtung einer **Strafzahlung**[18] und die gleichzeitige Nacherfüllung durch die Beschaffung der fehlenden Emissionszertifikate. Übersteigen die von einem Unternehmen gehaltenen Emissionszertifikate seine Treibhausgasemissionen, kann es die nicht benötigten Zertifikate innerhalb der gesamten EU veräußern oder aber für einen eventuell innerhalb der Zuteilungsperiode auftretenden Bedarf ansparen (= Banking). Von der eigenen Anlage in einem Jahr aufgezehrte Zertifikate müssen bis zum 30.4. des Folgejahres zurückgegeben werden.

Ein wesentliches Systemelement besteht darin, dass die Zertifikate 9
gem. Art. 12 I EmissH-RL frei übertragbar sind, sodass Anlagenbetreiber, die sich gegen eine Emissionsreduzierung an ihrer Anlage entschieden haben, ihren Verpflichtungen durch **Zukauf von Zertifikaten** nachkommen können. Dadurch bildet sich ein Markt für Emissionszertifikate, auf dem auch Vermittler und andere Personen, die keine eigene Anlage betreiben, tätig werden und Transaktionen z. B. über Handelsplattformen und Börsen abwickeln. Gemäß Art. 12 IV EmissH-RL kann der Zertifikatsinhaber diese auch auf Antrag löschen lassen, sodass z. B. auch Umweltschutzorganisationen Emissionszertifikate erwerben und

---

[16] Der Begriff „Zuteilung" steht für die Entscheidung der zuständigen Behörde (Deutsche Emissionshandelsstelle – DEHSt), dem Anlagenbetreiber eine bestimmte Menge Emissionszertifikate für eine Handelsperiode bereit zu stellen. Der Betreiber kann allerdings über die ihm „zugeteilte" Menge noch nicht verfügen.

[17] Der Begriff „Ausgabe" steht für die Gutschrift der in einem bestimmten Jahr einer Zuteilungsperiode verfügbaren Emissionszertifikate (die ausgegebene Menge ergibt sich aus der Zuteilungsmenge dividiert durch die Anzahl der Jahre einer Zuteilungsperiode) am 28.2. dieses Jahres auf dem Konto des Anlagenbetreibers. Erst nach der „Ausgabe" der Emissionszertifikate kann der Anlagenbetreiber über „seine" Emissionszertifikate verfügen.

[18] Die Strafzahlung beträgt seit dem 1.1.2008 100 EUR je fehlendes Zertifikat. Seit 2013 ist die Strafzahlung entsprechend dem Anstieg des europäischen Verbraucherpreisindex im Vergleich zum Bezugsjahr 2012 anzuheben.

durch deren Löschung die Gesamtzahl der Zertifikate verknappen und durch ansteigende Zertifikatspreise zum Klimaschutz beitragen können.[19]

10 Neben der EmissH-RL hat der Europäische Rat am 14.9.2004 die sog. **Linking Directive** 2004/101/EG[20] verabschiedet, welche die EmissH-RL durch die Möglichkeit zur Nutzung von Emissionsgutschriften aufgrund der erwähnten projektbezogenen Kyoto-Mechanismen Joint Implementation (JI) und Clean Development Mechanism (CDM) ergänzte und für den internationalen Kohlenstoffmarkt öffnete. Die Linking Directive erlaubt die Nutzung der bereits erwähnten[21] Emissionsgutschriften aus JI- und CDM-Projekten zur Erfüllung der Verpflichtungen, die die Anlagenbetreiber auf der Grundlage der EmissH-RL zu erfüllen haben. Im Rahmen des europäischen Emissionshandels besteht Rechtssicherheit bis 2020. Emissionsgutschriften aus Projekten, die vor dem 1.1.2013 bewilligt wurden, können in EUA umgetauscht werden.[22] Für später bewilligte Projekte gilt dies unter der Voraussetzung, dass sie in einem der am wenigsten entwickelten Länder (Kategorie der international definierten, so genannten „Least-Developed-Countries – LDC's") durchgeführt werden. Im Fall eines bilateralen Abkommens mit diesem Land können auch nach 2020 zertifizierte Emissionsreduktionen (Certified Emission Reduction – CER) umgetauscht werden, soweit der nationale Rechtsrahmen den Umtausch zulässt.[23]

2. Emissionshandel ab 2013

11 Schon als noch unklar war, ob und in welcher Form es nach dem Auslaufen der Verpflichtungsperiode des Kyoto-Protokolls zu einem Nachfolgeabkommen mit verbindlichen Emissionsminderungsvorgaben kommen würde, war klar, dass der europäische Emissionshandel fortgeführt werden würde.[24] Die Europäische Kommission hatte hierfür am 23.1.2008 einen

[19] *Corino/Jones/Hawkes,* EuZW 2002, 165, 167.

[20] Richtlinie 2004/101/EG des Europäischen Parlaments und des Rates v. 27.10.2004 zur Änderung der Richtlinie 2003/87/EG über ein System für den Handel mit Treibhausgasemissionszertifikaten in der Gemeinschaft im Sinne der projektbezogenen Mechanismen des Kyoto-Protokolls (Linking Directive), ABl. EU Nr. L 338, v. 13.11.2004, S. 18 ff.

[21] Vgl. schon Rdnr. 7.

[22] Art. 11a IV EmissH-RL, vgl. bereits Rdnr. 3.

[23] Für Deutschland vgl. hierzu § 18 III TEHG, vgl. hierzu Rdnr. 17.

[24] Dieses ergab sich auch aus Art. 11 II EmissH-RL, der nicht nur für die erste und zweite Handelsperiode, sondern auch für weitere Handlungspflichten der Mitgliedstaaten vorsieht.

ersten Entwurf vorgelegt,[25] der (deutlich modifiziert) am 17.12.2008 vom Europäischen Parlament verabschiedet wurde.

Das unter dem Namen **„Green Package“** verabschiedete Regelungspaket selbst bestand aus vier Elementen, mit denen alle für den Klimaschutz relevanten Sektoren und Ansatzpunkte abgedeckt werden: 12

- dem sog. **Effort sharing**, das sich an private Haushalte, den Verkehr, die nicht vom europäischen Emissionshandel erfassten Anlagen sowie auf die Nicht-CO_2-Gase richtet;[26]
- der Überarbeitung und Erweiterung des **EU ETS;**[27]
- der Richtlinie zum verstärkten **Einsatz Erneuerbarer Energien,**[28] die erstmals verbindliche Ziele vorgibt und neben Strom auch Wärme, Kälte und Verkehr einbezieht sowie
- der Richtlinie für die Abscheidung und geologische Speicherung von CO_2 (Carbon Capture and Storage – **CCS**).[29]

Verglichen mit der ersten und zweiten Handelsperiode, in denen 27 Mitgliedstaaten die EmissH-RL mit Hilfe von individuellen NAPs umgesetzt haben, wurde mit Beginn der dritten Handelsperiode 2013 bis 2020 ein kompletter Systemwechsel vollzogen, der sich wie folgt zusammenfassen lässt: 13

- Die bisherigen Handelsperioden von drei bzw. fünf Jahren wurden durch längerfristige Zuteilungsperioden abgelöst (**dritte Handelsperiode** 2013 bis 2020).
- Nationale Allokationspläne gehören der Vergangenheit an.
- Ab 2013 wird das für den Emissionshandel verfügbare Emissionsbudget auf EU-Ebene festgelegt.[30] Der Minderungspfad (graphische Aufbereitung vgl. Abbildung 8.2) wird bis zur Zielmenge (hier) 2020 vor-

---

[25] Entwurf der Europäischen Kommission, Vorschlag für eine Richtlinie des Europäischen Parlaments und des Rates zur Änderung der Richtlinie 2003/87/EG zwecks Verbesserung und Ausweitung des EU-Systems für den Handel mit Treibhausgasemissionszertifikaten {KOM(2008) 30 endgültig}, KOM(2008)16 endg.; verabschiedet vom Europäischen Parlament am 17.12.2008 vgl. Legislative Entschließung des Europäischen Parlaments v. 17.12.2008 (KOM(2008)0016 – C6-0043/2008 – 2008/0013 (COD)).

[26] In dem entsprechenden Dossier gibt die Kommission Ziele für die einzelnen Mitgliedstaaten vor, überlässt die Art und Weise, wie diese Ziele erreicht werden, jedoch den nationalen Regierungen; vgl. Fn. 20. Zum Effort Sharing für den Zeitraum 2021–2030 vgl. der Verordnungsvorschlag der Europäischen Kommission v. 20.7.2016, COM (2016) 482 final.

[27] Vgl. FN 20.

[28] Hierzu z. B. *Altrock/Oschmann/Theobald*, EEG, 4. Aufl. 2013.

[29] Vgl. FN 20.

[30] Bis dahin standen der Europäischen Kommission nur in begrenztem Maße Kontrollbefugnisse über die von den einzelnen Mitgliedstaaten festgelegten Zuteilungsbudgets zu, EuG, Urt. v. 23.9.2009, Rs. T-183/07, T-263/07; hierzu *Kobes/Engel*, NVwZ 2011, 207, 208.

gegeben. Die Minderungsquote setzt im Jahre 2010 an und beträgt – zunächst – pro Jahr 1,74 %. Das Emissionsbudget für 2020 hat einen EU-weiten Umfang von rund 1.663 Mio. Emissionszertifikaten.[31]

- Der Anwendungsbereich des Europäischen Emissionshandels wurde ab 2013 erweitert – auf die Anlagen der **Aluminiumindustrie** und bestimmte Anlagen der **Chemischen Industrie**. Darüber hinaus werden neben dem Treibhausgas CO_2 auch N_2O und FKW vom Emissionshandel erfasst.
- Für die Europäische Union gelten seit 2013 **einheitliche Zuteilungsmechanismen und -regeln**. So wird die Stromerzeugung (mit Ausnahme der Anlagen in den osteuropäischen Staaten, die eine Übergangsregelung nutzen können)[32] ihren Bedarf an Emissionszertifikaten ab 2013 zu 100 % im Rahmen von **Versteigerungen**[33] oder Zukäufen decken. Dies gilt sowohl für Anlagen der öffentlichen Stromerzeugung als auch für die industrielle Kraftwirtschaft (sog. „box 1").
- Auch der Zertifikatsbedarf von Anlagen des **Produzierenden Gewerbes** wird zumindest partiell durch Auktionierung gedeckt. 2013 betrug der Auktionsanteil des Produzierenden Gewerbes 20 % und steigt in den darauf folgenden Jahren bis 2020 auf 70 % an (sog. „box 2"). Die verbleibende kostenlose Zuteilung erfolgt nach Maßgabe produktspezifischer Emissionswerte (Benchmarks), die sich an den effizientesten 10 % der Anlagen eines Sektors innerhalb Europas orientieren.[34] Eine solche kostenlose Zuteilung für die erzeugte Wärmemenge erhalten auch Strom erzeugende Anlagen, wenn in ihnen Nutzwärme in hocheffizienter Kraft-Wärme-Kopplung (KWK) erzeugt wird.[35]
- Eine Ausnahme gilt für Anlagen von **Industriezweigen**, die nicht nur kohlendioxidintensiv sind (= hohe CO_2-Kosten haben), sondern darüber hinaus mit ihren Produkten und Dienstleistungen auch noch in einem ganz massiven internationalen Wettbewerb stehen. Diese abwanderungsbedrohten (**„Carbon Leakage")-Unternehmen**[36] erhalten zwar eine Zuteilung auf der Grundlage anspruchsvoller Benchmarks. Sie unterliegen aber nicht dem Minderungspfad 80/30, sondern der

[31] Ausgehend von einer durchschnittlichen jährlichen Gesamtmenge der für den Zeitraum 2008 bis 2012 vergebenen Emissionszertifikaten von 2.084.301.856 Emissionszertifikaten, vermindert um jährlich 1,74 % dieser Menge, gem. dem Beschluss 2010/634/EU v. 22.10.2010 in der durch Art. 3 des Beschlusses 2013/448/EU geänderten Fassung.

[32] Art. 10c EmissH-RL.

[33] *Zenke/Vollmer*, in: Danner/Theobald, Energierecht, EH 118, Rdnr. 160 ff.; zur Verwendung der Versteigerungserlöse *Desens*, DVBl. 2010, 228.

[34] Art. 10a II EmissH-RL.

[35] Art. 10 IV EmissH-RL.

[36] Art. 10a XV–XVII EmissH-RL.

Industrie-Cap-Reduktion (sog. „box 3“).[37] Die erste **Carbon-Leakage-Liste (CL-Liste)** hat die Europäische Kommission im Dezember 2009 vorgelegt.[38] Sie wurde Ende 2011 geringfügig erweitert und enthält heute rund 170 Abteilungen, von Chemikalien über Papier bis hin zu Pullovern oder Phantasieschmuck. Die erste grundsätzliche Revision der CL-Liste stand zum Jahr 2015 an. Die neue Carbon-Leakage-Liste[39] wurde im Oktober 2014 angenommen. Sie ist die Grundlage für die Berechnung der kostenlosen Zuteilung für den Zeitraum 2015 bis 2019.

- Für Anlagen der stromintensiven und in einem intensiven internationalen Wettbewerb stehenden Industriezweige, deren Strompreise durch das Weiterwälzen der Zertifikatspreise deutlich ansteigen, sieht die EmissH-RL eine Kompensation aus den Erlösen des Emissionshandels vor („indirektes Carbon Leakage“). Da es sich hier um einen beihilferelevanten Tatbestand handelt, hat die Kommission am 22.5.2012 eine beihilferechtliche Leitlinie für derartige Kompensationen vorgelegt.[40] Diese Maßnahme zielt auf die Erhaltung der internationalen Wettbewerbsfähigkeit der stromintensiven Industrie, die unter einem erheblichen internationalen Wettbewerbsdruck steht.[41]
- Der Emissionshandel kann von den sehr kleinen Anlagen (= Feuerungswärmeleistung von unter 35 MW, die weniger als 25.000 t CO_2-Äquivalente pro Jahr emittieren) „entschlackt“ werden. Da aber eine vollständige Befreiung von den Pflichten des Emissionshandels nach den EU-weiten Regeln nicht vorgesehen ist, hat die sinnvolle Norm kaum praktische Bedeutung erlangt. Die Kleinemittenten müssen

[37] Art. 10a XIII EmissH-RL; die Liste wurde und wird in den Folgejahren gem. Art. 10b EmissH-RL regelmäßig untersucht und ggf. verändert.

[38] Beschluss 2010/2/EU der Kommission v. 24.12.2009 zur Festlegung eines Verzeichnisses der Sektoren und Teilsektoren, von denen angenommen wird, dass sie einem erheblichen Risiko einer Verlagerung von CO_2-Emissionen ausgesetzt sind, gemäß der Richtlinie 2003/87/EG des Europäischen Parlaments und des Rates, ABl. EU Nr. L 1, v. 5.1.2010, S. 10.

[39] Beschluss 2014/746/EU der Kommission v. 27.10.2014 zur Festlegung eines Verzeichnisses der Sektoren und Teilsektoren, von denen angenommen wird, dass sie im Zeitraum 2015–2019 einem erheblichen Risiko einer Verlagerung von CO_2-Emissionen ausgesetzt sind, gemäß der Richtlinie 2003/87/EG des Europäischen Parlaments und des Rates, ABl. EU Nr. L 308, v. 29.10.2014, S. 114 ff.

[40] Mitteilung der Kommission v. 22.5.2012, Leitlinie für bestimmte Beihilfemaßnahmen im Zusammenhang mit dem System für den Handel mit Treibhausgasemissionszertifikaten nach 2012, C(2012) 3230 final.

[41] Deutschland hat von dieser Möglichkeit seitdem jedes Jahr Gebrauch gemacht und für die Strompreiskompensation einen entsprechenden Haushaltsposten zur Verfügung gestellt, 2017 zuletzt 300 Mio. EUR für das Abrechnungsjahr 2016.

äquivalente Maßnahmen zum Emissionshandel nachweisen und weiter über die Emissionen berichten.[42]

- Schließlich: Man setzte verstärkt auf Emissionsverringerungen in den Mitgliedstaaten selbst; **Klimaschutzprojekte in Drittstaaten** sind nur noch in dem Umfang zur Erfüllung der europäischen Minderungsverpflichtung im Rahmen der EmissH-RL nutzbar, in dem das den Mitgliedstaaten in der zweiten Handelsperiode zugestandene Budget von Emissionsgutschriften aus Drittstaaten nicht ausgeschöpft worden ist. Allerdings war vorgesehen, dass mindestens 11 % der Zuteilungsmenge der zweiten Handelsperiode bezogen auf den Gesamtzeitraum 2008 bis 2020 durch Emissionsgutschriften abgedeckt werden können. Sonderregelungen wurden für neue Teilnehmer, neu aufgenommene Sektoren und den Flugverkehr geschaffen.

3. Emissionshandel ab 2021

14 Den Rahmen für die Klimapolitik der EU für den Zeitraum bis einschließlich 2030 – das 2030 Climate & Energy Framework – setzt der Beschluss des Europäischen Rates vom 24.10.2014.[43] Darin verpflichtet sich die EU, die EU-internen Treibhausgasemissionen bis 2030 um 40 % im Vergleich zu 1990 zu reduzieren. Für die dem europäischen Emissionshandel unterliegenden Sektoren wird ein Reduktionsziel von 43 % im Vergleich zum Jahr 2005 vorgegeben. Die nicht dem Emissionshandel unterliegenden Sektoren sollen einen Minderungsbeitrag von 30 % im Vergleich zum Referenzjahr 2005 erbringen. Weitere Zielvorgaben werden für die Bereiche Energieeffizienz und Erneuerbare Energien gesetzt. Für das EU ETS enthalten die Schlussfolgerungen des Rates neben der Festlegung des Minderungsbeitrages bereits folgende weitere Maßgaben:

- Der jährliche Faktor, um den die Obergrenze für die maximal zulässigen Emissionen, also das Gesamtbudget im EU ETS, gesenkt wird, wird von 1,74 % auf 2,2 % für die Zeit ab 2021 angehoben. Dies entspräche einer zusätzlichen Einsparung von rd. 556 Mio. t CO_2 in der Handelsperiode 2021 bis 2030 (veranschaulicht in der folgenden Abbildung).

---

[42] Art. 27 EmissH-RL.

[43] Übermittlungsvermerk des Generalsekretariats des Rates für die Delegationen, Betr.: Tagung des Europäischen Rates (23./24.10.2014) – Schlussfolgerungen, abrufbar unter http://www.consilium.europa.eu (Link: Documents and publications > Public register > Search in the register > Document Number 169/14), Stand Abruf: April 2017.

Abbildung 8.2: Abschmelzung des ETS-Budgets in der Handelsperiode 2021 bis 2030 mit jährlich 2,2 % statt 1,74 %

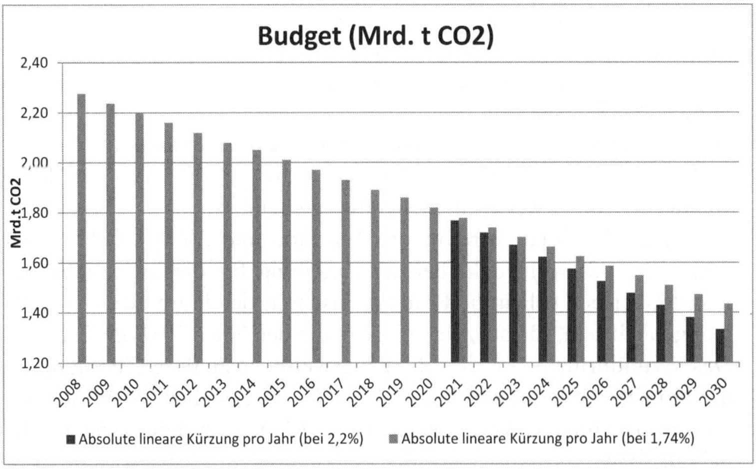

- Mitgliedstaaten mit einem Pro-Kopf-BIP unter 60 % des EU-Durchschnitts[44] soll es bis 2030 weiterhin gestattet sein, dem Energiesektor kostenlose Zertifikate zu gewähren.
- Die bestehende NER300-Fazilität – diese speist sich aus der Veräußerung von in der Handelsperiode 2013 bis 2020 300 Mio. Zertifikaten aus der Neuanlagenreserve (New Entrant Reserve – NER) – wird fortgeführt und die Ausstattung auf 400 Mio. Zertifikate aufgestockt (NER400). Ihr bisheriger Anwendungsbereich (CO_2-Abscheidung und -speicherung sowie Erneuerbare Energien) wird auf CO_2-arme Innovationen in Industriesektoren erweitert.
- Eine neue Reserve von 2 % der gesamten zur Verfügung stehenden Zertifikatemenge wird bereit gestellt, um die Mitgliedstaaten mit Pro-Kopf-BIP unter 60 % des EU-Durchschnitts bei der Modernisierung ihrer Energiesysteme zu unterstützen.
- Ein Solidaritätsfonds soll 10 % der zu versteigernden Zertifikate unter den Mitgliedstaaten aufteilen, deren Pro-Kopf-BIP unter 90 % des EU-Durchschnitts liegt.[45]
- Dem Überschuss von Zertifikaten von geschätzten rund 2 Mrd. Zertifikaten soll, dies wurde zwischenzeitlich schon beschlossen,[46] – durch eine Marktstabilitätsreserve entgegengewirkt werden.

---

[44] Dies betrifft die Länder Bulgarien, Kroatien, die Tschechische Republik, Estland, Ungarn, Lettland, Litauen, Malta, Polen, Rumänien und die Slowakei.

[45] Dies betrifft Bulgarien, Kroatien, Zypern, die Tschechische Republik, Estland, Ungarn, Lettland, Litauen, Malta, Polen, Rumänien, die Slowakei, Griechenland, Portugal und Spanien.

15 Die Europäische Kommission hat zur Verwirklichung des europäischen Rahmens für die Klima- und Energiepolitik am 15.7.2015 einen Legislativvorschlag[47] zur Überarbeitung der EmissH-RL für den Zeitraum nach 2020 vorgelegt. Nach diesem soll es im Grundsatz bei der in der dritten Handelsperiode 2013 bis 2020 bestehenden Systematik bleiben, mit folgenden Maßgaben:

- Die Anteile kostenloser und kostenpflichtiger Zuteilung am Gesamtbudget sollen gleich bleiben. Danach würden 57 % der Zertifikate versteigert, 43 % weiterhin kostenlos zugeteilt.
- Die Handelsperiode wird in die Teilzeiträume 2021 bis 2025 und 2026 bis 2030 aufgeteilt. Bei der Zuteilung für die erste Hälfte der Handelsperiode sollen die Produktionsdaten der Jahre 2013 bis 2017 maßgeblich sein, für die zweite Hälfte die der Jahre 2018 bis 2022.
- Das Grundprinzip für die übergangsweise kostenlose Zuteilung für die Industrie anhand von Benchmarks bleibt bestehen. Allerdings sollen die Benchmark-Werte verschärft werden. Von einer erneuten Erhebung bzw. Aktualisierung der Daten über die Emissionsintensität der nach aktuellem Stand 10 % effizientesten Anlagen des jeweiligen Sektors in Europa soll zwar abgesehen werden. Stattdessen sieht der Vorschlag aber eine pauschale Absenkung von zwischen 0,5 und 1,5 % pro Jahr vor. Diese wird ausgehend vom Basisjahr 2008 bis zur Mitte der jeweiligen (Teil-)Handelsperiode berechnet. Bei einer Abwertung der Benchmarks um den Mittelwert von 1 % pro Jahr ergibt sich somit bis 2023 eine Absenkung des betreffenden Benchmarks um 15 %. Bis 2028 verschärft sich die Absenkung auf 20 %.
- Die Quote der kostenlosen Zuteilung wird bei dem Wert von 2020 eingefroren, also bei 30 %. Nach dem bisherigen Wortlaut der EmissH-RL hätte die kostenlose Zuteilung in der Mitte der vierten Handelsperiode geendet.
- Die Belange der von einer Abwanderung bedrohten Carbon Leakage-Sektoren sollen weiterhin Berücksichtigung finden. Allerdings soll die

---

[46] Beschluss 2015/1814/EU des Europäischen Parlaments und des Rates v. 6.10.2015 über die Einrichtung und Anwendung einer Marktstabilitätsreserve für das System für den Handel mit Treibhausgasemissionszertifikaten in der Union und zur Änderung der Richtlinie 2003/87/EG, ABl. EU Nr. L 264, v. 9.10.2015, S. 1 ff. Die Marktstabilitätsreserve sieht nach 2019 eine Verringerung der Versteigerungsmenge des jeweiligen Jahres um 12 % vor, wenn der Überschuss > 833 Mio. Zertifikate beträgt. Eine Erhöhung der Versteigerung um 100 Mio. Zertifikate ist vorgesehen, wenn der Zertifikate-Überschuss 400 Mio. unterschreitet.

[47] Europäische Kommission, Vorschlag für eine Richtlinie der Europäischen Parlaments und des Rates zur Änderung der Richtlinie 2003/87/EG zwecks Verbesserung der Kosteneffizienz von Emissionsminderungsmaßnahmen und zur Förderung von Investitionen in CO_2-effiziente Technologien, v. 15.7.2015, COM(2015) 337 final, 2015/148 (COD).

Privilegierung künftig zielgenauer erfolgen. Die Rede ist hier von nur noch etwa 50 Sektoren, die weiterhin – vorbehaltlich der durch den Benchmark-Ansatz und durch die Begrenzung des Industriebudgets bedingten Kürzungen – eine zu 100 % kostenlose Zuteilung erhalten sollen.

- Der lineare Kürzungsfaktor, mit dem das insgesamt zur Verfügung stehende Zuteilungsbudget schrittweise abgeschmolzen wird, soll so bereits die Ratsschlussfolgerungen vom 24.10.2014 – von 1,74 % auf 2,2 % pro Jahr angehoben werden.[48]
- Bei der kostenlosen Zuteilung für wesentliche Kapazitätserweiterungen ist eine Flexibilisierung geplant: Während diese in der dritten Handelsperiode nur unter der Voraussetzung einer vorangegangenen technischen Änderung der Anlage gewährt wird, soll künftig auch für den Fall von schlichten Produktionssteigerungen die Möglichkeit einer zusätzlichen Zuteilung eröffnet werden. Die Zertifikate hierfür sollen aus der Marktstabilitätsreserve abgezogen werden.
- Schließlich wird ein Innovationsfonds (400 Mio. Zertifikate) zur Förderung innovativer Projekte eingerichtet, womit die im Ratsbeschluss vom 24.10.2014 angesprochene NER400-Fazilität implementiert würde. Diese soll um weitere 50 Mio. Zertifikate aufgestockt werden, die in der Handelsperiode 2013 bis 2020 nicht benötigt wurden und sonst in die Marktstabilitätsreserve fließen würden.
- Ebenso soll der mit 2 % der Menge der zu versteigernden Zertifikate ausgestattete Modernisierungsfonds (ca. 310 Mio. Zertifikate) zur Verbesserung der Energieeffizienz und zur Modernisierung der Energiesysteme ärmerer EU-Staaten eingerichtet werden.

16 Nach den maßgeblichen Regeln des sog. Mitentscheidungsverfahrens hatten zunächst das Europäische Parlament und der Europäische Rat ihre Standpunkte zu dem Entwurf der Europäischen Kommission festzulegen, was das Europäische Parlament am 15.2.2017[49] und der Europäische Rat am 28.2.2017[50] getan haben. Nun ist das sog. Trilog-Verfahren eröffnet, in dem die drei am Rechtssetzungsverfahren beteiligten Organe einen gemeinsamen Standpunkt erarbeiten sollen. Da die Mitgliedstaa-

---

[48] Der Umweltausschuss des Europäischen Parlaments hat am 15.12.2016 zwischenzeitlich dafür votiert, den Kürzungsfaktor auf 2,4 % anzuheben, wohingegen das Plenum lediglich für eine entsprechende Prüfoption ab 2024 votiert hat.

[49] Abänderungen des Europäischen Parlaments v. 15.2.2017 zu dem Vorschlag für eine Richtlinie des Europäischen Parlaments und des Rates zur Änderung der Richtlinie 2003/87/EG zwecks Verbesserung der Kosteneffizienz von Emissionsminderungsmaßnahmen und zur Förderung von Investitionen in CO_2-effiziente Technologien, P8_TA-PROV (2017)0035.

[50] Proposal for a Directive of the European Parliament and of the Council amending Directive 2003/87/EC to enhance cost-effective emission reductions and low-carbon investments – General approach, ST 6841 2017 INIT – 2015/0148 (OLP).

ten binnen 18 Monaten nach dem Inkrafttreten der geänderten Richtlinie – wo erforderlich – eine Transformation in nationales Recht vornehmen und die Europäische Kommission zudem weitere Durchführungsrechtsakte erlassen sollen, ist eine zügige Verhandlung des Dossiers angestrebt, um so mit ausreichendem Vorlauf vor Beginn der Handelsperiode im Jahr 2021 für Klarheit über den Rechtsrahmen zu sorgen.[51]

Abbildung 8.3: Verteilung des Zuteilungsbudgets für die Handelsperiode 2021 bis 2030

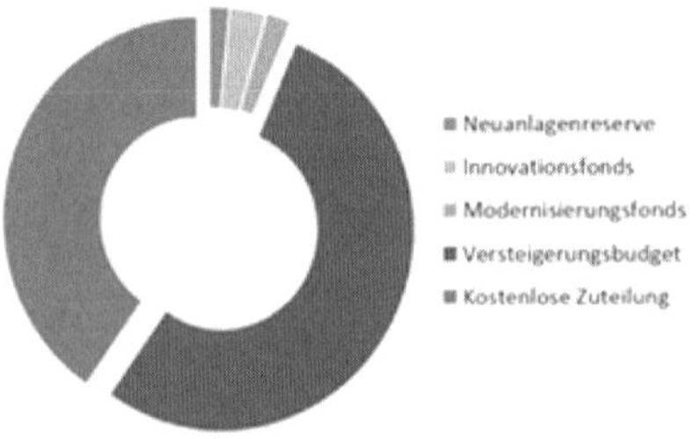

II. Umsetzung des europäischen Rahmens in nationales Recht: Deutschland

17 EU-Richtlinien sind, da sie als sog. Sekundärrecht nicht unmittelbar im jeweiligen Mitgliedsland gelten, durch die Mitgliedstaaten in nationales Recht umzusetzen.[52] Dadurch verbleiben – dies galt im Emissionshandel zumindest für die erste und die zweite Handelsperiode – z. T. wesentliche **Entscheidungskompetenzen** bei den Mitgliedstaaten, die diese ihrerseits wieder europarechts- und richtlinienkonform ausüben müssen.

18 Deutschland verfügt gleich über mehrere Gesetze und auch Verordnungen, die den Rechtsrahmen des Emissionshandels regeln. Zunächst

[51] An den Standpunkten der Organe lassen sich Differenzen ablesen, die einer schnellen Einigung entgegenstehen könnten. Bei den Absenkungsfaktoren für die Benchmarks will etwa das Europäische Parlament den Korridor am oberen Ende bis 1,75 % ausdehnen, während der Europäische Rat den unteren Wert auf 0,2 % absenken will. Nach dem Rat soll die Anwendung eines sektorübergreifenden Korrekturfaktors (Cross Sectoral Correction Factor, CSCF) vermieden werden, indem der Anteil der zu versteigernden Menge an Zertifikaten am Gesamtbudget um 2 % zugunsten der Industrie gesenkt wird. Der Rat sieht weitere Möglichkeiten der Qualifikation von Wirtschaftssektoren als abwanderungsbedroht vor. Ambitionierter als der Vorschlag der Europäischen Kommission sind die von Parlament und Rat hinsichtlich der Anzahl der Zertifikate, die künftig in die Marktstabilitätsreserve fließen sollen. In der Diskussion ist eine Verdopplung des Prozentsatzes der jährlich abzuschöpfenden Überschüsse von 12 % auf 24 %.

[52] Es gibt wenige Ausnahmen, in denen Richtlinien unmittelbare Wirkung zukommt. Z. B. EuGH, Slg. 1982, 53 – *Becker*; EuGH, Slg. 1995, I-2189 – *Wärmekraftwerk Großkrotzenburg.*

ist hier als Stammgesetz das **Treibhausgas-Emissionshandelsgesetz**[53] (TEHG) zu nennen, welches die rechtliche Basis der Implementierung des Emissionshandelssystems in Deutschland ist. Das TEHG bezog in der ersten Handelsperiode 1.849 Anlagen, in der zweiten Handelsperiode rund 1.665 Anlagen in den Emissionshandel ein (§ 2 i. V. m. Anhang I TEHG). In der laufenden, dritten Handelsperiode 2013 bis 2020 waren am 2.5.2016 1.889 Anlagen emissionshandelspflichtig.[54] Es handelt sich dabei um alle Feuerungsanlagen ab 20 MW[55] Feuerungswärmeleistung der öffentlichen und industriellen Energiewirtschaft sowie die größeren Anlagen bestimmter CO_2-intensiver Wirtschaftsbereiche (im Wesentlichen Eisen & Stahl, Papier & Pappe, Zement, Kalk, Glas, Ziegel und Keramik). Der Anstieg der Zahl emissionshandelspflichtiger Anlagen in der dritten Handelsperiode ist bedingt durch die Einbeziehung weiterer Sektoren und Treibhausgase.

Entsprechend der EmissH-RL[56] sah das TEHG für die ersten beiden Handelsperioden vor, dass die Bundesregierung einen **Nationalen Allokationsplan** verabschiedet, welcher die Grundlage für das **Mengengerüst** für die jeweilige Zuteilungsperiode (Makroplan) und die einzelnen materiellen Allokationsregeln (Mikroplan) war.[57] Für die Zuteilungsperiode 2005 bis 2007 war das Gesetz über den Nationalen Zuteilungsplan für Treibhausgas-Emissionszertifikate in der Zuteilungsperiode 2005 bis 2007 (**ZuG 2007**)[58] relevant, für die zweite Handelsperiode das entspre- 19

[53] Gesetz über den Handel mit Zertifikaten zur Emission von Treibhausgasen (Treibhausgas-Emissionshandelsgesetz – TEHG) v. 8.7.2004, BGBl. I S. 1578. In grundlegenden Teilen neu gefasst wurde das TEHG durch Gesetz v. 21.7.2011, BGBl. I S. 1475, zuletzt geändert durch Gesetz v. 18.7.2016, BGBl. I S. 1666; zu den Rechtsproblemen der Novelle *Zenke*, IR 2011, 98.

[54] Vgl. unter https://www.dehst.de/ (Link: Teilnehmer > Anlagenbetreiber > Anlagenlisten > Erläuterungen zur Anlagenliste für das Jahr 2015), Stand Abruf: April 2017.

[55] Bei der Novelle des TEHG wurde ein Auffangtatbestand geschaffen, der – im Unterschied zur EmissH-RL – alle Verbrennungseinrichtungen ab (und nicht mehr als) 20 MW Feuerungswärmeleistung erfasst.

[56] Vgl. hierzu bereits Rdnr. 5 ff.

[57] Hierzu: Nationaler Allokationsplan für die Bundesrepublik Deutschland 2005–2007/2008–2012 (Beschluss des Bundeskabinetts vom 31.3.2004), abrufbar unter http://www.bmub.bund.de/ (Link: Themen > Klima – Energie > Emissionshandel > Nationaler Allokationsplan – NAP I: 31.3.2004/NAP II: 28.6.2006), Stand Abruf: April 2017.

[58] Gesetz über den nationalen Zuteilungsplan für Treibhausgas-Emissionszertifikate in der Zuteilungsperiode 2005 bis 2007 (Zuteilungsgesetz 2007 – ZuG 2007) v. 26.8.2004, BGBl. I S. 2211, zuletzt geändert durch Gesetz v. 18.7.2016, BGBl. I S. 1666.

chende für 2008 bis 2012 (**ZuG 2012**).[59] Die Zuteilungsgesetze wurden je durch Verordnungen konkretisiert.[60]

20 Für die dritte Handelsperiode hat der Gesetzgeber auf ein Zuteilungsgesetz verzichtet. Stattdessen gilt ab 2013 nur die **Verordnung über die Zuteilung von Treibhausgas-Emissionsberechtigungen in der Handelsperiode 2013 bis 2020 (Zuteilungsverordnung 2020 – ZuV 2020)**.[61] Hintergrund hierfür war die Tatsache, dass die Europäische Kommission die Zuteilungsregeln durch einen Beschluss[62] bereits derart detailliert ausgestaltet hatte, dass den Mitgliedstaaten kaum Umsetzungsspielräume blieben.[63]

C. Ausgestaltung des Emissionshandels in Deutschland

I. Grundstrukturen: „Permit & Allowance" und „Cap & Trade"

21 Der Emissionshandel folgt den europarechtlich angelegten[64] Grundstrukturen von „Permit & Allowance" einerseits und „Cap & Trade" andererseits:

22 Die Freisetzung von CO_2-Emissionen für im Treibhausgas-Emissionshandelsgesetz näher benannte Tätigkeiten in ortsfesten Anlagen[65] bedarf

[59] Gesetz über den nationalen Zuteilungsplan für Treibhausgas-Emissionszertifikate in der Zuteilungsperiode 2008 bis 2012 (Zuteilungsgesetz 2012 – ZuG 2012) v. 7.8.2007, BGBl. I S. 1788, zuletzt geändert durch Gesetz v. 18.7.2016, BGBl. I S. 1666.

[60] Verordnung über die Zuteilung von Treibhausgas-Emissionsberechtigungen in der Zuteilungsperiode 2005 bis 2007 (Zuteilungsverordnung 2007 – ZuV 2007) v. 31.8.2004, BGBl. I S. 2255, zuletzt geändert durch Gesetz v. 21.7.2011, BGBl. I S. 1475. Verordnung über die Zuteilung von Treibhausgas-Emissionsberechtigungen in der Zuteilungsperiode 2008 bis 2012 (Zuteilungsverordnung 2012 – ZuV 2012) v. 13.8.2007, BGBl. I S. 1941, zuletzt geändert durch Gesetz v. 21.7.2011, BGBl. I S. 1475.

[61] Verordnung über die Zuteilung von Treibhausgas-Emissionsberechtigungen in der Handelsperiode 2013 bis 2020 (Zuteilungsverordnung 2020 – ZuV 2020) v. 26.9.2011, BGBl. I S. 1921.

[62] Beschluss 2011/278/EG der Europäischen Kommission v. 27.4.2011 zur Festlegung EU-weiter Übergangsvorschriften zur Harmonisierung der kostenlosen Zuteilung von Emissionszertifikaten gemäß Artikel 10a der Richtlinie 2003/87/EG des Europäischen Parlamentes und des Rates, ABl. EU Nr. L 130, v. 17.5.2011, S. 1 ff.

[63] Dass damit auch die individuelle Zuteilungsentscheidung europarechtlich determiniert ist, bleibt nicht ohne Auswirkungen auf den Rechtsschutz: Das mit einer Klage gegen den Zuteilungsbescheid befasste mitgliedstaatliche Gericht muss oft im Vorabentscheidungsverfahren den EuGH anrufen; *Ehrmann*, I+E 2011, 243, 249, *Oligmüller*, ET 8/2011, 66, 70. Tatsächlich erreichen den EuGH mit der dritten Handelsperiode viele Vorlagefragen zur Auslegung der europäischen Zuteilungsregeln und der Vereinbarkeit der Durchführungsmaßnahmen der Europäischen Kommission mit der EmissH-RL und dem europäischen Primärrecht. Die meisten betrafen den sog. sektorübergreifenden Korrekturfaktor (Cross Sectoral Correction Factor, CSCF).

[64] Vgl. hierzu bereits Rdnr. 5 ff.

[65] Dies sind die in Nr. 1 bis 32 des Anhang 1 zum TEHG genannten Tätigkeiten. Im Unterschied dazu ist für den nach Nr. 33 seit 2012 emissionshandelspflichtigen Flugverkehr keine Emissionsgenehmigung vorgesehen.

der **Genehmigung** (§ 4 I 1 TEHG). Angesichts der bereits erteilten Genehmigungen für den Anlagenbetrieb nach dem Bundes-Immissionsschutzgesetz (**BImSchG**)[66] sieht das Gesetz zur Minimierung von Verwaltungsaufwand vor, dass für Bestandsanlagen die erteilte Genehmigung nach § 4 BImSchG um das Recht zur Emission von Klimagasen angereichert wird (§ 4 IV TEHG – „aufgeladene Genehmigung").[67] Daneben kann aber auch eine eigenständige Emissionsgenehmigung beantragt werden. Dies ist in den Fällen sinnvoll, in denen in der Anlage auch nicht emissionshandelspflichtige Tätigkeiten ausgeführt werden. Die separate Emissionsgenehmigung verschafft dann Klarheit darüber, wie weit die Emissionshandelspflicht reicht. Die Möglichkeit der eigenständigen Genehmigung bedeutet im Umkehrschluss aber nicht, dass diese stets und unabhängig von der BImSchG-Genehmigung beantragt werden muss. Hier gilt (weiterhin), dass die Genehmigung der Immissionsschutzbehörde aufgrund der in § 13 BImSchG angeordneten Konzentrationswirkung hinsichtlich aller für den Anlagenbetrieb erforderlichen öffentlich-rechtlichen Genehmigungen auch die Emissionsgenehmigung umfasst. Regelungsadressat des Genehmigungserfordernisses ist der **Anlagenbetreiber**. Nach § 3 Nr. 2 1 TEHG ist dies „eine natürliche oder juristische Person oder Personengesellschaft, die die unmittelbare Entscheidungsgewalt über eine Anlage innehat, in der eine Tätigkeit nach Anhang 1 Teil 2 Nummer 1 bis 32 durchgeführt wird, und die dabei die wirtschaftlichen Risiken trägt". Bei genehmigungsbedürftigen Anlagen nach § 4 BImSchG ist Verantwortlicher ihr Betreiber. Die Genehmigung wird durch die nach dem jeweiligen Landesrecht zuständigen Genehmigungsbehörden erteilt. Die Deutsche Emissionshandelsstelle im Umweltbundesamt (DEHSt) hat in diesem Verfahren Gelegenheit zur Stellungnahme.

Das eigentliche **Handelsgut Allowance** bzw. Emissionszertifikat wur- 23
de und wird den Verantwortlichen auf Antrag (§ 9 TEHG) bei der DEHSt und nach in dem ZuG und der ZuV fixierten Zuteilungsmechanismen durch Verwaltungsakt für eine Zuteilungsperiode zugeteilt.[68] Die **Ausgabe** erfolgt in kalenderjährlich gleichen Teilmengen, jeweils zum

[66] Gesetz zum Schutz vor schädlichen Umwelteinwirkungen durch Luftverunreinigungen, Geräusche, Erschütterungen und ähnliche Vorgänge (Bundes-Immissionsschutzgesetz – BImSchG) i. d. F. der Bekanntmachung v. 17.5.2013 (BGBl. I S. 1274), zuletzt geändert durch Gesetz v. 30.11.2016, BGBl. I S. 2749.

[67] *Winkler*, ZUR 2003, 395, 399 zur Vereinbarkeit der Betreiberpflichten mit dem Emissionshandelsregime.

[68] In der dritten Handelsperiode steht die Zuteilung unter dem Vorbehalt, dass diese nicht von der Europäischen Kommission abgelehnt wird, Art. 15 IV EmissH-RL. Zusätzlich nimmt die Europäische Kommission mit der Bestimmung des sektorübergreifenden Korrekturfaktors Einfluss auf die Zuteilung, Art. 15 III EmissH-RL.

28.2. eines jeden Jahres, außer bei Aufnahme oder Erweiterung einer Tätigkeit nach diesem Zeitpunkt. Die Emissionszertifikate werden nicht in Papierform ausgegeben. Vielmehr ist ein einheitliches elektronisches **EU-Register** eingerichtet (§ 17 TEHG),[69] bei dem jedem Anlagenbetreiber ein **Konto** eröffnet wird. Jede andere Person, die am Handel mit Zertifikaten teilnehmen möchte (Broker, Händler, NGOs, Privatpersonen), muss einen Antrag auf Kontoeinrichtung stellen und ein Konto bei der DEHSt einrichten.

24 Jeder Anlagenbetreiber hat eine sich an den tatsächlichen Emissionen seiner Anlage orientierende (sanktionsbewehrte)[70] **Pflicht zur Abgabe von Emissionszertifikaten** an die DEHSt. Diese Pflicht muss zum 30.4. des auf das jeweilige Emissionsjahr folgende Jahr erfüllt werden, § 7 I TEHG. Die durch die DEHSt gelöschten Emissionszertifikate können aus eigenem Bestand oder Zukauf oder – in dem erwähnten Rahmen[71] – durch die Erzeugung von Emissionsgutschriften im Rahmen der bereits erwähnten projektbezogenen Mechanismen „Joint Implementation" und „Clean Development Mechanism" stammen.

II. Zuteilungsmechanismen

1. EU-weit einheitliches Cap und einheitliche Zuteilungsregeln

25 In der dritten Handelsperiode steht es den einzelnen Mitgliedstaaten wie dargestellt nicht mehr frei, wie viele Emissionszertifikate sie den emissionshandelspflichtigen Unternehmen zuteilen können. Die EmissH-RL legt ein EU-weit einheitliches Zuteilungsbudget fest, das die in der Handelsperiode 2008 bis 2012 erfolgten Zuteilungen zum Ausgangspunkt hat. Dieses sinkt – ausgehend von dem Jahr 2010 – bis 2020 um jährlich 1,74 %.[72] Zudem ist die dritte Handelsperiode durch eine weitgehende Vereinheitlichung der Zuteilungsmechanismen und -regeln gekennzeichnet. Diese sind in ihren Grundzügen bereits in der Richtlinie selbst vorgegeben, die gleichzeitig die Europäische Kommission zur weiteren

---

[69] Vgl. hierzu noch Rdnr. 32 ff.

[70] Die Nichteinhaltung der Abgabepflicht ist gem. § 30 I TEHG sanktionsbewehrt. Hierzu gehört für jede emittierte Tonne CO_2, für die ein Verantwortlicher keine Zertifikate abgegeben hat, eine Zahlungspflicht i. H. v. 100,00 EUR. Von dieser kann abgesehen werden, wenn der Verantwortliche seiner Abgabepflicht nach § 30 I 3 TEHG aufgrund höherer Gewalt nicht nachkommen konnte. Nach dem Urteil des BVerwG (v. 4.8.2015, Az. 7 C 8.15) kann weiter keine Strafzahlung festgesetzt werden, wenn eine dem verifizierten Emissionsbericht entsprechende Anzahl von Emissionszertifikaten abgegeben wurde. Im Fall der Strafzahlung bleibt der Anlagenverantwortliche verpflichtet, die fehlenden Zertifikate bis zum 30.4. des jeweiligen Folgejahres abzugeben, § 30 III TEHG.

[71] Vgl. hierzu bereits Rdnr. 4.

[72] Art. 9 EmissH-RL; vgl. zur Budgetplanung bereits Rdnr. 12.

Konkretisierung dieser Regeln im sog. Komitologieverfahren ermächtigt.[73] Kernstück dieser Konkretisierung ist die Festlegung EU-weit einheitlicher Produkt-Benchmarks für die wichtigsten dem Emissionshandel unterfallenden Produkte. Hierzu hat sich die Europäische Kommission auf die Erkenntnisse von drei wissenschaftlichen Instituten und ihren Benchmark-Studien[74] gestützt. Diese haben sich in den weitaus überwiegenden Fällen auf der Basis von Informationen, die aus den jeweiligen Branchen stammen (Ausnahme z. B. die Stahl- und Eisenindustrie) mit der Frage auseinandergesetzt, welche Benchmarks im Hinblick auf die Emission von Treibhausgasen einen hinreichend effizienten technischen Standard abbilden.[75] In ihrem Beschluss über die europaweit einheitlichen Zuteilungsregeln vom 27.4.2011[76] hat die Europäische Kommission daraufhin 52 Produkt-Benchmarks sowie drei „Querschnittsbenchmarks" festgesetzt,[77] die über einen ausdrücklichen Verweis auch nach der deutschen ZuV 2020 maßgeblich sind.[78]

2. Sicherung der Budgeteinhaltung – Lineare Kürzung und sektorübergreifender Korrekturfaktor

Die EmissH-RL sieht als Mechanismus für die Einhaltung des Minde- 26
rungsziels den sektorübergreifenden Korrekturfaktor vor.[79] Um diesen wird die Gesamtsumme der nach der Antragslage zuzuteilenden Zertifikate linear europaweit gekürzt, falls die kostenlosen Zuteilungen an die Industrie ansonsten das Cap überschreiten würden, also das unter Berücksichtigung der linearen Absenkung von jährlich 1,74 % ermittelte Gesamtbudget. Etwas anderes gilt für die Zuteilung für die Wärmepro-

[73] Art. 10a I EmissH-RL.

[74] Diese sind namentlich das Beratungsunternehmen Ecofys, das Fraunhofer-Institut für System- und Innovationsforschung ISI Karlsruhe und das Öko-Institut e. V. Berlin, die Studien sind abrufbar unter https://ec.europa.eu/ (Link: Energy Union & Climate > Climate action – decarbonising the economy > A European Emissions Trading System fit for the future > Free allocation of allowances > studies), Stand Abruf: April 2017.

[75] Ausgangspunkt hierfür sollten gem. Art. 10a II EmissH-RL die 10 % effizientesten Anlagen eines Sektors oder Teilsektors in den Jahren 2007 und 2008 sein. Wie die konkreten Produkt-Benchmarks im Einzelnen zustande gekommen sind, wird jedoch nicht ganz zu Unrecht als zu wenig transparent kritisiert, vgl. nur *Spieth/Hamer*, NVwZ 2011, 920, 921.

[76] Beschluss 2011/278/EU v. 27.4.2011 zur Festlegung EU-weiter Übergangsvorschriften zur Harmonisierung der kostenlosen Zuteilung von Emissionszertifikaten gemäß Artikel 10a der Richtlinie 2003/87/EG des Europäischen Parlaments und des Rates, ABl. EU Nr. L 130, v. 17.5.2011, S. 1 ff.

[77] Einen Sonderfall stellen Raffinerien dar, deren Produktbenchmarks für spezifische Raffinerieprodukte und Aromaten differenziert sind. Hier liegen mehr als 60 Unterteilungen vor.

[78] § 2 Nr. 15 ZuV 2020.

[79] Art. 10a V EmissH-RL.

duktion von Stromerzeugern.[80] Bei diesen erfolgt in jedem Fall eine Kürzung um – dann allerdings der Höhe nach im Vorhinein feststehende – 1,74 %. Bis zum Jahr 2020 kumuliert sich diese auf immerhin 12,18 %. Das jährliche Ansteigen des Kürzungsfaktors im Verlauf der Handelsperiode veranschaulicht die folgende Übersicht:

Tabelle 8.1: Anstieg des Kürzungsfaktors im Verlauf der dritten Handelsperiode

Jahr	**Linearer Kürzungsfaktor**
2013	1.0000
2014	0.9826
2015	0.9652
2016	0.9478
2017	0.9304
2018	0.9130
2019	0.8956
2020	0.8782

27 Der lineare Kürzungsfaktor fand bei der Zuteilung für Bestandsanlagen bei der Zuteilung für die Wärmeproduktion der Stromerzeuger direkte Anwendung. Für die Anlagen der emissionshandelspflichtigen Industriesektoren wurde die Absenkung des für die Zuteilung zur Verfügung stehenden Budgets mit dem erwähnten sektorübergreifenden Korrekturfaktor (Cross Sectoral Correction Factor – **CSCF**) abgebildet. Zur großen Überraschung der meisten Anlagenbetreiber fiel dieser von der Europäischen Kommission errechnete und festgesetzte[81] CSCF deutlich höher aus als der lineare Kürzungsfaktor:

Tabelle 8.2: CSCF gemäß Beschluss vom 4.9.2013 in % der nach der Kürzung verbleibenden kostenlosen Zuteilung

Jahr	**CSCF**
2013	94,272151 %
2014	92,634731 %
2015	90,978052 %
2016	89,304105 %
2017	87,612124 %
2018	85,903685 %

[80] Als Stromerzeuger werden Anlagen definiert, die nach dem 31.12.2004 Strom an Dritte verkauft haben und in der ausschließlich eine Tätigkeit gemäß Anhang 1 Teil 2 Nummer 1 bis 4 des TEHG (sprich: nur Energieerzeugung) durchgeführt wird, § 2 Nr. 21 ZuV 2020; vgl. auch die inhaltlich übereinstimmende Definition in Art. 3 lit. u EmissH-RL.

[81] Art. 4 i. V. m. Anhang II zum Beschluss 2013/448/EU der Europäischen Kommission v. 4.9.2013 über nationale Umsetzungsmaßnahmen für die übergangsweise kostenlose Zuteilung von Treibhausgasemissionszertifikaten gemäß Artikel 11 Absatz 3 der Richtlinie 2003/87/EG des Europäischen Parlaments und des Rates, ABl. EU Nr. L 240, v. 7.9.2013, S. 27. ff.

Jahr	CSCF
2019	84,173950 %
2020	82,438204 %

Statt der vom **linearen Kürzungsfaktor** vorgezeichneten Kürzung von bis zu 12,18 % gaben die von der Europäischen Kommission für den CSCF errechneten Werte also Kürzungen von bis zu 17,56 % vor. Der CSCF gab deshalb Anlass zu einer ganzen Reihe von Vorabentscheidungsersuchen von Gerichten aus mehreren Mitgliedstaaten, die mit Klagen von Anlagenbetreibern gegen die Kürzung ihrer Zuteilung um den CSCF befasst waren. Angezweifelt wurde der CSCF insbesondere ob seiner mangelnden Transparenz und der fehlenden Nachvollziehbarkeit seiner rechnerischen Herleitung. Bemängelt wurde auch die Systematik, nach der die Europäische Kommission die Ermittlung der bei der Budgetaufstellung maßgeblichen Emissionen und die Aufteilung des Budgets zwischen der Energiewirtschaft und der Industrie vorgenommen hatte. Tatsächlich erklärte der EuGH den CSCF mit Urteil vom 28.4.2016 für ungültig und gab der Europäischen Kommission die Neuberechnung des CSCF für die Jahre 2017 bis 2020 auf.[82] Für die Anlagenbetreiber war das Urteil indes eine Enttäuschung. Denn der EuGH stützte sein Urteil allein auf einen einzigen aus seiner Sicht fehlerhaften Punkt in der Berechnung des Budgets, der sogar noch zugunsten der Anlagenbetreiber zu Buche geschlagen hatte. Dagegen verzichtete der EuGH in Anbetracht der ja bereits festgestellten Ungültigkeit des CSCF auf die Prüfung aller weiteren Kritikpunkte, die womöglich auch eine Abmilderung des Korrekturfaktors hätten nach sich ziehen können. 28

Wie in Anbetracht dieser Vorgeschichte nicht überraschend, fiel der von der Europäischen Kommission mit Beschluss vom 24.1.2017 neu festgesetzte **CSCF** noch einmal deutlich schärfer aus als zuvor: 29

Tabelle 8.3: CSCF gemäß Beschluss vom 24.1.2017 in % der nach der Kürzung verbleibenden kostenlosen Zuteilung

Jahr	CSCF
2013	89,207101 %
2014	87,657727 %
2015	86,090119 %
2016	84,506152 %
2017	82,905108 %
2018	81,288476 %
2019	79,651677 %
2020	78,009186 %

[82] EuGH, Urt. v. 28.4.2016, verbundene Rs. C-191/14, C-192/14, C-295/14, C-389/14 und C-391/14 bis C-393/14.

30 Erneut fehlte es an einer Begründung und rechnerischen Herleitung dieser im Schnitt um knapp fünf Prozentpunkte höheren Kürzung, sodass ein Ende des Streits um den CSCF vorerst nicht zu erwarten ist. Allerdings lautete eine Vorgabe des EuGH-Urteils vom 28.4.2016, dass sich die Wirkung der Feststellung der Ungültigkeit des CSCF auf den Zeitraum nach Ablauf von zehn Monaten nach der Verkündung des Urteils beschränkt. Nach der Auffassung der Europäischen Kommission folgt hieraus, dass der neue CSCF nur dann zur Anwendung kommt, wenn nach dem vom EuGH gesetzten Stichtag aus anderem Anlass – insbesondere im Fall von Ansprüchen auf Mehrzuteilung nach erfolgreicher Klage oder aufgrund von Kapazitätserweiterungen – eine Neuberechnung der Zuteilung erfolgen muss.[83]

3. Struktur der Zuteilungsregeln: Bildung von Zuteilungselementen

31 Der Kommissionsbeschluss definiert für den überwiegenden Anteil der emissionshandelspflichtigen Produkte **Benchmarks**, aber nicht für alle. Ist kein Produkt-Emissionswert anwendbar, sehen die europäischen Zuteilungsregeln **Fall-Back-Szenarien** vor: Die Zuteilung richtet sich dann nach der Menge an Prozesswärme, die für die Herstellung des Produktes aufgewandt wurde, sofern diese messbar ist. Ist sie nicht messbar, kommen die eingesetzten Brennstoffe in Ansatz. Werden in einer Anlage mehrere verschiedene Produkte hergestellt, können diese verschiedenen Zuteilungsmethoden auch nebeneinander zur Anwendung kommen. Hierzu werden Zuteilungselemente gebildet.[84] Der Kommissionsbeschluss spricht hier von Anlagenteilen. Allerdings ist dieser Begriff erklärungsbedürftig, denn mit physischen Anlagenteilen hat das Zuteilungskonzept nichts zu tun. Ein Zuteilungselement ist vielmehr eine abstrakte Zuordnungseinheit, in der alle Ein- und Ausgangsströme zusammengefasst sind, die nach der gleichen Zuteilungsmethode behandelt werden. Diese können auch Anlagengrenzen überschreiten. Wird messbare Wärme an eine andere emissionshandelspflichtige Anlage geliefert, erhält die Zuteilung grundsätzlich nicht der Betreiber, der die Wärme erzeugenden – und Treibhausgase emittierenden – Anlage, sondern der Betreiber der abnehmenden Anlage.[85]

[83] Zusammen mit der Einschätzung der Europäischen Kommission, dass der CSCF dann auch für die vergangenen Jahre der Handelsperiode anzuwenden ist, kann dies dazu führen, dass ein Mehrzuteilungsanspruch die Gefahr einer Zuteilungskürzung in sich birgt. Ob dies dem vom EuGH ersichtlich intendierten Vertrauensschutz gerecht wird, bleibt noch zu klären.

[84] § 3 I ZuV 2020.

[85] Dabei gilt die Abgabe an ein Wärmeverteilnetz als die Abgabe an eine nicht emissionshandelspflichtige Anlage, selbst wenn an dieses emissionshandelspflichtige Anlagen angeschlossen sind, § 3 II 1 ZuV 2020. Etwas anderes gilt, wenn der Abnehmer einen direkten Versorgungsvertrag mit dem Wärmeerzeuger nachweisen kann, § 3 II 2 ZuV 2020.

Dem Ansatz liegt die Annahme zugrunde, dass die emissionshandelsbedingten Kosten in jedem Fall bei dem Endabnehmer der erzeugten Energie anfallen. Hierfür sollte dieser eine Kompensation in Form der Zuteilung von Zertifikaten erhalten, selbst wenn er diese selbst gar nicht benötigt, weil er sämtliche für die Herstellung seiner Produkte benötigte Energie aus einer anderen emissionshandelspflichtigen Anlage importiert.[86] Losgelöst von der emittierenden Anlage erfolgt auch die Zuordnung zu den **abwanderungsbedrohten Sektoren.** Maßgeblich ist hierfür nicht, ob die jeweils Treibhausgase emittierende Anlage selbst einem abwanderungsbedrohten Sektor zugerechnet wird. Es genügt, wenn aus der Anlage ein abwanderungsbedrohter Sektor versorgt wird.

Diese auf den ersten Blick einfach scheinende Zuteilungssystematik 32
bereitete an Standorten mit komplexen, über Anlagengrenzen hinweg reichenden Lieferverhältnissen nicht unerhebliche Schwierigkeiten. Insbesondere gilt dies für den Nachweis der Abwanderungsbedrohung („Carbon-Leakage-Problem"). Denn über die hierfür erforderlichen Daten verfügt typischerweise nur der Abnehmer, nicht aber der Lieferant. Ist der Abnehmer aber selbst nicht emissionshandelspflichtig (und damit auch nicht zuteilungsberechtigt), muss der Lieferant das "Carbon-Leakage-Risiko" geltend machen und nachweisen.

4. Zuteilung für das Zuteilungselement mit Produkt-Emissionswert

Für die Herstellung von Produkten mit einem eigenen Benchmark ergibt 33
sich die Grundzuteilung als Produkt aus diesem Benchmark und der maßgeblichen Aktivitätsrate. Für Bestandsanlagen ergab sich diese aus der Produktionsmenge in einer historischen Basisperiode. Bezüglich dieser Basisperiode konnte der Anlagenbetreiber nach der ZuV 2020 wählen, ob sich die Zuteilung nach der Auslastung im Zeitraum 2005 bis 2008 oder in den Jahren 2009 und 2010 bemessen soll. Dabei zählten nur Jahre, in denen die Anlage an wenigstens einem Tag tatsächlich gelaufen ist. Unter bestimmten Voraussetzungen sah die ZuV 2020 aber auch die – ansonsten Neuanlagen vorbehaltene – Möglichkeit vor, einen bestimmten Auslastungsfaktor zu ermitteln, in den auch die künftig geplante Fahrweise der Anlage mit einfließen kann.[87]

[86] Diese Konstellation kommt z. B. in der Papierindustrie vor: Deren Anlagen sind nach der EmissH-RL bereits dann emissionshandelspflichtig, wenn sie über eine Produktionsleistung von mindestens 20 Tagestonnen verfügen. Dies gilt auch dann, wenn sie selbst über keine emittierenden Einrichtungen verfügen. Tatsächlich beziehen viele Papierfabriken die zur Trocknung erforderliche Wärme ausschließlich von anderen Anlagen. Die Zuteilung erhält gleichwohl die Papierfabrik nach Maßgabe des für Papier festgesetzten Produkt-Benchmarks.

[87] § 8 VII i. V. m. § 17 II ZuV 2020.

34 Die **Aktivitätsrate** im Bezugszeitraum bestimmte sich als Median der Jahresproduktionsmengen.[88] Wurde die Kapazität der Anlage im Bezugszeitraum wesentlich erweitert, war zu modifizieren: Zu der Aktivitätsrate der Anlage ohne die Erweiterung war dann die Aktivitätsrate der zusätzlichen Kapazität zu addieren.[89] Um zu gewährleisten, dass die Höhe der Zuteilung für die Anlage insgesamt nicht davon abhängt, ob die Erweiterung zum Beginn oder zum Ende des Bezugszeitraums hin ihren Betrieb aufgenommen hat, war die Aktivitätsrate nach Maßgabe der bisherigen Kapazitätsauslastung auf den gesamten Bezugszeitraum hochzurechnen. Eine spiegelbildliche Regelung ist für wesentliche Kapazitätsverringerungen vorgesehen.[90]

35 Die sich ergebende Grundzuteilung wird um einen **Degressionsfaktor** abgesenkt, der das in der EmissH-RL vorgesehene schrittweise Abschmelzen der kostenlosen Zuteilung von 80 % im Jahr 2013 auf 30 % im Jahr 2020[91] abbildet. Die konkreten Kürzungsfaktoren für die einzelnen Jahre der Handelsperiode sind in Anhang VI zum Kommissionsbeschluss wie folgt bestimmt:

Tabelle 8.4: Rückgang des Degressionsfaktors im Verlauf der dritten Handelsperiode

Jahr	Degressionsfaktor
2013	0.8000
2014	0.7286
2015	0.6571
2016	0.5857
2017	0.5143
2018	0.4429
2019	0.3714
2020	0.3000

36 Der Degressionsfaktor ist nicht anwendbar auf Zuteilungen, die Sektoren betreffen, die als abwanderungsbedroht gelten. Um den sektorübergreifenden Korrekturfaktor – gleich, in welcher Höhe dieser angewandt werden muss – werden aber auch diese gekürzt.[92]

[88] Diese richten sich nach den im Anhang I des Kommissionsbeschlusses (der Benchmarkliste) definierten Produktspezifikationen oder – sofern dort keine expliziten Bestimmungen getroffen werden – nach der Nettomenge an marktfähigen Produkteinheiten.

[89] § 8 VIII ZuV 2020.

[90] § 8 IX ZuV 2020.

[91] Art. 10a XI EmissH-RL.

[92] Dass dies mit der besonderen Privilegierung der als abwanderungsbedroht eingestuften Industrien vereinbar ist, hat der EuGH mit Urt. v. 8.9.2016, Rs. C-180/15, bestätigt.

5. Zuteilung für das Zuteilungselement mit Wärme-Emissionswert

Eine Zuteilung erfolgt auch außerhalb der Systemgrenzen eines Produkt-Benchmarks für die Erzeugung bzw. den Import messbarer Wärme, sofern diese zur Herstellung von (nicht mit einem Benchmark versehenen) Produkten, zur Erzeugung mechanischer Energie, zur Heizung oder Kühlung verbraucht oder an nicht emissionshandelspflichtige Einrichtungen abgegeben wird und weder aus Strom erzeugt noch für die Stromerzeugung verbraucht wird, sowie nicht bei der Herstellung von Salpetersäure angefallen ist.[93] Dieses Zuteilungselement umfasst damit zum einen die klassische (Fern-)Wärmeversorgung aus Heizwerken oder aus effizienten Heizkraftwerken. Eine Beschränkung auf bestimmte Formen der Wärmeerzeugung gibt es jedoch nicht. Auch die effiziente Nutzung von Abwärme aus industriellen Herstellungsprozessen ist damit zuteilungsfähig, sofern die darauf entfallenden Emissionen nicht bereits im Produkt-Benchmark berücksichtigt sind. 37

Die Zuteilung für die Wärmeerzeugung erfolgt grundsätzlich nach der gleichen Systematik wie die für die Herstellung eines Produktes mit Benchmarks. Es kommt allerdings stets – unabhängig von der eingesetzten Technik und dem Zweck, für den die Wärme eingesetzt wird – der gleiche Benchmark zur Anwendung, nämlich 62,3 Zertifikate pro TJ an Nettowärmeerzeugung.[94] Dieser Wert orientiert sich an dem Einsatz von Erdgas als Brennstoff und einem Wirkungsgrad von 90 %. Sofern die erzeugte Wärme nicht in Prozessen eingesetzt wird, die abwanderungsbedrohten Sektoren zuzuordnen sind, kommt auch hier der Degressionsfaktor zur Anwendung. Ob die Zuteilung ferner dem linearen Kürzungsfaktor (1,74 %) oder dem sektorübergreifenden Korrekturfaktor unterliegt, hängt davon ab, ob es sich bei der zuteilungsberechtigten Anlage um einen Stromerzeuger handelt oder nicht.[95] 38

6. Zuteilung für das Zuteilungselement mit Brennstoff-Emissionswert

Das Zuteilungselement mit Brennstoff-Emissionswert bildet den Auffangtatbestand für Wärme, die zwar zur Herstellung von Produkten, zur 39

---

[93] § 2 Nr. 30 ZuV 2020. Mit dem expliziten Ausschluss der für die Stromerzeugung verwandten Wärme soll verhindert werden, dass das Verbot der kostenlosen Zuteilung für die Stromerzeugung umgangen wird. Eine Zuteilung von der bei der (exothermen) Herstellung von Salpetersäure erzeugten Wärme ist nicht zuteilungsfähig, weil die hiermit in Zusammenhang stehenden Emissionen bereits im Benchmark für Salpetersäure berücksichtigt sind.

[94] Kommissionsbeschluss, Anhang I Nr. 3.

[95] Als solchen definiert § 2 Nr. 21 ZuV 2020 in Anlehnung an Art. 3 lit. u EmissH-RL eine Anlage, die nach dem 31.12.2004 Strom erzeugt und an Dritte verkauft hat und in der keine andere emissionshandelspflichtige Tätigkeit erfolgt als die Energieerzeugung.

Erzeugung mechanischer Energie, zur Heizung oder zur Kühlung verbraucht wird, jedoch nicht dem Zuteilungselement mit Wärme-Emissionswert zugeordnet werden kann, weil die erzeugte Wärme nicht messbar ist. Dabei kommt es nicht darauf an, ob die Wärme tatsächlich nicht gemessen wurde, sondern allein darauf, dass ein Wärmezähler[96] installiert war oder hätte installiert werden können. Ist dies der Fall und liegen dennoch keine ausreichenden Messdaten vor, erfolgt die Zuteilung über das Zuteilungselement mit Wärme-Emissionswert auf Basis einer konservativen Schätzung der Wärmemengen. Ebenso wie der Hersteller eines Produktes mit Benchmark nicht auf den Wärme-Benchmark ausweichen darf, steht es dem Anlagenbetreiber also nicht frei, sich gegen eine Zuteilung nach dem Wärme-Benchmark und für eine Zuteilung nach dem Brennstoff-Benchmark zu entscheiden. Dieses streng hierarchische Vorgehen ist darauf angelegt, dass die größtmögliche Berücksichtigung der Effizienz(potenziale) eines Produktionsprozesses erfolgt. Denn der Brennstoff-Benchmark bildet nur die Effizienz bei der Wahl des Brennstoffs ab, der Wärme-Benchmark zusätzlich die Effizienz der Wärmeerzeugung. Der Produkt-Benchmark dagegen bildet auch die Effizienz der Wärmeverwendung ab.

40 Daneben umfasst das Zuteilungselement mit Brennstoff-Emissionswert auch die Emissionen von Sicherheitsfackeln. Diese Zuteilung ist jedoch auf Fackeln beschränkt, die genehmigungsrechtlich zur ausschließlichen Anlagenentlastung bei Betriebsstörungen oder anderen außergewöhnlichen Betriebszuständen vorgesehen sind.[97]

7. Zuteilung für das Zuteilungselement mit Prozessemissionen

41 Treibhausgasemissionen entstehen in emissionshandelspflichtigen Anlagen nicht ausschließlich in Verbrennungsprozessen, sondern auch infolge chemischer Umsetzungsprozesse. Derartige **prozessbedingte Emissionen** sind kennzeichnend für die Stahl- und Eisenproduktion traditioneller Art, für die Kalk- und Zementindustrie sowie für die Chemische Industrie und für Raffinerien. Diese Emissionen fallen teils in Prozessen zur Herstellung von Produkten mit eigenem Benchmark an und sind oft in diesen bereits berücksichtigt. Sofern dies nicht der Fall ist, erfolgt für die Emission anderer Treibhausgase als CO_2 sowie von CO_2 aus be-

[96] Gemäß § 2 Nr. 22 ZuV 2020 ist hierunter zu verstehen ein Gerät zur Messung und Aufzeichnung der erzeugten Wärmemenge auf der Basis des Durchflusses und der Temperaturen, insbesondere Wärmezähler i. S. d. Anhangs MI-004 der Richtlinie 2004/22/EG des Europäischen Parlaments und des Rates v. 31.3.2004 über Messgeräte, ABl. EU Nr. L 135, v. 30.4.2004, S. 1, zuletzt geändert durch Verordnung (EU) Nr. 1025/2012 des Europäischen Parlaments und des Rates v. 25.10.2012, ABl. EU Nr. L 316, v. 14.11.2014, S. 12, zu verstehen.

[97] § 2 Nr. 27 b) ZuV 2020.

stimmten chemischen Prozessen eine eigene Zuteilung über das Zuteilungselement mit Prozessemissionen unter Anwendung des entsprechenden CO_2-Gehaltes.[98]

Zusätzlich resultieren aus den in § 29 Nr. 27 b) ZuV 2020 aufgeführten Prozessen oftmals Restgase, die eine hinreichende Menge an unvollständig oxidiertem Kohlenstoff enthalten, sodass diese – ggf. unter einer gewissen Beimischung von Brennstoffen mit höherem Heizwert – noch als Brennstoff genutzt werden können. Da diese regelmäßig ohnehin aus immissionsschutzrechtlichen Gründen verbrannt werden müssen, wird die energetische Verwertung bei der Zuteilung begünstigt: Über das Zuteilungselement mit Prozessemissionen erfolgt eine Zuteilung für die aus der Verbrennung von Restgasen resultierenden Emissionen, wobei die Emissionen, die auch beim Einsatz von Erdgas angefallen wären, abgezogen werden.[99] Voraussetzung für die Zuteilung ist, dass die Restgase zur Erzeugung von messbarer oder nicht messbarer Wärme oder Strom genutzt werden und die entsprechenden Restgas-Emissionen nicht bereits im Benchmark für den Prozess enthalten sind, aus denen die Restgase stammen. Die erzeugte messbare Wärme wird über das Zuteilungselement mit Wärme-Emissionswert abgebildet. 42

8. Besondere Zuteilungsregeln

Bei der Zuteilung nach dem Wärme-Benchmark erhält – wie dargestellt – jede Erzeugungsanlage die gleiche, am Brennstoff Erdgas orientierte Zuteilung, und zwar auch dann, wenn in dieser sehr viel emissionsintensivere Brennstoffe, wie etwa Braunkohle, eingesetzt werden. Eine Ausnahme machen der Kommissionsbeschluss und die ZuV 2020 bei Anlagen, die private Haushalte mit Fernwärme versorgen. Diese konnten alternativ eine Zuteilung auf der Basis der tatsächlichen Emissionen beantragen, wenn dies günstiger ist als die Zuteilung nach Wärme-Benchmark. Diese Zuteilung ist aber beschränkt auf die Emissionen, die effektiv auf die Belieferung von Privathaushalten entfallen.[100] Zudem wird auf diese ein zusätzlicher Kürzungsfaktor angewandt, der beginnend mit 10 % im Jahr 2014 um jährlich weitere zehn Prozentpunkte ansteigt. Die regulären Kürzungsfaktoren (also die Degression und der lineare Kürzungsfaktor) kommen noch hinzu. In der Praxis bedeutet dies, dass gegen Ende der Handelsperiode das Pendel meist wieder zu- 43

[98] § 2 Nr. 29 a) und b) ZuV 2020.

[99] § 2 Nr. 29 c) ZuV 2020.

[100] Bei KWK-Anlagen sind zudem diejenigen Emissionen herauszurechnen, die auf die Stromerzeugung entfallen. Hierzu dient eine Formel in Anhang 1 Teil 3 zur ZuV 2020, die den elektrischen und thermischen Wirkungsgrad der Anlage einerseits und nach Brennstoffen differenzierten Referenzwirkungsgraden andererseits berücksichtigt.

gunsten der Zuteilung nach dem Wärme-Benchmark ausschlägt. Die Attraktivität dieser Sonderregel leidet aber vor allem an dem Problem, den Anteil von der zu privaten Wohnzwecken genutzten Einheiten nachzuweisen – im Fall einer hohen Anzahl größerer gemischt genutzter Objekte keine ganz banale Aufgabe. Zwar sieht die ZuV 2020 eine Nachweiserleichterung vor, wenn das Fernwärmenetz auf eine Vorlauftemperatur von maximal 130°C ausgelegt ist. Der für diesen Fall vorgesehene pauschale Ansatz von 39 % Privathaushalten bildet die Realität der kommunalen Wärmeversorgung allerdings nicht in jedem Fall ab – was von einer derartigen Pauschalregel auch nicht erwartet werden kann. Allerdings wäre es hier durchaus denkbar gewesen, von vornherein die standortverbundene industrielle KWK bei der Ermittlung des Anteils der Privathaushalte außen vor zu lassen, um so die Versorgungsverhältnisse in der Fläche besser abzubilden.

44 Eine weitere Sonderregelung findet sich im Stammgesetz des deutschen Emissionshandels selbst, und zwar in § 27 TEHG. Darin ist die durch die EmissH-RL eingeräumte Option umgesetzt, Anlagen von 20 bis unter 35 MW Feuerungswärmeleistung und Emissionen von weniger als 25.000 t CO_2 pro Jahr vom Emissionshandel im Gegenzug für gleichwertige Maßnahmen von der Pflicht zur Abgabe von Emissionszertifikaten freizustellen. Dabei hat der Anlagenbetreiber die Wahl, ob er eine Ausgleichszahlung für ersparte Kosten für den Erwerb von Emissionszertifikaten leistet oder den Nachweis der Minderung der produktspezifischen Emissionen um 1,74 % pro Jahr erbringt. Die Pflicht, jährlich über die Emissionen der Anlage nach der Monitoring-Verordnung[101] Bericht zu erstatten, besteht fort. Übersteigen diese den Schwellenwert von 25.000 t CO_2 pro Jahr, fällt die Anlage in die Abgabepflicht zurück.

45 Ebenfalls im TEHG findet sich eine Zuteilungsregelung, die verhindern sollte, dass die europäischen Zuteilungsregeln im Einzelfall zu unzumutbaren Härten führen, die mit dem Verhältnismäßigkeitsgebot sowohl des deutschen Verfassungsrechts wie des europäischen Gemeinschaftsrechts in Widerspruch stünden. § 9 V TEHG sah dementsprechend eine **Härtefallzuteilung** vor, die in Voraussetzungen und daraus resultierendem Zuteilungsanspruch der Härtefallzuteilung nach § 6 VI ZuG 2012 nachgebildet ist.[102] Auch nach dieser Regelung ist eine angemessene Anzahl zusätzlicher Emissionszertifikate zuzuteilen, wenn die

[101] Verordnung (EU) Nr. 601/2012 der Kommission v. 21.6.2012 über die Überwachung von und die Berichterstattung über Treibhausgasemissionen gemäß der Richtlinie 2003/87/EG des Europäischen Parlaments und des Rates (Monitoring-Verordnung), ABl. EU Nr. L 181, v. 12.7.2012, S. 30.

[102] Vgl. die Begründung des entsprechenden Änderungsantrages der Fraktion der CDU/CSU v. 7.6.2011, Drucksache des Bundestagsausschusses für Umwelt, Naturschutz und Reaktorsicherheit 17 (16) 274.

Zuteilung nach den europäischen Zuteilungsregeln eine unzumutbare Härte darstellen würde. Da in den europäischen Zuteilungsregeln eine solche Härtefallregelung nicht vorgesehen ist, hat der Gesetzgeber diese Zuteilung unter den Vorbehalt gestellt, dass die Europäische Kommission eine solche Zuteilung nicht ablehnt. In ihrer Entscheidung über die von Mitgliedstaaten vorgelegten Tabellen mit den dort ermittelten vorläufigen Zuteilungsmenge je Anlage[103] tat die Kommission genau dies und lehnte es ab, die von fünf deutschen Betreibern für insgesamt sieben Anlagen beantragten und von der DEHSt gemeldeten Härtefallzuteilungen in die nationale Zuteilungstabelle (National Allocation Table – NAT) einzutragen. Die DEHSt änderte die Zuteilungstabelle daraufhin und gewährte den die Härtefallzuteilung beantragenden Betreiber lediglich eine Zuteilung nach den allgemeinen Regeln. Die hiergegen gerichteten Nichtigkeitsklagen zum Europäischen Gericht (EuG) blieben erfolgslos,[104] ebenso das Rechtsmittel zum EuGH.[105] Das EuG vertrat hierzu die Auffassung, wegen der europaweiten Vereinheitlichung der Zuteilungsregeln hätte es nur der Europäischen Kommission oblegen, eine Härtefallregelung zu schaffen. Den Mitgliedstaaten sei es versagt gewesen, eine solche Regelung selbst zu schaffen. Der EuGH stellte sich hingegen auf den Standpunkt, eine Härtefallregelung sei mit dem der EmissH-RL zugrunde liegenden Ziel gleicher Wettbewerbsbedingungen überhaupt unvereinbar. Auch der Kommission wäre es deshalb verboten gewesen, eine Härtefallregelung zu installieren.

9. Wesentliche Kapazitätserweiterungen und -verringerungen

Hat sich die Kapazität einer Anlage wesentlich verändert, wird dies bei der Zuteilung berücksichtigt. Bei Änderungen bis einschließlich 30.6.2011 waren diese erforderlichenfalls bei der Bestimmung der maßgeblichen Aktivitätsrate zu berücksichtigen.[106] Kapazitätserweiterungen nach diesem Datum sind entsprechend den für Neuanlagen geltenden Regeln zuteilungsberechtigt. Dafür, wann eine wesentliche **Kapazitätserweiterung** vorliegt, stellen Kommissionsbeschluss und ZuV 2020 Kriterien auf, die sich von den aus den ersten beiden Handelsperioden bekannten Regeln stark unterscheiden. Dies beginnt bei dem Begriff der Kapazität: Unter dieser wird nicht die tatsächlich und rechtlich maximal 46

---

[103] Beschluss 2013/448/EU der Europäischen Kommission v. 5.9.2013 über nationale Umsetzungsmaßnahmen für die übergangsweise kostenlose Zuteilung von Treibhausgasemissionszertifikaten gemäß Artikel 11 Absatz 3 der Richtlinie 2003/87/EG des Europäischen Parlaments und des Rates, ABl. EU Nr. L 240, v. 7.9.2013, S. 27.

[104] EuG, Urt. v. 26.9.2014, Rs. T-630/13.

[105] EuGH, Urt. v. 22.6.2016, Rs. C-540/14 P.

[106] Vgl. hierzu Rdnr. 38 f.

mögliche Produktionsmenge einer Anlage verstanden.[107] Nach den Regeln für die dritte Handelsperiode genügt die Erhöhung dieser nun sog. Produktionsleistung allein nicht, um einen zusätzlichen Zuteilungsanspruch zu begründen. Zusätzlich muss sich auch die tatsächliche Produktion infolge einer physischen Änderung der Anlage in einem bestimmten Maße erhöht haben.[108] Ob eine Änderung an der Anlage das Wesentlichkeitskriterium erfüllt, ist anhand der zwei höchsten Monatsproduktionen ab Aufnahme des geänderten Betriebs zu bestimmen. Hierzu muss die zusätzliche Kapazität über einen durchgängigen 90-Tage-Zeitraum mit mindestens 40 % ihrer Produktionsleistung gearbeitet haben. Dies kann zur Folge haben, dass erst lange Zeit nach einem Umbau der Anlage die Kriterien einer wesentlichen Kapazitätserweiterung erfüllt werden.[109]

10. Zuteilung für Neuanlagen

47 Anlagen, die nach dem 30.6.2011 den Regelbetrieb aufgenommen haben, erhalten ihre Zuteilung aus der Reserve für Neuanlagen. Ihren Regelbetrieb hat eine Anlage nach den europäischen Zuteilungsregeln aufgenommen, sobald sie in einem durchgängigen 90 Tages-Zeitraum mit mindestens 40 % der Produktionsleistung – also der tatsächlich und rechtlich maximal möglichen Produktionsmenge – gearbeitet hat.[110] Die Zuteilung für neue Marktteilnehmer unterscheidet sich von der für Bestandsanlagen darin, dass an die Stelle der Aktivitätsrate – über die bei einer neu in Betrieb genommenen Anlage keine hinreichenden Daten vorliegen – ein sog. maßgeblicher Auslastungsfaktor tritt. Für das Zuteilungselement mit Produkt-Emissionswert wird dieser von der Europäischen Kommission sektorbezogen festgelegt.[111] Für die übrigen Zuteilungselemente muss der Anlagenbetreiber zur Bestimmung des Auslastungsfaktors Angaben machen über den tatsächlichen Betrieb der Anlage bis zur Stellung des Zuteilungsantrages, die geplante Auslastung,

---

[107] So definiert das TEHG in § 3 Nr. 11 die Produktionsleistung. Noch im ZuG 2012 lautete so die Definition für die Kapazität, § 3 II Nr. 5 ZuG 2012.

[108] Erforderlich ist entweder eine Produktionssteigerung um mindestens 10 % oder eine Erhöhung der Aktivitätsrate, die zu einer zusätzlichen Zuteilung von mehr als 50.000 Zertifikaten pro Jahr führen würde, sofern diese mindestens 5 % der Grundzuteilung für den bisherigen Bestand der Anlage entsprechen.

[109] Das Thema ist schwierig. So fehlt beispielsweise eine Festlegung darüber, ob es beim Vergleich der Anfangs- mit der geänderten Kapazität auf erstere bis zum Beginn oder die bis zum Abschluss der physischen Änderung ankommt. Spielräume bestehen auch bei der Frage, wie damit umzugehen ist, wenn innerhalb der ersten sechs Monate nach der Aufnahme eines geänderten Betriebs bereits die nächste physische Änderung an der Anlage vorgenommen wurde.

[110] § 2 Nr. 2 ZuV 2020.

[111] Art. 18 II des Kommissionsbeschlusses.

über geplante Wartungszeiträume und Produktionszyklen, den möglichen Einsatz energie- und treibhausgaseffizienter Techniken, die den Auslastungsfaktor beeinflussen können, sowie zur typischen Auslastung innerhalb des betreffenden Sektors.

Problematisch ist bezüglich der Zuteilung für Neuanlagen zum einen, 48
dass keine Zuteilung für die Emissionen der Anlage während ihres Probebetriebes vorgesehen ist, obwohl auch für diese Zertifikate abzugeben sind. Zum anderen ist bei Anlagen, die erst spät in der Handelsperiode in Betrieb gehen, nicht gesichert, dass diese die zugesagte Zuteilung auch erhalten werden: Denn reicht die Zuteilungsreserve absehbar nicht mehr aus, um alle Zuteilungsansprüche zu befriedigen, kann die Europäische Kommission ein Warteschlangensystem einrichten, das eine faire Verwaltung der Reserve gewährleisten soll.[112]

D. Handel (Trade)

I. Abwicklung

Zum Handel mit den Emissionszertifikaten selbst sagt das Gesetz wenig: 49
In § 7 V TEHG stellt es zunächst (noch) klar, dass CO_2-Zertifikate **keine Finanzinstrumente i.S.v. § 1 XI** des Gesetzes über das Kreditwesen (KWG)[113] oder i.S.v. § 2 IIb des Gesetzes über den Wertpapierhandel (WpHG)[114] sind. Zum Zwecke der umfassenden Beaufsichtigung der Handelstätigkeit an den Spot-Sekundärmärkten wurden die Emissionszertifikate allerdings inzwischen in vollem Umfang in den Anwendungsbereich der neuen Finanzmarktrichtlinie (Directive on Markets in Financial Instruments – MiFID)[115] einbezogen.

Ferner benennt das Gesetz, wie die Übertragung von Emissionszertifi- 50
katen erfolgt. Dies soll nach § 7 III TEHG durch Einigung und Eintragung auf dem nach § 17 TEHG i. V. m. Art. 13 ff. der europäischen Registerverordnung[116] auf Antrag einzurichtenden **Konto des Erwerbers**

[112] Art. 19 VI des Kommissionsbeschlusses.

[113] Gesetz über das Kreditwesen (KWG) v. 9.9.1998, BGBl. I S. 2776, zuletzt geändert durch Gesetz v. 23.12.2016, BGBl. I S. 3171.

[114] Gesetz über den Wertpapierhandel (WpHG) v. 9.9.1998, BGBl. I S. 2708, zuletzt geändert durch Gesetz v. 30.6.2016, BGBl. I S. 1514.

[115] Nach der Richtlinie 2014/65/EU des europäischen Parlaments und des Rates v. 15.5.2014 über Märkte für Finanzinstrumente sowie zur Änderung der Richtlinien 2002/92/EG und 2011/61/EU (MiFID II), ABl. EU Nr. L 173, v. 12.6.2014, S. 349, sind auch Emissionszertifikate selbst als Finanzinstrumente zu qualifizieren; vgl. hierzu *du Buisson/Zenke/Dessau*, § 10 in diesem Band; ferner *du Buisson/Dessau*, § 28 in der Vorauflage.

[116] Verordnung (EU) Nr. 389/2013 der Kommission v. 2.5.2013 zur Festlegung eines Unionsregisters gemäß der Richtlinie 2003/87/EG des Europäischen Parlaments und des Rates und den Entscheidungen Nr. 280/2004/EG und Nr. 406/2009/EG des

geschehen. Dabei erfolgt die Eintragung auf Anweisung des Veräußerers an die DEHSt als kontoführende Stelle, Emissionszertifikate von seinem Konto auf das Konto des Erwerbers zu übertragen. Dies bedeutet, dass nicht nur die vertragliche **Einigung**, sondern auch die Eintragung auf dem Konto konstitutive Voraussetzung für den Eigentumsübergang ist. Dem Konto bzw. der Eintragung kommt – ähnlich wie dem Grundbuch oder dem Handelsregister – die Richtigkeitsvermutung zugute. So gilt nach § 7 IV TEHG der Inhalt des Registers als richtig, soweit für jemanden ein Emissionszertifikat eingetragen ist. Dies gilt natürlich nicht, wenn die Unrichtigkeit dem Empfänger ausgegebener Emissionszertifikate bei Ausgabe bekannt ist.

51 Auf unerfreuliche Weise hat dies praktische Bedeutung erlangt, als am 28.1.2010 der europäische Emissionshandel Ziel krimineller Machenschaften wurde. Hier hatten Unbekannte europaweit[117] an eine Vielzahl von Kontoinhabern eine gefälschte E-Mail versendet, die als Absender die jeweilige Emissionshandelsbehörde vortäuschte und Kontendaten sowie Passwörter abfragte. In Folge dessen wurden millionenschwere nicht berechtigte Abbuchungen vorgenommen. Mit anderen Worten: Das Phänomen des „**Phishing**" hatte den Emissionshandel erreicht. Soweit – wie in Deutschland – der Erwerber durch die Richtigkeitsvermutung des Registers geschützt ist, hat es ein geschädigter Kontoinhaber schwer, von dem gutgläubigen Erwerber seiner gestohlenen Emissionszertifikate Ersatz zu erlangen.[118] Immerhin hat dieser Vorfall die Sensibilität dafür geschärft, dass auch im Emissionshandel Sicherheitsstandards vonnöten sind, wie sie im Bankensektor selbstverständlich sind.[119]

52 Auch mit einer weiteren Methode wurde – mit Erfolg – versucht, aus dem Emissionshandel auf ungesetzliche Weise Kapital zu schlagen. Mit grenzüberschreitenden „Umsatzsteuerkarussells" wurden in großem Stil Emissionszertifikate grenzüberschreitend transferiert und dabei nicht die gesetzliche Umsatzsteuer abgeführt. Der entstandene Schaden wurde EU-weit auf 5 Mrd. EUR geschätzt. In Deutschland wurde dem **Umsatz-**

Europäischen Parlaments und des Rates sowie zur Aufhebung der Verordnungen (EU) Nr. 920/2010 und (EU) Nr. 1193/2011 der Kommission, ABl. EU Nr. L. 122, v. 3.5.2013, S. 1.

[117] Namentlich in Deutschland, Norwegen, Belgien, Polen und den Niederlanden.

[118] Offener das Urteil des Londoner High Court of Justice vom 11.1.2012. In diesem wurde einem Geschädigten Schadenersatz gegen ein Unternehmen zugesprochen, das aus dieser Phishing-Attacke stammende Emissionszertifikate erworben hatte. Das Gericht meint, dass ein im Emissionshandel tätiges Unternehmen sich Gewissheit darüber verschaffen müsse, dass die Zertifikate aus verlässlicher Quelle stammen („know your customer").

[119] Die DEHSt hat auf den Vorfall dahingehend reagiert, dass Kontotransaktionen nun mehr nur noch mit einer von der Behörde zuvor per SMS versandten Transaktionsnummer vorgenommen werden kann. Bis dahin genügten die Kontozugangsdaten.

steuerkarussell ein Riegel vorgeschoben, indem zum 1.7.2010 das sog. **„Reverse-Charge-Verfahren“** eingeführt wurde.[120] Seitdem muss nicht der Verkäufer von Emissionszertifikaten die Umsatzsteuer abführen, sondern der Käufer. Auch wenn dieser Vorfall für geraume Zeit die Gemüter erregt hat: Um ein Sonderproblem des Emissionshandels geht es dabei nicht. Anfällig für derlei Betrugsfälle ist grundsätzlich jeder Handel mit fungiblen Gütern, die wie Emissionszertifikate ohne größere Umstände grenzüberschreitend transferiert werden können.

II. Vertragliche Grundlagen des Emissionshandels

Die Verträge betreffend den Handel mit Emissionszertifikaten sind 53 i. d. R. standardisiert. Dabei gibt es Verträge, die speziell für den Emissionshandel konzipiert wurden bzw. für die eine Zusatzdokumentation speziell für den Emissionshandel zur Verfügung gestellt worden ist. Und es gibt die sonstigen Verträge (üblicherweise: des Finanzmarktes), die dokumentieren, dass der Emissionszertifikatemarkt weniger besonders ist als der erste Anschein nahe legt.[121] Dies ist es letztlich auch, was Europa dazu bewegt, die Regeln des Finanzmarktes auf das Emissionshandelsregime zu übertragen.[122]

Zu den **speziellen Verträgen** gehören insbesondere[123] 54

- der **ISDA Allowances Appendix,**[124] eine Anreicherung des ISDA-Vertrages um eine Allowances Confirmation;[125]
- der **EFET Allowances Appendix,**[126] eine Anreicherung des EFET-Stromhandelsvertrages um einen Allowances Appendix;[127]

---

[120] § 13b UStG; hierzu *Korf*, StE Juli 2010, 5 f.

[121] Zu den Vertragsinhalten schon *Zenke/Fuhr*, Handel mit CO_2-Zertifikaten, Rdnr. 433 ff., *Sommer/Kons*, in: Horstmann/Cieslarczyk, Energiehandel, Kap. 15, Rdnr. 110 ff.; *Zenke/Fuhr/Dessau*, in: Zenke/Fuhr/Bornkamm, CO_2-Handel aktuell, Kap. 4.D.

[122] Ausführlich hierzu *du Buisson/Dessau*, § 10 in der Vorauflage.

[123] Zum auch verwandten Emission Reduction Purchase Agreement (ERPA), das kein echter Handelsvertrag ist vgl. *Meyer*, in: Zenke/Fuhr/Bornkamm, CO_2-Handel aktuell, Kap. 5.D.

[124] Das ISDA Master Agreement und die Anhänge sind abrufbar unter http://www.isda.org/ (Link: Bookstore), Stand Abruf: April 2017.

[125] ISDA Multicurrency-Cross Border Master Agreement. Das ISDA Master Agreement und die Anhänge sind abrufbar unter http://www.isda.org (Link: Bookstore), Stand Abruf: April 2017.

[126] Abrufbar unter http://www.efet.org (Link: Standardisation > Legal – EFET Standard Contracts & Documentation > Appendices & annexes > CO2 (Allowances))), Stand Abruf: April 2017. Vor dem Hintergrund der geänderten Rahmenbedingungen in der dritten Handelsperiode ist eine Neuauflage des Allowances Appendix Power (Version 4.0 v. 4.3.2012) erfolgt.

[127] Informationen über EFET und Standardverträge sind abrufbar unter http://www.efet.org, Stand Abruf: April 2017. Der EFET-Rahmenvertrag mit Anpassungsvereinbarung und Begleitdokumenten ist abrufbar unter http://www.efet.org/ (Link:

- das **IETA** Emissions Trading Master Agreement For The EU Scheme;[128]
- das IETA Emission Allowances Single Trade Agreement For The EU Scheme.[129]

55 Zu den übrigen, auch für den Emissionshandel verwendeten Verträgen gehören insbesondere der deutsche **Rahmenvertrag für Finanztermingeschäfte** mit seinem Anhang für Emissionsrechte,[130] die englischen **ICOM Terms** (International Currency Options Market)[131] und die **IFEMA Terms** (International Foreign Exchange Master Agreement) der British Bankers Association.[132] Vor dem Hintergrund der Austauschbarkeit von Emissionszertifikaten aus **Klimaschutzprojekten** (ERUs und CER's) mit CO_2-Zertifikaten aus dem EU ETS (EUA's und EUAA's) gibt es einen weiteren Vertragstyp, mit dem dieser Austausch umgesetzt wird (**Swap-Vertrag, teils nur Tauschvertrag**). Dieser wird teils individualvertraglich ausgehandelt, teils vielfach durch die marktbekannten EFET-Verträge nebst entsprechendem Anhang, ISDA und den Rahmenvertrag für Finanztermingeschäfte samt CO_2-Anhang umgesetzt.[133]

III. Technische Infrastruktur

56 Wesentliche technische Voraussetzung für die Verwaltung bzw. Verbuchung der Emissionszertifikate ist das **Register**, das nach dem Vorbild der doppelten Buchführung funktioniert. Das Register bestand zunächst aus den nationalen Registern und dem gemeinschaftsweiten Register sowie dem Protokoll für grenzüberschreitende Transaktionen (CITL = Community Independent Transaction Log). Rechtsgrundlage war die

---

Standardisation > Legal – EFET Standard Contracts & Documentation > Electricity & Electricity Annexes), Stand Abruf: April 2017.

[128] Das IETA Emissions Trading Master Agreement for the EU Scheme (Version 3.0), February 2008 ist abrufbar unter http://www.ieta.org/ (Link: Resources > Trading Documents), Stand Abruf: April 2017.

[129] Abrufbar unter http://www.ieta.org/ (Link: Resources > Trading Documents), Stand Abruf: April 2017.

[130] Der Rahmenvertrag für Finanztermingeschäfte mit Anhängen ist abrufbar unter http://www.bankenverband.de (Link: Services > Muster > Rahmenverträge für Finanzgeschäfte > Deutscher Rahmenvertrag für Finanztermingeschäfte), Stand Abruf: April 2017.

[131] Die International Currency Options Market Terms sind abrufbar unter https://www.newyorkfed.org/fmlg (Link: Documentation > FXC Master Agreements), Stand Abruf: April 2017.

[132] International Foreign Exchange Master Agreement, abrufbar unter https://www.newyorkfed.org/fmlg (Link: Documentation > FXC Master Agreements), Stand Abruf: April 2017. Letztere zwei Verträge sind 1997 in Zusammenarbeit mit dem Foreign Exchange Committee aus New York entstanden.

[133] Anbieter solcher Verträge sind etwa die Commerzbank, die Hypovereinsbank, Goldman Sachs, Vattenfall, Statkraft oder BNP.

sog. Europäische **Registerverordnung** von 2004.[134] Bis zur Einbeziehung des Flugverkehrs in den Emissionshandel im Jahr 2012 und der Einführung eines eigenständigen Zertifikatetyps für die Luftfahrzeugbetreiber[135] (die so genannten EUAAs) sollte an die Stelle dieses zweistufigen Registersystems ein einheitliches, EU-weites Register und Transaktionsprotokoll treten (**EUTL – European Transaction Log**). Für dieses liefert die Neufassung der Registerverordnung[136] (RegisterVO) den Rahmen. Gemäß Art. 4 I RegisterVO wurde für die dritte und darauf folgenden Handelsperioden das Unionsregister geschaffen, das nach Maßgabe des Art. 4 III RegisterVO verbindlich durch die Mitgliedstaaten zu nutzen ist. Die Verwaltung der Nutzerkonten erfolgt seit 2012 durch die Europäische Kommission. Das EUTL erfasst alle 31 am EU-EHS teilnehmenden Länder. Das EUTL dient auch der Erfassung von Angaben über den Besitz und die Übertragung von Kyoto-Einheiten.[137] Das Emissionshandelsregister ist in ein umfassendes Registersystem integriert, in dem über das internationale Transaktionsprotokoll (**International Transaction Log – ITL**) alle im Hinblick auf Kyoto-Einheiten und die hieraus abgeleiteten Untereinheiten durchgeführten Transaktionen erfasst werden.

[134] Verordnung (EG) Nr. 2216/2004 der Kommission v. 21.12.2004 über ein standardisiertes und sicheres Registrierungssystem gemäß der Richtlinie 2003/87/EG des Europäischen Parlaments und des Rates sowie der Entscheidung 280/2004/EG des Europäischen Parlaments und des Rates, ABl. EU Nr. L 386, v. 29.12.2004, S. 1 ff.

[135] Diese können nicht von Betreibern stationärer Anlagen zur Erfüllung ihrer Abgabeverpflichtungen genutzt werden, § 7 I 2 TEHG.

[136] Verordnung (EU) Nr. 389/2013 der Kommission v. 2.5.2013 zur Festlegung eines Unionsregisters gemäß der Richtlinie 2003/87/EG des Europäischen Parlaments und des Rates und den Entscheidungen Nr. 280/2004/EG und Nr. 406/2009/EG des Europäischen Parlaments und des Rates sowie zur Aufhebung der Verordnungen (EU) Nr. 920/2010 und (EU) Nr. 1193/2011 der Kommission, ABl. EU Nr. L. 122, v. 3.5.2013, S. 1, zuletzt geändert durch die Verordnung (EU) Nr. 2015/1844 der Kommission v. 13.7.2015, Abl. EU Nr. L 268, v. 15.10.2015, S. 1 (RegisterVO).

[137] Vgl. Art. 6 I 2 RegisterVO unter Verweis auf Art. 6 II der Entscheidung Nr. 280/2004/EG vom 11.2.2004 über ein System zur Überwachung der Treibhausgasemissionen in der Gemeinschaft und zur Umsetzung des Kyoto-Protokolls, ABl. EU Nr. L 49, v. 19.2.2004, S. 1.

Abbildung 8.4: Struktur des internationalen Registersystems[138]

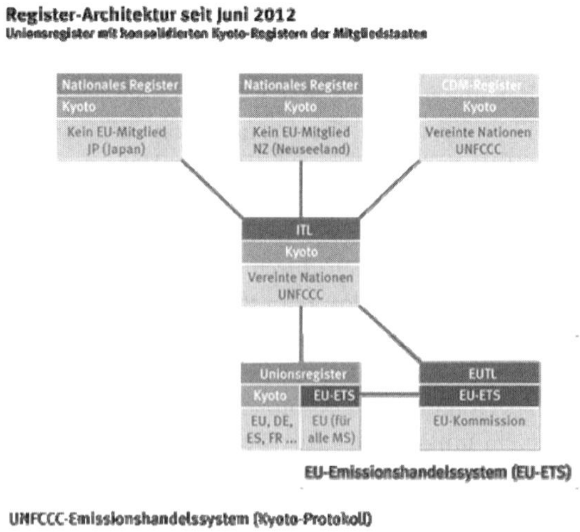

57 Das EU-Register kennt bezüglich der möglichen Transaktionen die folgenden Grundtypen, die sich – je nach Typ der zu übertragenden Einheit und dem Zweck der Transaktionen – in zahlreiche Subtransaktionstypen unterteilen:

Tabelle 8.5: Transaktionen im Register

Transaktion	Rechtliche Wirkungen
Issuance – Initial Creation of a unit	– Generieren der Einheit – Gutschrift auf das Nationalkonto der Vertragspartei
Internal – Internal Transfer of Unit/ Supplementary Program Transaction	– Übertragung von Einheiten zwischen Konten des gleichen Kontentyps – Z. B. Übertragung von EU Allowances vom Anlagenkonto des einen auf das Anlagenkonto eines anderen Anlagenbetreibers
Conversion – Transformation of Unit to create an ERU	– Umwandlung einer Kyotoeinheit in ein ERU (Emission Reduction Unit) auf Konto des Nationalstaats
External (Abgabe) – External Transfer of Unit between Registries	– Übertragung von Einheiten zwischen Konten des verschiedener Kontentypen – Z. B. Übertragung von EU Allowances vom Anlagenkonto auf das Personenkonto eines Anlagenbetreibers

[138] Quelle: Deutsche Emissionshandelsstelle (DEHSt) im Umweltbundesamt.

Transaktion	Rechtliche Wirkungen
Cancellation – Internal Transfer of Unit	– Belastung Emissionszertifikate auf Konto des Auslösers der Transaktion – Gutschrift Emissionszertifikate auf europäischem Löschungskonto – Emissionszertifikate können nicht mehr in den Verkehr gebracht werden
Retirement – Internal Transfer of Unit	– Belastung Emissionszertifikate auf Konto des Nationalstaats – Gutschrift auf Ausbuchungskonto des Nationalstaats – Emissionszertifikate können nicht mehr in den Verkehr gebracht werden – Erfüllung der Pflicht des Nationalstaats gem. Art. 3 I Kyoto-Protokoll
Replacement – Internal Transfer of Unit	– Interne Übermittlung einer Kyotoeinheit
Carry-over – Change of validity to subsequent CP	– Änderung des Ablaufdatums einer Kyotoeinheit zur nächsten Verpflichtungsperiode
Expiry Date Change	– Änderung des Ablaufdatums einer Kyotoeinheit

Das Register ist in zweifacher Hinsicht von zentraler Bedeutung: Zum einen ist es die Grundlage für ein Kernelement des europäischen Emissionshandels, nämlich die genaue Verbuchung von Vergabe, Besitz, Übertragung und Löschung der Zertifikate.[139] Zum anderen hängt – dies ist für die Betreiber emissionshandelspflichtiger Anlagen von besonderer Bedeutung – die Erfüllung der immerhin mit der Strafzahlung von 100 EUR/t CO_2 bewehrte Abgabepflicht vom ordnungsgemäßen Funktionieren des Registers ab.[140] Nach nunmehr vier Jahren haben sich die meisten Teilnehmer an das europäische Register und seine Funktionalitäten gewöhnt. In puncto Benutzerfreundlichkeit besteht noch Optimierungspotenzial.[141] 58

[139] EuGH, Urt. v. 17.10.2013, Rs. C-203/12 – *Billerud*, Rdnr. 27.

[140] Exkulpieren kann sich der Anlagenbetreiber für eine verspätet ausgeführte Übertragung der zur Abgabe fälligen Zertifikate nur für den außergewöhnlichen Fall, dass eine Störung des Registers vorliegt, der sich als ein Fall der höheren Gewalt darstellt.

[141] Im Fazit einer Ergonomiestudie von Ergosign, Gutachten zur Gebrauchstauglichkeit des Unionsregisters, Version 1.01, Februar 2016, abrufbar unter https://www.dehst.de/ (Link: Service > Unionsregister), Stand Abruf: April 2017, heißt es sogar: „Die höchst optimierungsbedürftige Usability des Unionsregisters steht einer effektiven, effizienten und zufrieden stellenden Arbeit mit dem System nachhaltig entgegen."

E. Der Markt

59 Auf dem Markt für Emissionszertifikate finden sich unterschiedliche Akteure. Neben den eigentlich Angesprochenen (den **Anlagenbetreibern**) und den notwendigerweise Aktiven (wie die **Verifizierer und Zertifizierer**) tummeln sich auch Freiwillige, wie **Händler, Broker und Marktplätze**. Auch Projektentwickler im Bereich z. B. der Klimaschutzprojekte JI und CDM[142] vermarkten ihre Produkte vielfach direkt und zunehmend innovativ. Hinzu kommen Carbon Funds[143] in ihrer Ausprägung staatliche Aufkaufprogramme,[144] staatlich-private Aufkaufprogramme[145] und zunehmend auch private Investmentfonds.[146]

60 Mittlerweile haben verschiedene Börsen auch auf Emissionen bezogene Verträge in ihr Portfolio aufgenommen, genannt seien z. B. die norwegische Nasdaq OMX Commodities,[147] die ICE,[148] die EUREX,[149] die EXAA[150], die CTX[151] und natürlich die Leipziger EEX.[152]

61 Die Produktpalette der Handelsplätze für EUA reicht von einem Spotmarkt bis hin zu finanziell und auf Lieferung hin angelegte Termin-

---

[142] Vgl. bereits Rdnr. 9.

[143] Vgl. Zenke/Fuhr/Bornkamm, CO_2-Handel aktuell, Kap. 5.C, gibt einen Überblick über die Emissionsminderungsprojekte-Fonds.

[144] Diese zeichnen sich durch einen eingeschränkten Investorenkreis (meist je Fonds aus einem Staat) und durch staatliche Kontrolle aus. Ein wichtiger Antrieb für diese staatlichen Investoren ist die Erfüllung internationaler Emissionsreduktionsziele des Kyoto-Protokoll, die durch den Kauf von Emissionsgutschriften erreicht wurde. Diese Fonds sind für Unternehmen oder Privatinvestoren nicht offen.

[145] Unternehmen und Finanzinvestoren können sich mit dem Ziel beteiligen, als Tilgung und Zins Emissionszertifikate und -gutschriften zu erhalten. Der Investor erhält nach Abzug der Kosten ein Kontingent an Emissionszertifikaten entsprechend seiner Einlage in den Fonds. Zweck eines Aufkaufprogramms ist es, durch Bündelung der Nachfrage sowie den Einsatz eines fachlich kompetenten Managements und der Optimierung des Verwaltungsaufwandes den Investoren kostengünstig Emissionszertifikate zu verschaffen.

[146] Privatwirtschaftliche Carbon Funds versprechen den Investoren einen finanziellen Ertrag aus ihrer Einlage (z. B. Carbon Fund for Europe (CFE)), d. h. die Emissionszertifikate werden von diesen Carbon Funds zu niedrigen Preisen gekauft, gehalten und zu einem späteren Zeitpunkt mit Gewinnerzielungsabsicht gehandelt.

[147] Vgl. http://www.nasdaqomxcommodities.com/ (Link: Trading > Markets), Stand Abruf: April 2017.

[148] https://www.theice.com, Stand Abruf: April 2017.

[149] http://www.eurexchange.com, Stand Abruf: April 2017.

[150] http://http://www.exaa.at/de/marktdaten/handelsergebnisse, Stand Abruf: April 2017.

[151] http://www.ctxglobal.com, Stand Abruf: April 2017.

[152] Die EEX hatte bereits im März 2005 einen Spotmarkt für Emissionszertifikate eingeführt. Am 4.10.2005 hat sie den Terminhandel in EUA aufgenommen. EEX, EEX startet Terminhandel in Emissionszertifikate, Pressemitteilung v. 4.10.2005, abrufbar unter http://www.eex.com/de (Link: Newsroom), Stand Abruf: April 2017.

geschäfte. Ein täglicher Handel im Spotmarkt[153] sowie Termingeschäfte[154] auf EUA sind z. B. an der deutschen EEX[155] oder der Nasdaq OMX Commodities möglich. Einen signifikanten Marktanteil im Emissionshandels-Terminmarkt hat allerdings die elektronische Plattform ECX/IPE, eine Tochter der Chicago Climate Exchange (CCX) inne. Gehandelt werden börslich auch die CERs.[156] Eine Emissionshandelszertifikate berücksichtigende Handelsplattform ist etwa die Climex Trading Platform.[157]

Ganz entscheidend für die Liquidität des Emissionshandelsmarktes ist 62
dabei sowohl der in den einzelnen Mitgliedstaaten jeweils realisierte Grad der Zielerreichung, die Anzahl und Motive der Marktteilnehmer sowie Art und Umfang der vorhandenen technisch-wirtschaftlichen Minderungspotenziale. Dem Ziel, auch nach 2020 den Emissionshandel zu stärken und Investitionen in emissionsarme Technologien zu fördern, dient vor allem die Einführung der Marktstabilitätsreserve.[158] Indem im Fall eines Zertifikateüberschusses von mehr als 833 Mio. Zertifikaten im betreffenden Jahr bis zu 12 % dieses Überschuss vom Versteigerungsvolumen abgeschöpft und in die Marktstabilitätsreserve überführt werden, soll das Preisniveau der CO_2-Zertifikate stabilisiert werden. Denn das aktuelle Preisniveau von um die 5 EUR je Zertifikat[159] wird als nicht genügend angesehen, um einen hinreichenden Anreiz zu Emissionsminderungsmaßnahmen zu setzen.

F. Resümee

Zwölf Jahre nach der Einführung des Emissionshandels in Europa ist 63
dieser für die Akteure auf den Commodity-Märkten zur Routine geworden. Als **Instrument der Klimaschutzpolitik** wird die Akzeptanz des EU-ETS bei den betroffenen Anlagenbetreibern immer noch durch die hohe Komplexität der Regelungen für die Erstzuteilung geschmälert. Diese generiert auch in der dritten Handelsperiode einen hohen Administrationsaufwand, vor allem in den Sektoren des produzierenden Gewerbes.

[153] Nasdaq OMX Commodities hat am 20.10.2005 den kontinuierlichen Spothandel mit Emissionszertifikaten gestartet. Die europaweit erste Spot-Auktion für EUA konnte an der EEX am 9.3.2005 starten.

[154] Dem Spothandel an der deutschen EEX folgte am 4.10.2005 die Aufnahme des Terminhandels in EUA.

[155] Umfassend berichtet *Teis/Wragge,* in: Zenke/Fuhr/Bornkamm, CO_2-Handel aktuell, Kap. 4.B, über den Handel mit EU-Emissionszertifikate an der EEX.

[156] Vgl. *Schafhausen/Zenke/Telschow,* § 8 Rdnr. 10 in der Vorauflage. Dieser Handel wird an der EEX seit Ende März 2008 geführt.

[157] http://www.climex.com, Stand Abruf: April 2017.

[158] Vgl. bereits oben Rdnr. 14.

[159] Vgl. http://www.eex.com/de (Link: Emission), Stand Abruf: April 2017.

Zweifel am Funktionieren des EU-ETS als Instrument des marktbasierten Klimaschutzes säht zudem der Umstand, dass es derzeit offenbar nicht ohne staatliche Interventionen wie dem Backloading und der Marktstabilitätsreserve auszukommen scheint. Die EU steht hier bei der Reform der EmissH-RL zur vierten Handelsperiode vor einer anspruchsvollen Aufgabe. Nach dem Inkrafttreten des Übereinkommens von Paris ist immerhin klar, dass der Klimaschutz mit marktbasierten Mechanismen auch international eine anschlussfähige Option bleibt. Damit das EU-ETS (weiter) eine Vorbildfunktion für Emissionshandelssysteme in anderen Teilen der Welt entfalten kann, muss es gelingen, das Anspruchsniveau im Einklang mit dem weiterhin wichtigen Ziel anzuheben, die Verlagerung von Emissionen in Systeme mit weniger ambitionierten Klimazielen zu vermeiden.

Kapitel 2. Rechtliche Zugangserfordern

§ 9 Europäische Energiemarktregulierung

A. Einleitung

Eines der wichtigsten Elemente der Europäischen Union (EU) ist der 1
europäische Binnenmarkt. In Art. 26 AEUV[1] wird dieser definiert als ein Raum ohne Binnengrenzen, in dem der freie Verkehr von Waren, Personen, Dienstleistungen und Kapital gewährleistet wird. Zur Umsetzung dieses Ziels hat die EU viele Maßnahmen ergriffen. Bei der Wahl der Mittel kann im Laufe der Zeit ein Wandel festgestellt werden. Stand ursprünglich der Abbau von Schranken im Mittelpunkt, sollen heute aktiv Märkte gestaltet werden, die in sich stabil und sicher sind und für Wachstum der gesamt-europäischen Wirtschaft sorgen.

Der Energiemarkt ist in dieser Hinsicht beispielhaft. Zu Beginn bildete 2
Europa den Motor der Liberalisierung gegen wettbewerbsbeschränkende nationale Regelungen. Einzelstaatliche monopolistische Marktstrukturen sollten aufgebrochen werden, selbst wenn die Bedeutung des grenzüberschreitenden Handels teilweise infolge begrenzter Leitungskapazitäten noch vergleichsweise unbedeutend war. Inzwischen verhängen die europäischen Institutionen gegenüber Marktteilnehmern selber Verhaltensanforderungen, mit denen neugewonnene Freiheiten gemeinschaftseinheitlich wieder eingeschränkt werden. Auch gewinnt der Klimaschutz als Ziel der Energiepolitik immer mehr Bedeutung. Im Ergebnis schwinden die Einflussmöglichkeiten der Nationalstaaten in diesem Zusammenhang, wie an der Art der erlassenen Rechtsakte abzulesen ist: Auf der Grundlage der ursprünglich eingesetzten Richtlinien behielt der nationale Gesetzgeber einen Umsetzungsspielraum – er musste den Inhalt der **Richtlinie** zunächst in nationales Recht transformieren. Immer häufiger wird nunmehr mit **Verordnungen** gearbeitet, die unmittelbar für jeden Unionsbürger geltendes Recht werden.

Der Energiehandelsmarkt ist deswegen besonders interessant, weil er 3
im Schnittpunkt von zwei unterschiedlichen Marktbereichen steht, die

---

[1] Konsolidierte Fassung des Vertrags über die Arbeitsweise der Europäischen Union (AEUV), ABl. EU Nr. C 115, v. 9.5.2008, S. 115 ff. (vormals Art. 14 EGV).

unterschiedliche Evolutionsgrade im vorstehend beschriebenen Prozess, unterschiedliche Regulierungsansätze und jeweils eigene Vorstellungswelten mitbringen, nämlich der Energiewirtschaft und der Finanzmärkte. In Bezug auf die Energiewirtschaft konzentrierte sich die EU traditionell im Wesentlichen auf die Infrastruktur, um mit der Gewährleistung diskriminierungsfreier Netzzugänge den Handel in den leitungsgebundenen Waren überhaupt erst in Gang zu bringen. Die Finanzmärkte wurden demgegenüber vor allem mit Blick auf die klassischen Akteure betrachtet, bei denen der Handel in klassischen Rohwaren ein verbreiteter, wenngleich regelmäßig unbedeutender Geschäftsbestandteil war. Dass der hierfür geschaffene Regulierungsrahmen teilweise auch Auswirkungen auf Energiehändler hatte, wurde durch die EU mehr oder weniger in Kauf genommen. Immerhin konnte die Industrie etliche Ausnahmevorschriften durchsetzen. Im Laufe der Zeit gelangte die Energiepolitik der EU indes zur Auffassung, dass der Markt über den Bereich der Betreuung natürlicher Monopole hinaus der Setzung von Spielregeln bedarf. Zugunsten der **Integrität des Energiemarktes** trat neben die wertpapieraufsichtlichen **Marktmissbrauchsverbote** und **Transparenzgebote** diesen nachgebildete, aber an die Besonderheiten der Energiemärkte adaptierte sektorspezifische Regelungen. Diese werden von der Finanzmarktregulierung jedoch nicht als ausreichende Vorkehrungen zum von dort aus verfolgten Ziel des Systemschutzes angesehen. Im Gegenteil ist nach den Erfahrungen mit der internationalen Finanzkrise der Wunsch der EU gewachsen, die **Aufsichtsqualität** zu erhöhen und bestehende Aufsichtslücken zu schließen. Dies betrifft auch die **Warenterminmärkte**. Fast sicher sein kann man sich darüber, dass auch die neuen Richtlinien, die im Anschluss und in den folgenden Kapiteln vorgestellt werden sollen, keinen für die nächsten Dekaden festen Rechtszustand bringen werden. Die Rolle Europas im Energiehandel nimmt zu – und mit ihr die Herausforderung an die Politik bzw. die unterschiedlichen Generaldirektionen der EU-Kommission, für eine Regelung aus einem Guss zu sorgen.

B. Überblick: Die Normen der Regulierungsarchitektur

4 Als Überarbeitung der Wertpapierdienstleistungsrichtlinie (WDRL)[2] aus dem Jahr 1993 wurde am 21.4.2004 die **Richtlinie über Märkte für Finanzinstrumente (MiFID)**[3] verabschiedet. Mit diesem neuen Namen

[2] Richtlinie 93/22/EWG des Rates v. 10.5.1993 über Wertpapierdienstleistungen (WDRL), ABl. EU Nr. L 141, v. 11.6.1993, S. 27 ff.

[3] Richtlinie 2004/39/EG des Europäischen Parlaments und des Rates v. 21.4.2004 über Märkte für Finanzinstrumente, zur Änderung der Richtlinien 85/611/EWG und

sollte zum Ausdruck kommen, dass die Richtlinie nicht nur das Erbringen von Dienstleistungen auf den Märkten regelt, sondern auch die Organisation der Märkte sowie teilweise den außerhalb einer Kundenbeziehung stattfindenden Eigenhandel der Marktteilnehmer.

Die Motivation des Erlasses der MiFID ist in den Erwägungsgründen 5
dargestellt: Danach soll ein reibungsloses **Funktionieren der Wertpapiermärkte** gewährleistet werden.[4] Ein weiteres zentrales Anliegen der Richtlinie ist der **Schutz der** auf den Finanzmärkten immer aktiveren **Anleger.**[5] Insbesondere wurde es als notwendig empfunden, auf bestimmte Entwicklungen in Angebot und Marktauftritt der Wertpapierfirmen und geregelten Märkte zu reagieren. Mit der Aktualisierung und der teilweise starken Verdichtung der Regelungen im Detail sollte außerdem die europäische Harmonisierung vorangebracht werden, um einen schrankenlosen **Binnenmarkt für Finanzdienstleistungen** zu schaffen.

Die MiFID legt die europäische Rechtsbasis für die **Beaufsichtigung** 6
von Dienstleistungen und Investmentaktivitäten in Finanzinstrumenten. Im Vergleich zur Vorgängerrichtlinie geltungserweitert unterstellt die MiFID den Handel u. a. auch in **Warenderivaten** unter bestimmten Voraussetzungen finanzaufsichtlichen Regelungen.[6] „Die MiFID hat es grundsätzlich als zweckmäßig angesehen, in die Liste der Finanzinstrumente bestimmte Waren- und sonstige Derivate aufzunehmen, die so konzipiert sind und gehandelt werden, dass sie unter aufsichtlichen Aspekten traditionellen Finanzinstrumenten vergleichbar sind."[7] Schon diese Aussage macht deutlich, dass sich die europäische Finanzmarktregulierung dem – nach Liberalisierung des Energiehandels gewachsenen – Überschneidungsbereich von Finanzmärkten und Warenmärkten nicht mit einem absoluten Geltungsanspruch genähert hat. Eine konsistente Regelung des Warenhandels als solchen wird weder geleistet noch überhaupt angestrebt. Es liegt vielmehr nur ein Ausdehnen des eigenen Geltungsbereichs auf äußerlich ähnliche Sachverhalte vor. Diesem Ansatz entsprechen auch die Regelungen im Einzelnen, so insbesondere die

---

93/6/EWG des Rates und der Richtlinie 2000/12/EG des Europäischen Parlaments und des Rates und zur Aufhebung der Richtlinie 93/22/EWG des Rates (Markets in Financial Instruments Directive – MiFID), ABl. EU Nr. L 145, v. 30.4.2004, S. 1 ff., i. d. F. der Richtlinie 2008/10/EG des Europäischen Parlaments und des Rates vom 11.3.2008 zur Änderung der Richtlinie 2004/39/EG über Märkte für Finanzinstrumente im Hinblick auf die der Kommission übertragenen Durchführungsbefugnisse, ABl. EU Nr. L 76, v. 19.3.2008, S. 33 ff.

[4] Erw.gr. 44 MiFID.

[5] Erw.gr. 1, 2 und 31 MiFID.

[6] Vgl. hierzu *du Buisson/Zenke/Dessau,* § 10 Rdnr. 2 in diesem Band.

[7] Erw.gr. 4 MiFID.

Definition der Finanzinstrumente und die warenhandelsspezifischen Ausnahmevorschriften.

7 Zusammenfassend gesagt sieht die MiFID für die im Einzelnen definierten Wertpapierfirmen **Zulassungsschranken** und laufende **Organisations- und Verhaltensanforderungen** nebst diesbezüglicher Kontrolle durch die zuständigen Behörden vor. Unter ihren Rechtsfolgen stechen allerdings diejenigen heraus, die gar nicht in der MiFID selber geregelt sind, sondern kraft Verweises eintreten: So bestimmt die MiFID mit dem Begriff der Wertpapierfirma[8] den Adressatenkreis von Anforderungen an die Kapitalausstattung durch die **Kapitalanforderungsverordnung** (CRR)[9] sowie von weiteren bankaufsichtlichen Vorschriften aus der **Kapitalanforderungsrichtlinie** (CRD IV).[10] Die Pflichten zur Unterlegung von Risiken mit Eigenmitteln gehören bereichsbezogen zu den kritischsten Rechtsfolgen der Finanzmarktregulierung. Ergänzend gilt in diesem Zusammenhang die **Sanierungs- und Abwicklungsrichtlinie** (BRRD).[11] Zwar ist die Anwendung der zum Schutz des Steuerzahlers vor Bank-

---

[8] Und einem Verweis in Art. 12 MiFID.

[9] Verordnung (EU) Nr. 575/2013 des Europäischen Parlaments und des Rates v. 26.6.2013 über Aufsichtsanforderungen an Kreditinstitute und Wertpapierfirmen und zur Änderung der Verordnung (EU) Nr. 646/2012 (Capital Requirements Regulation – CRR), ABl. EU Nr. L 176, v. 27.6.2013, S. 1 ff.

[10] Richtlinie 2013/36/EU des Europäischen Parlaments und des Rates v. 26.6.2013 über den Zugang zur Tätigkeit von Kreditinstituten und die Beaufsichtigung von Kreditinstituten und Wertpapierfirmen, zur Änderung der Richtlinie 2002/87/EG und zur Aufhebung der Richtlinien 2006/48/EG und 2006/49/EG (Capital Requirements Directive – CRD IV), ABl. EU Nr. L 176, v. 27.6.2013, S. 338. Die ursprünglichen Verweise lauteten auf die Richtlinie 2006/49/EG des Europäischen Parlaments und des Rates v. 14.6.2006 über die angemessene Eigenkapitalausstattung von Wertpapierfirmen und Kreditinstituten (Kapitaladäquanzrichtlinie – CAD), ABl. EU Nr. L 177, v. 30.6.2006, S. 201 ff., i. d. F. der Richtlinie 2010/78/EU des Europäischen Parlaments und des Rates v. 24.11.2010, ABl. EU Nr. L 331, v. 15.12.2010, S. 120 ff., und die Richtlinie 2006/48/EG des Europäischen Parlaments und des Rates v. 14.6.2006 über die Aufnahme und Ausübung der Tätigkeit der Kreditinstitute (Bankenrichtlinie – BankenRL), ABl. EU Nr. L 177, v. 30.6.2006, S. 1 ff. i. d. F. der Richtlinie 2010/78/EU des Europäischen Parlaments und des Rates v. 24.11.2010, ABl. EU Nr. L 331, v. 15.12.2010, S. 120 ff.

[11] Richtlinie 2014/59/EU des Europäischen Parlaments und des Rates v. 15.5.2014 zur Festlegung eines Rahmens für die Sanierung und Abwicklung von Kreditinstituten und Wertpapierfirmen und zur Änderung der Richtlinie 82/891/EWG des Rates, der Richtlinien 2001/24/EG, 2002/47/EG, 2004/25/EG, 2005/56/EG, 2007/36/EG, 2011/35/EU, 2012/30/EU und 2013/36/EU sowie der Verordnungen (EU) Nr. 1093/2010 und (EU) Nr. 648/2012 des Europäischen Parlaments und des Rates (Sanierungs- und Abwicklungsrichtlinie – BRRD), ABl. EU Nr. L 173, v. 12.6.2014, S. 190 ff. Dies wurde durch das SAG (Gesetz zur Sanierung und Abwicklung von Instituten und Finanzgruppen (Sanierungs- und Abwicklungsgesetz – SAG) v. 10.12.2014, BGBl. I S. 2091, zuletzt geändert durch Gesetz v. 23.12.2016, BGBl. I S. 3171) in deutsches Recht umgesetzt.

pleiten konzipierten Abwicklungsregelungen auf Energiehändler eher abwegig, gleichwohl unterfallen die Inhaber entsprechender MiFID-Erlaubnisse dem Regelungsbereich.

Weitere Einzelheiten des Aufsichtsregimes wurden im Nachgang zur 8
MiFID im Komitologieverfahren auf Ebene 2 des sog. Lamfalussy-Prozesses der EU-Finanzmarktgesetzgebung[12] geregelt, teils in der Verordnung (EG) Nr. 1287/2006 (MiFID-KomV)[13] und teils in der Richtlinie 2006/73/EG (MiFID-KomRL).[14] Das Lamfalussy-Verfahren ist ein für die Wertpapiermärkte entwickelter Rechtsetzungs- und Standardharmonisierungsprozess. In ihm läuft die europäische Normgebung abgestuft ab, indem die Regelungsinhalte aufgespalten werden. Mit den Richtlinien gibt die EU die politische Richtung vor, welche auf drei weiteren Ebenen von der Kommission, von Komitees und den nationalen Behörden immer feiner konkretisiert und umgesetzt wird. Der Einfluss der Mitgliedstaaten auf den Rechtsetzungsprozess wurde damit – unter Beschleunigungsaspekten – noch stärker zurückgedrängt.

Zur Stärkung der bestehenden Marktstrukturen, einer Verbreiterung 9
der Befugnisse der Aufsichtsbehörden, der Einführung strengerer Regularien für den Warenderivatemarkt und der Verbesserung des Anlegerschutzes wurde die MiFID unter dem Eindruck der Finanzmarktkrise weiterbearbeitet und schließlich als Richtlinie 2014/65/EU des Europäischen Parlaments und des Rates über Märkte für Finanzinstrumente sowie zur Änderung der Richtlinien 2002/92/EG und 2011/61/EU (**MiFID II**)[15] novelliert. Diese wird – in noch stärkerer Weise als die Vorgängerin – von einer Vielzahl harmonisierender Verordnungen begleitet,

[12] Das Lamfalussy-Verfahren wurde vom sog. Ausschuss der Weisen unter dem Vorsitz von Baron *Lamfalussy* initiiert. Vgl. Schlussbericht des Ausschusses der Weisen über die Regulierung der europäischen Wertpapiermärkte v. 15.2.2001, abrufbar unter http://ec.europa.eu/internal_market/securities/docs/lamfalussy/wisemen/final-report-wise-men_de.pdf, Stand Abruf: April 2017.

[13] Verordnung (EG) Nr. 1287/2006 der Kommission v. 10.8.2006 zur Durchführung der Richtlinie 2004/39/EG des Europäischen Parlaments und des Rates betreffend die Aufzeichnungspflichten für Wertpapierfirmen, die Meldung von Geschäften, die Markttransparenz, die Zulassung von Finanzinstrumenten zum Handel und bestimmte Begriffe im Sinne dieser Richtlinie (MiFID-KomV), ABl. EU Nr. L 241, v. 2.9.2006, S. 1 ff.

[14] Richtlinie 2006/73/EG der Kommission vom 10.8.2006 zur Durchführung der Richtlinie 2004/39/EG des Europäischen Parlaments und des Rates in Bezug auf die organisatorischen Anforderungen an Wertpapierfirmen und die Bedingungen für die Ausübung ihrer Tätigkeit sowie in Bezug auf die Definition bestimmter Begriffe für die Zwecke der genannten Richtlinie (MiFID-KomRL), ABl. EU Nr. L 241, v. 2.9.2006, S. 26 ff.

[15] Richtlinie 2014/65/EU des Europäischen Parlaments und des Rates v. 15.5.2014 über Märkte für Finanzinstrumente sowie zur Änderung der Richtlinien 2002/92/EG und 2011/61/EU, ABl. EU Nr. L 173, v. 12.6.2014, S. 349 ff.

zum einen von der MiFIR,[16] zum anderen von einer Vielzahl von Kommissionsverordnungen, welche Konkretisierungsaufträge aus der Richtlinie oder der MiFIR ausfüllen (sog. Technische Regulierungsstandards – RTS).[17] Die erhoffte konzeptionelle Schärfung der Aussagen, welche Art von Energiehandel bzw. welche Art von Marktteilnehmer als aufsichtspflichtig angesehen werden, hat das neue Regime nicht gebracht. Vielmehr verblieb es beim vorstehend zitierten „Vergleichbarkeitsansatz" und einem bemerkenswerten Nebeneinander konträrer Ansätze.[18] Die MiFID II muss nach Verschiebung der ursprünglichen Pläne nun zum Anfang 2018 in deutsches Recht überführt werden.[19]

10 Dem gesetzgebungshistorisch unmittelbar vorausgegangen war die Regulierung des Handels in OTC-Derivaten, die im Jahr 2012 in Form einer Verordnung (European Market Infrastructure Regulation – **EMIR**)[20] verabschiedet wurde. Da die EMIR sämtliche Arten von OTC-Finanzderivaten – zu deren Definition[21] verweist sie auf den Anhang der MiFID nebst Art. 38, 39 MiFID-KomV – und teilweise auch Handelsteilnehmer unabhängig einer Erlaubnispflicht nach MiFID oder anderen Aufsichtsgesetzen betrifft, verankert auch diese Verordnung den Geltungsanspruch der Finanzmarktregulierung auf den Warenmärkten. Eine Erfassung der Masse ihrer Teilnehmer war dabei allerdings nicht intendiert. Als sich jedoch in der Praxis zeigte, dass sich im Adressatenkreis der prominentesten Rechtspflichten der EMIR kaum Unternehmen außerhalb der Finanzbranche wiederfanden, meldete die Europäische Wertpapieraufsicht anlässlich eines Berichts an die EU-Kommission Zweifel an der Gestaltung der bereichsspezifischen Ausnahme an.[22]

[16] Verordnung (EU) Nr. 600/2014 des Europäischen Parlaments und des Rates v. 15.5.2014 über Märkte für Finanzinstrumente und zur Änderung der Verordnung (EU) Nr. 648/2012 (Markets in Financial Instruments Regulation – MiFIR), ABl. EU Nr. L 173, v. 12.6.2014, S. 84 ff.

[17] Für den Energiehandelsbereich sind speziell die Kommissionsverordnungen 2017/565, 2017/591 und 2017/592 von Interesse.

[18] Näher dazu *du Buisson/Zenke/Dessau*, § 10 in diesem Band.

[19] Dies geschieht durch das Zweite Finanzmarktnovellierungsgesetz – 2. FiMaNoG. Vgl. Gesetzentwurf der Bundesregierung v. 23.1.2017, BT-Drs. 18/10936.

[20] Verordnung (EU) Nr. 648/2012 des Europäischen Parlaments und des Rates v. 4.7.2012 über OTC-Derivate, zentrale Gegenparteien und Transaktionsregister, ABl. EU Nr. L 201, v. 27.7.2012, S. 1 ff.

[21] Hierbei ist interessant zu bemerken, dass damit (vgl. Anhang I Abschnitt C Nr. 7 und 19 MiFID) implizit die wesentliche Rechtsfolge der EMIR, nämlich das Clearing, gleichzeitig zu deren Geltungsvoraussetzung erklärt wird.

[22] EMIR Review Report no. 1, Rdnr. 62, S. 133 ff., abrufbar unter https://www.esma.europa.eu/ (Link: Rules, Databases & Library > Esma Library > full text: „EMIR Review Report no.1"), Stand Abruf: April 2017. Dies griff die Kommission in ihrem Bericht an das EU-Parlament (über OTC-Derivative, zentrale Gegenparteien und Transaktionsregister v. 23.11.2016, COM(2016) 857 final, S. 4) allerdings nicht auf.

Die Schaffung eines begrenzenden Rahmens für den **OTC-Derivatemarkt** war nicht der einzige Vorschlag, den die von der Europäischen Kommission eingesetzte Expertengruppe unter Vorsitz von Monsieur *Larosière* unterbreitete. Zugleich zu inhaltlichen Vorschlägen wurde im Abschlussbericht vom 25.2.2009[23] empfohlen, die europäische Aufsichtsarchitektur weiter auszubauen. So sollte die Rolle der **Europäischen Zentralbank (EZB)** bei der Aufsicht durch Einrichtung eines **European Systemic Risk Council (ESRC)**[24] unter dem Vorsitz des EZB-Präsidenten gestärkt werden, um Informationen über makroprudentielle Entwicklungen für die Aufsicht nutzbar zu machen. Ferner sollte im Rahmen eines darüber hinausgehenden **European System of Financial Supervision (ESFS)** die Zusammenarbeit der nationalen Aufsichtsbehörden bei der Überwachung grenzüberschreitend agierender Finanzinstitute durch Einrichtung von sog. Kollegien verbessert und drei europäische **Aufsichtsbehörden** (ESMA, EBA, EIOPA) geschaffen werden, welche die einheitliche Anwendung der Standards koordinieren und an die Stelle der bisherigen Komitees (CESR, CEBS, CEIOPS) treten sollten. Auch diese Anregungen griff Europa auf,[25] womit im Ergebnis Verwaltungsfunktionen aus den Mitgliedstaaten abwanderten. 11

[23] http://ec.europa.eu/internal_market/finances/docs/de_larosiere_report_de.pdf, Stand Abruf: April 2017.

[24] Errichtet durch Verordnung (EU) Nr. 1092/2010 des Europäischen Parlaments und des Rates v. 24.11.2010 über die Finanzaufsicht der Europäischen Union auf Makroebene und zur Errichtung eines Europäischen Ausschusses für Systemrisiken, ABl. EU Nr. L 331, v. 15.12.2010, S. 1 ff., und Verordnung (EU) Nr. 1096/2010 des Rates v. 17.11.2010 zur Betrauung der Europäischen Zentralbank mit besonderen Aufgaben bezüglich der Arbeitsweise des Europäischen Ausschusses für Systemrisiken, ABl. EU Nr. L 331, v. 15.12.2010, S. 162 ff. Nicht zu verwechseln mit dem globalen Financial stability board.

[25] Verordnung (EU) Nr. 1093/2010 des Europäischen Parlaments und des Rates v. 24.11.2010 zur Errichtung einer Europäischen Aufsichtsbehörde (Europäische Bankenaufsichtsbehörde), zur Änderung des Beschlusses Nr. 716/2009/EG und zur Aufhebung des Beschlusses 2009/78/EG der Kommission, ABl. EU Nr. L 331, v. 15.12.2010, S. 12 ff.; Verordnung (EU) Nr. 1095/2010 des Europäischen Parlaments und des Rates v. 24.11.2010 zur Errichtung einer Europäischen Aufsichtsbehörde (Europäische Wertpapier- und Marktaufsichtsbehörde), zur Änderung des Beschlusses Nr. 716/2009/EG und zur Aufhebung des Beschlusses 2009/77/EG der Kommission, ABl. EU Nr. L 331, v. 15.12.2010, S. 84 ff., und Richtlinie 2010/78/EU des Europäischen Parlaments und des Rates v. 24.11.2010 zur Änderung der Richtlinien 98/26/EG, 2002/87/EG, 2003/6/EG, 2003/41/EG, 2003/71/EG, 2004/39/EG, 2004/109/EG, 2005/60/EG, 2006/48/EG, 2006/49/EG und 2009/65/EG im Hinblick auf die Befugnisse der Europäischen Aufsichtsbehörde (Europäische Bankenaufsichtsbehörde), der Europäischen Aufsichtsbehörde (Europäische Aufsichtsbehörde für das Versicherungswesen und die betriebliche Altersversorgung) und der Europäischen Aufsichtsbehörde (Europäische Wertpapier- und Marktaufsichtsbehörde) (Kompetenzübertragungsrichtlinie), ABl. EU Nr. L 331, v. 15.12.2010, S. 120 ff.

12 Einen weiteren Bestandteil der europäischen Finanzmarktgesetzgebung bildet die **Anlegerentschädigungsrichtlinie.**[26] Diese sieht vor, dass eine in dem Mitgliedstaat zugelassene Wertpapierfirma Wertpapiergeschäfte nur tätigen darf, wenn sie einem dort amtlich anerkannten System für die Entschädigung der Anleger angeschlossen ist. Das System muss Anlegern bis zur Höhe von 20.000 EUR eine Deckung für Forderungen gewähren, die dadurch entstanden sind, dass eine Wertpapierfirma nicht in der Lage war, entsprechend den einschlägigen Rechtsvorschriften und Vertragsbedingungen Gelder zurückzuzahlen, die Anlegern geschuldet werden oder gehören und für deren Rechnung im Zusammenhang mit Wertpapiergeschäften gehalten werden, oder den Anlegern Instrumente zurückzugeben, die diesen gehören und für deren Rechnung im Zusammenhang mit Wertpapiergeschäften gehalten, verwahrt oder verwaltet werden. Mehr oder weniger vorausgesetzt wird in der Richtlinie, dass die dafür erforderlichen Mittel von den Mitgliedsfirmen aufgebracht werden.[27] Die Anlegerentschädigungsrichtlinie knüpft ebenfalls an die Definition der Wertpapierfirma i. S. d. MiFID[28] an. Problematisch daran ist, dass die Definition auch reine Eigenhändler ohne Kontakt zu Anlegern umfassen kann.

13 Während die vorgenannten Richtlinien ein unternehmensbezogenes Regulierungskonzept verfolgen, d. h. dass Adressaten nur Unternehmen sind, welche als Wertpapierfirmen i. S. d. MiFID anzusehen sind,[29] gilt die **Marktmissbrauchsverordnung (MAR)**[30] allgemein. Sie löste gemein-

---

[26] Richtlinie 97/9/EG des Europäischen Parlaments und des Rates v. 3.3.1997 über Systeme für die Entschädigung der Anleger (Anlegerentschädigungsrichtlinie), ABl. EU Nr. L 84, v. 26.3.1997, S. 22 ff.

[27] Die Richtlinie ist im deutschen Anlegerentschädigungsgesetz (AnlEntG) v. 16.7. 1998 ([BGBl. I S. 1842], zuletzt geändert durch Gesetz v. 28.5.2015 [BGBl. I S. 786]) (vormals Einlagensicherungs- und Anlegerentschädigungsgesetz – EAEG) umgesetzt. In Anbetracht der aufgrund des Entschädigungsfalles „Phoenix Kapitaldienst" bestehenden erhöhten finanziellen Kontributionspflichten hat das Thema der Pflichtmitgliedschaft in der Entschädigungseinrichtung hierzulande besondere Praxisrelevanz. Phoenix Kapitaldienst betrieb etliche Jahre ein unerkanntes Schneeballsystem. Nach dem Zusammenbruch des Unternehmens machte eine Vielzahl von Anlegern Entschädigungsansprüche gegen die Entschädigungseinrichtung der Wertpapierhandelsunternehmen (EdW) geltend. Der Bedarf der EdW für die Entschädigung überstieg ihre Mittel allerdings um ein Vielfaches. Das bedeutet, dass die Wertpapierunternehmen vermutlich jahrelang zusätzliche Sonderbeiträge zahlen müssen. Vgl. dazu auch die Antwort der Bundesregierung auf eine Kleine Anfrage zur EdW v. 19.2.2007, BT-Drs. 16/4352.

[28] Der ursprüngliche Verweis auf die WDRL wird durch Art. 69 MiFID auf die MiFID-Definition umgeleitet, vgl. auch Art. 11 MiFID.

[29] Die EMIR nimmt insoweit allerdings, wie erwähnt, eine Sonderstellung ein.

[30] Verordnung (EU) Nr. 596/2014 des Europäischen Parlaments und des Rates v. 16.4.2014 über Marktmissbrauch (Marktmissbrauchsverordnung – MAR) und zur Aufhebung der Richtlinie 2003/6/EG des Europäischen Parlaments und des Rates und

sam mit einer begleitenden Richtlinie zu Sanktionierungsmaßnahmen[31] die vormalige Marktmissbrauchsrichtlinie (MAD)[32] ab. Die MAR verbietet **Insidergeschäfte** sowie **Marktmanipulationen** in Bezug auf Finanzinstrumente. Die MAR betrifft auch die Energiemärkte insoweit Finanzinstrumente i. S. d. MiFID in Rede stehen, die entweder an einem geregelten Markt oder einem multilateralen Handelssystem gehandelt werden, ein diesbezüglicher Zulassungsantrag gestellt wurde oder die eine Verbindung[33] zu einem solchen Instrument aufweisen. In Anbetracht der als geregelter Markt charakterisierten EEX und der referentiellen Bedeutung ihrer Handelsprodukte wird man also zumindest bei Standardkontrakten von einer Erstreckung des Tatbestands ausgehen müssen.[34] Unter den gegenständlichen Schutzbereich fallen ferner Emissionszertifikate – bereits vor ihrer Aufnahme in die Liste der Finanzinstrumente durch MiFID II – und, was das Verbot der Marktmanipulation anbelangt, auch für mit geschützten Finanzinstrumenten verbundene **Waren-Spot-Kontrakte,**[35] die keine Energiegroßhandelsprodukte sind, oder mit Waren-Spot-Kontrakten verbundene Derivate, ferner Finanzinstrumenten zugrundeliegende Referenzwerte als solche. Diese Tatbestandserweiterung gegenüber der MAD erschien geboten, da es unter alter Rechtslage fraglich erschien, bestimmte Praktiken auf den zugrundeliegenden Warenmärkten im Hinblick auf entsprechende Auswirkun-

---

der Richtlinien 2003/124/EG, 2003/125/EG und 2004/72/EG der Kommission, ABl. EU Nr. L 173, v. 12.6.2014, S. 1 ff.

[31] Richtlinie 2014/57/EU des Europäischen Parlaments und des Rates v. 16.4.2014 über strafrechtliche Sanktionen bei Marktmanipulation (Marktmissbrauchsrichtlinie – CSMAD), ABl. EU Nr. L 173, v. 12.6.2014, S. 179 ff. Die Richtlinie wurde durch das 1. FiMaNoG (Erstes Gesetz zur Novellierung von Finanzmarktvorschriften auf Grund europäischer Rechtsakte (Erstes Finanzmarktnovellierungsgesetz) v. 30.6.2016 [BGBl. I S. 1514]) in das deutsche Recht (Wertpapierhandelsgesetz – WpHG) überführt.

[32] Richtlinie 2003/6/EG des Europäischen Parlaments und des Rates v. 28.1.2003 über Insider-Geschäfte und Marktmanipulation (Marktmissbrauchsrichtlinie – MAD), ABl. EU Nr. L 96, v. 12.4.2003, S. 16 ff. i. d. F. der Richtlinie 2010/78/EU des Europäischen Parlaments und des Rates v. 24.11.2010, ABl. EU Nr. L 331, v. 15.12.2010, S. 120 ff. Die Regelungen der MAD werden ergänzt durch die Richtlinie 2003/124/EG der Kommission v. 22.12.2003 zur Durchführung der Richtlinie 2003/6/EG des Europäischen Parlaments und des Rates betreffend die Begriffsbestimmung und die Veröffentlichung von Insider-Informationen und die Begriffsbestimmung der Marktmanipulation, ABl. EU Nr. L 339, v. 24.12.2003, S. 70 ff.

[33] Genau spricht die Verordnung von (tatsächlicher) Abhängigkeit oder Auswirkung. In Anbetracht dessen, dass Art. 12 MAR jedoch die Möglichkeit eines manipulativen Erfolgs oder die Beeinflussungseignung ausreichen lässt, wird bei gegebenen ökonomischen Zusammenhang der entsprechenden Formulierung in Art. 2 MAR keine weitere Tatbestandseinengung zu entnehmen sein.

[34] Vgl. näher dazu *Paulun*, § 14 in diesem Band.

[35] Der Begriff umfasst auch physisch abzuwickelnde Terminkontrakte („forwards").

gen auf die Terminmärkte als verbotene Manipulation der Märkte in Warenderivaten zu klassifizieren.[36] Die MAR enthält eine besondere Definition der Insiderinformation in Bezug auf Warenderivate (Art. 7 I lit. b MAR), dies in Tradition der Vorgängerrichtlinie. Diese Regelung trug bzw. trägt jedoch mit dem Verweis auf die Marktpraxis (und das ergänzte „vernünftige Ermessen") in Ermangelung der Verhängung von individuellen Offenlegungsanforderungen nicht weit.[37] Da unverbriefte Warenderivate keine Emittenten haben, läuft das wertpapieraufsichtliche Konzept der allein diesen Personenkreis treffenden Veröffentlichungspflichten bezüglich preisrelevanter Umstände ins Leere. Wertprägend für ein zentral gecleartes Derivat sind in erster Linie Entwicklungen bezogen auf den Basistitel.[38] Die MAR bezieht nunmehr in die Definition der Insiderinformation auch solche Wissensvorsprünge mit ein, die sich auf mit Finanzinstrumenten direkt verbundene Waren-Spot-Kontrakte betreffen, was nach alter Rechtslage zweifelhaft war. Die durch Art. 17 II MAR eingeführte ad-hoc-Publizitätspflicht eines Teilnehmers am Markt für Emissionszertifikate für Insiderinformationen in Bezug auf „ihm gehörende" Emissionszertifikate wirkt ungelenk.[39] Mit genannten Ergänzungen sollte der Konstruktionsfehler der MAD, Derivatemärkte ohne die zugehörigen Basismärkte regeln zu wollen, behoben werden. Konkrete Impulse zur Verstärkung der Transparenz der Preisbildung an den Warenmärkten gehen von der Materie allerdings weiterhin nicht aus.

14 Vor diesem Hintergrund ist aufgrund der besonderen Bedeutung der Energiemärkte und des drängenden politischen Wunsches, die Fairness der Preisbildung dort sicherzustellen, bereits 2011 eine eigenständige sektorspezifische Regulierung geschaffen worden. Durch die **Verordnung über die Integrität und Transparenz des Energiemarktes** (Regulation on Energy Market Integrity and Transparency – **REMIT**)[40] werden

[36] Im erkennbaren Bemühen, keine konzeptionellen Lücken im Anwendungsbereich zu lassen und die Zuständigkeiten zwischen REMIT und MAR zu ordnen, wird die Verordnung an dieser Stelle (Art. 2 II MAR) allerdings unleserlich. Eine Differenzierung zwischen Tatinstrument und manipuliertem Instrument ist in Art. 12 MAR nicht angelegt.

[37] Das gilt entsprechend für die gegebenen Beispiele in den MAR Leitlinien zu Informationen der ESMA, Informationen über Warenderivatmärkte oder verbundene Spotmärkte im Hinblick auf die Definition von Insiderinformationen über Warenderivate, Stand: 17.1.2017, abrufbar unter https://www.esma.europa.eu/sites/default/files/library/esma-2016-1480_de.pdf, Stand Abruf: April 2017.

[38] Dies ist keine Besonderheit der Warenmärkte. Auch bei klassischen Finanzgeschäften bezieht sich die Insiderinformation eines Kontrakts – abgesehen von der Bonität des Emittenten/Kontrahenten – auf den Basiswert.

[39] Vgl. dazu *du Buisson/Dessau*, § 28 FN 255 in der Vorauflage.

[40] Verordnung (EU) Nr. 1227/2011 des Europäischen Parlaments und des Rates v. 25.10.2011 über die Integrität und Transparenz des Energiegroßhandelsmarkts, ABl.

die Inhalte der finanzaufsichtlichen Marktmissbrauchsregulierung in angepasster Weise auf die Energiemärkte angewandt.[41] So verbietet die REMIT Marktmanipulation und Insidergeschäfte bezogen auf Großhandels-Energieprodukte, soweit diese nicht schon von der MAD/MAR[42] erfasst sind. Zusätzlich ergeben sich insbesondere durch Art. 8 REMIT umfangreiche Pflichten zur „Datenerhebung" über Handelsvorgänge am Energiehandelsgroßmarkt einschließlich der Handelsaufträge. Die REMIT schafft damit ein komplexes **Melde- und Datensystem**, durch das das Verhalten der Marktteilnehmer fortlaufender Beobachtung unterliegt. Die Daten werden bei der **Agency for the Cooperation of Energy Regulators** (ACER)[43] gesammelt, die sie wiederum einerseits mit den nationalen (Energie-)Regulierungsbehörden[44] (Art. 7 II UA 1 S. 2 und Art. 10 I REMIT) und andererseits mit anderen Behörden wie Finanzbehörden,[45] Wettbewerbsbehörden oder der **European Securities and Markets Authority (ESMA)**[46] (Art. 8 I und Art. 10 III UA 2 REMIT) teilt.[47]

Die **Meldepflichten** sind nicht beschränkt auf Daten zu den Groß- **15** markttransaktionen. In Art. 8 V REMIT werden die Marktteilnehmer ebenfalls verpflichtet, „Informationen über die Kapazität und Nutzung von Anlagen zur Erzeugung und Speicherung, zum Verbrauch oder zur Übertragung/Fernleitung von Strom oder Erdgas" an ACER und die nationalen (Energie-)Regulierungsbehörden zu übermitteln. Dazu gehören auch die geplanten oder ungeplanten Nichtverfügbarkeiten der genannten Infrastrukturen. Den Regulierern soll damit das Werkzeug an die Hand gegeben werden, die **Energiegroßhandelsmärkte** vollständig zu

---

EU Nr. L 326, v. 8.12.2011, S. 1 ff. Vgl. dazu *Eufinger/Eufinger*, § 22 in diesem Band.

[41] Vgl. dazu *Lüdemann*, Orientierungen zur Wirtschafts- und Gesellschaftspolitik 130 (2011), 43 ff.

[42] Umgekehrt klammert die MAR – wir dargestellt – Spot-Energiegroßhandelsprodukte – aus dem Anwendungsbereich weitgehend aus; wenngleich nicht komplett.

[43] http://www.acer.europa.eu, Stand Abruf: April 2017.

[44] Die REMIT sieht grundsätzlich vor, dass die Energiemarktaufsicht gemeinsam von ACER und den nationalen Energieregulierungsbehörden durchgeführt wird. Insbesondere auf Betreiben von Deutschland wurde eine Bestimmung aufgenommen, dass die Mitgliedstaaten bestimmen dürfen, die Wettbewerbsbehörde oder eine „Marktüberwachungsstelle" mit bestimmten Rechten und Pflichten zu betrauen (Art. 7 II UA 2 REMIT). Dies erklärt sich nur daraus, dass in Deutschland bereits seit 2009 eine Fokussierung auf eine sog. Markttransparenzstelle besteht. Die diesbezüglichen Regelungen wurden in §§ 47a GWB geschaffen. Eine Rechtsverordnung zur Ausgestaltung der Datensammlung gem. § 47f GWB steht noch vor dem Erlass.

[45] Diese Bezeichnung ist ungenau, gemeint sind ausweislich des Kontextes Finanzaufsichtsbehörden.

[46] Vgl. zu den neuen europäischen Aufsichtsbehörden auch *Broucek*, ZFR 2009, 210 ff.

[47] Näheres dazu in *Dessau/Fischer*, § 23 in diesem Band.

verstehen und zu überwachen. Die Einzelheiten wurden in einer Durchführungsverordnung[48] geregelt, die teilweise auf die „geltenden Meldepflichten" aus **Stromhandelsverordnung** (StromhandelVO)[49] und **Erdgaszugangsverordnung** (ErdgasZVO)[50] und die Konkretisierungen der StromhandelVO durch die sog. Transparenzverordnung[51] verweisen. Zur Verstärkung der allgemeinen Markttransparenz gibt die Verordnung in Art. 4 I REMIT den Marktteilnehmern schließlich noch **Veröffentlichungspflichten** für Insiderinformationen betreffend das eigene Unternehmen und seine Anlagen (analog zu den ad-hoc-Meldungen des Finanzmarktes) auf. Hierzu zählen wieder solche über die Kapazität und die Nutzung von Anlagen zur Erzeugung und Speicherung, zum Verbrauch oder zur Übertragung/Fernleitung von Strom oder Erdgas bzw. Informationen, die die Kapazität und die Nutzung von Flüssiggasanlagen, einschließlich der geplanten oder ungeplanten Nichtverfügbarkeit dieser Anlagen, betreffen.[52]

16 Die gerade genannten Veröffentlichungspflichten entsprechen dem sog. dritten Energiebinnenmarktpaket aus dem Jahr 2009. Es besteht aus der **Richtlinie für Elektrizität (EltRL 2009)**[53] und **Gas (GasRL 2009)**,[54] der **StromhandelVO** und der **ErdgasZVO** sowie der Verord-

---

[48] Durchführungsverordnung (EU) Nr. 1348/2014 der Kommission v. 17.12.2014 über die Datenmeldung gemäß Artikel 8 Absätze 2 und 6 der Verordnung (EU) Nr. 1227/2011 des Europäischen Parlaments und des Rates über die Integrität und Transparenz des Energiegroßhandelsmarkts, ABl. EU Nr. L 363, v. 18.12.2014, S. 121 ff.

[49] Verordnung (EG) Nr. 714/2009 des Europäischen Parlaments und des Rates v. 13.7.2009 über die Netzzugangsbedingungen für den grenzüberschreitenden Stromhandel und zur Aufhebung der Verordnung (EG) Nr. 1228/2003 (StromhandelVO), ABl. EU Nr. L 211, v. 14.8.2009, S. 15 ff.

[50] Verordnung (EG) Nr. 715/2009 des Europäischen Parlaments und des Rates v. 13.7.2009 über die Bedingungen für den Zugang zu den Erdgasfernleitungsnetzen und zur Aufhebung der Verordnung (EG) Nr. 1775/2005 (ErdgasZVO), ABl. EU Nr. L 211, v. 14.8.2009, S. 36 ff., i. d. F. des Beschlusses 2010/685/EU der Kommission v. 10.11.2010 zur Änderung von Kapitel 3 des Anhangs I der Verordnung (EG) Nr. 715/2009 des Europäischen Parlaments und des Rates über die Bedingungen für den Zugang zu den Erdgasfernleitungsnetzen, ABl. EU Nr. L 293, v. 11.11.2010, S. 67 ff.

[51] Verordnung (EU) Nr. 543/2013 der Kommission v. 14.6.2013 über die Übermittlung und die Veröffentlichung von Daten in Strommärkten und zur Änderung des Anhangs I der Verordnung (EG) Nr. 714/2009 des Europäischen Parlaments und des Rates (Transparenzverordnung), ABl. EU Nr. L 163, v. 15.6.2013, S. 1 ff.

[52] Näheres dazu in *Eufinger/Eufinger*, § 22 in diesem Band.

[53] Richtlinie 2009/72/EG des Europäischen Parlaments und des Rates v. 13.7.2009 über gemeinsame Vorschriften für den Elektrizitätsbinnenmarkt und zur Aufhebung der Richtlinie 2003/54/EG (EltRL 2009), ABl. EU Nr. L 211, v. 14.8.2009, S. 55 ff.

[54] Richtlinie 2009/73/EG des Europäischen Parlaments und des Rates v. 13.7.2009 über gemeinsame Vorschriften für den Erdgasbinnenmarkt und zur Aufhebung der

nung für das Wirken der europäischen ACER.[55] Nach dem Beginn der Liberalisierung durch die ersten Richtlinien 1996/1998[56] und derer ersten Reform 2003/2005,[57] mit der das Zusammenwachsen der Energiemärkte beschleunigt werden sollte, war das dritte Energiebinnenmarktpaket innerhalb von nur eineinhalb Jahrzehnten der dritte legislative Versuch, den Markt in die gewünschte Richtung zu bewegen.

Aus der Sicht des Energiehandels beinhaltete das Paket nur wenig Relevantes, sein Schwerpunkt lag weiterhin in der Öffnung der Infrastruktur und der Verbesserung der Aufsicht. So war z. B. das Thema Entflechtung der Übertragungsnetzbetreiber lange sehr umstritten.[58] Das Thema „Herstellung von Transparenz" war ebenfalls enthalten. Art. 40 EltRL 2009 und Art. 44 GasRL 2009 sahen für alle Transaktionen[59] auf dem Großhandelsmarkt Aufzeichnungs- und Aufbewahrungspflichten vor. Für den Strommarkt verpflichtet Art. 15 VI StromhandelVO des Weiteren in die Erzeugungsunternehmen, die über eine installierte Kapazität von mindestens 250 MW verfügen, eine Reihe von Daten über ihre Erzeugung ebenfalls für fünf Jahre vorzuhalten. Das Ziel dieser Maßnahme ist es, dass mit den Daten „die betrieblichen Einsatzentscheidungen und das Bieterverhalten an Strombörsen, bei Auktionen für Verbindungskapazität, auf den Reserveleistungsmärkten und auf den außerbörslichen Märkten" vollständig nachvollzogen werden kann. Parallel dazu erlegt Art. 18 bis 20 ErdgasZVO vergleichbare Pflichten den Fernleitungsnetzbetreibern, den Betreibern von LNG-Anlagen[60] und 17

Richtlinie 2003/55/EG (GasRL 2009) 2009, ABl. EU Nr. L 211, v. 14.8.2009, S. 94 ff.

[55] Verordnung (EG) Nr. 713/2009 des Europäischen Parlaments und des Rates v. 13.7.2009 zur Gründung einer Agentur für die Zusammenarbeit der Energieregulierungsbehörden (ACERVO), ABl. EU Nr. L 211, v. 14.8.2009, S. 1 ff. Die Agentur (im Regelfall nach ihrer englischen Bezeichnung Agency for the Cooperation of the Energy Regulators als ACER bezeichnet – vgl. Rdnr. 14) wurde am 3.3.2011 in Laibach gegründet.

[56] Vgl. dazu *Schneider,* in: Schneider/Theobald, 3. Aufl., § 2 Rdnr. 40 f.

[57] Vgl. dazu *Schneider,* in: Schneider/Theobald, 3. Aufl., § 2 Rdnr. 42 f.

[58] *Schneider,* in: Schneider/Theobald, 3. Aufl., § 2 Rdnr. 48 ff.

[59] Die Richtlinien unterscheiden bei Transaktionen zwischen Energieversorgungsverträgen und Energiederivaten. Letztere sind die Energiegeschäfte, die Warenderivate i. S. d. MiFID sind. Die Aufbewahrungspflichten erstrecken sich auf beide Arten von Transaktionen, in Bezug auf die Energiederivate aber erst, sobald die Kommission die Einzelheiten geregelt hat (jeweils Abs. 5). Damit soll erreicht werden, die Belastung eines doppelten Meldeverfahrens zu vermeiden. Gleiches gilt für das jeweils in Abs. 6 Klargestellte: Für MiFID-Institute sollen keine zusätzlichen Verpflichtungen gegenüber Regulierungs- und Wettbewerbsbehörden und der Kommission entstehen.

[60] LNG ist die gebrauchliche Abkürzung für Liquid Natural Gas, also verflüssigtes Erdgas, das z. B. zum Transport in Tankern geeignet ist. LNG-Anlagen sind die technischen Vorrichtungen, mit denen das Erdgas flüssig bzw. wieder gasförmig gemacht wird.

Speicheranlagen auf. Auch hier wird den nationalen (Energie-) Regulierungsbehörden, den Wettbewerbsbehörden und der Europäischen Kommission der Zugriff auf die Daten gewährt.

18 Die bislang umfangreichsten Transparenzanforderungen ergeben sich allerdings aus dem Anhang I zur StromhandelVO, den „Leitlinien für das Management und die Vergabe verfügbarer Übertragungskapazitäten auf Verbindungsleitungen zwischen nationalen Netzen“ und der sie konkretisierenden Transparenzverordnung. Danach werden die Übertragungsnetzbetreiber verpflichtet, umfangreiche (meist physische) Daten, die die Netzverfügbarkeit, den Netzzugang und die Netznutzung[61] betreffen, zu veröffentlichen. Das Ziel dabei ist es, dass alle relevanten Informationen dem Markt rechtzeitig für das Aushandeln aller Transaktionen (z. B. das Aushandeln jährlicher Lieferverträge für Industriekunden oder für die Einsendung von Geboten an organisierte Märkte) zur Verfügung stehen sollen.

---

[61] Hierfür werden auch Daten anderer Marktteilnehmer insbesondere zu Erzeugung und Verbrauch benötigt, die diese den Übertragungsnetzbetreibern zur Verfügung stellen müssen.

§ 10 Der Energiederivatehandel

A. Die finanzaufsichtsrechtlichen Schlüsselnormen: Richtlinie und Verordnung über Märkte für Finanzinstrumente

Wie gezeigt,[1] stellt die MiFID II[2] ein wesentliches „Eintrittstor" der Regulierung dar. Durch ihren Anwendungsbereich wird bestimmt, ob ein Unternehmen nicht nur **Erlaubnis- und Meldepflichten** unterliegt, sondern auch **Wohlverhaltensregeln** und **Eigenkapitalanforderungen**. Und es wird bestimmt, ob ein Produkt als **Finanzinstrument** unter Finanzmarktaufsicht gestellt wird oder ob es z. B. als (reine) Ware einer bereichsspezifischen Aufsicht unterfällt. Die entsprechende Abgrenzung ist sowohl für die MiFID selbst als auch für den sachlichen oder auch persönlichen Geltungsbereich verbundener Regulierungsnormen relevant. Daher sind im Folgenden zunächst der Anwendungsbereich,[3] sodann die Ausnahmen[4] und schließlich die Rechtsfolgen[5] zu erläutern. Rechtstechnisch bindet die MIFID II als Richtlinie nur die Mitgliedstaaten und nicht direkt die Wirtschaftsakteure. Allerdings sind dem nationalen Gesetzgeber bei der Umsetzung aufgrund der inhaltlichen Dichte der Vorgaben kaum noch Spielräume gelassen.[6] Dementsprechend hat es sich eingebürgert, in der Diskussion direkt auf die MiFID abzustellen. Gleichwohl gibt es noch eine Reihe von Besonderheiten in der Ausformung durch nationales Recht oder Verwaltungspraxis zu beachten. Die entsprechenden Vorschriften werden daher im Folgenden miterwähnt. Da bei Redaktionsschluss das Umsetzungsgesetz 2. FiMaNoG[7] das Gesetzgebungsverfahren noch nicht abschließend durchlaufen hatte, beziehen sich die Zitate noch auf den auf der Grundlage der MiFID I fußenden Rechtszustand 2017. Die weitgehende inhaltliche oder mindestens systematische Parallelität der Richtlinien wird – zumindest im 1

---

[1] Vgl. *Zenke/du Buisson/Dessau*, § 9 in diesem Band.

[2] Richtlinie 2014/65/EU des Europäischen Parlaments und des Rates v. 15.5.2014 über Märkte für Finanzinstrumente sowie zur Änderung der Richtlinien 2002/92/EG und 2011/61/EU, ABl. EU Nr. L 173, v. 12.6.2014, S. 349 ff.

[3] Vgl. Rdnr. 2 ff.

[4] Vgl. Rdnr. 21 ff.

[5] Vgl. Rdnr. 42 ff.

[6] Dabei ist bemerkenswert, dass die Detailvorgaben inzwischen überwiegend sogar Verordnungsform haben.

[7] Gesetzentwurf der Bundesregierung, Entwurf eines Zweiten Gesetzes zur Novellierung von Finanzmarktvorschriften auf Grund europäischer Rechtsakte (Zweites Finanzmarktnovellierungsgesetz – 2. FiMaNoG), BT Drs. 18/10936.

Kreditwesengesetz (KWG)[8] – zu einer weitgehenden Kontinuität der Paragraphenfolge führen.

I. Anwendungsbereich der MiFID II

1. Wertpapierfirmen, Wertpapierdienstleistungen, Anlagetätigkeiten

2 In den **Anwendungsbereich** der MiFID II fallen nach Art. 1 I vor allem **Wertpapierfirmen und Marktbetreiber.** Daneben nennt die Vorschrift noch Datenbereitstellungsdienste[9] und Drittlandfirmen,[10] die in der Union durch die Einrichtung einer Zweigniederlassung Wertpapierdienstleistungen erbringen oder Anlagetätigkeiten ausüben. Für den Bereich des Energiehandels spielen diese jedoch keine nennenswerte Rolle. Unter **Wertpapierfirmen** versteht Art. 4 I Nr. 1 MiFID II jede juristische Person,[11] die im Rahmen ihrer üblichen beruflichen oder gewerblichen Tätigkeit gewerbsmäßig eine oder mehrere **Wertpapierdienstleistungen** für Dritte erbringt und/oder eine oder mehrere **Anlagetätigkeiten** ausübt. Als relevante Wertpapierdienstleistungen und Anlagetätigkeiten werden dabei (Art. 4 I Nr. 2 MiFID II) solche Dienstleistungen und Tätigkeiten erfasst, die im Anhang I Abschnitt A MiFID II benannt sind und sich auf eines der genannten Finanzinstrumente in Anhang I Abschnitt C MiFID II beziehen. Bei den betreffenden Dienstleistungen und Tätigkeiten, die teilweise in Art. 4 näher definiert werden, **handelt es sich um:**

- Annahme und Übermittlung von Aufträgen, die ein oder mehrere Finanzinstrument(e) zum Gegenstand haben (Anhang I Abschnitt A Nr. 1 MiFID II);
- Ausführung von Aufträgen im Namen von Kunden (Anhang I Abschnitt A Nr. 2 MiFID II);
- Handel für eigene Rechnung (Anhang I Abschnitt A Nr. 3 MiFID II);
- Portfolio-Verwaltung (Anhang I Abschnitt A Nr. 4 MiFID II);
- Anlageberatung (Anhang I Abschnitt A Nr. 5 MiFID II);

---

[8] Kreditwesengesetz (KWG) i. d. F. v. 9.9.1998, BGBl. I S. 2776, zuletzt geändert durch Gesetz v. 23.12.2016, BGBl. I S. 3171.

[9] „Datenbereitstellungsdienste" sind ein APA (approved publication arrangement), ein CTP (consolidated tape provider) oder ein ARM (approved reporting mechanism), § 4 I Nr. 63 MiFID II.

[10] Eine „Drittlandfirma" ist eine Firma, die ein Kreditinstitut, das Wertpapierdienstleistungen erbringt oder Anlagetätigkeiten ausführt, oder eine Wertpapierfirma wäre, wenn sie ihre Hauptverwaltung oder ihren Sitz in der Union hätte, § 4 I Nr. 57 MiFID II.

[11] Darüber hinaus können die Mitgliedstaaten als Wertpapierfirma auch Unternehmen, die keine juristischen Personen sind, definieren, sofern ihre Rechtsform Dritten ein Schutzniveau bietet, das dem von juristischen Personen gebotenen Schutz gleichwertig ist, und sie einer gleichwertigen und ihrer Rechtsform angemessenen Aufsicht unterliegen. Für Dienstleistungen, die das Halten von Geldern oder übertragbaren Wertpapieren Dritter umfassen, gelten Besonderheiten, Art. 4 I Nr. 1 MiFID II.

- Übernahme der Emission von Finanzinstrumenten und/oder Platzierung von Finanzinstrumenten mit fester Übernahmeverpflichtung (Anhang I Abschnitt A Nr. 6 MiFID II);
- Platzierung von Finanzinstrumenten ohne feste Übernahmeverpflichtung (Anhang I Abschnitt A Nr. 7 MiFID II);
- Betrieb eines Multilateralen Handelssystems (Anhang I Abschnitt A Nr. 8 MiFID II);
- Betrieb eines organisierten Handelssystems (Anhang I Abschnitt A Nr. 9 MiFID II).

MiFID II-relevant sind damit insbesondere kundenbezogene Dienstleistungen wie Beratung, Orderweiterleitung oder -ausführung. Bei diesen Tätigkeiten geriert sich ein Unternehmen als Besorger fremder Geschäfte. Einen Dienstleistungscharakter kann allerdings auch der Umstand haben, dass ein Unternehmen einem Kunden als Partner eines Kauf- oder Tauschvertrags gegenübersteht. Handel ist jedoch nicht nur dann aufsichtsrelevant, wenn er im Rahmen einer Kundenbeziehung stattfindet, sondern auch dann, wenn mit ihm eine besondere Funktion auf einem Markt (**Market Making**) ausgeübt oder er mittels modernster Technik automatisiert und mit Hochfrequenz betrieben wird. Der Handel in warenbezogenen Finanzderivaten und Emissionszertifikaten ist insoweit konzeptionell besonders geregelt. Hier ist für die Beurteilung regelmäßig eine Gegenüberstellung der entsprechenden Aktivitäten mit sonstigen Geschäften des Unternehmens erforderlich. 3

Zunächst bestehen gewisse Unklarheiten bei der Definition des **Begriffes Handel**. Unter dem **Handel für eigene Rechnung** gem. Anhang I Abschnitt A Nr. 3 MiFID II wird der Handel unter Einsatz des eigenen Kapitals gefasst, der zum Abschluss von Geschäften mit einem oder mehreren Finanzinstrumenten führt, Art. 4 I Nr. 6 MiFID II. Fraglich ist dabei, ob jede Anschaffung und Veräußerung von Finanzinstrumenten tatbestandsrelevant ist, und zwar auch bei reinen Anlage- oder Hedging-Zwecken. So spricht die MiFID II, wie z. B. aus der Überschrift der Tätigkeiten in Anhang I Abschnitt A ersichtlich ist, auch von Anlagetätigkeiten. Aus der Entstehungsgeschichte der MiFID ergibt sich aber, dass der Begriff der Anlagetätigkeit als Gegenbegriff zur dienstleistenden Handelstätigkeit und nicht als Gegenbegriff zum Handel als solchem eingeführt wurde. Dies wird auch durch den Erw.gr. 50 MiFID II deutlich, nach welchem „der Anwendungsbereich der Aufsichtsvorschriften auf jene Rechtspersönlichkeiten beschränkt werden sollte, die aufgrund der Tatsache, dass sie ein professionelles Handelsbuch führen, Quelle eines Gegenparteirisikos für andere Marktteilnehmer sind“.[12] Schließt 4

[12] Zur Vertiefung der Diskussion vgl. *du Buisson/Dessau*, in: Zenke/Schäfer, Energiehandel in Europa, 3. Aufl., § 28.

ein Energiehandelsunternehmen Geschäfte in warenbezogenen Finanzinstrumenten ab, so dient dies nicht zwangsläufig der Erzielung eines kurzfristigen Eigenhandelserfolgs, sondern häufig der eigenen Portfoliobewirtschaftung, um langfristig die eigene Lieferfähigkeit zu erhalten. Gleichwohl wird man derartige Transaktionen zumindest im Fall einer häufigeren und über den Bagatellgrenzen liegenden Aktivität als Handel i.S.d. Richtlinie einordnen müssen.[13] Es wird an diesem Beispiel aber auch deutlich, dass hiermit keine trennscharfen Kriterien vorliegen, die dem angegebenen Regelungsanliegen der Richtlinie, Begrenzung von Kontrahentenrisiken auf dem Markt, gerecht werden. Es ist aber auch zu bedenken, dass es für das Entstehen von Kontrahentenrisiken völlig unmaßgeblich ist, zu welchen Zwecken ein Unternehmen Derivategeschäfte am Markt abschließt.[14]

5 Die MIFID II kennt darüber hinaus auch **Nebendienstleistungen**,[15] bei denen es den nationalen Gesetzgebern freigestellt ist, für diese – indes nur zusammen mit Wertpapierdienstleistungen – ebenfalls eine **Erlaubnispflicht** vorzugeben. Dem ist der deutsche Gesetzgeber vernünftigerweise nicht gefolgt. Im deutschen Recht finden sich die entsprechenden Regeln in § 2 III WpHG bzw. § 1 I KWG[16] (Bankgeschäfte) und § 1 Ia KWG (Finanzdienstleistungsgeschäfte). Die Differenzierung zwischen diesen beiden Kategorien ist für die entsprechenden Erlaubnispflichten als solche nicht von Belang. Sie bedingt allerdings gewisse Unterschiede in den aufsichtlichen Anforderungen, die bei einem Erlaubnisverfahren virulent würden.[17]

2. Handelsplätze

6 Die MiFID II unterscheidet zwischen drei verschiedenen Arten von Handelsplätzen:[18] geregelte Märkte, multilaterale Handelssysteme und organisierte Handelssysteme. Während die ersten beiden schon unter MiFID I als Handelsplatz galten, sind letztere durch die MiFID II neu hinzugekommen. Ein **multilaterales Handelssystem (MHS)**[19] definiert Art. 4 I Nr. 22 MiFID II als „ein von einer Wertpapierfirma oder einem Marktbetreiber betriebenes multilaterales System, das die Interessen

---

[13] Ähnlich *Zenke*, in: Danner/Theobald, Energierecht, Ib EnHandel B, Rdnr. 193, die Absicherungsgeschäfte (Hedging) sogar klassischerweise als Eigengeschäfte ansehen möchte.

[14] Die gleiche Schwierigkeit ergibt sich bei dem personellen Anwendungsbereich der EMIR vgl. Rdnr. 61 ff.

[15] Art. 4 I Nr. 3 MiFID II.

[16] Kreditwesengesetz (KWG) i. d. F. v. 9.9.1998, BGBl. I S. 2776, zuletzt geändert durch Gesetz v. 23.12.2016, BGBl. I S. 3171.

[17] Vgl. dazu *du Buisson/Wollschläger*, § 10 in der Vorauflage.

[18] Hinzu kommt noch eine Mittelform zwischen Marktakteur und Handelsplatz: der systematische Internalisierer, näheren Überblick gibt *Güllner*, WM 2017, 938.

[19] Auch MTF genannt: Multilateral Trading Facility.

einer Vielzahl Dritter am Kauf und Verkauf von Finanzinstrumenten innerhalb des Systems und nach nichtdiskretionären Regeln in einer Weise zusammenführt, die zu einem Vertrag gemäß Titel II dieser Richtlinie führt."[20] Unter einem **geregelten Markt** versteht die Richtlinie in Art. 4 I Nr. 21 MiFID II „ein von einem Marktbetreiber betriebenes und/oder verwaltetes **multilaterales System**, das die Interessen einer Vielzahl Dritter am Kauf und Verkauf von Finanzinstrumenten innerhalb des Systems und nach seinen nichtdiskretionären Regeln in einer Weise zusammenführt oder das Zusammenführen fördert, die zu einem Vertrag in Bezug auf **Finanzinstrumente** führt, die gemäß den Regeln und/oder den Systemen des Marktes zum Handel **zugelassen** wurden sowie eine Zulassung erhalten hat und ordnungsgemäß und gemäß Titel III dieser Richtlinie funktioniert."

Tatbestandliche Unterscheidungen zu einem MHS ergeben sich nur 7
daraus, dass bei einem geregelten Markt ausreicht, dass das Zusammenführen von Handelswünschen gefördert wird und dass die Handelsgegenstände einer förmlichen Zulassung bedürfen, während beim MHS nach Art. 18 II MiFID II die Bestimmung darüber in genereller Form erfolgen kann. Praktisch ist es einem multilateralen System also freigestellt, als was es sich zulassen lässt. Auch die Anforderungen an das Betreiben sind ähnlich gestaltet, wenngleich nicht deckungsgleich.

Im Gegensatz zum deutschen Recht, welches in § 2 III BörsG[21] auch 8
Warenbörsen kennt, ist ein **geregelter Markt** nur ein solcher, auf dem Finanzinstrumente gehandelt werden, vgl. Art. 4 I Nr. 21 MiFID II. Die **EPEX Spot SE**[22] unterfällt also bspw. nicht der MiFID II.

Um den EU-Finanzmärkten zu mehr Transparenz und Effizienz in Be- 9
zug auf gleiche Wettbewerbsbedingungen für die verschiedenen multilateralen Handelsplätze zu verhelfen, wurde mit der MiFID II eine neue Kategorie von Handelsplätzen, nämlich das organisierte Handelssystem[23] (OHS[24]) nach Anhang I Abschnitt A Nr. 9 MiFID II eingeführt.

---

[20] Erw.gr. 7 MiFIR stellt ergänzend klar, dass keine „technischen" Systeme erforderlich sind, vielmehr kann sich das System auch aus den nach außen hin kommunizierten Handelsbedingungen ergeben.

[21] Börsengesetz (BörsG) v. 16.7.2007, BGBl. I S. 1330, 1351, zuletzt geändert durch Gesetz v. 30.6.2016, BGBl. I S. 1514.

[22] http://www.epexspot.com/de/, Stand Abruf: April 2017.

[23] Unter einem Organisierten Handelssystem (OHS) versteht Art. 4 I Nr. 22 MiFID II „ein multilaterales System, bei dem es sich nicht um einen geregelten Markt oder ein MTF handelt und das die Interessen einer Vielzahl Dritter am Kauf und Verkauf von Schuldverschreibungen, strukturierten Finanzprodukten, Emissionszertifikaten oder Derivaten innerhalb des Systems in einer Weise zusammenführt, die zu einem Vertrag gemäß Titel II dieser Richtlinie führt."

[24] Gemäß der englischen Terminologie auch OTF – Organised Trading Facilitiy – genannt.

Auch dieses System soll angemessen reguliert werden und diskriminierungsfrei zugänglich sein.[25] Während geregelte Märkte und MHS Handelsplätze für jede Art von Finanzinstrumenten sind, werden über das OHS definitionsgemäß nur Nichteigenkapitalinstrumente[26] gehandelt. Die Betreiber der herkömmlichen Handelsplätze agieren bei der Orderausführung diskretionär. Den Betreibern eines OHS kommt hingegen ein Ermessen zu. Dieses erstreckt sich gem. Art. 20 VI MiFID II auf zwei Bereiche: auf die Entscheidung, einen Auftrag über das betreffende OHS zu platzieren oder zurückzunehmen und auf den Entschluss, einen bestimmten Kundenauftrag nicht mit anderen zu einem bestimmten Zeitpunkt im System vorhandenen Aufträgen zusammenzuführen.[27] Zur Sicherung eines gewünschten Marktdesigns unterwirft die MiFID II die diversen Handelsplatzbetreiber einem abgestuften System von Beschränkungen ihrer Eigenhandelsaktivität.

10 In der Definition der Handelsplätze besteht ein Zirkelschlussproblem, weil, wie im Folgenden gezeigt wird, **Finanzinstrumente**, soweit es um physisch erfüllte Termingeschäfte geht, teilweise wiederum durch ihren Handel an einem geregelten Markt oder einem MHS definiert werden. Praktisch wurde das Problem durch einen Anwendungsvorrang gelöst. Die großen Strombroker fielen zunächst unter die MHS-Kategorisierung, sei es aufgrund eigener Einschätzung oder auf Drängen ihrer Aufsichtsbehörde (FCA[28]).[29] Die Ausweichbewegung des Marktes vor ungewünschten Rechtsfolgen aus der EMIR hin zu sog. „Non-MTF-Plattformen", um den Terminprodukten die Derivateeigenschaft zu entziehen, war wegen dieses Zirkelschlusses erst möglich. Die EEX[30] ist insgesamt ein geregelter Markt wegen des Handels von rein finanziell erfüllten Termingeschäften, die in jedem Fall Finanzinstrumente sind.[31]

11 Es wurde die Frage diskutiert, ob sich die „Non-MTF-Plattformen", auf denen ausschließlich physisch zu erfüllende Energiegroßhandelsprodukte gehandelt werden, zukünftig in der Rubrik OHS wiederfänden. Dies muss definitionsgemäß verneint werden. Etwas anderes gilt allerdings in Bezug auf die sog. C.6-Energiederivatkontrakte der MiFID, die

---

[25] Vgl. hierzu Erw.gr. 8 MiFIR.

[26] Namentlich: Schuldverschreibungen, strukturierte Finanzprodukte, Emissionszertifikate und Derivate.

[27] Sofern dies gemäß den spezifischen Anweisungen eines Kunden und den Verpflichtungen nach Art. 27 MiFID II erfolgt.

[28] Financial Conduct Authority, https://www.fca.org.uk/, Stand Abruf: April 2017.

[29] Eine Liste aller europäischen MHS findet sich unter https://registers.esma.europa.eu/ (Link: Rules, Databases & Library > Registers and data Multilateral trading facilities), Stand Abruf: April 2017.

[30] European Energy Exchange, vgl. dazu *Paulun*, § 14 in diesem Band.

[31] Allerdings gibt es vor allem in Osteuropa auch Börsenplätze mit einem darin abgesonderten Forward Markt, der dann nicht als geregelter Markt angesehen wird.

gerade durch ihren Handel an einem OHS und die physische Lieferung von Kohle und Öl charakterisiert sind.

12 Im deutschen Recht finden sich die entsprechenden Definitionen der Handelsplätze in § 1 Ia 1b KWG (MHS) und § 2 V WpHG[32] (organisierter Markt) bzw. § 2 BörsG

3. Finanzinstrumente

13 Die vorgenannten Dienstleistungen und Tätigkeiten müssen – wie erwähnt – stets auf Finanzinstrumente bezogen sein, um zulassungsrelevant zu sein. Finanzinstrumente sind gem. Art. 4 I Nr. 15 MiFID II die in Anhang I Abschnitt C MiFID II genannten Instrumente. Der dortige Katalog von elf Fallgruppen enthält neben übertragbaren Wertpapieren (Nr. 1), Geldmarktinstrumenten (Nr. 2) und Anteilen an Organismen für gemeinsame Anlagen (Nr. 3) sowie Optionen, Terminkontrakte, Swaps, Zinsausgleichsvereinbarungen und alle anderen Derivatkontrakte in Bezug auf Wertpapiere, Währungen, Zinssätze oder -erträge oder andere Derivat-Instrumente, finanzielle Indizes oder Messgrößen, die effektiv geliefert oder bar abgerechnet werden können (Nr. 4) auch

- Optionen, Terminkontrakte, Swaps, Termingeschäfte und alle anderen Derivatkontrakte **in Bezug auf Waren**, die **bar abgerechnet werden müssen** oder **auf Wunsch** einer der Parteien (anders als wegen eines zurechenbaren oder anderen Beendigungsgrunds)[33] **bar abgerechnet werden können** (Nr. 5),
- Optionen, Terminkontrakte (Futures), Swaps und alle anderen Derivatkontrakte **in Bezug auf Waren**, die **effektiv geliefert werden können**, vorausgesetzt, sie werden an einem **geregelten Markt, über ein MHS**[34] **oder über ein OHS**[35] gehandelt (Nr. 6),[36] davon ausgenommen sind über ein OHS gehandelte Energiegroßhandelsprodukte i. S. v. Art. 2 Nr. 4 REMIT, die effektiv geliefert werden müssen,[37]
- Optionen, Terminkontrakte, Swaps, Termingeschäfte und alle anderen Derivatkontrakte **in Bezug auf Waren**, die **effektiv geliefert wer-**

---

[32] Wertpapierhandelsgesetz i. d. F. der Bekanntmachung v. 9.9.1998, BGBl. I S. 2708, zuletzt geändert durch Gesetz v. 30.6.2016, BGBl. I S. 1514.

[33] Bsp. für diese sog. Trigger Events bilden vordefinierte Bonitätsverschlechterungen oder Leistungsstörungen.

[34] Multilaterales Handelssystem (MHS), engl.: multilateral trading facility (MTF).

[35] Organisiertes Handelssystem (OHS), engl.: organised trading facility (OTF).

[36] Vgl. dazu schon Rdnr. 11 ff.

[37] Wann ein Energiegroßhandelsprodukt „effektiv geliefert werden muss", wird in Art. 5 der Delegierten Verordnung (EU) 2017/565 der Kommission zur Ergänzung der Richtlinie 2014/65/EU des Europäischen Parlaments und des Rates in Bezug auf die organisatorischen Anforderungen an Wertpapierfirmen und die Bedingungen für die Ausübung ihrer Tätigkeit sowie in Bezug auf die Definition bestimmter Begriffe für die Zwecke der genannten Richtlinie bestimmt.

den können, die sonst nicht in Anhang I Abschnitt C Nr. 6 genannt sind und nicht kommerziellen Zwecken dienen, die die Merkmale anderer derivativer Finanzinstrumente aufweisen, wobei u. a. berücksichtigt wird, ob Clearing und Abrechnung über anerkannte Clearingstellen erfolgen oder ob eine Margin-Einschussforderung besteht (Nr. 7).

14 Neben den außerdem erfassten derivativen Instrumenten für den Transfer von Kreditrisiken (Nr. 8) und den finanziellen Differenzgeschäften (Nr. 9) werden aber auch die in der Energiewirtschaft durchaus relevanten Optionen, Terminkontrakte, Swaps, Termingeschäfte und alle anderen Derivatkontrakte **in Bezug auf Klimavariablen**, Frachtsätze, Inflationsraten und andere offizielle Wirtschaftsstatistiken, die **bar abgerechnet werden müssen** oder **auf Wunsch** einer der Parteien (anders als wegen eines zurechenbaren oder anderen Beendigungsgrunds) **bar abgerechnet werden können**, einbezogen (Nr. 10, 1. Alt.) und – i. S. e. Generalklausel, die den strengen (und üblicherweise engen) Katalogcharakter des Anhanges wieder etwas aufweicht – **alle anderen Derivat-Kontrakte** in Bezug auf Vermögenswerte, Rechte, Obligationen, Indizes und Messwerte, die sonst nicht im vorliegenden Anhang I Abschnitt C MiFID II genannt sind **und die die Merkmale anderer derivativer Finanzinstrumente aufweisen**, wobei u. a. berücksichtigt wird, ob sie auf einem geregelten Markt, einem OHS oder einem MHS gehandelt werden (Nr. 10, 2. Alt.). Im Rahmen der Neufassung der MiFID hinzugefügt wurden dem Katalog von Instrumenten auch Emissionszertifikate, die aus Anteilen bestehen, deren Übereinstimmung mit den Anforderungen der Richtlinie 2003/87/EG[38] (Emissionshandelssystem) anerkannt ist (Nr. 11).

15 Es fällt auf, dass nicht sämtliche standardisierte Kontrakte des Großhandelsbereichs als Finanzinstrumente definiert werden. Von vornherein ausdrücklich ausgespart ist das **Spotgeschäft** (**Kassageschäft**). Der Austausch von Ware gegen Geld wird als nicht finanzmarktrelevant angesehen, selbst wenn er an einem geregelten Markt erfolgt. Die Bestimmung der Vertragsdauer eines noch als Spotgeschäft anzusehenden Kontrakts wird in Art. 38 II MiFID-KomV[39] den Märkten selbst überlassen, indem

[38] Richtlinie 2003/87/EG des Europäischen Parlaments und des Rates v. 13.10. 2003 über ein System für den Handel mit Treibhausgasemissionszertifikaten in der Gemeinschaft und zur Änderung der Richtlinie 96/61/EG des Rates (Emissionshandelsrichtlinie – EHRL), ABl. EU Nr. L 275, 25.10.2003, S. 32 ff.

[39] Verordnung (EG) Nr. 1287/2006 der Kommission v. 10.8.2006 zur Durchführung der Richtlinie 2004/39/EG des Europäischen Parlaments und des Rates betreffend die Aufzeichnungspflichten für Wertpapierfirmen, die Meldung von Geschäften, die Markttransparenz, die Zulassung von Finanzinstrumenten zum Handel und be-

die Standardlieferfrist[40] für maßgeblich erklärt wird. Die Regelung bleibt unter der MiFID II inhaltlich erhalten.[41]

Eine noch größere, auch begriffliche Unschärfe steckt in den Fallgruppen der nicht kommerziell motivierten Kontrakte, die die Merkmale anderer derivativer Finanzinstrumente aufweisen (Nr. 7 und 10). Sie wurden nach kontroverser Diskussion durch **Art. 38** I und III MiFID-KomV näher bestimmt und zwar in eingeschränkter Art und Weise. Praktisch werden nur Verträge an gecleарten Handelsplätzen in Drittstaaten erfasst sowie Lieferbeziehungen, die in die EFP-Abwicklung überführt werden sollen.[42] Auch diese Regelungen werden durch Art. 7 Verordnung (EU) Nr. 2017/565[43] fortgeführt.[44] 16

Bei Kontrakten, die auf mehrere Basiswerte referenzieren, z. B. **Cross Commodity Swaps** oder verbundene Geschäfte,[45] reicht zur Verneinung 17

---

stimmte Begriffe im Sinne dieser Richtlinie (MiFID-KomV), ABl. EU Nr. L 241, v. 2.9.2006, S. 1 ff.

[40] Grundsätzlich geht die MiFID-KomV von einer Standardlieferfrist von zwei Tagen aus. Wenn auf dem Markt allerdings eine längere Frist üblich ist, soll diese gelten. Betrachtet man das Beispiel der EEX, sind jedenfalls auch die Day-ahead-Auktionen, die das Wochenende beinhalten, noch als Spotgeschäfte zu werten, auch wenn zwischen Vertragsschluss und Lieferung drei Tage liegen. Dass auch week ahead und sogar month ahead als Spotgeschäfte gelten können, erscheint zweifelhaft. Die Möglichkeit des Rollens von Spotgeschäft soll laut *Horstmann*, in: Horstmann/Cieslarczyk, Energiehandel, Kap. 5, S. 198, nicht bestehen.

[41] Vgl. Art. 7 II VO (EU) Nr. 2017/565.

[42] In Art. 38 MiFID-KomV heißt es: „ii) der Kontrakt ist ausdrücklich für den Handel an einem geregelten Markt, über ein MTF oder über ein gleichwertiges System in einem Drittland bestimmt oder er unterliegt den Regeln eines solchen Marktes oder Systems; iii) der Kontrakt wird ausdrücklich einem Kontrakt gleichgestellt, der auf einem geregelten Markt, über ein MTF oder über ein gleichwertiges System in einem Drittland gehandelt wird." Andere als die oben geschilderten Anwendungsfälle sind in der Praxis nicht auszumachen. Denn wünscht der Kunde Ausführung seines Derivatekontraktes an der Börse oder einem MHS (ggf. auch eines Drittlandes), liegt selbstverständlich in jedem Fall ein Finanzinstrument vor, selbst wenn der Kontrakt zwischen Dienstleister und Kunde im Kommissionsverhältnis kein Börsengeschäft ist. Anders ist es aber, wenn der Kunde als Bestandteil seiner strukturierten Beschaffung mehr oder weniger zufällig einen den börslichen Konditionen entsprechenden Kontrakt ordert. Hier ist es dem Lieferanten freigestellt, ein Back-to-back-Geschäft an der Börse abzuschließen oder auch nicht. Dementsprechend ist ein solcher Kontrakt nicht ausdrücklich einem Börsenkontrakt gleichgestellt oder für den Handel an der Börse bestimmt.

[43] Delegierte Verordnung (EU) 2017/565 der Kommission v. 25.4.2016 zur Ergänzung der Richtlinie 2014/65/EU des Europäischen Parlaments und des Rates in Bezug auf die organisatorischen Anforderungen an Wertpapierfirmen und die Bedingungen für die Ausübung ihrer Tätigkeit sowie in Bezug auf die Definition bestimmter Begriffe für die Zwecke der genannten Richtlinie, ABl. EU Nr. L 87, v. 31.3.2017, S. 1 ff.

[44] Die teilweise Referenzierung auf die MiFID in Abs. III scheint ein redaktioneller Fehler zu sein.

[45] Beispiele: Stromverkäufer liefert Energie zu einem an die Entwicklung des Aluminiumpreises geknüpften Preis; Hersteller von Regenreifen verspricht Kunden eine

der **Finanzinstrumente**-Eigenschaft, dass überhaupt eine physische Erfüllung erfolgt. Art. 39 MiFID-KomV (nunmehr Art. 8 VO (EU) Nr. 2017/565) definiert für Exotenderivate die in Betracht kommenden Basisgrößen.

18 Die Finanzmarktgesetzgebung strebt offenkundig über die **Finanzinstrumente**-Definition eine Marktabgrenzung an, welche die Realwirtschaft aus der Betrachtung ausklammert, dagegen mutmaßlich rein finanziell motivierte Handelsgeschäfte aber erfasst. Diese Herangehensweise ist intuitiv nachvollziehbar und weist eine weitgehende Parallelität mit der Differenzierung im Bilanzrecht auf. Problematisch ist allerdings, dass der Handelshintergrund von physischen und finanziellen Derivaten nicht klar voneinander abgrenzbar ist.[46] Auf einem liquiden Markt ist die Frage, ob die Kontraktspezifika eines Termingeschäfts eine physische Lieferung vorsehen oder nicht, selbst für reine „Spekulanten" ohne Bezug zum Handelsprodukt zweitrangig, da die Position vor der Lieferung durch Gegengeschäfte wieder geschlossen werden kann.

19 Für die klassischen Teilnehmer am Energiehandel führt die Unterscheidung zwischen **Finanzinstrumenten** und **physischen Standardverträgen** erst recht nicht weiter. So ist die in Anhang I Abschnitt C Nr. 7 MiFID II implizierte Annahme fragwürdig, es gäbe einen Gegensatz zwischen kommerziellen Zwecken und Finanzmärkten und einen Gleichlauf zwischen ersteren und Warenmärkten. Ein geborener Marktteilnehmer, der natürliche physische Positionen nicht zeitnah durch Gegengeschäfte (z. B. an den Finanzmärkten) schließt, kann dies ebenfalls aus der Motivation heraus machen, auf Preisverbesserung zu spekulieren. Dementsprechend kann auch durch die Abstinenz von Finanzprodukten spekuliert werden bzw. eine Spekulation durch Abschluss eines Finanzderivats beendet werden. Beurteilen könnte dies sowohl ein Dienstleister als auch eine aufsichtsführende Behörde nur nach Einblick in das Gesamtportfolio des betreffenden Unternehmens. Die zugrundeliegenden Fakten sind normalerweise nicht bekannt und können damit kaum Grundlage der Subsumtion sein.[47] Der Begriff der kommerziellen Zwecke ist zudem reichlich diffus; nach normalem Sprachverständnis

---

partielle Kaufpreisrückzahlung, falls im Kaufjahr eine gewisse Anzahl von Regentagen nicht erreicht wird.

[46] Dies ist übrigens keine Besonderheit der Warenmärkte: Auch auf dem Aktienmarkt sind Akteure teils am Erwerb von Firmenanteilen zur Wahrnehmung von Gesellschafterrechten, teils nur an der Geldanlage interessiert. Über die Handelsprodukte lässt sich die Differenzierung nicht vornehmen: Derivate können auch bei Firmenübernahmen Bestandteil von Akquisitionsstrategien sein.

[47] Dies ist allerdings der Ansatz bei der Festlegung des Adressatenkreises von EMIR und MIFID II in Gestalt der noch zu besprechenden sogenannten Risikoverringerungsausnahme (Hedging). Das Konzept weist aber auch auf dieser, die Marktakteure betreffenden Ebene Anwendungsschwierigkeiten auf.

wäre das Gegenteil von kommerziell gemeinnützig. Kommerziell i. S. v. gewerbsmäßig agieren die Banken und Wertpapierfirmen aber kraft Definition.[48]

Aufgrund der engen Definition (Handelsplatzbezug), aber wohl auch mit Blick auf die Rechtsfolgen dürften **warenbezogene Finanzinstrumente** auch in absehbarer Zukunft nur in den Portfolien der unmittelbaren Großhandelsteilnehmer[49] eine Rolle spielen. Überwiegend greifen Stadtwerke und Großverbraucher demgegenüber auf die physischen Angebote ihrer Lieferanten (einschließlich Einkaufsgemeinschaften) oder von Plattformen für den Handel von Non-MTF-Stromterminprodukten[50] zurück, wobei allerdings eine deutliche Abkehr von der Vollstromversorgung zu erkennen ist. In den Preisabsprachen im Rahmen einer strukturierten Beschaffung kann auf die Preise von Finanzinstrumenten oder sonstigen marktgängigen Großhandelsprodukten abgestellt werden, ohne dass gerade diese, was für die Einordnung des Kundengeschäfts als Finanzinstrument erforderlich wäre, tatsächlich für den Kunden besorgt werden müssten.[51] 20

Auch der **(Termin-)Handel in CO_2-Zertifikaten** ist bislang physisch bestimmt; die diversen Skandale, aber auch der Angebotsüberhang als Folge der Wirtschaftskrise und die klimapolitischen Unsicherheiten haben das Wachstum ihrer Bedeutung als Handelsprodukte zurückgeworfen. Darauf soll die neue Qualität der CO_2-Zertifikate als Finanzinstrumente[52] eine Antwort sein. Als **Finanzinstrumente** für den Kundenmarkt von praktischer Bedeutung sind ferner **Preissicherungsgeschäfte** (Gas- oder Kohleswaps), mit denen Erzeuger die kalkulatorische Grundlage ihrer Produktion festschreiben und bei denen die Warenanbieter in 21

[48] Der Begriff scheint ein „false friend" der englischen Sprache zu sein, wo „commercial" realwirtschaftlich heißt, im Gegensatz zu „institutional" finanzwirtschaftlich.

[49] Wozu sich durch Anbindung an Börsen oder Brokerplattformen – auch im hier interessierenden Terminmarkt – in steigender Zahl auch Weiterverteiler entwickeln.

[50] Vgl. dazu bereits Rdnr. 10 f.

[51] Die für die Finanzmärkte typischen Intermediärstrukturen in Gestalt einer Entsprechung von den Handelsprodukten auf Ein- und Verkaufsseite gibt es auf den Energiemärkten nicht. Das Verhältnis zwischen Händler und Kunde spiegelt daher den Charakter des Großhandelsprodukts auf der Marktseite nur dann, wenn der Kunde dessen Beschaffung ausnahmsweise ausdrücklich geordert hat.

[52] Vgl. dazu bereits Rdnr. 29. Dem vorausgegangen war die Unterwerfung des Primärmarkts unter ein System, welches etliche Regulierungselemente umfasste, vgl. Verordnung (EU) Nr. 1031/2010 der Kommission v. 12.11.2010 über den zeitlichen und administrativen Ablauf sowie sonstige Aspekte der Versteigerung von Treibhausgasemissionszertifikaten gemäß der Richtlinie 2003/87/EG des Europäischen Parlaments und des Rates über ein System für den Handel mit Treibhausgasemissionszertifikaten in der Gemeinschaft (Versteigerungsverordnung – VersteigerungVO), ABl. EU Nr. L 302, v. 18.11.2010, S. 1 ff.

ihrer Preispolitik weniger flexibel sind, indem sie Marktpreise im Kurzfristbereich fordern.[53] Sonstige Absicherungsgeschäfte wie Wetter- oder Frachtderivate, die ebenfalls Finanzinstrumente i. S. d. MiFID sind, werden wohl nicht von ungefähr als sog. Exotenderivate bezeichnet.

II. Ausnahmevorschriften

22 Die MiFID II kennt grundsätzlich fakultative Ausnahmen als nationale Wahlrechte (Art. 3) und zwingende Ausnahmen (Art. 2). Während die MiFID I noch zwei warenspezifische Ausnahmevorschriften[54] enthielt, ist es in der MiFID II nur noch eine:

- Eigenhandel oder waren- bzw. exotenbezogene Wertpapierdienstleistungen jeweils als Nebentätigkeit (Art. 2 I j MiFID II).

Hinzugekommen ist jedoch eine speziell auf die Zertifikatebewirtschaftung durch Anlagenbetreiber i. S. d. EHRL zugeschnittene Ausnahme (Art. 2 I e MiFID II).

23 Außerdem sind aufgrund der Struktur des Marktes die folgenden Ausnahmen praxisrelevant:

- Anlageberatung als Nebentätigkeit (Art. 2 I k MiFID) und
- Konzernprivileg (Art. 2 I f MiFID).

24 Zu beachten gilt, dass die MiFID II die Ausnahmevorschriften für Aktivitäten mit Bezug zu Warenderivaten (mit jeweils paralleler Behandlung von Emissionszertifikaten als solcher) aus der für alle Finanzinstrumente geltenden Systematik herausnimmt: Die zentrale Ausnahme – Beschränkung auf Eigenhandel (Art. 2 I d MiFID) – wird für unanwendbar erklärt. Der Warenderivatemarkt wird damit zu einer derjenigen Konstellationen, bei denen der Handel auch ohne Dienstleistungscharakter in den Regelungsbereich gezogen wird.[55] Diese Schlechterstellung erscheint umso systemfremder, als Sachverhalte erfasst werden, die keine Umstände erhöhter Marktverantwortlichkeit aufweisen. Eine Vielzahl von (kundenschützenden) Rechtsfolgen der MiFID ist damit a priori gegenstandslos. Das Aufgreifen des reinen Eigengeschäfts ist nur vor dem Hintergrund des politischen Ziels der Eingrenzung von Spekulationen auf den Warenmärkten erklärbar. Missglückt erscheint dies gleichwohl. Zum einen passen Rechtsfolgen und Ziel wie vorstehend erwähnt nicht zusammen. Dies wird auch daran deutlich, dass die Definition der Wertpapierfirma für das zentrale Spekulationsbekämpfungsinstrument „Positionslimits und Positionsmanagementkontrollen" ohne Belang ist:

---

[53] Finanzinstrumente sind immer dann interessant, wenn der Lieferant nicht bereit ist, im Voraus einen Fixpreis anzubieten, sodass der Abnehmer diesen wirtschaftlich erst über einen Swap mit einer dritten Partei realisieren kann.

[54] Entfallen ist die warenspezifische Ausnahmevorschrift für „Warenhandel als Haupttätigkeit" (Art. 2 I k MiFID I).

[55] Vgl. Rdnr. 3.

Art. 57 MiFID spricht ganz allgemein von Personen – unabhängig von einer Aufsichtspflicht.[56] Zum anderen erscheint es wenig aussichtsreich, eine Marktregulierung isoliert für einen „finanziellen" Derivatemarkt vorzunehmen, also den unmittelbar korrelierenden physischen Markt[57] auszusparen. Vor diesem Hintergrund wäre es vorzugswürdig gewesen, die REMIT mit ihrem einheitlichen Begriff der Energiegroßhandelsprodukte als spezielle Regelung für vorrangig zu erklären.

Allerdings gibt es die spezielle **Nebentätigkeitsausnahme**, die unbeschadet der Verschiedenheit des Ansatzes letztlich doch für Eigengeschäfte im üblichen Rahmen, insbesondere solche zur Risikosteuerung die Aufsichtspflicht verneint. In Übereinstimmung mit der zugrundeliegenden Philosophie, dass erratische Marktbewegungen (allein schon) durch die Begrenzung der Aktivitäten institutioneller Handelsteilnehmer aus der Finanzbranche verhindert werden können, bringt die spezielle Ausnahme die mit dem finanzfremden Geschäft einhergehenden warenderivatebezogene Aktivitäten – zuzüglich eines gewissen Freiraums – aus dem Anwendungsbereich der MiFID II heraus. Warenhändler unterfallen dabei einerseits einem vergleichsweise deutlich höheren Begründungsaufwand für die Verneinung, Wertpapierfirma zu sein. Auf der anderen Seite eröffnet das Sonderregime jedoch ein Potenzial an Aktivitäten, die auf anderen Märkten (z. B. Akten oder Renten) unweigerlich eine entsprechende Erlaubnis erfordert hätten (z. B. Market-Making[58] oder Dienstleistungen für Kunden). 25

1. Warenspezifische Ausnahmevorschrift

Die **Nebentätigkeitsausnahme** der MiFID I wurde durch die MiFID II grundlegend abgeändert und findet sich nun in Art. 2 I j MiFID II. So ist sie fortan grundsätzlich nicht mehr auf die Ausführung von Kundenaufträgen (Executing Client Orders) anwendbar. Zwar sieht Erw.gr. 25 MiFID II vor, dass diese Einschränkung nicht greift, wenn es für beide Parteien letztlich eine Nebentätigkeit ist, aber es bleibt abzuwarten, wie diese Vorgabe letztlich in das nationale Recht umgesetzt wird (bzw. sie aufsichtsbehördlich verstanden wird).[59] 26

Nach Art. 2 I j MiFID II fallen folgende Personen nicht in den Anwendungsbereich der MiFID II: jene, „die für eigene Rechnung mit Warenderivaten oder Emissionszertifikaten oder Derivaten davon handeln, einschließlich Market-Maker, aber mit Ausnahme der Personen, die 27

[56] Dies wird nochmals betont in Art. 1 VI MiFID II.
[57] Vgl. oben Rdnr. 17 f.
[58] Sofern nicht als Haupttätigkeit betrieben
[59] Regelungstechnisch bemerkenswert stellt der Erwägungsgrund eine explizite Negativfiktion auf, die genau konträr zum Richtlinientext steht.

Handel für eigene Rechnung treiben, wenn sie Kundenaufträge ausführen," (Art. 2 I j i) MiFID II) und solche, „die in Bezug auf Warenderivate oder Emissionszertifikate oder Derivate davon andere Wertpapierdienstleistungen als den Handel für eigene Rechnung für die Kunden oder Zulieferer[60] ihrer Haupttätigkeit erbringen" (Art. 2 I j ii) MiFID II).

28 Dieser – zunächst weit erscheinende – Ausnahmebereich wird sogleich aber über vier zusätzliche Kriterien wieder begrenzt:

a) Erste Voraussetzung: finanzfremde Haupttätigkeit

29 Systematisch eigentlich eine Selbstverständlichkeit, darf die Haupttätigkeit des Unternehmens bzw. der Gruppe weder in der Erbringung von Wertpapierdienstleistungen im Sinne der vorliegenden Richtlinie noch in der Erbringung von Bankgeschäften i. S. d. Richtlinie 2013/36/EU (Capital Requirements Directive IV – CRD IV)[61] oder in der Tätigkeit als Market-Maker in Bezug auf Warenderivate bestehen.

b) Zweite Voraussetzung: Nebentätigkeit

30 Der Handel muss auf individueller[62] und aggregierter Basis auf der Ebene der Unternehmensgruppe eine Nebentätigkeit zur finanzfremden Haupttätigkeit darstellen.

31 Zur Klärung der Frage, wie Haupt- und Nebentätigkeit voneinander abzugrenzen sind, hat die Kommission einen technischen Regulierungsstandard (RTS 20)[63] in Form eines delegierten Rechtsakts erlassen. Dieser gibt zwei kumulative Prüfverfahren vor: einen sog. **Marktanteilstest** und einen sog. **Kapitaltest**. Letzterer kann allerdings auch durch besonders günstige Werte beim Marktanteilstest bestanden werden. Der Standard beinhaltet auch die bereits auf Ebene der Richtlinie Art. 2 IV MiFID II vorgegebenen zwingenden Ausschlüsse. Das bedeutet, dass z. B. Derivatgeschäfte, welche die mit der Geschäftstätigkeit oder dem Liqui-

---

[60] Damit sind jegliche Zweifel behoben, dass auch der Lieferant (neben dem jedenfalls als Kunden angesehenen Abnehmer) Rezipient der Nebentätigkeit sein darf.

[61] Richtlinie 2013/36/EU des Europäischen Parlaments und des Rates v. 26.6.2013 über den Zugang zur Tätigkeit von Kreditinstituten und die Beaufsichtigung von Kreditinstituten und Wertpapierfirmen, zur Änderung der Richtlinie 2002/87/EG und zur Aufhebung der Richtlinien 2006/48/EG und 2006/49/EG (Capital Requirements Directive IV – CRD IV), ABl. EU Nr. L 176, v. 27.6.2013, S. 338 ff.

[62] Der Richtlinientext erwähnt zusätzlich auch die unternehmensbezogene „individuelle" Basis, ebenso der Regierungsentwurf zum 2. FiMaNoG. Explizit erwähnt die konkrete Regelung in Art. 1 RTS 20 jedoch nur die Gruppe – unbeschadet der Erwähnung auch von Tätigkeiten einer Person innerhalb einer Gruppe.

[63] Delegierte Verordnung (EU) 2017/592 der Kommission v. 1.12.2016 zur Ergänzung der Richtlinie 2014/65/EU des Europäischen Parlaments und des Rates durch technische Regulierungsstandards zur Festlegung der Kriterien, nach denen eine Tätigkeit als Nebentätigkeit zur Haupttätigkeit gilt, ABl. EU Nr. L 87, v. 31.3.2017, S. 492 ff.

ditäts- und Finanzmanagement direkt verbundenen Risiken objektiv messbar verringern, unbeschadet ihrer Tatbestandsmäßigkeit in beiden Methoden nicht auf die vorgegebenen Grenzen anzuwenden sind.[64]

Entgegen dem Erwartbaren sieht der RTS 20 in keiner Methodik eine Gegenüberstellung von physischen Handelsaktivitäten und finanziellen Handelsaktivitäten nach einheitlichen Maßstäben vor. Vielmehr verharrt er letztlich allein im MiFID-Universum. Der RTS 20 stützt auch nicht die bisherige deutsche Verwaltungspraxis, für eine Nebendienstleistung einen inhaltlichen Konnex zwischen Finanzgeschäft und finanzfremder Haupttätigkeit auf Ebene der Dienstleistungsbeziehung zu fordern. Damit geht wohl der Vorteil der Rechtsklarheit für den Kunden, unmittelbar zu wissen, ob sein Gegenüber für den Dienst eine Erlaubnis benötigt, verloren. 32

Beim Marktanteilstest wird die Handelsaktivität des betreffenden Unternehmens in einem Derivate-Segment ins Verhältnis zum Gesamtmarkt der Derivate gesetzt. Eine Nebentätigkeit liegt dann vor, wenn das Ergebnis folgende Schwellenwerte nicht übersteigt: Derivate auf Metalle (4 %), Derivate auf Öl und Ölerzeugnisse (3 %), Derivate auf Kohle (10 %), Derivate auf Gas (4 %), Derivate auf Strom (6 %), Derivate auf landwirtschaftliche Erzeugnisse (4 %), Derivate auf andere Waren, einschließlich der in Anhang I Abschnitt C Nr. 10 MiFID II genannten Fracht- und Warenderivate (15 %) und Emissionszertifikate oder Derivate davon (20 %).[65] Berechnet wird die Aktivität nach dem Bruttonennwert aller Kontrakte.[66] Zahlen zum Gesamtmarkt wird ESMA zu gegebener Zeit bereithalten. 33

Beim Kapitaltest wird der Anteil des spekulativen Geschäfts an der Gesamttätigkeit eines Unternehmens bestimmt. Hierfür gibt es wiederum zwei mögliche Berechnungsmethoden: die eigentliche kapitalbasierte und den Rückverweis in den Marktanteilstest. 34

Nach der **kapitalbasierten Berechnungsmethode** wird mit einer Methodik, die dem sog. Vereinfachten Verfahren zur Bemessung der Marktpreisrisiken aus Art. 360 CRR[67] frei nachempfunden ist,[68] ein 35

[64] Gleiches gilt für gruppeninterne Geschäfte im Sinne der EMIR und Fälle verpflichtenden Market-Makings.

[65] Vgl. dazu: Art. 2 RTS 20.

[66] Relevant ist der Durchschnitt aus den vorangegangenen drei Kalenderjahren. Im Zeitpunkt der Erstanwendung stellt dies vor zusätzliche Probleme.

[67] Verordnung (EU) Nr. 575/2013 des Europäischen Parlaments und des Rates v. 26.6.2013 über Aufsichtsanforderungen an Kreditinstitute und Wertpapierfirmen und zur Änderung der Verordnung (EU) Nr. 646/2012 (Capital Requirements Regulation – CRR), ABl. EU Nr. L 176, v. 27.6.2013, S. 1 ff.

[68] Unterschiede bestehen hinsichtlich der erweiterten Netting-Möglichkeiten auf Ebene einer einzelnen Art von Warenkontrakt zur Ermittlung der Bruttoposition. Was unter „Art" genau zu verstehen ist, wird im RTS allerdings nicht erläutert.

geschätzter Kapitalbedarf ermittelt. Dies geschieht im Wege der Addition von Beträgen, die sich aus Prozentsätzen der Netto- und der Bruttoposition der relevanten Finanzinstrumente zu Marktwerten[69] ergeben. Dieser Größe wird das Gesamtkapital[70] (Aktiva der Gruppe abzüglich Verbindlichkeiten kürzer als 1 Jahr) gegenübergestellt. Ergibt sich ein Verhältnis von nicht mehr als 10 %, ist der Test absolviert.

36 Für den Fall, dass das Unternehmen diesen Kapitaltest nicht besteht oder gar nicht erst rechnen möchte, gibt es die Berechnungsmethode über den (verschärften) Marktanteilstest. Diese setzt allerdings einen Zwischenschritt voraus.

37 Nach diesem wird der am Bruttonennwert der Kontrakte bemessene Umfang der MiFID-Aktivitäten des betreffenden Unternehmens in Bezug auf alle Warenderivate mit dem Gesamtumfang der Handelstätigkeit der Gruppe bezogen auf Warenderivate verglichen. Dieses Verhältnis hängt zum einen davon ab, wie groß die Aktivitäten der Gruppe in „privilegierten" Derivaten sind, die zu Hedgingzwecken genutzt werden. Zum anderen ist für das Verhältnis aber auch die Gruppenstruktur relevant: je mehr handelsaktive Unternehmen in einer Gruppe bestehen, umso geringer der individuelle Anteil.[71] Diese Gestaltbarkeit durch die Unternehmen selbst ist schon bemerkenswert. Und auch hier darf die Diktion „Gesamtumfang der Handelstätigkeit der Gruppe" nicht darüber hinwegtäuschen, dass jeglicher Spothandel oder solcher in Forwards (es sei denn an einem geregelten Markt gehandelt) völlig außer Betracht bleibt. Je nach Höhe der ermittelten Verhältniszahl wird die einzuhaltende niedrigere Schwelle des Marktanteilstests ggf. neu bemessen. Hält sich die Einzelunternehmensaktivität in relevanten Derivaten unter oder bei 10 %, ist der bereits absolvierte Marktanteilstest ausreichend zur Erreichung der Nebentätigkeitsausnahme. Sobald die Aktivität mehr als 10 % ausmacht, halbiert sich der Schwellenwert des Marktanteilstests, bei mehr als 50 % darf die Aktivität des Unternehmens im Vergleich zum Markt nur noch weniger als 1/5 des Schwellenwertes des ersten Test ausmachen.

38 Grob gesprochen ergibt sich die Formel: Je mehr ein Unternehmen im spekulativen Bereich macht, desto kleiner muss sein Marktanteil sein. Das heißt: Unternehmen müssen auf Gruppenbasis prüfen, wie groß die Aktivitäten in Derivaten sind, die nicht zu Hedgingzwecken genutzt werden oder sich zur Vermeidung solcher Rechnungen ihre Derivateaktivitäten in einer „sicheren" Größenordnung zum Markt halten.

[69] Offenbar ist die Verwendung von Forward-Kurven gestattet.

[70] Merkwürdigerweise wird dies definitorisch als „für die Haupttätigkeit einer Gruppe eingesetzt" bezeichnet.

[71] Zu einer Doppelzählung von Geschäften darf es dabei aber nicht kommen.

Das Bemerkenswerte: Nicht nur, dass es – wie bereits erwähnt[72] – zu keiner wirklichen Gegenüberstellung von Haupttätigkeit und Nebentätigkeit kommt; die nicht privilegierten MiFID-Aktivitäten (keine Risikoverringerung) dürfen sogar 100 % des Handelsvolumens betragen, sofern nur der Marktanteil entsprechend gering ist. Aus diesem Ansatz ergibt sich auch, dass die Betrachtung der individuellen Situation eines gruppenangehörigen Unternehmens – wie von der Richtlinie eigentlich vorgegeben – faktisch müßig ist, denn dessen Marktanteil wird niemals größer als derjenige seiner Gruppe sein. Die Situation von Unternehmen, die ausschließlich Geschäfte im Sinne der MiFID machen, etwa spezialisierte Zertifikatehändler wird man als noch nicht abschließend geklärt bezeichnen müssen: Nach der Methode des RTS 20 ist die Ausnahme erfüllt, nach dem unmittelbaren Wortlaut der Richtlinie[73] eher nicht.[74] 39

Unklar ist der RTS auch in Bezug auf die Behandlung von Dienstleistungsgeschäften außerhalb des Handels, z. B. bei einer Portfolioberatung. Vermutlich ist es in die Tätigkeiten einzurechnen; es belastet aber zumindest den Kapitaltest nicht, da keine Positionen resultieren. 40

Der RTS enthält auch eine nähere Definition für „Derivatgeschäfte, die die mit der Geschäftstätigkeit oder dem Liquiditäts- und Finanzmanagement direkt verbundenen Risiken objektiv messbar verringern". Diese streicht die Worte „objektiv messbar"[75] und ersetzt diese durch organisatorische Anforderungen an die Unternehmen; wie von uns vorhergesagt[76], die einzig praktikable Herangehensweise. 41

c) Dritte Voraussetzung: kein Hochfrequenzhandel

Die Nebentätigkeit darf nicht unter Einsatz einer hochfrequenten algorithmischen Handelstechnik erfolgen. Dies erscheint im Energiehandel aufgrund der engen Definition des Hochfrequenzhandels[77] allerdings unproblematisch. 42

---

[72] Rdnr. 31.

[73] Vgl. die erste Voraussetzung Rdnr. 29

[74] Nicht hilfreich ist dabei die Hedgingausnahme, denn der Händler hat keine „natürlichen" Eigenpositionen. Denn nicht als solche zählen wohl diejenigen aus dem Kundengeschäft wegen der mangelnden Privilegierungsfähigkeit der Ausführung von Kundenorders gegen das eigene Buch. Ähnliche Probleme gibt es beim Market-Making, welches nach dem Richtlinientext nicht als Haupttätigkeit betrieben werden darf. Die Kriterien des RTS 20 lassen allerdings zu, dies u. U. mit Blick auf den Gesamtmarktanteil zu verneinen.

[75] Insoweit parallel zur EMIR RTS 149/2013.

[76] Vgl. in der Vorauflage *du Buisson/Dessau*, § 28 Rdnr. 88.

[77] Art. 19 VO (EU) Nr. 2017/565.

d) Vierte Voraussetzung: Meldung an die Bundesanstalt für Finanzdienstleistungsaufsicht (BaFin)

43 Letzte Voraussetzung ist eine jährliche Meldung an die BaFin, mit der das Unternehmen den Gebrauch der Ausnahme anzeigt. Auf Anforderung der BaFin ist darüber die Grundlage mitzuteilen, auf der das Unternehmen zu der Auffassung gelangt, es handele sich um eine Nebentätigkeit.

44 Auch an der speziellen Ausnahmevorschrift für Warenderivatehandelsteilnehmer, die im Übrigen schwerpunktmäßig nicht in MiFID II-reglementierten Geschäftsbereichen tätig sind, wird deutlich, dass nach politischem Willen – zumindest in der Form, die ihr die Europäische Kommission letztlich gegeben hat – die kleineren oder mittelgroßen **Energiehändler** weiterhin **nicht unter Aufsicht** nehmen will. Es wird konzediert, dass der Handel in nicht oder nur schwer lagerfähigen Gütern auf freien Märkten notwendigerweise zu einem Gutteil in Gestalt von Termingeschäften abgewickelt wird, und dass hierbei in wirtschaftlich sinnvoller Weise zur Steigerung der Marktliquidität und zur Minimierung von Adressrisiken Instrumente eingesetzt werden, die von den Finanzmärkten her bekannt sind (Börsenplätze, Clearing). Diese Äußerlichkeiten führen für sich allein nicht zu einer Finanzmarktrelevanz der betreffenden Händler bzw. sonstigen Energiedienstleister. Weder bedienen diese Kunden mit Geldanlageinteressen noch nehmen sie Einlagen entgegen und erfüllen damit wie Banken die volkswirtschaftlichen Aufgaben als Kapitalsammelstellen. Gewisse Einwände vonseiten der Banken gegen die Ausnahmen waren allerdings dadurch vorprogrammiert, als diese nicht nur dem aus der Regulierung erwachsenden Wettbewerbsnachteil ausgesetzt sind, sondern auch wegen der Maßgeblichkeit der Unternehmensgruppe in Art. 2 I j MiFID II die Privilegierung nicht einmal über die Gründung oder den Erwerb einer Tochtergesellschaft in Anspruch nehmen können.

45 Ungeachtet der Ausnahmevorschriften gibt es in Deutschland und Europa spezialisierte Dienstleister, die sich eine Zulassung nach dem die MiFID insoweit umsetzenden KWG haben erteilen lassen, um die bestehenden Lücken bewusst zu besetzen, nämlich **finanzielle Energiedienstleistungen** gegenüber „neuen“ Kunden erbringen zu können. Dahinter stand in vielen Fällen auch die Scheu vor der regulatorischen Unsicherheit, insbesondere mit Blick auf die zukünftige Gesetzgebung. In Anbetracht des erleichterten Solvenzregimes wird die Belastung durch die Beaufsichtigung als tragbar empfunden, eher gilt sie als gewisses Gütesiegel im Wettbewerb. Größere Häuser sahen auch Vorteile in der Erlangung eines **Europäischen Passes.**[78] Allerdings stellen sich die meisten

[78] Vgl. Rdnr. 53 ff.

Energiehändler nur mit dem erlaubnispflichtigen Geschäftsteil nebst nicht risikotragenden Energiedienstleistungen (physisches Portfoliomanagement) unter Aufsicht. Die betreffenden juristisch verselbständigten Einheiten verfügen in Anbetracht des oben beschriebenen Marktumfelds nur über begrenztes Ertragspotenzial; aus Kostengründen nutzen sie im großen Umfang Ressourcen der Muttergesellschaft. Dementsprechend werden sie auch von den Geschäftspartnern nur als Teil des ihnen i. d. R. mithaftenden Konzerns wahrgenommen. Von der isolierten Lebensfähigkeit reiner Waren-Finanzdienstleister kann nicht ausgegangen werden. Ebenso wenig kann man hier von einem empirisch unterlegten Berufsbild sprechen. Entsprechend ist die Zahl der Erlaubnisse eher zurückgegangen, je besser der Markt die (begrenzte) Wirkung der MiFID verstand.

Die Nebentätigkeitsausnahme findet sich im deutschen Recht in § 2 I 46
Nr. 9 bzw. VI Nr. 11 KWG-E.[79]

2. Weitere Ausnahmevorschriften

a) Ausnahme für Anlagenbetreiber

Anlagenbetreiber im Sinne der Emissionshandelsrichtlinie unterliegen 47
ebenfalls dem Problem der Herauslösung der Zertifikate aus dem Tatbestand der allgemeinen Eigengeschäftsausnahme.[80] Es erschien angezeigt, diesen Personenkreis, der unweigerlich „natürliche" Positionen in entsprechenden Finanzinstrumenten hat, mit einer gesonderten Ausnahme (Art. 2 I e MiFID II) zu versorgen, die nicht die komplizierten Rechnungen der Nebentätigkeitsausnahme beinhaltet. Danach ist es zulässig, wenngleich implizit vermutlich das Gegenteil erwartet wird, wenn der Handel dieses Personenkreises auch „schwunghafter" ausfiele. Dafür ist der Tatbestand jedoch produktseitig auf Zertifikate eingegrenzt. Jetzt könnte man nach dem Wortlaut im Zweifel sein, ob dies auch entsprechende Derivate mit einschließt. Dies ist jedoch aus systematischen Gründen zu bejahen: Nach Art. 18 I a VersteigerungVO[81] sind Anlagebetreiber ohne Genehmigungsvorbehalt „berechtigte Personen", unabhängig davon, ob die Versteigerung über Spot-Produkte oder Futures läuft. Ein Unterschied in der Wertung zwischen Primärmarkt und Gesamtmarkt, bzw. eine Verschärfung kann nicht intendiert gewesen sein.

[79] Die Aufspaltung in zwei Vorschriften ist der Unterteilung der MiFID-Aktivitäten in Finanzdienstleistungen und Bankgeschäfte geschuldet.
[80] Vgl. oben Rdnr. 24.
[81] Vgl. schon Rdnr. 21.

b) Anlagenberatungsausnahme

48 Unternehmen, die als Finanzdienstleistung ausschließlich die **Anlageberatung** im Rahmen einer anderen beruflichen Tätigkeit erbringen, ohne sich diese besonders vergüten zu lassen,[82] gelten nach Art. 2 I k MiFID II nicht als Finanzdienstleistungsinstitute. Diese Ausnahme ist jedoch nicht mit den Eigenhandelsprivilegierungen nach Art. 2 I d oder j MiFID II zu kombinieren, da nach ihrem Tatbestand gar keine sonstigen Finanzdienstleistungen (auch keine ausgenommenen) erbracht werden dürfen.[83]

c) Konzernprivileg

49 Gründet ein Stadtwerk den Handelsbereich in eine selbständige Gesellschaft aus, kann letztere für die betreffende Funktion in der Gruppe das Konzernprivileg gem. Art. 2 I b MiFID II in Anspruch nehmen. Beteiligen sich allerdings auch noch weitere Weiterverteiler minderheitlich an dem Unternehmen, welches dann als gemeinsamer Dienstleister fungiert (der Prototyp der **kommunalen Beschaffungsgesellschaft**), ist die Anwendung der Ausnahmevorschrift nicht möglich,[84] da die einzelnen Weiterverteiler und die Beschaffungsgesellschaft keine Unternehmensgruppe i. S. d. Gesetzes bilden.[85] Der Begriff der Unternehmensgruppe wird durch die MiFID II zwar nicht näher bestimmt. Nach dem Prinzip der Einheit der Rechtsordnung ist jedoch eine dem Konzernrecht vergleichbare Verbindung zu fordern. Minderheitsbeteiligungen schaffen eine solche i. d. R. nicht. Bei diesen Konstellationen greift das Konzernprivileg nicht, mag der Sachverhalt aufgrund der nicht gegebenen Außenwirkung der Dienste und der regelmäßigen Gewinn- und Verlustpartizipation und der gesellschaftsrechtlichen Kontrollmöglichkeiten der Kunden gegenüber dem Dienstleister auch vergleichbar sein. In diesem Fall ist darauf zu achten, dass das Gemeinschaftsunternehmen ausschließlich im eigenen Namen an den Terminmärkten auftritt und die Vertragsbeziehungen zwischen diesem und seinen Stadtwerken auf rein physische bilaterale Lieferbeziehungen ausgerichtet sind. Verspricht dagegen die

[82] *Balzer*, ZBB 2007, 336, weist zutreffend darauf hin, dass die Vergütung auch nicht von Dritter Seite kommen darf.

[83] *Schneider*, WM 2008, 289, sah dies unter alter Rechtslage ebenso.

[84] Allenfalls noch in Fällen von Gemeinschaftsunternehmen, vgl. *Zenke*, in: Danner/Theobald, Energierecht, Ib EnHandel B, Rdnr. 161.

[85] A. A. Regierungsbegründung (BT-Drs. 16/4028, S. 58); zwar dient die dortige Aussage, dass eine kommunale Beschaffungsgesellschaft unter die Ausnahme des lit. i (§ 2a I Nr. 9 WpHG) fällt, einer erfreulichen Klarheit. Dies ist aber herzuleiten, ohne dass es dazu der Beugung des allgemeinen Konzernrechts bedarf. Das Problem soll heute durch die fakultative Ausnahme von Art. 3 I lit. d MiFID II gelöst werden, welche von Deutschland initiiert wurde und wohl auch national umgesetzt werden wird.

Beschaffungsgesellschaft den angeschlossenen Stadtwerken den Abschluss bestimmter finanzieller Verträge am Großhandelsmarkt, schlägt die Natur letzterer auch auf das Kundengeschäft durch und verwandelt dieses in eine ggf. erlaubnispflichtige Finanzdienstleistung.

Fraglich ist die Einschätzung des Sachverhalts, wenn ein Unternehmen 50 sowohl **Eigengeschäfte** in **Finanzinstrumenten** betreibt (z. B. auf der Grundlage einer Terminmarktzulassung an der EEX) als auch Finanzdienstleistungen nur für den eigenen Konzern erbringt (z. B. **Finanzportfoliomanagement**). Hierbei stellt sich die Frage, ob der Eigenhandel einer (Weiter)Nutzung des Konzernprivilegs entgegensteht.[86] Dies verneinend liegt eine Äußerung der Europäischen Kommission über die Kombinierbarkeit der Ausnahmevorschriften von Eigengeschäft und Orderausführung für den eigenen Konzern vor.[87] Die dahinterstehende Erwägung ist, dass ein Kombinationsverbot von Konzernen mit spezialisierten Teilgesellschaften unschwer umlaufen werden könnte und daher keinen Sinn ergäbe. Diesen Gedanken kann man über die beiden am genannten Ort entschiedenen Sachverhaltsgestaltungen hinaus auch allgemein (z. B. in der oben diskutierten Konstellation) nutzbar machen.[88] Es ist mithin von einer grundsätzlichen Zulässigkeit der Koppelung auszugehen, sofern nicht der Wortlaut entgegensteht oder der Sinngehalt der jeweiligen Privilegierungsnormen verletzt würde. In diesem Sinne kann auch der Erwäg.Gr. 22 MiFID II gelesen werden.[89]

d) Eigenhändlerprivileg

Nach Art. 2 I d MiFID II bleibt im Ergebnis **aufsichtsfrei**, wer als MiFID 51 II-relevante Tätigkeit ausschließlich ein reines **Eigengeschäft ohne Kundenbezug** betreibt. Während das Eigenhändlerprivileg zu Zeiten der MiFID I noch auf den Handel mit allen Finanzinstrumenten anwendbar

---

[86] Dies vertritt *Schneider*, WM 2008, 285, 289; a. A. *Zenke*, in: Danner/Theobald, Energierecht, Ib EnHandel B, Rdnr. 162.

[87] Europäische Kommission, Your questions on MiFID, Frage 185.2, S. 25, abrufbar unter http://ec.europa.eu/internal_market/securities/docs/isd/questions/questions_en.pdf, Stand Abruf: April 2017.

[88] In die gleiche Richtung geht auch das Konsultationspapier der gemeinsamen Arbeitsgruppe von CEBS und CESR, Consultation paper – CESR's/CEBS' technical advice to the European Commission on the review of commodities business, v. 15.5.2008, Abs. 219, abrufbar unter http://www.esma.europa.eu/ (Link: Documents > Reference: 08-752), Stand Abruf: April 2017. Danach gehen die CESR-Mitglieder (also die europäischen Wertpapierregulierer) davon aus, dass Ausnahmen kombinierbar sein müssten.

[89] Allerdings ist die zweite dort zitierte Norm auf den Warenderivatehandel gar nicht mehr anwendbar. Es erscheint daher auch möglich, dass alle warenderivatebezogenen Eigengeschäfte über die neue Nebentätigkeitsausnahme gezogen werden müssen. Um die Kombinationserlaubnis der Sache nach zu enthalten, müsste man die gruppeninternen Geschäfte dann als privilegiert i. S. v. Art. 2 IV UAbs. 5 lit. a) begreifen.

war, ist nun durch die MiFID II der Handel mit Warenderivaten oder Emissionszertifikaten oder Derivaten davon aus dem potenziellen Anwendungsbereich ausgenommen. Somit ist das Eigenhändlerprivileg für den Energiehandel nicht mehr interessant, sondern ermöglicht – in Kombination mit anderen Ausnahmen[90] – nur noch das Eigengeschäft in anderen Finanzprodukten, wie Aktien, Renten und Devisen.

e) Fakultative Ausnahmen

52 Der Entwurf des 2. FiMaNoG sieht vor, beide Ausnahmen d und e aus Abs. III für kommunale Beschaffungsgesellschaften und entsprechende Gemeinschaftsunternehmen von Anlagenbetreibern in das deutsche Recht zu überführen.[91] Es steht allerdings nicht zu erwarten, dass die Ausnahmen neben der bereits besprochenen Nebentätigkeitsausnahme größere praktische Bedeutung entfalten werden, da sie eine Reihe gravierender Nachteile enthalten. So sind die Gesellschaften von jeglichen „externen" Eigenkapitalquellen abgeschnitten. Ferner müssen alle Eigentümer sicherstellen, unter der Hypothese einer Zurechnung der Geschäfte selbst in den Grenzen der Nebentätigkeitsausnahme zu verbleiben. Ferner gibt es ein rudimentäres Pflichtenheft aus üblichen Elementen der MiFID (u. a. Berufshaftpflicht). Außerdem sind jegliche grenzüberschreitende Aktivitäten in Derivaten untersagt.

III. Rechtsfolgen der MiFID

1. Genehmigungspflicht, Reichweite der Genehmigung (Europäischer Pass), Erteilungsvoraussetzungen

53 Eine der zentralen Auswirkungen der Einbeziehung einer Tätigkeit in den Anwendungsbereich der Richtlinie ist die Notwendigkeit einer Zulassung, wenn die Tätigkeit üblich beruflicher oder gewerblicher Natur ist (Art. 5 MiFID II). Die **Zulassung** ist durch den **Mitgliedstaat** des Unternehmenssitzes[92] zu erteilen und muss die Wertpapierdienstleistungen oder Anlagetätigkeiten spezifizieren, die die Wertpapierfirma erbringen bzw. ausüben darf.

54 Die erteilte Zulassung gestattet es der Wertpapierfirma, die davon umfassten Wertpapierdienstleistungen oder Anlagetätigkeiten **in der gesamten Europäischen Gemeinschaft** zu erbringen bzw. auszuüben (Art. 6 III MiFID II). Dies kann entweder durch Errichtung einer Zweigniederlassung oder im Rahmen des freien Dienstleistungsverkehrs ge-

---

[90] Vgl. Rdnr. 22 ff.

[91] Gesetzentwurf, 2. FiMaNoG, BT-Drs. 18/10936.

[92] Nach Art. 5 IV MiFID muss auch die Hauptverwaltung zwingend im betreffenden Sitzland liegen.

schehen. Den Gastlandaufsehern sind die entsprechenden Aktivitäten im Grunde nur anzuzeigen[93] (Art. 34 II, 35 II MiFID II), umgangssprachlich als **Europäischer Pass** bezeichnet.

Lizenzierte Energiehändler können grundsätzlich vom Europäischen Pass Gebrauch machen. Von der Dienstleistungsfreiheit umfasst sind neben den Zulassungsgegenständen auch die der Wertpapierfirma gestatteten Wertpapiernebendienstleistungen. Unter diesen ist im Anhang I Abschnitt B insbesondere die Nr. 7[94] beachtlich. Diese Nebendienstleistung geht, wenngleich sprachlich undeutlich, über das Geschäft mit Finanzinstrumenten hinaus, indem auch von Geschäften mit den Basiswerten der Derivate die Rede ist, einen Zusammenhang mit dem MiFID-Geschäft vorausgesetzt. Dieser mögliche Nucleus für einen integrierten überwachten europäischen Stromhandels- und -dienstleistungsmarkt ist allerdings nicht zu rechtem Leben erwacht. So ist der Europäische Pass für den gemeinsamen Markt nicht entscheidend. So lange keine nationalen Zulassungspflichten oder sonstige Marktschranken bestehen, kann sich ein Unternehmen bei seinen grenzüberschreitenden Aktivitäten auf andere Richtlinien[95] oder direkt auf die europäischen Grundfreiheiten berufen. Und im Bereich des Derivatehandels sollten die Ausnahmevorschriften aus Art. 2 MiFID II nach dem Grundsatz der Vollharmonisierung als „negativer Pass" wirken. 55

Umgekehrt schützt der Europäische Pass auch nicht vollständig vor sonstigen, energierechtlich motivierten Handelseinschränkungen. Zwar ist ein Verständnis dergestalt geboten, dass die durch den Europäischen Pass verbürgten Handelsmöglichkeiten nicht direkt durch weitere Zulassungspflichten unterlaufen werden dürfen. Dies bewahrt aber nicht davor, dass der nationale Gesetzgeber den Handel auf andere Weise beschneidet, was elementare Formen annehmen kann. Macht ein Mitgliedstaat mit Preisregulierungen die Preisabsicherung überflüssig bzw. greift er sogar in bestehende längerfristige Rechtsbeziehungen ein, ent- 56

[93] Im Falle einer Zweigniederlassung ergeben sich weitergehende Befugnisse des Gastlandaufsehers.

[94] Sie lautet: Wertpapierdienstleistungen und Anlagetätigkeiten sowie Nebendienstleistungen des in Anhang I Abschnitt A oder B enthaltenen Typs betreffend die Unterlegung der in Abschnitt C Nummern 5, 6, 7 und 10 enthaltenen Derivate, wenn diese mit der Bereitstellung der Wertpapier- oder der Nebendienstleistung in Zusammenhang stehen.

[95] Z. B. Richtlinie 2006/123/EG des Europäischen Parlaments und des Rates v. 12.12.2006 über Dienstleistungen im Binnenmarkt, ABl. EU Nr. L 376, v. 27.12. 2006, S. 36 ff. oder Richtlinie 2000/31/EG des Europäischen Parlaments und des Rates v. 8.6.2000 über bestimmte rechtliche Aspekte der Dienste der Informationsgesellschaft, insbesondere des elektronischen Geschäftsverkehrs, im Binnenmarkt (Richtlinie über den elektronischen Geschäftsverkehr), ABl. EU Nr. L 178, v. 17.7.2000, S. 1 ff.

zieht dies der Firma die Kundenbasis ebenso wie die Verlässlichkeit des rechtlichen Rahmens. Die begünstigenden Wirkungen des Europäischen Passes könnten damit faktisch ins Leere laufen. Ferner ist, da die MiFID – mit Blick auf die Ausnahmevorschriften und die enge Definition der Finanzinstrumente – nur einen geringen Teil des Energiehandelsmarktes erfasst, auch kein nationaler Gesetzgeber daran gehindert, für diesen Bereich Regelungen zu treffen (so Großbritannien). Alles in allem tut man wohl gut daran, die Hoffnung auf die Schaffung eines gemeinsamen europäischen Handelsmarktes nicht auf das Finanzaufsichtsrecht, sondern auf das Energierecht zu richten.

57 Art. 7 MiFID II enthält Vorgaben betreffend das Verfahren für die **Erteilung der Zulassung** und die **Ablehnung** von Anträgen auf Zulassung.[96] Dem Antragsteller soll innerhalb von sechs Monaten nach Einreichung eines vollständigen Antrags mitgeteilt werden, ob eine Zulassung erteilt wird oder nicht (Art. 7 III MiFID). Als Zulassungsvoraussetzungen definiert die MiFID Anforderungen an den Antragsteller bzw. an die **leitenden Personen** (Art. 9 MiFID II)[97] und an die **Aktionäre und Mitglieder mit qualifizierten Beteiligungen** (Art. 10 MiFID II). Ferner ist eine Mitgliedschaft in einem zugelassenen **Anlegerentschädigungssystem** vorgesehen (Art. 14 MiFID II).

58 Die fortlaufende Einhaltung der Zulassungsregelungen durch die Wertpapierfirmen ist von den zuständigen Aufsichtsbehörden in der weiteren Folge zu überwachen.

2. Wohlverhaltensregeln

59 Art. 16 MiFID II beschäftigt sich mit organisatorischen Anforderungen, etwa mit Vorkehrungen für angemessene Maßnahmen zur Vermeidung von kundenschädlichen Interessenkonflikten, mit Kontinuität und Regelmäßigkeit des erbrachten Geschäftes, mit Auslagerungen, Datenaufzeichnungen und Vorkehrungen zum Schutz von Eigentumsrechten, insbesondere für den Fall der Insolvenz einer Wertpapierfirma etc. Hier sind auch die durch die MiFID II neu eingeführten Regelungen zu Produktüberwachungsprozessen, inklusive Produktgenehmigungsverfahren

---

[96] Hierzu wird es noch einen RTS geben: *ESMA*, Final Report, MiFID II/MiFIR draft Technical Standards on authorisation, passporting, registration of third country firms and cooperation between competent authorities, ESMA/2015/1006, 29.6.2015, abrufbar unter https://www.esma.europa.eu/sites/default/files/library/2015/11/2015-esma-1006_-_mifid_ii_final_report_on_mifid_ip_technical_standards.pdf, Stand Abruf: April 2017.

[97] So müssen Personen, die die Geschäfte einer Wertpapierfirma tatsächlich leiten, gut beleumdet sein und über ausreichende Erfahrung verfügen, um die solide und umsichtige Führung der Wertpapierfirma sicherzustellen.

und Zielmarktbestimmung grundgelegt.[98] Nähere Konkretisierungen zu den organisatorischen Pflichten, einschließlich solchen zu Auslagerungen, Schutz des Kundenvermögens und zur Steuerung von Interessenkonflikten enthalten die MiFID II-KomRL[99] und die VO (EU) Nr. 2017/565. Art. 17 MiFID II enthält Anforderungen an die Organisation und die Durchführung algorithmischen Handels. Dieser ist durch Art. 4 I Nr. 39 (MiFID II) definiert als „der Handel mit einem Finanzinstrument, bei dem ein Computeralgorithmus die einzelnen Auftragsparameter automatisch bestimmt, z. B. ob der Auftrag eingeleitet werden soll, Zeitpunkt, Preis bzw. Quantität des Auftrags oder wie der Auftrag nach seiner Einreichung mit eingeschränkter oder gar keiner menschlichen Beteiligung bearbeitet werden soll";[100] in Anbetracht der sich fortentwickelnden IT-Infrastruktur rund um die Handelstische auch im Energiehandel praxisrelevant.

Im Kapitel II der MiFID II (Bedingungen für die Ausübung der Tätigkeit von Wertpapierfirmen) werden den Unternehmen verschiedene Wohlverhaltensregeln vorgegeben. Diese beziehen sich auf den fairen geschäftlichen Umgang mit den Kunden. Bspw. sind hier (Art. 23 ff. MiFID II) weitergehende Anforderungen an die Handhabung von Interessenkonflikten, Informationspflichten, Erkundigungspflichten hinsichtlich der Kenntnisse und Erfahrungen der Kunden im Anlagebereich,[101] Berichtspflichten, der Grundsatz der Bestausführung und die Einsatzmodalitäten vertraglich gebundener Vertreter geregelt. Hier finden sich auch die neuen Verbote des Zuwendungserhalts von Dritter Seite für die Portfolioverwaltung und die sogenannte „unabhängige 60

[98] Selbst wenn die Wertpapierfirma die Kunden angebotenen Finanzinstrumente nicht selbst konzipiert, muss sie über angemessene Vorkehrungen verfügen, um sämtliche sachgerechten Informationen darüber zu erhalten und die Merkmale und den bestimmten Zielmarkt jedes Finanzinstruments zu verstehen.

[99] Delegierte Richtlinie (EU) 2017/593 der Kommission v. 7.4.2016 zur Ergänzung der Richtlinie 2014/65/EU des Europäischen Parlaments und des Rates im Hinblick auf den Schutz der Finanzinstrumente und Gelder von Kunden, Produktüberwachungspflichten und Vorschriften für die Entrichtung beziehungsweise Gewährung oder Entgegennahme von Gebühren, Provisionen oder anderen monetären oder nichtmonetären Vorteilen. Weitere Regelungen sind in Kommissionsverordnungen enthalten, so insbesondere VO (EU) Nr. 2017/565.

[100] Ausgeschlossen sind Systeme, die nur zur Weiterleitung von Aufträgen zu einem oder mehreren Handelsplätzen, zur Bearbeitung von Aufträgen ohne Bestimmung von Auftragsparametern, zur Bestätigung von Aufträgen oder zur Nachhandelsbearbeitung ausgeführter Aufträge verwendet werden.

[101] Die Geeignetheitsprüfung bei den Dienstleistungsarten Anlageberatung und Portfoliomanagement soll kundengerechte Empfehlungen oder Anlageentscheidungen sicherstellen (Art. 25 II MiFID II), die Angemessenheitsprüfung bei sonstigen Dienstleistungen löst im negativen Fall Warnpflichten gegenüber dem Kunden aus (Art. 25 III MiFID II). Für die reine Ausführung von Kundenaufträgen in nicht komplexen Finanzinstrumenten entfallen diese Pflichten gegebenenfalls (Art. 25 IV MiFID II).

Anlageberatung“ (Art. 24 MIFID II). Die besonderen Regelungen für „Querverkäufe“ könnten ggf. für Energieportfoliomanager relevant werden, die z. B. bei der Beschaffungsoptimierung in Bezug auf alle Arten von Energiegroßhandelsprodukten beraten. Einzelheiten zu den Vorschriften sind wiederum in den diversen Durchführungsbestimmungen[102] festgelegt.

61 Im Rahmen der Wohlverhaltensregeln (so bei den Pflichten zur Risikoaufklärung und zur Bestausführung) unterscheidet die MiFID drei verschiedene Klassen von **Kunden**, denen jeweils ein individuelles Schutzniveau zukommt: **Kleinanleger, professionelle Kunden** und **geeignete Gegenparteien.**[103] Die entsprechenden Definitionen ergeben sich aus Art. 4 I Nr. 10, 11 i. V. m. Anhang II sowie Art. 30 MiFID II. Professionelle Kunden und auch geeignete Gegenparteien gibt es jeweils in zweierlei Formen, zum einen kraft gesetzlicher Definition, zum anderen auf entsprechenden Antrag des Kunden, der dafür zuvor aber bestimmte Einstufungskriterien erfüllen muss. Die Kundenklassifizierungsvorschriften sind allerdings nicht so eingestellt, dass alle gewerblichen Energiehändler als professionelle Kunden akzeptiert werden können. Im Rahmen der Definition des „geborenen“ professionellen Kunden bilden für Unternehmen, sofern diese nicht selbst beaufsichtigte Institute sind, Größenkennzahlen die relevanten Kriterien. Da insoweit keine Konzernbetrachtung greift, sind diese in der Praxis nicht immer erreicht. Gleiches gilt für die „Selbsternennung“ als professioneller Kunde, für die auf Geschäftszahlen in Bezug auf Finanzinstrumente abgestellt werden muss. Daran wird es aber regelmäßig bei den kleineren Versorgern oder Beschaffungsgemeinschaften fehlen, die vorzugsweise physische Produkte, die keine Finanzinstrumente sind, verwenden.

3. Positionslimits/-kontrolle

62 Art. 57 MiFID II sieht vor, dass die zuständigen Behörden Personen bzw. Unternehmensgruppen einem Nettopositionslimit in Warenderivaten, die an Marktplätzen gehandelt werden, und wirtschaftlich gleichwertigen OTC-Kontrakten unterwerfen sollen. Positionslimits gelten nicht für Positionen, die von oder für eine nichtfinanzielle Stelle gehalten werden und objektiv messbar die direkt mit der Geschäftstätigkeit dieser nichtfinanziellen Stelle verbundenen Risiken verringern. Ist eine Gruppe in unterschiedlichen Staaten handelsaktiv, so gelten die Limits zunächst länderbezogen; bei erheblichen Volumina findet eine länderübergreifen-

---

[102] MiFID II-KomRL, RTS 2017/565 und RTS 2017/589.

[103] Auf die Frage, inwieweit geeignete Gegenparteien überhaupt als Kundenkategorie zu begreifen sind, gibt auch die MiFID II keine leicht verständlichen Antworten, vgl. Art. 30, sowie Art. 45 und 71 VO (EU) Nr. 2017/565.

de Koordinierung zugunsten eines einheitlichen Limits statt. Im Übrigen ist die Ausgestaltung der Methodik einem durch ESMA auszuarbeitenden RTS vorbehalten, der zwischenzeitlich als Verordnung (EU) Nr. 2017/591[104] Rechtscharakter erhalten hat. Zweck der Limitierung ist neben der Verhinderung von Marktmissbrauch zu geordneten Preisbildungs- und Abwicklungsbedingungen beizutragen. Hierunter versteht die Richtlinie die Verhinderung marktverzerrender Positionen und die Sicherstellung einer Konvergenz zwischen den Preisen von Derivaten im Monat der Lieferung und den Spotpreisen für die zugrundeliegende Ware, ohne dass die Preisbildung am Markt für die zugrundeliegende Ware davon berührt wird.[105] Der RTS definiert u. a. die Kriterien, nach welchen OTC-Kontrakte[106] als wirtschaftlich gleichwertig anzusehen sind, und gestaltet das Befreiungsverfahren für privilegierte Positionen. Die nähere Bestimmung dieser Hedgingausnahme erfolgt parallel zu derjenigen im RTS 2017/592.[107] Misslich für Energiehändler mit KWG-Erlaubnis: für das eigene Portfolio darf die Hedgingausnahme nicht in Anspruch genommen werden, was eine weitere Negativinzentivierung für die Aufsichtsbereitschaft bedeutet. Der RTS gibt Richtwerte für zwei verschiedene Limitarten vor: Positionen für den Spot-Monat bzw. den nächst fälligen Kontrakt und für alle Kontrakte mit später endenden Laufzeiten. Ausgangspunkt für den Richtwert sind im Falle der Monatskontrakte mit lieferbarem Basiswert 25 % der für dieses Warenderivat lieferbaren Menge, ansonsten 25 % der offenen Positionen (Open Interest). In Würdigung weiterer Faktoren gelangt die BaFin als hierzulande zuständige Behörde zu den prozentual bestimmten Grenzwerten je Derivatkontrakt in einer Bandbreite zwischen 2,5 % bis – in Ausnahmefällen – 100 %.

Den Betreibern der **Marktplätze** ist die Aufgabe der Durchführung 63
von Positionsmanagementkontrollen zugedacht. Zur Vervollständigung

[104] Delegierte Verordnung (EU) 2017/591 der Kommission v. 1.12.2016 zur Ergänzung der Richtlinie 2014/65/EU des Europäischen Parlaments und des Rates durch technische Regulierungsstandards für die Anwendung von Positionslimits für Warenderivate, ABl. EU Nr. L 87, v. 31.3.2017, S. 479 ff.

[105] Ob die zugrundeliegenden Annahmen bezüglich des Verhältnisses zwischen finanziellem und physischem Handel einerseits und „Balance of the Month“-Kontrakten und Spotpreisen andererseits bei leitungsgebundene Gütern haltbar sind, wäre zu hinterfragen.

[106] Mit dem Begriff Kontrakt sind unter anderem nur Finanzinstrumente i. S. d. MiFID und keine sonstigen Energiegroßhandelsprodukte gemeint!

[107] Delegierte Verordnung (EU) 2017/592 der Kommission v. 1.12.2016 zur Ergänzung der Richtlinie 2014/65/EU des Europäischen Parlaments und des Rates durch technische Regulierungsstandards zur Festlegung der Kriterien, nach denen eine Tätigkeit als Nebentätigkeit zur Haupttätigkeit gilt, ABl. EU Nr. L 87, v. 31.3.2017, S. 492 ff.

deren Wissensstands melden Teilnehmer an den Handelsplätzen die eigenen Positionen, wie auch die Positionen der hinter ihnen stehenden Kunden.[108] Einen Gesamtüberblick über die Limiteinhaltung kann jedoch handelsplatzübergreifend und unter Berücksichtigung von wirtschaftlich gleichwertigen OTC-Kontrakten nur die zuständige Behörde vornehmen. Diese kann sich – neben dem Zugriff auf des EMIR-Transaktionsregister[109] – auf zwei zusätzlich geschaffene Informationskanäle stützen: die Berichte der Handelsplätze (Art. 58 I MiFID II) und die Meldepflichten der Wertpapierfirmen mit OTC-Geschäften (Art. 58 II MiFID II).

IV. MiFIR

64 Einige Themengebiete der MiFID erachtet die Europäischen Union für so zentral für die Beseitigung der „durch divergierende nationale Rechtsvorschriften bedingten signifikanten Wettbewerbsverzerrungen“,[110] dass diese in eine parallele Verordnung (MiFIR)[111] überführt wurden.

65 Die MiFIR regelt im Schwerpunkt die **Transparenzpflichten** (Vorhandel und Nachhandel) für Handelsplatzbetreiber und systematische Internalisierer. Die Verordnung unterscheidet zwischen eigenkapitalähnlichen Finanzinstrumenten und sonstigen Finanzinstrumenten, d. h. Schuldverschreibungen, strukturierte Finanzprodukte, **Emissionszertifikate und Derivate**. Insgesamt wird der Kreis der transparenzpflichtigen Finanzinstrumente damit erheblich weitergezogen als nach der jetzigen Rechtlage, wo nur an regulierten Märkten zugelassene Aktien erfasst sind.

66 Nach der MiFID zugelassene **Wertpapierfirmen** unterliegen ebenfalls einer Nachhandelstransparenzpflicht, indem sie den Umfang der Geschäfte in bestimmten Finanzinstrumenten sowie den Kurs und den Handelszeitpunkt über genehmigte Veröffentlichungssysteme zu **veröffentlichen** haben (Art. 20 und 21 MiFID).

67 Wertpapierfirmen, die Geschäfte mit bestimmten Finanzinstrumenten tätigen, haben der **zuständigen Behörde** die Einzelheiten dieser Geschäfte so schnell wie möglich und spätestens am Ende des folgenden Arbeitstags zu **melden** (Art. 26 MiFIR). Nach Art. 25 MiFIR haben die

---

[108] Soweit ihnen bekannt und soweit an dem betreffenden Handelsplatz gehalten, Art. 58 III MiFID II.
[109] Vgl. dazu Rdnr. 86 ff.
[110] Erw. gr. 3 MiFIR.
[111] Verordnung (EU) Nr. 600/2014 des Europäischen Parlaments und des Rates v. 15.5.2014 über Märkte für Finanzinstrumente und zur Änderung der Verordnung (EU) Nr. 648/2012 (Markets in Financial Instruments Regulation – MiFIR), ABl. EU Nr. L 173, v. 12.6.214, S. 84 ff.

Institute die einschlägigen Daten über die Geschäfte mit Finanzinstrumenten, die sie entweder für eigene Rechnung oder im Namen ihrer Kunden getätigt haben, mindestens fünf Jahre zur Verfügung der zuständigen Behörden zu halten. Meldungen und Aufzeichnungspflichten sollen es den Aufsichtsbehörden ermöglichen, die Handelstätigkeiten von Wertpapierfirmen im Hinblick auf die Einhaltung der MiFID und Beachtung der Regelungen der MAD gegen den Marktmissbrauch zu überwachen.

Die MiFIR schließt zudem zwei von der EMIR gelassene Lücken: 68
Zum einen verhängt Art. 29 MiFIR eine **Clearingpflicht** gegenüber Betreibern geregelte Märkte für dort gehandelte Derivate, soweit diese einer clearingpflichtigen Derivateklasse i. S. d. EMIR angehören.[112] Zum anderen sieht Art. 28 MiFIR eine „**Handelspflicht**" für clearingpflichtige Teilnehmer **an regulierten Märkten, MHS, OHS oder anerkannten Handelsplätzen in Drittstaaten** in Bezug auf Derivate vor, die einer nach der EMIR clearingpflichtigen Derivateklasse angehören.[113] Dies ist ein weiterer Baustein, mit dem die Europäische Kommission die G20-Beschlüsse von Pittsburgh umsetzt.[114] An eine solche Pflicht müssen sich neben klassischen Finanzmarktteilnehmern i. S. v. Art. 2 Nr. 8 EMIR auch diejenigen **finanzbranchenfremden Handelsteilnehmer** halten, welche mit ihren Geschäften die in der EMIR bestimmten Clearingschwellen überschreiten, soweit es sich um Geschäfte mit anderen clearingpflichtigen Handelsteilnehmern handelt.[115] Diese Regelungen greifen massiv in die geschäftlichen Freiheiten der Unternehmen ein. Für die Energiebranche wird allerdings kein systemstützender Effekt zu erwarten sein, weil der OTC-Markt in physischen Derivaten unbeschadet bleibt, ebenso der „finanzielle" OTC-Handel der nicht von der Clearingpflicht betroffenen Handelsteilnehmer. Eher ist zu befürchten, dass sich der Handel in den physisch bilateralen Bereich zurückzieht und Liquidität an den zentralen Marktplätzen schwindet.

Für Wertpapierfirmen besteht eine Handelspflicht regelmäßig auch in 69
Bezug auf Aktien, die zum Handel an einem geregelten Markt zugelassen sind oder an einem Handelsplatz gehandelt werden (Art. 23 MiFIR).

Die MiFIR sieht neben Reglungen zum diskriminierungsfreien Zugang 70
zum Clearing für Finanzinstrumente noch staatliche Markteingriffe vor.

[112] Wohlgemerkt sind OTC-Derivate nach Art. 2 Nr. 7 EMIR demgegenüber (auch) Geschäfte an einem MHS oder OHS. Deren Betreiber müssen aber nicht selbst ein Clearing organisieren. Diese Pflicht haben, soweit betroffen, die Handelsteilnehmer.

[113] Voraussetzung ist u. a. dass dort in der betreffenden Klasse bereits ein ausreichend liquider Handel stattfindet.

[114] Vgl. unten Rdnr. 84 ff.

[115] Dies können neben Wertpapierfirmen auch nichtfinanzielle Unternehmen sein, zu Einzelheiten vgl. Rdnr. 88.

So werden die nationalen Aufsichtsbehörden unter Koordination von ESMA oder EBA (Art. 42 f. MiFIR) sowie auch ESMA und EBA selbst (Art. 40 f. MiFIR) dazu ermächtigt, zur Abwendung einer Gefahr für den Anlegerschutz oder die ordnungsgemäße Funktionsweise und die Integrität der Finanzmärkte oder aber die Stabilität des Finanzsystems in der Union den Vertrieb bestimmter Finanzinstrumente oder eine Form der Finanztätigkeit oder -praxis[116] unter bestimmten Voraussetzungen (vorübergehend) zu verbieten oder zu beschränken, sog. **Produktintervention.** In diesem Zusammenhang wurde nicht an den Energiemarkt gedacht, sodass eine diesbezügliche Anwendung unwahrscheinlich ist.

B. Die Vorschriften über die angemessene Eigenkapitalausstattung von Wertpapierfirmen und Kreditinstituten – Eigenkapitalrichtlinie und Kapitaladäquanzverordnung

71 Mit Verwirklichung der Voraussetzungen einer Aufsichtspflicht als Wertpapierfirma i. S. d. MiFID fällt diese als Institut gleichzeitig unter die auch für Banken geltende **CRR**[117] und in den Anwendungsbereich der **CRD IV.**[118] Erstere enthält die methodisch technischen Regelungen zur Eigenkapitaldefinition, zum Solvenzregime, zu den Großkreditbegrenzungen, zur Liquidität zur Verschuldungsquote und zur Offenlegung. Die CRD IV beinhaltet – soweit relevant für Wertpapierfirmen – Vorgaben an das Anfangskapital, die aufsichtlichen Überprüfungsverfahren der Angemessenheit internen Kapitals, zuzüglich der Steuerung des Liquiditätsrisikos, Regelungen zur Unternehmensführung und zur Vergütung sowie Aufsichtsmaßnehmen und Kapitalpuffer. Die Regelungen der CRD IV sind durch das KWG in deutsches Recht umgesetzt. Gemeinsam machen diese Vorschriften die – als solche nur für internationale Großbanken konzipierte – Baseler Übereinkunft der Bankenaufseher für alle europäischen Institute verbindlich, wobei in gewissem Umfang eigene EU-Akzente gesetzt werden.

72 Das vom Baseler Ausschuss für Bankenaufsicht – einem informellen Beratungsgremium aus Vertretern von Zentralbanken und nationalen Bankenaufsichtsbehörden aus den führenden Industrieländern ohne

[116] Was mit dieser sehr weitgehenden Formulierung im Einzelnen gemeint ist, bleibt unklar. Der Begründung des Vorschlags auf S. 14 ist zu entnehmen, dass damit ggf. bestimmte Dienstleistungen oder Personen, die der betreffenden Tätigkeit nachgehen, getroffen werden sollen.

[117] Capital Requirements Regulation (CRR), vgl schon. Rdnr. 35.

[118] Capital Requirements Directive IV (CRD IV), vgl. schon Rdnr. 29.

gesetzgeberische Kompetenzen[119] – entwickelte dreisäulige Modell der effizienten Regulierung[120] enthält folgende Komponenten:

- Säule 1: **Mindesteigenanforderungen** zur Eigenkapitalunterlegung für Kreditrisiken, Marktrisiken und operationelle Risiken,
- Säule 2: **Aufsichtliches Überprüfungsverfahren** zur Identifikation und Bewertung der internen Kapitaladäquanz und zum Risikomanagement und
- Säule 3: Stärkung der **Marktdisziplin** durch die Erweiterung der Transparenzpflichten.

In Reaktion auf die Finanzmarktkrise wurden auf globaler Ebene zusätzliche Anstrengungen erforderlich, um den bestehenden Rahmen zu verbessern und zu erweitern. So nahm der Baseler Ausschuss mit der Übereinkunft „Basel III"-Reformen am „Basel-II"-Regelwerk vor, in dem das Eigenkapitalregime (einschließlich der Kapitaldefinitionen) überarbeitet und Standards für die Steuerung von Liquidität eingeführt wurden. Diese Evolution wurde jeweils auch zum Anlass für die Europäische Rechtsfortbildung genommen. So hat jüngst die Europäische Kommission am 23.11.2016 einen Entwurf zur Überarbeitung der CRD und der CRR vorgestellt. Die Änderungsvorschläge beziehen sich auf die Festlegung einer maximalen Nettoverschuldungsquote von 3 %, die Einführung einer strukturellen Liquiditätsquote zur Sicherstellung einer stabilen mittelfristigen Finanzierung (NSFR) sowie die Veränderungen der Methoden zur Ermittlung der Eigenmittelanforderungen für das Gegenparteiausfallrisiko und der Marktpreisrisiken.[121] Gleichzeitig sollen Änderungen an der BRRD[122] vorgenommen werden.[123] Mit entspre- 73

[119] Details abrufbar unter http://www.bis.org/ (Link: Home > Committees & associations > Basel Committee on Banking Supervision), Stand Abruf: April 2017.

[120] Bestandteil des „Basel II"-Rahmenwerks, mit der neben den ursprünglichen Zielen von Basel I (Gewährleistung einer ausreichenden Eigenkapitaldeckung und einheitliche Wettbewerbsregeln für die Banken) eine effektivere Bankenaufsicht, verbesserte Stabilität der Finanzmärkte und eine größere Risikosensitivität erreicht werden soll. Vgl. *Spanier*, § 11 in diesem Band, Rdnr. 2.

[121] Entsprechend dem Baseler Regelwerk „Fundamental Review of the Trading Book".

[122] Richtlinie 2014/59/EU des Europäischen Parlaments und des Rates v. 15.5.2014 zur Festlegung eines Rahmens für die Sanierung und Abwicklung von Kreditinstituten und Wertpapierfirmen und zur Änderung der Richtlinie 82/891/EWG des Rates, der Richtlinien 2001/24/EG, 2002/47/EG, 2004/25/EG, 2005/56/EG, 2007/36/EG, 2011/35/EU, 2012/30/EU und 2013/36/EU sowie der Verordnungen (EU) Nr. 1093/2010 und (EU) Nr. 648/2012 des Europäischen Parlaments und des Rates (Bank Recovery and Resolution Directive – BRRD), ABl. EU Nr. L 173, v. 12.6.2014, S. 190 ff.

[123] Vgl. dazu unter http://eur-lex.europa.eu/legal-content/DE/TXT/PDF/?uri=CELEX:52016PC0852&from=EN, Stand Abruf: April 2017.

chenden Anpassungen der Gesetzeslage wird aber vor 2019 nicht gerechnet.

74 Es ist absehbar, dass der finanzmarktrechtliche Rahmen auch zukünftig einem ständigen Wandel unterworfen sein wird, und dies mit immer kürzeren „Halbwertszeiten“: derzeit wird auf globaler Ebene in den Beratungen über das „Basel-IV“-Reformpaket bereits um mögliche Verschärfungen der Kapitalanforderungen für Kreditinstitute gerungen.[124] Gleichzeitig mehren sich die Stimmen derjenigen, die eine verstärkte Berücksichtigung des Proportionalitätsprinzips einfordern.[125] Auch entsinnt sich die Europäischen Union bei dem Vorhaben der Schaffung einer Kapitalmarktunion[126] des Umstandes, dass Marktintermediäre nicht nur als Risikotreiber, sondern gleichzeitig auch als Schlüssel zu wirtschaftlichem Wachstum wahrgenommen werden müssen.

75 CRD IV und CRR behandeln Wertpapierfirmen und Banken nicht vollumfänglich gleich. Vielmehr gibt es ein teilweise unübersichtliches System von Ausnahmen und Modifikationen der Regelungen für Wertpapierfirmen in Abhängigkeit zu deren Lizenzumfang i. S. d. Definitionen des MiFID Anhangs. Während beispielsweise die reine Anlageberatung oder -vermittlung nur rudimentäre Pflichten nach sich zieht, sehen sich Warenderivatehändler einer weitgehenden Vollanwendung der bankaufsichtlichen Regelungen gegenüber. Die hiernach errechneten Kapitalanforderungen gehören nach den nationalen Erfahrungen mit den ehemaligen Pendants im KWG zu den am stärksten belastenden Rechtsfolgen des Aufsichtsregimes.

76 Auch der Anwendungsbereich der BRRD, umgesetzt in deutsches Recht durch das SAG,[127] erstreckt sich auf Wertpapierfirmen mit Eigenhandelserlaubnis;[128] eine unerwartete Rechtsfolge angesichts des Ziels der Richtlinie, Situationen zu vermeiden, in denen Institute unter Rückgriff auf das Geld der Steuerzahler gerettet werden „mussten“, was bei Finanzdienstleistern ohne Refinanzierung durch Publikumsgelder a priori fernliegt. Als Rechtsfolge ergibt sich vor allem die Pflicht zur Aufstellung, Vorlage und Aktualisierung von Sanierungsplänen, in welchen Maßnahmen für durch Indikatoren beschriebene erhebliche Verschlech-

---

[124] Im Übrigen konsultierte Basel auch schon zur Überarbeitung der Behandlung operationeller Risiken: BSBC 355.

[125] *Felix Hufeld*, Rede zur Jahrespressekonferenz der BaFin 2017.

[126] Aktionsplan zur Schaffung einer Kapitalmarktunion, 30.9.2015, COM(2015) 468 final, S. 18, abrufbar unter http://eur-lex.europa.eu/legal-content/DE/TXT/PDF/?uri=CELEX:52015DC0468&from=EN, Stand Abruf: April 2017.

[127] Gesetz zur Sanierung und Abwicklung von Instituten und Finanzgruppen (Sanierungs- und Abwicklungsgesetz – SAG) v. 10.12.2014 (BGBl. I S. 2091), zuletzt geändert durch Gesetzes v. 23.12.2016 (BGBl. I S. 3171).

[128] Art. 2 I Nr. 3 i. V. m. Art. 28 II CRD IV.

terung der Finanzlage definiert werden müssen (Art. 5).[129] Gleichzeitig bringen Art. 45 BRRD und § 49 SAG ein unter individueller Bescheidung der Abwicklungsbehörde[130] stehendes paralleles Eigenkapitalrecht, die sog. Mindestanforderungen an Eigenmitteln und berücksichtigungsfähiger Verbindlichkeiten (MREL). Wertpapierfirmen verfügen regelmäßig nicht über solche im Krisenfall durch behördlichen Akt in Eigenkapital umzuwandelnde Fremdkapitalien, sodass sämtliche Anforderungen, die sich wiederum im Wesentlichen auf der Basis von CRR und CRD IV berechnen,[131] gegen das Eigenkapital laufen.

I. Relevanz von CRR und CRD IV für den Energiehandel

Erw.gr. 63 CRR betont in Bezug auf den Energiehandel, dass die Liberalisierung der Gas- und Elektrizitätsmärkte sowohl in wirtschaftlicher als auch in politischer Hinsicht ein wichtiges Ziel der Union ist. Daher sollten die Eigenmittelanforderungen und sonstigen Aufsichtsvorschriften für Unternehmen, die in diesen Märkten tätig sind, verhältnismäßig sein und die Verwirklichung der Liberalisierung nicht ungebührlich behindern. Zu diesem Zwecke wurden zwei weitreichende, wenngleich nicht grundsätzlich von der Anwendung der Vorschriften ausschließende Ausnahmen (Art. 493 Abs. 1 und Art. 498 Abs. 1 CRR) hinsichtlich der Großkreditvorschriften und Eigenmittelanforderungen für Warenhändler geschaffen. Diese dem wesentlichen Inhalt nach bereits aus der Vorgängerrichtlinie übernommenen Ausnahmeregelungen sollen nur temporär gelten (Ablaufdatum 31.12.2017) und – erneut[132] – auf den Prüfstand gestellt werden. Im Dezember 2014 gab die Europäische Kommission dementsprechend an die Europäischen Bankaufsichtsbehörde EBA und die Europäischen Wertpapier- und Marktaufsichtsbehörde ESMA den Auftrag, über die Angemessenheit der Ausnahmen zu berichten. Dies erfolgte im Kontext einer Gesamtbestandsaufnahme der 77

[129] Hier gibt Art. 4 die Möglichkeit der Erleichterung für kleine Institute, jedoch keinen Dispens.

[130] In Deutschland ist dies die FMSA, die zukünftig in die BaFin integriert wird.

[131] *EBA*, EBA FINAL Draft Regulatory Technical Standards, on criteria for determining the minimum requirement for own funds and eligible liabilities under Directive 2014/59/EU, EBA/RTS/2015/05, 3.7.2015, abrufbar unter https://www.eba.europa.eu/documents/10180/1132900/EBA-RTS-2015-05+RTS+on+MREL+Criteria.pdf, Stand Abruf: April 2017.

[132] Mit dem CESR's/CEBS' technical advice to the European Commission on the review of commodities business, CESR/08-752, 15.5.2008, Rdnr. 219 (abrufbar unter https://www.eba.europa.eu/documents/10180/16106/2008+15+10+CESR-CEBS+advice+on+Commodities.pdf, Stand Abruf: April 2017), waren der Europäischen Kommission bereits umfassende Informationen an die Hand gegeben. Entweder hatte man die damalige Positionierung zu uneindeutig oder formell für obsolet gehalten.

für alle Wertpapierfirmen geltenden prudentiellen Regelungen. Die Behörden antworteten darauf im Dezember 2015 mit einem umfassenden Bericht mit einer Bestandsaufnahme von Anwendungsproblemen der unterschiedlichen Bestandteile der CRR auf Wertpapierfirmen.[133] In diesem schlugen sie u. a. eine weitere Verlängerung der Ausnahmen für Warenhändler bis zum 31.12.2020 vorbehaltlich einer früheren Neuregelung vor. Dies wurde damit begründet, dass man eine Neuausrichtung des Eigenkapitalregimes für alle Wertpapierfirmen plane und es daher inopportun erscheine, die Warenhändler übergangsweise mit dem derzeitigen System zu konfrontieren. Im Übrigen war zum damaligen Zeitpunkt der MiFID RTS 20 noch nicht verabschiedet, so dass der genaue Adressatenkreis der Regelungen unklar war. Der Vorschlag traf den politischen Willen; so wurde die Verordnung (EU) 2016/1014[134] erlassen, deren Art. 1 eine Verlängerung der beiden Ausnahmeregelungen bis zum 31.12.2020 vorschreibt. Ferner erhielt die EBA ein Folgemandat,[135] in denen die Einzelheiten des intendierten neuen Regimes, einschließlich der speziellen Behandlung von Warenhändlern beschrieben werden sollten. Bei Redaktionsschluss war dieser Bericht noch nicht erstellt. Allerdings lässt ein zwischenzeitlich veröffentlichtes Diskussionspapier[136] Tendenzen erahnen. Darin sind nur wenige warenhandelsspezifische Aussagen enthalten. Allerdings beinhaltet das neue Konzept, welches die Eigenkapitalanforderungen im Wesentlichen nicht mehr an die Risikosituation der Institute selbst, sondern an die von ihnen für Kunden und Märkte ausgehenden Risiken knüpfen möchte, Chancen die in folgendem Kapitel dargestellten Probleme der derzeitigen CRR-Systematik unabhängig von einer industriespezifischen Ausnahme zu lösen. Anhand der präsentierten konträren Optionen in diesem Papier ist erneut von einem Gegenüber zweier Lager auszugehen, von denen eines sinnvolle

---

[133] *EBA*, Report on Investment Firms, Response to the Commission's Call for Advice of December 2014, EBA/Op/2015/20, abrufbar unter https://eba.europa.eu/documents/10180/983359/EBA-Op-2015-20+Report+on+investment+firms.pdf, Stand Abruf: April 2017.

[134] Verordnung (EU) 2016/1014 des Europäischen Parlaments und des Rates v. 8.6.2016 zur Änderung der Verordnung (EU) Nr. 575/2013 im Hinblick auf die Ausnahmen für Warenhändler, ABl. EU Nr. L 171, v. 29.6.2016, S. 153.

[135] Europäische Kommission, Call for advice to the EBA for the purposes of the report on the prudential requirements applicable to investment firms, 13.6.2016, abrufbar unter https://www.eba.europa.eu/documents/10180/1321242/CfA+Investment+firms.pdf/9d8f89ab-720a-4ebf-8db7-6e5ebcddbd07, Stand Abruf: April 2017.

[136] *EBA*, Discussion Paper, Designing a new prudential regime for investment firms, EBA/DP/2016/02, 4. November 2016, abrufbar unter https://www.eba.europa.eu/documents/10180/1647446/Discussion+Paper+on+a+new+prudential+regime+for+Investment+Firms+ %28EBA-DP-2016-02 %29.pdf, Stand Abruf: April 2017.

Spielregeln für die Teilnahme am Markt aufstellen, das andere aber die Finanzmärkte für Nichtbanken weitgehend sperren möchte.

II. Probleme bei der Anwendung auf Energiehandelsunternehmen

Die bankaufsichtlichen Regelungen sind ersichtlich nicht auf Energie- 78
händler zugeschnitten. Dabei stellen für diese die Kapitalanforderungen das Hauptproblem einer unmodifizierten Anwendung dar. Bspw. liefert die Methodik zur Errechnung von Unterlegungsbeträgen aus Marktrisiken bei Waren, insbesondere nicht lagerbaren, wenig überzeugende Ergebnisse im Hinblick auf die Basisrisikounterlegung geschlossener Positionen oder auf die Bewertung von Marktrisiken aus Termingeschäften zu Spotpreisen.[137] Ferner kann auch die Anwendung des Basisindikatoransatzes[138] für die Unterlegung des operationellen Risikos erdrückende Wirkung haben. Denn das physische Stromhandelsgeschäft würde bei strenger Lesart in einer Nettoertragsbetrachtung Grundlage für Kapitalanforderungen sein. Unabhängig davon, dass die Risikosensitivität von Einkommensgrößen für die Bemessung eingegangenen operationellen Risikos bereits auch von Finanzmarktteilnehmern bezweifelt wird, würden Industrieunternehmen durch diese Methode besonders empfindlich getroffen. Zwar können Institute auf der Grundlage eigener Modelle adäquatere Verfahren einsetzen, dies jedoch erst nach Genehmigung durch die Aufsicht, was mit erhöhtem administrativem Aufwand verbunden ist.

Extrem kapitalbeanspruchend sind ferner die Kreditrisiken. Solche er- 79
geben sich aus in die Zukunft laufenden Verträgen (derivatives Adressrisiko bestehend aus positivem Marktwert und Risikoerhöhungszuschlag) und aus Vorleistungen durch physische Kontrakterfüllung. Die Abrechnung der Stromlieferungen eines Monats erfolgt in aller Regel erst am 20. Tag des Folgemonats. Die Stromhändler müssten hier gemäß den Regelungen für das Vorleistungsrisiko in Art. 379 CRR erhebliche Mittel aufbringen, um ihre Forderungen aus Stromverkäufen zu unterlegen. In diesem Zusammenhang sind auch Überschreitungen der Großkreditobergrenzen im Stromhandel die Regel, sei es gegenüber Handelspartnern, Kunden oder dem eigenen Konzern, für den zu Marktkonditionen Geschäfte getätigt oder mit dem Absicherungsgeschäfte geschlossen werden. Abgesehen davon, dass Institute im Prinzip die Einhaltung der Obergrenzen sicherzustellen hätten, was praktisch nicht zu leisten ist,

---

[137] Für nicht lagerfähige Produkte hatte die BaFin schon die Maßgeblichkeit der *Forward Curves* zugelassen. CEBS hat diese Änderung im Advice v. 15.10.2008 (FN 132), Rdnr. 246, aufgegriffen.

[138] Dazu vgl. *Spanier*, § 11 in diesem Band, Rdnr. 46 f.

müssten Überschreitungsbeträge bei Handelsbuchgeschäften noch mit zusätzlichen Eigenmitteln unterlegt werden.

80 Die Problematik der hohen **Exposure-Werte** wird auch wieder verschärft durch eine Reihe von Unzulänglichkeiten der bankaufsichtlichen Methoden, die zu einer Überschätzung der tatsächlich bestehenden Risiken führen. So sieht die Marktbewertungsmethode für das adressbezogene derivative Geschäftsrisiko nach Art. 274 CRR eine Minimumanrechnung i. H. d. Risikoerhöhungszuschlags vor, was bei **Out-of-the-money**-Kontrakten zu wenig überzeugenden Ergebnissen führt. Die Alternativmethode IMM (Interne Modelle Methode) ist diesbezüglich risikosensitiver. Sie hat ihre Schwachstellen aber bei der Abbildung spezieller energietypischer Marktpreismuster (Saisonalitäten, Volatilitätszunahme bei geringeren Restlaufzeiten, Verhältnis **base** und **peak**). Regulatorische Vorgaben (alpha-Faktor, Maßgeblichkeit von Maximalwerten im Zeitablauf) stellen hier die Vorsicht über die Treffgenauigkeit der Bewertung. Außerdem sind die qualitativen Anforderungen, um die Methoden von den Aufsichtsbehörden abgenommen zu bekommen, für etliche Firmen unüberwindlich hoch. Diese Hürden stehen faktisch auch institutsinternen Schätzungen von Ausfallwahrscheinlichkeiten von Krediten nach einem auf internen Ratings basierten Ansatz entgegen, mit dem man zu geringeren Gewichtungssätzen kommen könnte. Ein IRBA[139] wäre auch die einzige Methode, nach der die im Stromhandel verbreiteten Garantien von Muttergesellschaften oder Bürgschaften als Sicherheiten effektiv unterlegungsmindernd anerkannt werden könnten.

81 Ebenfalls nicht honoriert werden – nicht einmal mit einem Abschlag zur Berücksichtigung von rudimentären Rechtsrisiken – die geläufigen Nettingklauseln,[140] insoweit diese in **Trigger Events** eine Aufrechnung von Forderungen bzw. Verbindlichkeiten aus Lieferung und Leistung mit dem Marktwert schwebender Geschäfte zulassen.[141] Diese Unbeachtlichkeit des Vertragsrechts soll anscheinend sogar dann gelten, wenn alle Ansprüche aus dem gleichen Einzelvertrag resultieren. Auch diesbezüglich sind an der Angemessenheit der Risikomessung Zweifel anzumelden.

82 Doch selbst wenn der europäische Richtliniengeber alle methodischen Schwächen beseitigen würde,[142] käme er nicht an der Tatsache vorbei, dass im Stromhandel nominell höhere Risiken eingegangen werden, was

---

[139] Vgl. dazu *Spanier*, § 11 in diesem Band, Rdnr. 36.

[140] Vgl. dazu *Pilgram/Dessau*, § 18 in diesem Band.

[141] Vgl. zum produktübergreifenden Netting Art. 295 CRR.

[142] Dieses bleibt gleichwohl im Interesse aller Marktteilnehmer wünschenswert. Die CRR 2 verbessert zwar die Risikosensitivität der Methoden; löst die Probleme voraussichtlich aber nicht; vgl. z. B. die überzogen konservativen Annahmen zu Korrelationen einzelner Waren in Art. 324au CRR 2-E.

aber nicht mit einem tatsächlich höheren Ausfallrisiko gleichgesetzt werden kann. Warenkredite sind immer schon zu anderen Konditionen vergeben worden als Geldkredite. An diesem realwirtschaftlichen Marktumfeld, dem sich die Energiefinanzdienstleister unausweichlich zu stellen haben, weil ihre Angebote zum großen Teil durch erlaubnisfreie Energiedienstleistungen bzw. -lieferungen substituierbar sind, kann die Finanzaufsicht nicht das Geringste ändern. Und wenn sie es – hypothetisch betrachtet – könnte, wäre ein Bemühen um höhere „Erfüllungssicherheit" wohl mit erheblich höheren Energiepreisen, damit einer Bremsung der Wirtschaft und einer Verdrängung der kleineren Marktteilnehmer, also mit negativen Konsequenzen für die Marktliberalisierung, verbunden.

Die empirischen Erfahrungen der lizenzierten deutschen Energiefi- 83
nanzdienstleister belegen, dass Energiehandel unter Vollanwendung des quantitativen Solvenzrechts nicht betrieben werden kann. Eigenkapitalgeber erwarten eine marktübliche Verzinsung der durch sie bereitgestellten Mittel. Diese Renditen sind bei der derzeitigen Wettbewerbssituation aber durch die Geschäfte nicht zu verdienen. Würde das Kapital in Form von anderweitigen Betriebsmitteln für bankgeschäftsfremde Aktivitäten eingebracht, würden nur zusätzliche Probleme geschaffen. Bedenkt man, dass der Energiehandel kein systemisches Risiko für den Finanzmarkt birgt – bestenfalls könnte man dies realwirtschaftlich betrachtet von der Stromerzeugung behaupten – so wäre eine Vollanwendung des Eigenkapitalregimes für Banken absolut unverhältnismäßig. Es ist zu hoffen, dass das Thema politisch endgültig von der Tagesordnung gestrichen wird.

C. Bedeutung der EMIR für den Energiederivatehandel

Für den Handel mit Energiederivaten ist neben den Regeln der in KWG 84
und WpHG umgesetzten MiFID insbesondere noch die European Market Infrastructure Regulation (EMIR) relevant. Der Anwendungsbereich dieser europäischen Verordnung umfasst sämtliche Arten von OTC-Finanzderivaten – zu deren Definition verweist sie auf den Anhang der MiFID nebst Art. 38, 39 der erwähnten MiFID-KomV.[143] Dadurch werden teilweise auch Handelsteilnehmer außerhalb der Finanzbranche betroffen.

Wenngleich dem außerbörslichen Derivatemarkt nicht der Vorwurf 85
gemacht wurde, Auslöser der globalen Finanzmarktkrise gewesen zu sein, geriet er sehr schnell in den Hauptfokus internationaler Regulierungsbestrebungen. Zwei Argumente wurden immer wieder zur Erhär-

[143] Zu den zukünftig geltenden Regelungen vgl. vorstehende Kapitel.

tung des Verdachts ins Feld geführt, der außerbörsliche Derivatemarkt trage jedenfalls zur Krisenanfälligkeit des Finanzsystems bei: Zum einen führe das in den Verträgen liegende Kontrahentenausfallrisiko zu einer Vernetzung der Marktakteure, was die Gefahr eines Dominoeffekts bei Umfallen eines derselben befördere. Zum anderen vereitle die Intransparenz der Vertragsschlüsse einen Überblick des Marktes und staatlicher Behörden darüber, wo welche Risiken lägen. Zunächst war der Blick der Aufseher konzentriert auf den Handel in Credit Default Swaps. In der Folge wurde dann indes eine für alle Produktklassen geltende Regelung ins Auge gefasst. Auf dem G-20-Gipfel 2009 in Pittsburgh verständigten sich die Staatschefs auf eine Abschlusserklärung,[144] in welcher es hieß: „All standardized OTC derivative contracts should be traded on exchanges or electronic trading platforms, where appropriate, and cleared through central counterparties by end-2012 at the latest. OTC derivative contracts should be reported to trade repositories. Non-centrally cleared contracts should be subject to higher capital requirements."

86 Die Ausrichtung der nach mehrjährigem Gesetzgebungsprozess 2012 erlassenen Verordnung[145] spiegelt die eingangs benannten Stoßrichtungen wider. Zum einen sollen standardisierte Derivatekontrakte dem Zwang zu einer Abwicklung über eine zentrale Vertragspartei (Clearinghaus) unterworfen werden, zum anderen sollen derartige Geschäfte an ein zentrales Transaktionsregister gemeldet werden müssen, damit die gesammelten Daten von dort aus dem Markt und den Aufsichtsbehörden zur Verfügung gestellt werden können. Die geplante Verordnung enthält daher auch in wesentlichem Umfang Anforderungen an die Ausübung der Tätigkeit dieser beiden bislang nicht einheitlich regulierten Institutionen, Clearinghäuser und Transaktionsregister. In Teilbereichen erstreckt sich der Anwendungsbereich über den OTC Handel hinaus auch auf börsliche Derivate; eine Vollendung des Auftrags aus Pittsburgh wurde jedoch erst durch die spätere MiFIR (Art. 28 f.) erreicht.[146]

87 Was den personellen Anwendungsbereich anbelangt, ist das wohlklingende Akronym also missverständlich. Es sind nicht nur die Marktinfrastrukturanbieter als solche angesprochen, sondern grundsätzlich auch alle Gegenparteien eines (OTC-)Derivats, seien dies Marktteilnehmer

[144] Leaders' Statement the Pittsburgh Summit, September 24 – 25 2009, S. 9, abrufbar unter https://www.bundesregierung.de/Content/DE/StatischeSeiten/Breg/G7G20/Anlagen/G20-erklaerung-pittsburgh-2009-en.pdf?__blob=publicationFile&v=3, Stand Abruf: April 2017.

[145] Verordnung (EU) Nr. 648/2012 des Europäischen Parlaments und des Rates v. 4.7.2012 über OTC-Derivate, zentrale Gegenparteien und Transaktionsregister, ABl. EU Nr. L 201, v. 27.7.2012.

[146] Vgl. oben Rdnr. 68.

aus der Finanzbranche oder normale Industrieunternehmen. Hierbei ergibt sich jedoch ein differenzierendes Pflichtenheft.

Die prominenteste Rechtsfolge für Gegenparteien ist die **Clearingpflicht**. Sie betrifft nicht nur Marktteilnehmer, die ohnehin unter Finanzmarktaufsicht stehen, sondern auch eine bestimmte Gruppe nichtfinanzieller Gegenparteien, deren Handelstätigkeit in OTC-Kontrakten definierte Schwellenwerte als gleitenden Durchschnitt über einen Zeitraum von 30 Tagen überschreiten.[147] Die Einzelheiten sind als RTS per delegierter Verordnung (EU) Nr. 149/2013[148] festgelegt worden. So verortet Art. 11 RTS 149/2013 für Warenderivate die Schwelle bei 3 Mrd. EUR. Die EMIR selbst enthält in diesem Zusammenhang bereits die Aussage, dass Derivate, die Geschäftsrisiken (einschließlich derer aus der Geldanlage) objektiv messbar reduzieren, nicht gezählt werden sollen (Art. 10 III EMIR). 88

Art. 10 RTS 149/2013 wurde insoweit kaum konkreter. Sachgerecht erscheint, dass nicht ausschließlich auf die Rechnungslegung abgestellt wird. Vielmehr sind auch instrumentenübergreifende **Sicherungszusammenhänge** anzuerkennen (Bsp. Wetterderivate), bzw. solche zwischen physischen und finanziellen Produkten. Andererseits kann der Umstand, dass ein Handelsteilnehmer aufgrund natürlicher physischer Risikopositionen überhaupt sinnvollerweise Sicherungsgeschäfte oder Portfoliooptimierungsgeschäfte abschließt, kein Freifahrtschein für jedwede Handelsaktivität sein. Konzeptionelle Schwierigkeiten beinhaltet der Ansatz insofern, als innerhalb eines aus Physik und Finanz bestehenden Gesamtportfolios dessen einzelnen Teilen ein absichernder oder spekulativer Charakter zugeschrieben werden soll: Ein zu einem finanziellen Hedge „berechtigender" physischer Umstand könnte nachträglich aber wieder wegfallen. Auch gibt es keine allgemeingültige Methode, physische Bedarfserwartungen mit Blick auf Mengenrisiken objektiv zu verifizieren. Damit fehlen regulatorische Vorgaben, bis zu welcher Größenordnung Preisrisiken im Vorfeld abgesichert werden können. Ein temporäres marktopportunistisches „Überbesichern" einer Position ist also kaum objektiv als solches feststellbar. Es ist daher den Unternehmen anzuraten, die Kriterien für sich selbst zu operationalisieren, indem Strategien für den Einsatz von Derivaten in der Portfoliobewirtschaftung 89

---

[147] Dies löst eine Meldepflicht an die BaFin und ESMA aus.

[148] Delegierte Verordnung (EU) Nr. 149/2013 der Kommission v. 19.12.2012 zur Ergänzung der Verordnung (EU) Nr. 648/2012 des Europäischen Parlaments und des Rates im Hinblick auf technische Regulierungsstandards für indirekte Clearingvereinbarungen, die Clearingpflicht, das öffentliche Register, den Zugang zu einem Handelsplatz, nichtfinanzielle Gegenparteien und Risikominderungstechniken für nicht durch eine CCP geclearte OTC-Derivatekontrakte (RTS 149/2013), ABl. EU Nr. L 52, v. 23.2.2013, S. 11 ff.

aufgestellt und Limite für entsprechende offene Positionen vergeben werden.

90 Die EMIR ist mit Blick auf die „Großhandelsebene“ konzipiert worden, betrifft aber auch kleinere Finanzdienstleister, welche die Orders beim Endkunden entgegennehmen und gegen größere Banken ausführen. Das Derivategeschäft ist häufig durch Kettenstrukturen geprägt. Mit Blick darauf kann die Clearingpflicht gem. Art. 4 III EMIR auch dadurch erfüllt werden, dass nur ein Unternehmen Clearingmitglied einer europäischen zentralen Vertragspartei ist und den Geschäftspartner als „Kunden“ führt. In diesem Fall trifft Art. 39 EMIR selbst Aussagen über notwendige Vorkehrungen des Clearinghauses zum Schutze des Kunden gegen Ausfall seines Clearingmitglieds. Darüber hinaus reicht nach Art. 4 III EMIR zur Erfüllung der Clearingpflicht auch das indirekte Kontrahieren mit einem Clearingmitglied.[149]

91 Die Clearingpflicht trifft die genannten Adressaten allerdings nur bei Kontrakten mit selbst clearingpflichtigen Gegenparteien und nur in Bezug auf **clearingpflichtige Kontrakte**. Welche standardisierten Derivatekontrakte im Einzelnen clearingpflichtig sind, muss die Europäische Kommission nach Vorarbeit von ESMA jeweils in technischen Standards festlegen (Art. 5 II EMIR). Die Schwierigkeiten hierbei liegen in der Balance zwischen Umgehungsmöglichkeiten vermeidender Allgemeinheit der Regelung – Art. 5 und 2 I Nr. 6 EMIR sprechen von Derivatekategorien – und der Anknüpfung an das konkret vorliegende begrenzte Angebot seitens der OTC-Clearinghäuser. Die vorliegenden delegierten Verordnungen (EU) Nr. 2015/2205,[150] 2016/592[151] und 2016/1178[152] haben sich bislang auf Zinsderivate und sog. Credit Default Swaps beschränkt. Eine Berücksichtigung von Warenderivaten wird aktuell noch nicht verfolgt. Die ECC hat laut öffentlicher Autorisierungsliste von ESMA[153] die grundsätzliche Erlaubnis als OTC-Clearinghaus, gleichwohl

---

[149] Näheres in Art. 2 RTS 149/2013.

[150] Delegierte Verordnung (EU) 2015/2205 der Kommission v. 6.8.2015 zur Ergänzung der Verordnung (EU) Nr. 648/2012 des Europäischen Parlaments und des Rates durch technische Regulierungsstandards für die Clearingpflicht, Abl. EU Nr. L 314, v. 1.12.2015, S. 13 ff.

[151] Delegierte Verordnung (EU) 2016/592 der Kommission v. 1.3.2016 zur Ergänzung der Verordnung (EU) Nr. 648/2012 des Europäischen Parlaments und des Rates durch technische Regulierungsstandards für die Clearingpflicht, Abl. EU Nr. L 103, v. 19.4.2016, S. 5 ff.

[152] Delegierte Verordnung (EU) 2016/1178 der Kommission v. 10.6.2016 zur Ergänzung der Verordnung (EU) Nr. 648/2012 des Europäischen Parlaments und des Rates durch technische Regulierungsstandards für die Clearingpflicht, Abl. EU Nr. L 195, v. 20.7.2016, S. 3 ff.

[153] ESMA, List of Central Counterparties authorised to offer services and activities in the Union, 19.9.20161, abrufbar unter https://www.esma.europa.eu/sites/default/files/library/ccps_authorised_under_emir.pdf, Stand Abruf: April 2017.

finden sich ihre Produkte nicht in der Notifizierungsliste,[154] da die Kontrakte formell börslichen Charakter haben. Wenngleich bei Einführung der EMIR vieldiskutiert, hat die Clearingpflicht auf dem Energiemarkt keinerlei Bedeutung erlangt. Dies bestätigt nur die Überflüssigkeit des Konzepts für die Warenmärkte insgesamt.

Allerdings sind noch weitere Rechtsfolgen zu beachten. Die Verordnung schreibt für den Handel in nicht CCP-geclearten außerbörslichen Derivaten Vorkehrungen für das **Risikomanagement** vor (Art. 11 I EMIR), u. a. den Versand zeitnaher Handelsbestätigungen, die Einrichtung von Schiedsverfahren, Portfolioabgleich, Portfoliokomprimierung und die Nachverfolgung der Wertentwicklung der Kontrakte durch die Unternehmen.[155] Diese Vorschrift hat einen umfassenden Geltungsanspruch und betrifft gem. Art. 2 Nr. 9 EMIR jedes Unternehmen in der Europäischen Union beim Abschluss jedes[156] noch so unbedeutenden Derivatekontrakts (einschließlich Hedging-Aktivitäten). In diesem Zusammenhang ist die Qualität eines nichtfinanziellen Unternehmens als persönlich nicht clearingpflichtig allerdings insoweit relevant, als teilweise ermäßigte Anforderungen gelten. Zur Überprüfung der Einhaltung der EMIR-Regeln sind allerdings nur bei größeren Unternehmen mit einem Mindestgeschäftsumfang an Derivaten Wirtschaftsprüfertestate erforderlich (§ 20 WpHG).[157] 92

Finanzbranchenfremde Handelsteilnehmer, welche die relevanten Schwellenwerte für die Clearingpflicht überschreiten, sind – wie die Finanzmarktakteure – zur taggleichen Bewertung des Derivateportfolios verpflichtet, ferner zur zeitnahen und akkuraten Stellung und Anforderung von **Sicherheiten** für nicht clearingpflichtige Kontrakte bzw. zur gesonderten (segregierten) Aufbewahrung erhaltener Sicherheiten. Die entsprechenden Einzelheiten sind im Wege einer delegierten Verordnung (EU) Nr. 2016/2251[158] vom 4.10.2016 geregelt worden. Insbesondere 93

---

[154] EMSA, Public Register for the Clearing Obligation under EMIR, 8.2.2017, abrufbar unter https://www.esma.europa.eu/sites/default/files/library/public_register_for_the_clearing_obligation_under_emir.pdf, Stand Abruf: April 2017.

[155] Einzelheiten in Art. 12 ff. RTS 149/2013.

[156] Unter bestimmten Voraussetzungen (bei grenzüberschreitenden Sachverhalten unter dem Genehmigungsvorbehalt der BaFin) jedoch nicht für gruppeninterne Geschäfte.

[157] Einzelheiten in Gegenpartei-Prüfbescheinigungsverordnung (GPrüfbV) v. 19.3. 2014 (BGBl. I S. 266).

[158] Delegierte Verordnung (EU) 2016/2251 der Kommission v. 4.10.2016 zur Ergänzung der Verordnung (EU) Nr. 648/2012 des Europäischen Parlaments und des Rates über OTC-Derivate, zentrale Gegenparteien und Transaktionsregister durch technische Regulierungsstandards zu Risikominderungstechniken für nicht durch eine zentrale Gegenpartei geclearte OTC-Derivatekontrakte, Abl. EU Nr. L 340, v. 15.12.2016, S. 9 ff.

werden darin die Maßstäbe für den rechtzeitigen, angemessenen und unter angemessener Abgrenzung von den eigenen Vermögenswerten erfolgenden Austausch von Sicherheiten vorgegeben. Darin ist auch klargestellt (Art. 24 VO 2016/2251), dass in Geschäften mit nicht clearingpflichtigen Gegenparteien kein Sicherheitenaustausch vorgeschrieben ist. Daraus sollte richtigerweise auch folgen, dass gleichwohl erhaltene Sicherheiten von solchen Parteien entgegen Art. 20 RTS 149/2013 weitergegeben dürfen.[159] Wenn der aggregierte durchschnittliche Nominalbetrag nicht zentral geclearter OTC-Derivate jeder Gegenpartei bzw. der Gruppen, der diese Gegenparteien angehören, bei oder unter 8 Mrd. EUR liegt, finden die Vorschriften über den pflichtweisen Austausch von Ersteinschüssen (Initial Margins) dauerhaft keine Anwendung.[160] Im Übrigen ist auch die Vereinbarung eines Mindesttransferbetrags bis zu 500.000 EUR zulässig.

94 Definitorisch versteht Art. 2 Nr. 7 VO (EU) Nr. 648/2012[161] unter einem OTC-Derivat einen Kontrakt i. S. d. MiFID bzw. MiFID-KomV, der nicht an einem regulierten Markt i. S. d. MiFID geschlossen wurde.[162] Damit verbleiben also im Wesentlichen – neben bar ausgeglichenen Produkten – der Handel an MHS (oder ggf. OHS) im Anwendungsbereich. Da mit Blick auf die erwähnte Zirkelschlussproblematik die MiFID-Charakterisierung eines Handelsplatzes extern nicht sicher zu erschließen ist, muss man sich als Teilnehmer auf die Richtigkeit der „MiFID-Database" der ESMA verlassen können. Der klassische Energie-OTC-Markt liegt also praktisch außerhalb des Anwendungsbereichs der EMIR.

95 Die Vertragsparteien eines Derivats – einschließlich aller finanzbranchenfremder Händler, auch solcher, die nicht der Clearingpflicht unterliegen – haben das Geschäft bzw. dessen Veränderung oder Beendigung an ein **Transaktionsregister** zu **melden** (Art. 9 I EMIR) und Auf-

---

[159] Dies entspräche nicht nur den Regelungen in § 670 BGB und § 396 HGB, sondern im Bereich von Clearingvereinbarungen gesetzgeberischer Intention.

[160] Art. 36 RTS 2016/2251. Besonderheiten gelten bei gruppeninternen Geschäften mit Drittstaatenbezug. Unbeschadet bleibt die Pflicht zum regelmäßigen Gewinn- und Verlustausgleich (Variation Margin).

[161] Verordnung (EU) Nr. 648/2012 des Europäischen Parlaments und des Rates v. 4.7.2012 über OTC-Derivate, zentrale Gegenparteien und Transaktionsregister, Abl. EU Nr. L 201, v. 27.7.2012, S. 1 ff.

[162] *ESMA*, Questions and Answers – Implementation of the Regulation (EU) No 648/2012 on OTC derivatives, central counterparties and trade repositories (EMIR), ESMA70-1861941480-52, 3.4.2017, abrufbar unter https://www.esma.europa.eu/sites/default/files/library/esma70-1861941480-52_qa_on_emir_implementation.pdf, Stand Abruf: April 2017. Die ESMA Q&A, OTC Question 1, stellen klar, dass die Parallelität der Kontraktspezifika zu denen eines Börsenprodukts für sich genommen die Definition eines OTC-Derivats nicht erfüllt.

zeichnungen über das Geschäft bis fünf Jahre nach Laufzeitende aufzubewahren. Dies betrifft auch den Abschluss von börslichen wie auch von nicht standardisierten Derivaten.[163] Soweit es um Energiegroßhandelsprodukte geht, ersetzen die Meldungen gem. EMIR diejenigen an ACER (Art. 8 IV lit. f REMIT).

Nach der MiFID II werden in Bezug auf die Schwellenanrechnung, aber auch in Bezug auf die Clearingpflicht und Pflicht zur bilateralen Besicherung durch nichtfinanzielle Gegenparteien **C.6 Energiederivatkontrakte**[164] übergangsweise ausgespart. Anderenfalls wäre – vor dem Hintergrund des erwähnten Zirkelschlusses[165] – die Lizenz als OHS für entsprechende Handelsplätze unattraktiv gewesen. 96

Der Ansatz, mit Clearing- und Besicherungspflichten politische Kreditverbote auszusprechen, anstelle auf die angemessene Steuerung von Kontrahentenrisiken durch die Marktakteure selbst zu setzen, ist schon bezogen auf den klassischen Finanzmarkt umstritten, insbesondere mit Blick darauf, dass die Risiken letztlich im Finanzsystem verbleiben, vielmehr nur an anderer Stelle konzentriert werden. Welchen Sinn speziell die Einbeziehung von finanziellen Energiederivaten in die Verordnung unter Systemschutzargumenten haben soll, ist umso weniger begreiflich. Schon für die Finanzwirtschaft hat der Warenderivatehandel eine zu untergeordnete Bedeutung, um systemisch zu sein. Noch unverständlicher ist die teilweise Verhaftung realwirtschaftlicher Unternehmen. Diese haben keine den Banken vergleichbare Vernetzung. Natürlich gibt es auch in der Realwirtschaft Ansteckungsgefahren. Diese sind allerdings nicht systemisch. Im Übrigen spielt insofern der finanzielle Derivatehandel insoweit auch keine wahrnehmbare, geschweige denn herausgehobene Rolle. 97

Die Europäische Kommission hat kürzlich Pläne zur Änderung der EMIR vorgestellt, mit denen kleinere Erleichterungen insbesondere bei der Clearing- und Meldepflicht eingefügt würden.[166] 98

---

[163] Vgl. dazu auch unten *Dessau/Fischer*, § 24 in diesem Band.

[164] Art. 95 MIFID II. Näher bestimmt die Produkte Art. 6 VO (EU) Nr. 2017/565.

[165] Vgl. Rdnr. 10.

[166] Proposal for a Regulation of the European Parliament and of the Coucil amending Regulation (EU) No 648/2012 as regards the clearing obligation, the suspension of the clearing obligation, the reporting requirements, the risk-mitigation techniques for OTC derivatives contracts not cleared by a central counterparty, the registration and supervision of trade repositories and the requirements for trade repositories, COM(2017)208, abrufbar unter https://ec.europa.eu/info/law/better-regulation/initiatives/com-2017-208_en, Stand Abruf: April 2017.

D. Schlussbemerkung

99 Auch nach fast 15 Jahren finanzieller Energiemarktregulierung in Europa ist ein stabiles Gesamtkonzept noch nicht gefunden. Mit einer unmittelbar einsichtigen Logik zur Bestimmung des Kreises aufsichtspflichtiger Handelsteilnehmer wartet die MiFID II nicht auf. Die Erkenntnis, dass das Eigenkapitalregime eine unangemessene Rechtsfolge ist, hat noch immer keinen endgültigen Einzug in Regelungstexte erhalten, obwohl diese Fakten bereits für Aufsichtsbehörden erschließbar waren.[167] Anstelle diese Blockadesituation durch Besinnung auf angemessene Regulierungsinhalte[168] zu beseitigen, entwickelt die Regulatorik eine Anzahl von Pflichten mit einem von den eigentlichen Aufsichtsvorschriften unabhängigen Adressatenkreis, dem sich auch Energiehändler stellen müssen.

100 Auf Seiten der Standardsetzer entwickelte sich das Marktverständnis leider nicht weiter. Konzeptionelle Fortschritte wurden bei der durch Zusammenarbeit mit Energieregulatoren geschärften Marktaufsichtsvorschriften erzielt, mag man ob der eingesetzten Instrumente auch geteilter Meinung sein. Dagegen ist der immer wieder verfolgte Ansatz, zum Zwecke der Stabilisierung des Finanzsystems Warenmarktakteure bei der Nutzung von Finanzinstrumenten zu maßregeln oder ihnen hohen Begründungsaufwand für die Nichteinhaltung abzuverlangen, im Ansatz unzweckmäßig.[169] Die ökonomische Situation der einzelnen Energiemarktteilnehmer, also auch der Branche als solchen wird auf der Grundlage des Schwerpunkts ihrer Portfolien durch die Situation auf dem physischen Energiemarkt geprägt sein, unabhängig von der zwangsweisen Verpflichtung auf Vorsichtsprinzipien beim Handel an der ohnehin schon selbst regulierten EEX.

101 Der liquide Energiehandel braucht effiziente Märkte und damit per Definition Finanzinstrumente. Da viele der auf Finanzinstrumente – Derivate oder Emissionszertifikate – bezogenen Dienstleistungen nur mit der Erlaubnis der BaFin angeboten werden können, schien das Geschäft ein originär den bereits Lizenzen innehabenden Banken zuwachsendes

---

[167] Bereits vor zehn Jahren hat die BaFin erkannt, dass sich eine undifferenzierte Anwendung der für Einlagenkreditinstitute geltenden Regelungen auf Energiehändler bzw. Energiedienstleister verbietet. Vgl. hierzu noch *Puderbach/Zenke*, in: Zenke/Ellwanger, Handel mit Energiederivaten, S. 143 ff., zu ähnlichen Einschätzung gelangte die Mehrzahl der gemeinsamen Arbeitsgruppe von CESR und CEBS.

[168] Die Sinnhaftigkeit organisatorischer Standards ist unbestritten, die MARisk haben Branchenstandards geprägt; die Gewährleistung von Schutz für Dienstleistungskunden würde ebenfalls Akzeptanz finden.

[169] Man stelle sich vor, auf den Wertpapiermärkten wäre nur der Derivatehandel, nicht aber derjenige mit Wertpapieren selbst reguliert.

zu sein. Diese zogen sich jedoch wieder weitgehend aus dem Markt zurück. Damit besteht eine Angebotslücke für die Versorgung von Unternehmen mit spezieller Expertise für Handel und Beschaffung. Die Zahl der sich diesbezüglich als Wertpapierfirmen betätigenden Energieunternehmen ist jedoch gering geblieben. Vielerorts bestünde die Bereitschaft, sich auf ein Mehr an Aufsicht einzurichten; in Sorge ist die Branche aber über das „Wie" der Bankenaufsicht. Entscheidend wäre, dass die Anforderungen an das Erlangen der Erlaubnis tragbar sind und die Pflichten im Rahmen der laufenden Aufsicht handhabbar bleiben.

Brüssel bleibt aufgerufen, die adäquate Behandlung der Branche si- **102**
cherzustellen, sei es durch Festhalten an weiten Ausnahmen, sei es durch Augenmaß bei der Setzung von Vorschriften, insbesondere bei der Eigenkapitalausstattung und bei der Risikosteuerung.

§ 11 Eigenmittelunterlegungserfordernisse

A. Einleitung

1 Die Nutzung einer Erlaubnis gem. § 32 KWG[1] erfordert die Einhaltung von **Eigenkapitalvorschriften**. Die konkreten Vorschriften zur Ermittlung der Anrechnungsbeträge sind in der Solvabilitätsverordnung (**SolvV**)[2] und der Großkredit- und Millionenkreditverordnung (**GroMiKV**)[3] festgelegt.

2 In der **SolvV** sind Eigenkapitalvorschriften zur **Abdeckung von Marktrisiken, Adressausfallrisiken und operationellen Risiken** aufgeführt. Diese basieren auf den Baseler Eigenkapitalvorschriften (**Basel II**),[4]welche in Form der Capital Requirements Directive (**CRD**)[5] in eine europäische Richtlinie übernommen wurden. Die **GroMiKV** ist eine ergänzende Verordnung zum KWG und legt fest, wie Kredite bei den Großkreditanzeigen zu berechnen sind. Umfassende allgemeine Regelungen zur Behandlung von Großkrediten sind jedoch im KWG aufgeführt.

3 Das KWG sah für lizenzierte Energiehandelsunternehmen gem. § 64h VI und VII KWG längstens bis zum 31.12.2014 Ausnahmevorschriften hinsichtlich der Anwendung von Regelungen der SolvV und GroMiKV vor, um bis dahin für den Energiehandel notwendige Spezialregelungen in das Gesetz aufnehmen zu können.

---

[1] Gesetz über das Kreditwesen (Kreditwesengesetz – KWG) v. 9.9.1998, BGBl. I S. 2776, zuletzt geändert durch Gesetz v. 23.12.2016, BGBl. I S. 3171.

[2] Verordnung über die angemessene Eigenmittelausstattung von Instituten, Institutsgruppen und Finanzholding-Gruppen (Solvabilitätsverordnung – SolvV) v. 6.12.2016, BGBl. I S. 4168, zuletzt geändert durch Gesetz v. 12.9.2016, BGBl. I S. 2146.

[3] Verordnung über die Erfassung, Bemessung, Gewichtung und Anzeige von Krediten im Bereich der Großkredit und Millionenkreditvorschriften des Kreditwesengesetzes (Großkredit- und Millionenkreditverordnung – GroMiKV) v. 6.12.2013, BGBl. I S. 4183, zuletzt geändert durch Gesetz v. 23.12.2016, BGBl. I S. 3177.

[4] Internationale Konvergenz der Eigenkapitalmessung und der Eigenkapitalanforderungen (Basel II), abrufbar unter http://www.bis.org/publ/bcbs128.pdf; ebenso abrufbar Basel III: http://www.bis.org (Link: > Committees & associations > Basel Committee on Banking Supervision > Basel III), Stand Abruf: April 2017.

[5] Richtlinie 2006/48/EG des Europäischen Parlaments und des Rates v. 14.6.2006 über die Aufnahme und Ausübung der Tätigkeit der Kreditinstitute (Capital Requirement Directive – CRD), ABl. EU Nr. L 171, v. 30.6.2006, S. 1 ff. i. d. F. v. 9.3.2010, ABl. EU Nr. L 60, v. 16.3.2016, S. 15.

Im Folgenden werden die Regelungen der SolvV und Regelungen des KWG und der GroMiKV zur Behandlung von Großkrediten dargestellt und insbesondere vor dem Hintergrund, dass bestimmte Ausnahmevorschriften wegfallen könnten, hinsichtlich ihrer Angemessenheit bewertet. 4

B. Solvabilitätsverordnung

Gemäß der **Befreiungsvorschrift** des § 2 VIIIa KWG gelten die Anforde- 5
rungen der SolvV, längstens bis zum 31.12.2014, nicht für Institute, deren Haupttätigkeit ausschließlich im Betreiben von Bankgeschäften oder der Erbringung von Finanzdienstleistungen im Zusammenhang mit Derivaten nach § 1 XI 4 Nr. 2, 3 und 5 KWG besteht (u. a. Termingeschäfte mit Bezug auf Waren, Frachtsätze, Emissionsberechtigungen, Klimavariablen).

Sollte die Befreiungsvorschrift ersatzlos gestrichen werden, so müssen 6
Energiehändler ihre Adressausfallrisiken, ihr operationelles Risiko sowie ihre Marktrisiken quantifizieren und mit **Eigenmitteln unterlegen.**[6]

Die Capital Requirement Regulation (CRR)[7] löst die frühere – bis 7
zum 31.12.2013 geltende – SolvV über die angemessene Eigenmittelausstattung von Instituten, Institutsgruppen und Finanzholding-Gruppen ab. Die CRR regelt somit nicht nur, welche Eigenmittel aufsichtsrechtlich anerkannt werden, sondern auch, in welcher Höhe Eigenmittel zur Risikoabdeckung mindestens vorhanden sein müssen. Die Verordnung bestimmt dazu in Teil 3 (Art. 107 bis 386) detailliert, wie die Mindesteigenmittelanforderungen für die einzelnen Risikoarten zu ermitteln sind, insbesondere Adressrisiken, Marktrisiken und das operationelle Risiko. Darüber hinaus enthält die CRR in Teil 8 (Art. 431 bis 455) auch Offenlegungsanforderungen an die Institute.

Die **Eigenmittel** eines Instituts ergeben sich aus hartem Kernkapital, 8
zusätzlichem Kernkapital und Ergänzungskapital. Institute müssen zu jedem Zeitpunkt folgende **Eigenmittelanforderungen** im Verhältnis zum Gesamtrisikobetrag erfüllen: Der Gesamtrisikobetrag berechnet sich als Summe verschiedener risikorelevanter Positionsbeträge, wie z. B. für Kredit- und Bonitätsveränderungsrisiken, Marktrisiken oder operationelle Risiken. Daneben gibt es auch spezielle Eigenmittelanforderungen für Großkredite, Fremdwährungs- und Warenpositionsrisiken oder

[6] Erläuterungen hierfür gemäß http://www.bundesbank.de.

[7] Verordnung (EU) Nr. 575/2013 des Europäischen Parlaments und des Rates vom 26.6.2013 über Aufsichtsanforderungen an Kreditinstitute und Wertpapierfirmen und zur Änderung der Verordnung (EU) Nr. 646/2012 (Capital Requirement Regulation – CRR), ABl. EU Nr. L 167, v. 27.6.2013, S. 1 ff.

Modellrisiken. Die Eigenmittelanforderungen verknüpfen so die begrenzt zur Verfügung stehenden Eigenmittel eines Institutes mit seinem Gesamtrisikobetrag und limitieren damit, wie viel Risiken das Unternehmen mit seinem aktuellen Kapitalgerüst aufnehmen darf.

9 Als weitere Vorsorge für das Auffangen unvorhergesehener Risiken führte das KWG ab Januar 2016 einen zusätzlichen **Kapitalerhaltungspuffer** aus hartem Kernkapital in Höhe von 2,5 % des Gesamtrisikobetrages ein („Capital Conservation Buffer"). Wird dieser Puffer in Anspruch genommen, unterliegt das Unternehmen einer entsprechenden Ausschüttungssperre für Gewinne, Dividenden oder Bonuszahlungen.

10 Darüber hinaus ist nach § 10d KWG ein aus hartem Kernkapital bestehender **antizyklischer Kapitalpuffer** („Countercyclical Capital Buffer") in Höhe von wiederum 2,5 % des Gesamtforderungsbetrags zu bilden. Er soll einerseits den systemweiten Aufbau von Kreditrisiken in der Aufschwungphase einschränken und andererseits im Abschwung eine ausreichende Kreditversorgung der Wirtschaft gewährleisten. Auch seine Inanspruchnahme führt zur Ausschüttungssperre.

11 Ferner kann durch die BaFin ein **Kapitalpuffer für systemische Risiken** festgelegt werden, der aber lediglich global (finanz-)systemrelevante Großbanken betreffen wird.

12 Die Anforderungen an eine **angemessene Eigenmittelausstattung** sind täglich zum Geschäftsschluss von den Instituten einzuhalten. Die Berechnung sowie die Meldung an die Bankenaufsicht haben die Institute in vierteljährlichem Turnus vorzunehmen.

I. Regelungen hinsichtlich Marktrisiken

13 Hinsichtlich der Eigenmittelunterlegung von Marktrisiken wird nach den einzelnen **Marktrisikokategorien** (Fremdwährungs-, Rohwarenpreis-, Zins- und Aktienpreisrisiken sowie den anderen Marktrisiken) unterschieden. Die Institute können zur Berechnung der Eigenmittelunterlegung ihrer Marktrisikopositionen von der Aufsicht vorgegebene Standardansätze oder alternativ – nach Eignungsprüfung und Zulassung durch die Aufsicht – institutseigene Marktrisikosteuerungsmodelle anwenden.

1. Zeitfächermethode für Commodities (Strom, Gas, Öl, Kohle etc.)

a) Beschreibung

14 Als **Standardansatz** zur Ermittlung und Anrechnung der Rohwaren- bzw. Commodity-Position dient das „**vereinfachte Verfahren**" und als Wahlmöglichkeit die sog. **Zeitfächermethode**. Die Rohwarenposition ist täglich bei Geschäftsschluss aus den mit den Kassamarktpreisen der Rohwaren bewerteten Kauf- und Verkaufspositionen getrennt für jede

Rohware festzustellen. Bei der Zeitfächermethode[8] sind die Kauf- und Verkaufspositionen in jeder einzelnen Rohware in ein Laufzeitraster („zeitlich gegliedertes Risiko-Erfassungssystem") einzustellen und in jedem der dortigen Zeitbänder die ausgeglichenen und die offenen Positionen zu ermitteln. Die ausgeglichenen Positionen pro Laufzeitband sind mit 3 % Kapital zu unterlegen. Die offenen Positionen eines jeden Laufzeitbandes dürfen, beginnend mit dem ersten kurzfristigen Laufzeitband, mit gegenläufigen offenen Positionen im jeweils nächstfolgenden Laufzeitband in Form eines „Rollierens" oder „Vortragens" („carry over") verrechnet werden. Führt das Vortragen zu einer ausgeglichenen Position im nächsten Laufzeitband, d. h. sind die beiden Positionen gegenläufig ausgerichtet, so erhält die entstehende ausgeglichene Position eine Kapitalunterlegung von 3 %. Der Gewichtungssatz für ausgeglichene Positionen beträgt 0 %, wenn die zugrunde liegenden Geschäfte den gleichen Fälligkeitstermin haben oder diese innerhalb des gleichen Zehntageszeitraums fällig sind und auf Märkten mit täglichen Lieferterminen gehandelt werden. Da die ausgeglichene Position durch ein „Vortragen" über Laufzeitbandgrenzen hinweg entstanden ist, kommt ein Zuschlag i. H. v. 0,6 % pro Laufzeitband hinzu, über das hinweg vorgetragen wurde. Die verbleibende offene Position wird weiter rolliert. Die im letzten Laufzeitband verbleibende offene Position erhält eine Kapitalanrechnung von 15 %.

Die **Zeitfächer** für Rohwarenpositionen sind nachfolgend aufgeführt: 15
- bis zu einem Monat;
- über einen Monat bis zu drei Monate;
- über drei Monate bis zu sechs Monate;
- über sechs Monate bis zu einem Jahr;
- über ein Jahr bis zu zwei Jahre;
- über zwei Jahre bis zu drei Jahre;
- über drei Jahre.

b) Kritikpunkte

Die Zeitfächermethode wurde Mitte der 1990er Jahre eingeführt, um 16 die damals geringen Risikoexposures von Banken in speicherbaren Rohwaren zu berücksichtigen. Für Commodities wie Strom und Gas war dieser Ansatz nicht vorgesehen. Daher gibt es natürlicherweise einige Kritikpunkte hinsichtlich der Angemessenheit dieses Verfahrens.

[8] BaKred (BaFin), Erläuterungen zur Bekanntmachung über die Änderung und Ergänzung der Grundsätze über das Eigenkapital und die Liquidität der Institute vom 20.7.2000, abrufbar unter http://www.bafin.de (Link: Rechte und Regeln > Aufsichtspraxis), Stand Abruf: April 2017.

aa) Verwendung der Kassamarktpreise zur Bewertung der Positionen

17 Die Zeitfächermethode sieht vor, dass sowohl bei Spot- als auch bei Forward-Positionen die Spotpreise (bzw. Kassamarktpreise) als Grundlage für die Ermittlung des Positionswertes verwendet werden. Für nicht oder kaum speicherbare Commodities wie Strom und Gas gibt es jedoch keine starke Verbindung zwischen Spot- und Forwardmärkten. Spotmärkte (day ahead) sind durch außerordentlich hohe Schwankungen gekennzeichnet, da diese auf die kurzfristige Angebots- und Nachfragesituation reagieren (Wettereinflüsse, Kraftwerksausfälle etc.), wohingegen Forward-Märkte durch eine moderate Schwankung geprägt sind. Wenn eine Future- oder Forward-Position, z. B. Cal14 Base mit Dayahead-Spotpreisen bewertet werden sollte, so entstünden signifikante Verwerfungen.

bb) Verwendung einer Kapitalanrechnung von 15 % für Positionen in unterschiedlichen Laufzeiten

18 In Strom- und Gasmärkten sind die Volatilitätsstrukturkurven steil abfallend, d. h. Schwankungen für kurzfristige Produkte (week ahead, month ahead) sind deutlich höher als jene für das nächste oder übernächste Kalenderjahr. Daher ist die 15- %-Anrechnung für Kurzfristprodukte im Verhältnis zu Langfristprodukten zu niedrig (und für Langfristprodukte im Verhältnis zu Kurzfristprodukten zu hoch).

cc) Festgelegte Annahmen hinsichtlich Korrelationen für Produkte mit unterschiedlichen Laufzeiten

19 Die Zeitfächermethode berücksichtigt durch die Verwendung festgelegter Anrechnungssätze für ausgeglichene Positionen (3 %) und über Laufzeitbandgrenzen vorgetragener Zuschläge (0,6 %) implizit festgelegte Korrelationen zwischen Produkten mit unterschiedlichen Laufzeiten. Für Strom und Gas sind die Korrelationen zwischen dem nächstfolgenden Monats- oder Quartalsprodukt im Verhältnis zum nächstfolgenden Jahresprodukt nicht allzu hoch, wohingegen die Korrelationen zwischen Jahresprodukten ausgesprochen hoch sind. Die implizit festgelegte Anrechnung zur Berücksichtigung von Korrelationen führt daher zu einer gewissen Verzerrung (Unter- bzw. Überschätzung) der Angemessenheit einer Kapitalunterlegung, je nach Konstellation der Kauf- und Verkaufspositionen über die Zeitfächer.

2. Verfahren für andere Marktrisikopositionen (Emissionen, Wetterderivate, Frachtsätze etc.)

20 Als **Standardansatz** zur Ermittlung und Anrechnung der Positionen in „anderen Marktrisikopositionen" sind Regelungen gem. § 312 SolvV vorgesehen.

a) Beschreibung

Das Verfahren sieht vor, dass separat für jeden Basiswert (z. B. CO_2-Zertifikat, CER) Kauf- und Verkaufspositionen hinsichtlich der kleinsten gemeinsamen Granularität verrechnet werden können. Die Bewertung erfolgt mit einem entsprechenden dazugehörigen Marktpreis. Zur Ermittlung des Marktwertes des aktuellen Marktrisikoportfolios ist die Summe der Absolutbeträge der jeweiligen Marktwerte für Kauf- und Verkaufspositionen vorgesehen. Der Anrechnungsbetrag für jedes Marktrisikoportfolio ergibt sich als Summe aus der mit dem Faktor 7,5 multiplizierten Standardabweichung der Marktwertänderungen dieses Portfolios über alle Handelstage des von der BaFin hierfür definierten Beobachtungszeitraums und der größten kumulierten Marktwertänderung für einen Handelstag im Beobachtungszeitraum. Der Gesamtanrechnungsbetrag für andere Marktrisikopositionen ist schließlich die Summe der Anrechnungsbeträge aller Basiswerte. 21

Zusätzlich zur Ermittlung des Anrechnungsbetrages wird für die „anderen Marktrisikopositionen" gefordert, ein handelstägliches Backtesting-Verfahren zu implementieren und im Falle von Ausreißern unverzüglich die BaFin und die Deutsche Bundesbank zu informieren. 22

b) Kritikpunkte am Verfahren

aa) Keine Berücksichtigung von Korrelationen

Dadurch, dass bei der Ermittlung des Marktwertes für das aktuelle Marktrisikoportfolio die Summierung der Absolutbeträge des jeweiligen Marktwertes von Kauf- und Verkaufspositionen vorzunehmen ist, wird die risikoreduzierende Wirkung von Korrelationen gänzlich vernachlässigt. Dies bedeutet z. B. für ein CO_2-Portfolio aus Kaufposition Spot (Lieferung heute, Bezahlung 2 Handelstage später) und Verkaufsposition Cal14 (Lieferung 1.12.2014), dass die Gegenläufigkeit der beiden Geschäfte nicht berücksichtigt werden kann. 23

Die **Nichtberücksichtigung von Korrelationen** steht nicht im Einklang mit einer risikoorientierten Herangehensweise, insbesondere wenn diese außerordentlich ist wie bei CO_2-Zertifikaten der gleichen Emissionshandelsperiode. Anzumerken bleibt überdies, dass dies im Gegensatz zur Zeitfächermethode für Rohwaren steht, welche implizit eine, wenn auch pauschale, Berücksichtigung von Korrelationen für Positionen unterschiedlicher Laufzeiten vorsieht. 24

Als Folge der Nichtberücksichtigung von Korrelationen sind interne Marktrisikosteuerung und aufsichtsrechtliches Meldewesen für Marktrisiken unvereinbar. Es ergeben sich **widersprüchliche Steuerungsimpulse** für das Management von Marktrisiken. 25

bb) Hohe EDV-Kosten zur Implementierung bei zweifelhaftem Nutzen

26 Für ein Standardverfahren ist die technische Umsetzung als sehr aufwendig zu bewerten. Dies steht dem Gedanken einer einfachen Standardmethode entgegen. Der Aufwand ist ähnlich hoch wie bei einem internen Modell, analog zu diesem ist gem. § 312 Satz 5 SolvV auch ein Rückvergleich der Ergebnisse mit theoretischen Handelsergebnissen zu erstellen (**Clean Backtesting**). Da das aufsichtsrechtliche Verfahren zur institutsinternen Risikosteuerung ungeeignet ist, wäre es notwendig, dieses Verfahren zusätzlich zu implementieren.

3. Überarbeitung der Eigenkapitalunterlegung von Marktpreisrisiken

27 Der Baseler Ausschuss für Bankenaufsicht BCBS (Basel Committee on Banking Supervision) hat im Juli 2009 als Reaktion auf die Finanzkrise die Regelungen für **institutseigene Marktrisikosteuerungsmodelle** wesentlich verschärft („Basel 2.5"). Die neuen Vorschriften sind Teil der überarbeiteten SolvV und ab 2012 anzuwenden.

28 Bis 2011 hatten die Institute bei der Modellierung von Marktrisiken einen potenziellen Risikobetrag (Value-at-Risk) zu ermitteln und hierbei einen Risiko-Zeit-Horizont von 10 Handelstagen sowie ein Konfidenzniveau von 99 % zu berücksichtigen. Zur Ermittlung der Eigenkapitalunterlegung wurde der größere der folgenden Beträge verwendet:

- Value-at-Risk des Vortages;
- durchschnittlicher Value-at-Risk der zurückliegenden 60 Handelstage multipliziert, in Abhängigkeit der Prognosegüte des Modells, mit einem Faktor zwischen 3 und 4.

29 Nun ist zusätzlich ein **potenzieller Krisen-Risikobetrag** einzubeziehen. Gem. § 315 Satz 3 SolvV ist hierfür ein Beobachtungszeitraum zu verwenden, während dem Veränderungen von Marktkursen, -preisen oder –zinssätzen eingetreten sind, die bezogen auf die Gesamtheit der gegenwärtig im potenziellen Risikobetrag berücksichtigten Marktrisikopositionen eine krisenhafte Marktentwicklung bedeutet hätten. Als Beobachtungszeitraum muss ein ununterbrochener 12-Monats-Zeitraum gewählt werden. Das Institut muss die Wahl der Beobachtungsperiode mindestens jährlich überprüfen und die Gründe für die Wahl der Beobachtungsperiode zeitnah dokumentieren. Risiko-Zeit-Horizont, Konfidenzniveau sowie die Ermittlung der Eigenkapitalunterlegung sind für diesen potenziellen Krisen-Risikobetrag analog zum potenziellen Risikobetrag zu wählen.

Im Zuge der Überarbeitung der Eigenkapitalunterlegung für Marktrisiken wurde im August 2011 über die Internetseite der BaFin[9] ein Vorschlag für einen **neuartigen Standardansatz** zur Diskussion gestellt. Das Verfahren kombiniert das Konzept eines Stressed Value-at-Risk mit einer historischen Simulation. 30

Für die Anwendung des Verfahrens ist eine lange Datenhistorie erforderlich. Diese wird in Viertel-Jahr-Abschnitte aufgeteilt, um hieraus die Preisänderungen und somit die vierteljährlichen Wertschwankungen – bezogen auf das aktuelle Portfolio – zu ermitteln. Zielgröße ist der Verlust, der sich aus der gesamten Wertveränderung von Kombinationen aus vier – nicht notwendig zusammenhängenden – Quartalen gegenüber einem von der Aufsicht festgelegten Konfidenzniveau ergibt. Der **Risiko-Zeit-Horizont** beträgt somit nicht mehr wenige Handelstage, sondern analog zum Adressausfallrisiko und operationellen Risiko ein Jahr. 31

Die Überarbeitung der Eigenkapitalunterlegung von Marktpreisrisiken wird sowohl für die internen Modelle als auch den Standardansatz zu einer deutlich **höheren Unterlegung** der offenen Positionen führen. 32

II. Regelungen hinsichtlich Adressausfallrisiken

Die CRR sieht zwei alternative Ansätze zur Ermittlung der angemessenen Eigenmittelausstattung von Kreditrisikopositionen vor: den **Kreditrisiko-Standardansatz (KSA)**, der die Bonitätseinschätzung von anerkannten externen Ratingagenturen verwendet, und den auf **internen Beurteilungen basierenden Ansatz (IRB-Ansatz)**. Während bei dem einfacheren Kreditrisiko-Standardansatz die Parameter zur Ableitung des Gesamtforderungsbetrages faktisch vorgegeben sind, dürfen die Institute innerhalb des IRB-Ansatzes – unter strengen Voraussetzungen – einige Parameter selbst schätzen. 33

1. Kreditrisiko-Standard-Ansatz (KSA)

Der Kreditrisiko-Standardansatz basiert auf einer vereinfachten Kalkulationsmethodik für regulatorisch definierte Forderungsklassen. Die Höhe einer Risikoposition ergibt sich aus ihrem Buchwert, der um anrechenbaren Kreditsicherheiten und Wertberichtigungen bereinigt wird. Der sich hieraus ergebende Wert der Risikoposition wird mit einem bestimmten Risikogewicht multipliziert. Hierbei werden Bonitätsbeurteilungen von anerkannten Ratingagenturen oder Exportversicherungsagenturen genutzt, um für bestimmte Klassen von Risikopositionen das jeweilige Risikogewicht von Kreditrisikopositionen abzuleiten (Art. 113 I 34

[9] http://www.bafin.de (Link: Publikationen & Daten > Überprüfung der Regelungen zu Handelsgeschäften > Konsultation 17/2011 Diskussionspapier zum Marktrisiko-Standardansatz), Stand Abruf: April 2017.

CRR). Abhängig von der jeweiligen Bonitätsbeurteilung werden je nach Forderungsklasse Risikogewichte von 0 %, 10 %, 20 %, 50 %, 100 %, 150 %, 225 %, 350 %, 650 % oder 1.250 % vorgegeben. Für Kreditrisikopositionen ohne externes Rating sind pauschale Risikogewichte teilweise auch in Verbindung mit dem jeweiligen Länderrating des Sitzlandes festgelegt sowie weitere Sonderregelungen für spezielle Forderungsklassen.

35 In der Praxis nutzen Institute Kreditminderungstechniken wie bspw. die Einforderung finanzieller Sicherheiten vom Schuldner. Finanzsicherheiten können im KSA innerhalb einer vereinfachten Variante über die sogenannte Risikogewichtssubstitution berücksichtigt werden, indem das Risikogewicht des Schuldners durch das Risikogewicht der Sicherheit ersetzt wird. In einer etwas komplexeren Variante kann statt des Risikogewichtungsfaktors auch die Bemessungsgrundlage selber im Umfang der Besicherung reduziert werden, wobei neben der Laufzeit des Sicherungsinstrumentes auch Wert- und Währungsschwankungen berücksichtigt werden. Daneben können Institute auch untereinander Nettingvereinbarungen abschließen,[10] um gegenseitige Forderungen zu verrechnen und damit das Kreditrisiko zu vermindern.

2. Auf internen Ratings basierender Ansatz (IRB-Ansatz)

36 Institute können zur Ermittlung der regulatorischen Eigenkapitalunterlegung von Kreditrisiken auch einen **risikosensitiveren** Ansatz wählen, der auf institutseigenen Ratingverfahren basiert (IRB-Ansatz) und bei dem die Bonitätsgewichtungen über schuldnerbezogene Risikoparameter bestimmt werden. Es stehen dabei ein **Basisansatz** (bei dem nur die Ausfallwahrscheinlichkeiten der Schuldner von den Instituten zu schätzen sind) und ein **fortgeschrittener Ansatz** (bei dem neben den Ausfallwahrscheinlichkeiten auch Verlustraten bei Ausfall, Konversionsfaktoren von außerbilanziellen Geschäften und Restlaufzeiten vom Institut zu bestimmen sind) zur Wahl. Die Risikogewichte werden für einzelne Risikopositionen im Rahmen eines IRB-Ansatzes auf Grundlage von individuell geschätzten Parametern aufgeteilt nach bestimmten Forderungsklassen mittels Risikogewichtungsformeln errechnet. Da mit dem IRB-Ansatz Risikoparameter durch die Institute selbst geschätzt werden, ist vor deren Verwendung die Zulassung durch die Aufsicht erforderlich, die auf Basis einer Zulassungsprüfung vor Ort erteilt werden kann.

3. Adressausfallrisikopositionen

37 Die Adressausfallrisikopositionen setzen sich zusammen aus den bilanziellen Adressausfallrisikopositionen, den Vorleistungsrisikopositionen

---

[10] *Pilgram/Dessau*, § 18 in diesem Band.

und den derivativen Adressausfallrisikopositionen. Die ersten beiden Posten lassen sich auf Basis der Kontraktwerte ermitteln.

Für Zwecke der Ermittlung der **Kreditäquivalenzbeträge** (bzw. Kredit- 38 exposures) von Adressausfallrisikopositionen in Derivaten sieht die SolvV neben **Laufzeit- und Marktbewertungsmethode** zwei weitere Verfahren vor: die **Standardmethode** (**SM**) und die **Interne-Modelle-Methode** (**IMM**).

Die **SM** kann dabei auch als standardisierte IMM bezeichnet werden, 39 die weniger aufwendig implementiert werden kann. Ein großer Nachteil der SM ist jedoch die hohe Sensitivität gegenüber Marktwertschwankungen bzw. Marktpreisen.

Bei der **IMM** erfolgt die Berechnung der Kreditäquivalenzbeträge mit- 40 tels eines institutsinternen Risikomodells, das auf Basis modellierter Marktpreisbewegungen die Verteilung zukünftiger positiver Marktwerte von Derivaten abschätzt. Die IMM kann im Gegensatz zu den anderen genannten Verfahren nur nach Zustimmung der Aufsicht genutzt werden. Die Anwendung der IMM wird wegen der hohen systemischen und methodischen Anforderungen und Kosten nur für wenige Energiehändler die erste Wahl sein. Überdies bezieht das für die IMM definierte Exposuremaß die spezifischen Aspekte des Energiehandels (Saisonalitäten der Preise für Strom, Gas) nicht mit ein.

Die **Marktbewertungsmethode** war bereits im **Grundsatz I**[11] über die 41 Eigenmittel der Institute, dem Vorgängerregelwerk der SolvV, enthalten. Der Anrechnungsbetrag für den marktbewerteten Wiedereindeckungsaufwand ist die Summe aus

- dem gegenwärtigen potenziellen Wiedereindeckungsaufwand Maximum (aktueller Mark to Market; 0) und
- der künftig zu erwartenden Erhöhung des gegenwärtigen **potenziellen Wiedereindeckungsaufwands** bzw. des Add Ons. Der **Add On** ist das Produkt aus dem Marktpreis des Derivats und der sich in Abhängigkeit von der maßgeblichen Laufzeit des Geschäfts nach Tabelle 11.1 ergebenden Rate.

Tabelle 11.1: Laufzeit des Geschäfts

Restlaufzeit	Zinsen	Währungen, Gold	Aktien	Edelmetall	Rohwaren und sonstige
Bis 1 Jahr	0 %	1 %	6 %	7 %	10 %
1–5 Jahre	0,5 %	5 %	8 %	7 %	12 %
Über 5 Jahre	1,5 %	7,5 %	10 %	8 %	15 %

[11] *Spanier*, § 11 in der Vorauflage.

4. Kritikpunkte

42 Der **Grundsatz I**[12] sah für Kreditäquivalente aus Termin- und Optionsgeschäften für Unternehmen noch Risikogewichte von 50 % und für Institute von 20 % vor. Nach dem Wechsel vom Grundsatz I zur SolvV ließe sich die Gewichtung von 100 % im Rahmen des KSA lediglich bei Einbeziehung von externen Ratings reduzieren. Dies ist jedoch für den Energiehandelsmarkt nur eingeschränkt möglich, da Stadtwerke, obwohl bonitätsstark, i. d. R. nicht über externe Ratings verfügen. Zudem sind Energiehandel-GmbHs großer Energiekonzerne in Deutschland und den Niederlanden oftmals mittels Beherrschungs- und Gewinnabführungsvertrag mit sehr gut gerateten Muttergesellschaften verbunden. Diese lassen sich jedoch nicht verwenden, da die aufsichtsrechtlichen Regelungen für diese energiemarktspezifischen Konstellationen keine Berücksichtigung vorsehen.

43 Eine Berücksichtigung des negativen Mark to Market ist bei der Ermittlung der **Kreditäquivalente**, abgesehen von der IMM, nicht vorgesehen. Selbst wenn der aggregierte aktuelle Mark to Market mit einer Gegenpartei negativ ist und dieser die Adressrisikoposition reduzieren würde, könnte man dessen risikoreduzierende Wirkung nicht berücksichtigen, er würde auf Null gesetzt.

44 Hinsichtlich der **Add Ons** gibt es bei der Marktbewertungsmethode und der SM keine Vereinheitlichung. Die **Marktbewertungsmethode** sieht für Stromhandelsgeschäfte einen Add On i. H. v. 10 bis 15 % vor, wohingegen die BaFin bei der Kalibrierung der SM, auf Basis empirischer Untersuchungen, einen Add On von 4 % festgelegt hat.

45 Die Möglichkeit zur **Verrechnung** des aggregierten positiven Marktwertes mit dem Kontraktpreis der gelieferten und noch nicht bezahlten Menge für Strom und Gas ist **nicht vorgesehen**, obwohl dies bei der Ermittlung eines Kündigungsbetrages (**Close-out-Betrag**) nach Ausfall der Gegenpartei gemäß EFET-Rahmenvertrag[13] möglich ist.

III. Regelungen hinsichtlich operationeller Risiken

46 Die SolvV sieht für die Berechnung des regulatorischen Eigenkapitalbedarfs für operationelle Risiken drei alternative Methoden vor:
- Basisindikatoransatz;
- Standardansatz;
- fortgeschrittene Messansätze (**Advanced Measurement Approaches – AMA**).

---

[12] *Spanier*, § 11 in der Vorauflage.

[13] Standard-Rahmenvertrag für den Großhandel in Strom und Gas, abrufbar unter http://www.efet.org (Link: Rahmenverträge), Stand Abruf: April 2017; vertiefend dazu *Dessau/Fischer*, § 24 in diesem Band.

Berechnungsgrundlage für den **Basisindikator-** und den **Standardansatz** ist der Dreijahresdurchschnitt des sog. relevanten Indikators, der aus bestimmten Posten der Gewinn- und Verlustrechnung zu berechnen ist (Zins-, Provisionsüberschuss, Handelsergebnis und sonstige betriebliche Erträge). Die **Eigenkapitalunterlegung** ergibt sich bei Anwendung des Basisindikatoransatzes, indem der „relevante Indikator" pauschal mit 15 % multipliziert wird. Beabsichtigt ein Institut, den Standardansatz zu verwenden, ist dies der Aufsicht anzuzeigen. Zum Zwecke der Berechnung der Eigenkapitaldeckung ist beim Standardansatz der „relevante Indikator" auf acht in der SolvV definierte Geschäftsfelder aufzuteilen und mit Gewichtungssätzen zwischen 12 % und 18 % zu multiplizieren. Alternativ kann ein Institut, welches überwiegend Privat- oder Firmenkundengeschäfte betreibt, mit Einwilligung der Aufsicht bei Verwendung des Standardansatzes den Anrechnungsbetrag in diesen Geschäftsfeldern durch Multiplikation des nominalen Kreditvolumens mit einem aufsichtsrechtlich vorgegebenen Faktor von 0,035 berechnen. Zusätzlich sind beim Standardansatz qualitative Anforderungen zu erfüllen. 47

Sofern die Aufsicht einem Institut erlaubt, einen **AMA** zu verwenden, kann es den Eigenkapitalbedarf unter Berücksichtigung von qualitativen und quantitativen aufsichtsrechtlichen Vorgaben mit einem institutseigenen Modell berechnen. Hierzu wird vorab eine Zulassungsprüfung durch die Aufsicht durchgeführt. 48

IV. Liquiditätsrisikomanagement

In der Finanzmarktkrise 2008/2009 hatte sich gezeigt, dass die bis dahin geltenden Eigenmittelunterlegungsvorschriften nicht ausreichend waren, dass Instituten in Krisenzeiten und den damit einhergehenden Abwärtsspiralen an den Finanzmärkten genügend liquide Mittel zur Verfügung standen. In der Folge wurden mit der CRR neue quantitative Messverfahren für **Liquiditätsstandards** und entsprechende **Stress-Tests** entwickelt. Das sogenannte **Liquidity Coverage Ratio (LCR)** sieht vor, dass ein Liquiditätspuffer vorgehalten werden muss, um unter marktweiten und institutsspezifischen Stressbedingungen den potentiellen Nettoabfluss an liquiden Mitteln für die nächsten 30 Tage zu decken (kurzfristige Liquiditätssicherung). Demgegenüber soll die zweite neue Liquiditätskennzahl **Net Stable Funding Ratio (NSFR)** die längerfristige Liquidität sicherstellen. Diese Kennzahl, die auf den Stabilitätsgrad der Refinanzierungsausstattung abzielt, muss jedoch im Rahmen einer Beobachtungsphase noch konkretisiert werden. Bis die LCR vollständig für CRR-Institute einge- 49 führt ist (2018), gilt die **Liquiditätsverordnung** (LiqV)[14] der BaFin weiter: diese sieht zur Steuerung des Liquiditätsrisikos entsprechende Mindestwerte an Liquidität für verschiedene Laufzeitbänder von einem Monat bis hin zu einem Jahr vor.

50 Neben den quantitativen Liquiditätsanforderungen gelten auch qualitative Regeln, wie bspw. in den **Mindestanforderungen an das Risikomanagement** (MaRisk)[15] beschrieben. Danach müssen die Institute sicherstellen, dass sie jederzeit ihre Zahlungsverpflichtungen erfüllen können. Dies umfasst u. a. das Erstellen einer Liquiditätsübersicht, das Durchführen von geeigneten (Liquiditäts-)Stresstests und die Ausarbeitung von entsprechenden Notfallplänen.

C. Großkredit- und Millionenkreditverordnung

51 Das Kreditgeschäft hat traditionell eine überragende Bedeutung für die Entwicklung von Geschäftsbanken, ist aber auch die wichtigste Quelle bankgeschäftlicher Risiken. Neben der Beschränkung der Geschäftsmöglichkeiten durch die Pflicht zur Unterlegung der Adressausfallrisiken mit haftendem Eigenkapital bzw. mit Eigenmitteln gemäß SolvV enthält das KWG daher **besondere Vorschriften für das Kreditgeschäft**. Diese Regelungen sind auch von lizenzierten Energiehändlern einzuhalten.

52 Die Institute haben vierteljährlich ihre **Groß- und Millionenkredite** nach §§ 13 bis 14 KWG der Deutschen Bundesbank **anzuzeigen**. Zentrale Vorschrift ist die Begrenzung des einzelnen Großkredits auf 25 % des haftenden Eigenkapitals (**Großkrediteinzelobergrenze**). Der Zweck besteht in der Vermeidung zu großer Risiken in Bezug auf einen Kreditnehmer.

53 Als **Großkredite** gelten Kredite an Kreditnehmer oder an eine Kreditnehmereinheit, die mindestens 10 % des haftenden Eigenkapitals bzw. der Eigenmittel erreichen oder übersteigen. Die Deutsche Bundesbank überwacht die Einhaltung der Großkreditobergrenzen sowie die Risikostreuung der Großkredite eines Instituts.

54 Ein **Millionenkredit** liegt vor, wenn der einem Kreditnehmer bzw. einer Kreditnehmereinheit gewährte Kredit mindestens 1,5 Mio. EUR beträgt. Die Evidenzzentrale für Millionenkredite bei der Deutschen Bundesbank ermittelt aus den gemeldeten Millionenkrediten die Gesamtverschuldung je Kreditnehmer und Kreditnehmereinheiten. Die

---

[14] Verordnung über die Liquidität der Institute (Liquiditätsverordnung – LiqV), v. 14.12.2006, BGBl. I S. 3117, zuletzt geändert durch Verordnung v. 6.12.2013, BGBl. I S. 4166.

[15] Abrufbar unter http://www.bundesbank.de (Link: Aufgaben > Bankenaufsicht > Risikomanagement > MaRisk), Stand Abruf: April 2017.

Kreditgeber werden anschließend in einer Rückmeldung über die Gesamtverschuldung ihrer Kreditnehmer unterrichtet.

Die Adressausfallrisikopositionen werden analog zu den Ansätzen der SolvV ermittelt. Für die Ermittlung des Anrechnungsbetrags auf die Großkrediteinzelobergrenze können, jedoch lediglich für Banken, geringere Risikogewichte als 100 % verwendet werden. 55

Institute dürfen die Großkrediteinzelobergrenze von 25 % der Eigenmittel nur mit Zustimmung der BaFin überschreiten. Der **Überschreitungsbetrag** ist gem. § 13 KWG vollständig mit Eigenmitteln zu unterlegen. Gemäß **Befreiungsvorschrift** § 20c KWG kann die BaFin den lizenzierten Energiehändlern jedoch auf Antrag widerruflich gestatten, Großkreditgrenzen ohne Zustimmung der BaFin zu überschreiten und den Überschreitungsbetrag nicht mit Kapital zu unterlegen, sofern dieser ausschließlich entsteht durch Finanzinstrumente mit Bezug auf Basiswerte gem. § 1 XI 4 Nr. 2 und 5 KWG (u. a. Termingeschäfte auf Waren, Frachtsätze, Emissionsberechtigungen, Klimavariablen) oder aufgrund von Verträgen, die die Lieferung von Waren oder die Übertragung von Emissionsrechten betreffen. Dem Antrag kann nur stattgegeben werden, wenn das Institut 56

- Bankgeschäfte und Finanzdienstleistungen im Zusammenhang mit Derivaten nach § 1 XI 4 Nr. 2, 3 und 5 KWG erbringt,
- die Bankgeschäfte und Finanzdienstleistungen nicht für oder im Auftrag von Privatkunden erbringt,
- über eine dokumentierte Strategie zum Management, insbesondere zur Kontrolle und Begrenzung von Konzentrationsrisiken, verfügt und diese der BaFin und der Bundesbank angezeigt hat und
- Vorkehrungen vorsieht, welche eine fortlaufende, dem Konzentrationsrisiko angemessene Überwachung der Bonität der Kreditnehmer sicherstellen und eine unverzügliche Reaktion auf eine Verschlechterung der Bonität der Kreditnehmer erlauben.

Sollte die **Befreiungsvorschrift** für Energiehandelsunternehmen ersatzlos gestrichen werden, so ist als wesentlicher Kritikpunkt das Erfordernis zur Kapitalunterlegung der Überschreitungsbeträge der Großkrediteinzelobergrenzen zu benennen. 57

Da die Branchenstrukturen im Strom- und Gashandel von Großabnehmern (Industrie, Stadtwerke) geprägt sind, führt die Pflicht zur Unterlegung der Überschreitung von Großkrediten mit Eigenmitteln dazu, dass die Verwendung der Finanzdienstleisterlizenz erschwert bzw. unmöglich gemacht wird. Die Bankenbranche hat bei der für sie konzipierten GroMiKV prinzipiell geringere Probleme, da sie typischerweise über eine Vielzahl kleiner und mittlerer Kunden verfügt. 58

Die BaFin hat bereits frühzeitig die Unvereinbarkeit der GroMiKV mit den Branchenstrukturen des Stromhandels erkannt und den Strom- 59 händlern mit Schreiben vom Februar 2004 eine **Befreiung von den Unterlegungspflichten der GroMiKV** für Übergroßkredite zugestanden, sofern bestimmte organisatorische Maßnahmen erfüllt werden. Diese Regelung ist von BaFin in die bis 2014 gültige Befreiungsvorschrift auf europäischer Ebene einbezogen und auf Commodities und energiebezogene Basiswerte erweitert worden.

Kapitel 3. Der Handelsmarkt und seine Risiken

§ 12 Risiken des Handels

A. Einführung

1 In der unternehmerischen Praxis des Energiehandels treten eine Vielzahl von Risiken auf. Eine Kategorisierung ist aufgrund der fließenden Übergänge schwierig. In diesem Beitrag wird ein eher operationaler Ansatz angewendet und entsprechend der Systematik der **Mindestanforderungen an das Risikomanagement** zwischen den Kategorien Marktrisiken, Kreditrisiken und operationelle Risiken unterschieden.

2 Um ein Risiko zu beschreiben und damit die Unsicherheit zu operationalisieren, werden folgende Aspekte benötigt:
- Schadenshöhe oder auch Risikoexposition – i. d. R. bei betriebswirtschaftlichen Fragen in monetären Wertgrößen;
- Eintrittswahrscheinlichkeit des Schadens;
- Zeitpunkt des Schadenseintritts.

B. Marktrisiken

I. Preisrisiken

3 Nach der obigen Dreiteilung der Aspekte des Risikos erfolgt zunächst eine Darstellung der Risikoexposition. Dann wird auf die Eintrittswahrscheinlichkeit eingegangen bzw. ein Risikomaß in Form des Value at Risk (VaR) beschrieben. Basierend hierauf werden kurz verschiedene Möglichkeiten der Limitierung behandelt.

1. Die Risikoexposition

4 Die Nettoposition stellt einen Saldo aller kontrahierten bzw. erwarteten Verkaufspositionen mit den verfügbaren und wirtschaftlichen Erzeugungs-, Speicher- und Beschaffungspositionen in jedem Zeitpunkt des Betrachtungshorizontes dar. Sie ist damit das Aggregat aller Kauf- und Verkaufspositionen im Handel für jeden Zeitpunkt in der (betrachteten) Zukunft. Liegen neben Forward- bzw. Fahrplanpositionen auch Optionspositionen vor, können diese mittels ihrer **Sensitivitäten**[1] („Griechen") bei der Posi-

[1] Eine Option kann mit verschiedenen Modellen bewertet werden. In diesen Modellen treten verschiedene Variablen auf. Die Sensitivität beschreibt die Änderung des

tionsermittlung berücksichtigt werden. Eine Position kann in ihrer Struktur in die handelbaren Basisbestandteile zerlegt werden. Besondere Eigenschaften haben klassische strukturierte Produkte der Energiewirtschaft, die als Swing-Optionen bezeichnet werden, sofern sie Arbitrage an Großhandelsmärkten zulassen. Diese haben Optionscharakter, wobei anders als bei einfachen europäischen (Ausübung der Option zu einem Stichtag) bzw. amerikanischen Optionen (Ausübung der Option während eines definierten Zeitraums) beliebig gestaltbare Restriktionen das Optionsrecht einschränken können. Bei diesen muss bei der Positionsermittlung die Restriktionseinhaltung überprüft werden.

5 Eine Menge beliebiger Verträge heißt **Portfolio.** Eine Nettoposition ist für jedes Portfolio zu berechnen. Die Positionsermittlung sollte einen Zeitraum umspannen, für den liquide gehandelte Preise und entsprechende Mengen aller Kaufs- und Verkaufspositionen verfügbar sind. Jede Nettoposition ungleich Null stellt dabei eine Position dar, die einen bereits definierten Kontraktwert besitzt, die zu einem späteren, spätestens aber zu dem Zeitpunkt der Erfüllung zu einem a priori unsicheren Marktwert geschlossen werden muss. Daher unterliegen diese offenen Positionen dem Risiko, dass sich die Marktpreise in eine ungünstige Richtung entwickeln.

6 Eine wesentliche Basis für ein effektives Risikomanagement ist die mindestens einmal handelstäglich erfolgende **Bewertung der Positionen** zu aktuellen Marktpreisen (**Mark to Market**). Liegen alle Positionen als standardisierte Produkte vor, können die aktuellen Preise zur Bewertung herangezogen werden. Typischerweise liegen die Positionen bei nicht reinen Handelshäusern in Form von zeitlichen Strukturen bzw. Fahrplänen vor. Um diese zu bewerten, kann man sich zum einen einer zur tatsächlichen **Forward Curve** äquivalenten stunden- oder viertelstundenscharfen (im Strommarkt) bzw. tagesscharfen (im Gasmarkt) Preiskurve bedienen, zum anderen kann man den Fahrplan weitgehend durch Standardprodukte replizieren und den Rest mit einem Preismodell für Kurzfrist- und Ausgleichs-/Regelenergiemärkte bewerten.[2]

7 Mit dem Ausbau der Erneuerbaren Energien ergeben sich auch gestiegene **Anforderungen an die Bilanzkreisbewirtschaftung.** Jeder Bilanzkreisverantwortliche (BKV) ist für eine ausgeglichene ¼-h (Strom-) Leistungsbilanz der seinem Bilanzkreis zugeordneten Einspeisungen und Entnahmen verantwortlich. Dies führt zu entsprechenden Sorgfalts-

---

Optionspreises bei Veränderung der jeweiligen Variablen. Die Veränderung des Optionspreises bei Veränderung des Basispreises wird z. B. mit dem griechischen Buchstaben Delta beschrieben, die Sensitivität des Deltas bzgl. des Basiswertes mit dem Gamma. Vgl. auch *Hull*, Optionen, Futures und andere Derivate, S. 435 ff.

[2] Vgl. *Schliegl*, ME 6/2003, II f.

pflichten. Außerdem werden Kosten der Übertragungsnetzbetreiber aus den Bilanzkreisabweichungen in Form von **Ausgleichsenergiekosten** auf die BKV umgelegt.

2. Value at Risk als Risikomaß

8 Das Volumen der offenen Position (die **Risikoexposition**) eines Portfolios sowie die Intensität der **Portfoliowertschwankungen** und damit die Zufälligkeit bestimmen – wie eingangs dargestellt – das Ausmaß des Risikos. Eine statistische Kennzahl für die Schwankungsintensität ist die **Varianz.** Sie gibt die Streuung der Beobachtungsgröße um ihren arithmetischen Mittelwert an. Da nicht nur eine Position, sondern ein Portfolio, d. h. eine Menge von Positionen, gehalten wird, müssen auch gegenläufige Risikoentwicklungen der einzelnen Positionen berücksichtigt werden. Hierbei bestimmen die Kovarianzen den Diversifikationseffekt innerhalb des Portfolios.

9 Ein Ansatz für die Messung und Aggregation verschiedener Risiken auf der Ebene eines Portfolios ist die **Berechnung des Value at Risk.** Der VaR beziffert die Minderung des erwarteten Ergebnisses aus einem Portfolio, die mit einer vorgegebenen Wahrscheinlichkeit (Konfidenzniveau) innerhalb einer Betrachtungsperiode nicht überschritten wird.[3] Für die Berechnung des VaR existieren verschiedene Verfahren.

10 Neben dem VaR bietet sich gerade bei strukturierten Produkten im Portfolio der Ausweis eines **Erfüllungsrisikomaßes** an. Hierbei kann der **Profit at Risk** (PaR – es werden in praxi für dieselbe Idee verschiedene Begriffe verwendet) berechnet werden. Dieser ist ermittelbar, indem die offene Position mit einem zu wählenden Funktional in eine am Terminmarkt handelbare sowie eine im Kurzfristenergiemarkt erst glattzustellende Position zerlegt wird. Die erstere Position kann mittels eines VaR ausgewertet werden. Für die VaR-Berechnung ist damit vor allem die Volatilität der Forward Curve wesentlich. Die zweitere wird mittels eines stochastischen Preismodells für Kurzfristmärkte sowie Mengenunsicherheiten ausgewertet, wobei die Rohmarge aus der Nettoposition mit jedem aus der Verteilung der Preise resultierenden Marktpreis berechnet wird. Es resultiert eine Dichtefunktion der Rohmarge (bzw. des Profits) der kurzfristig zu schließenden offenen Position, aus der wieder ein entsprechender **Quantilswert** abgelesen werden kann.

11 Für die Berücksichtigung von Risikomaßen bei Optimierungen hat sich zudem beim Vorliegen nicht-normalverteilter Risiken aus verschiedenen Gründen[4] der **conditional Value at Risk** bzw. analog der **conditi-**

---

[3] Vgl. *Bergschneider/Karasz/Schumacher*, Risikomanagement im Energiehandel, S. 211.

[4] Vgl. hierzu auch *Borchert/Schemm*, ZfE 2007, 311 ff.

onal Profit at Risk etabliert. Beide Maße ergeben sich aus dem **Erwartungswert der Schadensverteilung** jenseits des Value bzw. Profit at Risks.

12 Der VaR bzw. PaR generiert Aussagen über die **Portfoliowertänderung/-erwartung** unter der Annahme „normaler" Marktverhältnisse. Plötzliche und dramatische Kursveränderungen werden nicht abgebildet. Um im Hinblick auf die Gefährdung des Unternehmensbestandes auch außerordentliche Ereignisse und Verlustpotentiale in die Betrachtung mit einzubeziehen, sollten zusätzlich **Stress-Tests** und **Sensitivitätsanalysen** durchgeführt werden.[5]

3. Möglichkeiten der Risikosteuerung

13 Im Rahmen der unternehmerischen Risikopolitik wird festgelegt, welche Risiken eingegangen werden sollen und welchen Umfang diese Risiken annehmen dürfen.[6] Aufgabe der Unternehmensleitung bzw. des Risikomanagements ist es hierbei, für alle Geschäftsbereiche strategische Vorgaben hinsichtlich der **Risikoausmaße** zu geben und die Einhaltung der Vorgaben zu überwachen. In diesem Rahmen definiert die Geschäftsleitung eine **Verlustobergrenze**. Sie sollte sich an der Eigenkapitalausstattung, der Ertragsstärke, zukünftiger Markteinschätzung und unternehmensspezifischer Risikoausrichtung orientieren.[7] Die Verlustobergrenze kann zukunftsorientiert als maximal zulässiges Verlustpotential oder vergangenheitsorientiert als Maximum realisierter Verluste betrachtet werden.[8] Die Konkretisierung der risikopolitischen Leitlinien erfolgt im **Limitsystem**. Nach der Limitart lassen sich Verlust- und Positionslimits unterscheiden.

14 Die **Verlustlimits** begrenzen direkt die aus einer Risikoposition entstehenden möglichen Verluste, sind aber hinsichtlich der Art bzw. des Volumens der Position flexibel. Sie beziehen sich auf die aktuellen Marktpreise zur Schließung der offenen Position und berücksichtigen dabei mögliche, zukünftige Marktpreisveränderungen. Zu den Verlustlimits zählen die **Stop-Loss-Limits oder Stop-Buy-Limits** sowie die **VaR-Limits.** Stop-Limits treten in Funktion, wenn sich eine ungünstige Marktentwicklung einstellt. Die bei ungünstiger Marktentwicklung auflaufenden Verluste werden kumuliert, und bei Überschreiten des Limits wird die Risikoposition geschlossen.[9] VaR-Limits begrenzen das Verlustpotential

[5] Vgl. *Saitz*, in: Braun, Kontroll- und Transparenzgesetz, S. 83.

[6] Vgl. *Tillmann/Karbrenn/Jaspert*, ET 1999, 378 f.

[7] Vgl. *Verband Deutscher Treasurer*, in: Braun, Kontroll- und Transparenzgesetz, S. 125.

[8] Vgl. *Reichel/Kütter*, Finanzinstrumente bei Industrieunternehmen, S. 77.

[9] Natürlich lassen sich auch bei gut laufenden Positionen Grenzen definieren, ab denen Gewinne mitgenommen werden, sog. Take-profit-Limits.

aus offenen Positionen auf der Grundlage der Berechnungsverfahren der Risikomessung. Da VaR-Limits das Verlustpotential eines aggregierten Portfolios wiedergeben können, sollten sie die Basis für die Ermittlung der Verlustobergrenze bilden.[10] VaR-Limits können statisch oder auch dynamisch sein. Bei statischen Limits erfolgt keine Berücksichtigung bereits aufgelaufener Gewinne oder Verluste. In praxi werden häufig dynamische Limits bevorzugt.

Ein vergleichsweise einfacheres Limitsystem kann auf der Basis von **Positionslimits** errichtet werden. Die Positionslimits beinhalten Vorgaben zum maximalen Umfang einer offenen Position. Dabei kann der Umfang der offenen Position auf einen Händler, ein Handelsinstrument, einen Markt auf dem gehandelt wird, eine Commodity, die Laufzeit, eine Liefer- oder Bezugsmenge oder eine Gegenpartei bezogen werden. 15

Das Limitsystem dient der Geschäftsführung als Vorgabe- und Kontrollgröße der Risikosituation des Unternehmens. Es sollte sich in seinem Aufbau an der hierarchischen Struktur des Unternehmens orientieren, um die genaue Zuordnung der Verantwortlichkeiten zu unterstreichen. Die Überwachung des Handels hinsichtlich der Einhaltung der Limits muss von einer vom Handel unabhängigen Stelle durchgeführt werden. Für die ordnungsgemäße Überwachung ist eine unverzügliche Anrechnung aller Geschäfte auf die jeweiligen Limits erforderlich. Damit die Risikoziele der Geschäftsleitung erreicht werden, muss jeder Händler über die für ihn relevanten Limits und die aktuelle Limitausnutzung zeitnah informiert werden. 16

Bei einer Änderung der Risikolage des Unternehmens oder des Marktes sind die Limits zu überprüfen und gegebenenfalls anzupassen. Anpassungen oder die Vergabe neuer Limits für innovative Instrumente bedürfen der Genehmigung durch die Geschäftsleitung.[11] 17

Die wichtigsten Instrumente zur Minimierung der wirtschaftlichen **Risiken aus den Ausgleichsenergiekosten und Bilanzkreisabweichungen** sind die Steuerung einer hohen Prognosequalität und die Portfoliobewirtschaftung am kontinuierlichen Intraday-Markt. Es empfiehlt sich, die ¼-h Strom-Leistungswerte der Prognose- und Bilanzkreisabweichungen zu erfassen und Kontrollgrößen festzulegen, bei denen das Management informiert wird, um Maßnahmen festzulegen. 18

Durch die zunehmende Digitalisierung der Energiewirtschaft kann z. B. durch den Einbau von intelligenten Messsystemen bei den Verbrauchern und Erzeugern vermehrt auf untertägige Messwerte zugegriffen werden, die wiederum für eine Intraday-Prognoseaktualisierung als Grundlage 19

[10] Vgl. *Reichel/Kütter*, Finanzinstrumente bei Industrieunternehmen, S. 94.

[11] Vgl. *Verband Deutscher Treasurer*, in: Braun, Kontroll- und Transparenzgesetz, S. 125.

für eine Anpassung der Intraday-Positionsbewirtschaftung genutzt werden können. Damit ergeben sich neue Anforderungen an die IT-System- und Prozesssicherheit sowie die Fragestellung nach Aufbau oder Nutzung einer 24/7-Infrastruktur, um auch bei extremen Marktsituationen abends oder an Wochenenden hohe Ausgleichsenergiekosten zu vermeiden.

II. Marktliquidität

20 Im Energiehandel kann ein **Liquiditätsrisiko** durch Marktenge beim Handel entstehen. Marktenge bezeichnet den Zustand einer zu geringen Nachfrage oder eines zu geringen Angebots für den jeweiligen zu handelnden Kontrakt. Für den Initiator eines Kauf- oder Verkaufgebots kommt es durch Marktenge zu negativen Preisreaktionen. So wird zum Beispiel beim gewünschten Kauf einer bestimmten Strommenge der Preis als Reaktion auf die gestiegene Nachfrage steigen.

21 Aus einer geringen Marktliquidität kann das Risiko folgen, offene Positionen nicht bzw. zu deutlich ungünstigen Bedingungen durch Gegengeschäfte absichern bzw. schließen zu können.

22 Dieses Risiko kann bei der Wahl der Betrachtungsperiode (oder auch Liquidationsperiode) bei der Messung in Form des VaR für Marktrisiken berücksichtigt werden. Bei Aufnahme neuer Produkte ist zu untersuchen, welche Liquidationsperiode angemessen ist.

23 Seit einigen Jahren verlagert sich die Liquidität zunehmend von den Terminmärkten in den Kurzfristbericht. Die Gründe sind vielfältig, liegen aber hauptsächlich an den Anforderungen der Direktvermarktung, in Folge des massiven Ausbaus der Erneuerbaren Energien. Inzwischen können Marktteilnehmer auch nachts, an Wochenenden und Feiertagen auf eine zunehmende Liquidität zurückgreifen.[12]

III. Neue Finanzinstrumente und Produkte

24 Im Kontext des vorab genannten existiert in einem Markt mit hoher Homogenitätseigenschaft der Produkte der Antrieb, neuartige Produkte einzuführen. Hier besteht grundsätzlich das Risiko, die Attraktivität neuer Produkte und Finanzinstrumente und das damit verbundene Absatzpotenzial falsch einzuschätzen. Ebenso leicht finden sich schnell Nachahmer für die entwickelten Produkte.

---

[12] Ab Dezember 2014 wird das Handelsvolumen der Intraday-Auktionen kalendertäglich durch die EPEX veröffentlicht.

C. Kreditrisiken

Beim Handel mit anderen Unternehmen besteht grundsätzlich das Risiko, dass der Handelspartner seinen Verpflichtungen nicht oder nur teilweise nachkommt und somit ein finanzieller Schaden eintritt. Die Nichterfüllung von Verträgen wird i. d. R. in erster Linie auf die finanzielle Leistungserfüllung bezogen, also auf den Ausfall von Zahlungen. Der Leistungsausfall kann jedoch ebenso die Warenlieferung betreffen. 25

I. Die Risikoexposition

Analog zur Messung des Marktpreisrisikos muss die aktuelle Risikoexposition ermittelt werden. Diese ergibt sich aus verschiedenen Aspekten: 26

1. Forderungen

Existiert ein Verkaufsvertrag und ist aus diesem bereits geliefert bzw. geleistet worden, so kann aufgrund z. B. einer Marktusance der Verkäufer in Vorleistung getreten sein. Das Volumen der Vorleistung bestimmt sich aus dem geleisteten Volumen sowie dem dafür vereinbarten Preis. Bei Ausfall des Handelspartners gilt der monetäre Gegenwert der vorgelieferten Energiemenge (Kontrakt- bzw. Buchwert) als realisierter Verlust. 27

2. Wiedereindeckungs- bzw. Wiederabsatzkosten

Das Wiedereindeckungs- bzw. Wiederabsatzrisiko ergibt sich aus der notwendigen Wiedereindeckung bzw. dem notwendigen Wiederabsatz von Positionen am Markt, sobald der Lieferant bzw. der Kunde ausgefallen ist. Die Höhe des Risikos wird also durch die Preisdifferenz zwischen Vertrags- und Marktpreis sowie dem Kontraktvolumen bestimmt. Das Exposure unterliegt aufgrund der Abhängigkeit vom Marktpreis kontinuierlich Marktwertschwankungen. 28

3. Potenzielle Exposition

Da Wiedereindeckungs- bzw. Wiederabsatzkosten vom Marktpreis abhängig sind, sollte zusätzlich zu dem Wiedereindeckungs-/Wiederabsatzrisiko eine potenzielle Exposition in Form einer Risikoerhöhung aus Marktwertschwankungen ermittelt werden, die sich während der Restlaufzeit des jeweiligen Kontraktes einstellen kann. 29

Die Risikoexposition ermittelt sich für jeden Kontrahenten durch Summation der drei genannten Bestandteile. Sie stellt damit den finanziellen Wert aller unter Risiko stehenden Positionen mit einem Kontrahenten dar. 30

II. Die Ausfallwahrscheinlichkeit von Kontrahenten

31 Neben der Risikoexposition ist eine Wahrscheinlichkeitsaussage über den Verlust bzw. Teilverlust zu entwickeln. Darüber hinaus ist eine Rate zu schätzen, die tatsächlich ausfällt, wenn ein Insolvenzprozess eröffnet wurde (Verlustquote).

32 Um Ausfallwahrscheinlichkeiten zu schätzen, können verschiedene Methoden angewendet werden.[13] Im Markt üblich ist die Ermittlung der Ausfallwahrscheinlichkeiten auf Basis **externer Ratings** als auch auf selbsterstellten **internen Ratings.**[14]

33 Die Analyse zur Ermittlung des **Ratings** des Handelspartners basiert zum einen auf Kennzahlen aus dem Jahresabschluss, sog. Hard Facts, zum anderen werden verschiedene qualitative Faktoren, sog. Soft Facts, in die Analyse einbezogen, die das Unternehmen bzw. das Unternehmensumfeld beschreiben.

34 Die **Ratingkategorie** spiegelt eine bestimmte Bonität wider, die einer historisch ermittelbaren Ausfallwahrscheinlichkeit zugeordnet werden kann. Eine Kalibrierung des internen Ratingmodells erfolgt typischerweise anhand eigener umfangreicher Datenbestände.

35 An dem Verfahren erkennt man bereits die Hauptkritik an einem Rating: Die als Eingangsgrößen in das Rating verwendeten Informationen müssen sehr aktuell gehalten werden, um zeitnah die Risiken steuern zu können. Diese zeitnahe Informationsverfügbarkeit stellt operativ ein Problem dar.

III. Credit-VaR und Möglichkeiten der Risikosteuerung

36 Hat man das Exposure, die Ausfallwahrscheinlichkeit sowie die Verlustquote ermittelt, kann der erwartete Verlust aller Positionen mit jedem Kontrahenten berechnet werden. Um das Kreditrisiko noch besser beschreiben zu können, kann man neben dem erwarteten Verlust auch den **unerwarteten Verlust** ermitteln. Ex post ist der unerwartete Verlust des Betrags, der sich aus der Differenz aus dem tatsächlichen und erwarteten Verlust ergibt. Möchte man den unerwarteten Verlust ex ante bestimmen, so geschieht dieses mit Hilfe einer **Verlustverteilung** analog zur Wahrscheinlichkeitsverteilung der Marktpreise bei der Berechnung des VaR. Die Verlustverteilung gibt zu jedem möglichen Verlust, der innerhalb des bestehenden Portfolios auftreten kann, eine Wahrscheinlichkeit an, mit der sich dieser Verlust einstellen wird. Die Form der Verlustverteilung ist abhängig von den Korrelationen der Ausfallwahrscheinlichkeiten der Kontrahenten untereinander, der Konzentration der Exposition (je höher die Konzentration, desto höher die Wahrschein-

---

[13] Vgl. *Oehler/Unser*, Finanzwirtschaftliches Risikomanagement, S. 189 ff.
[14] Vgl. dazu *Pilgram/Dessau*, § 18 in diesem Band.

lichkeit für extreme Verluste), der Kontrahentenanzahl (je mehr Kontrahenten desto geringer die Wahrscheinlichkeit für extreme Verluste) und der Varianz der erwarteten Ausfallwahrscheinlichkeit (je höher die Volatilität desto größer die Wahrscheinlichkeit für extreme Verluste).

Im Falle des Handels sind der erwartete sowie der unerwartete Verlust Risikogrößen, die mit Risikokapital (ökonomisches Kapital) abgesichert werden müssen. Im Falle des Pricings von Vertriebsprodukten sollte zumindest der erwartete Verlust als Kostengröße betrachtet werden. Dieses Kapital erfüllt die Funktion eines Puffers und bestimmt somit die eigene Wahrscheinlichkeit, insolvent zu werden. 37

Kreditlimits für jeden Kontrahenten können unter Berücksichtigung der erwarteten und unerwarteten Ausfälle eines Portfolios so definiert werden, dass sie ein maximal akzeptiertes Verlustpotenzial beschreiben. Die mindestens einmal handelstäglich ermittelte Risikoexposition muss kleiner gleich dem Kreditlimit bleiben. 38

D. Liquiditätsrisiken

Jedes Unternehmen muss sicherstellen, dass Zahlungsverpflichtungen erfüllt werden können. Die Zahlungsverpflichtungen sowie vor allem deren Fälligkeiten resultieren im Energiehandel aus den Produkteigenschaften sowie den Regelungen der Rahmenverträge. Unter Liquiditätsrisiko wird das Risiko bezeichnet, die Mittel für die Zahlungsverpflichtungen nicht oder nur zu erhöhten Kosten beschaffen zu können. Beim Handel mit Produkten, die nicht einem Clearing-Mechanismus[15] unterliegen, sind die Liquiditätsbedarfe gut planbar. Bei geclearten Produkten entstehen Zahlungsverpflichtungen aus verschiedenen Margin-Zahlungen, die von den Marktpreisbewegungen abhängig sind. Hier bieten sich zur Steuerung analoge Maßnahmen, wie oben unter den Marktpreisrisiken skizziert, an. 39

E. Operationelle Risiken

Neben den Markt- und Kreditrisiken existieren diverse Risiken, die sich aus dem operativen Betrieb des Energiehandels ergeben. 40

I. Personalbedarfsrisiken und Fehlverhalten

Der Energiehandel ist ein Geschäft, welches primär durch die Fähigkeiten der Mitarbeiter getrieben wird. Um die Ziele erreichen zu können, muss ausreichend qualifiziertes Personal beschäftigt werden. Auf der anderen Seite besteht permanent das Risiko, dass vorhandenes Personal abwandert. Weitere Risiken entstehen, wenn aufgrund menschlichen 41

[15] Vgl. zum Clearing, *Pilgram*, § 20 in diesem Band.

Versagens ein Schaden für das Unternehmen resultiert oder bei Personalausfall keine entsprechende qualifizierte Vertretung verfügbar ist. Sowohl bei der Aufnahme einer neuen Tätigkeit als auch bei einer routinierten Geschäftsabwicklung können Fehler oder Manipulationen auftreten. Insbesondere bei neu auf den Markt kommenden Instrumenten ist die Analyse der Risikofaktoren aber auch die Etablierung der für den Handel notwendigen Prozesse komplex und damit zeitaufwändig. Dadurch steigt die Eintrittswahrscheinlichkeit, dass bei der Wahrnehmung dieser Aufgaben Fehler gemacht werden.

42 Grundsätzlich ist eine Funktionstrennung zwischen Frontoffice sowie Backoffice zu etablieren. Hierbei obliegt dem Backoffice die Kontrolle essentieller Geschäftsvorgänge. Sie erfolgt nach dem fest verankerten **Vier-Augen-Prinzip**. Hierunter fallen insbesondere alle Geschäftsprüfungen.

43 Aber auch die Tätigkeiten der Mitarbeiter des Frontoffice sind zu beschränken, um die Wahrscheinlichkeit eines Schadens aus menschlichem Fehlverhalten zu reduzieren.

II. Ausfall von Systemen und Software-Funktionen

44 Die Abwicklung der Geschäfte im Energiehandel ist überwiegend EDV-technisch unterstützt und weitestgehend automatisiert. Diese hohe Abhängigkeit von der IT drückt sich an dem hohen Anteil der IT-Kosten an den Gesamtkosten des Handels aus. Bei einem Ausfall der technischen Geräte, die für die Durchführung der Geschäfte benötigt werden, kann es zu finanziellen Schäden kommen. Daher ist es notwendig, die Zuverlässigkeit der Systeme zu gewährleisten und Ausweichmöglichkeiten für die Datenübermittlung und -generierung, z. B. durch Notarbeitsplätze mit entsprechenden Übungen, sicherzustellen.

III. Ablauforganisatorische Risiken

45 Ablauforganisatorische Risiken treten sowohl innerhalb des Energiehandels als auch an der Schnittstelle zwischen dem Handel und angrenzenden Bereichen auf. Das kann insbesondere geschehen, wenn Verantwortung und Kompetenz für einzelne Prozesse inkl. eingesetzter Methoden und Modelle sowie Aufgaben nicht eindeutig geregelt sind bzw. Anweisungen fehlen oder nicht ausreichend spezifiziert wurden.

46 Um das organisatorische Risiko zu minimieren, ist es notwendig, für sämtliche Prozesse Abläufe, Verantwortlichkeiten und Vertretungsbefugnisse festzulegen. Von der Geschäftsführung benannte Prozessverantwortliche sind für das Schnittstellenmanagement verantwortlich. Durch das Vier-Augen-Prinzip wird gewährleistet, dass die ablauforganisatorischen Risiken minimiert werden.[16]

---

[16] Vgl. Rdnr. 41.

IV. Nicht-Verfügbarkeits-Risiken

Im Rahmen des Energiehandels sind Unternehmen dem Risiko ausgesetzt, dass Kapazitäten (Erzeugung, Speicher, Transport) ausfallen können bzw. nicht verfügbar sind. Ein **Kapazitätsausfall** kann zu teuren Ersatzbeschaffungen oder einem erlösarmen Ersatzverkauf, z. B. in Form einer außergewöhnlichen Inanspruchnahme/Einspeisung von Ausgleichsenergie, führen. 47

Das Risiko ist abzuschätzen und über das Reporting transparent zu steuern. In Entscheidungsgremien sollten regelmäßig die Möglichkeiten der Risikoabsicherung (z. B. Abschluss von Reserveverträgen) erörtert und entschieden werden.

V. Rechtliche Risiken

Geschäfte werden auf Basis von Rahmenverträgen und/oder Einzelbestätigungen/-verträgen geschlossen. Neben transaktionsbezogenen Daten (z. B. Vertragspreis und -menge) sind in den Verträgen risikorelevante Vereinbarungen enthalten, z. B. zum Austausch von Garantien oder Netting. 48

Das rechtliche Risiko steigt mit der Anzahl der eingesetzten, teilweise nicht standardisierten Vertragstypen, die sich möglicherweise noch auf unterschiedliche nationale Gesetzgebungen beziehen. Somit sollten möglichst **standardisierte Verträge** eingesetzt werden. Es sollte ein Vertragsfreigabeprozess etabliert werden, der die Einbindung der Rechtsabteilung bzw. professioneller Rechtsberatung vorsieht. Sämtliche Sondervereinbarungen sollten von der Rechtsabteilung oder beauftragten Dritte geprüft und durch die Rechtsabteilung genehmigt werden. 49

F. Schlussbemerkung

In diesem Beitrag wurden wesentliche Risiken des Handelsgeschäftes beschrieben. Hierbei wurde der Fokus auf Standardprodukte des deutschen Marktes gelegt und dadurch der Rahmen dieser Arbeit begrenzt. Zweifelsohne entstehen aus jeder unternehmerischen Aktivität und damit auch aus Handelsgeschäften Risiken. Diese Risiken wurden unterteilt in die Kategorien „Marktrisiken“, „Kreditrisiken“ und „operationelle Risiken“. Insbesondere die Marktpreis- und Kreditrisiken lassen sich quantifizieren und entsprechend auch mittels quantitativer Verfahren steuern. Operationelle Risiken werden momentan in praxi überwiegend mittels organisatorischer Maßnahmen begrenzt. 50

§ 13 Entwicklung der deutschen Energiemärkte

A. Einführung

1 Im Gegensatz zu anderen europäischen Ländern zeichnet sich die deutsche Energiewirtschaft durch eine dezentrale Struktur aus, in der die Regionalversorger einen großen Marktanteil in Vertrieb und Erzeugung haben. Die historische Entstehung dieser besonderen Marktstruktur, die seit 1998 regulatorisch und marktseitig vorangetriebene Entstehung der Energiehandelsmärkte sowie die Entwicklung der deutschen Energiebranche unter den sich weiter ändernden regulatorischen Rahmenbedingungen und staatlichen Zielsetzungen soll im Folgenden nachgezeichnet werden.

2 Die hohe volkswirtschaftliche Bedeutung der Energiewirtschaft, ihre hohe Öffentlichkeitspräsenz sowie resultierend aus der regulatorischen Gestaltung der Energiemärkte die künstliche Trennung von Energie und Transport machten und machen die Struktur der Energiewirtschaft zum Ergebnis eines Wechselspiels zwischen staatlicher Regulierung und Marktagieren. Dieses Wechselspiel soll im Folgenden dargestellt werden.

B. Die Entwicklung und Struktur des Strommarktes

I. Entwicklung und Struktur der Stromversorgung vor der Neuregulierung

3 Die ehemalige Struktur der deutschen Stromwirtschaft dokumentiert das im Jahre 1935 verabschiedete Energiewirtschaftsgesetz (EnWG)[1] in seiner ursprünglichen Form: Als 1933 die Weimarer Republik endgültig kollabierte und die Nationalsozialisten die Macht ergriffen, hatten sich die Energieversorgungsunternehmen (EVU) schon weitgehend geeinigt und ihre Versorgungsgebiete auf privatrechtlichem Wege abgegrenzt. Dies geschah durch Konzessionsverträge, mit denen die Gemeinden über ihr Wegerecht verfügten, und durch Demarkationsverträge, mit denen die großen EVU ihre Tätigkeitsbereiche untereinander abgrenzten. Das 1935 erlassene EnWG sanktionierte im Wesentlichen den bereits vor 1933 erreichten Status quo. Offiziell diente das Gesetz dazu, „die Energieversorgung so sicher und billig wie möglich"[2] zu machen. In einem

[1] Gesetz zur Förderung der Energiewirtschaft (Energiewirtschaftsgesetz – EnWG) v. 13.12.1935, RGBl. I S. 1451.

[2] Präambel des EnWG v. 13.12.1935, RGBl. I S. 1451.

geheimen Erläuterungsbeschluss unterstrichen die Beteiligten jedoch ausdrücklich die kriegswirtschaftliche Bedeutung des Gesetzes. Durch garantierte Versorgungsgebiete für die Stadtwerke sollte die regionale Erzeugung gefördert und die beginnende Zentralisierung der Energieerzeugung aufgehalten werden, da Großkraftwerke als leichtes Ziel für Luftangriffe angesehen wurden.[3]

Nach 1945 blieb das Gesetz in Westdeutschland weitgehend unverändert in Kraft. Das 1957 erlassene Gesetz gegen Wettbewerbsbeschränkungen (GWB)[4] stellte die Gebietsschutzverträge der Stromversorger ausdrücklich vom Kartellverbot frei. Ersatzweise unterlagen die Stromversorger dafür einer besonderen Missbrauchsaufsicht durch die Kartellbehörden. Die langfristigen Lieferbeziehungen (häufig über 20 Jahre) waren vertikal angeordnet, wobei Verbundunternehmen den überwiegenden Anteil der Stromerzeugung ca. (80 %) und die gesamte Distribution auf Höchstspannungsebene vornahmen. 80 Regionalversorger belieferten wiederum die in ihrem Gebiet liegenden etwa 900 kommunalen Stadtwerke, die einen Großteil des Endkundenzuganges besaßen. Die Vertragsbeziehungen regelten somit die Verteilung der durch die großen Verbundunternehmen erzeugten Elektrizitätsmengen. 4

In Ostdeutschland wurde die Stromwirtschaft, die sich bereits zu großen Teilen in öffentlichem Besitz befand, nach dem Krieg restlos verstaatlicht. Die DDR erzeugte ihren Strom in acht Kombinaten, die für die Energieproduktion insgesamt verantwortlich waren, also auch für die Bereitstellung der Braunkohle und anderer Brennstoffe zu sorgen hatten. Die Verteilung des Stroms oblag 15 weiteren Kombinaten, die in ihrem jeweiligen Bezirk für die gesamte Energieversorgung zuständig waren. 5

Als die DDR zusammenbrach, kamen alle staatlichen Betriebe und damit auch die gesamte Stromversorgung in das Eigentum der Treuhandanstalt. Unter diesen Umständen gelang es den drei westdeutschen Konzernen RWE, PreussenElektra und Bayernwerk, sich einen bestimmenden Einfluss auf allen Ebenen der ostdeutschen Stromversorgung zu sichern. Die früheren Energiekombinate der 15 DDR-Bezirke wurden in regionale Stromversorger umgewandelt. Anfang 1994 verkaufte die Treuhandanstalt jeweils 51 % der Anteile an diesen Regionalversorgern den westdeutschen Verbundunternehmen. Mit den restlichen 49 % sollten die Kommunen für die Überlassung bzw. Nichtrückgabe ihrer Netze und sonstigen Versorgungseinrichtungen entschädigt werden. Einige ostdeutsche Kommunen reichten jedoch hiergegen eine erfolgrei- 6

[3] Vgl. *Kehrberg*, Die Entwicklung des Elektrizitätsrechts in Deutschland.
[4] Gesetz gegen Wettbewerbsbeschränkungen (GWB) v. 27.7.1957, BGBl. I S. 1081.

che Klage ein und erhielten ihre Stadtwerke zurück.[5] Im Endergebnis übernahmen die Verbundunternehmen zwar die Großstromproduktion und das Transportnetz sowie die Regionalversorger, mussten aber das Endkundengeschäft in zahlreichen Kommunen den neuen Stadtwerken überlassen. In den ostdeutschen Bundesländern entstand so dieselbe dreistufige Struktur der Stromwirtschaft mit Verbundunternehmen, Regionalversorgern und Stadtwerken wie in den alten Bundesländern.[6]

7 Die **vor der Neuregulierung** ab 1999 typischen Vertragsstrukturen für eine Stadtwerk-Belieferung lassen sich in der folgenden Weise gruppieren:[7]

8 **Vollversorgung:** Der Kunde bezog den kompletten Strombedarf von einem einzigen Lieferanten, wobei keine genauen Angaben über Umfang und zeitlichen Verlauf des Verbrauchs notwendig waren.

9 **Zusatz- und Reservelieferung:** Bei vorhandener Stromeigenerzeugung bezog der Kunde den zusätzlichen Bedarf und die Reservelieferung bei Ausfall der Eigenerzeugung von einem Lieferanten.

10 Die Verträge enthielten eine **Demarkation** für ein bestimmtes Versorgungsgebiet und Verwendungsvorschriften für die bezogene Energie und hatten eine Laufzeit von typischerweise 20 Jahren, die sich an den Amortisationszeiträumen der Erzeugungsanlagen orientierte. Die Preisgestaltung war kostenbasiert und enthielt i. d. R. Kohlepreis- und Tariflohnindizes. Regelungen zur Netznutzung waren immanenter Bestandteil, ebenso wie Vereinbarungen zur Vertraulichkeit, die zusätzlich zur Intransparenz auf dem Markt beitrugen.

11 Diese langfristige Struktur der Verflechtung und Vertragsbeziehungen waren den beteiligten Unternehmen nicht unrecht, da sie der langfristigen Natur der Investitionen in Energieerzeugung und -verteilung (Kraftwerksbau, Netzinvestitionen) entsprach. Langfristige Projekte konnten mit sicheren Margen geplant werden. Am Ende der Wertschöpfung sorgte ein garantierter Kundenstamm des Stadtwerks dafür, dass alle entstandenen Kosten weitergegeben werden konnten. Somit kam aus der Energiebranche selbst wenig Antrieb für eine Systemumstellung. Ein beschränkter, gegenseitiger Handel, der entweder auf Mengenbasis ausgeglichen oder auf Kostenbasis vergütet wurde, fand zwischen den großen Häusern auch unter diesen Rahmenbedingungen statt.

---

[5] Vgl. zum sog. Stromstreit *Becker,* Aufstieg und Krise der deutschen Stromkonzerne, S. 50 ff.

[6] Vgl. *Leuschner*, Die Stromwirtschaft der neuen Länder wird ebenso gegliedert wie im Westen, abrufbar unter http://www.udo-leuschner.de/basiswissen (Link: Die Entwicklung der deutschen Stromversorgung bis 1998 > Die Stromwirtschaft der neuen Länder wird ebenso gegliedert wie im Westen), Stand Abruf: Dezember 2016.

[7] Vgl. *Baier/Koch,* in: Trommsdorff, Handelsforschung, S. 53.

II. Neuregulierung der Branche

Der Erfolg und die große Popularität, die die Neuregulierung des Telefonmarktes mit regulierter Durchleitung durch das Netz des ehemaligen Monopolisten und dem Wettbewerb ausgesetzte Betreiber mit sich brachte, lösten auf europäischer und nationaler Ebene eine politische Diskussion der bestehenden energiewirtschaftlichen Strukturen aus. Man erwartete, dass die Trennung von Netz und Energie und die Etablierung eines freien Energiemarktes auch im Energiesektor zu Konkurrenz sowie damit zu erheblichen Preissenkungen für die Endverbraucher führen würden. Mit dem Erlass der europäischen Elektrizitätsbinnenmarkrichtlinie im Jahre 1996 (**EltRL 1996**)[8] wurden die EG-Mitgliedstaaten verpflichtet, die damit verbundene Neuregulierung der Elektrizitätsmärkte bis zum 19.2.1999 umzusetzen. Initiiert durch diese Richtlinie wurden 1998 mit der Neufassung des EnWG die rechtlichen Grundlagen für eine vollständige Öffnung des Endkundenmarktes in Deutschland geschaffen. Die Festlegung der Spielregeln auf dem neuen Wettbewerbsmarkt wurde jedoch weitgehend den Marktteilnehmern überlassen. Die Branche reagierte auf den öffentlichen Druck mit Vereinbarungen zur gegenseitigen diskriminierungsfreien Netznutzung zu transparenten Preisregeln. Mit Unterzeichnung der **Verbändevereinbarung Strom II** (VV Strom II) am 13.12.1999 wurde durch den Wechsel zu einem transaktionsunabhängigen Netzzugangsmodell die Voraussetzung für die Entstehung von Handelsmärkten geschaffen. 12

III. Handelshemmnisse der Frühphase der Marktentwicklung

Zu Beginn der Neuregulierung wurde sofort der gesamte Endkundenmarkt für den Wettbewerb freigegeben. Dennoch ließ der Wettbewerb um Endkunden auf sich warten. Wesentliche Ursachen dafür waren bestehende **langfristige Lieferverträge** und unzureichende Marktregelungen in der **VV Strom I**. Ein erklärtes Ziel der VV Strom I vom 22.5.1998 war es, den Netzzugang und die damit verbundenen Entgelte diskriminierungsfrei und transparent zu gestalten, um damit den Wettbewerb zwischen Unternehmen der Elektrizitätswirtschaft um die Endkunden zu fördern. Die Vereinbarung regelte die Durchleitung von Energie in fremde Netzgebiete durch ein **Punkt-zu-Punkt-Modell**, was den Wettbewerb in Form der Durchleitung von netzfremder Energie formal gewährleistete, aber mit hohem Transaktionsaufwand belegte. Dadurch kam lediglich der Wettbewerb zur physischen Belieferung von Großkunden langsam in Gang. Spekulativer Handel und physischer Handel mit hoher Umschlaghäufig- 13

[8] Richtlinie 96/92/EG des Europäischen Parlaments und des Rates vom 19.12.1996 betreffend gemeinsame Vorschriften für den Elektrizitätsbinnenmarkt, ABl. EU Nr. L 27, v. 30.1.1997, S. 20 ff.

keit vor der Erfüllung konnten durch die Transaktionsbezogenheit des VV-Strom-I-Modells, hohe Transaktionskosten und lange Anmeldevorlauffristen für die Durchleitung nicht zustande kommen. Die Regelungen der VV Strom I machten auch einen anonymisierten Börsenhandel unmöglich.

14 In den fünf neuen Bundesländern schloss die **Braunkohleschutzklausel** im neuen EnWG westdeutsche Lieferanten teilweise von der Lieferung in Ostdeutschland aus.

15 In der ursprünglichen Form der VV Strom II war Deutschland in **zwei Handelszonen** unterteilt. Zur Handelszone Nord gehörten die Netzgebiete der BEWAG, der HEW, PreussenElektra, der VEAG und der VEW. Zur südlichen Zone gehörten die Netzgebiete der Bayernwerke, EnBW und RWE. Bei Überschreitung der Handelsgrenzen wurde ein Transportentgelt erhoben. Analoge Entgelte wurden bei Überschreitung der Kuppelstellen des deutschen Netzes vom und zum Ausland erhoben. Nachdem die Kartellaufsichtsbehörde in Brüssel das Transportentgelt für ungültig erklärte, gaben die deutschen Verbundunternehmen am 21.8.2000 bekannt, auf das Transportentgelt zu verzichten.

16 Des Weiteren blieb die Preissensitivität und die damit verbundene Wechselbereitschaft von Kleinkunden lange Zeit gering, wodurch die alten Strukturen in der Energiebranche lange fortdauern.

IV. Entstehung des OTC-Terminhandels (Over the Counter Terminhandel)

17 Ein Stromhandel mit Forwards in bedeutendem Umfang stellte sich in Deutschland erst ca. ½ Jahr nach der VV Strom II und mit der Abschaffung der Nord-Süd-Handelsgrenze auf der Übertragungsnetzebene im Sommer 2000 ein. Mit Einführung der VV Strom II war es möglich, Saldierungen aller Energielieferungen und Bezüge über eine komplette Regelzone vorzunehmen, sodass nicht mehr die Punkt-zu-Punkt-Lieferung durch einen einzelnen Vertrag, sondern nur noch der Gesamtsaldo aller Verträge innerhalb einer Regelzone ausgeglichen werden musste. Alle Handelsgeschäfte wurden nun über die Höchstspannungsebene abgerechnet. Netznutzungsgebühren werden ausschließlich für die physische Endkundenbelieferung fällig. Dies verringerte die mit dem Handel verbundenen Transaktionskosten deutlich und die Liquidität auf den Handelsmärkten stieg.

18 In der Anfangszeit der Neuregulierung bestand zudem für viele Versorger eine Arbitragemöglichkeit, Teilmengen auf den neu entstandenen Terminmärkten zu jetzt billigeren Markt-Konditionen zu beschaffen, als die vereinbarten Konditionen des immer noch bestehenden langfristigen Liefervertrags. Restmengen und die nötigen Mengenflexibilitäten wurden dabei nach wie vor aus dem langfristigen Liefervertrag gezogen.

Diese gewinnträchtigen Geschäfte zu Ungunsten der Vorversorger sorgten für einen starken Anreiz bei den Stadtwerken, in das Handelsgeschäft einzusteigen.

In Reaktion auf das genannte Arbitrageverhalten der Stadtwerke und später in Reaktion auf den starken Preisanstieg auf den Terminmärkten waren die Vorversorger seit der Entstehung der OTC-Märkte bemüht, ihre langfristigen Verpflichtungen aus den alten Lieferverträgen schnell unter möglichst geringen Kosten zu beenden. Neue längerfristige Verträge wurden nur noch ausnahmsweise abgeschlossen. Der Preis und die Laufzeit aller abgeschlossenen Stromverträge orientierten sich jetzt an den Handelsprodukten, die einen Zeitraum bis zu drei Jahren abdeckten. 19

V. Entstehung der Strombörse

Der Aufbau anonymisierter **elektronischer Handelssysteme** und **Brokerplattformen** trug stark zur Entwicklung der Liquidität auf den Handelsmärkten bei. Eine bedeutende Plattform in der Anfangszeit war Enron-Online, auf der Terminkontrakte und auch Optionen gehandelt werden konnten. Mit der prominenten Insolvenz des Marktteilnehmers Enron, der wesentlich zur Liquidität im OTC-Handelsmarkt beigetragen hatte, wurde für viele Unternehmen im Jahre 2001 die Wahrnehmung auf Kontrahentenrisiken gelenkt. Somit gewann die Börse als Kontrahent an Attraktivität. 20

Bereits im Juni 2000 startete die **Strombörse** Leipzig Power Exchange (LPX) mit einer Spotauktion, in der individuelle Stunden sowie Blöcke gehandelt und physisch glattgestellt werden konnten. Die Versorger konnten erstmals ihren gesamten Endkundenbedarf auf den Handelsmärkten beschaffen und die täglichen Schwankungen der Kundenlast auf einem Handelsmarkt ausgleichen. Dies ermöglichte erst die Ablösung klassischer Lieferverträge mit Flexibilitäten auf dem Versorgermarkt. Die Preisbildung auf dem Spotmarkt wird durch fundamentale Einflussfaktoren wie z. B. aktuelle Last, Kraftwerksverfügbarkeit, Temperatur, Windangebot, Niederschlagsmengen und Speicherinhalte bestimmt und spiegelt entsprechend die wechselnde Verfügbarkeit insbesondere der erneuerbaren Energiequellen wider. 21

Im März 2001 nahm die Frankfurter European Power Exchange (EEX) zusätzlich zum bestehenden Spothandel den Terminhandel auf. Gehandelt wurden – abgesehen vom Clearing – ähnliche Produkte wie im OTC-Terminmarkt. 22

2 fusionierten die beiden deutschen Strombörsen zur neu- nergy Exchange AG (EEX)[9] mit Sitz in Leipzig. Die Pro- m Wesentlichen dieselben.

auch der Optionshandel an der Börse möglich und Ende wurde der sog. **Intraday-Handel** (untertägige Lieferung) begonnen.

25 In den darauffolgenden Jahren konnte die EEX ihr Produktportfolio beständig erweitern, wie auch steigende Umsätze in den wichtigen Bestandsprodukten verzeichnen. Hinzu kam der Handel in CO_2-Zertifikaten, finanziell gesettelte Kohlefutures, der Gashandel und der Spothandel Strom in Viertelstundenkontrakten. Das Clearing-Geschäft wurde 2006 in eine eigene Tochtergesellschaft European Commodity Clearing AG (ECC) ausgelagert und als separate Dienstleistung auch für andere Börsen vermarktet.

VI. Europäische Integration

26 Die neuere Entwicklung der deutschen Strommärkte ist durch zwei ebenfalls stark regulatorisch getriebene Ziele bestimmt. Das erste Ziel wird von der EU vorangetrieben. Die EU strebt einen europäischen Strom- und Gasmarkt mit möglichst europaweit gleichen Marktpreisen an, der transparent ist und einer den Finanzmärkten vergleichbaren Regulierung unterliegt. Unabhängig davon und auf nationalem Wege strebt die deutsche Regierung an, einen möglichst großen Teil der deutschen Energieerzeugung auf Erneuerbare Energien umzustellen.

27 Voraussetzung für einen europäischen Strompreis ist, dass die beteiligten Länder ähnliche Strommarktstrukturen besitzen. D. h. auf dem Terminmarkt werden vergleichbare Produkte gehandelt und die täglichen Stundenpreise, die für die tatsächliche Fahrweise der Erzeugung relevant sind, werden an der Börse mit ähnlicher Produktgestaltung bestimmt. Unter diesen Umständen können die nationalen Börsen über eine Kopplung miteinander verbunden werden.

28 Bei völlig gleicher Marktgestaltung und ausreichenden grenzüberschreitenden Übertragungskapazitäten können Angebot und Nachfrage zweier Länder in einer Börse zusammengeführt und ein für beide Länder geltender, gleicher Preis ermittelt werden.

29 Sind Marktgestaltung und Börsenprodukte identisch, aber keine ausreichenden Grenzübergangskapazitäten vorhanden, so muss der Preis, der sich aus Angebot und Nachfrage ergibt, zunächst für beide Länder getrennt ermittelt werden. Danach wird ein Energiefluss von dem billigen Land in das teurere in Höhe von höchstens der verfügbaren Grenzübergangskapazität unterstellt. Ist die Grenzkapazität in der jeweiligen Stunde ausreichend, um die beiden Preise anzugleichen, entsteht in bei-

[9] Vgl. unter www.eex.com/de, Stand Abruf: Dezember 2016.

den Ländern der gleiche Preis. Ist dies nicht der Fall, bleibt ein Preisunterschied bestehen, der nicht mehr durch eine Lieferung von dem billigen in das teure Land ausgeglichen werden kann, da hierfür keine Grenzkapazität mehr vorhanden ist. Das Verfahren führt zu einer optimalen Ausnutzung kurzfristig verfügbarer Grenzkapazitäten.

Unterschiede in Produkt- und Marktgestaltung können dazu führen, dass in einem Land ein günstigerer Preis zustande kommt als im Nachbarland, aber dennoch jeder unterstellte Fluss von dem billigen in das teure Land wieder zu einer Preisdifferenz führt (möglicherweise mit umgekehrten Vorzeichen), die höher ist, als die vorher erreichte. Somit ist zur Schaffung eines europäischen Energiemarktes dreierlei notwendig: Die Vereinheitlichung des Marktdesigns, insbesondere der kurzfristigen Märkte in Europa, der Ausbau des europäischen Netzes und die Kopplung der Börsen über geeignete Verfahren zur Preisermittlung und Netzmodellierung. 30

Die Kopplung europäischer Märkte stellt einen komplexen Prozess dar, der Schritt für Schritt durchgeführt werden muss. Ein wichtiger Schritt in Westeuropa folgte 2006 mit der Einführung des impliziten **Market Coupling Systems** zwischen den Niederlanden, Belgien und Frankreich (Trilateral Market Coupling, TLC). Dieser innovative Marktmechanismus verband die drei Strombörsen APX, Belpex sowie Powernext und die nationalen Netzbetreiber Elia (Belgien), RTE (Frankreich) und TenneT (Niederlande). Das Preiskopplungssystem hat die Preise in dieser Region stabilisiert und zu einer besseren Nutzung der Kapazitäten geführt. 31

Auch die EEX leistete 2008 einen Beitrag zur Konsolidierung des europäischen Strommarktes durch die Zusammenführung der Stromderivate-Märkte in Deutschland und Frankreich in der EEX Power Derivatives und 2009 durch die Etablierung eines gemeinsamen Spotmarktes für Deutschland, Frankreich, Australien und die Schweiz in dem EPEX Spot SE Merger. 32

Im Rahmen des europäischen Projektes erfolgte Ende 2010 die Kopplung der CWE-Märkte (Central Western Europe) und der Nordic-Region (Skandinavien). Gekoppelt waren nunmehr Belgien, Frankreich, Luxemburg, Deutschland, Niederlande, Skandinavien und Estland. Damit einher ging eine Harmonisierung der Börsenschlusszeiten der Day-ahead-Märkte dieser Strombörsen. Zur Angleichung der Preise in der Region trägt nicht unwesentlich die Hochspannungs-Gleichstrom-Übertragungsleitung NorNed zwischen den Niederlanden und Norwegen bei, die bereits im Jahr 2008 in Betrieb ging. Die Leitung ist als Seekabel ausgeführt und führt von Feda in Norwegen nach Eemshaven in den Niederlanden. 33

34 Im Jahr 2011 erfolgte mit der Inbetriebnahme des BritNed-Interkonnektors eine partielle Kopplung mit Großbritannien. Mittlerweile sind die Day-ahead- und Intraday-Märkte von CWE, NWE (North Western Europe) und Großbritannien gekoppelt. Auch bei Ausgleichs- und Nebenleistungen wird an einer Harmonisierung der Marktgestaltung gearbeitet. Hierbei handelt es sich um spezialisierte Leistungen, die von Übertragungsnetzbetreibern eingekauft werden, um Systemgleichgewicht und Netzsicherheit zu gewährleisten.

35 Der vollständig integrierte Strommarkt in Europa soll stabilere Preise und eine größere Versorgungssicherheit bieten.

36 Parallel wurde von der EU das Ziel einer größeren Transparenz der europäischen Energiemärkte in Bezug auf Fundamental- und Handelsdaten verfolgt. Dies manifestierte sich 2011 in der REMIT (Verordnung über die Integrität und Transparenz des Energiegroßhandelsmarktes).[10] Die Verordnung sieht ein Meldewesen für sämtliche Energiehandelsgeschäfte und zahlreicher Fundamentaldaten vor. Die vollständige Umsetzung steht noch aus.

37 Einen wesentlichen Beitrag zur Förderung und Propagierung von Transparenz auf den europäischen Energiemärkten leistete von der Marktseite her die EEX über ihre bereits im Oktober 2009 gemeinsam mit den vier deutschen Übertragungsnetzbetreibern und großen Erzeugern etablierte Transparenzplattform, auf der Erzeugungsdaten auf freiwilliger Basis veröffentlicht werden konnten.

VII. Integration Erneuerbarer Energien

38 Seit dem Jahr 1991 wird in Deutschland die Stromerzeugung aus Erneuerbaren Energien (Wind, Solar, Biomasse, Geothermie, Deponie-, Klär- und Grubengas) zunächst über das Stromeinspeisegesetz von 1991,[11] ab dem Jahr 2000 über das regelmäßig novellierte Erneuerbare-Energien-Gesetz (EEG)[12] mit garantierten Festpreisen gefördert. Die Differenz zwischen den garantierten Vergütungssätzen für die Erzeuger und den für den so erzeugten Strom erzielbaren Marktpreisen wird auf die Verbraucher proportional zu ihrem Energieverbrauch umgelegt.

39 Infolge der massiven Förderung stieg die Stromerzeugung aus Erneuerbaren Energien in den Jahren 2000 bis 2010 von 10,4 TWh auf

[10] Verordnung (EU) Nr. 1227/2011 des Europäischen Parlaments und des Rates vom 25.10.2011 über die Integrität und Transparenz des Energiegroßhandelsmarkts (REMIT), ABl. EU Nr. L 326, v. 8.12.2011, S. 1 ff.

[11] Gesetz über die Einspeisung von Strom aus erneuerbaren Energien in das öffentliche Netz (Stromeinspeisungsgesetz – StrEG) v. 7.12.1990, BGBl. I S. 2633.

[12] Gesetz für den Ausbau erneuerbarer Energien (Erneuerbare-Energien-Gesetz – EEG) v. 21.6.2014, BGBl. I S. 1066, zuletzt geändert durch Gesetz v. 13.10.2016, BGBl. I S. 2258.

90,2 TWh an und stellt mittlerweile (2015) bereits 30 % der Energieerzeugung in Deutschland. Die Vergütung zu Fixpreisen führt zu einer vom Bedarf unabhängigen Einspeisung der Erneuerbaren Energien. Auch die jüngsten Novellierungen des EEG haben hieran wenig geändert. Zumindest wird die Einspeisung bei bereits negativen Strompreisen jetzt nicht mehr gefördert. Der Restbedarf, der nach Abzug der Einspeisung des Stroms aus Erneuerbaren Energien von dem konventionellen Kraftwerkspark, der die Marktpreise im Wesentlichen bestimmt, zu decken ist, zeigt eine immer extremere Struktur. Flexible Kraftwerke, die in der Lage sind, die entstehende Reststruktur zu liefern, müssen mit immer weniger Benutzungsstunden rechnen, in denen sie ihre Fixkosten decken können. Allgegenwärtig droht somit die Abschaltung moderner, flexibler, für die Versorgungssicherheit notwendiger Kraftwerke wegen Unwirtschaftlichkeit.

Die Integration der Erneuerbaren Energien in den Strommarkt und eine entsprechende Überarbeitung des Marktdesigns stellt eine Herausforderung dar, der sich die Regulatoren mit Weißbuch und Grünbuch gestellt haben, ohne dass bisher eine wirkliche Lösung der Anreizprobleme des derzeitigen Marktdesigns in Aussicht wäre. 40

C. Die Entwicklung und Struktur des Gasmarktes

I. Die Geschichte der Gasversorgung

Die Geschichte der deutschen Gasversorgung beginnt in den 20er Jahren des 19. Jahrhunderts. Bereits zu diesem Zeitpunkt hatte es sich die englische Firma Imperial Continental Gas Association in ihrer Gründungsurkunde zum Ziel gesetzt, die Gasversorgung in den größeren Städten des Kontinents einzuführen.[13] Technische Basis hierfür war und blieb bis in die Mitte des 20. Jahrhunderts die Steinkohlevergasung. Um die Jahrhundertwende begannen die Kommunen eigene Gasversorgungsanlagen zu bauen und mit den Engländern in Konkurrenz zu treten. Wenig später wurden Fernversorgungen wirtschaftlich. Im Jahr 1926 wurde die Ruhrgas AG gegründet, die sich den Aufbau einer großräumigen Ferngasversorgung aus den Kokereien des Ruhrgebiets zum Ziel setzte. 41

Die Energienutzung von Erdgas spielte in Westdeutschland noch Anfang der 1960er Jahre eine völlig untergeordnete Rolle. Bis weit in die 1970er Jahre wurde die Gasversorgung der meisten westdeutschen Städte durch Stadtgas aus Steinkohlevergasung sichergestellt. In den ostdeutschen Städten erfolgte die Umstellung auf Erdgas teilweise erst in den 1990er Jahren. Die letzte deutsche Stadt war 1996 Berlin (West). Als 42

[13] *Bärthel*, Die Geschichte der Gasversorgung in Berlin.

Bezugsquellen für Erdgas kamen in Westdeutschland zunächst nur holländische und deutsche Vorkommen in Frage. Dies änderte sich erst mit der Entdeckung größerer Vorkommen in der Nordsee und in der Sowjetunion.

43 Den Wendepunkt stellte dabei der Geschäftsabschluss der Konzerne Ruhrgas AG, Mannesmann und Deutsche Bank mit sowjetischen Regierungsvertretern aus dem Jahre 1970 dar. Der Vertrag verpflichtete Mannesmann zur Lieferung von 1,2 Mio. t Großrohren für eine Gaspipeline von 2.000 km Länge in die Sowjetunion. Die Deutsche Bank finanzierte das Geschäft mit einem Kredit über 1,2 Mrd. DM zu günstigen Konditionen. Im Gegenzug verpflichtete sich die Sowjetunion über einen Zeitraum von 20 Jahren 52 Mrd. m^3 Gas im Wert von 2,5 Mrd. DM nach Westdeutschland zu liefern. Die Ruhrgas AG übernahm in Monopolstellung die Verteilung des sowjetischen Gases. Der Vertrag hatte politische Brisanz. Ebenso wie andere europäische Unternehmen unterliefen die deutschen Firmen hiermit ein US-Embargo für den Pipelinebau. Trotz strenger Geheimhaltung gelangten Informationen zu den Vertragskonditionen an die Öffentlichkeit.[14]

44 Der Vertrag ermöglichte der Sowjetunion die Erschließung der enormen neu entdeckten Erdöl- und Gasfelder in Westsibirien. Im Jahre 1965 förderte die Sowjetunion 128 Mrd. m^3 Gas, 1970 waren es bereits 197 Mrd. m^3, im Jahre 1975 wurden 289 Mrd. m^3 gefördert und 1980 waren es 435 Mrd. m^3. Einen bedeutenden Teil des geförderten Öls und Gases wurde in die westlichen Länder exportiert. Seit den 1960er Jahren stieg der sowjetische Gasexport von 3 Mrd. m^3 im Jahre 1970 über 19 bzw. 54 Mrd. m^3 in den Jahren 1975 und 1980. 1990 wurden 110 Mrd. m^3 exportiert. Im Dezember 1979 initiierte die Sowjetunion ein weiteres gemeinsames Großprojekt mit den deutschen Partnern: den Bau einer Pipeline von den Jamal-Gasfeldern im Norden Westsibiriens bis nach Westeuropa.[15]

45 Zwischen der Sowjetunion und den Staaten des Ostblocks wurde im Juni 1974 die Lieferung von Gas und Erdöl gegen Bauleistung an der Erdgasleitung Druschba/Freundschaft vereinbart. Während der Konstruktion von 1974 bis 1978 erhielten die beteiligten Länder in der Reihenfolge Bulgarien, Tschechoslowakei, Polen, DDR und Ungarn je einen etwa 550 km langen Bauabschnitt. Der Bauabschnitt der DDR verlief durch die Ukraine. Alle Kosten für Planung, Technik und bis zu 10.000 Beschäftigte

[14] *Bogdan*, Die westdeutsche Ostpolitik und der Zerfall der Sowjetunion, 2011, abrufbar unter http://www.bpb.de/themen (Link: Geschichte > Zeitgeschichte: Deutschland Archiv > DA 2/2011), Stand Abruf: Dezember 2016.

[15] *Bogdan*, Die westdeutsche Ostpolitik und der Zerfall der Sowjetunion, 2011, abrufbar unter http://www.bpb.de/themen (Link: Geschichte > Zeitgeschichte: Deutschland Archiv > DA 2/2011), Stand Abruf: Dezember 2016.

gleichzeitig sowie Infrastruktur für den Betrieb, eine Luftbrücke und Wohnungen der sowjetischen Betreiber waren von der DDR zu tragen. Als Gegenleistung wurde ein Teil des Erdgases kostenlos an die DDR abgegeben. In späteren Jahren wurde die Erdgasleitung weiter ausgebaut und erneut wurden die Abnehmerländer zu Bauarbeiten herangezogen. Die für den Zeitraum 1982 bis 1993 der DDR zugeteilten drei Bauabschnitte der Erdgastrasse wurden durch eine Vielzahl von DDR-Betrieben mit über 10.000 Arbeitern und auch einigen Studenten gebaut. Nach der Wende übernahm das vereinte Deutschland die vertraglichen Verpflichtungen der DDR.[16]

Die Entdeckung großer Vorkommen von Erdgas in der Nordsee in Norwegen Ende der 1970er Jahre verringerte die Abhängigkeit Westeuropas von der russischen Versorgung. Mit der Erschließung von immer mehr Erdgasquellen wurde die Versorgung der Kommunen auf Erdgas umgestellt und das westdeutsche und europäische Versorgungsnetz ausgebaut. Auch hierbei nahm die Ruhrgas AG eine führende Rolle ein, die sich in den folgenden Jahren auch norwegische und holländische Bezugsquellen erschloss. 46

Da Gas nicht in nennenswertem Maße in Deutschland selbst gefördert wird, war die Gasbeschaffung durch langfristige, internationale Verträge mit Ölpreisbindung und über lange Zeiträume kalkulierte Investitionen (Pipelinebau) geprägt. Somit hatten die Importeure ein nachvollziehbares Interesse, auch auf der Absatzseite möglichst ähnliche Strukturen durchzusetzen. Die Versorger haben bei Kraftwerksinvestitionen ebenfalls ein Interesse an langfristigen Gasbezugsverträgen, die der Laufzeit einer Kraftwerksinvestition entsprechen. Im Vertrieb waren letztere über ihre Versorgungsnetze abgesichert. Die Gasimporteure und -verteiler standen somit insgesamt einer Neustrukturierung der Branche negativ gegenüber und verteidigten lange den Status quo. 47

II. Neuregulierung der Branche

Mit der Neuregulierung des Strommarktes wurde seitens der öffentlichen Hand von Anfang an die Erwartung verbunden, dass gleiche oder ähnliche Regeln künftig auch im Gasmarkt zur Anwendung kommen könnten. Doch das Aufbrechen der alten Strukturen dauerte im Gasmarkt wesentlich länger als im Strommarkt. 48

Die rechtliche Öffnung des Endkundenmarktes erfolgte bereits 1998. Eine praktische Auswirkung hatte sie nicht. Regierung und Öffentlichkeit konstatierten noch 2006 einen kaum sichtbaren Anteil neuer Wett- 49

[16] *Wikipedia Community*, Druschba Trasse, abrufbar unter http://de.wikipedia.org/ (Link: Stichwort Druschba-Trasse), Stand Abruf: Dezember 2016.

bewerber, keine Preistransparenz, fast keinen Handel, das Fortbestehen langfristiger Lieferverträge und unzureichende Netzzugangsregelungen.

50 In Reaktion auf den hartnäckigen Fortbestand alter Strukturen wurde im Jahr 2005 das EnWG[17] geändert und die **Bundesnetzagentur** (BNetzA) gegründet. Im Oktober 2006 wurden alle langfristigen Lieferverträge zur Endkundenversorgung (Kommunalgas) durch das Bundeskartellamt für nicht mehr rechtsgültig und somit für nichtig erklärt. Alle Stadtwerke und Weiterverteiler wurden auf diese Weise gezwungen, ihre Lieferverträge in einem neu definierten Rechtsrahmen neu zu verhandeln. Zulässig waren nur noch Vollbedarfslieferungen mit höchstens zwei Jahren Laufzeit, Lieferungen von bis zu 80 % der Gesamtmenge mit bis zu vier Jahren Laufzeit und Langfristverträge für höchstens 50 % des Gesamtbedarfs.

51 Im November 2006 erklärte die BNetzA ein von der Branche in einer ersten Verbändevereinbarung gefordertes transaktionsabhängiges Netzentgelt endgültig für unzulässig. Ein Zweivertragsmodell wie im Strom wurde, nachdem es nicht gelungen war, wie im Strom neue Regelungen auf kooperativem Wege über Verbändevereinbarungen durchzusetzen, nun hoheitlich durchgesetzt. Auch die genaue Form der Umsetzung des Datenaustausches, der Regeln für Ausgleichsenergie usw. wurden schließlich durch die BNetzA auf dem Verordnungswege vorgegeben.

52 Allerdings erlaubte das Gesetz den Netzbetreibern, Deutschland in Marktgebiete zu unterteilen, in denen das Zweivertragsmodell jeweils zur Anwendung kommen sollte. Für die Durchleitung von einem Marktgebiet in ein anderes musste nach wie vor die Durchleitung verhandelt werden. Der Gasmarkt in Deutschland begann somit mit der Unterteilung Deutschlands in 19 Marktgebiete. Zur Begründung für diese Aufspaltung des Gasmarktes wurden angeführt: unterschiedliche Gasqualitäten (H-Gas und L-Gas), unzureichende sichere Transportkapazitäten, mangelnde Transparenz für den Kunden in großen Marktgebieten.[18] Dennoch war der bundesweite Gasvertrieb durch den Durchgriff der BNetzA hiermit erstmals für jeden Versorger möglich geworden. Im Juli 2007 eröffnete die EEX den Spot- und Terminhandel für Gas in den beiden wichtigsten Marktgebieten.

53 Solange der Transport zwischen zwei Marktgebieten nicht ohne weiteres möglich ist, kann in jedem Marktgebiet für dieselbe Lieferung ein unterschiedlicher Preis bestehen. Wird auf einem Marktgebiet nicht aktiv gehandelt, so bleibt der Marktpreis in diesem Marktgebiet weitge-

---

[17] Gesetz über die Elektrizitäts- und Gasversorgung (Energiewirtschaftsgesetz – EnWG) v. 7.7.2005, BGBl. I S. 1970, zuletzt geändert durch Gesetz v. 13.10.2016, BGBl. I S. 2258.

[18] *Lohmann*, The German Gas Market post 2005.

hend intransparent und die Preise benachbarter Marktgebiete liefern nur eine Referenz. Der Transport von einem Marktgebiet in ein anderes musste separat zusätzlich zu der Energie gekauft und gebucht werden. Dabei waren regelmäßig alle sicher verfügbaren Kapazitäten ausgebucht. Händler, die von einem Marktgebiet in ein anderes transportieren wollten, konnten dann nur unterbrechbare Kapazitäten kaufen, die allerdings immer zur Verfügung gestellt werden mussten. Diese können vom Netzbetreiber aufgerufen werden, sobald tatsächlich ein Transportengpass auftritt. Der Händler steht dann vor der Notwendigkeit, die für den Transport vorgesehene Menge in dem Ausgangsmarktgebiet wieder zu verkaufen und in dem Zielmarktgebiet neu zu beschaffen. Die Rechtmäßigkeit der Unterbrechung wurde im Nachgang von der BNetzA geprüft. Die Wahrscheinlichkeit für eine solche Unterbrechung ließ sich wegen unzureichenden und schwer zu interpretierenden historischen Daten schwer einschätzen.

Somit war es stets erklärtes Ziel der BNetzA, die Anzahl der Markt- 54
gebiete in Deutschland auf unter zehn zu reduzieren. Dieses Ziel wurde im Jahr 2008 nicht durch regulatorische Maßnahmen, sondern durch unternehmerische Aktivitäten und Kooperationsvereinbarungen der betroffenen Unternehmen erreicht. Im Jahr 2008 gab es in Deutschland noch acht Marktgebiete, im Oktober 2009 noch sechs Marktgebiete, und seit Oktober 2011 sind es nur noch zwei qualitätsübergreifende Marktgebiete.

Der Handelsplatz Deutschland für Erdgas hat sich in Folge dessen 55
signifikant fortentwickelt und eine vergleichbare Liquidität wie der Strommarkt erreicht.

III. Neuere Entwicklungen

Die regulatorische Entwicklung des Gasmarktes ist wie die des Strom- 56
marktes von den europäischen Bestrebungen zur Schaffung eines harmonisierten Marktes bestimmt. Gaspreise, Marktentwicklung und faktische Marktstruktur hängen jedoch vor allem von fundamentalen Entwicklungen auf der Angebotsseite ab. Verbesserte Fördertechnologien führten zu einem wachsenden Angebot und zu einem niedrigeren Preisniveau. Neben den sinkenden Lieferungen aus norwegischen Feldern spielt zunehmend die Förderung aus sog. unkonventionellen Quellen eine Rolle. Neue in den USA entwickelte Fördertechnologien erlauben es, in porösen Schiefer- und Sandsteinschichten eingeschlossenes Gas zu fördern. Es soll bis zu 90 % aller Gasreserven ausmachen. Die LNG-Technologie[19] sowie zahlreiche neue und in Bau befindliche Pipelines haben weitere Erdgaslieferanten für deutsche Abnehmer erschlossen.

[19] Technologie zur Erdgasverflüssigung (Liquefied Natural Gas, kurz LNG).

D. Die Entwicklung des Endkundengeschäftes

57 Vor der Neuregulierung der Energiemärkte war für die Stromversorger kein Vertrieb im eigentlichen Sinne notwendig. Alle Zählpunkte des Versorgungsgebietes konnten und mussten von dem zuständigen Energieversorger beliefert werden und wurden kostenbasiert abgerechnet. Im Mittelpunkt der Bemühungen des Stromversorgers stand die Versorgungssicherheit, ein technischer Blickwinkel herrschte vor. Man dachte an Zählpunkte, nicht an Kunden.

58 Die Gaswirtschaft, unter Führung der Ruhrgas AG, war von langfristigen Investitionen sowie ebenso langfristigen Verträgen und Kooperationen geprägt und über Beteiligungen, formale und informale Vereinbarungen sowie Absprachen vielfach miteinander verflochten. Kundenbeziehungen waren langfristig, Konkurrenz gab es nicht, Erdgaslieferant war die Gazprom.

59 Heute orientieren sich alle Strom- und Gasangebote preislich an den aktuellen Preisen für standardisierte Handelsprodukte. Beschaffungskonditionen auf den Handelsmärkten werden an die Endkunden mit entsprechenden Aufschlägen für übernommene Restrisiken und Marge weitergegeben. Weit in der Zukunft liegende Lieferzeiträume, die auf den Handelsmärkten nicht mehr liquide handelbar sind, werden auch im Vertrieb nur noch selten angeboten.

60 Die Preisgestaltung der Endkundenverträge ist teilweise extrem transparent bis hin zum Ausweis und der Bepreisung beim Lieferanten verbleibender Risiken.

61 Im Stromvertrieb steht dem allerdings die Entwicklung entgegen, dass die reinen Energiekosten einen immer kleineren Anteil des Strompreises darstellen. Ein immer größerer Anteil der Stromrechnung (EEG-Umlage, Steuer, Netzentgelte) unterliegt keiner Konkurrenz, sondern stellt Abgaben und Kostenumlagen dar, deren Höhe direkt oder mittelbar durch die Energiepolitik der Regierung und der Union bestimmt wird. Dies führt insgesamt zu dem Phänomen, dass Gas- und Strompreise an den Handelsmärkten in den letzten Jahren durchgängig gesunken sind, während die Endkundenpreise für Strom durch die genannten zusätzlichen Kostenbestandteile ebenso konsistent gestiegen sind.

E. Auswirkung der Neuregulierung auf die Erzeugung

62 Vor der Neuregulierung wurden Kraftwerke bedarfsbezogen gebaut. Die entstehenden Kosten wurden an die garantierten Kunden des zugeteilten Versorgungsgebietes weitergegeben oder es wurden kostendeckende Erlöse über den Abschluss eines langfristigen Liefervertrages mit einem

sog. Weiterverteiler abgesichert. Auch die Kostenseite (Gas, Öl, Kohle) konnte oft langfristig preislich abgesichert werden.

Mit der Neuregulierung des Gasmarktes, des Strommarktes sowie mit der Schaffung des CO_2-Marktes ist das Risiko einer **Kraftwerksinvestition** stark gestiegen. Auf den Stromterminmärkten lässt sich nur für wenige Jahre im Voraus ein Absatzpreis für erzeugten Strom sichern. Für den größten Teil des Amortisierungszeitraums einer Kraftwerksinvestition sind die Absatzpreise für den erzeugten Strom unbekannt und nicht absicherbar. Das gleiche gilt für die Brennstoffkosten und die CO_2-Preise und somit für die erzielbaren Deckungsbeiträge. Hinzu kommt, dass auf Basis der derzeit sichtbaren Terminpreise nahezu keine Investition in ein konventionelles Kraftwerk mehr wirtschaftlich darstellbar ist. 63

Die staatliche Förderung der Erneuerbaren Erzeugung und verbindliche Regierungsziele für den Zubau scheinen demgegenüber Investitionssicherheit zu bieten. Eine flächendeckend positive öffentliche Wahrnehmung und die von der Medienlandschaft kostenlos zur Verfügung gestellte Publicity suggerieren Sicherheit. Den Investoren erscheint die positive Presse wie eine informale Staatsgarantie und weitere, immer risikoreichere Investitionen in diesem Segment werden ermöglicht. Mittlerweile plant – angefangen von großen Konzernen über Stadtwerke und kommunale Betriebe bis zu Privatpersonen und branchenfremden Unternehmen – fast jedermann Investitionen in Erneuerbare Energien. 64

Spätestens die Prokon-Insolvenz zeigte jedoch, dass garantierte Absatzpreise sich nicht unbedingt in sicheren Gewinnen materialisieren. Für weitere Ernüchterung sorgte Mitte 2015 Werner Daldorf, Vorsitzender des Anlegerbeirats des Bundesverbands WindEnergie e. V.,[20] in seinen vielfach verbreiteten Analysen zur flächendeckend unbefriedigenden bis deutlich negativen Wirtschaftlichkeit deutscher Windparks.[21] Bei Biomasse-Investitionen zeichneten sich durch steigende Holz- und sonstige Brennstoffpreise bereits seit mehreren Jahren wirtschaftliche Risiken ab. Auch für Solarinvestitionen dürfte der Peak überschritten sein. 65

F. Fazit

Wenn die Preise für den Endverbraucher auch aus diversen Gründen gestiegen sind – zumindest für Strom –, so hat Konkurrenz und Mar- 66

[20] Abrufbar unter http://www.wind-energie.de, Stand Abruf: Dezember 2016.

[21] *Daldorf*, Große Räder – schwarze Zahlen? Betriebswirtschaftliche Bilanz deutscher Inlands-Windparks, Faktencheck Windenergie in Hessen, 21.7.2015, abrufbar unter http://www.energieland.hessen.de/ (Link: Beratung & Netzwerke > Bürgerfroum Energieland Hessen > Faktencheck > Rentabilität und Teilhabe > Downloads: Präsentation Wener Daldorf), Stand Abruf: Dezember 2016.

gendruck im Sektor Endkundenbelieferung und Vertrieb dennoch seit der Neuregulierung 1998 ständig zugenommen.

67 Die eigentliche Wertschöpfung liegt in der Energiewirtschaft jedoch in Erzeugung, Gewinnung und Verteilung. Die Oligopole großer Konzerne in der Erzeugung haben sich durch den Zubau der Erneuerbaren und auch durch die Aufspaltung von RWE und E.ON relativiert. Des Weiteren stellt die konventionelle Erzeugung derzeit mehr eine wirtschaftliche Belastung als ein Asset der Unternehmen dar.

68 Im Gasmarkt sind die Oligopole bei der Gaserzeugung und Gasdurchleitung außerhalb der Reichweite des Gesetzgebers. Neue Gasförder-, Transport- und Speichertechnologien haben jedoch auch hier zu mehr Konkurrenz und einer Aufweichung der Marktmacht der Gazprom geführt.

69 Insgesamt sind sowohl Vertrieb als auch Erzeugung schwierige Geschäftsfelder geworden und für einige Regionalversorger ergibt sich in der letzten Zeit die überraschende Situation, dass das regulierte Geschäft, das Netz, mittlerweile der profitabelste Geschäftsbereich ist.

70 Jedenfalls sind mittlerweile – 15 Jahre nach Beginn der Neuregulierung der Energiewirtschaft – Konkurrenz und Kostendruck auf allen Ebenen der Wertschöpfungskette angekommen. Bereits in Folge der Finanzkrise kündigte sich mit dem Ausstieg der Banken aus dem Energiehandel und dem Downsizing der Handelsabteilungen zahlreicher Energieversorger ein Konsolidierungstrend an. Mittlerweile kämpfen auch Stadtwerke mit Abschreibungen auf die Erzeugung und sinkenden Ergebnissen.

71 Auch in Zukunft werden mangelnde Planungssicherheit sowie rechtliche und regulatorische Unsicherheiten die strategischen Entscheidungen der Branche begleiten. Weiterentwicklungen des Marktdesigns haben zwar „Regelungslücken“ geschlossen, aber damit die Regelungstiefe erhöht und den Umfang von Gesetzen, Verordnungen und sonstigen verbindlichen Regelungen mit quasigesetzlichem Charakter stets weiter anwachsen lassen.

§ 14 Die Erfahrungen des deutschen Marktes

A. Die Entstehung des börslichen Energiehandels in Deutschland

I. Die Liberalisierung als Ausgangspunkt des börslichen Stromhandels

Im Februar 1997 trat die von der Europäischen Kommission verabschiedete Elektrizitätsbinnenmarktrichtlinie (**EltRL 1996**)[1] in Kraft, die die europäische Basis für die Deregulierung der Elektrizitätswirtschaft in Europa legte. Mit der Neufassung des deutschen Energiewirtschaftsgesetzes (**EnWG 1998**)[2] im April 1998 wurden die Vorgaben der EltRL 1996 in deutsches Recht umgesetzt und der bis dahin von Gebietsmonopolen gekennzeichnete deutsche Strom- und Gasmarkt liberalisiert. 1

Vor dem Start der **Liberalisierung** durch das neue EnWG 1998 erfolgte der Handel von Strom lediglich im Rahmen der Verteilung in den traditionellen Wertschöpfungsketten Erzeugung, Verteilung und Absatz. Der Strom wurde bei einem, meist regional nahestehenden Erzeuger oder Vorlieferanten bezogen und an Kunden in den angeschlossenen Versorgungsgebieten abgesetzt. Seit Beginn der Liberalisierung weichen jedoch die langfristig angelegten Strombezugs- und Lieferabkommen entsprechenden Verträgen mit immer kürzeren Laufzeiten. Auch haben die veränderten Rahmenbedingungen den Eintritt von neuen Marktteilnehmern, wie z. B. Stromgroßhändlern, Finanzdienstleistern und anderen Intermediären ermöglicht. 2

Mit dem EnWG 1998 hat der Gesetzgeber in Deutschland den Teilnehmern am Elektrizitätsmarkt die Möglichkeit eröffnet, die Netznutzung und Durchleitung von Strom in Eigenregie zu regeln. Diese Möglichkeit wurde von den Marktteilnehmern im Strombereich genutzt und führte im April 1998 zum Abschluss der Verbändevereinbarung 3

[1] Richtlinie 96/92/EG des Europäischen Parlaments und des Rates v. 19.12.1996 betreffend gemeinsame Vorschriften für den Elektrizitätsbinnenmarkt (Elektrizitätsbinnenmarktrichtlinie 1996 – EltRL 1996), ABl. EU Nr. L 027, v. 30.1.1997, S. 20 ff., ersetzt durch EltRL 2003 v. 26.6.2003.

[2] Gesetz zur Neuregelung des Energiewirtschaftsrechts (Energiewirtschaftsgesetz 1998 – EnWG 1998) v. 24.4.1998, BGBl. I S. 730, zuletzt geändert durch Gesetz v. 28.7.2011, BGBl. I S. 1690.

Strom I (VV Strom I),[3] in der für die Durchleitung von Strom transaktionsabhängige Gebühren vereinbart wurden. Diese Regelung wurde jedoch als nicht geeignet für einen Durchbruch beim Stromhandel und für die Schaffung eines ausreichenden Wettbewerbs im deutschen Elektrizitätsmarkt angesehen. Sie war zudem noch nicht ausreichend, um den Aufbau einer Strombörse zu unterstützen.[4] Die im Herbst 1999 beschlossene Verbändevereinbarung Strom II (VV Strom II)[5] enthielt dann jedoch eine erweiterte Reform der Netzdurchleitung, die durch eine transaktionsunabhängige, jährliche Netznutzungsgebühr bestimmt wurde. Diese Regelung war entscheidend für die Verstärkung des Wettbewerbs im Strommarkt und für die Börsentauglichkeit des Stromhandels. Der Aufbau von Strombörsen erwies sich zunehmend als entscheidende Komponente für die Erhöhung des Wettbewerbs in Europa.

II. Die Etablierung der Strombörsen in Deutschland

4 Auf Basis der Neuregelungen in der VV Strom II wurden im Jahre 2000 die beiden Vorgängerbörsen der heutigen European Energy Exchange (EEX) etabliert. Im Juni 2000 hatte die damalige LPX Leipzig Power Exchange und im August 2000 die damals in Frankfurt ansässige EEX den Handel aufgenommen. Parallel dazu hatte auch die niederländische Energiebörse APX (Amsterdam Power Exchange) im Mai 2000 den Handel mit Strom-Day-ahead-Produkten an ihrem deutschen Hub gestartet. Aufgrund mangelnder Liquidität wurde jedoch der Handel am deutschen Handelssegment der APX im August 2000 wieder eingestellt.

5 Schon vor der Etablierung der beiden Strombörsen LPX und EEX wurde in Industrie, Wissenschaft und Politik diskutiert, ob Deutschland ausreichend Potenzial für mehrere Börsenplätze bieten würde. Auch das Bundeswirtschaftsministerium (BMWi) hatte bereits in der Anfangsphase der Liberalisierung Zweifel an der Sinnhaftigkeit der Etablierung mehrerer börslicher Handelsplätze für Strom in Deutschland angemerkt und daher in der eigens dafür ins Leben gerufenen Arbeitsgruppe eine Empfehlung nur für einen Börsenplatz ausgesprochen. Die Annahme, dass durch die Verteilung der Liquidität auf mehrere Börsen die Markteffizienz beeinträchtigt wird, wurde schon im Jahre 2000 durch verschiedene Untersuchungen vorhergesagt und dann auch durch das Marktverhalten bestätigt. Die Marktteilnehmer

[3] BDI/VDE/VIK, Verbändevereinbarung über Kriterien zur Bestimmung von Durchleitungsentgelten (VV Strom I), v. 28.5.1998.
[4] Vgl. *Kraus*, Stromhandel in Deutschland – Katalysator des Wettbewerbs.
[5] BDI/VDE/VIK, Verbändevereinbarung über Kriterien zur Bestimmung von Netznutzungsentgelten für elektrische Energie (VV Strom II), v. 13.12.1999.

am deutschen Strommarkt hatten das Ziel einen starken börslichen Marktplatz zu entwickeln, den sie für ihre Handelsstrategien und zum Risikomanagement nutzen konnten.

B. Funktion einer Energiebörse

Als der deutsche Strommarkt im Jahre 1998 durch die Novelle des EnWG geöffnet wurde, waren sich Politik und Marktteilnehmer einig, dass mit der Liberalisierung die Einrichtung einer Börse als Großhandelsplattform einhergehen müsse. Einerseits sollte dadurch eine möglichst große Zahl von Teilnehmern am Großhandelsmarkt die Basis für Wettbewerb in einem Wirtschaftssektor gewährleisten, andererseits sollten die sich unter den neuen gesamtwirtschaftlichen Marktbedingungen einstellenden Preise als Knappheitssignale den Weg zu einer effizienten Ressourcenallokation ebnen. 6

Damit lassen sich folgende wichtige Charakteristika eines Marktes, insbesondere einer Energiebörse festhalten: 7

I. Transparente Preisbildung

Eine **Börse** stellt einen öffentlichen, transparenten und standardisierten Marktplatz dar, der Marktteilnehmer zusammenführt und an dem Liquidität an einem Handelsplatz konzentriert wird. Dieses hilft den Marktteilnehmern Suchkosten zu minimieren. Durch die Zusammenführung von Angebot und Nachfrage werden **Marktpreise** ermittelt, die dem Markt Knappheitssignale liefern. Damit wird eine effiziente **Ressourcenallokation** möglich, die letztlich einen gesamtwirtschaftlichen Nutzen stiftet. Die **Preisfindung** läuft an einer Börse nach transparenten Prozessen und Mechanismen ab. Marktpreise und Handelsdaten einer Börse werden standardmäßig publiziert und damit einer breiten Öffentlichkeit zugänglich gemacht. 8

Diese regelmäßige und standardisierte Bekanntgabe von Marktpreisen und Handelsvolumen macht eine Einschätzung des Marktgeschehens und eine öffentliche Diskussion darüber überhaupt erst möglich. Daten aus dem außerbörslichen Markt, dem sog. Over-the-counter-Markt (**OTC-Markt**), dringen dagegen lediglich dann an die Öffentlichkeit, wenn Händler oder Broker über ihre Geschäftsabschlüsse sprechen oder ihre Daten Informationsdienstleistern zur Verfügung stellen. Die Qualität der Transparenz bemisst sich letztlich daran, ob die Preisermittlung einem jederzeit nachvollziehbaren, anerkannten und staatlich überwachten Verfahren folgt. 9

II. Diskriminierungsfreier Zugang

10 Eine Börse nimmt aufgrund ihrer Zulassungsbedingungen eine Auswahlfunktion wahr. Diese stellt sicher, dass es sich bei den Marktteilnehmern um professionell agierende Teilnehmer eines Großhandelsmarktes handelt und trägt somit zur Standardisierung und Professionalisierung des Marktplatzes bei. Die Börsenregeln garantieren allen zugelassenen Teilnehmern einen diskriminierungsfreien Zugang zum Börsenhandel, wie z. B. gleichzeitige Verfügbarkeit von Preisinformationen und für alle Marktteilnehmer identische Handels- und Abwicklungsprozesse.

11 Diese Charakteristika sind für den Handel mit Energieprodukten nicht weniger bedeutsam als für Transaktionen auf den internationalen Finanzmärkten.

C. Die European Energy Exchange (EEX)

12 Die EEX-Gruppe mit Sitz in Leipzig ist in ihrer gegenwärtigen Form im Jahre 2002 aus der Fusion der LPX und der EEX mit Sitz in Frankfurt hervorgegangen. Sie nimmt als eine der führenden Energiebörsen Europas die oben beschriebenen Funktionen wahr. Die EEX entwickelt, betreibt und vernetzt sichere, liquide und transparente Märkte. Sie hält seit 2015 mehrheitlich die Anteile an der französischen Börse Powernext SA und damit indirekt auch an der gemeinsamen Tochterfirma EPEX Spot SE, wie Powernext mit Sitz in Paris, die den Spotmarkt für Strom für Deutschland, Frankreich, Österreich und die Schweiz sowie seit 2015 – nach Eingliederung der APX-Gruppe in EPEX Spot – auch für Belgien, die Niederlande und Großbritannien betreibt. Der europäische Terminmarkt für Strom ist in der Tochtergesellschaft EEX Power Derivatives GmbH gebündelt. Weiterhin bietet die EEX-Gruppe den Spot- und Terminhandel für Erdgas an der Börse Powernext, den Handel mit CO_2-Emissionsrechten, Agrarprodukten und Kohle an der EEX in Leipzig sowie über die seit 2014 zur Unternehmensgruppe gehörende Cleartrade Exchange Pte. Ltd. mit Sitz in London und Singapur den Handel in weiteren energienahen Produkten wie Fracht, Eisenerz, Schiffsdiesel und Düngemitteln an. Zur EEX-Gruppe gehört mit der European Commodity Clearing AG (ECC) das zentrale Clearinghaus für Energie und energienahe Produkte in Europa. Die ECC entstand 2006 im Rahmen der Ausgründung der Clearing-Geschäftsbereiche der EEX.

13 Heute[6] handeln insgesamt mehr als 470 Teilnehmer aus 35 Ländern an den Märkten der EEX-Gruppe. Das Feld der Unternehmen, die am Börsenhandel teilnehmen, ist dabei weit gestreut. So zählen Energiever-

[6] Stand: März 2016.

sorger, Stadtwerke, Industrieunternehmen, Energiehändler sowie Broker und Banken zu den Handelsteilnehmern. Unterschiedliche Teilnehmergruppen und Handelsinteressen sind essentiell für die Entwicklung eines Marktplatzes, da diese unterschiedliche Handelsmotive in einen Markt einbringen.

Abbildung 14.1: Handelsteilnehmer EEX und EPEX Spot; Stand: 31.10.2015)

D. Regulierung und Überwachung – Die EEX als öffentlich-rechtliche Börse

Eine umfassende Aufsicht innerhalb eines klar abgesteckten, rechtlichen Rahmens trägt entscheidend zur Verlässlichkeit der an der Börse ermittelten Preise bei und zum Vertrauen der Teilnehmer in den Marktplatz. 14

Die Energiebörse EEX gehört sowohl auf nationaler als auch auf internationaler Ebene zu den am umfassendsten überwachten Handelsplätzen. National beruhen die Überwachungsmechanismen auf einer in Europa einmaligen Struktur: Während der Träger der Börsen als privatwirtschaftliche Aktiengesellschaft agiert, ist die Börse selbst eine öffentlich-rechtliche Einrichtung, die dem deutschen Börsengesetz (BörsG)[7] unterliegt.[8] Die 15

[7] Börsengesetz (BörsG) v. 16.7.2007, BGBl. I S. 1330, 1351, zuletzt geändert durch Gesetz v. 6.12.2011, BGBl. I S. 2481.

[8] EEX, Geschäftsbericht 2014, S. 48, abrufbar unter http://www.eex.com/de (Link: EEX > Geschäftsbericht > Download), Stand Abruf: Februar 2016.

Börsenaufsicht über die EEX wird vom Sächsischen Staatsministerium für Wirtschaft, Arbeit und Verkehr (SMWA) in Dresden wahrgenommen.

Abbildung 14.2: Überwachung und Kooperation mit Aufsichtsbehörden

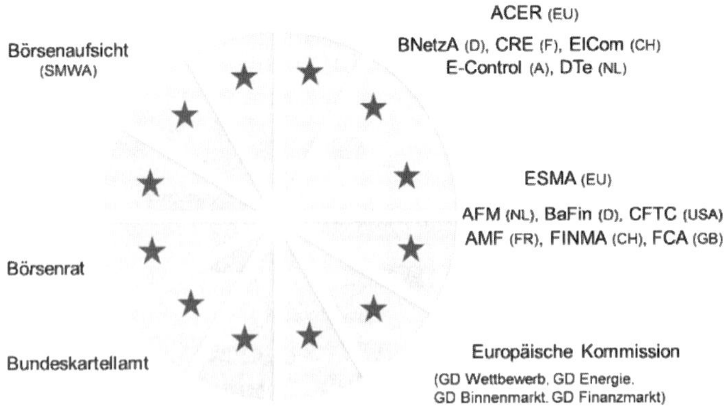

16 Auf Grundlage des deutschen Börsengesetzes hat sich die EEX ein Regelwerk gegeben, das für sie und alle Marktteilnehmer verbindlich ist. Dieses Regelwerk umfasst die Börsenordnung, die Handelsbedingungen, die Kontraktspezifikationen, die Zulassungsordnung sowie den Code of Conduct.

17 In der Börsenordnung werden in Form einer Satzung die wesentlichen Regelungen für die Organisation der Börse, die Aufgaben ihrer Organe und die Voraussetzungen für den Zugang zum Handel getroffen. Die Handelsbedingungen regeln den Ablauf des Handels, während die Kontraktspezifikationen als Teil der Handelsbedingungen genau bestimmen, welche Produkte in welchen Spezifikationen an der Börse gehandelt werden. Die Voraussetzungen für die Zulassung als Händler, insbesondere die Anforderungen an den Nachweis der persönlichen Verantwortlichkeit und der beruflichen Qualifikation durch eine Händlerprüfung sind in der EEX-Zulassungsordnung enthalten. Im Jahr 2008 wurde der Code of Conduct als neuer Bestandteil des Regelwerks der EEX verabschiedet. Darin werden neben den allgemeinen Verhaltensregeln der Marktteilnehmer gegenüber der Öffentlichkeit und ihren Kunden insbesondere noch einmal Ge- und Verbote festgelegt, die jedwede Form der Manipulation des Börsenhandels und der Börsenpreise sowie der unlauteren Nutzung der Börse und ihrer Einrichtungen untersagen.[9]

[9] EEX, EEX-Pressemitteilung v. 19.6.2008, abrufbar unter http://www.eex.com/de (Link: Newsroom > News > Datum: 19.6.2008), Stand Abruf: April 2017.

Die vier Börsenorgane der EEX, bestehend aus dem Börsenrat, der Börsengeschäftsführung, der Handelsüberwachungsstelle (HÜSt) und dem Sanktionsausschuss, stellen den reibungslosen Betrieb der Börse sicher, überwachen die Einhaltung der Gesetze und Börsenregeln und stellen darüber hinaus die Weiterentwicklung der Börse in einem dynamischen Marktumfeld sicher. 18

Der **Börsenrat** der EEX vertritt die Interessen der Handelsteilnehmer und besteht aus gewählten Vertretern der Börsenteilnehmer sowie Vertretern von Wirtschafts- und Verbraucherverbänden. Das Gremium verabschiedet vor allem das Regelwerk der Börse und seine Änderungen. Darüber hinaus bestellt und überwacht der Börsenrat die Börsengeschäftsführung und beruft den Leiter der Handelsüberwachungsstelle. 19

Die **Börsengeschäftsführung** leitet die Geschäfte der Börse eigenverantwortlich, begrenzt durch die Mitwirkungserfordernisse von Börsenrat und Börsenaufsicht. Sie verfügt über Weisungsrechte gegenüber den Börsenteilnehmern. Wie auch dem Börsenrat obliegt der Börsengeschäftsführung das Recht, vom Träger der Börse – also der EEX – die für den Betrieb der Börse notwendigen personellen, sachlichen und finanziellen Mittel einzufordern. 20

Die Aufgabe der **Handelsüberwachungsstelle** (**HÜSt**) der EEX ist, sicherzustellen, dass der Handel und die Preisermittlung entsprechend den Regeln fair und manipulationsfrei erfolgen. Als eigenständiges und unabhängiges Börsenorgan nach BörsG untersteht die HÜSt nur den Weisungen der Börsenaufsichtsbehörde (SMWA). Die HÜSt erfasst täglich alle Daten über den Börsenhandel und die Börsengeschäftsabwicklung, wertet diese aus und führt die notwendigen Ermittlungen durch. Daneben führt sie auf eigene Initiative oder auf Weisung der Börsenaufsichtsbehörde Sonderuntersuchungen durch. Zur Erfüllung ihrer Aufgaben verfügt die HÜSt über weitgehende Auskunfts- und Informationsrechte. Die Handelsüberwachungsstelle berichtet regelmäßig oder anlassbezogen der Börsenaufsichtsbehörde und der Börsengeschäftsführung. Der Leiter der Handelsüberwachungsstelle berichtet außerdem dem Börsenrat in dessen regelmäßigen Sitzungen. 21

Der **Sanktionsausschuss** ist das jüngste Börsenorgan der EEX, dessen Gründung durch Verordnung des Sächsischen Staatsministeriums für Wirtschaft, Arbeit und Verkehr vom 19.1.2009 ermöglicht wurde. Gemäß BörsG kann der Sanktionsausschuss einen Handelsteilnehmer mit Verweis, mit Ordnungsgeld bis zu 250.000 EUR oder mit Ausschluss von der Börse belegen, wenn dieser gegen börsenrechtliche Ordnungsvorschriften verstößt. Der Sanktionsausschuss der EEX besteht derzeit aus zwei Vorsitzenden und insgesamt fünf beisitzenden Mitgliedern, die ihre Tätigkeit ehrenamtlich ausüben und weder Angehörige anderer Börsenorgane noch Bedienstete der Börsenaufsichtsbehörde sind. Der 22

Sanktionssauschuss wird auf Antrag der Börsengeschäftsführung oder der Börsenaufsichtsbehörde tätig und ermittelt den Sachverhalt von Amts wegen. Die Unabhängigkeit des Sanktionsausschusses wird durch eine weitreichende Befangenheitsregelung sichergestellt, in welcher unter anderem festgelegt ist, dass Mitglieder des Sanktionsausschusses nicht an Entscheidungen mitwirken dürfen, wenn sie von diesen selbst betroffen oder in den zugrundeliegenden Sachverhalt involviert sind. Die Ahndung eines Verhaltens durch den Sanktionsausschuss hindert nicht dessen weitere straf-, ordnungs-, oder zivilrechtliche Verfolgung. Der Sanktionsausschuss nimmt die ihm zugewiesenen Aufgaben ausschließlich in öffentlichem Interesse wahr.

E. Börsenhandel vs. OTC-Handel

23 Im Folgenden wird der prinzipielle Ablauf des Börsenhandels im Vergleich zum bilateralen, dem sogenannten OTC-Handel erläutert. In diesem Vergleich wird auch die dem Börsenhandel inhärente Mitigation des Kreditrisikos[10] näher beleuchtet. Im **OTC-Handel** schließen zwei Vertragsparteien miteinander ein Geschäft ab. Nach Geschäftsabschluss tragen die Parteien wechselseitig das Kreditausfallrisiko über die gesamte Laufzeit des Vertrages. Das Management bzw. die Begrenzung des Kreditrisikos findet z. B. durch die Verwendung von Kontrahenten-Limiten, den Abschluss sog. Rahmenverträge (**EFET, ISDA**),[11] Bankbürgschaften oder die Stellung von Sicherheiten[12] statt.

24 Die Geschäfte zwischen Handelsteilnehmern an der Börse kommen anonym zustande. Nach Abschluss gehen die Geschäfte von der Börse an das **Clearinghaus** zur Abwicklung über. Für die EEX nimmt die **European Commodity Clearing AG (ECC)** das Clearing und die Abwicklung der Transaktionen wahr. Darüber hinaus ist die ECC auch Clearinghaus für acht weitere Commodity-Börsen.

25 Die ECC ist eine Bank im Sinne des deutschen Kreditwesengesetzes (KWG)[13] und als sogenannter **Zentraler Kontrahent** nach EMIR[14] zuge-

---

[10] Das Kreditrisiko bezeichnet das Ausfallrisiko des jeweils anderen Handelspartners.

[11] Vgl. dazu Kapitel 5 (*Dessau/Fischer*, § 24 sowie *Neveling/Schönrock*, § 25) in diesem Band.

[12] Vgl. dazu *Pilgram/Dessau*, § 18 in diesem Band.

[13] Gesetz über das Kreditwesen (Kreditwesengesetz – KWG) v. 9.9.1998, BGBl. I S. 2776, zuletzt geändert durch Gesetz v. 20.11.2015, BGBl. I S. 2029.

[14] Verordnung (EU) Nr. 648/2012 des Europäischen Parlaments und des Rates v. 4.7.2012 über OTC-Derivate, zentrale Gegenparteien und Transaktionsregister (EMIR), ABl. EU Nr. L 201, v. 27.7.2012, S. 1 ff.

lassen. Sie ist somit Vertragspartner aller an der Börse[15] initiierten Geschäfte unter Einbindung von sog. Clearingbanken. Demzufolge trägt das Clearinghaus das Kreditrisiko aller offenen Positionen. Die Mitigation dieses Kreditrisikos durch das sogenannte **Margining**[16] ist neben der Abwicklung, die sowohl die finanzielle Abwicklung als auch die Sicherstellung der physischen Lieferung der gehandelten Waren umfasst, die Hauptaufgabe des Clearinghauses.

Die **Grundfunktion des Clearings**[17] ist die Mitigation des Kreditrisikos 26
der Handelspartner durch die von ihnen täglich zu erbringenden Sicherheitsleistungen bzw. Marginzahlungen. Diese erlauben es dem Clearinghaus bei Nichterfüllung der Zahlungs- bzw. Lieferverpflichtungen durch einen Kontrahenten dessen Positionen unter Verwertung der Sicherheiten bzw. Margins zu marktgängigen Konditionen möglichst verlustfrei glattzustellen. Die Höhe der Sicherheiten und Margins wird dabei nicht durch die Bonität des Kontrahenten, sondern durch die Handelsposition des Teilnehmers bestimmt. Die Höhe der zu leistenden Sicherheitszahlungen bemisst sich u. a. nach der Art der gehandelten Produkte und nach der prognostizierten Entwicklung des Marktwertes der entsprechenden Positionen.

Während die physische Abwicklung der Handelsaktivitäten direkt 27
zwischen der ECC und den Handelsteilnehmern abläuft, erfolgt das Clearing, also die Abwicklung der Marginzahlungen unter Einschaltung sog. **Clearing Member** (**CM**)[18] der ECC. Bei den CM handelt es sich i. d. R. um international tätige Banken als auch um Banken mit regionalem Fokus.[19] In dieser Clearing-Struktur findet die Verrechnung (Einzug bzw. Gutschrift) der Margins zwischen ECC und den CM statt. Die CM wiederum ziehen die entsprechenden Sicherheiten von den Handelsteilnehmern ein. Diese Struktur, die auch an den internationalen Finanzmärkten eingesetzt wird, bietet zwei offensichtliche Vorteile. Zum einen bietet die hohe Bonität der CM dem Clearinghaus und damit allen ande-

---

[15] Gegenwärtig übernimmt die ECC das Clearing und Settlement aller Geschäfte, die an der EEX, dem Central European Gas Hub (CEGH), EPEX SPOT SE, Gaspoint Nordic, HUPX Ltd, NOREXECO ASA, Powernext SA, Power Exchange Central Europe a.s. sowie der South Eastern European Power Exchange (SEEPEX) abgeschlossen werden.

[16] Vgl. dazu ECC, ECC-margining, abrufbar unter http://www.ecc.de (Link: Risk Management > Margining), Stand Abruf: April 2017.

[17] Zum Clearing ausführlich vgl. *Pilgram*, § 20.

[18] Die ECC kennt zwei Formen von Clearing Membern – den General Clearing Member und den Direct Clearing Member, wobei der Direct Clearing Member nur Geschäfte auf eigene Rechnung oder konzernzugehöriger Nicht-Clearing-Mitglieder clearen darf.

[19] Die ECC hat 23 Clearingbanken (GCM) vgl. http://www.ecc.de (Link: About ECC > Partners & Products > Clearing Members), Stand Abruf: April 2017.

ren Börsenteilnehmern zusätzlichen Schutz bei Insolvenz eines Teilnehmers. Da es sich bei den CM um Großbanken handelt, ist darüber hinaus sichergestellt, dass die Margin-Zahlungen nach den Usancen des Inter-Banken-Zahlungsverkehrs ablaufen und somit hoch automatisiert und effizient abgewickelt werden. Die Clearingbanken sind nicht in die physische Lieferung einbezogen.

F. Produkte und Marktsegmente an der EEX

28 Die EEX bietet ihren Teilnehmern Marktplätze für den Großhandel mit Strom, Erdgas, Emissionsrechten, Agrarprodukten und weiteren energienahen Waren (u. a. Fracht, Schiffsdiesel, Eisenerz und Düngemittel). Im Folgenden wird auf die Märkte für Strom, Erdgas und Emissionsrechte näher eingegangen.

I. Der Stromhandel an der EEX und der EPEX Spot

29 Ursprung und wichtigstes Marktsegment für die EEX ist der Handel mit Strom – sowohl am kurzfristigen Markt, dem sogenannten Spotmarkt, als auch am langfristigen Markt, dem Terminmarkt.

1. Der Strom-Spotmarkt

30 Handelsteilnehmer nutzen den Spotmarkt, um die Beschaffung und den Verkauf von Strommengen kurzfristig zu optimieren. Der Spotmarkt für Strom für Deutschland, Frankreich, Österreich und der Schweiz wird durch die **EPEX Spot SE** betrieben, die 2008 im Rahmen der Kooperation von EEX und Powernext gegründet wurde. EPEX Spot ist eine Gesellschaft europäischen Rechts (Societas Europaea) mit Sitz in Paris und einer Niederlassung in Leipzig. Im Jahr 2015 erwarb die EPEX Spot SE sämtliche Anteile der niederländischen APX Group und betreibt seither nun ebenfalls die Spotmärkte in Belgien, den Niederlanden und dem Vereinigten Königreich.

31 An jedem Tag der Woche führt EPEX Spot Stundenauktionen in den jeweiligen Marktgebieten durch. In den Auktionen sind jeweils die 24 Stunden des darauffolgenden Tages handelbar. Die Auktionen der Marktgebiete Deutschland/Österreich, Frankreich und der Schweiz werden auf dem einheitlichen Handelssystem ETS (EPEX Spot Trading System) durchgeführt. Im Marktgebiet Deutschland/Österreich erfolgen die physischen Lieferungen innerhalb der Regelzonen von 50 Hertz Transmission GmbH, Amprion GmbH, EnBW Transportnetze AG, TenneT TSO GmbH und Austrian Power Grid AG. Diese Lieferorte bilden ein einheitliches Marktgebiet. Die Lieferungen im Marktgebiet der Schweiz erfolgen in der von Swissgrid verwalteten Zone. Die Lieferungen im französischen Marktgebiet erfolgen durch den Übertragungsnetzbetreiber RTE.

Die am Strom-Spotmarkt ermittelten Preise sind anerkannte Referenzpreise für den europäischen Großhandel. Der von EPEX Spot täglich veröffentlichte Preisindex für Grundlast (Base) und Spitzenlast (Peak) am Strom-Spotmarkt für das Marktgebiet Deutschland/Österreich trägt den Namen „Phelix“ (Physical Electricity Index) und dient als Underlying für die Strom-Futures zur langfristigen Strombeschaffung und Preissicherung. Im außerbörslichen Kontext dient der Phelix auch international agierenden Stromhändlern als Preisreferenz. Desweiteren wird die im Rahmen der Direktvermarktung von EEG-geförderten Anlagen gezahlte Marktprämie auf Basis des Phelix berechnet. 32

Zusätzlich zu den Day-Ahead-Auktionen führt die EPEX Spot den Intraday-Handel für die Marktgebiete Deutschland, Österreich, Frankreich und die Schweiz durch. Seit der Integration der APX betreibt die EPEX Spot auch die Intraday Märkte in den Niederlanden und dem Vereinigten Königreich. An diesen Märkten können die Teilnehmer Strom sehr kurzfristig und auf Stunden- und in Deutschland/Österreich sogar Viertelstundenbasis – mit Lieferung am selben Handelstag – kaufen und verkaufen. Auf diese Weise ist es möglich, noch kurzfristig – in Deutschland bis zu 30 Minuten vor Lieferung – Abweichungen von Erzeugungs- und Verbrauchsprognosen zu berücksichtigen und Fahrplanabweichungen zu korrigieren. Dies trägt zur Minimierung der Regelenergiekosten bei. Seit dem 14.12.2010 bietet EPEX Spot den Zugang zu einem integrierten deutsch-französischen Intraday-Handel an. Der harmonisierte Mechanismus für die grenzüberschreitende Kapazitätsvergabe der Netzbetreiber basiert auf dem bestehenden „Intraday Capacity Service“, der bereits an vier deutschen Grenzen benutzt wird. Das Handelssystem der EPEX Spot für den deutschen und französischen Intraday-Markt ist über eine Schnittstelle mit der Kapazitätsplattform verbunden. Dadurch können die Teilnehmer direkt über die Börsenplattform handeln und implizit die grenzüberschreitende Kapazität nutzen, die von den Übertragungsnetzbetreibern zur Verfügung gestellt wird. Dieser Mechanismus, der parallel eine explizite Vergabe für den OTC-Handel ermöglicht, ist der erste dieser Art in Europa und stellt eine offene, flexible Lösung zur Intraday-Kapazitätszuweisung dar. 33

Im Jahr 2015 wurde an den Märkten der EPEX Spot ein Handelsvolumen von insgesamt 524,4 TWh umgesetzt. 34

Abbildung 14.3: Handelsvolumen Spotmarkt für Strom

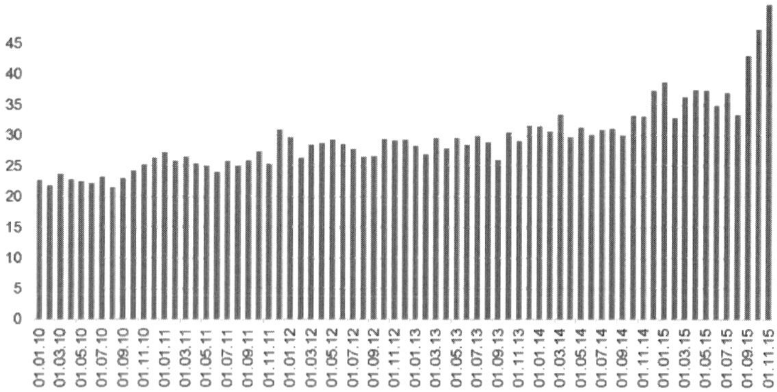

2. Der Strom-Terminmarkt

35 Die europäischen Terminmärkte für Strom werden von der **EEX Power Derivatives (EPD)**, einer Tochtergesellschaft der EEX organisiert. Die EPD deckt die Kernmärkte innerhalb der Europäischen Union ab und hält damit eine zentrale Position im kontinentaleuropäischen Stromterminhandel.

36 Am Terminmarkt können sich die Handelsteilnehmer mit Stromfutures langfristig bis zu sechs Jahre in die Zukunft gegen Preisänderungsrisiken absichern, wobei die Futures in der Regel finanziell erfüllt werden.[20] Die verschiedenen Futuresprodukte ermöglichen es den Teilnehmern, ihr Portfolio nach ihren Bedürfnissen zu strukturieren: Sie können verschiedene Zeiträume auswählen (z. B. einen bestimmten Monat) und auch das Lastprofil bestimmen, innerhalb dessen die Lieferung erfolgen soll (z. B. Grundlast, Spitzenlast). Darüber hinaus bietet die EEX die sogenannte Trade Registration an. Im Rahmen dieser können Teilnehmer außerbörsliche Transaktionen, die in ihrer Spezifikation identisch zu den börslichen Produkten sind, an der Börse registrieren lassen, wodurch diese durch das Clearinghaus ECC besichert und abgewickelt werden.[21]

37 Im Laufe der vergangenen Jahre hat die EEX ihr Angebot am Markt für Phelix Futures komplettiert und weitere Schritte zur Harmonisierung

---

[20] Die EPD bietet mit der automatischen Platzierung unlimitierter Gebote in der jeweiligen EPEX Spot Auktion die Möglichkeit, finanzielle Futures-Positionen physisch zu erfüllen.

[21] Vgl. Kap. 4 in diesem Band.

der europäischen Märkte umgesetzt. Im März 2010 startete sie den Handel mit Phelix Week Futures, im Jahr 2013 wurden zusätzlich Phelix Day Futures eingeführt. Für den Handel mit Optionen auf Phelix Futures wurden ebenfalls zusätzliche Verfallstermine eingeführt. Ab 2012 konnten finanziell erfüllte Wochen- bis Jahresfutures, ab 2015 auch Base-Day-Futures ebenfalls für den französischen Markt gehandelt werden. Parallel dazu erweiterte die EEX schrittweise ihr Angebot finanziell erfüllter Kontrakte nach dem Vorbild der Phelix Futures auf weitere europäische Märkte: 2013 in Italien, der Schweiz und den nordischen Ländern, 2014 in Spanien und Griechenland[22] und 2015 in Belgien, den Niederlanden und im Vereinigten Königreich.

Am Terminmarkt für Strom wurde im Jahr 2015 ein Handelsvolumen 38
von insgesamt 2.537 TWh umgesetzt.

Abbildung 14.4: Handelsvolumen Terminmarkt für Strom

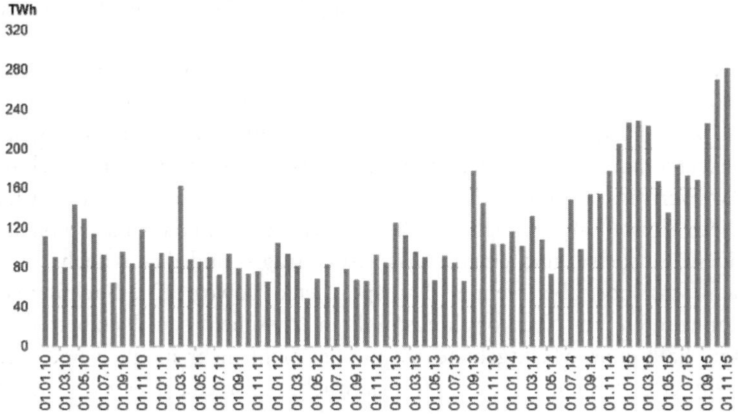

II. Der Erdgashandel in der EEX-Gruppe

Die EEX startete am 2.7.2007 den börslichen Handel mit Erdgas. Der 39
Börsenstart wurde damit rechtzeitig zum Beginn des Gaswirtschaftsjahres 2008 etabliert. Als Kooperation der European Energy Exchange (EEX) und der französischen Powernext wurde 2013 die Plattform PEGAS gegründet. Im Rahmen dieser Kooperation legten beide Unternehmen ihre Tätigkeiten auf dem Erdgasmarkt zusammen, um einen paneuropäischen Gasmarkt zu schaffen. Seit dem 1.1.2015 ist die EEX

[22] Für griechische Stromfutures besteht nur die Möglichkeit der Trade Registration.

AG Mehrheitseigner der Powernext, und Powernext ist alleinige Betreiberin der PEGAS Plattform.

40 Vor der Liberalisierung wurde Erdgas in Deutschland vor allem über langfristige Lieferverträge bezogen. Kurzfristige Geschäfte konnten nur bilateral oder über Broker in den sog. OTC-Märkten abgeschlossen werden. Einen allgemein anerkannten Marktpreis für Erdgas gab es, anders als z. B. in Großbritannien, nicht. Die ordnungsrechtlichen Grundlagen für einen liquiden Gasmarkt wurden mit dem zweiten Gesetz zur Neuregelung des Energiewirtschaftsrechts (EnWG)[23] vom 7.7. 2005 und der Verordnung über den Zugang zu Gasversorgungsnetzen (GasNZV)[24] vom 25.7.2005 gelegt. Im Januar 2006 untersagte das Bundeskartellamt (**BKartA**) **langfristige Vollversorgungsverträge** mit einer Laufzeit von mehr als zwei Jahren mit Regional- und Ortsgasunternehmen bei einem Gesamtvertriebsbedarf von mehr als 250 GWh. Mit der am 17.11.2006 verkündeten Entscheidung der Bundesnetzagentur (**BNetzA**) zur **Kooperationsvereinbarung** lagen die Voraussetzungen für den Start einer Gasbörse in Deutschland vor.

41 Zuvor wurde einem Gastransporteur die Möglichkeit gegeben, sich zwischen der sog. **Zweivertragsvariante**[25] und der Einzelbuchungsvariante[26] zu entscheiden. Aufgrund der BNetzA-Entscheidung zur Kooperationsvereinbarung mussten ab dem 1.10.2007 alle Gastransporte nach der Zweivertragsvariante (auch: **Entry-Exit-Modell**) durchgeführt werden. Diese Umstellung ermöglichte den Gastransport auf der Basis von nur einem Einspeise- und einem Ausspeisevertrag – und dieses auch bei einem Transport über mehrere Transportnetze hinweg.[27] Die Buchung von Kapazitäten an Netzkopplungspunkten zwischen den Netzbetreibern innerhalb eines Marktgebietes ist hierbei nicht mehr möglich und nicht mehr erforderlich. Damit laufen sämtliche Gasmengen eines Marktgebietes durch einen sog. **virtuellen Handelspunkt**.

---

[23] Gesetz über die Elektrizitäts- und Gasversorgung (Energiewirtschaftsgesetz – EnWG) v. 7.7.2005, BGBl. I S. 1970, 3621, zuletzt geändert durch Gesetz v. 27.1. 2017, BGBl. I S. 130.

[24] Verordnung über den Zugang zu Gasversorgungsnetzen (Gasnetzzugangsverordnung – GasNZV) v. 25.7.2005, BGBl. I S. 2210, zuletzt geändert durch Verordnung v. 17.10.2008, BGBl. I S. 2006, ersetzt durch Verordnung über den Zugang zu Gasversorgungsnetzen (Gasnetzzugangsverordnung – GasNZV) v. 3.9.2010, BGBl. I S. 1261, zuletzt geändert durch Gesetz v. 29.8.2016, BGBl. I S. 2034.

[25] Vgl. dazu https://www.bundesnetzagentur.de/SharedDocs/Downloads/DE/Allgemeines/Bundesnetzagentur/Publikationen/VERNETZT/aktuell/InfoBrief/2007/InfoBrief022007Id10784pdf.html, Stand Abruf: April 2017.

[26] Vgl. dazu https://www.bundesnetzagentur.de/SharedDocs/Downloads/DE/Allgemeines/Bundesnetzagentur/Publikationen/VERNETZT/aktuell/InfoBrief/2006/InfoBrief42006Id8373pdf.html, Stand Abruf: April 2017.

[27] Vgl. dazu detailliert *Däuper/Lokau*, § 4.

1. Marktgebiete

42 Die Netze der öffentlichen Gasversorgung in Deutschland werden in **vertikal integrierte und netzübergreifende Marktgebiete** aufgeteilt. Das Einrichten dieser Marktgebiete obliegt den Ferngasnetzbetreibern auf der Basis ihrer Fernleitungsnetze, welche anhand der Eigentumsstruktur und der Kapazitätsrestriktionen ihrer Netze Marktgebiete aufspannen. Voraussetzung für ein Marktgebiet ist, dass alle Ausspeisepunkte im Marktgebiet durch jeden Einspeisepunkt in das Fernleitungsnetz erreicht werden können. Dies bedeutet, dass innerhalb eines Marktgebietes keine Kapazitätsrestriktionen vorliegen dürfen. Dadurch wird es Transportkunden, die in einem Marktgebiet tätig sind, ermöglicht, alle im Marktgebiet gelegenen Endverbraucher zu erreichen. Erklärtes Ziel der BNetzA ist eine Minimierung der Anzahl der Marktgebiete in Deutschland.[28]

43 In einem Marktgebiet wird der Handel von Gasmengen auf einen sog. **virtuellen Handelspunkt** bezogen, wobei für jedes Marktgebiet ein solcher Punkt definiert ist. Dieser dient der Umsetzung der Zweivertragsvariante und des Lieferantenwechsels ohne zusätzliche Kapazitätsprüfung. Für den Handel ergeben sich durch den virtuellen Handelspunkt Möglichkeiten, die vorher nicht oder nur beschränkt vorhanden waren. So haben Transportkunden die Möglichkeit, nicht benötigte Gasmengen am virtuellen Punkt zu verkaufen oder über sog. Swap-Geschäfte gegen Gasmengen an anderen Handelspunkten zu tauschen. Weiterhin können sie Gasmengen am virtuellen Punkt an jedem Ausspeisepunkt im Marktgebiet ausspeisen, da hierfür per Definition keine Kapazitätsrestriktionen existieren.

2. Produkte des PEGAS Erdgashandels

44 Im Juli 2007 startete die EEX den börslichen Erdgashandel. Dem Wunsch vieler Marktteilnehmer entsprechend, eröffnete die Börse Spot- und Terminmärkte für H-Gas in den Marktgebieten BEB und E.ON Gastransport (EGT), die mittlerweile im Zuge von Kooperationen zu den Marktgebieten GASPOOL und NetConnect Germany (NCG) erweitert wurden. Seit dem Marktstart hat die EEX ihr Produktangebot im Gasmarkt kontinuierlich ausgebaut und an die Bedürfnisse der Marktteilnehmer angepasst. Heute werden für das deutsche Marktgebiet insgesamt über 50 verschiedene Produkte angeboten, die sämtlich über die

[28] Bei H-Gas handelt es sich um hoch kalorisches (high caloric) Gas mit einem Methananteil zwischen 87 und 99,1 Volumen-%. Das überwiegend aus inländischer Förderung stammende sog. L-Gas (low caloric) stellt nur einen geringen Anteil des deutschen Gesamtbedarfs dar.

PEGAS-Plattform gehandelt werden können, die von der französischen Tochterfirma Powernext betrieben wird.

45 Im Jahr 2011 startete die Börse den 24/7-Gashandel für den Spotmarkt. Damit kann nunmehr Erdgas kontinuierlich – 24 Stunden am Tag und sieben Tage die Woche – für den aktuellen, den nächsten und übernächsten Tag sowie das folgende Wochenende gehandelt werden. Die Lieferung erfolgt physisch in den zwei Marktgebieten GASPOOL und NCG. Die Tages- und Wochenendprodukte werden jeweils mit einer Mindestkontraktgröße von 1 MW als auch Vielfachen davon zum Handel angeboten.

46 Seit dem Jahr 2014 werden über die PEGAS-Plattform qualitätsspezifische Produkte für den Spotmarkt angeboten. So ist es an beiden Hubs GASPOOL und NCG möglich, die Spotprodukte Within Day, Day Ahead, Week End, Saturday, Sunday, Bank Holiday und Individual Day sowohl für H-Gas als auch für L-Gas zu handeln. Als dritte Möglichkeit können alle Produkte auch qualitätsunabhängig gehandelt werden. Der Erfolg dieser Produkte ist auch darauf zurückzuführen, dass das Gas des Groningen-Felds in den Niederlanden nur L-Qualität erreicht. Die Entwicklung der Handelsvoluminen können Abbildung 14.5 entnommen werden.

Abbildung 14.5: Entwicklung der Volumen am PEGAS Spotmarkt für Erdgas 2013–2015

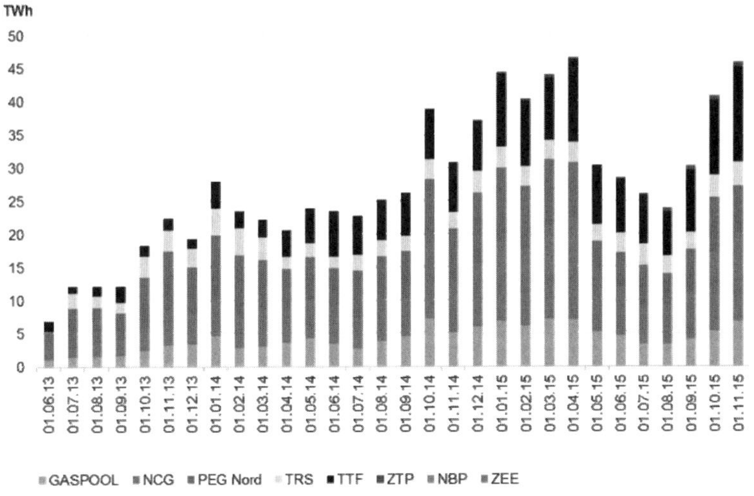

47 Am Terminmarkt für die Marktgebiete GASPOOL und NCG können über die PEGAS-Plattform die nächsten vier Monate, vier Quartale, drei Jahre sowie die nächsten vier Seasons (Sommer- bzw. Winterhalbjahr)

gehandelt werden. Basiswert aller Kontrakte ist die physische Lieferung von H-Gas.

Für die zukünftige Entwicklung der Liquidität der Terminmärkte ist 48 entscheidend, inwieweit die aus dem Gas-zu-Gas-Wettbewerb gebildeten Preise als Referenzpreise für langfristige Liefervereinbarungen akzeptiert und genutzt werden. Im Januar 2011 startete die EEX die Veröffentlichung des Gaspreisindexes „EGIX Germany“, der den Terminmarkt-Preis für Erdgas im deutschen Handelsmarkt transparent abbildet. Die Berechnung des EGIX basiert auf allen börslichen Handelsgeschäften, die am Terminmarkt in den jeweils aktuellen Frontmonatskontrakten der Marktgebiete NCG und GASPOOL abgeschlossen werden. Damit unterstützt die EEX die Bemühungen der Gaswirtschaft, marktkonforme Preisbildungsmechanismen als Alternative zu ölpreisgebundenen Gaslieferverträgen in die Lieferanten- und Kundenbeziehungen zu integrieren. Da EGIX auf Monatsbasis ermittelt wird, können bestehende Indizes für Erdgassubstitute in Gaslieferverträgen, die ebenfalls üblicherweise auf Monatsbasis berechnet werden, je nach Interesse der Vertragspartner durch den EGIX werden. Die in bestehenden Verträgen häufig mögliche monatliche Anpassung der Liefervolumen kann demnach unmittelbar an die Entwicklung des Erdgaspreises an den Märkten der EEX gekoppelt werden.

Die über die PEGAS-Plattform gehandelten Mengen sind in den ver- 49 gangenen Jahren am Spot- wie am Terminmarkt kontinuierlich gewachsen. Das gehandelte Volumen am deutschen Spotmarkt für Erdgas (Marktgebiete GASPOOL und NCG) über die PEGAS Plattform betrug im Jahr 2015 195 TWh (Vorjahr: 129 TWh). Abbildung 14.5 zeigt die Aufschlüsselung auf Marktgebiete und Produkte. Am deutschen Terminmarkt für Erdgas wurden im selben Zeitraum 97 TWh gehandelt (Vorjahr: 85 TWh). Abbildung 14.6 zeigt die Aufteilung auf die beiden Marktgebiete GASPOOL und NCG.

14.6: Entwicklung der Volumen am PEGAS Terminmarkt für Erdgas 2013–2015

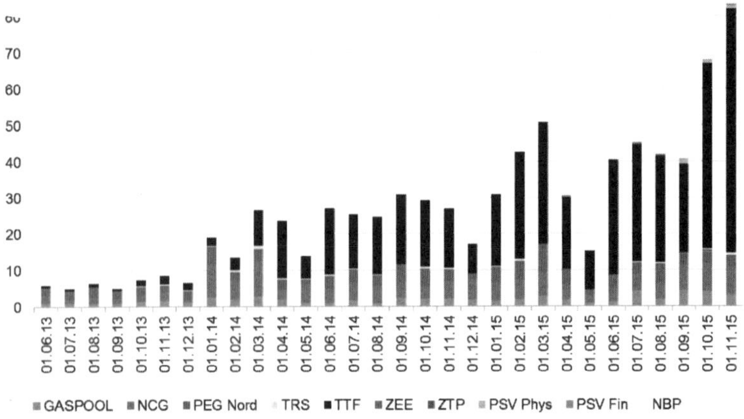

III. Der Emissionsrechtehandel an der EEX

50 Seit 2005 bietet die EEX den Handel mit Emissionsrechten auf Basis des **europäischen Emissionshandelssystems** (**EU Emission Trading Scheme – EU ETS**) an. Die sog. EUA (EU Emission Allowances)[29] können am Spot- und Terminmarkt der Börse gehandelt werden.

51 Am Spotmarkt haben z. B. Anlagenbetreiber die Möglichkeit, bei Unterdeckung Emissionsrechte zu kaufen und bei Überschuss zu verkaufen, um ihre Abgabeverpflichtungen zu erfüllen und so ihren Produktionsprozess zu optimieren. Am Spotmarkt bietet die EEX den fortlaufenden Handel an. Mit den am Terminmarkt angebotenen EUA-Futures sichern sich Teilnehmer langfristig gegen Preisänderungsrisiken in der Zukunft ab. Die Börse bietet dafür Futures-Kontrakte für verschiedene monatliche Fälligkeiten für die Lieferung in der dritten Handelsperiode (2013 bis 2020) des EU ETS an. Darüber hinaus bietet die EEX auch den Handel von Certified Emission Reductions (CER) und EU Luftverkehrsberechtigungen (EUAA) am Spot- und Terminmarkt an. CER sind Emissionsgutschriften, die durch internationale Projekte zur Minderung des CO_2-Ausstoßes generiert werden. Sie entstehen aus sogenannten CDM-Projekten (Clean Development Mechanism) und können von verpflichtenden Unternehmen zur Erfüllung ihrer CO_2-Compliance-Pflichten herangezogen werden. Seit Januar 2012 ist der Luftverkehr in den Europäischen Emissionshandel einbezogen. Sowohl gewerbliche als auch nichtgewerbliche Luftfahrzeugbetreiber müssen für jede aus ihrer Luft-

[29] Eine EUA berechtigt zum Ausstoß von 1 t CO_2.

verkehrstätigkeit resultierende Tonne CO_2 eine Emissionsberechtigung abgeben. Die ECC als Clearinghaus gewährleistet die Abwicklung aller Geschäfte und die Verbuchung der Berechtigungen im europäischen Emissions-Handelsregister.

Im Laufe der ersten europäischen Handelsperiode von 2005 bis 2007, 52
die durchaus als Testphase bezeichnet werden kann, haben auch Finanzdienstleister den Emissionshandel im Rahmen des EU ETS als eine interessante Assetklasse entdeckt. Durch das Engagement von Finanzdienstleistern wie Investmentbanken, Hedge Fonds, Umweltfondsanbietern und Brokern entwickelt sich dieser zunehmend zu einem Marktplatz, auf dem Teilnehmer aus der traditionellen Energieindustrie als Handelspartner mit den Finanzinstituten agieren und große Handelspositionen bewegen. Weiterhin werden die – durch die Politik initiierten – Emissionshandelsmärkte stark durch politische Entwicklungen beeinflusst. Selbst kleinste regulatorische Änderungen, Maßnahmen in der Klimaschutzpolitik oder Informationsungleichgewichte zwischen den Teilnehmern können diese Märkte stark zum Schwanken bringen. Diese Volatilität ist zum einen ein Risiko – bietet aber auch Chancen für Marktteilnehmer, insbesondere für die spekulativ orientierten Handelsteilnehmer.

Zusätzlich zum Sekundärhandel mit Emissionsberechtigungen führte 53
die EEX in 2010 erstmalig Primärauktionen von Emissionsrechten im Auftrag des Bundesministeriums für Umwelt, Naturschutz, Bau und Reaktorsicherheit (BMUB) durch. Damals wurden jährlich etwa 40 Mio. EUA am Spot- und Terminmarkt der Börse versteigert, was 10 % der Gesamtzuteilung von Deutschland entsprach.

In der dritten Handelsperiode des EU ETS werden etwa die Hälfte al- 54
ler ausgegebenen Emissionsrechte über Primärauktionen versteigert. Die EEX führt derzeit die Primärauktionen für alle europäischen Mitgliedstaaten außer Großbritannien durch und hält einen Marktanteil am Primärmarkt von ca. 90 %. Ebenso führt sie die Versteigerung nach einem festgelegten Auktionskalender an 4–5 Tagen pro Woche durch. Pro Jahr werden so mehr als 600 Mio. EUA und EUAA an der EEX versteigert. Die Auktionen werden gemäß den Anforderungen der EU-Auktionsverordnung[30] durchgeführt. Dabei handelt es sich um eine sogenannte „All-or-Nothing"-Auktion. Das heißt, dass die Gesamtmenge bei jeder Versteigerung umgesetzt werden muss, um eine valide Auktion

[30] Verordnung (EU) Nr. 1031/2010 vom 12.11.2010 über den zeitlichen und administrativen Ablauf sowie sonstige Aspekte der Versteigerung von Treibhausgasemissionszertifikaten gemäß der Richtlinie 2003/87/EG des Europäischen Parlaments und des Rates über ein System für den Handel mit Treibhausgasemissionszertifikaten in der Gemeinschaft (EU-Auktionsverordnung), ABl. EU Nr. L 302, v. 18.11.2010, S. 1 ff.

durchzuführen. In der Praxis übersteigt die Summe der Kaufgebote die festgelegte Versteigerungsmenge um ein Vielfaches. Im Jahr 2015 wurde im Durchschnitt mehr als das 3-fache der Auktionsmenge nachgefragt.

55 Die EEX konnte seit 2010 eine umfangreiche Expertise in Primärauktionen aufbauen und sich als führende Auktionsplattform für Emissionsrechte etablieren. So ist die EEX die bislang einzige Börse in Europa, die über Erfahrungen bei der Versteigerung von EUAs in großem Umfang und in regelmäßigem (wöchentlichen) Turnus verfügt. Darüber hinaus verfügt die EEX über etablierte, hohe Sicherheitsstandards, die sich auch in turbulenten Zeiten als robust und zuverlässig erwiesen haben. Durch ihre bereits bestehenden Kooperationen mit Unternehmen aus anderen EU-Ländern ist die EEX ein im besten Sinne „europäisches" Unternehmen, das die weitere Entwicklung des EU-Emissionshandels verlässlich begleiten kann.

IV. Trade Registration an der EEX

56 Im Rahmen der Öffnung der Clearingdienstleistungen[31] der EEX für andere Börsen in Europa wurden im Jahr 2006 die Geschäftsbereiche Clearing und Settlement in eine eigenständige Gesellschaft, die **ECC**,[32] mit Sitz in Leipzig überführt. Die ECC hat die Erlaubnis für die Tätigkeit als zentraler Kontrahent (§ 1 I Satz 2 Nr. 12 KWG, § 1 XXXI KWG, Art. 14 I EMIR) zur Abwicklung von börslichen und außerbörslichen Geschäften im Energiehandel. Clearing ist eine dem Handel nachgelagerte Dienstleistung und nimmt den Marktteilnehmern die Kontrahentenrisiken ihrer Geschäfte, indem sich das Clearinghaus als zentraler Vertragspartner (Central Counterparty) zwischen die beiden Geschäftspartner stellt und gemeinsam mit den Clearingbanken der Teilnehmer die Transaktionen entsprechend besichert. Das gilt grundsätzlich für alle Börsengeschäfte, aber auch für außerbörsliche Geschäfte, für die die EEX oder andere Partnerbörsen der ECC eine Registrierung im Rahmen der Trade Registration anbietet. Außerbörsliche Geschäfte können dann an der jeweiligen Börse zur Trade Registration angemeldet und von der ECC abgewickelt werden, wenn die gehandelten Produkte in ihrer Struktur identisch zu Börsenprodukten sind.

57 Um das Angebot zur **Trade Registration**[33] zu nutzen, registrieren zwei Börsenteilnehmer ein bereits abgeschlossenes bilaterales Geschäft an der EEX. Dadurch werden die dem Geschäft zugrundeliegenden Kontrakte in Börsenkontrakte umgewandelt und im Folgeprozess genauso abgewickelt und besichert, wie an der Börse getätigte Geschäfte. Sie unterliegen

[31] Zum Clearing detailliert *Pilgram*, § 20 in diesem Band.
[32] Vgl. bereits oben Rdnr. 24.
[33] Zum Clearing detailliert *Pilgram*, § 20 in diesem Band.

insbesondere denselben Margin-Anforderungen. Die Höhe der notwendigen Sicherheiten wird täglich überprüft und ggf. angepasst. Die Börsenteilnehmer können so für außerbörsliche, wie auch für börsliche Geschäfte nicht nur identische Abwicklungsprozesse nutzen, sondern müssen nur noch jeweils eine Netto-Position in Geld und den jeweiligen Waren aus außerbörslichen und börslichen Geschäften abwickeln. Dieses reduziert den Transaktionsaufwand und ggf. auch die zu hinterlegenden Sicherheitsleistungen durch Portfolioeffekte (sog. Cross-Margining).

Als effizientes Risikomanagementverfahren und wichtiges Bindeglied 58
zwischen dem börslichen- und außerbörslichen Handel ist Clearing ein wesentlicher Bestandteil der Wertschöpfungskette im Energiehandel. Die EEX plant, ihre Trade Registration-Dienstleistungen für Energie und energienahe Produkte weiter auszubauen.

G. Die Internationalisierung des börslichen Energiehandels

In den vergangenen Jahren ist in der europäischen Energiebörsenland- 59
schaft eine Konsolidierung zu beobachten. Während es für den Endverbraucher von Vorteil ist, viele Anbieter zu haben, unter denen er wählen kann, ist auf Großhandelsebene im Sinne eines einheitlichen europäischen Binnenmarktes eine Zusammenarbeit der Handelsplätze erstrebenswert. Zum einen kann dadurch die Liquidität im europäischen Handelsmarkt gebündelt werden, zum anderen können Kosten der Handelsteilnehmer (Zugang zu den Märkten, Transaktionsentgelte, Systeme) reduziert werden. Als Schrittmacher der europäischen Marktintegration hat die EEX in den vergangenen Jahren entscheidend zur Harmonisierung des Energiehandels und -clearings beigetragen. Genannt sei hier die umfassende deutsch-französische Kooperation im Stromhandel, im Rahmen derer u. a. die Strom-Spotmärkte der EEX und der Powernext in die gemeinsame EPEX Spot überführt wurden,[34] aber auch die Vielzahl an Kooperations- und Servicevereinbarungen, die durch ECC mit anderen Partnern eingegangen wurden.

Noch immer entstehen in der Europäischen Union neue, national ge- 60
prägte Strom- und Energiebörsen zur Ermittlung von lokalen Marktpreisen. Diese Entwicklung, die aus nationalen Gesichtspunkten sicherlich nachzuvollziehen ist, läuft oftmals konträr zum Ziel der Europäischen Union, einen integrierten europäischen Energiemarkt zu etablieren. Parallel findet eine von der Europäischen Kommission und den europäischen Regulatoren initiierte Gegenbewegung statt, die eine schrittweise Verbindung der Märkte über Regionen hin zu einem Markt

---

[34] Vgl. Rdnr. 29 ff.

für Europa vorsieht. EEX und EPEX Spot befinden sich durch ihre geografische Lage und den bereits weit entwickelten deutschen Strommarkt im Zentrum der europäischen Integration.

61 Die EEX hat sich in einem europäischen Marktgefüge, in dem wenige große, professionalisierte Börsen einer Vielzahl von lokalen Börsen mit limitiertem Produktangebot gegenüberstehen, gut aufgestellt. Nach umfangreichen Investitionen in die IT-Infrastruktur und einer Konsolidierung der Strukturen und Prozesse sieht sich die EEX den Herausforderungen einer zunehmenden Professionalisierung des Energiehandels gut gegenüber gestellt. Langfristiges Ziel der EEX ist, sich als führender europäischer Akteur auf dem Energiemarkt zu etablieren. Entsprechend soll die Weiterentwicklung der Bereiche Strom, Erdgas, Emissionsrechte und Clearing sowie der in den letzten Jahren neu hinzugekommenen Märkte, vorangetrieben werden.

62 Die EEX will auch weiterhin eine Vorreiterrolle bei der Transparenz, der Überwachung und der Sicherheit der Energiemärkte und -handelsplätze einnehmen. Gerade in Zeiten wirtschaftlicher und finanzieller Krisen sind Vertrauen und Transparenz der Schlüssel für funktionierende Märkte. Die EEX hat sich dieser besonderen Verantwortung mit der Veröffentlichung sämtlicher Börsendaten sowie dem Betrieb einer Transparenzplattform für Stromerzeugungsdaten gestellt und setzt damit ein deutliches Zeichen für die europäische Marktentwicklung und -integration.

63 Um den Ansprüchen einer zunehmenden Internationalisierung des Energiehandels gerecht zu werden, ist die EEX seit Juli 2011 auch mit einem eigenen Büro im Londoner Banken- und Geschäftsviertel Canary Wharf vertreten. In den Jahren 2014/2015 eröffnete die EEX zudem Büros in Berlin, Mailand und Oslo und ist über ihre Tochtergesellschaften in Europa nun auch in Paris, Amsterdam, Brüssel, Bern und Wien vertreten. Die internationalen Präsenzen im Vereinigten Königreich, Italien und Norwegen begleiten die Maßnahmen der EEX zur Weiterentwicklung des Handels für Strom, Erdgas, Emissionsrechten sowie für den Bereich Clearing. Darüber hinaus wird die EEX verstärkt daran arbeiten, die Sichtbarkeit ihrer Preise und Produkte auf allen wichtigen Handelsbildschirmen zu erhöhen und damit die Konnektivität der Börsenmärkte weiter auszubauen. Aufgabe der internationalen Repräsentanzen ist, die EEX-Kunden vor Ort zu betreuen, Marktteilnehmer über die Produkte und Dienstleistungen der Börse zu informieren sowie neue Teilnehmer und Teilnehmergruppen zum Handel an den Energiemärkten der EEX zu gewinnen.

64 Die EEX hat sich seit ihrer Gründung zur führenden Energiebörse in Kontinentaleuropa entwickelt und hat wesentlich zu einem funktionierenden Energiehandel in Deutschland und Europa beigetragen. Die EEX

wird sich weiterhin eindeutig für eine Förderung eine
freien und transparenten Marktgeschehens, im Börs
wie im außerbörslichen Bereich einsetzen. Die Förder
im Energiesektor, Fairness und Nicht-Diskriminierung
sind die Voraussetzung für eine Weiterentwicklung d
im nationalen wie im internationalen Bereich. Diese
werden bereits heute von der EEX erfüllt.

§ 15 Impact of new regulations on the Nordic electricity derivatives market

A. Introduction

1 Once again we face a new set of regulations of the European market for financial instruments. The existing Markets in Financial Instruments Directive (MiFID)[1] regulate the commodity derivatives markets in Norway and in the rest of Europe. MiFID will be reviewed into MiFID II and implies several impacts on the Nordic electricity derivatives market. European Market Infrastructure Regulation (EMIR)[2] has at least partly entered into force with a major impact on derivatives markets. And the Market Abuse Regulation (MAR)[3] will come into force shortly. This article points out some of the peculiarities in the Nordic electricity derivatives market and aims to explain some of the possible implications of MiFID II on the Nordic market. The underlying physical market is now the Nordic and Baltic countries.

2 **Main supervisory topics** in the electricity derivatives market are systemic risk and market failures.

B. New regulations

3 MiFID II has been in the works for many years already and is still not set into force. But the directive is adopted and the possible impacts on the Nordic electricity derivatives market starts to appear. MiFID II is only one of the cornerstones in the regulation of the electricity derivatives, much of which is at the moment not set into force and some of it not even proceeded in Europe. Most of the regulations are written for

[1] Directive 2004/39/EC of the European Parliament and of the Council of 21.4. 2004 on markets in financial instruments amending Council Directives 85/611/EEC and 93/6/EEC and Directive 2000/12/EC of the European Parliament and of the Council and repealing Council Directive 93/22/EEC (MiFID), OJ EU No. L 145, of 30.4.2004, p. 1 et seqq.

[2] Regulation 648/2012/EU of the European Parliament and of the Council of 4.7. 2012 on OTC derivatives, central counterparties and trade repositories (Text with EEA relevance), OJ EU No. L 201, of 27.7.2012, p. 1 et seqq.

[3] Regulation 596/2014/EU of the European Parliament and of the Council of 16.4.2014 on market abuse (market abuse regulation) and repealing Directive 2003/6/EC of the European Parliament and of the Council and Commission Directives 2003/124/EC, 2003/125/EC and 2004/72/EC (Text with EEA relevance), OJ EU No. L 173, of 12.6.2014, p. 1 et seqq.

trading in several (or all) financial instruments but the focus of th article is only on the commodity derivatives.

Besides MiFID II there is a set of existing and coming legislation regulating the commodities derivatives trading. 4

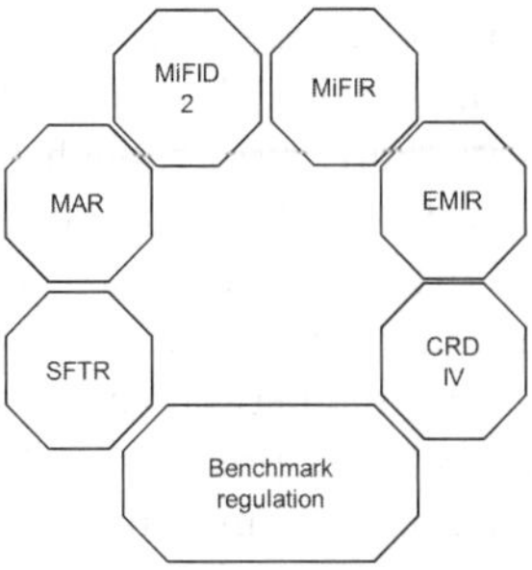

Overall and for commodity derivatives: 5

- MiFID II regulates mainly how to establish a well-functioning market; the financial instruments, the market participants trading financial instruments and the trading venues. In some cases it also aims at reducing the systemic risk in the commodities derivatives trading.
- Markets in Financial Instruments Regulation (MiFIR)[4] elaborates the rules in MiFID II and gives further legislation for the trading in financial instruments.
- EMIR is the regulation of clearing and post-trade transparency for derivatives.
- Capital Requirements Directive IV (CRD IV)[5] is the capital requirements for investment firms and certain other persons trading commodity derivatives.
- Benchmark regulation refers to the requirements for companies setting up indexes in or related to the commodities derivatives.
- Securities Financing Transactions Regulation (SFTR)[6] is the regulation of lending and borrowing for commodity derivatives as well as other financial instruments.

[4] Regulation 600/2014/EU of the European Parliament and of the Council of 15.5. 2014 on markets in financial instruments and amending Regulation 648/2012/EU, OJ EU No. L 173, of 12.6.2014, p. 84 et seqq.

[5] Directive 2013/36/EU of the European Parliament and of the Council of 26.6. 2013 on access to the activity of credit institutions and the prudential supervision of credit institutions and investment firms, amending Directive 2002/87/EC and repealing Directives 2006/48/EC and 2006/49/EC (Text with EEA relevance), OJ EU No. L 176, of 27.6.2013, p. 338 et seqq.

[6] Regulation 2015/2365/EU of the European Parliament and of the Council of 25.11.2015 on transparency of securities financing transactions and of reuse and amending Regulation 648/2012/EU, OJ EU No. L 337, of 23.12.2015, p. 1 et seqq.

regulation of market abuse in the trading of financial uch as commodities derivatives listed on trading venues.

ɛristics of the Nordic electricity derivatives market

ectricity market covers Norway, Sweden, Denmark, Finland, Estland, Letland and Latvia. The physical market in the Nordic countries is regulated nationally, even though the countries do have a common spot market, Nord Pool. Several initiatives have been taken to harmonise the domestic physical electricity markets over the years. Much has been done in this respect, but important issues still remain, such as sufficient interconnectors between areas to reduce or even eliminate the price differences between price areas. However one may argue that a common single market area may not be a primary goal as it is possible to mitigate such constraints by trading contracts, but the lack of a single market area makes the trading of electricity and electricity derivatives more complex.

7 Nasdaq Oslo (Nasdaq Commodities) is a regulated market and Nord Pool is a licensed physical market place. They are the main cornerstones in the Nordic electricity market. The Nordic electricity derivatives market consists of different groups of **market participants**. It is difficult to exactly quantify how much of the traded volume that can be attributed to each group of participants, due to the fact that the market shares change over time. Based on the market share of the groups of participants at Nasdaq Commodities it seems that approximately 1/3 of the market participants are electricity producers, 1/3 are retailers and 1/3 are institutions without foundation in the physical electricity business. The reasons for each participant and group of participants to take part in the electricity derivatives market varies. Nevertheless, it may be interesting to look more closely at these reasons due to the fact that it gives some explanatory factors to the developments in the Nordic electricity derivatives market.

8 The **products** in the Nordic electricity derivatives market are to some extent different from the electricity derivatives in many other countries in Europe. Some of the main differences are: (i) The contracts have financial settlement (ii) most of the contracts are cleared in a clearing house and (iii) the market is set up with a lot of different price areas. And although there are many newly issued contract types in the Nordic market it is still based on the Nordic market area and the need for risk management in this area.

9 In some European countries outside the Nordic market the electricity derivatives contracts are listed with physical delivery. This means that the participants not only use the derivatives market to secure the future

price, but also the future physical delivery. With financial delivery the trading process is split in two. The derivatives contracts are traded and cash settled based on the market price. If some of the participants want physical delivery obligations then this may be executed through the spot market. This means that the participants must be guaranteed necessary physical delivery from the spot market. In the physical electricity market the delivery in each trading hour must be in balance between supply and demand. If this is not the case, a shortage situation will occur with the result that delivery nevertheless will be impossible. The contracts entered into the spot market will secure the actual spot market price. If the volume traded in the spot market differs from the actual physical demand the volume must be delivered in the balancing market[7]. The effect is that the guarantee for physical delivery is a part of the design of the Nordic electricity market. A participant that wants to secure the future price and the physical delivery may still use the derivatives market, even though the derivatives have financial settlement.

Financial settlement also means that participants with no interest in physical delivery, that wish to speculate in the price movements, may do so without the risk of ending up in a situation of physical delivery requirements. Financial settlement also means that no license for physical trade is needed in order to trade the instruments. The trading of electricity derivatives will then be very much like trading in other financial instruments. 10

Participants with no interest in physical delivery are present in the electricity derivatives market because of the potential to make a higher profit of the tied-up capital in the electricity derivatives market than the outcome if the capital would be invested somewhere else, given the actual risk. 11

The electricity derivatives market is a market for price risk and not for delivery of physical electricity. Generally, the market participants with physical electricity delivery as their core business normally want to reduce their market risk and the other participants want to take the market risk. The two groups of participants meet in the derivatives markets. 12

I. The basis for regulation of commodity derivatives

Norway is not a member of the European Union (EU), but is a member of the European Economic Area (EEA). As part of the EEA, Norway is obliged to implement EEA-relevant legislation in national law. The 13

[7] In Norway the balancing services is taken care of in a standalone market unlike most other countries where the balancing facility is taken care of by the main/national grid operators or system operators.

Norwegian legislation[8] of commodity derivatives is **based on EU/EEA-legislation, ea. MiFID and Market Abuse Directive** (**MAD**)[9]. Norway is also a member of International Organization of Securities Commissions (IOSCO).

14 EMIR is at the moment not implemented in Norway as it is in the EU. This is due to constitutional problems in Norway concerning the regulations establishing the European Securities and Markets Authority (ESMA), the European Banking Authority (EBA) and the European Insurance and Occupational Pensions Authority (EIOPA) and the competences given these three authorities to make decisions directly binding to the Norwegian Financial Supervisory Authority (Finanstilsynet) or Norwegian persons. As EMIR refers to such competences, EMIR may not be incorporated in Norwegian law until the regulation is incorporated into the EEA-agreement. However Norway has implemented national legislation as in EMIR with some exceptions where ESMA or EU does not have rights of enforcement on Finanstilsynet or Norwegian persons. At the moment there is no obligation for Norwegian companies to submit data to the EMIR trade repository even if they may do so on a voluntary basis. The EMIR implementation process in Norway shows that even if all the EU legislation is implemented in Norway it may be implemented within another timeframe and with some exceptions.

II. The commodities derivatives market in Norway

15 **Licenses** as regulated market and clearinghouses are in Norway issued by the Ministry of Finance. Licenses as investment firms are granted by Finanstilsynet. At the moment there are four clearinghouses licensed in Norway, operating towards Norwegian market participants and/or as clearinghouses related to Norwegian regulated markets. Nasdaq Commodities is the only licensed regulated market that is also an exchange in the electricity derivatives market in Norway. Currently, there are a number of companies licensed as investment firms trading electricity derivatives, one of which also holds a license as multilateral trading facility (MTF).[10] Beside the electricity derivatives market there are two licensed regulated markets trading other commodity derivatives.

[8] Implemented by the Norwegian Securities Trading Act and the Norwegian Exchange Act.

[9] Directive 2014/57/EU of the European Parliament and of the Council of 16.4. 2014 on criminal sanctions for market abuse (market abuse directive), OJ EU No. L 173, of 12.6.2014, p. 179 et seqq.

[10] ICAP Energy AS.

III. Market prices and changes in the listed derivatives products

The electricity production methods in Europe change slowly from fossil burned thermal and nuclear based electricity production plants to more sustainable production methods such as wind and solar based production methods. Even new and more experimental types of plants, such as wave power plants, may in time enter the market. But phasing out oil, coal and nuclear power plants and phasing in wind and solar production also means to phase out stabile production with more weather dependent production. And weather may not be controlled. In the markets this means an increasing uncertainty connected to when it is possible to produce and the reduced ability to balance the ever present and changing consumption. Some of this physical uncertainty will be taken care of through increased grid capacity between the Nordic countries and the continental Europe (and UK). The surplus capacity in the hydro power production system in Norway and Sweden may be used to balance against the lack of flexibility in wind and solar power production. In the markets the remaining uncertainty is transformed into new types of risk which trigger a need and possibility for adjustments in the derivatives products. **16**

The consumption of electricity is generally increasing in the Nordics and also the rest of Europe. And the total capacity of power plants increases to meet the increased consumption. But at the moment the production increases faster than the consumption. There are several reasons for this. One is that the production of wind and solar power in many countries is subsidised to be able to restore capacity from shutting down nuclear power plants and thermal production using coal. Electricity certificates are used to subsidise green production in Sweden and Norway. Such subsidising of production from wind and solar power plants keep the production prices at a more acceptable level which gives incentives to increased production. **17**

Another effect on the electricity prices is that the raw material prices at the moment are generally low as a consequence of the relatively low market activity all over Europe and the rest of the world. In Norway it is an extra paradox that reduced activity in the oil production implies reduced activity in the oil supply activity and leads to reduction of electricity demand. It means on one side it will be less costs connected to electricity production from coal and nuclear power plants and also reduced demand for electricity. The electricity demand may not drop, or but at least it may not increase as fast as it used to do, and the demand is then lower than the average increase would imply. Both effects imply lower electricity prices. **18**

19 The easy solution here is to say that the value of the derivatives is only affected by the changes in prices and whether the prices of the underlying is high or low does not affect the derivatives market value. But low underlying prices do after some time affect the market itself. The most immediate effect is that low underlying prices implies less use of derivatives. The direct reason is that the electricity producers and retailer companies do not have the same incentives for securing prices when the prices are low. At least if the prices are very low. The prices are very unlikely to drop below zero or even near to zero it means that the loss of lower prices is relatively small and many participants do not see the same need for securing the prices compared to very high electricity prices. It implies that low prices in the underlying will lead to reduced volume in the derivatives market.

20 Another effect on the derivatives market comes from the changes in types of production. Reduction of the stabile nuclear and thermal electricity production for the benefit of far less stabile wind and solar production gives incentives to new or at least increased number of specialized products issued at the trading venues. Some of these contracts will be derivatives on underlying peak contracts, area pricing contracts and combination contracts with other energy products such as gas. It may also be a need for new types of derivatives contracts such as weather derivatives, climate related contracts and other capacity related contracts. In some cases there have been some needs for the system operators to secure volume as a part of their balancing services. These contracts have been traded as a specialized sort of quantum options but are unlikely to be defined as financial instruments.

21 The range of instruments in the Nordic electricity derivatives market has increased quite consistently in the latest years. Not only in the Nordic market but this is a trend in most of the commodity derivatives markets. The difference is that the Nordic market has been a market dedicated for electricity trading and now seems to take the step into more general commodity derivatives trading. This may be an effect of the demand for more specialized products from the market participants. It may also be that the trading venues offer more products to be able to increase trading and through this, their income. Interesting in this respect is that more advanced products may be offered as a consequence of more advanced trading systems. It is a trend to reuse some of the trading technology built for the securities market into the derivatives market.

22 An increased number of issued derivatives contracts may have several effects on the market participants. It will give the participants ability to trade derivatives in several alternative and complementary underlying energy products and even related products outside the energy sector.

The participants may gain insight in derivatives trading outside the electricity sector itself and may get ability to do a better hedge[11] of their entire company risk. On the other side it may also increase the barriers of entry by increasing their cost of trading holding advanced people and skills to be able to operate these markets.

The changes in legislation may also change the markets and the market structure. The main cost of being in the commodity derivatives market is the cost of capital. But increasing cost of technology to be able to fulfill the transparency requirements and costs related to clearing and trading obligation may also reduce the derivatives trading volume. 23

The result will be that while market development and increased complexity in financial instruments may from a supervisory point of view influence the functioning of the market, the development may favor some types of market participants before others, reduce market transparency and even increase possibilities for abusive behaviors in the derivatives markets. New transparency obligations, more licensing, new position limits regime, restrictions on electronic trading in MiFID II/MiFIR and other regulations will all be new tools in order to keep the markets fair and orderly even if the market development itself is both necessary and effective. 24

Several US companies or US-connected companies are trading in the Nordic derivatives markets. These persons must fulfill rules in the US-legislation Dodd-Frank Act. Nasdaq Commodities has changed some of their contract specifications so that US companies are able to trade at the Norwegian regulated market without any major changes in licensing in the US. The changes in contract specification do not seem to have any major effects on the trading activity and how the instruments are used by the market participants. 25

D. Systemic risk

I. Capital requirements

Most of the clearing volume in the Nordic electricity derivatives market has been performed by the market participants themselves as direct members at the clearinghouse. Up to now it has been possible for direct members to use on demand bank guarantees as guarantee for the positions cleared through the clearinghouses in the Nordic markets. Compared to the alternative of providing cash as collateral either paid directly to the clearinghouse or indirectly through a clearing fund bank guarantees are rather affordable. EMIR requires the clearinghouses to 26

---

[11] May also be used as speculation in order to increase risk in other markets.

use a clearing fund which may have a major effect on the Nordic commodity derivatives market. On one hand it may lead to more trades using less clearing and on the other hand the clearing is done through others instead of as direct members. Less clearing means to use the possibility to define the transactions traded as non-commercial. The transaction may then be seen as a non-financial instrument which means that the clearing obligation in EMIR will not apply. Clearing through others means to use a general clearing member (GCM) as counterparty in the clearinghouse. The GCM will be responsible of the obligations to the clearing fund and the margin requirements and the market participant pay for this service to the GCM. The effect on the Nordic electricity derivatives market may be fewer but bigger participants trading at the trading venues.

II. Electricity market risk

27 EMIR is meant to take care of the systemic risk in concentrating settlement in the clearinghouses. But systemic risk may also occur indirectly through the underlying electricity market. If participants in the electricity derivatives market are unable to settle their derivatives contracts they may have a problem settling their physical contracts as well. Such a situation may result in a domino effect into the physical market, even though the clearinghouse is able to meet its obligations in the financial market. It could also be a problem in both the physical market and the derivatives market. **Defaults** in the physical electricity market may lead to major disturbances in the markets and indirectly become a systemic risk.

28 At least some of these problems are meant to be regulated by the position management regime in MiFID II. Both the national competent authorities and ESMA may adjust the position limits if the physical and/or electricity derivatives market faces a direct or indirect threat against systemic risk.

E. Market integrity

29 The electricity derivatives market in the Nordic countries has to some extent been developed from self-regulation. Many of the specific rules covering transparency are now included in the **trading rules of Nasdaq Commodities** (and Nord Pool for the physical market). These rules are based on suggestions and requirements from the market participants. Together with careful development of transparency rules mainly from the regulator of the physical electricity market but also from the regulator of the financial markets the transparency in the Nordic electricity markets has developed to be accepted by the market participants. This

seems to be one of the main reasons behind a well-functioning N[illegible] electricity and electricity derivatives market.

I. Transparency

There are **two main sources of information** in the commodity derivatives markets, information from the derivatives market and information from the physical underlying market. 30

Price sensitive information given to the market participants may be split into three groups: 31

- Standardised periodic data announced on fixed points of time. This may be data such as water reservoir levels, daily market prices and others.
- Occasional systematic data announced when needed in a standardised form. This may be data such as unexpected changes in electricity production plans and unexpected outages in big production entities.
- Occasional unsystematic data announced when needed in a non-standardised form. This may be price sensitive information that is not possible to standardise because it does not occur too often. Examples may be announcements of new grid interconnectors and political decisions to postpone or speed up closures of nuclear power plants.

Information to the market will always be a balance between too little and too much data. First of all, the market participants need price sensitive data only. The appropriate level of information within each group of data has been a source for discussion in the Nordic electricity derivative market. 32

Finanstilsynet, the Norwegian physical energy regulator (The Norwegian Water and Energy Directorate – NVE) and the Norwegian Competition Authorities do have a common memorandum of understanding in order to regulate the physical and financial electricity market as a whole. One of the aims is to provide the market with sufficient transparency. The agreement also covers investigation of market abuse cases affecting both the financial and the physical electricity market. 33

NVE and the Nordic system operators **provide most of the market data** to the market participants, mainly as standardised periodic data. Occasional data from the energy regulator and the system operators are normally distributed through Nord Pool. 34

Regulated markets may list commodity derivatives products with identical standardisation or products highly correlated. All regulated markets (and MTFs) are required to have **market surveillance** of the trading on their own market. Nasdaq Commodities is considered to have a high level of market surveillance. With more than one regulated market listing electricity derivatives it may be difficult to perform market surveillance at the same level as today. Even if each of these regu- 35

quired to have and in fact, has effective market sur- may be reduced. The reason is that effective market other factors depends on insight in all transactions the orders as well. To some extent the European ng system (TRS) may help with the registration of all ancial instruments which are executed by investment lectricity derivatives. However, TRS is only a supplement of the market surveillance at the regulated markets and may not be enough. The main reason is that a large number of market participants in the electricity derivatives market are exempted from being licensed in accordance with the exemption rules in MiFID. REMIT[12] will establish a reporting system for all transactions in electricity contracts whether it is physical contracts or financial contracts. Such reporting may solve this problem.

36 It has been suggested to establish a solution for position reporting and trade repositories. Position reporting is well proven in the US commodities derivatives markets. This will give the authority information and possibilities to give attention to market participants with large positions. A large degree of clearing through one clearing house and contracts with no physical obligations,[13] such as in the Nordic electricity derivatives markets reduces the need for position reporting.

37 Market participants in the electricity industry may have asymmetric information about the underlying electricity market. This gives the financial participants incentives to take part in the underlying market in addition to trading in the derivatives market. The financial participants may on the other hand have an **information advantage** from knowing the alternative risk in the capital market, but such an effect is difficult to measure.

II. Market abuse

38 **Market abuse** is mainly insider trading and market manipulation. Market abuse may lead to a loss of market confidence and/or may increase the risk premium of the electricity derivatives. There is one major difference from investigating market abuse in the electricity derivatives market compared to other markets for financial instruments. This is the connection between the derivative and the underlying physical market.

---

[12] Regulation 1227/2011/EU of the European Parliament and of the Council of 25.10.2011 on wholesale energy market integrity and transparency (Text with EEA relevance), OJ EU No. L 326, of 8.12.2011, p. 1 et seqq.

[13] Corner and squeeze situations is of less interest.

1. Insider trading

It is of course not forbidden to have insider information, but it is forbidden to trade in financial instruments based on this information. One of the most common sources of insider information in the electricity derivatives market is large production volumes in electricity producers which should be reported to the exchange and has not yet been reported to the market. However such information has for a while now been disclosed in a standardised disclosure system and it now seems to have been established a higher level of understanding in the Nordic electricity industry for proper treatment of insider information. 39

Proper investigation of insider trading and a well-designed system for disclosure of information goes hand in hand. If the disclosure system defines that information should be given from the market participant and such information is missing then the participant may be in an insider position. 40

2. Market manipulation

Based on experience from the market surveillance unit at Nasdaq Commodities cases of **market manipulation** may be split in two, manipulation related to the derivatives market alone and cases in interaction with activities in the physical electricity market – or other related markets such as markets for allowances. 41

The general experience from cases where manipulation has taken place only in the electricity derivatives market is very much the same as in other derivatives markets. Manipulation scenarios show that it could be possible to manipulate the derivatives prices. 42

The general experience from cases of **market manipulation** shows a possibility of cross-market manipulation between the physical and financial electricity markets and even across financial markets with different underlying commodities. Many of the manipulation scenarios where the underlying product price is manipulated in order to manipulate the derivatives market price shows that such behavior often is expensive and in most cases risky. In some cases the bids in a local bid market area may be used to influence the market clearing price (system price) of the entire Nordic market area. In some derivatives the system price is the instrument and may influence the derivatives price. Such manipulation will be of some risk to the participant but may still be seen as profitable. There have also been cases where area prices may be manipulated in order to influence the prices of the contracts for differences. The market surveillance unit at Nasdaq Commodities is aware of such cases and does regularly test to reveal such behavior. 43

F. Summary

44 The **implementation of new EU/EEA-legislation** may lead to several changes in the Nordic electricity derivatives markets. It is expected that competition among regulated markets listing electricity derivatives may increase. The introduction of OTFs may result in new market places alongside the regulated markets and MTFs.

45 Dodd-Frank Act in the US have effected the Nordic market but the effect seems to be indirect and related to trading executed by US persons on the regulated markets in Norway. The indirect effect is related to product standardisation.

Changes in the underlying physical electricity industry have changed the market risk and have changed the types of derivatives contracts traded at Nasdaq Commodities and other trading venues.

46 The existing design of the Nordic electricity derivatives market **reduces the systemic risk**. Systemic risk may influence financial stability directly and indirectly. The use of a clearinghouse will reduce the risk as long as the clearinghouse is able to settle transactions.

47 EMIR has strengthened the clearing legislation and should have reduced the systemic risk in Europe. MiFID II provides further legislation in order to reduce the systemic risk in or from the physical electricity market.

48 The **transparency** in the Nordic electricity derivatives market seems to be high compared to other European markets. Most major data reflecting price sensitive information seem to be disclosed to the market participants and a well-functioning system to pick up systematic and unsystematic information is established. NVE, Nord Pool, Nasdaq Commodities and to some extent the Nordic system operators plays key roles in this information system today.

49 The **market surveillance unit** at Nasdaq Commodities has investigated some cases of misuse of insider information and market manipulation in the electricity derivatives market. MiFID II and MAR is expected to strengthen possibilities to monitor the entire market regardless of where the contracts are traded.

50 The cooperation of Finanstilsynet, the regulator of the physical electricity market NVE and the Norwegian Competition Authorities has been an advantage in order to regulate the physical and financial electricity market as a whole.

§ 16 Währungswechsel, Zinsstrukturtheorie und Bewertung von Strom-Derivaten

A. Einleitung

Seit Mitte der 1990er Jahre erfuhr der Strommarkt eine signifikante Umstrukturierung. Die etablierten, vertikal integrierten Unternehmensstrukturen wurden durch die Entkopplung der Geschäftsbereiche Erzeugung, Lieferung und Vertrieb von elektrischer Energie aufgebrochen. Motivation für diese Reformen ist die beabsichtigte Erhöhung von Wettbewerbsdruck und wirtschaftlicher Effizienz in der Stromindustrie. Ferner soll die Umstrukturierung zu einer Stärkung des Umweltschutzes und einer Verbesserung der Dienstleistungen für die Endverbraucher beitragen. 1

Der Wettbewerb am Strommarkt wirft eine Reihe von Fragen auf, die auf das optimale Marktdesign, Risikoabschätzung und die Optimierung von Marktstrategien abzielen. 2

In erster Näherung ist der Strommarkt nicht grundsätzlich verschieden von anderen Märkten. Der Preis und die Menge der produzierten und konsumierten elektrischen Energie werden durch die Gesetze von Angebot und Nachfrage bestimmt. Aus praktischer Sicht sind jedoch zwei technische Probleme zu beachten, die den Strommarkt signifikant von übrigen Märkten unterscheiden: 3

- die Notwendigkeit des permanenten Ausgleichs zwischen produzierter und verbrauchter Energie sowie
- die Lieferbeschränkungen durch mögliche Engpässe im Übertragungsnetz.

In dieser Arbeit konzentrieren wir uns auf das erste Problem und untersuchen dabei einen Markt, in dem es keine Übertragungsbeschränkungen für Strom gibt. Hierbei diskutieren wir ein abstraktes Modell, welches alle grundlegenden Merkmale existierender Märkte widerspiegelt.

Ausgangspunkt unserer Untersuchungen ist die Tatsache, dass nur wenige große Marktteilnehmer über die nötige Flexibilität verfügen, ihren Energiebedarf laufend der entsprechenden aktuellen Marktsituation anzupassen. Das bedeutet, dass die Elastizität der Stromnachfrage sehr gering ist. Da zudem elektrische Energie nicht wirtschaftlich gespeichert werden kann, müssen spezielle Handelsmechanismen implementiert werden, um die Differenzen zwischen Angebot und Nachfrage ausreichend schnell ausgleichen zu können. Darum unterscheidet man im Strommarkt zwischen dem Handel mit Regelenergie, der auktionsar- 4 tig stattfindet, und dem Handel mit Kontrakten auf zukünftige Lieferung (Forward-Kontrakte), welcher auf konventionelle Art (börslich) geschicht. Wir separieren somit in jedem deregulierten Strommarkt zwei Segmente, den Regelenergiemarkt für eine instantane Stromlieferung und den Forward-Markt für die zukünftige. In letzterem Segment beobachtet man eine bemerkenswerte Handelsaktivität für stündliche Lieferkontrakte für den nachfolgenden Tag im sog. Spot-Markt. Der Markt für andere Forward-Kontrakte wird als Termin-Markt bezeichnet. Weiterhin muss der Handel mit diversen Finanzinstrumenten und mit Verträgen über die Verfügbarkeit von Produktionskapazitäten erwähnt werden, welcher üblicherweise „Over the Counter" abgewickelt wird (am sog. OTC-Markt). Folgende Abbildung 16.1 zeigt die typische Struktur eines deregulierten Strommarktes.

Abbildung 16.1: Struktur eines deregulierten Strommarktes

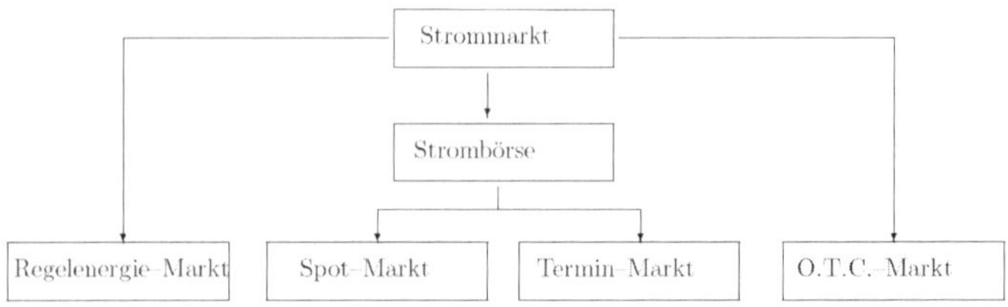

5 Obwohl Art und Umfang der Liberalisierungsreformen landesspezifisch sind, beobachtet man in den meisten deregulierten Märkten eine Reihe von typischen Problemen. Hierzu zählen eine hohe Preisvolatilität sowie kurzzeitige und sprunghafte Preissteigerungen. Um sich gegen das daraus resultierende Risiko abzusichern, müssen die Marktteilnehmer adäquate Positionen in Forward-Kontrakten bzw. in entsprechenden derivativen Instrumenten aufbauen.

6 Eines der populärsten Finanzprodukte für das Risikomanagement ist ein Forward-Kontrakt, den wir als Power-Forward bezeichnen wollen. Dem Käufer eines solchen Produktes wird die konstante Lieferung einer vereinbarten Strommenge über eine zukünftige, im Kontrakt festgelegte Periode garantiert. Die Lieferung erfolgt entweder physikalisch oder sie wird finanziell abgewickelt. Die Bedeutung der Power-Forwards im Strommarkt ist vergleichbar mit der von Forwards und Futures in Rohstoffmärkten, mit denen sich sowohl Käufer als auch Verkäufer gegen gefährliche zukünftige Preisbewegungen absichern. In ähnlicher Weise wie Power-Forwards werden auch deren Derivate zur Absicherung des Strompreis-Risikos benutzt. Die Bewertung solcher Kontrakte ist noch immer Gegenstand einer lebhaften Diskussion, u. a. aufgrund des Fehlens von überzeugenden finanzmathematischen Konzepten. Der sprin-

gende Punkt ist hier, dass elektrische Energie nicht auf ökonom[illegible] Weise lagerbar ist.[1] Deshalb müssen Power-Forwards mit nicht überla[illegible]penden Lieferperioden als Forward-Kontrakte auf unterschiedliche Rohstoffe (elektrische Energie zu verschiedenen Zeiten) betrachtet werden, ohne jegliche Möglichkeit, einen dieser Rohstoffe in einen anderen umwandeln zu können. Diese Tatsache macht die Anwendung der üblichen Kontrakt-Bewertung durch die Startkosten einer Replikationsstrategie unmöglich und erfordert eine tiefergehende Anpassung von finanzmathematischen Konzepten, die wir nachfolgend beschreiben wollen.

Auf den ersten Blick erscheint eine Bewertungsmethode im Stile von 7
Zinsstrukturmodellen durchaus geeignet, da ein Power-Forward über die Lieferung von 1 MWh beginnend unmittelbar nach einem Zeitpunkt τ analog ist zu einem Zero-Bond mit Fälligkeit τ. Allerdings beobachtet man hier eine deutliche Besonderheit. Betrachtet man die Preise für Power-Forwards, so stellt man fest, dass diese selbst in der Nähe des Fälligkeitszeitpunktes fluktuieren. Natürlich ist ein solches Verhalten für Zero-Bonds völlig ausgeschlossen, da deren Preise bei Erreichen des Fälligkeitsdatums gegen den Wert 1 konvergieren müssen. Ausgelöst durch diese Beobachtung konzentriert sich eine der Forschungslinien[2] auf die Modellierung der Evolution der gesamten Dynamik der Forward-Kurve mittels der Gleichung

$$(1) \quad \frac{dp_t(\tau)}{p_t(\tau)} = \sum_{i=1}^{d} \sigma_t^i(\tau) dW_t^i, \quad d \in N.$$

Dabei bezeichnet $p_t(\tau)$ den Preis, den man zur Zeit t für 1 MWh 8
Strom, die zum Zeitpunkt $\tau \geq t$ geliefert wird, zu zahlen hat. Weiter sind $(W_t^i), i = 1, \ldots, d$, Brownsche Bewegungen unter einem risikoneutralen Wahrscheinlichkeitsmaß und $(\sigma_t^i(\tau))$ bezeichnet die Volatilitätsstruktur. Der Grenzwert $\lim_{t \uparrow \tau} \sum_{i=1}^{d} \sigma_t^i(\tau)^2$ ist positiv oder gleich ∞, was die Fluktuationen der Preise der Power-Forwards in der Nähe des Fälligkeitszeitpunktes wiedergibt.

Spezifiziert man die Volatilitätsstruktur, so liefert die Dynamik (1) 9
explizite Optionsformeln.[3] Allerdings bleiben hierbei die qualitativen Besonderheiten des Strom-Risikos unberücksichtigt, darunter die Fragen der Existenz und Interpretation von risikoneutralen Maßen und der

[1] Vgl. bereits Rdnr. 4.

[2] Vgl. *Clewlow/Strickland,* Valuing Energy Options; *Schwartz/Lucia,* Review of Derivatives Research 2002, 5 ff.; *Bjerksund/Rasmussen/Stensland,* in: Bjørndal/Bjørndal/Pardalos/Rönngist, Energy, Natural Resources and Environmental Economics, S. 167 ff.; *Koekebakker/Ollmar,* Managerial Finance 2005, 73 ff.

[3] Vgl. *Bjerksund/Rasmussen/Stensland,* Valuation and risk management in the Norwegian electricity market.

durch physische Basiswerte sowie die Fragen nach
ammenhang mit Zinsstrukturmodellen. Die Bewer-
ionen wird häufig auch im Kontext unvollständiger
nd auf diese Weise mit der Preisbildung für Wetter-
ersicherungsbezogene Instrumente in Verbindung
ich vernachlässigt ein solcher Standpunkt den Pro-
Strom: Obwohl elektrische Energie nicht gelagert werden kann, ist eine Absicherung durch Investitionen in Produktionskapazitäten oder äquivalente Finanzinstrumente (wie Power-Forwards) immer möglich. In dieser Arbeit wollen wir demonstrieren, wie eine Währungstransformation die Werkzeuge der Zinsstrukturtheorie zur Anwendung bringt. Diese Methode wird durch die Bewertung von europäischen Optionen auf Power-Forwards illustriert.

10 Wir wollen an dieser Stelle einige Bezüge zu verwandten Arbeiten erwähnen. In *Eydeland/Geman*[4] werden Fragen der Preisbildung für Strom diskutiert und es wird erklärt, warum die Nichtlagerfähigkeit die Modellierung des Produktionsprozesses erforderlich macht. Es wird vorgeschlagen, Energieträger (Gas, Öl etc.) für die Darstellung der Forward-Preise zu benutzen, da Energieträger leicht in Elektrizität umgewandelt werden können, vorausgesetzt, dass Kraftwerkskapazität für die Lieferperiode angemietet worden ist. Die Arbeiten von *Unger*[5] und *Doege/Schiltknecht/Lüthi/Unger*[6] stellen das entsprechende Gegenstück zu diesen Untersuchungen für den Bereich von Wasserkraftwerken dar. Eine andere Forschungsrichtung[7] konzentriert sich auf die Modellierung der Spot-Preise durch stochastische Prozesse. Auch hier erklärt ein produktionsbasierter Standpunkt[8] die hohe Volatilität und unterstreicht die Bedeutung der Stromauktionen. Die Stromauktionen ihrerseits werden als entscheidender Punkt in der Deregulierung des Strommarktes gesehen und erfreuen sich eines beträchtlichen Interesses in der Forschung.[9]

11 Die Verbindung zwischen Spot- und Futures-Preisen für Rohstoffe, deren Lagerfähigkeit beschränkt ist, und die Bewertung der entsprechenden Optionen war Gegenstand zahlreicher Forschungsuntersuchun-

---

[4] *Eydeland/Geman,* Risk 10/1998, 71 ff.

[5] *Unger,* Hedging strategy and electricity contract engineering.

[6] *Doege/Schiltknecht/Lüthi/Unger*, OR Spectrum 28/2006, 267 ff.

[7] Vgl. *Schwartz/Lucia,* Review of Derivatives Research 2002, 5 ff.; *Barlow,* Mathematical Finance 2002, 287 ff.; *Hinz,* Applied Mathematical Finance 2003, 149 ff.; *Burger/Klar/Müller/Schindlmayr,* Quantitative Finance 2003, 109 ff.

[8] *Hinz,* Applied Mathematical Finance 4/2003, 149 ff.

[9] Vgl. *Fabra/von der Fehr/Harbourd,* Designing electricity auctions; *Anderson/Philpott,* Mathematics of Operations Research 2002, 82 ff.; *Hinz,* Applicationes Mathematicae 2003, 243 ff.; *Hinz,* Mathematical Methods of Operations Research 57/2003, 157 ff.; *Hinz,* Bernoulli 2003, 659 ff.; *Hinz,* Journal of Applied Probability 41/2004, 299 ff.

gen. An dieser Stelle sollen die Arbeiten von *Brennan*,[10] *Fana/French*,[11] *Gibson/Schwartz*,[12] *Schwartz*[13] und ein verallgemeinertes Modell in *Miltersen/Schwartz*[14] erwähnt werden. Eine detaillierte Darstellung der in der vorliegenden Arbeit diskutierten Methode findet sich in *Hinz/Wilhelm*.[15]

B. Der Forward-Markt für Strom als Zinsstrukturmodell

12 In diesem Abschnitt wird die Preisdynamik am Forward-Markt erläutert. Der Prozess der Preisbildung für Forward-Kontrakte wurde untersucht.[16] Es wurde gezeigt, dass die Einbeziehung der produktionstechnischen Aspekte und die Anwendung von Gleichgewichtsargumenten auf folgendes Modell führt:

13 Auf einem filtrierten Wahrscheinlichkeitsraum $(\Omega, F, (F_t)_{t=0}^T, P)$ ist der Prozess $(N_t)_{t=0}^T$ gegeben, welcher als Preisprozess einer lagerbaren Anlageform in den betrachteten Zeiten $t = 0, \ldots, T$ interpretiert wird. Es bestehen Investitionsmöglichkeiten in Stromerzeugungskapazitäten sowie in diverse Finanzkontrakte, und die Preisbildung für Erzeugungskapazitäten und Finanzkontrakte ist dem Prinzip des Gleichgewichts aus Angebot und Nachfrage unterworfen. Unter gewissen natürlichen Bedingungen[17] kann gezeigt werden, dass der Gleichgewichtspreis für einen Kontrakt zur Zeit $t = 0, \ldots, T$ durch folgende Formel bestimmt ist:

$$(2)\quad \hat{S}_t^i(e) = N_t E_Q\Big(\sum_{u=t+1}^{T} R_u / N_u \mid F_t\Big), \qquad t = 0, \ldots, T\,,$$

[10] *Brennan*, The supply of storage, The American Economic Review 47/1958, 50 ff.

[11] *Fama/French*, Commodity future prices: Some evidence on forecast power, premiums, and the theory of storage, Journal of Business 1987, 60(1), 55 ff.

[12] *Gibson/Schwartz*, Stochastic Convenience Yield and the Pricing of Oil Contingent Claims, Journal of Finance 1990, 45(3), 959 ff.

[13] *Schwartz*, The stochastic behavior of commodity prices: Implication for valuation and hedging, Journal of Finance 1997, 52(3), 923 ff.

[14] *Miltersen/Schwartz*, Pricing of options on commodity futures with stochastic term structures of convenience yields and interest rates, Journal of Financial and Quantitative Analysis 1998, 33(1), 33 ff.

[15] *Hinz/Wilhelm*, Pricing flow commodity derivatives using fixed income market techniques, International Journal of Theoretical and Applied Finance 2006, 9(8), 1299 ff.

[16] Vgl. *Hinz/von Grafenstein/Verschuere/Wilhelm*, Quantitative Finance 2005, 5(1), 49 ff.

[17] Vgl. *Hinz/von Grafenstein/Verschuere/Wilhelm*, in: Shiryaev, Proceedings of the International Conference.

wobei R_u die Auszahlungen des Kontraktes zu den zukünftigen Zeiten $u = t+1,\dots,T$ beschreibt und $E_Q(\bullet \mid F_t)$ eine Mittelung unter der gegenwärtigen Information F_t darstellt. Interessant ist es anzumerken, dass die Mittelung nicht unter der objektiven Wahrscheinlichkeitsverteilung P, sondern unter einer gewissen, zu ihr äquivalenten Wahrscheinlichkeit Q geschieht. Die Formel (2) fixiert den üblichen Rahmen der Finanzmathematik, in dem die faire Bewertung von Finanzinstrumenten über sog. äquivalente Martingalmaße vorgenommen wird. Wir erhalten somit einen für die finanzmathematischen Überlegungen natürlichen Ausgangspunkt.

14 Nun wird der Finanzmarkt konkretisiert, indem wir uns auf Power-Forwards mit einer fixen Länge $\Delta > 0$ der Lieferperiode, z. B. auf Monatskontrakte, konzentrieren. Ferner wird die Währung wie folgt vereinbart:

(3) Währungseinheit zur Zeit t ist 1 MWh geliefert während $[t, t+\Delta]$ mit einer konstanten Leistung von Δ^{-1} MW.

15 Außerdem wählen wir Bankguthaben mit konstanter deterministischer Zinsrate $r > 0$ als lagerbare Anlageform. Mit dieser Vereinbarung erhalten wir

(4) $e^{-rt} N_t$ ist der reziproke EUR-Preis zur Zeit t für Elektrizität, die während $[\,t, t+\Delta\,]$ geliefert wird.

16 Im Gleichgewicht existiert ein Maß Q, sodass der Marktpreis $p_t(\tau)$ zur Zeit t für einen Power-Forward mit Lieferbeginn τ gegeben ist durch

$$p_t(\tau) = N_t E_Q\left(\frac{1}{N_\tau} \mid F_t\right) \quad \tau = 0,\dots,T, \quad t = 0,\dots,\tau.$$

17 Wegen der Währungswahl (3) enden alle Preise für Power-Forwards bei Eins: $p_t(t) = 1$ für alle $t = 0,\dots,T$. Darum ist es ohne Weiteres möglich, deren Dynamik mit Hilfe der Zinsstrukturtheorie zu beschreiben. Wir verwenden dazu die Heath-Jarrow-Morton-Formulierung (HJM) unter dem Spot-Martingal-Maß, in welcher die Standardwährung das Guthaben der selbstfinanzierenden Strategie, die ausschließlich in gerade ablaufende Bonds investiert, ist. Ferner sind alle Wertpapiere, ausgedrückt in dieser Standardwährung, Martingale bezüglich des Spot-Martingal-Maßes.[18] Um die Analogie von Elektrizitäts- und Geldmarkt

[18] Vgl. *Björk,* in: Runggaldier, Financial mathematics; *Musiela/Rutkowski,* Martingale Methods in Financial Modelling.

in der obigen Form zu vervollständigen, müssen wir das Guthaben der selbstfinanzierenden Strategie, die ausschließlich in gerade ablaufende Power-Forwards investiert, als neue Währung wählen. Deshalb führen wir die gleitende MWh $(B_t)_{t=0}^T$ ein, definiert durch

(5) $B_t = \prod_{u=1}^{t} p_{u-1}(u)^{-1}, \ t = 0, \ldots, T.$

Dieser Basiswert spiegelt das Guthaben einer solchen Strategie wider. 18
Mit $(B_t)_{t=0}^T$ als neue Währungseinheit wechseln wir von Q zum Spot-Martingal-Maß $\widetilde{Q}$ durch

(6) $d\widetilde{Q} := \frac{N_0 B_T}{N_T B_0} dQ,$

um die martingalbildende Eigenschaft zu sichern:

(7) Für jeden Prozess $(F_t)_{t=0}^T$, für den $(F_t / N_t)_{t=0}^T$ ein Q-Martingal ist, ist $(F_t / B_t)_{t=0}^T$ ein $\widetilde{Q}$-Martingal.

Daraus folgt, dass die abgezinsten Preise für Power-Forwards 19

(8) $(\hat{p}_t(\tau) := p_t(\tau) / B_t)_{t=0}^{\tau}$ $\widetilde{Q}$-Martingale für alle $\tau = 0, \ldots, T$ sind.

Außerdem ist das abgezinste Bankguthaben 20

(9) $(\hat{N}_t := N_t / B_t)_{t=0}^T$ ein $\widetilde{Q}$-Martingal.

Nun betrachten wir die Bewertung einer europäischen Call-Option 21
mit Strike-Preis K EUR, Auslaufdatum τ_1 geschrieben auf einen Power-Forward mit Lieferbeginn τ_2. Hierbei gelte $0 \leq \tau_1 \leq \tau_2 \leq T$ und $\tau_1, \tau_2 \in \{0, \ldots, T\}$. Die Schlüsselüberlegung ist hier, dass der Strike in EUR angegeben ist. Dies ist aber eine Fremdwährung in unserem Elektrizitätsmarkt. Damit erhalten wir zur Zeit t den EUR-Preis für die europäische Call-Option gemäß

(10) $C_t = B_t E_{\widetilde{Q}}((p_{\tau_1}(\tau_2) - Ke^{-r\tau_1} N_{\tau_1})^+ B_{\tau_1}^{-1} \mid F_t)/(e^{-rt} N_t)$

(11) $\quad = B_t E_{\widetilde{Q}}((\hat{p}_{\tau_1}(\tau_2) - Ke^{-r\tau_1} \hat{N}_{\tau_1})^+ \mid F_t)/(e^{-rt} N_t).$

In dieser Formel steht $Ke^{-r\tau_1} N_{\tau_1}$ für den Strike in MWh, die Faktoren 22
$B_{\tau_1}^{-1}$ und B_t bewirken Abzinsung und Aufzinsung und die Division durch $e^{-rt} N_t$ transformiert die Preise von MWh zurück in EUR.

23 Unsere nachfolgenden Betrachtungen beziehen sich auf die Spezifizierung der Formel (11) für den Fall einer konkreten $\widetilde{Q}$-Dynamik für $(N_t)_t, (p_t(\tau))_t$ und $(B_t)_t$ innerhalb des sog. Heath-Jarrow-Morton-Modells. Zunächst betrachten wir eine adäquate Reformulierung des Modells für kontinuierliche Zeit.

24 Sei $(W_t)_{t\in[0,T]}$ eine d-dimensionale Brownsche Bewegung auf einem filtrierten Wahrscheinlichkeitsraum $(\Omega, F, (F_t)_{t\in[0,T]}, \widetilde{Q})$, wobei die Filtrierung die in der stochastischen Analysis üblichen Voraussetzungen erfüllt. Es werde angenommen (vgl. HJM.1, HJM.2[19]), dass die MWh-Preise für Power-Forwards gegeben sind durch

$$(12)\quad p_t(\tau) = \exp(-\int_t^\tau f_t(u)du) \text{ für alle } t = [0,\tau], \tau \in [0,T],$$

wobei die Forward-Raten $(f_t(\tau))_{t\in[0,\tau]}$ für jedes $\tau \in [0,T]$ die Gleichung

$$(13)\quad f_t(\tau) = f_0(\tau) + \int_0^t \alpha_\upsilon(\tau)d\upsilon + \int_0^t \sigma_\upsilon(\tau)dW_\upsilon$$

erfüllen mit einer Funktion $f_0(\cdot): [0,T] \to R$ und Koeffizienten

$$\alpha: D\times\Omega \to R, \quad \sigma: D\times\Omega \to R^d,$$

die auf $D = \{(\upsilon,t): 0 \le \upsilon \le t \le T\}$ definiert sind, sodass $(\alpha_\upsilon(t))_{\upsilon\in[0,t]}$, $(\sigma_\upsilon t))_{\upsilon\in[0,t]}$ für alle $t \in [0,T]$ adaptierte Prozesse sind, die den Bedingungen

$$\int_0^t \alpha_\upsilon(t)d\upsilon < \infty, \quad \int_0^t \sigma_\upsilon(t)^2 d\upsilon < \infty \text{ für alle } t \in [0,T]$$

genügen. In einer Analogie zu Formel (5) führen wir den Prozess

$$(14)\quad B_t := \exp(\int_0^t f_\upsilon(\upsilon)d\upsilon) \quad t \in [0,T]$$

ein und fordern entsprechend zu Formel (8)

$$(15)\quad \hat{p}_t(\tau) := p_t(\tau)/B_t)_{t\in[0,\tau]} \text{ sind } \widetilde{Q}\text{-Martingale für alle } \tau \in [0,T].$$

---

[19] *Musiela/Rutkowski,* Martingale Methods in Financial Modelling.

Es stellt sich heraus,[20] dass α durch σ bestimmt ist: 25

$$(16)\ \alpha_t(\tau)=\sigma_t(\tau)\int_t^\tau \sigma_t(\upsilon)d\upsilon \text{ für alle } (t,\tau)\in D,$$

und dass in diesem Kontext die Definition (8) in folgender Form erscheint:

$$(17)\ d\hat{p}_t(\tau)=\hat{p}_t(\tau)s_t(\tau)dW_t \text{ für alle } \tau\in[0,T]$$

mit dem Diffusionskoeffizienten

$$s_t(\tau)=-\int_t^\tau \sigma_t(\upsilon)d\upsilon \text{ für alle } (t,\tau)\in D.$$

Das Analogon zu einem positiven $\tilde{Q}$-Martingal (9) ist gegeben durch ein exponentielles $\tilde{Q}$-Martingal 26

$$(18)\ d\hat{N}_t=\hat{N}_t\upsilon_t dW_t.$$

Nun skizzieren wir die praktische Anwendung der HJM-Methode. Wir folgen dabei *Björk.*[21] Zu wählen sind (das ist eine Frage der Modellbildung) die Volatilitäten 27

$$(19)\ (\upsilon_t)_{t\in[0.T]},(\sigma_t(\tau))_{t\in[0,\tau]} \text{ für } \tau\in[0,T].$$

Ferner muss aus den Marktdaten die heutige Forward-Kurve 28

$$f_0(\tau)=-\frac{\partial}{\partial\tau}\ln p_0(\tau),\tau\in[0,T],$$

abgelesen werden. Dann sind die $f_t(\tau)$ für $(t,\tau)\in D$ bestimmt durch Formel (13), wobei $\int_0^t \alpha_\upsilon(\tau)d\upsilon$ aus Formel (16) resultiert. Die Preise für Power-Forwards entstehen gemäß Formel (12).

Nun können wir Optionen bewerten. Zunächst illustrieren wir unser Vorgehen am Beispiel eines europäischen Calls auf einen Power-Forward. Um eine geschlossene Formel zu erhalten, konzentrieren wir uns auf den Fall der sog. deterministischen Volatilitätsstrukturen. Der interessierte Leser findet den Beweis der nachfolgenden Proposition in *Hinz/von Grafenstein/Verschuere/Wilhelm.*[22] 29

---

[20] *Hinz/von Grafenstein/Verschuere/Wilhelm,* in: Shiryaev, Proceedings of the International Conference.

[21] *Björk,* in: Runggaldier, Financial mathematics.

[22] *Hinz/von Grafenstein/Verschuere/Wilhelm,* in: Shiryaev, Proceedings of the International Conference.

Proposition 1.

Es sei angenommen, dass gilt:

(20) $(s_t(\tau) - \upsilon_t)$ ist deterministisch für alle $t \in [0, \tau]$ und $\tau \in [0, T]$.

30 Dann ergibt sich der EUR-Preis C_t zur Zeit $t \in [0, T]$ für einen europäischen Call mit Strike K>0 EUR, Auslaufdatum $\tau_1 \in [t, T]$ geschrieben auf einen Power-Forward mit Lieferbeginn $\tau_2 \in [\tau_1, T]$ gemäß

(21) $C_t = E_t(\tau_2) N(d(1)) - e^{-r(\tau_1 - t)} KN(d(2))$,

wobei $E_t(\tau_2)$ den EUR-Preis zur Zeit *t* für den Power-Forward bezeichnet und

$$d(1) = \frac{1}{\sum} (\ln(\frac{E_t(\tau_2)}{K}) + r(\tau_1 - t) + \frac{1}{2} \sum{}^2)$$
$$d(2) = d(1) - \sum,$$

(22) $\sum{}^2 = \sum{}^2(t, \tau_1, \tau_2) = \int_t^{\tau_1} || s_\upsilon(\tau_2) - \upsilon_\upsilon ||^2 \, d\upsilon$.

31 Die Berechnungsvorschrift Formel (21) besagt, dass man den Optionspreis durch eine Anpassung der Black-Scholes-Formel erhält als

(23) $C_t = BS(E_t(\tau_2), K, \tau_1, t, r, \sqrt{\sum{}^2(t, \tau_1, \tau_2 /(\tau_1 - t)}).$

32 Dabei kommt der Term $\sum{}^2(t, \tau_1, \tau_2)$ aus Formel (22) und

(24) $BS(s, k, \tau, t, r, \sigma) := sN(d_+) - e^{-r(\tau - t)} kN(d_-)$

steht für die übliche Black-Scholes-Formel mit

$$d_+ = \frac{1}{\sigma\sqrt{\tau - t}} (\ln(\frac{s}{k}) + (r + \frac{1}{2}\sigma^2)(\tau - t)),\ d_- = d_+ - \sigma\sqrt{\tau - t}\ .$$

33 Mit anderen Worten, man bestimmt aus t, τ_1, τ_2 und den Modellparametern die sog. Plug-in-Volatilität

(25) $\varphi(t, \tau_1, \tau_2) = \sqrt{\sum{}^2(t, \tau_1, \tau_2)/(\tau_1 - t)}$, $\quad (t, \tau_1), (\tau_1, \tau_2) \in D$

die, anstelle der üblichen Volatilität in die Black-Scholes-Formel eingesetzt, eine Bewertung der europäischen Call-Optionen auf Power-

Forwards liefert. Nun diskutieren wir die Frage, wie ein sinnvolles Modell aufgestellt und kalibriert werden kann.

C. Modellkalibrierung

Der wesentliche Teil unserer Überlegungen besteht darin, die Fluktuationen der Forward-Preise in MWh von den MWh-EUR-Schwankungen zu entkoppeln. Das heißt, wir konzentrieren uns im ersten Schritt auf die Beschreibung der Forward-Preise in MWh, um im zweiten Schritt die Verbindung zu EUR-Preisen herzustellen. Im Falle eines einfachen Ein-Faktor-Modells sieht dieses Vorgehen wie folgt aus: 34

Wir beginnen mit dem ersten Schritt. Gewählt sei das einfachste Modell mit konstanter Forward-Rate-Volatilität $\sigma \in]0,\infty[$ in Formel (13). Aus Formel (16) folgt dann 35

$$\sigma_t(\tau)=\sigma, \quad \alpha_t(\tau)=\sigma^2(\tau-t) \text{ für alle } (t,\tau)\in D.$$

Die Forward-Raten in Formel (13) und Power-Forward-Preise in Formel (12) sind dann 36

$$(26)\quad f_t(\tau)=f_0(\tau)+\sigma^2 t(\tau-\frac{t}{2})+\sigma W_t^1, \qquad (t,\tau)\in D,$$

$$(27)\quad \hat{p}_t(\tau)=\frac{p_0(\tau)}{p_0(t)}\exp(-\frac{\sigma^2}{2}t\tau(\tau-t)-\sigma(\tau-t)W_t^1, \quad (t,\tau)\in D,$$

mit einer Brownschen Bewegung $(W_t^1)_{t\in[0,T]}$. Die gleitende MWh ist gegeben durch

$$(28)\quad B_t=\exp(\int_0^t f_v(v)dv)=\exp(\int_0^t f_0(v)dv+\frac{\sigma^2}{2}\frac{t^3}{3}+\sigma\int_0^t W_v^1 dv),$$
$$t\in[0,T]$$

und die diskontierten Power-Forwards in Formel (17) sind bestimmt als

$$(29)\quad \hat{p}_t(\tau)=p_0(\tau)\exp(-\int_0^t\sigma(\tau-v)dW_v^1-\frac{1}{2}\int_0^t|\sigma(\tau-v)|^2\, dv)$$
$$\text{für alle } (t,\tau)\in D.$$

37 Nun wenden wir uns dem zweiten Schritt zu. Hier muss das Verhalten von $(N_t)_{t\in[0,T]}$ beschrieben werden. Da nun $(B_t)_{t\in[0,T]}$ aus Formel (28) bekannt ist, ist der Prozess

$$N_t = B_t\hat{N}_t, \quad t\in[0,T],$$

bestimmt durch den Startwert $\hat{N}_0 = N_0 = E_0(0)^{-1}$ (das ist der reziproke EUR-Preis zur Zeit Null auf Strom, der in $[0,\Delta]$ geliefert wird) und durch die Volatilität $(\upsilon_t)_{t\in[0,T]}$ in Formel (18). Wir wählen einen positiven Parameter $\upsilon\in]0,\infty[$, der die konstante und deterministische Volatilität von $(N_t)_{t\in[0,T]}$ beschreibt, und wir wählen den Korrelationsparameter $\rho\in[-1,1]$, um die Abhängigkeit zwischen $\hat{p}_t(\tau)$ und $\hat{N}_t$ wiederzugeben, was uns auf folgende Dynamik für Formel (18) führt:

$$(30)\quad d\hat{N}_t = \hat{N}_t\upsilon(\rho dW_t^1 + \sqrt{1-\rho^2}\,dW_t^2), \qquad \hat{N}_0 := E_0(0)^{-1}.$$

38 Hier ist $(W_t^2)_{t\in[0,\tau]}$ eine von $(W_t^1)_{t\in[0,\tau]}$ unabhängige Brownsche Bewegung. Da nun alle Volatilitäten deterministisch sind, können die EUR-Preise für europäische Call-Optionen aus Formel (21) bestimmt werden. Hierbei erhält man $\sum^2$ aus Formel (22) als

(31)

$$\sum{}^2(t,\tau_1,\tau_2) = \int_t^{\tau 1} (|-\sigma(\tau_2-u)-\rho\upsilon|^2 + |\upsilon\sqrt{1-\rho^2}|^2)du$$

$$=\sigma^2\frac{(\tau_2-t)^3-(\tau_2-\tau_1)^3}{3} + 2\sigma\rho\upsilon\frac{(\tau_2-t)^2-(\tau_2-\tau_1)^2}{2} + \upsilon^2(\tau_1-t).$$

Abbildung 16.2: Preise für Futures März und April 2004 (peak load)

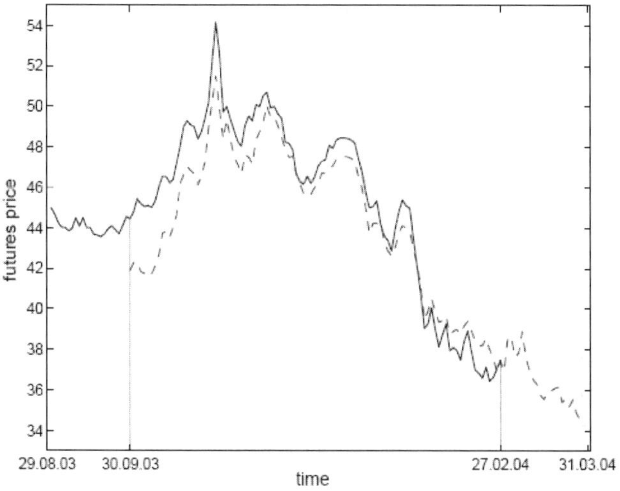

39 In den Arbeiten von *Hinz/von Grafenstein/Verschuere/Wilhelm*[23] und *Hinz/Wilhelm*[24] wird eine Maximum-Likelihood-Methode bereitgestellt, um die Parameter σ, ρ und υ zu schätzen. Deren Anwendung auf EEX-Monatskontrakte (Δ = ein Monat), basierend auf den Daten aus Abbildung 16.2, liefert folgende Resultate:

(32) $\sigma \approx 1{,}902, \quad \upsilon \approx 0.6338, \quad \rho \approx -0.8215.$

40 Für diese Parameter und den Fall, dass das Ablaufdatum $\tau_1 = 0.5$ mit dem Lieferbeginn $\tau_2 = 0.5$ übereinstimmt, sei an dieser Stelle die Abhängigkeit der Plug-in-Volatilität $\theta \mapsto \varphi(\tau_1 - \theta, \tau_1, \tau_2)$ von der Restlaufzeit $\theta \in [0, \tau_1]$ der Option betrachtet. Die entsprechende Funktion wird in Abbildung 16.3 als obere Kurve illustriert. Die beiden unteren Kurven stellen die Plug-in-Volatilität dar, deren Parameter mit anderen Schätzmethoden erhalten wurden.[25]

[23] *Hinz/von Grafenstein/Verschuere/Wilhelm*, in: Shiryaev, Proceedings of the International Conference.

[24] *Hinz/Wilhelm*, Pricing Flow commodity derivatives using fixed income market techniques, International Journal of Theoretical and Applied Finance 2006, 9(8), 1299 ff.

[25] Einzelheiten hierzu vgl. bei *Hinz/Wilhelm*, Pricing Flow commodity derivatives using fixed income market techniques, International Journal of Theoretical and Applied Finance 2006, 9(8), 1299 ff.

Abbildung 16.3: Plug-in-Volatilität in Abhängigkeit von der Restlaufzeit

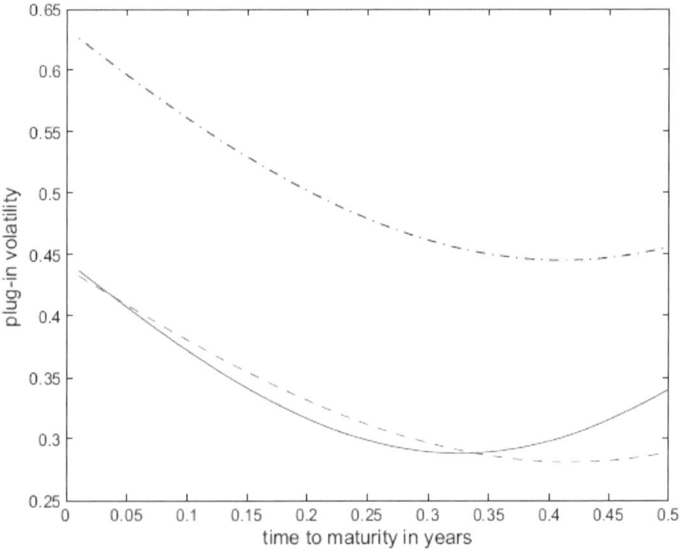

§ 17 Vermarktung von Kraftwerken aus Handelssicht

A. Einleitung

Kraftwerke sind Anlagen, deren Zweck die Produktion von Sekundärenergien wie **Strom** und teilweise auch **Wärme** ist. Für diese Produktion erfolgt durch das Kraftwerk die Umwandlung von **Primärenergieträgern**, z. B. **Gas**, Urandioxid, **Kohle**, Öl, Wasser, aber auch Solar- und Windenergie in die **Sekundärenergieträger.** Der Optimierungsansatz bei der Kraftwerksbewirtschaftung vor der Zeit des liquiden Handels mit Primär- und Sekundärenergieträgern hatte v. a. die Sicherstellung der Energieversorgung bei möglichst hoher technischer Effizienz zum Ziel. Die durch die Produktion zu erreichende Marge richtete sich nach Minimalzielvorgaben und war nicht schwerpunktmäßig Gegenstand einer Optimierung mit Handelsgeschäften. 1

Seit dem Entstehen liquider börslicher und außerbörslicher Handelsplätze für Strom, Kohle, CO_2 und Gas sowie dem vereinfachten Gastransport in Deutschland[1] werden Kraftwerke zunehmend – neben den bereits genannten Faktoren – die zu erzielende Marge als Gegenstand der Optimierung durch den **Spark-** bzw. **Dark-Spread**-Handel erreichen. Es kann gezeigt werden, dass mit finanziellem Handel die Kapazität eines Kraftwerks erhöht werden kann und zusätzliche Margen realisierbar sind. Gleiches gilt für Kraftwerksverbünde bzw. sogenannte Virtuelle Kraftwerke. So können auch mit Kraftwerken, die momentan wegen mangelnder Effizienz oder Wirtschaftlichkeit nicht genutzt werden, durch den Handel Margen generiert werden. Ebenso können Verluste minimiert werden, wenn Kraftwerke durch z. B. technische oder Verbund-Restriktionen nicht abgeschaltet werden können, obwohl ihr Betrieb auf Grund des Spreads alleine nicht wirtschaftlich ist. 2

Durch den zunehmenden Ausbau und die Vermarktung von Strom aus Erneuerbaren Energien seit Beginn der Direktvermarktung 2010 ist der Strompreis überproportional zu den Primärenergieträgerkosten konventioneller Kraftwerke gesunken. Mit diesem immer geringeren oder sogar negativen (Clean-)Spark bzw. Dark Spread sind konventionelle Kraftwerke unter Druck geraten. Der jahrelange Negativtrend des Clean Spark Spread wurde durch die historisch niedrigen Gaspreise v. a. seit 2015 gestoppt. Die relative Verbesserung des Clean Spark Spread 3

[1] Eine gute Einführung zur Geschichte der Liberalisierung des Strom- und Gasmarktes in Deutschland bietet z. B. *Nill-Theobald/Theobald*, Energierecht in dtv.

gegenüber dem Clean Dark Spread bringt – je nach technischer Effizienz der Anlage – Fragen des Fuel Switch auf die Agenda.

Abbildung 17.1: Entwicklung Strompreis und Spark-Spread

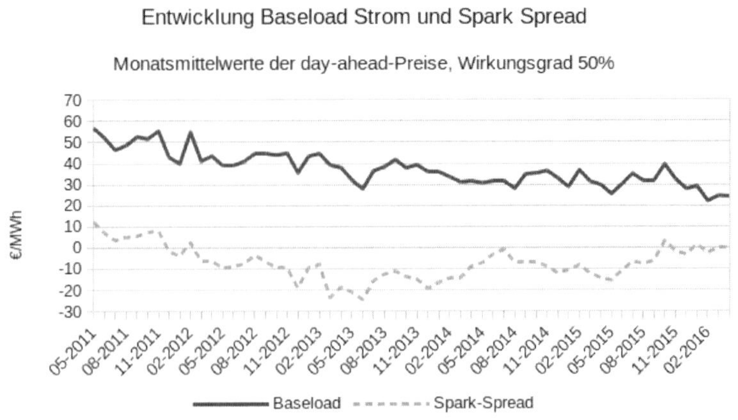

4 Mit dem **EEG 2014**[2] wurde die verpflichtende **Direktvermarktung** eingeführt, wobei die Erfahrungen mit der Direktvermarktung aus dem EEG 2012, mit welchem die Direktvermarktung erstmals eingeführt wurde, eingeflossen sind. Hierbei werden bei der Vermarktung insbesondere Fragen der **Wetterprognose**[3] und daraus resultierende Verfügbarkeitsrisiken der Anlagen berücksichtigt. Die Optimierungskalküle für nicht fluktuierende erneuerbare Anlagen (z. B. Biomasse) werden eher denen konventioneller Kraftwerke ähneln als die für fluktuierende Anlagen (Wind und Photovoltaik). Die mittel- und langfristige Unprognostizierbarkeit der Verfügbarkeit von Sonne (z. B. durch Wolken, Nebel) oder Wind stellt die Vermarktung vor Herausforderungen.[4] Zudem ist

[2] Erneuerbare-Energien-Gesetz (EEG 2010) v. 25.10.2008, BGBl. I S. 2074, zuletzt geändert durch Gesetz v. 22.12.2011, BGBl. I S. 3044.

[3] Vgl. hierzu *Amelung/Stein*, § 6 in diesem Band.

[4] Es wird z. B. ein durchschnittlich erwarteter Wert von Erzeugung aus fluktuierenden Anlagen als Terminprodukt vermarktet und Abweichungen davon am Day-ahead- und Intraday-Markt glatt gestellt werden. Die EEX arbeitet an Windstrom-Future-Produkten. Mit der seit 5.1.2015 aktiven neuen Transparenzplattform https://transparency.entsoe.eu/ haben die ÜNB die in Verordnung (EU) Nr. 543/2013 geforderte Veröffentlichung von Daten zu Stromerzeugung, -verbrauch und -übertragung auf dem paneuropäischen Markt umgesetzt. In einigen Ländern werden die Mengen aktualisiert und kontinuierlich gehandelt, in anderen weiterhin als Day-ahead-Auktion. Gemäß Unbundling wäre eine finanzielle Optimierung der Prognoseabweichungen durch die ÜNB problematisch. Ebenso sind Swaps und Wetterderivate nicht Gegenstand dieses Beitrags, da diese eher als reine Sicherungsinstrumente betrachtet werden.

seit Beginn der Direktvermarktung ein verringerter bzw. sogar umgekehrter Base Peak Spread (sog. „Sonnendelle“) zu beobachten, was die Vermarktung und Investitionsentscheidungen flexiblerer Kraftwerke wie Gas- und Dampfanlagen vor neue Herausforderungen stellt.

Dieser Beitrag[5] soll zeigen, wie durch die aktive Nutzung handelbarer Produkte und der zunehmenden Volatilität der Preise durch Handelsgeschäfte an den Termin- und Spotmärkten (day ahead und intraday) zusätzliche Optimierungspotenziale bei der **Kraftwerksbewirtschaftung** genutzt werden können. Zusätzlich zum Spotmarkt konkurrieren die Märkte für Regelleistung und Reserveenergie um den optimalen Einsatz der Kraftwerkskapazitäten.[6] Im folgenden Abschnitt werden die verschiedenen Vermarktungsstrategien für Kraftwerke vorgestellt. Darauf aufbauend werden mit der Kraftwerksbewirtschaftung verbundene Risiken und Maßnahmen zu deren Steuerung dargestellt.[7] 5

Des Weiteren wird ein kurzer Ausblick auf die Änderungen aus dem „Entwurf eines Gesetzes zur Weiterentwicklung des Strommarktes“[8] gegeben, welcher ebenfalls Einfluss insbesondere auf die Abschaltung von Kraftwerken und deren möglicher Nutzung haben wird, so z. B. die Netzreserve oder die Kapazitätsreserve. Des Weiteren soll kurz auf das KWKG 2017 und das EEG 2017 im Hinblick auf die mögliche Nutzung der dargestellten Spreadbewertung eingegangen werden. 6

B. Vermarktungsstrategien von Kraftwerken

I. Grundlagen Kraftwerke

1. Arten von Kraftwerken und Einsatz im Verbund

Im folgenden Abschnitt werden zunächst die zur Ermittlung der Kosten und Erträge relevanten technischen Parameter von Kraftwerken benannt. Nach einer kurzen Darstellung der traditionellen Bewertungsmethode von Kraftwerken werden gängige Bewertungskalküle im Rahmen der Realoptionstheorie vorgestellt. Im letzten Abschnitt wird eine auf dem Spread-Handel beruhende Optimierungsstrategie herausgestellt, die vor dem physikalischen Lieferzeitraum des Kraftwerks zusätzliche Margen generieren kann. 7

---

[5] Der vorliegende Beitrag spiegelt ausschließlich die Meinungen der Autorinnen wieder und nicht der Unternehmen, bei denen sie angestellt sind.

[6] Eine der Aufgaben der ÜNB ist die Sicherstellung der Netzstabilität. Diese und weitere Aufgaben der europäischen ÜNB für Strom, abrufbar unter www.entsoe.eu, Stand Abruf: April 2017.

[7] Siehe Rdnr. 96 ff.

[8] Entwurf eines Gesetzes zur Weiterentwicklung des Strommarktes, BT-Drs. 18/7317.

8 Kraftwerke lassen sich nach Art der zur **Energieumwandlung** genutzten Primärenergie und Art des dabei genutzten Prozesses kategorisieren. Zusätzlich wird nach Art des Einsatzes in **Grundlast-, Mittellast-, Spitzenlast- und Reservelastkraftwerke** unterschieden. Das Kriterium sind hierbei die **Benutzungsstunden**, die z. B. von den Erzeugungskosten und den An- und Abfahrzeiten abhängen: Grundlastkraftwerke werden mehr als 7.000 Vollbenutzungsstunden pro Jahr gefahren, Mittellastkraftwerke 4.500 bis 5.500 und Spitzenlastkraftwerke weniger als 1.250. Zusätzlich springen zur kurzfristigen Netzausregelung Reservekraftwerke ein. Mit dem Ausbau der Erneuerbaren Energien hat die Einteilung in fluktuierende und nicht-fluktuierende Anlagen an Bedeutung gewonnen.

9 Grob kann die Einteilung zwischen thermischen und nicht-thermischen Kraftwerken wie folgt vorgenommen werden:

Abbildung 17.2: Kategorisierung von Kraftwerken[9]

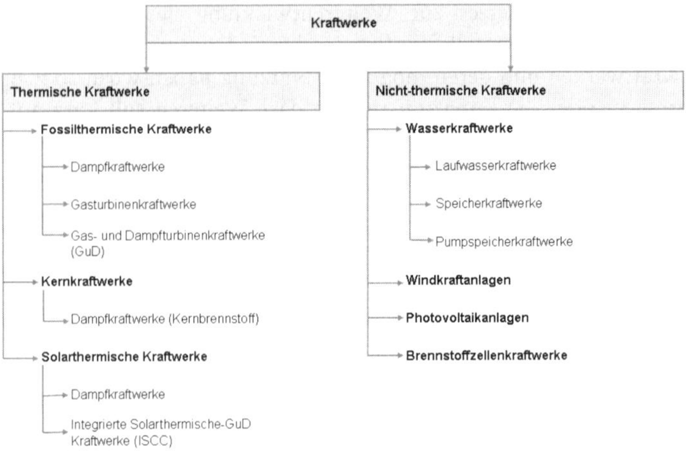

10 Gegenstand dieses Beitrages sind schwerpunktmäßig fossilthermische Kraftwerke. **Dampfkraftwerke** werden in Deutschland vor allem durch Braun- und Steinkohle betrieben[10] und besonders im Grund- und Mittellastbereich eingesetzt. **Gasturbinen** werden vor allem mit Erdgas und Heizöl betrieben und können zumeist auch bivalent befeuert werden. Durch die schnellen Anfahrzeiten eignen sie sich als Spitzenlastkraftwerke, werden aber in Ländern mit großen Erdgasvorkommen auch als Grundlastanlagen eingesetzt. **Gas- und Dampfkraftwerke (GuD-Anla-**

[9] Eigene Darstellung in Anlehnung an: *Konstantin*, Praxisbuch Energiewirtschaft, S. 215.

[10] Biomassekraftwerke sind auch Dampfkraftwerke und nutzen z. B. Holz als Primärenergieträger. Diese werden hier nicht berücksichtigt.

gen) nutzen die Wärme der Abgase von Gasturbinen und erzeugen über einen Abhitzekessel Hochdruckdampf, der wiederum durch eine Dampfturbine verstromt wird. GuD-Anlagen werden vor allem als Mittellastkraftwerke eingesetzt. **Kraft-Wärme-Kopplungsanlagen** (**KWK-Anlagen**) erzeugen zeitgleich mechanische oder elektrische Arbeit und Wärme.

Die höhere **Energieeffizienz** von GuD-Anlagen, die als KWK-Anlagen betrieben werden, wird durch den Gesetzgeber durch vollständige **Erdgassteuerrückerstattungen**[11] und **KWK-Zulagen**[12] vergütet. Gemäß § 53a EnergieStG muss die Anlage hocheffizient sein und einen Gesamtwirkungsgrad von 70 % aufweisen, ebenso darf sie noch nicht abgeschrieben sein. Für bereits abgeschriebene KWK-Anlagen gilt § 53b EnergieStG. **11**

Nach § 53 EnergieStG wird der Teil der Energiesteuer für Brennstoffe rückerstattet, der in Anlagen größer 2 MW, die keine KWK-Anlagen sind, zur Stromerzeugung eingesetzt wird. Gemäß dem KWKG 2016 muss der Strom aus neu gebauten hocheffizienten Anlagen, welche über eine Nennleistung von mehr als 100 kW verfügen, direkt vermarktet werden. Dazu gehört auch der Verkauf des Stroms an einen Dritten, der auch ein Letztverbraucher sein kann, § 4 Abs. 1 KWKG 2016. Das KWKG 2017 hat eine weitere grundlegende Änderung eingeführt. Anlagen größer 1 MW und kleiner 50 MW müssen zur Erlangung einer KWK-Vergütung an einer Ausschreibung teilnehmen, § 5 in Verbindung mit § 8a KWKG2017. Die Formalien und Inhalte der Ausschreibung werden in einer Verordnung festgelegt, § 33a KWKG 2017. Es steht zu erwarten, dass diese Ausschreibungen sich an die schon im Rahmen des EEG von der Bundesnetzagentur durchgeführten Ausschreibungen anlehnen werden. Insbesondere bei der Teilnahme von neu zu bauenden oder zu modernisierenden Kraftwerken sollte vorab eine Kostenberechnung auf Basis der nachfolgend dargestellten Optionsbewertung erfolgen, damit hier eine kostenintensive aber erfolglose Teilnahme an der Ausschreibung vermieden wird. **12**

Eine KWK-Anlage ist „hocheffizient“, sofern sie den Vorgaben der Richtlinie 2012/27/EU[13] in der jeweils geltenden Fassung entspricht. **13**

Diese durch den Gesetzgeber zur gewährenden Vergütungen bzw. Rückerstattungen müssen beim Optimierungskalkül berücksichtigt werden. **14**

---

[11] Energiesteuergesetz (EnergieStG) v. 15.7.2006, BGBl. I S. 1534, zuletzt geändert durch Gesetz v. 10.3.2017, BGBl. I S. 420.

[12] Gesetz für die Erhaltung, die Modernisierung und den Ausbau der Kraft-Wärme-Kopplung (Kraft-Wärme-Kopplungsgesetz – KWKG) v. 21.12.2015 (BGBl. I S. 2498).

[13] Richtlinie 2012/27/EU des Europäischen Parlaments und des Rates v. 25.11.2012 zur Energieeffizienz, zur Änderung der Richtlinien 2009/125/EG und 2010/30/EU und zur Aufhebung der Richtlinien 2004/8/EG und 2006/32/EG, ABl. EU Nr. L 315, v. 14.11.2012, S. 1 ff.

15 Auch das EEG 2017 hat eine verpflichtende Teilnahme an Ausschreibungen eingeführt. Eine ähnliche Bewertung kann auch hier stattfinden.

2. Betriebsparameter von fossilthermischen Kraftwerken

16 Im Folgenden werden die für die Optimierung wichtigsten Parameter am Beispiel der hier relevanten fossil-thermischen Kraftwerke beleuchtet.[14]

a) Elektrischer Wirkungsgrad

17 Der **elektrische Wirkungsgrad** beschreibt, wie viel Prozent aus einer Einheit Brennstoff zu Strom umgewandelt werden. Somit hat der elektrische Wirkungsgrad Auswirkungen auf die Handelsvolumina. Mit veränderten Rahmenbedingungen durch die Fahrweise (Volllast, Teillast) und Außentemperatur kann der elektrische Wirkungsgrad schwanken. Der elektrische Wirkungsgrad von Kohlekraftwerken liegt bei 35 % (Braunkohle) bzw. 43 % (Steinkohle). Erdgasbefeuerte Turbinen erreichen Wirkungsgrade zwischen 30 und 42 %. Mit GuD-Anlagen können elektrische Wirkungsgrade von 55 bis über 60 % erreicht werden.

b) Thermische und elektrische Maximalleistung

18 Die **thermische Maximalleistung** beschreibt die Kapazität eines Kraftwerks, d. h. wie viel Brennstoff maximal verarbeitet werden kann. Unter Multiplikation mit dem elektrischen Wirkungsgrad erhält man die elektrische Maximalleistung. Multipliziert man diese mit den Produktionsstunden erhält man die in einer Lieferperiode maximal vermarktbare Menge Strom.[15]

19 Die **elektrische Maximalleistung** von Dampfkraftwerken kann über 1.000 MW erreichen. Üblich sind 200 bis 600 MW. Die elektrische Maximalleistung von Gaskraftwerken liegt üblicherweise zwischen 20 und 400 MW.[16]

c) Bedeutung von Kohlendioxid

20 Durch die Verbrennung der Primärenergieträger wird Kohlendioxid (CO_2) freigesetzt. In Folge der Umsetzung der im Kyoto-Protokoll[17]

---

[14] Eine Einführung findet sich z. B. bei *Konstantin,* Praxisbuch Energiewirtschaft und *Schwab,* Elektroenergiesysteme. Die Maximalleistung (Nennleistung) von Windkraftanlagen beträgt heute mehrere MW. Entscheidend für die tatsächliche Leistung sind aber Standortfaktoren, wie mögliche Windgeschwindigkeit und Netzanschluss, und technische Faktoren, z. B. Höhe der Turbine. Auf diese und weitere (z. B. Emissionsrestriktionen) einzugehen, würde an dieser Stelle zu weit führen. Gleiches gilt für Solaranlagen.

[15] Primärenergieträger bzw. Strom für den Eigenbedarf oder ähnliches werden hier nicht berücksichtigt.

[16] Größere Gaskraftwerke bis 1.000 MW sind eher die Ausnahme.

[17] Vgl. hierzu *Zenke/Schäfer*, § 1 Rdnr. 13 in diesem Band.

vereinbarten Ziele und der projektbezogenen Mechanismen zur Reduktion von **CO_2-Emissionen** wurde ein Emissionshandelssystem geschaffen. Somit wird bei der Erzeugung elektrischer Energie für jede Tonne emittiertes CO_2 ein **CO_2-Emissionszertifikat** fällig. Bei der Verbrennung von Kohle wird mehr CO_2 emittiert als bei der Verbrennung von Erdgas. CO_2-Emissionszertifikate werden z. B. an den Börsen European Climate Exchange (ECX),[18] ICE Futures Europe Exchange[19] und European Energy Exchange (EEX)[20] gehandelt. Seit der Dritten Handelsperiode ab dem 1.1.2013 müssen die Kraftwerksbetreiber für die Stromproduktion die Emissionszertifikate am Markt beschaffen und gehen damit mit dem Preis in EUR/t in die Spread-Betrachtung ein. Für die Wärmeproduktion werden weiterhin die Emissionszertifikate kostenlos zugeteilt. Sofern bei einer Spread-Betrachtung eine gekoppelte Produktion von Strom und Wärme berechnet wird, sind sie aufgrund des **Opportunitätskostenkalküls**[21] in die Produktionskosten mit einzurechnen.

d) Restriktionen der Betriebszeiten und Fahrweise

Jedes Kraftwerk hat individuelle **An- und Abfahrzeiten**, die bei der Vermarktung berücksichtigt werden müssen. Bei langen An- und Abfahrzeiten ist eine Vermarktung von Peakload-Stromprodukten nicht sinnvoll.[22] Daher werden Steinkohle- und Atomkraftwerke vor allem zur Produktion von Baseload-Stromprodukten genutzt und Gas-, Öl-, und Braunkohlekraftwerke zusätzlich für die Peakload-Stromproduktion. Ebenfalls müssen wetter- oder wartungsbedingte **Stillstandszeiten** beachtet werden. Je nach Kraftwerk können notwendige Abkühlzeiten den Zeitraum zwischen einem beabsichtigten oder unbeabsichtigten Abfahren festlegen und so die Vermarktung einschränken. Neben diesen individuellen Restriktionen sind Jahresnutzungs- und Emissionsgrenzen sowie bestimmte Netzrestriktionen zu beachten. 21

---

[18] Abrufbar unter https://www.eex.com/en/market-data/emission-allowances/, Stand Abruf: April 2017.

[19] Abrufbar unter https://www.theice.com/products/Futures-Options/Energy/Emissions, Stand Abruf: April 2017.

[20] https://www.eex.com/en/market-data/emission-allowances/, Stand Abruf: April 2017.

[21] Bei der Nutzung von knappen Ressourcen können mehrere Alternativen (Opportunitäten) bestehen. Die Entscheidung für eine Alternative ist gleichzeitig eine Entscheidung gegen eine andere Alternative. Opportunitätskosten bezeichnen entgangene Gewinne durch die alternative Nutzung einer Ressource.

[22] In Deutschland ist die Peakload (Spitzenlast) von Montag bis Freitag, 08.00 bis 20.00 Uhr. Strom zu Peak-Zeiten ist aufgrund der höheren Nachfrage meistens teurer. Allerdings ist durch die steigende installierte – und vermarktete – Solarenergiekapazität ein sinkendes Preisniveau in den Peak-Stunden zu beobachten, während die Schulterstunden am Morgen und Abend, also zu An- und Abfahrzeiten höher sind.

e) Standortbezogene Restriktionen

22 Die standortbezogenen Restriktionen umfassen insbesondere die Aufgabenstellung der Anlieferung des oder der Primärenergieträger sowie deren **Lagerung** (Kohle, Öl) bzw. **Speicherung** (Gas). Die Lage in einem bestimmten **Marktgebiet** kann die Bewirtschaftung eines Gaskraftwerks einschränken oder begünstigen, auch wenn durch die Zusammenlegung der Marktgebiete von 28 im Jahre 2006 auf heute 2 diese Frage an Bedeutung verloren hat.[23] Bezieht ein Kohlekraftwerk seinen Brennstoff z. B. ausschließlich über einen Schifffahrtsweg, kann die Verlässlichkeit der Lieferung in heißen Sommermonaten mit niedrigem Wasserstand eingeschränkt sein. Ebenso relevant sein können Restriktionen, die sich aus der Netzstabilität ergeben.

3. Produkte und Märkte

a) Termin- und Spotprodukte

23 An den Terminmärkten sind Futures und Forwards auf Jahres-, Quartals- und Monatsbasis handelbar. Spotprodukte sind je nach Commodity (Ware) Wochen-, Tages-, Werktags-, Wochenend-Stunden und Viertelstundenprodukte.

b) Produkte und Marktplätze für Kohle, Gas, Strom und CO_2

24 **Kohle**-Futures können z. B. an der EEX gehandelt werden. Ein Index für Kohle für Nord- und Westeuropa ist der API #2,[24] für den südafrikanischen Kohlemarkt wird der API #4 als Index genutzt.

25 **Gas**-Kontrakte können an europäischen virtuellen Handelspunkten (VHP) wie z. B. TTF[25] und NCG,[26] OTC[27] und an Börsen wie z. B. der EEX[28] gehandelt werden. Seit Beginn des Gashandels an der EEX im Juli 2007 haben sowohl Marktgebietszusammenlegungen als auch neue und liquidere Produkte den Gashandel vereinfacht.[29] An den Virtuellen Han-

[23] Noch im Jahr 2006 existierten in Deutschland 28 Marktgebiete. Einzelne Unternehmen besaßen mitunter mehrere Marktgebiete, auch Überlappungen waren keine Seltenheit. Vgl. http://www.bundesnetzagentur.de/DE/Sachgebiete/ElektrizitaetundGas/Unternehmen_Institutionen/NetzzugangundMesswesen/Gas/gas-node.html, Stand Abruf: April 2017.

[24] API #2 indizierte Kohle ist der Referenzwert für in Amsterdam-Rotterdam-Antwerpen (ARA) gelieferte Kohle, inklusive Fracht- und Versicherungskosten (cif).

[25] VHP im niederländischen Marktgebiet des Ferngasnetzbetreibers GTS abrufbar unter https://www.gasunietransportservices.nl/en/about-gts/gastransport/ttf, Stand Abruf: April 2017.

[26] Abrufbar unter http://www.net-connect-germany.de, Stand Abruf: April 2017.

[27] Over the Counter.

[28] Siehe https://www.eex.com/en/market-data/natural-gas, Stand Abruf: April 2017.

[29] Siehe dazu *Lokau/Däuper*, § 4 in diesem Band.

delspunkten GASPOOL[30] und NCG sind am Terminmarkt Jahres-, Quartals- und Monats-Kontrakte, am Spotmarkt week ahead und day ahead, sowie within day ab drei Stunden nach der nächsten vollen Stunde nach Geschäftsabschluss bis zum Ende des Gastages handelbar.[31]

Der Handel von **Strom** findet ebenfalls über OTC- und Börsenmärkte 26
statt.[32] Generell handelbar sind am Terminmarkt Jahres-, Quartals- und Monats-Kontrakte, am Spotmarkt week ahead und day ahead sowie Intraday bis 45 Minuten vor Lieferung.

CO_2-Emissionszertifikate werden z. B. als EU-Allowances (EUA) oder 27
Certified Emission Reduction (CER) an der EEX, der ECX und ICE Futures Europe Exchange gehandelt.[33] Es handelt sich dabei um Jahres-Kontrakte, d. h. für geplante Emissionen in einem bestimmten Jahr müssen Zertifikate für dieses Jahr erworben werden. Die Preisunterschiede zwischen verschiedenen Zertifikaten können auch Gegenstand einer Optimierung sein, werden hier aber nicht betrachtet.

c) Markt für Systemdienstleistungen

Eine der Aufgaben der ÜNB ist die Gewährleistung der Netzstabilität.[34] 28
Alternativ zu Spot- und Terminmärkten können Kraftwerkskapazitäten auch auf den Märkten für Systemdienstleistungen (**Regelenergiemärkten**) zur Verfügung gestellt werden.[35] In Deutschland gibt es drei Arten von Regelenergie: die **Primär-, Sekundärregelleistung** und **Minutenreserve,**[36] welche sich durch ihre Aktivierungs- und Anforderungsgeschwin-

---

[30] Abrufbar unter http://www.gaspool.de, Stand Abruf: April 2017.

[31] Der Zeitversatz bei der Nominierung der Gaslieferung ist kürzer als die sog. Lead-Time an börslichen Handelsplätzen. Der Gastag in Deutschland geht von 06.00 bis 06.00 Uhr des Folgetages. Ein Baseprodukt Gas entspricht also nicht einem Strombase-Kontrakt, sondern hat einen Versatz von 6 Stunden. Dieses muss bei der Kraftwerkseinsatzentscheidung berücksichtigt werden.

[32] Siehe dazu *Ritzau/Schuffelen*, § 5 in diesem Band.

[33] Siehe dazu *Zenke/Telschow*, § 8 in diesem Band.

[34] Vgl. §13 I EnWG: Gesetz über die Elektrizitäts- und Gasversorgung (Energiewirtschaftsgesetz – EnWG) v. 7.7.2005, BGBl. I S. 1970, 3621, zuletzt geändert durch Gesetz v. 19.2.2016, BGBl. I S. 254. Zu den einzelnen Aufgaben von ÜNB vgl. § 12 EnWG.

[35] Laut § 6 I StromNZV (Verordnung über den Zugang zu Elektrizitätsversorgungsnetzen (Stromnetzzugangsverordnung – StromNZV) v. 25.7.2005, BGBl. I S. 2243, zuletzt geändert durch Art. 8 des Gesetzes v. 21.6.2014, BGBl. I S. 1066, sind die ÜNB verpflichtet, die „[...] jeweilige Regelenergieart im Rahmen einer gemeinsamen regelzonenübergreifenden anonymisierten Ausschreibung über eine Internetplattform zu beschaffen [...]" Abweichend dazu darf „[...] ein technisch notwendiger Teil [...]" zur „[...] Gewährleistung der Versorgungssicherheit [...]" innerhalb der jeweiligen Regelzone ausgeschrieben werden (§ 6 II StromNZV).

[36] Schnell und sofort abschaltbare Lasten werden hier vernachlässigt, da sie mengenmäßig auch eine untergeordnete Rolle spielen. Das Europäische Netzwerk der ÜNB für Strom, ENTSO-E, arbeitet an einer Harmonisierung der europäischen Regel-

digkeit unterscheiden. Primär- und Sekundärregelleistung werden automatisch vom ÜNB aktiviert, wobei erstere innerhalb von fünf Sekunden zur Hälfte, 30 Sekunden vollständig und letztere innerhalb von fünf Minuten vollständig erbracht werden muss. Primärregelleistung wird von einem international regelzonenübergreifenden Kraftwerksverbund erbracht. Sekundärregelleistung wird zwar in der jeweiligen Regelzone durch Kraftwerksbetreiber und regelbare Verbraucher regelzonenspezifisch angeboten, auf Grund des Netzregelverbundes aber automatisch regelzonenübergreifend erbracht. Die Minutenreserve wird automatisch über MOLS durch den ÜNB vom Lieferanten angefordert und löst bei länger andauerndem Bedarf die Sekundärregelleistung ab. Sie wird meist als Fahrplanlieferung zur vollen Viertelstunde erbracht und muss innerhalb von 15 Minuten vollständig aktivierbar und deaktivierbar sein.

29 Generell darf jeder ÜNB einen technisch relevanten „Kernanteil" an Regelenergie in seinem eigenen Netzgebiet ausschreiben, der Rest wird regelzonenübergreifend ausgeschrieben, auch um gegenläufige Abrufe auszuschließen (SRL und MRL).

30 Die Auktionen für Primär- und Sekundärreserve finden wöchentlich, die für Minutenreserve werktäglich für den bzw. die Folgetage, wenn dem Auktionstag ein Wochenende oder bundeseinheitliche Feiertage folgen, statt. Die Produkte pro Regelleistungsart unterscheiden sich. Für die Erbringung der jeweiligen Regelleistung präqualifizierte Kraftwerkskapazitäten können über eine Internetplattform[37] angeboten werden.

31 Auch die Marktgebietsverantwortlichen für Gas (Netconnect und Gaspool) sind durch die zum 1.10.2015 in Kraft getretene GaBi Gas 2.0 angehalten, Regelenergie gemäß einer Merit-Order-Liste zu beschaffen. Die Beschaffung erfolgt bilateral und an der Börse, jedoch würde eine detaillierte Betrachtung an dieser Stelle zu weit führen[38].

---

leistungsmärkte mit dem Ziel der weiteren Kosteneinsparung. Nach den bereits erfolgreich aufgenommenen dänischen, niederländischen, schweizerischen, tschechischen, belgischen und österreichischen ÜNB wird seit Februar 2016 der Testbetrieb mit dem französischen ÜNB RTE durchgeführt. Zum Nutzen einer grenzüberschreitenden Kooperation der belgischen, niederländischen und deutschen Übertragungsnetzbetreiber vgl. https://www.regelleistung.net/ext/download/studie20081014, Stand Abruf: April 2017.

[37] Abrufbar unter https://www.regelleistung.net, Stand Abruf: April 2017.

[38] Vgl. Kooperationsvereinbarung VIII, abgerufen am 10.2.2016 unter http://www.vku.de/index.php?eID=tx_nawsecuredl&u=0&g=0&t=1456657462&hash=462c0f7a104a4a1b6b13e00e069a17e55cae0599&file=fileadmin/media/Dokumente/Energie/Gas/15-06-30_Hauptteil_KoV_VIII.pdf.

d) Mengenausgleich nach Lieferung

Innerhalb einer Regelzone (Strom) bzw. eines Marktgebietes (Gas) gibt 32 es in Deutschland über die Plattform IntradayS[39] die Möglichkeit, Mehr- oder Mindermengen auf Viertelstundenbasis (Strom) bzw. Stundenbasis (Gas) anzubieten. Findet sich ein „passender" Handelspartner,[40] können diese Mengen zu EEX-day-ahead-Preisen gehandelt werden. Damit können Bilanzkreisabweichungen minimiert werden.

II. Bewertung von Kraftwerken

1. Traditionelle Kraftwerksbewertung

Traditionell wurden Investitionsentscheidungen aufgrund der **Kapitalwertmethode**[41] getroffen. Zunächst wird der Gegenwartswert der erwarteten Erlöse einer Investition ermittelt. Die erwarteten Profite der Kraftwerksbewirtschaftung sind maßgeblich durch die Erlöse aus den Stromverkäufen bestimmt. Dazu können mittels **Merit-Order-Modellen**[42] Strompreisszenarien angenommen werden. Dem Gegenwartswert der erwarteten Erlöse wird der Gegenwartswert der nötigen Ausgaben für die Investition gegenüber gestellt. Dieser beinhaltet im Wesentlichen die variablen Kosten (bei der Einsatzplanung eines bestehenden Kraftwerks) bzw. die Gesamtkosten (Kraftwerksneubau). Die Cash flows müssen noch um die Kapitalkosten bereinigt, d. h. abgezinst werden. Ist der so ermittelte Kapitalwert positiv, lohnt sich die Investition und sollte durchgeführt werden. 33

Die Rahmenbedingungen, unter denen die Annahmen für die Kapitalwertberechnung getroffen werden, können sich jedoch ändern. Damit ist das Eintreffen der Annahmen unsicher. Die Kapitalwertmethode berücksichtigt nicht, dass Investoren mehr oder weniger flexibel ihr Optimierungskalkül anpassen können. Infolgedessen sind sie den geän- 34

[39] Dieses nicht kommerzielle Angebot von citiworks AG, 24sieben GmbH und swb AG ist 2002 gestartet und zu erreichen über http://www.power2energy.eu/ism/start/main, Stand Abruf: April 2017. Zusätzlich sei die Möglichkeit erwähnt, Kraftwerkskapazitäten über die Plattform http://www.power2energy.eu/krp/start/getlogin, Stand Abruf: April 2017, bilateral als Backup für Kraftwerksausfälle anzubieten.

[40] Weist die Mehrzahl der Marktteilnehmer in einer Regelzone Abweichungen auf „der gleichen Seite" auf, kann es natürlich problematisch werden, geeignete Handelspartner zu finden.

[41] In der Literatur werden auch die Begriffe Net Present Value (NPV) bzw. Discounted Cash-Flow (DCF) verwendet.

[42] Kraftwerke haben verschiedene Stromerzeugungskosten. Bei der Stromproduktion wird zunächst das günstigste Kraftwerk eingesetzt, dann das nächst teurere usw. Merit-Order-Modelle gehen davon aus, dass der Strompreis durch das letzte zur Produktion benötigte Kraftwerk bestimmt wird.

derten Rahmenbedingungen nicht hilflos ausgeliefert. Das Risiko des Nichteintreffens der getroffenen Annahmen mindert den Wert der Investition und führt somit zu einer systematischen Unterbewertung.

35 Die **Realoptionstheorie** berücksichtigt hingegen implizit den Wert der Flexibilität von Investitionen und deren Nutzung. Nachfolgend werden kurz die Entwicklung der Realoptionstheorie vor dem Hintergrund der Bewertung von Finanzoptionen und die wesentlichen Grundsätze sowie die Relevanz für die Kraftwerksbewertung vorgestellt.

2. Kraftwerksbewertung im Rahmen der Realoptionstheorie

a) Finanzoptionen und deren Bewertung

aa) Finanzoptionen allgemein

36 Generell gibt es zwei Arten von Optionen: Verkaufoptionen (**Put**) und Kaufoptionen (**Call**).[43] Durch den Erwerb einer Call-(Put-)Option sichert sich der Käufer das Recht, aber nicht die Pflicht, am Ende der Laufzeit (sog. Europäische Option) bzw. zu einem beliebigen Zeitpunkt (sog. Amerikanische Option) das betreffende Produkt vom Verkäufer der Option zu einem festgelegten Preis zu kaufen (verkaufen).[44] Dieser Preis wird als Ausübungs- bzw. Basispreis bezeichnet. Der Käufer einer Option sichert sich somit gegen Marktpreisänderungsrisiken ab; der Verkäufer übernimmt das Risiko. Dafür zahlt der Options-Käufer dem Verkäufer eine Optionsprämie. Der Wert einer **Option** liegt also in den Kosten für die Absicherung gegen durch den Verkauf dieser Option entstehende Risiken.

bb) Bewertung von Finanzoptionen nach Black/Scholes

37 1973 wurden durch die Arbeiten von *Black*, *Scholes*[45] und *Merton*[46] die Grundsteine zur Bewertung von Finanzoptionen gelegt.[47] Unter den wesentlichen Annahmen des vollkommenen Kapitalmarktes, eines konstanten Zinssatzes, der Risikoneutralität und dem Fehlen von Dividenden, entwickelten die Autoren eine Differentialgleichung zur Bewertung Europäischer Call- und Put-Optionen. Die wichtigsten Einflussfaktoren auf den Optionspreis sind der Aktienkurs S_0, der Basispreis K, die Restlaufzeit T, der Zinssatz r und die Volatilität.

---

[43] Eine sehr gute Einführung in die Derivate bietet das Standardwerk von *Hull*, Options, Futures and other Derivatives.

[44] Siehe dazu *Ritzau/Schuffelen*, § 5 in diesem Band.

[45] *Black/Scholes*, Journal of Political Economy 3/1973, 638 ff.

[46] *Merton*, Bell Journal of Economics and Management Science 1/1973, 141 ff.

[47] Für ihre „Ausarbeitung einer mathematischen Formel zur Bestimmung von Optionswerten an der Börse" wurde 1997 der Nobelpreis für Wirtschaftswissenschaften an *Scholes* und *Merton* verliehen. *Black* war 1995 bereits verstorben und wurde posthum gewürdigt.

38 Es wird angenommen, dass die Entwicklung von Kurspreisen einer logarithmischen Normalverteilung folgt und die Rendite einer Anlage über die Zeit normal verteilt ist, wobei die Unsicherheit über die Kursentwicklung mit Länge des Betrachtungszeitraums zunimmt. Die Bewertungsformeln[48] für Finanzoptionen stellen sich wie folgt dar:

Formel 1: Bewertungsformel für Call-Option im Black/Scholes-Modell

$$c = S_0 N(d_1) - Ke^{-rT} N(d_2)$$

Formel 2: Bewertungsformel für Put-Option im Black/Scholes-Modell

$$p = Ke^{-rT} N(-d_2) - S_0 N(-d_1).$$

$N(d_1)$ beschreibt die Wahrscheinlichkeit, dass eine standard-normalverteilte Variable kleiner als $d_1 = \frac{ln(S_0/K) + (r + \sigma^2/2)T}{\sigma\sqrt{T}}$ ist. Der Term beschreibt mit anderen Worten den Anteil des Basiswertes, der benötigt wird, um ein gleichwertiges Portfolio zu replizieren.

39 $N(d_2) = N(d_1 - \sigma\sqrt{T})$ ist gleichbedeutend mit der Wahrscheinlichkeit, dass die Option im Geld endet, d. h. dass die Option ausgeübt wird. Ke^{-rT} steht für den Basispreis bei Fälligkeit, in T Zeiteinheiten, abgezinst auf die Gegenwart mit dem risikofreien Zinssatz.[49]

40 Durch Näherungsverfahren kann die Differentialgleichung von *Black, Scholes* und *Merton* so erweitert werden, dass sie für Amerikanische Optionen, stochastische Zinssätze und Dividenden gültig wird. Die Modellerweiterung mit Näherungsverfahren geht allerdings zu Lasten der Modellverlässlichkeit.

cc) Das Binomial-Modell von Cox, Ross und Rubinstein

41 Ein weiteres und sehr populäres Modell zur Bewertung von Optionen ist das **Binomial-Modell** von *Cox, Ross* und *Rubinstein*. Die Autoren haben 1979 ein Optionsbewertungsmodell vorgestellt,[50] das annimmt, dass der Kurswert eines Basiswertes einem stochastischen Prozess folgend mit einer bestimmten Wahrscheinlichkeit steigt und einer bestimmten Wahrscheinlichkeit sinkt. Folglich kann der Kursverlauf am Ende einer Periode nur zwei Ausprägungen annehmen: Entweder erhöht sich der Kurswert *S* mit der Wahrscheinlichkeit *p* um den Faktor *u* oder er sinkt mit der Wahrscheinlichkeit *1-p* um den Faktor *d*.

[48] *Hull*, Options, Futures and other Derivatives, S. 295.
[49] *Hull*, Options, Futures and other Derivatives, S. 296.
[50] *Cox/Ross/Rubinstein*, Journal of Financial Economics 7/1979, 229 ff.

Abbildung 17.3: Binomialer multiplikativer Prozess, über zwei Perioden[51]

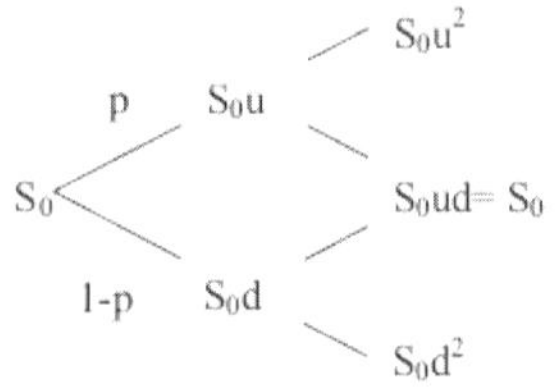

42 Dieses Modell ist – im Gegensatz zum Modell von *Black/Scholes* – auch ohne Erweiterungen zur Bewertung Amerikanischer Optionen geeignet. Werden, wie hier vorausgesetzt, keine Dividenden ausgeschüttet, gilt $u = e^{\sigma\sqrt{T/n}}$ und $d = 1/u = e^{-\sigma\sqrt{T/n}}$, wobei σ die Standardabweichung des Kursverlaufes, *n* die Anzahl der Subintervalle und *T* den gesamten Investitionszeitraum angibt.[52]

43 Aufgrund dieser Überlegungen entwickelten *Cox*, *Ross* und *Rubinstein* eine Gleichung, die den Wert einer Call-Option ermittelt:

Formel 3: Bewertungsformel für Call-Option im Binomial-Modell[53]

$$C = \frac{\sum_{j=0}^{n} \binom{n}{j} p(1-p)^{n-j} \max(u^j d^{n-j} S - K, 0)}{(1+r)^n}.$$

44 Die binomiale Verteilung, dargestellt durch $\binom{n}{j} p(1-p)^{n-j}$, drückt hier die Wahrscheinlichkeit aus, mit der der Basiswert *j* aufgrund der risikoneutralen Wahrscheinlichkeit *p* in *n* Perioden ansteigt. Diese Wahrscheinlichkeit wird multipliziert mit dem Wert der Call-Option $u^j d^{n-j} S - K, 0$ und ergibt so – abgezinst mit dem risikolosen Zins *r* über die Laufzeit – den Wert der Option über die Laufzeit. Über den Zusammenhang *d = 1/u* kann analog der Wert einer Put-Option berechnet werden.[54]

45 Die Annahme, dass der Kursverlauf lediglich zwei Ausprägungen annehmen kann, scheint zunächst sehr restriktiv. Jedoch zeigen die Autoren, dass unter der Bedingung $n \to \infty$ dieses Preismodell einen logarithmisch-normalverteilten Kursverlauf annimmt und die Binomialverteilung gegen eine Normalverteilung konvergiert. Die Unterteilung in

[51] Eigene Darstellung in Anlehnung an: *Hull,* Options, Futures and other Derivatives, S. 249.

[52] Vgl. *Cox/Ross/Rubinstein,* Journal of Financial Economics 7/1979, 258.

[53] Eigene Anpassung der Formel in Anlehnung an das Originalmodell bei *Cox/Ross/Rubinstein,* Journal of Financial Economics 7/1979.

[54] Vgl. z. B. *Hull,* Options, Futures and other Derivatives, S. 256.

∞ Subintervalle hat damit zur Folge, dass sich diese Bewertungsformel dem *Black/Scholes*-Modell annähert.[55]

b) Die Realoptionstheorie

aa) Entwicklung und Eigenschaften

Aufbauend auf den Arbeiten von *Black, Scholes* und *Merton* zu Finanzoptionen prägte *Myers* 1977 zum ersten Mal den Begriff der **Realoption.**[56] Eine Realoption wird laut *Dixit* und *Pindyck* gekennzeichnet durch die Eigenschaften Irreversibilität, Unsicherheit und Flexibilität.[57] Die Allokation der Mittel führt zumindest z. T. zu Sunk Costs, d. h. Kosten, die durch vergangene Entscheidungen entstanden und in der Gegenwart nicht mehr zu beeinflussen sind (Irreversibilität). Dies ist z. B. bei Bauinvestitionen der Fall: Die eingesetzten Rohstoffe sind nicht vollständig bei anderen Projekten wieder verwendbar. Die Erträge einer Investition werden durch Marktrisiken, also Unsicherheit, beeinflusst. Bei einem Kraftwerk sind z. B. die zukünftigen Erträge aufgrund von Marktpreisbewegungen unsicher. Auch Veränderungen der Rahmenbedingungen durch den Gesetzgeber, z. B. bei der Förderung von KWK-Anlagen und Ausgestaltung der CO_2-Emissionsregime[58] sind ein erheblicher Unsicherheitsfaktor. Flexibilität besitzen die Eigentümer der Realoption bei der Allokation von Mitteln, d. h. sie haben die Möglichkeit der flexiblen Reaktion. Ein Kraftwerksbetreiber kann z. B. entscheiden, mit welchen Brennstoffen ein Kraftwerk betrieben wird oder ob ein bestehendes Kraftwerk ganz, teilweise oder nicht betrieben wird. 46

Die Handlungsoptionen des Investors lassen sich wie folgt kategorisieren:[59] 47

- die Aufgabe des Projektes durch Verkauf oder Stilllegung (Option **to Abandon**),
- Aufschieben der Durchführung eines Projektes (Option **to Defer**),
- das Volumen eines Investitionsobjektes zu vergrößern oder verkleinern (Option **to Expand/Contract**),

[55] *Cox/Ross/Rubinstein,* Journal of Financial Economics 7/1979, 229 ff. Ein kürzerer Beweis findet sich bei *Hsia,* The Journal of Financial Research 6/1983, 41 ff.

[56] *Myers,* Journal of Financial Economics 1977, 147 ff.

[57] *Dixit/Pindyck,* Investment under Uncertainty.

[58] *Fuss/Szolgayova/Obersteiner/Gusti,* Applied Energy 2008, 708 ff., zeigen, welchen Einfluss Marktpreisunsicherheiten und Politikunsicherheiten bei der Ausgestaltung von Gesetzen, in Folge des Kyoto-Protokolls auf Investitionen im Kraftwerksbereich haben.

[59] Vgl. *Hull,* Options, Futures and other Derivatives, S. 722; *Trigeorgis,* Real Options: Managerial Flexibility and Strategy in Resource Allocation, S. 125.

– die Art der Nutzung einer Investition zu verändern (Option **to Switch**).[60]

48 *Hommel* und *Pritsch* verfeinern die Kategorisierung in Lernoptionen, Wachstumsoptionen und Versicherungsoptionen.[61] Erstere ermöglichen das Aufschieben (Option **to Wait** = Option to Defer) oder Abbrechen einer (Teil-)Investition (**Option to Stage Investment**) und treten vor der Durchführung auf. Wachstumsoptionen beziehen sich auf die Flexibilität, Folgeinvestitionen mit neuen Gewinnpotenzialen (Option **to Innovate**, Option to Expand) zu tätigen und treten vor und während der Investitionsphase auf. Versicherungsoptionen bezeichnen die Flexibilität auf geänderte Marktbedingungen zu reagieren, indem die Produktionsintensität variiert (Option to Expand/Contract), zwischen Produkten gewechselt (Option to Switch), das Investitionsprojekt temporär oder endgültig stillgelegt (Option **to** Abandon/**Shutdown**) oder vor Fertigstellung abgebrochen (Option to Stage Investment) werden kann. Versicherungsoptionen gibt es, bevor und während eine Investition getätigt wird.

49 Eine Call-Option auf eine Aktie lässt sich mit einer Realoption wie folgt vergleichen:[62]

Tabelle 17.1: Vergleich Finanz- und Realoption

Optionsparameter	**Wirkungsweise**	**Realoption**
Art des Optionsrechts = Call	Recht, die zugrunde liegende Aktie gegen Zahlung der Optionsprämie zu erwerben	Recht, das aus der Investition resultierende Bündel von Cash Flows gegen Zahlung der Investitionssumme zu erwerben
S_0	gegenwärtiger Preis der Aktie	Bruttobarwert der erwarteten Einzahlungsüberschüsse aus dem Investitionsprojekt
K	Basispreis	Investitionskosten
T	Laufzeit der Option	Zeitspanne, bis Investitionsmöglichkeit verfällt
σ	Unsicherheit des Aktienpreises	Unsicherheit in Bezug auf den Kapitalwert des Investitionsprojektes
r	Zinssatz für risikolose Anlage	Zinssatz für risikolose Anlage
d	Dividende	Cash Flow, den das Projekt bei Durchführung der Investition generieren würde; Wertverlust im Zeitablauf, z. B. durch Eintritt von Wettbewerbern; Renditeausfall

[60] Aufgrund der höheren Korrelation der Gas- und Ölpreise wurden z. B. in Großbritannien in den Jahren 2000 bis 2005 fast ausschließlich Gaskraftwerke gebaut. Vgl. dazu *Roques/Nuttall/Newberry*, Energy Economics 2008, 1831 ff.

[61] *Hommel/Pritsch*, Finanzbetrieb 8/1999, 179.

[62] Vgl. *Trigeorgis*, Real Options: Managerial Flexibility and Strategy in Resource Allocation, S. 125; *Hommel/Pritsch*, Finanzmarkt und Portfoliomanagement 2/1999, 124.

Eine Realoption kann also wie eine Finanzoption bewertet werden,[63] wie die oben angeführte Gegenüberstellung am Beispiel einer Call-Option zeigt. Nachfolgend wird die Eignung der Bewertungsmethoden für Realoptionen kurz verglichen bevor speziell die Handlungsoptionen im Zusammenhang mit Kraftwerken diskutiert werden. 50

bb) Bewertungsverfahren von Realoptionen und Vergleich

Zusätzlich zu den in eben vorgestellten Optionspreismodellen[64] können 51 **Sensitivitätsanalysen** und **Monte-Carlo-Simulationen**[65] durchgeführt werden. Mit einer Sensitivitätsanalyse wird untersucht, wie sich der Kapitalwert einer Investition verändert, wenn sich die exogen gegebenen Variablen ändern. Bei einer Monte-Carlo-Simulation werden die statistischen Eigenschaften der veränderbaren exogenen Variablen vorgegeben. Mit einer zufälligen Auswahl von Werten aus diesen Verteilungen und der Annahme eines festen Zinses wird dann eine statistische Verteilung des Kapitalwerts einer Investition berechnet. Wenn ein bestimmter Prozentsatz der Werte der resultierenden Verteilung positiv ist, ist die Investition durchzuführen.

Ein Vergleich der verschiedenen Bewertungsverfahren zeigt, dass die 52 Eigenschaften von Realoptionen nicht von allen vollständig berücksichtigt werden. Sensitivitätsanalysen berücksichtigen gegenüber der Kapitalwertmethode kausale Zusammenhänge zwischen Kapitalwert und einzelnen Einflussgrößen auf ihn. Sollen jedoch mehrere Einflussgrößen und deren Interaktion untersucht werden, ist die Monte-Carlo-Simulation besser geeignet.[66] Für die exakte Ermittlung des Marktwertes unter Berücksichtigung von Unsicherheit und Flexibilität sind nur Optionspreismodelle geeignet – wenn die Berechnungsparameter korrekt gewählt sind. Das Black/Scholes-Verfahren ist aufgrund der restriktiven Prämissen nur für ausgewählte Realoptionen anwendbar. Die komplexen Bewertungsformeln von Näherungsverfahren schränken die Nachvollziehbarkeit ein. Für die Realoptionsbewertung eignen sich daher Binomial-Baumverfahren[67] oft am besten.[68]

---

[63] Der Vergleich hat vor Steuern zu erfolgen.
[64] Vgl. oben Rdnr. 29 ff.
[65] Für eine detaillierte Darstellung der Monte-Carlo-Simulation vgl. Rdnr. 124 ff.
[66] *Hommel/Pritsch*, Finanzmarkt und Portfoliomanagement 2/1999, 127.
[67] Vgl. Rdnr. 34 ff.
[68] Eigene Darstellung nach *Hommel/Pritsch*, Finanzmarkt und Portfoliomanagement 2/1999, 130.

c) Kraftwerke vor dem Hintergrund der Realoptionstheorie

53 Die vorgestellten Kategorien[69] von Handlungsmöglichkeiten durch Realoptionen lassen sich wie folgt Call- und Put-Optionen (europäische und amerikanische) sowie Beispielen im Zusammenhang mit Kraftwerken zuordnen:

Tabelle 17.2: Optionalitäten von Kraftwerken

Handlungsoption	**Wirkungsweise**	**Bedeutung allgemein**	**Bedeutung am Beispiel Kraftwerk**
Option to Defer	Call	Investitionskosten vs. partieller Liquidationswert der erwarteten Cash Flows	geplanten Kraftwerksbau verzögern
Option to Abandon	Put	Liqidationswert vs. zukünftige Cash Flows	Kraftwerk stilllegen
Option to Shutdown and Restart	Call	Cash Flows zukünftiger Perioden vs. operative Kosten	Nichtbetrieb des Kraftwerks, aber keine Stilllegung Damit ist Betrieb in zukünftiger Teilperiode möglich.
Option to Switch	Call und Put	simultane Ausführung zwischen zwei Alternativen	bivalente Befeuerung; Änderung der Art eines geplanten Kraftwerks Wechsel zwischen verschiedenen Kraftwerken im Kraftwerksverbund
Option to Expand/ Contract	Call oder Put	partieller Liquidationswert der erwarteten Cash Flows vs. Investitionskosten	Erweiterung der Kraftwerkskapazität; Fahrweise unter Voll-/Teillast
Option to Innovate	Call	partieller Liquidationswert der erwarteten Cash Flows vs. Investitionskosten	Effizienzsteigerung oder Ausweitung der Einsetzbarkeit, z. B. durch Einbau zusätzlicher Kühlung, Aufrüstung

54 Im weiteren Fortgang des Beitrages liegt der Fokus auf der Frage nach der optimalen Nutzung der Realoption Kraftwerk durch finanziellen Handel vor Eintritt in die Lieferperiode am Terminmarkt und Optimierungsmöglichkeiten während der Lieferperiode am Spotmarkt. Dies entspricht der Option to Shutdown and Restart bzw. der Option to Expand and Contract (i. w. S.). Die Frage, ob ein Kraftwerk gebaut werden soll (und wenn ja, wann, mit welcher Leistung, welchem Brennstoff und an welchem Standort), interessiert hier nicht, wobei eine Bewertung mit den vorgestellten Methoden analog erfolgen kann.

55 Die Option to Abandon, das heißt die Option zur Stilllegung, wird durch den § 13a EnWG eingeschränkt. Anlagen mit einer Nennleistung ab 10 MW müssen eine vorläufige oder endgültige Stilllegung dem je-

[69] Vgl. Rdnr. 39 ff.

weilig zuständigen Übertragungsnetzbetreiber und der Bundesnetzagentur anzeigen. Sollte die Anlage dann als systemrelevant gemäß § 13a Abs. 2 EnWG eingestuft werden, kann die endgültige Abschaltung untersagt werden. Eine Anlage ist systemrelevant, wenn ihre dauerhafte Stilllegung mit hinreichender Wahrscheinlichkeit zu einer nicht unerheblichen Gefährdung oder Störung der Sicherheit oder Zuverlässigkeit des Elektrizitätsversorgungssystems führt und diese Gefährdung oder Störung nicht durch andere angemessene Maßnahmen beseitigt werden kann. Es erfolgt jedoch ein Kostenersatz für Erhaltungsmaßnahmen, die dafür notwendig sind, die betroffene Anlage einsatzfähig zu halten. Eine solche Anlage kann bei Erfüllung aller weiteren Voraussetzungen auch nach der Reservekraftwerksverordnung am Verfahren zur Bildung der Netzreserve teilnehmen. Die Reservekraftwerksverordnung wird am 31.12.2017 außer Kraft treten und durch die Netzreserveverordnung ersetzt.[70]

III. Optimierung durch Spread-Handel

Die Kraftwerksbewirtschaftung durch Handelsgeschäfte mit Finanzinstrumenten hat das Ziel der Optimierung der durch das Kraftwerk generierbaren Marge vor Eintritt in die Lieferperiode. Der eigentliche physikalische Umwandlungsprozess im Lieferzeitraum kann nur einmal genutzt werden. Durch mehrmaliges „virtuelles“ An- und Abstellen des Kraftwerks durch entsprechende Handelsgeschäfte können die Kapazitäten des Kraftwerks erhöht und so zusätzliche Margen generiert werden. In den folgenden Abschnitten werden der Mechanismus des Spread-Handels, relevante Kosten und Erlöse sowie Bedingungen und Grenzen des Modells betrachtet. 56

1. Ermittlung des relevanten Spread

a) Definition Spread allgemein

Ein Spread *S* ist allgemein die Preisdifferenz in Euro je Megawattstunde (EUR/MWh) zwischen zwei handelbaren Produkten, hier die Differenz zwischen Strompreis und Preis des Primärenergieträgers, bereinigt um den Wirkungsgrad des Kraftwerks. Ist der Primärenergieträger Erdgas, spricht man von einem Spark Spread, ist der Primärenergieträger Kohle, von einem Dark Spread. 57

Werden die Kosten für CO_2-Emissionszertifikate eingerechnet, spricht man von einem **Clean Spark Spread** bzw. **Clean Dark Spread**. Wie be- 58

[70] Zur Netzreserveverordnung vgl. Rdnr. 93 zum Ausblick zum Gesetz über die Weiterentwicklung des Strommarktes.

reits erläutert,[71] sind die CO_2-Emissionen bei Kohlekraftwerken höher als bei Gaskraftwerken. Der Clean Spark Spread *CSS* berechnet sich aus dem Spark Spread *S* und den durch die Produktion entstehenden Emissionskosten K_{CO2}, *also* $CSS = S - K_{CO2}$. Die Emissionskosten K_{CO2} können durch Multiplikation des spezifischen elektrischen Kraftwerksoutputs in MWh/t mit dem spezifischen CO_2-Emissionsfaktor e_{CO2} in t CO_2/MWh und dem Preis für Emisisonszertifikate p_{CO2} in EUR/ CO_2 berechnet werden. Der spezifische elektrische Kraftwerksoutput ergibt sich dabei durch Multiplikation des elektrischen Wirkungsgrades mit dem elektrischen Energiegehalt des Brennstoffs B_{el} in MWh/t.[72] Zusammengefasst gilt also $CSS = S - (p_{CO2} \cdot e_{CO2} \cdot B_{el} \cdot \eta_{el})$.

b) Kostenbegriffe

59 Die für die Spread-Ermittlung relevanten Kosten sind in der Praxis häufig Gegenstand von Diskussionen: Die einen bestehen auf einer **Grenzkostenbetrachtung**, andere wollen die **durchschnittlichen Gesamtkosten** gedeckt sehen, während die nächste Gruppe eine Betrachtung **variabler Kosten** für angemessen hält. Welche Kosten sind nun relevant?

60 Grob dargestellt sind **Fixkosten** von der Produktion unabhängige und variable Kosten sowie durch die Produktion hervorgerufene Kosten. Zusammen ergeben sie die **Gesamtkosten**. Grenzkosten sind die erste Ableitung der Kostenfunktion und bezeichnen damit die Kosten der marginalen produzierten Einheit. Da davon ausgegangen werden kann, dass die zur Produktion eines Gutes nötigen fix vorhandenen Produktionsfaktoren ab einem bestimmten Produktionsniveau ausgelastet sind und weitere Produktionssteigerungen nur über erhöhte variable Kosten realisierbar sind, steigen die Grenzkosten ab diesem bestimmten Punkt gemäß der **Cobb-Douglas-Funktion** wieder an. Im Wettbewerbsmarkt erzielt ein Unternehmen den größten Gewinn, wenn die Grenzkosten dem Marktpreis entsprechen.[73]

61 Produktionsanlagen – im vorliegenden Fall Kraftwerke – können nicht stetig an die Produktionsmenge angepasst werden. In diesem Fall ist das **Gesetz vom abnehmenden Ertragszuwachs** anzuwenden, dessen Kosten- und Ertragsfunktionen einen S-förmigen Verlauf haben. Die erste Ableitung der Kostenfunktion hat damit einen U-förmigen Verlauf: die Grenzkosten sinken zunächst mit steigender Produktionsmenge, bevor sie wieder steigen. Der optimale Schnittpunkt von Marktpreis und

---

[71] Vgl. Rdnr. 15.

[72] Die massebezogene Angabe des Brennwerts B erfolgt in Kilojoule (kJ) je Kilogramm (kg). Für die Umrechnung in MWh gilt: 3,6 GJ = 1 MWh.

[73] Für eine detaillierte Einführung in Kostenkonzepte vgl. *Varian*, Grundzüge der Mikroökonomik, S. 366.

Grenzkosten muss sich rechts vom Minimum befinden, da der Schnittpunkt links vom Minimum eine Angebotsmenge bei noch sinkenden Grenzkosten zur Folge hätte.

Abbildung 17.4: Kostenverläufe nach dem Gesetz des abnehmenden Ertragszuwachses[74]

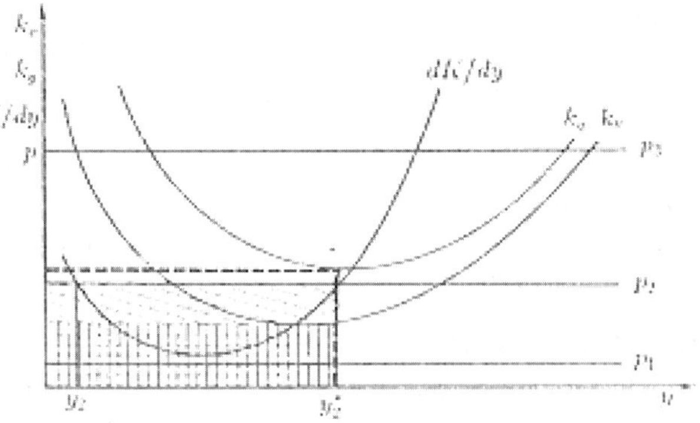

p = Preis; y2 = Menge; y_2* = Optimale Menge; dK/dy = Grenzkosten; kv = variable Durchschnittskosten; kg = durchschnittliche Gesamtkosten

Ein weiterer Ansatz unterscheidet zwischen Produktkosten und Grenzkosten.[75] Produktkosten fallen durch die Produktion eines Produktes an und beinhalten Kosten wie z. B. Kosten für den Eigenverbrauch, Betriebsstoffe und Wartung. Demgegenüber fallen Fixkosten an, um die Produktion überhaupt zu ermöglichen. In diesem Zusammenhang sind z. B. Verwaltungskosten als Fixkosten anzusehen. 62

Als relevante Kosten für die Spread-Ermittlung werden die direkt mit dem Produktionsprozess verbundenen Kosten betrachtet, also die **variablen Gesamtkosten** von Kraftwerken. Diese bestehen zusätzlich zu den in der einfachen Spread-Definition aufgeführten Brennstoff- und CO_2-Kosten aus den Kosten für An- und Abfahren des Kraftwerks, durch Betrieb und Fahrweise bedingten Kosten (variable Wartungskosten),[76] variablen Betriebsmittelkosten und anderen spezifischen variablen Kosten. Es kann diskutiert werden, ob Kapazitäts- und Lagerkosten als 63

[74] Darstellung nach *Varian,* Grundzüge der Mikroökonomik.

[75] Der Kostenwürfel wurde von *Deyhle* 1976 in einem Firmen-Seminar für Ingenieure entworfen und unterscheidet die Kosten in drei Ebenen: Struktur, Beeinflussbarkeit und Erfassbarkeit. Vgl. *Grotheer,* in: Blazek/Günther, Zeit des Controlling.

[76] Durch den Betrieb können sich die Aufwendungen für Wartungen erhöhen. Insbesondere bei einer Fahrweise ausschließlich im Peak-Betrieb, d. h. beim täglichen An- und Abfahren ist mit erhöhter Fehleranfälligkeit und erhöhten Revisionsaufwendungen zu rechnen. Somit fallen auch für Wind- und Solarkraftwerke variable Kosten an.

Produkt- oder Fixkosten anzusehen sind. Solange Kapazitäten nicht on-demand buchbar sind und auch Lagerplätze zumeist vorgehalten werden müssen, sollten sie in die Gruppe der Fixkosten fallen.

c) Erlöse durch den Kraftwerksbetrieb

64 Zu den Erlösen durch den Kraftwerksbetrieb zählen Erlöse aus dem Verkauf von Strom und Wärme sowie vermiedene Netznutzungsentgelte. Zudem wird laut KWKG[77] auf Kraft-Wärme-Kopplungsstrom eine Zulage gezahlt. Berücksichtigt werden müssen auch Erdgasgassteuerverminderungen, die z. B. bei GuD-Anlagen anfallen, sofern diese mehr als 70 % im gekoppelten Prozess gefahren werden.[78] Bei davon abweichender Einsatzplanung sind die dann anfallenden Steuerlasten in das Optimierungskalkül mit einzubeziehen. Die gesamten durch den Betrieb bedingten Erlöse werden als V_{var} bezeichnet.

d) Erweiterter Spread-Begriff

65 Damit sich der Betrieb eines Kraftwerks lohnt, müssen alle variablen Kosten K_{var}, durch die aus dem Betrieb resultierenden Erlöse V_{var} gedeckt sein. Dann ist der Deckungsbeitrag durch die Produktion $d_{\text{Produktion}} = V_{\text{var}} - K_{\text{var}} \succ 0$ in EUR positiv. Der Spread in EUR/MWh, der dazu in einer Lieferperiode mindestens nötige Spread wird als minimaler Spread CSS_{min} oder auch Strike Preis bezeichnet. Gilt $CSS_{min > 0}$ ist der Betrieb des Kraftwerks lohnend. Im Folgenden wird die Bezeichnung CSS verwendet, um den Mechanismus und Entscheidungssituationen zu verdeutlichen.

2. Durchführung des Spread-Handels

a) Grundsätzliche Darstellung

66 Durch die Volatilität der Preise für Brennstoffe, Strom und CO_2-Emissionszertifikate unterliegt auch der CSS einer gewissen Volatilität, wie folgende Grafiken exemplarisch zeigen.

[77] § 7 KWKG.

[78] Wie beschrieben, wird durch den GuD-Prozess der elektrische Wirkungsgrad eines Kraftwerks erhöht. Der Gesetzgeber belohnt diese emissionsärmere Fahrweise: § 51 Abs. 1 Satz 2 EnergieStG.

Abbildung 17.5: Spark Spreads für verschiedene Wirkungsgrade und Produkte[79]

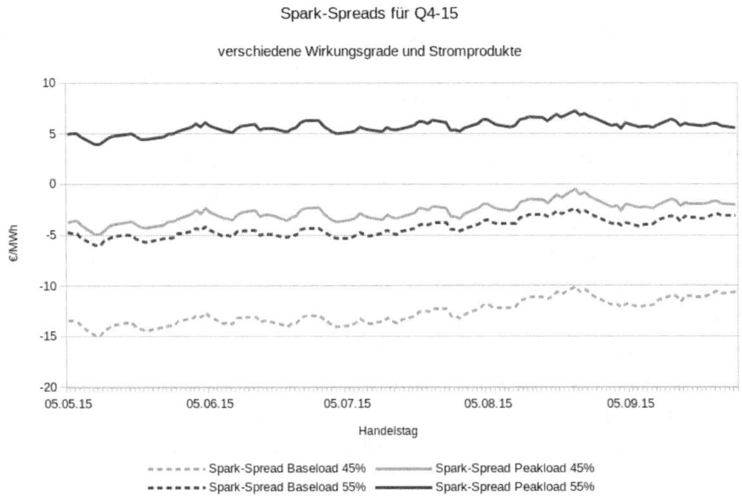

Die Volatilität des jeweiligen CSS kann mit Handelsgeschäften ausgenutzt werden. Bei $CSS_{\min > 0}$ wird am Terminmarkt auf Forward-Basis Gas und CO_2 zum Preis $p_{Brennstoff_O}$ sowie p_{CO2_O} gekauft und Strom zum Preis p_{Strom_O} verkauft, d. h. es erfolgt der Aufbau einer Long-Position Gas und CO_2 und einer Short-Position Strom. Der CSS ist dann geöffnet, eine Call-Realoption Kraftwerk wurde für den durch die Terminprodukte festgelegten Zeitraum gezogen. 67

Wenn der CSS konvergiert (d. h. Gas- und Strompreis nähern sich an), wird die Position geschlossen. D. h. das eingekaufte Gas und CO_2 wird zum aktuellen Preis $p_{Brennstoff_A}$ und p_{CO2_A} verkauft und der verkaufte Strom wird zum Preis p_{Strom_A} zurückgekauft. In dem Fall wurde der CSS geschlossen und eine Put-Realoption Kraftwerk für den durch die Terminprodukte festgelegten Zeitraum gezogen. 68

Durch Handel wurde so ein Deckungsbeitrag erwirtschaftet, *ohne* dass das Kraftwerk betrieben wurde. Der Deckungsbeitrag berechnet sich aus den Preisunterschieden, der elektrischen Leistung, der thermischen Leistung, des Bedarfs an CO_2-Emissionszertifikaten und den Betriebsstunden des Produktzeitraumes Δt: 69

[79] Eigene Darstellung.

$$d_{Handel}[=€] = \left(p_{Brennstoff\_A} - p_{Brennstoff\_O}\right) \cdot P_{Brennstoff} \cdot \Delta t + \left(p_{CO2\_A} - p_{CO2\_O}\right) \cdot P_{CO2} \cdot \Delta t + \left(p_{Strom\_O} - p_{Strom\_A}\right) \cdot P_{Strom} \cdot \Delta t$$

70 Damit wird ein Erlös erwirtschaftet. Es wird abgewartet, bis der CSS sich wieder vergrößert und eine neue Position eröffnet werden kann, d. h. Gas und CO_2 werden erneut gekauft und Strom wiederum verkauft. Das mehrmalige Öffnen und Schließen der Positionen kann in Abhängigkeit der Marktgegebenheiten *vor* dem Erfüllungszeitpunkt getätigt werden. Bei jedem Schließen der Position wird die Marge aus den Preisunterschieden im Strom und/oder Gas und CO_2 realisiert und somit der Erlös erhöht. Bei gleichbleibendem oder divergierendem CSS erfolgen keine weiteren Handelstransaktionen.

71 Wenn sich bei geöffneter Position der CSS zwischen Gas, CO_2 und Strom weiter vergrößert, werden keine weiteren Handelstransaktionen getätigt. Das Gas wird zum Termin geliefert und verstromt.

72 Die für den Terminhandel vor Eintritt in die Lieferperiode dargestellten Mechanismen können auch während der Lieferperiode über den Spotmarkt angewendet werden.

b) Entscheidungshilfen für das Auslösen einer Handelsempfehlung – Risikoprämie, Charttechnik und Co.

73 Die grundlegende Annahme für das Konzept der **Risikoprämie** ist, dass sich Warenproduzenten gegen das Preisrisiko am Spotmarkt und Warenkonsumenten sich gegen Mengenrisiken absichern wollen. Finanzinvestoren versichern diese Risiken gegen kurzfristige Preisschwankungen gegen den Erhalt einer Risikoprämie. Die Risikoprämie kann als Differenz zwischen gegenwärtigem Futures- und künftig erwartetem Spotpreis verstanden werden. Die Motivation von Warenproduzenten, sich gegen ihr Preisrisiko abzusichern, ist generell höher als die Bereitschaft von Spekulanten, dieses Risiko zu versichern. *John M. Keyes* hat diesen Sachverhalt als „Normal Backwardation“ beschrieben.[80] Ein Investor würde z. B. nur dann eine Future-Short-Position nehmen (also einen Future verkaufen), wenn der Preis dieses Futures über dem erwarteten Spotpreis liegt (zu dem er dann die Future-Position glatt stellen kann). Obwohl über die Existenz der „Normal Backwardation“ bis heute in der Wissenschaft diskutiert wird, leisten einige Arbeiten[81] den empiri-

[80] In seinem 1930 erschienenen Buch „Treatise on Money“ setzt sich *Keynes* ausführlich mit der Frage einer Risikoprämie auf Rohstoffterminprodukte auseinander. Backwardation nennt man die Situation, in der Preise für längerfristige Futures über denen kurzfristigerer Produkte liegen. Die gegenteilige Situation wird als Contango bezeichnet.

[81] Exemplarisch sei hier die Arbeit „Facts and Fantasies about Commodity Futures“ von *Gorton/Rouwenhorst* angeführt.

schen Nachweis über die Anwendbarkeit des Konzepts der Risikoprämie auf Rohstoffmärkten. Das vielleicht am weitesten verbreitete Modell, das **Capital Asset Pricing Models (CAPM)**, ist ein auf der Portfoliotheorie basierendes Kapitalmarktmodell zur Erklärung von Wertpapierrenditen und Ableitung von Handelsempfehlungen. Analog zu Wertpapieren kann auch bei Rohstoff-Futures eine vermeintliche Über- bzw. Unterbewertung eintreten, d. h. die Risikoprämien auf die Futures erscheinen im Vergleich zu den erwarteten Zahlungen auf kurzfristigere Produkte (z. B. ein Jahres-Future im Vergleich zu den vier Quartalen) zu hoch oder zu niedrig und lösen so eine Handelsempfehlung aus.[82] Um bestimmte Trendentwicklungen bei der Entwicklung des CSS zu nutzen und um Trendumkehrungen nicht zu verpassen, empfiehlt es sich, bestimmte Annahmen über die weitere Entwicklung des Spread-Verlaufs zu treffen. Zum einen kann mit klassischer **Chart-Technik** ein z. B. **floatender Korridor** um den Spread gelegt werden, der der Entwicklung des Spread folgt, bei Umkehr der Spread-Entwicklung konstant bleibt.[83] Beim Durchbrechen des Spreads durch den jeweils relevanten Korridor kann dann eine Handelsempfehlung ausgelöst werden, die auf ihre Vorteilhaftigkeit zu überprüfen ist.

Zusätzlich können auf statistischen Analysen beruhende handelstägliche Einschätzungen des Spread-Verlaufes erfolgen, die ab einem bestimmten Wert das Öffnen bzw. Schließen des CSS empfehlen. 74

c) Bewertung der Handelsempfehlung eines verfügbaren Kraftwerks

Ergibt sich eine Call-Option für ein Kraftwerk ohne physikalische Restriktionen im Lieferzeitraum wie oben dargestellt, muss geprüft werden, ob die Ausübung der Option unter dargestellten Risikobewertungen[84] weiterhin vorteilhaft ist. 75

Ergibt sich eine Put-Option für ein Kraftwerk ohne physikalische Restriktionen im Lieferzeitraum wie oben dargestellt, muss geprüft werden, ob $d_{Handel} \succ d_{\text{Produktion}}$ gilt. Ist dies nicht der Fall, kann geprüft werden, ob 76

$d_{Handel} + E(\sum_{i=1}^{N} d_{i\_Handel} + d_{N\_\text{Produktion}}) \succ d_{\text{Produktion}}$ gilt, d. h. der aktuelle Handelserlös durch Schließen des Spreads zzgl. der Summe der erwarteten zukünftigen Handelserlöse in den Perioden 1 bis N $E(\sum_{i=1}^{N} d_{i_{Handel}})$ und der

[82] Eine ausführliche Auseinandersetzung mit dem Konzept und Evaluierung der Risikoprämie würde an dieser Stelle zu weit führen. Als weiterführende Literatur sei *Hull,* Options, Futures and other Derivatives, empfohlen.

[83] Für eine detaillierte Einführung in die Chart-Analyse sei *Murphy*, Technische Analyse der Finanzmärkte, empfohlen.

[84] Vgl. Rdnr. 81 ff.

erwartete potenzielle Deckungsbeitrag der Produktion durch Öffnung des Spreads in Periode N $E(\sum_{i=1}^{N} d_{N\_Produktion})$ größer ist als der aktuelle Deckungsbeitrag durch Produktion. Zur Untersuchung können z. B. (gekoppelte) Optionsbewertungen[85] und Monte-Carlo-Analysen[86] durchgeführt werden.

d) Bewertung der Handelsempfehlung eines Restriktionen unterliegenden Kraftwerks

77 Werden für die Bewirtschaftung eines Kraftwerks ex ante nur Produkte berücksichtigt, in deren Lieferzeitraum das Kraftwerk ganz oder teilweise verfügbar ist, dann ist der Status des Kraftwerks bei Eintritt in die Lieferperiode allein durch die Erlösmaximierung gesteuert. So kann es z. B. sein, dass Kraftwerke nur im Winter betrieben werden können, weil unter bestimmten Temperaturszenarien die Kühlungsvorrichtungen nicht mehr ausreichen. Diese Kraftwerke stehen im Sommer als Realoption nicht zur Verfügung und können in diesem Rahmen nicht berücksichtigt werden. Andere Kraftwerke sind nur im Sommer frei verfügbar. Für diese Kraftwerke werden für die Wintermonate Wärmelieferverträge abgeschlossen. Bei diesen Restriktionen unterliegenden Kraftwerken ist die Realoptionstheorie nicht vollumfänglich anwendbar, da das Kraftwerk ab einem bestimmten Zeitpunkt nicht mehr zur Verfügung steht. Allerdings könnte bei Kraftwerken mit Wärmelieferrestriktion für eine initiale Öffnung die Realoptionsbewertung und Korridorbetrachtung einmalig – wie dargestellt – angewendet werden.

78 Zudem kann untersucht werden, ob der potenzielle zusätzliche Erlös höher ist als die Kosten, das Kraftwerk bei Eintritt in die Lieferperiode in den durch die Restriktionen vorgegebenen Modus zu versetzen. Des Weiteren sollte überprüft werden, ob die Erlöse durch die wärmegeführte Fahrweise von KWK-Anlagen höher sind als bei einer stromgeführten Fahrweise mit dem „Abfallprodukt" Wärme.

79 Ergibt sich eine Put-Option für ein Kraftwerk mit physikalischen Restriktionen im Lieferzeitraum, wie oben dargestellt, muss untersucht werden, ob ein erwarteter zukünftiger Spread $E(CSS_i)$ in $i = 1...N$-Handelstagen größer als der aktuelle Spread CSS_A ist, d. h. $d_{Handel} + E(\sum_{i=1}^{N} d_{i\_Handel} + d_{N\_Produktion}) \succ d_{Produktion}$ Es ergibt sich also das gleiche Kalkül wie bei einer Put-Option ohne Restriktionen.

---

[85] Vgl. z. B. *Benth/Saltyte-Benth*, Studies in Nonlinear Dynamics & Econometrics 2006, 10, 3, Article 8, für ein analytisches Verfahren zur Preisermittlung von Spark-Spread-Optionen.

[86] Vgl. detaillierte Darstellung der Monte-Carlo-Analyse in Rdnr. 124 ff.

Ergibt sich eine Call-Option für ein Kraftwerk mit physikalischen Restriktionen im Lieferzeitraum, d. h. das Kraftwerk steht im Produktionszeitraum nicht zur Verfügung, muss untersucht werden, ob ein erwarteter zukünftiger Spread $E(CSS_i)$ in N-Handelstagen kleiner als der aktuelle Spread CSS_A ist, d. h. $CSS_A - E(CSS_i) \succ 0, \quad mit\ i = 1...N$ gilt. Dann gilt $E(d_{Handel}) \succ 0$, d. h. der erwartete Deckungsbeitrag durch das Handelsgeschäft ist positiv oder anders gesprochen, man bewertet eine Amerikanische Put-Option positiv. Dies ist jedoch eine reine (spekulative) Handelsbetrachtung ohne vorhandene Realoption und wird in diesem Rahmen nicht untersucht. 80

Die folgende Übersicht verdeutlicht noch einmal die Entscheidungssituationen: 81

Tabelle 17.3: Entscheidungssituationen bei der Kraftwerksbewirtschaftung

Spread ...	Kraftwerk kann, aber muss nicht produzieren	Kraftwerk muss produzieren	Kraftwerk darf nicht produzieren
öffnen	– Minimal-Spread ist erreicht – aktueller Spread verringert sich (Trendumkehr) – Spread at Risk (SaR)	– Minimalspread ist erreicht – aktueller Spread verringert sich (Trendumkehr) – SaR	– Da die Realoption nie zur Verfügung steht, ist eine Betrachtung nicht möglich (eine nicht gekaufte Put-Option kann nicht bewertet werden).
schließen	– Initialspread > aktueller Spread – aktueller Spread beginnt zu steigen (Trendumkehr)	– möglich nur vor dem Hintergrund der Betrachtung von gekoppelten Optionen – Initialspread > aktueller Spread – aktueller Spread beginnt zu steigen (Trendumkehr)	– N/A

3. Kraftwerksoptimierung aus kurzfristiger Sicht

Auch bezüglich der Optimierung am Spotmarkt gelten grundsätzlich obige Überlegungen. Der durch das Kraftwerk generierte Strom wird über die Spotmärkte verkauft, wenn ein bestimmter Strike-Preis erreicht wird. Ist das Kraftwerk für die Erbringung einer oder mehrerer Regelenergieformen präqualifiziert, müssen die potenziellen Erlöse aus 82

Leistungs- und ggf. Arbeitspreisen in das kurzfristige Optimierungskalkül einberechnet werden. Bei der Vermarktung eines Teiles der Kraftwerkskapazität in die Regelenergie wird die Fahrweise eingeschränkt und steht nicht für alternative Fahrweisen zur Verfügung. Am Beispiel der Minutenreserve bedeutet dies konkret, dass das Kraftwerk im Fall der negativen Reserve seine Leistung um die angebotene Leistung vermindern können muss, d. h. es muss zum betreffenden Zeitpunkt wenigstens die angebotene Negativleistung erbringen können. Bei der Vermarktung positiver Reserve muss die entsprechende Kapazität noch verfügbar sein, d. h. das Kraftwerk kann nicht auf Volllast fahren. Da die Deadline für die Minutenreserveauktion jeweils am letzten Werktag vor Erbringung um 10.00 Uhr ist, legt man sich bereits z. T. für eine Fahrweise fest, bevor die Stundenpreise in der EPEX-day-ahead-Spotauktion ermittelt wurden.[87]

Tabelle 17.4: Leistungs- und Arbeitspreise negativer Minutenreserve sowie Windprognose

Negative Minutenreserve	0-4: 1. Kapazitätspreis EUR/MW/Block	0-4: 2. Arbeitspreis EUR/MWh	0-4: 3. Windprognose (GW)	4-8: 1	4-8: 2	4-8: 3	8-12: 1	8-12: 2	8-12: 3	12-16: 1	12-16: 2	12-16: 3	16-20: 1	16-20: 2	16-20: 3	20-24: 1	20-24: 2	20-24: 3
Sep 7, 2011	118,35	10,90	17	115,34	10,90	16	10,01	16,10	14	10,00	16,10	12	10,03	16,10	9	26,05	12,01	10
Sep 21, 2011	27,96	3,00	3	27,96	1,90	3	2.70	14,00	2	2,68	14,00	2	2.60	14,00	3	7,33	12,00	4

83 Die tägliche Kraftwerkseinsatzplanung muss die daraus entstehenden Opportunitätskosten (für die „entgangene“ Alternativvermarktung) in das Optimierungskalkül einbeziehen.

84 Analoge Überlegungen gelten für Produkte der Sekundär- und Primärreserve. Durch u. a. die Verringerung der Mindestangebotsmenge auf 5 MW (MRL, SRL) bzw. 1 MW (PRL) sowie bessere Pooling- und Absicherungsmöglichkeiten durch dritte Anlagen wurde die Teilnahme an den Regelenergiemärkten für Betreiber kleinerer Anlagen sowie Pool-Betreiber erleichtert, allerdings sank auch das Preisniveau.[88]

4. Bewertung der Nutzung der Realoption Kraftwerk durch Handelsoptimierung

85 Die gezielte Bewertung der Realoption Kraftwerk kann durch Berücksichtigung der flexiblen Reaktionsmöglichkeiten zu höheren Deckungsbeiträgen führen als eine klassische Kapitalwertbetrachtung. Die Optionalität, das Kraftwerk zu betreiben oder nicht (Option to shutdown and restart), kann durch Spread-Handel mit Terminprodukten vor Lieferzeitraum mehrfach durchgeführt werden. Zusätzlich kann die Betrach-

[87] Vgl. die Erläuterungen im Abschnitt „Markt für Systemdienstleistungen“ Rdnr. 22 und 23.

[88] Vgl. BNetzA, Bundesnetzagentur legt neue Ausschreibungsbedingungen für die Minutenreserve fest, Pressemitteilung v. 21.10.2011.

tung im Lieferzeitraum am Spotmarkt wiederholt werden und durch Reserveprodukte der Kraftwerksbetrieb optimiert werden.

5. Exkurs: EEG-Direktvermarktung

Seit dem EEG 2012 besteht für Anlagen gemäß dem EEG die Möglichkeit, ihre Produktion über die Direktvermarktung am Spotmarkt zu verkaufen. Mit dem EEG 2014[89] wurde die verpflichtende Direktvermarktung eingeführt. Gemäß § 37 EEG 2014 ist seit dem 1.1.2016 die Produktion aller neuen Anlagen größer 100 kW direkt zu vermarkten. Anlagenbetreiber in der Direktvermarktung erhalten eine Marktprämie, d. h. die Differenz zwischen Börsenstrompreis (energieträgerspezifischer Monatsmarktwert) und Höhe des jeweils anzulegenden Werts nach den Vergütungssätzen (§§ 40 bis 55 EEG 2014). Wichtige Voraussetzung für den Anspruch auf Zahlung der Marktprämie ist, dass die Anlage im Sinne von § 35 Abs. 1 EEG 2014 fernsteuerbar ist. Diese technischen Einrichtungen müssen vorgehalten werden, damit ein Direktvermarktungsunternehmen oder eine andere Person, an die Strom veräußert wird, jederzeit sowohl die jeweilige Ist-Einspeisung ablesen kann, als auch die Einspeiseleistung ferngesteuert reduziert werden kann. Für Bestandsanlagen galt die Pflicht zur Fernsteuerbarkeit erst nach einer Übergangsfrist ab dem 1.4.2015. 86

Die bisherige Managementprämie, die im Falle der Direktvermarktung den erhöhten Verwaltungsaufwand ausgleichen sollte, ist künftig nicht mehr explizit ausgewiesen. Um den administrativen Mehraufwand durch die Direktvermarktung dennoch weiterhin auszugleichen, wurde dieser in die Vergütungssätze „eingepreist". Kleine Anlagen, die nicht in der Direktvermarktung sind, erhalten entsprechend gemäß § 37 Abs. 3 Nr. 2 EEG eine um 0,4 Cent/kWh (Windenergieanlagen und Photovoltaik) bzw. 0,2 Cent/kWh (alle anderen Anlagen) reduzierte Vergütung. Ist eine Direktvermarktung ausnahmsweise vorübergehend nicht möglich, z. B. bei einer Insolvenz des Direktvermarkters, erhält der Betreiber eine „Einspeisevergütung in Ausnahmefällen" vom Netzbetreiber in Höhe von 80 % der gesetzlichen Fördersätze (§ 38 EEG). Der Wechsel ist jederzeit möglich, eine Nachweispflicht für den Betreiber besteht nicht. Der Systemdienstleistungsbonus wurde ersatzlos gestrichen.[90] 87

[89] Erneuerbare-Energien-Gesetz (EEG 2014) v. 21.7.2014, BGBl. I S. 1066, zuletzt geändert durch Gesetz v. 21.12.2015, BGBl. I S. 2498.

[90] Das neue EEG 2014 – Was ändert sich?, EnergieDialog.NRW.

6. Bewertung der Nutzung der Realoption Kraftwerk durch Handelsoptimierung

88 Die gezielte Bewertung der Realoption Kraftwerk kann durch Berücksichtigung der flexiblen Reaktionsmöglichkeiten zu höheren Deckungsbeiträgen führen als eine klassische Kapitalwertbetrachtung. Die Optionalität, das Kraftwerk zu betreiben oder nicht (Option to Shutdown and Restart), kann durch Spread-Handel mit Terminprodukten vor Lieferzeitraum mehrfach durchgeführt werden. Zusätzlich kann die Betrachtung im Lieferzeitraum am Spotmarkt wiederholt werden und durch Reserveprodukte der Kraftwerksbetrieb optimiert werden.

7. Exkurs: Entwurf eines Gesetzes zur Weiterentwicklung des Strommarktes (Strommarktgesetz)

89 Gemäß der vorgeschlagenen Änderungen für § 1 EnWG soll Ziel des Gesetzes weiterhin die freie Preisbildung für Elektrizität sein, Erzeugungs- und Speicheranlagen sollen möglichst umweltverträglich, effizient und flexibel in dem Umfang eingesetzt werden, der erforderlich ist, die Sicherheit und Zuverlässigkeit des Elektrizitätsversorgungssystems zu gewährleisten, § 1 Abs. 4 Nr. 3.

90 Grundsätzlich soll der bestehende Strommarkt weiterentwickelt und eine Kapazitätsreserve eingeführt werden.[91]

91 Für Kraftwerksbetreiber sind insbesondere die Regelungen §§ 13b bis 13e EnWG interessant.

92 In **§ 13b EnWG** sind die Regelungen zur vorläufigen oder endgültigen Stilllegung weiter präzisiert worden. Dies gilt insbesondere für die vorläufige Stilllegung. Sofern eine Anlage als systemrelevant eingestuft wurde und der Übertragungsnetzbetreiber den Anlagenbetreiber auffordert, gemäß § 13b Abs. 4 EnWG die Betriebsbereitschaft vorzuhalten oder wiederherzustellen, dann steht dem Anlagenbetreiber ein Kostenersatz gemäß § 13c EnWG zu. Diese Vergütung beinhaltet die für die Vorhaltung und die Herstellung der Betriebsbereitschaft notwendigen Auslagen, die Erzeugungsauslagen und den anteiligen Werteverbrauch. Grundlage für diesen Werteverbrauch sind die handelsrechtlichen Restwerte und handelsrechtlichen Restnutzungsdauern in Jahren. Für die Bestimmung des anteiligen Werteverbrauchs ist das Verhältnis aus anrechenbaren Betriebsstunden und den in der Investitionsplanung zugrunde gelegten Betriebsstunden heranzuziehen.

93 **§ 13d EnWG** enthält Regelungen zur Schaffung einer Netzreserve aus Anlagen, welche als systemrelevant eingestuft worden sind. Die hier

---

[91] Entwurf eines Gesetzes zur Weiterentwicklung des Strommarktes, BT-Drs. 18/7317, S. 4.

vorgesehene Netzreserveverordnung (NetzResV) wird die derzeit bestehende Reservekraftwerksverordnung ersetzen.[92]

Dazu muss der Anlagenbetreiber eines systemrelevanten Kraftwerkes einen Vertrag mit dem Übertragungsnetzbetreiber abschließen, welchem eine Interessenbekundung aller interessierten Anlagenbetreiber vorausgeht. Der Vertrag wird mit dem preisgünstigsten Anlagenbetreiber abgeschlossen. 94

Weitreichende Veränderungen ergeben sich insbesondere im Bereich der Vergütung, § 6 NetzResV. Opportunitätskosten sind nunmehr in gewissem Rahmen erstattungsfähig. Dies wird in den Verträgen, welche die Anlagenbetreiber mit den Übertragungsnetzbetreibern zur Teilnahme an der Netzreserve abschließen, geregelt und ist mit der Bundesnetzagentur vorher abzustimmen. 95

Weiterhin gilt für Anlagen, welche an der Netzreserve teilnehmen, das Rückkehrverbot in § 5 NetzResV. Dies bedeutet, dass Anlagen, welche an der Netzreserve teilnehmen, nach Ende des abzuschließenden Vertrages nicht mehr an den Strommarkt zurückkehren können. 96

Die Teilnahme an der Netzreserve ist damit eine Option für Kraftwerke, welche die Anforderungen an die Systemrelevanz erfüllen und deren Betriebserlaubnis in absehbarer Zeit nach Auslaufen des Vertrages bis zur endgültigen Stilllegung erlöschen wird. 97

§ 13e EnWG enthält Regelungen zur Schaffung der Kapazitätsreserve. Diese soll schrittweise ab dem Winterhalbjahr 2017/2018 außerhalb des Strommarktes gebildet werden. Anlagen, welche sich in der Kapazitätsreserve befinden, speisen ausschließlich auf Anforderung des jeweiligen Übertragungsnetzbetreibers ein. Die Bildung der Kapazitätsreserve erfolgt über Ausschreibungen, welche die Übertragungsnetzbetreiber regelmäßig durchführen werden. Die Regelungen zur Vergütung sind in Abs. 3e EnWG festgelegt, die Vergütung setzt sich Vorhaltekosten, Werteverbrauch der Anlage durch Einsatz und Einsatzkosten der Anlage (Kosten für Einspeisung, variable Instandhaltungskosten und Kosten Sicherstellung Brennstoffversorgung) zusammen. 98

Für Anlagen, die an der Kapazitätsreserve teilnehmen, gilt ein Vermarktungsverbot (keine Veräußerung an den Strommärkten) sowie das Rückkehrverbot. Das heißt, dass die Anlagen grundsätzlich endgültig stillgelegt werden müssen, wenn sie nicht mehr in der Kapazitätsreserve gebunden sind. Die Verbote gelten auch für Rechtsnachfolger des Betreibers und bei Veräußerung der Anlage. 99

[92] Entwurf eines Gesetzes zur Weiterentwicklung des Strommarktes, BT-Drs. 18/7317, Art. 6, S. 45.

100 Zur Präzisierung dieser Vorgaben enthält § 13h EnWG eine Ermächtigung zur Schaffung einer Verordnung für die Kapazitätsreserve.

C. Risikobetrachtung

101 Nachfolgend werden die Risiken beschrieben, die bei einer Kraftwerksbewirtschaftung durch Ausfälle auftreten können und daher identifiziert, bewertet und gesteuert werden müssen. Des Weiteren wird insbesondere für die Kurzfristoptimierung sowie die mögliche Inanspruchnahme bei Systemdienstleistern bei der Ermittlung eines möglichen Preis- und Verfügbarkeitsrisikos auf die Notwendigkeit und die auftretenden Probleme bei der Wetterprognose für EEG-Anlagen bei der Direktvermarktung eingegangen. Der nun folgende Abschnitt gliedert sich in drei Teile: Zuerst wird die Risikoidentifizierung beschrieben.[93] Daran schließen sich mögliche Bewertungsmethoden[94] sowie darauf aufbauend Überwachungs- und Steuerungsmaßnahmen[95] an.

I. Risikoidentifizierung

102 Bei der Kraftwerksbewirtschaftung nimmt der Kraftwerksbetreiber zum einen am Energiehandel teil – insbesondere bei der langfristigen Beschaffung und Vermarktung bzw. bei der finanziellen Vermarktung von Energie. Zum anderen findet beim Eintritt in die Lieferperiode eine Produktion von Strom statt. Deshalb sind sowohl die Risiken am Energiemarkt als auch leistungsbezogene Risiken zu beachten.

103 Ein Risiko steht allgemein für Wagnis, Gefahr oder Verlustmöglichkeit.[96] Bei der betriebswirtschaftlichen Beurteilung wird zwischen Entscheidungssituationen unter Sicherheit, Unsicherheit und Ungewissheit unterschieden. Im Fall der sicheren Entscheidungssituation existiert vollkommene Information und eine eindeutige zukünftige Entwicklung. Unsicherheit begründet sich dagegen aus einer unvollkommenen Informationslage, die dazu führt, dass Aussagen über die zukünftige Entwicklung nur mit einer Wahrscheinlichkeit verknüpft werden können. Mit Ungewissheit ist eine Situation gemeint, in der zusätzlich zur Unsicherheit keine Wahrscheinlichkeiten gefunden werden können. Unsicherheit wird auch als Risiko bezeichnet.

104 Risiko i. w. S. wird als die Gefahr von möglichen Zielabweichungen betrachtet, wobei sowohl positive als auch negative Abweichungen berücksichtigt werden. Risiko i. e. S. umfasst nur die negative Zielverfeh-

---

[93] Vgl. Rdnr. 82 ff.
[94] Vgl. Rdnr. 103 ff.
[95] Vgl. Rdnr. 144 ff.
[96] *Horvat/Reichmann*, Vahlens Großes Controllinglexikon, S. 668.

lung, während die positive Abweichung als Chance bezeichnet wird.[97] In dem vorliegenden Beitrag geht es um negative Zielabweichungen, also um Risiko i. e. S.[98] Des Weiteren wird auf mögliche Preis- und Verfügbarkeitsrisiken aufgrund von Wettergegebenheiten eingegangen.

1. Risiken im Energiemarkt

Im Energiemarkt unterscheidet man nach Marktpreisrisiken, Kreditrisi- 105
ken, Volumenrisiken und operationellen Risiken.

Marktpreisrisiken entstehen für ein Unternehmen dann, wenn ein Un- 106
ternehmens- oder Portfoliowert abhängig von Marktpreisbewegungen ist.[99]

Unter Kreditrisiko versteht man die Möglichkeit, dass ein Partner sei- 107
nen Liefer- oder Abnahmeverpflichtungen nicht nachkommt.

Operationelle Risiken lassen sich in strategische und operative Risiken 108
einteilen. Als strategisches Risiko wird die Gefahr bezeichnet, dass eine verfolgte Geschäftsstrategie nicht den optimalen Ertrag auf das eingesetzte Kapital erzielt. Beim operativen Risiko handelt es sich um die Gefahr von unmittelbaren oder mittelbaren Verlusten, die infolge der Unangemessenheit oder des Versagens von internen Verfahren, Menschen und Systemen oder von externen Ereignissen auftreten.[100] Gemeint sind hier gemäß Basel II z. B. Computerfehler, ungenügende Dokumentation oder Betrug.[101]

2. Risiken bei der Kraftwerksbewirtschaftung

Da Kraftwerke eine Produktionseinheit darstellen, sind weiterhin die 109
Risiken **des leistungsbezogenen Bereichs** zu betrachten. Darunter versteht man alle **Beschaffungs-, Produktions-, Absatz- und Technologierisiken.**[102]

Insbesondere das Risiko des Anlagenausfalls bzw. der -störung ist 110
hervorzuheben, da sich dieses Risiko in folgenden negativen Zielabweichungen realisieren kann:

- Verluste durch Nichtlieferung von Strom bzw. durch Rückkauf zur Erfüllung der Lieferverpflichtung zur Unzeit;
- Verluste durch die Nichtabnahme von Brennstoffen bei Take-or-Pay-Mengen bzw. Rückverkäufen zur Unzeit;
- Verluste durch Reparaturkosten;

---

[97] *Borchert/Schemm/Korth*, Stromhandel, S. 29, 30.
[98] Die Betrachtung von Chancen erfolgte unter Rdnr. 1 ff.
[99] *Borchert/Schemm/Korth*, Stromhandel, S. 301.
[100] *Romeike*, in: Romeike, Modernes Risikomanagement, S. 23.
[101] *Übelhör*, in: Übelhör/Warns, Basel II, S. 31.
[102] *Romeike*, in: Romeike, Modernes Risikomanagement, S. 20.

- Verluste durch Schadensersatzzahlungen bei Körper- und Sachschäden;
- Pönalen wegen Gesetzesverletzungen, insbesondere nicht erlaubte Emissionen aufgrund einer Anlagenstörung.

111 Die genannten negativen Zielabweichungen entstehen grundsätzlich auch bei Unterbrechung der Transportwege von Brennstoff und Strom. Jedoch soll hier der Schwerpunkt auf den **Anlagenausfällen** liegen, da diese insbesondere auch vom Anlagenbetreiber überwachbar sind.

112 Nachfolgend werden die möglichen negativen Zielabweichungen wegen Nichtlieferung und Nichtabnahme aufgrund von Anlagenausfällen betrachtet. Zu den Anlagenausfällen soll hier auch die Nichtverfügbarkeit von EEG-Anlagen gehören, welche vom Wetter hinsichtlich der Produktion von Strom abhängig sind.

3. Zusammenhang zwischen Risiken aus dem Energiehandel und der Kraftwerksbewirtschaftung

a) Marktpreisrisiko und Anlagenausfall

113 Ein Marktpreisrisiko besteht grundsätzlich dann, wenn einer gekauften oder verkauften Position keine Gegenposition gegenübersteht und Schwankungen in den Marktpreisen auftreten. Das bedeutet, dass nach der Saldierung von Long- und Short-Positionen die Nettoposition ungleich Null ist und diese zu einem späteren Zeitpunkt zu möglicherweise ungünstigen Marktpreisen geschlossen werden muss als der Buchwert der Netto-Position beträgt.[103] Sobald die Anlage ausfällt, entfällt die Annahme

$$\Sigma \text{ Short-Positionen Strom} = \Sigma \text{ Long-Positionen Gas x Wirkungsgrad } \eta_{el}$$

da hier die zwischengeschaltete Realoption „Anlage“ nicht mehr zur Verfügung steht.

114 Der bereits verkaufte Strom muss anderweitig beschafft werden. Es besteht demnach das Risiko, Strom zu einem höheren Preis beschaffen zu müssen als er verkauft worden ist.

115 Sofern für den Brennstoff keine Lager- oder Speichermöglichkeit besteht, muss dieser rückverkauft werden. So könnte der Fall eintreten, dass der Anlagenbetreiber den Brennstoff zu einem niedrigeren Preis verkaufen muss, als er ihn eingekauft hat. Durch den Wegfall der Realoption – den Ausfall des Kraftwerks – sind sowohl Verkaufsposition (Strom) = Short-Position und Einkaufsposition (Brennstoff) = Long-Position den Veränderungen der Marktpreise ausgesetzt. Damit kann

[103] Vgl. *Borchert/Schemm/Korth*, Stromhandel, S. 34.

ein Anlagenausfall nicht nur ein Risiko des leistungsbezogenen Bereichs darstellen, sondern es entsteht gleichzeitig ein Marktpreisrisiko.

Ein Marktpreisrisiko kann auch dann bestehen, wenn Brennstoffeinkäufe und Stromverkäufe sich unter Beachtung des Wirkungsgrades der Anlage nicht mengengleich und/oder in der gleichen Lieferperiode gegenüberstehen. Dann bestehen Long- und Short-Positionen, die den Veränderungen der Marktpreise ausgesetzt sind. **116**

b) Marktpreisrisiko und Wetter

Bei der Kurzfristvermarktung wird insbesondere der Spotmarkt der EPEX genutzt. Auf die Preisbildung und Volatilität der Preise am Spotmarkt hatte das Wetter schon immer besonders starken Einfluss, da mit dem Wetter die Produktion von EEG-Strom einhergeht. Dieser Einfluss ist durch die Direktvermarktung des EEG-Strom an der EPEX noch gestiegen. Dies lässt sich sehr gut an der „Sonnendelle" in den Mittagsstunden ablesen, durch welche die Preise in diesen Peak-Stunden unter die Preise von Flankenstunden im Base-Bereich sinken können. Es besteht von daher hier grundsätzlich ein sog. Wetterrisiko, welches zu den exogenen Geschäftsrisiken zählt, da die Eintrittswahrscheinlichkeiten möglicher Wettersituationen nicht beeinflussbar sind.[104] **117**

Bestimmt das Wetterrisiko die Volatilität der Marktpreise, so handelt es sich um ein Markt- bzw. Preisrisiko.[105] Dies gilt insbesondere dann, wenn eine Position am Spotmarkt der EPEX eingegangen wurde und eine mögliche Absicherung über den Intraday-Markt erfolgen soll. **118**

c) Marktpreisrisiko und Anlagenverfügbarkeit in Abhängigkeit vom Wetter

Sofern eine Vermarktung am Terminmarkt, am Spotmarkt und für Systemdienstleistungen stattfindet, muss insbesondere an der Schnittstelle Kurzfristmarkt (Spot- und Intraday) und Systemdienstleistungen das Marktpreisrisiko aufgrund eines Wetterrisikos berücksichtigt werden. Systemdienstleistungen werden durch die ÜNB meist dann in Anspruch genommen, wenn aufgrund des Wetters zu viel oder zu wenig EEG-Strom eingespeist wird und deswegen konventionelle Kraftwerke zum Ausgleich benötigt werden. Eine Doppelvermarktung im Kurzfrist- und Systemdienstleistungsmarkt ist grundsätzlich zu vermeiden. **119**

Aufgrund der Direktvermarktung soll die Vermarktung von Strom in den Markt hinein erfolgen. Das bedeutet auch, dass Strom dann zur Verfügung stehen muss, wenn er geliefert werden soll. Wind und Photo- **120**

---

[104] *Schmitz,* Wetterderivate als Instrument im Risikomanagement landwirtschaftlicher Betriebe, S. 7.

[105] Ebenda, S. 9.

voltaik sind jedoch wetterabhängig und deswegen kann eine EEG-Anlage nicht wie prognostiziert verfügbar sein. Hier erfolgt dann eine Glattstellung am Intraday-Markt, welches ebenfalls ein Marktpreisrisiko in Abhängigkeit von einem Wetterrisiko darstellt. Wird z. B. mehr Strom aus fluktuierenden Anlagen erzeugt als prognostiziert, dann kann der Intraday-Marktpreis erheblich unter dem Day-ahead-Vermarktungspreis liegen. Das umgekehrte Szenario kann sich ergeben, wenn die eingespeiste Menge erheblich hinter der Prognose zurückbleibt.

d) Operative Risiken

121 Ein operatives Risiko besteht darin, dass der Händler bei der Eröffnung des CSS die Einkäufe der Brennstoffe und die Verkäufe des Stroms z. B. nicht unter Beachtung des Wirkungsgrades tätigt (menschliches Versagen). Ein anderes Beispiel ist der Ausfall von IT-Systemen, die der Abbildung und Bewertung von Risiken und der IT-gestützten Entscheidungsfindung von Handelsanordnungen dienen.

e) Adressausfallrisiko

122 Kann der Abnehmer des verkauften Stroms seiner Abnahme- und Zahlungspflicht nicht nachkommen oder fällt der Lieferant des Brennstoffes aus, entstehen Adressausfallrisiken. Deren Bewertung und Steuerung unterscheiden sich nicht von denen der Handelsgeschäfte, so dass hierzu an dieser Stelle keine weiteren Ausführungen notwendig sind.

II. Risikobewertung

123 Im folgenden Abschnitt soll dargestellt werden, wie die nunmehr identifizierten Risiken monetär bewertet werden können, um das Ausmaß einer möglichen negativen Zielabweichung absehen zu können. Das umfasst die Beurteilung der möglichen Kosten bei Schließung des CSS, d. h. vor Beginn der Lieferung (Ausübung der Put-Option) sowie bei einem Kraftwerksausfall, um die monetären Einflüsse auf den Ertrag aus dem CSS abschätzen zu können.

1. Einführung

124 Bei der Risikobetrachtung ist zwischen möglichen negativen Zielabweichungen durch hohe Kosten bei Schließung des CSS vor Eintritt in die Lieferung und den Kosten bei Kraftwerksausfall zu unterscheiden. Da die Messung von Verlusten bei Kraftwerksausfällen die anspruchsvollere Aufgabe ist, wird darauf zuerst eingegangen. Dabei wird im vorliegenden Abschnitt unterschieden, ob ein Kraftwerk mit technischen Restriktionen oder ohne technische Restriktionen vorliegt.

Das Risiko eines Ausfalls der Anlage könnte grundsätzlich auf eine sehr einfache Art und Weise bestimmt werden. Dafür wird eine Gasturbine angenommen: 125

- betrachteter Zeitraum: ein Quartal (standardisierte Lieferzeit, Peak-Produkt, 60 Tage);
- betrachteter Risikobetrag: Ertrag nach Stromverkauf und Gaseinkauf 100.000 EUR;
- Ausfalldauer: insgesamt 12 Tage;
- Mehrkosten aus Stromrückkauf pro Tag: 2.000 EUR;
- Mehrkosten aus Gasrückverkauf pro Tag: 1.000 EUR.

Die **Ausfalldauer** insgesamt entspricht 20 % der Laufzeit. Der entstandene Gesamtverlust beträgt 36.000 EUR. Das sind 36 % vom Ertrag. 126

Als grobe Risikoschätzung könnte man annehmen, dass ein Kraftwerk ca. 20 % seiner Produktionszeit ausfällt und dann ein Verlustpotential von ca. 30 bis 36 % vom Ertrag innehat. Wird im Rahmen eines Wirtschaftsplanes ein Ertrag geplant, kann dieses Verlustpotential entweder sich sogleich in einem Abschlag auf den Ertrag widerspiegeln oder es wird für den Verkauf von Strom ein Risikoaufschlag in EUR/MWh gebildet, der in den Verkaufspreis einzupreisen ist. Da aber der jeweilige Verkaufspreis vom Markt bestimmt wird, kann es möglich sein, dass dieser Risikoaufschlag sich im Verkauf nicht realisieren lässt. Ferner lässt diese einfache Betrachtungsweise die Ausfallwahrscheinlichkeit, beruhend auf statistischen Annahmen der Ursachen und der Ausfallhäufigkeit sowie die Marktpreisentwicklungen für die relevanten Produkte außer Acht. Unerwartete Verluste oder eine Diversifikation durch günstige Preisentwicklungen bleiben bei dieser Betrachtung ebenfalls unbeachtet. 127

Sollten die Ausfälle aufgrund von Verschleißerscheinungen erfolgen, würde die Ausfallhäufigkeit mit fortschreitendem Betrieb sicher noch zunehmen und nicht konstant bleiben. Sollten die Ausfälle auf Umweltbedingungen zurückzuführen sein, so kann die Häufigkeit sinken, steigen oder konstant bleiben (heißer Sommer/kalter Sommer, Blitzeinschlag etc.). Genauso kann die Dauer der Stillstandszeiten konstant bleiben, steigen oder sinken. Ebenso könnte eine günstige Marktpreisentwicklung den Rückkauf von Strom und den Rückverkauf von Gas profitabler gestalten als den Betrieb der Anlage, so dass ein Risiko zur Chance wird. 128

Da eine Risikoermittlung immer auch der Berechnung des benötigten Risikokapitals dient, sollten weder eine Unter- noch eine Überschätzung des Risikos erfolgen, um eine wirtschaftlich gerechtfertigte Berechnung und Zuteilung von Risikokapital vorzunehmen und entsprechende Risikosteuerungsmaßnahmen zu implementieren. Des Weiteren kann die Risikoermittlung und -bewertung auch Unterstützung für Investitionsentscheidungen ermöglichen, wenn z. B. festgestellt wird, dass durch die 129

Beseitigung eines Fehlers die Ausfallwahrscheinlichkeit erheblich sinkt und damit der zu erwirtschaftende Ertrag nicht mehr hoch im Risiko steht. Infolgedessen können eine erhöhte Planbarkeit im Ertragsbereich bewirkt werden und die Kosten für die Risikosicherung sinken.

130 Demnach ist es unerlässlich, sich ausführlich mit den Kraftwerksausfällen und ihren möglichen Risiken zu befassen.

2. Ausfallwahrscheinlichkeit der Anlage

131 Wie bereits dargestellt, liegt ein Marktpreisrisiko vor, wenn die Anlage, während sie Strom produziert, ausfällt. Folglich ist zur Bewertung des Risikos zuerst festzustellen, wie hoch die Ausfallwahrscheinlichkeit einer Anlage ist. Hierfür muss die Anlage als Gesamtsystem betrachtet werden, in dem verschiedene Komponenten unterschiedliche Aufgaben erfüllen, und deren Versagen mannigfache Folgen haben kann.

132 Dieses mögliche Versagen kann mit Hilfe der sog. Fehlerbaumanalyse (Fault Tree Analysis) abgebildet werden.[106] Dabei gibt man das unerwünschte Ereignis vor und sucht nach allen Ursachen, die zu diesem Ereignis führen.[107] Als Ergebnis der Fehlerbaumanalyse werden die Ausfallwahrscheinlichkeit des Gesamtsystems und die Kombination von Umwelteinflüssen und Komponentenausfällen angegeben, die in besonders starkem Maße für einen Ausfall des Gesamtsystems verantwortlich sein können.[108] In Deutschland wurde für die Fehlerbaumanalyse zur Normung die DIN 25424 geschaffen.

a) Durchführung der Fehlerbaumanalyse

aa) Voraussetzungen zur Durchführung der Fehlerbaumanalyse

133 Damit eine **Fehlerbaumanalyse** durchgeführt werden kann, müssen zunächst Informationen über das zu betrachtende System, d. h. die Anlage gesammelt werden. Diese Informationen liegen der Kraftwerksabteilung vor. Dazu gehören insbesondere:

- Dokumente, die die Funktionsweise des korrekt arbeitenden Systems beschreiben;
- Informationen über die einzelnen Komponenten des Systems, also die Aufgaben der Komponenten, ihre Abhängigkeit von der Funktion anderer Komponenten und die Auswirkungen der Funktion der Komponenten auf Funktionen des Gesamtsystems oder von Teilsystemen. Dabei sollen auch Auswirkungen auf Teilsysteme bekannt sein, die

---

[106] Vorgehen vorgeschlagen in: *Weber*, Risikomanagement von Elektrizitätserzeugungsanlagen aus Handelssicht, Diplomarbeit Nr. 66/04.

[107] DIN 25424: Fehlerbaumanalyse, S. 1.

[108] *Pfeifer*, Praxishandbuch Qualitätsmanagement, S. 65.

nicht zur betrachtenden Komponente gehören und über äußere Einflüsse aufeinander wirken;
- um die Funktionsweise des Systems richtig einordnen zu können, müssen die Umwelt- oder sonstigen Umgebungsbedingungen bekannt sein, unter denen das System eingesetzt wird;
- da die Fehlerbaumanalyse mit Hilfe der Stochastik quantitative Aussagen liefert, müssen stochastische Informationen über die Einzelkomponenten eines Systems verfügbar sein.[109]

Bei einer Anlage sollten diese Informationen bestehen aus: **134**
- Ablaufbeschreibungen für den Produktionsprozess;
- technische Restriktionen (z. B. geminderte Produktion bei bestimmten Außentemperaturen);
- historische Lastgänge;
- dokumentierte Gründe über bereits erfolgte Ausfälle aus der Historie (sollten diese Ausfälle durch feststellbar einmalige Vorkommnisse bedingt gewesen sein, können diese bei der Fehlerbaumanalyse außer Acht gelassen werden).

bb) Durchführung der Fehlerbaumanalyse

Die Durchführung einer Fehlerbaumanalyse gem. DIN 25424 ist wie **135** folgt vorgesehen:
- detaillierte Untersuchung des Systems mit Hilfe einer Systemanalyse;
- Festlegung des unerwünschten Ereignisses und der Ausfallkriterien;
- Festlegung der relevanten Zuverlässigkeitskenngröße und der zu betrachtenden Zeitintervalle;
- Überlegungen zu den Ausfallarten der Komponenten;
- Aufstellung des Fehlerbaumes;
- Zusammenstellung der Kenngrößen der Eingänge in den Fehlerbaum wie Ausfallraten, Ausfallzeiten und Nichtverfügbarkeiten;
- Auswertung des Fehlerbaumes;
- Bewertung der Ergebnisse.[110]

Mit der Systemanalyse wird die Wirkungs- und Funktionsweise der **136** Kraftwerksanlage dargestellt. Dabei sind neben den systeminternen Vorgängen auch die Schnittstellen des Systems mit der Umwelt und die Reaktion des Systems auf äußere Einflüsse aufzustellen. Ein Funktionsblockdiagramm ist hierbei ein guter Ausgangspunkt.[111]

Für eine Anlage würde dies eine Zusammenstellung der verschiedenen **137** Produktionsabläufe bedeuten sowie die möglichen technischen Restriktionen bei verschiedenen Umweltbedingungen.[112]

---

[109] Ebenda.
[110] DIN 25424: Fehlerbaumanalyse, S. 4.
[111] *Pfeifer*, Praxishandbuch Qualitätsmanagement, S. 66.
[112] Vgl. Rdnr. 10 ff.

138 Ein wichtiger Punkt vor dem Aufstellen und Auswerten des Fehlerbaumes ist die Anordnung der Abhängigkeiten der Komponenten in einem System. Das Verhalten der Einzelkomponenten muss in den Zusammenhang mit dem Verhalten anderer Komponenten gestellt werden.[113] Danach ist das unerwünschte Ereignis zu definieren.[114] Im hier vorliegenden Fall ist das unerwünschte Ereignis „kein oder weniger Strom".

cc) Fazit

139 Mit einer Fehlerbaumanalyse kann die Ausfallwahrscheinlichkeit einer Anlage bestimmt werden. Dieses Verfahren kann IT-gestützt durchgeführt werden, so dass ein gewisses Maß an Verlässlichkeit erreicht werden kann. Ebenso kann eine gewisse Standardisierung pro Kraftwerkstyp mit charakteristischen Ausfallerscheinungen erfolgen, so dass eine Einteilung in Fehlerklassen möglich ist.

Abbildung 17.6: Muster eines Fehlerbaums[115]

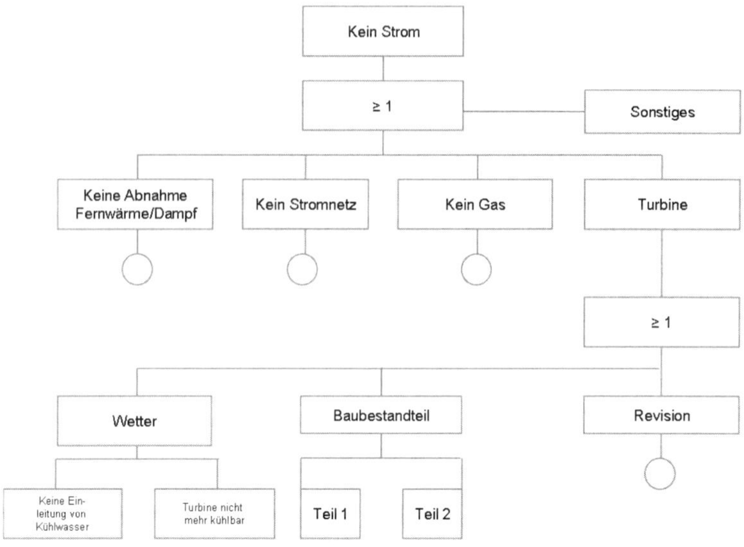

3. Ausfalldauer der Anlage

140 Die Ausfalldauer hat Einfluss auf die Ersatzbeschaffung des Stroms und den Ersatzverkauf der Brennstoffe bzw. Zwischenlagerung oder Speicherung. Demnach sollte für eine Anlage, abhängig von der Ausfallwahr-

[113] *Pfeifer*, Praxishandbuch Qualitätsmanagement, S. 66.
[114] DIN 25424, S. 4; *Pfeifer*, Praxishandbuch Qualitätsmanagement, S. 66.
[115] Eigene Darstellung nach Vorgaben DIN 25424.

scheinlichkeit, eine Ausfalldauer festgestellt werden. Ausfälle können zwischen einem Tag und mehreren Wochen variieren. Abhängig von der Ausfalldauer stehen am Markt bestimmte Möglichkeiten der Ersatzbeschaffungen zur Verfügung:

Tabelle 17.5: Ersatzbeschaffung von Energie[116]

	Intraday	Day ahead	Bis zu 7 Tage	Mehr als 7 Tage
Strom	bis 30 min vor Lieferung; danach Regelenergie	Spotmarkt (EPEX oder OTC), hier auch 15min-Kontrakte möglich	Spotmarkt (EPEX oder OTC)	Terminmarkt (EEX oder OTC)
Gas	bis 3 h bis zur nächsten vollen Stunde vor Lieferung, danach Ausgleichsenergie	Spotmarkt (EEX oder OTC)	Spotmarkt (EEX oder OTC)	Terminmarkt (EEX oder OTC)
Kohle	Lagerung	Lagerung	Lagerung	Lagerung/Verkauf

Bei Kohle liegt die Besonderheit vor, dass diese in großen Chargen von mindestens 5.000 t geliefert wird, die dann auf Lager liegen. Ein Abverkauf käme nur bei sehr langen Kraftwerksausfällen in Betracht. 141

Die Erfahrungen haben gezeigt, dass die meisten Transaktionen bei Anlagenausfällen im Spotmarktzeitbereich bis sieben Tage durchgeführt worden sind. Terminprodukte sind in diesem Bereich nicht verfügbar. 142

Eine Ersatzbeschaffung des Primärenergieträgers bei fluktuierenden EEG-Anlagen ist nicht möglich. Wind und Sonne sind nicht replizierbar. Hier muss ein Rückkauf von Strom am Intraday-Markt oder am Spotmarkt erfolgen, um die Lieferverpflichtung gegenüber Dritten zu erfüllen. Dies gilt auch für Anlagen, welche mit Biogas aus der eigenen Anlage Strom produzieren, da auch Biogas nicht substituierbar ist. 143

4. Monetäre Quantifizierung des Risikos des Kraftwerksausfalls

Wenn die Ausfallwahrscheinlichkeit feststeht, muss ermittelt werden, wie hoch das monetäre Risiko ist. 144

a) Kraftwerk mit technischen Restriktionen

In diesem Beitrag wird der Fall betrachtet, dass ein Betrieb des Kraftwerks aus technischen Restriktionen heraus notwendig ist, das heißt, es kann keine Schließung des CSS erfolgen.[117] Wenn ein Kraftwerk in die Produktion geht, ist der Strom bereits verkauft worden und der Brenn- 145

[116] Eigene Darstellung, angelehnt an: *Weber*, Risikomanagement von Elektrizitätserzeugungsanlagen aus Handelssicht, Diplomarbeit Nr. 66/04.
[117] Vgl. Rdnr. 69 ff.

stoff beschafft. Dieser Spread wurde bereits bei Abschluss der einzelnen Kontrakte (Öffnung des CSS) fixiert. Da keine Schließung des CSS erfolgen kann, wird der Brennstoff nunmehr verbraucht und der Strom produziert. Etwaige Erträge aus verkauften Dampf- bzw. Fernwärmeverträgen bleiben außer Acht.

146 Fällt die Kraftwerksanlage während der Produktionsphase aus, entsteht eine Differenz zwischen erwartetem Ertrag (Spread) und dem möglicherweise veränderten Ertrag durch den Ausfall des Kraftwerks und den daraus resultierenden Rückkäufen von Strom und Verkäufen von Brennstoffen.

147 Es wird eine **SaR-Betrachtung** durchgeführt. Dabei werden die Ausfallwahrscheinlichkeit, die Ausfalldauer, die möglichen Ersatzmärkte und die Marktpreisentwicklungen zu einem möglichen maximal veränderten **Deckungsbeitrag** geführt. Es werden also **Häufigkeits- und Schadenshöheschätzungen** zusammengebracht. Eine solche Betrachtung unter Einsatz einer VaR-Berechnung für optimale Kraftwerksbewirtschaftung ist nicht neu, sie wird unter anderem z. B. von *Guiges/Ndiaye*[118] zur Optimierung der Erzeugungskosten vorgeschlagen.

148 Im vorliegenden Fall wird unterstellt, dass mögliche Kraftwerksausfälle nicht vorab durch Terminprodukte abgesichert werden können, d. h. dass während der Lieferphase die Lieferung am Spotmarkt eingedeckt bzw. verkauft werden muss. Daraus folgend kann hier die Profit-at-Risk-Berechnungsmethodik (PaR) von *Henney/Keers* verwendet werden.[119] Diese steht in der Kritik, aufgrund der Nichtbeachtung der Handlungsmöglichkeiten am Terminmarkt zu pessimistisch zu sein.[120] Diese Betrachtung sei hier jedoch angemessen unter der Maßgabe, dass das Kraftwerk bis zum Ende der Lieferdauer produzieren muss, da auch bei einem bestehenden hohen Risiko eines Ausfalls des Kraftwerks am Terminmarkt keine Schließung der Position Strom durch Rückkauf und keine Schließung der Position Gas durch Rückverkauf durch Forwards erfolgen kann.

149 Beim **PaR-Ansatz** wird zur Ermittlung des sog. Profit-at-Risk die Differenz aus Expected Profit und Downside Profit errechnet.[121] Expected Profit ist hier der erwartete CSS und der x-schlechteste Fall von Ertrag, der entsteht, wenn das Kraftwerk ausfällt.[122]

---

[118] *Guiges/Ndiaye*, A Value-at-risk approach for robust management of Electricity Power Generation, abrufbar unter http://arxiv.org/ (Link: Mathematics > 2004 > 0407 > 101–125 > 109), Stand Abruf: April 2017.

[119] *Henney/Keers*, The Electricity Journal 11/1998, 43.

[120] *Weber/Schuler*, e|m|w 1/2006, 60.

[121] *Henney/Keers*, The Electricity Journal 11/1998, 44.

[122] In Anlehnung an: *Henney/Keers*, Managing Total Coporate Electricity/Energy Market Risks, The Electricity Journal 1998, 44.

Abbildung 17.7: PaR-Darstellung[123]

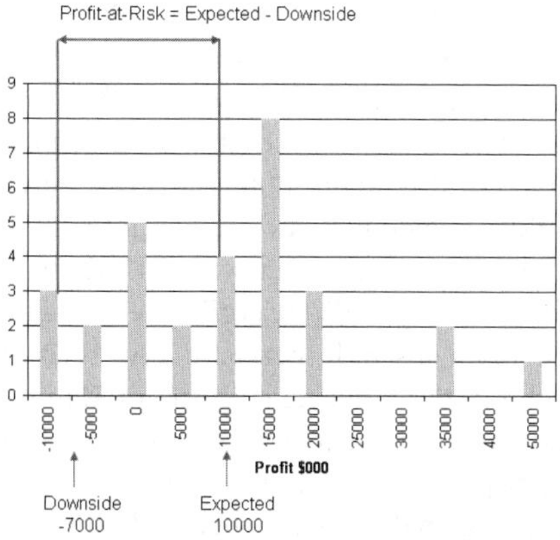

150 Die **Haltedauer** beläuft sich über den geplanten Liefer-/Abnahmezeitraum der gewählten Produkte von Strom und Brennstoff, da ein Schließen der Position, wie beschrieben, ausgeschlossen ist.

151 Da es sich hierbei um die Bewertung einer Realoption (Kraftwerk) mit verschiedenen Volatilitäten und technischen Möglichkeiten handelt, wird über eine Monte-Carlo-Simulation gerechnet. Eine historische Simulation eignet sich aufgrund der vielen in Betracht kommenden möglichen Verknüpfungen und Szenarien nur sehr bedingt. Wenn z. B. eine Anlage aus technischen Gründen in einem Jahr im Juli ausfällt, kann nicht mit hinreichender Sicherheit angenommen werden, dass dies nunmehr in jedem Juli der Fall sein wird. Erfolgt in einem Sommer ein Ausfall oder eine Produktionsminderung aufgrund zu hoher Temperaturen, so kann nicht davon ausgegangen werden, dass in Mitteleuropa jeder folgende Sommer derart heiß sein wird. Sofern, wie im Entwurf des Gesetzes zur Weiterentwicklung des Strommarktes[124] vorgesehen, eine stärkere Marktkopplung an die skandinavischen Märkte erfolgt, ist in die Wetterbetrachtung auch das skandinavische Wetter und hier insbesondere die hydrologische Situation in Norwegen mit einzubeziehen, da in Norwegen die Stromproduktion aus Wasserkraft erfolgt. Auch verschiedene Preisszenarien können den möglichen Ertrag beeinflussen. Diese entstehen aufgrund verschiedener exogener Einflüsse auf Strom- und Brennstoffprodukte.

152 Eine Monte-Carlo-Simulation kann mit einer Würfelaktion verglichen werden, bei der das Ergebnis eines jeden Würfelns zufällig ist.[125] Dabei

[123] *Henney/Keers*, Managing Total Corporate Electricity/Energy Market Risks, The Electricity Journal 1998, 44.

[124] Entwurf eines Gesetzes zur Weiterentwicklung des Strommarktes, BT-Drs. 18/7317.

[125] *Van den Brink*, in: Romeike, Modernes Risikomanagement, S. 263.

werden verschiedene Szenarien mit unterschiedlichen Preisentwicklungsszenarien für Strom und Brennstoffe mit einer Preis-Forward-Curve und Ausfallwahrscheinlichkeiten und Ausfalldauer auf Basis der Fehlerbaumanalyse „zusammengewürfelt“ und die Würfel werden mehrere 10.000 Male geworfen. Danach werden die Ergebnisse notiert.[126] Die Werte (= Ergebnisse) in der Spalte Potential Loss werden in eine Grafik übertragen und bilden die empirische Verlustpotentialverteilung ab. Für diese Verlustverteilung wird ein Quantil, verknüpft mit einem Konfidenzniveau, bestimmt.[127] Dieser Wert ergibt die gesuchte Kennzahl.

153 Diese Kennzahl kann als SaR bezeichnet werden. Sie zeigt, welche maximale Abweichung des Expected Profit im Rahmen des gewählten Konfidenzniveaus nicht überschritten werden wird. Im Rahmen des oben gewählten Beispiels bedeutet dies, dass der Expected Profit von 100.000 EUR jeweils gemäß den möglichen Differenzen in den Rückkäufen/Rückverkäufen unter Berücksichtigung der Ausfalldauer variieren würde. Jede negative Abweichung würde eine mögliche negative Zielabweichung, also ein Risiko, darstellen und müsste dann entsprechend überwacht und gesteuert werden.

b) Kraftwerk ohne technische Restriktionen

154 Sofern eine Schließung des Spreads, d. h. ein Nichtbetrieb des Kraftwerks bei hohem Ausfallrisiko, möglich ist, also Handlungsoptionen am Termin- und Spotmarkt vorliegen, kann eine andere Bewertungsweise gewählt werden. Dies kann z. B. eine VaR- oder eine Earnings-at-Risk-Betrachtung sein, welche die Handlungsmöglichkeiten am Spot- und Terminmarkt berücksichtigt.

[126] Vgl. *Van den Brink*, in: Romeike, Modernes Risikomanagement, S. 263.
[127] Ebenda.

Abbildung 17.8: Monte-Carlo-Simulation[128]

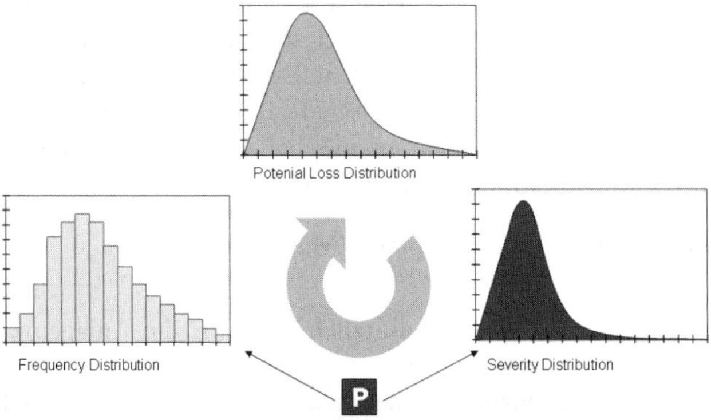

Iteration	Frequency	Loss Severities			Potential Loss
1	1	18			18
2	2	28	23		51
3	1	19			19
4	3	17	19	29	65
...	...	...			...

155 Da ein VaR nur die möglichen Verluste aus offenen Positionen betrachtet, aber generell nicht die Gefährdung bzw. Veränderung des bereits bestehenden Ertrages, ist diese Betrachtung grundsätzlich für einen SaR nicht umfänglich genug.

156 Bei einer Earnings-at-Risk-Betrachtung wird grundsätzlich wie folgt vorgegangen: Profit = Spoterträge aus den Kraftwerkskosten der Produktion zuzüglich Hedgeerträge aus Handelsgeschäften vor der Lieferung zuzüglich Hedgeerträge aus den Termingeschäften in der Lieferung.[129]

157 Indem hier mit einer Monte-Carlo-Simulation verschiedene Preiskurven für die Zeit des Kraftwerksausfalls für Termin- und Spotpreise hinterlegt werden, kann der SaR als Funktion des Ertrags unter Berücksichtigung der Handlungsoptionen berechnet werden.

5. Gewolltes Schließen des CSS

158 Entweder durch mögliches gewolltes Schließen oder gemäß technischer geplanter Restriktionen (z. B. Revision) können negative Zielabweichungen entstehen, indem der CSS durch entstehende, nicht wieder zu erwirtschaftende Kosten gesenkt wird.

[128] Ebenda, S. 264.
[129] Angelehnt an: Ascend Analytics, Evaluating generation using energy risk management.

159 Durch eine Kostensimulation mit verschiedenen Produkten, z. B. bei einem Quartalsprodukt eine mögliche Kaskadierung in Monats-, Wochen- und Spotprodukte, kann die günstigste oder die kostenintensivste Schließungsmöglichkeit ermittelt werden. Die Grundlage hierfür bildet wiederum eine Monte-Carlo-Simulation. Dadurch ist es z. B. möglich, bei einer Kraftwerksrevision den bestmöglichen Zeitpunkt zum Schließen des CSS mit den bestmöglichen Produkten zu ermitteln.

6. Risikobewertung am Kurzfristmarkt/Markt für Systemdienstleistungen

160 Für den Kurzfristmarkt gilt grundsätzlich auch für die Anlagenverfügbarkeit das vorstehend ausgeführte.

161 Bei Systemdienstleistungen ist eine weitere Fragestellung zu beachten. Generell sind bei der Risikobetrachtung vor Teilnahme am Systemdienstleistungsmarkt die Regeln für die Teilnahme gemäß dem „Rahmenvertrag über die Vergabe von Aufträgen zur Erbringung der Regelenergieart“[130] zu beachten. Hier vorliegend wird die Erbringung von Minutenreserve betrachtet. Die Ausschreibung erfolgt in sechs Zeitscheiben à 4 h. Die Inanspruchnahme erfolgt für mindestens 15 Min. Wenn ein Kraftwerksbetreiber an Ausschreibungen für Minutenreserve teilnehmen möchte, so muss er bei Erstellung seines Fehlerbaumes darauf achten, dass ein Abruf durch den ÜNB jederzeit möglich sein muss. Ein technisches Versagen des Kraftwerkes bei Abruf gilt nicht als höhere Gewalt, § 13 Abs. 3 des Rahmenvertrages. Ein Ersatz durch ein anderes Kraftwerk kann nur erfolgen, wenn dieses Kraftwerk ebenfalls präqualifiziert ist, § 13 Abs. 2. Eine Vertragsverletzung dieser Art kann gem. § 14 des Rahmenvertrages mit mindestens für diese Zeiteinheit dem dreifachen EPEX-Spotmarkt-Preis belegt werden. Sollte also ein Kraftwerk z. B. wetterbedingt im Sommer sehr eingeschränkt zur Verfügung stehen, ist dieses bei der Risikobewertung mit einzubeziehen. Dabei sollte dann zur Schadensbewertung, sofern kein weiteres präqualifiziertes Kraftwerk zur Verfügung steht, die Vertragsstrafe als mögliche Grundlage zur Schadenshöhe herangezogen werden.

7. Risikobewertung für die Direktvermarktung

162 Bei EEG-Anlagen mit Produktion aus fluktuierender Primärenergie kommt der Wetterprognose bei der Risikobewertung überragende Bedeutung zu. Bei der PaR-Simulation ist hier eine Wettersimulation mit einzufügen. Diese sollte auf einer möglichst zuverlässigen Prognose aufbauen. Dabei sollte eine Wetterstation für die in Ansatz zu bringenden

[130] Rahmenvertrag über die Vergabe von Aufträgen zur Erbringung der Regelenergieart, abrufbar unter www.regelleistung.net, Stand Abruf: April 2017.

Werte ausgewählt werden, in welcher die gemessenen Werte mit den gemessenen Werten am Produktionsstandort korrelieren.[131]

Danach kann eine mögliche Wetterprognose erstellt werden. Aus dieser Prognose ergibt sich eine mögliche Outcome-Produktion für Strom. Im Rahmen der Outcome-Produktion kann man mögliche Nicht-Verfügbarkeiten betrachten. Unterstellt man für diese Zeiten eine Vermarktung im Sinne der Direktvermarktung, ist hier ein Rückkauf am Intraday-Markt im Rahmen des PaR-Ansatzes anzunehmen. 163

8. Risikobewertung bei der Teilnahme an Ausschreibungen

Gemäß dem KWKG 2017 müssen Kraftwerke zur Erlangung einer Vergütung vorab an einer Ausschreibung teilnehmen. Der Grundpreis für die Brennstoffe ergibt sich aus dem Markt ebenso mögliche Erträge aus der Direktvermarktung. Jedoch muss hier auch die Wärmeabsatzseite betrachtet werden, da nur für die Stunden, in denen Strom in Kraft-Wärme-Kopplung erzeugt wird, KWK-Vergütung gezahlt wird (KWK-Netto-Strom). 164

Bei einer Modernisierung kann hier der Wärmabsatz der letzten Jahre zugrunde gelegt werden, welcher meist über eine Preisformel vergütet wird. Hier besteht das Risiko in einer zu optimistischen Absatzannahme. Deswegen sollten hier, dies gilt insbesondere für die Fernwärme, der demographische Faktor und weiter fortschreitende Gebäudedämmmaßnahmen über einen prozentualen Abschlag berücksichtigt werden. 165

Ein Kraftwerksneubau zeichnet sich meist dadurch aus, dass hier eine mögliche Wärmesenke vorliegt, aber noch keine Kunden vertraglich gebunden sind. In diesem Fall sollten, ebenfalls unter Berücksichtigung der vorab genannten Einflussparameter, langsam steigende Zubauraten angenommen werden. 166

III. Risikosteuerung

1. Allgemeines

Durch den Betrieb von Kraftwerken entstehen, wie vorstehend gezeigt, Risiken, die gesteuert werden müssen. Die erste Maßnahme der **Risikosteuerung** ist grundsätzlich die Risikoidentifizierung und -bewertung. Das kann anhand der bereits dargestellten Methoden[132] vorgenommen werden. 167

Wenn das Risiko des Anlagenbetriebes quantifiziert worden ist, wird ein risikopolitisches Instrumentarium eingesetzt, um die Risikolage des 168

[131] So für Kleinwasserkraftwerke: *Mittlböck/Rieder*, Management von Wetterrisiken mittels raumzeitlicher Strukturanalyse, S. 451, 453.

[132] Vgl. bereits Rdnr. 103 ff.

Unternehmens positiv zu beeinflussen bzw. ein ausgeglichenes Verhältnis zwischen Ertrag und Risiko herzustellen.[133]

Abbildung 17.9: Prozess der Risikosteuerung[134]

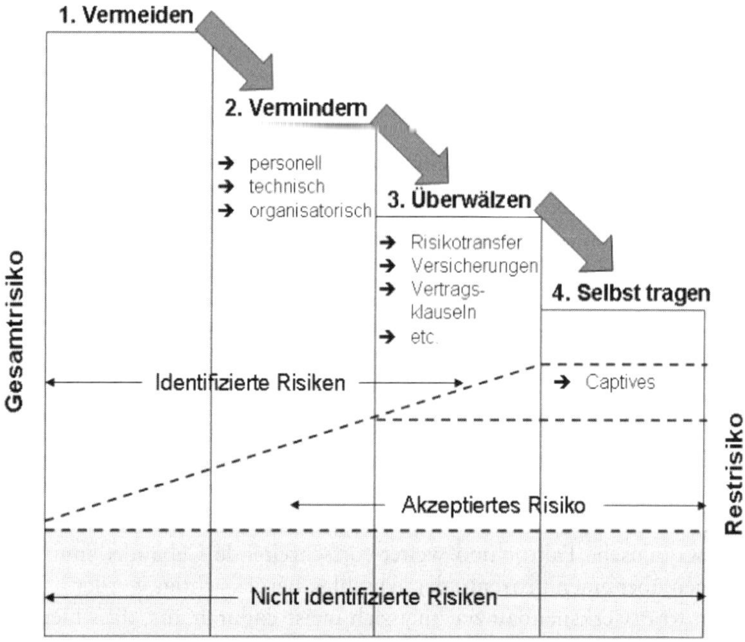

169 Die Alternative „Vermeiden", d. h. gewillkürtes Abschalten oder Nichtinbetriebnehmen der Kraftwerksanlage, kommt in Betracht, wenn die Anlage nicht produzieren muss. Wenn die Anlage produzieren muss, z. B. im Hinblick auf Wärmeverpflichtungen, so entfällt diese Variante. Dies gilt auch bei als systemrelevant eingestuften Kraftwerken.

170 „Vermeiden" ist hier eine Handlungsalternative, wenn einer Vermarktung im Minutenreservemarkt kein weiteres Kraftwerk zur Verfügung steht. Ein Rückkauf am Intraday-Markt der benötigten Strommengen bei positiver Minutenreserve ist aufgrund des im Rahmenvertrag festgelegten Zeitrahmens für die Erbringung erstens nicht möglich, und zweitens nicht zugelassen. Sollte ein Kraftwerk zu bestimmten Zeiten eine erhöhte Ausfallwahrscheinlichkeit zeigen, so ist im Zweifel von einer Teilnahme am Minutenreservemarkt abzusehen.

171 „Vermindern" ist im Rahmen des Betriebs der Anlage zu steuern. Wichtig ist dies für den Einkauf der Brennstoffe, wenn und soweit Er-

---

[133] *Borchert/Schemm/Korth*, Stromhandel, S. 46.
[134] Nach *Romeike*, in: Borchert/Schemm/Korth, Stromhandel, S. 47.

kenntnisse darüber vorliegen, dass bestimmte Brennstoffe die Ausfallwahrscheinlichkeit verringern. Dies ist dann auch in der Fehlerbaumanalyse für bestimmte Szenarien zu berücksichtigen. Dasselbe gilt für die Fahrweise des Kraftwerks. Sollte eine bestimmte Fahrweise (Baseload oder Peakload) eine geringere Ausfallwahrscheinlichkeit nach sich ziehen, so ist dies ebenfalls zu berücksichtigen. Ferner betrifft dies Wartungsintervalle (Revision), die in die Planung der Kraftwerksbewirtschaftung als geplantes Schließen des CSS einbezogen werden müssen.

Für die weiteren technischen und organisatorischen Regelungen (Be- 172
reitschaft der Kraftwerksleitwarte etc.) ist ein Betriebshandbuch mit Aufgabenbeschreibungen und Zuständigkeiten anzufertigen und durch die Geschäftsführung zu verabschieden.

„Überwälzen" betrifft hier insbesondere den Abschluss einer Be- 173
triebsunterbrechungsversicherung für die Anlage. Hier ist bei Prüfung der Versicherungsbedingungen darauf zu achten, dass

(a) die Unterbrechung wegen allgemeiner Verschleißerscheinungen und nicht nur wegen höherer Gewalt eingeschlossen ist und
(b) diese Versicherung auch den Verdienstausfall umfasst.

Beim Verdienstausfall sollte in der Versicherungssumme der größere Teil 174
des Risikos aufgefangen sein. So sehen z. B. die Allgemeinen Bedingungen für die Maschinen-Betriebsunterbrechungsversicherung (AMBUB 2008) die Unterbrechungen aufgrund betrieblicher Abnutzung nicht vor.[135]

Damit kommt der Fehlerbaumanalyse eine weitere Bedeutung zu, da 175
in diesem Rahmen festgestellt werden kann, welche Ereignisse versicherbar sind und welche nicht und wie diese sich auf die Schadenshäufigkeit verteilen. Nach der Prüfung kann durchaus der Schluss gezogen werden, dass insbesondere nichtversicherbare Ausfälle vorliegen. Der Anlagenbetreiber sollte dann bei einem hohen SaR über eine Sanierung bzw. über einen Neubau der Anlage nachdenken. Die Realoptionsbewertung im Zusammenhang mit dem SaR kann dabei die Investitionsentscheidung unterstützen.

„Selbst tragen" bedeutet hier das Tragen der Kosten der Ausfälle von 176
Kraftwerken, sei es durch Abnutzung oder Nichtbeachtung der oben benannten Verminderungsstrategien. Hier liegt insbesondere das monetäre Risiko des Anlagenbetriebes, das limitiert werden muss.

[135] Allgemeine Bedingungen für die Maschinen-Betriebsunterbrechungsversicherung (AMBUB 2008), § 1 V i (aa).

2. Erarbeitung eines Limitsystems

a) Zuteilung von Risikokapital

177 Grundsätzlich kann auch ein bestimmter Betrag des Risikos aus dem SaR in den Spread eingepreist werden, sodass bei Öffnung des CSS dieser als weitere Kostenkomponente hinzukommt. Ob dieses Vorgehen wirtschaftlich ist, kann von Anlage zu Anlage variieren. Der Schwerpunkt sollte auf der Zuteilung von Risikokapital und der Limitierung des Risikos liegen.

178 Um ein Limitsystem aufstellen zu können, bedarf es vorerst der Zuteilung von Risikokapital für den Anlagenbetrieb, um etwaige Verluste aus dem Anlagenausfall tragen zu können. Das Risikokapital oder das ökonomische Kapital ist ein Maß für den Eigenkapitalbetrag, den ein Unternehmen benötigt, um ein Risiko tragen zu können[136] bzw. es drückt die maximale Bereitschaft eines Unternehmens aus, zukünftige potentielle Verluste, die innerhalb einer bestimmten Zeitperiode *dt* auftreten können, zu tragen.[137] Da es sich hier meist nur um eine Geschäftseinheit eines Gesamtunternehmens handelt, kann die Berechnung anhand eines Bottom-up-Ansatzes erfolgen.[138] Grundsätzlich kann für eine bestimmte gewünschte Spread-Bewirtschaftung über den SaR ein gewisses Risiko berechnet werden, in dessen maximaler Höhe dann das Risikokapital zugeteilt wird. Die Bewirtschaftung kann z. B. bei einer Anlage mit zwei Motoren, wenn der SaR bei Betrieb beider Motoren einer Anlage sehr hoch ist, auch die Bewirtschaftung nur eines Motors der Anlage vorsehen, sofern ausreichend Dampf oder Fernwärme produziert wird. Damit kann eine Redundanz bei Ausfall hergestellt werden. Dasselbe gilt für die Auswahl entsprechender Fahrweisen (Base-/Peakload), wenn die Restriktionen erfüllt sind.

179 Bei der Direktvermarktung von EEG-Anlagen können bei der Zuteilung von Risikokapital die Erfahrungswerte aus bereits abgelaufenen Vermarktungsperioden herangezogen werden. Die durchschnittlichen Abweichungen können zur Bemessung des Risikokapitals dienen.

b) Setzung von Limiten

180 Darauf folgend kann ein Limit für den SaR gesetzt werden. Ausgehend von der maximalen Bereitschaft oder Fähigkeit, ein Risiko tragen zu

[136] *Smithon*, Gedanken zum ökonomischen Kapital, abrufbar unter http://www.risk.net/data/Risk__free_article_/Deutsches_Notes_0608.pdf, Stand Abruf: April 2017.

[137] *Borchert/Schemm/Korth*, Stromhandel, S. 354.

[138] *Smithon*, Gedanken zum ökonomischen Kapital, abrufbar unter http://www.risk.net/data/Risk__free_article_/Deutsches_Notes_0608.pdf, Stand Abruf: April 2017.

wollen oder zu können, darf das Limit grundsätzlich nicht überschritten werden. Solange gilt:

$$\text{SaR} \leq \text{Limit} = \text{Risikokapital}$$ [139]

Es kann während der Bewirtschaftung durch den jeweiligen Bewirtschafter über das Öffnen und Schließen des CSS vor dem Eintritt in die Lieferphase frei entschieden werden. 181

Sollte hier das Limit des SaR erreicht werden, wenn der Eintritt in die Lieferung noch nicht bevorsteht, kann über eine Simulation im Rahmen des SaR geprüft werden, ob ein anderes Produkt (statt eines Jahres z. B. Quartale oder eine ähnliche Kaskadierung) oder eine andere Fahrweise, solange die technischen Restriktionen dies zulassen (z. B. Base- statt Peakload) das Risiko minimieren. Bei Erreichen des Limits während bzw. bei Eintritt des Produktionszeitraums, sollte die Strategie „Vermindern" über die technische Betriebsführung greifen, um drohende Ausfälle über ein Frühwarnsystem rechtzeitig zu erkennen und die denkbare Ausfalldauer möglichst gering zu halten bzw. sollte die Variante „Vermeiden" durch Abschalten angewendet werden. 182

Sollte in einem Bewirtschaftungszeitraum bereits ein Ausfall stattgefunden haben, so ist dieser Verlust (Profit & Loss – P&L) auf das bestehende Limit anzurechnen, d. h. 183

$$\text{SaR} \leq \text{Limit} + \text{P \& L}$$ [140]

und die Bewirtschaftung fortzusetzen.

c) Backtesting

Beim SaR handelt es sich um ein Modell zur Abschätzung der monetären Konsequenzen eines Anlagenausfalls. Dementsprechend müssen die so ermittelten Werte nach einem bestimmten Zeitablauf mit den tatsächlich realisierten monetären Konsequenzen bei einem Anlagenausfall verglichen werden, um festzustellen, ob eine Über- oder Unterschätzung vorliegt. Beides kann die Kraftwerksbewirtschaftung negativ beeinflussen. Zum einen durch zu restriktive Limite, zum anderen durch realisierte Verluste, die im schlimmsten Falle das zugeteilte Risikokapital übersteigen und den Unternehmensbestand gefährden können, ohne dass Warnzeichen vorgelegen hätten. Dann hat das Risikomaß versagt. 184

d) Positionslimite

Überdies sind Positionslimite zu setzen. Diese ergeben sich für die einzugehende Short-Position Strom und Long-Position Gas aus der maximal 185

[139] *Borchert/Schemm/Korth*, Stromhandel, S. 354.
[140] Vgl. *Borchert/Schemm/Korth*, Stromhandel, S. 355.

zu vermarktenden Menge Strom und der zur Produktion nötigen Menge Gas. Es muss also gelten:

$$\Sigma \text{ Long-Positionen Gas x Wirkungsgrad} - \Sigma \text{ Short-Positionen Strom} = 0.$$

186 Nach jeder Transaktion, ob Öffnen oder Schließen des CSS, muss diese geprüft werden, um festzustellen, ob anderweitig offene Positionen, die, da nicht durch die Realoption Kraftwerk gedeckt, vollständig dem Marktpreisänderungsrisiko ausgesetzt sind. Sollte dies nicht in der Strategie gewünscht sein, sind sofortige Maßnahmen zum Hedging zu ergreifen. Dies kann z. B. das Schließen der offenen Positionen durch Gegengeschäfte sein.

IV. Fazit

187 Kraftwerksausfälle stellen ein Risiko dar, welches in Zeiten extrem volatiler Märkte adäquat gemessen werden muss. Der SaR-Ansatz vereint die Ausfallhäufigkeit und Ausfalldauer mit den Preisschwankungen für Strom und Brennstoffe und kann somit ein gutes Bild über die jeweilige Risikolage eines Kraftwerks geben. Auch die Einbeziehung von Wetterprognosen bei der Simulation von EEG-Anlagen ist möglich. Er kann auch Anregung zu Investitionen in einen Neubau oder die Renovierung der Anlage geben. Dies ist insbesondere dann der Fall, wenn sich zeigt, dass die Anlage nicht mehr betrieben werden kann, ohne Risikokapital in einer Höhe bereitzustellen, das nicht mehr wirtschaftlich erscheint bzw. aufgrund geringerer Zuteilungen von Risikokapital an andere Geschäftsbereiche deren Wachstum behindert oder sogar zur Aufgabe anderer Geschäftsbereiche zwingt, die profitabler wären.

D. Ausblick

188 Im Zuge der Liberalisierung der Energiemärkte und sich fast täglich ändernder Rahmenbedingungen sowie einem verstärkten Ausbau der Erneuerbaren Energien spielt die Ausnutzung der bestehenden Wertschöpfungsmöglichkeiten für Besitzer von Realoptionen wie Kraftwerken eine entscheidende Rolle. Eine gezielte Kraftwerksbewirtschaftung durch den Handel mit dem (Clean) Spark Spread bzw. (Clean) Dark Spread am Termin- und Spotmarkt und der Ausnutzung der Volatilität von Primär- und Sekundärenergiepreisen kann zu zusätzlichen Erlöspotenzialen führen. Eine Teilnahme am Markt für Systemdienstleistungen kann ebenfalls weitere Erträge generieren, allerdings wird hier durch die verstärkte Zunahme von Teilnehmern eine nachhaltige Ertragssteigerung nicht zu verzeichnen sein. Im Markt für die Direktvermarktung findet derzeit eine Konsolidierung statt, bei der sich die Teilnehmeranzahl der Direktvermarkter spürbar verringern wird.

Da es der Wille des Gesetzgebers ist, die Flexibilität des Einsatzes der Anlagen zu verstärken, kommt es darauf an, die Anlagen im Strommarkt noch flexibler einzusetzen. 189

Bei der Bewertung des Wertes der Flexibilität, d. h. von Chancen und Risiken von Realoptionen durch den Handel, können die gängigen Bewertungsmodelle für Finanzoptionen angewendet werden. Risikosteuerungsinstrumente für Finanzderivate können angewendet und erweitert werden, um eine risikoadäquate Bewertung der Realoption zu gewährleisten. 190

Kapitel 4. Risikomanagement

§ 18 Kreditrisikomanagement, Netting, Rating

A. Definition des Kreditrisikomanagement

I. Einleitung

1 Risikomanagement in der Energiewirtschaft ist lange Zeit als ein Bereich des Energiehandels verstanden worden. Nur große Handelshäuser mit Tradingfloors benötigen ein umfassendes Risikomanagement, war lange die weit verbreitete Auffassung. Große Pleiten in der Energiewirtschaft wie beispielsweise der **Konkurs von Enron** festigten diese Auffassung. Auch die jüngste Subprime-Krise mit dem spektakulären Niedergang großer Banken ließ Stimmen lauter werden, ein solides **Geschäftsmodell ohne Handel** benötige kein großes Risikomanagement.

2 Neben dieser Fehleinschätzung ist auch der Glaube weit verbreitet, die bestehenden **Sicherungsinstrumente** wie Bürgschaften und Garantien seien hinreichend genug, um sich gegen Kreditrisiken abzusichern. Einerseits mag das für den Energiehandel zutreffen, aber im Energieliefergeschäft gehört die Durchsetzung von Kreditsicherheiten zur Ausnahme. Länger werdende Zahlungsziele, insbesondere großer Industriekunden, erhöhen hingegen eher noch das Risiko, sodass neue Instrumente und auf das Liefergeschäft zugeschnittene Management-Systeme erforderlich werden.

3 Daneben will sich der vorliegende Beitrag mit einem Bereich des Risikomanagements beschäftigen, dem bisher nur vereinzelt Aufmerksamkeit geschenkt wurde, der aber dennoch für Energielieferunternehmen existentielle Bedeutung hat: **Umsatzsteuer-Risiken** und die Methoden, diese zu beherrschen.

II. Definition des Kreditrisikos

4 Als Kredit im weiten Sinne kann jedes Auseinanderfallen von Leistung und Gegenleistung verstanden werden, also das Vertrauen in die Fähigkeit und Bereitschaft, Schuldverpflichtungen (Verpflichtung zur Rückzahlung oder zur Bereitstellung der Deckung (Revaluierung)) zu erfüllen. Das Kreditrisiko beschreibt mithin die Gefahr, dass dieses Vertrauen

nicht erfüllt wird. Dabei setzt sich das Kreditrisiko aus dem **aktuellen** und dem **potenziellen Risiko** zusammen.[1]

1. Aktuelles Kreditrisiko

5 Das aktuelle Kreditrisiko beschreibt das Risiko, dass bereits gelieferte (fakturierte) Ware nicht bezahlt wird und dass noch nicht gelieferte Ware wieder verkauft werden muss. Der Wert der nicht gelieferten Ware kann sich verändert haben, sodass man hier dem **Preisänderungsrisiko** ausgesetzt ist. Im Handelsbereich ist üblich, das aktuelle Kreditrisiko täglich zu berechnen.

2. Potenzielles Kreditrisiko

6 Das potenzielle Kreditrisiko beschreibt das Risiko, wie sich der Wiederbeschaffungswert oder Wiederabsatzwert der Ware verändern kann, ohne dass ein konkretes Ereignis vorliegt, also ohne das aktuelle Kreditrisiko. Dabei sind einerseits Annahmen zu treffen, wie sich der Marktpreis für das zugrundeliegende Gut im Zeitverlauf ändert. Maßgeblich hierfür ist die Bestimmung des Zeitraumes, über den man durch das Geschäft an seinen Vertragspartner gebunden ist. Auf der anderen Seite ist die Frage zu beantworten, wie sich der Preis in diesem Zeitraum verändern kann. Hier können Simulationen auf der Basis von historischen Preisbewegungen, z. B. im Wege einer **Monte-Carlo-Simulation** oder im Wege eines **Stress-Szenarios** erfolgen. Der Monte-Carlo-Simulation liegen in der Regel historische Preisbewegungen zugrunde, mittels derer die aktuelle Position bewertet wird. Liegen keine ausreichenden Preishistorien vor oder sind die historischen Preisbewegungen nicht ausreichend, wird überdies ein Stress-Szenario angewendet. Dabei geht man der Frage nach, welches **Verlustrisiko** anzunehmen ist, wenn ein hypothetischer Preis oder Preisbewegung in Ansatz gebracht wird. Diese Annahmen haben zwar eine geringe Eintrittswahrscheinlichkeit, die wirtschaftliche Konsequenz wäre jedoch beachtlich.

B. Gesetzliche Grundlagen des Kreditrisikomanagements

7 Kreditrisikomanagement ist nicht nur Ausdruck der allgemeinen unternehmerischen Sorgfaltspflicht (§ 43 I GmbHG[2]), sondern findet auch seinen konkreten Niederschlag in gesetzlichen Regelungen. So hat der

---

[1] Vgl. *Weinert/Fuhr*, in: Zenke/Schäfer, Energiehandel in Europa, 2. Aufl., Rdnr. 10.

[2] Gesetz betreffend die Gesellschaften mit beschränkter Haftung (GmbHG), BGBl. III, Gliedrg.-Nr. 4123-1, veröffentl. bereinigter Fassg., zuletzt geändert durch Gesetz v. 10.5.2016, BGBl. I S. 1142.

Gesetzgeber insbesondere im Bankenrecht, namentlich im Kreditwesengesetz, § 25a KWG[3] und den sog. **Mindestanforderungen an das Risikomanagement (MaRisk)** den Aspekt des Risikomanagements normiert.[4] Für börsennotierte Aktiengesellschaften sind überdies Risikomanagementregelungen im **Gesetz zur Transparenz und Kontrolle im Unternehmensbereich (KonTraG)** eingeführt worden.[5] Im Wege der Analogie findet das KonTraG auch Anwendung auf andere Kapitalgesellschaften, abhängig von der Unternehmensgröße auch auf Personengesellschaften.[6]

I. Die Regelungen des KonTraG

Das KonTraG verpflichtet den Vorstand von Aktiengesellschaften (AG) 8
dazu, ein System einzuführen, mit dessen Hilfe Geschäftsrisiken transparent, kontrollierbar und steuerbar werden.[7] Hierzu wurde durch das KonTraG in § 91 II AktG[8] die Pflicht des Vorstandes aufgenommen, geeignete Maßnahmen zu treffen und insbesondere ein Überwachungssystem einzurichten, damit den Fortbestand der Gesellschaft gefährden-

[3] Gesetz über das Kreditwesen (Kreditwesengesetz – KWG) i. d. F. der Bek. v. 9.9.1998, BGBl. I S. 2776, zuletzt geändert durch Gesetz v. 30.6.2016, BGBl. I S. 1514.

[4] BaFin, Rundschreiben 11/2010 (BA) – Mindestanforderungen an das Risikomanagement – MaRisk, v. 20.12.2005 i. d. F. v. 30.10.2007, abrufbar unter http://www.bafin.de (Link: Startseite > Unternehmen > Banken und Finanzdienstleister > Risikomanagement), Stand Abruf: April 2017. Inhaltlich fasst die MaRisk vor dem Hintergrund einer ganzheitlichen Risikobetrachtung sowohl die Mindestanforderungen an das Kreditgeschäft (MaK, von der BaFin veröffentlicht mit Rundschreiben vom 20.12.2002), die Verlautbarung über Mindestanforderungen an das Betreiben von Handelsgeschäften der Kreditinstitute, vom 23.10.1995 (MaH) sowie das Rundschreiben 1/2000 Mindestanforderungen an die Ausgestaltung an die interne Revision (MaIR) zusammen.

[5] Gesetz zur Kontrolle und Transparenz im Unternehmensbereich (KonTraG), v. 27.4.1998, BGBl. I S.786.

[6] Mit der Umsetzung RL 90/605/EWG des Rates vom 8.11.1990 zur Änderung der RL 78/660/EWG und 83/349/EWG über den Jahresabschluss bzw. den konsolidierten Abschluss hinsichtlich ihres Anwendungsbereichs, ABl. EU Nr. L 317, v. 16.11.1990, S. 60 ff., zur Änderung der Bilanz- und Konzernbilanzrichtlinie hinsichtlich ihres Anwendungsbereiches hat der deutsche Gesetzgeber den Pflichtenkatalog, der auf Kapitalgesellschaften Anwendung findet, grundsätzlich auch auf offene Handelsgesellschaften (oHG) i. S. v. § 105 HGB und Kommanditgesellschaften (KG) i. S. v. § 161 HGB erweitert, sofern bei diesen nicht wenigstens ein persönlich haftender Gesellschafter entweder eine natürliche Person oder eine offene Handelsgesellschaft, Kommanditgesellschaft oder andere Personengesellschaft mit einer natürlichen Person als persönlich haftendem Gesellschafter ist. Vor diesem Hintergrund spricht viel dafür, auch diese Gesellschaften in den Anwendungsbereich des KonTraG mit einzubeziehen, soweit die persönlich haftenden Gesellschafter keine kleinen GmbHs sind.

[7] *Grunwald/Grunwald,* Bonitätsanalyse im Firmenkundengeschäft, S. 267.

[8] BT-Drs. 13/9712, S.15 re. Sp.

de Entwicklungen früh erkannt werden.[9] Das KonTraG richtet sich aufgrund der Änderung des AktG an Aktiengesellschaften. Dennoch können die Anforderungen im Wege der Analogie auch für andere Gesellschaftsformen gelten. Der Begründung zum Gesetzentwurf des KonTraG ist zu entnehmen, dass die Regelungen für Gesellschaften mit beschränkter Haftung (GmbH) je nach ihrer Größe, Komplexität, ihrer Struktur usw. anwendbar sind und das KonTraG mithin „Ausstrahlungswirkung auf den Pflichtenrahmen der Geschäftsführer auch anderer Gesellschaftsformen hat". Allgemein wird jedoch die Ansicht vertreten, dass die Anforderungen des KonTraG auf kleine Kapitalgesellschaften nicht unbeschränkt anwendbar sein sollen.[10] Damit sind also gemäß § 267 I HGB[11] Kapitalgesellschaften erfasst, die mindestens zwei der drei nachstehenden Merkmale überschreiten:

- 6.000.000 EUR Bilanzsumme nach Abzug eines auf der Aktivseite ausgewiesenen Fehlbetrags;
- 12.000.000 EUR Umsatzerlöse im Jahr vor dem Abschlussstichtag;
- im Jahresdurchschnitt 50 Arbeitnehmer.

9 Eine weitere Verpflichtung des KonTraG enthält § 289 I HGB, wonach im **Lagebericht** auf die Risiken der künftigen Entwicklung des Unternehmens einzugehen ist.

10 Neben den Unternehmen sind auch die **Abschlussprüfer** Adressaten des KonTraG. Diese müssen gemäß § 317 II HGB prüfen, ob die Risiken der zukünftigen Entwicklung zutreffend dargestellt sind. Zudem sind sie verpflichtet, in dem **Prüfungsbericht** Stellungnahme zur Beurteilung der Risiken im Lagebericht zu geben sowie im Bestätigungsvermerk einen entsprechenden Vermerk aufzunehmen (§ 321 I 2 und 3 sowie § 322 II 3 und III 2 HGB).

11 Das gemäß § 91 II AktG einzuführende **Überwachungssystem** gliedert sich in zwei Stufen:[12]

12 Die erste Stufe verpflichtet den Vorstand, ein **Früherkennungssystem** einzuführen. Das System soll die Erkennung bestandsgefährdender Entwicklungen sichtbar machen.[13] Eine **Bestandsgefährdung** ist dann anzunehmen, wenn sich nachteilige Veränderungen in nicht unerheblichem Maße auf die Vermögens-, Ertrags- oder Finanzlage des betroffenen

[9] Aktiengesetz (AktG) v. 6.9.1965, BGBl. I S.1089, zuletzt geändert durch Gesetz v. 10.5.2016, BGBl. I S. 1142.

[10] Siehe etwa *Baumbach/Hueck,* GmbHG, § 35 Rdnr. 18: „... allenfalls ab entsprechender Größe und Komplexität in Betracht zu ziehen".

[11] Handelsgesetzbuch (HGB) v. 12.8.2008, BGBl. I S. 1666 (ber. Fassung), zuletzt geändert durch Gesetz v. 5.7.2016, BGBl. I S. 1587.

[12] *Hüffer,* AktG, § 91 Rdnr. 4.

[13] *Hüffer,* AktG, § 91 Rdnr. 6.

Unternehmens auswirken.[14] Das System umfasst die folgenden Elemente:[15]

- Identifikation aller Risikofelder und potenzieller Risiken im Rahmen einer Bestandsaufnahme;
- Bewertung des tatsächlichen Gefahrenpotenzials, indem Risiken und ihre Auswirkungen sowohl einzeln als auch in ihrem Zusammenwirken analysiert werden;
- Quantifizierung und Beobachtung veränderlicher Risiken durch ein System von Kennzahlen und Frühwarnindikatoren.

Die zweite Stufe umfasst die Umsetzung und Überwachung des eingerichteten Risikosystems. 13

II. Die Regelungen des Kreditwesengesetzes und der MaRisk

Das KWG richtet sich an Banken und Finanzdienstleister und findet daher nur in sehr begrenztem Umfang unmittelbare Anwendung auf Unternehmen der Energiewirtschaft. Gleichwohl kann hier in Ermangelung einer speziellen Regelung für die Energiewirtschaft eine Orientierung erfolgen. Dabei regelt § 25a I KWG die organisatorischen Pflichten, die die beaufsichtigten Institute zu erfüllen haben.[16] Gemäß § 25a II KWG muss ein Institut „über eine ordnungsgemäße Geschäftsorganisation verfügen, die die Einhaltung der vom Institut zu beachtenden gesetzlichen Bestimmungen und der betriebswirtschaftlichen Notwendigkeiten gewährleistet". Gemäß § 25a I 2 umfasst dabei eine **ordnungsgemäße Geschäftsorganisation** insbesondere ein angemessenes und wirksames Risikomanagement". **Risikomanagement** besteht insbesondere aus folgenden Elementen:[17] 14

- Geschäftsstrategien und Risikostrategien basierend auf einem Risikotragfähigkeitskonzept;
- Einrichtung interner Kontrollverfahren mit einem internen Kontrollsystem und einer internen Revision, wobei das interne Kontrollsystem insbesondere umfasst:
  - Aufbau- und ablauforganisatorische Regelungen mit klar abgegrenzten Verantwortungsbereichen;
  - Prozesse zur Identifizierung, Beurteilung, Steuerung sowie Überwachung und Kommunikation der Risiken;
  - angemessene personelle und technisch-organisatorische Ausstattungen;
  - angemessenes Notfallkonzept, insbesondere für IT-System.

---

[14] BT-Drs. 13/9712, S.15.

[15] Zum Folgenden vgl. *Grunwald/Grunwald,* Bonitätsanalyse im Firmenkundengeschäft, S. 268 ff.

[16] *Braun,* in: Boos/Fischer/Schulte-Mattler, KWG, § 25a Rdnr. 11.

[17] *Braun,* in: Boos/Fischer/Schulte-Mattler, KWG, § 25a Rdnr. 14.

15 Verantwortlich für die ordnungsgemäße Geschäftsorganisation sind nach § 25a I KWG die Geschäftsleiter des Institutes, wobei die MaRisk weitere Anforderungen an das Risikomanagementsystem spezifiziert.

16 Die MaRisk der BaFin sind eine Präzisierung der gesetzlichen Anforderungen nach § 25a I KWG an das Risikomanagement aus Sicht der Aufsichtsbehörde an die Institute.[18] Die MaRisk enthält neben einem Allgemeinen Teil Vorschriften zur Aufbau- und Ablauforganisation, zur Früherkennung von Risiken sowie zur Klassifizierung der Risiken im Kreditgeschäft.[19] Gewichtiger erscheinen im vorliegenden Zusammenhang die Ausführungen zum Risikomanagement. Dabei sind Geschäfte nur zu tätigen, wenn den Handelspartnern Handelslimite eingeräumt worden sind (**Adressenausfallrisiken**). Dabei ist zwischen **Wiedereindeckungs- und Erfüllungsrisiko** zu unterscheiden.[20] Getätigte Geschäfte sind unverzüglich auf die Limite anzurechnen und diese Limite sind zu überwachen.

17 Gemäß Abschnitt BTR 2.1 der MaRisk (**Marktpreisrisiken**) darf ohne **Marktpreislimite** kein mit Marktpreisrisiken behaftetes Geschäft getätigt werden. Die mit Marktpreisrisiken behafteten Geschäfte des Handelsbuches sind ebenfalls sofort auf die Limite anzurechnen und täglich zu bewerten.[21] **Liquiditätsrisiken** sind z. B. durch eine professionelle Cash-Planung zu überwachen. Operationelle Risiken sind durch angemessene Maßnahmen zu überwachen und zu steuern.[22]

C. Instrumente des Kreditrisikomanagements

18 Aus der Anwendung der MaRsik ergibt sich die Einführung und Pflege eines **Limitsystems**. Dabei ist die Ausgestaltung des Limitssystems von Art und Umfang der Geschäfte abhängig. Finden beispielsweise keine Geschäfte außerhalb der Bundesrepublik Deutschland statt, ist das Führen von **Länderlimiten** überflüssig. In Folge dessen wird nachfolgend eine Auswahl an Limiten diskutiert.

[18] Vgl. Einleitungssatz der MaRisk: „Dieses Rundschreiben gibt auf der Grundlage des § 25a Abs. 1 des Kreditwesengesetzes (KWG) einen flexiblen und praxisnahen Rahmen für die Ausgestaltung des Risikomanagements der Institute vor.“

[19] MaRisk, BT 1.

[20] BTR 2.2 MaRisk (Rdnr. 3).

[21] BTR 2.2 MaRisk (Rdnr. 1 und 2).

[22] BTR 3 MaRisk (Rdnr. 1).

I. Auswahl verschiedener Limitkategorien

1. Kontrahentenlimit

Das Kontrahentenlimit beschreibt den Handelsrahmen mit dem jeweiligen Handelspartner. Dabei ist nicht auf den einzelnen Handelspartner abzustellen, sondern auf die tatsächliche Kreditnehmereinheit im Sinne von § 19 II KWG. Eine Kreditnehmereinheit ist eine Gruppe von zwei oder mehr Unternehmen, bei der ein Unternehmen einen herrschenden Einfluss auf das andere Unternehmen hat. Damit wird unterstellt, dass das herrschende Unternehmen sich der finanziellen Mittel des beherrschten Unternehmens bedienen kann und insofern auf die Leistungsfähigkeit des herrschenden Unternehmens abzustellen ist. Insbesondere bei der Stellung von Sicherheiten durch Dritte ist auf den Sicherungsgeber abzustellen. 19

2. Industrie- und Branchenlimit

Einige Marktteilnehmer limitieren ihr Risiko zusätzlich durch Industrie- oder Branchenlimite. Der Ansatz findet seinen Grund in der Annahme, dass Betriebe innerhalb einer Industrie dazu neigen, zusammen durch Krisen oder Absatzschwächen zu gehen. 20

Das Kreditrisiko innerhalb einer Industrie zu begrenzen hat den Vorteil, bei konjunkturellen oder branchenspezifischen Abschwüngen das Ausfallrisiko zu begrenzen. Zudem führt dies auch zu einer weiteren Streuung der Umsätze und damit zu einer Reduktion der eigenen Sensitivität gegenüber den negativen Entwicklungen in anderen Industrien. Dieses Industrie- oder Branchenlimit kommt insbesondere bei Energieversorgungsunternehmen mit hohem Industriekundenanteil zum Tragen. 21

3. Länderlimit

Im Bankenbereich üblich ist die Führung von Länderlimiten. Damit werden alle Kontrahenten aus einem bestimmten Land in eine Risikogruppe einsortiert und das Engagement in diesem Land begrenzt. Dies erfolgt insbesondere für politisch und wirtschaftlich instabile Länder. 22

4. Konzentrationslimit

Mit einer Konzentrationsbeschränkung kann ein Unternehmen sog. **Klumpenrisiken** limitieren und damit Abhängigkeiten von einem oder wenigen Kontrahenten reduzieren. Damit wird erreicht, dass die wirtschaftlichen Probleme eines Vertragspartners nicht auf das eigene Unternehmen in bestandsgefährdender Art durchschlagen. 23

II. Sicherungsinstrumente

24 Sehr häufig kommt die Risikoanalyse zu dem Ergebnis, dass die wirtschaftliche Leistungsfähigkeit des möglichen Vertragspartners nicht ausreicht, um das beabsichtigte Geschäftsvolumen zu tätigen. Hier kommen Sicherheiten zum Einsatz, um die Risiken aus dem Geschäft zu begrenzen oder die möglichen finanziellen Konsequenzen aus dem Geschäft zu kompensieren. Dabei ist die Auswahl möglicher Sicherungsinstrumente sehr groß, gleichwohl kommen häufig nur sehr wenige Instrumente zum Einsatz. Ein Grund hierfür ist einerseits der administrative Aufwand bei der Stellung von Sicherheit, andererseits aber auch die fehlende Flexibilität des Sicherungsinstrumentes bei einer Änderung des Sicherungsbetrages. Viele bankübliche Sicherheiten wie Hypotheken oder Grundschulden finden in Ermangelung einer Immobilie (oder Schiffes) keinen Einsatz.

1. Garantien

25 Bei der Garantie verpflichtet sich der Garant einseitig in einem formfreien Garantievertrag die Haftung für einen bestimmten wirtschaftlichen Erfolg zu übernehmen.[23] Es handelt sich um eine abstrakte Haftung, die selbständig neben der Hauptschuld übernommen wird, selbst wenn letztere aus Rechtsgründen nicht (mehr) besteht. Der Garant hat im Falle der Gewährleistung den Gläubiger so zu stellen, als ob der garantierte Erfolg eingetreten oder der Schaden nicht entstanden wäre.[24] Garantien sind unter wirtschaftlichen Gesichtspunkten die am stärksten wirkende Sicherheit, da der Sicherungsgeber gegenüber dem Sicherungsnehmer die Pflicht übernimmt, für die Verbindlichkeit des Handelspartners einzutreten, falls dieser nicht leistet. Sie ist vom zugrundeliegenden Geschäft völlig losgelöst. Jedoch muss der „Garantiefall" nachgewiesen werden, was häufig zu Verzögerungen und damit zu einer wirtschaftlichen Beeinträchtigung führt.

26 Daher werden **Garantien „auf erstes Anfordern"** ausgestellt. Hierbei wird der Garantiefall durch die bloße Behauptung oder im Rahmen eines standardisierten Verfahrens vorgebracht. Der Garant hat in diesem Fall zunächst einmal zu leisten. War der Garantiefall tatsächlich nicht eingetreten, so kann der Garant seine zu Unrecht erbrachte Leistung ggf. erst in einem Rückforderungsprozess geltend machen.

27 Ebenfalls häufig anzutreffen ist die **Parent Company Guarantee**, also eine Garantie der Muttergesellschaft, da viele Energiehandelsunternehmen als Tochtergesellschaft organisiert sind. Hier ist also auf die Bonität der Muttergesellschaft abzustellen. Aussteller einer Garantie ist neben

[23] Vgl. BGH, WM 1999, 779.
[24] Vgl. BGH, NJW 1985, 2941.

dem Mutterhaus häufig eine Bank, insbesondere im internationalen Geschäft, da die nachfolgend dargestellte Bürgschaft im Ausland unbekannt ist.

2. Bürgschaft

Die Bürgschaft ist ein einseitig verpflichtender Vertrag, durch den sich der Bürge gegenüber dem Gläubiger eines Dritten (des sog. Hauptschuldners) verpflichtet, für die Erfüllung der Verbindlichkeiten des Dritten einzustehen.[25] Der Gläubiger will sich durch die Bürgschaft für den Fall einer Zahlungsunfähigkeit seines Schuldners absichern. Die Bürgschaft setzt notwendig zunächst das Bestehen eines Schuldverhältnisses zwischen dem Gläubiger und dem Hauptschuldner voraus. Der Bürge schließt mit dem Gläubiger einen **Bürgschaftsvertrag**, in welchem sich der Bürge verpflichtet, für die Hauptschuld einzustehen, wenn der Hauptschuldner seinen Verpflichtungen nicht nachkommt. Die Bürgschaft ist ein einseitig verpflichtender Vertrag. Der Gläubiger wird nur berechtigt, der Bürge nur verpflichtet. Dem Gläubiger entstehen aus dem Vertrag keine Leistungspflichten. Der Gläubiger kann also einmal vom Hauptschuldner Erfüllung der Hauptforderung verlangen und darüber hinaus kann er, wenn der Hauptschuldner nicht erfüllt, die Forderung auf der Grundlage des Bürgschaftsvertrages beim Bürgen einfordern. Für die Höhe der Verpflichtung des Bürgen ist der jeweilige Bestand der Hauptverbindlichkeit maßgebend. Dieses Prinzip wird als Akzessorietät bezeichnet (§§ 767, 768 BGB). Grundsätzlich hat der Gläubiger zunächst gegen den Hauptschuldner gerichtlich vorzugehen, bevor er auf den Bürgen zugreift. 28

Um diese Verzögerung zu vermeiden, wird die Bürgschaft in der Praxis mit weiteren Elementen versehen und damit der Garantie angenähert: Die **Bürgschaft auf erstes Anfordern,** die **selbstschuldnerische Bürgschaft** und der Verzicht auf die Einrede der Vorausklage. Die Wirkung des „auf erstes Anfordern" ist bereits bei der Garantie erläutert worden, das Kriterium der selbstschuldnerischen Bürgschaft hingegen muss der Sicherungsnehmer dem Bürgen für den Bürgschaftsfall nachweisen. „Selbstschuldnerisch" heißt diese Bürgschaft deswegen, weil der Bürge auf die Einrede der Vorausklage (§ 773 1 Nr. 1 BGB) verzichtet. Die Einrede der Vorausklage berechtigt den Bürgen grundsätzlich, solange die Zahlung zu verweigern, bis gegen den Hauptschuldner erfolglos geklagt und vollstreckt wurde. Im unternehmerischen Verkehr ist gem. § 349 1 HGB die selbstschuldnerische Bürgschaft der Regelfall, da dem Bürgen, wenn die Bürgschaft für ihn ein Handelsgeschäft ist, die 29

[25] Bürgerliches Gesetzbuch (BGB), neu gefasst durch Bek. v. 2.1.2002, BGBl. I S. 2909, zuletzt geändert durch Gesetz v. 24.5.2016, BGBl. I S. 1190.

Einrede der Vorausklage hiernach nicht zusteht. Gleichwohl wird, vermutlich aus einem erweiterten Sicherungsbedürfnis, zusätzlich die Formulierung „unter Verzicht der Vorausklage" aufgenommen.

30 Hinsichtlich des Ausstellers kann man zwischen einer **Konzernbürgschaft** und der **Bankbürgschaft** unterscheiden. Stellt im ersten Fall der Mutterkonzern die Bürgschaft aus, so stammt sie im zweiten Fall von einer Bank. Bei der Vermarktung von Strom aus bankfinanzierten EEG-Anlagen kommt in aller Regel immer eine Bankbürgschaft zum Einsatz.

3. Patronatserklärungen

31 Die Patronatserklärung ist der Sammelbegriff für in Inhalt und Umfang nicht normierte schuldrechtliche Erklärungen im Gesellschaftsrecht, wonach ein Unternehmen („Patron") dafür sorgen will, dass eine kreditnehmende Tochtergesellschaft ihre Kreditverpflichtungen erfüllt.

32 Die **„weiche" Patronatserklärung** ist eine für den „Patron" rechtlich unverbindliche „Erklärung guten Willens". Hierin erklärt der Patron lediglich, dass er an der kreditnehmenden Tochtergesellschaft beteiligt ist und während der Kreditlaufzeit auch nicht beabsichtigt, diese Beteiligung zu veräußern. Ferner wird der Patron seinen gesellschaftsrechtlichen Überwachungspflichten nachkommen. Diese Fassung löst keine Bilanzierungspflicht aufgrund einer Eventualverbindlichkeit gemäß § 251 1 HGB aus. Weiche Patronatserklärungen, bei denen es sich um bloße Informationen über die Zahlungsfähigkeit einer Tochtergesellschaft oder um allenfalls moralisch verpflichtende Good-will-Erklärungen handelt, haben keinen rechtsgeschäftlichen Charakter und begründen damit keine irgendwie geartete Verbindlichkeit des Patrons, sodass sie als Sicherungsinstrument nicht in Betracht kommen.[26]

33 Die **„harte" Patronatserklärung** geht über den Erklärungsumfang der „weichen" Form hinaus. Danach verpflichtet sich der Patron uneingeschränkt, entweder im Innenverhältnis zu seiner Tochtergesellschaft oder im Außenverhältnis zu deren Gläubiger, während der Kreditlaufzeit seine Tochtergesellschaft derart zu leiten und finanziell so auszustatten, dass sie zur Erfüllung der gegenwärtigen und künftigen Verbindlichkeiten fristgemäß imstande ist.[27] Eine harte Patronatserklärung statuiert eine rechtsgeschäftliche Einstandspflicht des Patrons gegenüber dem Empfänger der Erklärung. Die kreditnehmende Tochtergesellschaft und Patron haften nebeneinander wie Gesamtschuldner und der Patron ist nicht etwa wie ein Ausfallbürge anzusehen. Es genügt für die unein-

---

[26] Vgl. OLG Karlsruhe, ZIP 1992, 1394.
[27] Vgl. *Koch*, Die Patronatserklärung, S. 11.

geschränkte Haftung des Patrons der Nachweis der Zahlungsunfähigkeit der kreditnehmenden Tochtergesellschaft.[28]

Eine von der Muttergesellschaft zugunsten ihrer Tochtergesellschaft abgegebene konzerninterne Patronatserklärung wird auch als **Verlustdeckungszusage** oder **Verlustübernahmeerklärung** bezeichnet. Sie begründet auch in der Insolvenz der Tochtergesellschaft zu deren Gunsten einen eigenen vom Insolvenzverwalter zu verfolgenden Ausstattungsanspruch gegen die Muttergesellschaft. 34

4. Beherrschungs- und Gewinnabführungsverträge

Häufig werden auch Beherrschungs- und Gewinnabführungsverträge i. S. d. §§ 301 bis 303 AktG als Sicherheiten angeboten. In diesen Verträgen ist das herrschende Unternehmen verpflichtet, **Jahresfehlbeträge** beim Tochterunternehmen **auszugleichen**. Dies bedeutet, dass der Ausgleich erst nach Feststellung des Jahresfehlbetrages, d. h. am Ende eines Geschäftsjahres (§ 242 HGB) erfolgt. Bei einer Kündigung des Gewinnabführungs- und Beherrschungsvertrages besteht das Recht auf **Nachbesicherung** gegenüber dem ehemals herrschenden Unternehmen nur innerhalb einer Frist von sechs Monaten nach Eintragung der Auflösung des Unternehmensvertrages ins Handelsregister. Um zu vermeiden, dass diese Frist ohne Kenntnis der zu besichernden Vertragspartner verstreicht, verpflichten sich Mutter- und Tochterunternehmen dazu, den Geschäftspartner des Tochterunternehmens zu unterrichten, wenn der Beherrschungs- und Gewinnabführungsbetrag gekündigt wird. 35

5. Margin Agreements

Zunehmend werden auch Margin Agreements abgeschlossen. In einem Margin Agreement vereinbaren die Parteien, dass das Produkt aus der Differenz zwischen Marktpreis, in der Regel dem Börsenpreis, und dem Vertragspreis und der noch ausstehenden Vertragsmenge von jeweils der Partei, zu deren Gunsten sich der Marktpreis entwickelt hat, direkt beim Kontrahenten ausgeglichen wird. Wenn es also zu starken Preisverwerfungen an den Märkten kommt, also der eigentliche Sicherungsfall eintritt, werden höhere Margins fällig als dies zu ruhigen Zeiten der Fall ist. Damit haben die beteiligten Unternehmen eine hohe Liquiditätsbelastung was zur Folge haben kann, dass Positionen abgebaut und Verluste realisiert werden müssen, gegen die man sich mit dem Terminprodukt absichern wollte. Dieser Prozess beschleunigt also die Preisturbulenzen und verschärft mithin die Krise, anstelle sie zu beruhigen. Bonitätseinstufungen der Handelsteilnehmer bleiben bei diesem Ansatz unberücksichtigt. 36

---

[28] Vgl. BGH, WM 1992, 502.

6. Netting-Vereinbarung

37 Unter Netting wird die Saldierung und Aufrechnung von gegenläufigen Ansprüchen verstanden. Dabei werden die Außenstände und damit das Risiko minimiert. Netting setzt voraus, dass gegenläufige Positionen bestehen. Ein Marktakteur muss also mit einem anderen sowohl ein Kauf- als auch ein Verkaufsgeschäft getätigt haben. Notwendiges Kriterium für Netting ist also, dass zwei Unternehmen einmal Käufer und einmal Verkäufer sind. Dies ist häufig dann der Fall, wenn es sich um Händler, also bspw. Strom- oder Ölhändler handelt, die die Ware mehrfach kaufen und verkaufen, um von den Preisveränderungen im Zeitverlauf zu profitieren.

38 Netting setzt in seiner Grundform neben dem gleichen Geschäftspartner zusätzlich noch die **Gleichartigkeit der Forderung** voraus. So ist Netting nicht möglich, wenn eine Lieferverpflichtung für das Jahr 2017 mit einem Belieferungsanspruch für das Jahr 2018 vorliegt. Gleiches trifft natürlich für unterschiedliche Energieträger zu. Häufig anzutreffen ist jedoch, dass bei diesen Geschäften die gegenseitigen Forderungen trotz des unterschiedlichen Produkts zu einem bestimmten Zeitpunkt aufgerechnet werden und lediglich die Differenz finanziell ausgeglichen wird. Zu beachten ist hierbei, dass aus einem originär physischen Kontrakt durch die Netting-Vereinbarung ein finanzielles Produkt werden kann, was aufsichtsrechtliche Konsequenzen hat.[29] Bei **Payment Netting** werden lediglich gegenseitige Zahlungspflichten verrechnet, was die Liquidität schont und auch das Ausfallrisiko reduzieren kann.[30] Wichtigstes Instrument zur Steuerung des Kreditrisikos ist das sog. **Close-out-Netting,** mit dem in Insolvenznähe des Vertragspartners eine Verrechnung aller Positionen stattfindet.

7. Gegenseitige Kündigungsrechte und Vertragsaufhebung

39 Häufig werden **Sonderkündigungsrechte** oder **außerordentliche Kündigungsrechte** vereinbart, um vor Eintritt in die Insolvenz oder bei einer vorangehenden Bonitätsverschlechterung sich aus dem Vertragsverhältnis lösen zu können. In beiden Fällen muss die kündigende Partei von der drohenden Insolvenz oder von der Bonitätsverschlechterung Kenntnis erlangen, um aktiv von ihrem Kündigungsrecht Gebrauch zu machen. Im EFET-Vertrag[31] ist beispielsweise geregelt, dass bei einer Boni-

---

[29] Vgl. *Puderbach/Zenke*, in: Zenke/Ellwanger, Handel mit Energiederivaten, S. 44.

[30] Zum Payment Netting vgl. *Zenke*, in: Danner/Theobald, Energierecht, Ib En-Handel B, Rdnr. 235; *Zenke/Pisani*, ET 2002, 851 ff.

[31] Vgl. *Dessau/Fischer*, § 24 in diesem Band. Vertrag ist abrufbar unter www.efet.org (Link: Standardisation > Legal – EFET Standard Contracts and Documentation), Stand Abruf: April 2017.

tätsverschlechterung zunächst das Recht auf Nachbesicherung besteht. Erst bei fruchtlosem Verstreichen einer angemessenen Frist zur Nachbesicherung entsteht das außerordentliche Kündigungsrecht.[32] Mit Urteil vom 15.11.2012 hat der BGH aber diese Regelung für ungültig erklärt.[33] Beide Regelungen leiden aber an dem Problem, dass das notleidende Unternehmen in der Regel kein Interesse hat, das Vertragsverhältnis aufzukündigen, da es die Notlage eher verschärfen dürfte. Ebenso dürfte es in Folge der Bonitätsverschlechterung auch nicht mehr in der Lage sein, Nachbesicherung zu leisten.

Insbesondere die Unkenntnis des Vertragspartners über die Eröffnung 40 des Insolvenzverfahrens hat zur automatischen Beendigung des Vertrages und anschließender Aufrechnung gegenläufiger Positionen geführt. Damit soll erreicht werden, dass das solvente Unternehmen nicht mit seinem Liefervertrag vom Insolvenzverfahren erfasst wird und seine offenen Forderungen durch die (teilweise) Aufrechnung außerhalb des Insolvenzverfahrens befriedigen kann.

8. Vorauszahlung

Vorauszahlung ist ein ebenso einfaches wie sehr effektives Instrument 41 zur Besicherung. Damit ist sowohl das **Vorleistungsrisiko** aus der Sicht des Lieferanten als auch das **Marktpreisänderungsrisiko** abgedeckt. Andererseits erfordert diese Besicherungsform eine hohe Liquidität und ist wenig geeignet für Termingeschäfte, die weit in der Zukunft erfüllt werden. Insofern ist Vorauskasse ein gängiges Instrument bei kurzfristigen Geschäften wie Geschäfte auf Day-ahead-Preisbasis.

9. Kreditversicherung

Unter einer Kreditversicherung wird die Versicherung des Lieferan- 42 tenkredits verstanden. Sie umfasst jedoch nicht Kredite wie Immobilienkredite oder Bankdarlehen. Die bekannteste Kreditversicherung ist die **Warenkreditversicherung**, die eine Kreditversicherung im engeren Sinne darstellt, da der Versicherungsnehmer auch der Begünstigte im Schadensfall ist. Bei der Warenkreditversicherung ist der Ausfall von Forderungen bei Warenlieferungen oder Dienstleistungen Gegenstand des Versicherungsschutzes, weshalb sich in den letzten Jahren immer mehr der Begriff **Forderungsausfallversicherung** etabliert hat. Schadensfall ist dabei häufig schon der Eintritt der Nichtzahlung, unabhängig davon, ob

---

[32] Letztere Lösung ist in den EFET-Standardverträgen für den Strom- und Gashandel verwirklicht. Zu den Regelungen dieser und anderer Standard-Verträge vgl. *Dessau/Fischer*, § 24 in diesem Band.

[33] BGH, Urt. v. 15.11.2012, Az. IX ZR 169/11, Kommentar hierzu *Tugendreich/von Hoff*, EWeRk 3/2013, 151, 152.

die Nichtzahlung auf Verzug oder auf Zahlungsunfähigkeit zurückzuführen ist. Die Kreditversicherung ist häufig Voraussetzung für das liquiditätswirksame **Factoring**.

D. Erweiterung des Kreditrisikomanagements

43 Neben dem oben beschriebenen Aspekt des Kreditrisikomanagements gewinnt zunehmend ein weiterer Aspekt an Bedeutung, der im Rahmen des Risikomanagements behandelt werden muss: Die Vermeidung einer Einbeziehung in Betrugsfälle. Dabei geht es nicht um Unterschlagungsfälle, sondern darum, wie sich ein Unternehmen dagegen schützen kann, wenn sein Handelspartner in Betrugsfälle verwickelt ist. Bedeutung erlangt dieser Umstand dann, wenn aus diesen **betrügerischen Handlungen** ein finanzieller Schaden oder ein **Reputationsschaden** für das eigene Unternehmen entsteht. Dabei stellt sich die Frage, welche Instrumente herangezogen werden können, um diesen Gefahren zu begegnen.

I. Betrugsfälle

44 Diese Fragestellungen haben für die Energiewirtschaft besondere Bedeutung in Zusammenhang mit **Umsatzsteuer-Betrugsfällen beim Handel von CO_2-Zertifikaten** erlangt. Im Frühjahr 2010 hat der Handel mit Treibhausgasemissionszertifikaten, European Allowences (EUA) und Certified Emission Reduction (CER) deutlich zugenommen. Wie sich später herausstellte, war ein Teil des Handelsvolumens auf kriminelle Machenschaften zurückzuführen. Den Veröffentlichungen zu entnehmen sind hier Fälle von gestohlenen Zertifikaten, der Wiederverwendung von bereits gelöschten Zertifikaten und Umsatzsteuer-Karussell-Geschäften. Ein umsatzsteuerliches Karussell-Geschäft besteht dabei mindestens aus einem ausländischen Teilnehmer und zwei inländischen Teilnehmern. Der Ausländer verkauft die Ware an den Inländer 1, dies ist je nach Gut entweder eine steuerfreie innergemeinschaftliche Lieferung (§ 3b UStG[34]) oder eine nicht steuerbare Lieferung (z. B. § 3g UStG) und wirtschaftlich somit ohne Mehrwertsteuer. Der Inländer 1 verkauft diese Ware an den Inländer 2. Hierbei handelt es sich um einen steuerbaren Umsatz mit Mehrwertsteuer. Inländer 2 verkauft diese Ware wieder ins Ausland und macht den Vorsteuer-Überhang beim zuständigen Finanzamt geltend. Wenn Inländer 1 nun die von Inländer 2 erhaltene Mehrwertsteuer unterschlägt und untertaucht, spricht man vom sog. Missing Trader. Gibt hingegen Inländer 1 an, er habe von einem Inländer erworben, den es in

[34] Umsatzsteuergesetz (UStG) i. d. F. der Bek. v. 21.2.2005, BGBl. I S. 386, zuletzt geändert durch Gesetz v. 19.7.2016, BGBl. I S. 1730.

Wirklichkeit gar nicht gibt, sondern er hat tatsächlich von einem Ausländer gekauft, spricht man von einem „Scheingeschäft“.[35]

45 Im April 2010 fand in der Bundesrepublik Deutschland eine konzentrierte Aktion statt, bei der sehr viele Händler von EUAs und CERs durchsucht und einige Händler teilweise festgenommen worden sind. Im Herbst 2011 endete einer der größten Wirtschaftsstrafprozesse mit der Verurteilung von sechs Angeklagten zu mehrjährigen Haftstrafen wegen des bandenmäßigen Umsatzsteuerbetruges. Damit fand der Umsatzsteuer-Betrug in der Energiewirtschaft sein vorläufiges Ende. Begleitet wurde dies im Sommer 2010 durch die Einführung des sog. **Reverse-Charge-Verfahren** für den Handel mit EUAs und CERs. Damit folgte Deutschland dem Beispiel von u. a. Frankreich, den Niederlanden und dem Vereinigten Königreich von Großbritannien. Mit diesem Verfahren wird die Mehrwertsteuer-Pflicht vom Verkäufer auf den Käufer verlagert, der sie sofort gegen seine Vorsteuer verrechnen kann. Dieses Prinzip findet überwiegend bei grenzüberschreitenden Geschäften Anwendung, ist aber seit dem 1.7.2010 auch für CO_2-Zertifikate bei Steuer-Inländern anzuwenden. Wirtschaftlich wird hierdurch die Mehrwertsteuer neutralisiert, sodass sie wirtschaftlich nicht mehr berücksichtigt werden muss. Seit dem 1.9.2013 sind auch inländische Strom- und Gaslieferungen bei Vorliegen bestimmter Voraussetzungen Gegenstand des sogenannten Reverse-Charge-Verfahrens. Ziel dieser Regelung ist die Verhinderung von Umsatzsteuerbetrug bei derartigen Geschäftsvorfällen. Beim Reverse-Charge-Verfahren, geregelt in § 13b UStG, erfolgt die Fakturierung in diesen Fällen ohne offenen Ausweis von Umsatzsteuer unter Hinweis auf die Anwendung des § 13b UStG („Steuerschuldnerschaft des Leistungsempfängers“).

II. Spezielle Risiken

46 Diese Vorgänge machen es erforderlich, sich mit **Umsatzsteuer-Risiken** aus der ungewollten Einbeziehung in betrugsbehaftete Lieferketten zu beschäftigen. Hieraus können Risiken für die Reputation und eine Inanspruchnahme nach § 25d UStG erwachsen.

1. Reputationsrisiko

47 Dieses Risiko ist gegeben, wenn eine Firma wissentlich durch einzelne Mitarbeiter oder völlig unwissentlich in Karussell-Geschäfte involviert ist und diese Einbeziehung an die Öffentlichkeit gerät. Häufig wird dann hinter vorgehaltener Hand behauptet, dieses Unternehmen sei selbst kriminell oder wissentlich in kriminelle Machenschaften verwickelt oder man hätte doch etwas bemerken müssen. Hierunter leidet die Vertrau-

[35] Vgl. *Liebau*, BB 2005, 415.

enswürdigkeit und in Folge dessen die Kreditwürdigkeit des Unternehmens bei Banken und Handelspartnern. Dieses Risiko kann existenzbedrohend werden, denn wenn infolge von Gerüchten oder Befürchtungen Kredite fällig gestellt oder Handelslinien gekündigt werden, kann das Unternehmen sein Geschäft nicht fortsetzen. Auf den Nachweis einer tatsächlichen Beteiligung kommt es dann gar nicht mehr an.

2. Inanspruchnahme nach § 25d Umsatzsteuergesetz

48 Bei einer Haftung gemäß § 25d UStG verlässt man den Bereich des klassischen Risikomanagements, denn die mögliche Inanspruchnahme kann lange nach Ablauf des eigentlichen Geschäftes erfolgen. Man kann daher von einer Nachhaftung sprechen, die durch die Stellung von Sicherheiten nicht abgedeckt werden kann.

49 Gem. § 25d UStG haftet ein Unternehmer für schuldhaft nicht abgeführte Umsatzsteuer aus einem vorrangegangenen Umsatz, soweit diese in einer nach § 14 UStG ausgestellten Rechnung ausgewiesen wurde und der Aussteller der Rechnung entsprechend seiner vorgefassten Absicht die ausgewiesene Steuer nicht entrichtet hat. Der Unternehmer haftet, soweit er bei Abschluss des Vertrages davon Kenntnis hatte oder nach der Sorgfalt eines ordentlichen Kaufmanns hätte haben müssen. Eine Haftung könnte dabei auch für andere als für die unmittelbar mit dem Unternehmer in Vertragsleistungen stehenden Parteien in Betracht kommen.[36] Zum gleichen wirtschaftlichen Ergebnis gelangt man, wenn man dem steuerpflichtigen Unternehmen die Abzugsfähigkeit der Vorsteuer für Eingangsumsätze aberkennt. Nach der Rechtsprechung des EuGH sei der Vorsteuerabzug dann zu versagen, wenn der Steuerpflichtige selbst eine Steuerhinterziehung begehe oder wenn er wusste oder hätte wissen müssen, dass er sich mit seinem Erwerb an einem Umsatz beteiligt, der in eine Mehrwertsteuerhinterziehung einbezogen sei und er deswegen als an dieser Hinterziehung Beteiligter anzusehen sei.[37]

50 Maßgeblich sind hier drei Tatbestandsmerkmale, die kumulativ erfüllt sein müssen:

- der Aussteller der Rechnung muss die Steuer nicht abgeführt haben,
- dies muss mit vorgefasster Absicht erfolgen,
- der Unternehmer muss bei Abschluss des Vertrages davon Kenntnis gehabt haben oder Kenntnis haben müssen.

---

[36] Vgl. Verwaltungsregelung zur Anwendung des Umsatzsteuergesetzes – Umsatzsteuer-Anwendungserlass (UStAE) IV D 3 – S 7015/10/10002 2010/0815152.

[37] Vgl. EuGH, Urt. v. 6.7.2006, Az. C-439/04 und C-440/04 "Kittel und Recolta Recycling"; BGH, Beschl. v. 1.10.2013, Az. 1 StR 312/13 = NStz 2014, 331 ff. m. w. N.

a) Der Aussteller der Rechnung muss die Steuer nicht abgeführt haben

Das erste Tatbestandsmerkmal ist ein objektives Kriterium, das sich wiederum in zwei Kriterien zerlegen lässt. Es muss festgestellt werden, dass die Steuer nicht abgeführt worden ist. Dabei ist zunächst die Frage interessant, wann die in einer Rechnung ausgewiesene Steuer nicht abgeführt ist. Zunächst ist festzuhalten, dass die vereinnahmte Umsatzsteuer die Summe aus verschiedenen Rechnungen ist. Aus der summarischen Betrachtung heraus kann man den Bezug zur Einzelrechnung immer wieder herstellen. Bei der Umsatzsteuer-Erklärung ist aber zu beachten, dass nicht isoliert die in der Rechnung ausgewiesene Umsatzsteuer abgeführt wird, sondern das Saldo aus vereinnahmter Umsatzsteuer und bezahlter Vorsteuer. Die Umsatzsteuer der einzelnen Rechnungen geht also unter. Soweit also mehrere Parteien Rechnungsempfänger waren und mithin die ausgewiesene Mehrwertsteuer an den Leistenden entrichtet haben, ist die eineindeutige Zuordnung zwischen Nicht-Abführen und Rechnung nicht möglich. Dies ist insbesondere dann problematisch, wenn der Austeller „Vorsteuer fingiert". In diesen Fällen ist keinerlei Bezug zu den Ausgangsrechnungen gegeben und es bleibt allenfalls die allgemeine Feststellung, dass der Leistende den Umsatzsteuerüberhang nicht abgeführt hat. Ein Bezug zu den Ausgangsrechnungen ist nur für den Fall gegeben, wenn er die gesamte Umsatzsteuer hinterzogen hat, indem er für den vollen Betrag Vorsteuer „fingiert" hat. Liegt jedoch nur eine Teilhinterziehung vor, ist aufgrund der Saldobetrachtung von Vorsteuer und Umsatzsteuer kein eindeutiger Bezug zur Ausgangsrechnung mehr herzustellen. 51

Die zweite Frage beschäftigt sich damit, wer die Rechnung ausgestellt hat, also wenn der Steuer-Hinterzieher und der Rechnungsaussteller in Person auseinanderfallen. In der Energiewirtschaft häufig und gängig ist, dass der Leistungsempfänger im Wege von Gutschriften abrechnet (vgl. § 14 I UStG).[38] Ebenso häufig ist, dass Dritte mit der Erstellung der Rechnung („Billing-Services") beauftragt werden. Soweit es sich also beim Rechnungsausteller um einen bei der eigentlichen Leistungsbeziehung unbeteiligten Dritten handelt, kann von einer Vollmacht ausgegangen werden und der Dritte stellt die Rechnung im Namen des Leistenden aus. Anders verhält es sich jedoch, wenn der Leistungsempfänger über die Leistung im Wege der Gutschrift abrechnet. Das Gesetz spricht hier von einer vertraglichen Vereinbarung, nicht von einer Bevollmächtigung. Für den Leistenden selbst hat die Rechnung bzw. Gutschrift keine weitere Bewandtnis, denn die Umsatzsteuer schuldet er in der Regel nicht aufgrund der Rechnung, sondern aus der Leistung selbst. 52

[38] Vgl. Gesetzesentwurf der BReg v. 21.2.1980, BT-Drs 8/3688, S.23.

Für den Leistungsempfänger hingegen ist die richtige Rechnung bzw. Gutschrift wichtig, denn nur mit diesem Dokument kann er die Vorsteuer geltend machen. Mit der Gutschrift stellt der Leistungsempfänger selbst das Dokument aus, mittels dessen er Vorsteuer geltend machen will. Der Aussteller trägt folglich selbst das Risiko einer Falschausstellung i. S. d. Nicht-Einhaltung gem. § 14 UStG.[39] Mithin hat nur der Leistungsempfänger ein umsatzsteuerliches Interesse an einer richtigen Rechnung bzw. Gutschrift, nicht der Leistende. Man könnte somit zu dem Schluss kommen, dass das Tatbestandsmerkmal nicht erfüllt ist, wenn der Steuer-Hinterzieher und der Ersteller einer Gutschrift unterschiedliche Personen sind. Eine Gutschrift hat gem. § 14 III UStG die Wirkung einer Rechnung, soweit ihr nicht widersprochen wird. Jetzt könnte man annehmen, dass der Leistende sich die Gutschrift durch Unterlassen zu Eigen macht, also das Geschriebene gegen sich wirken lässt. Diese Schlussfolgerung ist aber im Rahmen einer gebotenen, engen Auslegung nicht vom Gesetzeswortlaut gedeckt, denn das Gesetz verlangt die Identität von Hinterzieher und Rechnungsaussteller.

b) Dies muss mit vorgefasster Absicht erfolgen

53 Der Leistende muss eine vorgefasste Absicht haben, eine ausgewiesene Steuer nicht zu entrichten. Fraglich ist, ob „vorgefasste Absicht" mit dem Schuldbegriffen „Vorsatz" oder „grobe Fahrlässigkeit" übereinstimmen. Dies ist nicht anzunehmen, denn es sollen jene Fälle ausgeschlossen werden, in denen das leistende Unternehmen die Steuer nicht abführt, weil es z. B. zahlungsunfähig ist oder anderen Zahlungsverpflichtungen als der Abführung der Steuer nachkommt. Auch im letzteren Fall ist eine vorsätzliche Nichtzahlung gegeben, es fehlt aber an dem der Nicht-Zahlung vorausgehenden Tatplan. Es muss zur Erfüllung der Tatbestandsvoraussetzung vielmehr von Anbeginn klar sein, dass die Steuer nicht abgeführt wird und es dem Steuer-Hinterzieher genau darauf ankommt, die Steuer nicht abzuführen.

54 Mit dem Begriff „vorgefasst" kommt beim Tatbestandsmerkmal auch eine zeitliche Komponente zum Tragen. Der Tatplan muss zeitlich vor der Rechnungsstellung erfolgen. Fraglich ist, wie ein Tatbeschluss nach Rechnungsstellung aber vor Abführung zu werten ist.

c) Der Unternehmer muss bei Abschluss des Vertrages davon Kenntnis gehabt haben oder Kenntnis haben müssen

55 Weiteres Tatbestandsmerkmal ist das subjektive Element der Kenntnis. Voraussetzung ist, dass der Leistungsempfänger die vorgefasste Absicht des Leistenden kannte, die Steuer nicht abzuführen. Kennen ist zunächst

---

[39] Vgl. *Hummel*, UR 2012, 497 f.

die positive Kenntnis über den Tatplan, was in aller Regel im Rahmen der Tatsachenfeststellung ermittelt werden muss. Viel spannender ist die Frage, unter welchen Umständen man vom „Wissen können" sprechen kann. Auch hier sagt der Bundesfinanzhof (BFH), dass dies eine Tatsachenfeststellung sei, die das Finanzgericht zu treffen habe.[40] Dem Leitsatz folgend heißt es weiter, dass nach den maßgeblichen Beweislastregeln der den Vorsteuerabzug begehende Unternehmer die Feststellungslast für die Erfüllung der Anspruchsvorrausetzung trage. Dies gelte grundsätzlich auch für das Nicht-Wissen oder „Wissen können" vom Tatplan eines Vor- oder Nachlieferanten. Diese Beweisführung dürfte in aller Regel nicht zu erbringen sein, weshalb der Europäische Gerichtshof (EuGH) die Rechtsfolgen deutlich einschränkte. Der EuGH urteilte, das Recht eines Steuerpflichtigen auf Vorsteuer sei nicht dadurch berührt, dass ein anderer Umsatz in der Kette mit einem Betrug behaftet ist, ohne dass der Steuerpflichtige hiervon Kenntnis hat oder haben kann.[41] Es stellt sich also die Frage, welche Indizien herangezogen werden könnten, die das Kennenkönnen belegen können. Hier werden folgende Aspekte genannt:
- Mehrfachdurchläufe;
- Preise unter Marktpreis;
- hohe Volumina;
- Bargeschäfte;
- fremde Geschäftstätigkeit.

aa) Mehrfachdurchläufe

In der Literatur werden sogenannte Mehrfachdurchläufe als sicheres Indiz gewertet, dass Karussell-Geschäfte vorliegen.[42] Im Strom- oder Gashandel kann es keine Mehrfachdurchläufe geben, da es keine gegenständliche Identifizierung gibt. Im CO_2-Handel gibt es Seriennummern, die man nachverfolgen kann, um Mehrfachdurchläufe zu vermeiden. Dabei ist zu beachten, dass sehr wohl Mehrfachdurchläufe vorkommen können, ohne dass dies auf Auffälligkeiten schließen lässt. Hintergrund ist die Tatsache, dass gerade im CO_2-Handel ein Vielfaches gehandelt wird gegenüber dem originären Emissionsvolumen. Berücksichtigt man zudem, dass ein Großteil der Zertifikate bei Industriekunden unangetastet liegt, ist es naheliegend, dass der eigentliche Handel nur mit wenigen Zertifikaten stattfindet und damit die gleichen Seriennummern gehandelt werden. Das deutsche Emissionshandelsregister hatte leider keine systemseitige Vorrichtung, die diese Mehrfachdurchläufe erfassen könn- 56

[40] Vgl. BFH, BStBl. II 2009 S. 315.
[41] Vgl. EuGH, DStR 2006, 133.
[42] Vgl. FG Baden-Württemberg, Beschl. v. 17.5.2004, Az. 12 V 10/04.

te, sodass die Ermittlung von Mehrfachdurchläufen nur mit unverhältnismäßig hohem Aufwand zu bewerkstelligen ist. Serien- oder Blocknummern sind von Händlern zudem nie berücksichtigt worden. Auch das europäische Emissionshandelsregister führt keine Serien- oder Blocknummern.

bb) Preise unter Marktpreis

57 Ein Indiz für Mehrwertsteuerbetrug kann das Anbieten der Ware unter Marktpreis sein.[43] In einem Markt, der von hoher Transparenz in einem homogenen Gut gekennzeichnet ist, ist der Marktpreis die zentrale Entscheidungsgrundlage für das Zustandekommen von Geschäften. Gleichwohl muss man der Frage nachgehen, was der Marktpreis ist und ab wann man von „unter Marktpreis" sprechen kann.

58 Grundsätzlich kommen Geschäfte zustande, wenn sich Anbieter und Nachfrager auf einen Preis verständigen. Das ist dann der maßgebliche Preis, unabhängig davon, zu welchem Preis andere Akteure im Markt Geschäfte abschließen. Die Frage ist dann, ob andere Akteure mit den gleichen Möglichkeiten zu diesem Preis das vorliegende Geschäft getätigt hätten. Es ist also bei der Beurteilung dieser Frage die individuelle Situation der am Geschäft Beteiligten zu berücksichtigen. Der scheinbar objektive Marktpreis wird unter Berücksichtigung der Abschlussmöglichkeiten zu einem subjektiven Kriterium. Ein Börsenpreis kann zur Beurteilung der Marktgerechtigkeit für dieses Geschäft nicht herangezogen werden, wenn z. B. einer der am Geschäft Beteiligten gar keinen Börsenzugang hat. Ferner ist auch zu berücksichtigen, wie viele alternative Handelspartner die am Geschäft Beteiligten haben. Es ist naheliegend, dass in Ermangelung von Alternativen ein Preis vereinbart werden kann, der für die eine Partei sehr viel vorteilhafter ist. Je weniger Handelsteilnehmer ein Händler hat, umso größer muss seine Bereitschaft sein, vom „Marktpreis" abzuweichen, um den Geschäftsabschluss zu ermöglichen. Ferner muss berücksichtigt werden, was die wirtschaftliche Grundlage, also vereinfachend formuliert, die erwartete Marge des Geschäftes, ist. Je margenträchtiger ein Geschäft ist, umso größer kann der „Discount" gegenüber dem Marktpreis sein, ohne dass hier kriminelle Motive den Ausschlag geben. So war es bspw. 2011 möglich, im Rahmen des sog. Grünstromhändlerprivilegs gem. § 37 I 1 EEG[44] die EEG-Umlage zu sparen, wenn man 50 % seines Bezuges aus deutschen EEG-

---

[43] Vgl. Verwaltungsregelung zur Anwendung des Umsatzsteuergesetzes – Umsatzsteuer-Anwendungserlass (UStAE) IV D 3 – S 7015/10/10002 2010/0815152, anders: FG München, DStRE 2007, 1031.

[44] Gesetz für den Vorrang Erneuerbarer Energien (Erneuerbare-Energien-Gesetz – EEG) v. 25.10.2008, BGBl. I S. 2074, zuletzt geändert durch Gesetz v. 22.12.2011, BGBl. I S. 3044.

Anlagen bezog. Hieraus hat sich ein Handel entwickelt, bei dem Margen in Höhe von 15,00 EUR/MWh zu verdienen waren. Infolge dessen kam es zu Geschäftsabschlüssen, die um bis zu 8,00 EUR/MWh vom „Marktpreis“ abwichen. Ebenso sind Cross-Border-Geschäfte bekannt, bei denen die Transportkapazität zwischen zwei Ländern genutzt werden konnte, um Preisdifferenzen von bis zu 20,00 EUR/MWh zu nutzen. Zur Ausnutzung dieser Preisunterschiede kam es auch zu Geschäftsabschlüssen weit „unter Marktpreis“. In Bezug auf die Frage „unter Marktpreis“ ist also auf die individuelle Situation der Handelspartner abzustellen und eine generalisierende Festlegung missachtet diesen Umstand.

Selbst wenn man zu dem Ergebnis kommt, dass ein Geschäft verein- 59
zelt oder eine Gruppe von Geschäften nicht zu Marktpreisen erfolgt, kann es hierfür wirtschaftlich nachvollziehbare Gründe geben. So galt lange die in Paris ansässige Börse BlueNext[45] als der preisbestimmende Referenzmarkt für EUAs und CERs im Spotmarkt. Zu beachten ist aber, dass Geschäfte eines Steuer-Inländers an der BlueNext nach der Rechtslage vor dem 1.7.2010 als nicht steuerbare Leistung galten. Verkäufe an der BlueNext waren folglich ohne Mehrwertsteuer. Wurden Zertifikate von einem Steuer-Inländer erworben und an der BlueNext veräußert, musste der Handelspartner die auf dieses Geschäft entfallende Mehrwertsteuer vorfinanzieren. Diese Vorfinanzierung kostet Geld. Gleiche Argumentation ist bei Zahlungszielen anzuwenden. Stehen zwei Geschäfte mit identischem Preis zur Verfügung, ist jenes Geschäft aus der Sicht eines Verkäufers wirtschaftlich sinnvoller, das das kürzere Zahlungsziel aufweist. Auch diese Elemente sind bei der Beurteilung zu berücksichtigen, ob ein Abweichen vom Marktpreis wirtschaftlich erklärbar ist oder bereits die Sphäre des fragwürdigen Handelsgebaren erreicht wurde.

Die zweite Frage ist, was „der Marktpreis“ ist. Häufig wird als „der 60
Marktpreis“ der Börsenpreis genannt. Dabei stellt sich zunächst die Frage, welche Börse und zu welchem Zeitpunkt. Ferner stellt sich die Frage, ob nicht auch ein außerbörslicher Markt gemeint sein kann.

Schaut man sich den Day-ahead-Handel für Strom mit Lieferung in 61
Deutschland an, so ist zunächst festzustellen, dass ein großes Volumen an der EPEX[46] in Frankreich gehandelt wird. Gleichwohl gibt es noch andere Börsen, so beispielsweise die EXAA[47] in Wien. Im sog. Intraday-Handel werden die Alternativen noch zahlreicher, so konnte bspw. an

[45] http://www.bluenext.eu/, Stand Abruf: April 2017.
[46] http://www.epexspot.com/en/, Stand Abruf: April 2017.
[47] http://www.exaa.at/, Stand Abruf: April 2017.

der APX[48] in Amsterdam oder an Elbas[49], dem Intraday-Handel an der Nord Pool Spot mit Liefergebiet Deutschland gehandelt werden. Die Festlegung auf einen Börsenplatz würde diese wettbewerblich wünschenswerte Situation verkennen. Im CO_2-Handel war lange die Wettbewerbssituation noch viel ausgeprägter. So konnte man identische Produkte an den Börsen EXAA, EEX[50], Climex[51] und BlueNext handeln. Wie auch im gewöhnlichen Aktienhandel ist es trotz der Homogenität der Handelsprodukte üblich, dass die Produkte unterschiedliche Preise haben. Akteure mit **Multi-Market-Access** machen sich diesen Umstand zu nutze. In Bezug auf den Börsenhandel ist überdies zu beachten, dass viele Produkte kontinuierlich gehandelt werden, es also fortwährend zu neuen Preisen in Folge von Geschäftsabschlüssen kommt. Dabei zeichnen sich insbesondere die kurzfristigen Märkte wie Intraday-Handel Strom oder der Spotmarkt für EUA's durch eine erhebliche Volatilität aus, sodass eine eineindeutige Preisbestimmung als „Referenzpreis" oder „der Marktpreis" nicht möglich erscheint. Allein eine Abweichung von 3 % um den durch Börsen veröffentlichten „Last-Preis" weist eine erhebliche Preisspanne auf, die eine Eingrenzung auf einen eineindeutigen Marktpreis nicht zulässt. Die Börsen definieren Preisspannen um den zuletzt gehandelten Preis, bevor es zu einer Handelsunterbrechung aufgrund von zu hoher Preisveränderung kommt.[52] Selbst im weniger volatilen Terminmarkt wird in der sog. „Fast-Market"-Situation die Handelsunterbrechung aufgrund hoher Preisbewegung ausgesetzt. Insofern schätzen auch die Börsen eine gewisse Preisbewegung um den zuletzt festgestellten Preis im jeweiligen Markt als „normal" ein, weshalb alle Preise innerhalb dieses Volatilitätskorridors als marktpreiskonform eingestuft werden müssen. Erweitert man die Betrachtung auch auf den viel größeren außerbörslichen OTC-Markt, ist die Bestimmung eines „Marktpreises" kaum mehr möglich.

62 Es bleibt festzuhalten, dass das Kriterium „unter Marktpreis" bei summarischer Gesamtbetrachtung der Gründe und Möglichkeiten nicht hinreichend konkretisierbar ist, um hiermit Haftungsansprüche zu begründen.

cc) Hohe Handelsvolumina

63 Es stellt sich die Frage, ob hohe Handelsvolumina ein Indiz sein können, dass es sich um kriminelle Geschäfte handelt. Die Frage stellt sich, ab

[48] http://www.apxgroup.com/, Stand Abruf: April 2017.
[49] https://elbas.nordpoolspot.com/, Stand Abruf: April 2017.
[50] http://www.eex.com/de/, Stand Abruf: April 2017.
[51] http://www.climex.com/, Stand Abruf: April 2017.
[52] Vgl. EEX, Misstrade-Range bei EUA: 0,40 EUR/EUA, vgl. auch Durchführungsbestimmung zu § 23 II der Bedingungen für den Handel an der EEX.

wann man von hohen Handelsvolumina sprechen kann und welche Möglichkeiten ein Akteur am Markt hat, diese Frage mit hinreichender Zuverlässigkeit beantworten zu können. Eine abstrakte Beurteilung von „hohen" Volumina ist dabei unmöglich. Ein Vergleich von Handelsvolumina unterschiedlicher Marktateure ist dem Einzelnen aufgrund fehlender Vergleichswerte unmöglich. Auch ein Vergleich eines Regulators, der ggf. über diese Informationen verfügt, ist wenig aussagekräftig, da die individuelle Motivation nicht berücksichtigt würde. Hoch ist ein unbestimmter Begriff, der auszulegen und in der konkreten Situation zu präzisieren ist. Für ein kleines Stadtwerk sind mit dem Begriff „hohe Volumina" sehr viel geringere Mengen verbunden als für einen international agierenden Energieversorger. Betrachtet man hingegen reine Handelsgeschäfte, so kann der Spread in einem Markt ein Indiz für „hohe" Handelsvolumina sein. Im Geldmarkt sind Spreads im hundertstel Cent-Bereich üblich, weshalb die an diesem Markt agierenden Akteure hohe Geldbeträge handeln müssen, um einen wirtschaftlich vertretbaren Ertrag zu erzielen. Ebenso ein Kriterium kann das eingesetzte Kapital in seiner Höhe und in seiner Kapitalbindung sein. Je höher der Kapitalbedarf ist, desto schneller wäre man bei dieser Betrachtung bei „hohen" Volumina. Anders formuliert: Je kürzer die Kapitalbindung, desto höher können die eingesetzten finanziellen Mittel sein.

Es gibt mannigfaltige Geschäftsmodelle, die Preisspreads zwischen 64
Märkten und Produkten ausnutzen, ohne das hieraus auf kriminelle Geschäfte geschlossen werden kann. Aus oben gesagtem ergibt sich, dass sich insbesondere Spotprodukte für Spekulation eignen. Zum einen weisen Spotprodukte die für die Spekulation erforderliche Volatilität auf, andererseits ist die Kapitalbindung aufgrund der kurzen Laufzeiten gering. Wenn dann noch Spreads relativ gering sind, sind hohe Handelsvolumina unabdingbar, um einen attraktiven Gesamtertrag zu realisieren. Risikokapital in Höhe von 1 bis 2 Mio. EUR ist dabei sicherlich weit entfernt, von ungewöhnlich hohen Volumina zu sprechen.

Insgesamt kommt man zu dem wenig zufriedenstellenden Ergebnis, 65
dass die genannten Kriterien wenig geeignet sind, um kriminelle Machenschaften im Handelsprozess zu identifizieren. Insofern kommt der Auswahl der Handelspartner eine entscheidende Rolle zu. Hier entwickelte sich ein **Know-Your-Customer-Prozess**, der nachfolgend näher beschrieben werden soll.

III. Grenzen des Risikomanagements

Grundsätzlich ist es wichtig zu verstehen, mit wem eine Firma Geschäfte 66
betreibt. Neben dem „Wem" muss man sich noch zusätzlich mit dem „Geschäftsmodell" seines Geschäftspartners an sich auseinandersetzen, um die wirtschaftliche Motivation zu verstehen. Dabei sind beide As-

pekte – aufgrund der Natur der Sache – stark beschränkt: Die Anonymität des Handels lässt lediglich eine Untersuchung der unmittelbaren Handelsteilnehmer, jedoch keinerlei Rückschlüsse auf die Handelspartner dahinter, zu. Da beim Handel mit Commodities der Preis aufgrund der Homogenität des Produktes entscheidend ist, ist keiner der am Handel Beteiligten bereit, seine Handelspartner offen zu legen bzw. darzulegen, mit wem welches konkrete Geschäft getätigt wird. Andernfalls läuft derjenige, der seine Handelspartner preisgibt, Gefahr, in Zukunft umgangen zu werden. Der Warenaustausch erfolgt dabei nicht nur zwischen zwei Parteien, sondern im Stromhandel geht man mittlerweile davon aus, dass die Ware bis zu sieben Mal gehandelt wird, bis es zur physischen Erfüllung kommt. Insofern ist es naheliegend, dass die Ware von Händler zu Händler gereicht wird, es bilden sich damit Handelsketten. Für das Risikomanagement ist es mithin nur möglich, seine jeweiligen vor- und nachgelagerten Handelspartner dieser Kette zu beleuchten. Das klassische Risikomanagement stößt mithin an seine Grenzen.

67 Geht man hingegen der Frage nach dem „Geschäftsmodell" seines potenziellen Geschäftspartners nach, ist der mögliche Erkenntnisrahmen ebenfalls sehr begrenzt. Wiederum ist keiner der Handelspartner bereit, seine Geschäfte dem anderen darzulegen, sobald er Gefahr läuft, dass sein Geschäftsmodell kopiert wird oder Rückschlüsse auf die Marge zulässt. Zur Vermeidung von für den jeweiligen Handelsteilnehmer nachteiligen Entwicklungen ist jeder bestrebt, seine Position im Markt verdeckt zu halten. So könnte es bspw. für einen Händler nachteilig sein, wenn sein möglicher Kontrahent weiß, dass er verkaufen müsse. Daher sind Händler bestrebt, auf möglichst viele Handelspartner und Handelsplätze zugreifen zu können, um diese Anonymität erhalten zu können. Eine Überprüfung des Geschäftsmodells oder der Handelsstrategie ist daher nahezu unmöglich.

IV. Der Know-Your-Customer-Prozess

68 Zur Reduzierung der Gefahren einer unbewussten Einbeziehung in kriminelle Geschäfte ist eine Analyse der Geschäftspartner erforderlich. Auch wenn mit Einführung des Reverse-Charge-Verfahrens die Gefahr einer Einbindung in betrügerische Umsatzsteuer-Karussell-Geschäfte verringert wurde, ist sie gleichwohl nicht vollständig beseitigt.[53] Daher hat sich ein Know-Your-Customer-Prozess etabliert. Im Rahmen des Know-Your-Customer-Prozesses haben sich folgende Aspekte herausgestellt: Diese Elemente gehen zurück auf ein Merkblatt der Finanzbehörden aus dem

[53] Vgl. BFH, Urt. v. 17.2.2011, Az. V R 30/10.

Winter 2010 und auf ähnlich lautende Rundschreiben der Strombörsen vom September 2009 bzw. November 2010:[54]

- Satzung;
- Handelsregister-Auszug;
- Meldebescheinigung oder private Strom- oder Telefonrechnung des Geschäftsführers oder Mietvertrag für die Privatwohnung des Geschäftsführers;
- Überprüfung der Umsatzsteuer-Identifikations-Nr. (USt-IdNr.);
- Steuerliche Unbedenklichkeitsbescheinigung;
- Vorlage der USt-Erklärung und Nachweis der Zahlung fälliger USt-Beträge;
- Mietvertrag für Office-Mieträume;
- Kopie des Ausweises des Geschäftsführers;
- Creditreform-Abfrage bzw. Abfrage alternativer Auskunfteien;
- persönlicher Besuch vor Handelsaufnahme.

Dabei ist zwischen Steuer-Inländern und Steuer-Ausländern zu unterscheiden. 69 Die Prüfungsintensität ist umso größer, je eher das Risiko einer Inanspruchnahme nach § 25d UStG in Frage kommt. Gleichwohl ist zu berücksichtigen, dass, wie oben ausgeführt, auch die Vorsteuer versagt werden kann, wenn man wissentlich an einer Umsatzsteuer-Hinterziehung im Ausland teilnimmt. Insofern ist der Prüfungsprozess so anzulegen, dass dieses Risiko nahezu ausgeschlossen werden kann. Wie oben bereits ausgeführt, beschränkt sich dabei die Prüfungsmöglichkeit auf die unmittelbar am Handel beteiligten. Eine „Kettenüberprüfung" ist für den einzelnen Handelsteilnehmer objektiv unmöglich.

1. Prüfung der Steuer-Ausländer

Folgende Kriterien sind bei Steuer-Ausländern zu überprüfen.

a) Satzung

Hier wird überprüft, ob der Geschäftsführer innerhalb seines satzungs- 70 mäßigen Rahmens agiert. Durch Angabe des Geschäftszweckes in der Satzung wird deutlich, dass sowohl gegenüber den Gesellschaftern als auch bei der Eintragung der Gesellschaft ins Handelsregister den Behörden gegenüber erklärt wird, welche Geschäfte getätigt werden. Gerade im Ausland ist es jedoch üblich, den Geschäftszweck sehr allgemein zu formulieren („An- und Verkauf von Waren"), sodass hier zusätzlich überprüft werden muss, ob der Handel mit Strom oder Gas bzw. CO_2 Gegenstand des Unternehmens sein soll. Auffällig wäre, wenn die Satzung einen anderen Unternehmensgegenstand aufweist und der Handel

[54] Vgl. Checkliste zum Handel mit Emissionszertifikaten der Finanzbehörden; vgl. *EEX*, Cicular Reminder on good practices against VAT frauds, 11.11.2010.

mit Strom oder Gas bzw. CO_2 über eine Nebentätigkeit, wie z. B. bei Industriekunden üblich, hinausgeht.

b) Handelsregister-Auszug

71 Der Handelsregister-Auszug gibt über zwei Aspekte Auskunft: Auf der einen Seite wird der satzungsgemäße Unternehmensgegenstand wiedergegeben, andererseits gibt der Auszug Informationen über die vertretungsberechtigten Personen. Damit erhält die Tätigkeit eine gewisse Öffentlichkeit und man kann zumindest unterstellen, dass damit die Behörden Kenntnis von der Tätigkeit haben müssen. Ferner kann man davon ausgehen, dass ein Handelsgeschäft in Millionenhöhe eine Gesellschaftsform erfordert, die ins Handelsregister einzutragen ist.

c) Überprüfung der Umsatzsteuer-Identifikations-Nummer

72 Die Versteuerung einer Lieferung oder sonstigen Leistung erfolgt dort, wo die Ware verbraucht wird oder die sonstige Leistung erbracht wird. Bei innerdeutschen Lieferungen und Leistungen führt das hinzu, dass steuerbare Lieferungen und Leistungen umsatzsteuerpflichtig sind. Exporte sind steuerfrei, soweit die gelieferte Ware tatsächlich ins Ausland verbracht wurde. Bei Exporten kommt folglich dann das **Reverse-Charge-Verfahren** zum Einsatz, das die Steuer-Schuld vom Leistenden auf den Leistungsempfänger überträgt. Dieser hat also die aus seiner Sicht importierte Ware der Besteuerung zu unterwerfen. Dabei versteuert er einmal den Eingangsumsatz mit Mehrwertsteuer, andererseits kann er die so berechnete Mehrwertsteuer sofort als Vorsteuer geltend machen, was dazu führt, dass dieses Geschäft wirtschaftlich betrachtet nicht der Steuer unterworfen ist. Gleichsam ist sichergestellt, dass diese Umsätze steuerlich erfasst sind. Zentrale Fragestellung bei der Anwendung der steuerfreien, innergemeinschaftlichen Lieferung ist also der Ort der Lieferung. Der Steuerpflichtige muss dabei den Nachweis führen, dass die Ware die Bundesrepublik Deutschland (Steuergebiet) tatsächlich verlassen hat. Hierzu mussten die Exporteure die seitens des Empfängers abgestempelten Frachtpapiere vorlegen. Seit 1.1.2012 gibt es hierfür die sog. Verbringungsnachweise. Hierzu hat die Finanzverwaltung eine entsprechende Durchführungsverordnung erlassen, die die beizubringenden Unterlagen spezifizieren.[55]

73 Umsätze aus Lieferungen in das EU-Ausland muss der Leistende im Rahmen seiner Umsatzsteuererklärung bzw. unterjährig im Rahmen seiner Umsatzsteuer-Voranmeldung melden. Hierzu muss er die Umsatz-

[55] Vgl. § 17a UStDV (Umsatzsteuer-Durchführungsverordnung, i. d. F. der Bek. v. 21.2.2005, BGBl. I S. 434, zuletzt geändert durch Verordnung v. 18.7.2016, BGBl. I S. 1722.

steuer-Identifikationsnummer seines Handelspartners angeben. Die steuerfreien, innergemeinschaftlichen Lieferungen werden im Rahmen sog. zusammenfassender Meldungen an das Finanzamt gemeldet. Dabei wird jeder Umsatz mit der entsprechenden USt-IdNr. angegeben. Mittels dieser Nummer wird das jeweilige EU-Empfängerland in die Lage versetzt, nachzuvollziehen, ob der Leistungsempfänger den Umsatz auch der Besteuerung unterwirft. Diese zusammenfassende Meldung kommt als fehlerhaft zurück, wenn eine ungültige USt-IdNr. angegeben wurde.

Kann der Steuerpflichtige keine gültige USt-IdNr. seines Handelspart- 74
ners nachweisen und/oder gelingt es dem Steuerpflichtigen nicht, nachzuweisen, dass die Ware tatsächlich ins Ausland verbracht wurde oder in anderer Form den Nachweis der innergemeinschaftlichen Lieferung zu führen, wird ihm die Steuerfreiheit des Umsatzes versagt. Dabei trifft den Steuerpflichtigen die Beweislast, weil der Steuerpflichtige eine Steuerbegünstigung begehrt.[56] Neben dem Verbringungsnachweis kommt somit der Überprüfung der USt-IdNr. im innergemeinschaftlichen Erwerb eine zentrale Rolle zu. Gleichwohl gibt es bei den Verbringungsnachweisen erhebliche Vereinfachungen.[57]

Bei der Lieferung von Strom, Gas, Kälte und Wärme ist der Ort der 75
Lieferung aufgrund der physikalischen Gegebenheiten unklar. Zur Vermeidung von Rechtsunsicherheiten hat der Gesetzgeber daher den Ort der Lieferungen an den Sitz des Unternehmers fingiert. Die Lieferung von Gas, Strom, Kälte, Wärme erfolgt damit umsatzsteuerlich immer dort, wo der Unternehmer seinen Firmensitz hat. Es wird also von der physikalischen Lieferung vollständig abstrahiert und selbst Lieferungen, die nachweislich das Netzgebiet der Bundesrepublik Deutschland nicht verlassen, werden ausschließlich danach beurteilt, wo der Unternehmer oder Abnehmer seinen Sitz hat. Lieferungen an Empfänger mit Sitz in der Bundesrepublik Deutschland sind folglich der Steuer unterworfen. Lieferungen in Drittländer werden als nicht steuerbare Lieferungen betrachtet.[58] Damit erfahren sie bewusst eine Andersbehandlung als die innergemeinschaftlichen Lieferungen, die zwar steuerbar, aber steuerfrei sind.

Damit § 3g UStG zur Anwendung kommt, muss der Empfänger der 76
Ware entweder ein Wiederverkäufer oder ein anderer Abnehmer (§ 3g II UStG) sein. Wiederverkäufer ist ein Unternehmer, dessen Haupttätigkeit im An- und Verkauf von Strom oder Gas besteht, wobei sein Eigenverbrauch von untergeordneter Bedeutung ist. Soweit die Lieferung

---

[56] Vgl. BFH, BStBl. II 2009, S. 315.

[57] Vgl. Verwaltungsregelung zur Anwendung des Umsatzsteuergesetzes – Umsatzsteuer-Anwendungserlass (UStAE) IV D 3 – S 7015/10/10002 2010/0815152.

[58] Ebenda.

nicht an einen Widerverkäufer erfolgt, ist der Ort der Lieferung derjenige, wo die Ware tatsächlich verbraucht wird. Soweit der Abnehmer die Ware selbst nicht verbraucht, gilt auch hier als Ort der Lieferung der Sitz des Abnehmers. Es gilt also zur Anwendung von § 3g UStG zu prüfen, ob es sich beim Handelspartner um einen Wiederverkäufer handelt und ob es sich um einen Unternehmer handelt. Abnehmer der Ware ist derjenige, der nicht Wiederverkäufer ist. Er kann also Verbraucher oder sonstiger Abnehmer sein. Ein Verbraucher muss Verbrauchsstellen haben, also Stellen, an denen die Ware physikalisch entnommen bzw. verbraucht wird. Ein Abnehmer, der nicht Verbraucher und nicht Wiederverkäufer ist, könnte also gelegentlicher Wiederverkäufer sein, also dies als Nebentätigkeit betreiben. So wäre es denkbar, dass eine Konzernmutter Strom einkauft, den sie an ihre Konzerntöchter zwecks Verbrauch weiterleitet. Dabei wäre die Wiederveräußerung nicht Haupttätigkeit, selbst läge aber auch kein Verbrauch vor. Interessanter sind aber die Fragestellungen, wie ein Wiederverkäufer qualifiziert werden kann. Dies kann einerseits quantitativ erfolgen, also durch eine reine Mengenbetrachtung. Kauft jemand regelmäßig große Energiemengen ein, so ist dies ein sicheres Indiz für einen **Wiederverkäufer**.[59] Vor Handelsaufnahme ist eine quantitative Beurteilung in Ermangelung der noch nicht getätigten Handelsgeschäfte nicht möglich, weshalb auf Ausführungen des Handelspartners, untermauert mit entsprechenden Angaben in der Satzung und auf der Webseite, abzustellen ist. § 3g I UStG spricht aber von einem **Unternehmer**, sodass die Unternehmereigenschaft zu überprüfen ist. Dies kann einerseits durch sog. **Unternehmerbescheinigungen** erfolgen, welche aber gerade im Ausland eher unbekannt sind. Viel häufiger erfolgt dieser Nachweis durch die **Vorlage einer USt-IdNr.**, denn diese wird gemäß § 27a UStG auf Antrag nur an Unternehmer i. S. d. § 2 UStG vergeben. Hat also ein Unternehmen eine USt-IdNr. zugeteilt bekommen, hat die Finanzverwaltung diese Firma als Unternehmen i. S. d. UStG qualifiziert und der Steuerpflichtige kann sich diese Einschätzung bei der Überprüfung des Handelspartners zu eigen machen. Daher ist die Überprüfung der USt-IdNr. im grenzüberschreitenden Stromhandel nur indirekt von Bedeutung, denn sie dient lediglich zum Nachweis der Unternehmereigenschaft. Auch ein nachträgliches Erlöschen der USt-IdNr. ändert an dieser Einschätzung nichts, denn dem Erlöschen können andere Gründe zugrunde liegen als das Fehlen der Unternehmereigenschaft.

77 Da also die USt-IdNr. nur den mittelbaren Zweck erfüllt, die Unternehmereigenschaft nachzuweisen und im weiteren Handelsgeschäft mit Strom und Gas nicht benötigt wird, ist eine dauerhafte Überprüfung der

---

[59] Ebenda.

USt-IdNr. wie beim innergemeinschaftlichen Erwerb nicht erforderlich. Gleichwohl bietet es sich an, auch diese Nummer im Rahmen der turnusmäßigen Überprüfung des Handelspartners mit zu überprüfen.

d) Kopie des Ausweises des Geschäftsführers

Es hat sich mittlerweile als gängige Praxis herausgestellt, dass zum 78 Know-Your-Customer-Prozess auch die Kopie des Ausweises des Geschäftsführers gehört. War es in der Vergangenheit nur üblich, bei einer Zulassung zur Börse die Ausweiskopien der vertretungsberechtigten Personen einzureichen, hat sich dies mittlerweile als Standard im europäischen Stromhandel durchgesetzt.[60] Das Ausweisdokument hat an sich keine eigenständige Beweiskraft, es verleiht dem Prozess aber eine persönliche Verbindlichkeit. Fraglich ist aber, welche Schlüsse man ziehen soll, wenn der Ausweis „fremde Nationalitäten" zum Vorschein bringt. Auch wenn das Allgemeine Gleichbehandlungsgesetz (AGG)[61] hier nicht gelten dürfte, wäre es dennoch voreilig und rassistisch, die Nationalität als Indiz für eine geschäftsuntypische Auffälligkeit zu betrachten.[62] Eine voreilige Pauschalverurteilung kann überdies im Widerspruch zum eigenen Unternehmensleitbild als auch zur zunehmenden Europäisierung des Energiehandels stehen. In dieser Allgemeinheit wäre somit der Handel mit der Deutschen Bank mit *Anshu Jain* als auch in der Vergangenheit mit RWE unter ihrem Vorstandsvorsitzenden *Harry Roels* fraglich. Insofern kann nur in Abhängigkeit von der Nationalität des Geschäftsführers der Frage nachgegangen werden, ob die Herkunft des Geschäftsführers und/oder leitender Akteure beim zukünftigen Handelspartner auf besondere Kontakte oder Kenntnisse in ihrem Heimatland schließen lässt und hieraus geschäftliche Vorteile für den zukünftigen Handelspartner zu erwarten sind. So ist das Gesamtbild eines Handelspartners stimmig, wenn er im Rahmen des Know-Your-Customer-Prozesses angibt, Gas aus Russland zu importieren und die Geschäftsführung ist russischer Herkunft.

e) Creditreform-Abfrage bzw. Abfrage alternativer Auskunfteien

Die Abfrage von Wirtschaftsauskünften wie Creditreform[63] oder D&B[64] 79 gehören mittlerweile zum absoluten Standard. Hier können historische Geschäftszahlen ebenso eingesehen werden wie Veränderungen der Beteiligten. Vorteil dieser Auskunfteien ist, dass man sich der Kreditein-

[60] Vgl. auch EEX, u. a. Formular E01.

[61] Allgemeines Gleichbehandlungsgesetz (AGG) v. 14.8.2006, BGBl. I S. 1897, zuletzt geändert durch Gesetz v. 3.4.2013, BGBl. I S. 610.

[62] So aber Merkblatt der Finanzverwaltung.

[63] http://www.creditreform.de, Stand Abruf: April 2017.

[64] http://www.dnbgermany.de/, Stand Abruf: April 2017.

schätzung eines (neutralen) Dritten bedient und damit dem externen Rating[65] näher kommt. Nachteilig ist, dass die hier veröffentlichen Informationen alle vergangenheitsbezogen sind und überwiegend auf Informationen beruhen, die das Unternehmen selbst erzeugt hat. Bei ausländischen Unternehmen und bei jungen Firmen sind die Informationen zudem wenig aussagekräftig.

f) Persönlicher Besuch vor Handelsaufnahme

80 Der persönliche, auch mehrfache Besuch des Handelspartners ist u. a. das wichtigste Element eines Know-Your-Customer-Prozesses. Damit wird das Unternehmen in die Lage versetzt, die vorab erlangten Informationen mit den tatsächlichen Gegebenheiten zu überprüfen. Je kleiner bzw. jünger eine die Handelsbeziehung begehrende Firma ist, umso stärker ist die Bedeutung des Besuches, da die vorgelegten Dokumente in der Regel nur die Erfüllung der Formalien belegen. Im Gespräch kann die angestrebte Geschäftsbeziehung erläutert werden und der Besuchende bekommt einen Eindruck von den Akteuren, also den Händlern und denjenigen, die die Geschäfte finanziell und physisch abwickeln. Hier sollte auch das Risikomanagement des potenziellen Handelspartners erläutert werden, um einen Eindruck zu erlangen, welche Maßnahmen das Unternehmen ergriffen hat, seinerseits einen Know-Your-Customer-Prozess durchzuführen. Ideal wäre es, wenn man im Rahmen eines solchen Besuches Kenntnis über die weiteren Handelspartner des potenziellen Handelspartners erhält, um seine eigenen Prüfungsaktivitäten auszudehnen. In aller Regel bekommt man hierzu aus verständlichen Gründen keine Information, da man sonst den die Handelsbeziehung begehrenden Handelspartner umgehen kann.

2. Prüfung bei Steuer-Inländer

81 War bis zur Einführung des Reverse-Charge-Verfahrens ein aufwendiger Überprüfungsprozess erforderlich, um die Risiken einzuschränken, ist seitdem nur noch die Vorlage der Bescheinigung als Wiederverkäufer USt 1 TH erforderlich.[66] Damit dürfte der ganz überwiegende Teil an Geschäftsbeziehungen erfasst sein, gleichwohl verbleiben Randbereiche unternehmerischer Tätigkeiten, bei denen Umsatzsteuer auf die erbrachte Leistung anfällt. Zu denken ist hierbei an Grünstromzertifikate oder an Bezug von Strom von Nicht-Wiederverkäufern wie beispielsweise

---

[65] Siehe Rdnr. 95 ff.

[66] Vgl. Vordruckmuster für den Nachweis für Wiederverkäufer von Erdgas und/oder Elektrizität für Zwecke der Steuerschuldnerschaft des Leistungsempfängers; BMF-Schreiben v. 25.2.2015.

Windstrom- oder Solarstromproduzenten. Insofern gelten die nachfolgenden Ausführungen für diese Bereiche unverändert fort.

a) Mietvertrag für Office-Mieträume

Die Prüfung bei Steuer-Inländern ist umfangreicher, weil hier unmittelbar Umsatzsteuer involviert ist und die Anforderungen an die Geltendmachung der Vorsteuer im Falle von Käufen von dem die Handelsbeziehung begehrenden Unternehmen höher sind. Vorteilhaft ist aber, dass die Prüfung bei Steuer-Inländern einfacher ausfällt, da man sich im gleichen Rechtsgebiet aufhält und in der Regel somit auch über eine bessere Kenntnis der zugrundeliegenden Regelungen hat. Neben den bereits oben angesprochenen Aspekten kommen daher folgende Prüfungsschwerpunkte hinzu: 82

Mit der Vorlage des Mietvertrages für die Büroräume wird der Frage nachgegangen, wo der Unternehmer sein Unternehmen betreibt. Je größer und umfangreicher ein Handelsgeschäft betrieben wird, desto stärker rückt diese Frage in den Hintergrund. Ist jedoch ein Handelsunternehmen noch recht jung und umfasst nur wenige Angestellte, so kommt diesem Prüfungspunkt eine höhere Bedeutung zu. Maßgeblich ist die Frage, ob es sich bei dem Unternehmen um ein in Deutschland steuerpflichtiges Unternehmen handelt, also wo der steuerliche Sitz des Unternehmens ist. Der Sitz eines Unternehmens ist dort, wo die unternehmerischen Entscheidungen der Geschäftsleitung getroffen werden. Die Geschäftsleitung, also der Mittelpunkt der geschäftlichen Oberleitung einer Gesellschaft, befindet sich regelmäßig an dem Ort, an dem die zur Vertretung der Gesellschaft befugte Person die ihr obliegende geschäftsführende Tätigkeit entfaltet. Dies ist bei einer GmbH im allgemeinen der Ort, wo sich das Büro ihres Geschäftsführers, notfalls dessen Wohnsitz, befindet.[67] 83

Fraglich ist dabei, ob an das Büro des Geschäftsführers besondere Anforderungen gestellt werden können. So spricht das Merkblatt der Finanzverwaltung von Auffälligkeiten, wenn das Büro des Geschäftspartners sich in einem Business-Center befindet. Dieser Einschätzung ist nicht Folge zu leisten, denn einerseits missachtet es den unternehmerischen Entscheidungsspielraum hinsichtlich der Organisation des Geschäftes, andererseits spiegelt diese Einschätzung nicht die wirtschaftlichen Tatsachen wider. Gerade im Ausland ist es Usus, dass sich auch große Firmen über einen langen Zeitraum in Business-Centern befinden. Umso nachvollziehbarer ist es, wenn sich auch kleinere und jüngere Firmen der Vorteile eines Business-Centers bedienen, um anfänglich die allgemeinen Verwaltungskosten für Sekretariat, Besprechungsräume und 84

[67] Vgl. BFH, BStBl. 1991 II S. 554.

Telekommunikation zu vermeiden. Auch sind aus der Mietdauer oder der Kündigungsfrist für Gewerberäume keine Rückschlüsse möglich, denn für ein auf Wachstum ausgelegtes Handelsgeschäft ist es gerade entscheidend, die organisatorischen Gegebenheiten schnell an die neuen Anforderungen anpassen zu können. Insofern ist eine kurze Laufzeit bzw. Kündigungsfrist essentiell für ein Wachstumsunternehmen. Traurige Berühmtheit von langen Mietverträgen und ihrer wirtschaftlichen Konsequenz für das Unternehmen ist der Jentower in Jena. Die Firma Intershop Communications AG hatte diesen Büroturm langfristig angemietet und die Mietkosten belasteten lange das Unternehmen, das diese Räume nach dem wirtschaftlichen Rückgang nicht mehr benötigte.[68] Gerade ein Handelsgeschäft bedarf keiner ausgeprägten Bürokommunikation, sodass die Anforderungen an die Büroräume und deren technischer Ausstattung nicht sehr hoch sind. Andererseits führen die kurzen Kündigungsfristen bzw. Laufzeiten zu einem zu wiederholenden Prüfungsaufwand.

b) Meldebescheinigung oder private Strom- oder Telefonrechnung des Geschäftsführers oder Mietvertrag für die Privatwohnung des Geschäftsführers

85 Vor dem Hintergrund, dass im Zweifelsfall der Wohnsitz des Geschäftsführers maßgeblich für die Bestimmung des Unternehmersitzes ist, können diese Zweifelsfälle ebenfalls im Rahmen eines professionellen Know-Your-Customer-Prozesses ausgeräumt werden.[69] Hierzu hat es sich durchgesetzt, dass entweder eine Kopie des Bundespersonalausweises (beidseitig) beigefügt wird, auf dem im Gegensatz zum Reisepass der Wohnort angegeben wird oder eben die Meldebescheinigung, die ebenfalls die Meldeadresse wiedergibt. Gleiches kann mit einem Mietvertrag für eine Privatwohnung des Geschäftsführers erreicht werden. Da in anderen Ländern häufig keine Meldepflicht besteht, wird der Wohnsitz meistens durch private Strom- oder Gasrechnungen, gelegentlich auch durch private Telefonrechnungen nachgewiesen. Mit diesen Instrumenten wird sichergestellt, dass der jeweilige Geschäftsführer auch seinen Wohnsitz in dem Land hat, in dem auch das Unternehmen steuerlich geführt wird. Dabei ist es steuerlich unerheblich, ob die private Wohnung in der gleichen Gemeinde liegt wie das Unternehmen. Ist das Unternehmen nach Art und Umfang so organisiert, dass die laufende Geschäftsführung in den Geschäftsräumen abgewickelt wird, kommt es auf den Wohnsitz nicht an. Der BFH spricht hierbei von der laufenden Geschäftsführung. Zu ihr gehören die tatsächlichen und rechtsgeschäftli-

[68] Vgl. www.intershop.de, Stand Abruf: April 2017.
[69] Vgl. BFH, BStBl. 1991 II S. 554.

chen Handlungen, die der gewöhnliche Betrieb der Gesellschaft mit sich bringt, und solche organisatorischen Maßnahmen, die zur gewöhnlichen Verwaltung der Gesellschaft gehören („Tagesgeschäfte").[70] Zu belegen ist dies u. a. durch telefonische Erreichbarkeit eines Festnetzanschlusses am Firmensitz oder durch Faxdokumente mit einer Faxkennung, die der angegebenen Faxnummer des Unternehmens entspricht.

Hiermit soll erreicht werden, dass nicht der Vorsteuerabzug deswegen versagt werden kann, weil nicht nachgewiesen werden könne, dass es sich beim Leistenden um einen Steuer-Inländer handelt. 86

c) Steuerliche Unbedenklichkeitsbescheinigung

Ein weiteres Dokument ist die steuerliche Unbedenklichkeitsbescheinigung. Mit dieser Bescheinigung gibt das zuständige Finanzamt an, dass das Unternehmen steuerlich geführt wird und zusätzlich gibt es Informationen, ob ggf. Steuerrückstände bestehen. Die steuerliche Unbedenklichkeitsbescheinigung dient i. d. R. der Vorlage bei öffentlichen Auftraggebern oder zur Erlangung von Genehmigungen durch andere Behörden, so bspw. bei der Beantragung einer Gaststättenerlaubnis (Schankerlaubnis) gem. § 4 I GastG[71]. Die sog. **Auskunft in Steuersachen**, wie die steuerliche Unbedenklichkeitsbescheinigung auch bezeichnet wird, ist der Unternehmerbescheinigung vorzuziehen, als dass sie zugleich auch eine Aussage darüber enthält, dass keine Steuerrückstände bestehen. Zudem wird seit 2010 die Unternehmerbescheinigung nur noch in Ausnahmefällen ausgestellt.[72] Die Unternehmereigenschaft kann dann wiederum nur durch die Überprüfung der USt-IdNr. erfolgen, denn wie oben ausgeführt, wird eine USt-IdNr. nur an Unternehmer erteilt. Problematisch sind die Fälle, in denen keine oder noch keine USt-IdNr. vergeben wurde. In diesen Fällen soll laut oben genannter Verfügungen auch weiterhin eine Unternehmerbescheinigung ausgestellt werden. 87

Soll aber auch im inländischen Handel die USt-IdNr. als Nachweis der Unternehmereigenschaft herangezogen werden, kann dies nicht durch eine qualifizierte Überprüfung der USt-IdNr. gemäß § 18e UStG erfolgen, denn diese qualifizierte Auskunft wird nur für USt-IdNr. anderer EU-Staaten durchgeführt. Auf der europäischen Webseite können zwar deutsche Nummern überprüft werden, aber es erfolgt keine qualifizierte Überprüfung; vielmehr wird lediglich geprüft, ob die Nummer 88

[70] Vgl. BFH, BStBl. 1995 II S. 175.

[71] Gaststättengesetz (GastG) i. d. F. der Bek. v. 20.11.1998, BGBl. I S. 3418, zuletzt geändert durch Verordnung v. 31.8.2015, BGBl. I S. 1474.

[72] Vgl. OFD Magdeburg, Verfügung v. 3.5.2010, Az. S – 7359 – 29 – St 242; OFD Niedersachsen, Verfügung v. 21.7.2011, Az. S 7340 – 209 – St 183.

richtig und aktiv ist. Insofern ist eine deutsche USt-IdNr. ein Nachweis, dass es sich um einen Unternehmer handelt. Eine qualifizierte Überprüfung dieser Nummer ist aber nicht möglich, sodass die steuerliche Unbedenklichkeitsbescheinigung ein wirkungsvolles Instrument ist, nicht nur die steuerliche Registrierung des Handelspartners zu überprüfen, sondern gleichfalls auch festzustellen, ob Steuerrückstände bestehen. Das prüfende Unternehmen muss sich schon auf Auskünfte der Finanzbehörden verlassen können, sodass eine aktuelle Bescheinigung diesem Anspruch gerecht wird. Überalterte Bescheinigungen haben hingegen nur noch einen eingeschränkten Aussagegehalt.

d) Vorlage der USt-Erklärung und Nachweis der Zahlung fälliger USt-Beträge

89 Da die oben beschriebenen Dokumente häufig nur einmal jährlich von den Finanzbehörden ausgestellt werden, andererseits aber die Meldefristen für Umsatzsteuer quartalsweise oder gar monatlich sind (vgl. § 18 UStG), hat sich in bestimmten Bereichen die Vorlage der USt-Erklärung und der Nachweis der Zahlung etabliert. Mit der USt-Erklärung kann überprüft werden, ob der Handelspartner auch seinen Meldepflichten gegenüber dem Finanzamt nachkommt. Insbesondere kann zumindest ansatzweise überprüft werden, ob der mit diesem Unternehmen getätigte eigene Umsatz entsprechend gemeldet wird. Um zu vermeiden, dass man Fälschungen aufsitzt, wird in Deutschland eine Kopie des **Elster-Sendeprotokolls** vorgelegt. Der zusätzliche Nachweis der auf dem Sende-Protokoll ausgewiesenen Zahllast gibt die Sicherheit, dass die Steuern auch abgeführt wurden. Damit haben die Finanzbehörden Kenntnis von den getätigten Umsätzen und können mit ihren, sehr viel weiterreichenden Untersuchungshandlungen überprüfen, ob alle Geschäfte ordnungsgemäß versteuert sind. Bei den in der Energiewirtschaft eher hohen Umsätzen ist es daher naheliegend, dass es häufiger zu einer **USt-Sonderprüfung** bzw. **-Nachschau** kommt. Seitens der Finanzämter werden automationsgestützt Hinweise ausgegeben, die USt-Sonderprüfungen anregen.[73] Bei der Durchführung von USt-Sonderprüfungen sind die §§ 193 ff. AO[74] sowie die §§ 5 bis 12, 20 bis 24, 29 und 30 BpO[75] mit Ausnahme des § 5 IV 2 BpO anzuwenden (§ 1 II BpO).

90 Die Vorlage dieser Dokumente scheitert dann, wenn der Handelspartner diese Dokumente nicht vorlegen will. Insofern ist die Erlangung

[73] Vgl. BMF-Schreiben v. 7.11.2002, Az. IV B 2 – S 7420a – 4/02.

[74] Abgabenordnung (AO) i. d. F. der Bek. v. 1.10.2002, BGBl. I S. 3866, 2003 I S. 61, zuletzt geändert durch Gesetz v. 26.7.2016, BGBl. I S. 1824.

[75] Allgemeine Verwaltungsvorschrift für die Betriebsprüfung (Betriebsprüfungsordnung – BpO 2000), v. 15.3.2000, BAnz. Nr. 58, S. 4898; BStBl. I S. 358, zuletzt geändert durch allgemeine Verwaltungsvorschrift v. 20.7.2011, BStBl. I S. 710.

dieser Unterlagen Ausdruck des Kräfteverhältnisses der beiden Vertragspartner. Die Sinnhaftigkeit der Einsichtnahme in diese Unterlagen findet aber auch dann sein ökonomisches Ende, wenn der zu untersuchende Handelspartner eine Vielzahl von Geschäften mit hohen Umsätzen tätigt, sodass ein Rückschluss auf die eigenen Geschäfte nicht mehr gegeben ist.

V. Vorschläge für einen unternehmensübergreifenden Know-Your-Customer-Prozess

Der im vorangegangene Kapitel beschriebene Know-Your-Custromer-Prozess bindet schon erhebliche Ressourcen im Unternehmen, krankt aber an einem wesentlichen Defizit: Es können immer nur die unmittelbaren Geschäftspartner untersucht werden, aber eine reputationsschädigende Einbeziehung in Umsatzsteuer-Karussell-Geschäfte kann auch durch andere Handelspartner innerhalb einer Lieferkette erfolgen. Obgleich die oben beschriebenen Maßnahmen grundsätzlich geeignet sind, die unmittelbare Einbeziehung zu vermeiden, ist aber auch diese Gefahr nicht vollständig ausgeräumt. Hauptproblem sind also die begrenzte Prüfungsmöglichkeit des einzelnen Handelssteilnehmers und die hohen wirtschaftlichen Konsequenzen. Im Interesse eines funktionierenden, europäischen Binnenmarktes für Strom und Gas bei gleichzeitig günstigen Handels- und Lieferbedingungen ist es erforderlich, ein unternehmensübergreifendes Überwachungssystem einzurichten. Dieses soll jedes teilnehmende Unternehmen an Hand von bestimmten Kriterien regelmäßig überprüfen und die wirtschaftliche und steuerliche Redlichkeit bescheinigen. Hierzu wird es von den Unternehmen regelmäßig mit Informationen über getätigte Transaktionen und Handelspartner versorgt. 91

Abzufragende Daten könnten sein: jede Transaktion (Geschäft) mit Preis, Datum, Volumen und Handelspartner,[76] ebenso aber auch jedes Verfügungsgeschäft, also jede Fahrplantransaktion oder Übertragung von Zertifikaten in den Registern. Beide Elemente können auseinanderfallen, z. B. bei einer Lieferung an Dritte, sodass die Erhebung von den Verpflichtungs- als auch von den Erfüllungsgeschäften erforderlich ist. Gleichsam sollten diese Informationen mit Meldungen in Bezug auf Umsatzsteuer und Energiesteuern ergänzt werden, um die Steuerredlichkeit zu überprüfen. Hier könnte also wie in einer Buchhaltung üblich, das Geschäft mit entsprechenden Steuer-Schlüsseln gemeldet werden. Wie bei innergemeinschaftlichen Lieferungen könnte zur Identifikation des Handelspartners die USt-IdNr. herangezogen werden. Die technische Herausforderung dabei ist sicherlich, die Masse an gemeldeten Daten zeitnah zu verarbeiten und insbesondere die Lieferketten mit den Han- 92

[76] Vgl. l'article L. 131-3 du Code de l'énergie.

delsgeschäften abzugleichen. Überdies wäre es erforderlich, dass die Überprüfung sehr zeitnah erfolgt, um auch eine aktuelle Einschätzung der Marktakteure zu erhalten. Es wäre wenig hilfreich, wenn die nachgelagerte Überprüfung zu dem Ergebnis käme, dass ein Handelsteilnehmer Unstimmigkeiten in Bezug auf Geschäfte und Steuererklärungen habe, er aber bereits mannigfaltig Geschäfte getätigt und die vereinnahmte Steuer unterschlagen hätte. Hier wäre also darauf zu achten, dass die Überprüfung der Handelsteilnehmer mit der Fristigkeit von Steuererklärungen übereinstimmt.

93 Die Meldung sollte an eine dem Handel nicht beteiligte Institution erfolgen, um möglichen Interessenkonflikten den Boden zu entziehen. Aus diesem Grund ist es wenig sinnvoll, organisierte Marktplätze wie Börsen mit diesen Aufgaben zu betreuen. Vielmehr sollte diese Überwachung durch die Regulierungsbehörden oder besser an die Europäische Agentur für die Zusammenarbeit der Regulierungsbehörden (ACER)[77] erfolgen, um eine europaweite Überwachung zu ermöglichen. Dies kann dann zusammen mit den Meldungen der REMIT[78] erfolgen. Die ACER würde damit die Grundlage schaffen, dass Umsatzsteuer-Karussell-Geschäfte in der EU zukünftig nicht stattfinden könnten.

VI. Ratings

94 Eines der zentralen Probleme des Kreditrisikomanagments ist das Bestimmen der **Ausfallrisiken** der Handelspartner. Viele der zuvor bereits beschriebenen Maßnahmen[79] dienen auch dazu, ein Unternehmen vor den Folgen eines insolvenzbedingten Ausfalls seines Gegenübers zu schützen. Diese Maßnahmen müssen allerdings auch in einer Relation zur Wahrscheinlichkeit des Ausfalls stehen. Von der Bewertung hängen also z. B. eingeräumte **Kreditlimite** ab.

95 Der Vorgang, die **Ausfallwahrscheinlichkeit** eines Handelspartners zu quantifizieren, wird gemeinhin als **Rating** bezeichnet. Auch der Begriff **Scoring** wird teilweise verwandt. Beim Rating werden für gewöhnlich zwei große Gruppen unterschieden: Zunächst einmal gibt es die Kategorie der **externen Ratings**, die durch spezialisierte Unternehmen bereitgestellt werden, und so dann die Kategorie der **internen Ratings**, also die Bewertung durch ein Unternehmen selbst.

[77] http://www.acer.europa.eu/, Stand Abruf: April 2017.

[78] Verordnung (EU) Nr. 1227/2011 über die Integrität und Transparenz des Energiegroßhandelsmarkts (REMIT), ABl. EU Nr. L 326, v. 8.12.2011, S. 1 ff. Siehe dazu ausführlich *du Buisson/Dessau*, in: Zenke/Schäfer, Energiehandel in Europa, 3. Aufl., § 28.

[79] Vgl. Rdnr. 4 ff. sowie Rdnr. 37 ff.

1. Externe Ratings

96 Externe Ratings werden der Wirtschaft durch die **Ratingagenturen** bereitgestellt. Diese Unternehmen haben sich darauf spezialisiert, **Unternehmensbewertungen** durchzuführen (und regelmäßig aktualisiert zu halten) und diese Daten anderen bereitzustellen. Damit externalisieren sie gewisse Kreditrisikomanagement-Funktionen für die Unternehmen (letztlich also eine Form des Outsourcings).

97 Ihr Geschäftsmodell beruht darauf, dass ein Unternehmen ein Interesse daran hat, seinen Geschäftspartnern eine möglichst positive Bewertung zur Verfügung stellen zu können. Es gilt der Grundsatz: Je besser die Bewertung, desto bessere Konditionen kann ein Unternehmen im Markt erwarten, da die Partner weniger kostspielige Vorsorge gegen einen **Adressenausfall** treffen müssen. Aus diesem Grund gewähren Unternehmen den Ratingagenturen Einblick in ihre **vertraulichen Unternehmensdaten** und bezahlen die Ratingagenturen auch noch selbst. Der Vorteil liegt auf der Hand: Auf diesem Wege kann ein Unternehmen sensible **Geschäftsgeheimnisse** vor seinen Geschäftspartnern verborgen halten, diese aber gleichzeitig – indirekt – für eine günstige **Kreditbewertung** einsetzen.[80]

98 Die **Ratingagenturen** sind im Zuge der **Finanzkrise** unter politischen Druck geraten.[81] Es wurde bemängelt, dass weder Ratingagenturen noch zu bewertende Unternehmen ein Interesse an einer schlechten Bewertung haben. Es gibt einen natürlichen Interessenskonflikt zwischen dem Erstellen eines objektiven Ratings und dem „Nicht-Verprellen-Wollen" eines Kunden.[82] Man befürchtet daher nicht-objektive Bewertungen. Hauptanlasspunkt für diese Kritik war die exzellente Bewertung von verbrieften US-Hypothekenkrediten. Durch ein mehrstufiges Verbriefungsverfahren wurden mittelmäßig bewertete Papiere letztlich so zusammengefasst, dass das Endprodukt von Ratingagenturen sehr gut bewertet wurde (ein weiterer Kritikpunkt lag darin, dass die Ratingagenturen gemeinsam mit den verbriefenden Banken daran gearbeitet haben, möglichst gut zu bewertende Produkte zu kreieren).

99 In der Folge sind die **Ratingunternehmen** unter stärkere **regulatorische Aufsicht** gekommen. In Europa unterfallen Ratingagenturen, die früher ihr Geschäft aufsichts- und anmeldefrei durchführen konnten, seit dem Jahr 2009 der Verordnung (EG) Nr. 1060/2009,[83] verändert durch eine

[80] Vgl. z. B. *Becker*, DB 2010, 941.
[81] Statt vieler nur *Cortez/Schön*, ZfgK 2010, 226 ff.; *Utzig*, Die Bank 2011, 8 ff.
[82] Vgl. z. B. *Becker*, DB 2010, 941, 942.
[83] Verordnung (EG) Nr. 1060/2009 des Europäischen Parlaments und des Rates vom 16.9.2009, ABl. EU Nr. L 302, v. 17.11.2009, S. 1 ff.

weitere Verordnung Nr. 513 aus dem Jahr 2011[84] und ergänzt durch die Verordnungen Nr. 272/2012,[85] Nr. 946/2012,[86] Nr. 2015/1,[87] Nr. 2015/2,[88] Nr. 2015/3.[89] Kern der EU-Regularien ist die **Beaufsichtigung der Ratingagenturen** durch die **Europäische Wertpapieraufsichtsbehörde ESMA.**[90] Die Beaufsichtigung erfolgt im Wesentlichen durch eine Registrierungspflicht für alle Ratingagenturen.[91] Diese soll gewährleisten, dass die Ratings nicht durch Interessenkonflikte beeinflusst werden, die Agenturen stets über die Qualität ihrer Ratingmethoden wachen und die Tätigkeit von Ratingagenturen ausreichend transparent ist.

100 Die bekannten Ratingagenturen sind vor allem die großen Drei aus den USA: **Standard and Poor's, Moody's** und **Fitch.** In Europa sind derzeit 43 Agenturen registriert, wobei es sich teilweise um nationale Ableger der großen Drei handelt.[92]

2. Interne Ratings

101 Im Gegensatz zu den externen Ratings der Ratingagenturen sind die internen Ratings das **Ergebnis von Bewertungsprozessen,** die die Handelspartner untereinander durchführen. Die Bewertungsgrundlage für diese Bewertungsprozesse können dabei nur solche Unterlagen sein, die

[84] Verordnung (EG) Nr. 513/2011 des Europäischen Parlamentes und des Rates vom 11.5.2011, ABl. EU Nr. L 145, v. 31.5.2011, S. 30 ff.

[85] Delegierte Verordnung (EU) Nr. 272/2012 der Kommission vom 7. 2.2012, ABl. EU Nr. L 90, v. 28.3.2012, S. 6 ff., in Bezug auf die Gebühren, die den Ratingagenturen von der Europäischen Wertpapier- und Marktaufsichtsbehörde in Rechnung gestellt werden.

[86] Delegierte Verordnung (EU) Nr. 946/2012 der Kommission vom 12.7.2012, ABl. EU Nr. L 282, v. 16.10.2012, S. 23 ff., im Hinblick auf Verfahrensvorschriften für von der Europäischen Wertpapier- und Marktaufsichtsbehörde (ESMA) Ratingagenturen auferlegte Geldbußen, einschließlich der Vorschriften über das Recht auf Verteidigung und Fristen.

[87] Delegierte Verordnung (EU) 2015/1 der Kommission v. 30.9.2014, ABl. EU Nr. L 2, v. 6.1.2015, S. 1. ff., bezüglich der technischen Regulierungsstandards für die regelmäßige Meldung der von den Ratingagenturen erhobenen Gebühren für die Zwecke der laufenden Beaufsichtigung durch die Europäische Wertpapier- und Marktaufsichtsbehörde.

[88] Delegierte Verordnung (EU) Nr. 2015/12 der Kommission v. 30.9.2014, ABl. EU Nr. L 2, v. 6.1.2015, S. 24 ff., in Bezug auf technische Regulierungsstandards für die Präsentation von Informationen, die Ratingagenturen der Europäischen Wertpapier- und Marktaufsichtsbehörde zur Verfügung stellen.

[89] Delegierte Verordnung (EU) 2015/3 der Kommission v. 30.9.2014, ABl. EU Nr. L 2, v. 6.1.2015, S. 57 ff., in Bezug auf technische Regulierungsstandards für die Offenlegungspflichten bei strukturierten Finanzinstrumenten.

[90] European Securities and Markets Authority, die in dieser Hinsicht CERS, dem Comitee of European Security Regulators, nachfolgt.

[91] Vgl. z. B. *Becker*, DB 2010, 941, 944.

[92] www.esma.Europa.eu (Link: Registry and Databases > Registered CRA's), Stand Abruf: April 2017.

entweder frei verfügbar sind oder vom Handelspartner freiwillig bereitgestellt wurden. Je nach den verwendeten Bewertungsmodellen können auch externe Ratings als eine Informationsquelle für das interne Rating einbezogen werden.

Der **Bewertungsprozess** unterscheidet sich auch regelmäßig nach der Art des Handelspartners. Während eine Bank im Wesentlichen Finanzzahlen im Blick hat, hat ein Energiehandelsunternehmen gegebenenfalls auch die Möglichkeit, die Aktivitäten des Handelspartners auf dem (physischen) Energiemarkt einschließlich der Bewirtschaftung seiner (physischen) Assets wie Kraftwerke zusätzlich zu betrachten.[93] 102

3. Relevanz der Ratings

Zwei typische Mechanismen, die auf Ratings beruhen oder sie nutzen, sind zum einen **Vertragsklauseln in Rahmenverträgen** (Kündigungsgründe und/oder Nachbesicherungspflichten) und zum anderen die **Eigenmittelunterlegungsberechnung.** 103

a) Vertragsklauseln mit Ratingbezug

Energiehandelsunternehmen schließen typischerweise untereinander Handelsrahmenverträge. Ein sehr verbreiteter Standard ist der **EFET-Rahmenvertrag,**[94] der als Beispiel für die anderen hier dienen möge. In diesem findet sich ein Verweis auf externe Ratings in § 17.2 (a) und (b). Danach erhält eine Vertragspartei das Recht, von der anderen Vertragspartei eine nachträgliche Besicherung zu verlangen, wenn das „Credit Rating" der Vertragspartei, ihres Sicherheitengebers oder ihrer beherrschenden Entität auf oder unter einen definierten Grad sinkt.[95] Senkt also die Ratingagentur ihr Rating für einen Vertragspartner, darf der andere eine zusätzliche **Sicherheit** (z. B. eine Bürgschaft) einfordern. Wenn diese nicht innerhalb weniger Tage gestellt werden kann, darf gekündigt werden. Andere Vertragstypen sehen sogar ein direktes **Kündigungsrecht** für den Fall der **Rating-Absenkung** vor. Im schlimmsten Fall erfolgt dies automatisch – also z. B. als **auflösende Bedingung für den Vertrag.** Bei längerfristigen Krediten tritt oft **Vorfälligkeit** ein, wenn das Rating unter eine definierte Schwelle sinkt. 104

[93] Vgl. dazu ausführlicher in der Vorauflage *Fuhr/Dessau*, in: Zenke/Schäfer, Energiehandel in Europa, 2. Aufl., § 23, Rdnr. 9.

[94] EFET General Agreement Concerning the Delivery and Acceptance of Electricity Version 2.1(a) v. 21.9.2007, bzw. EFET General Agreement Concerning the Delivery and Acceptance of Natural Gas Version 2.0(a) v. 11.5.2007, vgl. dazu auch *Dessau/Fischer*, § 24 in diesem Band, Rdnr. 10 ff.

[95] Der EFET-Vertrag geht dabei davon aus, dass das Rating von Standard & Poor's oder Moody's stammt, vgl. Annex 1 zum Vertrag bei der Definition von „Credit Rating".

b) Ratings und Eigenmittelunterlegung

105 Banken und Finanzdienstleister, die der **Eigenmittelunterlegungspflicht** unterliegen, nutzen externe wie interne Ratings im Rahmen der Eigenmittelunterlegung insbesondere für die Ermittlung der richtigen Unterlegung der Adressausfallrisiken. Diese können entweder über den **Kreditrisiko-Standardansatz (KSA)** oder den auf **internen Ratings basierenden Ansatz (IRB-Ansatz)** bestimmt werden. Dafür hat die Europäische Kommission ein umfangreiches Regulierungspaket geschaffen, welches zum einen die Eigenmittel-Richtlinie[96] (CRD IV) umfasst, die durch das CRD-IV-Umsetzungsgesetz[97] auf Bundesebene umgesetzt wurde und zum anderen die Eigenmittelverordnung[98] (CRR), die unmittelbar anzuwenden ist.

106 Nach dem **KSA** werden externe Ratings zur **Bonitätsgewichtung** eingesetzt.[99] Die Ratingagentur muss gemäß der Verordnung (EG) Nr. 1060/2009 als externe Ratingagentur (ECAI) anerkannt sein.

107 Ein komplexeres Verfahren stellt der **IRB-Ansatz** dar. Hier darf das Institut selbst eine gewisse Risikogewichtung und –bewertung anhand seiner intern gebildeten Ratings vornehmen. In diesem Falle muss die Finanzaufsicht zumindest aber das Verfahren selbst, das hinter dem IRB-Ansatz steht, prüfen und zulassen.[100]

---

[96] Richtlinie 2013/36/EU des Europäischen Parlaments und des Rates vom 26.6.2013, ABl. EU Nr. L 176, v. 27.6.2013, S. 338 ff.

[97] Gesetz zur Umsetzung der Richtlinie 2013/36/EU über den Zugang zur Tätigkeit von Kreditinstituten und Wertpapierfirmen und zur Anpassung des Aufsichtsrechts an die Verordnung (EU) 575/2013 über Aufsichtsanforderungen an Kreditinstitute und Wertpapierfirmen, BGBl. I Nr. 53, S. 3395ff. v. 3.3.2013.

[98] Verordnung (EU) Nr. 575/2913 des Europäischen Parlaments und des Rates v. 26.6.2013, ABl. EU Nr. L 176, v. 27.6.2013, S. 1 ff. berichtigt zum 30.11.2013, ABl. EU Nr. 321, v. 30.11.2013, S. 6 ff.

[99] Mehr dazu bei *Spanier*, § 11 in diesem Band, Rdnr. 28 ff.

[100] Vgl. Art. 143, 144 CRR; mehr dazu bei *Spanier*, § 11 in diesem Band, Rdnr. 28 ff.; eine Übersicht der deutschen IRB-Institute unter www.bafin.de (Link: Daten & Dokumente>Übersicht der deutschen IRB-Ansatz-Institute).

§ 19 Aufbau von Handelseinheiten

A. Ausgangssituation

I. Entwicklung des Energiehandels

1 Die Rahmenbedingungen und Möglichkeiten im Energiehandel unterlagen im Zuge der Deregulierung einem erheblichen Wandel. Entstanden sind verschiedene Großhandelsmarktplätze, die unterschiedliche Produkte und Dienstleistungen anbieten. Es existieren zum einen die bilateralen, über Intermediäre vermittelte Marktplätze. Auf diesen schließen Marktteilnehmer (Händler) bilateral strukturierte Kontrakte. Um die Fungibilität dieser Kontrakte zu erhöhen, sind auch die bilateral gehandelten Verträge weitgehend standardisiert. Die meisten bilateral gehandelten Kontrakte haben den Charakter eines Termingeschäfts, bei dem zu jedem aktuellen Zeitpunkt definierte Leistungen der Rohware über einen definierten zukünftigen Fälligkeitszeitraum gehandelt werden. Die Produkte werden in aller Regel physisch erfüllt. Daneben existieren Börsen als Marktplätze, auf denen sowohl finanziell als auch physisch erfüllte Termingeschäfte gehandelt werden. Börsen bieten zudem verschiedene Dienstleistungen. Die wesentliche Dienstleistung in Abgrenzung zum bilateralen Handel ist das Clearing. Hierbei finden handelstägliche Zahlungsströme zwischen den Handelspartnern statt. Die Produkte, die auf allen Marktplätzen gehandelt werden, unterscheiden sich in ihrem Auszahlungsprofil in unbedingte Termingeschäfte, auch Forwards im bilateralen Handel bzw. Futures im börslichen Handel genannt, sowie bedingte Termingeschäfte, sogenannte Optionen. Neben den Termingeschäften werden kurzfristige Lieferverpflichtungen auf den sogenannten Spotmärkten sowie Intraday- als auch Afterdaymärkten gehandelt. Die weitgehend standardisierten Produkte auf den Großhandelsmärkten werden in sehr hoher Frequenz gehandelt, was bedeutet, dass in gleicher Frequenz Großhandelspreise für alle gehandelten Produkte entstehen. Dieser Handel sowie die resultierenden Preise haben eine sehr wichtige Funktion auch für alle strukturierten – also auf individuelle Bedürfnisse zugeschnittene – Produkte. Die Preise für diese strukturierten Produkte erfolgen in Referenz zu den Großhandelsmarktpreisen.

2 Die Märkte für den standardisierten Produkthandel haben sich im Zuge der Deregulierung der Energiemärkte stark professionalisiert. Die Entwicklung dieser Märkte bietet bestehenden wie auch neuen Marktteilnehmern Chancen, aber auch entsprechende Risiken. Letztere müssen

mit Bedacht gesteuert werden. Hierzu gehören verschiedene Maßnahmen, wie in diesem Buch an anderer Stelle beschrieben. Vor allem wichtig ist die Einrichtung einer klaren und transparenten Organisationsstruktur. Darüber hinaus wurden im Laufe der Zeit aufsichtsrechtliche Regularien entwickelt, die durch die Marktteilnehmer zu beachten und – umgesetzt über geeignete Compliancesysteme – einzuhalten sind. In diesem Beitrag sollen verschiedene, aus den theoretischen Forderungen der Mindestanforderungen an das Risikomanagement (MaRisk)[1] und den Mindestanforderungen an Compliance (MaComp)[2] resultierende, Organisationsstrukturen sowie vor allem in praxi häufig auftretende Strukturen beschrieben werden.

II. Gesetzliche Anforderungen an das Risikomanagement

3 Die allgemeinen gesetzlichen Anforderungen an das Risikomanagementsystem lassen sich aus dem Gesetz zur Kontrolle und Transparenz im Unternehmensbereich (KonTra-Gesetz)[3] – speziell dem **§ 91 II AktG**[4] – herleiten. Danach hat der Vorstand die Pflicht, für ein angemessenes Risikomanagement und eine angemessene Revision zu sorgen. Je nach Größe und Komplexität der Unternehmensstruktur gilt dieses auch für Geschäftsführer von Gesellschaften anderer Rechtsformen, wie z. B. der GmbH.[5] Für Energieversorger mit kommunalen Mehrheitsbeteiligungen sind des Weiteren der **§ 53 HGrG**[6] und der damit verbundene Fragenkatalog des Instituts der Wirtschaftsprüfer (IDW) von hoher Relevanz, in dem die Ordnungsmäßigkeit der Geschäftsführung und die wirtschaftlichen Verhältnisse zu prüfen sind. Im Rahmen dieses Beitrages soll insbesondere auf den *Fragenkreis 2* (Aufbau- und ablauforganisatorische Grundlagen), den *Fragenkreis 4* (Risikofrüherkennungssystem), den *Fragenkreis 5* (Fi-

---

[1] Rundschreiben 11/2010 (BA) v. 15.12.2010, Mindestanforderungen an das Risikomanagement – MaRisk, http://www.bundesbank.de (Link: Aufgaben > Bankenaufsicht > Risikomanagement > MaRisk), Stand Abruf: April 2017.

[2] Rundschreiben 4/2010 (WA) v. 7.8.2014, Mindestanforderungen an die Compliance-Funktion und die weiteren Verhaltens-, Organisations- und Transparenzpflichten nach §§ 31 ff. WpHG für Wertpapierdienstleistungsunternehmen, www.bafin.de (Link: Daten & Dokumente > Alle Dokumente > Rundschreiben), Stand Abruf: April 2017.

[3] Gesetz zur Kontrolle und Transparenz im Unternehmensbereich (KonTraG) v. 27.4.1998, BGBl. I S. 768 ff.

[4] Aktiengesetz (AktG) v. 6.9.1965, BGBl. I S. 1089, zuletzt geändert durch Gesetz v. 22.12.2015, BGBl. I S. 2565.

[5] IDW Prüfungsstandard (IDW PS 340).

[6] Gesetz über die Grundsätze des Haushaltsrechts des Bundes und der Länder (Haushaltsgrundsätzegesetz – HGrG) v. 19.8.1969, BGBl. I S. 1273, zuletzt geändert durch Gesetz v. 15.7.2013, BGBl. I S. 2398.

nanzinstrumente, andere Termingeschäfte, Optionen und Derivate) und den *Fragenkreis* 6 (Interne Revision) hingewiesen werden.[7]

B. Organisationskonzepte für Handelseinheiten

I. Grundvoraussetzungen gemäß MaRisk

Die MaRisk geben auf Grundlage des § 25a I KWG[8] den Rahmen für die Ausgestaltung eines Risikomanagements und damit für die Einrichtung angemessener interner Kontrollverfahren vor.[9] Letzteres enthält auch Regelungen zur Aufbau- und Ablauforganisation. Aus den MaRisk lassen sich auch für Unternehmen, für die die Regelungen nicht verbindlich sind, allgemeine Grundsätze für den Aufbau von Handelseinheiten und -organisationen ableiten. Darüber hinaus wird in den MaRisk ausdrücklich darauf hingewiesen, dass Handelsgeschäfte im Sinne der MaRisk auch Geschäfte mit Waren sind, wozu auch der Handel mit Strom und CO_2 gehört. 4

Die Regelungen der MaRisk zur Aufbau- und Ablauforganisation haben dabei Art, Umfang, Komplexität und Risikogehalt der Geschäftsaktivitäten zu berücksichtigen. Diese Relativierung macht deutlich, dass die grundsätzlichen Voraussetzung der MaRisk in der Form nicht ohne Weiteres auf jedes Unternehmen zu übertragen sind. 5

Gemäß der MaRisk ist bei der Ausgestaltung der Aufbau- und Ablauforganisation grundsätzlich sicherzustellen, dass miteinander unvereinbare Tätigkeiten durch unterschiedliche Mitarbeiter durchgeführt werden. Prozesse sowie damit verbundene Aufgaben, Kompetenzen und Verantwortlichkeiten, Kontrollen und Kommunikationswege sind klar zu definieren und aufeinander abzustimmen. Dabei gilt der maßgebliche Grundsatz der Funktionstrennung für eine klare aufbauorganisatorische Trennung 6

- des Bereichs Handel

von den Funktionen

- des Risikocontrollings sowie
- der Abwicklung und Kontrolle

bis einschließlich der Ebene der Geschäftsleitung.[10] Des Weiteren muss jedes Unternehmen über eine funktionsfähige Interne Revision und Compliance-Funktion verfügen. Sie stellen Instrumente der Geschäftsleitung dar, sind ihr unmittelbar unterstellt und ihr berichtspflichtig. Es ist

[7] IDW Prüfungsstandard (IDW PS 720).

[8] Gesetz über das Kreditwesen (Kreditwesengesetz – KWG) i. d. F. der Bek. v. 9.9.1998, BGBl. I S. 2776, zuletzt geändert durch Gesetz v. 3.3.2016, BGBl. I S. 348.

[9] Rundschreiben 11/2010 (BA) – MaRisk (siehe Fn. 1).

[10] Ebenda, BTO und v. a. 2.1.

grundsätzlich auch möglich, sie nicht der gesamten Geschäftsleitung, sondern einem Mitglied der Geschäftsleitung zu unterstellen. Die Compliance-Funktion kann an anderen Kontrolleinheiten angebunden werden. Zur Erfüllung ihrer Aufgaben kann die Compliance-Funktion auch auf andere Funktionen und Stellen zurückgreifen.

7 In der folgenden Abbildung 19.1 ist ein vereinfachtes Organigramm gemäß den grundsätzlichen Anforderungen der MaRisk dargestellt.

Abbildung 19.1: Aufbauorganisation MaRisk

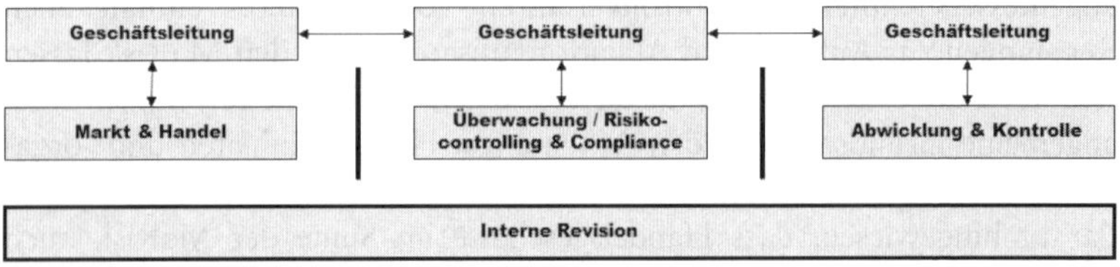

8 Vor dem Hintergrund, dass die MaRisk eine Relativierung der Regelung zur Aufbau- und Ablauforganisation zulassen, kann von der strikten Funktionstrennung abgewichen werden. Diese gilt insbesondere für Unternehmen, deren Handelsaktivitäten sich auf den physischen Handel in Höhe des eigenen Kundenportfolios begrenzen. Der Risikogehalt solcher Handelsaktivitäten ist in Relation zu Unternehmen, die auch finanziellen Handel betreiben und dabei die Höhe ihres Kundenportfolios deutlich übersteigen („Drehung" des Portfolios), als gering einzustufen. Es ist naheliegend, dass die in den MaRisk definierten Anforderungen nicht in gleichem Maße anzusetzen sind. Die MaRisk sehen für den Fall vor, dass sich die Handelsaktivitäten in ihrer Gesamtheit auf Handelsgeschäfte konzentrieren, die unter Risikogesichtspunkten als nicht wesentlich einzustufen sind („nicht-risikorelevante Handelsaktivitäten"), auf die Funktionstrennung bis zur Ebene der Geschäftsleitung abzusehen.[11] Für den Grundsatz, dass der Handel von den Funktionen der Abwicklung und Kontrolle sowie des Risikocontrollings abgegrenzt werden muss, wird jedoch richtigerweise keine „Aufweichung" aufgrund von Art, Umfang, Komplexität und Risikogehalt der Geschäftsaktivitäten gewährt.

9 Der Bereich **Handel** muss bei dem Abschluss von Handelsgeschäften die Konditionen einschließlich der Nebenabreden vollständig dokumentieren. Beim Abschluss sind nicht marktgerechte Bedingungen grundsätzlich unzulässig, wobei Ausnahmen möglich sind (z. B. aufgrund von Kundenwünschen und internen Vorgaben). Die entsprechenden Abwei-

[11] Rundschreiben 11/2010 (BA) – Mindestanforderungen an das Risikomanagement – MaRisk, BTO 2.1.

chungen von den marktgerechten Bedingungen sind offen zu legen und bei entsprechender Bedeutung an die Geschäftsleitung zu berichten. Der Abschluss von Handelsgeschäften außerhalb der Geschäftsräume ist nur im Rahmen interner Vorgaben zulässig. Solche Handelsgeschäfte sind unverzüglich anzuzeigen, zu kennzeichnen und der Geschäftsleitung zur Kenntnis zu bringen. Nach Geschäftsabschluss sind alle maßgeblichen Abschlussdaten zu erfassen und unverzüglich an die Abwicklung weiterzuleiten. Sofern dieses nicht möglich ist, weil die Handelsgeschäfte nach Erfassungsschluss der Abwicklung abgeschlossen worden sind (Spätgeschäfte), sind die maßgeblichen Abschlussdaten zumindest unverzüglich an eine Stelle außerhalb des Handels weiterzuleiten.[12]

Auf Basis der vom Handel erhaltenen Abschlussdaten erstellt die **Abwicklung** die Geschäftsbestätigungen bzw. die Abrechnungen sowie die daran anschließenden Abwicklungsaufgaben. Grundsätzlich hat die Abwicklung die Handelsgeschäfte unverzüglich schriftlich und in gleichwertiger Form zu bestätigen. Der unverzügliche Eingang der Gegenbestätigung ist zu überwachen, wobei sichergestellt sein muss, dass die eingehenden Gegenbestätigungen zuerst und direkt in die Abwicklung gelangen und nicht an den Handel adressiert sind. Die Handelsgeschäfte sind darüber hinaus von der **Kontrolle** laufend zu überprüfen, wobei folgende Aspekte im Wesentlichen zu beachten sind: 10

- Die Geschäftsunterlagen liegen vollständig und zeitnah vor.
- Die Angaben der Händler sind richtig, vollständig und stimmen im Wesentlichen mit anderen Unterlagen der Handelstätigkeit überein.
- Die Handelsgeschäfte bewegen sich hinsichtlich Art und Umfang im Rahmen der festgesetzten Limits.
- Es sind marktgerechte Bedingungen vereinbart und eingehalten worden.
- Bei Abweichungen von den vorgegebenen Standards sind diese zuvor vereinbart worden.

Die ermittelten Positionen sind in der Abwicklung und Kontrolle regelmäßig mit dem Handel abzustimmen. Sofern im Rahmen der Abwicklung und Kontrolle Unstimmigkeiten festgestellt werden, sind diese unverzüglich unter der Verantwortung eines vom Handel unabhängigen Bereichs zu klären.[13] 11

Eine zentrale Bedeutung kommt dem **Risikocontrolling** zu, das für die zeitnahe Überwachung des Risikogehalts der Handelsgeschäfte zuständig ist. Aus diesem Grunde sind die Handelsgeschäfte einschließlich der Nebenabreden unverzüglich im Risikocontrolling abzubilden. Das Risikocontrolling hat dabei insbesondere folgende Risiken zu bewerten: 12

[12] Ebenda.
[13] Ebenda, BTO 2.2.2.

- Adressenausfallrisiken;
- Marktpreisrisiken;
- Liquiditätsrisiken und
- operationelle Risiken.

13 In regelmäßigen Abständen ist durch das Risikocontrolling ein Bericht zu erstellen.[14] Hierbei liegt die eigentlich zentrale Aufgabe des Risikocontrollings, da sie die Geschäftsleitung erst in die Lage versetzt, die Risiken der Geschäftstätigkeit zu beurteilen und ggf. Gegenmaßnahmen zu ergreifen.

14 Die Compliance-Funktion hat auf die Implementierung wirksamer Verfahren zur Einhaltung der wesentlichen rechtlichen Regelungen und Vorgaben und entsprechender Kontrollen hinzuwirken. Ferner hat die Compliance-Funktion die Geschäftsleitung hinsichtlich der Einhaltung der rechtlichen Regelungen und Vorgaben zu unterstützen und zu beraten.

15 Die Compliance-Funktion hat mindestens jährlich sowie anlassbezogen der Geschäftsleitung über ihre Tätigkeit Bericht zu erstatten. Die Berichte sind auch an das Aufsichtsorgan und die Interne Revision weiterzuleiten.

16 Die **Interne Revision** hat auf Grundlage eines risikoorientierten Ansatzes grundsätzlich alle Aktivitäten und Prozesse des Unternehmens zu prüfen. Dabei hat sie ihre Aufgaben selbstständig und unabhängig wahrzunehmen. Insbesondere ist zu gewährleisten, dass sie bei der Berichterstattung und der Wertung der Prüfergebnisse keinen Weisungen unterworfen ist.

17 Über jede Prüfung hat die Interne Revision zeitnah einen Prüfungsbericht zu erstellen und den fachlich zuständigen Geschäftsleitern vorzulegen. Bei schwerwiegenden Mängeln muss der Bericht unverzüglich der Geschäftsleitung vorgelegt werden.

II. Grundvoraussetzungen gemäß MaComp

18 Die MaComp präzisieren einzelne Regelungen des Wertpapierhandelsgesetzes[15] und setzen einen flexiblen praxisnahen Rahmen für die Ausgestaltung der Geschäftsorganisation des Wertpapiergeschäftes. Aus den MaComp lassen sich analog zur MaRisk auch für Unternehmen, für die die Regelungen nicht verbindlich sind, allgemeine Grundsätze für den Aufbau von Handelseinheiten und -organisationen ableiten.

---

[14] Ebenda, BTR 1 bis BTR 4.

[15] Gesetz über den Wertpapierhandel (Wertpapierhandelsgesetz – WpHG) i. d. F. der Bek. v. 9.9.1998, BGBl. I S. 2708, zuletzt geändert durch Gesetz v. 20.11.2015, BGBl. I S. 2029.

Die MaComp sollen das Vertrauen der Anleger in das Funktionieren der Wertpapiermärkte fördern, den Schutz der Gesamtheit der Anleger und die institutionelle Funktionsfähigkeit der Kapitalmärkte stärken sowie dem Schutz des Wertpapierdienstleistungsunternehmens und seiner Mitarbeiter dienen. 19

Bei der Ermittlung der für ein Unternehmen angemessenen Vorkehrungen sind auch hier Art, Umfang, Komplexität und Risikogehalt des jeweiligen Geschäfts sowie Art und Spektrum der angebotenen Wertpapierdienstleistungen zu berücksichtigen.

Nach den allgemeinen Anforderungen der MaComp hat ein Unternehmen angemessene Grundsätze aufzustellen, Mittel vorzuhalten und Verfahren einzurichten, die darauf ausgerichtet sind, sicherzustellen, dass das Unternehmen selbst und seine Mitarbeiter den gesetzlichen Verpflichtungen nachkommen. Dies erfordert insbesondere die Einrichtung einer dauerhaften und wirksamen sowie prozessbegleitend als auch präventiv tätigen Compliance-Funktion, die ihre Aufgaben unabhängig wahrnehmen kann. 20

Es ist eine effektive Durchführung erforderlicher Kontrollhandlungen sicherzustellen. Hierbei sind zunächst die operativen Bereiche für die Einhaltung der Vorschriften und Durchführung eigener Kontrollen verantwortlich. Zusätzlich sind – zumindest stichprobenweise – Überwachungshandlungen durch andere Bereiche, z. B. eine Überwachung des Handels durch die Handelsabwicklung und/oder Compliance-Funktion, vorzunehmen. 21

III. Aufbauorganisatorische Gestaltungen in der Praxis bei kleineren und mittelgroßen Unternehmen

1. Rolle des Handels bei kleineren und mittelgroßen Unternehmen

Der Handel bei den meisten kleineren bis mittleren Unternehmen im Energiemarkt beschäftigt sich ausschließlich mit der markt- und risikoorientierten Steuerung von allen **Energieportfolien** des Unternehmens. Die Energieportfolien des Unternehmens resultieren aus den natürlichen Positionen des Unternehmens aus z. B. getätigten Investitionen in Erzeugungsanlagen oder Speicher bzw. auch aus allen Vertriebsaktivitäten. Der Handel zur Steuerung dieser Energieportfolien wird in Folge als Energiehandel bezeichnet. 22

Der Energiehandel übernimmt in dem Unternehmen eine zentrale energiewirtschaftliche Funktion. Er stellt die energiewirtschaftliche Drehscheibe dar, die gewinnmaximierend die Erzeugungs-/Speicherkapazitäten vermarktet, kostenminimierend für den Einzelhandel Energie beschafft, ggf. eigene Vertriebspositionen gegenüber Größtabnehmern eingeht bzw. für andere interne Geschäftsfelder (wie z. B. Vertrieb 23 und Erzeugung) Dienstleistungen oder Produkte strukturiert und den entsprechenden Marktzugang organisiert. Teilweise übernimmt der Energiehandel auch spekulative Handelspositionen auf eigene Rechnung. Der Energiehandel hat demnach zentrale Energiebeschaffungsfunktionen für den Vertrieb bzw. Vermarktungsfunktionen für die Erzeugung bzw. Speicher, die üblicherweise aber mit weiteren Dienstleistungen (z. B. Übernahme von Prognosen von Mengen bzw. Laststrukturen für den Vertrieb, laufende Bewertungen von Kundenangeboten, Risikoanalysen) verbunden sein können.

24 Die Zusammenarbeit zwischen Energiehandel und den anderen Geschäftsfeldern kann sehr verschieden organisiert sein. Häufig tritt der Energiehandel als interner Dienstleister gegenüber Vertrieb und auch Erzeugung/Speicherung auf. In dieser Funktion berät der Energiehandel den Vertrieb und die Erzeugung/Speicherung bei der grundsätzlichen Gestaltung der jeweiligen **Portfoliostrategie**. In der operativen Umsetzung der jeweiligen Portfoliostrategie kann dann der Energiehandel entweder auf Basis vorab definierter Kriterien handeln, oder es findet vor jeder Transaktion ein Beratungsgespräch zwischen Energiehandel und dem jeweils anderen Geschäftsfeld (Vertrieb oder Erzeugung/Speicherung) statt, in dem die gewünschte Handlung spezifiziert wird.

25 Neben dieser Funktion als interner Dienstleister ist es in praxi nicht unüblich, dass der Vertrieb bzw. die Erzeugung/Speicherung nach definierten Kriterien die jeweiligen Positionen (z. B. Beschaffungstranchen des Vertriebs oder Vermarktungsmengen aus dem Kraftwerk) an den Energiehandel zu den aktuellen Marktpreisen übergeben und der Handel hieraus einen Gewinn generieren muss. In diesem Fall der gegenseitigen Verrechnung der Positionen wird der Handel als eigenes Geschäftsfeld mit Ergebniszielen definiert.

2. Aufbauorganisation des Energiehandels bei kleineren und mittelgroßen Unternehmen

26 Die allermeisten Transaktionen des Energiehandels bei kleineren und mittleren Unternehmen haben den Charakter von **Hedging-Maßnahmen**. Da diese keine Genehmigungspflicht im Sinne des KWG nach sich ziehen, stellen die MaRisk und MaComp für die meisten Unternehmen im Energiehandel keine verbindliche Richtlinie in der Umsetzung dar. Dennoch gelten die MaRisk und MaComp weithin als Orientierungshilfe in praxi bei der Gestaltung der Aufbauorganisation von Energiehandelseinheiten.

27 Vorangegangen wurde bereits die Bedeutung der Funktionstrennung bis in die Ebene der Geschäftsleitung thematisiert. Insbesondere aber diese wird aus verschiedenen Gründen in praxi von kleineren und mittleren Unternehmen in aller Regel nicht umgesetzt, sofern die Handelsak-

tivitäten nicht alleinig Geschäftszweck sind und v. a. nur einen geringen Umfang aller Aktivitäten des Unternehmens ausmachen. Dieses bedeutet aber in aller Regel sehr wohl, dass zwischen den einzelnen Funktionsbereichen aufbauorganisatorisch unterschieden wird. Hierbei ist häufig auch festzustellen, dass insbesondere die **Überwachungsfunktionen** von den operativen Funktionen des Energiehandels getrennt werden, dieses z. T. sogar bis in die Geschäftsleitung hinein. Da Energiehandelsgeschäfte aber auch wie realwirtschaftliche Assets – wie z. B. Kraftwerke und Speicher – ökonomisch hinsichtlich ihres Risikogehaltes vergleichbar sind mit sonstigen derivativen Geschäften, werden alle marktüblichen Standards im **Risikomanagement** und zunehmend auch **Compliance** auf die Energieportfolien angewendet. Entsprechend orientieren sich die Überwachungsfunktionen an allen oben beschriebenen Aufgaben. Die Überwachungsfunktionen werden in praxi häufig als Funktionen des Risikomanagements bzw. **Risikocontrollings** sowie **Compliance** bezeichnet.

Insbesondere bei kleineren Unternehmen kann es aus Kostengründen Sinn machen, einzelne Überwachungsfunktionen auszulagern. Hierdurch besteht die Möglichkeit, auf notwendiges Spezialwissen zuzugreifen, welches bei der eher generalistischen internen Ausrichtung nicht vorhanden ist, und die Qualität der Überwachung deutlich zu erhöhen, z. B. indem man **Reportingleistungen** und Bewertungsaufgaben oder regulatorisches Meldewesen auf andere überträgt. 28

Oben wurden für die operativen Funktionen und Organisationseinheiten des Handels verschiedene Begriffe verwendet. In der Praxis wird vielfach eine etwas andere Terminologie für die Organisationseinheiten im Energiehandel verwendet. Dabei wird üblicherweise eine organisatorische Aufteilung der operativen **Handelsaktivitäten** in **Front Office**, **Middle Office** und **Back Office** vorgenommen. In kleineren und mittleren Energieunternehmen ist die Geschäftsleitung (Geschäftsführer oder Vorstand), die das Geschäftsfeld des Energiehandels verantwortet, in aller Regel noch verantwortlich für weitere Geschäftsfelder (z. B. Vertrieb und Erzeugung/Speicherung). Die Funktionstrennung insbesondere der operativen Handelsfunktionen erfolgt hierbei in aller Regel bis zur Ebene der Geschäftsfeldleitung Energiehandel. 29

In Analogie zu dem obigen Bild ergibt sich in praxi in aller Regel folgende Aufbauorganisation: 30

Abbildung 19.2: Mögliche Aufbauorganisation Energiehandel

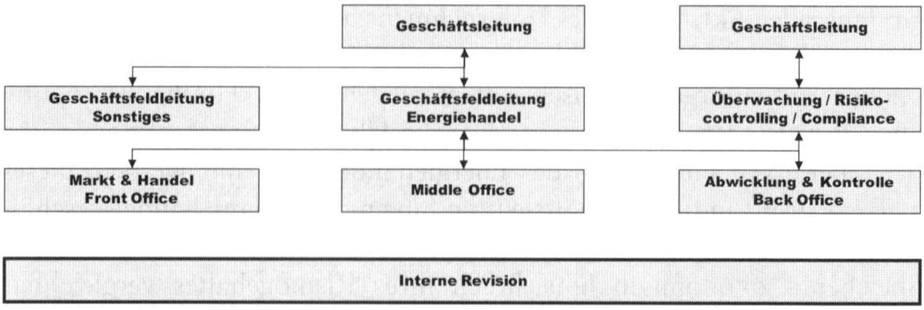

31 In der Abbildung 19.2 sind der Leitungsfunktion des Energiehandels die verschiedenen operativen Organisationseinheiten unterstellt. Das Front Office unternimmt hierbei jegliche Marktinteraktion, während das Back Office die oben beschriebenen Kontroll- und Abwicklungsfunktionen übernimmt. Dem Middle Office werden häufig alle analytischen Entwicklungs- und Anwendungsfunktionen zugeordnet. Diese beinhalten verschiedene Aufgaben, üblicherweise als Dienstleistungen für die Vertriebs- und Erzeugungseinheiten, aber auch für das Front Office. Für den Vertrieb können das z. B. Lastprognosen und marktorientiertes Pricing von Lastprofilen sein. Für die Erzeugung/Speicherung können dieses z. B. Einsatzoptimierungsrechnungen sein. Daneben werden üblicherweise im Middle Office Marktanalysen, sonstige Portfolioanalysen und -strategien für das Front Office aber auch für den Vertrieb und die Erzeugung entwickelt. Für alle Anwendungsfunktionen müssen Methoden und analytische Werkzeuge zur Verfügung gestellt werden. Die Entwicklung bzw. die Steuerung der Programmierung wird häufig auch im Middle Office vorgenommen.

32 Die obige Abbildung stellt eine mögliche Organisationsform dar. In der Praxis gibt es aber auch andere Umsetzungen, z. B. Reduktion der Handelsorganisation auf Front- und Backofficeabteilungen, bei denen Middle-Office-Funktionen dem Front Office (z. B. Analyse), dem Geschäftsfeld Vertrieb und Erzeugung/Speicherung (z. B. Einsatzoptimierung und Verbrauchsprognose/Energiedatenmanagement in Verbindung mit dem Portfoliomanagement) und/oder den Überwachungsfunktionen (z. B. Verantwortung von Bewertungsmodulen) zugeordnet sind.

33 Die wesentlichen Aufgaben der Internen Revision werden in praxi entweder durch eine Stabsstelle bei einem, insbesondere für kaufmännische Funktionen zuständigen Geschäftsleiter durchgeführt, oder grundlegende Prüfungsfunktionen an einen Dienstleister ausgegliedert. Eine externe Beauftragung macht zum Beispiel und insbesondere dann Sinn, wenn es um spezifische Fragestellungen, z. B. die Überprüfung der Tauglichkeit von spezialisierten Methoden und Verfahren geht.

3. Wichtige Prozesse im Energiehandel bei kleineren und mittelgroßen Unternehmen

Bereits in dem obigen Kapitel zur Beschreibung der Funktionen der einzelnen Organisationseinheiten im Handel entsprechend der MaRisk und MaComp wurde auf Prozesse insbesondere zwischen den Einheiten Markt und Kontrolle und Abwicklung eingegangen. In diesem Kapitel sollen die grundsätzlichen Aussagen auf in praxi häufig beobachtbare Prozesse übertragen werden. Folgende Abbildung stellt hierzu exemplarisch die verschiedenen praktischen Funktionen bzw. Prozesse dar: 34

Abbildung 19.3: Prozesse und Aufgaben im Energiehandel

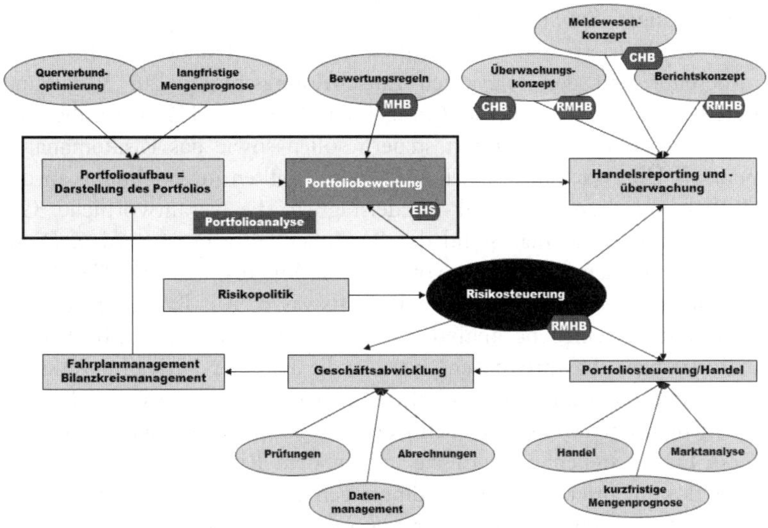

In dieser Abbildung sind die üblichen Prozesse im Energiehandel skizziert. Basis des Energiehandels ist eine kontinuierlich stattfindende **Portfoliodarstellung** aller relevanten Positionen, üblicherweise getrennt in verschiedenen Portfolien. Die hierfür notwendigen Eingangsdaten kommen häufig – wie oben beschrieben – aus analytischen Unterstützungsfunktionen des Energiehandels. Diese sind im obigen Bild Einsatzpläne der Erzeugung sowie Mengen- und Strukturprognosen für den Vertrieb. Entscheidend ist, dass alle abgeschlossenen Handelstransaktionen unverzüglich den Portfolien zugeordnet werden, um eine entsprechend korrekte Portfoliodarstellung zu gewährleisten. Basierend auf dem aktuellen Portfolioabbild und definierten und dokumentierten (z. B. in einem Methodenhandbuch (MHB in der Abbildung) oder in dem Risikomanagementhandbuch (RMHB in der Abbildung)) Methoden erfolgt die **Portfoliobewertung**. Jedes Portfolio wird in aller Regel datenbasiert 35 hinsichtlich der Performance und des Risikogehaltes gesteuert. Die **Risikomessung** erfolgt üblicherweise differenziert in den oben beschriebenen Risikokategorien, mindestens aber unterschieden hinsichtlich der Marktpreis- und Adressausfallrisiken (diese werden in praxi auch häufig Kreditrisiken genannt). Der Portfolioaufbau und alle Bewertungen sowie das Generieren der relevanten Informationen für das Handelsberichtswesen erfolgt üblicherweise in einem Energiehandelssystem (EHS in der obigen Abbildung) oder spezialisierten Bewertungs-/Reportingmodulen. Die wenigsten praktischen Energiehandelssysteme erfüllen alle Anforderungen des Handels und Risikomanagements, so dass der Begriff des Energiehandelssystems hier weiter gefasst ist und diverse zusätzliche Anwendungen für Spezialfunktionen beinhaltet. Die Ergebnisse werden dann strukturiert und übersichtlich in einem Handelsberichtswesen aufbereitet und den relevanten Entscheidungsträgern zur Verfügung gestellt. Wichtige Entscheidungsträger sind bspw. die Händler selbst, die ja die Portfolien zielorientiert steuern sollen sowie das Risikomanagement als Überwachungsfunktion. Daneben sollten in Anlehnung an die MaRisk mindestens einmal handelstäglich die verantwortliche Geschäftsleitung über den Stand der Portfolien informiert werden. Diese unterschiedlichen Adressaten von Information bedingen in aller Regel ein unterschiedlich strukturiertes **Berichtswesen.** Auf Basis der Berichte sowie auf verschiedene analytische Unterstützungen hin (z. B. Marktanalysen bzw. Lastprognosen) werden die Händler aktiv. Im Rahmen der Risikosteuerung des Risikomanagements wurden jedem Händler bzw. jedem Portfolio sowie auch jeder Handelspartei Limits zugeordnet. Diese **Limits** stellen verbindliche und in dem Risikomanagementhandbuch dokumentierte Rahmenbedingungen für den Händler dar. Zeigt das Berichtswesen einen Limitverstoß an – d. h. liegt z. B. der Risikogehalt eines Portfolios oberhalb der erlaubten Grenze – muss der Händler aktiv werden. Anderenfalls kann der Händler marktorientiert entsprechend seiner Erwartungen bzgl. der Marktpreisentwicklungen agieren.

36 Kommt es zu einer Transaktion seitens des Front Office muss der Vertrag unverzüglich im Energiehandelssystem angelegt und dem Back Office zur Prüfung übermittelt werden. Dieses erfolgt in aller Regel elektronisch im Energiehandelssystem. Die Prüfungshandlungen wurden oben bei der Beschreibung der Aktivitäten der Abwicklung bereits beschrieben und sollen hier nicht wiederholt werden. Ist der Vertrag korrekt abgebildet und wurden keine Unstimmigkeiten nach dem Austausch der Vertragsbestätigungen mit der Handelspartei identifiziert, erfolgt die Freigabe des Vertrags durch das Back Office. Alle im Energiehandelssystem abgebildeten Verträge unterliegen dann den folgenden Portfoliobewertungen.

Kommt der Vertrag in seine Fälligkeit, entstehen weitere Funktionen, die unter dem Begriff **Fahrplan- bzw. Bilanzkreismanagement** in der obigen Abbildung subsumiert sind. Hierunter wird die gesamte energiewirtschaftliche Logistik verstanden. Diese Aufgaben sind aufgrund der korrespondierenden Prüfungshandlungen häufig auch im Back Office angesiedelt. Hierzu gibt es aber wiederum keine eindeutigen regulatorisch bedingten Notwendigkeiten. 37

Basierend auf einem **Überwachungs- und Meldewesenkonzept,** welches im Risiko- oder Compliancehandbuch (CHB) dokumentiert wird, erfolgen zu Überwachungszwecken und zur Erfüllung regulatorischer Anforderungen schließlich Datenmeldungen und -auswertungen an bzw. durch Aufsichtsbehörden und interne Überwachungsabteilungen. Hierzu zählt z. B. die Marktgerechtigkeitsprüfung durchgeführter Transaktionen, d. h. die ständige Überwachung, ob Transaktionen zu marktüblichen Konditionen abgeschlossen wurden. Im Aufsichtsrecht sind alle Energiemarktteilnehmer verpflichtet, Transaktionen und Fundamentaldaten (z. B. zum Einsatz von Erzeugungskapazitäten) an die Aufsichtsbehörden zu melden. Die Rechtsgrundlage bilden hier EU-Verordnungen, wie z. B. die REMIT.[16] Sofern man eine KWG-Lizenz zur Durchführung von Geschäften besitzt/benötigt, kommen weitere Meldepflichten hinzu, z. B. zur Risiko- und Liquiditätssituation. 38

4. Aufbauorganisatorische Zuordnung und wesentliche Aufgaben der handelsnahen Überwachung

Wie eingangs beschrieben, eröffnen die Großhandelsmärkte stets neue Perspektiven und Chancen für die Unternehmen. Um diese realisieren zu können, müssen teilweise sehr kurzfristige Entscheidungen getroffen werden. Daher erhält das Front Office die entsprechenden Möglichkeiten, wie z. B. flexible **Limitsysteme.** Mit den früher üblichen z. T. sehr starren Unterschriftsordnungen wäre ein marktorientiertes Agieren unmöglich. Um dennoch keine Organisationsrisiken sowie unkontrollierte Marktpreisrisiken zu realisieren und die Einhaltung gesetzlicher Vorgaben sicherzustellen, kommt der **Überwachungsfunktion** eine zentrale Bedeutung zu. Wie oben bereits erläutert, werden Überwachungsfunktionen sowohl den die Geschäfte durchführenden Abteilungen (1. Überwachungsebene), dem Risikomanagement bzw. Risikocontrolling sowie 39

[16] Verordnung (EU) Nr. 1227/2011 des Europäischen Parlaments und des Rates v. 25.10.2011 über die Integrität und Transparenz des Energiegroßhandelsmarkts (REMIT), ABl. EU Nr. L 236, v. 8.12.2011, S. 1 ff.; Durchführungsverordnung (EU) Nr. 1348/2014 der Kommission v. 17.12.2014 über die Datenmeldung gemäß Artikel 8 Absätze 2 und 6 der Verordnung (EU) Nr. 1227/2011 des Europäischen Parlaments und des Rates über die Integrität und Transparenz des Energiegroßhandelsmarkts (REMIT Durchführungsverordnung), ABl. EU Nr. L 363, v. 18.12.2014, S. 121 ff.

Compliance (2. Überwachungsebene) und der Internen Revision (3. Überwachungsebene) zugeordnet. In praxi kommen nun sehr unterschiedliche aufbauorganisatorische Zuordnungen des Risikomanagements und der Compliance-Funktion vor. Oben wurde bereits festgestellt, dass die meisten Energiehandelseinheiten alle operativen Handelsfunktionen beinhalten. Eine Funktionstrennung erfolgt hierbei im Wesentlichen bis zur Ebene der Leitung des Geschäftsfeldes Energiehandel. Das Geschäftsfeld Energiehandel ist häufig lediglich nur eines von vielen, die der relevante Geschäftsleiter (Geschäftsführer oder Vorstand) verantwortet.

40 In der obigen Abbildung ist bereits ein gängiges Modell skizziert. Hierbei existiert ein Risikomanagement für den Energiehandel, das in aller Regel räumlich sehr nahe den Aktivitäten des operativen Energiehandels zugeordnet ist, aufbauorganisatorisch aber einem anderen Geschäftsfeld (z. B. Controlling oder Finanzen), häufig auch einem anderen Geschäftsleiter angehört.

41 Zum Teil ist das Risikomanagement aber auch als Stabsfunktion direkt der Geschäftsfeldleitung Energiehandel zugeordnet. In diesem Fall kann man also sagen, dass die oben skizzierte Funktionstrennung nicht nur der operativen, sondern auch der Überwachungsfunktionen bis zur Ebene der Geschäftsfeldleitung Energiehandel erfolgt.

42 In der obigen Abbildung wurde bereits auf die **Risikopolitik** verwiesen, die das konkrete Risikomanagementsystem im Energiehandel konstituiert. Die Festlegung der Risikopolitik ist Aufgabe der Geschäftsleitung. Häufig kommt sie dieser Aufgabe im Rahmen eines Gremiums nach, das in praxi gerne als Risikokomitee oder Risikoausschuss bezeichnet wird. Dem Risikokomitee gehören häufig nicht nur die Geschäftsleitung, sondern auch für den Energiehandel relevante Geschäftsleiter an. Das Risikomanagement koordiniert in praxi häufig die Aktivitäten des Risikokomitees. Bestandteile der Risikopolitik sind z. B. die genehmigten Märkte sowie Produkte, mit denen das Front Office aktiv sein darf. Sollen neue Märkte oder Produkte gehandelt werden, müssen definierte Schritte erfolgen. Vor allem bedarf es einer Freigabe durch das Risikokomitee. Im Risikokomitee wird ebenfalls der Umfang der globalen Aktivitäten beschrieben. Dieses wird z. B. beschrieben in Form eines dem Energiehandel zur Verfügung zu stellenden Risikokapitals, das den finanziellen Rahmen für das maximale Verlustpotenzial beschreibt.

43 Wurden diese globalen Rahmenbedingungen formuliert, müssen sie vom Risikomanagement für den Energiehandel in Form von z. B. Risikolimits operationalisiert werden. Diese Operationalisierung kann aber auch ablauforganisatorische Regelungen beinhalten. Sind alle relevanten Rahmenbedingungen parametriert und installiert für den operativen Handel, können die operativen Einheiten innerhalb dieser Rahmenbe-

dingungen agieren. Folgende Abbildung beschreibt exemplarisch diese Risikomanagementorganisation:

Abbildung 19.4: Prozesse und Aufgaben in der Überwachung, Beispiel Risikomanagement

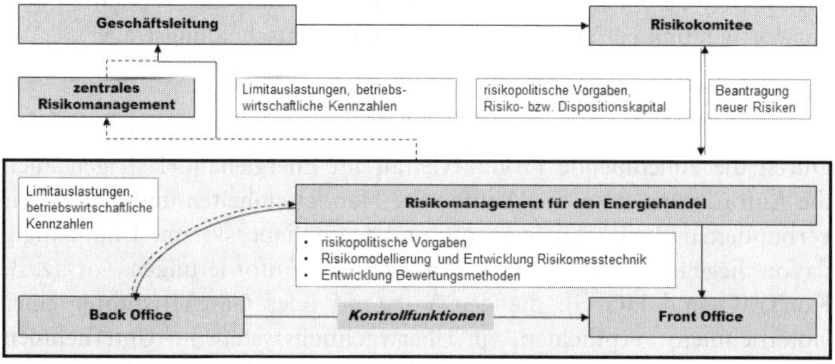

Wurden die risikopolitischen Vorgaben des Risikokomitees nach Beantragung durch das Risikomanagement für den Energiehandel formuliert und genehmigt, erfolgt die Operationalisierung für die operativen Einheiten, insbesondere Front- und Back Office, durch das Risikomanagement. In diesem Rahmen werden z. B. alle **Kontrollpflichten** des Back Office konkretisiert und in Prozessen formalisiert. Dem Front Office werden eindeutige Verantwortungsbereiche (z. B. Portfolien, genehmigte Märkte und Produkte sowie Limits) zugeordnet. Um kontinuierlich die Performance sowie auch das Risiko der Portfolien messen zu können, müssen vom Risikomanagement entsprechende Methoden und Systeme implementiert werden. Im operativen Betrieb erfolgt dann durch das Risikomanagement eine kontinuierliche Beobachtung der Organisation und Messung der Risiken. Die entsprechenden Berichte enthalten die geforderten Informationen über mindestens wirtschaftliche Performance sowie Risikogehalt aller Portfolien. Eine entsprechende Risikoberichterstattung erfolgt dann kontinuierlich vom Risikomanagement zu den Entscheidungsträgern, z. B. dem zentralen Risikomanagement sowie auch dem verantwortlichen Geschäftsleiter. 44

Aufgaben der handelsnahen Compliance-Funktionen werden häufig dem Risikomanagement zugeordnet, weil notwendige Kompetenzen sich weitgehend überschneiden. Dementsprechend sind auch für **Compliance** unterschiedliche, wie für das Risikomanagement oben beschriebene Organisationsmodelle bzgl. der Zuordnung zu Leitungsfunktionen denkbar. 45

Die Complianceprozesse und -aufgaben werden ähnlich denen des Risikomanagements organisiert. Auch hier sind globale Rahmenbedingungen (z. B. eine Compliancestrategie) zu formulieren. Analog zum Risikokomitee bietet sich die Einrichtung eines Compliancekomitees oder die Kombination aus beiden an, um beispielsweise Rahmenbedingungen zu beschließen und die Umsetzung zu überwachen. Die Compliance-Mitarbeiter sind dann für die Operationalisierung der Vorgaben verantwortlich und berichten regelmäßig an die Entscheidungsträger.

C. Fazit

46 Durch die zunehmende Produktvielfalt im Energiehandel steigen auch die Anforderungen an den Aufbau der Handelseinheiten und dem damit verbundenen Risikomanagement- und Compliancesystem. Unabhängig davon liegen bereits allgemeine gesetzliche Anforderungen vor (z. B. KonTraG und HGrG), die den Vorstand oder Geschäftsführer eines Unternehmens verpflichten, ein Überwachungssystem im Unternehmen zu implementieren, wodurch die Risiken aus der Geschäftstätigkeit frühzeitig erkannt werden können und die Einhaltung rechtlicher Vorgaben sichergestellt wird. Sofern die Energieversorger der Genehmigungspflicht gemäß § 32 KWG unterliegen, müssen sie sich auch an den Bestimmungen der Bundesanstalt für Finanzdienstleistungsaufsicht (BaFin) orientieren. Für den Aufbau von Handelseinheiten sind die Bestimmungen der BaFin, auch wenn keine Genehmigungspflicht vorliegt, im Sinne einer funktionsfähigen Unternehmenssteuerung und -überwachung als Orientierungsmaßstab heranzuziehen.

47 Als wesentliche Bestimmung der BaFin für den Aufbau von Handelseinheiten sind die Rundschreiben MaRisk und MaComp hervorzuheben, die im Falle der MaRisk die Verlautbarung über Mindestanforderung an das Betreiben von Handelsgeschäften der Kreditinstitute (MaH) abgelöst haben. In den MaRisk ist der zentrale Grundsatz der Funktionstrennung des Bereichs Handel von Funktionen Risikocontrolling sowie Abwicklung und Kontrolle bis auf die Ebene der Geschäftsführung definiert. Darüber hinaus ist eine Compliance-Funktion und unabhängige Instanz der Internen Revision aufzubauen. Gleichzeitig eröffnen die MaRisk und MaComp unter Berücksichtigung von Art, Umfang, Komplexität und Risikogehalt der Geschäftsaktivitäten Möglichkeiten zur Vereinfachung der Aufbauorganisation, z. B. keine Funktionstrennung bis zur Geschäftsleitung.

48 Auf die Funktionstrennung des Bereichs Handel von den anderen Bereichen sollte im Sinne eines funktionsfähigen Risikomanagements und Compliancesystems keinesfalls abgesehen werden. Zudem sollte darauf geachtet werden, dass strikte Prozesse und Verantwortungsbereiche definiert sind. Daneben ist die Installation eines funktionsfähigen Risikomanagements und Compliancesystems für ein erfolgreiches Agieren im Markt unabdingbar.

Die hier diskutierten Umsetzungskonzepte sollen nicht nur aufgrund 49 einer Gesetzesanforderung erfüllt werden, sondern aufgrund ihres Nutzens, die Unternehmenssteuerung und -kontrolle im Unternehmen so zu integrieren, dass die Risiken und externe Anforderungen frühzeitig erkannt und entsprechende Maßnahmen ausgelöst werden. Sie dienen somit dem Werterhalt des Unternehmens. Der Energiehandel ist mit Sicherheit ein Geschäftsbereich, der wesentlichen Einfluss auf das Ergebnis eines Energieversorgers hat. Das Beispiel der Barings Bank hat gezeigt, dass eine Funktionstrennung hierfür eine Voraussetzung darstellt.

§ 20 Clearing

A. Einleitung

1 Immer größere Bedeutung nimmt das **Risikomanagement** im Energiehandel ein. Marktpreis- und Volumenrisiken sind offensichtlich und werden mittlerweile von allen professionellen Akteuren des Strommarktes gemanagt, auch industrielle Großverbraucher nehmen sich zunehmend dieses Themas an. Das Gegenparteienrisiko hingegen fristet eher ein Schattendasein und wird häufig unterschätzt, obwohl spätestens seit der Enron-Pleite[1] bekannt geworden sein sollte, dass auch große Unternehmen nicht von der Insolvenzgefahr befreit sind. In Folge des für die Energiemärkte gravierenden Konkurses von Enron erhielt das Thema Kontrahentenrisiko bis dahin nicht gekannte Aufmerksamkeit und leitete eine Depressionsphase ein, die durch den Rückzug fast aller US-amerikanischen Handelsunternehmen gekennzeichnet war.[2] Mittlerweile hat sich der Energiehandel und speziell der deutsche Stromgroßmarkt von diesen Rückschlägen erholt und einen erheblichen Liquiditätszuwachs erhalten. Der Stromgroßhandel in Europa ist nicht zuletzt des Emissionshandels wegen sehr viel internationaler geworden. So nimmt nicht nur die Anzahl internationaler Banken, Pensionskassen und Hedgefonds stetig zu, sondern es stoßen auch immer neue Unternehmen aus anderen Branchen hinzu. Der Energiehandel wird daher von der Anzahl und der Struktur der Akteure immer vielfältiger. Gleichzeitig nimmt die Interaktion der Märkte zu. Mit Einführung des Emissionshandels, der Gasmarktliberalisierung und der nicht zuletzt durch die Bedeutungszunahme von verflüssigtem Erdgas (LNG, Liquified Natural Gas) konvergieren die Märkte und die Erklärungsmodelle für Preisveränderungen werden immer anspruchsvoller. Auch die Zunahme der Volatilität liefert ihren Beitrag zur Zunahme der Komplexität, sodass insgesamt die Anforderungen an das unternehmensweite Risikomanagement steigen. Diese Entwicklung macht auch nicht vor dem Counterparty Risk halt, denn die zunehmende Komplexität kann dazu führen, dass ein als sicher geltender Vertragspartner ausfällt und dieser Ausfall wiederum unerwünschte Spuren bei den eigenen Positionen hinterlässt. Insofern nimmt die Bedeutung des Clearings eher noch zu, wenngleich wenig öffentlichkeitswirksam.

[1] Im Dezember 2001 musste Enron Konkurs anmelden, http://www.faz.net (Link: Suche > Enron Chronik), Stand Abruf: April 2017.

[2] Vgl. hierzu auch *Spicker*, in: Schwintowski, Handbuch Energiehandel, 1. Aufl., S. 115.

2 Bereits Anfang der 2000er Jahre gab es Bewegung im Clearingbereich.[3] NOS Clearing – der damalige Outsourcing-Partner von Nordpool Clearing ASA – stieg bei der Clearing Bank Hannover AG ein, um zunächst das Clearing für den im Aufbau befindlichen Terminmarkt der Leipzig Power Exchange GmbH (LPX), eine der Vorgängerbörsen der heutigen Leipziger EEX, zu übernehmen. Mit der Fusion der LPX mit EEX in Frankfurt zur EEX[4] in Leipzig und der damit verbundenen Übernahme des Clearingsystems der EUREX war das Betätigungsfeld der Clearing Bank Hannover[5] massiv beschnitten. In der weiteren Folge konzentrierte sich die Clearing Bank Hannover auf Clearinglösungen ohne direkte Anbindung an eine Energiebörse und stand somit im Wettbewerb zum OTC-Clearing der EEX, das sich durchsetzte. NOS Clearing schied aus dem deutschen Markt aus.

3 Es schien lange so, als dass die unterschiedlichen Clearingangebote nur für regionale Teilmärkte zur Verfügung standen. London Clearing House Clearnet (LCH Clearnet), dem Clearing-Haus der Euronext Gruppe, bot Clearing traditionell für die London Metal Exchange (LME)[6] und für die International Petroleum Exchange (IPE), heute Intercontinental Exchange (ICE),[7] an. Nordpool Clearing, heute Nasdaq OMX Commodities, bot Clearing für börsliche und außerbörsliche Stromtermingeschäfte im nordischen Marktraum an. Europäisch handelnde Unternehmen sahen sich daher mit einer Vielzahl unterschiedlicher Clearinglösungen konfrontiert.

4 In den vergangenen Jahren hat sich einerseits ein Konzentrationsprozess bei Börsen und Clearinghäusern in Gang gesetzt, gleichsam ist auch das Clearingangebot der verbleibenden Clearinghäuser deutlich ausgeweitet worden.

5 Mit der Übernahme und Aufspaltung der APX-Endex wurde das Clearing dieser Marktplätze neu organisiert. Die Futures der Endex sind bei der ICE integriert, während der Spotbereich der APX durch die zwischenzeitlich mehrheitlich zur Gruppe Deutsche Börse gehörende EPEX Spot SE übernommen wurde die dortigen Geschäfte durch die European Commodity Clearing AG gecleart werden. Bluenext, lange Zeit als führender Handelsplatz für Emissionszertifikate bekannt, hat ihren Betrieb vollständig eingestellt und European Commodity Clearing AG (ECC) hat ihr Clearingangebot deutlich erweitert und sich somit zu einem füh-

---

[3] Zur Etablierung der Strombörsen in Deutschland vgl. auch *Maibaum*, in: Zenke/Schäfer, Energiehandel in Europa, 2. Aufl. 2012, § 14, Rdnr. 4 f.

[4] http://www.eex.com/de, Stand Abruf: April 2017; vgl. auch *Maibaum*, in: Zenke/Schäfer, Energiehandel in Europa, 2. Aufl. 2012, § 14, Rdnr. 12.

[5] *Pilgram*, Energiehandel in Europa, 1. Aufl. 2005, § 18.

[6] http://www.lme.com/, Stand Abruf: April 2017.

[7] https://www.theice.com/, Stand Abruf: April 2017.

renden Clearinghaus für Energie und energienahe Produkte entwickelt. So werden Geschäfte der Prager Strombörse Power Exchange Central Europe, Central European Gas Hub, Wien, Gas Point Nordic, Brondy, Dänemark, Hungarien Power Exchange HUPX, Budapest, die Gasbörse Powernext und die Strombörse EPEX Spot SE in Paris und dem Handelsplatz für Holz und Papier NorexEco in Oslo abgewickelt. Damit haben sich in Europa zwei Clearingangebote für Energie und energienahe Produkte etabliert, die Clearinghäuser rund um die Intercontinental Exchange und das Clearingangebot der European Commodity Clearing. Auch inhaltlich hat das Clearing eine Bedeutungszunahme erfahren, nämlich mit dem **Netting.**[8] Wie nachfolgend dargelegt wird,[9] ist die Aufrechnung gegenläufiger Positionen (Netting) einer der zentralen Charakteristika des Clearings. Die Commoditisierung weiterer Energieträger und energienaher Produkte, wie Emissionshandel oder Grünstromzertifikate, gibt dem Netting einen Bedeutungsschub, denn nunmehr können Short-Positionen im Gas mit Long-Positionen in Strom aufgerechnet werden.

6 Interessant ist beim Vergleich der genannten Clearinglösungen, dass alle Clearingsysteme eine Struktur von **General Clearing Member** (**GCM**), **Direct Clearing Member** (**DCM**) und **Non Clearing Member** (**NCM**) aufweisen. Hinsichtlich der Abwicklung haben auch alle Clearinglösungen Additional- bzw. Initial-Margins in Kombination mit einer Variation-Margin und einem Clearingfonds. Insofern werden im nachfolgenden Teil[10] die Funktionen anhand des Clearings an der ECC dargestellt.

B. Darstellung des Clearings an der European Commodity Clearing

7 Unter **Clearing** wird allgemein die finanzielle Abwicklung von Börsengeschäften sowie deren Besicherung verstanden. Zentrale Aufgabe des Clearings ist die Berechnung von Ausgleichszahlungen sowie die Übernahme des sog. Kontrahentenrisikos. Börsen verfügen traditionell über eine Clearingfunktion.[11]

8 Der Übernahme des **Kontrahentenrisikos** kommt dabei im Terminmarkt eine höhere Bedeutung zu als das bei Spotgeschäften der Fall ist. Hintergrund ist die Tatsache, dass der Träger der Börse über einen län-

---

[8] Hierzu ausführlich *Pilgram/Dessau,* § 18 in diesem Band

[9] Vgl. Rdnr. 61 ff.

[10] Vgl. Rdnr. 7 ff.

[11] Vgl. *Bergschneider/Karasz/Schumacher*, Risikomanagement im Energiehandel, S. 87.

geren Zeitraum an den Börsenteilnehmer bzw. an das Clearing-Mitglied gebunden ist. Je nach abzuwickelndem Kontrakt kann die Bindungsdauer bis zu sechs Jahre betragen.

Der Börsenträger stellt nicht nur die Börse, mithin die Handelsplatt- 9
form, zur Verfügung, sondern er ist zudem häufig zentraler Vertragspartner und steht bei den Geschäften immer zwischen dem Käufer und dem Verkäufer und übernimmt damit das Clearing.[12] Hierdurch wird einerseits die Anonymität garantiert, d. h. der Käufer hat keine Kenntnis über den eigentlichen Verkäufer, denn der Börsenträger ist sein Vertragspartner. Als notwendiges Korrektiv für diese Anonymität übernimmt der Börsenträger die Rolle des zentralen Vertragspartners. Durch diesen Prozess wird die normale Kauf- und Verkaufstransaktion in zwei separate Verträge mit der Folge aufgespalten, dass die wirtschaftliche Entwicklung des einen Vertrages von der wirtschaftlichen Entwicklung des anderen Vertrages unabhängig ist.[13] Marktteilnehmer sehen überdies im börslichen Tool auch eine Effizienzsteigerung im Handel, um letztendlich den Aufwand einer laufenden Bonitätsprüfung der Handelspartner im OTC-Geschäft in nicht unerheblichem Maße zu reduzieren.[14] Die EEX hat die Clearingaktivitäten 2006 auf die ECC ausgelagert. Wie oben bereits ausgeführt, ist die Zielsetzung der Ausgründung der ECC, Clearingdienstleistungen auch für andere Marktplätze und Brokerplattformen zur Verfügung zu stellen, schon weit umgesetzt worden.[15]

I. Produkte im Clearing

Clearing steht sowohl für Intraday- und Spot- als auch für Terminge- 10
schäfte zur Verfügung. Bei Intraday- und Spotgeschäften liegt der Schwerpunkt des Clearings bei der professionellen Abwicklung der Finanzströme. Der Übernahme des Kontrahentenrisikos kommt aufgrund der kurzen Vertragslaufzeiten und der kurzen Vorlaufzeiten – beim Intraday-Markt wenige Stunden, bei Spotgeschäften nicht mehr als sieben Tage – eine untergeordnete Bedeutung zu. Anspruchsvoller hingegen ist hier das Settlement, also die zeitkritische physische Abwicklung der Geschäfte.

Termingeschäfte können als Futures, Swaps, Forwards oder Optionen 11
ausgeprägt sein. Mit das größte Produktportfolio weist die EEX-Gruppe in Leipzig auf. Am Terminmarkt der EEX-Gruppe werden finanzielle Futures auf Strom (Phelix-Futures) und Kohle, physische Futures auf Gas mit Erfüllung in Deutschland in den Marktgebieten der NetConnect

---

[12] Vgl. *Pilgram*, in: Zenke/Ellwanger, Handel mit Energiederivaten, S. 350.
[13] Vgl. *Barth*, RdE 2000, 3.
[14] Vgl. *Soennecken/Nießen/Pilgram/Croonen/Rutze*, E&M 19/2002, 7.
[15] Vgl. http://www.ecc.de, Stand Abruf: April 2017.

Germany (NCG) und Gaspool sowie physische Futures auf Emissionsberechtigungen (EUA) gehandelt. Obgleich das ganz überwiegende Handelsvolumen in Phelix-Futures stattfindet, bietet die EEX-Gruppe eine Vielzahl von Produkten an, so beispielsweise aus dem Strombereich Belgian-Base-Futures, French-Base- und Peak-Futures, Italian-Base- und Peak-Futures, Dutch-Base- und Peak-Futures, Nordic-Base-Futures, Spanish-Base-Futures, Swiss-Base-Futures, UK-Base- und Peak-Futures und Optionen auf die Mehrzahl dieser Produkte. Agrar- und Frachtprodukte ergänzen das Energieproduktspektrum.[16]

12 Ein Futures-Kontrakt auf Strom ist dabei die Zahlungsverpflichtung des Verkäufers (Käufers), dem Käufer (Verkäufer) die Differenz zwischen dem ausgehandelten Preis und dem höheren (niedrigeren) Index für eine monatliche, vierteljährliche oder jährliche Grund- oder Spitzenlaststromlieferung in bar auszugleichen.[17] Da die **Phelix-Futures**-Kontrakte an der EEX in Leipzig finanziell erfüllt werden, besteht keine Liefer- oder Abnahmeverpflichtung, sondern eine Verpflichtung, entsprechende Geldzahlungen zu leisten oder zu empfangen. Bei physischen Futures hingegen besteht diese Liefer- oder Abnahmeverpflichtung.

13 Im Nachfolgenden soll aufgrund der größeren Bedeutung des Clearings im Terminmarkt lediglich auf das Clearing von Termingeschäften abgestellt werden,[18] die Abwicklung von kurzfristigen Spotgeschäften bleibt hier unberücksichtigt.

II. Die Clearingstruktur

14 Die Zusammenführung von zwei ausführungsfähigen Aufträgen am Terminmarkt der Börse oder im Wege des sog. OTC-Clearing bedeutet, dass jeweils ein Geschäft zwischen dem Clearinghaus und dem Clearingmitglied des Börsenhändlers bzw. des OTC-Clearingmitgliedes auf der Kaufseite als auch ein Geschäft zwischen dem Clearinghaus und dem Clearingmitglied auf der Verkaufsseite zustande kommt.[19] Hat ein Börsenteilnehmer keine Clearinglizenz, muss er seine Geschäfte über einen Handelsteilnehmer mit Clearinglizenz abwickeln. Vertragspartner des Börsenteilnehmers ohne Clearinglizenz wird dann nicht die ECC, sondern das Clearingmitglied, das seinerseits Vertragspartner der ECC wird. Die Börse selbst ist kein Vertragspartner in diesem Geschäft.

15 Das Clearingsystem der ECC kennt zwei Arten von Clearingmitgliedern: Sog. **General Clearing Member** (**GCM**) sind berechtigt, das Clearing für ihre eigenen Geschäfte, die ihrer Kunden und diejenigen von

---

[16] Vgl. EEX, Kontraktspezifikation, Release 0046b, S 6.
[17] Vgl. EEX, Kontraktspezifikation, 0046b, S. 6 f.
[18] Vgl. sogleich Rdnr. 14 ff.
[19] Vgl. EEX, Bedingungen für den Handel an der EEX, 0041a, S. 5 f.

Non Clearing Member (**NCM**) zu übernehmen.[20] **Direct Clearing Member** (**DCM**) dürfen hingegen eigene Geschäfte, Geschäfte ihrer Kunden und Geschäfte konzernverbundener Handelsteilnehmer ohne Clearinglizenz abwickeln.[21] Neben den beiden generellen Formen der Clearing-Mitgliedschaft gibt es für die Spotmarktteilnahme die sogenannte „**DCP-Lizenz**". Sie berechtigt den Teilnehmer nur zum Clearing von eigenen Spotmarktgeschäften. Diese Teilnehmer müssen ein haftendes Eigenkapital von 50.000 EUR aufweisen.[22] Die ECC durchbricht die klassische Clearingstruktur und trägt das Risiko des Handelsteilnehmers nunmehr direkt, was aber angesichts der Begrenzung auf Spotgeschäfte mit kurzer Laufzeit vertretbar erscheint. Es ist aber vielmehr ein Anzeichen dafür, dass es offensichtlich einen Bedarf für diese Funktion gibt, mit anderen Worten: Es ist für einige Handelsteilnehmer schwer, eine Clearingbank für die Abwicklung ihrer Geschäfte zu finden.

Die ECC trägt in dieser Konstruktion mit Ausnahme bei der DCP- 16
Lizenz das Risiko der Clearingmitglieder. Diese tragen wiederum das Risiko ihrer Kunden, der Handelsteilnehmer. Die GCM nehmen im Terminmarkt die finanzielle Abwicklung und Besicherung für die Kunden wahr. Die ECC ist in dieser Konstruktion der zentrale Vertragspartner, reduziert aber ihr spezielles Risiko auf den Ausfall der Clearingmitglieder, also der Banken. Mit Einführung der Verordnung über OTC-Derivate, zentrale Gegenparteien und Transaktionsregister hat auch das Clearing an der ECC umfangreiche Veränderungen erfahren.[23] So sind beispielsweise „Bekannte Teilnehmer" eingeführt worden, auf deren Sicherheiten das Clearinghaus zusätzlich zugreifen kann, um die Haftmasse im Falle eines Ausfalls weiter zu erhöhen.[24] Die Clearingmitglieder wiederum tragen das Risiko ihrer NCM, also das Risiko, dass einer ihrer Kunden, für den sie das Clearing durchführen, seinen finanziellen

[20] Vgl. ECC, Clearingbedingungen der European Commodity Clearing, Release 0029a, S. 14, 2.1.2., abrufbar unter http://www.ecc.de/ (Link: About ECC > Rules > Clearing Conditions > ECC Clearing Bedingungen – Clearingbedingungen_29a.pdf), Stand Abruf: April 2017.

[21] Vgl. ECC, Clearingbedingungen der European Commodity Clearing, Release 0029a, S. 14, 2.1.2.

[22] Vgl. European Commodity Clearing AG, Clearingbedingungen der European Commodity Clearing AG, Release 35a, S. 17; (http://www.ecc.de/blob/12082/cf8eb0c984b88f7928957c8162a1deb9/ecc-clearingbedingungen-change-mode-data.pdf), Stand Abruf: April 2017.

[23] Vgl. Verordnung Nr. 648/2012 des Europäischen Parlaments und des Rates v. 4.7.2012 über OTC-Derivate, zentrale Gegenparteien und Transaktionsregister (European Market Infrastructure Regulation, EMIR), ABl. EU Nr. L 201, v. 27.7. 2012, S. 1 ff.

[24] Vgl. EEC-Clearingbedingungen, Release 0029a (siehe FN 20), S. 44, 3.5.1.; vgl. auch „Bekannte Teilnehmer" i. S. v. Art. 48 VII EMIR.

Verpflichtungen nicht nachkommt. Damit tragen die Clearingmitglieder das eigentliche Risiko bei den Termingeschäften.[25]

III. Besicherung

1. Clearingfonds

17 Jedes Clearingmitglied und das Clearinghaus haben einen Beitrag zum **Clearingfonds** zu leisten.[26] Der Beitrag kann in Geld oder Wertpapieren erfolgen. Bankgarantien werden nur noch in Ausnahmefällen für eine Übergangszeit akzeptiert.[27] Für eine Teilnahme am Clearing für den Terminmarkt sind mindestens 3 Mio. EUR in den Clearingfonds einzuzahlen.

18 Der **Clearingfonds** wird zur Behebung der finanziellen Folgen eines in Verzug befindlichen Clearingmitgliedes oder eines anderen Clearingmitgliedes herangezogen werden. Dabei sind zunächst andere Sicherheiten des in Verzug befindlichen Mitgliedes, dann der Beitrag zum Clearingfonds des in Verzug befindlichen Clearingmitgliedes, dann die Rücklagen der ECC zum Clearingfonds und dann die Beiträge der anderen Clearingmitglieder heranzuziehen.[28]

19 Gemäß Art. 43 II EMIR[29] muss der Clearingfond so bemessen sein, dass das Clearinghaus den Ausfall der zwei größten Clearingmitglieder unter extremen, aber plausiblen Marktbedingen auffangen kann.[30] Dies wird in regelmäßigen Abständen seitens der ECC überprüft und zuletzt ist hierüber am 1.10.2015 berichtet worden. Unbekannt ist aber, welche Clearingmitglieder die hier in Rede stehenden zwei größten Clearingmitglieder sind. Es lässt sich zwar vermuten, dass mit der Übernahme der BHF-Bank durch die Deutsche Bank und die anschließende Eingliederung der Clearingaktivitäten die Deutsche Bank das mit Abstand größte Clearingmitglied bei ECC war, gleichwohl entspräche es dem Transparenzgedanken, diese Informationen zu veröffentlichen. Gleiches gilt für die segregierten Teilnehmer.

2. Margening-System vor Einführung von Standard Portfolio Analysis of Risk (SPAN)

20 Bis zur Einführung des SPAN-Modells arbeitete ECC mit einem System aus Additional-Margin und Premium-Margin, dass um weitere Aspekte

---

[25] Vgl. *Pilgram*, Energiehandel in Europa, 1. Aufl., § 18, S. 317.

[26] Vgl. *Härle*, in: Schwintowski, Handbuch Energiehandel, 1. Aufl., S. 390, vgl. EEC-Clearingbedingungen, Release 0029a, S. 36, 3.8.1.

[27] Vgl. EEC-Clearingbedingungen, Release 0029a, S. 64, 3.8.1.

[28] Vgl. EEC-Clearingbedingungen, Release 0029a, S. 65, 3.8.3.

[29] Vgl. bereits FN 22.

[30] Vgl. Art. 46 II EMIR.

zur Reduktion der Margin-Anforderungen, wie beispielsweise dem Spreading und der Nutzung von Margin-Klassen, ergänzt war. Dieses System versuchte, über die eingesetzten Instrumente das Risiko-Profil eines Portfolios eines Clearingmitgliedes abzubilden. Es hatte den Vorteil, dass man relativ einfach die Margin-Anforderungen berechnen konnte, führte aber bei großen und heterogenen Portfolien zu einer höheren Sicherheitenanforderung.

Beim Öffnen einer Futures- oder Options-Position war eine **Sicherheit** durch das jeweilige Clearingmitglied zu hinterlegen, die sog. **Additional-Margin**. Beim Kauf oder Verkauf eines Futures-Kontraktes, und in diesem Punkt unterscheidet sich der Futures-Kontrakt von den außerbörslichen Forwards nicht, ist man durch den hinausgeschobenen Erfüllungszeitpunkt bzw. -zeitraum über eine längere Frist an den Vertragspartner gebunden und ist von der wirtschaftlichen Entwicklung des Vertragspartners, in erster Linie vom Insolvenzrisiko, betroffen. 21

Das Clearinghaus als zentraler Vertragspartner ist daher an das Clearingmitglied über die Gesamtlaufzeit des Futures-Kontraktes gebunden. Im Falle des Ausfalls des Clearingmitgliedes muss das Clearinghaus alle mit diesem Vertragspartner abgeschlossenen Geschäfte wieder glattstellen. Da sich zwischen der letzten Bewertung mit anschließend durchgeführter Ausgleichszahlung und dem aktuellen Zeitpunkt der Wert der Futures-Positionen verändert haben kann, trägt das Clearinghaus dieses kurzfristige Preisänderungsrisiko. Dabei ist das Glattstellungsrisiko von der Volatilität der abgeschlossenen Kontrakte, also von der Preisveränderung der Kontrakte im kurzfristigen Zeitverlauf, abhängig. Je höher die Volatilität der Kontrakte ist, desto höher ist die Additional-Margin. 22

Die ECC hatte für jedes Produkt (Futures-Jahr-Base, Futures-Jahr-Peak, Monats-Base, Monats-Peak etc.) feste Margin-Parameter definiert. Dieser Wert war unabhängig von der Bonität des Clearingmitgliedes und diese Gleichberechtigung ist möglich, weil überwiegend Banken bester Bonität Clearingmitglieder sind bzw. die Clearingbedingungen Mindestanforderungen an das haftende Eigenkapital definieren. Die Veränderung der Volatilität führt zu gelegentlichen Anpassungen. Die Höhe der Parameter ergibt sich aus einem Value-at-Risk-Ansatz (VaR) historischer Preisentwicklungen. Rechnet man einen **VaR** (Konfidenzintervall 99 %, ein Tag Handelsdauer), so erkennt man, dass die Parameter ungefähr diesem Wert entsprachen. 23

Die **Additional-Margin** konnte mittels Bargeld oder im Wege der Verpfändung von Wertpapieren erfolgen; Bankbürgschaften wurden jedoch nicht akzeptiert.[31] Die Additional-Margin wurde am Ende des jeweiligen Futures-Kontraktes oder beim Schließen der entsprechenden Position 24

[31] Vgl. EEC-Clearingbedingungen, Release 0029a, S. 27 f., 3.5.1.

wieder freigegeben. Gleiches gilt für die nunmehr als Initial-SPAN-Margin bezeichnete Grundsicherheit. Obgleich EUA keine Wertpapiere sind, erlaubt ECC dennoch, die von den Clearingmitgliedern gehaltene EUA als Sicherheit zu verwenden, um die Margin-Anforderung zu erfüllen.[32]

IV. SPAN-Modells

25 Mit dem 4. Quartal 2011 hat die ECC das **SPAN-Modell** zur Berechnung der Margins eingeführt.[33] Das SPAN-System ist eine anspruchsvolle Methode zur Berechnung des maximalen Verlustes von allen gehaltenen Positionen in einem „What-if-Szenario". 1988 wurde dieses Modell erstmalig von der Chicago Mercantile Exchange (CME) eingeführt. Es berechnet die Sicherheitenanforderung eines Clearings- und eines Handelsteilnehmers basierend auf dem gesamten Portfolio dieses Teilnehmers. Das SPAN-Modell hat sich mittlerweile zu einer Art Standard entwickelt und findet heute bereits bei rund 30 Börsen seinen Einsatz. Bei Nasdaq OMX wird es als „Nordic-SPAN" schon seit Jahren verwendet.[34]

26 Die Margin-Anforderung basiert sodann auf dem größten, anzunehmenden Verlust dieses Portfolios. SPAN bewertet das Gesamtrisiko des Portfolios durch die Berechnung des schlimmsten möglichen Verlustes, den ein Portfolio von derivativen Instrumenten und physischen Produkten über einen bestimmten Zeitraum (normalerweise einen Handelstag) erleiden kann. Kern der Methodik ist eine Reihe von numerischen Werten, die angeben, wie ein bestimmter Kontrakt (z. B. Futures-Kontrakt) in unterschiedlichen Szenarien abschneidet, also Gewinne oder Verluste generiert. Jede Bedingung ist als Risiko-Szenario bezeichnet. Ein solches Szenario kann die Veränderung der Volatilität, Marktpreisveränderung oder Veränderung der Restlaufzeit sein. Nasdaq OMX Commodities bspw. rechnet 16 unterschiedliche Szenarien durch.[35] Die Risikoneigung des Clearinghauses bestimmen dabei die SPAN-Parameter. Das SPAN-Modell basiert auf folgenden Parametern:

- Glattstellungspreis basierend auf dem Marktpreis;
- Veränderung des Portfolio-Wertes basierend auf 16 Marktszenarien innerhalb eines Beobachtungszeitraumes, wobei der Beobachtungszeitraum wiederum basiert auf:
  - historischen Preisen und der Volatilität;

---

[32] Vgl. § 7 V TEHG (Gesetz über den Handel mit Berechtigungen zur Emission von Treibhausgasen (Treibhausgas-Emissionshandelsgesetz – TEHG) v. 21.7.2011, BGBl. I S. 1475, zuletzt geändert durch Verordnung v. 31.8.2015, BGBl. I S. 1474); EEC-Clearingbedingungen, Release 0029a, S. 44, 3.5.1; 3,5.2, vgl. Art. 46 II EMIR.

[33] Vgl. ECC, ECC-Clearing-Information 2011-07-05.

[34] Vgl. http://www.nasdaqomxcommodities.com, Stand Abruf: April 2017.

[35] Vgl. http://www.nasdaqomxcommodities.com, Stand Abruf: April 2017.

- Restlaufzeit bis zum Lieferzeitpunkt bis Start des Lieferzeitraumes;
- theoretischer Preis für alle Standardprodukte basierend auf anerkannten Berechnungsmethoden;
- Berücksichtigung von Korrelationsfaktoren und Time Spreads.

SPAN teilt sodann die einzelnen Instrumente in Gruppen ein. Jede 27 Gruppe von Instrumenten hat das gleiche Underlying. Für jede Gruppe wird dann untersucht, wie diese Gruppe auf Marktpreisveränderungen oder Veränderungen der Volatilität reagiert (Scan Risk), wie diese Gruppe auf Veränderungen von Backwardation oder Contango reagiert (Intracommodity Spread Charge), wie diese Gruppe reagiert, wenn die Kontrakte dichter an die Lieferperiode heranrücken (Delivery Risk), wie diese Gruppe auf Veränderungen reagiert, wenn die Spreads innerhalb dieser Gruppe sich verändern (Intercommodity Spread Credit) und schließlich, wie sich das minimale Risiko bei Short-Optionen verändert, die weit aus dem Geld sind (siehe Short Option Minimum). Für jede Gruppe berechnet SPAN die Summe der Risiken (Scan Risk), Intracommodity Spread Charge und Delivery Risk, zieht hiervon das Intercommodity Spread Credit ab und nimmt den höheren Wert aus dieser Berechnung und dem Short Option Minimum. Die Summe über alle Gruppen ergibt dann das Risiko für das gesamte Portfolio.[36]

Im Unterschied zum Risk-based-Margening der ECC berücksichtigt 28 das SPAN-Modell das gesamte Portfolio des Teilnehmers und versucht damit, eine risikoadäquate Ermittlung der Margins zu erreichen. Dieser Gedanke ist bisher beim Risk-based-Margening lediglich ansatzweise durch Margin-Gruppen und Cross-Margening berücksichtigt worden. Für die Handelsteilnehmer ist es schwieriger abzuschätzen, wie sich die Margin-Anforderung durch ein bestimmtes Geschäft verändert. Hierfür hat ECC einen einfachen Rechner zur Verfügung gestellt, um diese Auswirkungen simulieren zu können.

1. Combined Commodity

Produkte mit dem gleichen Basiswert, Lastprofil und Lieferperiode bil- 29 den Combined Commodities. Dabei weist ECC darauf hin, dass aus technischen Gründen die Kombination von Produkten, die an unterschiedlichen Börsen gehandelt werden, aber dennoch die Bedingungen für Combinded Commodities erfüllen, nicht zusammengefasst werden können. Gleichwohl wird auch für diese Produkte der Intercommodity Spread auf eins gesetzt, was die gleiche Wirkung entfaltet (siehe unten).[37]

---

[36] Vgl. http://www.cme.com, Stand Abruf: April 2017.

[37] Vgl. ECC, ECC-Margining, Release 1.7 (22.9.2015), S. 31, abrufbar unter http://www.ecc.de/ecc.en (Link: Risk Management > Margining > ECC Margining), Stand Abruf: April 2017.

2. Scan Risk und Volatility Scan Risk

30 ECC verwendet das SPAN-Modell ohne weitere individuelle Anpassungen. Es werden also 16 vordefinierte Szenarien aus Preis- und Volatilitätsveränderungen berechnet. Jedes Szenario ist charakterisiert durch ein Price Scan Range, auch genannt als Scan Range und ein Volatility Scan Range und dem jeweiligen Gewichtungsfaktor. Der Price Scan Range wird definiert durch den Single Margin Parameter und ist mithin der exponentiell-volumensgewichtete Durchschnitt der letzten 255 Settlement-Preise. Bei Optionen wird der Price Scan Range des Underlyings verwendet und die Preisbildung erfolgt auf der Grundlage des Black76-Models.

31 Anschließend werden die möglichen Verluste je Produkt je Szenario berechnet. Das Szenario mit dem größten Verlust wird als „aktives Szenario" bezeichnet. Der Szenarioverlust wird sodann mit der Nettoposition in diesem Produkt multipliziert und bildet so das Scan Risk. Bei kombinierten Produkten ist das Scan Risk die Summe der Scan Risks der die Kombination umfassenden Produkte.

32 Die Volatility Scan Range ist die erwartete Veränderung der impliziten Volatilität einer Option über die angenommene Haltedauer. Die maximale Veränderung innerhalb zweier Tage ist die seitens ECC genutzte Volatility Scan Range.

3. Short Option Minimum (SOM)

33 Bei Optionen gibt es zusätzlich das **Short Option Minimum**. Das dient der Erhöhung der Sicherheiten bei Call-Optionen, die weit aus dem Geld sind. Die erwarteten Verluste von Netto-Short-Positionen in Optionen werden bei ECC über das theoretische Optionspreismodell Black76 ermittelt. Bei weit aus dem Geld liegenden Optionen besteht hierbei die Gefahr, dass der so bestimmte Optionspreis und damit die Margins zu niedrig berechnet werden. Deshalb wird der erwartete Optionspreis für Netto-Short-Positionen, die weit aus dem Geld sind, durch ein Short Option Minimum ersetzt, falls der maximale Optionspreis geringer als das Short Option Minimum ist.[38]

4. Die Premium-Margin

34 Die Premium-Margin ist für eine offene Short-Position in Optionen zu hinterlegen. Sie entspricht der Additional-Margin bei Futures-Positionen, ist aber nur vom Optionsverkäufer zu hinterlegen. Sie deckt die Verluste einer Glattstellung zum aktuellen Marktpreis ab und wird daher von der ECC in Höhe des aktuellen Abrechnungspreises der je-

[38] Vgl. ECC-Margining, Release 1.7 (22.9.2015), S. 31.

weiligen Option eingefordert. Sie hat damit hohe Ähnlichkeit zur Variation-Margin bei Futures-Kontrakten.

Die Premium-Margin ist nicht für offene Long-Positionen in Optionen zu hinterlegen, da die Glattstellung einer Long-Position in Optionen nur zu einem Glattstellungsgewinn führen kann. Die Premium-Margin für Long-Positionen wird daher ebenfalls berechnet und dem Konto des Clearing-Teilnehmers gutgeschrieben, aber nicht ausgezahlt. Die Abrechnungspreise der Optionen ändern sich täglich und damit ändert sich auch täglich die Höhe der Premium-Margin. Zusätzlich können durch den Handel über Tag neue Positionen aufgebaut und bestehende Positionen durch Gegengeschäfte glattgestellt werden. Aus diesen Gründen wird die Premium-Margin täglich neu festgesetzt. So ist der Inhaber einer offenen Short-Position in Optionen zum Nachschuss an Premium-Margin verpflichtet, wenn die Optionspreise steigen.[39] 35

5. Cross-Margining und Spreading

Fällt ein Clearing-Mitglied aus, sind alle von ihm gehaltenen Positionen betroffen. Das Clearingsystem der skandinavischen Strombörse NasdaqueOMX stellt daher mit dem sog. **Nordic-SPAN-Modell** bei der Berechnung der Additional-Margin auf das Gesamtportfolio ab und lässt insofern risikominimierende Saldierungen zu. Bei der ECC fand sich dieser Gedanke in **Margin-Gruppen**, **Margin-Klassen** und im **Spreading** wieder. 36

Beim **Spreading** werden Netto-Positionen im gleichen Future mit unterschiedlichen Fälligkeiten mit einer **Spread-Margin** bewertet, die sich in ihrer Höhe an der Preiskorrelation der Futures mit unterschiedlichen Fälligkeiten orientiert, in der Höhe aber geringer als die jeweilige Additional-Margin ist. Dieses Verfahren kam bei der ECC bei Futures auf Emissionsberechtigungen zum Einsatz.[40] In Margin-Klassen wurden Positionen mit gleichem Basiswert zusammengefasst. Gegenläufige Risiken von Netto-Positionen der gleichen Margin-Klasse wurden dabei als vollständig korreliert angesehen, wenn sie sich auf die gleiche Fälligkeit beziehen, und teilweise korreliert, wenn sie sich auf unterschiedliche Fälligkeiten beziehen. Phelix-Futures und Optionen auf Phelix-Futures mit der gleichen Fälligkeit sowie Phelix-Futures und physische German-Futures gehörten der gleichen Margin-Klasse an. Dies findet sich auch heute noch im SPAN-Modell wieder (siehe Spreads). 37

Margin-Klassen konnten bei Vorliegen signifikanter Korrelationen zu **Margin-Gruppen** zusammengefasst werden. Innerhalb einer Margin-Gruppe konnten unterschiedliche Produkte partiell saldiert werden. So 38

[39] Vgl. ECC-Margining, Release 1.7 (22.9.2015), S. 33.

[40] Vgl. ECC, ECC-Margining, Release 1.7 (22.9.2015), S. 12, FN 27.

konnte die Long-Position des Baseload-Jahres-Kontraktes gegen die Short-Position des Peakload-Kontraktes desselben Jahres mit der Folge verrechnet werden, dass nur für den jeweils höheren Betrag eine Additional-Margin zu stellen war.

39 In Summe führten diese Saldierungseffekte der ECC dazu, dass sich **Sicherheitenanforderungen** an Teilnehmer und damit letztendlich die Kapitalkosten verringern lassen. Infolgedessen konnten bestehende Handelslimite flexibler gestaltet und schließlich Handelsvolumina im Sinne eines liquideren Marktes gesteigert werden.[41] Die Einbeziehung der Optionen in die Margin-Klassen der Basis-Kontrakte als auch die Tatsache, dass nur vom Verkäufer einer Option die Sicherheit verlangt wurde, verringerte nochmals die Sicherheitenanforderung.[42]

40 Dieser Gedanke ist im SPAN-Modell weiterentwickelt. ECC spricht von Spreads für den Ausgleich von gegenläufigen Positionen bei (hoch) korrelierten Instrumenten. Dabei unterscheidet ECC „Perfekte Spreads" und „Regular Spreads".

41 Gegenläufige Positionen mit dem gleichen Basiswert und überlappenden Lieferperioden werden bei ECC Perfekte Spreads genannt. Die Abrechnungspreise dieser Instrumente sind arbitragefrei. Arbitragefreiheit bedeutet hier, dass der Abrechnungspreis des Jahresproduktes unter Berücksichtigung der Kontraktgröße (Lieferstunden) genau dem Mittelwert der Abrechnungspreise der dieses Jahr umfassenden Quartalsprodukte entspricht. Mittels eines Kaufes eines Jahresproduktes zum Settlementpreis und dem gleichzeitigen risikolosen Verkauf der Quartalsprodukte kann folglich kein Ertrag erzielt werden. Perfekte Spreads zeichnen sich also dadurch aus, dass bei gegenläufigen Positionen keine Variation-Margin ausbezahlt wird. Dies berücksichtigt ECC durch einen Intercommodity Credit in Höhe von 99 %. Dadurch bleibt die Position bei der Risikoberechnung nahezu unberücksichtigt.

42 Regular Spreads drücken die Korrelation von zwei Preisverläufen aus und führen nur zu einer teilweisen Aufrechnung der gegenläufigen Positionen. Dabei ist für jedes Produktpaar die Korrelation berechnet und hieraus der Margin Credit bestimmt worden. Zur Ermittlung des Scan Risks dieses Produktpaares wird das Minimum der Einzelscan-Risks mit dem Margin Credit multipliziert.

6. Delivery-Margin für Futures mit physischer Erfüllung

43 Die Delivery-Margin gibt es bei der ECC für fällige Positionen in Futures über Strom und Gas während der Lieferphase. Damit werden diejenigen Risiken besichert, die sich aus einem physischen Lieferanspruch

---

[41] Vgl. *Claxton/Sandbye*, in: Isherwood, WorldPower 2002, S. 70.
[42] Vgl. ECC-Margining, Release 1.7 (22.9.2015), S. 16, FN 27.

des Käufers von Strom bzw. Gas gegenüber der ECC als Folge einer nicht erfüllten Lieferung des Verkäufers ergeben. Sie berechnet sich aus dem Produkt aus Scan Range und Expiry Month Factor. Besonders ist, dass das abnehmende Liefervolumen während der Lieferphase bei der Berechnung der Delivery-Margin keine Berücksichtigung findet, sodass selbst am letzten Liefertag noch Sicherheiten gestellt werden, obwohl keine Lieferverpflichtung mehr besteht.[43]

Bei lagerfähigen Produkten wie EUA oder Guarantee of Origin (GoO) 44
ist jeder Verkäufer eines Futures verpflichtet, vor Fälligkeit dieser Position die entsprechende Liefermenge an Papieren auf seinem internen Delivery Account zu halten.

7. Expiry Month Factor

Unverändert geblieben ist der Expiry Month Factor. Zusätzlich zum 45
SPAN-Initial-Margin (früher Additional-Margin-Parameter) wird bei der Ermittlung der Initial-Margin von Netto-Positionen in Month-Futures der **Expiry Month Factor** herangezogen, sobald es sich bei diesem Future um einen Kontrakt handelt, der im nächsten Monat in die Lieferphase wechselt. Hierdurch soll dem höheren Risiko in der Lieferphase (höhere Volatilität oder Liefer- und Zahlungsverbindlichkeiten aus der physischen Erfüllung) Rechnung getragen werden.[44]

8. Margin CAP bei 80 %

Die Nutzung des SPAN-Modells dient der risikoorientierten Berechnung 46
von Sicherheiten, wobei ein Ausgleich zwischen dem Sicherungsinteresse des Clearinghauses und der Forderung nach niedrigen Sicherheiten gefunden werden muss. Im Interesse einer ökonomischen Allokation von (gebundenem) Kapital sollen die Sicherheiten so niedrig wie möglich sein, aber gerade ausreichen, um im Sicherungsfall das Clearinghaus und mithin die anderen Marktteilnehmer vor Schäden zu bewahren. ECC berechnet die Margins auf einer sog. Brutto-Basis, d. h. für jeden Clearingmember einzeln und für unterschiedliche Konten einzeln. Die Summe über alle Konten ist die Margin-Anforderung an das Clearingmitglied, wobei Margin-Guthaben eines Kontos, beispielsweise aus Premium-Margins bei Longpositionen in Optionen nicht mit Margin-Anforderungen aus einem anderen Konto verrechnet werden.[45] Gemäß RTS 153[46] in Bezug auf Art. 27 IV EMIR darf die Margenreduzierung nicht größer sein als 80 %, wenn unterschiedliche Instrumente in einer

---

[43] Vgl. ECC-Margining, Release 1.7, S. 31.
[44] Vgl. ECC-Margining, Release 1.7 (22.9.2015), S. 8.
[45] Vgl. EEC-Clearingbedingungen, Release 0029a, S. 44, 3.5.1; 3.5.2.
[46] Vgl. ECC-Margining, Release 1.7 (22.9.2015), S. 34.

Portfoliobewertung zusammengefasst sind. Damit soll eine Unterbesicherung vermieden werden, die auf ein umfangreiches Netting gegenläufiger Positionen zurückzuführen ist. Hierzu verfolgt die ECC einen zweistufigen Prüfprozess: Zunächst berechnet ECC die Margin-Anforderung auf einer Brutto-Basis, also ohne die Nutzung des Spreadings mit Ausnahme des Perfekt Spreads. Mit anderen Worten: Nur gegenläufige Positionen mit dem gleichen Basiswert werden saldiert, wohingegen Positionen mit unterschiedlichen Basiswerten aber hoher Korrelation unberücksichtigt bleiben. Der Bruttowert ist die Summe der Margins für die unterschiedlichen Konten des Clearingmitgliedes. Im zweiten Schritt werden auch diese Positionen vollständig oder partiell in Abhängigkeit der Intercommodity Credits saldiert und alle Konten des Clearingmitgliedes saldiert. Der Nettowert entspricht also dem VaR-Wert des Portfolios des Clearingmitgliedes. Der Nettowert ist das absolute Minimum an Sicherheiten und mithin ist die Differenz zwischen Brutto- und Nettowert die maximale Reduktion der Sicherheiten in Folge des Spreadings. Diese Reduktion ist auf 80 % begrenzt und so werden hiervon 20 % berechnet und als zusätzliche Sicherheit eingefordert. Diese Sicherheit wird täglich berechnet und dem Clearingfonds zugerechnet.[47]

9. Die Variation-Margin

47 Mit der sog. Variation-Margin werden tägliche Gewinne und Verluste des entsprechenden Kontraktes ausgeglichen. Futures-Kontrakte werden täglich bewertet (Mark to Market), indem der Abrechnungspreis des aktuellen Tages mit dem Abrechnungspreis des Vortages bzw. mit dem Kauf- oder Verkaufspreis verglichen wird. Die so ermittelte Wertdifferenz wird mit dem jeweiligen Kontraktvolumen und der jeweiligen Kontraktanzahl multipliziert. Die Variation-Margin ist also jener Betrag, der jedem Clearingmitglied börsentäglich ausbezahlt oder der vom Clearingmitglied eingezogen wird. Dieser Prozess wird während der gesamten Laufzeit des jeweiligen Kontraktes durchgeführt.

V. Exchange for Physical

48 Die ECC bietet im Rahmen ihres Clearingangebotes die Abwicklung außerbörslich verhandelter Futures-Kontrakte an. Mißverständlicherweise wird dies auch häufig als **OTC-Clearing** verstanden. Unter der Funktion Exchange for Physical (EFP) ist eine Funktionalität im Terminmarktsystem der EEX zu verstehen, die eine außerbörsliche Preisvereinbarung von Futures-Kontrakten und die Abwicklung dieser Geschäfte ermöglicht. Die außerbörslich vereinbarten Geschäfte werden dazu mittels der EFP-Trading-Funktion erfasst. Nachdem beide Parteien die

[47] Vgl. ECC-Margining, Release 1.7 (22.9.2015), S. 34.

Geschäfte erfasst haben, kommt es zu gewöhnlichen Futures-Geschäften zwischen der jeweiligen Clearingbank und der ECC.[48] Der Unterschied zum gewöhnlichen Futures-Geschäft besteht darin, dass es sich nicht um einen öffentlich-rechtlichen Börsenpreis, sondern um einen bilateral vereinbarten Preis handelt. Dabei ist jedoch zu beachten, dass der verhandelte Preis einen definierten Preiskorridor um den zuletzt ermittelten Börsenpreis dieses Kontraktes nicht verlassen darf. Nach Abschluss dieser Geschäfte erfolgt dann das identische Procedere wie bei Futures-Kontrakten mit börslicher Preisfeststellung.[49]

Viele Handelsgeschäfte im Stromgroßhandel kommen durch die Ver- 49
mittlung von **OTC-Brokern** zustande.[50] Hierbei handelt es sich aber in aller Regel um physische Forwards. Um diese Geschäfte dem Clearing zuzuführen, wird häufig ein außerbörsliches Forward-Geschäft unter der Maßgabe geschlossen, dass nach Vertragsabschluss beide Parteien dieses Geschäft dem OTC-Clearing zuführen. Dabei handelt es sich rechtstechnisch um einen Austausch, denn das außerbörsliche Geschäft wird gegen zwei Futures-Geschäfte zu demselben Preis ersetzt. Der OTC-Broker vermittelt mithin einen physischen Forward, weshalb die meisten der teilnehmenden Broker keine Finanzdienstleisterlizenz besitzen und deshalb die Überführung des Geschäfts durch die Teilnehmer selbst zu erfolgen hat. Voraussetzung ist also, dass die Teilnehmer über einen Zugang zum ECC-Clearingsystem verfügen.[51]

Ein weiterer **Brokerzugang** ist, wenn der Broker unmittelbar zugelas- 50
senes Börsenmitglied ist und über eine entsprechende Genehmigung verfügt.[52] Die beiden Brokerkunden einigen sich durch Vermittlung des Brokers auf ein Geschäft. Nach dem außerbörslichen Geschäftsabschluss gibt der Broker nun das Geschäft in das Handelssystem der EEX per EFP-Funktionalität ein. Der Broker gibt Kauf- und Verkaufsseite des Geschäftes mit Hilfe einer weiteren Funktionalität des Handelssystems, der Give-up-Funktionalität, an die Clearingbanken der teilnehmenden Kunden ab. Die Clearingbanken der Kunden bestätigen nun ihrerseits mithilfe des Handelssystems den Take-up, dass sie in das Geschäft eintreten.

Der Zugang zur Börse ist mit nicht unerheblichen Kosten verbunden. 51
Einige Marktakteure scheuen diesen Aufwand, wollen aber zugleich das

[48] Vgl. EEX, Einführung in den Börsenhandel an der EEX auf Xetra und Eurex, Release 0001C, S. 59.

[49] Vgl. EEX, Einführung in den Börsenhandel an der EEX auf Xetra und Eurex, Release 0001C, S. 51.

[50] Vgl. *Ransley*, in: IPE, Future Energy, S. 61, 65.

[51] Vgl. *Berlinghof/Scholz/Krobs*, in: Horstmann/Cieslarczyk, Energiehandel, S. 680.

[52] Vgl. *Wiegelmann*, in: Bohne, Neubestimmung ordnungspolitischer Aufgaben des Staates im Strommarkt, S. 75, 80.

Clearing des Börsenträgers im Rahmen des OTC-Clearings nutzen. Hierbei vereinbaren wiederum zwei Marktakteure außerhalb der Börse den Preis und ein Börsenteilnehmer mit entsprechender BaFin-Genehmigung gibt dieses Geschäft in das Clearingsystem der ECC ein.[53] Danach überträgt er ggf. die Positionen via Give-up auf den GCM des Akteurs bzw. verbucht das Geschäft auf dem Positionskonto des Akteurs. Voraussetzung für diese Variante ist also lediglich, dass der Teilnehmer über einen Vertrag mit einem GCM verfügt, der sog. GCM-NCM-Vertrag.[54]

C. Diskussion wichtiger Funktionen des Clearings

52 Um die Vorteile des Clearings beurteilen zu können, ist es hilfreich, die unterschiedlichen Aspekte des Clearings zu diskutieren.

I. Reduzierung des Kontrahentenrisikos

53 Als ein Vorzug des Clearings wird häufig die Minimierung des Kontrahentenrisikos genannt. Die vorausgegangene Darstellung hat gezeigt, dass beim Clearing an der ECC das Kontrahentenrisiko aus der Sicht eines Marktteilnehmers abgegeben bzw. minimiert wird.[55] Kontrahentenrisiko beschreibt allgemein das Risiko, dass der Vertragspartner nach Vertragsschluss seinen finanziellen Verpflichtungen nicht nachkommt. Damit ist Kontrahentenrisiko zunächst ein Oberbegriff, unter dem beim Ausfall des Vertragspartners eintretende Risiken subsumiert werden. Fällt der Vertragspartner nach Vertragsabschluss aus, liegt grundsätzlich ein Wiedereindeckungs- oder Wiederabsatzrisiko vor.[56] Die bereits beschaffte oder abgesetzte Menge wird nun nicht mehr geliefert oder abgenommen, sodass hierfür Ersatz beschafft werden muss. Da die Preise gerade in jüngster Zeit eine signifikante Volatilität aufweisen, ist also der nicht ausgefallene Vertragspartner wieder mit dem Marktpreisänderungsrisiko konfrontiert. Hat er Strom auf Termin beschafft und sind die Strompreise zwischenzeitlich gestiegen, muss er einen höheren Einstandspreis in Kauf nehmen, obwohl er gerade zur Ausschaltung des Risikos das Termingeschäft seinerzeit getätigt hatte. Das Adressenausfallrisiko ist also ein latentes Marktpreisrisiko.

---

[53] Vgl. EEX, Einführung in den Börsenhandel an der EEX auf Xetra und Eurex, Release 0001C, S. 63; vgl. *Horstmann*, in: Bartsch/Röhling/Salje/Scholz, Stromwirtschaft, 2. Aufl., S. 1117.

[54] Vgl. *Berlinghof/Scholz/Krobs*, in: Horstmann/Cieslarczyk, Energiehandel, S. 681.

[55] Vgl. Rdnr. 17 ff.

[56] Vgl. *Bohne*, in: Bohne, Neubestimmung ordnungspolitischer Aufgaben des Staates im Strommarkt, S. 9.

Nur der Vollständigkeit halber sei angeführt, dass zusätzlich auch ein Losgrößenrisiko eintreten kann. Fällt der Vertragspartner während der Lieferperiode aus, dann kann es vorkommen, dass die Restmenge eine untypische Losgröße darstellt, die zu schlechteren Preisen eingedeckt werden muss als der durch die Insolvenz betroffene Gesamtvertrag. Diesem Umstand trägt die ECC durch einen sog. **Expiry Month Factor** Rechnung. Dieser erhöht die zu stellende Sicherheit bei physisch zu erfüllenden Monats-Kontrakten. Finanzielle Monats-Kontrakte bleiben der gesamten Lieferperiode handelbar, und zwar mit dem vollen Kontraktvolumen, obgleich das Restvolumen im Monat ständig abnimmt. Quartals- und Jahres-Kontrakte erreichen die Lieferperiode hingegen nicht, denn sie werden im Wege der **Kaskadierung** erfüllt, d. h. sie werden vor Eintritt in die Lieferperiode in kürzere Kontrakte aufgeteilt.[57] Bei den Positionskonten erfolgt eine Buchung der neuen Future-Kontrakte zum Schlussabrechnungspreis der verfallenen Quartals- bzw. Jahres-Futures. Diese Buchung entspricht einem Geschäft in den neuen Futures-Kontrakten zum Schlussabrechnungspreis des Quartals- bzw. Jahres-Futures.[58] 54

Um das Gegenparteienrisiko zu beherrschen, werden im Rahmen des Risikomanagements die jeweiligen Kontrahenten überwacht. Mit Zunahme der Kontrahentenanzahl kann dies einen erheblichen Aufwand bedeuten.[59] Die Minimierung dieses Aufwandes durch die Beschränkung auf wenige Kontrahenten wird mit der Zunahme des sog. **Klumpenrisikos** erkauft. Hierunter ist die Konzentration von Risiken auf einen oder wenige Adressen zu verstehen. Mit anderen Worten: Werden zur Vermeidung des Überwachungsaufwandes nur mit einem Unternehmen Geschäfte getätigt, dann hat der Ausfall dieses Unternehmens zur Folge, dass alle Positionen von der Insolvenz betroffen sind. Eine Selektion nach Unternehmensgröße oder Reputation ist dabei nicht der richtige Ansatz, wie die Fälle Enron und TXU Europe gezeigt haben. Nicht ohne Grund werden daher zur Risikodiversifikation Geschäfte mit mehreren Unternehmen abgeschlossen und jeweils die maximale Gesamtgeschäftshöhe bzw. der maximale offene Betrag (Kreditlinie) begrenzt.[60] Man beachte, dass sich Vollversorgungsverträge dadurch auszeichnen, dass die gesamte Versorgung über einen Lieferanten abgewickelt wird und sie daher nicht den Anforderungen an ein effizientes Risikomanagement gerecht werden. 55

---

[57] Vgl. EEC-Clearingbedingungen, Release 0029a, S. 46, 4.2.2.3.

[58] Vgl. EEC-Clearingbedingungen, Release 0012b5a, S. 46, 4.2.2.3.

[59] Vgl. *Goethe*, in: Bohne, Neubestimmung ordnungspolitischer Aufgaben des Staates im Strommarkt, S. 95.

[60] Vgl. *Wilcox*, in: Isherwood, WorldPower 2003, S. 39, 41.

56 Im Finanzsektor gibt es ähnliche Probleme, denn auch dort erfolgt ein reger Handel mit vielen verschiedenen Unternehmen. Der Finanzsektor hat aber gegenüber dem Energiehandel den Vorzug, dass der Großteil der am Handel beteiligten Unternehmen und teilweise die Handelsobjekte selbst, über ein externes Rating verfügen. Das **Rating**[61] stellt im Prinzip nichts Anderes dar, als die externe Überwachung der wirtschaftlichen Leistungsfähigkeit, und häufig werden die Ratings feste Vertragsbestandteile mit der Folge, dass bei einer Ratingverschlechterung dem anderen Vertragspartner Kündigungs- oder Nachbesicherungsrechte eingeräumt werden. Damit wird der Überwachungsaufwand der Vertragspartner deutlich effizienter, aber das Vertrauen auf das externe Rating hat durch die Subprime-Krise deutlich gelitten. In der Energiewirtschaft verfügen viele Unternehmen bisher über kein externes Rating.[62]

57 Der Grundgedanke ist, die mit einem Kontrahentenrisiko behafteten Geschäfte an ein anderes Unternehmen abzugeben. Dabei ist aus Risikogesichtspunkten wichtig, dass es sich um ein Unternehmen handelt, dass eine bessere wirtschaftliche Performance aufweist als jenes Unternehmen, dessen Risiko man sich entledigen will. Diese Anforderung ist auch aus dem Umstand zu folgern, dass nun doch anstelle vieler Geschäftsbeziehungen nur mit einem Unternehmen Verträge abgeschlossen werden, sodass das Klumpenrisiko besteht. Nun werden beim Clearing an der ECC die Geschäfte nicht direkt an das Clearinghaus abgegeben, sondern die GCM sind dazwischengeschaltet. Insofern wird das Kontrahentenrisiko des Stromhandelspartners gegen das Risiko des GCM, i. d. R. eine Bank, eingetauscht. Banken haben in aller Regel eine gute Bonität, die auch durch ein gutes Rating zum Ausdruck kommt. Zudem gehört es zu den Kerngeschäftsfeldern vieler Banken, Risiken zu übernehmen und mit der unterschiedlichen Bonität und dem Management dieser Risiken ihre Erträge zu erwirtschaften.[63]

58 Aber auch andere Clearingstrukturen, wie die bei NasdaqueOMX, können effizient das Kontrahentenrisiko minimieren, ohne dass hierfür Banken eingeschaltet werden. Die Clearingstruktur bei NasdaqueOMX ist trotz der Existenz von GCM durch eine deutlich höhere Anzahl an DCM gekennzeichnet, also durch Unternehmen, die das Clearing für ihre eigenen Geschäfte selbst übernehmen. In beiden Fällen weisen aber die die Risiken übernehmenden Institute eine hohe Bonität auf, sodass die Einschaltung dieser Einrichtungen eine höhere Effizienz im Energie-

---

[61] Vgl. dazu ausführlich *Pilgram/Dessau*, Energiehandel in Europa, 2. Aufl., § 18.
[62] Vgl. *Wilcox*, in: Isherwood, WorldPower 2003, S. 39, 40.
[63] Vgl. *Wagner*, in: Federico/Kozlowski, Risikomanagement in der Energiewirtschaft, 2. Aufl., S. 108.

handel bewirken kann.[64] Mit EMIR ist einerseits eine Bedeutungszunahme des Clearings verbunden, so ist beispielsweise die Clearingpflicht für OTC-Derivate eingeführt worden. Gleichsam sind auch die Anforderungen an die zentrale Gegenpartei und das Margening erhöht worden, um in Summe eine höhere Stabilität der Märkte zu erreichen.

Anzumerken ist aber, dass es sich bei den angebotenen Clearinglösungen immer nur um die Abgabe des Kontrahentenrisikos auf der Großhandelsseite handelt. Für Weiterverteiler, also bspw. Stadtwerke, bleibt das Kontrahentenrisiko auf der Abnehmerseite weiter bestehen, sodass alleine für das Management dieser Risiken ein geeignetes Instrumentarium aufgebaut werden muss. 59

II. Netting

Unter **Netting**[65] wird die Saldierung und Aufrechnung von gegenläufigen Ansprüchen verstanden. Auf der einen Seite reduziert man hierdurch den Abwicklungsaufwand. Gewichtiger ist aber aus Risikogesichtspunkten, dass hierdurch die Außenstände und damit das Risiko minimiert werden. Fast schon trivial ist, dass es für Netting gegenläufiger Positionen bedarf. Ein Marktakteur muss also mit einem anderen sowohl ein Kauf- als auch ein Verkaufsgeschäft getätigt haben. Notwendiges Kriterium für Netting ist also, dass zwei Unternehmen einmal Käufer und einmal Verkäufer sind. Dies ist häufig dann der Fall, wenn es sich um Händler, also bspw. Strom- oder Ölhändler handelt, die die Ware mehrfach kaufen und verkaufen, um an den Preisveränderungen im Zeitverlauf zu profitieren. Liegt jedoch ein anderes Geschäftsmodell zugrunde, bei dem am Großhandel eingekauft und am Retailmarkt wieder verkauft wird, liegt zwar auch eine klassische Handelstätigkeit vor, aber an unterschiedlichen Märkten mit unterschiedlichen Marktakteuren. Es fehlt bei diesem für Stadtwerke typischen Geschäftsmodell an der Doppelrolle als Käufer und Verkäufer gegenüber demselben Vertragspartner.[66] Bei Unternehmen, die aufgrund ihrer Bedarfs- oder Angebotsstruktur, wie eben beschrieben, entweder auf der Käufer- oder auf der Verkäuferseite positioniert sind, ergibt sich kein nennenswerter Nettingansatz. Hieran ändert sich auch nichts, wenn man weitere Energie-Commodities, wie bspw. Gas oder EUA, in das Netting mit einbezieht, denn Stadtwerke sind auch bei diesen Commodities auf der Großhandelsseite überwiegend in der Käuferrolle. 60

[64] Vgl. *Frye*, in: Isherwood, WorldPower 2003, S. 28, 30.
[65] Hierzu ausführlich *Pilgram/Dessau*, Energiehandel in Europa, 2. Aufl., § 18.
[66] Vgl. *Bosch*, WM 1995, 365, 367.

61 Netting setzt in seiner Grundform neben dem gleichen Geschäftspartner zusätzlich noch die Gleichartigkeit der Forderung voraus. So ist Netting nicht möglich, wenn eine Lieferverpflichtung für das Jahr 2017 mit einem Belieferungsanspruch für das Jahr 2018 vorliegt. Gleiches trifft natürlich für unterschiedliche Energieträger zu. Häufig anzutreffen ist jedoch, dass bei diesen Geschäften die gegenseitigen Forderungen trotz des unterschiedlichen Produkts zu einem bestimmten Zeitpunkt aufgerechnet werden und lediglich die Differenz finanziell ausgeglichen wird. Zu beachten ist hierbei, dass aus einem originär physischen Kontrakt durch die Nettingvereinbarung ein finanzielles Produkt werden kann, was aufsichtsrechtliche Konsequenzen hat.[67]

62 Die Clearinglösung der ECC ist durch die Existenz eines zentralen Vertragspartners gekennzeichnet. Alle Börsengeschäfte sowie über das sog. OTC-Clearing in das Clearingsystem eingebrachten Geschäfte werden über den zentralen Kontrahenten abgewickelt. Damit ergibt sich eine größere Möglichkeit für Netting als dies bei bilateralen Nettingvereinbarungen der Fall ist.[68]

63 Wie oben ausgeführt,[69] bedarf es aber für das Netting der Gleichartigkeit der Forderungen. Nun unterliegen aber die Strom-Kontrakte dem Marktpreisänderungsrisiko, d. h. eine Strombandbeschaffung für 2017 kann zu unterschiedlichen Preisen erfolgen. Um ein Netting durchzuführen, müssen aber diese möglichen Differenzen ausgeglichen werden. Das Clearinghaus wendet für Futures ein tägliches Mark to Market an, bei dem die Preisveränderung von einem zum anderen Tag in bar ausgeglichen wird. Dies erfolgt mit allen Positionen, sodass die Position stets dem aktuellen Marktpreis, zumindest dem aktuellen Börsenpreis, entspricht. Wird nun eine bestehende Long-Position durch den Verkauf eines Futures verringert, so erfolgen am Ende des Börsenhandelstages die Bewertung der Position und die Bewertung des neuen Geschäfts getrennt. Bei der bestehenden Position wird der Abrechnungspreis des Vortages mit dem aktuellen Abrechnungspreis verglichen und die Differenz wird mit der Kontraktanzahl und dem Kontraktvolumen multipliziert. Bei dem neuen Geschäft erfolgt es entsprechend, mit dem Unterschied, dass anstelle des Abrechnungspreises des Vortages der Kaufpreis gesetzt wird und nur diese Differenz ausgeglichen wird. Am Ende dieses Prozesses hat nun das neue Geschäft und die bestehende Position die gleiche Bewertungsgrundlage und beide können nun zur neuen Gesamtposition zusammengefasst werden, deren Kontraktanzahl um die Anzahl der Kontrakte aus dem neuen Geschäft kleiner ist. Die Rechte und

[67] Vgl. *Puderbach/Zenke*, in: Zenke/Ellwanger, Handel mit Energiederivaten, S. 44.
[68] Vgl. *Gerke/Hennies/Schäffner*, Der Stromhandel, S. 55.
[69] Vgl. bereits Rdnr. 61.

Pflichten aus dem Einzelgeschäft sind untergegangen, anstelle dessen stehen dem Inhaber der Position nun die Rechte und Pflichten aus der neuen Gesamtposition zu. Der Ausgleich von Wertdifferenzen im Rahmen der Variation-Margin dient also u. a. dazu, Geschäfte mit unterschiedlichen Preisen in einer Position zusammenfassen zu können.[70] Beim außerbörslichen Netting werden die Preisdifferenzen auch ausgeglichen, wobei dies nur zum Zeitpunkt der Aufrechnungserklärung erfolgt und nicht handelstäglich. Hierbei kann der auszugleichende Betrag zwar höher sein, dafür ist aber kein täglicher Zahlungsfluss wie bei Börsengeschäften erforderlich.[71]

Netting stellt aus der Sicht der am Netting beteiligten Unternehmen 64
ein effizientes Instrument zur Reduktion von Risiken dar und kommt daher beim Clearing zur Anwendung.[72]

III. Clearing-Aspekte bei einem breiten Produktspektrum

Mit der Übernahme des Clearings der French-Futures, Belgian und 65
Dutch-Futures, der Übernahme des Clearings für die CEGH Gas Exchange der Wiener Börse, und der Hungarian Power Exchange, des Spot- und Termin-Emissionshandels und des Clearings für Gas-Kontrakte bekommt der Clearing-Aspekt eine besondere Bedeutung und dies ist zweifelsohne die Stärke der ECC. Alle Geschäfte in den verschiedenen Produkten münden im gleichen Clearingsystem und können über Cross-Margining bzw. SPAN-Modell zu reduzierten Sicherheitsanforderungen führen. Aber auch hier gilt das für Netting allgemein Gesagte: Bis auf international tätige Handelsunternehmen hat Netting eine eher untergeordnete Bedeutung, denn der Großteil der Marktakteure steht überwiegend auf einer Positionsseite. Lediglich bei Positionen in EUA und in Gas-Kontrakten kommt es häufiger vor, dass die Marktakteure (in Strom und EUA und Gas) sowohl Long- als auch Short-Positionen halten und es hierbei zu den beschriebenen Nettingeffekten kommen könnte.

---

[70] Vgl. *Moser*, elmlw 1/2004, 26, 28.

[71] Vgl. *Spicker*, in: Schwintowski, Handbuch Energiehandel, 1. Aufl., S. 166.

[72] Vgl. zum Spannungsverhältnis zwischen der vertraglichen Aufrechnung und dem Insolvenzrecht: *Pilgram*, Ökonomische Analyse der bundesdeutschen Insolvenzordnung; *Häsemeyer*, in: Arbeitskreis für Insolvenz- und Schiedsgerichtswesen e. V., Kölner Schriften zur Insolvenzordnung, 1. Aufl., Rdnr. 10; vgl. Rechtsgutachten im Auftrag der European Commodity Clearing AG zur Vorlage bei den zuständigen Aufsichtsbehörden, Die Wirksamkeit der Close-Out Netting-Vereinbarung in Ziffer 3.10 der Clearing-Bedingungen der European Commodity Clearing AG, 8.10.2007, S. 3, abrufbar unter http://www.ecc.de (Link: About ECC > Rules & Regulations > Clearing Conditions > ECC Clearing Bedingungen), Stand Abruf: April 2017.

IV. Cash Flow

66 Bei einer Preisabsicherung mittels finanzieller Futures und gleichzeitiger Eindeckung der physischen Position am Spotmarkt bezahlt der Teilnehmer für den auf Termin gekauften Strom den Monatsdurchschnittspreis am Spotmarkt und bekommt oder bezahlt im Saldo die Differenz zwischen Monatsdurchschnittspreis des Spotmarktes und Kaufpreis des Futures. Die Saldobetrachtung verdeckt aber den Umstand, dass Bewertungsänderungen aufgrund der Änderung des Abrechnungspreises täglich zu einem Zahlungsstrom im Rahmen der Variation-Margin führen.

67 Da die **Variation-Margin** börsentäglich berechnet und bezahlt wird, bedeutet dies, dass es durch die z. T. erheblichen Preisveränderungen der Abrechnungspreise zu einem enormen Zahlungsstrom bei den Handelsteilnehmern kommen kann. Die teilnehmenden Unternehmen müssen auf den Referenzkonten über ausreichend liquide Mittel verfügen, da das Marktpreisrisiko durch die Variation-Margin in eine Liquiditätsbelastung umgewandelt wird. Von der Metallgesellschaft ist bekannt, dass alleine das Liquiditätserfordernis ein Unternehmen an den Rand des Ruins bringen kann. Das Absicherungsgeschäft ist getätigt, kann aber gegenüber der Absicherung mit Forwards eine erhebliche Liquiditätsbelastung hervorrufen. Die Betrachtung der Finanzströme erhält durch die Tatsache zusätzliche Bedeutung, dass die finanziellen Rückflüsse im Rahmen des Vertriebsgeschäftes zu konstanten Einzahlungen erst in der Lieferperiode führen und damit in ihrer Zahlungscharakteristika eher zum Zahlungsstrom der Forwards denn zum Zahlungsverhalten der Futures passen.

68 Insgesamt kann es durch den asynchronen Cash Flow zu einem Vorfinanzierungsaufwand kommen, der bei der Gesamtbetrachtung der Absicherungsgeschäfte zu berücksichtigen ist. Der Handelsteilnehmer muss somit über ausreichende Liquidität verfügen, um den Marktpreisbewegungen während der Kontraktlaufzeit folgen zu können. Überdies führt die tägliche Abrechnung und Zahlung zu einer Erhöhung der Prozesskosten.[73]

69 Häufig, jedoch nicht zwingend, ist mit dem Clearing ein standardisierter und automatisierter Zahlungsverkehr verbunden, der die Prozesse effizienter macht.[74] Diesem Aspekt wird bisweilen noch zu wenig Aufmerksamkeit geschenkt, wenn man bedenkt, welcher Einrichtungs- und Unterhaltungsaufwand häufig bei nicht geclearten Geschäften erforderlich ist. Insofern relativieren sich die oben angesprochenen Prozesskosten, jedoch ist eine gewisse Aversion bei Marktteilnehmern bezüglich eines täglichen Cash Flows zu beobachten.

---

[73] Vgl. *Claxton/Sandbye*, in: Isherwood, WorldPower 2002, S. 70, 72.
[74] Vgl. *Marsh*, Energy Risk 02/2004, 46, 48.

V. Stellung von Sicherheiten

Einen weiteren wichtigen Aspekt beim Risikomanagement im Allgemeinen und beim Clearing im Speziellen umfasst die Stellung von Sicherheiten. Die Stellung von Sicherheiten gehört im Stromgroßhandel zur täglichen Praxis, lediglich bei Versorgungsverträgen mit Endkunden wird historisch bedingt darauf verzichtet. Im bilateralen Handel werden überwiegend **Bankgarantien** verlangt, wobei die Höhe der gestellten Sicherheiten die jeweilige Handelshöhe determiniert.[75] Geht man davon aus, dass man für einen effizienten Handel mindestens eine zweistellige Anzahl an Handelsteilnehmern benötigt, ergibt sich hieraus schnell ein stattlicher Kostenaufwand in Form von Bürgschaftsgebühren. Zudem produziert dies darüber hinaus einen erheblichen Verwaltungsaufwand.[76] 70

Auch beim dargestellten Clearing sind Sicherheiten zu stellen, sodass hier kein prinzipieller Vorteil des Clearings entsteht. Es gilt aber zu prüfen, ob die Höhe der Sicherheiten beim vorgestellten Clearing geringer ausfallen als beim bilateralen Handel. Da die Höhe der zu stellenden Sicherheiten im OTC-Handel individuell verhandelt sind, ist eine exakte ökonomische Analyse nicht möglich. Die nachfolgende Betrachtung beschränkt sich daher auf die strukturellen Unterschiede. 71

Durch die Tatsache, dass Geschäfte mit vielen verschiedenen Vertragspartnern auf die Clearingeinrichtung übertragen werden kann, ergibt sich der Vorteil, dass unter den oben genannten Einschränkungen[77] das Netting zu einer Reduktion der Außenstände führt. Grundsätzlich reduziert sich durch die Übertragung auf einen Vertragspartner der Verwaltungsaufwand und die Höhe der gestellten, aber nicht durch Handelsgeschäfte genutzten Sicherheiten. Insoweit ist die Nutzung des Clearings gegenüber dem bilateralen Handel effizienter. 72

Aufgrund des täglichen Marginings wird mit der zu stellenden Sicherheit nur das Risiko aus der maximalen Preisveränderung bei schlechtester Marktsituation von einem Tag auf den anderen abgedeckt. Gleichwohl ist zu beachten, dass die Höhe der zu stellenden Sicherheiten bezogen auf das damit abgedeckte Risiko teilweise als sehr hoch eingestuft werden kann. Dies ist der hohen täglichen Volatilität geschuldet und es ist zu beachten, dass die Volatilität bei mehreren Tagen durch Korrekturbewegungen niedriger ausfallen kann. Im OTC-Handel muss hingegen mit der Sicherheit häufig der Gesamtvertragswert einschließlich der Preisveränderungen über die gesamte Vertragslaufzeit abgedeckt 73

---

[75] Vgl. *Lapson/Hunter*, in: Risk Books, Managing Energy Price Risk, 2. Aufl., S. 223.

[76] Vgl. *Ransley*, in: IPE, Future Energy, S. 61.

[77] Vgl. bereits Rdnr. 61 ff.

werden. Insoweit ist die Sicherheitenanforderung der ECC im Vergleich zum konventionellen Stromhandel geringer und der Preis bei dieser Clearinglösung in dem höheren Liquiditätserfordernis zu erkennen.

74 Zu beachten ist aber auch die Veränderung der Additional-Margin-Parameter im Zeitverlauf. So ist der Additional-Margin-Parameter in Zeiten hoher Volatilität höher als in Zeiten mit geringen Preisveränderungen.[78] Wenn es also zu starken Preisverwerfungen an den Märkten kommt, also der eigentliche Sicherungsfall des Clearings eintritt, sind die NCM verpflichtet, höhere Sicherheiten für ihre Kontrakte zu hinterlegen als in ruhigen Zeiten. Kraftwerksbetreiber, die ihre Stromproduktion auf Termin verkauft haben, sind in Zeiten eines starken Preisverfalls wie Ende 2008 nicht nur mit hohen Liquiditätsanforderungen durch die Variation-Margin konfrontiert, sondern werden zusätzlich mit der Erhöhung ihrer Additional-Margin belastet. Dies führte insbesondere Ende 2008 und Anfang 2009 dazu, dass Sicherungspositionen abgebaut werden mussten, weil das Liquiditätserfordernis die finanziellen Möglichkeiten vieler Akteure überforderte. Dieser Prozess beschleunigt also die Preisturbulenzen und verschärft mithin die Krise, anstelle sie zu beruhigen.

75 Auch beim Thema Sicherheiten spielt das Netting eine wichtige Rolle. Hierbei geht es nicht um das oben beschriebene Positionsnetting,[79] sondern genauer gesagt um **Cross-Margining**. Mit dem Cross-Margining-Ansatz werden – wie oben dargestellt[80] – die Sicherheitenanforderungen auf der Berechnungsgrundlage der einzelnen Produkte teilweise gegeneinander aufgerechnet, sodass die Gesamtsicherheitenanforderung kleiner ist als die Summe der Einzelbeträge. Diesem Aspekt kann bei der Integration weiterer Märkte im Rahmen des Cross-Marginings stärkere Bedeutung zukommen und die Vorteile des Clearings voll ausschöpfen. Wie oben dargestellt,[81] führt derzeit das Clearingmodell der ECC nur eine partielle Saldierung durch. Dieser Nachteil soll durch die Einführung des SPAN-Modells aufgehoben werden.

76 Insgesamt kann man bezüglich der Sicherheitenstellung sagen, dass die Nutzung des Clearings insgesamt Effizienzvorteile gegenüber dem bilateralen Handel hat, da unter Inkaufnahme des täglichen Marginings weniger Sicherheiten erforderlich sind.

---

[78] Vgl. ECC, History of Margin Parameters, abrufbar unter http://www.ecc.de (Link: Risk Management > Reports & Files > RBM Margin Parameter Files > History of Margin Parameters), Stand Abruf: April 2017.

[79] Vgl. bereits Rdnr. 61 ff.

[80] Vgl. bereits Rdnr. 36 ff.

[81] Vgl. hierzu Rdnr. 62.

77 Mit Einführung der neuen Richtlinie über Märkte in Finanzinstrumenten (**MiFID II**)[82] kommt erneut Bewegung in das Thema Clearing. Die European Security and Marktes Authority (ESMA) hatte bereits im März 2015 ihre Auslegung von Derivate und der Anwendung von MIFID II kundgetan. Demnach könnten eine Vielzahl von Energie-OTC-Geschäften auch Derivate im Sinne der MIFID II sein. Ebenso würden Unternehmen ab einer als gering angesehenen Mindestgröße der Regulierung nach MIFID II unterworfen sein.[83] Insbesondere die Kapitalunterlegungspflicht hätte weitreichende Konsequenzen auf den Energiehandel, sodass zu befürchten ist, dass sich Marktakteure von den regulierten Marktplätzen wie Börsen abwenden und zukünftig wieder verstärkt physische OTC-Geschäfte tätigen würden. Dies dürfte nicht das beabsichtigte Ziel der Finanzmarkt- und Rohstoffmarktregulierung sein und so hat die Bundessanstalt für Finanzmarktaufsicht (BaFin) bis auf weiteres klargestellt, sie beabsichtigte bis auf Weiteres nicht, die EMIR vor Umsetzung der MiFID II auf solche Kontrakte anzuwenden, die erst gemäß Anhang I C MiFID II als Derivate zu qualifizieren sein werden. Dies betrifft insbesondere Derivate auf Emissionsberechtigungen. Damit gelte vorbehaltlich einer anderen Auslegung durch ESMA bis zur Umsetzung der MiFID II auch insoweit die Richtlinie MiFID fort.[84] Weiter soll an dieser Stelle nicht auf Fragestellungen in Bezug auf MiFID und EMIR eingegangen werden, weil dies Gegenstand eines eigenständigen Kapitels[85] in diesem Buch ist.

VI. Notwendige Liquidität

78 Ungeachtet einer wirtschaftlichen Beurteilung der Clearingfunktion stellt sich die Frage, welches Risiko das Clearinghaus beim Ausfall eines der Vertragspartner trägt. In diesem Fall hat der zentrale Kontrahent Positionen zu bedienen, die auf der anderen Seite keine Entsprechung mehr finden. Theoretisch verbleibt dem Clearinghaus die Möglichkeit, die offenen Positionen zu halten und sich damit der Marktpreissituationen auszusetzen. Das Clearinghaus würde dann als normaler Marktakteur agieren. Geht man jedoch davon aus, dass die Insolvenz des Vertragspartners seinen Ursprung im schlechten Management der Handelspositionen hat, so liegt der Verdacht nahe, dass das Clearinghaus die ver-

[82] Richtlinie 2014/65/EU v. 15.5.2014 über Märkte für Finanzinstrumente sowie zur Änderung der Richtlinien 2002/92/EG und 2011/61/EU, ABl. EU Nr. L 173, v. 12.6.2014, S. 349 ff. (Neufassung wg. mehrfacher Änderungen der Richtlinie 2004/39/EG (MiFID)).

[83] Vgl. BDEW, Konkretisierung der MiFID II droht Energiehandel signifikant zu verändern, www.bdew.de, Stand Abruf: April 2017.

[84] Vgl. BaFin, EMIR, www.bafin.de, Stand Abruf: April 2017.

[85] Vgl. *Zenke/du Buisson/Dessau*, § 9 in diesem Band.

lustträchtigen Geschäfte „erbt". Clearinghäuser haben sich daher dazu entschieden, keine eigenen Positionen zu halten. Dies hat zur Konsequenz, dass die betroffenen Positionen nach Bekanntwerden des Ausfalls durch das Clearinghaus unverzüglich geschlossen werden. Schließen bedeutet, dass das Clearinghaus selbst oder ein Dritter im Auftrag des Clearinghauses am Markt aktiv wird, um Glattstellungsgeschäfte zu tätigen. Entscheidend für das Schließen der Position ist aber, dass das Clearinghaus überhaupt einen Vertragspartner findet. Als unabdingbare Voraussetzung ist dafür ein Mindestmaß an Liquidität erforderlich, sodass Positionen geschlossen werden können.[86] Stark individualisierte Verträge sind in Folge dessen von einem Clearing ausgeschlossen, weil für diese Verträge in angemessener Frist kein neuer Vertragspartner gefunden werden kann. Die Illiquidität oder die schwache Liquidität während bestimmter Zeitperioden lässt das Risiko für das Clearinghaus deutlich ansteigen. Ein Clearing kann daher nur für Produkte angeboten werden, für die sich ein bestimmter Handelsmarkt etabliert hat. Damit beschränkt sich das Clearing auf standardisierte Verträge, für die ein liquider Handelsmarkt besteht.

79 Konzentriert man sich auf Handelsprodukte, so ist neben dem Kriterium der vorhandenen Liquidität auch das Kriterium der notwendigen Liquidität zu erfüllen. Die notwendige Liquidität soll als Maßstab für die Preisstabilität verstanden werden. Tritt der Fall ein, dass das Clearinghaus die Positionen schließen muss, ergibt sich ein besonderes Risiko aus einer geringen Liquidität. Je nach Anzahl der glattzustellenden Positionen kann das Glattstellungsgeschäft in einem durch die Insolvenz nervösen Marktumfeld erheblichen Einfluss auf das Preisniveau haben und insofern wiederum auf die Risikoposition des Börsenträgers Einfluss nehmen.[87] Ebenso kann die daraus resultierende Preisveränderung am Markt negativen Einfluss auf die Positionen der anderen Clearing-Mitglieder haben. Die Belastbarkeit des Marktes spielt daher eine wesentliche Rolle bei Clearingprozessen. Damit schränkt sich der Raum für mögliche Clearingprodukte weiter auf hochliquide Produkte ein.

VII. Das Absicherungssystem

80 Das Absicherungssystem der ECC ist durch ein tägliches **Mark to Market** und mit der daran anknüpfenden Variation-Margin charakterisiert. Dadurch werden die Positionen zum Marktwert bewertet und Gewinne und Verluste täglich realisiert. OTC-Kontrakte kennen dieses Mark-to-Market-Verfahren bzw. die daran anschließende Variation-Margin

[86] Vgl. *Pilipovic*, Energy Risk, 1. Aufl., S. 161.
[87] Vgl. *Ricknell*, in: Isherwood, WorldPower 2002, S. 50.

i. d. R. nicht. Die Zahlung bei diesen Geschäften erfolgt in Teilbeträgen während der Lieferperiode.

Durch die tägliche Realisierung von Gewinnen und Verlusten wird andererseits das von den Clearingbanken zu tragende Risiko auf das **Overnight Risk** begrenzt. Positiv wirkt sich diese Begrenzung auf die Höhe der Additional-Margin aus. Die Additional-Margin muss bei diesem Verfahren lediglich das Risiko der maximalen Preisveränderung bei ungünstigen Marktverhältnissen über Nacht abdecken und fällt somit im Vergleich mit der Besicherung von OTC-Forwards deutlich geringer aus.[88] 81

1. Bonität des zentralen Vertragspartners

Für die Vertragspartner ist entscheidend, ob der zentrale Vertragspartner die übernommenen Risiken auch verkraften kann. Dabei ist auf zwei Aspekte abzustellen: Zum einen auf die Bonität des zentralen Vertragspartners und zum anderen auf den zur Anwendung kommenden Absicherungsmechanismus. Je risikoabsorbierender der Absicherungsmechanismus des Clearingsystems ist, desto stärker rückt die Bonität in den Hintergrund. 82

Die Clearingstruktur der ECC ist durch eine hohe Bonität der teilnehmenden Unternehmen gekennzeichnet. Nicht die ECC als zentraler Vertragspartner weist die hohe Bonität auf, sondern die Clearingbanken. Selbst wenn die Absicherungseinrichtung fehlschlagen würde, hat dies nur dann einen Einfluss auf das Clearinghaus, wenn eine der beteiligten Banken ihren finanziellen Verpflichtungen nicht nachkommt. Dann greift der durch alle am Clearing beteiligten Unternehmen gespeiste Clearingfonds. Ist dieser ausgeschöpft, haftet die ECC mit ihrem Eigenkapital.[89] Da Banken einer besonderen Kontrolle hinsichtlich ihrer Solvenz unterworfen sind, ist die Clearingstruktur der ECC unter Bonitätsgesichtspunkten als sehr belastbar zu beurteilen. Dies ist mit EMIR und den hierin enthaltenen Anforderungen an den zentralen Kontrahenten weiter verbessert worden. 83

Das Risiko der ECC ist im Rahmen der zweistufigen Absicherungsarchitektur auf das Bonitätsrisiko der teilnehmenden Banken begrenzt. Erst wenn ein GCM seinen finanziellen Verpflichtungen nicht mehr nachkommen kann und auch der Clearingfonds erschöpft ist, greift die Haftung der ECC. Die Risikoabsorbierung durch die Banken ist in diesem System um ein Vielfaches höher als durch die ECC. 84

---

[88] Vgl. *Broadbent/Senior*, in: Isherwood, WorldPower 2003, S. 126.
[89] Vgl. *Härle*, in: Schwintowski, Handbuch Energiehandel, 1. Aufl., S. 390.

2. Relevanter Markt

85 Wendet man das oben beschriebene Mark-to-Market-Verfahren[90] zur Ermittlung der Variation-Margin an, so ist der auf diesem Markt ermittelte Preis maßgeblich für die Bewertung der Kontrakte. Während bei Börsengeschäften die Preisfeststellung und die Ermittlung des Abrechnungspreises klar definiert und überwacht sind, ist die Preisfindung bei OTC-Trading-Plattformen oder beim Voice-Brokerage Gegenstand von Verhandlungen. Der auf OTC-Plattformen oder über Broker ermittelte Preis hat zunächst nur eine Bedeutung für die beteiligten Parteien. Werden jedoch die Preise in Form eines Indexes für die Bewertung von Kontrakten herangezogen, ist an diesen Referenzpreis eine höhere Anforderung zu stellen. Auch hier gilt natürlich, dass dieses Verfahren nur auf Akzeptanz stößt, wenn der zur Bewertung verwendete Preis als Marktpreis akzeptiert wird. Sowohl die ermittelten Preise als auch die gehandelten Volumina müssen dafür transparent und nachvollziehbar sein, damit sie sich für eine Bewertung eignen. Bislang wird diese Bedingung nur von wenigen OTC-Marktplätzen erfüllt.

86 Damit stellt sich auch zugleich die Frage nach dem relevanten Markt bzw. dem Referenzmarkt. Clearingprozesse von Börsengeschäften beziehen sich immer auf die Börse. Beim Clearing von OTC-Produkten müsste sich demnach das Clearing auf OTC-Märkte beziehen, wobei aber fraglich ist, welcher Markt konkret herangezogen werden soll. Da es den einen OTC-Markt nicht gibt, werden Hilfsverfahren verwendet, wie die Abfrage von Quotes von Handelsteilnehmern zu bestimmten Zeitpunkten. Das Clearing von Börsengeschäften hat hingegen den strategischen Vorteil, einen klaren Bezug auf die Handelsplattform – nämlich die Börse – und die dort ermittelten Preise zu haben.

3. Der Abrechnungspreis

87 Basis für die Berechnung der Variation-Margin ist der Abrechnungspreis. Der Abrechnungspreis ist der zuletzt ermittelte Börsenpreis. Sollte dieser Börsenpreis nicht dem aktuellen Marktpreis entsprechen, weil bspw. das letzte Börsenhandelsgeschäft vom Abrechnungszeitpunkt zeitlich zu weit entfernt ist, kommen andere Verfahren zum Einsatz.[91] Die Börse wendet hier das sog. Chefhändlerverfahren an. Bei diesem Verfahren werden die Chefhändler nach einer Preisindikation befragt, aus deren Mittelwert dann der Börsenpreis ermittelt wird.[92] Die Abfrage

---

[90] Vgl. bereits Rdnr. 80 f.

[91] Vgl. EEX, Einführung in den Börsenhandel an der EEX auf Xetra und Eurex, Release 0001C, S. 50.

[92] Vgl. EEX, Einführung in den Börsenhandel an der EEX auf Xetra und Eurex, Release 0001C, S. 50.

erfolgt mittels eines standardisierten Formulars außerhalb des Handelssystems und obgleich alle Börsenteilnehmer an diesem Verfahren teilnehmen können, ist es ihnen verwehrt, zu diesen Preisen zu handeln. Dieses Verfahren unterscheidet sich aber nicht von dem oben dargestellten Verfahren beim OTC-Clearing.[93]

Es trüge zur Verbesserung der Akzeptanz der Börse bei, wenn das 88
Chefhändlerverfahren im System erfolgen würde und jeder Teilnehmer in Kauf nehmen müsste, durch ein Geschäft zu den so annoncierten Preis verpflichtet zu werden. Diese Forderung erhält besonders dadurch an Bedeutung, als dass der Anteil „nicht börslich gehandelter" Produkte den überwiegenden Teil des Clearingvolumens darstellt und die Börse Gefahr läuft, ihren strategischen Vorteil des Abrechnungspreises zu verlieren.

Das gemeinsame Clearing von Börsengeschäften und OTC-Kontrak- 89
ten ist aber insoweit akzeptiert, wie der beim Clearing verwendete Abrechnungspreis auf allgemeine Akzeptanz stößt. Dies ist nur dann gegeben, wenn der Abrechnungspreis Ergebnis börslicher Aktivitäten ist. Kommen jedoch andere Verfahren zur Bestimmung des Abrechnungspreises zur Anwendung, verliert das börsennahe Clearing sein Alleinstellungsmerkmal und damit seinen Vorteil gegenüber bilateral vereinbarten Abrechungspreisen mit der Folge, dass das Clearingangebot an Attraktivität verliert. Diese Dialektik ist die große Gefahr und insofern ist es im ureigensten Interesse des Börsenträgers, nur Produkte aufzusetzen, die einen hohen oder gar überwiegenden Anteil des Handelsvolumens börslich abwickelten. Erfreulich ist in diesem Zusammenhang, dass der Anteil börslich gehandelter Kontrakte wieder zunimmt.

D. Fazit

Trotz abnehmender öffentlicher Aufmerksamkeit ist das Thema Clea- 90
ring aktuell. Ein wesentlicher Baustein des Clearings ist das Netting, das durch die Integration weiterer Energieträger – wie z. B. Gas und Emissionsberechtigungen – weiter an Bedeutung gewinnen wird. Derzeit sind die Saldierungsmöglichkeiten aber noch nicht voll ausgeschöpft, die Einführung des SPAN-Modells zur Berechnung treibt dies jedoch weiter voran. Mit dem von der ECC angebotenen Clearing kann aber ein erheblicher Liquiditätsbedarf einhergehen, sodass man zusammenfassend sagen kann, dass die Reduktion des Kontrahentenrisikos durch einen erheblichen Cash Flow erkauft wird. Insbesondere in Zeiten starker Preisschwankungen wird durch diesen Cash-Effekt der Preisdruck weiter verschärft und kann somit krisenbeschleunigend wirken.

---

[93] Vgl. bereits Rdnr. 14 ff.

91 Clearing ist also ein effizientes Tool zum Management von Vertragsparteirisiken, aber es ist kein Allheilmittel, das die Energiehandelsunternehmen von der Notwendigkeit des Managements der Kontrahentenrisiken befreit.

§ 21 Beschaffungsstrategien an der Schnittstelle Energiehandel/Vertrieb

A. Ausgangssituation

I. Entwicklung der Strombeschaffung

Die Energiebeschaffung für den Vertrieb kann durch unterschiedlichste 1
Konzepte sichergestellt werden, die sich im Wesentlichen durch die vertragliche und organisatorische Ausgestaltung des Beschaffungsprozesses voneinander abgrenzen. Grundsätzlich reicht das Spektrum der Beschaffungsvarianten von der **Vollversorgung**, die zu Zeiten vor der Liberalisierung den Status quo für die meisten Energieversorger darstellte, bis hin zur **strukturierten Beschaffung** inkl. Portfoliomanagement. Zwischen diesen beiden Beschaffungskonzepten besteht eine Vielzahl von Möglichkeiten, wobei die Tendenz am Markt bei EVUs und teilweise auch bei großen Industriekunden zunehmend hin zur strukturierten Beschaffung zeigt. Gerade Tranchenmodelle mit Wahlmöglichkeiten, in Bezug auf Zeitpunkt der Beschaffung einzelner Tranchen kombiniert mit einer entsprechenden Marktberatung des Vertragsanbieters, etablieren sich immer stärker.

Die Tendenz zu modernen Beschaffungsformen wird verstärkt durch 2
die Wettbewerbssituation auf der Endkundenseite. Im Unterschied zur Monopolzeit können Kosten aus der Energiebeschaffung nicht mehr mit nahezu risikolosen Margen auf die Endkunden „weitergewälzt" werden. Vielmehr ist eine marktkonforme Preiskalkulation durchzuführen, bei der die Beschaffungskosten – neben den Abwicklungskosten – als diejenigen Positionen eingehen, die letztlich die Marge des Vertriebs maßgeblich beeinflussen. Daher kommt einer möglichst kostengünstigen Energiebeschaffung mit einer adäquaten Beschaffungsstrategie eine besondere Bedeutung zu. Die Aufgabenstellung besteht nun darin, die Chancen auf eine möglichst kostengünstige Energiebeschaffung zu nutzen und dabei die damit einhergehenden Risiken zu begrenzen.

Grundsätzlich sind mit der Energiebeschaffung folgende wesentliche 3
Risiken verbunden, die je nach Beschaffungsform vom Unternehmen selbst oder auch vom Lieferanten getragen werden:
- **Preisänderungsrisiko;**
- **Mengenänderungsrisiko;**
- **Kontrahentenausfallrisiko;**
- **Organisationsrisiko;**
- **Modellrisiko.**[1]

---

[1] *Rosen/Michels,* elmlw 6/2003, 22 ff.

4 Die **Risiken**, die mit dem jeweiligen Beschaffungskonzept verbunden sind, sind zunächst zu identifizieren und danach kontinuierlich zu messen und zu steuern. Ein herausragendes Risiko, das in allen Beschaffungsformen – in unterschiedlicher Ausprägung – existiert, ist das Preisänderungsrisiko. Daher kommt der Beobachtung und Analyse der Marktpreisentwicklung eine besondere Bedeutung zu.

II. Marktpreisentwicklung und -analyse

5 In folgender Abbildung ist beispielhaft die Preisentwicklung der Forward-Kontrakte für die jeweiligen Frontjahre am Terminmarkt seit 2002 dargestellt.

Abbildung 21.1: Marktpreisentwicklung[2]

6 In den abgebildeten Zeitreihen für den Strommarkt zeigt sich, dass die Preise über eine lange Sicht signifikant gestiegen sind, Phasen starken Wachstums von Phasen eines Null-Wachstums abgelöst werden und auch Phasen von starken Preissenkungen existieren.

III. Beschaffung über Vollversorgungslieferungen

7 Ein Grundproblem aller Beschaffungskonzepte besteht nun darin, dass der günstigste Beschaffungszeitpunkt (mit dem niedrigsten Preis) nicht sicher prognostiziert werden kann. Hieraus ergibt sich somit als eine zentrale Fragestellung: Zu welchen Zeitpunkten werden welche Produkte in welcher Höhe beschafft? Die Lösung dieser Fragestellung wird

[2] Quelle: BET.

durch die Wahl der Beschaffungsstrategie bestimmt, die natürlich eng mit dem Beschaffungskonzept verbunden ist.

Der traditionelle **Vollversorgungsvertrag** stellt das einfachste Beschaf- 8 fungskonzept dar und ist nur mit einem geringen Abwicklungsaufwand verbunden, da die gesamte (Jahres-)Menge bei einem Lieferanten zu einem einzigen Zeitpunkt kontrahiert wird (Strategie mit einem Produkt und einem Beschaffungszeitpunkt). Dadurch konzentrieren sich die Risiken im Wesentlichen auf das Preisänderungs- und das Kontrahentenausfallrisiko. Das Preisänderungsrisiko besteht bei dieser Beschaffungsform darin, dass zum Zeitpunkt des Vertragsabschlusses das Preisniveau am Markt hoch ist und somit ein vermeintlich ungünstiger Beschaffungszeitpunkt gewählt wurde. Dieses Risiko wiegt hier umso stärker, da die komplette Bezugsmenge davon betroffen ist und es fraglich ist, ob schließlich den hohen Beschaffungskosten auf der Endkundenseite entsprechend hohe Erlöse gegenüberstehen werden. Umgekehrt besteht die Chance zur Realisierung günstiger Beschaffungskosten für die gesamte Menge, wenn die Beschaffung zu einem Zeitpunkt mit niedrigem Preisniveau erfolgt. Legt man die historische Preisentwicklung mit zumeist steigenden Preisen zugrunde, so konnte diese Chance in der Vergangenheit durch die Wahl eines möglichst frühen Einkaufszeitpunktes genutzt werden. Bei fallenden Preisen wäre durch ein solches Vorgehen ein erhebliches Risiko realisiert worden.

Das Preisrisiko des klassischen Vollversorgungsvertrages kann durch 9 den Abschluss eines **Tranchenvertrages** begrenzt werden. Dabei handelt es sich weiterhin um einen Vollversorgungsvertrag, dessen Menge zu unterschiedlichen Zeitpunkten in mehreren Tranchen beschafft wird. Die Beschaffungsstrategie beinhaltet also nur ein Produkt (strukturierte Lieferung mit Flexibilität), dessen Beschaffung auf mehrere Zeitpunkte verteilt wird. Häufig angewendet wird die horizontale Aufteilung, bei der die für den Lieferzeitraum geplante Menge und Struktur (Initialfahrplan) in gleich große Teilmengen mit der jeweils selben Struktur zerlegt wird:

Abbildung 21.2: Beschaffung über Tranchenvertrag[3]

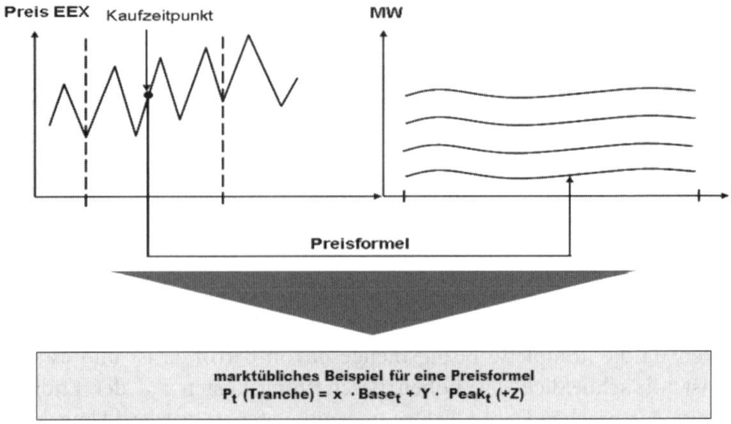

10 Die Anzahl der Tranchen ist zumeist begrenzt (i. d. R. weniger als 10). Der Preis der einzelnen Tranchen wird auf Basis des dann aktuellen Marktpreises über eine Preisformel ermittelt, so dass die Marktpreisentwicklung in die Beschaffungsentscheidung besser einbezogen werden kann.

11 Der Tranchenvertrag hat sich auch im Gasmarkt entsprechend entwickelt.

B. Beschaffungsstrategien

12 Eine Beschaffungsstrategie sollte immer in Kombination mit der Vertriebsstrategie festgelegt werden. Aus letzterer resultieren wesentliche Anforderungen an die Beschaffung. Bei der Beschaffung ist ausgehend von den Informationen zur Vertriebsstrategie zu definieren, an welchen Märkten und mit welchen Produkten die Beschaffung erfolgen soll. Hier agiert man üblicherweise am Termin- und am Spotmarkt, wobei aus Gründen der Preissicherung die weit überwiegende Menge am Terminmarkt beschafft wird. Für die Aufteilung der Beschaffungsmenge in die unterschiedlichen Produkte wird eine Produktzerlegung vorgenommen, bei der unterschiedliche Strategien angewendet werden können. Die meisten Strategien zielen direkt oder auch indirekt auf die Minimierung der Preisrisiken des Spotmarktes. An dieser Stelle werden Strategien zur Beschaffung von Mengen am Terminmarkt vorgestellt. Dabei kann es sich sowohl um Standardprodukte (Base, Peak) als auch um strukturierte Produkte (Fahrpläne) handeln.

---

[3] Quelle: BET.

Die Grundüberlegung der meisten Beschaffungsstrategien basiert auf der **Erreichung einer Zielgröße**, z. B. eines Zielpreises und einer Bandbreite, die die Zielgröße nach unten und oben absichert. Diese obere und untere Bandbreite ist gleichbedeutend mit Limits, deren Einhaltung vom Risikomanagement überwacht werden und bei deren Überschreitung das Beschaffungsmanagement am Markt tätig werden muss. Da die Beschaffungsstrategie ein flexibles Instrument darstellen soll, werden auch Zwischenlimits – sog. **Action Trigger** – definiert, die zu einer sukzessiven Schließung der offenen Positionen führen. Die Höhe der (Zwischen-)Limits wird durch die Zurverfügungstellung von Freiheitsgraden, häufig dargestellt als **Risikokapital**, definiert. Dabei stellt das Risikokapital in einer Ex-post-Betrachtung den **maximalen Verlust** (**Stop Loss**) dar, den das Energieversorgungsunternehmen – bezogen auf die Zielgröße – in Kauf nehmen will. Aus der Ex-ante-Betrachtung stellt das Risikokapital den Betrag dar, der das als geeignet eingestufte Risikomaß für die entsprechenden Marktpreisänderungsrisiken nicht überschreiten darf. Diese Ex-ante-Betrachtung ist in praxi immer einer sehr simplen Ex-post-Betrachtung vorzuziehen, da Risikomaße Frühwarnindikatoren-Funktion besitzen und ein entsprechend frühzeitiges Handeln Verluste vermeiden hilft. Bei der Ex-post-Betrachtung wird gerade gehandelt, wenn Verluste bereits entstanden sind. Oftmals werden durch das Risikomanagement auch untere Limits vorgegeben, da hierdurch **Gewinnmitnahmen** (**Take Profit**) gewährleistet werden sollen, da auch eine verpasste Gewinnmitnahme ein Risiko darstellt. Diese Limits stellen den Handlungsrahmen für das Beschaffungsmanagement dar, innerhalb dessen frei agiert werden kann. Ein ausreichender Handlungsrahmen vorausgesetzt, sollten Beschaffungsaktivitäten, die durch Erreichen der Limits ausgelöst werden, die Ausnahme darstellen. 13

Für die Auswahl der Beschaffungsstrategie stehen zahlreiche Möglichkeiten zur Verfügung, von denen einige hier vorgestellt werden: 14

- **Zielpreis (Limited Order)**
- **Durchschnittlicher Beschaffungspreis (Mittlerer Preis)**
- **Minimaler Beschaffungspreis (Best Buy)**
- **Maximaler Deckungsbeitrag (DB_{Ziel})**

Diese unterscheiden sich hinsichtlich der Chancen und Risiken, aber auch bezüglich des Abwicklungsaufwandes.

Eine Grobkategorisierung der Risiken der verschiedenen Modelle gegenüber ihrem jeweiligen Aufwand ist in folgender Abbildung dargestellt. Die Varianten werden im Folgenden beschrieben. 15

Abbildung 21.3: Risiken vs. Abwicklungsaufwand[4]

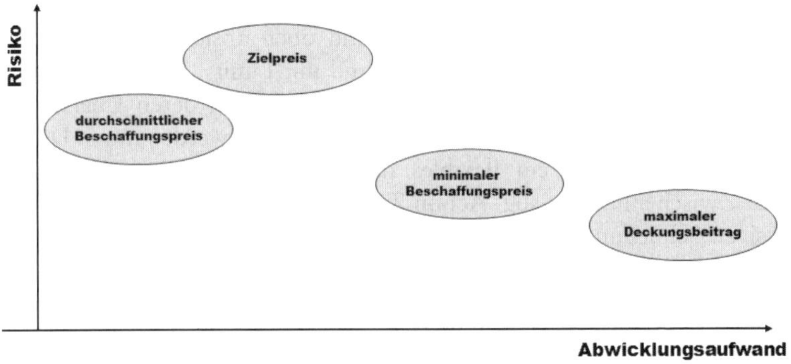

I. Zielpreis

16 Das Konzept des Zielpreises beruht im Prinzip darauf, die **Beschaffung von Mengen zu einem vorgegebenen Preis** ganz oder teilweise (in Tranchen) durchzuführen. Sobald der Marktpreis den vorgegebenen Preis nach unten durchbricht, erfolgt das Signal für die Beschaffung der Mengen. Dieser Zielpreis kann sich z. B. an vorgegebenen oder erwarteten Vertriebspreisen abzüglich der Vertriebsmarge orientieren.

17 Die Bestimmung eines Zielpreises als Ausgangsgröße für die Limits führt bei Energieversorgungsunternehmen jedoch vor dem Hintergrund der volatilen Marktpreisentwicklung zu Praxisproblemen, da sich die Endkundenpreise an eben dieser Marktpreisentwicklung orientieren. Zunächst stellt sich die Frage, wie der Zielpreis zu bestimmen ist und woraus er sich herleiten lässt. Dies würde vertriebsseitig eine fundierte Vorabeinschätzung darüber erfordern, welche absolute Preishöhe vom Endkunden akzeptiert wird, was außerhalb der Versorgungsbranche z. T. gegeben sein kann.

18 Wenn die tatsächliche Marktpreisentwicklung wesentlich vom Zielpreis abweicht, kann dieses zu einem sehr frühzeitigen Schließen aller Positionen führen. Bei stetig steigenden Preisen führt dies zu einem sinnvollen Ergebnis, da ein günstiger Preis gesichert wurde. Fallen die Preise nach dem Schließen der Position, wurde ein erhebliches Potenzial auf günstige Beschaffungskosten nicht genutzt. Zudem kann auch der Fall auftreten, dass der gesetzte Planpreis so niedrig ist, dass er aufgrund der Marktpreisentwicklung nicht erreichbar ist. Bei **falscher Setzung des Zielpreises** kann somit ein **erhebliches Verlustrisiko** entstehen.

19 Eine Beschaffungsstrategie sollte unterschiedlichen Marktpreisentwicklungen Rechnung tragen und im Endergebnis einen marktgerechten

[4] Quelle: BET.

Strombezugspreis realisieren. Ein starres Zielpreiskonzept kann diese Anforderung nur mit starken Einschränkungen erfüllen und ist somit für Energieversorgungsunternehmen als riskant einzustufen.

Zielpreise finden sich teilweise in Tranchenmodellen, wobei dann einzelne Tranchen entsprechend gesteuert werden. 20

II. Strategie „Durchschnittlicher Beschaffungspreis"

Die Beschaffungsstrategie „Durchschnittlicher Beschaffungspreis" verfolgt 21 das Ziel, den durchschnittlichen Preis der Quotierungen der jeweiligen Handelsprodukte über eine vorgegebene Handelsperiode (z. B. ein Jahr oder auch 18 Monate) zu erreichen. Dies bedeutet, dass Teilmengen handelstäglich (1/200), monatlich (1/12) oder quartalsweise (1/4) am Großhandelsmarkt beschafft werden. Diese Art der Preisstellung wird auch bei Tranchenverträgen bzw. Vollversorgungsverträgen angeboten, in dem der Lieferpreis an den Durchschnittspreis von Standardprodukten über einen definierten Zeitraum gekoppelt wird (indizierte Vollversorgungsverträge).

Der Vorteil einer solchen Beschaffungsstrategie liegt eindeutig in der 22 **einfachen Handhabung und dem geringen Aufwand.** In der Praxis ist eine handelstägliche Beschaffung nur schwer realisierbar, da zum Einhalten von Mindesthandelsgrößen recht große Beschaffungsmengen erforderlich sind. Zudem sind die Terminprodukte mit kürzeren Lieferzeiträumen (Quartal, Monat) nicht über den kompletten Beschaffungszeitraum handelbar, so dass deren Beschaffung erst zu späteren Zeitpunkten erfolgen kann. Auch führt eine Anpassung des Produktmixes bei Veränderungen der Absatzplanung zu Abweichungen vom mittleren Marktpreis, da die Tranchengröße für die einzelnen Produkte dann adaptiert werden muss.

Erfolgt die Beschaffung zu diskreten Zeitpunkten innerhalb eines Mo- 23 nats oder in einem noch längeren Rhythmus, dann stellt sich die Frage, zu welchem Tag innerhalb des Zeitraums kontrahiert werden soll. Da das Monatsmittel des Marktpreises naturgemäß erst im Nachhinein feststeht, wird bei der realen Strombeschaffung eine Differenz zwischen Monatsmittel und monatlich realisiertem Beschaffungspreis entstehen, die sich über das Jahr hinweg kumulieren kann. Damit kann der Beschaffungspreis durchaus deutlich vom angestrebten Durchschnittspreis abweichen.

Bei der Strategie „Durchschnittlicher Beschaffungspreis" ist in dieser 24 einfachen und in praxi häufig anzutreffenden Variante eine explizite Risikomessung nicht enthalten. In diesem Fall ist kritisch hervorzuheben, dass Unsicherheit darüber besteht, ob der erzielte Beschaffungspreis an die Kunden überhaupt weitergegeben werden kann. Aus diesem Grunde beschränkt sich die Anwendungsmöglichkeit der Beschaffungsstrategie „Durchschnittlicher Beschaffungspreis" auf weniger preissensible Kundengruppen. Durch die z. T. erheblichen Preissteigerungen ist jedoch auch in diesem Kundensegment eine deutliche Zunahme der Preissensitivität festzustellen, was sich in der steigenden Anzahl von Lieferantenwechseln niederschlägt.

III. Strategie „Minimaler Beschaffungspreis"

25 In der Regel wird das Energieversorgungsunternehmen bzw. dessen Beschaffungsmanagement bestrebt sein, einen Beschaffungspreis zu realisieren, der möglichst weit unter dem durchschnittlichen Marktpreis liegt, um dadurch Wettbewerbsvorteile zu erzielen sowie Gewinne zu realisieren. Eine solche Beschaffungsstrategie kann nicht von einem festen Zielpreis ausgehen, sondern wird sich an der Entwicklung des durchschnittlichen Marktpreises über einen zu betrachtenden Zeitraum (Beschaffungsperiode) orientieren.

26 Die Zielsetzung besteht nun darin, innerhalb dieses Zeitraumes Beschaffungszeitpunkte mit möglichst günstigem Preisniveau auszuwählen. Dies setzt seitens des Beschaffungsmanagements Erfahrung und Marktkenntnis voraus. Eine kontinuierliche Marktbeobachtung und -analyse zur Bildung einer Marktmeinung ist hier unerlässlich. In der Regel wird bei dieser Strategie auch eine zeitlich gestaffelte Beschaffung der erforderlichen Mengen erfolgen, da der mittlere Marktpreis, der als Benchmark dient, erst am Ende der Beschaffungsperiode feststeht und der aktuelle Marktpreis hiervon durchaus erheblich abweichen kann. Um diese Chancen einer Beschaffung unterhalb des mittleren Marktpreises nutzen zu können, sind dem Beschaffungsmanagement entsprechende Freiheitsgrade einzuräumen, die vorab definiert und über Limits begrenzt werden sollten. Die Festlegung solcher Limits sowie der notwendigen Beschaffungsaktion bei Limitverletzung ist bei einem zeitlich sich verändernden Zielpreis keineswegs trivial.

27 Die Limits können sich dabei zum einen auf die Höhe der zu beschaffenden Positionen innerhalb eines Zeitraums beziehen. Hierbei kann es hilfreich sein, zeitlich gestaffelte Mengenziele (z. B. im Rahmen einer Tranchenbeschaffung) zu definieren und daran die offene Position zu bemessen, die bei ungünstiger Preisentwicklung stufenweise zu schließen ist.

28 Um Verluste zu begrenzen, kann etwa eine Obergrenze des Strompreises festgelegt werden, bei deren Überschreiten sämtliche zu dem Zeitpunkt offene Teilmengen beschafft werden (Stop-Loss). Ebenso kann eine Preisuntergrenze definiert werden, um bei Erreichen einer entsprechenden Niedrigpreisschwelle Gewinne zu sichern (Take-Profit).[5] Preis-

[5] Vgl. *Borchert/Ritzau*, Von der Vollstromversorgung zum Portfoliomanagement, S. 54.

limits können entweder absolut gesetzt oder aber variabel nach stochastischen Methoden an den aktuellen Kursverlauf angepasst werden.[6]

Weiterhin kann neben der Höhe der Positionen auch die Anzahl der Beschaffungszeitpunkte (Anzahl an Tranchen) limitiert werden. Eine höhere Anzahl an Beschaffungszeitpunkten erhöht die Wahrscheinlichkeit, sich nah am Durchschnittspreis zu bewegen, senkt jedoch auch die Chancen, diesen deutlich zu unterbieten. 29

Im Rahmen der Beschaffung können Trendbewegungen im Markt auch zur kurzfristigen Spekulation genutzt werden. Kündigt sich ein Aufwärts- bzw. ein Abwärtstrend an, können z. B. über die zu beschaffende Tranche hinaus offene Long- bzw. Short-Positionen der in Frage kommenden Terminmarktprodukte aufgebaut und bei Ende des Trends gewinnbringend glattgestellt werden. 30

Ein weiteres Potential birgt der Einsatz einer **automatisierten Beschaffungssystematik**, die selbstständig Marktbewegungen analysiert und bestimmt, wann Tranchen fixiert werden.[7] Automatisierte Handelssysteme haben den Vorteil, dass sie die emotionale/psychologische Komponente des Händlers ausblenden und sich an rein quantitativen Merkmalen des Marktes orientieren. Damit lassen sich „robuste" Handelsstrategien beschreiben, die sich anhand historischer Kursverläufe und -szenarien testen und kalibrieren lassen. 31

Basis eines Handelssystems bilden Handelsregeln, die in Abhängigkeit verschiedener Markteigenschaften und Einflussfaktoren definiert werden können. Häufig werden sog. „technische Indikatoren" eingesetzt, um Marktbewegungen zu quantifizieren und daraus Handelssignale abzuleiten. Dabei handelt es sich um statistische Methoden, die eine laufende Auswertung der Kursdaten unter Einbezug der vergangenen Entwicklung vornehmen. Als mathematische Basis dienen hier häufig die gleitenden Durchschnitte von Kursdaten über eine festgelegte Periodenlänge. Unter der Annahme, dass ein Anstieg/Abfall des Kurswertes über/unter den Verlauf eines gleitenden Durchschnitts einen steigenden-den/fallenden Trend signalisiert, lassen sich nun z. B. folgende Handelsregeln definieren: 32

- Erzeuge ein Kaufsignal, falls der Kursverlauf die Line des gleitenden Durchschnitts (Indikatorlinie) von unten nach oben kreuzt.
- Erzeuge umgekehrt ein Verkaufssignal, falls der Kurs die Indikatorlinie unterschreitet.

Das **Indikatorsystem** lässt sich erweitern, indem ein zweiter gleitender Durchschnitt mit anderer Periodenlänge verwendet wird. Kreuzt in einem solchen System die „schnellere" Linie mit kürzerer Periodenlänge 33

[6] Vgl. *Schumacher/Würfel*, Strategien zur Strombeschaffung in Unternehmen, S. 83.
[7] Vgl. *Schumacher/Würfel*, Strategien zur Strombeschaffung in Unternehmen, S. 83.

die „langsame" Linie von unten, wird ein Kaufsignal bzw. im umgekehrten Fall ein Verkaufssignal generiert. Ein solches Indikatorsystem und die resultierenden Handelssignale sind in Abbildung 21.4 dargestellt. Neben dem beschriebenen System existieren zahlreiche Indikator-Varianten, die zur Analyse von Kursverläufen zum Einsatz kommen. Auch Kombinationen von Indikatoren sind denkbar.

Abbildung 21.4: Handelssignale auf Basis gleitender Durchschnitte

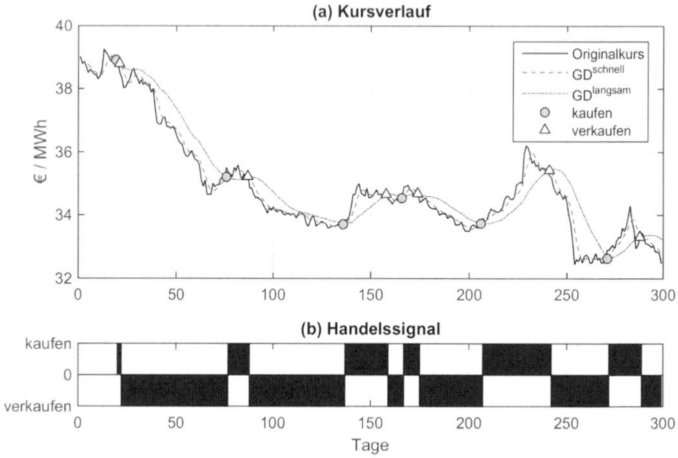

34 Die generierten Handelssignale und somit auch das Ergebnis der Beschaffung hängen in automatischen, indikatorgesteuerten Handelssystemen maßgeblich von den Parametereinstellungen der verwendeten Indikatoren ab. Im Beispiel oben sind als Parameter die Periodenlängen der gleitenden Durchschnitte festzulegen. Eine Kalibrierung solcher Systeme ist daher notwendig, um das Verhalten der Indikatoren an die Eigenschaften des betrachteten Marktes anzupassen und den automatisierten Handel zu optimieren. Dies kann beispielsweise erfolgen, indem man die Indikatorparameter zunächst für historische Kursdaten optimiert.

35 Automatische Handelssysteme lassen sich nutzen, um Handelsstrategien zu vergleichen und robuste Beschaffungsstrategien zu ermitteln. Dazu können beispielsweise verschiedene Beschaffungsstrategien für zahlreiche Marktszenarien simuliert werden, in denen das zuvor parametrierte Handelssystem als „Entscheider" agiert.

IV. Strategie „Maximaler Deckungsbeitrag“

Ein Vorteil der strukturierten Beschaffung gegenüber einer Vollstromlieferung stellt die Möglichkeit dar, die Beschaffungsmenge flexibel an die Absatzplanung des Vertriebes anzupassen. Bei der deckungsbeitragsorientierten Beschaffungsstrategie wird eine explizite Verknüpfung zwischen Vertriebspositionen und Beschaffungspositionen vorgenommen. Hierdurch steigen die Anforderungen an den systemtechnischen Aufwand sowie auch die Anforderung an die Mitarbeiter an der Schnittstelle zwischen den beiden Geschäftseinheiten erheblich. 36

Als Ausgangsgröße dieser Beschaffungsstrategie wird **kein** Zielpreis, sondern ein **Ziel-Deckungsbeitrag** (DB_{Ziel}) herangezogen. Diesem DB_{Ziel} wird kontinuierlich während der Beschaffungsperiode der aktuelle Deckungsbeitrag gegenübergestellt. Dieser ergibt sich aus der Gegenüberstellung der Positionen auf der Beschaffungs- und der Vertriebsseite, d. h. er reflektiert sowohl den Beschaffungs- als auch den Vertriebserfolg. Auf der Beschaffungsseite werden die bereits beschafften Produkte mit ihren Kosten zum Ansatz gebracht. Auf der Vertriebsseite gilt es die bereits vertraglich fixierten Vertriebsmengen mit ihren voraussichtlichen Erlösen (abzüglich durchlaufender Positionen) zu berücksichtigen. Die Differenz zwischen den beschafften und abgesetzten Mengen stellt hier die offene Position dar und ist unter Berücksichtigung ihrer Struktur mit dem aktuellen Marktpreis zu bewerten. Dieses Prinzip ist in der nachfolgenden Abbildung zusammengefasst: 37

Abbildung 21.5: Zielwerte zur Sicherung des Deckungsbeitrages[8]

	Vertriebsportfolio		**Beschaffungsportfolio**	
	Menge	**Preis**	**beschaffte Menge**	**Beschaffungspreis**
t_1	M_{V1}	P_{V1}	M_{B1}	P_{B1}
t_2	M_{V2}	P_{V2}	M_{B2}	P_{B2}
t_3	M_{V3}	P_{V3}	M_{B3}	P_{B3}

Deckungsbeitrag der bereits verkauften Menge:

$$DB = M_{vi} \cdot P_{vi} - M_{Bi} \cdot P_{Bi} - (M_{vi} - M_{Bi}) \cdot MtM$$

DB_{min}: DB_{Ziel} - Risikokapital

DB_{max}: DB_{Ziel} + Risikokapital

Schließen der Position auf M_{Vi} beim Erreichen des minimalen Zielwertes bzw. beim Wiederreichen des maximalen Zielwertes (nach Überschreitung)

[8] Quelle: BET.

38 Der DB_{Ziel} ist unabhängig von der Marktpreisentwicklung und wird im Rahmen der Vertriebs- bzw. Unternehmensplanung vorgegeben. Um Marktpreisschwankungen und Preiserwartungen in die Beschaffung einfließen zu lassen und damit einen Teil des anvisierten Deckungsbeitrages zu erwirtschaften, ist ein Eingehen von offenen Positionen vorgesehen. Grundsätzlich werden die Beschaffungsentscheidungen ähnlich getroffen wie bei der Strategie „Minimierung der Beschaffungskosten". Allerdings setzt hier die Steuerung durch das Risikomanagement bei den Deckungsbeitragszielen an.

39 Das Eingehen von offenen Positionen ist mit Risiken verbunden. Grundsätzlich sind dabei folgende Fallkonstellationen vorstellbar:

Abbildung 21.6: Deckungsbeitragsorientierte Risikosteuerung

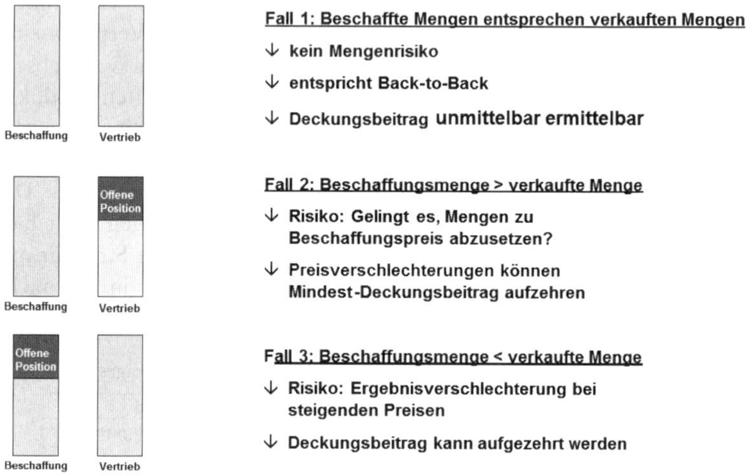

40 Fall 1 entspricht einer reinen **Back-to-Back-Beschaffung**, bei der mit jedem Vertragsabschluss durch den Vertrieb die Beschaffung der jeweiligen Menge erfolgt. Der Deckungsbeitrag ergibt sich unmittelbar durch Gegenüberstellung der Beschaffungs- und Vertriebsverträge und ist somit völlig unabhängig von der Marktpreisentwicklung. Er stellt die Vertriebsmarge gegenüber dem Großhandelsmarktpreis zum Zeitpunkt des Vertragsabschlusses mit dem Kunden dar. Hierzu ist allerdings anzumerken, dass es erfahrungsgemäß nicht immer gelingt, den aktuellen Großhandelsmarktpreis beim Kunden durchzusetzen, so dass diese Vorgehensweise nicht immer zu einem positiven Deckungsbeitrag führt.

41 In Fall 2 liegt die geschlossene Beschaffungsmenge über der abgesetzten Vertriebsmenge. Dieses kann dadurch begründet sein, dass der Vertrieb eine höhere Prognose abgegeben hat und mit weiteren Vertragsabschlüssen rechnet. Das Preisrisiko bezieht sich hierbei auf die noch

abzuschließenden Kundenverträge. Sofern die Marktpreisentwicklung zu niedrigeren Preisen tendiert, führt dieses bei der Bewertung der offenen Position zu geringeren Deckungsbeiträgen. Bei Erreichen des unteren Limits (DB_{Min}) müssen bereits gekaufte Mengen des Beschaffungsportfolios am Markt wieder veräußert werden. Sofern die Marktpreise ansteigen, steigt der aktuelle Deckungsbeitrag, da davon auszugehen ist, dass die Vertriebsverträge zu höheren Preisen abgeschlossen werden können.

In Fall 3 liegt die geschlossene Beschaffungsmenge unter der abgesetzten Vertriebsmenge, d. h. es bestehen offene Positionen im Beschaffungsportfolio. Das Risiko für das Beschaffungsmanagement liegt nun in steigenden Preisen, da dann die Beschaffungskosten für die offene Position steigen und vermutlich höher liegen als in den Vertriebsverträgen kalkuliert. Hierdurch wird der Deckungsbeitrag aufgezehrt und bei Erreichen des oberen DB_{Min} das Beschaffungsmanagement angehalten, offene Positionen im Beschaffungsportfolio zu schließen. Die Chance liegt in sinkenden Marktpreisen, da die kontrahierten Vertriebsmengen mit immer günstigeren Beschaffungspreisen korrespondieren und somit der Deckungsbeitrag insgesamt steigt. 42

Diese Beschaffungsstrategie stellt gegenüber den bisher vorgestellten Beschaffungsstrategien den höchsten Aufwand dar, da kontinuierlich Daten von der Beschaffungs- und Vertriebsseite zusammenzuführen sind. Dabei handelt es sich sowohl um Lastgänge bzw. Lastprognosen als auch um die finanziellen Daten. Dies setzt ein gutes Datenmanagement und eine leistungsfähige IT-Landschaft voraus. Zudem wirft speziell diese Strategie Fragen an der Schnittstelle zwischen Beschaffung und Vertrieb auf, die im nachfolgenden Kapitel behandelt werden. 43

C. Schnittstelle zwischen Beschaffung und Vertrieb

Bei einer strukturierten Beschaffung sind zusätzliche Aufgaben zu bearbeiten, und es werden vom Unternehmen zusätzliche Risiken übernommen. Daraus ergeben sich organisatorische und methodische Anforderungen entlang der Wertschöpfungskette, z. B. bei der Zuordnung und dem Management der Risiken. Besonders bei der deckungsbeitragsorientierten Beschaffungsstrategie mit der integrierten Betrachtung von Beschaffung und Vertrieb stellt sich die Frage nach der Transparenz an der Schnittstelle. Das Grundprinzip des Zusammenwirkens der beiden Bereiche zeigt die nachfolgende Abbildung: 44

Abbildung 21.7: Zusammenwirkung Beschaffung – Vertrieb[9]

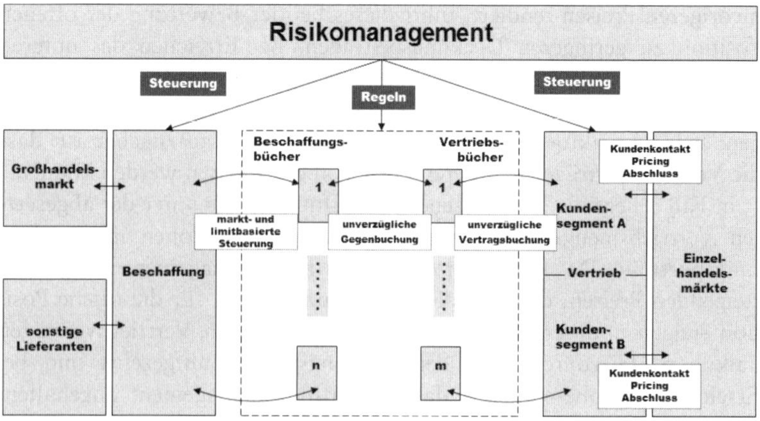

45 Der Definition und Umsetzung einer Beschaffungsstrategie sollten immer grundlegende Planungen auf der Vertriebsseite vorausgehen. Hier ist zunächst eine differenzierte Betrachtung einzelner Kunden bzw. Kundengruppen sowohl aus Vertriebssicht aber auch im Hinblick auf unterschiedliche Beschaffungsstrategien erforderlich. Diese Segmentierung kann nach unterschiedlichen Kriterien erfolgen. Beispielhafte Kriterien sind hierbei die **Abnahmemenge** oder auch die Preissensibilität. Die **Preissensibilität** der Energieversorgungskunden ist differenziert und muss bei der Wahl der Beschaffungsstrategie berücksichtigt werden. Zum einen gibt es sehr preissensible Kunden, die über den Marktpreis gut informiert sind und demzufolge auch einen marktnahen Preis vom Energieversorger verlangen (z. B. energieintensive Industriekunden). Zum anderen weisen Privat- und Gewerbekunden oft eine gewisse Preiselastizität auf, was sich in der Vergangenheit durch vergleichsweise geringe Wechselquoten in diesem Segment gezeigt hat. Durch den erheblichen Preisanstieg in den letzten Jahren steigt jedoch die Preissensitivität auch in den Massenkundensegmenten.

46 Die Differenzierung erfolgt häufig nach
- Größtkunden,
- Individualkunden sowie
- Massenkunden (Haushalt, Landwirtschaft, Gewerbe)

und sieht für diese Segmente auch unterschiedliche Beschaffungsstrategien vor.

47 Für jedes Segment sollte vor Beginn des Beschaffungsprozesses eine **Vertriebsplanung** durchgeführt werden, die sowohl die angestrebte Absatzmenge und Struktur aber auch Deckungsbeitragsziele umfasst. We-

---

[9] Quelle: BET.

sentlich ist auch, dass bei neuen Erkenntnissen auf der Vertriebsseite die Planung aktualisiert wird. Für die definierten Kundensegmente sollten auf der Vertriebsseite **Vertriebsbücher** angelegt werden. Die Vertriebsbücher sollten sämtliche Informationen aus der Vertriebsplanung und darüber hinaus auch zu den abgeschlossenen Verträgen mit Endkunden enthalten. Dies betrifft wiederum die Menge und Lieferstruktur sowie die geplanten Erlöse entsprechend der Preisstellung.

In Analogie zu den Vertriebsbüchern werden auf der Beschaffungsseite ebenfalls Bücher angelegt, in denen die Beschaffungsaktivitäten abgebildet werden. Für all diejenigen Kundensegmente, für die mit unterschiedlichen Strategien beschafft wird, sollten auch separate **Beschaffungsbücher** eingerichtet werden, um die Strategie und das erforderliche Risikomanagement abzubilden. Für die Abwicklung der Beschaffungs- und Vertriebsprozesse ist eine Kopplung der Bücher unabdinglich. Aus den Vertriebsbüchern sollten kontinuierlich die Informationen zu den abgeschlossenen Verträgen (Menge, Struktur) an die Beschaffungsbücher übermittelt werden. Während in den Vertriebsbüchern die Informationen zu Einzelkunden bzw. bei Massenkunden zu Kundengruppen geführt werden, sind für die Beschaffungsbücher nur die Summenwerte über alle zu betrachtenden Kunden relevant. 48

Die Bücher auf beiden Seiten beinhalten die dem Unternehmen nach außen entstehenden Kosten (Beschaffung) und Erlöse (Vertrieb) aus der Kundenbelieferung. Da Beschaffungs- und Vertriebsaktivitäten oft organisatorisch getrennt sind und zudem auch mit unterschiedlichen Risiken verbunden sind, ist die Einführung einer internen Verrechnung zwischen diesen Büchern zweckmäßig. Dies bedeutet, dass die aus den Vertriebsbüchern gemeldeten Ist-Mengen mit einem so genannten Transferpreis bewertet werden. Dieser **Transferpreis** sollte die Zuordnung der unterschiedlichen Risiken zur Beschaffungs- und Vertriebsseite berücksichtigen. Sinnvoll ist eine Risikozuordnung derart, dass von der Beschaffung die Risiken des Großhandelsmarktes (z. B. Preisrisiken) getragen werden, während der Vertrieb die direkt mit der Endkundenbelieferung verbundenen Risiken übernimmt (z. B. Mengenabweichung, Kreditrisiko Endkunde). Diesem Grundsatz entsprechend sollten in den Vertriebsbüchern weitgehend keine Großhandelsrisiken übernommen werden, was dazu führt, dass in den Vertriebsbüchern keine offene Beschaffungsposition entstehen sollte. Verträge mit Endkunden sollten unmittelbar nach ihrem Abschluss in das Vertriebsbuch eingebucht werden. Ebenso unverzüglich sollte die Aktualisierung der Vertriebsinformationen an das korrespondierende Beschaffungsbuch erfolgen. Dies würde dann einem Verkaufsgeschäft über die Kundenmengen aus dem Beschaffungsbuch an das Vertriebsbuch zum Zeitpunkt des Vertragsabschlusses entsprechen. Als Trans- 49 ferpreis für die jeweilige Menge bietet sich der aktuelle Großhandelsmarktpreis an. Als Konsequenz dessen kauft der Vertrieb seine Vertragsmengen für Endkunden jeweils zum aktuellen Großhandelsmarktpreis aus dem Beschaffungsbuch. Durch Gegenüberstellung von Kosten und Erlösen im Vertriebsbuch lässt sich dort jeweils der aktuelle Deckungsbeitrag ermitteln und nachverfolgen.

50 In den Beschaffungsbüchern stellen die mit dem Transferpreis bewerteten Vertriebsmengen die Erlösseite dar, denen die Kosten für die Beschaffung der Produkte gegenüberstehen. Offene Positionen, die im Rahmen der Beschaffungsstrategie eingegangen werden, können in den Beschaffungsbüchern direkt erfasst und bewertet werden (z. B. Mark-to-Market, Value at risk). Damit ist auch im Beschaffungsbuch ein aktueller Deckungsbeitrag ermittelbar, der als Basis für die Beschaffungsaktivitäten und das Risikomanagement dient.

51 Insgesamt können über eine solche Buchstruktur die Beschaffungs- und Vertriebsaktivitäten mit ihren unterschiedlichen Strategien abgebildet und transparent nachverfolgt werden. Damit ist eine umfassende und integrierte Steuerung der Aktivitäten und Risiken entlang der Wertschöpfungskette Beschaffung – Vertrieb möglich.

52 Das breite Aufgabenspektrum und die Komplexität der einzelnen Aufgaben stellen hohe Anforderungen an das Unternehmen. Dies betrifft die verwendeten Methoden, die Geschäftsprozesse und die Unterstützung durch IT-Systeme. Eine elementare Voraussetzung zur Umsetzung eines solchen Konzeptes ist ein funktionierendes **Datenmanagement**, insbesondere auf der Vertriebsseite. Hier besteht ein enger Zusammenhang zwischen den Prozessen zur Lastprognose, zur Preiskalkulation, zum Vertrags- und Netzzugangsmanagement und der damit verbundenen Datenbasis. Um diesen Anforderungen gerecht zu werden, bedarf es integrierter IT-Lösungen, die in der Praxis bisher selten vorzufinden sind, da zur Bearbeitung der einzelnen Aufgaben oft Einzellösungen bzw. Werkzeuge eingesetzt werden.

D. Fazit

53 Die Energiebeschaffung bei den Energieversorgern hat sich von der klassischen Vollversorgung **hin zu der strukturierten Beschaffung** entwickelt. Im Gasmarkt vollzieht sich dieser Prozess vor allem unterstützt durch die Entkopplung der Gaspreise von den Ölpreisen seit spätestens 2010. Vor diesem Hintergrund sind verschiedene Beschaffungsstrategien an der Schnittstelle zwischen Beschaffungsmanagement und Vertrieb diskutiert worden, in deren Fokus allen voran das Marktpreisrisiko steht. Unter Beachtung der **Besonderheiten der jeweiligen Kundengruppe**, insbesondere ihrer **Preissensitivität**, sind die verschiedenen Beschaf-

fungsstrategien unter Berücksichtigung des damit verbundenen Chancen-/Risikoverhältnisses und Aufwands auf ihre sinnvolle Anwendung hin zu überprüfen. Dafür stehen die Beschaffungsstrategien Zielpreis (Limited Order), Durchschnittlicher Beschaffungspreis (Mittlerer Preis), Minimaler Beschaffungspreis (Best Buy) und deckungsbeitragsorientierte Beschaffungsstrategie (DB_{Ziel}).

Die gemeinsame Grundüberlegung der meisten Beschaffungsstrategien 54 liegt in der **Definition einer Zielgröße**, die durch einen Zielpreis, einen durchschnittlichen oder minimalen (Markt-)Preis oder auch einem Deckungsbeitrag dargestellt werden kann. In Verbindung mit dieser Zielgröße sind die Freiheitsgrade zu definieren, die dem Beschaffungsmanagement zur Zielerreichung gewährt werden. Damit einher geht auch die Identifikation, Messung und Steuerung von Risiken, die mit der Strombeschaffung (und dem Stromvertrieb) verbunden sind. Zu deren Absicherung ist Risikokapital erforderlich, das den maximalen Verlust definiert, der im Rahmen dieser Aktivitäten in Kauf genommen wird. Im operativen Geschäft wird daher der Handlungsspielraum des Beschaffungsmanagements durch die Vorgabe von Limits begrenzt. Die Definition von Zielgröße und Limits garantiert jedoch nicht den Erfolg der jeweiligen Beschaffungsstrategie, die letztendlich immer noch durch die Erfahrung und die Marktkenntnisse des Beschaffungsmanagements bestimmt werden. Eine erfolgreiche Beschaffungsstrategie muss deshalb dem Beschaffungsmanagement auch genügend Flexibilität zugestehen.

Die **deckungsbeitragsorientierte Beschaffungsstrategie** erfüllt unter 55 den vorgestellten Beschaffungsstrategien als Einzige die **geforderte Kopplung zwischen Vertrieb und Energiebeschaffung**, d. h. nur hier ist gewährleistet, dass ein positiver Deckungsbeitrag erwirtschaftet wird. Alle anderen Beschaffungsstrategien beschränken sich auf das Beschaffungsportfolio und führen nicht die Rückkopplung zum Vertriebsportfolio durch.

Die Notwendigkeit dieser Kopplung, die sich aus der Kopplung der 56 Risiken ergibt, wurde aufgezeigt. Ein mögliches Konzept sieht die Einrichtung von Vertriebs- und Beschaffungsbüchern vor, zwischen denen die Vertriebsmengen über Transferpreise verrechnet werden. Die Umsetzung dieses Konzeptes stellt hohe Anforderungen an die Organisation und die unterstützende IT und geht mit einem relativ hohen Abwicklungsaufwand einher. In Abhängigkeit der Situation im Unternehmen ist abzuwägen, ob ein Teil dieser Aufgaben durch die Inanspruchnahme von Dienstleistungen sinnvoll ausgelagert werden kann. Langfristig kann jedoch nur diese Beschaffungsstrategie den wirtschaftlichen Erfolg an der Schnittstelle zwischen Vertrieb und Beschaffung garantieren.

§ 22 Überwachung von Waren- und Warenderivatemärkten nach dem Börsengesetz, Energiewirtschaftsgesetz und Wertpapierhandelsgesetz zuzüglich der europäischen Normen am Beispiel der EEX[*]

A. Einleitung

1 Dieser Beitrag soll Ihnen einen Überblick über wichtige Teilbereiche der Überwachung von Waren- und Warenderivatemärkten geben. Neben Regelungen aus dem Energiebereich, wie der REMIT[1] und dem EnWG[2] kommen Bestimmungen aus dem Wertpapierhandelsbereich, wie der MAD II,[3] der MAR[4] und dem WpHG[5] (unter Einbeziehung des 1. FiMaNoG[6]) hinzu. Einige dieser Bestimmungen sind im Juli 2016 in Kraft getreten. Im Bereich der hinzutretenden MiFID II[7] und MiFIR[8] ist der Zeitpunkt des Inkrafttretens voraussichtlich erst Anfang 2018. **Der Beitrag beschreibt im Folgenden:**

---

[*] Kapitel A. bis G. dieses Beitrages hat Thomas Eufinger bearbeitet. Merlin Eufinger war für die Umsetzung der Kapitel H. bis J. zuständig.

[1] Verordnung (EU) Nr. 1227/2011 des Europäischen Parlaments und des Rates v. 25.10.2011 über die Integrität und Transparenz des Energiegroßhandelsmarkts (REMIT), ABl. EU Nr. L 326, v. 8.12.2011, S. 1 ff.

[2] Gesetz über die Elektrizitäts- und Gasversorgung (Energiewirtschaftsgesetz – EnWG) v. 7.7.2005, BGBl. I S. 1970, 3621, zuletzt geändert durch Gesetz v. 22.12.2016, BGBl. I S. 3106.

[3] Richtlinie 2014/57/EU des Europäischen Parlaments und des Rates v. 16.4.2014 über strafrechtliche Sanktionen bei Marktmanipulation (MAD II), ABl. EU Nr. L 173, v. 12.6.2014, S. 179 ff.

[4] Verordnung (EU) Nr. 596/2014 des Europäischen Parlaments und des Rates vom 16. April 2014 über Marktmissbrauch (Marktmissbrauchsverordnung) (MAR), ABl. EU Nr. L 173, v. 12.6.2014, S. 1 ff..

[5] Gesetz über den Wertpapierhandel (Wertpapierhandelsgesetz – WpHG) v. 9.9.1998, BGBl. I S. 2708, zuletzt geändert durch Gesetz v. 30.6.2016, BGBl. I S. 1514.

[6] Erstes Gesetz zur Novellierung von Finanzmarktvorschriften auf Grund europäischer Rechtsakte (Erstes Finanzmarktnovellierungsgesetz – 1. FiMaNoG), v. 30.6.2016, BGBl. I S. 1514.

[7] Richtlinie 2014/65/EU des Europäischen Parlaments und des Rates v. 15.5.2014 über Märkte für Finanzinstrumente sowie zur Änderung der Richtlinie 2002/92/EG und 2011/61/EU (Neufassung) (MiFID II), ABl. EU Nr. L 173, v. 12.6.2014, S. 349 ff.

[8] Verordnung (EU) Nr. 600/2014 des Europäischen Parlaments und des Rates v. 15.5.2014 über Märkte für Finanzinstrumente und zur Änderung der Verordnung (EU) Nr. 648/2012 (MiFIR), ABl. EU Nr. L 173, v. 12.6.2014, S. 84 ff.

- die Marktstrukturen,[9]
- die Börsen- und Marktaufsicht,[10]
- das Verbot der Marktmanipulation,[11]
- das Verbot des Insiderhandels,[12]
- das Gebot der Ad-hoc-Publizität,[13]
- überblicksartig das Gebot der Meldepflicht für Handelsdaten und Produktdaten[14] mit Verweis auf den Fachbeitrag in diesem Band und
- die zuständigen Behörden, national und international.[15]

In Deutschland gibt es zurzeit neben den klassischen Wertpapierbörsen eine weitere als regulierter Markt anerkannte Börse im Bereich des Warenderivatehandels.[16] Dies ist die Energiemarktbörse **European Energy Exchange** (**EEX**) in Leipzig.[17] Neben Derivaten für Strom werden hier auch solche für Erdgas, Kohle und CO_2-Emissionsrechte gehandelt. Derivate der früheren Risk Management Exchange (RMX) in Hannover werden jetzt zum Teil bei der klassischen Derivatebörse EUREX in Frankfurt gehandelt. Der Warenmarkt – Spotmarkt – für Strom wurde vor einigen Jahren von Leipzig nach Paris verlagert. Dieser Markt ist aber kein regulierter Markt, der von der dortigen Wertpapieraufsicht überwacht wird. Die Betreiber haben aber auch hier einer Handelsüberwachungsstelle eingerichtet. Die Überwachung erfolgt nach gewerberechtlichen Grundsätzen. 2

Jeder Stromkunde ist mittelbar vom Stromhandel in Paris betroffen, da die Preise im dortigen „Warenmarkt“, dem Spotmarkt (hier werden vereinfacht gesagt Stromlieferungen für den Folgetag gehandelt), meist als Referenzpreise für den Endstrompreis herangezogen werden. Längerfristige Kontrakte werden im Terminmarkt gehandelt. Häufig wurden in der Presse Vorwürfe über manipulierte Preise im Spotmarkt laut. Im folgenden Beitrag sollen die **Möglichkeiten, aber auch Grenzen der Überwachung**, insbesondere der des Handels, dargestellt werden. Hinzu kommen 3

---

[9] Vgl. Rdnr. 4 ff.

[10] Vgl. Rdnr. 20 ff.

[11] Vgl. Rdnr. 45 ff.

[12] Vgl. Rdnr. 57 ff.

[13] Vgl. Rdnr. 76 ff.

[14] Vgl. Rdnr. 106 ff.

[15] Vgl. Rdnr. 110 ff.

[16] Unter dem regulierten Markt wird das am stärksten reglementierte Börsensegment verstanden, dessen Zulassungsvoraussetzungen und Folgepflichten – anders als im Bereich des Freiverkehrs – strengen gesetzlichen Regelungen unterliegen.

[17] Vgl. für die Zulassungsvoraussetzungen neben § 19 BörsG im Bereich der EEX die §§ 14 ff. der EEX-Börsenordnung, abrufbar unter https://www.eex.com/de (Link: Handel > Verordnungen & Regelwerke > Regulierter Markt), Stand Abruf: April 2017.

Erläuterungen zum besonderen Transparenzgebot der Ad-hoc-Publizität.[18] Die Börsen werden hierbei in erster Linie aus Sicht des öffentlichen Rechts, dem Blickwinkel des Börsen- und Wertpapierhandelsrechts, dem Energiewirtschaftsrecht und den zugehörigen europäischen Normen betrachtet. Die Handelnden sind die Börsengeschäftsführungen, die Handelsüberwachungsstellen, die Börsenaufsichtsbehörden der Länder, die Bundesnetzagentur (BNetzA), die Markttransparenzstelle für Strom und Gas unter Einbeziehung des Bundeskartellamts (BKartA), die Europäischen Agenturen European Securities and Market Authority (ESMA) und Agency of the Cooperation of Energy Regulators (ACER) sowie die Bundesanstalt für Finanzdienstleistungsaufsicht (BaFin).

B. Marktstruktur

4 Der Regulierungsumfang hängt maßgeblich von dem Markt bzw. Handelssegment ab, in welchem der Handel stattfindet. Zum Verständnis der unterschiedlichen Regularien und deren Anwendung soll daher zunächst eine Darstellung der Marktstruktur erfolgen. Der Schwerpunkt der Darstellung liegt hierbei im regulierten Markt, der die höchste Regulierungsdichte aufweist.

I. Börsen

5 **Börsen** sind Märkte, an denen wirtschaftlich gesehen Angebot und Nachfrage aufeinandertreffen und die daher schon aus praktischen Gründen gewissen Regularien unterliegen. Im Unterschied zu anderen Märkten zeichnen sich **Börsen** durch folgende **Eigenschaften** aus:

- Börsen sind feste Einrichtungen, die institutionalisiert sind. Neben einer festgelegten **Organisationsstruktur** kommt noch ein **Regelwerk** hinzu, das bspw. Bedingungen über die Vergütung bei Geschäften (die Courtage) enthält.
- Die **Güter**, die an Börsen gehandelt werden, sind vertretbar, d. h. **fungibel**. Sie können z. B. nach Maß, Gewicht oder ähnlichem bestimmt werden.

6 Weitere Eigenschaften können, müssen aber nicht hinzukommen. Hierzu zählen etwa Ort des Handels, Handelszeiten und Festlegung der Handelsgegenstände. Die Börse kommt damit dem theoretischen Modell des „vollkommenen Marktes" i. S. d. Volkswirtschaftslehre am nächsten. Gründe hierfür sind die hohe Markttransparenz, die schnelle Einpreisung von Informationen durch die Marktteilnehmer und die weitestgehende Freiheit von persönlichen und örtlichen Präferenzen.

---

[18] Vgl. Rdnr. 76 ff.

1. Börsen als öffentlich-rechtliche Einrichtung

Im Bereich des **Betriebs** und der **Errichtung** einer Börse gilt nicht die allgemeine Gewerbefreiheit. Vielmehr bedarf es nach § 4 I BörsG[19] der schriftlichen **Erlaubnis** der Börsenaufsichtsbehörde.[20] **Börsenaufsichtsbehörde** ist nach § 3 I 1 BörsG die zuständige oberste Landesbehörde. Regelmäßig ist diese Aufgabe bei den Wirtschaftsministerien der Bundesländer (in einigen sind es die Finanzministerien) angesiedelt.[21] 7

Zahlreiche Aufgaben der Börsen sind dem öffentlichen Recht zu entnehmen. Folgerichtig sind die Börsen nach § 2 I BörsG teilrechtsfähige Anstalten des öffentlichen Rechts. 8

2. Börsen als teilrechtsfähige Anstalten öffentlichen Rechts

Neben der Börse gibt es noch Börsenträgergesellschaften, die der Börse als **teilrechtsfähiger Anstalt des öffentlichen Rechts** Personal und Material zur Verfügung stellen. Die Börse kann im verwaltungsrechtlichen Verfahren unter ihrem Namen klagen und verklagt werden (§ 2 IV BörsG). Dies gilt aber nur eingeschränkt im privatrechtlichen Bereich. In erster Linie kann nur der Börsenträger privatrechtlich verklagt werden. 9

Die **Hauptaufgabe des Börsenträgers** ist der Börse auf Anforderung der Geschäftsführung der Börse die zur Durchführung und angemessenen Fortentwicklung des Börsenbetriebs erforderlichen finanziellen, personellen und sachlichen Mittel zur Verfügung zu stellen (§ 5 I 2 BörsG). Weitere Pflichten bestimmen sich nach § 5 BörsG.[22] 10

Unter dem Dach der EEX wurden verschiedene Träger für die Handelsbereiche im Terminmarkt (Warenderivatemarkt) gegründet. Für den Spotmarkt gibt es ein Joint Venture. 11

3. Die Börse als regulierter Markt im europäischen Kontext

Das europäische Recht unterscheidet derzeit zwischen zwei Marktmodellen. Neben den **regulierten/geregelten Märkten (Regulated Markets – Börsen)** gibt es noch **Multilateral Trading Facilities** (MTF).[23] Mit der Neuauflage der entsprechenden europäischen Finanzmarktrichtlinie 12

[19] Börsengesetz (BörsG) v. 16.7.2007, BGBl. I S. 1330, 1351, zuletzt geändert durch Gesetz v. 30.6.2016, BGBl. I S. 1514.

[20] Gesetzlicher Grundfall ist eine bloße Anzeige des Betriebs durch den Gewerbetreibenden, vgl. § 14 I GewO.

[21] Früher geregelt in § 1 BörsG; *Beck*, in: Schwark, Kapitalmarktrecht, 3. Aufl., § 1 Rdnr. 8.

[22] Eine weitere Pflicht des Börsenträgers ist bspw. die Offenlegung der Eigentümerstruktur (§ 5 i. V. m. § 4 II S. 2 Nr. 4 BörsG).

[23] Deutsch: Multilaterales Handelssystem.

(MiFID II)[24] ist eine weitere Kategorie von Handelssystemen, die **Organized Trading Facilities** (**OTF**)[25] hinzugekommen. Hierunter fallen vereinfacht gesagt etwa Systeme, bei denen ein Makler vermittelt (Broker Dealer System). Dies ist in einigen europäischen Staaten üblich. Die Umsetzung dieser Regeln (MiFID II und MiFIR) wird sich voraussichtlich um ein Jahr bis Anfang 2018 verschieben.[26] Bei allen Börsen müssen ein Börsenrat, eine Börsengeschäftsführung und eine Handelsüberwachungsstelle eingerichtet werden. Ein Sanktionsausschuss kommt optional hinzu. Das ist bei den MTF nicht der Fall; sie sind meist rein privatrechtlich organisiert. Der Betreiber wird jedoch zu bestimmten Vorkehrungen verpflichtet, um einen annähernden Standard zu erreichen. Die zuständige **Aufsichtsbehörde** ist im Regelfall die BaFin.[27] Börsen, MTF's und OTF's (diese ab 2018) müssen nach Art. 16 MAR auch angemessene Vorkehrungen zur Vermeidung von Marktmissbrauch bereitstellen. Hierzu zählen beispielhaft auch Handelsunterbrechungssysteme (Volatilitätsunterbrecher) bei atypischen Handelsverläufen.

13 Zu den von den Betreibern der **Multilateralen Handelssysteme** (**MHS**) **zu beachtenden Regeln** zählen (§§ 31 f. WpHG):

- die Festlegung von Regeln für den Zugang von Handelsteilnehmern;
- Regelungen für die Einbeziehung von Finanzinstrumenten, die ordnungsgemäße Durchführung des Handels und der Preisermittlung, die Verwendung von einbezogenen Referenzpreisen und die vertragsgemäße Abwicklung der abgeschlossenen Geschäfte;
- angemessene Kontrollverfahren zur Einhaltung der Verbote des Insiderhandels und die Überwachung möglicher Marktmanipulationen;
- die Sicherstellung einer ordnungsgemäßen Preisfeststellung, entsprechend den Verfahren bei den Börsen (§ 24 II BörsG);
- die Führung einer lückenlosen Aufzeichnung über erteilte Aufträge und Geschäfte, die eine Kontrolle durch die BaFin ermöglicht;
- die Bekanntgabe aller erforderlichen und zweckdienlichen Informationen für die Nutzer des Systems.

---

[24] Richtlinie 2004/39/EG des Europäischen Parlamentes und des Rates v. 21.4.2004 über Märkte für Finanzinstrumente, zur Änderung der Richtlinie 85/611/EWG und 93/6/EWG des Rates und der Richtlinie 2000/12/EG des Europäischen Parlaments und des Rates und zur Aufhebung der Richtlinie 93/22/EWG (Markets in Financial Instruments Directive – MiFID I), ABl. EU Nr. L 145 v. 30.4.2004, S. 1 ff. Vgl. schon zu MIFiD II und MiFIR Rdnr. 1.

[25] Deutsch: Organisiertes Handelssystem.

[26] Pressemitteilung der Europäischen Kommission, Kommission verlängert Anwendungsfrist für MiFID II um ein Jahr, IP/16/265, 10.2.2016, abrufbar unter http://europa.eu/rapid/press-release_IP-16-265_de.htm, Stand Abruf: April 2017.

[27] Vgl. dazu Rdnr. 35, im Handelssegment Freiverkehr liegt die Aufsicht bei den Börsenaufsichtsbehörden.

II. Börsenorgane

Ähnlich wie die Handelskammern ist die Börse ein selbstverwaltetes Konstrukt. Das BörsG verpflichtet den Börsenträger dazu bestimmte **Organe** einzurichten.[28] Hierzu zählen: 14
- die Handelsüberwachungsstelle[29] (§ 7 BörsG),
- der Börsenrat[30] (§ 12 BörsG),
- die Börsengeschäftsführung[31] (§ 15 BörsG) und
- auf Wunsch der Börsenaufsichtsbehörde (Landesregierung) der Sanktionsausschuss[32] (§ 22 BörsG).

1. Handelsüberwachungsstelle

Die Aufgabe der Handelsüberwachungsstelle (HÜSt) liegt darin, den Handel an der Börse und dessen Abwicklung im Nachgang zu erfassen und zu überwachen.[33] 15

2. Börsenrat

Zu den **Hauptaufgaben des Börsenrates** gehört die Rechtssetzung innerhalb der Börse. Hierzu zählen nach § 12 II BörsG: 16
- der Erlass von Börsen-, Geschäfts-, Zulassungs- und Gebührenordnungen, die als Satzung erlassen werden,
- die Bestellung und Abberufung der Geschäftsführer im Einvernehmen (die Zustimmung muss vorliegen) mit der Börsenaufsichtsbehörde,
- die Überwachung der Geschäftsführung,
- die Bestellung des Leiters der Handelsüberwachungsstelle (HÜSt) im Einvernehmen mit der Börsenaufsichtsbehörde.

Der Börsenrat setzt sich an klassischen Wertpapierbörsen in erster Linie aus Teilnehmer- und Anlegervertretern zusammen. 17

3. Börsengeschäftsführung

Die Hauptaufgabe der Börsengeschäftsführung liegt in der **Leitung der Börse** in eigener Verantwortung. Sie vertritt die Börse gerichtlich und außergerichtlich, soweit nicht der Börsenträger zuständig ist. Im Zusammenhang mit der Sicherstellung eines ordnungsgemäßen Handels kommt ihr eine besondere Aufgabe zu. Sie hat für die Einhaltung der Pflichten der Handelsteilnehmer Sorge zu tragen. Ihr obliegt es auch,

---

[28] Zu den weiteren Pflichten des Börsenträgers vgl. Rdnr. 9 f.
[29] Zur Handelsüberwachungsstelle (HÜSt) vgl. ausführlich Rdnr. 30 ff.
[30] Vgl. dazu Rdnr. 16.
[31] Vgl. dazu Rdnr. 18.
[32] Vgl. dazu Rdnr. 19.
[33] Vgl. näher dazu Rdnr. 30 ff.

über die Aussetzung und Einstellung des Handels zu entscheiden (§ 25 BörsG).[34]

4. Sanktionsausschuss

19 Auf Wunsch der Landesregierung kann an den Börsen ein Sanktionsausschuss gebildet werden. Dies ist auch bei der **EEX** der Fall. Dieser kann bei vorsätzlichen oder fahrlässigen Verstößen gegen Börsenregeln, die eine ordnungsgemäße Durchführung des Handels an der Börse oder der Börsengeschäftsabwicklung sicherstellen sollen,
- einen Handelsteilnehmer mit einem Verweis belegen,
- ein Ordnungsgeld bis zu 250.000 EUR verhängen oder
- einen Handelsteilnehmer bis zu 30 Tage vom Handel ausschließen.

III. Börsenaufsichtsbehörden – Überwachung des Handelsplatzes „Trading Venue“

20 Im Folgenden erfolgt eine Darstellung der Börsenaufsichtsbehörden und ihrer Zusammenarbeit im Zusammenhang mit der Überwachung des Handelsplatzes „Trading Venue“.[35]

1. Die Rechtsaufsicht über die regulierten Märkte und die an den regulierten Märkten angegliederten Multilateralen Handelssysteme (Freiverkehr) durch die Landesbehörden

21 Nach § 3 BörsG übt die zuständige **oberste Landesbehörde (Börsenaufsichtsbehörde)** die Aufsicht über die Börse nach den Vorschriften des BörsG aus. Sie wirkt auch bei Gesetzgebungsverfahren mit.

22 In Bezug auf die EEX wird diese Aufgabe vom Sächsischen Staatsministerium für Wirtschaft und Arbeit als Börsenaufsichtsbehörde wahrgenommen.

a) Rechtsaufsicht über die Börsen

23 Im Rahmen der Rechtsaufsicht über die Börsen werden die Börsenorgane bei der Erfüllung ihrer Aufgaben überwacht. Gleiches gilt in Bezug auf den Börsenträger. Die Börsenaufsichtsbehörde kann an Sitzungen des Börsenrates teilnehmen. Sie kann auch zur Erfüllung ihrer Aufgaben Unterstützung von der Börse verlangen. Hierzu gehört etwa die Überlassung von Unterlagen oder die Beantwortung von Fragen.

---

[34] Vgl. zu den Aufgaben der Landesaufsichtsbehörden Rdnr. 21 ff.

[35] Zu den Marktüberwachungsbehörden – Überwachung der am Handel Beteiligter und vom Handel Betroffener vgl. Rdnr. 109 ff.

b) Missstandsbekämpfung an den Börsen

24 Im Rahmen der Missstandsbekämpfung kann die Börsenaufsichtsbehörde umfassende Auskünfte (§ 3 IV BörsG) verlangen. Dieser **Auskunftsanspruch** beschränkt sich nicht nur auf die Börsenorgane, sondern erstreckt sich auch auf alle Handelsteilnehmer und Beteiligte von Geschäftsabwicklungen.

25 Eine besondere Aufgabe kommt der Börsenaufsichtsbehörde bei der **Aussetzung** und **Einstellung des Handels** (§ 25 BörsG) zu. Die Entscheidung hierüber obliegt der Börsengeschäftsführung. Diese hat den Handel

- auszusetzen, wenn ein ordnungsgemäßer Börsenhandel zeitweilig gefährdet oder wenn dies zum Schutz des Publikums geboten erscheint, und
- einzustellen, wenn ein ordnungsgemäßer Börsenhandel nicht mehr gewährleistet erscheint.

26 Im Falle solcher Maßnahmen unterrichtet die Geschäftsführung die Börsenaufsicht und die BaFin.

27 Kommt die Geschäftsführung ihren Aufgaben hier nicht ordnungsgemäß nach, so obliegt es der Börsenaufsichtsbehörde diese entsprechend anzuweisen (§ 3 I 3, V BörsG).[36] Dies bedeutet, dass die Börsenaufsichtsbehörde geeignete Vorkehrungen treffen muss, dies auch in einem **Not-/Krisenfall** durchführen zu können. Sie kann auch direkt die Aussetzung oder Einstellung des Börsenhandels mit einzelnen oder mehreren Finanzinstrumenten, Rechten oder Wirtschaftsgütern anordnen.

c) Ermittlungen bei Verstößen gegen Börsenregeln

28 Nach § 3 IV BörsG hat die Landesbehörde umfassende **Auskunftsansprüche.** Hierfür bedarf es Anhaltspunkten, welche die Annahme rechtfertigen, dass börsenrechtliche Vorschriften oder Anordnungen verletzt werden oder solche Missstände vorliegen, welche die ordnungsgemäße Durchführung des Handels an der Börse oder die Börsengeschäftsabwicklung beeinflussen. Hinzu kommt ein Betretungsrecht von Grundstücken und Gebäuden der Beteiligten während der üblichen Arbeitszeiten, bei Gefahr im Verzug auch außerhalb dieser Zeiten.

d) Aufsicht über die Einhaltung der Börsenregeln

29 Werden Verstöße gegen Börsenregeln festgestellt, so hat die Börsenaufsichtsbehörde ein weites Spektrum in ihrem **Maßnahmenkatalog.** Neben den bereits angesprochenen Anordnungen kann sie im Rahmen der

[36] Entsprechende Weisungsrechte der BaFin folgen auch aus der Umsetzung des Art. 41 MiFID – Europaweite Handelsaussetzungen.

Abwicklung die Nutzung bestimmter Systeme untersagen oder auch direkt Anordnungen gegenüber Handelsteilnehmern treffen.

2. Die Aufgabe des Organs Handelsüberwachungsstelle

30 Bei allen Börsen sind nach § 7 BörsG **Handelsüberwachungsstellen** einzurichten. Diese unabhängigen Stellen sind ein wesentliches Element, um für die Einhaltung gleicher Handelsbedingungen zu sorgen und damit zur Fairness an den Börsen beizutragen.

31 Die Schaffung einer **Unabhängigkeit** ist hierzu unabdingbare Voraussetzung. Der Leiter dieser Stelle hat der Börsenaufsichtsbehörde regelmäßig zu berichten. Bei der HÜSt mit Überwachungsaufgaben betraute Personen können gegen ihren Willen nur im Einvernehmen mit der Börsenaufsichtsbehörde entbunden werden. Dies bedeutet, dass hierzu die Zustimmung erforderlich ist. Nur in einem solchen Fall kann die Börsengeschäftsführung entsprechende Personen mit anderen Aufgaben betrauen. Die Zustimmung ist dann zu erteilen, wenn die Erfüllung der Überwachungsaufgaben der HÜSt nicht beeinträchtigt ist.

a) Erfassung und Auswertung von Handel und Abwicklung

32 Zentrale **Aufgabe der Handelsüberwachung** ist
- die systematische und lückenlose Erfassung der Daten über den Börsenhandel,
- die systematische und lückenlose Erfassung der Daten über die Börsengeschäftsabwicklung,
- die Auswertung dieser Daten und
- die Durchführung der notwendigen Ermittlungen.

33 Hierzu stehen der HÜSt weitgehend dieselben Ermittlungsinstrumentarien wie der Börsenaufsichtsbehörde zur Verfügung. Die HÜSt kann nicht allein agieren. Sie hat nur die Sicht auf ihren Handelsplatz, die Marktteilnehmer handeln jedoch marktplatzübergreifend.

b) Überwachung von Preisfindungsprozessen und Handelsregeln (auch Usancen – ungeschriebene Handelsregeln)

34 Neben der Erfassung und Auswertung der Daten sind auch der **Preisfindungsprozess** und die **Handelsregeln** zu überwachen. Hierzu gehört bspw. die Erkennung zeitnaher gleichartiger aber gegenläufiger Orders, um hier notfalls bei dem Verdacht einer Manipulation eingreifen zu können.

3. Die Aufgabe der Bundesanstalt für Finanzdienstleistungsaufsicht bei der Überwachung nicht an einen regulierten Markt angegliederter Multilateraler Handelssysteme

Die zuständige Aufsichtsbehörde im Bereich Multilateraler Handelssysteme ist im Regelfall die BaFin. Zu diesen Systemen zählt auch das Börsensegment Freiverkehr. Hier gilt jedoch in Bezug auf die Aufsicht abweichend von der generellen Zuständigkeit der BaFin (§ 2 I BörsG i. V. m. § 3 I 1 BörsG) eine Sonderzuständigkeit der Börsenaufsichtsbehörden der Länder. Soweit neben den regulierten Märkten an den Warenderivatebörsen auch solche Systeme betrieben werden sollten, obliegt die Aufsicht folgerichtig den Börsenaufsichtsbehörden der Länder.[37] 35

C. Marktüberwachung

Im Rahmen der **Liberalisierung des Strom- und Gasmarktes** sind in den letzten Jahren, neben den üblichen Wertpapierbörsen, Strombörsen entstanden, an denen standardisierte Energiegroßhandelsprodukte gehandelt werden. Jene Börsen ziehen eine Vielzahl von Marktteilnehmern an, zu denen im Wesentlichen Energieversorger, aber auch andere Interessenskreise, wie Großkunden oder auch Finanzinstitute, wie Großbanken zählen. 36

Ziel der Regelungen ist es daher in Europa ein **einheitliches Marktumfeld für Energiegroßhandelsprodukte** zu schaffen, in dem den Interessen aller Beteiligten möglichst Rechnung getragen wird. Darüber hinaus soll der Energiemarkt wirkungsvoller gegen Marktmissbrauch geschützt werden. Langfristiges Ziel ist die Vollendung eines gemeinsamen Europäischen Binnenmarktes. 37

Hierzu wurde die **MAD I[38] überarbeitet**. Diese war noch auf die klassischen Wertpapiermärkte fokussiert. Es erfolgte eine Ausweitung auf weitere Märkte (Marktmodell: MTF[39] und OTF[40]) sowie auf Warenderivate. Weiterhin sind jetzt bestimmte Rohstoff-Spot-Kontrakte erfasst, soweit sie sich auf entsprechende Finanzkontrakte beziehen bzw. deren Underlaying sind. Es ist nunmehr auch eine Versuchsstrafbarkeit gegeben.[41] Losgelöst vom Energiebereich ist nun auch der vorsätzliche Einsatz von algorithmischem Handel oder Hochfrequenzhandel mit dem 38

---

[37] Vgl. dazu Rdnr. 21 ff.

[38] Richtlinie 2003/6/EG des Europäischen Parlaments und des Rates v. 28.1.2003 über Insider-Geschäfte und Marktmanipulation (MAD I), ABl. EU Nr. L 96, v. 12.4.2003, S. 16 ff.

[39] Multilateral Trading Facility. Deutsch: Multilaterales Handelssystem.

[40] Organized Trading Facility. Deutsch: Organisiertes Handelssystem (tritt erst mit der MiFID II in Kraft).

[41] Zuvor war der Versuch lediglich mit einem Bußgeld bewehrt.

Ziel des Verlangsamens oder gezielten Zusammenbrechens von Handelssystemen mit Strafe bedroht.

39 Statt nationaler materieller Strafbarkeitsregeln wird dies nunmehr in einer europäischen Verordnung, der MAR (Market Abuse Regulation), geregelt. Lediglich die Strafhöhe und spezielle Fallgestaltungen werden national, in der Bundesrepublik Deutschland durch das WpHG geregelt.

40 Am 10.10.2011 verabschiedete der Ministerrat die REMIT – eine Verordnung über die Integrität und Transparenz des Energiemarktes, die kurze Zeit später in Kraft trat. Diese lehnt sich in weiten Teilen an die im Wertpapiermarkt damals maßgebende MAD an und passt diese an die Besonderheiten des Energiemarktes an.

I. Marktintegrität

41 Das Thema der Marktintegrität teilt sich in **zwei Regelungsbereiche**. Zum einen die **REMIT mit nationalen Ergänzungen im EnWG**, zum anderen die **MAR mit nationalen Ergänzungen im WpHG**.

42 Der Anwendungsbereich richtet sich danach, auf welches Produkt sich die Verstoßhandlung bezieht. Handelt es sich um ein reines Warenprodukt aus dem Energiegroßhandelsbereich (Spotmarkt) sind die REMIT und das EnWG betroffen. Erfolgte die Tat bezogen auf ein Spotmarkt bezogenes Derivat oder bezogen auf ein Produkt des Spotmarktes, das für ein Derivat preisbestimmend (sog. Underlaying) ist, greifen die MAR und das WpHG.

43 Die BaFin ist zuständige Behörde zur Überwachung der Ge- und Verbote nach dem WpHG (§ 4 WpHG).[42] Die maßgeblichen Normen im Bereich der Marktüberwachung sind das Verbot der Marktmanipulation und des Insiderhandels.

44 Die BNetzA ist nach § 56 EnWG die zuständige Behörde in Bezug auf die REMIT und damit auch die zuständige Behörde für die Überwachung und Verfolgung von Verstößen in Bezug auf die Marktintegrität.[43]

1. Marktmanipulation

45 Im Bereich der Marktmanipulation gilt es nunmehr zwischen der Manipulation an reinen Spotmärkten sowie der Manipulation an Derivatemärkten und Spotmärkten, an welchen der Preis am Spotmarkt für das Derivat preisbestimmend (sog. Underlaying) ist, zu unterscheiden.

---

[42] Vgl. näher Rdnr. 124.
[43] Vgl. näher Rdnr. 117 ff.

a) Manipulation an reinen Spotmärkten

Gemäß Art. 5 REMIT ist es untersagt, Marktmanipulation auf den Energiegroßhandelsmärkten zu betreiben oder den entsprechenden Versuch zu unternehmen. 46

„Marktmanipulation" umfasst gem. Art. 2 Nr. 2 REMIT: 47

- falsche oder irreführende Signale über das Angebot von Energiegroßhandelsprodukten, die Nachfrage danach oder ihren Preis geben oder geben könnten;
- Verhalten, welches den Preis eines oder mehrerer Energiegroßhandelsprodukte durch eine Person oder mehrere, in Absprache handelnde Personen in der Weise beeinflusst, dass ein anormales oder künstliches Preisniveau erzielt wird, es sei denn, die Person, welche die Transaktion abgeschlossen oder die Aufträge erteilt hat, weist nach, dass sie legitime Gründe dafür hatte und dass diese Transaktionen oder Aufträge nicht gegen die zulässige Marktpraxis auf dem betreffenden Energiegroßhandelsmarkt verstoßen;
- Vorspiegelung oder Versuch der Vorspiegelung falscher Tatsachen oder Verwendung oder versuchte Verwendung sonstiger Kunstgriffe oder Formen der Täuschung.

Anders als im WpHG ist das Verschweigen von Mitteilungen entgegen einer Rechtspflicht hier nicht explizit als Verstoß gegen das Manipulationsverbot (im WpHG erfolgt dies durch einen Verweis auf die MAR, die auch ein Unterlassen sanktioniert) genannt. Hier droht jedoch ein Bußgeld.[44] 48

Die Strafhöhe ist national in § 95a EnWG geregelt. Sie entspricht weitgehend der im WpHG. Es droht eine Freiheitsstrafe von bis zu fünf Jahren oder eine Geldstrafe.[45] In bestimmten, nicht strafwürdigen Fällen droht die Verhängung eines Bußgeldes.[46] Bei beharrlicher Wiederholung einer solch milden Tat droht gem. § 95b EnWG eine Freiheitsstrafe von bis zu einem Jahr oder eine Geldstrafe.[47] 49

b) Manipulation an Derivatemärkten und Spotmärkten, an welchen der Preis am Spotmarkt für das Derivat preisbestimmend (Underlaying) ist

Bis Anfang Juli 2016 war das Verbot der Marktmanipulation in § 20a WpHG geregelt. Ab Juli 2016 wurde das Verbot im WpHG mit Verweis auf die europäische MAR geregelt. Dies entspricht der Regelungsstruktur im Energiebereich. Marktmanipulation ist danach gem. Art. 12 50

---

[44] Vgl. näher *Hölscher*, in: Britz/Hellermann/Hermes, EnWG, 3. Aufl., § 95.
[45] Vgl. näher *Eufinger*, in: Britz/Hellermann/Hermes, EnWG, 3. Aufl., § 95a.
[46] Vgl. näher *Hölscher*, in: Britz/Hellermann/Hermes, EnWG, 3. Aufl., § 95.
[47] Vgl. näher *Eufinger*, in: Britz/Hellermann/Hermes, EnWG, 3. Aufl., § 95b.

MAR i. V. m. § 38 WpHG untersagt und wird mit einer Freiheitsstrafe von bis zu fünf Jahren oder einer Geldstrafe, in schweren Fällen mit Freiheitsstrafe bis zu zehn Jahren, geahndet.[48] In bestimmten Fallkonstellationen droht ein Bußgeld bis zu 2 Mio. EUR (§ 39 WpHG).[49]

51 **Tatobjekt der Marktmanipulation** sind unter anderem:

- übertragbare Wertpapiere, Geldmarktinstrumente, Derivate, Rechte auf Zeichnung, ausländische Zahlungsmittel;
- Waren, die an einer inländischen Börse zum Handel zugelassen oder in den geregelten Markt oder Freiverkehr, MTF oder OTF einbezogen sind;
- oder in einem Mitgliedstaat der Europäischen Union oder Vertragsstaat des EWR zum Handel an einem organisierten Markt, Freiverkehr, MTF oder OTF zugelassen sind;
- sowie Emissionszertifikate.[50]

52 Damit unterfallen Handlungen am Terminmarkt der EEX und auch am Spotmarkt (Warenmarkt), soweit der Warenpreis Underlaying für ein Derivat ist dem Manipulationsverbot. Im Terminmarkt und Spotmarkt ist die Handlung nunmehr mit Strafe oder Bußgeld bedroht.[51]

53 Das Manipulationsverbot des Art. 12 MAR umfasst verschiedene Tathandlungen, die nunmehr auch für den Handel mit Kontrakten auf Warenspotmärkten gelten, soweit diese für ein Finanzinstrument preisbestimmend (sog. Underlaying) sind, sowie auf Emissionszertifikate, soweit diese Auktionsobjekt sind. **Manipulationshandlungen** können sein:

- Abschluss von Geschäften, Erteilung von Handelsaufträgen sowie jede andere Handlung, die im Ergebnis falsche oder irreführende Signale für den Markt geben können oder ein anormales oder künstliches Kursniveau schaffen können;
- Abschluss von Geschäften, Erteilung von Handelsaufträgen sowie jede andere Handlung, die unter Vorspiegelung falscher Tatsachen oder gleichwertiger Begehungsweisen Kurse beeinflussen können;
- Verbreitung von Informationen über Medien, einschließlich des Internets oder auf anderem Wege, die falsche oder irreführende Signale für den Markt geben können oder ein anormales oder künstliches Kursniveau schaffen können;

---

[48] Das Zusammenspiel von MAR und WpHG ist Folge der Neuregelung durch das 1. Finanzmarktnovellierungsgesetz (FiMaNoG).

[49] Früher drohte ein Bußgeld von 1 Mio. EUR.

[50] Vgl. näher Anhang I Abschnitt C der MiFID II.

[51] Nach früherer Regelung im WpHG waren derartige Handlungen im Spotmarkt straflos.

- Übermittlung falscher oder irreführender Angaben bezüglich eines Referenzwertes (z. B. Benchmark Manipulation).[52]

Beispiele für solche Handlungen sind: 54
- Missbrauch einer marktbeherrschenden Stellung;
- Manipulation von Eröffnungs- oder Schlusskursen;
- Manipulation durch elektronische Hilfsmittel, wie algorithmischen oder Hochfrequenzhandel;
- Manipulation des Underlayings eines Derivats;
- Manipulation durch Kauf oder Verkauf von Emissionszertifikaten und damit verbundener Beeinflussung des Auktionspreises.[53]

Das Nähere ist in Anhang I zur MAR bestimmt.[54]

Die HÜSt der EEX untersucht Handelsvorgänge daraufhin, ob bei 55
diesen manipulatives Handeln gegeben ist. Im Vergleich zu klassischen Wertpapiermärkten ist die Zahl der Handelsteilnehmer geringer. Dies bedeutet auch, dass es sehr viel schwieriger als bei sehr großen Märkten ist, manipulatives von normalem Handelsverhalten zu unterscheiden.

Gerade ein hohes Maß an Transparenz ist im Handel mit Energie ge- 56
eignet Vorwürfen des Marktmissbrauchs entgegenzuwirken bzw. Taten schlicht zu verhindern.

2. Insiderhandel

Auch im Bereich des Insiderhandels gilt es nunmehr zwischen Insider- 57
handel an reinen Spotmärkten sowie Insiderhandel an Derivatemärkten und Spotmärkten, an welchen der Preis am Spotmarkt für das Derivat preisbestimmend (Underlaying) ist, zu unterscheiden.

a) Insiderhandel an reinen Spotmärkten

Zunächst gilt es zu klären, was unter einer **Insiderinformation bei Wa-** 58
ren und Warenderivaten zu verstehen ist. Nach Art. 2 I REMIT ist eine Insiderinformation eine nicht öffentlich bekannte, präzise Information, die direkt oder indirekt eine oder mehrere Energiegroßhandelsprodukte betrifft und die, wenn sie öffentlich bekannt würde, die Preise solcher Energiegroßhandelsprodukte erheblich beeinflussen könnte.

Anders als im Wertpapierhandel, bei dem bei der Beurteilung dieser 59
Rechtsnorm auf den „verständigen Anleger" abgestellt wird, wird hier gem. Art. 2 I Nr. 1 lit. d REMIT auf das Bild des „vernünftigen Marktteilnehmers" rekurriert.

[52] Vgl. näher Art. 12 I MAR.
[53] Vgl. näher Art. 12 II MAR.
[54] Vgl. Anhang I der MAR.

60 **Insiderinformationen** können bspw. Informationen sein,
- die die Kapazität von Anlagen zur Produktion von Strom und Erdgas, zur Speicherung, zum Verbrauch und zum Transport von Strom und Erdgas,
- die auf Grund von Rechtsvorschriften oder marktüblichen Gebräuchen bekannt gegeben werden müssen.[55]

61 Es sind verschiedene **Großhandelsprodukte in diesem Bereich** zu unterscheiden. „Energiegroßhandelsprodukte" werden i. S. der Definition auf dem „Energiegroßhandelsmarkt" in der Europäischen Union gehandelt.

62 **Energiegroßhandelsprodukte** sind gem. Art. 2 I Nr. 4 REMIT unabhängig davon, wo und wie sie gehandelt werden (unabhängig davon, ob Kontrakte börslich oder Over the Counter ihren Besitzer wechseln, sofern das Produkt auch an einem Energiegroßhandelsmarkt gehandelt wird), die folgenden **Verträge und Derivate:**
- Verträge für die Versorgung mit Erdgas oder Strom,
- Derivate, die Erdgas oder Strom betreffen,
- Verträge, die den Transport von Erdgas oder Strom betreffen,
- Derivate, die den Transport von Erdgas oder Strom betreffen.

63 Besonders ist darauf hinzuweisen, dass Verträge über die Versorgung mit Erdgas und Strom zur Nutzung durch den Endverbraucher (der klassische Vertrag zwischen Endkunde und Energieversorger) keine Energiegroßhandelsprodukte in diesem Sinne sind.

64 Es besteht ein **Insiderhandelsverbot für Energiegroßhandelsprodukte**. Gemäß Art. 3 I REMIT ist es Personen, die über Insiderinformationen über ein Energiegroßhandelsprodukt verfügen, verboten, Insiderhandel zu betreiben. Die Strafdrohung, die im Normalfall mit einer Freiheitsstrafe von bis zu fünf Jahren oder einer Geldstrafe belegt ist, folgt aus § 95a EnWG.[56] Vergleichbar mit der MAD und dem daraus resultierenden WpHG auf nationaler Ebene, betrifft dies die folgenden **Personengruppen, die über eine Insiderinformation bezüglich eines Energiegroßhandelsproduktes verfügen:**
- Mitglieder der Verwaltungs-, Geschäftsführungs- und Aufsichtsorgane eines Unternehmens,
- Personen mit Beteiligung am Kapital eines Unternehmens,
- Personen, die im Rahmen der Ausübung ihrer Arbeit oder ihres Berufes oder der Erfüllung ihrer Aufgaben Zugang zu der Information haben,
- Personen, die sich diese Informationen auf kriminelle Weise beschafft haben,

---

[55] Die Einzelheiten sind in Art. 2 I Nr. 1 REMIT mit Querverweisen auf bereits existierende europäische Transparenzgebote aufgeführt.
[56] Vgl. näher Rdnr. 49.

- Personen, die wissen oder wissen müssten, dass es sich um Insiderinformation handelt.

Jenen Personen, die über eine Insiderinformation bezüglich eines Energiegroßhandelsproduktes verfügen, ist es gem. **Art. 3 I REMIT** folglich **untersagt:** 65

- unter Nutzung derselben für eigene oder fremde Rechnung direkt oder indirekt Energiegroßhandelsprodukte, auf die sich die Information bezieht, zu erwerben oder zu veräußern oder dies zu versuchen (wurde der Kontrakt vor Erhalt der Insiderinformation geschlossen, so kann er sanktionslos erfüllt werden (Art. 3 V REMIT);
- die Information an Dritte weiterzugeben, soweit dies nicht im normalen Rahmen der Ausübung ihrer Arbeit oder ihres Berufes oder der Erfüllung ihrer Aufgaben geschieht; in diesem Fall müssen diese Informationen vollständig und tatsächlich öffentlich bekannt gemacht werden. Bei absichtlicher Weitergabe sind die Informationen allen Personen gleichzeitig bekannt zu geben. Im Fall einer nicht absichtlichen Weitergabe sind die Informationen allen Personen so rasch wie möglich nach der nicht absichtlichen Weitergabe bekannt zu geben. Dies gilt nicht, wenn die Person, an die die Informationen weitergegeben werden, zur Vertraulichkeit verpflichtet ist, unabhängig davon, ob sich diese Verpflichtung aus Rechts- oder Verwaltungsvorschriften, einer Satzung oder einem Vertrag ergibt;
- auf der Grundlage von Insiderinformationen zu empfehlen, oder andere Personen zu verleiten, Energiegroßhandelsprodukte, auf die sich die Information bezieht, zu erwerben oder zu veräußern.

Zusammenfassend ist es gemäß der REMIT verboten: 66

- Energiegroßhandelsprodukte unter Verwendung einer Insiderinformation zu erwerben oder zu veräußern oder allein dies bereits zu versuchen,
- entsprechende Insiderinformationen an unberechtigte Dritte weiterzugeben,
- entsprechende Empfehlungen bezüglich des Erwerbs oder der Veräußerung jener Produkte abzugeben.

Nach der MAD i. V. m. dem WpHG ist es auch verboten, Insiderhandel in darauf bezogenen Wertpapieren zu begehen (etwa Derivate/Terminkontrakte, die an der EEX gehandelt werden). 67

b) Insiderhandel an Derivatemärkten und Spotmärkten, an welchen der Preis am Spotmarkt für das Derivat preisbestimmend (Underlaying) ist

Bis Anfang Juli 2016 war Insiderhandel gem. §§ 12 ff. WpHG i. V. m. § 38 WpHG mit einer Freiheitsstrafe von bis zu fünf Jahren oder einer Geldstrafe bedroht. In bestimmten Fallkonstellationen drohte gem. § 39 68

WpHG ein Bußgeld bis zu 1 Mio. EUR. Ab Juli 2016 ist Insiderhandel gem. Art. 14 MAR i. V. m. § 38 WpHG mit einer Freiheitsstrafe von bis zu fünf, in schweren Fällen bis zu zehn Jahren oder einer Geldstrafe bedroht, in bestimmten Fällen nach § 39 WpHG mit einem Bußgeld. Gleiches gilt in Bezug auf Insiderhandel mit Emissionszertifikaten.

69 Die Definition von Insiderinformationen und Insiderhandel sind mit den Bestimmungen der MAR weitgehend inhaltsgleich. Gleiches gilt für die Verbotsnormen.

70 Nach **Art. 14 MAR** sind **folgende Handlungen verboten:**
- das Tätigen von Insidergeschäften und der Versuch hierzu,
- Dritten zu empfehlen, Insidergeschäfte zu tätigen, oder Dritte anzustiften, Insidergeschäfte zu tätigen, oder
- die unrechtmäßige Offenlegung von Insiderinformationen.

71 Diese Handlungen müssen immer einen Bezug zu Insiderinformationen haben. Diese Informationen sind in Art. 7 MAR bestimmt. Eine **Insiderinformation** in diesem Sinne ist verkürzt ausgedrückt:
- eine präzise Information,
- die nicht öffentlich bekannt ist und
- die im Fall des öffentlichen Bekanntwerdens geeignet wäre, den Preis der betroffenen Wertpapiere erheblich zu beeinflussen.[57]

72 Im Weiteren bestimmt die Regelung, dass bei noch unsicherer Sachlage darauf abzustellen ist, ob vernünftigerweise davon ausgegangen werden kann, dass die Sachlage in Zukunft eintreten wird. Bei gestreckten Sachverhalten, die sich erst entwickeln (etwa Änderungen im Vorstand einer AG), sind die jeweiligen Einzelschritte zu bewerten. Hierdurch wird der Rechtsprechung des EuGH in solchen Fällen (*Lafonta* und *Geltl*) Rechnung getragen.[58]

73 Die Insidergeschäfte sind in Art. 8 MAR bestimmt. Diese sind mit den bisherigen Normen im WpHG weitgehend gleich. **Insidergeschäfte** betreffen:
- Handlungen i. S. v. Geschäften unter Verwendung der Information,
- die Weitergabe von Insiderinformationen und
- die Empfehlung von Insidergeschäften.

74 Neu sind Insiderhandlungen in Bezug auf Emissionsrechte hinzugekommen. Ebenso sind Insiderhandlungen jetzt auch bspw. Stornierungen von Geschäften, die durch die Kenntnis einer Insiderinformation ausgelöst wurden.[59]

---

[57] Vgl. näher Art. 7 MAR.

[58] EuGH, Urt. v. 11.3.2015, Az. C-628/13 – *Lafonta*; EuGH, Urt. v. 28.6.2012, Az. C-19/11 – *Geltl*.

[59] Vgl. näher Art. 8 MAR.

II. Markttransparenz

Insiderhandel und **Marktmanipulation** beeinträchtigen das Vertrauen der Investoren in die Märkte. Ein Mittel, dem vorzubeugen, ist Transparenz. Unverzügliche und angemessene Bekanntgabe von Informationen fördert die Integrität der Märkte. Die selektive Weitergabe von Informationen führt dazu, dass das Vertrauen der Anleger in die Integrität der Finanzmärkte schwindet.[60] 75

1. Ad-hoc-Publizität

In klassischen Wertpapiermärkten wurde das Transparenzgebot der Ad-hoc-Publizität aufgrund der sog. Europäischen **Marktmissbrauchsrichtlinie (MAD I)** in nationales Recht umgesetzt. Europäisch ist dies zwischenzeitlich durch die MAD II angepasst worden. Hinzu kam die europäische Regelung des materiellen Rechts in der MAR. In Deutschland war dies bis Anfang Juli 2016 die Ad-hoc-Pflicht nach dem § 15 WpHG, ab Juli 2016 die Ad-hoc-Pflicht nach Art. 17 MAR i. V. m. § 15 WpHG neu. 76

Die Transparenzerfordernisse in solchen Märkten sind für den Energiegroßhandelsbereich anders geregelt worden, weshalb zunächst die Rechtslage in den klassischen Wertpapiermärkten dargestellt wird. Die Regelung der REMIT (Regulation on wholesale energy market integrity and transparency) lehnt sich weitgehend an die Regeln im Wertpapierbereich an. 77

Verpflichtet zur Ad-hoc-Publizität und Transparenz sind alle Inlandsemittenten, deren Finanzinstrumente im Inland zum Börsenhandel zugelassen sind oder welche die Zulassung beantragt haben. Typischerweise ist der Emittent einer Aktie die Aktiengesellschaft. Ab Juli 2016 betrifft dies auch Emittenten, deren Wertpapiere auf ihr Verlangen an einem MTF (Multilateral Trading Facility) gehandelt werden. Ab Anfang 2018 kommen mit Inkrafttreten der MiFID II voraussichtlich auch Emittenten, die den Handel ihrer Finanzinstrumente in OTF‘s (Organized Trading Facility) wollten, hinzu.[61] 78

Anders verhält es sich bei den an der EEX gehandelten Papieren. Hier stellt die EEX einen Vertrag zur Verfügung, in den Käufer und Verkäufer von Strom eintreten. Dieser Vertrag ist das eigentlich gehandelte Papier. Emittent ist die EEX selbst, die jedoch über keine Insiderinformationen verfügt. 79

Zu veröffentlichen ist jede Insiderinformation, die den Emittenten unmittelbar betrifft. Dies gilt insbesondere dann, wenn die Informationen im Tätigkeitsbereich des Emittenten eingetreten sind. Kein Bezug ist 80

[60] Vgl. näher Erw.gr. 24 der MAD I.
[61] Vgl. MAD II.

bei allgemeinen Marktdaten, wie etwa Leitzinserhöhungen oder Marktstatistiken gegeben. Die **Insiderinformation** ist vereinfacht gesagt, eine solche, die sich bei öffentlichem Bekanntwerden erheblich auf die Preise eines Börsenprodukts auswirkt.

81 Um möglichst viele Anleger zu erreichen, sind zahlreiche **Medien** zu nutzen. Hierzu zählen:
- ein weitverbreitetes elektronisches Informationsverbreitungssystem (Reuters, Bloomberg),
- die Veröffentlichung auf der Webseite des Inlandsemittenten für mindestens einen Monat,
- die europaweite Verbreitung, d. h. die Information muss einem europaweiten Nachrichtenverbreiter angedient werden. Der Emittent muss nicht dafür sorgen, dass die Information auch tatsächlich veröffentlicht wird,
- die Übermittlung an das Unternehmensregister (wird zur Zeit vom Bundesanzeiger Verlag betrieben) und
- die Übersendung des Veröffentlichungsbelegs an die BaFin.

82 In einzelnen Fällen kann es vorkommen, dass der Emittent ein hohes Interesse daran hat, die Verpflichtung zur Veröffentlichung aufzuschieben. Hierzu gibt es die Möglichkeit der **Befreiung** von der **Ad-hoc-Publizitätspflicht** (früher § 15 III WpHG und jetzt die Regelung in Art. 17 Abs. 4 MAR). Über die Befreiung entscheidet der Emittent in der Regel selbst. Ab Anfang Juli 2016 entscheidet die Aufsichtsbehörde, sofern der Ad-hoc-Pflichtige zu den überwachten Instituten zählt (Bank oder Finanzdienstleister) und (kumulativ!) die Finanzstabilität gefährdet ist. In allen anderen Fällen entscheidet der Emittent selbst. Die BaFin als zuständige Aufsichtsbehörde ist in den anderen Fällen später zu informieren und überprüft die Entscheidung im Nachhinein. Jedem Emittenten ist zu raten, keine einsamen Entscheidungen zu fällen, sondern sich mit mehreren Personen zu beraten. Kollegialentscheidungen sind immer besser, als etwa die Einzelentscheidung eines Vorstandsvorsitzenden. Hierbei müssen verschiedene **Voraussetzungen** erfüllt sein:
- Beim Emittenten müssen berechtigte Interessen gegeben sein.
- Die Öffentlichkeit darf nicht irregeführt werden. Dies bedeutet, dass der Emittent vom Grundsatz her während dieses Zeitraums eine No Comment Policy betreiben darf, er darf aber nicht wahrheitswidrig Dementis nach außen geben.
- Schließlich muss noch die Vertraulichkeit der Insiderinformation gewahrt sein. Im Wertpapierhandelsbereich wird der Emittent verpflichtet hierzu Insiderlisten zu führen und die Beteiligten auf die Risiken des Missbrauchs der Information hinzuweisen (§ 15b WpHG).

Berechtigte Interessen sind **als Beispiel** i. d. R. gegeben, wenn 83
- die Veröffentlichung Verhandlungen, etwa bei Zahlungsunfähigkeit, beeinträchtigen würde oder
- die Bekanntgabe der Entscheidungen des Geschäftsführungsorgans (Vorstand) bei mehrstufigen Entscheidungsprozessen die Bewertung durch das Publikum gefährden würde. Der Aufsichtsrat sollte nicht aus der Zeitung erfahren, wozu er zustimmen möge.

Im Bereich des Waren- und Warenterminmarktes greift diese Verpflichtung nicht. Der Emittent – die Börse selbst – verfügt regelmäßig nicht über solche Informationen. Diese liegen möglicherweise bei den Vertragspartnern (den Handelsteilnehmern), meist aber auch erst bei deren Auftraggebern. Hier gilt es andere Wege der Transparenz zu finden. Ein erster Ansatz war die Transparenzinitiative der EEX. Wichtige Marktdaten werden auf der Internetseite der Börse veröffentlicht.[62] 84

Im Wertpapierbereich ist die BaFin die zuständige Behörde bei der Überwachung von Transparenzgeboten, zu denen auch die Ad-hoc-Publizitätspflicht gehört. Im Waren- und Warenterminmarkt für Energiegroßhandelsprodukte ist es die BNetzA.[63] 85

a) Ad-hoc-Pflichten an Spotmärkten

Zunächst gilt es den Begriff der **Insiderinformation an solchen Märkten** zu klären. Abweichend von der Insiderinformationsdefinition in Wertpapiermärkten ist diese in Warenderivatemärkten entsprechend der MAD anders definiert. 86

„In Bezug auf Warenderivate (ausgenommen sind die neuen Regeln nach der REMIT für Energiegroßhandelsprodukte im Bereich Strom und Gas) ist „Insiderinformation“ eine nicht öffentlich bekannte präzise Information, die direkt oder indirekt ein oder mehrere solcher Derivate betrifft und von den Teilnehmern an Märkten, auf denen solche Derivate gehandelt werden, erwartet würde, dass sie diese Information in Übereinstimmung mit der zulässigen Praxis an den betreffenden Märkten erhalten würden.“[64] Die formelle Grundlage für eine Veröffentlichungspflicht solcher Informationen findet sich in der Richtlinie nicht. Für Emittenten von Finanzinstrumenten ist sie jedoch festgelegt.[65] Umgesetzt ist dies seit Juli 2016 im Rahmen der Ad-hoc-Publizitätspflicht in der MAR, früher in § 15 WpHG. 87

[62] Abrufbar unter https://www.eex.com/de (Link: Marktdaten), Stand Abruf: April 2017.

[63] Vgl. näher Rdnr. 118 ff.

[64] Art. 1 Nr. 1 II MAD I.

[65] Vgl. Art. 6 I MAD I.

88 Was eine Insiderinformation in Waren- und Warenderivatemärkten ist, ist schwer zu bestimmen. Die Börse EEX als auch das Bundeswirtschaftsministerium (BMWi) und die BNetzA verfolgten erste Ansätze, solche auch preiserheblichen Umstände zu bestimmen. Zwischenzeitlich hat die BNetzA Merkblätter zu den Themen „Veröffentlichung von Insiderinformationen", „Aufschub der Veröffentlichung von Insiderinformationen", „Ausnahmen vom Insiderhandelsverbot" sowie „Registrierungs- und Datenmeldepflichten" veröffentlicht.[66] Diese helfen auch bei Einhaltung der neuen Transparenzpflichten nach der später näher beleuchteten REMIT.[67]

89 Die **EEX** veröffentlicht im Rahmen einer **Transparenzinitiative**
- aktive Teilnehmer am Spot- und Terminmarkt,
- den durchschnittlichen Umsatzanteil der fünf umsatzstärksten Teilnehmer Kauf und Verkauf am Terminmarkt (pro Teilnehmer), am Terminmarkt zusätzlich getrennt nach Börse und Over the Counter (OTC),[68]
- Anteil der Market Maker am Gesamtumsatz des Terminmarktes.

90 So hat der **Bundeswirtschaftsminister** in einer Pressemitteilung erklärt:
- mit den Stromerzeugern eine Vereinbarung über Transparenz (in erster Linie Kraftwerksdaten) getroffen zu haben und
- eine Vereinbarung mit den einschlägigen Verbänden eine Branchenempfehlung über Transparenz getroffen zu haben, die 2009 Wirkung entfaltet hat.[69] Die EEX veröffentlicht die Ad-hoc-Meldungen nach REMIT auf ihrer Internetseite.[70]

91 Durch die Regelungen der REMIT besteht eine **Ad-hoc-Pflicht im Energiegroßhandelsbereich**. Die REMIT hat hier entsprechend ihrer Zielsetzung einen einheitlichen Mindeststandard an Mitteilungspflichten geschaffen. Anders als im Wertpapierhandelsbereich, bei dem die Emittenten zur Veröffentlichung von Insiderinformationen verpflichtet sind und diese auch besitzen, fehlt im Energiegroßhandelsmarkt ein entsprechender einzelner Kreis von Marktteilnehmern. Es ist also erforderlich den Kreis der Informationsgeber über die Personen der Marktteilnehmer zu erweitern.

---

[66] Die BNetzA hat hierzu auf ihrem REMIT Informationsportal verschiedene Merkblätter veröffentlicht, abrufbar unter http://remit.bundesnetzagentur.de/ (Link: Informationen > Dokumente > Merkblätter), Stand Abruf: April 2017.

[67] Vgl. Rdnr. 91 f.

[68] Deutsch: außerbörslich.

[69] BMWi, Pressemitteilung Minister Glos für mehr Transparenz und Wettbewerb bei Energie, 3.6.2008, abrufbar unter http://www.bmwi.de/DE/ (Link: Presse > Pressemitteilungen > Pressearchiv), Stand Abruf: April 2017.

[70] Vgl. hierzu den Ad-hoc-Ticker der EEX, abrufbar unter http://www.eex-transparency.com/startseite (Link: Ad-hoc-Ticker), Stand Abruf: April 2017.

Die Marktteilnehmer im Energiegroßhandelsmarkt geben Insiderinformationen gem. Art. 4 REMIT in Bezug auf Unternehmen oder Anlagen, die sich im Eigentum des betreffenden Marktteilnehmers befinden oder von diesem kontrolliert werden bzw. für dessen betriebliche Angelegenheiten er verantwortlich ist, ganz oder teilweise bekannt. Hierdurch wird die erforderliche Erweiterung des Insiderkreises erreicht. 92

Eine solche Information kann eine Information sein, die sich auf die Kapazität von Anlagen zur Erzeugung bzw. dem Verbrauch von Strom oder Gas oder deren Übertragung, Fernleitung oder Speicherung bezieht. Beispielhaft könnten hierunter Informationen fallen, die bei Energieerzeugern, Netzbetreibern oder Großabnehmern (z. B. Stahlerzeuger) entstehen. 93

Ein Marktteilnehmer darf die **Bekanntgabe von Insiderinformationen** auf eigene Verantwortung **aufschieben**. Hierzu müssen durch den Marktteilnehmer folgende **Kriterien** erfüllt sein: 94

- bei Bekanntwerden der Information könnte seinen berechtigten Interessen geschadet werden,
- die Unterlassung darf nicht geeignet sein, die Öffentlichkeit irrezuführen,
- er muss in der Lage sein, die Vertraulichkeit der Information zu gewährleisten (Führen von Insiderlisten etc.).[71]

Diese Regeln entsprechen den Befreiungsvoraussetzungen von der Ad-hoc-Publizität nach der MAD I und MAD II/MAR. 95

Weiterhin darf der Marktteilnehmer keine das Energiehandelsprodukt betreffende Handelsentscheidung auf Grundlage dieser Information treffen. 96

Anders als im WpHG muss der Marktteilnehmer die zuständige nationale Aufsichtsbehörde sowie die zuständige Europäische Agentur über den Aufschub der Mitteilung unterrichten. Verstöße gegen diese Transparenzbestimmungen werden gem. § 95 Ic EnWG mit einem Bußgeld geahndet.[72] 97

b) Ad-hoc-Pflichten an Derivatemärkten

An reinen Derivatemärkten richtet sich die Ad-hoc-Pflicht bis Anfang Juli 2016 nach § 15 WpHG. Danach voraussichtlich nach Art. 17 MAR. Diese Norm regelt die Pflicht zur Veröffentlichung von Insiderinformationen. Anders als in der bisherigen Regelung sind dann auch Emittenten in Multilateralen Handelssystemen betroffen, soweit sie dem Handel zugestimmt haben. 98

---

[71] Vgl. näher Art. 4 REMIT.

[72] Vgl. näher: *Hölscher*, in: Britz/Hellermann/Hermes, EnWG, 3. Aufl., § 95.

99 Emittenten sind verpflichtet Insiderinformationen, die sie betreffen, bekannt zu geben.

100 Wie bisher ist eine unverzügliche Veröffentlichung über weit verbreitete elektronische Medien (klassisch Reuters oder Bloomberg) nötig. Hinzu kommen weitere Veröffentlichungsgebote, etwa das Bereithalten auf der Internetseite des Emittenten.

101 Diese Regeln wurden durch Bestimmungen der Europäischen Kommission mittels Verordnungen präzisiert.[73] Diese Regeln traten bis Anfang Juli 2016 in Kraft. Wie bisher auch wird eine Befreiung von der Ad-hoc-Publizitätspflicht möglich sein.

102 Ein Emittent oder ein Teilnehmer am Markt für Emissionszertifikate, kann nach Art. 17 Abs. 4 MAR der Regelung auf eigene Verantwortung die **Offenlegung von Insiderinformationen** für die Öffentlichkeit **aufschieben**, sofern sämtliche nachfolgenden **Bedingungen** erfüllt sind:
- die unverzügliche Offenlegung wäre geeignet, die berechtigten Interessen des Emittenten oder Teilnehmers am Markt für Emissionszertifikate zu beeinträchtigen;
- die Aufschiebung der Offenlegung wäre nicht geeignet, die Öffentlichkeit irrezuführen;
- der Emittent oder Teilnehmer am Markt für Emissionszertifikate kann die Geheimhaltung dieser Informationen sicherstellen.

103 Ein wesentliches Mittel zur Sicherstellung der Geheimhaltung ist das Führen von Insiderlisten gem. Art. 18 MAR. Auch hierzu wird die Europäische Kommission umfangreiche konkretisierende Verordnungen einschließlich Formblatt Vorgaben erlassen.[74]

104 Sowohl ein Verstoß gegen die Regeln der Ad-hoc-Publizitätspflicht als auch zur Pflicht zur Führung von Insiderverzeichnissen sind nach § 39 WpHG (alt und neu) mit einem Bußgeld bedroht. Die Bußgeldhöhen steigen stark an.

c) Gemeinsame Ad-hoc-Pflichten

105 Es kann vorkommen, dass Insiderinformationen sowohl einer Meldepflicht nach REMIT als auch der Meldepflicht nach MAR auslösen. Die Veröffentlichungspflichten beider Regelungen unterscheiden sich jedoch. Während die MAR eine Veröffentlichung über weitverbreitete, elektronische Medien, wie Bloomberg und Reuters verlangt, sieht dies die REMIT nicht vor.[75] Erfüllt eine Insiderinformation sowohl die Kriterien

[73] Vgl. Übersicht der EU Kom. zu den Durchführungsregeln, abrufbar unter http://ec.europa.eu/finance/securities/docs/abuse/its-rts-overview-table_en.pdf, Stand Abruf: Juli 2017.
[74] Vgl. ebenda.
[75] Vgl. zu den gesteigerten Anforderungen der MAR Rdnr. 75 ff.

nach REMIT als auch nach MAR, gilt es beiden Verordnungen gerecht zu werden. Liegt beim selben Sachverhalt auch eine Meldepflicht nach MAR vor, ist zumindest auch der Weg nach MAR einzuhalten. Nach den Erwägungsgründen nach MAR deckt die Meldung dort auch die Voraussetzungen nach REMIT ab, nicht aber umgekehrt.[76] Um dieser schwierigen Situation Herr zu werden, müssen sich die beteiligten Behörden, insbesondere ACER und ESMA, miteinander abstimmen.[77] Besonderheiten sind für Emittenten von Emissionszertifikaten zu berücksichtigen.[78]

2. Meldewesen[79]

106 Im Wertpapierhandelsbereich werden Transaktionsdaten europaweit in einem elektronischen Verfahren (TREM – Transaction Reporting Exchange Mechanism) erfasst. Meldepflichtig sind hierbei die Marktteilnehmer. Ein ähnliches Verfahren wurde auch im Energiegroßhandelsbereich eingeführt.

107 Im Rahmen des Verfahrens für Energiegroßhandelsprodukte müssen Marktteilnehmer der ACER[80] Aufzeichnungen ihrer Transaktionen einschließlich der Kauf- bzw. Verkaufsaufträge mit Energiegroßhandelsprodukten übermitteln (Art. 7 und 8 REMIT).

108 Nach dem Zusammenfall der Lehmann Bank wurde international der Ruf nach einem sicheren Handel mit Derivaten laut. In Folge eines G-20-Beschlusses wurden international die PFMI (Principles for financial Market Infrastructures) erlassen.[81] National bzw. europäisch wurden sie durch die EMIR (European Market Infrastructure Regulation) i. V. m. Normen im WpHG umgesetzt.[82] In den USA war der Dodd-Frank Act die Parallelnorm.[83] Ziel dieser Regelungen ist es für Transparenz und Integrität zur Erhöhung der Stabilität auf den Märkten zu sorgen.

---

[76] Erw.gr. 194 ff. MAR.

[77] Vgl. näher Art. 25 Abs. 3 MAR.

[78] Nach Art. 17 Abs. 3 MAR gehen hier die Bestimmungen nach der Richtlinie 2003/87/EG (EH-RL) vor. Nach Anhang 1 der EH-RL geben die Emittenten Insiderinformationen danach öffentlich, wirksam und rechtzeitig bekannt.

[79] Vgl. im Einzelnen: *Dessau/Fischer*, § 23 in diesem Band.

[80] Vgl. Rdnr. 112 ff.

[81] Principles for financial Market Infrastructures, April 2012, abrufbar unter http://www.bis.org/ (Link: Committees & associations > Committee on Payments and Market Infrastructures > Principles for Financial Market Infrastructures (PFMI)), Stand Abruf: April 2017.

[82] Verordnung (EU) Nr. 648/2012 des Europäischen Parlaments und des Rates v. 4.7.2012 über OTC-Derivate, zentrale Gegenparteien und Transaktionsregister (EMIR), ABl. EU Nr. L 201 v. 27.7.2012, S. 1 ff.

[83] Dodd-Frank Act, abrufbar unter http://www.cftc.gov/index.htm (Link: Law & Regulation > Dodd-Frank Act), Stand Abruf: April 2017.

109 **Transparenz** bedeutet die Meldung von Transaktions- und Produktdaten, auf die die nationalen Aufsichtsbehörden Zugriff haben. **Integrität** bedeutet die Einschaltung von CCPs (Central Counter Parts) bei bestimmten Geschäften, die für die Erfüllung garantieren. Hinzu kommen bilaterale Besicherungspflichten für andere Geschäfte. Ausnahmen in Konzernverbünden sind möglich. Zuständige Behörde hierfür ist die BaFin.

III. Marktüberwachungsbehörden – Überwachung am Handel Beteiligter und vom Handel Betroffener

110 Im Folgenden erfolgt eine Darstellung der Marktüberwachungsbehörden und ihrer Zusammenarbeit im Zusammenhang mit der Überwachung am Handel Beteiligter und vom Handel Betroffener.[84]

111 Der Europäischen Energieagentur (ACER), den nationalen Aufsichtsbehörden und der Europäischen Kommission kommt die maßgebliche Aufgabe zu, gemeinsam abstrakte Rechtsbegriffe zu konkretisieren und technische Normen zu einzelnen Vorschriften – so beispielhaft dem Meldewesen von Transaktionsdaten (nach Art. 7 III UA 2 REMIT) – vorzuschlagen sowie Grundlagen für eine Zusammenarbeit der nationalen Behörden zu schaffen.

112 National arbeiten die BNetzA, die Markttransparenzstelle für Strom und Gas (unter Einbeziehung des BKartA), die BaFin, die Börsenaufsichtsbehörden sowie die Handelsüberwachungsstellen und die Strafverfolgungsbehörden zusammen.[85]

1. Agency for the Cooperation of Energy Regulators (ACER)

113 Im Energiegroßhandelsbereich kommt der Europäischen Agentur ACER eine maßgebliche Rolle zu.[86] Die ACER wurde im März 2011 mit Sitz in Ljubljana in Slowenien gegründet. ACER wurde durch das 3. Energiebinnenmarktpaket ins Leben gerufen und verfolgt die übergeordnete Zielsetzung der Vollendung eines gemeinsamen Europäischen Binnenmarktes. Sie führt neben einigen neu hinzugekommenen Aufgaben die Arbeit der Gruppe der nationalen Regulierungsbehörden für Elektrizität und Gas (EREG), nunmehr mit weiteren Kompetenzen und Befugnissen, im Rahmen des europäischen Agenturmodells fort.

---

[84] Zu den Börsenaufsichtsbehörden – Überwachung des Handelsplatzes „Trading Venue" vgl. Rdnr. 20 ff.

[85] Die gesetzliche Grundlage zu deren Zusammenarbeit ist in den §§ 58a, 58b und 68a EnWG sowie § 6 WpHG (alt und neu) zu finden.

[86] Vgl. im Gegensatz die Rolle der ESMA in diesem Bereich Rdnr. 122 f.

Zu ihren **Hauptaufgaben** zählen: 114
- die Arbeit der nationalen Regulierungsbehörden zu ergänzen bzw. zu koordinieren;
- bei der Erstellung europäischer Netzvorschriften mitzuwirken;
- unter bestimmten Bedingungen verbindliche Einzelentscheidungen zu den Bestimmungen für den Zugang zu grenzübergreifenden Infrastrukturen und deren Betriebssicherheit zu treffen;
- die EU-Organe in Energiefragen zu beraten;
- Entwicklung auf den Energiemärkten zu überwachen und darüber Bericht zu erstatten.

Entscheidungen der Agentur aber auch Arbeitsberichte und diverse Publikationen sind über die Internetseite der Behörde abrufbar.[87]

Gemäß Art. 15 REMIT haben Personen, die beruflich Transaktionen mit Energiegroßhandelsprodukten arrangieren, die Verpflichtung, den begründeten Verdacht eines Verstoßes gegen das Verbot des Insiderhandels oder der Marktmanipulation anzuzeigen. 115

Marktteilnehmer, die Transaktionen nach der REMIT tätigen, die der Agentur zu melden sind, müssen sich gem. Art. 9 REMIT bei der nationalen Regulierungsbehörde registrieren lassen. Die Meldungen selbst erfolgen, anders als im Wertpapierbereich, hingegen direkt bei der ACER. Die ACER hat ein automatisiertes Verfahren zur Meldung über ihre Internetseite eingerichtet.[88] 116

2. Bundesnetzagentur (BNetzA)

Die BNetzA ist eine selbständige Bundesoberbehörde im Geschäftsbereich des BMWi. Sie fördert durch Regulierung den Wettbewerb und gewährleistet einen diskriminierungsfreien Netzzugang. Dies betrifft die Bereiche Elektrizität, Gas, Telekommunikation, Post und Eisenbahnen.[89] 117

Mit der Schaffung der REMIT kam die Aufgabe der Überwachung des Energiegroßhandels für Strom und Gas hinzu. Hierfür hat die BNetzA ein eigenes Informationsportal auf ihrer Internetseite eingerichtet.[90] Zentrale Aufgabe der BNetzA in diesem Bereich ist es, zusammen mit der Markttransparenzstelle für Strom und Gas[91] einen transparenten und 118

---

[87] Vgl. hierzu http://www.acer.europa.eu/, Stand Abruf: April 2017.

[88] Vgl. ACER REMIT Information System (REMIT Portal), abrufbar unter https://www.acer-remit.eu/portal/home, Stand Abruf: April 2017.

[89] Nähere Informationen zu Aufgaben und Organisation der Agentur stellt die BNetzA auf Ihrer Internetseite zur Verfügung (REMIT Informationsportal), abrufbar unter http://www.bundesnetzagentur.de/ (Link: Die Bundesnetzagentur > Über die Agentur), Stand Abruf: April 2017.

[90] Informationsportal der Bundesnetzagentur, abrufbar unter http://remit.bundesnetzagentur.de/REMIT/DE/Home/start.html, Stand Abruf: April 2017.

[91] Vgl. näher Rdnr. 120 f.

fairen Energiegroßhandel zu gewährleisten. Sie überwacht das Verbot von Insiderhandel und Marktmanipulation nach Art. 3 und 5 REMIT.

119 Zu ihren **Hauptaufgaben** zählen:
- Registrierung der Marktteilnehmer (Art. 9 REMIT);
- Verfolgung von Verstößen gegen das Insiderhandelsverbot sowie Marktmanipulationsverbot (Art. 3 und 5 REMIT);
- Überwachung der Veröffentlichungspflicht von Insiderinformationen (Art. 4 REMIT);
- Durchsetzung der Datenmeldepflichten an ACER (Art. 8 REMIT).[92]

3. Markttransparenzstelle für Strom und Gas (unter Einbeziehung des BKartA)

120 In Deutschland gibt es derzeit zwei Markttransparenzstellen. Eine für Kraftstoffe und eine weitere unter dem Dach der BNetzA unter Einbeziehung des BKartA für Strom und Gas (im Folgenden „die Markttransparenzstelle").

121 Hauptaufgabe der Markttransparenzstelle ist die Marktanalyse im Bereich des Strom- und Gasmarktes. Hierdurch schafft sie die Datengrundlage für die Aufdeckung von etwaigen Verstößen nach REMIT, Kartellrecht, WpHG und BörsG. Bei dem Vorliegen eines Anfangsverdachts leitet sie ihre Informationen an die zuständigen Aufsichtsbehörden weiter. Dies ist im Bereich Insiderhandel und Marktmanipulation die BNetzA, soweit die Tat an reinen Spotmärkten begangen wurde, oder die BaFin, soweit sich die Tat auf Finanzmärkte auswirkt. Bei anderen Verstößen sind dies das BKartA oder die Börsenaufsichtsbehörde, im Falle der EEX das Sächsische Staatsministerium für Wirtschaft, Arbeit und Verkehr.

4. European Security and Markets Authority (ESMA)

122 Im Wertpapierhandelsbereich erfolgt die Überwachung des Insiderhandelsverbotes und des Verbotes der Kurs- und Marktmanipulation national. Der europäischen Wertpapieraufsichtsagentur (ESMA), mit Sitz in Paris, kommt hier lediglich eine koordinierende Rolle zu. Insbesondere bei grenzüberschreitenden Taten können hier übergreifende Arbeitsgruppen gebildet werden.

123 In Teilbereichen kann die europäische Behörde verbindliche Standards setzen.[93] Im strafrechtlichen Bereich und bei Transparenzfragen schlägt

---

[92] Nähere Informationen zu Aufgaben und Organisation der BNetzA im Zusammenhang mit der REMIT stellt die Agentur auf ihrem REMIT-Informationsportal zur Verfügung, abrufbar unter http://remit.bundesnetzagentur.de/REMIT/DE/Home/start.html (Link: Informationen > Aufgaben), Stand Abruf: April 2017.

[93] Nähere Informationen zu Aufgaben und Organisation der Agentur stellt die ESMA auf ihrer Internetseite zur Verfügung, abrufbar unter https://www.esma.europa.eu/ (Link: About ESMA > Who we are), Stand Abruf: April 2017.

die ESMA Verordnungen zur Konkretisierung einzelner Vorgaben und unbestimmter Rechtsbegriffe vor. Diese Regelungen traten vor dem 3.7.2016 in Kraft.[94] Die ESMA ist auch die zuständige Stelle zur Verteilung von Handelsdaten im Meldeverfahren nach dem TREM.

5. Bundesanstalt für Finanzdienstleistungsaufsicht (BaFin)

Die BaFin wurde 2002 als Nachfolgeorganisation der Aufsichtsbehörden im Bereich Versicherungsrecht (früher: BAV), der Bankenaufsicht (früher: BAKred) und Wertpapieraufsicht (früher: BaWe) gegründet. Unter anderem ist die Behörde für die Verfolgung von Insiderhandel und Marktmanipulation im Bereich des Finanzmarktes zuständig. Daneben überwacht sie auch die Einhaltung von Transparenzgeboten, wie der Ad-hoc-Publizitätspflicht, d. h. der Veröffentlichung von Insiderinformationen.[95] 124

6. Landesaufsichtsbehörden

Das BörsG überträgt die Aufgabe der Börsenaufsicht den Landesbehörden. Die maßgebliche Börse im Bereich des Energiehandels ist in Deutschland die EEX in Leipzig.[96] Die zuständige Aufsichtsbehörde ist das Sächsische Staatsministerium für Wirtschaft, Arbeit und Verkehr. Zu ihren Aufgaben gehört im Bereich der Überwachung am Handel Beteiligter die Überwachung der zur Teilnahme am Börsenhandel zugelassenen Unternehmen in Zusammenarbeit mit der HÜSt der Börse sowie die Untersuchung von Verstößen gegen börsenrechtliche Vorschriften und Anordnungen. Weiterhin wirkt sie bei der Regelgestaltung und Überprüfung auf Einhaltung der Vorgaben nach dem BörsG – so beispielhaft bei Vergütungsregeln – mit. Ihr Tätigkeitsschwerpunkt liegt jedoch im Bereich der Rechtsaufsicht über die Börse.[97] 125

7. Handelsüberwachungsstellen (HÜSt)

Die Handelsüberwachungsstellen sind nach dem BörsG unabhängige Organe einer öffentlich-rechtlichen Börse. Zu ihren Aufgaben zählt 126

---

[94] Vgl. hierzu ESMA, Final Report, Draft Technical Standards on the Market Abuse Regulation, 28.9.2015, abrufbar unter https://www.esma.europa.eu/ (Link: Databases & Library), Stand Abruf: April 2017.

[95] Nähere Informationen zu Aufgaben und Organisation der Behörde stellt die BaFin auf ihrer Internetseite zur Verfügung, abrufbar unter: http://www.bafin.de/ (Link: Die BaFin), Stand Abruf: April 2017.

[96] Nähere Informationen zu Aufgaben und Organisation des Ministeriums stellt die Sächsische Landesaufsichtsbehörde auf ihrer Internetseite zur Verfügung, abrufbar unter http://www.smwa.sachsen.de/ (Link: Aufgaben & Zuständigkeiten > Börsenaufsichtsbehörde), Stand Abruf: April 2017.

[97] Vgl. näher Rdnr. 21 ff.

insbesondere auch die Aufdeckung von Marktmissbrauch.[98] Hierzu arbeitet die HÜSt der EEX mit der BNetzA und BaFin zusammen.[99]

8. Strafverfolgungsbehörden (Staatsanwaltschaften)

127 Die Staatsanwaltschaften sind in Deutschland für die Verfolgung von Straftaten (abgesehen von Ausnahmeregelungen, so etwa bei Finanzbehörden) berufen. Entsprechend zeigen die BNetzA oder die BaFin den Verdacht von Taten im Bereich des Insiderhandels oder der Marktmanipulation bei den zuständigen Staatsanwaltschaften an. Die Zusammenarbeit zwischen den Behörden ist beispielhaft im Energiebereich in § 68a EnWG geregelt. Danach informiert die Staatsanwaltschaft über die Einleitung solcher Verfahren und gibt der BNetzA im Rahmen des Verfahrens regelmäßig Gelegenheit zur Stellungnahme.

128 Durchsuchungen und Vernehmungen werden bislang auf Grundlage der Strafprozessordnung (StPO)[100] durch die Staatsanwaltschaft durchgeführt. Ab 3.7.2016 traten hier eigene Befugnisse der BaFin hinzu.[101] Im Vorfeld der Erteilung von Anzeigen bei den zuständigen Staatsanwaltschaften untersuchen sowohl die BaFin als auch die BNetzA die Sachverhalte umfassend. Hierzu stehen ihnen schon jetzt umfassende **Auskunftsrechte** sowie **Betretungsrechte** auf Grundlage des WpHG, EnWG und der REMIT zur Verfügung.

129 **Im Wesentlichen umfassen sie das Recht:**
- auf Einsichtnahme in relevante Unterlagen aller Art und Erhalt einer Kopie;
- Auskünfte von jedermann anzufordern, auch von Personen, die an der Übermittlung von Aufträgen oder an der Ausführung der betreffenden Handlungen nacheinander beteiligt sind, sowie von deren Auftraggebern, und, falls notwendig, eine Person vorzuladen und zu vernehmen, Ermittlungen vor Ort durchzuführen;
- bereits existierende Aufzeichnungen von Telefongesprächen und Datenübermittlungen anzufordern;
- die Einstellung von Praktiken zu verlangen, die gegen die Bestimmungen dieser Verordnung oder ihrer delegierten Rechtsakte verstoßen;
- von einem Gericht das Einfrieren oder die Beschlagnahme von Vermögenswerten zu beantragen;

[98] Vgl. näher Rdnr. 30 ff.

[99] Nähere Informationen zu Aufgaben und Organisation der HÜSt der EEX stellt die EEX auf ihrer Internetseite zur Verfügung, abrufbar unter http://www.eex.com/de/ (Link: Über uns > Börse > Handelsüberwachungsstelle (HÜSt)), Stand Abruf: April 2017.

[100] Strafprozeßordnung (StPO) v. 7.4.1987, BGBl. I S. 1074, 1319, zuletzt geändert durch Gesetz v. 23.12.2016, BGBl. I S. 3346.

[101] Grundlage für eigene Befugnisse der BaFin bildet das 1. FiMaNoG.

– ein vorübergehendes Verbot der Ausübung der Berufstätigkeit zu beantragen.

Erfolgt eine Anzeige bei der Staatsanwaltschaft ist diese Leitbehörde. 130
Die Sanktionierung erfolgt in der Regel nach Kriminalstrafrecht. Liegt keine Straftat, sondern eine lediglich mit Bußgeld bewehrte Tat vor, so erfolgt die Sanktionierung durch die BaFin oder BNetzA.

Diese Sanktionen werden durch neues europäisches Recht – bspw. 131
durch das Inkrafttreten der MAR zum 3.7.2016 – erheblich ausgeweitet. Auch Unternehmenssanktionen kommen hinzu. Die Behörden tauschen sich auch international aus, um auch grenzüberschreitend Marktmissbrauch zu verhindern und zu verfolgen.

D. Ausblick

Die neuen europäischen Regelungen versprechen eine verbesserte Sicher- 132
stellung von Marktintegrität, Transparenz und Effektivität im Energiehandelsmarkt. Im Besonderen ist die Präzisierung des Begriffs der „Insiderinformation“ ein gutes Mittel, um Insiderhandel und Marktmanipulation nachhaltig vorzubeugen. Der in der früheren MAD verwandte Begriff der im Kern darauf abstellt, dass dies eine Information ist, die üblicherweise den Marktteilnehmern mitgeteilt wird, genügte dem nicht. Spotmärkte fallen auch durch neue europäische Verordnung zum Marktmissbrauch (MAR) im Wertpapierbereich in den Fokus, soweit diese Produkte Basis für ein entsprechendes Wertpapierderivat sind. Dies erfasst dann auch indirekt den Handel am Spotmarkt für Strom in Paris. Sowohl den Regelungen im Energiebereich als auch denen im Wertpapierbereich ist gemein, dass sie sich auch der neuen technologischen Herausforderungen und Marktrisiken von algorithmischem Handel und Hochfrequenzhandel annehmen. Die Zusammenarbeit zwischen den verschiedenen Behörden – insbesondere durch die Schaffung der Markttransparenzstelle für Strom und Gas – hat sich bewährt.

§ 23 Die Meldepflichten der REMIT

1 Das Ziel der 2011 in Kraft getretenen Verordnung (EU) Nr. 1227/2011 über die Integrität und Transparenz des Energiegroßhandels („REMIT“)[1] ist es, missbräuchliche Praktiken in Gestalt von Insiderhandel und Marktmanipulation auf den Energiegroßhandelsmärkten zu verhindern.

2 Die zentrale Stellung bei der Überwachung übernimmt auf supranationaler Ebene die Agentur für die Zusammenarbeit der Energieregulierungsbehörden (Agency for the Cooperation of Energy Regulators, „ACER“).[2] Um dieser Überwachungsaufgabe nachkommen zu können, gelten Registrierungs- und Meldepflichten,[3] welche seit dem Inkrafttreten der Durchführungsverordnung (EU) Nr. 1348/2014 der Kommission vom 17.12.2014 („REMIT-DVO“)[4] durch alle Marktteilnehmer umzusetzen sind. Die daraus resultierenden Datenmengen[5] ermöglichen es ACER und den nationalen Regulierungsbehörden erst, Marktmissbrauch aufdecken und verfolgen zu können.

A. Die Verpflichtung zur Meldung

3 Gemäß Art. 8 I und V REMIT sind Marktteilnehmer verpflichtet, Transaktions- und Fundamentaldaten an die ACER zu melden. Die REMIT-DVO legt fest, von wem und in welcher Form gemeldet werden muss. Die Ausgestaltung des Inhalts der Meldungen erfolgt untergesetzlich

---

[1] Verordnung (EU) Nr. 1227/2011 des Europäischen Parlaments und des Rates v. 25.10.2011 über die Integrität und Transparenz des Energiegroßhandelsmarkts (Regulation on Wholesale Energy Market Integrity and Transparency – REMIT), ABl. EU Nr. L 326, v. 8.12.2011, S. 1 ff.

[2] Vgl. Art. 1 und 7 REMIT.

[3] Vgl. Art. 8 und 9 REMIT.

[4] Durchführungsverordnung (EU) Nr. 1348/2014 der Kommission v. 17.12.2014 über die Datenmeldung gemäß Artikel 8 Absätze 2 und 6 der Verordnung (EU) Nr. 1227/2011 (REMIT-Durchführungsverordnung – REMIT-DVO), ABl. EU Nr. L 363, v. 18.12.2014.

[5] Laut einer Pressemitteilung der ACER waren es allein im Zeitraum 7.4.2016 bis 1.6.2016 rund 28 Millionen Datensätze über Transaktionen, abrufbar unter http://www.acer.europa.eu (Link: Media > News > Search: REMIT-data-reporting-progressing-well), Stand Abruf: April 2017.

durch das Transaction Reporting User Manual („TRUM") der ACER[6] bzw. einen Q&A-Prozess.[7]

I. Reguläre Meldepflichten bei Lieferung von Strom und Gas in der Union

Grundsätzlich sind gem. Art. 3 I a REMIT-DVO alle Energiegroßhan- 4
delsprodukte im Zusammenhang mit der Lieferung von Strom oder Erdgas in der Union zu melden.

Dies umfasst im Einzelnen im Kurzfristhandel Intraday- bzw. Within- 5
Day-Verträge, Day-ahead-Verträge, Two-days-ahead-Verträge und Wochenend-Verträge. Dazu kommen auch ausdrücklich noch Day-after-Verträge, auch wenn diese nur einen nachträglichen Bilanzkreisabtausch darstellen sollten.

Im Terminmarkt werden alle sonstigen (physischen) Verträge mit ei- 6
ner Lieferfrist von mehr als zwei Tagen sowie Optionen, Futures, Swaps und andere Derivate von Verträgen, die in der Union erzeugten, gehandelten oder gelieferten Strom oder in der Union gefördertes, gehandeltes oder geliefertes Erdgas betreffen.

Da durch diese Definition theoretisch auch jeder Vertrag zur Beliefe- 7
rung eines Haushaltskunden meldepflichtig wäre, werden Verträge über die Lieferung von Strom oder Erdgas an Verbrauchseinheiten[8] abweichend behandelt. Grundsätzlich sollen solche Verträge nicht meldepflichtig sein, es sei denn, es wird eine sehr große Verbrauchseinheit mit der technischen Möglichkeit, mindestens 600 GWh/Jahr verbrauchen zu können, beliefert. In diesem Falle gilt der Käufer der Energie als „auf Augenhöhe" mit dem Lieferanten, sodass der Vertrag als Großhandelsvertrag gewertet werden kann.[9]

Hinsichtlich Energiegroßhandelsprodukten im Zusammenhang mit 8
dem Transport von Strom und Erdgas in der Union sind Transportverträge (physische oder finanzielle Kapazitätsnutzungsrechte) zu melden, die den Transport zwischen zwei oder mehr Standorten oder Gebotszonen bzw. Marktgebieten betreffen und die entweder infolge einer expli-

[6] Abrufbar unter https://www.acer-remit.eu (Link: Documents > Acer_Remit_Reporting_User_Package), Stand Abruf: April 2017.

[7] Abrufbar unter https://www.acer-remit.eu (Link: Documents > Q&A and FAQ on REMIT), Stand Abruf: April 2017.

[8] Der Begriff der Verbrauchseinheit ist in sich größenneutral. Er ist daher nicht zu verwechseln mit dem Verbraucherbegriff des Verbraucherschutzrechts.

[9] Beachtenswert ist, dass der Normgeber durch die Beschränkung in der DVO auf eine Verbrauchseinheit ein Problem gelöst hat, welches die Branche vorher befürchtet hat. Denn die Definition des Energiegroßhandelsprodukts der REMIT in Art. 2 IV umfasst alle Lieferverträge an Endverbraucher, die eine kombinierte Abnahmekapazität von 600 GWh/Jahr aufweisen, vgl. dazu auch *Eufinger/Eufinger*, § 22 in diesem Band .

ziten Zuweisung von Primärkapazitäten durch oder im Namen des Übertragungs- bzw. Fernleitungsnetzbetreibers oder zwischen Marktteilnehmern an Sekundärmärkten geschlossen werden, Art. 3 I b REMIT-DVO. Zudem sind Optionen, Futures, Swaps und andere Derivate von Verträgen, die den Transport von Erdgas oder Strom in der Union betreffen, meldepflichtig.

II. Meldepflichten nur auf Nachfrage

9 Neben den gerade bezeichneten Daten gibt es drei Fallgruppen von Verträgen, die gem. Art. 4 I REMIT-DVO nur auf Nachfrage der ACER zu melden sind: gruppeninterne Verträge (a), Verträge über Regelenergieleistungen in den Bereichen Strom und Erdgas (d) sowie Verträge über die physische Lieferung von Strom bzw. Erdgas, das aus Kleinerzeugungsanlagen stammt (b und c). Die Grenzen hierfür liegen bei 20 MW für Erdgasförderungs- bzw. Gaserzeugungsanlagen und bei 10 MW für Stromproduktionseinheiten.

10 Der Begriff „Produktionseinheit“ bezeichnet eine Anlage zur Stromerzeugung, die aus einer einzelnen Erzeugungseinheit oder aus einem Zusammenschluss mehrerer Erzeugungseinheiten besteht. Damit ist eine Produktionseinheit beispielsweise ein einzelnes Windrad, ebenso wie ein Kraftwerk mit mehreren Turbinen oder ein Windpark mit mehreren Windrädern.

11 Für die Stromerzeugung regelt die REMIT-DVO (abweichend vom Gas) zusätzlich, dass auch nicht eine Kombination mehrerer Produktionseinheiten über 10 MW kommen darf. Dies betrifft z. B. den Fall, dass ein Betreiber über mehrere (räumlich getrennte) Windparks mit Kapazitäten jeweils unter 10 MW verfügt, die über einen gemeinsamen Vertrag vermarktet werden.[10] Nicht meldepflichtig bleiben aber Verträge, soweit ein Marktteilnehmer über mehrere räumlich getrennte Windparks verfügt, die jeweils weniger als 10 MW Leistung aufweisen und durch getrennte Verträge vermarktet werden.

12 Gerade der Bereich der Direktvermarktung von Erneuerbaren Energien in Deutschland ist aber sehr unübersichtlich. Die Rechtsbeziehungen zwischen den Eigentümern von Anlagen, den Betreibern, den Projektierern, den Netzbetreibern und den Direktvermarktern sind oft intransparent oder atypisch. Daher geht die ACER davon aus, dass dann, wenn ein Akteur (sei es als Dienstleister, sei es als Kommissionär) z. B. die Vermarktung eines kompletten Windparks mit einer Gesamtleistung von über 10 MW betreibt, sich dieser Akteur registrieren und

[10] Questions & Answers on REMIT, abrufbar unter https://www.acer-remit.eu (Link: Documents > Q&A and FAQ on REMIT), Stand Abruf: April 2017.

die Vermarktungsverträge melden muss.[11] Damit kommt es nicht darauf an, wer tatsächlich Betreiber der einzelnen Anlagen ist, weil aus der Sicht des Großhandelsmarktes nur der beschriebene Akteur auftrifft.

ACER beabsichtigt, bis mindestens zum 31.12.2017 nicht von ihrem Recht auf Auskunft über diese Verträge Gebrauch zu machen.[12] Uneingeschränkt bestehen die Meldepflichten für alle obengenannten Verträge dann, wenn sie auf dem organisierten Markt geschlossen werden. 13

B. Die Erfüllung der Meldeverpflichtung

Zunächst ist zwischen Standard- und Nicht-Standardverträgen zu unterscheiden, die in Art. 5 I REMIT-DVO unterschiedlich behandelt werden. 14

I. Standardverträge

Ein Standardvertrag bezeichnet einen Vertrag über ein Energiegroßhandelsprodukt, das zum Handel an einem organisierten Markt[13] zugelassen ist, unabhängig davon, ob die Transaktion tatsächlich an diesem Markt stattfindet. 15

Ein Beispiel für einen auf dem organisierten Markt zugelassenen Vertrag ist ein Terminkontrakt über Gas oder Strom. Dabei handelt es sich um ein Energiegroßhandelsprodukt, das auch bilateral oder mittels eines Brokers außerbörslich via eine Central Counterparty (CCP) gehandelt werden kann. Wird dieser Vertrag also außerhalb des organisierten Marktes gehandelt, handelt es sich nichtsdestotrotz um einen Standardvertrag mit der Konsequenz, dass in gleicher Weise Meldepflichten bestehen. ACER veröffentlicht eine Liste aller Standardverträge im Internet.[14] Bei der Meldung eines Standardvertrages über die Versorgung mit Strom oder Erdgas sind alle in Tabelle 1 des Anhangs der REMIT-DVO genannten Informationen zu übermitteln.[15] 16

Standardverträge sind spätestens am folgenden Werktag zu melden, Art. 7 I REMIT-DVO.

---

[11] Questions & Answers on REMIT, abrufbar unter https://www.acer-remit.eu (Link: Documents > Q&A and FAQ on REMIT), Stand Abruf: April 2017.

[12] Vgl. No-action letter der ACER, abrufbar unter https://www.acer-remit.eu (Link: Documents > ACER Staff Letters), Stand Abruf: April 2017.

[13] Gemeint sind damit Strom- und Gasbörsen und Handelsplätze gem. Art. 4 der Richtlinie 2014/65/EU des Europäischen Parlaments und des Rates über Märkte für Finanzinstrumente sowie zur Änderung der Richtlinien 2002/92/EG und 2011/61/EU, ABl EU Nr. L 173, v. 12.6.2014, S. 349 ff. sowie Makler und andere Personen, die Transaktionen beruflich arrangieren, vgl. *Eufinger/Eufinger*, § 22 in diesem Band.

[14] Abrufbar unter https://www.acer-remit.eu (Link: List of Standard Contracts), Stand Abruf: April 2017.

[15] Vgl. REMIT-DVO, S. 11 ff.

II. Nicht-Standardverträge

17 Ein Nicht-Standardvertrag bezeichnet jeden Vertrag über ein Energiegroßhandelsprodukt, der nicht Standardvertrag ist. Bei Meldung eines Nicht-Standardvertrages über die Versorgung mit Strom/Erdgas sind alle in Tabelle 2 des Anhangs der REMIT-DVO genannten Informationen zu melden.[16] Bei der Meldung eines Nicht-Standardvertrages über den Transport von Strom bzw. Erdgas sind alle in Tabelle 3 bzw. Tabelle 4 genannten Informationen zu übermitteln.[17] Diese Art von Verträgen ist gem. Art. 7 IV REMIT-DVO innerhalb eines Monats zu melden.

18 Auch die Ausführungen eines Nicht-Standardvertrags sind zu melden, sobald ein klar definierter Preis und eine klar definierte Menge spezifiziert wurden, Art. 5 I REMIT-DVO. Bei der Meldung dieser Ausführungen sind alle Einzelheiten gem. Tabelle 1 zu übermitteln. Ein einfaches, aber typisches Beispiel ist die Vollversorgung eines kleineren Versorgers durch einen Vorlieferanten. Der Vertragsschluss selbst ist nach Tabelle 2 innerhalb eines Monats zu melden. Eine monatliche Abrechnung unterstellt, wäre die Lieferung für den ersten Monat des Lieferzeitraums dann zu melden, wenn der Verbrauch feststeht (also gemessen wurde). Zur Vereinfachung unterstellt ACER, dass Preis und Menge jedenfalls dann feststehen, wenn eine Rechnung erstellt wird. Ab diesem Zeitpunkt läuft wiederum eine Frist von einem Monat für die Ausführungsmeldung, die aber nach Tabelle 1 zu erfolgen hat.

III. Übersicht

Tabelle 23.1: Meldefristen und zu meldende Informationen bei Standardverträgen und Nicht-Standardverträgen

Vertragsart	Zu meldende Informationen (gemäß Tabellen im Anhang der REMIT-DVO)	Meldefrist
Standardvertrag über die Versorgung mit Strom oder Erdgas	Tabelle 1	1 Arbeitstag
Nicht-Standardvertrag über die Versorgung mit Strom oder Erdgas	Tabelle 2	1 Monat
Nicht-Standardvertrag über den Transport von Strom	Tabelle 3	1 Monat
Nicht-Standardvertrag über den Transport von Erdgas	Tabelle 4	1 Monat
Ausführungen eines Nicht-Standardvertrags, bei dem mindestens ein klar definierter Preis und eine klar definierte Menge spezifiziert wurden	Tabelle 1	1 Monat

[16] Vgl. REMIT-DVO, S. 14 ff.
[17] Vgl. REMIT-DVO, S. 17 ff.

C. Qualifikation zur Meldung

Die zu meldenden Daten müssen durch den Marktteilnehmer selbst oder durch eine andere natürliche oder juristische Person (z. B. Meldesysteme, organisierte Marktplätze, Transaktionsregister oder die Europäische Wertpapier- und Marktaufsichtsbehörde „ESMA") an ACER gemeldet werden, Art. 8 IV REMIT. Marktteilnehmer, andere berichterstattende Stellen oder für sie berichterstattende Dritte sind verpflichtet sicherzustellen, dass die vorgelegten Transaktionsberichte umfassend und korrekt sind. 19

Der Meldeablauf soll möglichst zentralisiert sein und wird durch Art. 6 I REMIT-DVO konkretisiert. Für die auf organisierten Marktplätzen abgeschlossenen Transaktionen (und hier auch die Orders!) sollen die Marktplätze selbst die Meldung organisieren und dafür den Marktteilnehmern entsprechende Datenmeldevereinbarungen („Data Reporting Agreements") anbieten. Eine Liste der organisierten Marktplätze führt die ACER.[18] Für alle übrigen Transaktionen sind die Marktteilnehmer zuständig. 20

In der Praxis müssen deshalb alle meldepflichtigen Marktteilnehmer sich entweder selbst bei ACER als sog. Registered Reporting Mechanism („RRM") qualifizieren oder einen qualifizierten RRM als Dienstleister beauftragen. Letzteres ist der Regelfall. Per Definition der ACER ist ein RRM eine Person, die die technischen und organisatorischen Anforderungen für Datenmeldungen erfüllt und die bei der ACER zur Erbringung dieser Dienstleistung registriert ist. Welche genauen Voraussetzungen erfüllt sein müssen, gibt die ACER in den RRM-Requirements vor.[19] Die Umsetzung der Vorgaben ist nicht trivial, weshalb viele Marktteilnehmer von einer eigenen Qualifikation Abstand genommen haben. Im ersten Schritt wurden vor allem organisierte Marktplätze und IT-Dienstleister qualifiziert, sehr große und/oder spezialisierte Teilnehmer folgten.[20] 21

Eine Besonderheit besteht in Bezug auf Energiegroßhandelsprodukte, 22
die bereits auf Grundlage der MiFIR und der EMIR meldepflichtig

[18] ACER List of organised market places, abrufbar unter https://www.acer-remit.eu (Link: List of Organised Market Places), Stand Abruf: April 2017.

[19] Requirements for the registration of Registered Reporting Mechanism, abrufbar unter https://www.acer-remit.eu (Link: Documents > REMIT Reporting User Package), Stand Abruf: April 2017.

[20] Zum Zeitpunkt des Redaktionsschlusses waren 111 RRMs zugelassen, abrufbar unter https://www.acer-remit.eu (Link: List of Registered Reporting Mechanisms (RRMs)), Stand Abruf: April 2017.

sind.[21] Die ACER erhält in diesem Fall die Daten durch die Transaktionsregister, die genehmigten Meldemechanismen oder die ESMA.[22]

D. Registrierungspflicht

23 Damit die zu meldenden Datensätze eindeutig zugeordnet werden können, besteht für alle Marktteilnehmer, die meldepflichtige Verträge schließen, zusätzlich (bzw. vorausgehend) eine Registrierungspflicht, Art. 9 REMIT. Die Registrierung ist über den nationalen Regulierer (in Deutschland: Bundesnetzagentur) vorzunehmen, der die Daten an ACER weiterreicht oder direkt das System der ACER („CEREMP") nutzt.

24 Es gilt der Grundsatz, dass alle Marktteilnehmer, die meldepflichtige Verträge abschließen, sich registrieren müssen. Das umfasst auch die Verträge, die nur auf Nachfrage zu melden sind.[23] Das bedeutet, dass auch Marktteilnehmer, die ausschließlich gruppeninterne Verträge oder Verträge über Regelenergieleistungen in den Bereichen Strom und Erdgas abschließen, sich registrieren müssen, selbst wenn sie derzeit keine Meldungen abzugeben haben.

25 Von diesem Grundsatz macht Art. 4 II REMIT-DVO eine Ausnahme für Marktteilnehmer, die ausschließlich Verträge über die physische Lieferung von Strom bzw. Gas aus Erzeugungs- und Förderanlagen mit einer Kapazität von höchstens 10 MW im Strombereich bzw. höchstens 20 MW im Gasbereich abschließen, soweit diese nicht an organisierten Marktplätzen geschlossen werden. Diese Kleinerzeuger sollen von den bürokratischen Mühen der Meldung verschont bleiben, sodass ihnen auch ausdrücklich die Registrierung erlassen wird.

26 Nur klarstellend sei hier nochmal darauf hingewiesen, dass Endverbraucher nur zur Registrierung verpflichtet sind, wenn sie Verträge über die Lieferung von Strom oder Erdgas an eine einzelne Verbrauchseinheit mit der technischen Möglichkeit mindestens 600 GWh/Jahr zu verbrauchen, abgeschlossen haben, da nur diese meldepflichtig sind.

E. Sanktionen bei Meldeverstößen

27 Ein fahrlässiger oder vorsätzlicher Verstoß gegen die Registrierungspflicht stellt gem. § 95 Id 1. EnWG eine Ordnungswidrigkeit dar, welche mit einem Bußgeld von bis zu 100.000,00 EUR geahndet wird, vgl. § 95 II EnWG. Auch ein Verstoß gegen die Meldepflichten stellt eine

[21] Vgl. Art. 8 III REMIT i. V. m. Art. 6 V und VI REMIT-DVO.
[22] Vgl. Art. 6 IV REMIT-DVO.
[23] Vgl. Rdnr. 9 ff.

Ordnungswidrigkeit dar. Unterlässt es ein Marktteilnehmer vorsätzlich oder fahrlässig eine nach REMIT i. V. m. REMIT-DVO meldepflichtige Transaktion zu übermitteln, oder tut er dies nicht richtig, vollständig oder rechtzeitig, begeht er dadurch eine Ordnungswidrigkeit, die gem. § 95 II EnWG mit 10.000,00 EUR geahndet werden kann.

Die BNetzA ist gem. § 65 VI EnWG und § 56 EnWG i. V. m. Art. 13 28
REMIT mit behördlichen Untersuchungs- und Durchsetzungsbefugnissen ausgestattet und kann gem. § 68 EnWG die notwendigen Ermittlungen führen, um einen Verstoß gegen die REMIT festzustellen.

Kapitel 5. Vertragsgestaltung

§ 24 Standardrahmenverträge

A. Einleitung

1 Standardrahmenverträge sind aus dem heutigen Energiehandel nicht mehr wegzudenken. Während anfangs der Handel – sowohl physisch als auch finanziell[1] – auf der Basis individueller Vereinbarungen erfolgte, erhöhte sich mit der Marktliberalisierung die Nachfrage nach einer standardisierten Vertragsgrundlage. Der Handel zwischen Parteien, die wiederholt oder mehrfach tätig werden wollen, weckte den Wunsch nach einer schnellen, einheitlichen, transparenten und unkomplizierten Geschäftsabwicklung. Dies war durch die bis dahin zwischen den Marktteilnehmern genutzten individuell ausgestalteten Handelsverträge nicht möglich. Nicht nur, dass diese jeweils nur ein Geschäft abdeckten und inhaltlich differierten, waren sie doch darüber hinaus mit einem erheblichen Prüfungs-, Verhandlungs- und Kostenaufwand verbunden. Zeitsensibilität, aber auch die Internationalisierung des Handels verlangten nach rechtlichen Rahmenbedingungen, die die zugrundeliegenden Ausführungsgeschäfte mit einer geeigneten Vertragsgrundlage abdeckten. Um dem Rechnung zu tragen, haben sich sowohl für den physischen als auch den finanziellen Handel Standardrahmenverträge etabliert,[2] auf deren Grundlage Einzeltransaktionen vereinbart werden können.

2 Mit einem solchen – einheitlich und gern als Muster ausgestalteten – Vertragswerk sollte einerseits der Kauf und Verkauf verschiedener Commodities auf dem Energiegroßhandelsmarkt erleichtert und andererseits die Liquidität des Marktes erhöht werden. Diese Verträge, die direkt zwischen zwei Handelspartnern geschlossen werden, werden typischerweise als „**Handelsrahmenverträge**" bezeichnet.

---

[1] Während beim physischen Handel Strom bzw. Gas gegen Bezahlung des vereinbarten Preises geliefert wird, kommt es beim finanziellen Handel nur zu einer Geldzahlung, vgl. zur Abgrenzung *Fried*, in: Schwintowski, Handbuch Energiehandel, 3. Aufl., B. Rdnr. 334 ff.

[2] Vgl. zur Entstehungsgeschichte von Standardrahmenverträgen für den Handel mit Energie *Varholy/Fuhr*, in: Zenke/Schäfer, Energiehandel in Europa, 2. Aufl., § 28 Rdnr. 3 ff.; *Liesenhoff*, in: Horstmann/Cieslarczyk, Energiehandel, Kap. 10 Rdnr. 1 ff.

3 Für den Derivatehandel ist vor allem das International Swaps and Derivatives Association (**ISDA**) **Master Agreement**[3] bekannt, das sein deutsches Pendant im **Rahmenvertrag für Finanztermingeschäfte**[4] gefunden hat. Auf Basis des ISDA Master Agreements sind von der European Federation of Energy Traders (**EFET**) standardisierte Verträge für den Strom- und Gashandel entwickelt worden.[5] Die Verbindung mehrerer zwischen zwei Parteien bestehender Rahmenverträge ist mit dem Cross Product Master Agreement (**CPMA**)[6] möglich, das bislang allerdings im Energiehandel nur wenig zum Einsatz kommt.[7] Daneben existieren auch weiterhin Individualvereinbarungen, die sich aber oft an den Regelungen der standardisierten Rahmenverträge orientieren.

B. Überblick über die Standardrahmenverträge

I. ISDA Master Agreement

4 Der „älteste" und wohl am weitesten verbreitete Standardrahmenvertrag für den finanziellen Handel[8] ist das 1992 veröffentlichte und im Jahre 2000 überarbeitete **„Master Agreement der International Swaps and Derivatives Association"**[9] der ISDA, einer Interessenvereinigung mit dem Ziel, den Handel mit Derivaten zu unterstützen.[10] Ursprünglich nur für Transaktionen aus dem Finanzbereich konzipiert, ist das ISDA Master Agreement immer stärker auch für finanziell und physisch abgewickelte Warengeschäfte ausgestaltet[11] und um verschiedene Zusatzverträge erweitert worden. Mittlerweile handelt es sich bei dem ISDA Master Agreement um einen weltweit akzeptierten Vertragsstandard.

---

[3] Allgemein zur ISDA sowie zum Vertragswerk siehe unter http://www.isda.org/, Stand Abruf: April 2017.

[4] Zum Rahmenvertrag für Finanzdienstleistungen einschließlich weiterer Anhänge siehe unter http://www.bankenverband.de/ (Link: Services > Muster > Rahmenverträge für Finanzgeschäfte), Stand Abruf: April 2017.

[5] Informationen zur Organisation sowie zu den Vertragswerken sind abrufbar unter http://www.efet.org/, Stand Abruf: April 2017. Die Rahmenverträge einschließlich Anpassungsvereinbarung und Anlagen sind abrufbar unter http://www.efet.org/ (Link: Standardisation > Legal – EFET Standard Contracts and Documenation), Stand Abruf: April 2017.

[6] Der CPMA ist abrufbar unter http://www.sifma.org/ (Link: Services > Standard Forms and Documentation > Cross Product), Stand Abruf: April 2017.

[7] *Dessau/Meyer*, ZfK 11/2009, 25.

[8] *Fried*, in: Schwintowski, Handbuch Energiehandel, 3. Aufl., B. Rdnr. 353 ff.

[9] Das ISDA Master Agreement und die Anhänge sind abrufbar unter http://www2.isda.org/ (Link: ISDA Bookstore > ISDA Master Agreement), Stand Abruf: April 2017.

[10] Zu den Derivaten vgl. schon *Eufinger/Eufinger*, § 22 in diesem Band.

[11] *Fried*, in: Schwintowski, Handbuch Energiehandel, 3. Aufl., B. Rdnr. 353 ff.

Das ISDA Master Agreement ist in englischer Sprache gefasst und unterliegt standardmäßig dem englischen Recht oder dem Recht des Staates New York. Aus diesem Grunde wird es von vielen deutschen Unternehmen abgelehnt und stattdessen unter den EFET-Rahmenverträgen gehandelt. 5

Das ISDA Master Agreement folgt einem mehrstufigen Aufbau: Es besteht zunächst aus einem Rahmenvertrag (**Master Agreement**), der ohne Bezüge auf spezifische Produkte die allgemeinen Regelungen (Vertragspflichten, Kündigungsregelungen und Rechtsfolgen der Kündigung, Abtretungsregelungen usw.) enthält. Dies ermöglicht es den Parteien, den Vertrag für eine Vielzahl verschiedener Produkte, z. B. Energiederivate oder Transaktionen über physische Energielieferungen, einzusetzen. Die individuellen Ergänzungen und Änderungen durch die Vertragsparteien erfolgen in der Anpassungsvereinbarung (**Schedule**). Hier können die Parteien auch vereinbaren, welche Produkte unter den Rahmenvertrag fallen sollen. Der Abschluss des eigentlichen Geschäftes erfolgt unter einem Einzelvertrag (**Confirmation**). 6

Das ISDA Master Agreement verfolgt das **Single-Agreement-Konzept**, d. h. Master Agreement, Schedule und alle Confirmations bilden zusammen eine rechtliche Einheit. Dies gilt auch, wenn unterschiedliche Produkte unter dem Vertrag gehandelt werden sollen.[12] Hiermit wird gewährleistet, dass alle Einzelverträge und das Master Agreement gleichbehandelt und damit bei einer Vertragsbeendigung sämtliche Elemente des Vertragswerkes aufgehoben werden; zudem bietet es Insolvenzschutz. Sofern also die Erfüllung des Vertragszweckes gefährdet ist, kann das Master Agreement mit allen Einzelverträgen vorzeitig beendet und die offenen Positionen aus den bis dahin noch nicht vollständig erfüllten Einzelgeschäften zu einer Ausgleichsforderung miteinander verrechnet werden, sog. **Liquidations-Netting.**[13] Hierbei kann die Vertragsbeendigung einheitlich entweder durch Kündigung oder – sofern im Schedule vereinbart – durch automatische Vertragsbeendigung erfolgen.[14] 7

Eine wichtige Ergänzung zum ISDA Master Agreement sind die Definitionenkataloge für Warengeschäfte (**Commodity Definitions**). Auf 8

---

[12] *Sommer*, in: Horstmann/Cieslarczyk, Energiehandel, Kap. 12 Rdnr. 15.

[13] Grundsätzlich wird unterschieden zwischen dem Payment Netting (auch Zahlungs- oder finanzielles Netting), dem Netting by Novation (auch Novations-Netting) und dem Close-out Netting (auch Liquidations-Netting). Vertieft hierzu *Zenke/Pisani*, ET 2002, 851 ff.; *Fuhr/Varholy*, in: Zenke/Schäfer, Energiehandel in Europa, 2. Aufl., § 24 Rdnr. 1 ff.; *Weinert/Fuhr*, in: Zenke/Schäfer, Energiehandel in Europa, 2. Aufl., § 21 Rdnr. 54 ff.

[14] Zu den Beendigungsgründen vgl. *Zenke/Dessau*, in: Schneider/Theobald, HBEnWR, 4. Aufl., § 13 Rdnr. 140; *Sommer*, in: Horstmann/Cieslarczyk, Energiehandel, Kap. 12 Rdnr. 26 ff.

diese können die Vertragsparteien im Schedule oder im jeweiligen Einzelvertrag ganz oder teilweise Bezug nehmen. Für den Warenterminhandel sind vor allem die 1993 ISDA Commodity Derivatives Definitions mit den 2000 Supplements und die diese ersetzenden 2005 ISDA Commodity Definitions maßgeblich. Diese beinhalten ergänzende, auf den europäischen Waren- und Terminmarkt bezogene Definitionen[15] sowie Musterbestätigungen (Confirmations) für den Abschluss von Einzeltransaktionen.[16]

9 Zusätzlich kann zum ISDA Master Agreement eine Sicherheitenvereinbarung (**Credit Support Annex**) zur Besicherung der Forderungen unter dem Master Agreement geschlossen werden. Der Credit Support Annex basiert auf dem Gedanken eines **Cash Marginings**, d. h. der Vertragspartner, zu dessen Ungunsten sich der Marktpreis entwickelt, hat dem anderen Vertragspartner einen Betrag zu zahlen, der dem aktuellen Risiko abzüglich vorher vereinbarter Werte entspricht. Damit dient der Credit Support Annex letztlich dazu, das jeweils aktuelle Ausfallrisiko (Exposure, Credit Support Amount) der Vertragsparteien abzusichern. Die Pflicht zur Leistung von Sicherheiten entsteht unter dem Credit Support Annex – anders als dies im EFET in § 17 vorgesehen ist[17] – nicht erst durch Verschlechterung der Bonität oder der bereits gestellten Sicherheiten durch den Vertragspartner, sondern bei Abschluss der vertraglichen Vereinbarung, also wenn ein Wiedereindeckungsrisiko für eine der Parteien entstanden ist.

II. EFET-Rahmenverträge

10 Das auf dem ISDA Master Agreement basierende **EFET General Agreement Concerning the Delivery and Acceptance of Electricity** (im Folgenden **EFET Strom**) ist mittlerweile das am weitesten verbreitete Standardvertragswerk im Großhandel mit Strom. Eine erste Fassung dieses Rahmenvertrages wurde im Februar 2000 von der EFET, einem Zusammenschluss von über 100 Energiehandelsunternehmen aus 27 europäischen Staaten,[18] veröffentlicht. Diese wurde noch im Dezember 2000 durch die grundlegend umgestaltete Version 2.1 abgelöst, zuletzt im Juli

[15] *Fried*, in: Schwintowski, Handbuch Energiehandel, 3. Aufl., B. Rdnr. 353.

[16] Die Musterbestätigungen setzen sich aus einem für alle Transaktionen verwendbaren Standardmusterbegleitschreiben (Exhibit I) sowie einem entsprechend der jeweiligen Transaktion ergänzenden Musterzusatz (Additional Provisions), z. B. für Rohstoff-Swaps, Rohstoff-Optionen, Rohstoff-Caps, Floors oder Collars, zusammen.

[17] Vgl. hierzu unten Rdnr. 41 f.

[18] Siehe hierzu http://www.efet.org/, Stand Abruf: April 2017.

2007 in steuerlicher Hinsicht aktualisiert[19] und findet seitdem in der Version 2.1(a)[20] Anwendung.

Angelehnt an den Strom-EFET veröffentlichte EFET für den Gashandel im Dezember 2001 das **EFET General Agreement Concerning the Delivery and Acceptance of Natural Gas** (im Folgenden **EFET Gas**). Nach Überarbeitungen und Aktualisierungen ist die im Mai 2007 veröffentlichte Version 2.0(a)[21] das Vertragsmuster für den physischen Handel mit Gas. Die Abweichungen zum EFET Strom beruhen vor allem auf den Unterschieden der Produkte Strom und Gas[22] und resultieren aus den praktischen Erfahrungen der Marktteilnehmer aus der Verwendung des Rahmenvertrages für Strom.[23] 11

Das in englischer Sprache abgefasste und dem deutschen Recht[24] unterliegende Vertragswerk ist für eine mindestens europaweite Anwendung entwickelt worden. Daher sind die Regelungen so abstrakt gehalten, dass der Handel unter dem Rahmenvertrag an jedem beliebigen Lieferort in Europa möglich ist. 12

Die EFET-Verträge sind als Rahmenverträge konzipiert und folgen – wie der ISDA-Vertrag – einem mehrstufigen Aufbau: Sie bestehen aus einem standardisierten, nicht abänderbaren Hauptvertragsteil (**General Agreement**) und einer dazu gehörenden Anpassungsvereinbarung (**Election Sheet**) sowie weiteren Anhängen, wie z. B. für den Handel mit 13

---

[19] Eine letzte Anpassung in Bezug auf steuerliche Neuerungen erfolgte am 3.11.2015 in Bezug auf das Reverse Charge Verfahren. Diese sind abrufbar unter http://www.efet.org/ (Link: Standardisation > Legal – EFET Standard Contracts and Documenation > Electricity & Electricity Annexes bzw. Standardisation > Legal – EFET Standard Contracts and Documenation > Gas & Gas Annexes), Stand Abruf: April 2017.

[20] Der Vertragstext ist einschließlich Anlagen abrufbar unter http://www.efet.org/ (Link: Standardisation > Legal – EFET Standard Contracts and Documenation > Electricity & Electricity Annexes), Stand Abruf: April 2017. Eine deutsche, lediglich als Arbeitsversion dienende Fassung ist abrufbar unter http://www.efet.org/ (Link: Standardisation > Legal – EFET Standard Contracts and Documenation > Translations), Stand Abruf: April 2017.

[21] Der Vertragstext ist einschließlich Anlagen abrufbar unter http://www.efet.org/ (Link: Standardisation > Legal – EFET Standard Contracts and Documenation > Gas & Gas Annexes), Stand Abruf: April 2017.

[22] Die Abweichungen zum EFET Strom betreffen insbesondere die Regelungen zur Lieferung und Abnahme von Gas, zum Transport und zur Messung sowie zur Schlechtleistung bei Lieferung von Off-Spec-Gas.

[23] *Zenke/Dessau*, in: Schneider/Theobald, HBEnWR, 4. Aufl., § 13 Rdnr. 144.

[24] Während der EFET Strom die Vertragsbeziehung standardmäßig der deutschen Rechtsordnung unterstellt, sieht der EFET Gas die deutsche Rechtsordnung nur als Option vor, vgl. *Zenke/Fischer*, Publicus 5/2013, 9 ff. Teilweise wünschen nichtdeutsche Parteien andere Rechtsordnungen oder sogar die Anwendung des internationalen Privatrechts.

Emissionsberechtigungen,[25] besonderen Bestimmungen für bestimmte Handelspunkte[26] oder einem Credit Support Annex,[27] und schließlich der Bestätigung (**Confirmation**).

14 Während der Rahmenvertrag generell die wesentlichen, dauerhaft geltenden Bedingungen der Handelsbeziehung (Vertragsgegenstand, Leistungspflichten, Kündigungsrechte usw.) vorgibt, können die Parteien in der Anpassungsvereinbarung entsprechende individuelle Änderungen bzw. Ergänzungen zu dem Vertragstext des Hauptteils vornehmen.[28] Auf diese Weise können sie eine ihren Bedürfnissen und Wünschen und der individuellen Handelsbeziehung entsprechende Vertragsgrundlage schaffen. Der eigentliche Abschluss findet für die jeweiligen Einzeltransaktionen allerdings durch Einzelverträge statt. Da sämtliche konfliktträchtigen Abreden zwischen den Handelsparteien bereits vorab verbindlich im General Agreement und im Election Sheet geregelt worden sind, beschränken sich die Einzelverträge nur noch auf die wesentlichen Elemente der Transaktion, nämlich auf das zu liefernde Produkt, die Liefer-

[25] Der Handel mit Emissionsberechtigungen unter dem EFET ist durch Abschluss des Allowances Appendix (AA) möglich. Der Vertragstext ist abrufbar unter http://www.efet.org/ (Link: Standardisation > Legal – EFET Standard Contracts and Documenation > Appendices & annexes > CO2 (Allowances), Stand Abruf: April 2017. Der AA enthält Regelungen, mit denen die Vorschriften im EFET Strom auf den Emissionshandel angepasst werden.

[26] Insbesondere der EFET Gas ist seit 2003 durch Hub-spezifische Anhänge ergänzt worden, z. B. für den Handel am niederländischen TTF-Hub (Title Transfer Facility-Hub) oder im Gaspool-Marktgebiet. Die Anhänge sind abrufbar unter http://www.efet.org/ (Link: Standardisation > Legal – EFET Standard Contracts and Documenation > Gas & Gas Annexes), Stand Abruf: April 2017. Bei den Hub-spezifischen Anhängen soll der Einsatz des EFET an verschiedenen Hubs ermöglicht werden. Hierbei sind grundsätzlich zwei Gruppen von Anhängen zu unterscheiden: Einerseits die Anhänge, die die Übertragung von Gasmengen an verschiedenen virtuellen Handelspunkten in Europa ermöglichen, und andererseits die Anhänge zum Handel von Transportkapazitäten. Da der EFET-Rahmenvertrag so abstrakt formuliert ist, dass er praktisch an jedem Lieferort ausgewogene Regelungen für den Kauf und Verkauf zur Verfügung stellt und damit die meisten Sachverhalte des Handels abdeckt, ist der Abschluss solcher Hub-spezifischen Anhänge nicht zwingend notwendig. Aber gerade Unternehmen, die nur an einem Hub aktiv sind, wünschen häufig den Abschluss eines Appendix mit den Begrifflichkeiten, die den Hub-Zugangsregeln entsprechen. Tatsächlich werden in den Anhängen oftmals lediglich mit anderen Worten dieselben Sachverhalte geregelt wie im EFET-Rahmenvertrag. Durch den Abschluss eines solchen Anhanges wird also letztlich nur die Auslegung erschwert und der Prüfungsaufwand erhöht (vgl. hierzu auch *Liesenhoff*, in: Horstmann/Cieslarczyk, Energiehandel, Kap. 10 Rdnr. 6).

[27] Der Text des Credit Support Annexes ist abrufbar unter http://www.efet.org/ (Link: Standardisation > Legal – EFET Standard Contracts and Documenation > Appendices & annexes > Credit Support Annex), Stand Abruf: April 2017. Zum Credit Support Annex *Fried*, in: Schwintowski, Handbuch Energiehandel, 3. Aufl., B. Rdnr. 361 f.

[28] Hierzu ausführlich unter Rdnr. 28 ff.

menge, den Preis und den Lieferzeitpunkt. Es werden also nur noch die Eckdaten der Transaktion ohne weitere juristische Verhandlung direkt zwischen den Händlern bestätigt. Formulare für solche Bestätigungen (Confirmation) sind dem EFET Strom und Gas als Anlagen beigefügt. Insoweit gehen die Rahmenverträge davon aus, dass diese regelmäßig formfrei, d. h. mündlich, telefonisch, per Fax oder E-Mail zwischen den Handelspartnern zustande kommen.

Die EFET-Verträge sind als Dauerschuldverhältnis angelegt, d. h. auf eine langfristige Geschäftsbeziehung zwischen zwei Parteien, und gelten für die wechselseitigen Lieferungen beider Parteien, wobei jede Partei als Käufer oder Verkäufer auftreten kann. Daher fehlt eine entsprechende Festlegung der schuldrechtlichen Stellung als Käufer oder Verkäufer im Rahmenvertrag. Diese wird vielmehr erst bei der einzelnen Transaktion aufgrund des jeweiligen Einzelvertrages zwischen den Parteien festgelegt. Daher ist eine Ausgewogenheit zwischen den Vertragsparteien in einer Handelsbeziehung, die auf einem EFET-Rahmenvertrag fußt, von vornherein gewährleistet und eine einseitige Benachteiligung einer Vertragspartei ausgeschlossen. 15

Gemeinsam bilden der Rahmenvertrag, die Anpassungsvereinbarung und die hierunter geschlossenen Einzelverträge einen einheitlichen Vertrag (sog. **Single-Agreement-Konzept**),[29] so dass eine einheitliche Auslegung ermöglicht wird. Bei etwaigen Widersprüchen zwischen Rahmen- und Einzelvertrag gehen aber die Regelungen in den Einzelverträgen vor. 16

Das Single-Agreement-Konzept der EFET-Rahmenverträge zielt auf einen umfassenden Schutz beider Vertragsparteien im Insolvenzfall. Durch die Bildung einer vertraglichen Einheit der einzelnen Elemente des Vertragswerkes soll gewährleistet werden, dass unter dem Rahmenvertrag geschlossene Einzelverträge im Insolvenzfall nur gemeinsam beendet werden können. Auf diese Weise wird sichergestellt, dass der Insolvenzverwalter nicht nur einzelne, wirtschaftlich günstige Einzelverträge erfüllen lässt, die für die insolvente Partei wirtschaftlich nachteiligen Transaktionen jedoch beendet.[30] Vielmehr soll gewährleistet werden, dass diese einheitlich dem **Close-out Netting** unterfallen, also die Berechnung eines gesamten Beendigungsbetrages erfolgt. 17

III. Deutscher Rahmenvertrag für Finanztermingeschäfte

Das deutsche Pendant zum ISDA Master Agreement ist der **Rahmenvertrag für Finanztermingeschäfte**.[31] Dieser bildet eine zusammenfassende 18

---

[29] Vgl. hierzu schon zum ISDA-Vertrag unter Rdnr. 7.

[30] *Fried*, in: Schwintowski, Handbuch Energiehandel, 3. Aufl., B. Rdnr. 377 f.

[31] Der Vertragstext des Deutschen Rahmenvertrages für Finanzdienstleistungen ist abrufbar unter http://www.bankenverband.de/ (Link: Services > Muster > Rahmen-

Grundlage, auf der zwei Vertragsparteien außerbörsliche Finanztermingeschäfte abschließen können. Er wird grundsätzlich von Banken zur Dokumentation der Geschäfte mit Kunden verwendet; aber auch ein Abschluss zwischen Marktteilnehmern ohne Bankstatus ist – mit entsprechenden vertraglichen Anpassungen – möglich.

19 Zunächst nur für Finanzderivate, wie z. B. Zinssatz- und Währungsswaps, ausgestaltet, können unter dem Rahmenvertrag aber auch andere Produkte gehandelt werden. Hierzu wurden verschiedene **Anhänge** entwickelt, z. B. der Anhang für Rohwarengeschäfte[32] oder der Anhang für Emissionsrechte.[33] Diese Anhänge beinhalten die spezifischen Begriffsbestimmungen und die besonderen Regelungen für den Handel mit den jeweiligen Produkten.

20 Ebenso wie beim EFET und dem ISDA Master Agreement bildet der Rahmenvertrag zusammen mit dem Anhang die vertragliche Grundlage für die einzelne Transaktion. Der Abschluss des individuellen Einzelgeschäftes kann mündlich erfolgen; in der Regel wird hierzu jedoch eine schriftliche **Bestätigung** ausgetauscht, in der nur noch die notwendigen Angaben zu Leistung, Gegenleistung und Erfüllungszeit erfolgen.

21 Der Rahmenvertrag kann – sofern Einzelabschlüsse getätigt und noch nicht vollständig abgewickelt sind – nur aus wichtigem Grund gekündigt werden. Ein wichtiger Grund ist bei einem Verzug mit einer Leistungspflicht für länger als fünf Bankarbeitstage gegeben. Ohne Kündigung endet der Rahmenvertrag bei Stellung eines Eigenantrages auf Eröffnung des Insolvenzverfahrens oder wenn diese Vertragspartei in einer Lage ist, die die Eröffnung des Insolvenzverfahrens rechtfertigt. Aufgrund des auch hier geltenden Single-Agreement-Konzeptes erfasst die Vertragsbeendigung den Rahmenvertrag und die Einzelabschlüsse insgesamt. Daraus ergibt sich vor allem – wie beim EFET – die Möglichkeit, das sog. Liquidations-Netting einzusetzen.

22 Ein weiterer Vorteil ist, dass der Rahmenvertrag auf deutschem Recht basiert und in deutscher Sprache gefasst ist.

---

verträge für Finanzgeschäfte > Deutscher Rahmenvertrag für Finanztermingeschäfte), Stand AbrufApril 2017.

[32] Der Anhang ist abrufbar unter http://www.bankenverband.de/ (Link: Services > Muster > Rahmenverträge für Finanzgeschäfte > Deutscher Rahmenvertrag für Finanztermingeschäfte > Weitere Anhänge und Zusatzvereinbarungen), Stand Abruf: April 2017.

[33] Der Anhang ist abrufbar unter http://www.bankenverband.de/ (Link: Services > Muster > Rahmenverträge für Finanzgeschäfte > Deutscher Rahmenvertrag für Finanztermingeschäfte > Weitere Anhänge und Zusatzvereinbarungen), Stand Abruf: April 2017.

IV. Cross Product Master Agreement (CPMA)

23 Weniger gebräuchlich im Energiehandel ist bislang das **CPMA,**[34] das von der Bond Market Association Inc. gemeinsam mit mehreren Finanzmarktverbänden entwickelt wurde. Mit dem CPMA ist ein Vertrag geschaffen worden, der mehrere zwischen zwei Parteien bestehende Rahmenverträge zum Abschluss von Finanztransaktionen bzw. sonstige Rahmenvereinbarungen miteinander als quasi „Master-Master"-Agreement verbindet.[35]

24 Ein CPMA zielt auf die Harmonisierung von Verträgen zwischen den Vertragsparteien. Zu den Zielen gehören zudem die Schaffung einer standardisierten Dokumentation zur Gewährleistung von einheitlichen vertraglichen Bestimmungen und die Vermeidung widersprüchlicher Dokumentationen für die Gegenparteien. Durch die Harmonisierung der Abschluss- und Beendigungsbestimmungen über mehrere Produkte und der zugrundeliegenden Rahmenverträge bietet das CPMA daher ein potenzielles Instrument zur Minderung des systemischen Risikos.

25 Das CPMA unterstellt konkret alle Rahmenverträge einer „**Cross-Default**"-Klausel: Hat eine Partei das Recht, einen Rahmenvertrag aufgrund einer Vertragsverletzung (Event of Default) zu beenden, kann sie damit auch alle anderen in das CPMA einbezogenen Rahmenverträge beenden. Diese Verknüpfung gleicht etwa bestehende Unterschiede hinsichtlich der Kündigungsvoraussetzungen (z. B. Gründe und Fristen) in den einzelnen Rahmenverträgen aus. Aufgrund des CPMA wird im Falle der einheitlichen Beendigung aller Rahmenverträge auch ein Ausgleichsbetrag ermittelt. Dabei wird der Saldo für jeden Rahmenvertrag nach den dort vorgesehenen Bestimmungen gebildet und diese Salden werden dann miteinander verrechnet.[36] Hierbei ist zu beachten, dass die Einbeziehung sämtlicher potenzieller Verträge aber auch schnell zu einem (Verrechnungs-)Automatismus führen kann, der nicht immer von der jeweiligen Unternehmensabteilung erwünscht ist.

26 Das CPMA ist ein Standardformat, welches jedoch durch einen begleitenden Anhang geändert werden kann. Zum CPMA gibt es also ein sog. **Schedule**, in welchem die Parteien den Vertragstext individuell anpassen können. Der CPMA selbst ist in englischer Sprache abgefasst und unterliegt standardgemäß entweder dem englischen oder dem Recht des Staates New York.

---

[34] Der CPMA ist abrufbar unter http://www.sifma.org/ (Link: Services > Standard Forms and Documentation > Cross Product), Stand Abruf: April 2017.

[35] *Zenke/Dessau*, in: Schneider/Theobald, HBEnWR, 4. Aufl., § 13 Rdnr. 145 f.; *Fried*, in: Schwintowski, Handbuch Energiehandel, 3. Aufl., B. Rdnr. 358 ff.

[36] *Zenke/Dessau*, in: Schneider/Theobald, HBEnWR, 4. Aufl., § 13 Rdnr. 145 f.

27 Um die mit einem solchen „Master"-Agreement verbundenen Vorteile auch im Energiehandel nutzen zu können, hat die EFET Europe zusammen mit der International Energy Credit Association (**IECA**) im Juni 2003 einen sog. Commodity Schedule (EFET/IECA Commodity Schedule to the CPMA)[37] erarbeitet.[38] Mit diesem wird die Anwendung des CPMA auf die im Energiehandel verbreiteten Rahmenverträge, insbesondere die EFET-Rahmenverträge ermöglicht. Entsprechend wurden die Vorschriften zur Beendigung aller Rahmenverträge und zur Gesamtsaldierung an die im Energiehandel geltenden Regelungen angepasst. Darüber hinaus bietet das CPMA die Option, dieses der deutschen Rechtsordnung zu unterstellen. Dies ist im Hinblick auf eine Vereinheitlichung der unter das CPMA fallenden Rahmenverträge sinnvoll,[39] um zugleich etwaige Konflikte zwischen den Rahmenverträgen und dem CPMA, z. B. hinsichtlich der Kündigungsgründe zu vermeiden.

C. Verhandlungsrelevante Regelungen des EFET-Rahmenvertrages

28 Anfangs vorrangig von größeren, international agierenden Energiehandelsunternehmen genutzt, ist der EFET-Rahmenvertrag[40] mittlerweile aus keiner Handelsbeziehung mehr wegzudenken. Auch Stadtwerke handeln verstärkt unter dem EFET.

29 Im Folgenden soll daher überblicksartig auf die wesentlichen Bestimmungen des EFET-Rahmenvertrages eingegangen werden. Die folgende Darstellung soll nur ein Gefühl für die „Knackpunkte" des EFET vermitteln, kann aber die rechtliche Prüfung im Einzelfall nicht ersetzen. Soweit die Regelungen sowohl für den EFET Strom als auch für den EFET Gas gelten, wird allgemein nur vom EFET-Vertrag gesprochen. Im Übrigen werden die jeweiligen Besonderheiten hervorgehoben. Zugleich wird aufgezeigt, inwieweit Anpassungen oder Ergänzungen aufgrund der Regularien des (europäischen) Energie- und Finanzmarktes notwendig sind bzw. welche weiteren Anforderungen hieraus auch für den Energiehandel folgen.

[37] Der Text ist abrufbar unter http://www.efet.org/ (Link: Standardisation > Legal – EFET Standard Contracts and Documenation > MNA & CPMA), Stand Abruf: April 2017.

[38] *Zenke/Dessau*, in: Schneider/Theobald, HBEnWR, 4. Aufl., § 13 Rdnr. 146.

[39] *Zenke/Schalle*, ET 2005, 146.

[40] Zum EFET-Rahmenvertrag allgemein vgl. schon unter Rdnr. 10 ff.

I. Vertragsgegenstand, § 1

§ 1 bestimmt zunächst den Vertragsgegenstand, nämlich den Rahmenvertrag. Im EFET Gas wird im Election Sheet regelmäßig in § 1.1 vereinbart, dass der Vertrag am Balancing Point in England oder am Zeebrügge Hub in Belgien keine Anwendung finden soll. Vor dem Hintergrund, dass an diesen Handelsplattformen andere Regeln gelten, ist gerade für deutsche Unternehmen diese Einschränkung zu empfehlen. 30

§ 1.2 regelt die Frage, ob bereits laufende Einzelverträge ebenfalls unter den Rahmenvertrag fallen sollen. Eine Berücksichtigung dieser Verträge ist im Sinne eines optimalen Vertragsmanagements oft empfehlenswert, um eine einheitliche Handhabung zu gewährleisten. 31

II. Abschluss und Bestätigung von Einzelverträgen, § 3

Der Abschluss der Einzelverträge ist in § 3.1 – 3.3 geregelt; Einzelverträge können mündlich oder schriftlich geschlossen werden, wobei im Falle des mündlichen Abschlusses Bestätigungen versendet werden können. 32

Um einerseits den internen Prozess auch vertraglich zu fixieren und andererseits einen gewissen Grad an Rechtssicherheit zu erlangen, finden sich an dieser Stelle verstärkt Regelungen eines detaillierten Bestätigungsprozesses, insbesondere Fristen für den Austausch von Bestätigungen. 33

Der Abschluss eines Einzelvertrages ist zugleich für die aus der REMIT[41] folgende Meldepflicht[42] von Bedeutung. Denn insoweit kommt es nach der REMIT-Durchführungsverordnung Nr. 1348/2014[43], die die Einzelheiten der Meldung regelt, auf den jeweiligen Abschluss, die Änderung oder Beendigung des zu meldenden Energiekontraktes an. Da nicht nur die Registrierungsdaten der Unternehmen auszutauschen sind, sondern häufig auch eine Delegation der Meldepflichten vereinbart wird, sind vertragliche Abreden hierzu zwingend notwendig. Entsprechende Reporting-Anhänge sind vom EFET-Verband geschaffen wor- 34

---

[41] Ausführlich zu REMIT (Verordnung (EU) Nr. 1227/2011 des Europäischen Parlaments und des Rates v. 25.10.2011 über die Integrität und Transparenz des Energiegroßhandelsmarkts, ABl. EU Nr. L 326, v. 8.12.2011, S. 1 ff. – (REMIT)); siehe auch *Eufinger/Eufinger*, § 22 bzw. *Dessau/Fischer*, § 23 in diesem Band.

[42] Vgl. hierzu auch schon *Zenke/Fischer*, EnWZ 2013, 211 ff.; *Zenke/Fischer*, ZRFC 2013, 112 ff.

[43] Durchführungsverordnung (EU) Nr. 1348/2014 der Kommission v. 17.12.2014 über die Datenmeldung gem. Art. 8 Abs. 2 und 6 der VO (EU) Nr. 1227/2011 des Europäischen Parlaments und des Rates über die Integrität und Transparenz des Energiegroßhandelsmarkts, ABl. EU Nr. L 363, v. 18.12.2014, S. 121 ff.

den[44] und können – mit wenigen individuellen Anpassungen – genutzt werden.

35 Sollten die einzelnen Kontrakte als Derivate im Sinne der EMIR[45] einzustufen sein, wären – neben der Meldepflicht[46] – auch die entsprechenden Vorgaben zur rechtzeitigen Bestätigung als einzuhaltende Risikominimierungstechnik zu befolgen. Danach beträgt die Frist zur Bestätigung 1+1 Geschäftstage. Insoweit kann es sich zwar anbieten, dies entsprechend in § 3 abzubilden. Allerdings verlangt die EMIR bei der Nutzung von Derivaten weitere Risikominderungsmaßnahmen (z. B. Portfolioabgleich/Portfoliokomprimierung, Streitbeilegung). Daher kann stattdessen z. B. das EMIR-Agreement des EFET-Verbandes[47] abgeschlossen werden, das genau diese Risikominderungstechniken abbilden bzw. hierfür eine entsprechende vertragliche Grundlage schaffen will.

III. Händlerlisten, § 3.4

36 In § 3.4 wird geregelt, wer vertretungsberechtigter Händler für die Parteien sein soll. Der EFET-Vertrag selbst bietet die Option an, zum Vertrag eine Liste mit berechtigten Händlern beizufügen, die dann exklusiv tätig werden dürfen. Hiervon wird in der Praxis inzwischen nur selten Gebrauch gemacht. Zwar bietet der Austausch solcher Händlerlisten Rechtssicherheit vor Vollmachtsmissbrauch, bedeutet aber gleichzeitig auch einen administrativen Aufwand, da die Liste jederzeit auf dem aktuellen Stand sein muss.

IV. Laufzeit und Vertragsbeendigung, § 10

37 § 10 regelt generell die Kündigung des EFET-Vertrages. Dass die EFET-Rahmenverträge unbefristet sind, vgl. § 10.2, ist üblich. Einen Schwerpunkt der Vertragsverhandlungen bilden regelmäßig die Vorschriften über die vorzeitige Vertragsbeendigung aus wichtigem Grund (Material Reasons). Hier sind häufig umfangreiche Vertragsmodifikationen zu erwarten, welche im Ernstfall weitreichende Konsequenzen haben kön-

---

[44] Das REMIT Reporting Agreement ist auf der Homepage der EFET abrufbar unter http://www.efet.org/ (Link: Standardisation > Legal – EFET Standard Contracts and Documenation > REMIT), Stand Abruf: April 2017.

[45] Ausführlich zu EMIR (Verordnung (EU) Nr. 648/2012 des Europäischen Parlaments und des Rates v. 4.7.2012 über OTC-Derivate, zentrale Gegenparteien und Transaktionsregister, ABl. EU Nr. L 201, v. 27.7.2012, S. 1 ff), vgl. *Eufinger/Eufinger*, § 22 in diesem Band.

[46] Soweit diese Kontrakte auch nach der REMIT meldepflichtig sind, erfolgt nur eine Meldung, vgl. Art. 6 Abs. 4 REMIT-DVO; eine Doppelmeldung ist nicht erforderlich.

[47] Das EMIR Risk Mitigation Techniques Agreement ist auf der Homepage der EFET abrufbar unter http://www.efet.org/ (Link: Standardisation > Legal – EFET Standard Contracts and Documenation > EMIR), Stand Abruf: April 2017.

nen. Eines der Herzstücke des EFET-Vertrages ist in diesem Zusammenhang das Zusammenspiel der Klauseln §§ 10.4 und 10.5 (c).

§ 10.5 (c) definiert insgesamt neun insolvenzbezogene Fälle, die jeweils für sich einen Kündigungsgrund darstellen. Dies beruht darauf, dass der EFET-Vertrag für eine europaweite Anwendung entwickelt wurde, daher auf die verschiedensten nationalen Insolvenzregime anwendbar sein muss. Der für Deutschland relevanteste Punkt ist § 10.5 (c) (iv), der Antrag auf Eröffnung des Insolvenzverfahrens.[48] Mit dieser Ausgestaltung des Kündigungsgrundes soll die Möglichkeit eröffnet werden, bei drohender Insolvenz des Vertragspartners (was durch den Antrag indiziert wird) kündigen zu können und die Vorteile des Close-out-Nettings zu erlangen. 38

Problematisch ist aber, wenn man von der Stellung eines Antrages auf Eröffnung des Insolvenzverfahrens zu spät oder gar nicht Kenntnis erlangt und deshalb den Rahmenvertrag nicht mehr rechtzeitig vor der Eröffnung des Insolvenzverfahrens kündigen könnte.[49] Vor diesem Hintergrund haben beide Parteien ein vitales Interesse daran, den Rahmenvertrag vor Eintritt der Insolvenz aufzulösen. Um die Parteien optimal zu schützen, bietet deshalb § 10.4 die Möglichkeit, eine Kündigung, die sich auf einen Grund aus dem Abschnitt (c) stützt, sofort und automatisch wirksam werden zu lassen, sog. „Automatic Termination" bzw. „Automatische Vertragsbeendigung".[50] Auf diese Weise werden ohne weiteres Zutun die Berechnung des Kündigungsbetrages und damit das Netting ausgelöst (Liquidations-Netting).[51] Da in Deutschland nur § 10.5 (c) (iv) relevant ist, empfiehlt sich für deutsche Handelspartner oft, im Election Sheet allein die Geltung des insolvenzbedingten Lö- 39

[48] Hier gibt es verschiedene Möglichkeiten zu differenzieren, z. B. nach Eigen- und Fremdantrag.

[49] Gem. § 119 InsO würde eine Kündigung nach Eröffnung des Insolvenzverfahrens unwirksam, weil sie in die Rechte des Insolvenzverwalters (§§ 103 – 118 InsO) eingreifen und insbesondere das Wahlrecht des Insolvenzverwalters gem. § 103 InsO beeinträchtigen würde. Nach § 103 Abs. 1 InsO kann der Insolvenzverwalter anstelle des Schuldners gegenseitige Verträge, die zur Zeit der Eröffnung des Insolvenzverfahrens vom Schuldner und vom anderen Teil nicht oder nicht vollständig erfüllt sind, erfüllen und die Erfüllung vom anderen Teil verlangen.

[50] Der EFET-Vertrag konstruiert die Automatic Termination als ein Verzicht auf eine Kündigungserklärung. Nach deutschem Recht dürfte es sich eher um eine auflösende Bedingung handeln.

[51] Da die Wirksamkeit von Netting-Bestimmungen von so essentieller Bedeutung ist, gibt es für die wesentlichen Jurisdiktionen Rechtsgutachten (Netting Opinions). Diese bestätigen die jeweilige Wirksamkeit der entsprechenden Bestimmungen für die Fälle der Insolvenz des in dieser Rechtsordnung ansässigen Vertragspartners. Zum vgl. Netting *Pilgram/Dessau*, § 18 in diesem Band sowie *Zenke/Pisani*, ET 2002, 851 ff.

sungsgrundes nach § 10.5 (c) (iv) zu vereinbaren, um sich rechtlich auf gewohntem Terrain zu bewegen.

40 Allerdings wird seit einiger Zeit die Wirksamkeit solcher insolvenzabhängiger Lösungsklauseln[52] kontrovers diskutiert, ohne dass die Rechtsprechung eindeutig hierzu Stellung bezogen hätte. Zwar hat der Bundesgerichtshof (BGH) mit Urteil vom 15.11.2012[53] entschieden, dass insolvenzabhängige Lösungsklauseln in Verträgen über die fortlaufende Lieferung von Waren oder Energie unwirksam sind. Insoweit enthält aber das Urteil nur sehr allgemeine Formulierungen und beschäftigte sich maßgeblich mit dem Wahlrecht des Insolvenzverwalters (§ 103 InsO)[54] sowie dem Masseschutz (§ 119 InsO)[55], eine Aussage über die Wirksamkeit solcher Klauseln in anderen Verträgen, z. B. EFET-Rahmenverträgen, hat der BGH damit also gerade nicht getroffen. Die unter einem EFET-Rahmenvertrag geschlossenen Einzelverträge dürften aber regelmäßig der gesetzlich vorgesehenen Lösungsmöglichkeit nach § 104 InsO entsprechen.[56] Je nachdem, ob die Einzelverträge auf einer organisierten Handelsplattform abgeschlossen werden – dann sind sie von § 104 Abs. 2 InsO erfasst – oder individuell ausgehandelt werden – dann ist § 104 Abs. 1 InsO[57] einschlägig –, besteht eine gesetzlich vorge-

[52] Eine insolvenzbezogene Lösungsklausel ist gegeben, wenn einer der Parteien für den Fall der Zahlungseinstellung, des Insolvenzantrages oder der Insolvenzeröffnung das Recht eingeräumt wird, sich vom Vertrag zu lösen, oder wenn der Vertrag unter der auflösenden Bedingung des Eintritts dieser insolvenzbezogenen Umstände steht.

[53] BGH, NJW 2013, 1159 = EnWZ 2013, 182.

[54] § 103 Abs. 1 InsO sieht vor, dass der Insolvenzverwalter gegenseitige Verträge, die zur Zeit der Eröffnung des Insolvenzverfahrens vom Schuldner oder vom anderen Teil nicht vollständig erfüllt sind, erfüllen kann und die Erfüllung vom anderen Teil erfüllen kann. Insoweit hatte der BGH im relevanten Fall entschieden, dass die streitgegenständliche Klausel im Voraus das Wahlrecht des Insolvenzverwalters nach § 103 InsO ausschließe und daher die Gefahr drohe, dass günstige Verträge aus der Insolvenzmasse herausfallen würden. Nach Auffassung des BGH würde der Schutzzweck von § 103 InsO vereitelt werden, wenn sich einzelne Vertragspartner infolge einer Lösungsklausel „*von einem für die Masse günstigen Vertrag lösen*".

[55] Nach § 119 InsO sind Vereinbarungen, durch die im Voraus die Anwendung der §§ 103 bis 118 InsO ausgeschlossen oder beschränkt wird, unwirksam, d. h. das in § 103 InsO verankerte Wahlrecht darf nicht durch im Voraus – also vor der Eröffnung des Insolvenzverfahrens – abgeschlossene Vereinbarungen beeinträchtigt werden. Der BGH gelangte im zitierten Urteil zu dem Ergebnis, dass § 119 InsO (Masseschutz) „*eine Vorwirkung jedenfalls ab dem Zeitpunkt zuerkannt werden, in dem wegen eines zulässigen Insolvenzantrags mit der Eröffnung des Insolvenzverfahrens ernsthaft zu rechnen ist*".

[56] Da die in § 104 InsO geregelte Ausnahme zu § 103 InsO im BGH-Fall nicht einschlägig war, hat sich das Gericht nicht mit ihr beschäftigt. Der BGH hat allerdings erläutert, dass eine Vertragsklausel, die im Ergebnis einer gesetzlichen Regelung entspricht, nicht unwirksam sein kann.

[57] Der Ausnahmetatbestand schließt das Erfüllungswahlrecht des Insolvenzverwalters gemäß § 103 InsO für Fixgeschäfte über Warenlieferungen aus, die einen Markt-

sehene Lösungsmöglichkeit zu § 103 InsO. Durch § 10.4 i. V. m. § 10.5 (c) (iv) EFET-Rahmenvertrag wird damit letztlich derselbe Rechtszustand herbeigeführt, der kraft Gesetzes im Falle der Insolvenz einer Vertragspartei ohnehin eintreten würde.

Zudem hat der BGH nun mit Urteil vom 9.6.2016[58] die Ausgestaltung 41
von Nettingklauseln beschränkt. Das Gericht hat entschieden, dass die InsO vertraglich vereinbarten Nettingklauseln vorgehen muss, insbesondere in Bezug auf die korrekte Berechnung des Ausgleichsanspruches, der sich als Ergebnis eines Nettings für eine der Parteien ergibt. § 104 Abs. 2 und 3 InsO sieht vor, dass für beide Parteien ermittelt wird, welcher finanzielle Vorteil sich für sie durch die vorzeitige insolvenzbedingte Beendigung eines Vertrages ergibt. Nach Verrechnung dieser Vorteile wird das Ergebnis ausgekehrt. In dem vom BGH entschiedenen Fall wich die vereinbarte Nettingklausel insoweit von der gesetzlichen Regelung ab, dass die insolvente Partei einen ihr zustehenden Ausgleichsanspruch nur in der Höhe ihres eigenen Schadensersatzanspruches zustehen sollte. Der BGH hat hierin einen Verstoß gegen § 104 InsO gesehen und anstelle der Nettingklausel § 104 InsO direkt angewendet.[59]

Mit der nunmehr reformierten InsO wurde u. a. § 104 InsO geändert 42
und damit künftig das sog. Liquiditätsnetting ermöglicht. Durch den neuen § 104 InsO wird nun u.a. klargestellt, dass die Vertragsparteien Vereinbarungen über die vertragliche Beendigung des Vertrages vor Eröffnung eines Insolvenzverfahren treffen dürfen. Die damit erhoffte Klarheit für Energiehandelsverträge sowie Rechtssicherheit dürften damit bestehen.

V. Haftungsbeschränkung, § 12

Ausgehend von dem Grundsatz einer summenmäßig unbeschränkten 43
Haftung für Personen-, Sach- und Vermögensschäden für eigenes oder zurechenbares Verhalten Dritter, finden sich im EFET in § 12 umfangreiche Haftungsbeschränkungen, wobei kleine inhaltliche Unterschiede dieser Regelung im EFET Strom und EFET Gas bestehen.[60]

Da diese Haftungsbeschränkungen so wesentlich sind, ist in Deutsch- 44
land die AGB-Problematik zu beachten, d. h. die Regelungen müssen den für Allgemeine Geschäftsbedingungen geltenden Vorgaben und

---

oder Börsenpreis haben. Hierunter dürften die Einzellieferverträge über Strom oder Gas fallen.

[58] BGH, Urt. v. 9.6.2016, Az. IX ZR 314/14 – NJW 2016, 2328 ff.

[59] Das Urteil bezog sich zwar auf den Rahmenvertrag für Finanztermingeschäfte, ist aber keinesfalls auf Finanzgeschäfte beschränkt. Vielmehr hat sich der BGH generell zur Vereinbarkeit von Nettingklauseln mit der InsO geäußert.

[60] Die Abweichung im EFET Strom zum EFET Gas beruht vermutlich nur auf einem Redaktionsversehen.

Einschränkungen entsprechen.[61] Zwar ist bislang nicht abschließend geklärt, ob es sich auch beim EFET bzw. dem verhandelten Election Sheet um Allgemeine Geschäftsbedingungen im Sinne des AGB-Rechts handelt,[62] gleichwohl sind die Vertragspartner auf der sichereren Seite, wenn sie § 12 zumindest an den Grundsätzen des AGB-Rechts messen. Daher sind auch hier entsprechende Modifizierungen empfehlenswert.

VI. Rechnungsstellung und Zahlung, § 13

45 In § 13.3 wird vereinbart, ob das Zahlungs-Netting (Payment Netting) genutzt wird. Regelmäßig kommt dies zur Anwendung mit der Folge, dass die im Laufe der Handelsbeziehung fällig werdenden Forderungen und Gegenforderungen verrechnet werden und nur der überbleibende Betrag in eine Richtung in Rechnung gestellt wird. Dadurch werden nicht nur die Liquidität beider Parteien geschont, sondern zugleich die administrativen Vorgänge erleichtert.

46 In § 13.6 muss vereinbart werden, wie mit bestrittenen Forderungen umgegangen wird. Der EFET-Rahmenvertrag bietet zwei Optionen an, nämlich zum einen, (a) dass der Schuldner erstmal auch den bestrittenen Betrag zahlt, und zum anderen, (b) dass der Schuldner den bestrittenen Betrag zunächst bis zu einer Klärung zurückbehalten darf. In der Praxis führt die Wahl der anwendbaren Regelung häufig zu Diskussionen. Vertragsparteien, die sich eher in der Rolle des Netto-Beziehers sehen, bevorzugen die zweite Variante, während die Verkäuferseite die erste Variante präferiert. Dieser Streit wird in der Regel durch eine Kompromissformulierung der ersten Variante aufgelöst, indem in § 13.6 (a) zugleich eine Ausnahme hinsichtlich offensichtlicher Fehler vorgesehen ist. Welche dieser Optionen letztlich gewählt wird, ist keine juristische Frage, sondern hängt vielmehr von der Art der erwarteten Geschäfte und der Bonität des Handelspartners ab.[63]

VII. Umsatzsteuer und sonstige Steuern, § 14

47 Sämtliche steuerlichen Fragen im Zusammenhang mit dem EFET-Rahmenvertrag sind in § 14 geregelt. Mit dieser allgemeingültigen Steuerklausel soll ein generelles System für die Zuordnung von Steuerrisiken geschaffen werden.[64] Neben der vordergründigen Regelung, welche Partei welche Steuern zu tragen hat, enthält die Steuerklausel einige Beson-

---

[61] Vgl. hierzu *Fried*, in: Schwintowski, Handbuch Energiehandel, 3. Aufl., B. Rdnr. 470 ff.

[62] Hierzu *Fried*, in: Schwintowski, Handbuch Energiehandel, 3. Aufl., B. Rdnr. 473 ff.

[63] Diesen bonitätsbezogenen Aspekt betont *Liesenhoff*, in: Horstmann/Cieslarczyk, Energiehandel, Kap. 10 Rdnr. 30.

[64] *Fried*, in: Schwintowski, Handbuch Energiehandel, 3. Aufl., B. Rdnr. 490.

derheiten.[65] Eine dieser Besonderheiten findet sich in § 14.8. Dieser will dem Umstand des oft langfristigen Charakters von Strom- und Gaslieferungen und der Möglichkeit von Steueränderungen Rechnung tragen. Dementsprechend gibt § 14.8 bei Verträgen mit einer Laufzeit von mehr als zwei Jahren das Recht, den Vertrag zu beenden, sofern – nach Einhaltung des vorgeschriebenen detaillierten Einigungsprozederes – eine Vertragsanpassung nicht möglich ist.

Grundsätzlich besteht mit den allgemein gehaltenen Regelungen, die regelmäßig Verweisungen auf die geltenden Gesetze enthalten, eine ausreichende vertragliche Basis. Gleichwohl erfolgte durch den EFET-Verband zuletzt eine Anpassung in Bezug auf das Reverse-Charge-Verfahren.[66] 48

VIII. Sicherheiten/Zusätzliche Sicherheiten, §§ 16, 17

Die §§ 16, 17 enthalten Regelungen zur Absicherung der Forderung aus den Einzelverträgen. Die Möglichkeit, „anfängliche Sicherheiten" zu Beginn einer Handelsbeziehung zu vereinbaren, ist in § 16 festgelegt. § 17 regelt wiederum das Recht der Parteien – abhängig von der Entwicklung der Bonität des Vertragspartners – nachträglich zusätzliche Sicherheiten (Performance Assurances) zu fordern. Hierfür enthält § 17.2 einen Kriterienkatalog, anhand dessen die Bonitätsentwicklung der Parteien gemessen wird (Material Adverse Change).[67] Stellt eine Partei bei einer solchen Kontrolle – anhand der zuvor vereinbarten Kriterien – eine wesentliche Verschlechterung der Bonität der anderen Partei fest, kann sie nach § 17 zusätzliche Sicherheiten neben den ggf. bereits nach § 16 bestehenden verlangen. 49

Welche der in § 17.2 aufgelisteten Fälle als Kriterien zur Beurteilung der Entwicklung der Bonität des Vertragspartners im konkreten Fall Anwendung finden, hängt von der wirtschaftlichen Situation des Vertragspartners ab. Hier gilt es, objektiv messbare und verhältnismäßig einfach zu ermittelnde Kriterien zu vereinbaren, um die Bonität jederzeit kontrollieren zu können. Ein typisches Beispiel wäre die Verwendung eines externen Ratings durch anerkannte Ratingagenturen[68] oder die 50

---

[65] Vgl. zu den Ertragssteuern, Umsatzsteuer und Verbrauchssteuern *Hüsgen*, in: Horstmann/Cieslarczyk, Energiehandel, Kap. 17 Rdnr. 1 ff.

[66] Die Anpassungen sind abrufbar unter http://www.efet.org/ (Link: Standardisation > Legal – EFET Standard Contracts and Documenation > Electricity & Electricity Annexes bzw. Standardisation > Legal – EFET Standard Contracts and Documenation > Gas & Gas Annexes), Stand Abruf: April 2017.

[67] Diese Fälle können sich auf das Rating der Vertragsparteien oder des Sicherheitengebers, auf Finanzkennzahlen, den Erhalt des Eigenkapitals und der allgemeinen Leistungsfähigkeit, auf den Bestand von Beherrschungs- und Gewinnabführungsverträgen oder Fusionen beziehen.

[68] Vgl. dazu auch *Pilgram/Dessau*, § 18 in diesem Band.

Verringerung des sog. Tangible Net Worths.[69] Wegen mangelnder Objektivität ist in der Vergangenheit von der Anwendbarkeit des § 17.2 (h) häufig Abstand genommen worden. Nach dieser Regelung kann der jeweilige Vertragspartner die Sicherheit einfordern, wenn er „bei vernünftiger Betrachtungsweise und ohne Treuwidrigkeit“ feststellt, dass bei dem anderen Vertragspartner eine wesentliche Bonitätsverschlechterung vorliegt. Auf diese Weise wird also eine subjektive Einschätzung der Lage gestattet. Die Erfahrungen der Finanzkrise haben aber gezeigt, dass § 17.2 (h) (in einem Fall wie dem von Lehmann Brothers)[70] helfen könnte, unsichere Vertragspartner zu einer zusätzlichen Sicherheit zu bewegen.

IX. Abtretung, § 19

51 § 19 bestimmt, in welcher Form und in welchem Maße Rechte und Pflichten aus dem Gesamtvertrag[71] bzw. der gesamte Vertrag[72] auf andere Unternehmen übertragen werden können. Hierzu ist zunächst in § 19.1 festgelegt, dass eine Übertragung ohne schriftliches Einverständnis der anderen Partei verboten ist. Davon ermöglicht § 19.2 eine Ausnahme für sog. verbundene Unternehmen. An diese kann übertragen werden, solange sie die gleiche oder bessere Bonität gewährleisten. Um beim EFET Strom zu verhindern, dass durch die Übertragung nur einzelner Transaktionen der Netting-Verbund gestört wird oder durch die Übertragung an ein verbundenes Unternehmen in einer anderen Jurisdiktion die vereinbarten Kündigungsrechte aus insolvenzrechtlicher Sicht nicht mehr hinreichend greifen oder steuerliche Probleme entstehen, wird häufig im EFET Strom ein entsprechender Zusatz vereinbart. Bei der Entwicklung des EFET Gas ist diese Praxis bereits berücksichtigt worden und § 19.2 insofern geändert worden, als dass das verbundene Unternehmen, an das abgetreten wird, in der gleichen Rechtsordnung wie das übertragende Unternehmen ansässig sein muss.

[69] Der EFET-Vertrag definiert dies so: Der Tangible Net Worth ist die Summe aller voll eingezahlten Bareinlagen der Gesellschafter auf das Grund- bzw. Stammkapital bzw. auf ein anderes Kapitalkonto der maßgeblichen Rechtsperson, das für solche Zwecke vorgesehen ist, sowie thesaurierte Gewinne abzüglich aufgelaufener Verluste und immaterieller Vermögenswerte einschließlich, jedoch darauf nicht beschränkt, des Geschäftswertes.

[70] In diesem Fall war dem Markt bereits bekannt, dass Lehmann Brothers starke Schwierigkeiten hatte. Meistens musste man aber vertraglich bis zu einem „offiziellen“ Indiz warten, bis man den Vertrag mit sofortiger Wirkung (und Close-out Netting) auflösen durfte.

[71] Vgl. § 19.2 EFET Strom: „assign its rights and obligations under the agreement“.

[72] Vgl. § 19.2 EFET Gas: „assign and transfer the agreement“.

X. Part II

In Part II des Elections Sheets werden vielfach weitere Modifikationen des Hauptvertrages – sofern nicht innerhalb der jeweiligen Paragraphen in Part I geschehen – vorgenommen, die regelmäßig zu erheblichem Beratungsbedarf führen. 52

Hier finden sich oft ein detailliertes Prozedere zum Austausch von Bestätigungen, Aufrechnungsklauseln (Set-off-Klauseln) oder zusätzliche Kündigungsgründe i. S. d. § 10.5, wie z. B. die sog. Default-under-Specified-Transaction-Klausel. Eine solche Klausel enthält einen Grund zur außerordentlichen Beendigung des EFET-Rahmenvertrages, wenn die Parteien ihren Verpflichtungen aus einem anderen Vertragsverhältnis nicht vertragsgemäß nachkommen. Um zu verhindern, dass bereits geringfügige Beträge einen Kündigungsgrund geben, wird hier häufig ein Schwellenwert vereinbart. 53

D. Fazit

Für einen funktionierenden Handel, der angesichts der immer enger werdenden Zeitfenster von schnellen Reaktionen lebt, sind individuelle Verhandlungen für jedes einzelne Geschäft hinderlich. Daher erfreuen sich Standardrahmenverträge in der Praxis immer größerer Beliebtheit. Dies gilt insbesondere, wenn zwei Handelspartner eine dauerhafte Leistungsbeziehung anstreben oder Handelsgeschäfte grenzüberschreitend stattfinden sollen. 54

Derzeit stellen die EFET-Rahmenverträge die wichtigste Vertragsgrundlage für den Energiehandel dar. Unternehmen ersetzen nach und nach ihre Energielieferverträge durch die EFET-Verträge. Damit sind sie nicht nur ein gutes Mittel zur Vereinheitlichung und Vereinfachung des Vertragsmanagements, sondern ermöglichen darüber hinaus einen rechtssicheren, schnellen und kostengünstigen Abschluss von Handelsgeschäften. 55

§ 25 Nicht standardisierte Liefer- und Handelsverträge sowie vertragliche Voraussetzungen auf der Netzzugangsseite

A. Einleitung

1 Seit der Liberalisierung des Strom- und Gasmarkts 1998 hat sich auf der Strom- und Gasseite eine Vielzahl neuer Vertragsstrukturen herausgebildet. Der alte klassische Vollversorgungsvertrag, der in Deutschland auf allen Versorgungsebenen zu finden war, hat sich seither im **Strombereich** stetig aufgelöst und wurde durch differenzierte **neue Lieferverträge** (z. B. für Band- und Fahrplanlieferungen) aber auch **Portfoliomanagementverträge** ersetzt. Gleichzeitig hat sich im Strombereich schon sehr frühzeitig ein aktiver Handelsmarkt mit neuen Handelsverträgen entwickelt. Musterbeispiele hierfür sind die aus dem englischen Rechtsraum stammenden standardisierten Stromhandelsverträge der European Federation of Energy Traders (EFET),[1] aber auch eine Vielzahl nicht standardisierter Handels- und Lieferverträge, bei denen die Positionen als Lieferant und Abnehmer im Vorhinein festgelegt sind.

2 Der **Gasmarkt** hat inzwischen zum Strommarkt weitgehend aufgeholt und verfügt heute über ähnliche Strukturen wie dieser. **Vollversorgungsverträge** gibt es auch hier noch, diese wurden jedoch in ihren Strukturen angepasst zu „modernen Vollversorgungsverträgen". Durch die Grundsatzentscheidung des Bundeskartellamtes (BKartA) von 2006[2] zur Untersagung der langfristigen – bis dahin immer noch fast durchgängig praktizierten – Gaslieferverträge von i. d. R. 10 bis 20 Jahren und der grundsätzlichen Neuausrichtung des deutschen Gasnetzzugangsmodells[3] haben sich im Gasbereich kürzere Vertragslaufzeiten und damit auch neue Vertragskonzepte auf Handels- und der klassischen Lieferebene entwickelt. Bestärkt wurde diese Entwicklung durch einen sich zunehmend positiv entwickelnden börslichen und außerbörslichen Gashandel an den europäischen Handelspunkten.

[1] Vgl. hierzu *Dessau/Fischer*, § 24 in diesem Band; EFET-Verträge, abrufbar unter http://www.efet.org (Link: Standardisation > Legal EFET Standard Contracts and Documentation), Stand: Dezember 2016.

[2] BKartA, Beschl. v. 13.1.2006, Az. B8-113/03-1 (Musterbeschluss). Bestätigt durch BGH, Beschl. v. 10.2.2009, Az. KVR 67/07. Vgl. dazu näher unter Rdnr. 35 ff.

[3] Eingeleitet wurde dieses durch die erste Kooperationsvereinbarung von 2006 sowie die nachfolgende Untersagung des in dieser enthaltenen Einzelbuchungsmodells durch die Entscheidung der BNetzA, v. 17.11.2006, Az. BK7-06-074.

In diesem Beitrag sollen die nicht standardisierten Liefer- und Handelsverträge[4] im Strom- und Gasbereich näher dargestellt und zugleich ein kurzer Überblick über die vertraglichen Grundvoraussetzungen für die Abwicklung des Netzzugangs im Falle von Handelsgeschäften und Weiterbelieferungen gegeben werden. 3

B. Grundstrukturen der Verträge

Bei Liefer- und Handelsverträgen kann man zunächst zwischen standardisierten und nicht standardisierten Verträgen unterscheiden. Standardisierte Verträge sind – anders als AGB-rechtlich gemeint – solche Verträge, die nicht nur für eine Vielzahl von Vertragsverhältnissen hinsichtlich der Abnehmer vorformuliert werden, sondern auch als Musterstandards für eine Vielzahl von Verwendern. Bei den nicht standardisierten Verträgen wiederum existieren Handelsverträge auf der Großhandelsebene (i. d. R. kurzfristige Verträge von ca. einem Jahr Laufzeit oder kurzfristiger, häufig mit einfachen Lieferprodukten) und Lieferverträge mit längeren Laufzeiten und oftmals komplexeren Produkten wie z. B. Vollversorgungs- oder offene Lieferverträge. Die Grenzen verschwimmen hier jedoch zunehmend. 4

Abbildung 25.1: Handel- und Lieferverträge aus Lieferanten- und Händlersicht

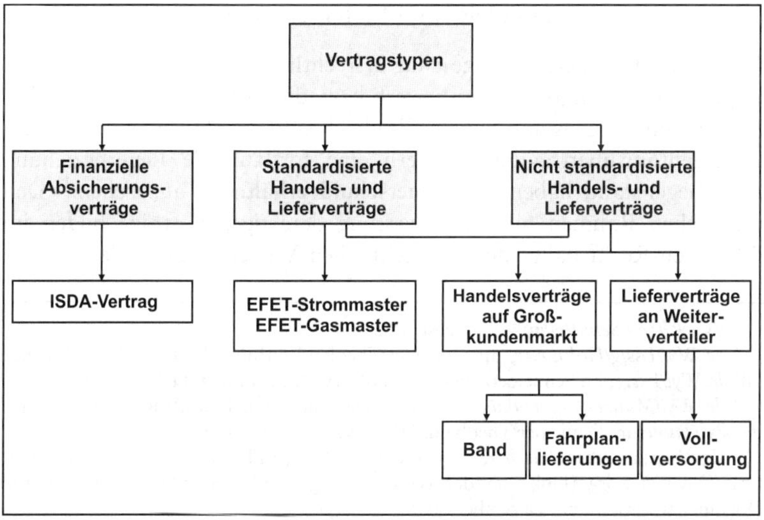

[4] Auf die standardisierten EFET-Handelsverträge wird in dem Beitrag von *Dessau/Fischer*, § 24 in diesem Band, eingegangen. Ebenso wenig wird in diesem Beitrag auf die Lieferverträge für Endkundenversorgung (Tarif- und Sondervertragskunden) eingegangen.

5 Im **Strombereich** wird an Börsen, z. B. EEX in Leipzig oder APX (Amsterdam Power Exchange) in Amsterdam bilateral gehandelt.[5] Dabei werden in hohem Maße standardisierte Verträge verwendet.[6] Grundlage für die Handelsgeschäfte sind Bilanzkreisverträge der Handelsbeteiligten, auch der Börsen.[7]

6 Auch im **Gasbereich** hat sich außerhalb der klassischen bilateralen Geschäfte ein zunehmender Handel an physischen Hubs und vor allem sog. virtuellen Handelspunkten (VHPs) entwickelt. Dieser wird zum größten Teil über Broker abgewickelt. Börslicher Gashandel existiert seit vielen Jahren an der Intercontinental Exchange in London (ICE/ENDEX) und in Kontinentaleuropa vor allem an der von der EEX-Gruppe betriebenen Gasbörsenplattform Pegas. Wichtige virtuelle Handelspunkte sind aktuell der National Balancing Point (NBP) in Großbritannien, die Title Transfer Facility (TTF) in den Niederlanden und die VHPs von NCG und Gaspool in Deutschland. Ein noch bedeutsamer physischer Hub ist der Zeebrugge Hub in Belgien. Für den Handel an diesen Punkten werden i. d. R. standardisierte Verträge verwendet (z. B. EFET-Handelsverträge[8]), bei den physischen Hubs ggf. ergänzt um besondere Hubhandelsregelungen oder -verträge.

C. Rechtliche Rahmenbedingungen für die Bewertung von Handels- und Lieferverträgen

7 Gas- und Stromlieferverträge sind in rechtlicher Hinsicht als **Kaufverträge** einzuordnen, da sie den Erwerb bzw. die Veräußerung beweglicher Sachen zum Gegenstand haben.[9] Zugleich sind sie, da sie keine einmalige Eigentumsübertragung, sondern eine fortlaufende Lieferbeziehung zum Gegenstand haben, als **Dauerschuldverhältnisse** anzusehen.[10] Den rechtlichen Rahmen für die Bewertung derartiger Verträge bilden im deutschen Recht daher die kaufrechtlichen Vorschriften sowie die Vor-

---

[5] Vgl. *Ritzau/Schuffelen*, § 5 in diesem Band.

[6] *de Wyl/Essig/Holtmeier*, in: Schneider/Theobald, HBEnWR, 1. Aufl., § 10 Rdnr. 78; *de Wyl/Essig*, in: Schneider/Theobald, HBEnWR, 2. Aufl., § 11 Rdnr. 40.

[7] *de Wyl/Müller-Kirchenbauer*, in: Schneider/Theobald, HBEnWR, 1. Aufl., § 13; *de Wyl/Thole*, in: Schneider/Theobald, HBEnWR, 3. Aufl., § 16.

[8] Vgl. hierzu *Dessau/Fischer*, § 24 in diesem Band; EFET-Verträge, abrufbar unter http://www.efet.org (Link: Standardisation > Legal EFET Standard Contracts and Documentation), Stand: Dezember 2016.

[9] Zur rechtlichen Einordnung von Strom und Gas als bewegliche Sachen: *Ellenberger*, in: Palandt, BGB, § 90 Rdnr. 1; vor § 90 Rdnr. 2; zur Einordnung als Kaufvertrag: *Weidenkaff*, in: Palandt, BGB, § 453 Rdnr. 6; *Theobald/Theobald*, Grundzüge des Energiewirtschaftsrechts, 3. Aufl., S. 155 ff.

[10] In diesem Sinne auch: *Theobald/Theobald*, Grundzüge des Energiewirtschaftsrechts, 3. Aufl., S. 155 f.

gaben des BGB in Bezug auf Dauerschuldverhältnisse und die hierzu ergangene Rechtsprechung.

Darüber hinaus sind in der Praxis oftmals auch die **AGB-rechtlichen Vorgaben** der §§ 305 ff. BGB zu beachten, da die Klauseln in den Verträgen von den Parteien i. d. R. nicht individuell ausgehandelt werden, sondern Standardverträge des Lieferanten sind. Sie sind daher häufig für eine Vielzahl von Verträgen vorformulierte Vertragsbedingungen, die eine Vertragspartei (Verwender) der anderen Vertragspartei bei Abschluss eines Vertrages stellt (Allgemeine Geschäftsbedingungen), und erfüllen somit die Anforderungen des § 305 I BGB. Die Anwendbarkeit der AGB-rechtlichen Vorschriften muss im Einzelfall jeweils konkret geprüft werden, weil es insbesondere auch denkbar ist, dass ein Standardvertrag verwendet wird, in diesem Vertrag aber einzelne Klauseln individuell verhandelt werden. Derartige Individualverhandlungen und -vereinbarungen können dazu führen, dass keine AGB mehr vorliegen, sondern § 305 I 3 BGB greift. Für die Annahme einer **Individualvereinbarung** ist es jedoch nicht ausreichend, dass die Klauseln rechtlich erörtert und ihre Anwendbarkeit diskutiert wird. Es ist vielmehr erforderlich, dass der Verwender die von ihm vorgeschlagenen Klauseln inhaltlich ernsthaft zur Disposition stellt und dem Vertragspartner zumindest eine konkrete Möglichkeit einräumt, die Ausgestaltung der Vertragsbedingungen mit zu gestalten.[11] Erst wenn diese Anforderungen erfüllt sind, entfällt der AGB-rechtliche besondere Schutz des Abnehmers. Ein solches „ernsthaftes Infragestellen" der eigenen Vertragsklausel findet in der Praxis gerade kaum statt. 8

Die Verträge sind üblicherweise nicht vollumfänglich nach den AGB-Vorschriften überprüfbar, da der Anwendungsbereich der §§ 305 ff. BGB für Unternehmer – um die es sich bei den Vertragsparteien i. d. R. handelt – durch § 310 BGB eingeschränkt ist. Die Grundklausel des § 307 BGB und die hierzu ergangene Rechtsprechung[12] sieht jedoch weiterhin einen umfangreichen Schutz der Abnehmer – auch als Unternehmer – vor, da die Grundwertungen der Einzelbestimmungen der §§ 308, 309 BGB in die Auslegung der allgemeinen Angemessenheitsklausel des § 307 BGB Eingang finden.[13] 9

---

[11] BGH, NJW 2000, 1110, 1111; *Basedow,* in: Säcker/Rixecker/Oetker/Limperg, MüKo BGB, § 305 BGB Rdnr. 34.

[12] Vgl. hierzu mit weiteren Nachweisen: *Wurmnest,* in: Säcker/Rixecker/Oetker/Limperg, MüKo BGB, § 307 BGB Rdnr. 48, 51 ff.; *Dammann,* in: Wolf/Lindacher/Pfeiffer, AGB-Recht, § 308 Rdnr. 12.

[13] *Grüneberg,* in: Palandt, BGB, § 310 Rdnr. 5; *Wurmnest,* in: Säcker/Rixecker/Oetker/Limperg, MüKo BGB, § 307 BGB Rdnr. 77.

D. Handels- und Lieferverträge

I. Gashandels- und Gaslieferverträge

10 Im Folgenden soll auf die nicht standardisierten Verträge im Gassektor, insbesondere also auf Lieferverträge und nicht standardisierte Handelsverträge eingegangen werden.

1. Kurzfristige Handelsverträge

11 Kurzfristige Handelsverträge regeln – ebenso wie die langfristigeren Lieferverträge – die Modalitäten für die Lieferung und den Bezug von Erdgas. Bei diesen Verträgen handelt es sich oftmals um **Rahmenverträge**, die allgemeine Regelungen für die Vertragsdurchführungen enthalten und das Vertragsverhältnis grundsätzlich strukturieren. Der Rahmenvertrag wird – ähnlich dem EFET-Handelsvertrag[14] – zu Beginn einer Geschäftsbeziehung abgeschlossen. Er kann – muss aber noch kein – konkretes Liefergeschäft zum Gegenstand haben. Üblicherweise hat der Rahmenvertrag eine längere Laufzeit.

12 Für das konkrete Geschäft werden dann jeweils – oftmals sehr kurzfristig – ausfüllende Liefervereinbarungen (**Einzeltransaktionsvereinbarungen**) abgeschlossen, in die der Rahmenvertrag als AGB mit einbezogen und dadurch zwischen den Parteien verbindlich wird. Dies ermöglicht es den Vertragsparteien, sich beim Abschluss der jeweiligen Transaktion auf die spezifischen Gesichtspunkte des konkreten Geschäfts zu konzentrieren, da die „allgemein gültigeren" Aspekte bereits vorab im Rahmenvertrag geregelt wurden. Für kurzfristige Handelsgeschäfte ist dies eine wesentliche Voraussetzung. Die ausfüllende Liefervereinbarung kann dann sehr kurz gefasst sein. Sie enthält i. d. R. nur noch die spezifischen kommerziellen Einzelvorgaben des Geschäfts wie Menge, Lieferzeitraum, Preis, Übergabeort sowie ggf. besondere Zahlungsmodalitäten und Höhe der Sicherheitsleistung.[15]

13 Neben den Rahmenverträgen existieren natürlich auch **klassische Vertragssysteme** mit einem Liefervertrag, der alle notwendigen Vertragsregeln enthält. Diese Verträge gliedern sich oftmals in vertragliche Regeln und zusätzliche Allgemeine Lieferbedingungen, also die AGB des Lieferanten. Diese Bezeichnung darf jedoch nicht darüber hinwegtäuschen, dass es sich auch bei den Vertragsregeln oftmals um Musterverträge des

[14] Vgl. hierzu *Dessau/Fischer*, § 24 in diesem Band; EFET-Verträge, abrufbar unter http://www.efet.org (Link: Standardisation > Legal EFET Standard Contracts and Documentation), Stand: Dezember 2016.

[15] Vgl. unten Rdnr. 14 ff.

Lieferanten handelt und damit häufig in rechtlicher Hinsicht AGB vorliegen, die an dem AGB-Maßstab zu messen sind.[16]

a) Mengen- und Leistungsklausel

Bei den kurzfristigen Handelsverträgen werden die Mengen häufig vorab als fixe Mengen, nach dem gegenwärtigen Stand der Marktentwicklung oftmals als feste Bandlieferungen, festgelegt.[17] Die Verträge enthalten im Handelsbereich i. d. R. eine 100%ige **Take-or-pay-Verpflichtung,** was bedeutet, dass die bestellte Liefermenge und -leistung vollständig abzunehmen oder aber zumindest zu 100% zu bezahlen ist.[18] Damit gibt es bei dem Bezug keine Flexibilität, das Produkt ist – wie im Handel erforderlich – einfach austauschbar. Inzwischen werden allerdings auch im Handelsbereich zunehmend Verträge mit Flexibilitäten in Bezug auf Menge und Leistung angeboten. 14

Soweit es sich um Lieferverhältnisse handelt, die im Rahmen einer Netznutzung realisiert werden, enthalten die Verträge i. d. R. strenge Regeln für den Fall des Überschreitens der vertraglich vereinbarten Bezugsmengen in Form von Strafzahlungen oder einer Weiterleitung der dem Lieferanten durch die Überschreitung gegenüber dem Netzbetreiber entstehenden Zusatzkosten. Grund hierfür sind die in Netzzugangs- und Bilanzkreisverträgen üblicherweise enthaltenen Pönalisierungen von Kapazitätsüberschreitungen bzw. für die Inanspruchnahme des Bilanzausgleichs. 15

b) Vertragslaufzeit

Anders als die herkömmlichen Vollversorgungslieferverträge haben die Handelsverträge bzw. bei Rahmenvereinbarungen die Einzeltransaktionsvereinbarungen i. d. R. kürzere Laufzeiten von z. B. einem oder einem halben Gaswirtschaftsjahr, in stark liberalisierten Märkten auch von Monaten, Wochen oder Tagen.[19] Insbesondere bei Kurzfristverträgen auf Monats-, Wochen- oder Tagesbasis werden in aller Regel Rahmenvereinbarungen verwendet, da die Zeiträume für eine Einzelverhandlung eines komplexen Gesamtvertrages zu kurz sind. 16

---

[16] Vgl. oben Rdnr. 8 f.

[17] Das bedeutet, dass eine feste, gleichbleibende Liefermenge mit gleichbleibender Leistung während des gesamten Lieferzeitraums geliefert wird.

[18] Ersparte Aufwendungen o.ä. können nicht geltend gemacht werden.

[19] Derartige kurzfristigere Lieferzeiträume setzen Netzzugangsbedingungen voraus, die dies abbilden können, also auch sehr kurzfristige Netzzugangsverträge. In Deutschland ist dies gegenwärtig (noch) nicht der Fall.

c) Preisregelungen

17 Im Rahmen von **kurzfristigeren Handelsverträgen** (ein Jahr und weniger) werden häufig **Fixpreise** vereinbart, die wegen der fehlenden Bindung an den Ölpreis schwankungsunabhängig sind. Hier wird entweder ein (fixer) Arbeits- und Leistungs- bzw. Grundpreis vereinbart, oder aber – was häufiger geschieht – vollständig auf die Leistungspreisbildung verzichtet.

18 Bei Vereinbarung eines **Leistungs- bzw. Grundpreises** wird dieser für die höchste bezogene Leistung in einer bestimmten Messperiode berechnet. Während sich in der Vergangenheit der Jahresleistungspreis i. d. R. aus dem arithmetischen Mittelwert aus den zwei höchsten Monatsleistungen ergab und an den Investitionsgüterindex gebunden war,[20] so fällt diese arithmetische Mittelung nunmehr zunehmend weg und der Leistungs- bzw. Grundpreis orientiert sich ausschließlich an der bestellten höchsten Leistung. Grund hierfür ist das neue Netzzugangssystem und die Praxis der Kapazitätsbestellung anhand der benötigten Entry-Kapazitäten.

19 Der **Arbeitspreis** wird für die Menge der tatsächlich bezogenen Arbeit berechnet. Wird der Arbeitspreis nicht fix vereinbart, so besteht – wie bei den langfristigeren Verträgen allgemein üblich – die Alternative ihn an den Preis für leichtes (oder teilweise auch schweres) Heizöl zu binden (**Ölpreisbindung**).[21] Die Ölpreisbindung, die zu Beginn der Verbreitung des Erdgases als neuer Energieträger für die Wärme- und später auch Stromerzeugung eingeführt wurde, diente dazu, Gas als neuen Energieträger gegenüber dem (Heiz-)Öl konkurrenzfähig zu machen. Durch die Ölpreisbindung ist der Gaspreis mittelbar von den Preisschwankungen auf den Ölmärkten betroffen. Die Bindung an den Ölpreis erfolgt nach dem **Anlegbarkeitsprinzip** über eine Standardpreisformel.[22] Zugleich werden bei Über- bzw. Unterschreiten bestimmter Preisgrenzen für Öl Ersatzarbeitspreise angeboten. Die Anpassung an den Ölpreis (z. B. Rheinschiene in Deutschland) findet dabei mit einer gewissen zeitlichen Verzögerung statt, sog. „time lag“, der i. d. R. bei Weiterverteilern drei bzw. sechs Monate beträgt, bei Industriekunden einen Monat.[23] Der Referenzzeitraum, also der Zeitraum, aus dem im Mittelwert der anzupassende Preis gebildet wird, beträgt ebenfalls drei bzw. sechs Monate bei Weiterverteilern, bei Industriekunden einen Monat. Je kürzer die

---

[20] Vgl. *Specht,* Gasbeschaffung im liberalisierten Energiemarkt, S. 75.

[21] Es handelt sich um die sog. „HEL-Bindung“ oder „HSL-Bindung“; vgl. *Specht,* Gasbeschaffung im liberalisierten Energiemarkt, S. 86.

[22] Zum Anlegbarkeitsprinzip und Preisformel mit Beispielrechnungen vgl. *Specht,* Gasbeschaffung im liberalisierten Energiemarkt, S. 119 ff.

[23] *Specht,* Gasbeschaffung im liberalisierten Energiemarkt, S. 75.

Zeiträume sind, desto enger sind die Bindung und die zeitliche Nähe zur Ölpreisentwicklung. Innerhalb der Laufzeit des Vertrages kann es dadurch zu erheblichen Veränderungen der preisbildenden Faktoren kommen.

d) Preisanpassungsklauseln

Preisanpassungsklauseln sind bei **kurzfristigen Handels- und Lieferverträgen unüblich**, da der kurze Vertragszeitraum ein größeres Schwanken der Preise eher unwahrscheinlich macht und die Parteien aufgrund der Kurzfristigkeit des Geschäfts ohnehin in der Lage sind, ihr Vertragsverhältnis und die Preisvereinbarungen an die aktuellen wirtschaftlichen Gegebenheiten anzupassen. Zumindest ist der Zeitraum für die Unternehmen jedoch unter Risikogesichtspunkten überschaubarer zu kalkulieren. 20

e) Übergabeort

Jeder Vertrag enthält konkrete Bestimmungen zum Übergabe- bzw. Lieferort des Gases. An dem Übergabeort geht das Eigentum am Gas vom Verkäufer auf den Erwerber über und auch das Risiko. Als Übergabeort wird (in Deutschland) entweder ein (physischer) Eintrittspunkt in das deutsche Leitungsnetz gewählt,[24] einer der virtuellen Handelspunkte innerhalb der unterschiedlichen Marktgebiete oder aber die Abnahmestelle des Endkunden. Durch das neue Netzzugangssystem[25] ist es (gewolltermaßen) nicht mehr möglich, innerhalb des deutschen Netzes Knotenpunkte zwischen den einzelnen Netzen als Übergabeort zu wählen, wie es in der Vergangenheit sehr üblich war. Dadurch wird die Liquidität an den virtuellen Handelspunkten gebündelt. Der virtuelle Handelspunkt ist kein physisch spezifizierbarer einzelner Punkt im Netz eines Netzbetreibers, sondern er deckt de facto eine gesamte Netzebene ab. Dies führt zu notwendigen Anpassungen bei der Regelung des sog. Gefahrenübergangs. 21

Sollte sich der Übergabeort an einer nationalen Grenze befinden (z. B. deutsch-dänische oder deutsch-belgische Grenze), was bei internationalen Handels- und Lieferverträgen häufig vorkommt, so ist es aus steuerrechtlichen Gründen **wichtig, den Ort der Übergabe nicht „auf der Grenze" zu definieren**, sondern einem konkreten Land zuzuordnen.[26] 22

[24] Dies ist ein Knotenpunkt zwischen verschiedenen Leitungssystemen („Flansche"), wo sich auch eine Messstelle/-station befindet.

[25] Vgl. dazu die Entscheidung der BNetzA v. 17.11.2006, Az. BK7-06-074.

[26] Auf die Gründe hierfür kann an dieser Stelle nicht näher eingegangen werden. Die steuerrechtliche Situation kann jedoch bei unzureichender vertraglicher Regelung zu erheblichen Abwicklungsproblemen führen, die es durch eine sinnvolle vertragliche

f) Haftung, Shortfall Credit und Begrenzung der Lieferpflicht

23 Zu den Standardklauseln eines Handelsvertrages gehören **Haftungsklauseln.** Haftungsklauseln sind bei Händlern ein wenig beliebtes Thema, da Haftungsfragen für Nichtjuristen nur schwer verständlich sind und das Risiko eines Haftungsfalles im täglichen Handelsgeschäft im Verhältnis zu den Fällen einer unproblematischen Vertragsabwicklung verhältnismäßig gering ist. Rechtssichere und gute Haftungsklauseln oder aber zumindest eine valide Einschätzung der Wirksamkeit gestellter Haftungsklauseln sind in juristischer Hinsicht jedoch ein Kernpunkt der Vertragsberatung; zum einen, weil im Falle einer Risikorealisierung der Schaden extrem hoch sein kann und zum anderen, weil die Erfahrung zeigt, dass eine Vielzahl von Haftungsklauseln in der Praxis unwirksam ist. Hier besteht also ein hohes vertragliches Risiko. Nachfolgend soll ausschnittsweise auf einige Beispiele und Problemfelder eingegangen werden.

24 Zu den typischen Haftungsklauseln von Handels- (und auch Liefer-)verträgen gehört die Regelung, dass die Haftung des Lieferanten bei der Verletzung vertraglicher Pflichten grundsätzlich auf Vorsatz und grobe Fahrlässigkeit beschränkt ist. Dies ist insoweit höchst problematisch, als damit oftmals auch ein Haftungsausschluss **bei Lebens-, Körper- oder Gesundheitsschäden** sowie der Verletzung wesentlicher Vertragspflichten (sog. **Kardinalpflichten**) enthalten ist.[27] Nach der ständigen Rechtsprechung des BGH ist es unzulässig, formularmäßig in AGB die Haftung für einen Verstoß gegen wesentliche Vertragspflichten auszuschließen oder auf leichte Fahrlässigkeit zu begrenzen und damit die Rechte des Kunden aus dem Vertrag auszuhöhlen.[28]

25 Ein weiterer Problempunkt ist der oftmals verwendete Ausschluss oder die Begrenzung der Haftung für **Vermögensschäden** oder **Folgeschäden** ohne Ansehung der Art des entstandenen Schadens. Vermögensschäden oder Folgeschäden können jedoch gerade einen vertragstypischen Schaden darstellen, bei Lieferverträgen ist der Vermögensschaden geradezu der klassische Fall des Schadens (nämlich bei Nichtlieferung). Dementsprechend geht auch die Rechtsprechung davon aus, dass AGB-Klauseln, die die Haftung für Vermögens- oder Folgeschäden begrenzen, gegen die Vorschriften des AGB-Rechts verstoßen, soweit sie vertragstypische Schäden – wie z. B. typische Ersatzansprüche

---

Gestaltung zu vermeiden gilt. Zu Steuerfragen siehe *Böck/Hoffschmidt,* § 26, in der Vorauflage.

[27] BGHZ 93, 29, 48; BGHZ 89, 363, 368.

[28] BGHZ 93, 29, 48; BGHZ 89, 363, 368.

des Kunden aufgrund von Nicht- oder Minderlieferungen – von der Haftung ausnehmen.[29]

26 Ein dritter Problembereich der Haftungsklauseln **betrifft summenmäßige Haftungsbeschränkungen**, da vertragliche Schadenshöhen de facto – was konkret zu prüfen ist – die Haftungssummen deutlich überschreiten können. Insbesondere wenn der Bereich der Kardinalpflichten betroffen ist, zieht die Rechtsprechung enge Grenzen, die bei der vertraglichen Gestaltung zu beachten sind.

27 Neben Klauseln, die die Haftung ausschließen, enthalten Handelsverträge häufig spezielle finanzielle Ausgleichsregeln für den Fall der Nichtlieferung durch den Verkäufer. Insbesondere in englischsprachigen Verträgen sind häufig Klauseln enthalten, die vorsehen, dass der Verkäufer seinem Abnehmer für einen bestimmten Prozentsatz des zuwenig gelieferten Gases verschuldensunabhängig eine bestimmte Summe als Entschädigung zu bezahlen hat (**„Shortfall Credits“**). Diese Klauseln sind zwar einerseits für den Abnehmer vorteilhaft, da er einen Teil seines möglicherweise eintretenden Verlusts vom Verkäufer unabhängig von dessen Verschulden ersetzt bekommt, andererseits sind die Klauseln jedoch hoch problematisch, wenn sich die Haftung des Verkäufers auf den „Shortfall Credit“ beschränkt und weitergehende Ersatzansprüche ausgeschlossen werden, da die Schäden, die beim Abnehmer aufgrund der Zuweniglieferung eintreten können, häufig höher sein werden als die vereinbarte Ausgleichszahlung.

28 Ein weiterer Problembereich betrifft Klauseln, die weite Einschränkungen der Lieferpflicht des Verkäufers enthalten. Diese sind oftmals so gefasst, dass vom Wortlaut her keine Einschränkung der Haftung vorliegt, sondern eine Einschränkung bzw. **Begrenzung der Lieferverpflichtung** selbst. Damit wird versucht, von vorneherein den Inhalt der vertraglichen Primärverpflichtung zu begrenzen, z. B. auf eine Lieferung von Gas aus einer bestimmten Quelle, aus einem bestimmten Lieferportfolio o. ä. Fällt die Quelle aus oder ist das Lieferportfolio erschöpft, so soll keine Lieferverpflichtung mehr bestehen oder allenfalls eine sog. „Bemühenspflicht“ zur Ersatzbeschaffung. Derartige Klauseln sind offensichtlich dann äußerst problematisch, wenn damit als Folge auch vertragliche Sekundärverpflichtungen (Schadensersatzansprüche) ausgeschlossen werden. Die juristische Bewertung ist hier schwieriger, da es sich bereits um eine Primäranspruchsbegrenzung handelt.[30]

---

[29] BGH, NJW 2001, 292, 302.

[30] Auf die rechtlichen Details kann hier aus Gründen des Umfangs der Darstellung nicht eingegangen werden.

g) Höhere Gewalt

29 Zu den klassischen Vertragsklauseln gehören Vereinbarungen der Parteien darüber, wie mit einer Situation umzugehen ist, in der eine oder beiden Parteien die Vertragserfüllung aufgrund von Umständen, die außerhalb ihres Einflussbereichs stehen, nicht möglich sein sollte (**Höhere-Gewalt-Klauseln**). Derartige Klauseln sind oftmals problematisch, da Verwender häufig versuchen, die Reichweite der Klauseln auf Umstände zu erstrecken, die nicht unter den Begriff der höheren Gewalt fallen, oder die Klauseln einseitig zu ihren Gunsten auszugestalten, um ihre Haftungssituation zu verbessern und den Anwendungsbereich zu Lasten der anderen Vertragspartei einzuschränken. So werden derartige Klauseln gelegentlich so formuliert, dass allein eine Vertragspartei bei Vorliegen höherer Gewalt von ihren vertraglichen Leistungspflichten befreit wird, die andere Partei hingegen – dies wird i. d. R. der Käufer sein – auch im Falle von höherer Gewalt zur Zahlung der vertraglich vereinbarten Summe verpflichtet bleibt.

30 Darüber hinaus werden zum Teil auch Umstände mit einbezogen, die auf Seiten der Erfüllungsgehilfen einer Vertragspartei eintreten. Eine Vertragspartei, die sich Erfüllungsgehilfen bedient, hat gem. § 278 BGB für das Verschulden ihrer Erfüllungsgehilfen einzustehen, sodass derartige Umstände typischerweise gerade nicht die Annahme höherer Gewalt begründen können.

31 Arbeitskampfmaßnahmen werden ebenfalls häufig ohne Unterscheidung zwischen legalen und illegalen Maßnahmen generell als höhere Gewalt angesehen. Höhere Gewalt liegt jedoch nur vor, wenn es sich um legale Arbeitskampfmaßnahmen handelt, sodass nur in solchen Fällen die betroffene Vertragspartei von ihren Leistungsverpflichtungen frei werden kann.[31]

32 Als problematisch stellen sich auch Klauseln dar, die vorsehen, dass der Käufer zur Zahlung von „Verzugszinsen“ als „Verzugsschaden“ auch dann verpflichtet sein soll, wenn er ohne Verschulden nicht in der Lage ist, fällige Zahlungen zu erbringen. Damit wird praktisch eine verschuldensunabhängige Schadensersatzpflicht des Käufers eingeführt, die mit dem rechtlichen Grundprinzip, nach dem eine Ersatzpflicht nicht ohne Verschulden eintreten kann,[32] in Konflikt tritt.

h) Sonstige Klauseln

33 Weitere typische Vertragsklauseln in Handels- aber auch Lieferverträgen sind **Steuer- und Abgabenklauseln**, die die Steuerlast ab Übergabeort

---

[31] Vgl. *Grüneberg*, in: Palandt, BGB, § 307 Rdnr. 60.
[32] BGHZ 115, 38, 42.

dem Käufer auferlegen[33] sowie Regelungen zum Verbot der Rechnungskürzung oder der Aufrechnung im Falle von Rechnungsbeanstandungen, die den Verkäufer im Falle von Streitigkeiten schützen und den Aufwand zur Durchsetzung von Rechnungskürzungen auf den Abnehmer verlagern.

2. Langfristige Lieferverträge

Langfristigere Gaslieferverträge enthalten in vielen Punkten ähnliche Klauseln wie kurzfristige Verträge, es bestehen jedoch auch einige Unterschiede: so werden keine Rahmenvereinbarungen abgeschlossen, sondern Einzelverträge. Die Mengenklauseln unterscheiden sich nicht zuletzt in Bezug auf die möglichen Flexibilitäten. Die Preisbindung erfolgte in aller Regel mit einer Koppelung an den Ölpreis – inzwischen werden andere Preisbindungen üblicher – und auch bei Haftungsklauseln bestehen häufig deutliche Unterschiede. Weitaus wichtiger als bei kurzfristigen Verträgen sind naturgemäß Preisanpassungsklauseln. 34

a) Mengen- und Leistungsklauseln

Während bei kurzfristigen Lieferverträgen oftmals eine bestimmte Menge vorab als fixe Liefermenge (z. B. als Band) definiert wird,[34] ist das angebotene Produkt bei langfristigeren Verträgen häufig komplexer. Da die in der Vergangenheit über Jahrzehnte hinweg praktizierten langfristigen (i. d. R. 20-jährigen) Gesamtbedarfsdeckungsverträge mit der Entscheidung des BKartA von 2006[35] untersagt wurden, sind diese langfristigen Gesamtbedarfsdeckungsverträge sukzessive auf kürzere Gesamtbedarfsdeckungsverträge oder auf längere Verträge mit Teilmengen umgestellt worden. Das BKartA erlaubte für die Zeit bis 1.10.2010 nur (im Verhältnis zwischen Ferngasunternehmen und Weiterverteilern) Klauseln mit faktischen Bedarfsdeckungen von mehr als 80 % bei Laufzeiten von maximal zwei Jahren und Bedarfsdeckungen von mehr als 50 % bis 80 % bei Laufzeiten von maximal vier Jahren. Bedarfsdeckungen von bis zu 50 % wurden zeitlich nicht eingeschränkt. Darüber hinaus erklärte das BKartA auch eine zeitlich überlappende Hintereinanderschaltung von verschiedenen Verträgen mit Teilbedarfsdeckungen, die die Grenzen in der Summe überschritten, für unzulässig (sog. „Stapelverbot").[36] Bei Verträgen mit Industriekunden und insbesondere im Bereich des Kraftwerksgases waren diese Grenzen nicht anwendbar. Auf 35

[33] Zur umsatz- und energiesteuerrechtlichen Problematik in Bezug auf den Übergabeort vgl. oben Rdnr. 22.

[34] Vgl. hierzu oben Rdnr. 14 ff.

[35] BKartA, Beschl. v. 13.1.2006, Az. B8-113/03-1 (Musterbeschluss).

[36] BKartA, Beschl. v. 13.1.2006, Az. B8-113/03-1 (Musterbeschluss).

der Grundlage einer Marktbewertung vom 15.6.2010[37] hat das BKartA eine Verlängerung der Vorgaben nicht mehr für nötig gehalten. Inzwischen sind Gesamtbedarfsdeckungsverträge mit einer Laufzeit von mehr als zwei Jahren unüblich geworden und werden auch von den Ferngasunternehmen kaum noch angeboten.

36 Wesentliches Merkmal des Vollversorgungs- oder offenen Liefervertrages ist, dass der Abnehmer keine genauen Angaben über den konkreten Umfang und den zeitlichen Verlauf seiner Energieabnahme machen muss, sondern vom Lieferanten eine sog. „offene Lieferung" bereitgestellt wird.[38]

37 Häufig sind in derartigen längerfristigen Verträgen Flexibilitäten bzw. Take-or-pay-Verpflichtungen von z. B. 80 % vereinbart.

b) Laufzeitregelungen

38 Laufzeitregelungen sind Kernregelungen jedes Liefervertrages. Dabei ist zwischen der Vertragslaufzeit und der Lieferlaufzeit zu unterscheiden. Während die reinen Rahmenverträge häufig unbefristet abgeschlossen werden und dies auch juristisch unbedenklich ist, sind unter diesen Verträgen geschlossene Einzeltransaktionsverträge mit den konkreten Einzellieferzeiträumen an den bereits dargestellten kartellrechtlichen Kriterien zu messen.

c) Preisklauseln

39 Bei langfristigeren Verträgen werden typischerweise keine Festpreise vereinbart, sondern **Leistungs- bzw. Grund- und Arbeitspreise**, wobei der Arbeitspreis entweder eine Ölpreisbindung mit den entsprechenden quartalsmäßigen Anpassungsmechanismen beinhaltet[39] oder eine Preisbindung in Anlehnung an Gashandelspunkte.

d) Preisanpassungsklauseln

40 Preisanpassungsklauseln finden sich häufig in längerfristigen Verträgen, um einen angemessenen Interessenausgleich zwischen den Vertragspartnern zu erreichen und gleichzeitig die notwendige Flexibilität bei der Vertragsdurchführung zu gewährleisten. Derartige Preisanpassungsklauseln sind häufig als **Eintrittsklauseln, Sonderpreisanpassungsklauseln, Öffnungsklauseln** (auch **„englische Klauseln"**) oder als **Meistbegünsti-**

---

[37] BKartA, Bericht v. 15.6.2010 über die Evaluierung der Beschlüsse zu langfristigen Gaslieferverträgen.

[38] Vgl. *Theobald/Theobald,* Grundzüge des Energiewirtschaftsrechts, 3. Aufl., S. 139 f. Gleichwohl enthalten diese Verträge zumindest Richtwerte für maximale Bezugsmengen und Leistungen.

[39] Vgl. hierzu oben Rdnr. 17 f.

gungsklauseln ausgestaltet.[40] In einem liberalisierten Energiemarkt, bei dem sich zunehmender Gas-zu-Gas-Wettbewerb entwickelt, ist es gerade bei langfristigeren Verträgen aus Sicht des Abnehmers wichtig, effektive Preisanpassungsklauseln zu vereinbaren.

Sog. **Eintrittsklauseln** werden erst zum Ende des Vertrages relevant. 41
Sie erlauben es dem Lieferanten, nach Ablauf des Vertrages, in ein günstigeres Angebot eines Dritten an den Abnehmer einzutreten und damit faktisch den Vertrag zwischen Lieferant und Abnehmer zu verlängern. Sie sind heute weniger üblich und rechtlich nicht unbedenklich.

Sonderpreisanpassungsklauseln hingegen räumen dem Abnehmer das 42
Recht ein, während der Vertragslaufzeit eine Sonderpreisanpassung zu verlangen, wenn er z. B. mit Hilfe von Angeboten alternativer Lieferanten nachweisen kann, dass sich der marktliche Bezugspreis für ihn verändert hat. Diese Sonderpreisanpassungsklausel wird dann zu einer echten **Öffnungsklausel** bzw. **„englischen Klausel"**, wenn im Falle des Nichteintretens des Lieferanten in den geforderten neuen Preis für den Kunden das Recht zur außerordentlichen Vertragskündigung besteht.[41] Derartige Öffnungsklauseln wurden in der Praxis eine Zeit lang sehr stark verwendet, sind jedoch vom BKartA in dessen Grundsatzentscheidung von 2006[42] als unzulässig eingestuft worden.

Meistbegünstigungsklauseln verpflichten den Lieferanten, seinem Ab- 43
nehmer Vertragsbedingungen anzubieten, die nicht schlechter ausgestaltet sind als die Bedingungen, die er gegenüber anderen Abnehmern zur Anwendung bringt. Der Lieferant wird also verpflichtet, sein Verhalten gegenüber einem bestimmten Abnehmer an das Verhalten gegenüber anderen Abnehmern anzupassen. Wettbewerb wird jedoch gerade durch unterschiedliches Verhalten gegenüber verschiedenen Vertragspartnern gekennzeichnet, sodass derartige Klauseln rechtlich bedenklich sein können. Die Bewertung im Einzelfall hängt jedoch stark vom Wortlaut der relevanten Vertragsbestimmung ab.

e) Haftung

Auch bei längerfristigeren Lieferverträgen stellen Haftungsklauseln häu- 44
fig ein Kernproblem der Verträge dar. Die Haftungsklauseln unterscheiden sich hier jedoch in der Praxis.

---

[40] *Specht*, Gasbeschaffung im liberalisierten Energiemarkt, S. 96 ff., 107 ff.

[41] Ein Beispiel für eine (einfache) Öffnungsklausel findet sich z. B. bei *Specht*, Gasbeschaffung im liberalisierten Energiemarkt, S. 108 ff. In der Praxis existieren sehr unterschiedliche – und auch unterschiedlich effektive – Formen.

[42] BKartA, Beschl. v. 13.1.2006, Az. B 8–113/03 -1 (Musterbeschluss).

45 Früher fand sich bei langfristigeren Verträgen häufig ein Verweis auf die **Haftungsregeln der §§ 6, 7 AVBGasV,**[43] die die Haftung für Schäden durch Unterbrechung oder Unregelmäßigkeiten in der Gasbelieferung im Falle von Tarifkundenbelieferungen sowie die Verjährung regelten. § 6 AVBGasV sah dabei sehr weitgehende Haftungsbeschränkungen für Versorgungsunternehmen, u. a. auf grobe Fahrlässigkeit bei Sach- und Vermögensschäden sowie der Höhe nach **Haftungsbegrenzungen** auf 2.500 EUR pro Tarifkunden und von 2,5 Mio. bis 7,5 Mio. EUR pro Schadensfall insgesamt[44] vor (§ 6 I 1 und 2, II AVBGasV). Da mit einer Übertragung dieser – für den Tarifkundenbereich anerkannten – Haftungsregeln auf größere Abnehmer eine empfindliche Einschränkung der Haftung des Lieferanten für Lieferausfälle oder -beschränkungen stattfand, war die Übertragung dieser Haftungsregeln, auch wenn diese in § 310 II BGB für Sondervertragskunden eine Privilegierung erfuhren,[45] nicht unproblematisch. Die Zulässigkeit der Übertragung der Haftungsregel des § 6 AVBGasV war deshalb auch mehrfach Gegenstand einschlägiger Gerichtsentscheidungen.

46 Die AVBGasV ist mittlerweile außer Kraft und wurde durch die Gasgrundversorgungsverordnung (GasGVV)[46] sowie die Niederdruckanschlussverordnung (NDAV)[47] ersetzt. Für Versorgungsstörungen haftet danach grundsätzlich nicht mehr der Lieferant, sondern der Netzbetreiber in den Grenzen des § 18 NDAV. § 18 NDAV ist insoweit die Nachfolgeregelung zu § 6 AVBGasV, hat aber für den Anschlussnutzer im Vergleich zur früheren Rechtslage zu einigen Verbesserungen geführt. Sowohl in Lieferverträgen mit Industriekunden als auch in Lieferverträgen mit Weiterverteilern verweist der Lieferant inzwischen hinsichtlich der Haftung für Versorgungsstörungen regelmäßig auf das Rechtsverhältnis zum Netzbetreiber.

47 Wegen sonstiger Haftungsfragen finden sich in langfristigeren Lieferverträgen nach wie vor auch eigenständige Haftungsbeschränkungen in Bezug auf Vorsatz und grobe Fahrlässigkeit sowie strenge Höchsthaf-

---

[43] Verordnung über Allgemeine Bedingungen für die Gasversorgung von Tarifkunden (AVBGasV) v. 21.6.1979, BGBl. I S. 676, aufgehoben durch Verordnung v. 1.11.2006, BGBl. I S. 2477.

[44] Die anwendbare Höchstgrenze war abhängig von der Anzahl der Abnehmer.

[45] *Grüneberg,* in: Palandt, BGB, § 310 Rdnr. 6.

[46] Verordnung über Allgemeine Bedingungen für die Grundversorgung von Haushaltskunden und die Ersatzversorgung mit Gas aus dem Niederdrucknetz (Gasgrundversorgerverordnung – GasGVV) v. 26.10.2006, BGBl. I S. 2391 (Inkrafttreten am 8.11.2006), zuletzt geändert durch Gesetz v. 29.8.2016, BGBl. I S. 2034.

[47] Verordnung über Allgemeine Bedingungen für den Netzanschluss und dessen Nutzung für die Gasversorgung in Niederdruck (Niederdruckanschlussverordnung – NDAV) v. 1.11.2006, BGBl. I S. 2477, 2485 (Inkrafttreten am 8.11.2006), zuletzt geändert durch Gesetzes v. 29.8.2016, BGBl. I S. 2034.

tungsgrenzen. Die Ausgestaltung ist im Einzelnen sehr unterschiedlich. Wegen dem strengen Prüfungsmaßstab der AGB-Vorschriften ist eine sehr genaue Prüfung der Haftungsbeschränkungen notwendig.[48]

f) Höhere Gewalt

Dic Klauseln in Lieferverträgen, die sich mit dem Vorliegen höherer Gewalt befassen, sind i. d. R. vergleichbar zu den entsprechenden Klauseln in Handelsverträgen formuliert, sodass auf die bereits beschriebenen Probleme verwiesen werden kann.[49] 48

3. Zugangsverträge zu den Handelspunkten

Während sich in den Anfangsjahren der Liberalisierung der Gashandel noch stark auf sog. physische Hubs wie in Zeebrügge/Belgien oder Baumgarten/Österreich orientierte, hat sich dies heute deutlich geändert. Die **europäischen Haupthandelspunkte**, der NBP (National Balancing Point) in Großbritannien, der Title Transfer Facility (TTF) in den Niederlanden sowie die Handelspunkte NCG und Gaspool in Deutschland, sind virtuelle Handelspunkte, die keinen physischen Lieferort haben.[50] Mit der europäischen Verpflichtung zur Einführung von Entry-Exit-Systemen ist es auch in den Ländern mit physischen Hubs zur Einrichtung von virtuellen Handelspunkten gekommen. 49

Insgesamt hat damit die Bedeutung von speziellen (physischen) Hub-Handels- und Nutzungsverträgen deutlich abgenommen. Die Geschäftsbedingungen der Hub-Betreiber sehen vor, dass Parteien, die einen (physischen) Hub nutzen wollen, einen besonderen Vertrag mit dem Hub-Betreiber abschließen müssen. Dieser regelt das „Ob" und „Wie" der Hub-Nutzung durch die jeweilige Vertragspartei, insbesondere das Verfahren der Kapazitätsbuchung, der Nominierung und das Matching. Sie sollen einen reibungslosen Ablauf des Handels am jeweiligen Hub sicherstellen. Dieser Standardvertrag wird i. d. R. im Internet als Mustervertrag veröffentlicht.[51] 50

Für die Nutzung der virtuellen Handelspunkte sind demgegenüber keine speziellen Verträge abzuschließen, sondern die „normalen" Netzzugangsverträge (i. d. R. Kapazitäts- und Bilanzkreisvertrag[52]). In Deutschland ist für einen reinen Handel an den virtuellen Handelspunkten („paper trade") lediglich ein Bilanzkreisvertrag erforderlich, der mit 51

[48] Vgl. hierzu bereits oben Rdnr. 8 f.

[49] Vgl. bereits Rdnr. 29 ff.

[50] Informationen dazu unter http://www.huberator.com/ bzw. http://www.fluxys.com/, Stand: Dezember 2016.

[51] Vgl. z. B. Huberator Service Agreement des Huberator Zeebrugge, jetzt Fluxys. abrufbar unter http://www.fluxys.com/, Stand: Dezember 2016.

[52] Vgl. unten Rdnr. 78 ff.

dem Marktgebietsverantwortlichen abzuschließen ist („Handelsbilanzkreis"). Dieser enthält auch spezielle Regelungen für reine „VHP-Nominierungen".[53] Es handelt sich aber um einen üblichen Standardbilanzkreisvertrag, über den sowohl physische Lieferungen als auch reine Handelslieferungen abgewickelt werden können.

52 Neben dem netzzugangsseitigen Vertragsverhältnis ist für den Handel selbstverständlich weiterhin das Vertragsverhältnis zwischen Käufer und Verkäufer relevant, das unabhängig von dem Vertragsverhältnis mit dem Netz- oder Hubbetreiber besteht. Diese Lieferverträge entsprechen inhaltlich den kurzfristigen Handelsverträgen oder es wird der EFET-Gashandelsvertrag[54] verwendet. Darüber hinaus bieten die Hubbetreiber auch selber häufig Musterstandardhandelsverträge an, die speziell auf den Handel an Hubs zugeschnitten sind, oder es werden Zusatzregelungen zu dem Musterstandardhandelsvertrag der EFET angeboten. Geregelt werden dabei insbesondere Aspekte des Eigentumsübergangs am Lieferpunkt sowie Verzugsfragen, Aufrechnungsmöglichkeiten und Sicherheitsleistungen. Diese Handelsbedingungen sind jedoch als Vorschlag an die Parteien gedacht und müssen von den Vertragspartnern weder verwendet werden noch beeinflussen sie das Verhältnis zwischen Hubnutzer und Hubbetreiber.

II. Stromliefer- und Stromhandelsverträge

53 Neben den grundsätzlichen rechtlichen Regelungen sind Stromlieferverträge – so weit sie nicht zu den umfangreichen und teilweise sehr detaillierten und regelungsreichen Standardvertragswerken gehören[55] – vielfach differenzierter und vielfältiger in ihrem energiewirtschaftlichen Regelungsgehalt als die zuvor behandelten Gaslieferverträge. Dies betrifft insbesondere die Regelungen zur Risikoübernahme und entspricht einem längeren Erfahrungshorizont, der eine stärkere Entwicklung weg von den integrierten Vollversorgungsverträgen aus der Vorliberalisierungszeit erlaubt.

54 Im Einzelnen sind daher die folgenden Grundelemente bzw. Klauseln zu nennen:

---

[53] Vgl. Kooperationsvereinbarung, Anlage Bilanzkreisvertrag.

[54] Vgl. hierzu *Dessau/Fischer*, § 24 in diesem Band; EFET-Verträge, abrufbar unter http://www.efet.org (Link: Standardisation > Legal EFET Standard Contracts and Documentation), Stand: Dezember 2016.

[55] Vgl. hierzu *Dessau/Fischer*, § 24 in diesem Band; EFET-Verträge, abrufbar unter http://www.efet.org (Link: Standardisation > Legal EFET Standard Contracts and Documentation), Stand: Dezember 2016.

1. Art der Lieferung (Bilanzabweichungsrisiko)

Unterschieden werden grundsätzlich zwei Arten von Lieferformen und damit Vertragstypen, die sich danach richten, ob die Liefermenge im Voraus (**Fahrplanlieferung**) oder im Nachhinein (**offener Vertrag**) zwischen den Parteien festgelegt wird. Damit wird das Bilanzabweichungsrisiko zugeordnet, das sich finanziell in der Abrechnung von Ausgleichsenergie auswirkt. 55

a) Fahrplanlieferung

Im Falle einer Fahrplanlieferung besteht für den Lieferanten kein Risiko einer **Bilanzabweichung**. Die Liefermenge wird als reine Handelsmenge per Fahrplan (Stunden- oder Viertelstundenwerte) aus dem Bilanzkreis des Lieferanten in den Bilanzkreis des Beziehers übertragen.[56] An Stelle eines Bilanzkreises können auch Unterbilanzkreise stehen, die sich nur insofern von Bilanzkreisen unterscheiden, als dabei Bilanzabweichungen nicht gegenüber dem Unterbilanzkreis, sondern gegenüber einem anderen (führenden) Haupt- oder Rechnungsbilanzkreis abgerechnet werden. 56

Entsprechend den mit den Verbändevereinbarungen entwickelten, nun in den Regelungen der Stromnetzzugangsverordnung (StromNZV)[57] geregelten Vorgehensweisen und in Entsprechung der Vorgaben auch aus den Bilanzkreisverträgen sind damit die Hauptpflichten von Lieferant (Lieferung) und Bezieher (Abnahme) sowie ihre Erfüllung eindeutig zu definieren, indem entsprechende Fahrplanmeldungen rechtzeitig und ordnungsgemäß an den zuständigen Übertragungsnetzbetreiber übermittelt werden. Entsprechende Formulierungen sind sorgfältig zu prüfen, da insbesondere Versäumnisse des Übertragungsnetzbetreibers der Risikosphäre von Lieferant oder Bezieher zugeordnet werden können. 57

b) Offene Lieferung

Komplexer werden die erforderlichen Regelungen bei offenen Lieferungen. Bei diesen bestimmt sich die genaue Liefermenge (in ¼-h-Leistungsmittelwerten) erst zeitlich nach der Belieferung. Eine solche Ausgestaltung als offener Liefervertrag ist bei der Belieferung von Endabnehmern oder Weiterverteilern weit verbreitet. Der Lieferumfang ermittelt sich nachträglich aus dem Entnahmeverhalten eines Endkunden oder der Gesamtheit der Kunden eines Weiterverteilers. Dabei können offene Lieferungen den vollständigen Bedarf eines Kunden bzw. Weiterverteilers abdecken (**Gesamtbedarfsdeckung**) oder den verbleibenden Rest 58

---

[56] Zum Bilanzkreis und dem Bilanzkreisvertrag vgl. unten Rdnr. 76 ff.

[57] Verordnung über den Zugang zu Elektrizitätsversorgungsnetzen (Stromnetzzugangsverordnung – StromNZV) v. 25.7.2005, BGBl. I S. 2243, zuletzt geändert durch Gesetz v. 29.8.2016, BGBl. I S. 2034.

hiervon nach Abzug von sog. Freimengen, die von anderen Lieferanten bezogen werden dürfen.

59 In der praktischen Umsetzung bedeutet die offene Belieferung die Zuordnung des Endkunden oder der Kunden des Beziehers zu dem Bilanzkreis, dem auch der Lieferant zugeordnet ist, sofern er nicht selbst Bilanzkreisverantwortlicher ist. Dies muss wiederum in der vertraglichen Formulierung klar wiedergegeben werden und ist entsprechend zu prüfen.

60 Weiterer Prüf- und Regelungsbedarf besteht angesichts der unsicheren ¼-h-Leistungsmittelwerte, da hierdurch die Erstellung einer Prognose erforderlich wird. Zu klären ist daher, welcher Vertragspartner eine Prognose anfertigt, in welchem zeitlichen Vorlauf, in welcher Detaillierung, mit welcher Verbindlichkeit und mit welchen Korrekturmöglichkeiten dies erfolgt sowie welche Daten der Endkunde bzw. Weiterverteiler für die Prognoseerstellung bereitzustellen hat. Hierfür besteht eine Vielzahl von Möglichkeiten, sodass sich in offenen Stromlieferverträgen eine große Bandbreite an unterschiedlichen vertraglichen Vereinbarungen findet, die in ihrem Zusammenwirken und den Auswirkungen auf die Preisstellung zu prüfen sind.

61 Bei der praktischen Ermittlung ist schließlich bei Weiterverteilern ebenfalls eine Vielzahl von Einflussparametern zu berücksichtigen. Während die Entnahme eines Endkunden stets messtechnisch erfasst wird, ist für die Bestimmung der Abnahmemenge eines Weiterverteilers eine Bilanzierung unumgänglich. Die tatsächliche Abnahme der Kunden des Weiterverteilers darf inzwischen aufgrund der Vorgaben der MaBiS-Festlegung nur noch mit einer „Bottom-Up"-Methode ermittelt werden: Die Leistungswerte der leistungsgemessenen Kunden sind zu addieren, ebenso die Leistungswerte der Lastprofile bei Lastprofilkunden. Beide Werte sind dann zusammenzuzählen. Einspeisungen aus EE- und KWK-Anlagen sowie anderen dezentralen Erzeugungsanlagen bzw. Eigenerzeugungsanlagen und Durchleitungen Dritter sind nicht mehr zu berücksichtigen, weil die gelieferte Menge nicht mehr wie früher ausgehend von der Übergabe in das Verteilernetz („Top-Down") ermittelt wird. Neben den Datengrundlagen ist vertraglich festzulegen, wer die Bilanzierung vornimmt, wann dies geschieht und welche Prüfmöglichkeiten der andere Vertragspartner hat. Insoweit ordnet der Verteilernetzbetreiber die Entnahmestellen einem Bilanzkreis zu und führt grundsätzlich die Messung durch.

2. Liefermenge (Mengenrisiko)

62 Neben der kurzfristigen Ermittlung der Liefermenge existieren längerfristige Mengenbestimmungen, die nicht das Bilanzabweichungsrisiko der Vertragspartner betreffen, sondern das Mengenrisiko hinsichtlich des Gesamtlieferumfangs.

Möglich wäre eine freibleibende Regelung des Lieferumfangs, sodass sich die Gesamtliefermenge frei aus den jeweiligen Fahrplanmengen oder Entnahmemengen ergeben würde. Aufgrund der damit nicht quantifizierbaren Risiken für den Lieferanten ist aber die Vorgabe von Grenzen für den maximalen und/oder minimalen Lieferumfang nach Leistungsinanspruchnahme oder gelieferter Energiemenge allgemein üblich. 63

Für die Flexibilitäten bzw. umgekehrt die quantitativen Festlegungen gilt generell, dass mit zeitlicher Annäherung an den Zeitpunkt der Lieferung die Liefermengen stärker konkretisiert werden müssen. In den Einzelheiten der Ausgestaltung bestehen aber große Unterschiede, die von einer freien Fahrplanbestimmung innerhalb äußerer Grenzen bis zu einer schrittweisen Benennung zunächst indikativer Mengen und schließlicher Festlegung en détail reichen. Bestandteil solcher Mengenfestlegungen können auch analoge Regelungen zu den oben bereits für den Gasmarkt[58] angesprochenen Take-or-pay-Klauseln sein. 64

Bei **offenen Lieferverträgen mit Weiterverteilern** als Beziehern wird neben den Festlegungen konkreter Leistungs- oder Arbeitswerte auch eine mittelbare Begrenzung des Mengenrisikos praktiziert, indem die Kunden oder Entnahmestellen, die der Weiterverteiler auf Basis eines Stromliefervertrages beliefern darf, definiert werden. Unterscheidungsmerkmal kann hierbei sein, ob es sich um Neukunden handelt oder nicht, ob Kunden innerhalb oder außerhalb des angestammten Versorgungsgebietes oder bestimmter Regelzonen beliefert werden sollen oder die Charakteristika der Kundengruppe (leistungsgemessen/nicht leistungsgemessen; bestimmte Verbrauchergruppen). Die Aufnahme von neu zu beliefernden Kunden kann wiederum von besonderen Bedingungen abhängig gemacht werden, wie beispielsweise der Verfügbarkeit historischer Verbrauchswerte. Entscheidend für den Lieferanten ist es, die Veränderungen der Abnahmemengen des Weiterverteilers einschätzen zu können. 65

3. Freimengen

Wie bereits angesprochen, werden bei offenen Lieferverträgen vielfach Freimengen, also Bezüge auch von anderen Lieferanten zugelassen. Diesbezüglich ist dann vertraglich zu regeln, welchen Umfang (prozentuale oder absolute Festlegung in Leistungs- oder Arbeitswerten) diese Freimengen haben. Üblich ist eine Vereinbarung, dass von Dritten bestimmte Standardprodukte (Bandlieferungen) bezogen werden können. Ferner bedarf der Regelung, in welchen Zeiträumen und mit welchen Fristen der Drittbezug mitgeteilt werden muss. Schließlich gibt es verschiedene Varianten der Abwicklung (über einen (Unter-)Bilanzkreis des 66

---

[58] Vgl. *Lokau/Däuper*, § 4 in diesem Band.

Beziehers oder den des Lieferanten), die sich stark auf die Informationslage der Vertragspartner auswirken.

4. Lieferort

67 Standard für den vertraglich vereinbarten Lieferort ist die **Handelsebene der jeweiligen Regelzone**, also die Höchstspannungsebene 380/220 kV im jeweiligen Übertragungsnetz.

68 Für die Belieferung von Endkunden wird weiterhin überwiegend auch die sog. All-inclusive-Belieferung praktiziert, die aus Sicht des Kunden die Belieferung und Vertragsgestaltung vereinfachen kann. In diesen Fällen ist als Lieferort der Anschlusspunkt des Kunden auf der jeweiligen individuellen Spannungsebene zu definieren. Damit geht einher, dass für die Netznutzung bzw. den Netzzugang zu entrichtende Entgelte ebenfalls im Liefervertrag abgebildet werden müssen. Dies kann entweder durch eine direkte Weiterverrechnung der tatsächlichen Netzentgelte geschehen (was aus Kundensicht im Falle sinkender Entgelte vorteilhaft ist) oder durch eine pauschale Abrechnung (die den Abwicklungsaufwand für den Lieferanten reduziert). Endkunden können sich aber auch ebenfalls auf der Handelsebene der jeweiligen Regelzone beliefern lassen, müssen dann aber die Netznutzung selbst mit einem eigenständigen Netznutzungsvertrag mit dem Verteilernetzbetreiber regeln.

5. Preisregelungen

69 Die vertraglichen Vereinbarungen der Preise werden vielfach über **separate Preisregelungen oder Preisblätter** vorgenommen. Je nach Struktur und Komplexität des Stromliefervertrages werden auch die Preisregelungen komplexer. Sie spiegeln jeweils die wirtschaftlichen Auswirkungen der oben beschriebenen unterschiedlichen Ausprägungen und Zuordnungen von Bilanzabweichungsrisiko, Mengenrisiko und Lieferort etc. wider.[59]

70 In der einfachsten Variante wird ein einheitlicher Arbeitspreis für alle gelieferten Strommengen vereinbart. Darüber hinaus sind Preisauf- oder -abschläge für Abweichung bzw. Einhaltung von Prognosewerten üblich (**Bilanzabweichungsrisiko**). Dies erfolgt beispielsweise über die Vereinbarung von Toleranzbändern oder komplexere, auch statistische Berechnungen.

71 Neben einer Begrenzung des **Mengenrisikos** durch starre Ober- bzw. Untergrenzen wird häufig auch eine separate Preisregelung vorgesehen, die ein Überschreiten solcher Grenzen zulässt, dann aber zu einer anderen Bepreisung – z. B. zum jeweils aktuellen Spotmarktpreis – führt.

[59] Vgl. oben Rdnr. 55 ff.

Auch im Strombereich werden **Sonderpreisanpassungsklauseln** verwendet.[60] Bei längeren Laufzeiten (mehrjährig) werden neben möglichen expliziten Anpassungen auch Preisgleitklauseln angewendet, die die Vertragspreise z. B. mit dem von der EEX veröffentlichten Indizes für den Spotmarkt („Phelix“) oder mit Durchschnittspreisen von Terminmarktprodukten verknüpfen. 72

Prognose- oder Bilanzabweichungen können nach eigener Preisstellung des Lieferanten oder auf Basis der Veröffentlichungen des Übertragungsnetzbetreibers abgerechnet werden. Weitere Preisbestandteile in Lieferverträgen mit Endkunden können schließlich direkt weiterverrechnete oder pauschalierte **Netzentgelte** sein. Mit Blick auf die klassischen Preisbestandteile Leistungs- und Arbeitspreis kann festgehalten werden, dass reine Energie-Lieferverträge auf die Erhebung von Leistungspreisen verzichten, während in All-inclusive-Verträgen allein aufgrund der Netzentgelte Leistungspreise enthalten sind. 73

Insgesamt ist die vertragliche Prüfung der Preisstellungen auf das Engste mit den verschiedenen Aspekten des Risikomanagements verknüpft.[61] 74

E. Netzzugangsverträge

Für den Netzzugang im Strom- und Gasmarkt sind komplexe **Vertragswerke** erforderlich:[62] 75

- Netznutzungs- oder Netzzugangsverträge zwischen Netzbetreibern und Netznutzern (dies können Endkunden oder ihre Lieferanten sein);
- Netzanschlussverträge bzw. Netzkoppelverträge zwischen Netzbetreibern verschiedener Stufen;
- Anschlussverträge zwischen Verteilernetzbetreibern und Anschlussnehmern;[63]
- daneben bestehen Rahmenverträge zwischen Lieferanten/Händlern und Netzbetreibern.

Für die Abwicklung von Handelsgeschäften an einem Handelspunkt sind hingegen solche Netzzugangsverträge im engeren Sinne nicht erforderlich, da die Ware in juristischer Hinsicht am Handelspunkt von einem Lieferanten auf den nächsten übergeben wird. Wie bereits erwähnt, 76

[60] Vgl. hierzu oben Rdnr. 42.

[61] Vgl. hierzu die Beiträge Kapitel III (§ 12 bis 17), in diesem Band: Der Handelsmarkt und seine Risiken.

[62] *de Wyl/Thole/Bartsch*, in: Schneider/Theobald, HBEnWR, 4. Aufl. § 16 Rdnr. 328 ff.

[63] Dies ist i. d. R. der Eigentümer der Anlage. Sollte der Eigentümer allerdings vom Anlagennutzer abweichen, so muss ein Anschlussnutzungsvertrag mit diesem geschlossen werden.

werden aber zur Abwicklung von Handelsgeschäften Verträge zwischen einzelnen oder mehreren Handelsparteien und dem Systemoperator bzw. einem Netzbetreiber in dieser Funktion geschlossen, die nachfolgend kurz behandelt werden. Sowohl im deutschen Strom- als auch im Gasmarkt sind dies die **Bilanzkreisverträge**.

77 Entsprechende Verträge in anderen europäischen Strom- und Gashandelsmärkten unterscheiden sich in vielen Details, sind aber von der Grundstruktur her ähnlich aufgebaut.

I. Strom: Bilanzkreisverträge

78 Bilanzkreisverträge dienen als Basis für die Abwicklung der Handelsgeschäfte.[64] Entgeltlichen Netzzugang im engeren Sinne, also die Abgeltung der Nutzung von Infrastruktur, regeln sie nicht. Vielmehr geht es vor allem um Führung, Abwicklung und Abrechnung von Bilanzkreisen. Wesentliche Inhalte gibt § 26 StromNZV vor. Die BNetzA hat einen Standardbilanzkreisvertrag Strom und die Rahmenprozesse der verschiedenen Beteiligten zur Sicherstellung einer zeitnahen Bilanzkreisabrechnung festgelegt.[65]

79 Die **wesentlichen Regelungen** umfassen zunächst die Pflicht des Bilanzkreisverantwortlichen, einerseits Einspeisungen und Fahrplanbezüge in seinen Bilanzkreis und andererseits Entnahmen und Fahrplanlieferungen aus seinem Bilanzkreis möglichst im Gleichgewicht zu halten und die Vorgabe, dass verbleibende Ungleichgewichte, also Bezug oder Lieferung von Ausgleichsenergie zwischen Bilanzkreisverantwortlichem und Übertragungsnetzbetreiber, wirtschaftlich abzurechnen sind.

80 Als **wesentliche Vertragspflicht** des Übertragungsnetzbetreibers wird die Durchführung von Energielieferungen bzw. Abwicklung des Fahrplanhandels gefasst, ergänzt um die hierfür notwendige Bildung und Führung von Bilanzkreisen in Form von entsprechenden Kontensystemen. Außerdem ist wesentliche Vertragspflicht der Übertragungsnetzbetreiber, die Bilanzabweichungen eines Bilanzkreises auszugleichen (**Bilanzausgleich**).

81 Detailliertere Bestimmungen finden sich dann zum genauen **Ablauf der Fahrplanübermittlung** hinsichtlich Inhalten, Fristen, Datenformaten und Übermittlungsmodalitäten. Ebenso werden die Abrechnungsmodalitäten für den Bilanzausgleich (Datenbasis und Ermittlung der Bilanzabweichungen, Preisermittlung für Ausgleichsenergie) genauer geregelt.

---

[64] Vgl. *de Wyl/Thole/Bartsch*, in: Schneider/Theobald, HBEnWR, 4. Aufl. § 16 Rdnr. 328 ff.

[65] Festlegung v. 29.6.2011 zum Standardbilanzkreisvertrag (Strom), Az. BK6-06-013, sowie Festlegungsverfahren MaBiS Rahmenprozesse Bilanzkreisabrechnung (Strom), Az. BK6-07-002, abrufbar unter http://www.bundesnetzagentur.de, Stand: Dezember 2016.

Weitere bedeutsame Inhalte der Bilanzkreisverträge sind ferner die Stellung und Verwendung von Sicherheiten, die Zuordnung von Bilanzabweichungen anderer (Unter-)Bilanzkreise, Bestimmung, Veröffentlichung und Auswirkungen von Netzengpässen, allgemeine Regelungen zur Abrechnung, Rechnungslegung, Haftung und Vertragslaufzeiten sowie Vertragsänderungsklauseln. 82

II. Gas: Bilanzkreisverträge

Auch die GasNZV sieht für den Gasbereich eine Abwicklung über Bilanzkreise vor (§§ 22 ff. GasNZV). Während für die Abwicklung physischer Lieferungen neben dem Bilanzkreisvertrag auch noch ein Ein- als auch Ausspeisevertrag (Kapazitätsvertrag) notwendig ist (§ 3 I GasNZV), ist für reine Handelsgeschäfte („paper trades") – wie bereits angesprochen[66] – lediglich ein Bilanzkreisvertrag erforderlich. Die Abwicklung über Gasbilanzkreise wurde praktisch relevant mit der Kooperationsvereinbarung nach § 20 Ib EnWG in der Änderungsfassung vom 25.4.2007 (KoV II). Denn erst mit dieser Fassung der Kooperationsvereinbarung wurde ab 1.10.2007 verbindlich, dass jede Belieferung bilanziell abzuwickeln ist. Vorher war überhaupt keine Grundlage für die Entwicklung liquider Handelspunkte oder einer Gasbörse in Deutschland vorhanden. 83

Die **Bedingungen für Gas-Bilanzkreise** waren **bis 2008** noch abschreckend riskant, etwa im Hinblick auf massive Preisspreizungen bei den Ausgleichsentgelten und auch kaum vereinheitlicht. Auch gewisse Toleranzen im Rahmen eines sog. Basisbilanzausgleichs nach der früheren GasNZV 2005 halfen insoweit nicht, zumal die Bemessung des Basisbilanzausgleichs recht kompliziert war. Insoweit kam es auch zu Missbrauchsverfahren gegen Bilanzkreisbedingungen einzelner Bilanzkreisnetzbetreiber vor der BNetzA, die dazu führten, dass Bilanzkreisnetzbetreiber schon vor einer Missbrauchsentscheidung freiwillig ihre Bedingungen verbesserten.[67] Zudem wurde eine Stundenbilanzierung im Hinblick auf fehlende Stundenprodukte am Handelsmarkt verstärkt in Frage gestellt und eine Tagesbilanzierung befürwortet. 84

Mit der Festlegung GABiGas vom 28.5.2008[68] hatte die BNetzA Vorgaben zu Regel- und Ausgleichsleistungen im Gasbereich gemacht und dabei auch wesentliche Regelungen für einen Standard-Bilanzkreisvertrag Gas festgelegt. Entscheidend war insoweit, dass der Wechsel zu 85

---

[66] Vgl. oben Rdnr. 51.

[67] So etwa die RWE Transportnetz Gas GmbH, die im Zusammenhang mit dem Missbrauchsverfahren BK7-07-015 im November 2007 die Preisspreizung senkte und im Februar 2008 eine zusätzliche Sockeltoleranz einführte.

[68] BNetzA, Entscheidung v. 28.5.2008, Az. BK7-08-002, abrufbar unter http://www.bundesnetzagentur.de, Stand: Dezember 2016.

einer Tagesbilanzierung vollzogen wurde, auch wenn für gewisse Fälle die Stundenleistungswerte weiterhin relevant waren. Außerdem wurde der Basisbilanzausgleich abgeschafft und die Preisspreizung bei den Ausgleichsentgelten wesentlich reduziert. Die bilanziellen Risiken sind gerade für Lieferanten von Lastprofilkunden deutlich gesunken, sodass seit dem 1.10.2008 eine deutliche Verstärkung des Gas-Wettbewerbs und des Gashandels zu verzeichnen war.[69] Mit der Kooperationsvereinbarung vom 30.6.2011 haben die Fernleitungsnetzbetreiber einen Standard-Bilanzkreisvertrag vorgelegt, der von den Marktgebietsverantwortlichen verwendet werden soll. Dieser enthält detaillierte Vorgaben zur Abwicklung der Bilanzierung. Durch die Festlegung GaBiGas 2.0 vom 19.12.2014[70] wurden europäische Vorgaben zur Gasbilanzierung in Deutschland umgesetzt, die mit der Kooperationsvereinbarung mit Wirkung zum 1.10.2015 bzw. 1.10.2016 konkretisiert wurden. Insoweit wurde u. a. festgelegt, dass sich auch im Gasbereich die Ausgleichsenergiepreise nach den tatsächlichen Regelenergiebeschaffungskosten der Marktgebietsverantwortlichen richten sollen, daneben wurde zum 1.10.2016 ein neues System der untertätigen Pflichten für RLM-Entnahmestellen eingeführt.

F. Fazit

86 Im Gas- und Strombereich existieren **unterschiedliche Vertragsstrukturen**, die sich allerdings mehr und mehr annähern. Seit einigen Jahren hat sich der Gasmarkt in Deutschland erheblich weiterentwickelt und ist mit dem Stromhandel ein aktiver Handel etabliert. Die Handelsdaten für NCG und Gaspool belegen, dass es hier inzwischen erhebliche Handelsvolumen gibt, die auf einen zunehmend liquiden Gasmarkt hindeuten. Gleichwohl werden die Handelsvolumina des Strombereichs bei weitem noch nicht erreicht und auch der Anteil des börslichen Gashandels im Verhältnis zum OTC-Handel ist weiterhin deutlich verbesserungswürdig. Immerhin ist die hohe Anzahl von Gas-Marktgebieten in Deutschland zum 1.10.2011 auf zwei qualitätsübergreifende Gebiete gesunken, während die BNetzA im Strombereich die vier Regelzonen zumindest hinsichtlich der Regelenergiesteuerung bereits vereinheitlicht hat und mit dem EnWG 2011 die Kompetenz erhält, per Festlegung eine einheitliche Regelzone zu bilden. Im Gasbereich unterscheiden sich die Vertragsstrukturen bei kurzfristigeren Handels- und Lieferverträgen weiterhin von denen langfristigerer Lieferverträge. Allerdings hat das BKartA

[69] Vgl. BNetzA, Evaluierungsbericht zur Festlegung GABiGas v. 1.4.2011.

[70] Festlegung „GaBiGas 2.0“ v. 19.12.2014, Az. BK7-14-020, abrufbar unter http://www.bundesnetzagentur.de, Stand: Dezember 2016.

beinahe zehn Jahre nach der Liberalisierung die bis dahin üblichen langfristigen Gesamtbedarfsdeckungsverträge von Weiterverteilern untersagt. Im Strombereich hat sich seit der Marktliberalisierung im Jahre 1998 die Tendenz ohnehin stärker zu kurzfristigeren Verträgen entwickelt. Die Ausgestaltung der Verträge bietet für Anbieter und Abnehmer viele Spielräume, die in rechtlicher Hinsicht vor allem bei standardisierter Vertragsgestaltung durch die AGB-rechtlichen Vorgaben begrenzt werden. Eine profunde Kenntnis dieser vertraglichen Spielräume sowie der rechtlichen und energiewirtschaftlichen Problempunkte sind unabdingbar, um Liefer- und Handelsverträge für die Vertragspartner effektiv zu gestalten.

Kapitel 6. Marktauftritt

§ 26 Marktauftritt

A. Einführung

1 Im Rahmen der Handelsaktivitäten von Unternehmen ist nicht nur darauf zu achten, dass die Geschäftstätigkeit an sich erlaubt ist.[1] Vielmehr muss darüber hinaus auch die **Art und Weise** des Marktauftritts **zulässig** sein. Nicht alle **werbewirksamen Maßnahmen** werden von der Rechtsordnung gedeckt, sodass es vor der Durchführung einer Werbekampagne oder der Strukturierung eines Außenauftrittes regelmäßig ratsam ist, sich mit den rechtlichen Gegebenheiten vertraut zu machen.

2 Regelungen für den Marktauftritt gibt es in verschiedenen Gesetzen. Die allgemeinen Regelungen zum werblichen Verhalten lassen sich in dem **Gesetz gegen den unlauteren Wettbewerb** (UWG)[2] sowie – für marktstarke Unternehmen – im **Gesetz gegen Wettbewerbsbeschränkungen (GWB)**[3] finden. Darüber hinaus beanspruchen im Bereich der Finanzdienstleistungen und Bankgeschäfte weitere spezialgesetzliche Bestimmungen zum Marktauftritt Beachtung. Diesbezüglich sind insbesondere die Regelungen des **Gesetzes über das Kreditwesen** (KWG)[4] sowie des **Wertpapierhandelsgesetzes** (WpHG)[5] zu erwähnen.

B. Historische Entwicklung

3 Der Marktauftritt der Finanzinstitute war zu Beginn des 20. Jahrhunderts insbesondere von einer Selbstbeschränkung durch die Verbände der Kreditwirtschaft geprägt. Bereits im Jahre 1913 traten die **„Allge-**

---

[1] Vgl. hierzu bereits *Zenke/du Buisson/Dessau*, § 9 in diesem Band.

[2] Gesetz gegen den unlauteren Wettbewerb (UWG) i. d. F. der Bek. v. 3.3.2010, BGBl. I S. 254, zuletzt geändert durch Gesetz v. 17.2.2016, BGBl. I S. 233.

[3] Gesetz gegen Wettbewerbsbeschränkungen (GWB) i. d. F. der Bek. v. 26.6.2013, BGBl. I S. 1750, 3245, zuletzt geändert durch Gesetz v. 13.10.2016, BGBl. I S. 2258.

[4] Gesetz über das Kreditwesen (KWG) v. 9.9.1998, BGBl. I S. 2776, zuletzt geändert durch Gesetz v. 30.6.2016, BGBl. I S. 1514.

[5] Gesetz über den Wertpapierhandel (WpHG) v. 9.9.1998, BGBl. I S. 2708, zuletzt geändert durch Gesetz v. 23.12.2016, BGBl. I S. 3171.

meinen Abmachungen der Vereinigungen von Bankiers" in Kraft, welche u. a. Regelungen zur Konditionengestaltung enthielten. Daran anschließend wurde im Jahre 1928 das „**Abkommen auf dem Gebiet des Wettbewerbs**" zwischen den Spitzenverbänden der Kreditwirtschaft geschlossen.[6] Dieses – im Jahre 1930 noch einmal modifizierte – Abkommen stellte für die Unternehmen der Finanzbranche Richtlinien zur Beurteilung der Zulässigkeit bzw. Unzulässigkeit von Werbemaßnahmen auf. Hierdurch wurde die schon damals im allgemeinen Wettbewerbsrecht (UWG von 1909)[7] enthaltene Generalklausel, betreffend das verbotene unlautere Verhalten,[8] unter Berücksichtigung der speziellen Usancen der Kreditwirtschaft konkretisiert. Angesichts der besonderen Vertrauensempfindlichkeit des Kreditgewerbes[9] wurden auch strengere und über die Beschränkungen des allgemeinen Wettbewerbsrechts hinausgehende Anforderungen vereinbart.[10]

4 Basierend auf der letztgenannten Abrede schlossen die Spitzenverbände der Kreditwirtschaft im Jahre 1936 ein **Wettbewerbsabkommen**,[11] welches vom Reichskommissar für das Kreditwesen für allgemeinverbindlich erklärt und somit mit einer sehr weitgehenden Wirkung verbunden wurde.[12] Dieses Abkommen bildete ferner die Basis für die von jeher praktizierten Selbstregulierungsverfahren bei Wettbewerbsverstößen.

5 Nach dem Krieg behielt das Wettbewerbsabkommen zunächst Bestand; es wurde erst am 23.11.1967 durch das Bundesaufsichtsamt für das Kreditwesen (**BAKred**, heute **BaFin**, Bundesanstalt für Finanzdienstleistungsaufsicht) aufgehoben.[13] Die Inhalte des Wettbewerbsabkom-

[6] Abgedruckt bei: *Schmidt,* Das besondere Wettbewerbsrecht der Kreditinstitute, S. 142 ff.

[7] Gesetz gegen den unlauteren Wettbewerb (UWG) v. 7.6.1909, RGBl. 1909, 499.

[8] Vgl. im Einzelnen unten, Rdnr. 8 ff.

[9] Vgl. *Fischer,* in: Boos/Fischer/Schulte-Mattler, KWG, 5. Aufl., § 23 Rdnr. 4.

[10] Vgl. *Döll/Siebert,* in: Hellner/Steuer, Bankrecht und Bankpraxis, 14/6.

[11] Vgl. *Hammer,* Enzyklopädisches Lexikon für das Geld-, Bank- und Börsenwesen, S. 1826.

[12] Dies erinnert an das Schicksal der Verbändevereinbarung über Kriterien zur Bestimmung von Netznutzungsentgelten für elektrische Energie und über Prinzipien der Netznutzung (VV II plus Strom) vom 13.12.2001, die ursprünglich zwischen der Vereinigung Deutscher Elektrizitätswerke (VDEW), dem Verband der Netzbetreiber (VDN), dem Verband kommunaler Unternehmen (VKU), der Arbeitsgemeinschaft Regionaler Energieversorgungsunternehmen (ARE), dem Verband der Industriellen Energie- und Kraftwirtschaft (VIK) sowie dem Bundesverband der Deutschen Industrie (BDI) im Wege der Selbstregulierung der Branche geschlossen und dann in dem § 6 EnWG 2003 als gute fachliche Praxis „verrechtlicht" wurde. Vgl. hierzu z. B. *Zenke/Thomale*, ME 1/2004, X f.

[13] Bekanntmachung des Bundesamtes für das Kreditwesen vom 23.11.1967, abgedruckt bei *Reischauer/Kleinhans,* KWG, Kza 315 Nr. 1.

mens und die dazu im Rahmen der langjährigen Praxis entwickelten Grundsätze sind aber durchaus auch heute noch bei der Auslegung des allgemeinen Wettbewerbsrechts, namentlich der Generalklausel des UWG, relevant.[14] Dies gilt jedenfalls, soweit diese Regelungen als Ausdruck einer gewachsenen und fortgeltenden berufsständischen Überzeugung angesehen werden können, also nicht etwa staatlich auferlegt waren oder durch andere gesetzliche Wertungen obsolet geworden sind.

C. Gesetz gegen den unlauteren Wettbewerb

I. Zielsetzung und Reformen

Der Werbeauftritt von Unternehmen wird im Wesentlichen durch das UWG bestimmt. Es dient gem. § 1 UWG dem Schutz der Mitbewerber, der Verbraucher sowie der sonstigen Marktteilnehmer vor unlauterem Wettbewerb; es schützt zugleich das Interesse der Allgemeinheit an einem unverfälschten Wettbewerb. Es geht also um das „Wie" des Verkaufs von Produkten und Leistungen. 6

Mehreren europäischen Richtlinien folgend,[15] hat der deutsche Gesetzgeber zunächst in den Jahren 2004 und 2008 und schließlich erneut 2015[16] das UWG einer grundlegenden strukturellen Reform unterzo- 7

[14] Noch heute agiert der 1958 gegründete Zentrale Wettbewerbsausschuss der Spitzenverbände der Kreditwirtschaft und bietet insbesondere ein Streitschlichtungsverfahren an, dessen sich die Kreditinstitute vielfach bedienen, wenn sie eine Werbung eines Mitbewerbers für unzulässig halten. Im Ergebnis dessen gibt es kaum Rechtsprechung betreffend die Bankenwerbung. Für Finanzdienstleister gibt es keinen vergleichbaren Ausschuss.

[15] Das UWG dient der Umsetzung der Richtlinie 2005/29/EG des Europäischen Parlaments und des Rates v. 11.5.2005 über unlautere Geschäftspraktiken von Unternehmen gegenüber Verbrauchern im Binnenmarkt (UGP-Richtlinie) und zur Änderung der Richtlinie 84/450/EWG des Rates, der Richtlinien 97/7/EG, 98/27/EG und 2002/65/EG des Europäischen Parlaments und des Rates sowie der Verordnung (EG) Nr. 2006/2004 des Europäischen Parlaments und des Rates (ABl. EU Nr. L 149, v. 11.6.2005, S. 22, berichtigt im ABl. EU Nr. L 253, v. 25.9.2009, S. 18) sowie der Richtlinie 2006/114/EG des Europäischen Parlaments und des Rates v. 12.12.2006 über irreführende und vergleichende Werbung (ABl. EU Nr. L 376, v. 27.12.2006, S. 21). Es dient ferner der Umsetzung von Art. 13 der Richtlinie 2002/58/EG des Europäischen Parlaments und des Rates v. 12.7.2002 über die Verarbeitung personenbezogener Daten und den Schutz der Privatsphäre in der elektronischen Kommunikation (ABl. EU Nr. L 201, v. 31.7.2002, S. 37), der zuletzt durch Art. 2 Nr. 7 der Richtlinie 2009/136/EG (ABl. EU Nr. L 337, v. 18.12.2009, S. 11) geändert worden ist.

[16] Diese erneute Reform wurde notwendig, da die Bundesrepublik Deutschland mit die Richtlinie 1005/29/EG nicht in ausreichendem Maße umgesetzt hat.

gen.[17] Der Regelungsgehalt nach den Novellen entspricht zwar im Grundsatz immer noch dem des zuvor geltenden Rechtes. Änderungen ergaben sich aber nicht nur durch europäische Rechtsakte, sondern auch fortlaufend durch den Einfluss des EuGH und dessen Vorgaben für die Auslegung des deutschen Umsetzungsrechts durch die nationalen Gerichte. Veränderte gesellschaftliche Bedingungen, insbesondere des maßgebenden Leitbildes eines europäischen Durchschnittsverbrauchers (§ 3 IV UWG), führen ebenfalls zu kontinuierlichen Anpassungen des Lauterkeitsrechts.

II. Generalklausel und Spezialtatbestände

8 Vor der UWG-Reform 2015 war das Wettbewerbsrecht durch eine zentrale **Generalklausel** (§ 3 I UWG a. F.) geprägt,[18] die einen für den Rechtsanwender nur schwer eingrenzbaren Anwendungsbereich enthält. Nach dieser Generalklausel ist ein Verhalten dann verboten, wenn es unlauter (früher: sittenwidrig) ist.[19] Nunmehr regelt § 3 I UWG nur noch die Rechtsfolge für Verstöße gegen die Lauterkeitsvorschriften. Hiernach sind unlautere geschäftliche Handlungen unzulässig. Diese Rechtsfolge ist dann die Grundlage für alle weiteren, die Unlauterkeit regelnden, Tatbestände. Einen – wenn auch weniger großen – Anwendungsbereich als Auffangtatbestand wird dem § 3 I UWG allerdings noch verbleiben, wenn eine Unlauterkeit nach den folgenden Spezialregeln nicht gegeben ist, aber ein vergleichbarer Unwertgehalt der geschäftlichen Handlung inne wohnt.

9 Gegenüber Verbrauchern findet sich eine „kleine" Generalklausel in § 3 II UWG, die mit der Reform 2015 noch einmal modifiziert und den Vorgaben der europäischen Richtlinie angepasst wurde. Diese Vorgaben sind aber nicht umfassend in § 3 II UWG umgesetzt worden. Abwei-

[17] Einführend hierzu *Wollschläger,* IR 2004, 82. Zur Anwendung der alten Rechtslage speziell für die Energiewirtschaft vgl. *Zenke/Wollschläger,* in: Zenke/Ellwanger, Markiger Auftritt in der Energiewirtschaft, S. 39 ff.

[18] Für die Beurteilung der Zulässigkeit des Werbeauftrittes maßgeblich waren bis zu der Novellierung des UWG im Jahr 2004 vor allem zwei Klauseln, über die in der Praxis ca. 90 % der wettbewerbsrechtlichen Fälle abgewickelt wurden. Dabei handelte es sich um die sog. „große" Generalklausel des § 1 UWG a. F., die ein Handeln, das gegen die guten Sitten verstieß, untersagte und die „kleine" Generalklausel des § 3 UWG a. F., die irreführende Angaben verbot. Mit der UWG-Novelle 2008 wurde § 3 UWG grundlegend umgestaltet und mit der Novelle 2015 noch einmal modifiziert.

[19] Mit der Reform des UWG im Jahre 2004 wurde der alte Begriff der Sittenwidrigkeit durch den Begriff „unlauter" ersetzt. Eine inhaltliche Änderung ist damit weder bezweckt noch erfolgt. Es sollte lediglich eine Anpassung an den modernen Sprachgebrauch erfolgen. Insoweit war der im deutschen Wettbewerbsrecht verwandte Begriff der Sittenwidrigkeit, der den Wettbewerbsverletzer darüber hinaus noch ein verachtenswertes Verhalten vorwarf, mit dem europaweit geltenden Lauterbarkeitsverständnis zu harmonisieren.

chend von der Richtlinie verwendet § 3 II UWG nicht den Begriff der „beruflichen Sorgfalt", sondern den der „unternehmerischen Sorgfalt". Allerdings sind hier inhaltliche Abweichungen zur europäischen Richtlinie nicht zu befürchten. Der Unterschied zwischen beruflicher und unternehmerischer Sorgfalt beruht im Wesentlichen darauf, dass anders als bei der unternehmerischen Sorgfalt bei der beruflichen Sorgfalt etwa Institutionen der öffentlichen Hand oder der Parteien nicht umfasst sind. Diese sind allerdings im deutschen Recht nach dem allgemeinen Verständnis vom UWG umfasst.[20]

§ 3 II UWG enthält eine Regelung, wonach geschäftliche Handlungen gegenüber Verbrauchern, unzulässig sind, wenn sie nicht der für den Unternehmer geltenden unternehmerischen Sorgfalt[21] entsprechen und dazu geeignet sind, das wirtschaftliche Verhalten des Verbrauchers wesentlich zu beeinflussen. Entsprechend der gesetzlichen Definitionen in § 2 I Nrn. 8 und 9 UWG ist die geschäftliche Entscheidung weit zu verstehen und umfasst beispielsweise Zahlungen und Geschäftsabschlüsse. Im Hinblick auf diese Entscheidung muss durch eine wettbewerbswidrige Handlung eine Beeinträchtigung der informierten Entscheidung herbeigeführt worden sein. 10

Durch die Kombination aus dem Nichteinhalten der unternehmerischen Sorgfalt und dem wesentlichen Beeinflussen wird die Schwelle für das Vorliegen eines Wettbewerbsverstoßes erst ab wesentlicheren Verstößen überschritten sein. Mithin dürften Verstöße, welche für die Verbraucher keine Auswirkungen haben, wettbewerbsrechtliche Ansprüche nicht mehr begründen können. 11

Diese Begrenzung gilt nicht in Bezug auf den Schutz anderer Marktteilnehmer, da die Vorschrift des § 3 II UWG allein dem Schutz der Verbraucher dient. 12

Ein spezielles und damit vorrangig zu prüfendes Verdikt der Unzulässigkeit einer geschäftlichen Handlung gegenüber einem Verbraucher enthält der mit der UWG-Novelle 2008 neu eingeführte § 3 III UWG in Verbindung mit dem Anhang zu dieser Vorschrift. Sofern eine geschäftliche Handlung in eine der abschließend aufgezählten 30 Kategorien dieser sog. Schwarzen Liste[22] fällt, ist sie – anders als bei der General- 13

[20] Vgl. *Köhler*, in: Köhler/Bornkamm, UWG, 35. Aufl., § 3a Rdnr. 2.17.

[21] Unternehmerische Sorgfalt ist nach § 2 I Nr. 7 UWG der Standard an Fachkenntnissen und Sorgfalt, von dem billigerweise angenommen werden kann, dass ein Unternehmer ihn in seinem Tätigkeitsbereich gegenüber Verbrauchern nach Treu und Glauben unter Berücksichtigung der anständigen Marktgepflogenheiten einhält.

[22] Während die Liste in Anhang I zur UGP-Richtlinie 31 Nummern enthält, hat der deutsche Gesetzgeber bei der UWG-Novelle 2008 auf die Umsetzung von Nr. 26 verzichtet, da seiner Ansicht nach mit Blick auf § 7 II UWG hierfür kein Bedürfnis

klausel des § 3 I UWG – stets unzulässig.[23] Die Schwarze Liste enthält zahlreiche Verbote, deren generelles und unbedingtes Verbot sich unmittelbar erschließt. So ist es beispielsweise verboten, ein Gütezeichen ohne die erforderliche Genehmigung zu verwenden (Nr. 2), fälschlicherweise zu behaupten, eine öffentlich-rechtliche Genehmigung (z. B. Erlaubnis der BaFin) zu besitzen (Nr. 4), eine (tatsächlich nicht gegebene) begrenzte Verfügbarkeit der Ware oder Dienstleistung (Nr. 7) oder aber das Nichtverlassen der zu Werbezwecken aufgesuchten Wohnung trotz Aufforderung (Nr. 26).

14 Sofern eine geschäftliche Handlung nicht schon nach § 3 III UWG i. V. m. dem Anhang und auch nicht nach § 3 II UWG unlauter ist, bleibt ein Rückgriff auf die Generalklausel des § 3 I UWG und ihrer Konkretisierung in § 4 UWG grundsätzlich möglich. Trotz diverser Reformen hat die Generalklausel ihre Bedeutung also nicht ganz verloren; sie ist vielmehr weiterhin notwendig, weil nicht alle denkbaren unlauteren Wettbewerbshandlungen in einem Gesetz einzeln aufgelistet werden können.

III. Fallgruppen der unlauteren geschäftlichen Handlung

1. Modifizierung durch die UWG-Reform 2015

15 Die Reform des UWG im Jahr 2015 hat nicht nur dazu geführt, dass die Regelungen des § 3 UWG modifiziert wurde. Auch in den in § 4 UWG a. F. geregelten Beispielen unlauterer geschäftlicher Handlungen kam es zu Modifizierungen. So sind die § 4 Nr. 1 bis 6 UWG a. F. entfallen bzw. gingen in anderen Normen auf. Neu hinzugekommen sind der § 3a UWG, der den Rechtsbruchtatbestand regelt und der § 4a UWG, der aggressive geschäftliche Handlungen verbietet.

2. Gesetzesverstoß

16 Die aus der Rechtsprechung bekannte Fallgruppe des „Vorsprung durch Rechtsbruch" ist vom § 4 Nr. 11 UWG in den § 3a UWG verschoben worden. Hintergrund der Umgruppierung ist die gewollte Beibehaltung der Reichweite des Verbotes, der in dem § 4 UWG n. F. nicht mehr gewährleistet wäre, da dieser nunmehr nur noch den Mitbewerberschutz umfasst.

17 Gem. § 3a UWG handelt derjenige wettbewerbswidrig, der gegen gesetzliche Vorschriften verstößt. Hierbei führt jedoch nicht jeder Gesetzesverstoß zu einer Wettbewerbswidrigkeit; es ist vielmehr erforderlich,

---

bestehe, vgl. *Köhler*, in: Köhler/Bornkamm, UWG, 35. Aufl., Anhang zu § 3 III Rdnr. 0.1.

[23] Die Schwarze Liste blieb mit der UWG-Reform 2015 nahezu unverändert. Lediglich in den Nrn. 13, 14 und 29 kam es zu geringfügigen Anpassungen.

dass die Schutzrichtung der Norm zumindest sekundär dem Schutz des Wettbewerbs dient.[24] Diese Regelung betrifft ganz überwiegend Bestimmungen die außerhalb des Geltungsbereiches der Richtlinie 2005/29/EG liegen, somit nicht als unlauter definiert haben, letztlich aber ebenso einzuordnen sind.[25]

Wer z. B. die Rechtsberatung eines Dritten übernimmt, ihn etwa über Vor- und Nachteile der Verwendung bestimmter EFET-Klauseln[26] in einem konkreten Fall aufklärt, dürfte sich, ist er nicht im Besitz einer entsprechenden Erlaubnis,[27] gegenüber den rechtstreuen Marktteilnehmern einen unzulässigen Marktvorsprung verschaffen. Auch wer Finanzdienstleistungen anbietet oder Bankgeschäfte betreibt, ohne eine Erlaubnis nach dem KWG zu besitzen,[28] begeht einen Rechtsverstoß, der gegenüber rechtmäßig Handelnden einen unzulässigen Marktvorsprung begründet. 18

Seit der Geltung der UGP-Richtlinie ist § 3a UWG,[29] für die kein Pendant im Europarecht existiert, unionsrechtskonform und erforderlichenfalls einschränkend auszulegen. Da die UGP-Richtlinie nach ihrem Art. 4 eine vollständige Harmonisierung bezweckt,[30] dürfen die Mitgliedstaaten keine strengeren Vorschriften anwenden, als im Recht der Europäischen Union vorgesehen. Eine Marktverhaltensvorschrift i. S. d. § 3a UWG muss deshalb im Einklang mit dem Unionsrecht stehen.[31] Im Gesetz über die Elektrizitäts- und Gasversorgung (**Energiewirtschaftsgesetz, EnWG**)[32] gilt dies insbesondere für die Vorschriften des § 42 I Nr. 2, II EnWG. Da die dort geregelten Stromkennzeichnungspflichten aber über das hinausgehen, was europarechtlich 19

---

[24] Vgl. BGH, GRUR 2002, 825.

[25] Beschlussempfehlung und Bericht des Ausschusses für Recht und Verbraucherschutz, BT-Drs. 18/6571, S. 14.

[26] Zu EFET-Klauseln vgl. *Dessau/Fischer*, § 24 in diesem Band.

[27] Die geschäftsmäßige Rechtsberatung, respektive die außergerichtliche Rechtsdienstleistung, oblag nach dem Rechtsberatungsgesetz (RBerG) v. 13.12.1935, RGBl. I S. 1478, aufgehoben durch Gesetz v. 12.12.2007, BGBl. I S. 2840, und obliegt nunmehr nach dem Rechtsdienstleistungsgesetz (RDG) v. 12.12.2007, BGBl. I S. 2840, zuletzt geändert durch Gesetz v. 19.7.2016, BGBl. I S. 1757, nur Personen, denen dazu von der zuständigen Behörde die Erlaubnis erteilt wurde.

[28] Vgl. hierzu bereits *du Buisson/Zenke/Dessau*, § 10 in diesem Band.

[29] Zunächst geregelt in § 4 Nr. 11 UWG a. F.

[30] Vgl. BGH Urt. v. 4.2.2010, Az. I ZR 66/09 = GRUR 2010, 852 (Rdnr. 15 m. w. N.) – *Gallardo Spyder*.

[31] Vgl. *Köhler*, in: Köhler/Bornkamm, UWG, 35. Aufl., § 3a Rdnr. 1.9.

[32] Gesetz über die Elektrizitäts- und Gasversorgung (Energiewirtschaftsgesetz – EnWG) v. 7.7.2005, BGBl. I S. 1970, 3621, zuletzt geändert durch Gesetz v. 27.1.2017, BGBl. I S. 130.

vorgesehen ist,[33] ist nach Ansicht der Rechtsprechung[34] die deutsche Stromkennzeichnungspflicht zwar grundsätzlich eine Marktverhaltensvorschrift, muss aber im Lichte des Unionsrechts einschränkend ausgelegt werden. Ein Verstoß hiergegen stellt daher kein unlauteres Verhalten dar.

3. Verschleierung des Werbecharakters

20 Wählt ein Unternehmen eine Werbeform, bei welcher der **Werbecharakter für** den Verbraucher **nicht ohne Weiteres zu erkennen** ist, so ist diese Werbeform – wenn nicht schon eine als Information getarnte Werbung i. S. d. § 3 III UWG i. V. m. Nr. 11 des Anhangs zu dieser Vorschrift vorliegt – nach § 5a VI UWG als unlauter einzustufen. Die Regelung bezweckt in erster Linie den Schutz der Verbraucher und sonstigen Marktteilnehmer vor der Täuschung über den wahren, nämlich kommerziellen Hintergrund einer geschäftlichen Handlung.[35] Eine solche Verschleierung des Werbecharakters einer geschäftlichen Handlung liegt nicht nur bei der bekannten Schleichwerbung und Produktplatzierung in Rundfunk, Film und Fernsehen vor, sondern auch, wenn die Werbung als eine neutrale und sachliche Information eines Dritten eingeschätzt werden kann. Ein unlauteres Verhalten im Sinne dieser Fallgruppe liegt deshalb auch vor, wenn eine Werbung als unabhängiger Zeitungsartikel oder als redaktioneller Beitrag auf einer Internetseite getarnt wird[36] oder wenn sie durch Privatpersonen im Bekannten- und Freundeskreis erfolgt.[37] Die Zusendung einer Rechnung zusammen mit einem Angebot, das so gestaltet ist, dass bei dem flüchtigen Leser der Eindruck erweckt wird, es handle sich bereits um eine vertragliche Bindung, kann ebenso als unzulässige Wettbewerbshandlung gewertet werden, wenn sie nicht

[33] Vgl. hierzu die Richtlinie 2009/72/EG v. 13.7.2009 über gemeinsame Vorschriften für den Elektrizitätsbinnenmarkt und zur Aufhebung der Richtlinie 2003/54/EG (Elektrizitätsbinnenmarktrichtlinie 2009 – EltRL 2009), ABl. EU Nr. L 211, v. 14.8.2009, S. 55 ff. Die in § 42 EnWG geregelten Stromkennzeichnungspflichten finden ihre europarechtliche Grundlage in Art. 3 IX der Richtlinie 2009/72/EG. Die deutsche Bestimmung übersteigt insoweit ihre europäische Grundlage, als die in § 42 I Nr. 2 EnWG geforderte Angabe der Umweltauswirkungen in Bezug auf CO_2-Emissionen und radioaktiven Abfall unmittelbar in der Werbung mitzuteilen ist, während nach der Richtlinie 2009/72/EG ein Verweis auf bestehende Informationsquellen – wie Internetseiten – genügt. Ferner legt § 42 II EnWG die Pflicht zur Angabe der entsprechenden Durchschnittswerte der Stromerzeugung fest, wohingegen eine vergleichbare Pflicht in der Richtlinie nicht existiert.

[34] Vgl. OLG Frankfurt am Main, Urt. v. 12.4.2011, Az. 11 U 5/11 (Kart), Rdnr. 17 ff.

[35] Vgl. BGH, GRUR 2011, 163, 165 (Rdnr. 21) – *Flappe.*

[36] Vgl. *Köhler*, in: Köhler/Bornkamm, UWG, 35. Aufl., § 5a Rdnr. 7.37 ff.

[37] Zur Laienwerbung bei der Bausparkasse vgl. unten Rdnr. 71.

schon von § 3 III UWG i. V. m. Nr. 22 des Anhangs zu dieser Vorschrift erfasst wird.

4. Verhalten gegenüber Mitbewerbern

Der deutlich verkürzte § 4 UWG enthält in seinen nur verbliebenen vier Ziffern besondere Regeln für den Umgang mit Mitbewerbern. 21

Die Nr. 1 des § 4 UWG sanktioniert die Beeinträchtigung von Mitbewerbern durch **Geschäftsehrverletzungen**. Verboten ist die Herabsetzung oder Verunglimpfung von Kennzeichen, Waren, Dienstleistungen, Tätigkeiten oder persönlichen oder geschäftlichen Verhältnisse eines Mitbewerbers, zu dem ein konkretes Wettbewerbsverhältnis bestehen muss. Von diesem Verbot ist die sog. Verballhornung einer Marke („Deutsche Pest“ statt „Deutsche Post“)[38] ebenso erfasst wie die pauschale Herabsetzung von Konkurrenzprodukten.[39] 22

Die Nr. 2 des § 4 UWG ordnet als unlauter ein, wenn über die Waren, Dienstleistungen oder das Unternehmen eines Mitbewerbers oder über den Unternehmer oder ein Mitglied der Unternehmensleitung Tatsachen behauptet oder verbreitet werden, die geeignet sind, den Betrieb des Unternehmens oder den Kredit des Unternehmers zu schädigen, sofern die Tatsachen nicht erweislich wahr sind (sog. **Anschwärzung**).[40] Die Vorschrift bezweckt damit den Schutz der Mitbewerber vor **unwahren geschäftsschädigenden Tatsachenbehauptungen**. Unzulässig ist danach z. B. die Behauptung, ein wirtschaftlich potentes, jedoch konkurrierendes Handelsunternehmen stehe „kurz vor der Pleite“, habe keine solide Kapitalbasis und sei nicht in der Lage, den Börsenzugang zu erwerben. Aber auch Slogans wie „Vergleichen Sie X mit anderem Strom, der durch seinen großen Werbeaufwand auffällt“, „Die beste Werbung für uns sind die Angebote der Konkurrenz“ oder „Lieber zu uns als zu teuer“ wurden von der Rechtsprechung in der Vergangenheit als unzulässig eingestuft.[41] Im ersten Fall sei impliziert, dass der Werbende einen überhöhten Kostenapparat auf die Preise umlege. Im zweiten Fall läge eine pauschale Abwertung der übrigen Mitbewerber. Im dritten Fall sei indiziert, dass die Mitbewerber unangemessen hohe Preise hätten. 23

---

[38] Vgl. LG Hamburg, GRUR 2000, 514, 515.

[39] Vgl. BGH, GRUR 1999, 1100, 1102 (m. w. N.) – *Generika-Werbung*.

[40] Handelt es sich um vertrauliche Mitteilungen und hat der Mitteilende oder der Empfänger der Mitteilung an ihr ein berechtigtes Interesse, so ist die Handlung nur dann unlauter, wenn die Tatsachen der Wahrheit zuwider behauptet oder verbreitet wurden.

[41] In entsprechender Reihenfolge: BGH, MDR 1986, 116 = GRUR 1985, 982 f. – *Großer Werbeaufwand*; KG, KG-Report 1999, 150; KG, Urt. v. 18.9.1998, Az. 25 U 12/98.

24 § 4 Nr. 3 UWG sanktioniert die wettbewerbliche **Nachahmung** von Leistungen der Mitbewerber.[42] Hierunter fallen z. B. die vermeidbare Herkunftstäuschung, die Rufausbeutung und -beeinträchtigung, wobei bereits die unredliche Erlangung der für die Nachahmung erforderlichen Kenntnisse ausreichen kann. Unter diese Fallgruppe fallen bspw. solche Handlungen, die den Marktauftritt eines Konkurrenten so nachahmen, dass für den Verbraucher die Gefahr besteht, die Anbieter zu verwechseln. Einen Fall der unlauteren Rufausnutzung nahm z. B. das LG Berlin in dem Fall der Braunschweiger Versorgungs-AG an, die unter der Firmierung „B(E)VAG" auf Berliner Taxis, mithin im Gebiet der Bewag warb.[43]

25 § 4 Nr. 4 UWG verbietet die **gezielte Behinderung** eines Mitbewerbers. Das Verbot des Behinderungswettbewerbs erfasst alle denkbaren Erscheinungsformen, bezweckt unmittelbar aber nur den Schutz der Mitbewerber, sodass nur eine gezielte Behinderung verboten ist. Die bloße Beeinträchtigung der Entfaltungsmöglichkeiten der Konkurrenz ist hingegen lauter. In der Vergangenheit ordnete die Rechtsprechung zur Fallgruppe des § 4 Nr. 4 UWG die Absatzbehinderung[44] (z. B. durch Überkleben von Plakaten), den Boykott (Veranlassung zur Nichtaufnahme von geschäftlichen Beziehungen zu Dritten)[45] und (im Falle marktstarker Unternehmen) auch die Preisunterbietung[46] zu dieser Kategorie unlauteren Verhaltens. Die Preisunterbietung eines konkurrierenden Energiehändlers ist grundsätzlich zulässig, wird aber dann unlauter, wenn sie in Verdrängungsabsicht erfolgt.[47] Wer in einem hart umkämpften Energiemarkt Preise anbietet, die nicht kostendeckend sind, die Unterbietung von Mitbewerbern geeignet ist, diese vom Markt zu verdrängen und mit der entsprechenden Absicht eingesetzt wird, handelt daher

---

[42] Hierbei ist auch zu beachten, dass technische und nichttechnische Schöpfungen durch Spezialgesetze geschützt werden, z. B. durch das Patentgesetz ([PatG] v. 16.12.1980, BGBl. 1981 I S. 1, zuletzt geändert durch Gesetz v. 4.4.2016, BGBl. I S. 558), das Markengesetz (Gesetz über den Schutz von Marken und sonstigen Kennzeichen [MarkenG] v. 25.10.1994, BGBl. I S. 3082; 1995 I S. 156; 1996 I S. 682, zuletzt geändert durch Gesetz v. 4.4.2016, BGBl. I S. 558) und durch das Urheberrechtsgesetz (Gesetz über Urheberrecht und verwandte Schutzrechte [UrhG] v. 9.9.1965, BGBl. I S. 1273, zuletzt geändert durch Gesetz v. 20.12.2016, BGBl. I S. 3037).

[43] Vgl. LG Berlin, Urt. v. 30.5.2000, Az. 15 O 332/00.

[44] Vgl. etwa LG Frankfurt (Oder), Urt. v. 21.11.2000, Az. 31 O 54/00 und 31 O 56/00. Vgl. hierzu auch *Köhler*, in: Köhler/Bornkamm, UWG, 35. Aufl., § 4 Rdnr. 4.24 ff.

[45] Vgl. BGH, ZIP 1999, 2069 = NJW 2000, 809 = WM 2000, 206 – *Schilderträger*.

[46] Vgl. BGH, GRUR 1990, 371 f. Diese Kategorie ist zugleich ein Fall des Kartellrechts. Zu den Anforderungen nach dem hierfür maßgeblichen GWB vgl. unten Rdnr. 50 ff.

[47] Hierzu sowie zu weiteren Varianten der Unlauterbarkeit bei Preisunterbindungen *Köhler*, in: Köhler/Bornkamm, UWG, 35. Aufl., § 4 Rdnr. 4.188 ff.

unlauter. Dieselbe Verdrängungsabsicht muss bei einer ansonsten zulässigen Liefer- oder Bezugssperre vorliegen, um ein unlauteres Verhalten begründen zu können. Sofern die Liefer- oder Bezugssperre daher eine gegen bestimmte Dritte gerichtete Zielsetzung aufweist und wenn mit ihr bestimmte, individualisierte Unternehmen getroffen, vom Markt verdrängt oder fern gehalten werden sollen, stellt dies ein unlauteres Verhalten dar.[48]

5. Aggressive geschäftliche Werbung

Die aggressive geschäftliche Werbung wurde im § 4a UWG nunmehr in einem eigenen Paragrafen geregelt. Der grundsätzliche Kern der Regelung war schon in § 4 Nr. 1 und 2 UWG a. F. enthalten; diese wurden mit der Reform nunmehr an neuer Stelle etwas detaillierter gefasst. Beschränkt ist der Anwendungsbereich nicht mehr allein auf Werbemaßnahmen gegenüber Verbrauchern, sondern auch gegenüber Mitbewerbern. 26

Hierbei ist eine aggressive geschäftliche Handlung verboten, die geeignet ist, dem Verbraucher oder Marktteilnehmer zu einer Entscheidung zu veranlassen, die dieser anderenfalls nicht getroffen hätte. Dabei genügt die Eignung des Verhaltens. 27

In § 4a I 2 UWG definiert der Gesetzgeber nunmehr, was eine aggressive geschäftliche Handlung ist und normiert hierbei u. a. auch die Belästigung, die auch schon seit der UWG-Novelle 2008 als wettbewerbswidrig angesehen wurde.[49] Eine Belästigung liegt vor, wenn in die Privatsphäre eines Verbrauchers oder sonstigen Marktteilnehmers eingegriffen und seine Aufmerksamkeit ohne oder gegen seinen Willen auf das Anliegen des Unternehmers gelenkt wird. Daneben fällt auch die unzulässige Beeinflussung in diese Kategorie unlauteren Verhaltens. Voraussetzung hierfür ist allerdings, dass ein Unternehmen eine wirtschaftliche oder rechtliche Machtposition in einer Weise ausnutzt, die die Fähigkeit des Verbrauchers oder sonstigen Marktteilnehmers zu einer informierten Entscheidung wesentlich einschränkt.[50] 28

Ausdrücklich geregelt ist nun auch, dass Nötigung und Anwendung von körperlicher Gewalt als aggressive geschäftliche Handlung anzusehen ist. Dies war zuvor aber auch zweifelsfrei unter den Anwendungsbereich des § 4 Nr. 1 UWG a. F. zu fassen. Auf die tatsächliche Anwen- 29

[48] Vgl. (dort allerdings primär mit Blick auf § 21 I GWB) BGH, GRUR 2000, 344, 346 – *Beteiligungsverbot für Schilderpräger*; BGH, GRUR 2003, 77, 79 – *Fernwärme für Börnsen*. Vgl. auch *Köhler*, in: Köhler/Bornkamm, UWG, 35. Aufl., § 4 Rdnr. 4.121.

[49] Vgl. BGH, GRUR 2010, 455, 456, Rdnr. 17 – *Stumme Verkäufer II*; BGH, GRUR 2010, 850, 851, Rdnr. 13 – *Brillenversorgung II*.

[50] Vgl. hierzu auch *Köhler*, in: Köhler/Bornkamm, UWG, 35. Aufl., § 4a Rdnr. 1.37 ff.

dung körperlicher Gewalt kommt es allerdings nicht an. Es genügt deren Androhung oder die Ausnutzung einer Machtposition.

30 Ausdrücklich geregelt ist auch, dass für die Beurteilung, ob ein Verhalten rechtswidrig ist oder nicht auf die Umstände des Einzelfalls ankommt. So kann ein werbliches Verhalten je nach Bewertung der Gesamtumstände in Einzelfällen zulässig, das gleiche Verhalten in einer anderen Situation unzulässig sein.

31 § 4a II UWG verbietet Wettbewerbshandlungen, die geeignet sind, die **geschäftliche Unerfahrenheit**, die **Leichtgläubigkeit**, die **Angst** oder die **Zwangslage** von Verbrauchern **auszunutzen**. In diese Fallgruppe ist z. B. die Werbung mit der Angst vor einer Inflation oder der Insolvenz von bestimmten Energiehändlern einzuordnen.[51] Auch die gefühlsbetonte Werbung ist nicht ohne Weiteres möglich. So ist der Hinweis auf „Umweltfreundlichkeit" durchaus mehrdeutig und bedarf der Klarstellung.[52] Unzulässig ist auch die Werbung mit einem damit verbundenen Appell an die soziale Verantwortung (Umweltschutz), etwa im Hinblick auf Ökostrom. Ebenso ist die Widmung des Stromtarifes „family tarif" an Waisenkinder unzulässig, da hierbei keine Verbindung zum Produkt besteht.[53]

IV. Irreführende geschäftliche Handlungen und Irreführung durch Unterlassen

32 Irreführende Angaben sind gem. § 5 UWG untersagt. Irreführend können Angaben über die Beschaffenheit der Ware oder der Dienstleistung, der Anlass des Angebotes oder die geschäftlichen Verhältnisse des Anbieters sein. Der Anwendungsbereich des § 5 UWG wurde mit der Reform 2015 eingeengt. Die Irreführung muss künftig auch geeignet sein, Verbraucher oder Marktteilnehmer zu einer geschäftlichen Entscheidung zu veranlassen, die sie andernfalls nicht getroffen hätten.

33 Unter der Fallgruppe der Irreführung wurden in der Vergangenheit zahlreiche Fälle der Werbung mit einer bestimmten Stromart behandelt (grüner Strom, sauberer Strom, Qualität mit Wasserkraft, Mix power Strom).[54] Auch die Alleinstellungswerbung („Der Beste", „Simply the best", „Die Nummer 1", „Nur wir") und Spitzengruppenwerbung („Einer der Größten.") wird hierunter diskutiert.[55] Ein solch **herausstellendes Anpreisen** ist nur dann lauter, wenn der herausgehobene Fakt wahr ist, also der Werbende tatsächlich und in gewisser Stetigkeit bspw. zu den

---

[51] Letzteres könnte dann auch ein Fall der Nr. 1 und 2 des § 4 UWG sein, vgl. hierzu Rdnr. 22 f.

[52] Vgl. BGH, GRUR 1996, 367 f. – *Umweltfreundliches Bauen.*

[53] Vgl. OLG Stuttgart, OLG-Report 1999, 57.

[54] Mit zahlreichen Beispielen *Zenke/Wollschläger,* in: Zenke/Ellwanger, Markiger Auftritt in der Energiewirtschaft, S. 76 ff.

[55] Vgl. BGH, NJW-RR 1992, 38.

größten Händlern gehört bzw. der Größte ist. Demgegenüber wird vermutet, dass es irreführend ist, mit der **Herabsetzung eines Preises** zu werben, sofern der Preis nur für eine unangemessen kurze Zeit gefordert worden ist („**Mondpreise**").[56] Zudem ist irreführend, für eine Ware zu werben, die unter Berücksichtigung der Art der Ware sowie der Gestaltung und Verbreitung der Werbung nicht in angemessener Menge zur Befriedigung der zu erwartenden Nachfrage vorgehalten ist,[57] wobei diese Konstellation seit der UWG-Novelle 2008 vorrangig von § 3 III UWG i. V. m. Nr. 5 des Anhangs zu dieser Vorschrift erfasst wird.

Eine Irreführung ist nicht nur bei einem aktiven Handeln, sondern auch durch ein Unterlassen möglich und wird unter bestimmten Voraussetzungen ebenso als unlauter angesehen. Bei der Beurteilung, ob das Verschweigen einer Tatsache irreführend ist, sind nach § 5a I UWG insbesondere deren Bedeutung für die geschäftliche Entscheidung nach der Verkehrsauffassung sowie die Eignung des Verschweigens zur Beeinflussung der Entscheidung zu berücksichtigen. Das Verschweigen von Angaben ist demnach als irreführend anzusehen, wenn der verschwiegenen Tatsache eine Bedeutung für den Vertragsschluss zukommt. Dabei handelt generell unlauter, wer die Entscheidungsfähigkeit von Verbrauchern dadurch beeinflusst, dass er eine wesentliche Information vorenthält, die im konkreten Fall unter Berücksichtigung aller Umstände einschließlich der Beschränkungen des Kommunikationsmittels wesentlich ist und der Verbraucher mit dieser Information die Entscheidung nicht getroffen hätte (§ 5a II UWG). Neben dieser allgemeinen Regelung existieren spezielle Informationspflichten, deren Verletzung ein unlauteres Verhalten nach § 5a III und IV UWG darstellen. Wer bspw. beim Angebot von Produkten im Internet nicht die europäischen Voraussetzungen für den Fernabsatz erfüllt,[58] beim Handel mit Finanzinstrumenten[59] ge- **34**

---

[56] Ist streitig, ob und in welchem Zeitraum der Preis gefordert worden ist, so trifft die Beweislast denjenigen, der mit der Preisherabsetzung geworben hat.

[57] Angemessen ist im Regelfall ein Vorrat für zwei Tage, es sei denn, der Unternehmer weist Gründe nach, die eine geringere Bevorratung rechtfertigen.

[58] Es handelt sich insbesondere um die Pflicht zur vorherigen Unterrichtung und um die Pflicht zur schriftlichen Bestätigung der Informationen nach Art. 4 und 5 der Fernabsatzrichtlinie (Richtlinie 97/7/EG v. 20.5.1997 über den Verbraucherschutz bei Vertragsabschlüssen im Fernabsatz, ABl. EU Nr. L 144, v. 4.6.1997, S. 19 ff.).

[59] Emissionszertifikate sind nach derzeit geltender Rechtslage weder Wertpapiere noch Finanzinstrumente und fallen daher nicht in den Anwendungsbereich des KWG und des WpHG. (Zu den sich aus dem KWG und dem WpHG ergebenden Anforderungen an den Marktauftritt vgl. im Text unten Rdnr. 58 ff.) Bislang sind lediglich Termingeschäfte mit Bezug auf Emissionsberechtigungen als Derivate zu Wertpapieren erfasst, vgl. § 2 II Nr. 2 WpHG und § 1 I 4 Nr. 2 KWG. Dies wird bislang auch durch § 7 V TEHG (Treibhausgas-Emissionshandelsgesetz v. 21.7.2011, BGBl. I S. 1475, zuletzt geändert durch Gesetz v. 18.07.2016, BGBl. I S. 1666) bestätigt. Allerdings wird sich dies in Zukunft aufgrund europäischer Vorgaben ändern, sodass künftig auch Emissionszertifi-

gen Aufzeichnungs- und Aufbewahrungspflichten (§§ 34, 34a WpHG) verstößt, handelt zugleich unlauter.[60]

35 Das UWG stellt aber nicht nur an den Inhalt, sondern auch an die Form der Werbung bestimmte Anforderungen, denn nicht mehr hinreichend erkennbare notwendige Werbeangaben sind geeignet, die Fähigkeit des Verbrauchers, sich auf Grund von Informationen zu entscheiden, spürbar zu beeinträchtigen und ihn damit zu einer geschäftlichen Entscheidung zu veranlassen, die er andernfalls nicht getroffen hätte. Deshalb ist bspw. einer gänzlich fehlenden Fundstellenangabe bei einer Werbung mit Testergebnissen einer nicht ausreichend deutlich lesbaren gleichzusetzen.[61] Die Lesbarkeit wird dabei von der Rechtsprechung bis zu einer Schriftgröße von 6 Punkten angenommen.[62] Insbesondere bei der Werbung im Internet (Testsieger-Banner auf der eigenen Internetseite des Unternehmens) muss hierauf besonders geachtet werden.

36 Neu eingefügt in § 5a V UWG ist bei der Frage, ob relevante Informationen vorenthalten wurden, die Berücksichtigung auch des gewählten Werbemediums und im Rahmen dessen der zur Verfügung stehende Platz. So kann etwa bei Flyern auch der deutliche Hinweis auf eine Veröffentlichung im Internet genügen.[63]

V. Vergleichende Werbung

37 Die aufgrund einer europäischen Richtlinie[64] bereits im Jahre 2000 in das UWG aufgenommene Zulässigkeit der **vergleichenden Werbung** ist in § 6 UWG geregelt. Die grundsätzliche Zulässigkeit der vergleichenden Werbung setzt voraus, dass Waren oder Dienstleistungen für den gleichen Bedarf oder der selben Zweckbestimmung miteinander verglichen werden, der **Vergleich auf objektiven und wahren Tatsachen beruht**, für den Verbraucher nachvollziehbar ist (nicht ausreichend: „Andere sind 10 % teurer")[65] und eine Verwechslung zwischen dem Werbenden und einem Mitbewerber ausgeschlossen werden kann.

---

kate unter den Begriff der Finanzinstrumente subsumiert werden müssen. Siehe hierzu eingehender *du Buisson/Dessau,* in: Zenke/Schäfer, Energiehandel in Europa, 3. Aufl., § 28 Rdnr. 102 f.

[60] Hierzu sowie zu weiteren Fallgruppen unlauteren Verhaltens wegen Verletzung spezieller Informationspflichten vgl. *Köhler*, in: Köhler/Bornkamm, UWG, 35. Aufl., § 5a Rdnr. 4.22 ff.

[61] Vgl. KG, GRUR-RR 2011, 278, 279 – *Lesbarkeit.*

[62] Vgl. OLG Celle, GRUR-RR 2011, 278 – *6-Punkt.*

[63] EuGH, GRUR 2011, 930, Rdnr. 56.

[64] Richtlinie 97/55/EG des Europäischen Parlaments und des Rates v. 6.10.1997 zur Änderung der Richtlinie 84/450/EWG über irreführende Werbung zwecks Einbeziehung der vergleichenden Werbung, ABl. EU Nr. L 290, v. 23.10.1997, S. 18 ff.

[65] Der Mitbewerber, mit dem ein Vergleich durchgeführt wird, muss – und darf demzufolge auch – namentlich genannt werden. BGH, NJW 1996, 3153 – *Preistest.*

Im Rahmen grundsätzlich zulässiger, vergleichender Werbung muss seit der Reform des UWG allerdings auch das spezielle Irreführungsverbot des § 5 III UWG beachtet werden.[66] Hiernach ist eine vergleichende Werbung dann unzulässig, wenn sie geeignet ist, einen Verbraucher oder Gewerbetreibenden irrezuführen. 38

VI. Unzumutbare Belästigung

Ausdrücklich als unlauteres Verhalten wird die unzumutbare Belästigung der Verbraucher in § 7 I 1 UWG eingestuft. Beispielhaft nennt § 7 I 2 UWG hierfür die Konstellation, in der erkennbar ist, dass ein angesprochener Marktteilnehmer die Werbung nicht wünscht. Die Vorschrift umfasst daher Fälle, in denen bspw. an Postbriefkästen ein Aufkleber „Keine Werbung“ o. ä. angebracht ist. Sofern dies deutlich erkennbar ist, darf bei diesen Kunden nicht geworben werden.[67] 39

Unzumutbare Belästigungen sind auch die durch die Rechtsprechung entschiedenen Fälle zur Telefon-, Brief-, Fax- und E-Mail-Werbung.[68] Hier sind insbesondere die Entscheidungen[69] des BGH zur **Telefonwerbung**, die mittlerweile in § 7 II Nr. 2 UWG gesetzlich niedergeschrieben wurden,[70] zu beachten. Ein Unternehmen darf einen **Verbraucher** daher nur dann zu Werbezwecken anrufen, wenn dieser sich zuvor damit einverstanden erklärt hat. Diese **Einwilligung** muss ausdrücklich (und nicht nur konkludent) erfolgen, darf deshalb bspw. nicht in den Allgemeinen Geschäftsbedingungen (AGB) des Unternehmens „versteckt“ sein, sondern muss zumindest durch Ankreuzen ausdrücklich erklärt werden und kann auch nicht erst nachträglich eingeholt werden. Nicht ausreichend ist es deshalb, wenn der potentielle Kunde angerufen und zu Beginn des Werbeanrufs gefragt wird, ob er hiermit einverstanden sei, da es zu diesem Zeitpunkt schon zu einem Werbeanruf gekommen ist. Etwas anderes gilt auch nicht, wenn mit dem Verbraucher bereits ein anderes Vertragsverhältnis besteht und bei Gelegenheit dieses Vertrages noch andere Produkte beworben werden sollen.[71] Ein Telefonanruf darf auch dann nur im Hinblick auf die 40

[66] Die Vorschrift geht zurück auf die Richtlinie 2006/114/EG des Europäischen Parlamentes und des Rates v. 12.12.2006 über irreführende und vergleichende Werbung, ABl. EU Nr. L 376, v. 27.12.2006, S. 21 ff. (kodifizierte Neufassung der mehrmals geänderten Richtlinie 84/450/EWG) und ist in ihrem Lichte auszulegen.

[67] Vgl. BGHZ 106, 229 = GRUR 1989, 255.

[68] Vgl. hierzu auch *Zenke/Wollschläger*, in: Zenke/Ellwanger, Markiger Auftritt in der Energiewirtschaft, S. 60 ff.

[69] Zuletzt: BGH, GRUR 2000, 818, 820 = WRP 2000, 722 – *Telefonwerbung VI*.

[70] § 7 II Nr. 2 UWG sowie die dazugehörige Bußgeldvorschrift in § 20 UWG wurde eingeführt durch Art. 2 des Gesetzes v. 29.7.2009 zur Bekämpfung unerlaubter Telefonwerbung und zur Verbesserung des Verbraucherschutzes bei besonderen Vertriebsformen, BGBl. I S. 2413.

[71] Zum Cold Calling vgl. auch § 23 KWG, § 36b WpHG; vgl. unten Rdnr. 72 ff.

konkrete Vertragsabwicklung erfolgen. Eine im Rahmen eines Gewinnspiels vorformulierte Einwilligung kann nur dann wirksam erteilt werden, wenn sie nicht über den konkreten, offensichtlich erkennbaren Werbezweck hinausgeht. Wenn es sich bspw. bei dem ausgelobten Gewinn einmal um eine Mario-Barth-Karte handelt, ist das Einverständnis, von einem Energieversorger zu Werbezwecken angerufen werden zu können, nicht von dem entsprechenden Werbezweck umfasst.[72] Wer gegen das Verbot unzumutbarer Belästigungen verstößt und gegenüber einem Verbraucher ohne dessen ausdrückliche Einwilligung mit einem Telefonanruf wirbt, begeht eine Ordnungswidrigkeit, die mit einem Bußgeld von bis zu 50.000 EUR geahndet werden kann (§ 20 I, II UWG). Auch die Bundesnetzagentur engagiert sich in Sachen „rechtswidrige Werbeanrufe für Energielieferverträge“ und hat hohe Bußgelder verhängt, im Jahr 2016 allein i.H.v. 895.000 EUR.

41 Sofern es sich allerdings um Telefonwerbung gegenüber Personen handelt, die nicht Verbraucher i. S. d. § 13 BGB sind, genügt deren **mutmaßliche Einwilligung** zum Empfang von Werbeanrufen (§ 7 II Nr. 2 Var. 2 UWG). Die mutmaßliche Einwilligung muss sich hierbei auf zwei Punkte beziehen, zum einen auf die Werbung als solche und zum anderen auf das Werbemittel des Telefonanrufs. Diese gesetzliche Lockerung gilt für alle **sonstigen Marktteilnehmer** und damit nach der Legaldefinition in § 2 I Nr. 2 UWG nicht nur für Mitbewerber, sondern für alle Personen, die als Anbieter oder Nachfrager von Waren oder Dienstleistungen tätig sind. Die mutmaßliche Einwilligung ist dabei aber nicht einfach zu unterstellen, sondern muss im Einzelfall genau geprüft werden. Nach der Rechtsprechung ist erforderlich, dass aufgrund konkreter Umstände ein sachliches Interesse des Anzurufenden durch den Anrufer vermutet werden kann.[73] Eine mutmaßliche Einwilligung kann auch nicht angenommen werden, wenn die telefonische Kommunikation ohne jeglichen vorherigen Geschäftskontakt ausschließlich dem Zweck eines entgeltlichen Angebots dient.[74] Sollte die angerufene Person, respektive das betreffende Unternehmen erklären, keine weiteren Werbeanrufe mehr erhalten zu wollen, ist jeder weitere Anruf als wettbewerbswidrig einzustufen.[75] Auch Unternehmer sollen vor unerwünschten

[72] Vgl. LG Ulm, Urt. v. 5.3.2010, Az. 10 O 162/09 KfH.

[73] Vgl. BGH, GRUR 2010, 939, Rdnr. 20 – *Telefonwerbung nach Unternehmenswechsel*; BGH, GRUR 2008, 189, Rdnr. 14 f. – *Suchmaschineneintrag*.

[74] Vgl. OLG München, Beschl. v. 19.5.2011, Az. 6 U 458/11.

[75] Darüber hinaus und hiervon unberührt bleiben die Voraussetzungen nach dem Bundesdatenschutzgesetz (BDSG), i. d. F.d. Bek. v. 14.1.2003, BGBl. I S. 66, zuletzt geändert durch Gesetz v. 25.2.2015, BGBl. I S. 162. Als Ergänzung zur lauterkeitsrechtlichen Einwilligung besteht dort das datenschutzrechtliche Erfordernis einer Einwilligung für die Verarbeitung oder Nutzung personenbezogener Daten in § 28 III 1 BDSG.

Werbeanrufen geschützt werden, da die Werbung mittels Telefonanrufen zu belästigenden oder sonst unerwünschten Störungen der beruflichen Tätigkeit des Angerufenen führen kann.[76]

Unabhängig von der Art des Empfängers ist jede Werbung mittels **automatischer Anrufmaschine, Faxgerät** oder **elektronischer Post** wettbewerbswidrig, sofern keine Einwilligung des Empfängers vorliegt (§ 7 II Nr. 3 UWG). **Ausnahmsweise** ist eine Werbung mittels elektronischer Post (**E-Mail**) zulässig, wenn der Werbende die elektronische Adresse im Zusammenhang mit dem Verkauf einer Ware oder der Erbringung einer Dienstleistung erhalten hat, die Adresse für eine Direktwerbung für eine ähnliche Sache verwendet, der Kunde der Verwendung nicht widersprochen hat und der Kunde bei Erhebung und jeder Verwendung darauf hingewiesen wird, dass er der Verwendung jederzeit widersprechen kann (§ 7 III UWG). Dies setzt jedoch voraus, dass der Verbraucher jederzeit die Möglichkeit hat, der **Verwendung seiner Daten zu widersprechen.**[77] Hierfür ist jede Werbemaßnahme mit einer Absenderadresse zu versehen, die eine Kontaktaufnahme durch den Kunden ermöglicht, ohne dass diesem über die Basisgebühren hinaus gehende Kosten entstehen.[78] Wer bei der **E-Mail-Werbung** seine Identität verschleiert, indem er bspw. nicht seinen wahren Namen oder zwar den echten Namen, aber nur eine Tarn- oder Scheinadresse angibt, handelt stets unlauter (§ 7 II Nr. 4 UWG). Auch wenn es fast wie eine Selbstverständlichkeit erscheint, stellt die Möglichkeit, mittels eines für den Fernabsatz geeigneten Mittels der kommerziellen Kommunikation (einschließlich Briefe, Prospekte und Kataloge) einen Verbraucher hartnäckig „anzusprechen“, obwohl er dies erkennbar nicht wünscht (§ 7 II Nr. 1 UWG), ebenso eine unzumutbare Belästigung und stets ein unlauteres Verhalten dar. 42

VII. Rechtsfolgen, Anspruchsdurchsetzung und Strafbarkeit

Wer sich unlauter verhält, kann auf **Beseitigung** des wettbewerbswidrigen Verhaltens und bei Wiederholungsgefahr auch auf **Unterlassung**[79] in Anspruch genommen werden (§ 8 UWG). Dies ist allerdings unzulässig, wenn die Inanspruchnahme unter Berücksichtigung der gesamten Umstände missbräuchlich ist, insbesondere wenn sie vorwiegend dazu dient, 43

---

[76] Vgl. BGH, GRUR 2010, 939, Rdnr. 20 – *Telefonwerbung nach Unternehmenswechsel.*

[77] Dies ist letztlich nicht nur eine lauterkeitsrechtliche, sondern auch eine datenschutzrechtliche Anforderung an den Marktauftritt eines Unternehmens, insbesondere, aber nicht ausschließlich im Bereich des Energiehandels.

[78] Die Angabe einer 0190/0900-Mehrwertdienstrufnummer genügt diesen Anforderungen nicht.

[79] Der Anspruch auf Unterlassung besteht bereits dann, wenn eine Zuwiderhandlung droht.

gegen den Zuwiderhandelnden einen Anspruch auf Ersatz von Aufwendungen oder Kosten der Rechtsverfolgung entstehen zu lassen.[80]

44 Beseitigung oder Unterlassung des Verhaltens können nicht nur die Mitbewerber verlangen, sondern auch rechtsfähige Verbände zur Förderung gewerblicher oder selbstständiger beruflicher Interessen mit einigem Gewicht und Interessenberührung,[81] Industrie- und Handelskammern, Handwerkskammern und Einrichtungen, die in die Liste qualifizierter Einrichtungen nach § 4 UKlaG[82] oder in dem Verzeichnis der Kommission der Europäischen Gemeinschaften über Unterlassungsklagen zum Schutz der Verbraucherinteressen eingetragen sind.[83]

45 Neben der Unterlassung kennt das UWG in den §§ 9 und 10 die weiteren Rechtsfolgen des **Schadenersatzes** und der **Gewinnabschöpfung.** Wer vorsätzlich oder fahrlässig eine unzulässige geschäftliche Handlung i. S. d. § 3 oder des § 7 UWG vornimmt, ist den Mitbewerbern zum Ersatz des daraus entstehenden Schadens verpflichtet (§ 9 UWG). Erfasst sind damit nicht nur unlautere geschäftliche Handlungen im Sinne der Generalklausel und der stets unzulässigen Geschäftshandlungen nach § 3 UWG, sondern auch die unzumutbaren Belästigungen nach § 7 UWG. Dies ist deshalb von besonderer Bedeutung, da davon ausgegangen werden kann, dass nicht selten Verbraucher oder sonstige Marktteilnehmer telefonisch oder via E-Mail beworben werden, obwohl keine

---

[80] Zu den sog. Abmahnvereinen vgl. *Köhler/Feddersen*, in: Köhler/Bornkamm, UWG, 35. Aufl., § 8 Rdnr. 4.1, 4.10 ff.

[81] Dies ist der Fall, wenn ihnen eine erhebliche Zahl von Unternehmern angehört, die Waren oder Dienstleistungen gleicher oder verwandter Art auf demselben Markt vertreiben, soweit sie insbesondere nach ihrer personellen, sachlichen und finanziellen Ausstattung imstande sind, ihre satzungsmäßigen Aufgaben der Verfolgung gewerblicher oder selbständiger beruflicher Interessen tatsächlich wahrzunehmen und soweit die Zuwiderhandlung die Interessen ihrer Mitglieder berührt.

[82] Gesetz über Unterlassungsklagen bei Verbraucherrechts- und anderen Verstößen (UKlaG) i. d. F. der Bek. v. 27.8.2002, BGBl. I S. 3422, 4346, zuletzt geändert durch Gesetz v. 11.4.2016, BGBl. I S. 720.

[83] Das Bundesverwaltungsamt führt eine Liste hierfür qualifizierter Einrichtungen. Diese Liste wird mit dem Stand zum 1.1. eines jeden Jahres im BAnz bekannt gemacht und der Kommission der Europäischen Gemeinschaften unter Hinweis auf Art. 4 II der Richtlinie 98/27/EG des Europäischen Parlaments und des Rates vom 19.5.1998 über Unterlassungsklagen zum Schutz der Verbraucherinteressen (ABl. EU Nr. L 166, v. 11.6.1998, S. 51) zugeleitet. In die Liste werden auf Antrag rechtsfähige Verbände eingetragen, zu deren satzungsmäßigen Aufgaben es gehört, die Interessen der Verbraucher durch Aufklärung und Beratung nicht gewerbsmäßig und nicht nur vorübergehend wahrzunehmen, wenn sie in diesem Aufgabenbereich tätige Verbände oder mindestens 75 natürliche Personen als Mitglieder haben, seit mindestens einem Jahr bestehen und auf Grund ihrer bisherigen Tätigkeit Gewähr für eine sachgerechte Aufgabenerfüllung bieten. Es wird unwiderleglich vermutet, dass Verbraucherzentralen und andere Verbraucherverbände, die mit öffentlichen Mitteln gefördert werden, diese Voraussetzungen erfüllen, § 4 II UKlaG.

ausdrückliche oder mutmaßliche Einwilligung vorliegt. Derjenige, der vorsätzlich[84] handelt und hierdurch zu Lasten einer Vielzahl von Abnehmern einen Gewinn erzielt, kann auf Herausgabe dieses Gewinns in Anspruch genommen werden (§ 10 I UWG). Die Gewinnabschöpfung kann allerdings nicht als Zahlung an die Mitbewerber verlangt werden; der abgeschöpfte Gewinn ist an den Bundeshaushalt abzuführen.

Vor der Einleitung eines gerichtlichen Verfahrens soll der zur Gel- 46
tendmachung eines Unterlassungsanspruchs Berechtigte den Schuldner **abmahnen** und ihm Gelegenheit geben, den Streit durch Abgabe einer mit einer angemessenen Vertragsstrafe bewehrten Unterlassungsverpflichtung beizulegen (§ 12 I UWG). Soweit die Abmahnung berechtigt ist, kann Ersatz der erforderlichen Aufwendungen verlangt werden.

Eine Abmahnung ist nicht notwendigerweise einem Gerichtsverfahren 47
vorgeschaltet und auch keine Voraussetzung für dieses. Wird allerdings nicht abgemahnt, besteht das Risiko, dass der Wettbewerber im gerichtlichen Verfahren ein sofortiges Anerkenntnis abgibt und der klagende dann zwar in der Sache Erfolg hat, allerdings die Kosten des Verfahrens trägt. Handelt es sich um einen „einsichtigen" Wettbewerber ist eine Abmahnung i. d. R. auch der schnellste Weg, eine Unterlassung der Werbung zu erreichen. Ist aber, z. B. aus vorangegangenen Verfahren bekannt, dass der Mitbewerber sich ohnehin verteidigt, erscheint die Abmahnung entbehrlich.

Die Ansprüche auf Unterlassung und Schadenersatz sowie auf Ersatz 48
der berechtigten Abmahnkosten **verjähren** allerdings schon nach relativ kurzer Zeit, nämlich regelmäßig nach **sechs Monaten** (§ 11 I UWG). Für den Beginn dieser kurzen Verjährungsfrist bedarf es neben der Anspruchsentstehung auch der tatsächlichen oder zumindest ohne grobe Fahrlässigkeit erlangbaren Kenntnis von den anspruchsbegründenden Umständen sowie von der Person des Schuldners.

Schließlich kann ein Verstoß gegen das UWG auch eine **Strafbarkeit** 49
begründen. Derjenige etwa, der in der Absicht, den Anschein eines besonders günstigen Angebots hervorzurufen, in öffentlichen Bekanntmachungen oder in Mitteilungen, die für einen größeren Kreis von Personen bestimmt sind, durch **unwahre Angaben irreführend wirbt**, wird mit Freiheitsstrafe von bis zu zwei Jahren oder mit Geldstrafe bestraft (§ 16 I UWG). Der **Verrat von Geschäfts- und Betriebsgeheimnissen** (§ 17 UWG) wird ebenso sanktioniert wie die Verwertung von im geschäftlichen Verkehr anvertrauten Vorlagen oder Vorschriften technischer Art (insbesondere Zeichnungen und Modelle), wenn er sie zu Zwecken des Wettbewerbs oder aus Eigennutz unbefugt verwertet oder jemandem mitteilt (§ 18 I UWG).

[84] Dies setzt eine Absicht oder bewusste Inkaufnahme voraus.

D. Gesetz gegen Wettbewerbsbeschränkungen

50 Das GWB enthält einige wenige Vorschriften zum Marktauftritt. Diese richten sich an Unternehmen, die eine marktbeherrschende Stellung haben. Hierbei ist es Ziel des Gesetzes – im Gegensatz zum UWG, welches das „Wie“ des Wettbewerbes schützt – das „Ob“ des Wettbewerbs zu schützen. Mithin soll durch das GWB der Markt an sich geschützt und die Existenz eines grundsätzlich freien, aber rechtmäßigen Wettbewerbs sichergestellt werden. Potentiellen Wettbewerbern soll der Marktzugang weder verhindert noch übermäßig erschwert werden.

51 Es ist natürlich auch marktbeherrschenden Unternehmen nicht untersagt, zu werben. Allerdings ist es nicht gewünscht, hierbei einen Vorteil zu nutzen, der sich gerade aus der marktbeherrschenden Stellung ergibt.[85] Im Energiemarkt bekannt sind hier etwa die Diskussionen um Kopplungsangebote und Wechselentgelte.[86] Besonders marktstarke Energiehändler dürften z. B. sicherlich nicht damit werben, dass sie einen besonderen Überblick über die Marktbewegungen und Preisbildung haben. Mit der eigenen Kompetenz ist die Werbung demgegenüber erlaubt.

52 Für den Teilbereich der Energieversorgung sieht § 29 1 GWB seit dem 22.12.2007 verschärfte Regeln gegen den Ausbeutungsmissbrauch durch Preise und Konditionen vor.[87] Nach § 186 I GWB ist diese Vorschrift allerdings nach dem 31.12.2022 nicht mehr anzuwenden.

53 Der Gesetzgeber ist der Ansicht, dass der Generalverdacht missbräuchlicher Strom- und Gaspreise nur während einer Übergangszeit gerechtfertigt ist, bis die früheren Versorgungsmonopole in effektive Wettbewerbsmärkte überführt sind.[88] Zunächst ist es einem Versorgungsunternehmen – d. h. einem Anbieter von Elektrizität oder leitungsgebundenem Gas – verboten, auf einem Markt, auf dem es allein oder zusammen mit anderen Versorgungsunternehmen eine marktbeherrschende Stellung hat, diese Stellung missbräuchlich auszunutzen, indem es (1) entweder Entgelte oder sonstige Geschäftsbedingungen fordert, die ungünstiger sind als diejenigen anderer Versorgungsunternehmen

---

[85] BGH, GRUR 1987, 116, 118 – *Kommunaler Bestattungswirtschaftsbetrieb I.*

[86] *Zenke/Wollschläger,* in: Zenke/Ellwanger, Markiger Auftritt in der Energiewirtschaft, S. 93 ff.

[87] § 29 GWB wurde vor dem Hintergrund der im internationalen Vergleich als zu hoch empfundenen Strom- und Gaspreise in Deutschland eingeführt, soll den weiteren Anstieg auf ein volkswirtschaftlich bedenkliches Niveau verhindern und sowohl industrielle Abnehmer als auch Endverbraucher entlasten, vgl. BT-Drs. 16/5847, S. 9.

[88] *Bechtold/Bosch*, GWB, 8. Aufl., § 29 Rdnr. 4.

oder von Unternehmen auf vergleichbaren Märkten,[89] oder (2) wenn das Versorgungsunternehmen Entgelte fordert, die die Kosten in unangemessener Weise überschreiten.

54 Die erste Variante führt zu einem relativen Vergleich der Entgelte oder sonstigen Geschäftsbedingungen mit den tatsächlichen Entgelten vergleichbarer Unternehmen. Die zweite Variante führt – alternativ zur Vergleichsmarktbetrachtung – zu einer kostenbasierten Entgeltkontrolle und gegebenenfalls einer eigenständigen Bestimmung des absoluten Höchstpreises durch das Bundeskartellamt.[90] Im Hinblick auf eine umfängliche Liberalisierung des Energiehandels wurde sie wegen der Gefahr absoluter, staatlich festgelegter Höchstpreise kritisiert.[91] Begründet wird diese Kritik zu recht damit, dass der Maßstab einer solchen Angemessenheitsprüfung nicht nur die üblichen Preisbildungsmechanismen im Wettbewerb sowie Ordnungsprinzipien des GWB sind, sondern auch das Ziel einer preisgünstigen Energieversorgung nach § 1 I EnWG.

55 Der nach § 29 1 GWB maßgebende Begriff des Versorgungsunternehmens ist nicht identisch mit dem Begriff des Energieversorgungsunternehmens i. S. d. § 3 Nr. 18 EnWG.[92] § 29 GWB ist nur auf Unternehmen anwendbar, die Elektrizität oder leitungsgebundenes Gas anbieten.[93] Es kommt insbesondere nicht darauf an, ob das Unternehmen hierfür Netze unterhält. Deshalb ist umgekehrt ein Unternehmen, das zwar ein Strom- oder Gasnetz betreibt, ohne selbst Strom oder Gas anzubieten, auch kein Versorgungsunternehmen i. S. d. § 29 1 GWB.[94]

56 Hierneben besteht das generelle Ausbeutungsverbot nach § 19 IV 2 GWB fort.[95] Hiernach liegt ein Missbrauch vor, wenn ein marktbeherrschendes Unternehmen Entgelte oder sonstige Geschäftsbedingungen

---

[89] Eine Ausnahme im Rahmen dieses energiewirtschaftlichen Vergleichsmarktkonzeptes nach der 1. Variante besteht, wenn das Versorgungsunternehmen nachweist, dass die Abweichung sachlich gerechtfertigt ist. Die Umkehr der Darlegungs- und Beweislast gilt dann aber nur vor den Kartellbehörden und nicht in einem Kartellzivilverfahren, vgl. *Judith*, in: Danner/Theobald, Energierecht, 160 MbA-EnW, Rdnr. 77.

[90] Zum Gewinnspannenbegrenzungskonzept anhand Elektrizität eingehender *Becker/Blau*, Die Preismissbrauchsnovelle in der Praxis, Rdnr. 216 ff.

[91] Vgl. *Scholz*, in: Wiedemann, Handbuch des Kartellrechts, 3. Aufl., § 34 Rdnr. 164 m. w. N.

[92] Vgl. *Bechtold/Bosch*, GWB, 8. Aufl., § 29 Rdnr. 6.

[93] Zu den Unterschieden vgl. auch *Judith*, in: Danner/Theobald, Energierecht, 160 MbA-EnW, Rdnr. 72.

[94] Dementsprechend fallen nach § 111 III GWB i. V. m. § 111 I 1, II EnWG insbesondere die Netzzugangsbedingungen und die Preise hierfür nicht in den Anwendungsbereich der §§ 19, 20 und 29 GWB. Vgl. hierzu und zur weiteren Abgrenzung auch *Bechtold/Bosch*, GWB, 8. Aufl., § 130 Rdnr. 28; *Just*, in: Schult/Just, Kartellrecht, § 29 Rdnr. 5.

[95] Die Anwendbarkeit der §§ 19, 20 GWB neben § 29 S. 1 GWB wird in § 29 S. 3 GWB ausdrücklich klargestellt.

fordert, die von denjenigen abweichen, die sich bei wirksamem Wettbewerb mit hoher Wahrscheinlichkeit ergeben würden. Die beiden Vorschriften steuern das Marktverhalten der Versorger und führen dabei auch zu Anforderungen an den Marktauftritt der Unternehmen. Wenn schon die Forderung überhöhter Entgelte als missbräuchliches Verhalten verboten ist, stellt die Werbung mit solchen Entgelten und die hierbei erfolgende Kundenakquise erst recht ein unzulässiges Marktverhalten dar.

57 Ein Verstoß hiergegen stellt nach § 81 II Nr. 1, IV 1 GWB auch eine Ordnungswidrigkeit dar, die mit einem Bußgeld von bis zu 1 Mio. EUR geahndet werden kann. Das Bundeskartellamt stellt bei einer entsprechenden Verpflichtungszusage i. S. d. § 32b GWB des betroffenen Unternehmens, das Verfahren oftmals ein.[96] Einen Anspruch hierauf gibt es jedoch nicht. Daneben ist § 29 GWB auch ein Verbotsgesetz i. S. d. § 134 BGB, sodass die zivilrechtliche Vereinbarung eines überhöhten Entgeltes unwirksam ist und zu viel gezahlte Beträge nach Bereicherungsrecht zurückgefordert werden können.[97]

E. Kreditwesengesetz und Wertpapierhandelsgesetz

I. Angesprochener, gesetzlich verpflichteter Personenkreis

58 Besondere Regelungen für den Marktauftritt von Händlern beinhalten auch das KWG und das WpHG. Durch die Gesetze angesprochen werden zum einen nach dem KWG Institute. Nach § 1 Ib KWG sind dies Kreditinstitute (Unternehmen, die Bankgeschäfte betreiben, § 1 I KWG) und Finanzdienstleistungsinstitute (Unternehmen, die für andere Finanzdienstleistungen erbringen, § 1 Ia KWG).[98] Zum anderen sind nach dem WpHG auch Unternehmen erfasst, die Wertpapierdienstleistungen[99] und Wertpapiernebendienstleistungen[100] erbringen, den börslichen und außerbörslichen Handel mit Finanzinstrumenten oder den Abschluss von Finanztermingeschäften betreiben sowie Unternehmen, die Finanzanalysen erstellen (§ 1 I WpHG).[101]

[96] Vgl. hierzu die archivierten Entscheidungen des BKartA, abrufbar unter www.bundeskartellamt.de (Link: Missbrauchsaufsicht > Entscheidungen), Abruf Stand: April 2017.

[97] Zu den Folgen eines Verstoßes gegen § 29 S. 1 GWB vgl. *Bechtold/Bosch*, GWB, 8. Aufl., § 29 Rdnr. 37.

[98] Zu Finanzdienstleistern vgl. *Zenke/du Buisson/Dessau,* § 9 in diesem Band.

[99] Zu Wertpapierdienstleistungen vgl. § 2 III WpHG.

[100] Zu Wertpapiernebendienstleistungen vgl. § 2 IIIa WpHG.

[101] Ferner erfasst das WpHG Veränderungen der Stimmrechtsanteile von Aktionären an börsennotierten Gesellschaften und weitere Spezialfälle, § 1 I a.E. und § 1 II, III WpHG.

Für die Anforderungen an den Marktaufritt dieser Institute und Unternehmen ist zwischen Geboten im Zusammenhang mit dem originären Werbeauftritt und den sonstigen Wohlverhaltensregeln zu unterscheiden. 59

II. Werbeauftritt

1. § 23 I KWG und § 36b WpHG

60 Das KWG und das WpHG verfügen über eine Art Generalklausel zum Erfassen von missliebigen Werbeauftritten: § 23 I KWG bestimmt, dass die BaFin, um Missständen bei der Werbung der Institute zu begegnen, bestimmte Arten der Werbung untersagen kann. § 36b I WpHG erlaubt der BaFin ein entsprechendes Vorgehen, um Missständen bei der Werbung für Wertpapierdienstleistungen und Wertpapiernebendienstleistungen zu begegnen.[102]

2. Aufsichtsfokus und Handlungsbefugnisse der BaFin aus § 23 I KWG und § 36b WpHG

61 Der Blick auf die Rechtsfolgen von § 23 I KWG und § 36b I WpHG zeigt: Erlaubt ist es der BaFin nur,[103] bestimmte **Arten von Werbung,** nicht aber Einzelwerbung zu untersagen. Arten von Werbung meint dabei sowohl das Medium als auch den Inhalt der Maßnahme.[104] So kann die BaFin etwa die Verwendung einer bestimmten Form der Kontaktaufnahme, wie den Telefonanruf oder den Hausbesuch (Medium) oder auch bestimmte Aussagen, wie Prämienversprechen, Sonderverkäufe oder Koppelungsangebote (Inhalt) unterbinden.

62 Nicht nur gegenwärtige, sondern auch **künftige, geplante Werbemaßnahmen** können im Fokus der Aufsicht stehen, wenn hierdurch potenzielle negative Entwicklungen verhindert werden sollen.

63 Die **BaFin** hat – will sie gegen eine Werbung vorgehen – zwei Möglichkeiten: Sie kann einerseits **Einzelverfügungen** gegenüber einem Insti-

---

[102] Die Doppelregelung in § 36b WpHG und § 23 KWG entstammt der Zeit vor der Gründung der BaFin, ist aber nunmehr obsolet und hat insbesondere wegen der vollständigen Umfassung des § 36b WpHG in § 23 KWG keine eigenständige Bedeutung mehr. Die BaFin ist im Jahre 2002 aus der Zusammenlegung des Bundesaufsichtsamtes für das Kreditwesen (BAKred), dem Bundesaufsichtsamt für das Versicherungswesen (BAV) und dem – auch für den § 36b WpHG zuständigen – Bundesaufsichtsamt für den Wertpapierhandel (BAWe) entstanden. Vgl. auch *Fett*, in: Schwark/Zimmer, Kapitalmarktrechts-Kommentar, 4. Aufl., § 36b WpHG, Rdnr. 3.

[103] Es geht ja gerade um Missstände, also von den Auswirkungen bedeutendere Maßnahmen als Einzelwerbungen.

[104] Vgl. *Fischer*, in: Boos/Fischer/Schulte-Mattler, KWG, 5. Aufl., § 23 Rdnr. 18; BAWe (nun BaFin), Allgemeinverfügung gem. § 36b I und II WpHG bezüglich der Werbung in Form des „Cold Calling“, v. 27.7.1999 (BAnz. Nr. 149 v. 12.8.1999, S. 13 518), S. 2.

tut erlassen, andererseits im Wege der **Allgemeinverfügung** gegenüber einer Vielzahl von Unternehmen[105] vorgehen. In beiden Fällen ist die Entscheidung ein Verwaltungsakt i. S. d. § 35 VwVfG,[106] dessen Erlass in aller Regel zunächst eine Anhörung der Betroffenen voraussetzt. Sofern eine Entscheidung im Wege der Allgemeinverfügung erlassen werden soll, sind zunächst die Spitzenverbände der Institute sowie des Verbraucherschutzes zu hören (§ 23 II KWG und entsprechend § 36b II WpHG).

64 Die **BaFin** trifft bei Erlass des Verwaltungsaktes eine **Ermessensentscheidung** („kann") und unterliegt daher dem Gebot der Verhältnismäßigkeit.[107] Die Untersagung muss daher geeignet, erforderlich und angemessen sein, um dem befürchteten Missstand bei der Werbung der Institute zu begegnen.

65 Ihre Verfügungen kann die BaFin im Wege der Verwaltungsvollstreckung durchsetzen und hier auch Zwangsmittel anwenden (z. B. ein Ordnungsgeld verhängen). Darüber hinaus begeht derjenige, der einer solchen Verfügung vorsätzlich oder fahrlässig zuwiderhandelt, eine **Ordnungswidrigkeit** (§ 56 III Nr. 5 KWG und entsprechend § 39 III Nr. 1 lit. c WpHG).[108] Letztlich wird auch immer wieder diskutiert, ob Verstöße gegen Wettbewerbsbestimmungen dazu führen können, die **fachliche Eignung des Geschäftsleiters**[109] in Frage zu stellen.[110] Dies dürfte jedenfalls bei Einzelverstößen gegen das Werberecht zu verneinen sein.

3. Eingriffsvoraussetzungen: Werbung und Missstände

66 Der Begriff der Werbung wird sowohl im KWG als auch im WpHG weit verstanden. Umfasst sind Marketingmaßnahmen sowie jeder Unternehmensauftritt, der auf eine Außendarstellung des Unternehmens gerichtet ist. Hierzu zählen bspw. Prospekte, Annoncen, Plakate, mündliche Werbehinweise, Spots in Rundfunk und Fernsehen, Anzeigen im Internet,

---

[105] Die Frist zur Einlegung des Widerspruchs gegen eine Allgemeinverfügung beginnt mit Ablauf des Tages, an dem dieser Bescheid im BAnz bekannt gegeben worden ist.

[106] Verwaltungsverfahrensgesetz (VwVfG) v. 23.1.2003, BGBl. I S. 102, zuletzt geändert durch Gesetz v. 18.7.2016, BGBl. I S. 1679.

[107] Vgl. *Döll/Siebert,* in: Hellner/Steuer, Bankrecht und Bankpraxis, 14/327.

[108] Wegen Zuwiderhandlung gegen die Allgemeinverfügung gem. § 36b WpHG bezüglich der Werbung in Form des „Cold Calling" wurden aufgrund von Kundenbeschwerden sowie Feststellungen in den Prüfungsberichten in 2001 seitens der BAWe/BaFin 13 Verfahren neu eröffnet, Jahresbericht 2001, S. 15.

[109] Zur fachlichen Eignung eines Geschäftsleiters und den Folgen bei Fehlen dieser vgl. schon *du Buisson/Wollschläger,* in: Zenke/Schäfer, Energiehandel in Europa, 3. Aufl., § 10.

[110] So noch *Dreyling,* Das Recht der Bankenwerbung nach dem Kreditwesengesetz, S. 20.

Werbehinweise auf öffentlichen Veranstaltungen sowie Werbegeschenke[111] und auch Anrufe.[112] **Werbung** in diesem weit verstandenen Sinn ist daher auch die **Öffentlichkeitsarbeit** der Institute.[113] Abzugrenzen ist Werbung jedoch von den Kunden lediglich gewährten Informationen. Sofern ein Kunde also auf das Unternehmen zutritt und um Informationen hinsichtlich der angebotenen Produkte und Dienstleistungen nachsucht, sind die ihm hierzu mitgeteilten Informationen nicht als Werbung anzusehen. Dabei kommt es nicht darauf an, ob bereits eine Vertragsbeziehung besteht oder eine solche erst angebahnt werden soll. Ein Ausschluss der reinen Informationsweitergabe aus dem Begriff der Werbung führt aber nicht dazu, dass fehlerhafte Angaben des Instituts nicht sanktioniert werden. Hierfür greifen vielmehr allgemeine Vorschriften. Wenn z. B. hinsichtlich der Zugehörigkeit zu einer Sicherungseinrichtung[114] gem. § 23a KWG eine unzutreffende Information erfolgt, ist dieses Verhalten als Ordnungswidrigkeit mit einem Bußgeld bedroht (§ 56 III Nr. 6 KWG).

Wann eine Werbung einen Missstand begründet, definiert das KWG 67
nicht, das WpHG aber benennt Beispielsfälle (§ 36b I 2 Nr. 1–4 WpHG), die nicht abschließend sind. Hierzu zählen z. B. das nicht ausreichende Hinweisen auf Risiken, das Werben mit der Sicherheit einer Anlage, obwohl die Rückzahlung einer Anlage nicht oder nicht gänzlich gesichert ist. Der weitergehende, zum Ausfüllen des Missstandes denkbare Rückgriff auf das UWG[115] ist nicht verbindlich. Ein wettbewerbsrechtlicher Verstoß führt nicht zwingend zu einem Missstand i. S. d. § 23 I KWG/§ 36b I WpHG und umgekehrt.[116] Vielmehr muss unter Berücksichtigung der Zielsetzung von KWG und WpHG definiert werden,[117] wann eine Werbung unter Umständen nicht mehr hinnehmbar ist und damit neben den Beispielen des § 36b I 2 Nr. 1–4 WpHG einen Missstand begründet. Hier hilft der Blick auf die in § 6 KWG definierten Aufgaben der BaFin. Nach dessen Abs. 2 soll die Behörde Missständen im Kredit- und Finanzdienstleistungswesen entgegenwirken, „welche die Sicherheit der den Instituten anvertrauten Vermögenswerte gefährden, die ordnungsmäßige Durchführung der Bankgeschäfte oder

---

[111] Vgl. *Fischer,* in: Boos/Fischer/Schulte-Mattler, KWG, 5. Aufl., § 23 Rdnr. 5.

[112] BAWe (nun BaFin), Allgemeinverfügung bezüglich der Werbung in Form des „Cold Calling“ (vgl. schon Rdnr. 40), S. 2.

[113] *Dreyling,* Das Recht der Bankenwerbung nach dem Kreditwesengesetz, S. 11.

[114] Zur Zugehörigkeit zu einer Sicherheitseinrichtung vgl. *du Buisson/Wollschläger,* in: Zenke/Schäfer, Energiehandel in Europa, 3. Aufl., § 10.

[115] Vgl. hierzu bereits Rdnr. 6 ff.

[116] Vgl. *Fischer,* in: Boos/Fischer/Schulte-Mattler, KWG, 5. Aufl., § 23 Rdnr. 8.

[117] Vgl. *Döll/Siebert,* in: Hellner/Steuer, Bankrecht und Bankpraxis, 14/326.

Finanzdienstleistungen beeinträchtigen oder erhebliche Nachteile für die Gesamtwirtschaft herbeiführen" könnten.

68 Auch das besondere Vertrauen der Anleger in die Integrität des Marktes und der Marktteilnehmer müssen vor Handlungen geschützt werden, die geeignet sind, genau dieses Vertrauen zu beeinträchtigen.[118]

69 Insgesamt ist hier eine gewisse Dauerhaftigkeit der Werbung zu verlangen. Eine einmalige Werbung wird noch nicht zu einem Missstand führen, sofern eine Wiederholung nicht zu erwarten ist.

4. Ausgewählte Fälle der BaFin-Praxis

70 Bisher hat die BaFin nur in überschaubaren Fällen von ihren Rechten nach § 23 KWG und § 36b WpHG Gebrauch gemacht. Vielmehr wurden seitens der Aufsicht regelmäßig „Empfehlungen" zur Werbepraxis ausgesprochen oder allgemeine Erwägungen bekannt gemacht, ohne dass eine offizielle Verfügung erging.

71 Ein **Beispiel der Untersagungsverfügung** ist das 1977 im Wege der Allgemeinverfügung ausgesprochene Verbot der bausparexternen Laienwerbung.[119] Damals wurde hier als nicht opportun angesehen, an Personen, die nicht selbst Bausparer der jeweiligen Bausparkasse waren, Geld- oder Sachwerte für den Nachweis von Interessenten auszuloben („Freundschaftswerbung").

72 Unter einen Fall des § 36b I WpHG subsumierte die damalige BAWe (nun BaFin) im Juli 1999 das sog. **Cold Calling.**[120] Hier wurde den Wertpapierdienstleistungsunternehmen im Wege der Allgemeinverfügung die telefonische Kontaktaufnahme mit Kunden, zu denen nicht bereits eine Geschäftsbeziehung in Bezug auf Wertpapierdienst- und -nebendienstleistungen bestand, untersagt, soweit sie nicht durch eine vorhergehende, nachvollziehbare Aufforderung des Angerufenen unmittelbar gegenüber dem Wertpapierdienstleistungsunternehmen veranlasst worden war.

73 Das **Cold Calling**, so die letztlich dem UWG[121] folgende Begründung, stelle ein Eindringen in die geschützte Privatsphäre des Angerufenen dar, das ihm zu einem ausschließlich durch den Werbenden bestimmten Zeitpunkt die Anpreisung von Waren und Dienstleistungen aufdrängt, der sich der Angerufene meist nur unter Verletzung der allgemeinen Regeln der Höflichkeit entziehen kann. Eine derartige **Belästigung** des Kunden aber sei mit dem Erfordernis der Wahrung der Interessen des Kunden

---

[118] Vgl. BAWe (nun BaFin), Allgemeinverfügung bezüglich der Werbung in Form des „Cold Calling" (vgl. schon Rdnr. 40), S. 3.

[119] Vgl. *Fischer/Herbst*, RSP, Teil A 1. 2. 61.

[120] Vgl. BAWe (nun BaFin), Allgemeinverfügung bezüglich der Werbung in Form des „Cold Calling" (vgl. schon Rdnr. 40), S. 2.

[121] Vgl. hierzu bereits Rdnr. 6 ff.

nicht vereinbar. Auch unaufgeforderte Anrufe, die keine bestimmten Geschäfte zum Inhalt haben, sondern nur der allgemeinen Vorstellung des Unternehmens dienen sollen, sind danach untersagt. Darüber hinaus stelle es eine Beeinträchtigung der Entscheidungsfreiheit des Kunden dar, wenn Cold Calling genutzt wird, um bei dem Angerufenen einen Überraschungseffekt zu erzielen und diese Situation zum sofortigen Vertragsschluss auszunutzen. Bei den Anrufenden handle es sich zumeist um in der telefonischen Kundengewinnung besonders ausgebildete Personen, die insbesondere darin geschult sind, kritischen Fragen des möglichen Kunden auszuweichen. Die Interessen des Kunden gehen dahin, in seiner Privatsphäre und Entscheidungsfreiheit geschützt zu werden. Dazu sei es bspw. erforderlich, dass sich der Kunde den Abschluss des Geschäftes und die damit verbundenen finanziellen Folgen sorgfältig überlegen und von anderer Seite Informationen verschaffen kann.

Von der Untersagung im Rahmen des Cold Calling nicht betroffen, so 74
das BAWe, sind demgegenüber unaufgeforderte Anrufe bei Kunden, die in Ausübung ihrer gewerblichen Tätigkeit angerufen werden.[122] Auch innerhalb bereits bestehender Geschäftsbeziehungen sei eine Beeinträchtigung der Wahrung des Kundeninteresses durch unaufgeforderte Anrufe, in denen für Wertpapierdienstleistungen und Wertpapiernebendienstleistungen geworben werde und Geschäftsabschlüsse angestrebt werden, nicht zu befürchten. Eine Beeinträchtigung oder Gefährdung der Ordnungsmäßigkeit der Erbringung von Wertpapierdienstleistungen ist auch dann auszuschließen, wenn der Angerufene vor der telefonischen Kontaktaufnahme sein Einverständnis mit einem solchen Anruf unmittelbar gegenüber dem Wertpapierdienstleistungsunternehmen prüfungstechnisch nachvollziehbar erklärt hat.[123]

Beispiele für die vorerwähnten reinen „Empfehlungen" zur Gestaltung 75
der Werbepraxis sind etwa die Hinweise der BaFin auf Bedenken im Falle der Bezeichnung als Wertpapierhandelsbank (ohne Erlaubnis zum Betreiben des Effektengeschäftes), die Werbung mit der Inflationsangst[124] (wegen der Sorge um die Stärkung der Inflationsgefahr durch Flucht in Sachwerte) oder der Sicherheit von Geldanlagen (wegen der Vertrau-

[122] Vgl. BAWe (nun BaFin), Allgemeinverfügung bezüglich der Werbung in Form des „Cold Calling" (vgl. schon Rdnr. 40), S. 3.

[123] Ein konkludentes Einverständnis setze aber voraus, dass der Angerufene durch ein schlüssiges Verhalten zum Ausdruck gebracht hat, dass er mit dem Anruf einverstanden ist. Ein bloßes Schweigen des Kunden oder die Tatsache, dass der Angerufene bei der telefonischen Kontaktaufnahme nicht sofort widerspricht, seien bspw. nicht als konkludentes Einverständnis anzusehen, vgl. BAWe (nun BaFin), Allgemeinverfügung bezüglich der Werbung in Form des „Cold Calling" (vgl. schon Rdnr. 40), S. 3.

[124] Diese ist schon nach dem UWG untersagt, vgl. bereits oben Rdnr. 6 ff.

enserschütterung der Anlagen anderer Institute) sowie die Koppelung von Sparanlagen mit einer Unfallversicherung.[125]

76 Als unzulässig sah die BaFin lange Zeit auch die Werbung mit der Tatsache an, dass das Unternehmen unter Aufsicht des BAKred (nunmehr BaFin) stehe. Das „Gütesiegel einer Lizenz" dürfe nicht gesondert herausgestellt werden, um Kunden das Gefühl besonders „wertvoller Dienstleistungserbringung" zu vermitteln, weil die BaFin neben der generellen Einhaltung der Rechtsnormen auch Einfluss auf die Geschäftspolitik des Werbenden nehme und die Prüfung auf Einzelgeschäfte erstrecke. Hier ist die BaFin mittlerweile moderater geworden.[126] Sie akzeptiert jetzt, dass Unternehmen sachlich damit werben, von der BaFin beaufsichtigt zu werden (= Hinweis als Fakt). Die Grenze der Sachlichkeit sei jedoch überschritten, wenn „Unternehmen mit blickfangartigen Herausstellungen, etwa einer optischen Aufmachung als Gütesiegel oder einer reißerischen Wortwahl werben. Auch haben Unternehmen in ihrer Werbung deutlich darauf hinzuweisen, wenn sie – etwa bei Finanzvermittlern – nur mit einem Teil ihres Geschäfts unter die Aufsicht der BaFin fallen."[127] Zudem begrenzt die BaFin den Werbeauftritt dahingehend, dass ihr Name „Bundesanstalt für Finanzdienstleistungsaufsicht" ausgeschrieben werden muss und ihr Logo auf keinen Fall verwendet werden darf.

III. Wohlverhaltensregeln

77 Neben den dargestellten Werberegeln sind von den nach dem KWG und dem WpHG angesprochenen Unternehmen auch weitere Verhaltensregeln im Marktauftritt zu beachten. Hierzu gehören insbesondere die **Verhaltens-, Organisations- und Transparenzpflichten** der §§ 31 ff. WpHG.[128] Die Regelungen des WpHG enthalten in Grundzügen allgemeine und besondere Pflichten der Wertpapierhandelsunternehmen. Hierzu gehören bspw. die Pflicht zur Sorgfalt und Gewissenhaftigkeit, die Pflicht zur Vermeidung von Interessenkonflikten und das Verbot der Irreführung. Werbemittel müssen somit deutlich als solche zu erkennen sein.

---

[125] Nachweise bei *Fischer,* in: Boos/Fischer/Schulte-Mattler, KWG, 5. Aufl., § 23 Rdnr. 10 ff.

[126] *BaFin*, Hinweise zur Werbung mit der BaFin, 14.9.2005, VerBaFin September 2005, S. 3.

[127] *BaFin*, Hinweise zur Werbung mit der BaFin, 14.9.2005, VerBaFin September 2005, S. 3.

[128] Umfassend hierzu *Horstmann*, in: Horstmann/Cieslarczyk, Energiehandel, Kap. 6, S. 250 ff. Vgl. auch *Seyfried,* WM 2006, 1375 ff., 1383; *Spindler/Kasten*, WM 2006, 1749 ff. sowie WM 2006, 1797 ff., 1804; *dies.*, AG 2006, 785 ff.; *Weichert/Wenninger*, WM 2007, 627 ff.

Weiterhin gehört es zu den Pflichten eines Wertpapierhandelsunternehmens, Kunden in geeigneter Weise beraten zu können. Hierfür ist es erforderlich, vor einer Beratung von dem jeweiligen Kunden alle Informationen einzuholen, um eine solche Beratung durchführen zu können. Der Umfang der erforderlichen Informationseinholungspflicht richtet sich nach dem Umfang der Kenntnisse des Kunden, die von dem Kunden auch abzufragen sind. 78

F. Schlussbemerkung

Das Recht der Werbung oder des „Wie" des Marktauftrittes ist nach wie vor eines des Einzelfalles. Erst in der konkreten Situation und unter Abwägung der konkreten Umstände kann beurteilt werden, ob ein Verhalten erlaubt ist oder nicht. Damit wird jede Werbemaßnahme ein Fall des Risikomanagements. Was kann geschehen, wird sich der Handelnde fragen, wenn eine Werbemaßnahme – weil rechtswidrig – zu unterlassen ist? Lohnen sich schnell angelegte und in ihrer Umsetzung einmalige Aktionen (einmalige Briefaktion, ein Werbespot und nie wieder), deren Unterlassung im Weiteren nicht „weh tut"? Wie hoch ist das Rechtsrisiko der Unzulässigkeit einer langfristig angelegten und teuren Werbung (Kampagne)? Generell gilt: Erst prüfen, dann handeln. 79

§ 27 Resümee – Ausblick

1 Die vorstehenden Kapitel haben gezeigt, welche bemerkenswerte Entwicklung, insbesondere der Großhandel mit Strom und Gas, seit Öffnung der Strom- und Gasmärkte in der Europäischen Union im Jahr 1998 erfahren hat. In diesen knapp 14 Jahren wurde ein bis dahin in Europa nicht vorhandenes Glied der strom- und gaswirtschaftlichen Wertschöpfungskette vollkommen neu geschmiedet.

2 Die energiewirtschaftliche **Wertschöpfungskette** ist – zumindest in einem wettbewerblichen Energiemarkt – ohne den **Großhandel** kaum vorstellbar. An den Erfolg des Tradings haben anfangs viele nicht geglaubt. Sie schienen im Jahre 2001 in ihrer Skepsis auch fast bestätigt zu werden, als das neue, noch recht fragile Kettenglied in Folge der Insolvenz des damals weltgrößten Energiehändlers Enron und dem sich anschließenden Exodus vieler US-amerikanischer Energiehandelsunternehmen aus dem europäischen (englisch-walisischen) Markt beinahe zerbrochen wäre. Glücklicherweise kam es nicht dazu, weil die Mehrheit der (auch der wichtigen) Marktteilnehmer in Europa (schon damals) verstanden hatte, dass ein liberalisierter Strom- und Gasmarkt ohne einen Großhandelsmarkt nicht funktionieren kann.

3 Aus den prekären Anfängen hat sich heute ein mittlerweile hochprofessionelles Marktsegment entwickelt, das weder in Bezug auf Fachkompetenz noch auf technische Ausstattung, noch auf Marktdesign oder rechtliche Rahmenbedingungen den Vergleich mit den traditionellen Gliedern der energiewirtschaftlichen Weltschöpfungskette wie Erzeugung oder Transport/Verteilung oder Vertrieb zu scheuen braucht.

4 Der **Energiegroßhandel** verfügt in Bereichen wie Strom, Rohöl oder Emissionszertifikaten in weiten Teilen der Europäischen Union über ein funktionierendes Marktdesign. Bei Erdgas und Steinkohle sowie im Frachtbereich besteht nach wie vor Verbesserungspotenzial. Und auch in den jüngeren Mitgliedstaaten der Europäischen Union ist der Handel mit Energie insgesamt immer noch wenig populär.

5 In den Märkten mit bereits gut funktionierendem Energiegroßhandel arbeiten die Marktteilnehmer – soweit sie nicht ohnehin aus dem Finanzsektor stammen – mittlerweile auf höchstem Niveau. Sie verfügen über professionelle **elektronische Handelssysteme** und zunehmend ausgefeilte **Risikomanagementsysteme.** Sie agieren im **OTC-Bereich** auf einer mittlerweile geringen Anzahl gut durchdachter **Standardverträge** und können sich auf eine (möglicherweise noch etwas zu große) Anzahl von Strom- und Gasbörsen sowie auf eine Vielzahl von OTC-Platt-

formen in ganz Europa stützen. Die **freiwillige Adaption von Bankenregeln** und die Anpassung der Finanzaufsichtsregeln in MiFID, CAD und Marktmissbrauchsrichtlinie an den Energiebereich haben dem Strom- und Gasgroßhandel einen adäquaten Ordnungsrahmen verschafft, der, wie gezeigt, zunehmend verfeinert wird. Einige Energiehandelsunternehmen verfügen mittlerweile sogar über **bankaufsichtsrechtliche Erlaubnisse** zur Erbringung von Finanzdienstleistungen im Zusammenhang mit Energie, die ihnen eine europaweite Betätigung erlauben.

Nach seiner „Sturm- und Drangperiode“ ist der Großhandel mit 6
Strom und Gas mittlerweile ein weitgehend akzeptiertes Mitglied des „energiewirtschaftlichen Establishments“ geworden. Der Hauch von (teilweise misstrauisch betrachteter) Exotik, den der Handel in seiner Anfangszeit z. B. in vertikal-integrierten Energieversorgern vielfach umgab, ist verschwunden, da sich beide Seiten einander angepasst, aneinander gewöhnt haben und sich wechselseitig respektieren.

Es war zu erwarten, dass die in 2007 begonnene und nach wie vor 7
nicht ausreichend bewältigte Finanzmarkt- und Staatsschuldenkrise im Euro-Raum und den USA, die in der Politik latent immer vorhandene Regulierungspassion auch den Energiehandel nicht verschonen würde. Die insbesondere in den §§ 18 und 23 unter den Akronymen MiFID, MiFIR, EMIR, REMIT näher behandelten und möglicherweise weitere zu erwartende (zu befürchtende?) **Regulierungsaktivitäten** haben bzw. werden die **Handlungsspielräume im Energiegroßhandel** (weiter) beschränkt bzw. werden diese (weiter) beschränken. Neben diesen Handlungsbeschränkungen aufgrund rechtlicher Regelungen stehen insbesondere im deutschen Stromhandelsmarkt die faktischen Restriktionen, die mit dem zunehmenden Ausbau der regenerativen Stromerzeugung einhergehen. Vor allem die Unstetigkeit und fehlende Planbarkeit der Einspeisungen aus diesen Anlagen zwingen die Netzbetreiber mehr und mehr zu Eingriffen in den Erzeugungs- und damit in den Handelsmarkt, um die notwendige Systemsicherheit zu gewährleisten.

Diese Entwicklung wird sich nach der sog. **Energiewende des Sommers 2011** vermutlich weiter verstärken. Daher erscheint es nicht übertrieben festzustellen, dass insbesondere der Stromgroßhandelsmarkt nach rund 14 Jahren Blütezeit beginnt, ein wenig welk zu werden. Damit stellt sich die Frage, wie es weiter gehen soll – um im Bild zu bleiben, wie eine neue, am besten verstärkte Blüte des (Strom)Großhandels entfacht werden kann. Zunächst sollte die Regulierungsleidenschaft gezügelt werden, zumindest soweit es um den Energie(handels)markt geht. Die von der Politik unter dem Druck der Finanzmärkte und der Öffentlichkeit entfachten Regulierungsaktivitäten mögen in Bezug auf die Tätigkeit der Finanzinstitute im Finanzmarkt erforderlich und gerechtfertigt sein (ob sie helfen, die aktuellen Probleme zu beseitigen und künftige zu vermeiden, mag man bezweifeln). Nicht gerechtfertigt ist es jedoch, diese Aktivitäten undifferenziert auch im Energiemarkt zu entfalten. Man kann es nicht oft genug wiederholen: Der Energiegroßhandel hat die aktuelle Finanzmarktkrise weder ausgelöst noch verschärft. Für eine „Gleichschaltung" des Energiegroßhandels mit der Finanzwirtschaft fehlt die sachliche Rechtfertigung. Das Petitum ist daher, dass die Politik ihre Regulierungsbestrebungen in Bezug auf den Energiegroßhandel auf die aktuellen Aktivitäten beschränkt und auch bei der noch ausstehenden Überarbeitung der **CAD** die gegenwärtige Regulierungslage für Energiehändler nicht verschärft.

9 Ein solches „Regulierungsmoratorium" würde es den Marktteilnehmern darüber hinaus erlauben, sich auf andere wichtige Aufgaben zu konzentrieren, die im Strom- und Gashandel immer noch zu erledigen sind:

10 In Deutschland (wie auch in den meisten anderen EU-Mitgliedstaaten) wartet der **Großhandel mit Gas** nach wie vor auf einen Anstieg der Dynamik, wie er im Stromhandel beobachtet werden konnte. Während beim Handel mit Elektrizität mittlerweile endlich über die Schaffung von grenzüberschreitenden Netzkonfigurationen und damit Handelsmärkten diskutiert wird, fehlt nach wie vor ein einheitliches Gasmarktgebiet. Dieses ist jedoch unabdingbare Voraussetzung für eine signifikante Erhöhung der Liquidität im Gashandel sowohl OTC als auch börslich.

11 Auf EU-Ebene (insbesondere auf dem Kontinent) steht die schnelle und effiziente **Beseitigung aller Netzengpässe** an allen EU-Binnengrenzen und zur Schweiz nach wie vor als Punkt auf der Tagesordnung. Damit einhergehen muss aber auch die Schaffung der rechtlichen und ordnungspolitischen Rahmenbedingungen für den **Großhandel** mit Strom und Gas. Ein ungehinderter Transport von Elektrizität und Erdgas innerhalb der EU nützt wenig, wenn in den einzelnen Mitgliedstaaten keine funktionierenden und transparenten Großhandelsmärkte existieren. Die **Abschaffung administrativer Handelshemmnisse** gehört dazu ebenso wie der ungehinderte Zugang zu jeder Art von Kunden. Diese Forderung richtet sich an süd- und südwesteuropäische Mitgliedstaaten ebenso wie an nahezu alle jüngeren EU-Mitglieder aus Mittel- und Osteuropa. Gerade in letzteren fehlt es immer noch in einigem Umfang an verlässlichen rechtlichen Rahmenbedingungen für den Großhandel mit Strom und Gas.

12 Auch der **Großhandel mit nicht leitungsgebundenen Energie-Commodities** wie Steinkohle, Rohöl, Emissionszertifikate oder Frachten hat noch einiges Optimierungspotenzial. So sind die vertraglichen Grundlagen für den Handel mit Steinkohle und Rohöl heute noch alles andere als standardisiert sowie es im Commodity-Handel aus Gründen der

Mitigation von rechtlichen Basisrisiken und der Reduktion von Transaktionskosten die Regel sein sollte. Zum Beispiel kennt der schon lange existierende physische Ölhandel keinen einheitlichen Vertragsstandard, sondern lediglich AGB der einzelnen Unternehmen, die nicht ansatzweise Risikomitigationsregeln enthalten wie sie im EFET-Rahmenvertrag mittlerweile anerkannt sind. Im Handel mit Steinkohle ist die Situation ähnlich. Hier existieren zwar einige **Rahmenverträge** (etwa aus den USA und Großbritannien), nur hat sich bislang in Europa kein einheitlicher Standard etablieren können. Beim Handel mit Emissionszertifikaten, der europaweit schon in akzeptablem Maße standardisiert ist, wird sich eine ähnliche Herausforderung stellen, wenn das EU-Handelssystem mit Systemen aus den USA und anderen bedeutenden nichteuropäischen Regionen zu einem weltweiten Handelssystem zusammengeführt werden soll. Ob es allerdings zu letzterem jemals kommen wird, ist gerade angesichts der jüngsten Entscheidung der Trump-Regierung zum Pariser Klimaschutzabkommen mehr als unsicher.

Die Bearbeiter

Abwerzger, Gerald
Gerald Abwerzger ist Geschäftsführer und Miteigentümer des internationalen Handelshauses Von Alm Pte Ltd. Davor war er fünf Jahre bei dem australischen Rohstoffkonzern BHP Billiton in Singapur beschäftigt und zuletzt für die Energiemarktanalyse für China und Indien verantwortlich. Von 2008 bis 2012 war er bei E.ON in Düsseldorf und Essen in verschiedenen Positionen tätig, unter anderem als Leiter der Ölmarktanalyse für E.ON Ruhrgas. Herr Abwerzger startete seine berufliche Karriere als Marktanalyst bei Statkraft Markets GmbH in Düsseldorf, nachdem er sein Petroleum Engineering Studium an der Montanuniversität Leoben abschloss.

Amelung, Torsten
Dr. Torsten Amelung ist Geschäftsführer der Statkraft Markets GmbH und Senior Vice President New Markets im Statkraft-Konzern. Er ist seit 20 Jahren in Führungspositionen in der Energiewirtschaft tätig u. a. bei der Stadtwerke Kiel AG, TXU und der RAG. Bis 1990 war Torsten Amelung Forschungsgruppenleiter am Institut für Weltwirtschaft in Kiel. Seit 1995 ist er Privatdozent an der Universität Köln und hält dort Vorlesungen und Seminare in den Bereichen Energiewirtschaft, Innovationsmanagement, Energiehandel und Risikomanagement.

Borchert, Jörg
Dr. Jörg Borchert ist Dipl.-Wirtschaftsingenieur (TU Berlin/London School of Economics and Political Science) und seit Mai 2006 Berater bei BET Büro für Energiewirtschaft und technische Planung GmbH in Aachen. Zwischen 2009 bis 2015 war er dort Teamleiter. In der Zeit zwischen 1997 bis 1999 war er als Analyst für Projekt- und Exportfinanzierung bei der Berliner Bank AG tätig. Im Anschluss daran (1999 bis 2002) war er wissenschaftlicher Mitarbeiter an der TU Berlin, Fachgebiet für Energie- und Rohstoffwesen. Außerdem fungierte er als Leiter Risikomanagement für die Stadtwerke Leipzig GmbH, 2002 bis 2006. Er ist Autor diverser Fachartikel und des Werkes „Stromhandel – Institutionen, Marktmodelle, Pricing und Risikomanagement“, 2006. Mittlerweile ist er Professor für Energiewirtschaft an der FH Aachen und koordiniert dort den Master-Studiengang Energiewirtschaft & Informatik und engagiert sich nebenberuflich als Berater.

du Buisson, Joachim

Oberregierungsrat Joachim du Buisson arbeitet bei der Bundesanstalt für Finanzdienstleistungsaufsicht (BaFin) als Referent in der Säule Bankenaufsicht. Dabei war er auch mit der Aufsicht über Finanzdienstleistungsinstitute, zentrale Kontrahenten und Energiehändler befasst, einschließlich der Führung entsprechender KWG-Erlaubnisverfahren. Ferner war er an Grundsatzarbeit zu diesbezüglichen Themen beteiligt. Unter anderem trug er zu Europäischen Projekten bei, bspw. war er Mitglied der damaligen CEBS-Unterarbeitsgruppe zum Rohwarengeschäft und des EBA-Projektteams zu Wertpapierfirmen. Er schätzt einen offenen Praktikerdialog.

Däuper, Olaf

Dr. Olaf Däuper ist Rechtsanwalt und Partner der auf Energie- und Infrastrukturrecht spezialisierten Sozietät Becker Büttner Held, Rechtsanwälte Wirtschaftsprüfer Steuerberater in Berlin mit den Beratungsschwerpunkten Energiewirtschafts-, Kartell- und Regulierungsrecht. In seinem Beratungsfokus liegen vor allem die Beratung der Gasindustrie sowie die rechtliche Begleitung von Kraftwerksprojekten vor dem Hintergrund der Energiewende. Olaf Däuper hat im Energierecht zu kartell- und europarechtlichen Fragestellungen promoviert (Humboldt Universität Berlin). Er ist Autor zahlreicher Fachpublikationen, u. a. im Kommentar Danner/Theobald, „Energierecht", Loseblattwerk, C.H. Beck sowie in der Schriftenreihe „Energie- und Infrastrukturrecht" hrsg. von Theobald/Britz/Held im Band „Gaspreisbildung und Europäisches Kartellrecht", C.H. Beck, 2003.

Dessau, Christian

Dr. Christian Dessau ist Rechtsanwalt und Partner Counsel bei der auf Energie- und Infrastrukturrecht spezialisierten Sozietät Becker Büttner Held, Rechtsanwälte Wirtschaftsprüfer Steuerberater in Berlin. Er hat mit einem rechtstheoretischen Thema promoviert (Ernst-Moritz-Arndt-Universität zu Greifswald) und beschäftigt sich heute insbesondere mit dem Commodityhandels-, Regulierungs-, Kartell- und Bankaufsichtsrecht. Christian Dessau ist Mitautor der Werke Zenke/Fuhr/Bornkamm, „CO_2-Handel aktuell", VWEW Energieverlag, 2008 sowie Schneider/Theobald, „Recht der Energiewirtschaft", 4. Auflage, 2013.

Diem, Marianne

Marianne Diem ist Beraterin in der Energiewirtschaft mit über 10 jähriger Branchenerfahrung. Ihre Schwerpunkte liegen in den Bereichen Energiehandel, Kraftwerksoptimierung, Risikomanagement sowie der Optimierung von Prozessen und IT. Zuvor war sie 8 Jahre lang Abteilungsleiterin Middleoffice und Risikomanagement bei den Stadtwerken Leipzig und dort für Risikosteuerung des Handels, Prognosen und Einsatzoptimierung sowie für die Geschäftsentwicklung für Handel und Erzeugung zuständig. Davor hatte sie Positionen als Analystin, Risikomanagerin und IT-Beraterin in diversen Firmen der Energie- und Finanzbranche inne. Mathematikstudium in Göttingen, Bonn (Diplom 1996) und Paris, Träger der CFA-Charter (Chartered Financial Analyst).

Edel, Peter

Peter Edel ist Master Maschinenbau mit Vertiefung Energietechnik (RWTH Aachen) sowie außerdem Master Wirtschaftswissenschaft (RWTH Aachen). Seit 2015 ist er Berater bei BET Büro für Energiewirtschaft und Technische Planung GmbH in Aachen; vorher war er dort und u. a. auch bei RWE Power AG Werkstudent und Masterand. Seine Schwerpunkte liegen in den Bereichen Energiehandel, Markt- und Preismodellierung, Einsatzoptimierung von Kraftwerken, Risikomanagement, Betreuung der stochastischen Modelle.

Erdmann, Georg

Prof. Dr. Georg Erdmann ist seit 1996 Inhaber des Lehrstuhls Energiesysteme an der Technischen Universität Berlin. Zuvor war er an der ETH Zürich und am Paul-Scherrer-Institut in der Schweiz tätig. Das Forschungsthema seines Lehrstuhls sind die komplexen Wechselwirkungen zwischen energietechnischen und institutionellen Innovationen mit den Energiemärkten. Neben zahllosen Publikationen verfügt Georg Erdmann über einen umfangreichen Leistungsnachweis als Berater und Gutachter. Bis 2011 war er Mitglied im Council der International Association for Energy Economics (IAEE), zuletzt in der Funktion des Präsidenten. Zu seinen aktuellen Mandaten in Aufsichtsräten und wissenschaftlichen Gremien gehören das Amt des Vorstandsvorsitzenden der Gesellschaft für Energiewissenschaft und Energiepolitik (GEE) e. V. sowie die Berufung in die Kommission zum Monitoring-Prozess „Energie der Zukunft“ durch die Bundesregierung im Herbst 2011.

Eufinger, Merlin

Merlin Harve Eufinger hat seinen Interessenschwerpunkt im Wertpapierhandels- und Börsenrecht, insbesondere im Marktmissbrauchsrecht. Er legte bereits im Alter von 17 Jahren die Börsenhändlerzulassungsprüfung für das elektronische Handelssystem Xetra, sowie den Präsenzhandel ab. Nach einer Förderung im Rahmen des Deutschlandstipendiums absolviert er derzeit als Stipendiat der Studienstiftung des deutschen Volkes und der Konrad Adenauer Stiftung sein Schwerpunktstudium der Rechtswissenschaft an der Goethe Universität Frankfurt am Main. In der Vorauflage kommentierte er den Marktmissbrauchsteil, der heute in vielen Bereichen maßgeblichen Verordnung REMIT.

Eufinger, Thomas

Thomas Eufinger leitet als Jurist eine Abteilung im Bereich der Wertpapieraufsicht bei der Bundesanstalt für Finanzdienstleistungsaufsicht (BaFin). Im Rahmen dieser Tätigkeit legte er die Börsenhändlerprüfung ab und war später als Prüfer tätig. Neben der Verfolgung von Insidertaten und Delikten der Kurs- und Marktmanipulation zählen die Überwachung der Einhaltung von Transparenzgeboten, wie z. B. der Ad-hoc-Publizität zu den Hauptaufgaben. Hierzu kommt die Bearbeitung von Fragen rund um das Börsengeschehen. Thomas Eufinger ist Autor von Fachpublikationen, u. a. im Kölner Kommentar zum WpHG, Hrsg. Hirte/Möllers, 2014 und im Kommentar zum EnwG, Hrsg. Britz/Hellermann/Hermes, 2015.

Fischer, Claudia

Dr. Claudia Fischer ist Hauptabteilungsleiterin des Bereiches Recht/Beteiligungen bei der Neubrandenburger Stadtwerke GmbH. Zuvor war sie seit 2010 Rechtsanwältin in der auf Energie- und Infrastrukturrecht spezialisierten Sozietät Becker Büttner Held und beschäftigte sich dort mit dem Energiehandels-, Emissionshandels- und Bankaufsichtsrecht. Sie hat mit einem naturschutzrechtlichen Thema promoviert (Universität Rostock) und publiziert regelmäßig in Fachzeitschriften zum Energiehandel sowie zur Energie- und Finanzmarktregulierung.

Göbel, Jens

Jens Göbel leitet seit Juni 2013 die Bereiche Strom- und Emissionshandel bei der Eni Trading & Shipping S.p.A. in London. Davor leitete Herr Göbel den Bereich Structured Trading bei der Shell Energy Europe Ltd. Bis Ende 2007 war er Prokurist bei der Statkraft Markets GmbH in Düsseldorf, wo er zuletzt den Origination Bereich für Western Europe leitete und die Geschäftsführung der Statkraft Markets Kft. mit Sitz in Budapest inne hatte. Jens Göbel erwarb seinen Diplomkaufmann an der Universität Mannheim und seinen MBA an der Indiana University of Pennsylvania.

Godager, Knut

Knut Godager is a master of economics, and financial analyst for energy markets, and now works as special adviser at The Financial Supervisory Authority of Norway (Finanstilsynet). Originally he has experience from the electricity markets. His practice areas are supervision of exchanges, clearinghouses and other infrastructure, as well as markets in the securities and commodities derivatives markets. Knut Godager is and has been a member of several groups in Norway, within EU (EEA) and also on global level through IOSCO for harmonisation and assessment of legislation and market practice in the securities and commodities derivatives markets.

Hartung, Anja
Anja Hartung ist seit August 2010 als Projektmanagerin in der Abteilung Geschäftsentwicklung Energie bei der Veolia Deutschland GmbH beschäftigt. Zuvor war sie seit 2003 in der Energiebranche, insbesondere in verschiedenen Bereichen der Handelsabwicklung- und Überwachung beschäftigt. Anja Hartung hat Jura an den Universitäten Leipzig und Oslo, Norwegen studiert.

Hinz, Juri
Dr. Juri Hinz, Dr. rer. nat., Dipl.-Mathematiker (TU Dresden), Promotion in Mathematik (Universität Tübingen), ist Associate Professor an der National University of Sinapore. Gegenwärting ist Herr Hinz an der University of Technology Sydney tätig (Lecturer Level D). Zuvor war er für die ETH Zürich tätig und leitete dort das Forschungsprojekt Management of Hydro Electric Plants. Davor war er seit 1996 als wissenschaftlicher Assistent an der Universität Tübingen sowie der Technischen Universität in Dresden tätig. Seine Forschungsarbeiten beziehen sich in auf die mathematische Modellierung von Energiemärkten; daraus entstand auch die enge Zusammenarbeit mit Prof. Dr. Matthias Weber.

Körner, Thorsten
Thorsten Körner ist Geschäftsbereichsleiter Handel bei der Stadtwerken Leipzig GmbH. Er hat einen Abschluss als Dipl.-Ing. für Verfahrenstechnik/Energiewirtschaft (TH Merseburg) und erwarb 2002 zusätzlich einen MBA-Abschluss an der Universität Augsburg/Katz Business School in Pittsburgh (USA). Seit 1990 arbeitete er national und international in verschiedenen Unternehmen und Positionen der Energiewirtschaft. Als Geschäftsführer des Internationalen Centrums für Energiewirtschaft und Umwelt GmbH war Herr Körner vor allem für die EU mit energiewirtschaftlichen Planungen beratend tätig. Als Abteilungsleiter Front Office und seit 2016 als Geschäftsbereichsleiter hatte er die Verantwortung für den Energiehandel mit Strom, Gas und CO_2 und für die Beschaffung von Fernwärme und Öl der Stadtwerke Leipzig GmbH. Die Stadtwerke Leipzig realisierten den Handel von physischen und finanziellen Produkten an börslichen und bilateralen Intraday-, Termin-, Regelenergie- und Spotmärkten. Zu seinem Verantwortungsbereich gehören auch die Brennstoffbeschaffung, Einsatzplanung und Vermarktung einer GuD-Anlage, von Biomassekraftwerken und Heizwerken sowie von Wind-

kraft- und Photovoltaikanlagen. Vor seiner Tätigkeit im Energiehandel war Herr Körner u. a. für die Stadtwerke Leipzig GmbH als Geschäftsführer einer polnischen und als Vorstand einer bulgarischen Tochtergesellschaft im Energiebereich tätig.

Lehnert, Wieland
Dr. Wieland Lehnert ist Rechtsanwalt und Partner Counsel bei der auf Energie- und Infrastrukturrecht spezialisierten Sozietät Becker Büttner Held, Rechtsanwälte Wirtschaftsprüfer Steuerberater in Berlin. Er berät Anlagenbetreiber, Netzbetreiber und Stromlieferanten und öffentliche Körperschaften (u. a. Bundesministerien) zu allen Fragen im Recht der Erneuerbaren Energien mit den Bezügen zum Verfassungsrecht und Europarecht und mit Schwerpunkten u. a. im Bereich der Direktvermarktung erneuerbarer Energien und der Grünstromkennzeichnung. Dr. Wieland Lehnert publiziert regelmäßig im Recht der erneuerbaren Energien und ist Mitautor des Kommentars zum EEG von Altrock/Oschmann/Theobald.

Lokau, Bernhard
Bernhard Lokau ist Principal Consultant bei der Fichtner GmbH & Co. KG im Bereich Energiewirtschaft. Tätigkeitsschwerpunkt von Bernhard Lokau ist die Analyse der Entwicklung der Strom- und Gasmärkte und die Vorbereitung von bedeutenden Investitions- oder Beschaffungsentscheidungen in diesen Märkten.

Neveling, Stefanie
Dr. Stefanie Neveling ist seit 2013 Referentin im Bundesministerium für Wirtschaft und Energie und hat dort zunächst Fragen der Marktintegration Erneuerbarer Energien auf nationaler und europäischer Ebene bearbeitet. Seit 2014 arbeitet sie an energiepolitischen Fragen des Emissionshandels; seit 2015 im Referat ökonomische Fragen der Energiewende als stellvertretende Referatsleiterin. Von 2005-2013 war sie Leiterin des Referates „Zugang zu Gasfernleitungsnetzen und internationaler Gashandel" bei der Bundesnetzagentur in Bonn. Sie war dort zuständig für den Gasnetzzugang, Netzausbaupläne sowie für die Vertretung der Bundesnetzagentur in den europäischen Regulierungsgremien von CEER und der europäischen Regulierungsbehörde ACER, wo sie auch verschiedene Arbeitsgruppen leitete. Von 1999–2004 war sie Rechtsanwältin in einer auf Energie- und Infrastrukturrecht spezialisierten Sozietät in Berlin. Sie hat verschiedene Arbeitsaufenthalte in Großbritannien und Südamerika absolviert und war zeitgleich zu ihrer Promotion wissenschaftliche Mitarbeiterin an der Universität Hamburg. Dr. Stefanie Neveling geht einer umfassenden Vortrags- und Publikationstätigkeit nach.

Paulun, Tobias

Tobias Paulun ist seit 2009 bei der European Energy Exchange AG (EEX) beschäftigt. Seitdem arbeitete er in verantwortlicher Position in den Bereichen Strategie, Produktentwicklung und Marktdesign. Von 2011 bis 2014 übernahm er als Prokurist die Funktion des Direktors Strategie & Markt Design. 2012 wurde er zum Börsengeschäftsführer gewählt und war von 2012 bis 2015 zeitgleich Vorstandsmitglied von EPEX Spot SE. Tobias Paulun wurde zum Januar 2015 als Chief Strategy Officer in den Vorstand der EEX bestellt. In dieser Funktion verantwortet er die Entwicklung neuer Produkte an den Märkten der EEX Gruppe, die strategische Entwicklung der Börse sowie die aktive Teilnahme der EEX an der politischen und öffentlichen Diskussion zur Weiterentwicklung des europäischen Energiemarktdesigns. Vor seinem Engagement bei der EEX arbeitete Tobias Paulun als Forschungsgruppenleiter am Institut für Elektrische Anlagen und Energiewirtschaft der RWTH Aachen und promovierte im Forschungsbereich der optimalen Ausbauplanung für Strom- und Gasnetze sowie zur langfristigen Entwicklung des europäischen Strommarktes.

Pilgram, Thomas

Dr. Thomas Pilgram ist Mitglied der Geschäftsführung des Stromspeicher-Herstellers und Stromlieferanten Deutsche Energieversorgung GmbH. Zuvor war er Vorstand des Grünstromlieferanten Clean Energy Sourcing AG, nachdem er Geschäftsführer bei Bergen Energi Deutschland GmbH war. Vorangegangen ist eine langjährige Beschäftigung bei der deutschen Strombörse in Leipzig, zuletzt als Leiter Business Development. Thomas Pilgram ist Autor zahlreicher Fachpublikationen zu Börsen- und Stromgroßhandelsthemen, er ist Diplom-Kaufmann und Diplom-Volkswirt und hat an der Wirtschaftsuniversität Wien über Insolvenzrecht promoviert.

Ritzau, Michael

Dr.-Ing. Michael Ritzau ist Dipl.-Ing. (RWTH Aachen, Elektrotechnik mit Schwerpunkt Energietechnik); Promotion (Institut für Elektrische Anlagen und Energiewirtschaft der RWTH Aachen). 1988 gründete er zusammen mit seinem Partner Dr.-Ing. Wolfgang Zander die BET Büro für Energiewirtschaft und technische Planung GmbH in Aachen und ist seitdem geschäftsführender Gesellschafter. Er ist für die Strategieberatung von deutschen und europäischen Energieversorgungsunternehmen zuständig und Experte für nationale und internationale Ministerien und Regulierungsbehörden. Thematische Schwerpunkte seiner Tätigkeit sind die Liberalisierung der Energiemärkte, die Projektentwicklung von Eigenerzeugungsanlagen und Gemeinschaftskraftwerken, Strom-Übertragungsnetze (Netzentwicklungsplanung, Netzengpassanalysen, Redispatch-Analysen), langfristige Marktanalysen von Strom- und Brennstoffpreisen sowie der Aufbau von Energiehandelsaktivitäten und Trading Floors. Er ist Mitautor des Fachbuchs „Strombeschaffung im liberalisierten Energiemarkt“, Fachverlag Deutscher Wirtschaftsdienst, 2000 sowie Autor diverser Fachartikel. Darüber hinaus hat er wiederholt Studien und Expertisen u. a. für das Bundeswirtschaftsministerium erstellt.

Roggenbau, Marc
Dr. Marc Roggenbau ist Dr.-Ing. Elektrotechnik und seit August 2014 über die IBR Dr.-Ing. Roggenbau Engineering GmbH und IBR Dr.-Ing. Roggenbau & Partner, Consultants als Mitinhaber, Geschäftsführer, Manager und Berater tätig. Der Schwerpunkt der Gesellschaften liegt auf der Projektierung, Fertigung, Montage und Instandhaltung von Hochstrom-Energieanlagen und der Beratung für Unternehmen der Energiewirtschaft in den Bereichen Unternehmens-/Organisations- und Teamentwicklung, Unternehmenssteuerung, Portfoliomanagement, Risikomanagement, Controlling und Compliance. Seinen beruflichen Einstieg wählte er 2000 nach Studium und Promotion an der RWTH Aachen bei der Trianel GmbH, zuletzt als Leiter Unternehmenssteuerung und Geschäftsführer der Trianel Finanzdienste GmbH.

Rühr, Christian
Dr. Christian Rühr ist Rechtsanwalt und Counsel bei der auf Energie- und Infrastrukturrecht spezialisierten Sozietät Becker Büttner Held, Rechtsanwälte Wirtschaftsprüfer Steuerberater in Berlin. Er wurde mit einer Arbeit zu einem verfassungsrechtlichen Thema promoviert. Dr. Rühr berät heute verschiedene Akteure aus der Energiewirtschaft insbesondere zu sämtlichen Rechtsfragen aus dem Bereich der erneuerbaren Energien und dessen Bezügen zum allgemeinen Energiewirtschaftsrecht. Zu diesen Themen veröffentlicht er regelmäßig Fachbeiträge.

Schäfer, Ralf
Dr. Ralf Schäfer ist seit 2016 selbständiger Rechtsanwalt mit Spezialisierung auf den Gebieten Energiehandels- und Kapitalmarktrecht sowie Compliance. Er war von 2000 bis 2007 Vice President Legal, Compliance & Communications der RWE Supply and Trading GmbH und von Februar 2009 bis Dezember 2015 Partner Counsel der auf Infrastrukturrecht spezialisierten Partnerschaft Becker Büttner Held mit den Beratungsschwerpunkten Kartell-, Bank- und Börsenrecht sowie im Bereich Compliance. Ralf Schäfer wurde im Kommunalwirtschafts- und Energierecht zu verfassungs- und mitbestimmungsrechtlichen Fragestellungen

promoviert. Er ist Verfasser diverser Fachpublikationen, u. a. als Herausgeber und Mitautor des Buches von Zenke/Schäfer, Energiehandel in Europa, C.H. Beck Verlag, sowie verschiedener Fachaufsätze zum Thema Compliance. Darüber hinaus verfasst er seit rund 20 Jahren die Kolumne zu aktuellen Entwicklungen im Energierecht in der Zeitschrift „Energiewirtschaftliche Tagesfragen". Von November 2009 bis Juni 2015 war er Lehrbeauftragter im Bereich Energiewirtschaft an der Fachhochschule Düsseldorf.

Schlenker, Anja
Anja Schlenker, aktuell im Sabbatical, war seit 2006 in verschieden Positionen des Energiehandels in Norwegen und Deutschland tätig, zuletzt als Portfoliomanagerin der Energieerzeugung bei den Stadtwerken Leipzig. Zuvor optimierte sie bei der Statkraft Trading GmbH das Kraftwerksportfolio im Kurzfristbereich und arbeitete in Projektteams. Anja Schlenker ist Diplom-Volkswirtin (univ.) und hat zudem Psychologie, Politikwissenschaften und Tschechisch an den Universitäten Passau und Brünn, Tschechische Republik, studiert.

Schönrock, Klaus-Peter
Klaus-Peter Schönrock ist Rechtsanwalt und Partner Counsel der auf Energie- und Infrastrukturrecht spezialisierten Partnerschaft Becker Büttner Held, Rechtsanwälte Wirtschaftsprüfer Steuerberater in Köln. Er berät zahlreiche Unternehmen bei der Gasbeschaffung und im Rahmen von Auseinandersetzungen mit Vorlieferanten aus nicht standardisierten Gasbezugsverträgen. Klaus-Peter Schönrock hat mehrere Fachpublikationen zu gasspezifischen Themen herausgegeben, u. a. in der Zeitschrift „InfrastrukturRecht", C.H. Beck, und ist Mitautor eines Fernstudienlehrgangs zum Energierecht an der Universität Koblenz/Landau.

Schuffelen, Lukas
Dipl.-Wirt.-Ing. Lukas Schuffelen ist Projektmanager bei BET Büro für Energiewirtschaft und technische Planung GmbH. Seine thematischen Schwerpunkte sind zukünftiges Marktdesign, Bewertungsprojekte & Transaktionen, Energiepolitik, Optimierung von Anlagen und Märkten.

Spanier, Martin
Martin Spanier verfügt über langjährige Fach- und Führungserfahrung als Risikocontroller bei Banken sowie im Energie- und Agrarhandel. Für den Energiehändlerverband EFET agierte er als Representative gegenüber anderen Branchenverbänden und der Finanzmarktaufsicht, hat hierbei Arbeitsgruppen zum Markt- und Adressausfallrisiko geleitet, Positionspa-

piere zu den spezifischen Anforderungen des Energiehandels erstellt und den Verband bei Anhörungen vertreten. Er ist Diplom-Statistiker (Univ.) und hat das Chartered Financial Analyst (CFA) Programm sowie eine Ausbildung zum Rating-Analysten absolviert.

Stein, Eric
Eric Stein ist Senior Trading Floor Meteorologe der Vattenfall Trading GmbH. Nach dem Studium der Meteorologie, Klimatologie und Wirtschaftsgeographie in Bonn ist er seit fast 20 Jahren im Umfeld der Wetter- und Energiewirtschaft tätig. Zunächst bei der RWE Supply & Trading GmbH, wo er u. a. als Wetterderivate-Händler tätig war. Von 2014 bis 2017 arbeitet Eric Stein für das Unternehmen Statkraft. Er hält regelmäßig Gastvorträge an der HS Ruhr West und der TU Dresden.

Telschow, Carsten
Carsten Telschow ist Rechtsanwalt und Counsel bei der auf Energie- und Infrastrukturrecht spezialisierten Partnerschaft Becker Büttner Held in Berlin. Sein Tätigkeitsschwerpunkt liegt in der Beratung von Industrieunternehmen und Unternehmen der Energiewirtschaft in den Bereichen des Emissionshandels- und Immissionsschutzrechts sowie des allgemeinen Energiewirtschafts- und Regulierungsrechts. Er ist Autor verschiedener Fachpublikationen, u. a. als Mitautor in Zenke/Fuhr/Bornkamm, „CO_2-Handel aktuell", VWEW Energieverlag, 2009, Zenke/Wollschläger, „§ 315 BGB: Streit um Versorgerpreise", VWEW Energieverlag, 2. Auflage 2009 und Zenke/Vollmer, „Anlagenplanung, Anlagenbau, Anlagenbetrieb für Unternehmen", De Gruyter, 2016.

Weber, Matthias
Prof. Dr. Matthias Weber ist Mathematiker und seit November 2002 Professor für Wirtschaftsmathematik an der Hochschule für Technik und Wirtschaft Dresden. Davor leitete er an der Technischen Universität Dresden ab 2000 ein Forschungsprojekt zur finanzmathematischen Modellierung von Energiemärkten.

Wollschläger, Stefan
Stefan Wollschläger ist Rechtsanwalt und Partner der auf Infrastrukturrecht spezialisierten Partnerschaft Becker Büttner Held in Hamburg. Seine Beratungsschwerpunkte liegen im Bereich des Wärmerecht und Contracting, dem Wettbewerbs- und Kartellrecht sowie dem Regulierungsrecht. Neben seiner forensischen und außergerichtlichen Tätigkeit ist er Autor zahlreicher Fachpublikationen u. a. als Mitautor des energierechtlichen Kommentarwerkes Danner/Theobald, „Energierecht", C. H. Beck Verlag (Loseblattsammlung); als Autor und Herausgeber des

„Leitfadens zur Kalkulation mit Änderung von Fernwärmepreisen" AGFW-Projektgesellschaft mbH, Frankfurt am Main 2012. Des Weiteren ist Stefan Wollschläger Redakteur der Rubrik „Wärme" der monatlich erscheinenden Zeitschrift InfrastrukturRecht.

Zenke, Ines
Dr. Ines Zenke ist Rechtsanwältin, Fachanwältin für Verwaltungsrecht und Partnerin der auf Infrastrukturrecht spezialisierten Partnerschaft Becker Büttner Held in Berlin. Sie ist seit mehr als 20 Jahren in der Energiewirtschaft tätig. Dr. Ines Zenke unterstützt Versorger, energieintensive Abnehmer, Investoren und Politik bei der pragmatischen Bewältigung der Normenflut im Alltag und der Entwicklung tragfähiger Lösungen. Sie ist Verfasserin zahlreicher Fachpublikationen und Dozentin an der Hochschule für nachhaltige Entwicklung Eberswalde (HNEE), Fachbereich Wirtschaft, Studiengang Master Kommunalwirtschaft. Außerdem ist sie Gründungsmitglied und Vizepräsidentin des Wirtschaftsforums der SPD.

Stichwortverzeichnis

(Die mageren Zahlen verweisen auf die jeweiligen Randnummern.)

Abmahnung § **26,** 46 ff.
Abnahmemenge § **21,** 45
Abrechnungspreis § **20,** 87 ff.
Absatzbehinderung § **26,** 25
Absatzportfolio § **5,** 70
Absicherungssystem § **20,** 80 ff.
Abwanderungsbedrohung § **8,** 32
ACER siehe Agency for the Cooperation of Energy Regulators
Action Trigger § **21,** 13
Add On § **11,** 41, 44
Additional-Margin § **20,** 21
Ad-hoc-Pflichten § **22,** 105 ff.
– Derivatemarkt § **22,** 98
– Spotmarkt § **22,** 86 ff.
Ad-hoc-Publizität § **22,** 76 ff.
– Inlandsemittenten § **22,** 78
– Transparenz § **22,** 78
– Befreiung § **22,** 82
Adressausfallrisiko § **11,** 2, 33 ff.; § **17,** 122
Adressausfallrisikopositionen § **11,** 37 ff.
Advanced Measurement Approaches § **11,** 46, 48
Agency for the Cooperation of Energy Regulators § **9,** 14; § **22,** 113 ff.; § **23,** 2
– Hauptaufgaben§ **22,** 114
aggressive geschäftliche Werbung § **26,** 26 ff.
Akkumulationsperiode § **6,** 7
Akteure
– Grünstrommarkt § **7,** 42 ff.
Aktivitätsrate § **8,** 34
Alleinstellungswerbung § **26,** 33
Allgemeine Geschäftsbedingungen § **25,** 8
amerikanische Option § **17,** 34, 51
Anlage
– Wesentlichkeitskriterium § **8,** 46
Anlagenausfall § **17,** 111 ff., 109, 123
– Dauer § **17,** 138 ff.
– monetäres Risiko § **17,** 142 ff.
– Wahrscheinlichkeit § **17,** 129 ff.
Anlagenbetreiber
– Emissionszertifikat § **8,** 7
Anlagetätigkeiten Definition nach MiFID II § **10,** 2
Anlegbarkeitsprinzip § **25,** 19
Anlegerentschädigungsrichtlinie § **9,** 10
Anreizregulierungsverordnung/ARegV § **5,** 12
Anschwärzung § **26,** 23
antizyklischer Kapitalpuffer § **11,** 10
Arbeitspreis § **25,** 19
Arbitrage § **5,** 72
Ausbeutungsverbot § **26,** 56
Ausfallwahrscheinlichkeit Kontrahenten § **12,** 31 ff.
Ausgleichsenergiekosten § **12,** 7
Auskunftsansprüche § **22,** 29
Ausnahmevorschrift § **10,** 21 ff.
– allgemein § **10,** 37
– dauerhaft § **10,** 22
– Definition nach MiFID II § **10,** 21
– Nebentätigkeitsausnahme § **10,** 23 ff.
– warenspezifisch § **10,** 21, 23 ff.
Ausschüttungssperre § **11,** 9
Außenauftritt § **26,** 1
Ausübungsoption § **17,** 34
Ausübungspreis § **6,** 5

Backtesting § **17,** 179
BaFin siehe Bundesanstalt für Finanzdienstleistungsaufsicht
Banken
– Regulierung § **10,** 52
Bankgarantien § **20,** 70
Basel II § **11,** 2
Basisbilanzausgleich § **25,** 84
Basisindikatoransatz § **11,** 47
Basisperiode Bestandsanlagen § **8,** 32
Basispreis § **17,** 34
Begrenzung der Lieferpflicht § **25,** 28
Behinderungswettbewerb § **26,** 25
Benutzungsstunden § **17,** 8
Berichtswesen § **19,** 35

Beschaffungsprozess
– Beschaffungsbücher § **21,** 48
– Vertriebsbücher § **21,** 47
– Vertriebsplanung § **21,** 47
Beschaffungsstrategie § 5, 65; § **21,** 12 ff.
– durchschnittlicher Beschaffungspreis § **21,** 14
– maximaler Deckungsbeitrag § **21,** 14
– minimaler Beschaffungspreis § **21,** 14
– Zielpreis § **21,** 14
Best Case § **5,** 65
Bestandsanlagen
– Basisperiode § **8,** 33
Bezugssperre § **26,** 25
Bilanzabweichungsrisiko § **25,** 55, 70
Bilanzausgleich § **25,** 80
Bilanzkreismanagement § **2,** 24
Bilanzkreisvertrag § **25,** 77
Bilanzkreisvertrag Strom § **25,** 78 ff.
Bilanzkreisvertrag Gas § **25,** 83 ff.
Binomial Modell § **17,** 39 ff.
Biogas § **4,** 93, 99
– Einspeisung von § **4,** 99
Biogasanlage Netzanschluss § **4,** 99
Black-Scholes § **17,** 35
Black-Scholes-Formel § **16,** 33
BNetzA siehe Bundesnetzagentur
Bonität § **20,** 82 ff,
Börse(n) § **20,** 7 ff.; § **22,** 5 ff.
– Begriff § **14,** 8
– Gasbereich § **25,** 6
– Missstandsbekämpfung § **22,** 24 ff.
– Rechtsaufsicht § **22,** 23
– Strombereich § **25,** 5
– Zulassungsbedingungen § **14,** 10
Börsenaufsicht § **14,** 15
Börsenaufsichtsbehörde § **22,** 7, 21
– § **22,** 20 ff.
– Aussetzung des Börsenhandels § **22,** 25
– Einstellung des Börsenhandels § **22,** 25
Börsengeschäftsführung
– Aussetzung des Handels § **22,** 25 ff.
– Einstellung des Handels § **22,** 25 ff.
– Hauptaufgabe § **22,** 18
Börsengesetz
– Waren- und Warenderivatemärkte § **22,** 1 ff.
Börsenhandel § **14,** 23 ff.
– EEX § 14, 13
Börsenordnung § **14,** 17
Börsenorgane § **22,** 14 ff.
– Börsengeschäftsführung § **22,** 18
– Börsenrat § **22,** 16 f.
– Handelsüberwachungsstelle § **22,** 15
– Sanktionsausschuss § **22,** 19
Börsenrat
– Hauptaufgaben § **22,** 16
Börsenregeln
– Aufsicht über die Einhaltung § **22,** 27
– Ermittlung bei Verstößen § **22,** 28
Börsenträger Hauptaufgabe § **22,** 10
Börsenträgergesellschaften § **22,** 9
Boykott § **26,** 25
Braunkohleschutzklausel § **13,** 14
Brent-Dates-Kontrakt § **3,** 32
Bundesanstalt für Finanzdienstleistungsaufsicht § **22,** 124
– Aufgabe § **22,** 35
– Aufsicht § **26,** 61 ff.
– Handlungsbefugnisse § **26,** 61 ff.
– multilaterale Handelssysteme § **22,** 35
Bundesbedarfsplan § **5,** 25
Bundesnetzagentur § **5,** 11; § **22,** 117 ff.
– Hauptaufgaben § **22,** 119
Burn Analysis § **6,** 24
Burning-Cost-Methode § **6,** 24

Call Spread § **5,** 50
Call-Option § **17,** 51
Capital Asset Pricing Model § **17,** 71
Capital Conservation Buffer § **11,** 9
CAPM siehe Capital Asset Pricing Model
Caps § **6,** 8
Carbon-Leakage-Liste § **8,** 12
Carbon-Leakage-Problem § **8,** 31
Cash Flow § **20,** 66
Cash Marginings § **24,** 9
Chart-Technik § **17,** 71
CITL § **8,** 56
Clean Backtesting § **11,** 26
Clean Dark Spread § **17,** 56
Clean Spark Spread § **17,** 56
Clearing § **1,** 10; § **14,** 26 f., 56 ff.; § **20,** 1 ff., 7
– Aspekte § **20,** 65
– Kontrahentenrisiko § **20,** 53
– Member § **14,** 27
– Netting § **20,** 5
– Produkte § **20,** 10 ff.
– Stellung von Sicherheiten § **20,** 70
– Struktur § **20,** 14 ff.
– wichtige Funktionen § **20,** 52 ff.

Clearingfonds § **20,** 17 ff.
Clearinghaus § **20,** 14
Clearingmitglied § **20,** 14
Clearingpflicht § **1,** 10; § **10,** 67
Clearingsystem ECC § **20,** 15
Cleartrade Exchange Pte. Ltd. § **14,** 12
Close-out
– Betrag § **11,** 45
– Netting § **24,** 17, 38
CO_2-Emissionszertifikat § **17,** 18, 25
CO_2-Zertifikatehandel
– Betrug § **18,** 44 f.
– Markt § **8,** 1 ff.
– Reverse-Charge-Verfahren § **18,** 45
Cobb-Douglas-Funktion § **17,** 58
Code of Conduct § **14,** 17
Cold Calling § **26,** 72 ff.
Combined Commodity § **20,** 29
Commodities
– Definition § **24,** 8
– Zeitfächermethode § **11,** 14 ff.
Compliance § **19,** 27, 45
Confirmation § **24,** 13
Countercyclical Capital Buffer § **11,** 10
CPMA siehe Cross Product Master Agreement
CRD siehe Kapitaladäquanzrichtlinie
Credit Support Annex § **24,** 9, 13
Credit-VaR § **12,** 36 ff.
Cross-Margining § **20,** 36 ff.
Cross Product Master Agreement § **24,** 3, 23 ff.
CRR siehe Kapitaladäquanzverordnung
Crude Oil Posting § **3,** 26 ff.
CSS § **17,** 64 ff.
Customized Products § **2,** 24

Dark Spread § **17,** 55
Datenmanagement § **21,** 52
DCP-Lizenz § **20,** 15
Deckungsbeitrag § **17,** 67
Degressionsfaktor § **8,** 35
Delivery-Margin § **20,** 43 f.
Demarkation § **13,** 10
Demarkationsabsprachen § **5,** 6
Demarkationsverträge
– langfristige § **5,** 2
De-minimis-Regelung § **4,** 72
Derivatehandel § **24,** 3
Derivatemarkt
– Ad-hoc-Pflichten § **22,** 98
– Insiderhandel § **22,** 68 ff.
– Manipulation § **22,** 50 ff.
Deutschland
– Emissionshandel § **8,** 17 ff., 21 ff.
– Strombörsen § **14,** 4 f.
Direct Clearing Member § **20,** 15
Direktvermarktung § **2,** 30; § **17,** 4
– Risikobewertung § **17,** 160
durchschnittlicher Beschaffungspreis § **21,** 14, 21 ff.

Earnings at Risk § **17,** 152, 154
ECC siehe European Comodity Clearing AG
EEG siehe Erneuerbare-Energien-Gesetz
EEG-Direktvermarktung § **17,** 84
EE-RL siehe Erneuerbare-Energien-Richtlinie
EEX siehe European Energy Exchange
EEX Power Derivatives § **14,** 35
EFET siehe European Federation of Energy Traders
EFET
– Allowances Appendix § **8,** 54
– Gas § **24,** 11
– Strom § **24,** 10
EFET-Rahmenvertrag § **24,** 10 ff.
– verhandlungsrelevante Bestimmungen § **24,** 28 ff.
Efficient-Consumer-Response-Modelle § **2,** 34
Effizienzvergleich § **5,** 12
Eigenhändlerprivileg § **10,** 42
Eigenkapital § **11,** 1
Eigenkapitalunterlegung § **11,** 47
– Marktpreisrisiko § **11,** 27 ff.
Eigenmittel § **11,** 7 f.
– Anforderungen § **11,** 8
Eigenmittelunterlegung § **11,** 1 ff.
Einspeisevergütung § **7,** 3 f.
Eintrittsklausel § **25,** 41
Einzeltransaktionsvereinbarung § **25,** 12
Election Sheet § **24,** 13
elektrischer Wirkungsgrad § **17,** 15
Elektrizitätsbinnenmarktrichtlinie § **14,** 1
Elektrizitätswirtschaft Deregulierung § **14,** 1
EMIR siehe European Market Infrastructure Regulation
Emissionshandel § **8,** 1 ff.; § **14,** 50 ff.
– 3. Handelsperiode § **8,** 13
– ab 2013 § **8,** 11 ff.
– ab 2021 § **8,** 14
– Banking § **8,** 7

– Deutschland § **8,** 17 ff., 21 ff.
– Emisssionsreduzierung § **8,** 9
– Flugverkehr § **8,** 6
– Grundprinzip § **8,** 1 ff.
– Handelsperiode § **8,** 12
– Handelsperiode 2013 bis 2020 § **8,** 15
– Historie § **8,** 6 ff.
– Marktstabilitätsreserve § **8,** 14
– Modernisierungsfond § **8,** 15
– Nationaler Aktionsplan § **8,** 8
– Neuanlagereserve § **8,** 14
– Phishing § **8,** 51
– Sanktionen § **8,** 8
– sektorübergreifender Korrekturfaktor § **8,** 26
– technische Infrastruktur § **8,** 56 ff.
– Treibhausgas-Emissionshandelsgesetz § **8,** 18
– Umsatzsteuerkarussell § **8,** 52
– vertragliche Grundlagen § **8,** 53 ff.
– Zukauf von Zertifikaten § **8,** 8
– Zuteilungsgesetze § **8,** 19
– Zuteilungsmechanismen § **8,** 25
– Zuteilungsverordnungen § **8,** 20
Emissionshandelsregister § **8,** 56
Emissionshandelsrichtlinie § **8,** 5
Emissionsrechte
– Primärauktion § **14,** 55 f.
Emissionszertifikate § **8,** 1 ff.
– Handel § **8,** 1 ff.
– Insiderhandel § **22,** 68
– Produzierendes Gewerbe § **8,** 13
– Übertragung § **8,** 50
Endkundengeschäft
– Entwicklung § **13,** 57 ff.
Endstrompreis
– Referenzpreis § **22,** 3
Enegiehandel
– Regulierung § **9,** 1 ff.
Energiebeschaffung § **19,** 23
– Risiken § **21,** 3
Energiebinnenmarktpaket § **9,** 16
Energiebörse
– Funktion § **14,** 6 ff.
Energiebörse
– Charakteristika § **14,** 7 ff.
– transparente Preisbildung § **14,** 8
– diskriminierungsfreier Zugang § **14,** 10 f.
Energiederivatehandel § **10,** 1 ff.
– EMIR § 10, 64
Energiegroßhandel § **27,** 2 ff.
– elektronische Handelssysteme § **27,** 5
– Gas § **27,** 11
– Handlungsbeschränkungen § **27,** 7 ff.
– Regulierung § **27,** 7 ff.
– Risikomanagementsysteme § **27,** 5
– Standardverträge § **1,** 13
– Standardisierung § **1,** 13
– Strom § **27,** 6 ff.
Energiegroßhandelsbereich
– Ad-hoc-Pflicht § **22,** 91
– Markteilnehmer § **22,** 92
Energiegroßhandelsmärkte § **22,** 44
Energiegroßhandelsprodukte § **22,** 37, 62
– Insiderhandelsverbot § **22,** 64
– Meldepflicht § **22,** 107
Energiehandel
– Beschaffungsstrategien § **21,** 1 ff.
– börslicher § **14,** 1 ff.
– CRD IV § **15,** 5
– Deutschland § **14,** 1 ff.
– EMIR § **15,** 5
– Energiebinnenmarktpaket § **9,** 17
– Erdgas § **4,** 1 ff., 31 ff.
– Europa § **14,** 59
– europäischer Markt § **14,** 59
– europäischer Pass § **10,** 44 ff.
– Finanzmarktaufsicht § **1,** 6
– Genehmigungspflicht § **1,** 6
– grenzüberschreitende Engpässe § **1,** 17
– Harmonisierung § **14,** 59
– hersteller-unabhängige Energieträger § **2,** 1 ff.
– Insiderhandel § **23,** 1 ff.
– Integrität § **23,** 1 ff.
– Internationalisierung § **14,** 59 ff.
– IT-Unternehmen § **27,** 16
– leitungsgebundene Energieträger § **2,** 1 ff.
– MAR § **15,** 5
– Marktakteure § **1,** 3 f.
– Marktentwicklung § **1,** 4
– Marktmanipulation § **23,** 1 ff.
– Meldeablauf § **23,** 20
– MiFID 2 § **15,** 5
– MiFIR § **15,** 5
– Nicht-Standardverträge § **23,** 17 f.
– Nordeuropa § **15,** 1 ff.
– Ordnungsrahmen § **27,** 5
– physischer § **2,** 14 ff.
– Regulierung § **1,** 18; § **10,** 1 ff.; § **15,** 3 ff.

- REMIT § **23,** 1 ff.
- SFTR § **15,** 5
- Standardrahmenverträge § **24,** 1
- Standardverträge § **23,** 15 ff.
- Transaktionsberichte § **23,** 19
- Transaktionskosten § **2,** 17
- transaktionskosten-orientierte Theorie § **2,** 5 ff.
- Transparenz § **23,** 1 ff.
- Transportverträge § **23,** 8
- Überwachung § **23,** 2
- Verträge § **23,** 5

Energiekonzept § **5,** 13

Energielieferunternehmen
- Risikomanagement § **18,** 3

Energiemarkt § **9,** 3
- Entwicklung § **13,** 1 ff.
- Europa § **4,** 1 ff.
- Liberalisierung § **4,** 1 ff.
- Regulierung § **9,** 1 ff.

Energiemarktbörse § **22,** 2

Energiepolitik
- Ziel § **9,** 2

Energieportfolio § **19,** 22

Energierecht
- Novelle § **4,** 87

Energieträger
- Herkunftsnachweissystem § **7,** 10

Energiewende § **5,** 17
- Grünbuch § **5,** 18
- Weißbuch § **5,** 19

Energiewirtschaft
- Digitalisierung § **12,** 19

Energiewirtschaftsgesetz
- Herkunftsnachweise § **7,** 34 ff.
- Neufassung § **14,** 1
- Stromkennzeichnung § **7,** 34 ff.
- Waren- und Warenderivatemärkte § **22,** 1 ff.
- Wertpapierhandelsgesetz § **22,** 1 ff.

englische Klausel § **25,** 42

Engpassmanagement
- Leitlinien § **4,** 81

Entflechtung § **4,** 69 ff.
- eigentumsrechtliche § **4,** 72 ff.

EnWG siehe Energiewirtschaftsgesetz

EPEX Spot SE siehe European Power Exchange

Erdgas
- Aufbreitung § **4,** 11
- chemische Zusammensetzung § **4,** 17
- Energiehandel § **4,** 31 ff.
- Förderung § **4,** 11
- H-Gas § **4,** 32
- L-Gas § **4,** 32
- Import § **4,** 11
- Marktgebiet Deutschland § **4,** 32
- Produktion § **4,** 12 ff.
- Speicher § **4,** 24 ff.
- Transport § **4,** 11, 15 ff.
- verflüssigtes LNG § **4,** 15
- Wertschöpfungskette § **4,** 11 ff.

Erdgasaufkommen Europa § **4,** 8

Erdgashandel § **4,** 31 ff.; § **14,** 44 ff.
- EEX § **14,** 39 ff., 44
- Entry-Gebühr § **4,** 31
- europäische Handelsplätze § **4,** 47
- Exit-Gebühr § **4,** 31
- finanzieller Handelspunkt § **4,** 41
- Handelshemnisse § **4,** 31 ff.
- Handelsprodukte § **4,** 39 ff.
- Handelspunkte § **4,** 36 ff.
- KARLA Gas § **4,** 34
- Kontinentaleuropa § **4,** 54
- Marktgebiet § **4,** 31 ff.
- National Balancing Point § **4,** 52
- physischer Handelspunkt § **4,** 37, 40
- Spotmarkt § **4,** 44
- Terminmarkt § **4,** 45
- Transportkapazitätsengpässe § **4,** 34
- virtueller Handelspunkt § **4,** 38

Erdgasproduktion § **4,** 12 ff., 24

Erdgasspeicher
- Kavernenspeicher § **4,** 26 f.
- Porenspeicher § **4,** 26 f.
- Typen § **4,** 26 f.

Erdgasspeicherung § **4,** 24 ff.

Erdgastransport § **4,** 12 ff.
- Anlandestellen § **4,** 18
- Flanschen § **4,** 18
- Übergabepunkte § **4,** 18

Erdgastransportsystem
- National Balancing Point § **4,** 52

Erdgasumstellung § **4,** 120

Erdgasverbrauch
- Europäische Union § **4,** 4 f.

Erdgaszugangsverordnung § **4,** 74 ff.

Erdöl siehe Öl

Erdölreserven § **3,** 6

Erfüllungsrisiko § **12,** 10

Erlöse § **17,** 62 f., 68

Erlösobergrenzen § **5,** 12

Erneuerbare Energien § **13,** 38 ff.
- Ausbauziele § **5,** 15
- Ausbau § **7,** 1 ff.
- Förderung § **7,** 2

Erneuerbare-Energien-Gesetz
– Herkunftsnachweisregister § **7**, 32 f.
Erneuerbare-Energien-Richtlinie
– Herkunftsnachweissystem § **7**, 17
– 2001 § **7**, 2
– 2001 Herkunftsnachweis § **7**, 12
– 2009 § **7**, 2, 8 f.
– 2009 Grünstrom § **7**, 16
– 2009 Herkunftsnachweis § **7**, 7 ff., 16 ff.
– 2009 Vorgaben zu Herkunftsnachweisen § **7**, 21 ff.
Erzeugung
– Neuregulierung § **13**, 62 ff.
Erzeugungskapazitäten
– Ausbau § **5**, 24
ESMA siehe European Security and Markets Authority
Europa
– Erdgasaufkommen § **4**, 8
Europa
– Ferngastransport § **4**, 16
– Gasbinnenmarkt § **4**, 63 ff.
– Gasmarkt § **4**, 3 ff.
– Gastransportnetz § **4**, 16
europäische Option § **17**, 34, 51
Europäische Registerverordnung § **8**, 55
Europäische Union
– Erdgasverbrauch § **4**, 4 f.
– Gasimport § **4**, 14
– Gasmarkt § **4**, 14
– Primärenergiebedarf § **4**, 4
– Primärenergieträger § **4**, 4
– Stromerzeugung § **4**, 6
Europäischer Energiemarkt § **13**, 26 ff.
Europäisches Emissionshandelssystem
– Funktionsweise § **8**, 7
European Commodity Clearing AG § **14**, 12, 24, 56; § **20**, 5
– Absicherungssystem § **20**, 80
– Clearingsystem § **20**, 15
– Darstellung des Clearing § **20**, 7 ff.
European Energy Exchange § **14**, 12 ff.; § **22**, 2
– Börsengeschäftsführung § **14**, 20
– Börsenhandel § **14**, 13
– Börsenordnung § **14**, 16, 17
– Börsenorgane § **14**, 18 ff.
– Börsenrat § **14**, 19
– CER § **14**, 51
– Clearinghaus § **14**, 24 f.
– Code of Conduct § **14**, 16
– ECC § **14**, 56
– Emissionsrechtehandel § **14**, 50
– Erdgashandel § **14**, 39 ff., 44
– EUAA § **14**, 51
– Handelsbedingungen § **14**, 16
– Handelsteilnehmer § **14**, 13
– Handelsüberwachungsstelle § **14**, 21
– Kontraktspezifikationen § **14**, 16
– Markt § **14**, 12
– Marktsegmente § **14**, 28 ff.
– Produkte § **14**, 28 ff.
– Produktangebot im Gasmarkt § **14**, 44
– Regelwerk § **14**, 16 ff.
– Sanktionsausschuss § **14**, 22; § **22**, 18
– Stromhandel § **14**, 29 ff.
– Strom-Spotmarkt § **14**, 29 ff.
– Trade Registration § **14**, 56 ff.
– Transparenzinitiative § **22**, 89
– Zulassungsordnung § **14**, 16
European Federation of Energy Traders § **24**, 3
– Stromhandelsvertrag § **25**, 1
– Standardverträge § **1**, 13
European Market Infrastructure Regulation § **9**, 11
European Network of Transmission System Operators for Gas § **4**, 76
European Power Exchange § **13**, 22 f.; § **14**, 12, 30
– Auktionen § **14**, 31
– Day-Ahead-Auktion § **14**, 31
– Handelsteilnehmer § **14**, 13
– Handelsvolumen 2015 § **14**, 34
– Intraday-Handel § **14**, 33
– Marktgebiet § **14**, 30
– Preisindex § **14**, 32
– Phelix § **14**, 32
European Security and Markets Authority § **9**, 14; § **22**, 122 f.
European Systemic Risk Council § **9**, 12
European Transaction Log § **8**, 56
Exchange for Physical § **20**, 48
Expiry Month Factor § **20**, 45, 54
Exposition
– potenzielle § **12**, 29
externe Ratings § **24**, 48

Fall-Back-Szenarien § **8**, 30
Fault Tree Analysis § **17**, 130
Fehlerbaumanalyse § **17**, 130
– Durchführung § **17**, 131 ff.
Fernsteuerbarkeit § **17**, 84

Finanzdienstleistungsinstitute § **26,** 58
- Regulierung § **10,** 52 ff.
Finanzinstrument § **10,** 12 ff.
- CO_2-Zertifikate § **10,** 20
- Definition nach MiFID II § **10,** 12
- Preissicherungsgeschäfte § **10,** 20
- Warenderivate § **9,** 13
Finanzmarktaufsicht
- Deutschland § **1,** 6
- Europa § **1,** 6
Finanzmarktregulierung
- europäische § **9,** 6
Finanzmarktrichtlinie § **9,** 4 ff.
- Komitologieverfahren § **9,** 8
- Organisation § **9,** 7
- Rechtsfolgen § **10,** 43
- Verhaltensanforderungen § **9,** 7
- Zulassungsschranken § **9,** 7
Finanzmarktrichtlinie II § **9,** 9
- Anwendungsbereich § **10,** 2 ff.
Finanzoptionen § **17,** 34 ff.
- Bewertung § **17,** 35
floatender Korridor § **17,** 71
Floors § **6,** 8
Flow Based Market Coupling § **5,** 32
Forderungen § **12,** 27
Forward Curve § **12,** 6
Forward-Kontrakte
- Preisbildung § **16,** 12 ff.
Forward-Markt
- Preisdynamik § **16,** 12 ff.
- Strommarkt § **16,** 12 ff.
Forwards § **6,** 14
Freimenge § **25,** 66
Freiverkehr § **22,** 20, 35
Futures § **6,** 14
- auf Emissionsberechtigungen § **20,** 37
Futures-Handel § **3,** 34 f.
Futures-Kontrakt
- auf Strom § **20,** 12

GABI Gas § **4,** 100 ff.
Gas
- Gasqualität § **4,** 105 ff.
- H-Gas § **4,** 105 ff.
- Konvertierungsentgelt § **4,** 105 ff.
- Kooperationsvereinbarung § **4,** 92, 96
- L-Gas § **4,** 105 ff.
- Lieferantenwechsel § **4,** 100 ff.
- Marktgebiet § **4,** 92, 105 ff.
- Netzentwicklungsplan § **4,** 119
Gasbinnenmarkt
- Europa § **4,** 63 ff.
- Regulierung § **4,** 66 ff.
- Richtlinie 1998 § **4,** 63 ff.
- Richtlinie 2003 § **4,** 65 ff.
- Richtlinie 2009 § **4,** 69 ff.
Gasbinnenmarktrichtlinie § **4,** 63 ff.
Gasbörse
- Voraussetzungen für den Start § **14,** 40
Gashandel § **4,** 88 ff.
- virtueller Handelspunkt § **14,** 43
Gaslieferung
- Meldepflichten § **23,** 4 ff.
Gasmarkt § **4,** 1 ff.; § **14,** 1 ff.
- Deutschland § **4,** 56, 87 ff.
- Europa § **4,** 3 ff.
- Europäische Union § **4,** 14
- Entwicklung und Struktur § **13,** 41 ff.
- Frankreich § **4,** 57
- Gasimport § **4,** 14
- Großbritannien § **4,** 53
- Kontinentaleuropa § **4,** 53
- Liberalisierung § **1,** 1; § **4,** 61 ff., 87 ff.; § **14,** 1 ff.
- Neuregulierung § **13,** 48 ff.
- Niederlande § **4,** 55
- regulatorische Entwicklung § **13,** 56
- Transportengpässe § **4,** 19 ff.
Gasmarktliberalisierung § **4,** 60 ff.
- europäische Vorgaben § **4,** 60 ff.
Gasnetz
- Marktgebiete § **14,** 42 ff.
- Zugang § **4,** 88
Gasnetzentgeltverordnung § **4,** 91
Gasnetzzugang
- Ausspeisevertrag § **4,** 88
- Bilanzkreisvertrag § **4,** 89
- Einspeisevertrag § **4,** 88
- Zweivertragsmodell § **4,** 88
Gasnetzzugangsmodell § **25,** 2
Gasnetzzugangsverordnung § **4,** 91
GASPOOL § **4,** 105
Gastransport
- Entry-Exit-Modell § **14,** 41
- Pancaking § **4,** 32
- über mehrere Marktgebietsgrenzen § **4,** 32
- Zweivertragsvariante § **14,** 41
Gastransportnetz
- Ausbau § **4,** 20
Gasverbrauch
- Deutschland § **4,** 7, 24

Gasversorgung
– Geschichte § **13**, 41 ff.
– Netze § **14**, 42
Gebietsmonopole § **5**, 2
GeLiGas siehe Geschäftsprozesse Lieferantenwechsel Gas
General Agreement § **24**, 13
General Clearing Member § **20**, 15
Generalklausel UWG § **26**, 8 ff.
geregelter Markt
– Definition nach MiFID II § **10**, 6
Gesamtbedarfsdeckung § **25**, 58
Geschäfts- und Betriebsgeheimnisse
– Verrat § **26**, 49
Geschäftsprozesse
– Lieferantenwechsel Gas § **4**, 100 ff.
Geschäftsehrverletzung § **26**, 22
Gesetz gegen den unlauteren Wettbewerb § **26**, 2, 6 ff.
Gesetz gegen den unlauteren Wettbewerb
– Generalklausel § **26**, 8 ff.
– schwarze Liste § **26**, 13
– unternehmerische Sorgfalt § **26**, 10
Gesetz gegen Wettbewerbsbeschränkungen § **26**, 2, 50 ff., 56
Gesetz über das Kreditwesen § **26**, 2
– Energiewirtschaft § **18**, 14
– Regelungen § **18**, 14 ff.
– Marktauftritt § **26**, 58 ff.
– Werbeauftritt § **26**, 60 ff.
– Werbung § **26**, 66 ff.
– Wohlverhaltensregeln § **26**, 77 f.
Gesetz zur Kontrolle und Transparenz im Unternehmensbereich § **18**, 7 ff.
– Regelungen § **18**, 8 ff.
Gewinnabschöpfung § **26**, 45
Green Package Elemente § **8**, 12
grenzüberschreitender Handel § **5**, 30
GroMiKV siehe Großkredit- und Millionenkreditverordnung
Großhandel mit nicht leitungsgebundenen Energie-Commodities § **27**, 14
Großhandels-Energieprodukte REMIT § **9**, 14
Großkredit § **11**, 53
– Einzelobergrenze § **11**, 52
Großkredit- und Millionenkreditverordnung § **11**, 1, 51 ff.
Großkrediteinzelobergrenze § **11**, 52
– Überschreitung § **11**, 55
Grünbuch § **8**, 5 ff.
Grundlastkraftwerke § **17**, 8
Grundpreis § **25**, 18
Grundzuteilung § **8**, 33 ff.
Grünstrom
– Begriff § **7**, 11
– EE-RL 2009 § **7**, 16
– Handel § **7**, 5, 49 ff.
– Herkunftsnachweis § **7**, 6
– Markt § **7**, 1 ff.
– Nachweis § **7**, 6
– Vorgaben zu Herkunftsnachweisen § **7**, 16
– Wettbewerb § **7**, 3
Grünstromeigenschaft
– Nachweis § **7**, 7 ff.
Grünstromlabel § **7**, 51
Grünstrommarkt § **7**, 1 ff., 7 ff.
– Akteure § **7**, 42 ff.
– Besonderheiten § **7**, 3 ff.
– Ebenen § **7**, 42 f.
– Entwicklung § **7**, 12 ff.
GWB siehe Gesetz gegen Wettbewerbsbeschränkungen

Haftung § **25**, 23 ff., 44 ff.
Handel
– Abwicklung § **8**, 49 ff.
– aufbauorganisatorische Gestaltung § **19**, 22 ff.
– Definition nach MiFID II § **10**, 4
– Grünstrom § **7**, 5, 49 ff.
– Herkunftsnachweis § **7**, 46 ff.
– Oligopolisierung § **2**, 11
– Paradoxien § **2**, 11 ff.
– Risiken § **12**, 1 ff.
– wissenschaftliche Studien § **2**, 9
– in OTC-Derivaten Regulierung § **9**, 11
Handelsbedingungen § **14**, 17
Handelsbilanzkreis § **25**, 51
Handelseinheiten
– Aufbau § **19**, 1 ff.
Handelshemnisse
– Erdgashandel § **4**, 31 ff.
Handelsplattform
– standardisierte § **5**, 36
Handelsplatz § **10**, 6 ff.
– Definition nach MiFID II § **10**, 6
– Trading Venue § **22**, 20 ff.
– virtueller § **14**, 43
Handelspunkte
– Zugangsverträge § **25**, 49 ff.
Handelsrahmenverträge § **24**, 2

Handelsregeln
– Überwachung § **22**, 34
Handelssysteme
– automatisierte § **21**, 31
Handelsteilnehmer EEX § **14**, 13
Handelsüberwachung Aufgabe § **22**, 32
Handelsüberwachungsstelle § **22**, 126
– Aufgabe § **22**, 30 ff.
Handelsverträge § **25**, 10 ff.
– Begrenzung der Lieferpflicht § **25**, 28
– Gas § **25**, 10 ff.
– Grundstruktur § **25**, 4 ff.
– Haftungsklausel § **25**, 23 ff.
– Höhere-Gewalt-Klausel § **25**, 29
– nicht standardisierte § **25**, 1 ff., 4
– rechtl. Rahmenbedingungen § **25**, 7 ff.
– Shortfall Credit § **25**, 27
– standardisierte § **25**, 4
– Steuer-/Abgabenklausel § **25**, 33
– Strom § **25**, 53 ff.
– Übergabeort § **25**, 23
Handelsverträge, kurzfristige § **25**, 11 ff.
– Fixpreis § **25**, 17
– Mengen-/Leistungsklausel § **25**, 14 f.
– Preisregelung § **25**, 17
– Preisanpassungsklausel § **25**, 20
– Vertragslaufzeit § **25**, 16
Handelsvolumen § **5**, 35 ff.
Handelszone
– Transportentgelt § **13**, 15
Härtefall
– Zuteilung § **8**, 45
Hedging-Maßnahmen § **19**, 26
Herkunftsnachweis § **2**, 22, 7 ff.
– Abgrenzung zu grünen Zertifikaten § **7**, 19
– Ausstellung in Deutschland § **7**, 12
– Definition § **7**, 8, 18 ff.
– EE-RL 2001 § **7**, 12
– EE-RL 2009 § **7**, 16 ff.
– Einsatzzwecke § **7**, 20
– EnWG § **7**, 34 ff.
– formale Kriterien § **7**, 23
– formale Vorgaben § **7**, 15
– Funktion § **7**, 8
– Grünstrom § **7**, 6
– Handel § **7**, 13, 46 ff.
– inhaltliche Vorgaben § **7**, 15
– Mindestanforderung an die Ausstellung § **7**, 13
– Übertragung und Anerkennung aus anderen Staaten § **7**, 27
– Vorgaben in EE-RL 2009 § **7**, 21 ff.
– Zertifikate § **7**, 13
Herkunftsnachweisregister EEG § **7**, 32 f.
Herkunftsnachweissystem
– Energieträger § **7**, 10
– Entwicklung § **7**, 12 ff.
– Umsetzung der Vorgaben der EE-RL 2009 § **7**, 30 ff.
– Umsetzung in anderen Mitgliedstaaten § **7**, 37 ff.
– Umsetzung in Deutschland § **7**, 30 ff.
– Umsetzung in Europa § **7**, 30 ff.
HKN siehe Herkunftsnachweis
Hocheffizienz § **17**, 13
Höhere Gewalt § **25**, 29 ff., 48
Hourly-Price-Forward-Curve § **5**, 38

ICOM Terms § **8**, 55
IETA Emission
– Allowances Single Trade Agreement § **8**, 54
– Trading Master Agreement § **8**, 54
IFEMA Terms § **8**, 55
Indikatorsystem § **21**, 33
Individualvereinbarung § **25**, 8
Initial Margin § **5**, 43
Inlandsemittenten Transparenz § **22**, 78
Insidergeschäfte § **22**, 73
Insiderhandel § **22**, 57 ff.
– Emissionszertifikate § **22**, 68
Insiderhandelsverbot
– Energiegroßhandelsprodukte § **22**, 64
Insiderinformation
– Aufschub der Mitteilung § **22**, 97
– Beispiel § **22**, 60
– aufschieben § **22**, 94
– MAR § **22**, 71
– Meldepflicht nach MAR § **22**, 105
– Meldepflicht nach REMIT § **22**, 105
– Personengruppen § **22**, 64
– Pflicht zur Veröffentlichung § **22**, 98
– Waren § **22**, 58
– Warenderivate § **22**, 58
Integrität § **22**, 109
Internal Ratings-Based Approach § **11**, 33, 36
International Oil Company § **3**, 9 ff.
International Transaction Log § **8**, 55
interne Revision § **19**, 16
Interne-Modelle-Methode § **11**, 38 ff.
Intradaygeschäft § **20**, 10
Intraday-Handel § **13**, 24; § **14**, 33

Intraday-Market § **5,** 53
IOC siehe International Oil Company
IRB-Ansatz siehe Internal Ratings-Based Approach
Irreführung § **26,** 32 ff.
– unwahre Angaben § **26,** 49
Irreführungsverbot § **26,** 38
ISDA
– Allowances Appendix § **8,** 54
– Master Agreement § **24,** 3 ff.
ITL siehe International Transaction Log

Kapazität
– Begriff § **8,** 46
Kapazitätserweiterung
– Neuanlagen § **8,** 4
– wesentlich § **8,** 46
Kapazitätsreserve § **5,** 21; § **17,** 88, 96 ff.
– Vergütung § **5,** 22
Kapazitätsverringerungen
– wesentlich § **8,** 46
Kapazitätsvertrag § **25,** 83
Kapitaladäquanzrichtlinie § **10,** 51 ff.; § **11,** 2
Kapitaladäquanzverordnung § **11,** 7
Kapitalerhaltungspuffer § **11,** 9
Kapitalmarkttheorie § **2,** 27
Kapitalpuffer
– für systemische Risiken § **11,** 11
Kapitalwertmethode § **17,** 31
KARLA Gas § **4,** 112
Karussel-Geschäft § **18,** 44
Kassamarktpreis § **11,** 17
Know-Your-Customer-Prozess § **18,** 68 ff.
– Elemente § **18,** 68
– Prüfung der Steuer-Ausländer § **18,** 70 ff.
– Prüfung der Steuer-Inländer § **18,** 81 ff.
– unternehmensübergreifend § **18,** 90 ff.
Kohlendioxid § **17,** 18
KonTraG siehe Gesetz zur Kontrolle und Transparenz im Unternehmensbereich
Kontrahentenausfallrisiko § **5,** 36, 38; § **21,** 3
Kontrahentenrisiko § **20,** 8, 53 ff.
Konzernprivileg § **10,** 40
Kooperationsvereinbarung Gas § **4,** 92, 96
Korrelation § **11,** 23 ff.
KOV siehe Kooperationsvereinbarung
Kraftwerk
– Fahrweise § **17,** 19
– Kategorien § **17,** 10 f.
– Stillstandszeiten § **17,** 19
– Stilllegung § **17,** 90
– Vermarktung § **17,** 1 ff.
– Vermarktungsstrategien § **17,** 7 ff.
Kraftwerksbewertung
– traditionelle § **17,** 31
Kraftwerkskapazitäten § **5,** 21; § **17,** 5
Kraftwerksoptimierung § **17,** 80
Kreditäquivalenz § **11,** 42 f.
Kreditäquivalenzbeträge § **11,** 38
Kreditinstitute § **26,** 58
Kreditrisiko § **17,** 103 ff.; § **18,** 4 ff.
– aktuelles § **18,** 5
– Definition § **18,** 4
– potenzielles § **18,** 6
– Maßnahmen zur Minimierung § **1,** 10
– Standardansatz § **11,** 33 ff.
Kreditrisikomanagement § **18,** 1 ff.
– Bestimmen der Ausfallrisiken § **18,** 93
– Definition § **18,** 1 ff.
– Erweiterung § **18,** 43 ff.
– gesetzliche Grundlagen § **18,** 7 ff.
– Inanspruchnahme nach § 25d Umsatzsteuergesetz § **18,** 48
– Instrumente § **18,** 18 ff.
– Limitsystem § **18,** 18 ff.
– Limitkategorien § **18,** 19 ff.
– Reputationsrisiko § **18,** 47
– Sicherungsinstrument § **18,** 2, 24 ff.
– Umsatzsteuer-Risiko § **18,** 46
Krisen-Risikobetrag
– potenzieller § **11,** 29
KSA siehe Kreditrisiko-Standardansatz
Kunden
– Definition nach MiFID § **10,** 49
Kuppelkapazitäten § **5,** 30
KWG siehe Gesetz über das Kreditwesen
Kyoto-Protokoll § **8,** 6 ff.

Landesaufsichtsbehörden § **22,** 125
Langfristvertrag § **3,** 26 ff.
Laufzeit § **6,** 7
Laufzeitverlängerung § **5,** 14
Leipzig Power Exchange § **13,** 21
Leistungspreis § **25,** 18
leitungsgebundene Energie § **3,** 1
Leitungsgebundenheit § **3,** 1
Liberalisierung
– Gasmarkt § **1,** 1; § **4,** 61 ff., 87 ff.; § **14,** 1 f.; § **25,** 1

- Stromhandel § **14,** 1 ff.
- Strommarkt § **1,** 1; § **14,** 1 f.; § **25,** 1
Lieferantenwechsel
- Gas § **4,** 100 ff.
Lieferformen § **25,** 55
- Fahrplanlieferung § **25,** 56 f.
- offene Lieferung § **25,** 58 ff.
Liefermenge § **25,** 62 ff.
Lieferort § **25,** 67 f.
Liefersperre § **26,** 25
Lieferverträge § **25,** 1, 10 ff., 13
- nicht standardisierte § **25,** 1 ff.
- Grundstruktur § **25,** 4 ff.
- standardisierte § **25,** 4
- rechtl. Rahmenbedingungen § **25,** 7 ff.
- Gas § **25,** 10 ff.
- Strom § **25,** 53 ff.
Lieferverträge, kurzfristige
- Preisanpassungsklausel § **25,** 20
Lieferverträge, langfristige § **25,** 34 ff.
- Haftungsklausel § **25,** 44 ff.
- höhere Gewalt § **25,** 48
- Mengen-/Leistungsklausel § **25,** 35 ff.
- Laufzeitregelung § **25,** 38
- Preisklauseln § **25,** 39
- Preisanpassungsklausel § **25,** 40 ff.
Limitsystem § **12,** 16; § **17,** 172 ff.
- Branchenlimit § **18,** 20 f.
- Industrielimit § **18,** 20 f.
- Kontrahentenlimit § **18,** 19
- Konzentrationslimit § **18,** 23
- Länderlimit § **18,** 22
- Limitkategorien § **18,** 19 ff.
Liquidations-Netting § **24,** 7, 39
Liquidität § **20,** 78 f.
Liquiditätskennzahl § **11,** 49
Liquiditätsrisiko § **12,** 20 ff.
Liquiditätsrisikomanagement § **11,** 49
Liquiditätsstandard § **11,** 49
Liquiditätsverordnung § **11,** 49
Liquidity Coverage Ratio § **11,** 49
LiqV siehe Liquiditätsverordnung
LPX siehe Leipzig Power Exchange

MaComp siehe Mindestanforderungen an Compliance-Funktion und weitere Verhaltens-, Organisations- und Transparenzpflichten
MAD I siehe Marktmissbrauchsrichtlinie
Managementprämie § **17,** 85
Manipulationshandlungen § **22,** 53
Manipulationsverbot MAR § **22,** 53
MAR siehe Marktmissbrauchsverordnung
Margening-System § **20,** 20 ff.
Margin Accounts § **5,** 43
Margin CAP § **20,** 46
Margin-Gruppen § **20,** 38
Margin-Klassen § **20,** 38
MaRisk siehe Mindestanforderungen an das Risikomanagement
Mark to Market § **12,** 6; § **20,** 80
Market Coupling Systems § **13,** 31
Markt § **8,** 59 ff.
- Grünstrom § **7,** 1 ff.
- Öl § **3,** 1 ff.
- Wetterderivate § **6,** 28 ff.
Marktauftritt § **26,** 1 ff.
- rechtliche Restriktionen § **1,** 14
marktbeherrschende Stellung § **26,** 50
Marktbewertungsmethode § **11,** 41, 44
Marktenge § **12,** 20
Marktgebiet
- Deutschland § **13,** 52 ff.
- Gas § **4,** 105 ff.
- Gasnetz § **14,** 42 ff.
Marktintegrität § **22,** 41 ff.
Marktliquidität § **12,** 20 ff.
Marktmanipulation § **22,** 45 ff.
- Tatobjekt § **22,** 51
Marktmissbrauchsbereich § **22,** 1
Marktmissbrauchsrichtlinie § **9,** 13; § **22,** 38
Marktmissbrauchsverordnung
- Insiderinformationen § **22,** 71
- Marktintegrität § **22,** 41
Marktmodelle § **22,** 12
Marktplätze Kohle, Gas, Strom, CO_2 § **17,** 22 ff.
Marktprämie § **7,** 3 f.; § **17,** 84
Marktpreise § **5,** 59
Marktpreisrisiko § **17,** 103 ff., 111 ff., 115 ff.
- Eigenkapitalunterlegung § **11,** 27 ff.
Marktrisiko § **11,** 2, 13 ff.
Marktrisikokategorien § **11,** 13
Marktrisikopositionen
- andere § **11,** 22 ff.
Marktstabilitätsreserve § **8,** 62
Marktstruktur § **22,** 4 ff.
- regulierter Markt § **22,** 4
Marktteilnehmer
- Registrierungspflicht § **23,** 23
Markttransparenz § **1,** 15; § **22,** 75 ff.

Markttransparenzstelle
– Hauptaufgabe § **22,** 121
– für Strom und Gas § **22,** 120 f.
Marktüberwachung § **22,** 36 ff.
Marktüberwachungsbehörden § **22,** 110 ff.
maßgeblicher Auslastungsfaktor § **8,** 47
Master Agreement § **24,** 6
maximaler Deckungsbeitrag § **21,** 14, 36; § **17,** 16
Maximalleistung
– elektrische § **17,** 17
Meistbegünstigungsklausel § **25,** 43
Meldepflicht
– Erfüllung § **23,** 14 ff.
– Gaslieferung § **23,** 4 ff.
– Nachfrage § **23,** 9 ff.
– Nicht-Standard-Verträge § **23,** 17 f.
– REMIT § **23,** 1 ff.
– Standardverträge § **23,** 15 ff.
– Stromlieferung § **23,** 4 ff.
Meldeverstoß
– Sanktion § **23,** 27
Meldewesen § **22,** 106 ff.
Mengenänderungsrisiko § **21,** 3
Mengenrisiko § **2,** 26; § **25,** 62 ff., 71
Merit-Order-Modell § **17,** 31
Mid Case § **5,** 65
MiFID siehe Finanzmarktrichtlinie
MiFID II siehe Finanzmarktrichtlinie II
Millionenkredit § **11,** 54
Mindestanforderungen an Compliance-Funktion und weitere Verhaltens-, Organisations- und Transparenzpflichten Grundvoraussetzungen § **19,** 19
Mindestanforderungen an das Risikomanagement § **1,** 8; § **11,** 50
– Grundvoraussetzungen § **19,** 4
– Regelungen § **18,** 14 ff.
minimaler Beschaffungspreis § **21,** 14, 25
Minutenreserve § **5,** 55, 58; § **17,** 26
Mittellastkraftwerke § **17,** 8
Modellrisiko § **21,** 3
Monte-Carlo-Simulation § **6,** 26; § **17,** 49, 155
Multilateral Trading Facilities siehe Multilaterale Handelssysteme
Multilaterale Handelssysteme § **22,** 12
– BaFin § **22,** 35
– Definition nach MiFID II § **10,** 6
– Regeln § **22,** 13
Nachfrageländer § **3,** 17
Nasdaq Oslo § **15,** 7
Net Stable Funding Ratio § **11,** 49
NetConnect Germany § **4,** 105
Netting § **20,** 60 ff.
– Clearing § **20,** 5
Netz
– Gasversorgung § **14,** 42
Netzanschluss
– Biogasanlagen § **4,** 99
Netzausbau § **5,** 25
Netze für Dritte § **5,** 6
Netzengpässe § **5,** 26
Netzentwicklungsplan § **5,** 25
Netzkodex
– Bilanzierung § **4,** 81
– Interoperabilität § **4,** 83
– Kapazitätszuweisung § **4,** 79 ff.
Netzkodizes § **4,** 79
Netzreserve § **17,** 91 ff.
Netzzugang
– verhandelter § **5,** 8
– vertragliche Voraussetzungen § **25,** 1 ff.
Netzzugangsverträge § **25,** 75 ff.
Neuanlagen
– Kapazitätserweiterungen § **8,** 45
– Regelbetrieb § **8,** 47
– Zuteilung § **8,** 47 f.
Neuregulierung § **13,** 12
– Erzeugung § **13,** 62 ff.
– Handelshemmnisse § **13,** 13 ff.
– Stromversorgung § **13,** 2 ff.
– Vertragsstrukur § **13,** 7 ff.
Nicht-OECD-Länder § **3,** 19 ff.
Niederdruckanschlussverordnung § **4,** 94
NOC § **3,** 10 ff.
Non Clearing Member § **20,** 15
Nord Stream Pipeline § **4,** 22
Nordic electricity derivatives market § **15,** 1 ff.
– capital requirements § **15,** 26
– characteristics § **15,** 6
– changes in the listed derivatives products § **15,** 16
– clearinghouses § **15,** 15
– licenses § **15,** 15
– market abuse § **15,** 38 ff.
– market integrity § **15,** 29 ff.
– market manipulation § **15,** 41 ff.
– market participants § **15,** 7
– market prices § **15,** 16

– new regulations § **15**, 3
– products § **15**, 8
– systemic risk § **15**, 26 ff.
– transparency § **15**, 30 ff.
Nordic-SPAN-Modell § **20**, 36

OECD-Länder § **3**, 19 ff.
offene Lieferung § **25**, 58
Öffnungsklausel § **25**, 42
Ökostrommarkt § **7**, 5
Öl
– Markt § **3**, 1 ff.
– unkonventionelles § **3**, 5
– konventionelles § **3**, 5
Ölmarkt
– Marktstruktur § **3**, 5 ff.
– OPEC § **3**, 36 f.
Ölpreis
– Rig Count § **3**, 48
Ölpreisbindung § **25**, 19
Ölpreisfindung § **3**, 25
OPEC siehe Organization for the Petroleum Exporting Countries
operationelles Risiko § **11**, 46 ff.; § **17**, 103 ff.
operatives Risiko § **11**, 2; § **17**, 119
Oportunitätskostenkalkül § **17**, 18
Option § **17**, 34
– to Abandon § **17**, 45
– to Defer § **17**, 45
– to Expand § **17**, 46
– to Expand/Contract § **17**, 45
– to Innovate § **17**, 46
– to Shutdown § **17**, 46
– to Stage Investment § **17**, 46
– to Switch § **17**, 45
– to Wait § **17**, 46
Optionen
– amerikanische § **12**, 4
– europäische § **5**, 45; § **12**, 4
Organisationsrisiko § **21**, 3
Organisiertes Handelssystem
– Definition nach MiFID II § **10**, 9
Organization for the Petroleum Exporting
– Cheating § **3**, 40
– Countries § **3**, 36 ff.
– Förderquotenvorgabe § **3**, 40
– Marktgegebenheiten § **3**, 38 ff.
– Ölmarkt § **3**, 36 f.
– Ölpreisschock § **3**, 39
Organized Trading Facilities § **22**, 12
OTC-Broker § **20**, 49
OTC-Clearing § **20**, 14
OTC-Derivatemarkt § **9**, 12
OTC-Forwards § **5**, 37
OTC-Geschäft § **6**, 10
OTC-Handel § **14**, 23 ff.
– Rahmenverträge § **14**, 23
– Standardverträge § **1**, 13
OTC-Markt § **14**, 9
OTC-Produkt
– am häufigsten gehandeltes § **6**, 11
OTC-Terminhandel
– Entstehung § **13**, 17 ff.
Over the Counter Terminhandel siehe OTC-Terminhandel
Overnight Risk § **20**, 81

Pan-European Gas Cooperation § **14**, 39; § **14**, 44 ff.
– 24/7-Gashandel § **14**, 45
– Handelsvolumen § **14**, 49
– Spotmarkt § **14**, 45 f.
– Terminmarkt § **14**, 47
PaR siehe Profit at Risk
Payment Netting § **24**, 43
Peak Oil Demand § **3**, 18 ff.
– OECD-Länder § **3**, 20
– Nicht-OECD-Länder § **3**, 23
PEGAS siehe Pan-European Gas Cooperation
Perfect Spread § **20**, 41
Personalbedarfsrisiko § **12**, 41 ff.
Personengruppen
– Insiderinformationen § **22**, 64
Phelix Futures § **14**, 37
Phishing Emissionshandel § **8**, 51
physische Portfolios § **5**, 71
physischer Hub § **25**, 6
Portfolio § **12**, 5
Portfoliobewertung § **19**, 35
Portfoliodarstellung § **19**, 35
Portfoliomanagement § **2**, 25 ff.
Portfoliomanagementvertrag § **25**, 1
Portfoliostrategie § **19**, 24
Positionslimite § **17**, 180
potenzieller Wiedereindeckungsaufwand § **11**, 41
Power-Forward § **16**, 6 ff.
– Optionen § **16**, 9
Preisänderungsrisiko § **18**, 5; § **21**, 3
Preisanpassungsklausel § **25**, 20, 40 ff.
Preisaufsicht
– staatliche § **5**, 3

Preisbildung
- freie § **5**, 19
Preisfindung
- Entwicklung § **3**, 25 ff.
Preisfindungsprozess
- Überwachung § **22**, 34
Preisklauseln § **25**, 39
Preisregelung § **25**, 69 ff.
Preisrisiko § **2**, 26; § **12**, 3
Preissensibilität § **21**, 45
Preisunterbietung § **26**, 25
Premium-Margin § **20**, 34 f.
Primärenergiebedarf
- Europäische Union § **4**, 4 f.
Primärregelleistung § **17**, 26
Primärregelung § **5**, 55 f.
Produkt mit Benchmark
- Grundzuteilung § **8**, 32
Produktdifferenzierung § **2**, 22
Produkt § **5**, 35 ff.
- CO_2 § **17**, 22 ff.
- Gas § **17**, 22 ff.
- Kohle § **17**, 22 ff.
- Strom § **17**, 22 ff.
Produktkosten § **17**, 62
Produktplatzierung § **26**, 20
Profit at Risk § **12**, 10; § **17**, 149 f.
Punkt-zu-Punkt-Modell § **5**, 10; § **13**, 13
Put-Option § **5**, 45, 50; § **17**, 53

Raffinerie
- Rohöl § **3**, 15
Raffineriehub § **3**, 16
Raffineriesektor § **3**, 15 f.
Rahmenvertrag
- Einzeltransaktionsvereinbarung § **25**, 12
- für Finanztermingeschäfte § **8**, 54; § **24**, 3, 18 ff.
Rating § **1**, 9; § **5**, 38; § **12**, 32 ff.; § **18**, 93 ff.; § **20**, 56
- extern § **18**, 79, 94 ff.
- intern § **18**, 94, 100 f.
- Relevanz § **18**, 102 ff.
Ratingagentur § **18**, 95 ff.
Realoption § **17**, 46
- Bewertungsverfahren § **17**, 51
- Kraftwerk § **17**, 84
Realoptionstheorie § **17**, 35 ff., 46 ff., 53
Redispatch § **5**, 26
Referenzpreis
- Endstrompreis § **22**, 3
Regelbetrieb Neuanlagen § **8**, 46
Regelenergie § **17**, 26
Regelenergie-Markt § **5**, 55
Registrierungspflicht § **23**, 23
Regular Spread § **20**, 42
Regulated Markets § **22**, 12
Regulation on wholesale Energy Market Integrity and Transparency § **9**, 14
- Ad-hoc-Pflicht § **22**, 91
- Energiehandel § **23**, 1 ff.
- Marktintegrität § **22**, 41
- Meldepflichten § **23**, 1 ff.
regulierter Markt
- Marktstruktur § **22**, 4
- Rechtsaufsicht § **22**, 20 ff.
Regulierung § **5**, 8, 11
- Banken § **10**, 52
- Energiehandel § **9**, 1 ff.
- Energiemarkt § **9**, 1 ff.
- Finanzdienstleistungsinstitute § **10**, 52 ff.
Regulierungsbehörde § **5**, 11
relevanter Markt § **20**, 85 f.
REMIT siehe Regulation on wholesale Energy Market Integrity and Transparency
Reportingleistungen § **19**, 28
Reservelastkraftwerke § **17**, 8
Reserven § **5**, 21
Restgase § **8**, 42
Reverse-Charge-Verfahren § **8**, 52; § **18**, 45; § **24**, 46
Rig Count § **3**, 47
- Ölpreis § **3**, 48
Risiko § **17**, 102
- ablauforganisatorisches § **12**, 45
- Ausfall von Systemen und Software-Funktionen § **12**, 44
- Energiemarkt § **17**, 103
- Handel § **12**, 1 ff.
- Kraftwerksbewirtschaftung § **17**, 107
- Kreditrisiko § **12**, 25 ff.
- Liquiditätsrisiko § **12**, 39
- Marktrisiko § **12**, 3 ff.
- Nicht-Verfügbarkeits-Risiko § **12**, 47
- operationelles § **12**, 40 ff.
- Personalbedarfsrisiko § **12**, 41 ff.
- rechtliches § **12**, 48
Risikoausmaße § **12**, 13
Risikobetrachtung § **17**, 99 ff.
Risikobewertung § **17**, 121
Risikocontrolling § **19**, 12 f., 27
Risikoexposition § **12**, 4, 26 ff.

Risikoidentifizierung § **17**, 100 ff.
Risikokapital § **21**, 13
Risikomanagement § **2**, 26 ff.; § **18**, 1 ff.
- Adressenausfallrisiko § **18**, 16
- Bestandsgefährdung § **18**, 12
- Clearing § **20**, 1
- Elemente § **18**, 14
- Energielieferunternehmen § **18**, 3
- Energiewirtschaft § **18**, 1 ff.
- Früherkennungssystem § **18**, 12
- gesetzliche Anforderungen § **19**, 3
- Grenzen § **18**, 66 ff.
- Handelskette § **18**, 66
- KonTraG § **18**, 7
- Kreditrisikomanagement § **18**, 1 ff.
- Lagebericht § **18**, 9
- Marktpreisrisiko § **18**, 16
- Mindestanforderungen § **12**, 1; § **18**, 7
- Prüfungsbericht § **18**, 10
- Stellung von Sicherheiten § **20**, 70
- Stromhandel § **18**, 66
- Umsatzsteuer-Risiko § **18**, 3
- Wetterderivate § **6**, 32
- Überwachungssystem § **18**, 11 ff.
Risikomessung § **19**, 35
Risikoprämie § **17**, 71
Risikosteuerung § **12**, 13 ff., 36 ff.; § **17**, 162 ff.
Rohöl
- Preisfindung § **3**, 25
- Raffinerie § **3**, 15
Rohölmarkt § **3**, 1
Rückkehrverbot § **17**, 94, 97
Rufausbeutung § **26**, 24

SaR siehe Spread at Risk
SaR-Betrachtung § **17**, 145
Scan Risk § **20**, 30 f.
Schedule § **24**, 6
Schleichwerbung § **26**, 20
schwarze Liste § **26**, 13
Sekundärregelleistung § **17**, 26
Sekundärregelung § **5**, 55 ff.
Sensitivitätsanalyse § **12**, 12; § **17**, 49
Sensivitäten § **12**, 4
Short Option Minimum § **20**, 33
Shortfall Credit § **25**, 27
Sicherheiten
- Stellung § **20**, 70 ff.
Sicherheitsbereitschaft § **5**, 21
Sicherheitsfackeln § **8**, 39
Sicherungsinstrument
- Beherrschungsvertrag § **18**, 35
- Bürgschaft § **18**, 28 ff.
- Garantie § **18**, 25 ff.
- gegenseitiges Kündigungsrecht § **18**, 39 f.
- Gewinnabführungsvertrag § **18**, 35
- Kreditversicherung § **18**, 42
- Margin Agreements § **18**, 36
- Netting-Vereinbarung § **18**, 37 f.
- Patronatserklärung § **18**, 31 ff.
- Vertragsaufhebung § **18**, 39 f.
- Vorauszahlung § **18**, 41
Single-Agreement-Konzept § **24**, 7, 16 f.
Solvabilitätsverordnung § **11**, 1, 5 ff.
SolvV siehe Solvabilitätsverordnung
Sonderpreisanpassungsklausel § **25**, 42, 72
Sonderregeln Zuteilung § **8**, 42 f.
SPAN siehe Standard Portfolio Analysis of Risk
SPAN-Modell § **20**, 25 ff.
Spark Spread § **17**, 55
Speicher Erdgas § **4**, 24 ff.
Speicheranlagen § **4**, 116 ff.
spekulativer Handel § **5**, 73
Spitzengruppenwerbung § **26**, 33
Spitzenlastkraftwerke § **17**, 8
Spotbörse § **5**, 36
Spotgeschäft § **10**, 14; § **20**, 10
Spotmarkt § **3**, 29 ff.; § **14**, 30; § **22**, 3
- Ad-hoc-Pflichten § **22**, 86 ff.
- Definition § **3**, 29
- Insiderhandel § **22**, 58 ff., 68 ff.
- Nordeuropa § **15**, 6
- Strom § **22**, 2
- Manipulation § **22**, 45 ff., 50 ff.
Spotprodukte § **17**, 23
Spread § **17**, 57 ff.
- Kosten § **17**, 59
Spread at Risk § **17**, 153
Spread-Handel § **17**, 66 ff.
Spreading § **20**, 36 ff.
Spread-Margin § **20**, 37
Staatsanwaltschaften § **22**, 127 ff.
Standard Portfolio Analysis of Risk § **20**, 20 ff.
Standardansatz § **11**, 14, 22, 47
- neuartiger § **11**, 30
Standardmethode § **11**, 38 ff.
Standardrahmenverträge § **24**, 1 ff.
- Überblick § **24**, 4

Steuer-Inländer
– Prüfung § **18,** 81 ff.
– Nachweis § **18,** 81 ff.
Stop Loss § **21,** 13
Strafverfolgungsbehörden § **22,** 127 ff.
Stress-Test § **11,** 49; § **12,** 12
Strom § **5,** 1 ff.
Strombeschaffung
– strukturierte Beschaffung § **21,** 1
– Vollversorgung § **21,** 1
Strombörse
– Deutschland § **14,** 4 f.
– Entstehung § **13,** 20 ff.
– European Energy Exchange § **14,** 4
Strom-Derivate
– Bewertung § **16,** 1 ff.
Stromerzeugung
– Europäische Union § **4,** 6
Stromhandel § **5,** 1
– börslicher § **14,** 1 ff.
– Liberalisierung § **14,** 1 ff.
Stromhandelsgroßmarkt
– Produktarten § **5,** 35 ff.
Stromhandelsvertrag EFET § **25,** 1
Stromkennzeichnung § **7,** 8
– EnWG § **7,** 34 ff.
Stromlieferung
– Meldepflichten § **23,** 4 ff.
Strommarkt § **14,** 1 ff.
– Entwicklung und Struktur § **13,** 2 ff.
– Erneuerbare Energien § **13,** 40
– Forward-Markt § **16,** 4, 12 ff.
– Geschäftsmodelle § **5,** 68
– Handel § **16,** 4
Liberalisierung § **1,** 1; § **14,** 1 f.
– Marktakteure § **5,** 68
– Öffnung § **14,** 6
– OTC-Markt § **16,** 4
– Phelix Day Futures § **14,** 37
– Power-Forwards § **16,** 6 ff.
– Rahmenbedingungen § **5,** 2 ff.
– Regelenergiemarkt § **16,** 4
– Spot-Markt § **16,** 4
– Terminmarkt § **14,** 35 ff.; § **16,** 4
– Trade Registration § **14,** 36
– typische Problem § **16,** 5
– Umstrukturierung § **16,** 1
Strommarktgesetz § **5,** 20
Strompreisspitzen § **5,** 19
Strom-Spotmarkt
– EEX § **14,** 29 ff.
– Referenzpreise § **14,** 32
Stromterminhandel § **14,** 35
Stromversorgung
– vor der Neuregulierung § **13,** 2 ff.
Stromwirtschaft
– Struktur § **13,** 2 ff.
strukturierte Beschaffung
– Schnittstelle § **21,** 44
Swaps
– Wirkungsweise § **6,** 12
Swap-Vertrag § **8,** 54
Swing Producer § **3,** 43 ff.
Systemdienstleistungen § **17,** 28
Systemdienstleistungsbonus § **17,** 87

Take Profit § **21,** 13
Take-or-pay-Verpflichtung § **25,** 14
Telefonwerbung § **26,** 40 ff.
Termingeschäfte § **20,** 11
– Barrier Option § **6,** 18, 20
– bedingte § **6,** 15
– Collars § **6,** 21
– Compound Option § **6,** 19
– OTC § **6,** 17
Terminhändlerprivileg § **10,** 38
Terminmarkt § **22,** 3
– börslicher § **5,** 39
– Erdgashandel § **4,** 45
– Handelsvolumen § **14,** 38
– Stromfutures § **14,** 36
– Strommarkt § **14,** 35 ff.
– Trade Registration § **14,** 36
– Phelix Day Futures § **14,** 37
– Phelix Futures § **14,** 37
– Phelix Week Futures § **14,** 37
Terminprodukte § **17,** 21
Tertiärregelung § **5,** 58
Theorie New Institutional Economics § **2,** 7
Tick § **6,** 5
– Value § **6,** 5
Trade
– Abwicklung § **8,** 48 ff.
Trading Venue Handelsplatz § **22,** 20 ff.
Transaction Reporting Exchange Mechanism § **22,** 106
Transaktionskosten § **2,** 6
Transferpreis § **21,** 49
Transparenz § **22,** 109
– Ad-hoc-Publizität § **22,** 78
– Inlandsemittenden § **22,** 78
Transparenzanforderungen § **9,** 18
Transparenzinitiative EEX § **22,** 89
Treibhausgasemissionen
– prozessbedingt § **8,** 40

Treibhausgasemissionszertifikat
– Handel § **18,** 44

Übergabeort § **25,** 21 f.
Überwachung
– am Handel Beteiligter § **22,** 110 ff.
– vom Handel Betroffener § **22,** 110 ff.
Überwachungsfunktion § **19,** 27, 39
Umsatzsteuer § **24,** 45
Umsatzsteuerkarussell Emissionshandel § **8,** 52
Umsatzsteuer-Risiko
– Risikomanagement § **18,** 3
Unbundling
– gesellschaftsrechtliches § **5,** 7
Underlying
– Cooling Degree Days (CDD) § **6,** 4
– Cumulative Average Temperature (CAT) § **6,** 4
– Degree Days (DD) § **6,** 4
– Event Index § **6,** 4
– German Wind Index Future (NAREX WIDE) § **6,** 4
– Heating Degree Days (HDD) § **6,** 4
– Niederschläge § **6,** 4
– Schneefälle § **6,** 4
– Temperatur § **6,** 4
– Windgeschwindigkeiten § **6,** 4
unlautere geschäftliche Handlungen
– Fallgruppen § **26,** 15 ff.
– Schadenersatz § **26,** 45
unlauterer Wettbewerb § **26,** 6 ff.
unlauteres Verhalten
– Anspruchsdurchsetzung § **26,** 43 ff.
– Rechtsfolgen § **26,** 43 ff.
– Strafbarkeit § **26,** 43 ff.
– unzumutbare Belästigung § **26,** 39
Untergrenzen § **6,** 8
Untersagungsverfügung § **26,** 71
unzumutbare Belästigung § **26,** 39 ff.
– Schadenersatz § **26,** 45
– Telefonwerbung § **26,** 40 ff.
UWG siehe Gesetz gegen den unlauteren Wettbewerb

Value at Risk § **6,** 26; § **11,** 28; § **12,** 8; § **17,** 152 f.
– Berechnung § **12,** 9
VaR siehe Value at Risk
VaR-Berechnung § **17,** 145
variable Gesamtkosten § **17,** 61
Varianz § **12,** 8
Variation-Margin § **5,** 43; § **20,** 47, 67
– Abrechnungspreis § **20,** 87
Verbändevereinbarung(en) § **5,** 10
– Gas § **4,** 87 ff.
– Strom I § **13,** 13; § **14,** 3
– Strom II § **13,** 12
Verbringungsnachweise § **18,** 72
Verdrängungsabsicht § **26,** 25
vergleichende Werbung § **26,** 37 ff.
– Irreführungsverbot § **26,** 38
Verhalten gegenüber Mitbewerbern § **26,** 21 ff.
Verlust
– unerwarteter § **12,** 36
Verlustlimit § **12,** 14
– Stop-Buy-Limit § **12,** 14
– Stop-Loss-Limit § **12,** 14
– VaR-Limit § **12,** 14
Verlustobergrenze § **12,** 13
Verlustverteilung § **12,** 36
Vermarktungsfunktion § **19,** 23
Vermarktungsverbot § **17,** 97
vermiedene Netznutzungsentgelte § **17,** 62
Versorgungssicherheit § **2,** 22; § **5,** 21
Vertragslaufzeit § **25,** 16
Vertragsstruktur
– vor der Neuregulierung § **13,** 7 ff.
Vertrieb
– Beschaffungsstrategien § **21,** 1 ff.
virtueller Handelspunkt § **25,** 6
Volatility Scan Risk § **20,** 32
Vollversorgung § **13,** 8; § **21,** 7 ff.
– Strombeschaffung § **21,** 1
Vollversorgungsvertrag
– Strombereich § **25,** 1
– Gasmarkt § **25,** 2
Volumenrisiken § **17,** 103 ff.
VV Strom I siehe Verbändevereinbarung
VV Strom II siehe Verbändevereinbarung

Währungswechsel § **16,** 1 ff.
Waren
– Insiderinformationen § **22,** 58
Warenderivate
– Finanzinstrumente § **9,** 13
– Insiderinformationen § **22,** 58
– Börsengesetz § **22,** 1 ff.
– Energiewirtschaftsgesetz § **22,** 1 ff.
Warenderivatemarkt
– Börsengesetz § **22,** 1 ff.
– Energiewirtschaftsgesetz § **22,** 1 ff.

Warenmarkt
– Börsengesetz § **22**, 1 ff.
– Energiewirtschaftsgesetz § **22**, 1 ff.
– Strom § **22**, 2
Wärme
– messbar § **8**, 31
Wärmeerzeugung
– Zuteilung § **8**, 38
Werbecharakter
– Verschleierung § **26**, 20
Werbekampagne § **26**, 1
werbewirksame Maßnahmen § **26**, 1
Werbung
– unzulässige § **26**, 31
– Irreführung § **26**, 32 ff.
– vergleichende § **26**, 37 ff.
Wertpapierdienstleistungen
– Definition nach MiFID II § **10**, 2
Wertpapierfirma
– Begriff § **9**, 7
– Definition nach MiFID II § **10**, 2
Wertpapierhandelsgesetz § **26**, 2
– EnWG § **22**, 1 ff.
– Marktauftritt § **26**, 58 ff.
– Werbung § **26**, 66 ff.
Wesentlichkeitskriterium
– Anlage § **8**, 44
Wettbewerb
– Grünstrom § **7**, 3
wettbewerbswidriges Verhalten
– Anspruchsdurchsetzung § **26**, 43 ff.
– Rechtsfolgen § **26**, 43 ff.
– Strafbarkeit § **26**, 43 ff.
Wetter § **17**, 115 ff.
Wetterderivate § **6**, 1 ff.
– Bedeutung § **6**, 1
– Bedeutung für die Energiewirtschaft § **6**, 2 ff.
– Bewertung § **6**, 22
– Burn Analysis § **6**, 24
– Burning-Cost-Methode § **6**, 24
– Formen § **6**, 9
– Handelsplätze § **6**, 9
– Markt § **6**, 28 ff.
– Monte-Carlo-Simulation § **6**, 26
– Obergrenze § **6**, 8
– Optionen § **6**, 3
– Over-the-Counter-Geschäfte § **6**, 10
– Parameter der Vertragsgestaltung § **6**, 3
– Produktgruppen § **6**, 9
– Risikomanagement § **6**, 32
– Spezifizierung § **6**, 2 ff.
– stochastische Modelle § **6**, 26
– Swaps § **6**, 3, 12
– Untergrenze § **6**, 8
– VaR § **6**, 26
Wetterrisiko § **6**, 1; § **17**, 115 f.
Wetterstation
– Spezifikation des Ortes § **6**, 6
Wiederabsatzkosten § **12**, 28
Wiedereindeckungskosten § **12**, 28
Wohlverhaltensregeln § **10**, 48
Worst Case § **5**, 65
WpHG siehe Wertpapierhandelsgesetz

Zahlungsverpflichtungen § **12**, 39
Zeitfächermethode
– Commodities § **11**, 14 ff.
Zertifikate
– HKN § 7, 13
Zieldeckungsbeitrag § **21**, 37
Zielgröße § **21**, 13
Zielpreis § **21**, 14, 16 ff.
Zinsstrukturtheorie § **16**, 1 ff.
Zugangsverträge
– Handelspunkte § **25**, 49 ff.
Zulassungsordnung § **14**, 17
Zusatz- und Reservelieferung § **13**, 9
Zuteilung
– Härtefall § **8**, 45
– Sonderregeln § **8**, 43 f.
Zuteilungselement
– mit Brennstoff-Emissionswert § **8**, 39 f.
– mit Produkt-Emissionswert § **8**, 33 ff.
– mit Prozessemissionen § **8**, 41 f.
– mit Wärme-Emissionswert § **8**, 37 f.
Zuteilungselemente § **8**, 31
– Bildung § **8**, 31 f.
Zuteilungsregeln
– besondere § **8**, 43 ff.
– Struktur § **8**, 31 f.